司法解释理解与适用丛书

最高人民法院
关于企业破产法司法解释
理解与适用

破产法解释（一）·破产法解释（二）

最高人民法院民事审判第二庭　编著

人民法院出版社

PEOPLE'S COURT PRESS

图书在版编目(CIP)数据

最高人民法院关于企业破产法司法解释理解与适用：破产法解释(一)、破产法解释(二)/最高人民法院民事审判第二庭编著.—2版.—北京：人民法院出版社，2017.3

(司法解释理解与适用丛书)

ISBN 978-7-5109-1752-3

Ⅰ.①最… Ⅱ.①最… Ⅲ.①企业破产法—法律解释—中国　②企业破产法—法律适用—中国 Ⅳ.①D922.291.925

中国版本图书馆 CIP 数据核字(2017)第 044557 号

最高人民法院关于企业破产法司法解释理解与适用
——破产法解释(一)、破产法解释(二)
最高人民法院民事审判第二庭　编著

责任编辑	赵作栋
出版发行	人民法院出版社
地　　址	北京市东城区东交民巷 27 号(100745)
电　　话	(010) 67550565（责任编辑）　67550558（发行部查询） 65223677（读者服务部）
网　　址	http://www.courtbook.com.cn
E-mail	courtpress@sohu.com
印　　刷	三河市国英印务有限公司
经　　销	新华书店
开　　本	787×1092 毫米　1/16
字　　数	1027 千字
印　　张	55.5
版　　次	2017 年 3 月第 2 版　2023 年 12 月第 11 次印刷
书　　号	ISBN 978-7-5109-1752-3
定　　价	136.00 元

版权所有　侵权必究

最高人民法院
关于企业破产法司法解释理解与适用
破产法解释（一）·破产法解释（二）
撰稿人员名单

撰稿人	宋晓明	张勇健	钱晓晨	刘　敏	杨征宇
	赵　柯	杜　军	郁　琳	孙亚菲	池伟宏
	姚　明	王欣新	徐阳光	王斐民	孙向齐
	宋玉霞	车　红	乔博娟	张思明	
统稿人	王欣新	刘　敏			

前　言

　　破产是市场经济发展到一定阶段必然出现的法律现象。市场经济的本质是法治经济，破产法是市场经济社会法律体系的重要组成部分，在保障债权公平有序受偿、完善优胜劣汰市场竞争机制、优化社会资源配置、调整社会产业结构、推动经济社会科学发展，构建诚信市场环境等方面具有不可替代的重要作用。

　　破产法是一部程序法与实体法并重的法律，不仅关涉破产程序中各方参与主体的行为规范，而且还涉及与民法、合同法、物权法、担保法、证券法、侵权责任法等多部实体法律的衔接问题。破产审判工作不仅专业化程度很高，而且综合协调性也很强。最高人民法院非常重视企业破产法司法解释的起草工作。为研究、解决人民法院审理企业破产案件中出现的新情况、新问题，完善相关法律制度，统一各地法院的裁判尺度，最高人民法院专门成立了破产法司法解释起草小组，开展了一系列司法解释的起草工作。自《中华人民共和国企业破产法》2007年6月1日施行以来，最高人民法院已先后出台了《关于审理企业破产案件指定管理人的规定》《关于审理企业破产案件确定管理人报酬的规定》《关于〈中华人民共和国企业破产法〉施行时尚未审结的企业破产案件适用法律若干问题的规定》《关于债权人对人员下落不明或者财产状况不清的债务人申请破产清算案件如何处理的批复》《关于依法审理和执行被风险处置证券公司相关案件的通知》《关于审理公司强制清算案件工作座谈会纪要》《关于受理借用国际金融组织和外国政府贷款偿还任务尚未落实的企业破产申请问题的通知》《关于正确审理企业破产案件为维护市场经济秩序提供司法保障若干问题的意见》《人民法院破产程序法律文书样式（试行）》《管理人破产程序工作文书样式（试行）》《关于适用〈中华人民共和国企业破产法〉若干问题的规定（一）》《关于正确适用〈中华人民共和国企业破产法〉若干问题的规定（一），充分发挥人民法院审理企业破产案件司法职能作用的通知》《关于审理上市公司破产重整案件工作座谈会纪要》《关于个人独资企业清算是否可以参照适用企业破产法规定的破产清算程序的批复》《关于适用〈中华人民共和国企业破产法〉若干问题的规定（二）》等司法解释和司法政策。这些司法解释和司法政策的及时公布实施，进一步规范了全国法院破产案件的审理标准，有力地推动了我国《企业破产法》的贯彻实施，取得了很好的社会效果。下一步我们还将根据审判实践的需要陆续推出其他司法解释。

近几年破产审判实践中最突出的问题仍然是破产程序"启动难"、破产案件"受理难"。《企业破产法》施行以来全国法院受理的破产案件数量总体上呈下降趋势，远低于工商行政机关吊销、注销的企业数量。这种局面的形成除了现行体制、机制、社会观念等内外部原因外，一些法院未能依法受理企业破产案件也是一个重要原因。最高人民法院始终将着力解决企业破产案件"受理难"问题作为推进《企业破产法》正确实施工作的重中之重。为了明确企业破产案件的受理标准和程序，排除法律适用方面的障碍，最高人民法院于2011年颁布了《关于适用〈中华人民共和国企业破产法〉若干问题的规定（一）》和《关于正确适用〈中华人民共和国企业破产法〉若干问题的规定（一），充分发挥人民法院审理企业破产案件司法职能作用的通知》，对《企业破产法》中的相关规定作了进一步的解释。企业陷入债务困境后各种矛盾业已形成，将本应通过破产程序及时解决的矛盾暂时掩盖，随着时间的推移，矛盾可能更为激化，只有人民法院依法受理破产案件，将相关矛盾及时纳入法律轨道，通过更多的法律手段和社会资源参与协调化解，才有利于从根本上解决问题。因此，各级人民法院认真贯彻实施《最高人民法院关于适用〈中华人民共和国企业破产法〉若干问题的规定（一）》和《最高人民法院关于正确适用〈中华人民共和国企业破产法〉若干问题的规定（一），充分发挥人民法院审理企业破产案件司法职能作用的通知》，意义非常重大。

这次公布实施的《最高人民法院关于适用〈中华人民共和国企业破产法〉若干问题的规定（二）》系专门针对债务人财产相关问题作出的规定。债务人财产是债务人对其债权人承担债务的责任财产，是债权人得以公平、有序受偿的重要物质保障。因此，债务人财产在破产程序中具有非常重要的意义。债务人财产既包括债务人破产时占有的静态财产和债务人破产时没有占有但基于相关权利应当追回的属于债务人的动态财产，也包括债务人继续营业时新取得的财产。破产程序中的各项实体性权利，包括撤销权、取回权、抵销权、债务人财产保全的自动解除和执行中止，以及有关债务人财产的衍生诉讼等，都是紧紧围绕着债务人财产的确定、增加、减少而展开的。债务人财产的准确把握和有效追收，直接决定着破产程序能否顺利进行，以及债权人能否得到最大化的权利保护和公平受偿。

为了让读者了解最高人民法院《关于适用〈中华人民共和国企业破产法〉若干问题的规定（一）》和《关于适用〈中华人民共和国企业破产法〉若干问题的规定（二）》两个司法解释的条文主旨和相关背景原理等，帮助破产审判人员和管理人等司法从业人员正确理解和适用上述司法解释，最高人民法院民二庭专门组织具有丰富司法审判实践经验和理论功底的司法解释起草小组成员和高校专门研究破产法的著名专家学者等有关人员共同编写了《最高人民法院关于企业破产法司法解释理解与适用——破产法解释（一）·破产法解释（二）》一书。

本书是司法解释理解与适用丛书的又一重要成果，是法官和学者共同努力的结晶，是实践和理论有效结合的典范。对于在本书编写过程中给予我们大力支持的相关部委和高中级人民法院、专家学者、管理人团队等，我们在此一并表示感谢。希望本书的出版能够对我国破产审判实务和理论界的法官、学者、管理人等相关人士在理解和适用《企业破产法》、推动破产法律制度发展等方面有所裨益！

编写说明

2006年8月27日，第十届全国人民代表大会常务委员会第二十三次会议通过了《中华人民共和国企业破产法》（中华人民共和国主席令第五十四号），自2007年6月1日起施行。2011年8月29日，最高人民法院审判委员会第1527次会议通过了《最高人民法院关于适用〈中华人民共和国企业破产法〉若干问题的规定（一）》（法释〔2011〕22号），自2011年9月26日起施行。2013年7月8日、15日、22日、29日，最高人民法院审判委员会第1583次、1584次、1585次、1586次共四次会议逐条讨论并通过了《最高人民法院关于适用〈中华人民共和国企业破产法〉若干问题的规定（二）》（法释〔2013〕22号），自2013年9月16日起施行。

本书结合《中华人民共和国企业破产法》及其相关法律的规定，对《最高人民法院关于适用〈中华人民共和国企业破产法〉若干问题的规定（一）》和《最高人民法院关于适用〈中华人民共和国企业破产法〉若干问题的规定（二）》进行逐条释义，高度提炼了每条司法解释的【条文主旨】，准确概括了每条司法解释的【规范目的】，深度解析了每条司法解释的【原理与适用】，并链接了相关【法律、司法解释及案例】，是我国目前最权威、最全面的企业破产法司法解释释义。

本书在编写过程中，为了表述的简洁，对书中出现频率较高的一些法律和司法解释名称采取了简称。简称的表述规则说明如下：

对于法律名称，我们将《中华人民共和国××法》简称为《××法》，如《中华人民共和国企业破产法》简称为《企业破产法》。

对于主要的司法解释，全称和简称对照情况如下：

1. 《最高人民法院关于适用〈中华人民共和国企业破产法〉若干问题的规定（一）》（法释〔2011〕22号），简称：《企业破产法司法解释（一）》

2. 《最高人民法院关于适用〈中华人民共和国企业破产法〉若干问题的

规定（二）》（法释〔2013〕22号），简称：《企业破产法司法解释（二）》

3.《最高人民法院关于适用〈中华人民共和国公司法〉若干问题的规定（一）》（法释〔2006〕3号），简称：《公司法司法解释（一）》

4.《最高人民法院关于适用〈中华人民共和国公司法〉若干问题的规定（二）》（法释〔2008〕6号），简称：《公司法司法解释（二）》

5.《最高人民法院关于适用〈中华人民共和国公司法〉若干问题的规定（三）》（法释〔2011〕3号），简称：《公司法司法解释（三）》

6.《最高人民法院关于适用〈中华人民共和国合同法〉若干问题的解释（一）》（法释〔1999〕19号），简称：《合同法司法解释（一）》

7.《最高人民法院关于适用〈中华人民共和国合同法〉若干问题的解释（二）》（法释〔2009〕5号），简称：《合同法司法解释（二）》

8.《最高人民法院关于审理买卖合同纠纷案件适用法律问题的解释》（法释〔2012〕8号），简称：《买卖合同司法解释》

9.《最高人民法院关于适用〈中华人民共和国担保法〉若干问题的解释》（法释〔2000〕44号），简称：《担保法司法解释》

本书仍然秉持最高人民法院司法解释理解与适用系列书籍的一贯风格，加强最高人民法院负责司法解释起草的法官与高校专门研究破产法的著名专家学者的合作，坚持破产法理论与司法实践的紧密结合。本书的作者团队包括最高人民法院企业破产法司法解释起草小组成员和中国人民大学破产法研究中心成员，作者中既有具有丰富破产案件审判经验的资深法官，又有在破产法学理论研究领域颇具造诣的专家学者。同时，金杜律师事务所、中伦（深圳）律师事务所等管理人团队也为本书的撰写提供了大量资料。全书最后由王欣新教授和刘敏法官统稿。

破产法司法解释虽然由最高人民法院企业破产法司法解释起草小组负责起草，但司法解释的条文内容则是全国各级法院、全国人大法工委、相关部委、最高人民法院有关庭室以及破产法学界专家们集体智慧的结晶。本书的完成，要感谢全国人大法工委经济法室、国务院法制办、国家税务总局、最高人民检察院、中国银行业监督管理委员会、中国证券监督管理委员会等部门的同志和专家，要感谢王欣新教授、王卫国教授、李曙光教授、李永军教授、邹海林教授等在司法解释起草论证中给予我们的理论支持和观点启迪，同时，也要特别感谢逐条逐字认真细致研究修改该司法解释的最高人民法院审委会的各位委员们。对于在调研过程中给予我们大力支持的相关法院的同仁，以及对该司法解释起草工作发挥了重要作用的张勇健庭长、钱晓晨副庭长等，在此也一并致谢！

因时间和能力所限，本书写作中难免有纰漏与不足之处，敬请法院同仁、学界专家、管理人团队以及各位读者提出宝贵的意见和建议。

目　录

第一部分　条文全本

最高人民法院
　　关于适用《中华人民共和国企业破产法》若干问题的规定（一）
　　　　（自 2011 年 9 月 26 日起施行）………………………………（3）
最高人民法院
　　关于适用《中华人民共和国企业破产法》若干问题的规定（二）
　　　　（自 2013 年 9 月 16 日起施行）………………………………（5）

第二部分　新闻问答

依法受理破产案件　保障企业规范退市
　　——最高人民法院民二庭负责人就《最高人民法院关于适用〈中华
　　　人民共和国企业破产法〉若干问题的规定（一）》答记者问 …（17）
积极追收债务人财产　充分保障债权人利益
　　——最高人民法院民二庭负责人就《最高人民法院关于适用〈中华
　　　人民共和国企业破产法〉若干问题的规定（二）》答记者问 …（24）

第三部分　条文释义

最高人民法院关于适用《中华人民共和国企业破产法》若干问题的规定（一）

【导　言】

为正确适用《中华人民共和国企业破产法》，结合审判实践，就人民法院依法受理企业破产案件适用法律问题作出如下规定。

【条文主旨】…………………………………………………………（35）
【规范目的】…………………………………………………………（35）
【原理与适用】………………………………………………………（36）

第一条　【破产原因的具体情形】

债务人不能清偿到期债务并且具有下列情形之一的，人民法院应当认定其具备破产原因：
（一）资产不足以清偿全部债务；
（二）明显缺乏清偿能力。
相关当事人以对债务人的债务负有连带责任的人未丧失清偿能力为由，主张债务人不具备破产原因的，人民法院应不予支持。

【条文主旨】…………………………………………………………（36）
【规范目的】…………………………………………………………（36）
【原理与适用】………………………………………………………（37）
　一、破产原因的概念……………………………………………（37）
　二、对破产原因的不同立法主义………………………………（41）
　三、我国破产法对破产原因的规定……………………………（44）
　四、对本条规定的理解与适用…………………………………（46）
　　（一）司法解释制定背景情况………………………………（46）
　　（二）理解与适用……………………………………………（48）
【法律、司法解释及案例】…………………………………………（50）

第二条 【不能清偿到期债务的认定】

下列情形同时存在的,人民法院应当认定债务人不能清偿到期债务:

(一) 债权债务关系依法成立;
(二) 债务履行期限已经届满;
(三) 债务人未完全清偿债务。

【条文主旨】 …………………………………………………… (54)
【规范目的】 …………………………………………………… (54)
【原理与适用】 ………………………………………………… (55)
　一、对"不能清偿到期债务"概念的法理分析 ………… (55)
　二、对本条规定的理解与适用 …………………………… (61)
【法律、司法解释及案例】 …………………………………… (63)

第三条 【资产不足以清偿全部债务的认定】

债务人的资产负债表,或者审计报告、资产评估报告等显示其全部资产不足以偿付全部负债的,人民法院应当认定债务人资产不足以清偿全部债务,但有相反证据足以证明债务人资产能够偿付全部负债的除外。

【条文主旨】 …………………………………………………… (65)
【规范目的】 …………………………………………………… (65)
【原理与适用】 ………………………………………………… (66)
　一、对"资不抵债"概念的法理分析 …………………… (66)
　二、对本条规定的理解与适用 …………………………… (70)
【法律、司法解释及案例】 …………………………………… (71)

第四条 【明显缺乏清偿能力的认定】

债务人账面资产虽大于负债,但存在下列情形之一的,人民法院应当认定其明显缺乏清偿能力:

(一) 因资金严重不足或者财产不能变现等原因,无法清偿债务;

（二）法定代表人下落不明且无其他人员负责管理财产，无法清偿债务；
　　（三）经人民法院强制执行，无法清偿债务；
　　（四）长期亏损且经营扭亏困难，无法清偿债务；
　　（五）导致债务人丧失清偿能力的其他情形。

【条文主旨】 ………………………………………………………………（73）
【规范目的】 ………………………………………………………………（74）
【原理与适用】 ……………………………………………………………（74）
　　一、对"明显缺乏清偿能力"概念的法理分析 ………………………（74）
　　二、对本条规定的理解与适用 …………………………………………（76）
【法律、司法解释及案例】 ………………………………………………（77）

第五条　【企业法人解散后债权人提起破产申请】
　　企业法人已解散但未清算或者未在合理期限内清算完毕，债权人申请债务人破产清算的，除债务人在法定异议期限内举证证明其未出现破产原因外，人民法院应当受理。

【条文主旨】 ………………………………………………………………（79）
【规范目的】 ………………………………………………………………（79）
【原理与适用】 ……………………………………………………………（79）
　　一、对解散后或者清算中企业的破产申请 ……………………………（79）
　　二、破产程序与清算制度的衔接 ………………………………………（81）
　　三、对本条规定的理解与适用 …………………………………………（82）
【法律、司法解释及案例】 ………………………………………………（83）

第六条　【债权人申请破产时的举证责任】
　　债权人申请债务人破产的，应当提交债务人不能清偿到期债务的有关证据。债务人对债权人的申请未在法定期限内向人民法院提出异议，或者异议不成立的，人民法院应当依法裁定受理破产申请。
　　受理破产申请后，人民法院应当责令债务人依法提交其财产状况说明、债务清册、债权清册、财务会计报告等有关材料，债务人拒不提交的，人民法院可以对债务人的直接责任人员采取罚款等强制措施。

【条文主旨】 ………………………………………………………………（86）

【规范目的】……………………………………………………（86）
【原理与适用】…………………………………………………（87）
  一、提出破产申请时应提交的文件……………………（87）
  二、当事人举证责任的分配……………………………（87）
  三、对本条规定的理解与适用…………………………（88）
【法律、司法解释及案例】……………………………………（91）

第七条 【法院对破产申请的审查】

> 人民法院收到破产申请时，应当向申请人出具收到申请及所附证据的书面凭证。
> 人民法院收到破产申请后应当及时对申请人的主体资格、债务人的主体资格和破产原因，以及有关材料和证据等进行审查，并依据企业破产法第十条的规定作出是否受理的裁定。
> 人民法院认为申请人应当补充、补正相关材料的，应当自收到破产申请之日起五日内告知申请人。当事人补充、补正相关材料的期间不计入企业破产法第十条规定的期限。

【条文主旨】……………………………………………………（94）
【规范目的】……………………………………………………（94）
【原理与适用】…………………………………………………（94）
  一、破产案件受理期限…………………………………（94）
  二、对本条规定的理解与适用…………………………（96）
【法律、司法解释及案例】……………………………………（98）

第八条 【破产案件的诉讼费用交纳】

> 破产案件的诉讼费用，应根据企业破产法第四十三条的规定，从债务人财产中拨付。相关当事人以申请人未预先交纳诉讼费用为由，对破产申请提出异议的，人民法院不予支持。

【条文主旨】……………………………………………………（100）
【规范目的】……………………………………………………（100）
【原理与适用】…………………………………………………（100）
  一、破产案件诉讼费用…………………………………（100）
  二、破产案件诉讼费用的交纳…………………………（101）

【法律、司法解释及案例】……………………………………（102）

第九条　【对法院依法受理破产申请的监督】

申请人向人民法院提出破产申请，人民法院未接收其申请，或者未按本规定第七条执行的，申请人可以向上一级人民法院提出破产申请。

上一级人民法院接到破产申请后，应当责令下级法院依法审查并及时作出是否受理的裁定；下级法院仍不作出是否受理裁定的，上一级人民法院可以径行作出裁定。

上一级人民法院裁定受理破产申请的，可以同时指令下级人民法院审理该案件。

【条文主旨】………………………………………………………（105）
【规范目的】………………………………………………………（105）
【原理与适用】……………………………………………………（106）
　一、破产案件受理程序……………………………………（106）
　二、对本条规定的理解与适用……………………………（106）
【法律、司法解释及案例】………………………………………（107）

最高人民法院关于适用《中华人民共和国企业破产法》若干问题的规定（二）

【导　言】

根据《中华人民共和国企业破产法》《中华人民共和国物权法》《中华人民共和国合同法》等相关法律，结合审判实践，就人民法院审理企业破产案件中认定债务人财产相关的法律适用问题，制定本规定。

【条文主旨】………………………………………………………（110）
【规范目的】………………………………………………………（110）
【原理与适用】……………………………………………………（111）

第一条 【债务人财产的认定】

除债务人所有的货币、实物外，债务人依法享有的可以用货币估价并可以依法转让的债权、股权、知识产权、用益物权等财产和财产权益，人民法院均应认定为债务人财产。

【条文主旨】 ……………………………………………………………… (112)
【规范目的】 ……………………………………………………………… (112)
【原理与适用】 …………………………………………………………… (112)
　　一、债务人财产及其范围界定 ………………………………………… (112)
　　二、债务人财产形态的法理分析 ……………………………………… (115)
　　三、债务人财产形态的具体适用分析 ………………………………… (117)
　　　（一）债务人财产之债权形态解析 ………………………………… (117)
　　　（二）债务人财产之股权形态解析 ………………………………… (119)
　　　（三）债务人财产形态之知识产权解析 …………………………… (120)
　　　（四）债务人财产形态之用益物权解析 …………………………… (122)
【法律、司法解释及案例】 ……………………………………………… (124)

第二条 【非债务人财产】

下列财产不应认定为债务人财产：
（一）债务人基于仓储、保管、承揽、代销、借用、寄存、租赁等合同或者其他法律关系占有、使用的他人财产；
（二）债务人在所有权保留买卖中尚未取得所有权的财产；
（三）所有权专属于国家且不得转让的财产；
（四）其他依照法律、行政法规不属于债务人的财产。

【条文主旨】 ……………………………………………………………… (127)
【规范目的】 ……………………………………………………………… (127)
【原理与适用】 …………………………………………………………… (128)
　　一、对"非债务人财产范围"界定的外国立法例 …………………… (128)
　　二、我国立法关于"非债务财产范围"的规定 ……………………… (130)
　　　（一）旧破产法和相关司法解释的规定 …………………………… (130)
　　　（二）《企业破产法》的有关规定 …………………………………… (131)
　　三、对司法解释条文的理解 …………………………………………… (132)
　　　（一）债务人基于仓储、保管、承揽、代销、借用、寄存、租赁等
　　　　　　基于合同或者其他法律关系占有、使用的他人财产 ……… (132)

（二）债务人在所有权保留买卖中尚未取得所有权的财产 ……… （133）
　　（三）所有权专属于国家且不得转让的财产 …………………… （134）
　四、国有土地使用权的特殊处理问题 …………………………… （134）
【法律、司法解释及案例】 ……………………………………………… （135）

第三条　【设定担保物权的财产】

　　债务人已依法设定担保物权的特定财产，人民法院应当认定为债务人财产。
　　对债务人的特定财产在担保物权消灭或者实现担保物权后的剩余部分，在破产程序中可用以清偿破产费用、共益债务和其他破产债权。

【条文主旨】 …………………………………………………………… （137）
【规范目的】 …………………………………………………………… （138）
【原理与适用】 ………………………………………………………… （138）
　一、债务人已依法设定担保物权的财产属性 …………………… （138）
　二、债务人已依法设定担保物权的财产执行 …………………… （139）
【法律、司法解释及案例】 ……………………………………………… （142）

第四条　【共有财产】

　　债务人对按份享有所有权的共有财产的相关份额，或者共同享有所有权的共有财产的相应财产权利，以及依法分割共有财产所得部分，人民法院均应认定为债务人财产。
　　人民法院宣告债务人破产清算，属于共有财产分割的法定事由。人民法院裁定债务人重整或者和解的，共有财产的分割应当依据物权法第九十九条的规定进行；基于重整或者和解的需要必须分割共有财产，管理人请求分割的，人民法院应予准许。
　　因分割共有财产导致其他共有人损害产生的债务，其他共有人请求作为共益债务清偿的，人民法院应予支持。

【条文主旨】 …………………………………………………………… （143）
【规范目的】 …………………………………………………………… （143）
【原理与适用】 ………………………………………………………… （144）
　一、破产债务人共有财产法律关系 ……………………………… （144）
　二、破产债务人共有财产的分割规则 …………………………… （145）

【法律、司法解释及案例】……………………………………………(147)

第五条 【执行回转财产】

> 破产申请受理后,有关债务人财产的执行程序未依照企业破产法第十九条的规定中止的,采取执行措施的相关单位应当依法予以纠正。依法执行回转的财产,人民法院应当认定为债务人财产。

【条文主旨】………………………………………………………………(149)
【规范目的】………………………………………………………………(149)
【原理与适用】……………………………………………………………(150)
 一、破产程序启动后中止执行程序的国外立法分析 ………………(150)
 二、破产程序与执行程序的冲突解决 ………………………………(152)
 三、纠正执行程序后的执行回转 ……………………………………(155)
【法律、司法解释及案例】………………………………………………(156)

第六条 【对债务人财产的保全】

> 破产申请受理后,对于可能因有关利益相关人的行为或者其他原因,影响破产程序依法进行的,受理破产申请的人民法院可以根据管理人的申请或者依职权,对债务人的全部或者部分财产采取保全措施。

【条文主旨】………………………………………………………………(159)
【规范目的】………………………………………………………………(160)
【原理与适用】……………………………………………………………(160)
 一、外国破产法中债务人财产保全制度的规定 ……………………(161)
  (一)美国破产法上的"自动冻结"制度 ……………………………(161)
  (二)德国破产法"命令采取保全措施"制度 …………………………(163)
  (三)日本破产法中的相关制度 ……………………………………(163)
  (四)英国破产法中的相关制度 ……………………………………(164)
 二、我国《企业破产法》中债务人财产保全制度的规定 …………(164)
 三、司法解释对《企业破产法》中债务人财产保全制度的规定与
  完善 ……………………………………………………………………(166)
  (一)时间上的适用条件 ……………………………………………(166)
  (二)实质上的适用条件 ……………………………………………(166)

（三）经管理人申请或人民法院依职权作出 ………………………（167）
　　（四）保全范围和措施 ……………………………………………（167）
【法律、司法解释及案例】……………………………………………（168）

第七条　【对债务人财产原有保全的解除】
　　对债务人财产已采取保全措施的相关单位，在知悉人民法院已裁定受理有关债务人的破产申请后，应当依照企业破产法第十九条的规定及时解除对债务人财产的保全措施。

【条文主旨】……………………………………………………………（171）
【规范目的】……………………………………………………………（171）
【原理与适用】…………………………………………………………（172）
　一、对债务人原有财产保全解除规定之历史沿革 ……………………（172）
　二、对债务人财产原有保全的解除之司法实践 ………………………（173）
　　（一）受理破产案件的法院能否直接裁定解除其他法院对债务人
　　　　　财产的保全措施 ……………………………………………（173）
　　（二）破产案件受理法院如何解除对债务人财产的保全措施 ……（174）
　三、司法解释对债务人原有财产保全的解除的规定之完善 …………（174）
　　（一）司法解释规定的必要性 ……………………………………（174）
　　（二）对债务人财产已采取保全措施的相关单位，在知悉人民
　　　　　法院已裁定受理有关债务人的破产申请后，应当依照
　　　　　《企业破产法》第19条的规定及时解除对债务人财产的
　　　　　保全措施 ……………………………………………………（175）
　　（三）其他已采取保全措施的单位应当依照《企业破产法》
　　　　　第19条的规定及时解除 ……………………………………（176）
【法律、司法解释及案例】……………………………………………（176）

第八条　【对债务人财产保全的恢复】
　　人民法院受理破产申请后至破产宣告前裁定驳回破产申请，或者依据企业破产法第一百零八条的规定裁定终结破产程序的，应当及时通知原已采取保全措施并已依法解除保全措施的单位按照原保全顺位恢复相关保全措施。
　　在已依法解除保全的单位恢复保全措施或者表示不再恢复之前，受理破产申请的人民法院不得解除对债务人财产的保全措施。

【条文主旨】…………………………………………………………（179）
【规范目的】…………………………………………………………（179）
【原理与适用】………………………………………………………（180）
　　一、破产程序退出的几种情形 ……………………………………（180）
　　二、进入破产程序并不改变债权人与债务人原有的债权债务法律
　　　　关系 ………………………………………………………………（180）
　　三、破产程序退出后，应当保证债权人按照对债务人财产原有保全
　　　　措施的顺位产生的利益 …………………………………………（181）
　　四、债务人因前述原因退出破产程序的，人民法院应及时通知原已
　　　　采取保全措施并已依法解除保全的单位按照原保全顺位恢复
　　　　相关保全 …………………………………………………………（181）
　　五、在原采取保全措施并已依法解除的单位恢复保全措施或者表示
　　　　不再恢复之前，受理破产申请的人民法院不得解除对债务人
　　　　财产的保全 ………………………………………………………（182）
【法律、司法解释及案例】………………………………………………（182）

第九条　【撤销行为追回的财产】

　　管理人依据企业破产法第三十一条和第三十二条的规定提起诉讼，请求撤销涉及债务人财产的相关行为并由相对人返还债务人财产的，人民法院应予支持。
　　管理人因过错未依法行使撤销权导致债务人财产不当减损，债权人提起诉讼主张管理人对其损失承担相应赔偿责任的，人民法院应予支持。

【条文主旨】…………………………………………………………（185）
【规范目的】…………………………………………………………（185）
【原理与适用】………………………………………………………（185）
　　一、破产撤销权的行使主体 ………………………………………（186）
　　二、破产撤销权诉讼的构成要件 …………………………………（188）
　　　　（一）以相对人为被告 ……………………………………（188）
　　　　（二）所诉之可撤销行为是指"涉及债务人财产的相关
　　　　　　　行为" ………………………………………………（191）
　　　　（三）追回的财产应当归入债务人财产 …………………（191）
　　三、管理人因过错未依法行使撤销权将可能承担相应的赔偿

责任 ·· (192)
【法律、司法解释及案例】 ·· (194)

第十条 【程序转入下撤销行为的起算点】

> 债务人经过行政清理程序转入破产程序的,企业破产法第三十一条和第三十二条规定的可撤销行为的起算点,为行政监管机构作出撤销决定之日。
> 债务人经过强制清算程序转入破产程序的,企业破产法第三十一条和第三十二条规定的可撤销行为的起算点,为人民法院裁定受理强制清算申请之日。

【条文主旨】 ·· (197)
【规范目的】 ·· (197)
【原理与适用】 ··· (198)
　一、金融机构由行政清理程序转入破产程序的可撤销行为起
　　　算点 ·· (198)
　二、债务人由强制清算程序转入破产程序的可撤销行为起算点 ······ (201)
【法律、司法解释及案例】 ·· (203)

第十一条 【明显不合理价格交易撤销时的返还】

> 人民法院根据管理人的请求撤销涉及债务人财产的以明显不合理价格进行的交易的,买卖双方应当依法返还从对方获取的财产或者价款。
> 因撤销该交易,对于债务人应返还受让人已支付价款所产生的债务,受让人请求作为共益债务清偿的,人民法院应予支持。

【条文主旨】 ·· (207)
【规范目的】 ·· (208)
【原理与适用】 ··· (208)
　一、如何区分破产撤销权行使的法律后果 ································· (208)
　二、如何认定"以明显不合理价格进行的交易" ························ (210)
　三、"债务人应返还受让人已支付价款所产生的债务"可按照共益
　　　债务清偿 ·· (211)
【法律、司法解释及案例】 ·· (212)

第十二条 【未到期债务提前清偿撤销的例外】

破产申请受理前一年内债务人提前清偿的未到期债务,在破产申请受理前已经到期,管理人请求撤销该清偿行为的,人民法院不予支持。但是,该清偿行为发生在破产申请受理前六个月内且债务人有企业破产法第二条第一款规定情形的除外。

【条文主旨】 ………………………………………………………… (213)
【规范目的】 ………………………………………………………… (214)
【原理与适用】 ……………………………………………………… (214)
【法律、司法解释及案例】 ………………………………………… (216)

第十三条 【债权人撤销权】

破产申请受理后,管理人未依据企业破产法第三十一条的规定请求撤销债务人无偿转让财产、以明显不合理价格交易、放弃债权行为的,债权人依据合同法第七十四条等规定提起诉讼,请求撤销债务人上述行为并将因此追回的财产归入债务人财产的,人民法院应予受理。

相对人以债权人行使撤销权的范围超出债权人的债权抗辩的,人民法院不予支持。

【条文主旨】 ………………………………………………………… (219)
【规范目的】 ………………………………………………………… (219)
【原理与适用】 ……………………………………………………… (220)
   一、破产撤销权与债权人撤销权的比较 ……………………… (220)
   二、债权人撤销权不因破产程序的启动而被排除适用 ……… (221)
   三、债权人撤销权诉讼必须符合一定的构成要件 …………… (223)
【法律、司法解释及案例】 ………………………………………… (224)

第十四条 【有担保债务个别清偿行为撤销的例外】

债务人对以自有财产设定担保物权的债权进行的个别清偿,管理人依据企业破产法第三十二条的规定请求撤销的,人民法院不予支持。但是,债务清偿时担保财产的价值低于债权额的除外。

【条文主旨】 ………………………………………………………… (227)

【规范目的】……………………………………………………（227）
【原理与适用】…………………………………………………（227）
【法律、司法解释及案例】……………………………………（229）

第十五条　【履行生效法律文书或基于执行行为的个别清偿】

债务人经诉讼、仲裁、执行程序对债权人进行的个别清偿，管理人依据企业破产法第三十二条的规定请求撤销的，人民法院不予支持。但是，债务人与债权人恶意串通损害其他债权人利益的除外。

【条文主旨】……………………………………………………（231）
【规范目的】……………………………………………………（231）
【原理与适用】…………………………………………………（231）
【法律、司法解释及案例】……………………………………（234）

第十六条　【必要个别清偿的撤销排除】

债务人对债权人进行的以下个别清偿，管理人依据企业破产法第三十二条的规定请求撤销的，人民法院不予支持：

（一）债务人为维系基本生产需要而支付水费、电费等的；
（二）债务人支付劳动报酬、人身损害赔偿金的；
（三）使债务人财产受益的其他个别清偿。

【条文主旨】……………………………………………………（234）
【规范目的】……………………………………………………（235）
【原理与适用】…………………………………………………（235）
【法律、司法解释及案例】……………………………………（244）

第十七条　【无效行为追回的财产】

管理人依据企业破产法第三十三条的规定提起诉讼，主张被隐匿、转移财产的实际占有人返还债务人财产，或者主张债务人虚构债务或承认不真实债务的行为无效并返还债务人财产的，人民法院应予支持。

【条文主旨】……………………………………………………（246）
【规范目的】……………………………………………………（246）

【原理与适用】……………………………………………………(246)
【法律、司法解释及案例】………………………………………(249)

第十八条　【可撤销行为和无效行为产生的赔偿】

管理人代表债务人依据企业破产法第一百二十八条的规定,以债务人的法定代表人和其他直接责任人员对所涉债务人财产的相关行为存在故意或者重大过失,造成债务人财产损失为由提起诉讼,主张上述责任人员承担相应赔偿责任的,人民法院应予支持。

【条文主旨】……………………………………………………(251)
【规范目的】……………………………………………………(251)
【原理与适用】…………………………………………………(251)
【法律、司法解释及案例】……………………………………(253)

第十九条　【对外债权的诉讼时效】

债务人对外享有债权的诉讼时效,自人民法院受理破产申请之日起中断。

债务人无正当理由未对其到期债权及时行使权利,导致其对外债权在破产申请受理前一年内超过诉讼时效期间的,人民法院受理破产申请之日起重新计算上述债权的诉讼时效期间。

【条文主旨】……………………………………………………(255)
【规范目的】……………………………………………………(255)
【原理与适用】…………………………………………………(256)
　一、诉讼时效的中断………………………………………(256)
　　（一）诉讼时效障碍制度的基本法理……………………(256)
　　（二）"人民法院受理破产申请"的情形应当如何认定…(257)
　二、诉讼时效的重新起算…………………………………(259)
【法律、司法解释及案例】……………………………………(260)

第二十条 【追收未缴出资和抽逃出资】

> 管理人代表债务人提起诉讼，主张出资人向债务人依法缴付未履行的出资或者返还抽逃的出资本息，出资人以认缴出资尚未届至公司章程规定的缴纳期限或者违反出资义务已经超过诉讼时效为由抗辩的，人民法院不予支持。
> 管理人依据公司法的相关规定代表债务人提起诉讼，主张公司的发起人和负有监督股东履行出资义务的董事、高级管理人员，或者协助抽逃出资的其他股东、董事、高级管理人员、实际控制人等，对股东违反出资义务或者抽逃出资承担相应责任，并将财产归入债务人财产的，人民法院应予支持。

【条文主旨】……………………………………………………………（263）
【规范目的】……………………………………………………………（263）
【原理与适用】…………………………………………………………（264）
  一、资本维持原则……………………………………………（264）
  二、股东出资义务……………………………………………（265）
   （一）有限责任公司出资人的出资义务…………………（265）
   （二）股份有限公司股东的出资义务……………………（265）
  三、违反出资义务的形态……………………………………（266）
  四、抽逃出资的认定…………………………………………（266）
  五、违反出资义务及抽逃出资的责任………………………（267）
   （一）违反出资义务的责任………………………………（267）
   （二）抽逃出资的责任……………………………………（267）
  六、管理人追收未缴出资不受出资期限限制………………（268）
  七、股东出资责任之诉不适用诉讼时效规定………………（268）
  八、其他主体的补充责任……………………………………（269）
  九、管理人追收的未缴出资和抽逃出资本息属于债务人财产………（270）
【法律、司法解释及案例】……………………………………………（270）

第二十一条 【破产受理前基于债务人财产诉讼的审理】

> 破产申请受理前，债权人就债务人财产提起下列诉讼，破产申请受理时案件尚未审结的，人民法院应当中止审理：
> （一）主张次债务人代替债务人直接向其偿还债务的；

（二）主张债务人的出资人、发起人和负有监督股东履行出资义务的董事、高级管理人员，或者协助抽逃出资的其他股东、董事、高级管理人员、实际控制人等直接向其承担出资不实或者抽逃出资责任的；

　　（三）以债务人的股东与债务人法人人格严重混同为由，主张债务人的股东直接向其偿还债务人对其所负债务的；

　　（四）其他就债务人财产提起的个别清偿诉讼。

　　债务人破产宣告后，人民法院应当依照企业破产法第四十四条的规定判决驳回债权人的诉讼请求。但是，债权人一审中变更其诉讼请求为追收的相关财产归入债务人财产的除外。

　　债务人破产宣告前，人民法院依据企业破产法第十二条或者第一百零八条的规定裁定驳回破产申请或者终结破产程序的，上述中止审理的案件应当依法恢复审理。

【条文主旨】……………………………………………………（274）
【规范目的】……………………………………………………（274）
【原理与适用】…………………………………………………（275）
　　一、代位权诉讼的中止 ……………………………………（275）
　　二、驳回诉讼请求的例外 …………………………………（276）
　　三、驳回破产申请或终结破产程序后的恢复审理 ………（277）
【法律、司法解释及案例】……………………………………（277）

第二十二条　【破产受理前基于债务人财产诉讼的执行】

　　破产申请受理前，债权人就债务人财产向人民法院提起本规定第二十一条第一款所列诉讼，人民法院已经作出生效民事判决书或者调解书但尚未执行完毕的，破产申请受理后，相关执行行为应当依据企业破产法第十九条的规定中止，债权人应当依法向管理人申报相关债权。

【条文主旨】……………………………………………………（279）
【规范目的】……………………………………………………（279）
【原理与适用】…………………………………………………（279）
【法律、司法解释及案例】……………………………………（281）

第二十三条 【破产受理后基于债务人财产诉讼的受理】

破产申请受理后，债权人就债务人财产向人民法院提起本规定第二十一条第一款所列诉讼的，人民法院不予受理。

债权人通过债权人会议或者债权人委员会，要求管理人依法向次债务人、债务人的出资人等追收债务人财产，管理人无正当理由拒绝追收，债权人会议依据企业破产法第二十二条的规定，申请人民法院更换管理人的，人民法院应予支持。

管理人不予追收，个别债权人代表全体债权人提起相关诉讼，主张次债务人或者债务人的出资人等向债务人清偿或者返还债务人财产，或者依法申请合并破产的，人民法院应予受理。

【条文主旨】………………………………………………………（281）
【规范目的】………………………………………………………（281）
【原理与适用】……………………………………………………（282）
　一、法律原理 ……………………………………………………（282）
　二、法律适用 ……………………………………………………（283）
【法律、司法解释及案例】………………………………………（284）

第二十四条 【非正常收入的追回】

债务人有企业破产法第二条第一款规定的情形时，债务人的董事、监事和高级管理人员利用职权获取的以下收入，人民法院应当认定为企业破产法第三十六条规定的非正常收入：

（一）绩效奖金；

（二）普遍拖欠职工工资情况下获取的工资性收入；

（三）其他非正常收入。

债务人的董事、监事和高级管理人员拒不向管理人返还上述债务人财产，管理人主张上述人员予以返还的，人民法院应予支持。

债务人的董事、监事和高级管理人员因返还第一款第（一）项、第（三）项非正常收入形成的债权，可以作为普通破产债权清偿。因返还第一款第（二）项非正常收入形成的债权，依据企业破产法第一百一十三条第三款的规定，按照该企业职工平均工资计算的部分作为拖欠职工工资清偿；高出该企业职工平均工资计算的部分，可以作为普通破产债权清偿。

【条文主旨】………………………………………………………（290）

【规范目的】……………………………………………………………（290）
【原理与适用】…………………………………………………………（291）
 一、管理人追回非正常收入的相关原理……………………………（291）
  （一）高级管理人员的界定…………………………………………（291）
  （二）非正常收入的界定……………………………………………（291）
 二、管理人追回非正常收入的程序…………………………………（293）
 三、管理人如何处理追回的非正常收入……………………………（293）
  （一）全部纳入债务人财产向全体债权人进行分配………………（293）
  （二）分情况处理因非正常收入形成的债权………………………（293）
【法律、司法解释及案例】……………………………………………（294）

第二十五条 【质物和留置物的取回和变价】

管理人拟通过清偿债务或者提供担保取回质物、留置物，或者与质权人、留置权人协议以质物、留置物折价清偿债务等方式，进行对债权人利益有重大影响的财产处分行为的，应当及时报告债权人委员会。未设立债权人委员会的，管理人应当及时报告人民法院。

【条文主旨】……………………………………………………………（297）
【规范目的】……………………………………………………………（297）
【原理与适用】…………………………………………………………（298）
 一、管理人取回质物、留置物的法律规定和相关原理……………（298）
  （一）《物权法》的相关规定………………………………………（298）
  （二）《企业破产法》的相关规定…………………………………（298）
  （三）《企业破产法》的强调规定…………………………………（299）
 二、管理人以质物、留置物折价方式清偿债务的相关原理………（299）
  （一）《企业破产法》的相关规定…………………………………（299）
  （二）折价清偿的原理………………………………………………（299）
 三、管理人取回质物、留置物或者以折价方式清偿应当报告债权人委员会或者人民法院的相关原理………………………………（300）
  （一）关于债权人委员会的监督职权………………………………（300）
  （二）《企业破产法》关于管理人和债权人委员会关系的规定…（300）
 四、管理人进行相关行为的办法……………………………………（301）
  （一）管理人的判断…………………………………………………（301）
  （二）履行的程序……………………………………………………（301）

五、债权人委员会监督的办法 ……………………………………（302）
　　（一）债权人委员会的监督措施 …………………………（302）
　　（二）债权人委员会监督的效力 …………………………（303）
六、剩余价款的处理 ……………………………………………（303）
【法律、司法解释及案例】………………………………………（303）

第二十六条　【非债务人财产取回权的行使时间】

权利人依据企业破产法第三十八条的规定行使取回权，应当在破产财产变价方案或者和解协议、重整计划草案提交债权人会议表决前向管理人提出。权利人在上述期限后主张取回相关财产的，应当承担延迟行使取回权增加的相关费用。

【条文主旨】………………………………………………………（306）
【规范目的】………………………………………………………（306）
【原理与适用】……………………………………………………（306）
一、一般取回权的理论基础 …………………………………（307）
　　（一）对债务人占有的财产享有所有权的人行使一般取回权 ……（307）
　　（二）用益物权人基于用益物权行使一般取回权 …………（310）
　　（三）基于对财产享有合法的占有权而产生的取回权 ……（311）
二、一般取回权的特征 …………………………………………（311）
三、本条解释的具体适用 ………………………………………（313）
【法律、司法解释及案例】………………………………………（315）

第二十七条　【非债务人财产取回权的异议与诉讼】

权利人依据企业破产法第三十八条的规定向管理人主张取回相关财产，管理人不予认可，权利人以债务人为被告向人民法院提起诉讼请求行使取回权的，人民法院应予受理。

权利人依据人民法院或者仲裁机关的相关生效法律文书向管理人主张取回所涉争议财产，管理人以生效法律文书错误为由拒绝其行使取回权的，人民法院不予支持。

【条文主旨】………………………………………………………（318）
【规范目的】………………………………………………………（318）
【原理与适用】……………………………………………………（319）

一、有关破产取回权权利性质的理论争议 …………………………(319)
　　二、本条的理解和运用 ……………………………………………(320)
【法律、司法解释及案例】………………………………………………(322)

第二十八条 【非债务人财产取回权行使的对待给付】
权利人行使取回权时未依法向管理人支付相关的加工费、保管费、托运费、委托费、代销费等费用，管理人拒绝其取回相关财产的，人民法院应予支持。

【条文主旨】………………………………………………………………(325)
【规范目的】………………………………………………………………(325)
【原理与适用】……………………………………………………………(326)
　　一、取回权行使对待给付义务的理论基础 ……………………………(326)
　　二、本条的理解与适用 ……………………………………………(326)
【法律、司法解释及案例】………………………………………………(329)

第二十九条 【需及时变现财产取回权的行使】
对债务人占有的权属不清的鲜活易腐等不易保管的财产或者不及时变现价值将严重贬损的财产，管理人及时变价并提存变价款后，有关权利人就该变价款行使取回权的，人民法院应予支持。

【条文主旨】………………………………………………………………(331)
【规范目的】………………………………………………………………(331)
【原理与适用】……………………………………………………………(331)
　　一、管理人对不易保管财产进行处置和提存的理论依据 ……………(331)
　　二、本条的理解与适用 ……………………………………………(332)
【法律、司法解释及案例】………………………………………………(334)

第三十条 【违法转让构成善意取得时原财产权利人的权利行使】
债务人占有的他人财产被违法转让给第三人，依据物权法第一百零六条的规定第三人已善意取得财产所有权，原权利人无法取回该财产的，人民法院应当按照以下规定处理：

（一）转让行为发生在破产申请受理前的，原权利人因财产损失形成的债权，作为普通破产债权清偿；

　　（二）转让行为发生在破产申请受理后的，因管理人或者相关人员执行职务导致原权利人损害产生的债务，作为共益债务清偿。

【条文主旨】……………………………………………………（336）
【规范目的】……………………………………………………（336）
【原理与适用】…………………………………………………（337）
　　一、善意取得的基本原理 ……………………………………（337）
　　二、破产申请受理前的无权处分受让人构成善意取得的处理 ………（341）
　　三、破产申请受理后的无权处分受让人构成善意取得的处理 ………（342）
【法律、司法解释及案例】……………………………………（344）

第三十一条　【违法转让未构成善意取得时受让人的权利行使】

　　债务人占有的他人财产被违法转让给第三人，第三人已向债务人支付了转让价款，但依据物权法第一百零六条的规定未取得财产所有权，原权利人依法追回转让财产的，对因第三人已支付对价而产生的债务，人民法院应当按照以下规定处理：

　　（一）转让行为发生在破产申请受理前的，作为普通破产债权清偿；

　　（二）转让行为发生在破产申请受理后的，作为共益债务清偿。

【条文主旨】……………………………………………………（348）
【规范目的】……………………………………………………（348）
【原理与适用】…………………………………………………（348）
　　一、违法转让未构成善意取得时受让人权利行使的基础 …………（348）
　　二、本条的理解与适用 ………………………………………（350）
　　　　（一）关于损失额的确定 ……………………………………（350）
　　　　（二）破产申请受理前非法转让行为的第三人之权利保护 ………（351）
　　　　（三）破产申请受理后非法转让行为的第三人之权利保护 ………（352）
【法律、司法解释及案例】……………………………………（352）

第三十二条 【占有物毁损、灭失时代偿性取回权的行使】

债务人占有的他人财产毁损、灭失,因此获得的保险金、赔偿金、代偿物尚未交付给债务人,或者代偿物虽已交付给债务人但能与债务人财产予以区分的,权利人主张取回就此获得的保险金、赔偿金、代偿物的,人民法院应予支持。

保险金、赔偿金已经交付给债务人,或者代偿物已经交付给债务人且不能与债务人财产相区分的,人民法院应当按照以下规定处理:

(一)财产毁损、灭失发生在破产申请受理前的,权利人因财产损失形成的债权,作为普通破产债权清偿;

(二)财产毁损、灭失发生在破产申请受理后的,因管理人或者相关人员执行职务导致权利人损害产生的债务,作为共益债务清偿。

债务人占有的他人财产毁损、灭失,没有获得相应的保险金、赔偿金、代偿物,或者保险金、赔偿物、代偿物不足以弥补其损失的部分,人民法院应当按照本条第二款的规定处理。

【条文主旨】……………………………………………………………(354)
【规范目的】……………………………………………………………(355)
【原理与适用】…………………………………………………………(355)
 一、代偿取回权的立法实践……………………………………(356)
 二、代偿取回权的学术观点……………………………………(357)
 三、代偿取回权设立的必要性及其与赔偿请求权的关系………(358)
 四、代偿取回权的标的…………………………………………(359)
 五、代偿取回权产生的原因……………………………………(362)
 六、代偿取回权的行使…………………………………………(363)
  (一)代偿取回权行使的途径………………………………(363)
  (二)代偿取回权行使的方式………………………………(364)
  (三)代偿取回权人的义务…………………………………(365)
  (四)代偿取回权与重整程序的关系………………………(365)
  (五)代偿取回权的选择行使………………………………(365)
 七、占有物毁损、灭失时代偿物欠缺时的权利行使…………(366)
  (一)处理债务人占有他人财产毁损、灭失的法理基础及赔偿范围……………………………………………………(366)
  (二)债务人免责的情形……………………………………(367)
  (三)管理人职务行为与非职务行为的判断标准…………(369)
【法律、司法解释及案例】……………………………………………(371)

第三十三条 【占有物转让、毁损、灭失时管理人等的责任】

管理人或者相关人员在执行职务过程中，因故意或者重大过失不当转让他人财产或者造成他人财产毁损、灭失，导致他人损害产生的债务作为共益债务，由债务人财产随时清偿不足弥补损失，权利人向管理人或者相关人员主张承担补充赔偿责任的，人民法院应予支持。

上述债务作为共益债务由债务人财产随时清偿后，债权人以管理人或者相关人员执行职务不当导致债务人财产减少给其造成损失为由提起诉讼，主张管理人或者相关人员承担相应赔偿责任的，人民法院应予支持。

【条文主旨】………………………………………………………………（375）
【规范目的】………………………………………………………………（375）
【原理与适用】……………………………………………………………（376）
　一、管理人承担法律责任的理论依据…………………………………（376）
　二、管理人及相关人员承担民事法律责任的标准……………………（378）
　三、管理人及相关人员是否构成故意或重大过失的判断……………（381）
　四、向管理人或者相关人员主张赔偿责任的条件和顺序……………（383）
【法律、司法解释及案例】………………………………………………（385）

第三十四条 【所有权保留买卖合同的挑拣履行】

买卖合同双方当事人在合同中约定标的物所有权保留，在标的物所有权未依法转移给买受人前，一方当事人破产的，该买卖合同属于双方均未履行完毕的合同，管理人有权依据企业破产法第十八条的规定决定解除或者继续履行合同。

【条文主旨】………………………………………………………………（387）
【规范目的】………………………………………………………………（387）
【原理与适用】……………………………………………………………（387）
　一、出卖人或者买受人的管理人挑拣履行所有权保留买卖合同的法理
　　　分析…………………………………………………………………（387）
　　（一）所有权保留买卖合同的基本原理……………………………（388）
　　（二）所有权保留买卖合同一方当事人破产时其管理人对尚未履行
　　　　　完毕的合同的解除………………………………………………（392）
　二、出卖人或者买受人的管理人挑拣履行所有权保留买卖合同的法律

适用 …………………………………………………………………（393）
　（一）所有权保留买卖合同尚未履行完毕的认定标准 …………（394）
　（二）一方当事人破产时其管理人有权挑拣履行所有权保留
　　　　买卖合同 ……………………………………………………（394）
【法律、司法解释及案例】………………………………………………（395）

第三十五条【出卖人破产决定继续履行合同时买卖合同
　　　　　　　出卖人取回权的行使】

出卖人破产，其管理人决定继续履行所有权保留买卖合同的，买受人应当按照原买卖合同的约定支付价款或者履行其他义务。

买受人未依约支付价款或者履行完毕其他义务，或者将标的物出卖、出质或者作出其他不当处分，给出卖人造成损害，出卖人管理人依法主张取回标的物的，人民法院应予支持。但是，买受人已经支付标的物总价款百分之七十五以上或者第三人善意取得标的物所有权或者其他物权的除外。

因本条第二款规定未能取回标的物，出卖人管理人依法主张买受人继续支付价款、履行完毕其他义务，以及承担相应赔偿责任的，人民法院应予支持。

【条文主旨】………………………………………………………………（397）
【规范目的】………………………………………………………………（397）
【原理与适用】……………………………………………………………（398）
　一、出卖人破产时管理人决定继续履行合同和行使合同取回权的
　　　法理分析 ……………………………………………………（398）
　　（一）出卖人取回权的法律性质 ………………………………（398）
　　（二）出卖人取回权的行使条件 ………………………………（401）
　二、出卖人破产时管理人决定继续履行合同和行使取回权的
　　　法律适用 ……………………………………………………（403）
　　（一）出卖人破产时管理人有权选择继续履行所有权保留买卖
　　　　　合同 …………………………………………………（403）
　　（二）买受人有违约或者危害债权行为时出卖人管理人可以行使
　　　　　取回权 ………………………………………………（403）
　　（三）买受人的回赎权和出卖人管理人的再卖权 ………………（404）
【法律、司法解释及案例】………………………………………………（405）

第三十六条 【出卖人破产决定解除合同时出卖人追收权利的行使】

出卖人破产,其管理人决定解除所有权保留买卖合同,并依据企业破产法第十七条的规定要求买受人向其交付买卖标的物的,人民法院应予支持。

买受人以其不存在未依约支付价款或者履行完毕其他义务,或者将标的物出卖、出质或者作出其他不当处分情形抗辩的,人民法院不予支持。

买受人依法履行合同义务并依据本条第一款将买卖标的物交付出卖人管理人后,买受人已支付价款损失形成的债权作为共益债务清偿。但是,买受人违反合同约定,出卖人管理人主张上述债权作为普通破产债权清偿的,人民法院应予支持。

【条文主旨】 ·· (407)
【规范目的】 ·· (407)
【原理与适用】 ·· (408)
　一、出卖人破产时管理人决定解除合同和收回买卖标的物的法理
　　　分析 ·· (408)
　　（一）合同解除的效力 ······································ (408)
　　（二）合同解除时买受人不享有抗辩权 ························ (408)
　　（三）合同解除后的效果 ···································· (409)
　二、出卖人破产时管理人决定解除合同和收回买卖标的物的法律
　　　适用 ·· (410)
【法律、司法解释及案例】 ······································ (410)

第三十七条 【买受人破产决定继续履行合同时买卖合同
　　　　　　　　出卖人取回权的行使】

买受人破产,其管理人决定继续履行所有权保留买卖合同的,原买卖合同中约定的买受人支付价款或者履行其他义务的期限在破产申请受理时视为到期,买受人管理人应当及时向出卖人支付价款或者履行其他义务。

> 买受人管理人无正当理由未及时支付价款或者履行完毕其他义务，或者将标的物出卖、出质或者作出其他不当处分，出卖人造成损害，给出卖人依据合同法第一百三十四条等规定主张取回标的物的，人民法院应予支持。但是，买受人已支付标的物总价款百分之七十五以上或者第三人善意取得标的物所有权或者其他物权的除外。
>
> 因本条第二款规定未能取回标的物，出卖人依法主张买受人继续支付价款、履行完毕其他义务，以及承担相应赔偿责任的，人民法院应予支持。对因买受人未支付价款或者未履行完毕其他义务，以及买受人管理人将标的物出卖、出质或者作出其他不当处分导致出卖人损害产生的债务，出卖人主张作为共益债务清偿的，人民法院应予支持。

【条文主旨】…………………………………………………（412）
【规范目的】…………………………………………………（412）
【原理与适用】………………………………………………（413）
　一、买受人管理人决定继续履行合同和出卖人取回标的物的法理
　　　分析……………………………………………………（413）
　　（一）买受人破产时所有权保留买卖合同债权加速到期…………（413）
　　（二）买受人管理人违约或者危害债权时出卖人行使取回权的
　　　　　问题………………………………………………（414）
　二、买受人管理人决定继续履行合同和出卖人取回标的物的法律
　　　适用……………………………………………………（417）
【法律、司法解释及案例】…………………………………（418）

第三十八条　【买受人破产决定解除合同时出卖人破产取回权的行使】

> 买受人破产，其管理人决定解除所有权保留买卖合同，出卖人依据企业破产法第三十八条的规定主张取回买卖标的物的，人民法院应予支持。
>
> 出卖人取回买卖标的物，买受人管理人主张出卖人返还已支付价款的，人民法院应予支持。取回的标的物价值明显减少给出卖人造成损失的，出卖人可从买受人已支付价款中优先予以抵扣后，将剩余部分返还给买受人；对买受人已支付价款不足以弥补出卖人标的物价值减损损失形成的债权，出卖人主张作为共益债务清偿的，人民法院应予支持。

【条文主旨】……………………………………………………………（420）
【规范目的】……………………………………………………………（420）
【原理与适用】…………………………………………………………（421）
  一、买受人管理人决定解除所有权保留买卖合同和出卖人行使
    取回权的法理分析…………………………………………（421）
    （一）买受人管理人决定解除合同时出卖人享有破产法上的
        取回权………………………………………………（421）
    （二）出卖人未能以买受人已经支付的价款抵销的损失可以作为
        买受人的共益债务予以清偿……………………………（421）
  二、买受人管理人决定解除合同和出卖人行使取回权的法律
    适用…………………………………………………………（422）
【法律、司法解释及案例】……………………………………………（423）

第三十九条　【在途标的物取回权的行使】

> 出卖人依据企业破产法第三十九条的规定，通过通知承运人或者实际占有人中止运输、返还货物、变更到达地，或者将货物交给其他收货人等方式，对在运途中标的物主张了取回权但未能实现，或者在货物未达管理人前已向管理人主张取回在运途中标的物，在买卖标的物到达管理人后，出卖人向管理人主张取回的，管理人应予准许。
>
> 出卖人对在运途中标的物未及时行使取回权，在买卖标的物到达管理人后向管理人行使在运途中标的物取回权的，管理人不应准许。

【条文主旨】……………………………………………………………（424）
【规范目的】……………………………………………………………（425）
【原理与适用】…………………………………………………………（425）
  一、出卖人行使在途标的物取回权的法理分析……………………（425）
    （一）出卖人行使在途货物取回权的法理基础………………（425）
    （二）英美法上的中途停运权制度……………………………（425）
    （三）我国的出卖人取回权制度………………………………（427）
    （四）出卖人在途标的物取回权行使不以对标的物享有所有权为
        前提条件…………………………………………………（428）
    （五）在途标的物取回权的行使以标的物"在运途中"为前提
        条件………………………………………………………（429）
    （六）出卖人在途标的物取回权的禁止条件及其例外…………（430）

二、出卖人行使在途标的物取回权的法律适用 ……………………（431）
 （一）出卖人通过行使中途停运权的方式取回在途标的物 ………（431）
 （二）出卖人通过向买受人的管理人行使取回权的方式取回标的物 ……………………………………………………………（432）
 （三）出卖标的物到达管理人后尚未行使取回权的有关问题 ……（433）
【法律、司法解释及案例】…………………………………………………（433）

第四十条　【重整期间紧急取回权的行使】

> 债务人重整期间，权利人要求取回债务人合法占有的权利人的财产，不符合双方事先约定条件的，人民法院不予支持。但是，因管理人或者自行管理的债务人违反约定，可能导致取回物被转让、毁损、灭失或者价值明显减少的除外。

【条文主旨】…………………………………………………………………（435）
【规范目的】…………………………………………………………………（435）
【原理与适用】………………………………………………………………（435）
 一、重整期间权利人行使紧急取回权的法理分析 ………………………（435）
 二、重整期间权利人紧急取回权的法律适用 ……………………………（436）
  （一）重整期间的开始 …………………………………………………（436）
  （二）违反约定可能导致取回权人的相关财产受损的情形 ………（437）
【法律、司法解释及案例】…………………………………………………（438）

第四十一条　【破产抵销权的行使】

> 债权人依据企业破产法第四十条的规定行使抵销权，应当向管理人提出抵销主张。
> 管理人不得主动抵销债务人与债权人的互负债务，但抵销使债务人财产受益的除外。

【条文主旨】…………………………………………………………………（439）
【规范目的】…………………………………………………………………（439）
【原理与适用】………………………………………………………………（440）
 一、破产抵销权概述 …………………………………………………………（440）
 二、我国关于破产抵销权的法律规定 ……………………………………（441）
 三、对本条规定的理解与适用 ……………………………………………（441）

（一）破产抵销权的行使方式…………………………………（441）
　　（二）破产抵销权的行使主体…………………………………（442）
　　（三）管理人行使破产抵销权的例外情形……………………（443）
【法律、司法解释及案例】……………………………………………（444）

第四十二条　【破产抵销的生效】

　　管理人收到债权人提出的主张债务抵销的通知后，经审查无异议的，抵销自管理人收到通知之日起生效。
　　管理人对抵销主张有异议的，应当在约定的异议期限内或者自收到主张债务抵销的通知之日起三个月内向人民法院提起诉讼。无正当理由逾期提起的，人民法院不予支持。
　　人民法院判决驳回管理人提起的抵销无效诉讼请求的，该抵销自管理人收到主张债务抵销的通知之日起生效。

【条文主旨】……………………………………………………………（446）
【规范目的】……………………………………………………………（446）
【原理与适用】…………………………………………………………（447）
　一、破产抵销权的性质………………………………………………（447）
　　（一）法定抵销与合意抵销……………………………………（447）
　　（二）关于形成权的基本理论…………………………………（448）
　二、法定抵销权的效力………………………………………………（450）
　　（一）法定抵销权效力的立法例………………………………（450）
　　（二）法定抵销的溯及效力……………………………………（452）
　三、对本条规定的理解与适用………………………………………（453）
　　（一）破产抵销权的生效………………………………………（453）
　　（二）对破产抵销权的异议及救济途径………………………（454）
　　（三）破产抵销权的溯及力……………………………………（455）
【法律、司法解释及案例】……………………………………………（456）

第四十三条 【未到期债务和不同种类品质债务的破产抵销】

债权人主张抵销，管理人以下列理由提出异议的，人民法院不予支持：
（一）破产申请受理时，债务人对债权人负有的债务尚未到期；
（二）破产申请受理时，债权人对债务人负有的债务尚未到期；
（三）双方互负债务标的物种类、品质不同。

【条文主旨】……………………………………………………………（458）
【规范目的】……………………………………………………………（458）
【原理与适用】…………………………………………………………（458）
 一、破产抵销权对民法抵销权扩张适用的法理分析………………（458）
  （一）民法上抵销权简述……………………………………（459）
  （二）破产抵销权对民法抵销权之扩张……………………（459）
 二、关于破产抵销权扩张之立法例…………………………………（460）
 三、本条规定的理解与适用…………………………………………（461）
  （一）破产抵销不受债权债务期限的限制…………………（461）
  （二）破产抵销权不受债权标的物种类、品质的限制……（462）
【法律、司法解释及案例】……………………………………………（463）

第四十四条 【破产申请受理前民法抵销的无效】

破产申请受理前六个月内，债务人有企业破产法第二条第一款规定的情形，债务人与个别债权人以抵销方式对个别债权人清偿，其抵销的债权债务属于企业破产法第四十条第（二）、（三）项规定的情形之一，管理人在破产申请受理之日起三个月内向人民法院提起诉讼，主张该抵销无效的，人民法院应予支持。

【条文主旨】……………………………………………………………（465）
【规范目的】……………………………………………………………（465）
【原理与适用】…………………………………………………………（466）
 一、破产申请受理前抵销无效的法理分析…………………………（466）
  （一）诚实信用原则之要求…………………………………（466）
  （二）公平原则之体现………………………………………（467）
 二、比较法上的观察…………………………………………………（467）
 三、本条规定的理解与适用…………………………………………（469）
  （一）企业危机期间的抵销与个别清偿性质相同…………（469）

（二）企业危机期间不得抵销的两种情形……………………（470）
　　（三）管理人行使抵销权的期间………………………………（472）
【法律、司法解释及案例】……………………………………………（473）

第四十五条　【别除权人债权的抵销】

　　企业破产法第四十条所列不得抵销情形的债权人，主张以其对债务人特定财产享有优先受偿权的债权，与债务人对其不享有优先受偿权的债权抵销，债务人管理人以抵销存在企业破产法第四十条规定的情形提出异议的，人民法院不予支持。但是，用以抵销的债权大于债权人享有优先受偿权财产价值的除外。

【条文主旨】……………………………………………………………（475）
【规范目的】……………………………………………………………（475）
【原理与适用】…………………………………………………………（475）
　　一、破产抵销的禁止…………………………………………………（475）
　　二、破产抵销禁止的例外——别除权之债权………………………（476）
　　　（一）别除权的概念…………………………………………………（476）
　　　（二）别除权产生的基础权利………………………………………（477）
　　　（三）别除权之债权的优先受偿性…………………………………（478）
　　　（四）别除权之债权的破产抵销不受禁止抵销之限制……………（478）
　　三、对本条规定的理解与适用………………………………………（479）
　　　（一）享有别除权的债权的抵销……………………………………（480）
　　　（二）所抵销的债权范围……………………………………………（480）
　　　（三）应注意的几个问题……………………………………………（481）
【法律、司法解释及案例】……………………………………………（481）

第四十六条　【抵销的禁止】

　　债务人的股东主张以下列债务与债务人对其负有的债务抵销，债务人管理人提出异议的，人民法院应予支持：
　　（一）债务人股东因欠缴债务人的出资或者抽逃出资对债务人所负的债务；
　　（二）债务人股东滥用股东权利或者关联关系损害公司利益对债务人所负的债务。

【条文主旨】………………………………………………………（483）
【规范目的】………………………………………………………（484）
【原理与适用】……………………………………………………（484）
 一、破产抵销权禁止的一般理论及比较法研究……………（484）
  （一）股东出资禁止抵销的理由……………………………（486）
  （二）衡平居次原则…………………………………………（488）
 二、对本条规定的理解与适用………………………………（491）
  （一）债务人股东因欠缴出资或者抽逃出资所负债务之禁止
    抵销…………………………………………………（491）
  （二）债务人股东滥用股东权利或者关联关系所负债务之禁止
    抵销…………………………………………………（493）
【法律、司法解释及案例】………………………………………（497）

第四十七条　【破产受理后债务人衍生诉讼的管辖】

> 人民法院受理破产申请后，当事人提起的有关债务人的民事诉讼案件，应当依据企业破产法第二十一条的规定，由受理破产申请的人民法院管辖。
>
> 受理破产申请的人民法院管辖的有关债务人的第一审民事案件，可以依据民事诉讼法第三十八条的规定，由上级人民法院提审，或者报请上级人民法院批准后交下级人民法院审理。
>
> 受理破产申请的人民法院，如对有关债务人的海事纠纷、专利纠纷、证券市场因虚假陈述引发的民事赔偿纠纷等案件不能行使管辖权的，可以依据民事诉讼法第三十七条的规定，由上级人民法院指定管辖。

【条文主旨】………………………………………………………（500）
【规范目的】………………………………………………………（500）
【原理与适用】……………………………………………………（500）
 一、国外关于破产衍生诉讼管辖的立法……………………（501）
 二、我国关于破产衍生诉讼管辖的立法……………………（502）
 三、司法解释的理解与执行…………………………………（503）
【法律、司法解释及案例】………………………………………（504）

第四十八条 【法律适用】

本规定施行前本院发布的有关企业破产的司法解释,与本规定相抵触的,自本规定施行之日起不再适用。

【条文主旨】 ………………………………………………………… (506)
【规范目的】 ………………………………………………………… (507)
【原理与适用】 ……………………………………………………… (507)
  一、国外及我国立法例 ………………………………………… (507)
  二、我国关于法律适用遵循的原则 …………………………… (507)
【法律、司法解释及案例】 ………………………………………… (508)

第四部分　附　　录

中华人民共和国企业破产法
  (2006 年 8 月 27 日) ……………………………………… (511)
最高人民法院
  关于审理企业破产案件指定管理人的规定
  (2007 年 4 月 12 日) ……………………………………… (532)
最高人民法院
  关于审理企业破产案件确定管理人报酬的规定
  (2007 年 4 月 12 日) ……………………………………… (539)
最高人民法院民二庭负责人就《最高人民法院关于审理企业破产
  案件指定管理人的规定》和《最高人民法院关于审理企业破产
  案件确定管理人报酬的规定》答记者问 …………………… (542)
最高人民法院
  关于《中华人民共和国企业破产法》施行时尚未审结的
  企业破产案件适用法律若干问题的规定
  (2007 年 4 月 25 日) ……………………………………… (551)
最高人民法院有关部门负责人就《最高人民法院关于〈中华人民
  共和国企业破产法〉施行时尚未审结的企业破产案件
  适用法律若干问题的规定》答记者问 ……………………… (554)
《最高人民法院关于〈中华人民共和国企业破产法〉施行时
  尚未审结的企业破产案件适用法律若干
  问题的规定》的理解与适用 …………… 宋晓明　张勇健　刘　敏 (560)

最高人民法院
　关于正确适用《中华人民共和国企业破产法》若干问题的规定（一），
　　充分发挥人民法院审理企业破产案件司法职能作用的通知
　　　（2011年9月21日） ································· (571)
最高人民法院
　关于债权人对人员下落不明或者财产状况不清的债务人申请破产
　　清算案件如何处理的批复
　　　（2008年8月7日） ··································· (573)
《最高人民法院关于债权人对人员下落不明或者财产状况不清的
　债务人申请破产清算案件如何处理的批复》的
　　理解与适用 ···················· 宋晓明　张勇健　刘　敏（574）
最高人民法院
　关于依法审理和执行被风险处置证券公司相关案件的通知
　　　（2009年5月26日） ································· (581)
解读《最高人民法院关于依法审理和执行被风险处置证券公司相关
　案件的通知》 ···················· 宋晓明　张勇健　刘　敏（584）
最高人民法院
　关于正确审理企业破产案件为维护市场经济秩序提供司法保障
　　若干问题的意见
　　　（2009年6月12日） ································· (586)
防范化解债务风险　倾力挽救危困企业
　　——最高人民法院民二庭负责人就正确审理企业破产案件
　　　若干问题的意见答记者问 ································· (592)
解读《最高人民法院关于正确审理企业破产案件为维护市场经济秩序
　提供司法保障若干问题的意见》 ········ 宋晓明　张勇健　刘　敏（600）
最高人民法院
　关于审理公司强制清算案件工作座谈会纪要
　　　（2009年11月4日） ································· (612)
规范公司退出行为　维护市场运行秩序
　　——最高人民法院民二庭负责人就《审理公司强制清算案件
　　　工作座谈会纪要》答记者问 ····························· (621)
《最高人民法院关于审理公司强制清算案件工作座谈会纪要》的
　理解与适用 ···················· 宋晓明　张勇健　刘　敏（628）

最高人民法院
　　关于受理借用国际金融组织和外国政府贷款偿还任务尚未落实的
　　　　企业破产申请问题的通知
　　　　　（2009年12月3日）……………………………………（635）
解读《最高人民法院关于受理借用国际金融组织和外国政府贷款
　　偿还任务尚未落实的企业破产申请问题的通知》…………杨征宇（636）
最高人民法院
　　关于审理上市公司破产重整案件工作座谈会纪要
　　　　（2012年10月29日）…………………………………（638）
《最高人民法院关于审理上市公司破产重整案件
　　工作座谈会纪要》的理解与适用…………宋晓明　张勇健　赵　柯（642）
最高人民法院
　　关于个人独资企业清算是否可以参照适用企业破产法规定的破产
　　　　清算程序的批复
　　　　（2012年12月11日）…………………………………（648）
《最高人民法院关于个人独资企业清算是否可以参照适用企业破产法规定的
　　破产清算程序的批复》的理解与适用………宋晓明　张勇健　刘　敏（649）
公正高效审理证券公司破产案件，为巩固证券公司综合治理成果、
　　促进证券市场健康发展提供有力司法保障
　　　　——最高人民法院相关负责人在全国法院证券公司
　　　　　　破产案件审理工作座谈会上的讲话
　　　　（2007年11月19日）…………………………………（652）
最高人民法院
　　关于印发《人民法院破产程序法律文书样式（试行）》的通知
　　　　（2011年10月13日）…………………………………（665）
　　附：人民法院破产程序法律文书样式（试行）………………（668）
最高人民法院
　　关于印发《管理人破产程序工作文书样式（试行）》的通知
　　　　（2011年10月13日）…………………………………（770）
　　附：管理人破产程序工作文书样式（试行）…………………（772）

【第一部分·条文全本】

【木全文榮・舍弟一榮】

最高人民法院
关于适用《中华人民共和国企业破产法》若干问题的规定（一）

法释〔2011〕22号

（2011年8月29日最高人民法院审判委员会第1527次会议通过 自2011年9月26日起施行）

为正确适用《中华人民共和国企业破产法》，结合审判实践，就人民法院依法受理企业破产案件适用法律问题作出如下规定。

第一条 债务人不能清偿到期债务并且具有下列情形之一的，人民法院应当认定其具备破产原因：

（一）资产不足以清偿全部债务；

（二）明显缺乏清偿能力。

相关当事人以对债务人的债务负有连带责任的人未丧失清偿能力为由，主张债务人不具备破产原因的，人民法院应不予支持。

第二条 下列情形同时存在的，人民法院应当认定债务人不能清偿到期债务：

（一）债权债务关系依法成立；

（二）债务履行期限已经届满；

（三）债务人未完全清偿债务。

第三条 债务人的资产负债表，或者审计报告、资产评估报告等显示其全部资产不足以偿付全部负债的，人民法院应当认定债务人资产不足以清偿全部债务，但有相反证据足以证明债务人资产能够偿付全部负债的除外。

第四条 债务人账面资产虽大于负债，但存在下列情形之一的，人民法院应当认定其明显缺乏清偿能力：

（一）因资金严重不足或者财产不能变现等原因，无法清偿债务；

（二）法定代表人下落不明且无其他人员负责管理财产，无法清偿债务；

（三）经人民法院强制执行，无法清偿债务；

（四）长期亏损且经营扭亏困难，无法清偿债务；

（五）导致债务人丧失清偿能力的其他情形。

第五条 企业法人已解散但未清算或者未在合理期限内清算完毕，债权人申请债务人破产清算的，除债务人在法定异议期限内举证证明其未出现破产原因外，人民法院应当受理。

第六条 债权人申请债务人破产的，应当提交债务人不能清偿到期债务的有关证据。债务人对债权人的申请未在法定期限内向人民法院提出异议，或者异议不成立的，人民法院应当依法裁定受理破产申请。

受理破产申请后，人民法院应当责令债务人依法提交其财产状况说明、债务清册、债权清册、财务会计报告等有关材料，债务人拒不提交的，人民法院可以对债务人的直接责任人员采取罚款等强制措施。

第七条 人民法院收到破产申请时，应当向申请人出具收到申请及所附证据的书面凭证。

人民法院收到破产申请后应当及时对申请人的主体资格、债务人的主体资格和破产原因，以及有关材料和证据等进行审查，并依据企业破产法第十条的规定作出是否受理的裁定。

人民法院认为申请人应当补充、补正相关材料的，应当自收到破产申请之日起五日内告知申请人。当事人补充、补正相关材料的期间不计入企业破产法第十条规定的期限。

第八条 破产案件的诉讼费用，应根据企业破产法第四十三条的规定，从债务人财产中拨付。相关当事人以申请人未预先交纳诉讼费用为由，对破产申请提出异议的，人民法院不予支持。

第九条 申请人向人民法院提出破产申请，人民法院未接收其申请，或者未按本规定第七条执行的，申请人可以向上一级人民法院提出破产申请。

上一级人民法院接到破产申请后，应当责令下级法院依法审查并及时作出是否受理的裁定；下级法院仍不作出是否受理裁定的，上一级人民法院可以径行作出裁定。

上一级人民法院裁定受理破产申请的，可以同时指令下级人民法院审理该案件。

最高人民法院
关于适用《中华人民共和国企业破产法》若干问题的规定（二）

法释〔2013〕22号

（2013年7月29日最高人民法院审判委员会第1586次会议通过 自2013年9月16日起施行）

根据《中华人民共和国企业破产法》《中华人民共和国物权法》《中华人民共和国合同法》等相关法律，结合审判实践，就人民法院审理企业破产案件中认定债务人财产相关的法律适用问题，制定本规定。

第一条 除债务人所有的货币、实物外，债务人依法享有的可以用货币估价并可以依法转让的债权、股权、知识产权、用益物权等财产和财产权益，人民法院均应认定为债务人财产。

第二条 下列财产不应认定为债务人财产：

（一）债务人基于仓储、保管、承揽、代销、借用、寄存、租赁等合同或者其他法律关系占有、使用的他人财产；

（二）债务人在所有权保留买卖中尚未取得所有权的财产；

（三）所有权专属于国家且不得转让的财产；

（四）其他依照法律、行政法规不属于债务人的财产。

第三条 债务人已依法设定担保物权的特定财产，人民法院应当认定为债务人财产。

对债务人的特定财产在担保物权消灭或者实现担保物权后的剩余部分，在破产程序中可用以清偿破产费用、共益债务和其他破产债权。

第四条 债务人对按份享有所有权的共有财产的相关份额，或者共同享有所有权的共有财产的相应财产权利，以及依法分割共有财产所得部分，人民法院均应认定为债务人财产。

人民法院宣告债务人破产清算，属于共有财产分割的法定事由。人民法院裁定债务人重整或者和解的，共有财产的分割应当依据物权法第九十九条的规定进行；基于重整或者和解的需要必须分割共有财产，管理人请求分割的，人民法院应予准许。

因分割共有财产导致其他共有人损害产生的债务，其他共有人请求作为共益债务清偿的，人民法院应予支持。

第五条 破产申请受理后，有关债务人财产的执行程序未依照企业破产法第十九条的规定中止的，采取执行措施的相关单位应当依法予以纠正。依法执行回转的财产，人民法院应当认定为债务人财产。

第六条 破产申请受理后，对于可能因有关利益相关人的行为或者其他原因，影响破产程序依法进行的，受理破产申请的人民法院可以根据管理人的申请或者依职权，对债务人的全部或者部分财产采取保全措施。

第七条 对债务人财产已采取保全措施的相关单位，在知悉人民法院已裁定受理有关债务人的破产申请后，应当依照企业破产法第十九条的规定及时解除对债务人财产的保全措施。

第八条 人民法院受理破产申请后至破产宣告前裁定驳回破产申请，或者依据企业破产法第一百零八条的规定裁定终结破产程序的，应当及时通知原已采取保全措施并已依法解除保全措施的单位按照原保全顺位恢复相关保全措施。

在已依法解除保全的单位恢复保全措施或者表示不再恢复之前，受理破产申请的人民法院不得解除对债务人财产的保全措施。

第九条 管理人依据企业破产法第三十一条和第三十二条的规定提起诉讼，请求撤销涉及债务人财产的相关行为并由相对人返还债务人财产的，人民法院应予支持。

管理人因过错未依法行使撤销权导致债务人财产不当减损，债权人提起诉讼主张管理人对其损失承担相应赔偿责任的，人民法院应予支持。

第十条 债务人经过行政清理程序转入破产程序的，企业破产法第三十一条和第三十二条规定的可撤销行为的起算点，为行政监管机构作出撤销决定之日。

债务人经过强制清算程序转入破产程序的，企业破产法第三十一条和第三十二条规定的可撤销行为的起算点，为人民法院裁定受理强制清算申请之日。

第十一条 人民法院根据管理人的请求撤销涉及债务人财产的以明显不合理价格进行的交易的，买卖双方应当依法返还从对方获取的财产或者价款。

因撤销该交易，对于债务人应返还受让人已支付价款所产生的债务，受让人请求作为共益债务清偿的，人民法院应予支持。

第十二条 破产申请受理前一年内债务人提前清偿的未到期债务，在破产申请受理前已经到期,管理人请求撤销该清偿行为的,人民法院不予支持。但是,该清偿行为发生在破产申请受理前六个月内且债务人有企业破产法第二条第一款规定情形的除外。

第十三条 破产申请受理后,管理人未依据企业破产法第三十一条的规定请求撤销债务人无偿转让财产、以明显不合理价格交易、放弃债权行为的,债权人依据合同法第七十四条等规定提起诉讼,请求撤销债务人上述行为并将因此追回的财产归入债务人财产的,人民法院应予受理。

相对人以债权人行使撤销权的范围超出债权人的债权抗辩的,人民法院不予支持。

第十四条 债务人对以自有财产设定担保物权的债权进行的个别清偿,管理人依据企业破产法第三十二条的规定请求撤销的,人民法院不予支持。但是,债务清偿时担保财产的价值低于债权额的除外。

第十五条 债务人经诉讼、仲裁、执行程序对债权人进行的个别清偿,管理人依据企业破产法第三十二条的规定请求撤销的,人民法院不予支持。但是,债务人与债权人恶意串通损害其他债权人利益的除外。

第十六条 债务人对债权人进行的以下个别清偿,管理人依据企业破产法第三十二条的规定请求撤销的,人民法院不予支持:

(一)债务人为维系基本生产需要而支付水费、电费等的;
(二)债务人支付劳动报酬、人身损害赔偿金的;
(三)使债务人财产受益的其他个别清偿。

第十七条 管理人依据企业破产法第三十三条的规定提起诉讼,主张被隐匿、转移财产的实际占有人返还债务人财产,或者主张债务人虚构债务或者承认不真实债务的行为无效并返还债务人财产的,人民法院应予支持。

第十八条 管理人代表债务人依据企业破产法第一百二十八条的规定,以债务人的法定代表人和其他直接责任人员对所涉债务人财产的相关行为存在故意或者重大过失,造成债务人财产损失为由提起诉讼,主张上述责任人员承担相应赔偿责任的,人民法院应予支持。

第十九条 债务人对外享有债权的诉讼时效,自人民法院受理破产申请之日起中断。

债务人无正当理由未对其到期债权及时行使权利,导致其对外债权在破产申请受理前一年内超过诉讼时效期间的,人民法院受理破产申请之日起重新计算上述债权的诉讼时效期间。

第二十条 管理人代表债务人提起诉讼,主张出资人向债务人依法缴付未履行的出资或者返还抽逃的出资本息,出资人以认缴出资尚未届至公司章程规定的缴纳期限或者违反出资义务已经超过诉讼时效为由抗辩的，人民法院不予支持。

管理人依据公司法的相关规定代表债务人提起诉讼，主张公司的发起人和负有监督股东履行出资义务的董事、高级管理人员，或者协助抽逃出资的其他股东、董事、高级管理人员、实际控制人等，对股东违反出资义务或者抽逃出资承担相应责任，并将财产归入债务人财产的，人民法院应予支持。

第二十一条 破产申请受理前，债权人就债务人财产提起下列诉讼，破产申请受理时案件尚未审结的，人民法院应当中止审理：

（一）主张次债务人代替债务人直接向其偿还债务的；

（二）主张债务人的出资人、发起人和负有监督股东履行出资义务的董事、高级管理人员，或者协助抽逃出资的其他股东、董事、高级管理人员、实际控制人等直接向其承担出资不实或者抽逃出资责任的；

（三）以债务人的股东与债务人法人人格严重混同为由，主张债务人的股东直接向其偿还债务人对其所负债务的；

（四）其他就债务人财产提起的个别清偿诉讼。

债务人破产宣告后，人民法院应当依照企业破产法第四十四条的规定判决驳回债权人的诉讼请求。但是，债权人一审中变更其诉讼请求为追收的相关财产归入债务人财产的除外。

债务人破产宣告前，人民法院依据企业破产法第十二条或者第一百零八条的规定裁定驳回破产申请或者终结破产程序的，上述中止审理的案件应当依法恢复审理。

第二十二条 破产申请受理前，债权人就债务人财产向人民法院提起本规定第二十一条第一款所列诉讼，人民法院已经作出生效民事判决书或者调解书但尚未执行完毕的，破产申请受理后，相关执行行为应当依据企业破产法第十九条的规定中止，债权人应当依法向管理人申报相关债权。

第二十三条 破产申请受理后，债权人就债务人财产向人民法院提起本规定第二十一条第一款所列诉讼的，人民法院不予受理。

债权人通过债权人会议或者债权人委员会，要求管理人依法向次债务人、债务人的出资人等追收债务人财产，管理人无正当理由拒绝追收，债权人会议依据企业破产法第二十二条的规定，申请人民法院更换管理人的，人民法院应予支持。

管理人不予追收，个别债权人代表全体债权人提起相关诉讼，主张次债务人或者债务人的出资人等向债务人清偿或者返还债务人财产，或者依法申请合并破产的，人民法院应予受理。

第二十四条 债务人有企业破产法第二条第一款规定的情形时,债务人的董事、监事和高级管理人员利用职权获取的以下收入,人民法院应当认定为企业破产法第三十六条规定的非正常收入:

(一)绩效奖金;

(二)普遍拖欠职工工资情况下获取的工资性收入;

(三)其他非正常收入。

债务人的董事、监事和高级管理人员拒不向管理人返还上述债务人财产,管理人主张上述人员予以返还的,人民法院应予支持。

债务人的董事、监事和高级管理人员因返还第一款第(一)项、第(三)项非正常收入形成的债权,可以作为普通破产债权清偿。因返还第一款第(二)项非正常收入形成的债权,依据企业破产法第一百一十三条第三款的规定,按照该企业职工平均工资计算的部分作为拖欠职工工资清偿;高出该企业职工平均工资计算的部分,可以作为普通破产债权清偿。

第二十五条 管理人拟通过清偿债务或者提供担保取回质物、留置物,或者与质权人、留置权人协议以质物、留置物折价清偿债务等方式,进行对债权人利益有重大影响的财产处分行为的,应当及时报告债权人委员会。未设立债权人委员会的,管理人应当及时报告人民法院。

第二十六条 权利人依据企业破产法第三十八条的规定行使取回权,应当在破产财产变价方案或者和解协议、重整计划草案提交债权人会议表决前向管理人提出。权利人在上述期限后主张取回相关财产的,应当承担延迟行使取回权增加的相关费用。

第二十七条 权利人依据企业破产法第三十八条的规定向管理人主张取回相关财产,管理人不予认可,权利人以债务人为被告向人民法院提起诉讼请求行使取回权的,人民法院应予受理。

权利人依据人民法院或者仲裁机关的相关生效法律文书向管理人主张取回所涉争议财产,管理人以生效法律文书错误为由拒绝其行使取回权的,人民法院不予支持。

第二十八条 权利人行使取回权时未依法向管理人支付相关的加工费、保管费、托运费、委托费、代销费等费用,管理人拒绝其取回相关财产的,人民法院应予支持。

第二十九条 对债务人占有的权属不清的鲜活易腐等不易保管的财产或者不及时变现价值将严重贬损的财产,管理人及时变价并提存变价款后,有关权利人就该变价款行使取回权的,人民法院应予支持。

第三十条 债务人占有的他人财产被违法转让给第三人,依据物权法第一

百零六条的规定第三人已善意取得财产所有权,原权利人无法取回该财产的,人民法院应当按照以下规定处理:

(一)转让行为发生在破产申请受理前的,原权利人因财产损失形成的债权,作为普通破产债权清偿;

(二)转让行为发生在破产申请受理后的,因管理人或者相关人员执行职务导致原权利人损害产生的债务,作为共益债务清偿。

第三十一条 债务人占有的他人财产被违法转让给第三人,第三人已向债务人支付了转让价款,但依据物权法第一百零六条的规定未取得财产所有权,原权利人依法追回转让财产的,对因第三人已支付对价而产生的债务,人民法院应当按照以下规定处理:

(一)转让行为发生在破产申请受理前的,作为普通破产债权清偿;

(二)转让行为发生在破产申请受理后的,作为共益债务清偿。

第三十二条 债务人占有的他人财产毁损、灭失,因此获得的保险金、赔偿金、代偿物尚未交付给债务人,或者代偿物虽已交付给债务人但能与债务人财产予以区分的,权利人主张取回就此获得的保险金、赔偿金、代偿物的,人民法院应予支持。

保险金、赔偿金已经交付给债务人,或者代偿物已经交付给债务人且不能与债务人财产予以区分的,人民法院应当按照以下规定处理:

(一)财产毁损、灭失发生在破产申请受理前的,权利人因财产损失形成的债权,作为普通破产债权清偿;

(二)财产毁损、灭失发生在破产申请受理后的,因管理人或者相关人员执行职务导致权利人损害产生的债务,作为共益债务清偿。

债务人占有的他人财产毁损、灭失,没有获得相应的保险金、赔偿金、代偿物,或者保险金、赔偿物、代偿物不足以弥补其损失的部分,人民法院应当按照本条第二款的规定处理。

第三十三条 管理人或者相关人员在执行职务过程中,因故意或者重大过失不当转让他人财产或者造成他人财产毁损、灭失,导致他人损害产生的债务作为共益债务,由债务人财产随时清偿不足弥补损失,权利人向管理人或者相关人员主张承担补充赔偿责任的,人民法院应予支持。

上述债务作为共益债务由债务人财产随时清偿后,债权人以管理人或者相关人员执行职务不当导致债务人财产减少给其造成损失为由提起诉讼,主张管理人或者相关人员承担相应赔偿责任的,人民法院应予支持。

第三十四条 买卖合同双方当事人在合同中约定标的物所有权保留,在标的物所有权未依法转移给买受人前,一方当事人破产的,该买卖合同属于双方均未履行完毕的合同，管理人有权依据企业破产法第十八条的规定决定解除或者继续履行合同。

第三十五条 出卖人破产，其管理人决定继续履行所有权保留买卖合同的，买受人应当按照原买卖合同的约定支付价款或者履行其他义务。

买受人未依约支付价款或者履行完毕其他义务，或者将标的物出卖、出质或者作出其他不当处分，给出卖人造成损害，出卖人管理人依法主张取回标的物的，人民法院应予支持。但是，买受人已经支付标的物总价款百分之七十五以上或者第三人善意取得标的物所有权或者其他物权的除外。

因本条第二款规定未能取回标的物，出卖人管理人依法主张买受人继续支付价款、履行完毕其他义务，以及承担相应赔偿责任的，人民法院应予支持。

第三十六条 出卖人破产，其管理人决定解除所有权保留买卖合同，并依据企业破产法第十七条的规定要求买受人向其交付买卖标的物的，人民法院应予支持。

买受人以其不存在未依约支付价款或者履行完毕其他义务，或者将标的物出卖、出质或者作出其他不当处分情形抗辩的，人民法院不予支持。

买受人依法履行合同义务并依据本条第一款将买卖标的物交付出卖人管理人后，买受人已支付价款损失形成的债权作为共益债务清偿。但是，买受人违反合同约定，出卖人管理人主张上述债权作为普通破产债权清偿的，人民法院应予支持。

第三十七条 买受人破产，其管理人决定继续履行所有权保留买卖合同的，原买卖合同中约定的买受人支付价款或者履行其他义务的期限在破产申请受理时视为到期，买受人管理人应当及时向出卖人支付价款或者履行其他义务。

买受人管理人无正当理由未及时支付价款或者履行完毕其他义务，或者将标的物出卖、出质或者作出其他不当处分，对出卖人造成损害，出卖人依据合同法第一百三十四条等规定主张取回标的物的，人民法院应予支持。但是，买受人已支付标的物总价款百分之七十五以上或者第三人善意取得标的物所有权或者其他物权的除外。

因本条第二款规定未能取回标的物，出卖人依法主张买受人继续支付价款、履行完毕其他义务，以及承担相应赔偿责任的，人民法院应予支持。对因买受人未支付价款或者未履行完毕其他义务，以及买受人管理人将标的物出卖、出质或者作出其他不当处分导致出卖人损害产生的债务，出卖人主张作为共益债务清偿的，人民法院应予支持。

第三十八条 买受人破产，其管理人决定解除所有权保留买卖合同，出卖人依据企业破产法第三十八条的规定主张取回买卖标的物的，人民法院应予支持。

出卖人取回买卖标的物，买受人管理人主张出卖人返还已支付价款的，人民法院应予支持。取回的标的物价值明显减少给出卖人造成损失的，出卖人可从买受人已支付价款中优先予以抵扣后，将剩余部分返还给买受人；对买受人已支付价款不足以弥补出卖人标的物价值减损损失形成的债权，出卖人主张作为共益债务清偿的，人民法院应予支持。

第三十九条 出卖人依据企业破产法第三十九条的规定，通过通知承运人或者实际占有人中止运输、返还货物、变更到达地，或者将货物交给其他收货人等方式，对在运途中标的物主张了取回权但未能实现，或者在货物未达管理人前已向管理人主张取回在运途中标的物，在买卖标的物到达管理人后，出卖人向管理人主张取回的，管理人应予准许。

出卖人对在运途中标的物未及时行使取回权，在买卖标的物到达管理人后向管理人行使在运途中标的物取回权的，管理人不应准许。

第四十条 债务人重整期间，权利人要求取回债务人合法占有的权利人的财产，不符合双方事先约定条件的，人民法院不予支持。但是，因管理人或者自行管理的债务人违反约定，可能导致取回物被转让、毁损、灭失或者价值明显减少的除外。

第四十一条 债权人依据企业破产法第四十条的规定行使抵销权，应当向管理人提出抵销主张。

管理人不得主动抵销债务人与债权人的互负债务，但抵销使债务人财产受益的除外。

第四十二条 管理人收到债权人提出的主张债务抵销的通知后，经审查无异议的，抵销自管理人收到通知之日起生效。

管理人对抵销主张有异议的，应当在约定的异议期限内或者自收到主张债务抵销的通知之日起三个月内向人民法院提起诉讼。无正当理由逾期提起的，人民法院不予支持。

人民法院判决驳回管理人提起的抵销无效诉讼请求的，该抵销自管理人收到主张债务抵销的通知之日起生效。

第四十三条 债权人主张抵销，管理人以下列理由提出异议的，人民法院不予支持：

（一）破产申请受理时，债务人对债权人负有的债务尚未到期；

（二）破产申请受理时，债权人对债务人负有的债务尚未到期；

（三）双方互负债务标的物种类、品质不同。

第四十四条 破产申请受理前六个月内，债务人有企业破产法第二条第一款规定的情形，债务人与个别债权人以抵销方式对个别债权人清偿，其抵销的债权债务属于企业破产法第四十条第（二）、（三）项规定的情形之一，管理人在破产申请受理之日起三个月内向人民法院提起诉讼，主张该抵销无效的，人民法院应予支持。

第四十五条 企业破产法第四十条所列不得抵销情形的债权人，主张以其对债务人特定财产享有优先受偿权的债权，与债务人对其不享有优先受偿权的债权抵销，债务人管理人以抵销存在企业破产法第四十条规定的情形提出异议的，人民法院不予支持。但是，用以抵销的债权大于债权人享有优先受偿权财产价值的除外。

第四十六条 债务人的股东主张以下列债务与债务人对其负有的债务抵销，债务人管理人提出异议的，人民法院应予支持：

（一）债务人股东因欠缴债务人的出资或者抽逃出资对债务人所负的债务；

（二）债务人股东滥用股东权利或者关联关系损害公司利益对债务人所负的债务。

第四十七条 人民法院受理破产申请后，当事人提起的有关债务人的民事诉讼案件，应当依据企业破产法第二十一条的规定，由受理破产申请的人民法院管辖。

受理破产申请的人民法院管辖的有关债务人的第一审民事案件，可以依据民事诉讼法第三十八条的规定，由上级人民法院提审，或者报请上级人民法院批准后交下级人民法院审理。

受理破产申请的人民法院，如对有关债务人的海事纠纷、专利纠纷、证券市场因虚假陈述引发的民事赔偿纠纷等案件不能行使管辖权的，可以依据民事诉讼法第三十七条的规定，由上级人民法院指定管辖。

第四十八条 本规定施行前本院发布的有关企业破产的司法解释，与本规定相抵触的，自本规定施行之日起不再适用。

【第二部分·新闻问答】

【第二部分 新问问题探索】

依法受理破产案件　保障企业规范退市

——最高人民法院民二庭负责人就《最高人民法院关于适用〈中华人民共和国企业破产法〉若干问题的规定（一）》答记者问

问：最高人民法院出台了《关于适用〈中华人民共和国企业破产法〉若干问题的规定（一）》，主要就人民法院依法受理企业破产案件适用法律的有关问题作出了相关规定，请问出台该司法解释的背景和目的是什么？

答：《企业破产法》自2007年6月1日施行以来，在完善优胜劣汰竞争机制、优化社会资源配置、调整社会产业结构、拯救危困企业、保障债权公平有序受偿等方面发挥了积极的作用。但在实践中，有的法院尚未充分认识到《企业破产法》在调整市场经济中的重要作用，加之现行体制、机制上的各方面原因，对于申请人提出的符合法律规定的受理破产案件条件的申请，以种种理由不予立案，影响了《企业破产法》的贯彻实施。作为衡量一个国家是否是市场经济重要标准之一的《企业破产法》，其作用的发挥必须通过人民法院受理和审理破产案件来实现。从我国目前情况看，全国法院每年受理破产案件数量，相比于每年工商管理部门吊销、注销的企业数量，相差甚远。一些企业未经法定程序依法退市，严重扰乱了市场经济秩序。为了尽快扭转这种不正常局面，充分发挥企业破产法的应有作用，我们首先从法院系统内部着力，推动破产案件的受理，制定了《企业破产法司法解释（一）》。

问：《企业破产法司法解释（一）》对《企业破产法》关于企业破产原因的规定作出了进一步解释，请问人民法院在审查时应当注意哪些问题？

答：我国《企业破产法》采取概括主义立法模式对破产原因作出了规

定，但由于法律条文的表述以及我国立法所采标准的特殊性，实践中对破产原因的认定标准，存在不同理解和认识，因此有必要予以明确。根据《企业破产法》第 2 条第 1 款的规定，判断债务人是否存在破产原因有两个并列的标准，一是债务人不能清偿到期债务并且资产不足以清偿全部债务；二是债务人不能清偿到期债务并且明显缺乏清偿能力。我们在《企业破产法司法解释（一）》中通过几个条文分别对破产原因中"不能清偿到期债务"、"资产不足以清偿全部债务"和"明显缺乏清偿能力"几个关键概念作出了解释。要特别强调的是，由于民事主体具有独立的资格和地位，对每一个单独民事主体的清偿能力须分别审察，不同民事主体之间不存在清偿能力或破产原因认定上的连带关系，其他主体对债务人所负债务负有的连带责任是对债权人的责任，而不能视为债务人本人清偿能力的延伸或再生，因此，相关当事人以对债务人的债务负有连带责任的人未丧失清偿能力为由，主张债务人不具备破产原因的，人民法院应不予支持。

问：《企业破产法》第 2 条和第 7 条分别就债务人的破产原因和申请人提出债务人破产申请的条件作出了规定，请问具体应如何理解和适用？

答： 两者存在一定的差别，破产原因是人民法院在判断破产申请是否应予受理时审查的内容，而提出债务人破产申请的条件是申请人向人民法院提出债务人破产申请时应当具备的要件。对于债务人自行提出破产申请的，债务人的破产原因和其提出破产申请的条件是一致的，但对债权人而言，则差别很大。根据《企业破产法》第 7 条第 2 款的规定，债务人不能清偿到期债务是债权人提出债务人破产申请的条件，债权人向人民法院提出申请时，只要证明债务人不能清偿其到期债务即可。至于债务人系基于什么原因不能清偿其到期债务，以及债务人是否出现了"不能清偿到期债务并且资产不足以清偿全部债务"，或者"不能清偿到期债务并且明显缺乏清偿能力"的破产原因，无需债权人提出债务人破产申请时举证证明，因此，只要债权人提出申请时证明债务人不能清偿其到期债务，且债务人未能依据《企业破产法》第 10 条第 1 款的规定，及时举证证明其既非资产不足以清偿全部债务，也没有明显缺乏清偿能力的，人民法院即可当然推定债务人出现了上述两个破产原因之一。因此，在债权人申请债务人破产清算的情形下，不能清偿到期债务既是债权人提出破产申请的条件，也是债务人存在破产原因的推定依据。

问：根据《企业破产法》第 2 条第 1 款和第 7 条第 2 款的规定，不能清偿到期债务是两个破产原因的共同前提，您能否进一步解释破产原因中不能清偿到期债务这一要件的认定？

答：不能清偿到期债务是指债务人以明示或默示的形式表示其不能支付到期债务，其强调的是债务人不能清偿债务的外部客观行为，而不是债务人的财产客观状况。认定不能清偿到期债务应当同时具备三个方面的要件：第一，债权债务关系依法成立。如债务人不否认或者无正当理由否认债权债务关系，或者债务已经生效法律文书确定。这样规定的主要目的是为了防止债务人拖延破产程序启动。第二，债务人不能清偿的是已到偿还期限的债务。破产程序本质上属于概括执行程序，债务尚未到期的，债务人不负有立即履行的义务，故不应受执行程序的约束。第三，债务人未清偿债务的状态客观存在。不论债务人的客观经济状况如何，只要其没有完全清偿到期债务的，均构成不能清偿到期债务。将不能清偿到期债务作为破产原因中的主要依据，尤其是作为债权人申请债务人破产清算时破产原因的推定依据，易于为债权人发现和举证证明，能够使债权人尽早启动破产程序，从而保护债权人的合法权益。

问：资产不足以清偿全部债务是认定债务人是否具备破产原因的一个最常用的判断标准，请问人民法院应当如何把握这个标准？

答：资产不足以清偿全部债务是指债务人的实有资产不足以清偿全部债务，即通常所说的"资不抵债"或"债务超过"。资不抵债的着眼点是资债比例关系，考察债务人的偿还能力仅以实有财产为限，不考虑信用、能力等可能影响债务人清偿能力的因素，计算债务数额时，不考虑是否到期，均纳入债务总额之内。通常用来判断债务人是否资不抵债的标准为资产负债表，其反映了企业资产、负债、所有者权益的总体规模和结构，以此判断债务人的资产状况具有明确性和客观性。但是考虑到资产负债表反映的企业资产价值具有期限性和不确定性，在其由企业自行制定的情况下甚至可能存在严重的虚假情况，因此，本条同时规定审计报告或者资产评估报告等也可作为判断债务人资产总额是否资不抵债的依据。资产不足以清偿全部债务是对债务人客观偿债能力的判断，因此应当以债务人的真实财产数额为基础，如果当事人认为债务人的资产负债表，或者审计报告、资产评估报告等记载的资产状况与实际状况不符，应当允许当事人提交相应证据予以证明，推翻资产负债表、审计报告或者资产评估报告的结论。

问：《企业破产法》以债务人明显缺乏清偿能力不能清偿到期债务作为破产原因之一，立法目的在于适当扩大债务人破产原因的认定，但在具体司法实践中存在一定困难，《企业破产法司法解释（一）》特别对此作了规定，请您谈谈对这个问题的看法。

答：债务人不能清偿到期债务时通常都已资不抵债，但有的情况下，在债务人账面资产尚超过负债时，也可能因资产结构不合理，发生对到期债务缺乏现实支付能力，如现金严重不足、资产长期无法变现等而无法支付的情况。明显缺乏清偿能力的着眼点在于债务关系能否正常了结，与资不抵债的着眼点在于资债比例关系不同。《企业破产法》将"债务人不能清偿到期债务并且明显缺乏清偿能力"作为破产原因之一，目的在于涵盖"债务人不能清偿到期债务并且资产不足以清偿全部债务"之外的其他情形，以适度缓和破产程序适用标准，弱化破产原因中关于资不抵债的要求。由于企业破产法的规定过于抽象，导致实践中的认定困难，影响了该项标准的适用效果，故《企业破产法司法解释（一）》列举了明显缺乏清偿能力的几种主要情形，包括债务人因资金严重不足或财产不能变现等原因无法清偿债务、法定代表人下落不明且无其他人员负责管理财产无法清偿债务、经人民法院强制执行无法清偿债务，以及长期亏损且经营扭亏困难无法清偿债务等情形，从而减轻破产原因认定上的困难，推进破产程序的有效运行。

问：企业法人已解散但未清算或者未清算完毕，资产不足以清偿债务的，依法负有清算责任的人应当向人民法院申请破产清算。请问，在这种情形下，其他申请主体，尤其是债权人是否还有申请债务人破产清算的权利呢？

答：我国《企业破产法》采取破产申请主义，根据《企业破产法》第7条第3款规定，企业法人已解散但未清算或者未清算完毕，资产不足以清偿全部债务的，依法负有清算责任的人应当向人民法院申请破产清算。这里依法负有清算责任的人包括未清算完毕情形下已经成立的清算组，以及应清算未清算情形下依法负有启动清算程序的清算义务人。《企业破产法》此款规定的目的在于，规定依法负有清算责任的人有申请债务人破产清算的法定义务，以保障破产清算程序的及时启动。但规定此种情况下负有清算责任的人的法定义务并不意味着排除其他申请权人，尤其是债权人向人民法院申请债务人破产的权利。只要债权人申请破产条件成就，债权人就可以依据《企业破产法》第7条第2款的规定，提出对债务人的破产清算申请。因此，在债务人已解散但未清算或者未在合理期限内清算完毕，且未清偿债务的情形下，由于债务人对所有债权均负有清偿义务，故债权人以债务人未能清偿债务为由向人民法院提出破产清算申请的，人民法院就应予受理。对于债权人的申请，债务人可以依据《企业破产法》第10条的规定提出异议，如果债务人能举证证明其未出现破产原因，人民法院应当对债权人的破产清算申请不予受理，并告知债权人通过启动强制清算程序获得清偿。

问：在申请债务人破产时，举证责任是如何分配的？是否可要求债权人在申请债务人破产清算时提交债务人的财产状况说明等有关材料，人民法院能否以债权人未提交上述材料为由，裁定不予受理？

答：债权人申请债务人破产的原因是债务人不能清偿到期债务。对债权人而言，其在提出破产申请时，除需提交自身债权依法存在的证据以及破产申请外，还应当举证证明债务人存在未清偿到期债务的有关事实。由于《企业破产法》未以债务人资产不足以清偿全部债务或者明显缺乏清偿能力，作为债权人提出申请的原因或条件，因此未要求债权人申请时提交债务人的有关财务凭证等材料，事实上债权人也没有能力提交此类证据材料。人民法院应当严格按照《企业破产法》规定的上述条件，审查债权人提出的破产申请，而不应对债权人的证明责任提出不切实际的要求，变相提高债权人提出破产申请的门槛。根据《企业破产法》第11条第2款的规定，人民法院裁定受理债权人提出的破产申请后，债务人应当在法定期限内向人民法院提交相关财务凭证等材料。这表明：（1）债权人提出破产申请的，提交有关财务凭证材料的义务人为债务人，人民法院不应将此举证义务分配给债权人；（2）即便债务人不提交上述材料，只要债权人对债务人提出的破产申请符合《企业破产法》规定的上述条件，人民法院也应予以受理，不应以此为由裁定不予受理或者驳回破产申请；（3）人民法院裁定受理破产申请后，债务人不提交有关财务凭证等材料的，人民法院可以对债务人的直接责任人员依法采取罚款等强制措施。

问：我们注意到，《企业破产法司法解释（一）》特别规定，人民法院收到破产申请时应当向申请人出具收到申请及所附证据的书面凭证，并依法及时作出是否受理的裁定，请问作出该规定的目的是什么？

答：《企业破产法》规定的法定审查期限自人民法院收到申请之日起算，

考虑到实践中有的法院消极对待当事人的破产申请，不接收申请人的申请材料，或在接收申请人的申请材料后不出具收到申请及所附证据的书面凭证，导致审查期间迟迟无法开始计算，损害了当事人的合法权益。为确保人民法院依法对破产申请进行审查，方便申请人督促人民法院依法接收申请人的申请材料并在法定期限内作出是否受理破产申请的裁定，《企业破产法司法解释（一）》规定，人民法院收到申请人的申请后，负有及时向申请人出具收到申请及所附证据的书面凭证的义务，以此作为判断人民法院受理行为合法性的依据，并以此日期开始计算相关受理破产申请的法定期限。

问：人民法院收到申请人提出的破产申请后，应当从哪些方面进行审查并注意哪些问题？

答：实践中，法院在审查当事人提出的破产申请是否符合法律规定时，掌握的执法尺度不尽相同，为规范和统一人民法院对破产申请的审查行为，《企业破产法司法解释（一）》对人民法院收到破产申请后的审查内容予以明确规定。根据《企业破产法》第2条、第7条和第8条的规定，人民法院对于破产申请应从实质要件和形式要件两个方面进行审查。实质要件的审查是对申请是否符合破产程序开始条件的判断，主要包括申请人主体资格、债务人主体资格以及债务人是否具有破产原因三项内容。形式要件的审查是对申请人依法所应提交的书面材料进行的审查。考虑到人民法院在审查中可能会要求申请人对申请材料进行必要的补充、补正，《企业破产法司法解释（一）》规定，此种情况下，人民法院应当及时告知申请人所需补充或补正的事项，以避免以此为由拖延实际审查时间，损害当事人合法权益。由于人民法院对破产申请的审查须以当事人提供的材料为基础和依据，因此当事人补充、补正材料的时间不计入法定的审查期间。

问：《企业破产法》和《诉讼费用交纳办法》已经对破产案件诉讼费用的收取问题作出了相关规定，为什么在《企业破产法司法解释（一）》中作进一步规定呢？

答：正如你所说，关于企业破产案件诉讼费用的交纳问题，《企业破产法》第41条、第43条和第113条，以及《诉讼费用交纳办法》第10条、第14条、第20条和第42条等明确规定，破产案件诉讼费用作为破产费用，应在案件受理后根据破产财产情况确定数额，并从债务人财产中随时拨付，申请人不负有预交破产案件诉讼费用的义务。但在目前司法实践中，有的法院要求申请人预交破产案件诉讼费用，并在申请人未预先交纳案件诉讼费用时，以此为由裁定不予受理破产申请或者驳回破产申请,这种做法明显不符合法律规定,因此,我们在《企业破产法司法解释(一)》中进一步重申,申请人依法向人民法院申请破产的诉讼费用,从债务人财产中拨付,相关当事人以申请人未预先交纳诉讼费用为由,对破产申请提出异议的,人民法院应不予支持。

问:《企业破产法司法解释(一)》特别规定了人民法院收到破产申请后未依法裁定是否受理时其上级人民法院的审判监督职责,请问是出于什么考虑?

答:目的是加强上级法院对下级法院的监督,督促下级法院对于当事人提出的破产申请依法作出是否受理的裁定。根据企业破产法的规定,申请人提出破产申请后,人民法院应当及时审查并依法作出裁定。对于人民法院作出的不予受理裁定,申请人可依据《企业破产法》第12条的规定,向上一级法院提起上诉,以充分保证当事人的诉讼权利。但在司法实践中,有的法院对当事人的申请不予审查,或者审查后既不及时作出受理裁定亦不作出不予受理裁定,使企业破产法规定的申请人对于不予受理裁定的上诉权形同虚设,损害了申请人的权利。因此,为加强审判监督,《企业破产法司法解释(一)》特别规定在人民法院未接收申请人提出的破产申请、未向申请人出具收到申请及所附证据的书面凭证,或者未在法定期限内作出是否受理的裁定等情形下,申请人可直接向上一级人民法院提出破产申请。上一级人民法院收到破产申请后,应当责令下级法院依法审查并及时作出是否受理的裁定;下级法院仍不作出裁定的,上一级人民法院可以径行作出裁定。上一级人民法院裁定受理的,可同时指令下级人民法院审理该案件。

积极追收债务人财产　充分保障债权人利益
——最高人民法院民二庭负责人就《最高人民法院关于适用〈中华人民共和国企业破产法〉若干问题的规定（二）》答记者问

问： 为正确适用《企业破产法》，统一执法尺度，最高人民法院制定了《关于适用〈中华人民共和国企业破产法〉若干问题的规定（二）》（以下简称《规定》），请问《规定》的制定背景和出台目的是什么？

答：《企业破产法》施行以来，在保障债权公平有序受偿、完善优胜劣汰竞争机制、优化社会资源配置、调整社会产业结构、拯救危困企业等方面发挥了积极作用。破产程序作为法人退出机制中的一项重要制度，关涉一个企业的生死和众多利害关系人的利益，甚至会影响到一个地区的社会稳定和经济的持续健康发展。因此，依法审理企业破产案件，依法公正合理地保护破产企业相关利害关系人的利益，保障企业稳妥退出市场或得到有效挽救，意义重大。但是，由于企业破产法律程序繁琐，涉及大量程序性、实体性权利行使，尤其是债务人财产这部分，因涉及与《合同法》《物权法》《公司法》《侵权责任法》《证券法》《民事诉讼法》等多部法律的衔接，更为复杂，而我国目前的相关法律制度尚不完善，各地法院在审理破产案件时对债务人财产的认定掌握的执法尺度不一，影响了债权人权利的依法保护，为此，我们围绕债务人财产认定中所涉的法律适用问题制定了该司法解释。

问： 我国《企业破产法》出现了债务人财产和破产财产两个概念，请您谈谈这两个概念和债务人财产在破产程序中的重要性。

答：《企业破产法》理论中债务人财产又称为破产财团或者财团财产。

我国《企业破产法》对债务人财产这个概念在破产宣告前后的不同阶段，分别用了债务人财产和破产财产两个不同称谓，但其本质均为法人财产，二者范围是一致的。债务人财产是债务人对其债权人承担债务的责任财产，在破产程序中是债权人得以公平、有序受偿的重要物质保障。债务人财产在破产程序中具有非常重要的意义。在债务人财产的构成范围上有固定主义与膨胀主义两种立法模式。固定主义模式下，债务人财产在破产申请受理或者破产宣告时即已确定，是指破产申请受理时或破产宣告时债务人所有的财产。膨胀主义模式下，债务人财产在破产宣告后仍有所扩大膨胀，即不仅包括破产申请或者被宣告破产时债务人所有的财产，而且包括其在破产程序终结前所新取得的财产。我国《企业破产法》在破产财产范围上采用的是膨胀主义立法模式。根据我国《企业破产法》的规定，债务人财产包括破产申请受理时属于债务人的全部财产，也包括破产申请受理后至破产程序终结前债务人取得的财产，甚至包括破产程序终结后又发现的应当供分配的其他债务人财产。即，债务人财产既包括债务人破产时占有的静态财产和债务人破产时没有占有但基于相关权利依法应当追回的属于债务人的动态财产，也包括债务人继续营业时新取得的财产。破产程序中的各项实体性权利，包括撤销权、取回权、抵销权、债务人财产保全的自动解除和执行中止，以及有关债务人财产的衍生诉讼等都是紧紧围绕着债务人财产的确定、增加、减少而展开的。债务人财产的准确把握和有效追收，直接决定着破产程序能否顺利进行，以及债权人能否得到最大化的权利保护和公平受偿。司法解释分别从债务人财产的界定、撤销权、取回权、抵销权、债务人财产的保全和执行，以及有关债务人财产的衍生诉讼审理等多个角度对债务人财产作出了规定。

问：破产撤销权是破产法理论和实务中非常重要的一项法律制度，其目的在于维护全体债权人的整体利益，请问《规定》对此是如何考虑的？

答：破产撤销权是破产法为防止债务人在丧失清偿能力的情况下，通过无偿转让、非正常交易或者偏袒性清偿债务等方法损害全体或者多数债权人利益，破坏公平清偿原则而设立的特殊制度。通常情况下，只有债务人在破产程序启动时所拥有的财产才受破产法的约束，即属于债务人财产。而破产程序启动前债务人已经转让的财产原则上不属于债务人财产。但是，由于一些债务人出于种种利益动机，往往会在破产程序启动前竭力转移财产、逃避债务，或对个别债权人进行偏袒性清偿，一些债权人也利用各种不正当手段争夺财产，从而造成经济秩序的混乱，以致破产法公平清偿的立法目的无法实现。撤销权制度的设置是以维护债权人整体利益、保护公平清偿为基础的，其在一定程度上舍弃了对债务人与行为相对人交易自由的保护。通过对债务人相关行为的撤销，保全了债务人责任财产，维护了债权人相互之间的实质平等，实现了破产财产在全体债权人之间的公平分配。撤销权行使的法律后果，是使债务人在破产申请受理前法定期间内实施的损害债权人利益的行为因被撤销而丧失效力。我国《企业破产法》对撤销权作出了规定。鉴于司法实践中破产撤销权行使的复杂性特点，《规定》对一些特殊问题，如经行政清理程序或公司强制清算程序转入破产清算程序中所涉可撤销行为的起算点问题、危机期内债务人对未到期债务提前清偿和债务人个别清偿行为撤销的例外情形等作出了明确规定。

问：我国合同法和破产法分别规定了债权人撤销权和管理人撤销权，请问这两个撤销权在债务人破产后是如何衔接适用的？

答：《合同法》下债权人撤销权和《企业破产法》下管理人撤销权，均将债务人无偿转让财产、放弃债权、以明显不合理的价格转让财产这三类行为，规定为可撤销的行为。一般情况下，债务人进入破产程序后，对上述行为的撤销应由管理人依据《企业破产法》的规定予以撤销。但是我们考虑到，一方面，由于合同法撤销权和破产法撤销权行使权利的方式和期限有所不同，有的情况下管理人依据破产法不能撤销的行为，债权人依据合同法却可以撤销。另一方面，上述两个撤销权事由竞合的场合，如管理人不作为导致破产撤销权落空时，债权人也可通过行使合同法撤销权追回相关债务人财产。因此，从实现债务人财产最大化角度，《规定》规定，在管理人未依据《企业破产法》撤销债务人上述行为的，债权人可以依据《合同法》的规定提起撤销权诉讼，但这里要特别强调的是，债权人提起的该类诉讼性质上当属代表诉讼，由此追回的财产应当归入债务人财产，而不得用以清偿个别债权人，如果债权人起诉主张追回的财产应当清偿其个别债权的，人民法院对此诉讼应不予受理。

问：诉讼时效制度是民法制度下的一项重要制度，《规定》对债务人对外享有债权的诉讼时效作了进一步的规定，具体的考虑是什么？

答：根据《企业破产法》的规定，法院受理破产申请后，由管理人接管债务人的财产、印章、账簿和文书等资料，调查债务人财产状况，代表债务人参加诉讼、仲裁或者其他法律程序，替代债务人原管理层进行有关债务人财产的管理、处置、变价、分配等工作。但是，由于管理人并未参与企业原经营管理活动，其在接管后客观上需要一定的时间清理财产、查看账簿文书等，以便追收债务人财产。而且，根据《企业破产法》第17条的规定，破产申请受理后债务人的债务人应当向管理人清偿债务，因此，提出清偿要求是破产程序依法启动的题中应有之意。因此，为避免管理人接管过程中因诉讼时效超过导致债务人财产不当减损，据此，《规定》规定，债务人对外享有的债权，其诉讼时效自破产申请受理之日起中断。另外，对于债务人无正当理由未对其到期债权及时行使权利，导致其对外债权超过诉讼时效期间的不作为行为，我们认为，其实质是债务人恶意放弃其到期债权的行为。债务人放弃债权的行为包括积极的放弃行为和消极的放弃行为。对于债务人积极的放弃债权行为，管理人可通过行使破产撤销权实现有效债权的复归。但对于债务人不及时主张对外债权的消极的放弃债权行为，客观上并无可以撤销的行为，因而无法撤销。因此，为实现对债务人恶意减少其财产的消极放弃债权行为产生类似于撤销其积极放弃债权行为的法律效果，《规定》从重新计算诉讼时效的角度作出了制度安排。

问：正如您所言，债务人财产是债权人在破产程序中得以公平有序受偿的重要物质保障。破产程序启动后，对于债权人基于债务人财产提起的有关诉讼，《规定》是如何规定的？

答：债务人对外享有的债权、出资人应缴而未缴的出资，以及债务人股东与债务人财产严重混同时的股东财产等，在法律属性上都属于债务人财产。破产程序启动前，债权人就债务人财产获得清偿，贯彻的是先来先得原则，在债权人提起代位权诉讼或者起诉主张瑕疵出资股东或抽逃出资股东或严重混同股东承担相应民事责任的，人民法院应予以支持。但是破产程序启动后，所有债务人财产均应纳入到破产程序中一并清偿全体债权人，管理人应依法向债务人的债务人追收债务，以及向债务人的出资人追收欠缴出资、抽逃出资、混同财产等，以实现债务人财产的完整性，保障全体债权人利益最大化。因此，破产申请受理后，所有基于债务人财产的清偿均应通过破产程序解决，而不得通过个案诉讼、仲裁或者执行等方式获得个别清偿。对此，《规定》作出了明确规定，即，破产申请受理前，债权人基于债务人财产提起的代位权等诉讼，在破产申请受理时案件尚未审结的，法院应当中止审理，并在破产宣告后驳回债权人的诉讼请求；破产申请受理前已经就相关案件作出了生效法律文书但尚未执行完毕的，破产申请受理后，应当中止执行，债权人应当依法向管理人申报债权；破产申请受理后，债权人就债务人财产新提起的直接清偿所欠其债务的诉讼，人民法院应不予受理，债权人应当依据《企业破产法》规定的程序行使权利。

问：取回权制度是破产法下的一项重要制度。请您谈谈取回权的行使问题。

答：破产程序中涉及的取回权包括非债务人财产取回权、代偿性取回权、出卖人在途标的物取回权、出卖人取回权，这里面有破产法下的取回权，也有其他法律中规定的取回权在破产程序中的具体适用。非债务人财产取回权，是指在破产程序中对于不属于债务人的财产，其所有权人或者其他权利人通过管理人将该财产予以取回的权利，其权利行使的基础为民法上的所有权和其他财产权利。代偿性取回权，是指当非债务人财产取回权行使的标的财产毁损、灭失时，该财产的权利人依法对取回权标的物的代偿财产行使取回的权利，是对非债务人财产取回权制度的必要补充。出卖人在途标的物取回权，是《企业破产法》中规定的一项特殊的取回权，是指尚未收到全部价款的动产出卖人，将买卖标的物发送后，如果买受人在尚未收到标的物前破产的，出卖人可以请求取回标的物的权利，其目的在于担保已经脱离了对标的物控制权的出卖人获得买卖价款的权利。出卖人取回权，是《合同法》上的权利在破产程序中的行使，是指当事人在买卖合同中约定所有权保留，在标的物所有权转移前，买受人未按约定支付价款或完成特定条件，或将标的物出卖、出质或者作出其他不当处分，对出卖人造成损害的，出卖人有权主张取回买卖标的物，该权利行使时涉及与《企业破产法》下管理人挑拣履行权的衔接。《规定》对上述取回权的行使分别作出了规范。

问：请问对于债务人占有的他人财产被违法转让给第三人的，相关当事人之间的权利应当如何行使？

答：一般情况下，破产程序启动后，对于债务人占有的他人财产，财产权利人有权通过行使取回权取回其财产。但是，如果其财产被违法转让给第三人的，因涉及第三人的善意取得问题，原财产权利人的权利行使受到一定的影响。根据《物权法》第106条的规定，第三人受让被违法转让的财产符合善意取得条件的，该财产的所有权归第三人所有，原财产权利人不能对该财产行使取回权。原财产权利人有权向无处分权的债务人请求赔偿。对于该赔偿，应当根据无权处分行为发生的时间和行使的主体予以区分。如果无权处分行为发生在破产申请受理前的，因系债务人自身无权处分行为，该赔偿属于一般侵权之债的赔偿，在破产程序中应当作为普通破产债权予以清偿；如果无权处分行为发生在破产申请受理后的，因系管理人所为，根据《企业破产法》的规定，管理人或者相关人员执行职务致人损害产生的债务，应当作为共益债务予以清偿。第三人受让财产不符合善意取得条件的，第三人未取得被转让财产的所有权，原财产权利人均有权依据交付情况分别向债务人或者第三人主张取回该财产。如果第三人已经向债务人支付了转让价款，而所涉财产又被原财产权利人追回后，第三人就已支付价款损失有权向债务人主张返还。对于该损失赔偿债权，也应根据转让行为发生的时间和行使主体区分，按照普通破产债权或共益债务进行清偿。

问：请问《规定》对代偿性取回权是如何考虑的？

答：债务人占有的他人财产毁损、灭失，有相应的保险金、赔偿金、代偿物的，原财产权利人是否可以就其行使代偿性取回权问题，争议还是比较大的，主要涉及原财产权利人与全体债权人的利益平衡问题。我们在制定该《规定》时，一方面通过确立代偿性取回权制度加大对原财产权利人权利的保护力度，另一方面又通过对代偿性取回权行使范围进行必要限制的方式适度保护了其他债权人利益。即以能否将财产毁损、灭失获得的保险金、赔偿金或者代偿物与债务人财产予以区分，作为权利人能否行使代偿性取回权的前提。如果能够予以区分的，权利人可以取回就此获得的保险金、赔偿金或者代偿物；如果不能与债务人财产予以区分的，权利人则不能行使代偿性取回权，而只能根据财产毁损、灭失发生的时间分别按照普通破产债权或者共益债务在破产程序中获得清偿。

问：买卖合同约定所有权保留，在标的物所有权尚未转移给买受人前，一方当事人破产的，对于这类合同的处理与一般买卖合同的处理是否不同？与破产法是如何衔接的？

答：这里面问题比较复杂，涉及了买卖合同出卖人取回权行使和破产法下管理人挑拣履行权的行使。买卖合同一方当事人进入破产程序的，一方面是买受人未按照约定支付完毕价款或者履行其他约定条件，另一方面，基于双方合同约定，买卖标的物所有权尚未转移给买受人所有，因此该买卖合同应属双方均未履行完毕的合同。根据《企业破产法》的规定，管理人有权基于债务人利益最大化的目的，自行决定继续履行或者解除该合同。因此，该合同是否继续履行，其选择权在于破产管理人。在出卖人破产还是买受人破产的不同情形下，破产管理人是选择继续履行合同还是解除合同，对相关权利人能否行使合同法出卖人取回权有很大差别。出卖人破产，管理人决定继续履行合同的，不存在债权加速到期的事由，双方应当按照原买卖合同的约定继续履行合同，如果买受人未按照双方合同约定期限支付价款或者完成特定条件，或者将标的物出卖、出质或者作出其他不当处分，对出卖人造成损害的，出卖人有权行使买卖合同出卖人的取回权；出卖人破产，管理人决定解除合同的，原买卖合同不再履行，出卖人基于标的物所有权尚未转移至买受人所有的事实，有权依据《企业破产法》的规定，将属于出卖人的财产追回后作为债务人财产，此时出卖人行使的并非合同法下出卖人的取回权，因此不以买受人违约为权利行使的前提条件；买受人破产，管理人决定继续履行合同的，根据《企业破产法》第46条的规定，买受人支付有关款项或者履行其他义务的期限自破产申请受理之日加速到期，管理人应当及时向出卖人支付尚未支付的全部价款或者履行完毕其他义务，如果管理人无正当理由未及时履行义务的，构成对买受人的违约，出卖人可以行使买卖合同出卖人取回权；买受人破产，管理人决定解除合同的，根据合同约定，出卖人对买卖标的物享有所有权，出卖人有权依据《企业破产法》第38条的规定取回该标的物。

问：出卖人对在运途中标的物的取回权是《企业破产法》所规定的一项特殊的权利，请您谈谈该项权利应当如何行使？

答： 出卖人在途标的物取回权源于英美货物买卖法的中途停运权。我国《合同法》第308条对此也有相应规定。出卖人在途标的物取回权行使的条件，一是法院受理破产申请时买卖标的物处于在运途中；二是出卖人尚未收到全部买卖价款。出卖人在途标的物取回权行使不以出卖人对买卖标的物享有所有权为前提。出卖人行使该取回权时，可以通过承运人或者实际占有人行使权利。原则上，承运人或者实际占有人应当按照出卖人的要求保障其取回权的实现。如果承运人或者实际占有人没有按照要求保障出卖人的取回权实现，导致买卖标的物最终交付到管理人的，因出卖人主张行使取回权时符合《企业破产法》第39条规定的条件，即使买卖标的物事后到达管理人的，出卖人仍然有权向管理人主张取回。管理人不得以标的物已经不符合在运途中的要件为由，拒绝其取回权行使。另外，如果出卖人在标的物在运途中，由于特殊原因无法通过承运人等行使取回权的，也可以直接向管理人主张取回。待货物到达管理人后，管理人应当将标的物返回出卖人。出卖人对在途标的物取回权行使的一个重要前提是买卖标的物处于在运途中。如果出卖人未在买卖标的物到达管理人前及时主张行使在途标的物取回权的，其即丧失了行使该项取回权的权利。在买卖标的物到达管理人后，出卖人无权依据《企业破产法》第39条的规定向管理人主张取回买卖标的物。

问：破产抵销权源于民法抵销权，但又与民法抵销权有所不同，请问具体体现在哪些方面？

答：破产抵销权是民法抵销权制度在破产程序中的特别运用，两者在维护当事人权益等方面有很大差别。民法抵销权适用的主要目的，是为了节省当事人双方的结算时间和费用，避免交叉诉讼。而破产抵销权，是为了使债权人的破产债权在抵销范围内得以从破产财产中得到全额、优先的清偿，避免和其他债权人一样接受破产财产的按比例清偿，使其在破产程序中拥有不同于其他债权人的优先地位。破产抵销权和民法抵销权在具体行使时还是有很大差别的。第一，民法抵销权作为债的消灭方式，互负债权债务的交叉债权人基于消灭双方互负债务的目的均可主动提出抵销主张。但破产法抵销权，因其立法目的在于担保债权人的债权优先实现，因此，该权利只能由破产债权的债权人行使，而管理人不得在破产债权人未提出抵销主张的情况下主动提出抵销。第二，抵销双方债的标的种类相同和抵销双方的债务均已届至清偿期这两个条件是民法抵销权行使的必备条件。但在破产抵销权行使时，并不受民法抵销权上述两个条件的限制，即使是种类不同的债务或者尚未到期的债务也可行使破产抵销权。理由：一是破产程序是一种概括执行程序，破产财产分配以货币分配为主，在破产程序中所有的债权债务关系都通过债权申报转化为可以用金钱代表的债权债务，因此，破产抵销权的行使，并不要求双方互负债务的标的种类相同，不同种类的债务也可以进行抵销；二是根据《企业破产法》的规定，债权人对债务人享有的未到期债权，在破产申请受理时视为到期，即债务人对债权人负有的债务虽然尚未届至合同约定的履行期限，但由于债务人进入破产程序，其对债权人的清偿义务加速到期；三是债权人对债务人负有的债务虽然没有届至履行期限，如果债权人不主张抵销的，则债权人仍可按照原约定期限履行债务，但如果作为主动债权的债权人自行选择以其尚未届至履行期限的债务向对方已经届至履行期限的债务抵销的，则可视为其放弃其期限利益，因此该抵销应为有效。

问：有关债务人的民事诉讼，在管辖上与《民事诉讼法》所规定的管辖有什么关系？具体到个案中如何确定案件的管辖法院？

答：有关债务人的破产衍生诉讼从案件受理时间上区分包括两类案件。一类案件是破产申请受理前法院已经受理但在破产申请受理时尚未审结的有关债务人的民事诉讼，另一类案件是破产申请受理后当事人新提起的有关债务人的民事诉讼。对于第一类案件的管辖，适用民事诉讼案件管辖的一般规定确定管辖法院，并且在法院受理破产申请后，不再移送管辖，仍由原受理法院继续审理。对于第二类案件，根据《企业破产法》第 21 条的规定，在法院受理破产申请后，所有新提起的有关债务人的民事诉讼，均由受理破产申请的法院管辖。《企业破产法》关于破产衍生诉讼的集中管辖规定，目的在于保障破产事务的协调处理。相对于《民事诉讼法》，《企业破产法》属于特别法，在法律适用上，应当优先适用《企业破产法》的规定。即对于所有新提起的有关债务人的民事诉讼，受理破产申请的法院当然享有管辖权，当事人不得以《民事诉讼法》的有关规定否定受理破产案件法院的管辖权。如果确有特殊原因，依法享有管辖权的受理破产案件的法院不便审理的，可以依据《民事诉讼法》的规定，报请其上级法院指定管辖，或者在上下级法院间转移管辖权。

【第三部分·条文释义】

[文艺文苑·名家三卷]

最高人民法院
关于适用《中华人民共和国企业破产法》若干问题的规定（一）

为正确适用《中华人民共和国企业破产法》，结合审判实践，就人民法院依法受理企业破产案件适用法律问题作出如下规定。

【条文主旨】

本导言旨在阐述本司法解释的目的和制定依据。

【规范目的】

《中华人民共和国企业破产法》（以下简称《企业破产法》）自2007年6月1日施行以来，在完善优胜劣汰竞争机制、优化社会资源配置、调整社会产业结构、拯救危困企业、保障债权公平有序受偿等方面发挥了积极的作用。但在实践中，有的法院尚未充分认识到《企业破产法》在调整市场经济中的重要作用，加之现行体制、机制上的各方面原因，对于申请人提出的符合法律规定的受理破产案件条件的申请，以种种理由不予立案，影响了《企业破产法》的贯彻实施。作为衡量一个国家是否是市场经济重要标准之一的《企业破产法》，其作用的发挥必须通过人民法院受理和审理破产案件来实现。从我国目前情况看，全国法院每年受理破产案件数量，相比于每年工商管理部门吊销、注销的企业数量，相差甚远。一些企业未经法定程序退市，严重扰乱了市场经济秩序。有必要从法院系统内部着力，推动破产案件的受理，尽快扭转这种不正常局面，充分发挥《企业破产法》的应有作用。[1]

---

[1] 宋晓明、张勇健、刘敏：《〈关于适用企业破产法若干问题的规定（一）〉的理解与适用》，载《人民司法》2011年第21期。

2011年9月26日，最高人民法院颁布《最高人民法院关于适用〈中华人民共和国企业破产法〉若干问题的规定（一）》，并从即日起实施。制定这一司法解释的目的主要是为转换观念、完善立法、解决破产案件申请与受理难等问题，其出台标志着我国有关《企业破产法》的系列司法解释工作迈出了第一大步，对我国《企业破产法》的实施具有重要的指导意义。随后，最高人民法院于当年10月份在太原召开了"全国法院审理企业破产案件工作座谈会"。在会议上，最高人民法院相关负责人作了题为"认真实施企业破产法，为推动经济社会科学发展，建立公平有序的市场经济秩序提供有力的司法保障"的重要讲话，讲话中的一项重要内容，就是要求全国法院"转换观念、依法受理破产案件"，解决破产案件受理难问题。这一主题是整个司法解释的主旨。

【原理与适用】

适用中需注意的是，本司法解释并不是完全对应《企业破产法》中的"申请和受理"一章的司法解释，未将有关破产申请与受理的全部内容包括在内，其他有关条款的解释将在后续的司法解释中解决。

第一条【破产原因的具体情形】

债务人不能清偿到期债务并且具有下列情形之一的，人民法院应当认定其具备破产原因：

（一）资产不足以清偿全部债务；

（二）明显缺乏清偿能力。

相关当事人以对债务人的债务负有连带责任的人未丧失清偿能力为由，主张债务人不具备破产原因的，人民法院应不予支持。

【条文主旨】

本条旨在对《企业破产法》规定的破产原因如何确认作出更为具体的解释。

【规范目的】

本条规定的规范目的，是要解决对《企业破产法》第2条规定之破产原因的认定问题。首先，本条司法解释将《企业破产法》第 2 条规定的破产原因划分为两种具体情况，明确了该条规定中"企业法人不能清偿到期债务"与"资产不足以清偿全部债务"、"明显缺乏清偿能力"三者之间，"并且"和"或者"的适用关系，避免了对法律规定文字理解上的歧义。其次，司法解释强调了破产原因认定的主体资格标准，指出对债务人破产原因的认定，依据于债务人的独立人格与财产，对债务人的债务负有连带责任的人是否丧失清偿能力，与债务人本人破产原因的认定无关。据此，本条规定避免了对《企业破产法》中规定破产原因的误解与不当适用问题。

【原理与适用】

一、破产原因的概念

破产原因，指认定债务人丧失清偿能力，当事人得以提出破产申请，法院据以启动破产程序的法律事实，即引起破产程序发生的原因。日本学者认为，破产原因是指，"为作出破产宣告而显示出的财产状况恶化的事由"。破产原因在英美法系中也称为破产行为，在我国的司法实践中往往称之为破产界限。破产原因不仅是破产清算程序开始的原因，而且也是和解与重整程序开始的原因。但是，重整程序开始的原因较破产清算、和解程序更为宽松，不仅在破产原因已经发生时可以申请重整，在企业法人有明显丧失清偿能力可能时，即有发生破产原因可能的，就可以依法申请进行重整。

在我国，理解破产原因概念时，需特别注意将破产原因与导致破产原因发生的各种经济原因相互区别。破产原因是指表明债务人丧失清偿能力的法律事实，而导致债务人丧失清偿能力、陷入破产状况的各种经济原因，如经营管理不善、严重亏损、承担担保责任乃至天灾人祸等，与法律上的破产原因的意义完全不同，通常对破产程序的启动没有影响。因为无论是何种经济原因导致债务人丧失清偿能力，都应当通过破产法律程序解决其债务清偿问题。所以，我国的旧破产法将导致债务人丧失清偿能力的经济原因——经营管理不善造成严重亏损——也规定到法律中，列为破产原因的构成要件，显然是不妥的。[①] 企业的经营管理如何，亏损与否是企业内部的问题，与企业外部的债务情况如何并没有绝对和固定的联系。内部亏损很严重的企业只要对外没有负债（或足以使其失去清偿能力的负债），便不会出现法律上的破产。而法律上的破产是

[①] 《企业破产法（试行）》第 3 条规定："企业因经营管理不善造成严重亏损，不能清偿到期债务的，依照本法规定宣告破产。"

不管经营盈亏，只问能否偿还债务。而且，在我国司法实践中也已发生企业本身经营并不亏损，但却因不适当地承担了担保责任而被宣告破产的案例，这表明将严重亏损之类的导致破产原因发生的各种经济原因规定为破产原因的构成要件，作为适用破产程序的前提条件不仅是不科学的，而且在司法实践中也是根本无法实施的，这会使债务人对"因经营管理不善造成严重亏损导致不能清偿到期债务"的破产原因找到较强的抗辩事由，同时使法院很难从不能清偿的错综复杂的原因中对是否经营性亏损作出准确的辨别，最终可能严重阻碍破产申请权的行使和破产程序的开始，增加破产法推行的难度。破产法的首要价值在于保证将债务人有限的财产于债权人之间进行公平分配，而该价值是在债务人的不能清偿既成事实的情况下通过对破产程序的被动运用实现的。破产法的实施固然会带来其他一些积极效应如促进企业扭亏为盈，改善经营状况等，但这些积极效应皆由前述首要价值的实现所自然派生。因而，试图将破产程序的首要价值拟定为专门对亏损企业尤其是经营性亏损的企业的取缔措施，则不仅因破产法价值的错位难以达到目的，而且会忽视在非亏损性原因所致不能清偿债务的场合运用破产法的必要性，背离破产程序的本来宗旨。①

由于各国破产立法规定的破产程序启动的时间点不同，破产原因仅指引起破产程序发生的原因，而不一定是破产宣告（即不可逆转地进入破产清算程序）的原因，这两个概念是有所不同的。有的国家的立法对破产清算程序采取宣告开始主义，即以法院作出破产宣告作为破产清算程序的开始，如日本、德国等。在这些国家的破产法中，破产清算申请的提出仅为破产程序的预备阶段，法院以作出破产宣告裁定的方式受理破产清算案件，启动破产程序，所以其破产原因也就是破产宣告的原因。在这些国家中，当事人对和解或者重整的申请是与破产清算的申请分别独立提出的，所谓破产宣告开始主义，仅以清算程序的开始时间作为标志，其他程序开始的时间点，则依法律相关规定确定。通常，除法律有明确规定者外，破产宣告作出后，案件不可以再逆转进入和解或重整程序。还有一些国家采取受理开始主义，即以法院对破产申请的受理为破产程序的开始，如英国、俄罗斯等国。根据这些国家的破产法，即使是当事人提出破产清算申请的破产案件在受理后也并非一定以对债务人作出破产宣告、进行财产清算而告终结，破产案件还可能根据其他当事人的申请转以和解或者重整等挽救程序而终结。我国破产法以破产案件的受理而不是以作出破产宣告为破产程序的开始，所以破产原因是指破产程序启动即破产案件受理的原

---

① 韩长印：《破产原因立法比较研究》，载《现代法学》1998年第3期。

因。破产原因的存在，仅在破产案件受理时的时点上具有对破产程序启动与否的实质性意义，破产程序启动后债务人是否仍持续具有破产原因，对破产程序的进行不再具有实质影响。在司法实践中有时会出现，债务人在破产案件受理时存在破产原因，但此后由于其财产的市场价值发生巨大变化（如股票证券、房地产财产等），仅从资产与负债的比例情况看，债务人资产已经可以清偿全部债务，破产原因此时已经不复持续存在。不过由于破产程序具有不可逆性，故如当事人之间不能达成挽救债务人的和解协议或者通过重整计划，则不能驳回申请、撤销案件，仍需要继续进行破产程序，乃至继续宣告债务人破产，在我国的司法实践中已经发生过这样的案例。所以，在我国将破产原因从引起破产程序发生的原因，延伸理解为法院据以"宣告债务人破产的法律标准"或法律事实，由于我国现行立法不是采取破产宣告开始主义，在表述上便显得不够准确了，而这种不准确的理解有可能导致对破产程序进行方向错误的处置。

此外，破产原因与当事人尤其是债权人可以提出破产申请的原因，两者之间也存在一定的差异。将破产原因与可以提出破产申请的原因混同也是不妥的，[1] 因为破产原因不仅仅是当事人提出破产申请的标准，而且也是法院审查是否启动破产程序的标准。破产原因与破产申请的原因之所以需要存在一定区别，主要是为了保障债权人的破产申请权（对于债务人提出破产申请的原因，法律通常无须再作规定）。从理论上讲，债务人实质性的破产原因是其发生丧失清偿能力的客观事实，但是清偿能力丧失的客观状况是需要通过外在行为表现出来才能为人们所认识和判断的。由于债权人对债务人丧失清偿能力的客观事实如不能清偿到期债务、资不抵债，往往难以举证证明，所以各国破产法通常规定，债权人提出破产申请的原因，是法律规定的可以对债务人存在破产原因作出推定的事实与行为。之所以允许债权人在推定债务人存在破产原因时就可以提出破产申请，主要是考虑到不同当事人在举证证明破产原因客观发生方面存在的能力与条件的差异。立法为保护债权人利益，方便当事人提出破产申请，所以规定在若干种法律列举的情况下，可以推定债务人存在破产原因，并允许据此提出破产申请，以保障债权人的破产申请权。与之相对应，对于债权人提出的破产申请，各国立法通常设置有债务人的异议程序（如我国《企业破产法》第10条第1款规定[2]），允许债务人对债权人提出的破产申请提出异

---

[1] 薄燕娜：《破产法教程》，对外经济贸易大学出版社2009年版，第36页。
[2] 《企业破产法》第10条第1款规定："债权人提出破产申请的，人民法院应当自收到申请之日起五日内通知债务人。债务人对申请有异议的，应当自收到人民法院的通知之日起七日内向人民法院提出。人民法院应当自异议期满之日起十日内裁定是否受理。"

议抗辩，以保障债务人不会在未发生破产原因的情况下违背其意志被拖入破产程序。

但对债务人自己提出的破产清算申请，一些国家往往并不对债务人是否存在破产原因进行严格审查。这主要是因为，对全体债权人进行集体清偿的破产清算程序与对多数债权人分别进行个体方式清偿，都是一种对债务的清偿。即使是在债务人未发生破产原因的情况下启动破产清算程序，从对债权人的清偿结果看，两者之间也并不会存在实质上的差异。所以，这些国家的立法认为，出于对自身利益的考虑，申请破产清算的债务人通常都是已经发生破产原因者，但如果债务人在未能确定是否发生破产原因的情况下选择通过破产清算程序清偿债务，法律也无须进行干预，因为这是当事人的选择权利，而且对于其他人并没有什么不利的后果。如《美国破产法》就是采取这种态度，"破产法对债务人提出清算申请几乎没有实质方面的要求，无论债务人资产负债状况如何，也无论是否可以支付到期债务，它都可以提出清算申请。而且，债权人既无权反对债务人的清算申请，也无须对该申请作任何答辩。所以，只要债务人的申请符合法律规定的形式要求，申请本身即构成破产宣告"。[①] 当然也有国家立法不允许未发生破产原因的债务人选择通过破产清算程序清偿债务，这主要是考虑破产程序占用的司法资源、社会资源要比个别清偿程序更多，为节省资源、时间、费用等而加以限制，我国的破产立法便倾向于采取这一理念。

在我国，有的人认为，债务人在未发生破产原因的情况下启动破产清算程序，就是一种破产欺诈行为，是一定会损害债权人利益的逃债行为。这种观点是不能成立的。是否会发生损害债权人利益的欺诈逃债行为，与破产原因是否存在以及破产程序是否适用无关。破产本身并不会产生欺诈逃债的后果，而规范的破产程序恰恰是制止、纠正债务人欺诈逃债行为最有力的法律保障。破产欺诈逃债行为主要是发生在破产案件受理之前、债务人已经发生破产原因的情况下，因为此时债务人往往已经资不抵债，全部财产尚不足以清偿债务，债务人对其财产已经丧失实际利益，其财产将全部归属于债权人，所以便会发生道德风险，出现隐匿、转移财产、无偿转让财产、以明显不合理的价格进行交易等欺诈行为，或对没有财产担保的债务提供财产担保等对个别债权人的偏袒性清偿行为，损害多数债权人的利益。所以，我国《企业破产法》在第 31 条、第 32 条、第 33 条规定了破产撤销权和无效行为情况，以纠正欺诈逃债行为，保护债权人的利益。而仅仅是债务人在未发生破产原因的情况下进入破产清算

[①] 潘琪：《美国破产法》，法律出版社 1999 年版，第 19~20 页。

程序，是不可能发生欺诈逃债后果的。相反，由于债务人未发生破产原因，其资产尚超过负债，所以，债权人通过破产清算程序可能得到有序、公平的全额清偿，剩余的财产依法向股东分配即可。当然，如果破产清算程序本身就不能规范地进行，法院不能严格地执行法律，地方政府放纵甚至恶意策划企业进行隐匿、转移财产等欺诈逃债行为，且得不到纠正，如旧破产法实施之时在一些地方出现的情况，那么无论债务人是否因发生破产原因而进入破产程序，破产欺诈逃债行为都会严重存在。

债务人是否存在破产原因，是确认当事人能否提出破产申请、法院应否受理破产案件的依据。立法对破产原因规定之宽严，反映出立法者对债权人与债务人利益保护之利弊权衡的价值取向以及保护力度之大小，可能影响到企业破产率的高低，进而影响到失业人数的多少，还可能影响到社会经济秩序与社会稳定。对破产原因及申请受理的立法规定如何在实践中正确实施，在操作上如何与诉讼执行制度、公司清算制度无缝衔接，则关系到整个市场经济法律体系特别是企业退出机制的完善问题。所以，我们应当对破产原因予以充分重视，结合实际深入研究。

二、对破产原因的不同立法主义

在各国的破产立法中，债务人的实质破产原因是丧失债务清偿能力。如何确认债务人丧失债务清偿能力，达到破产界限，在各国破产立法上，主要有两种具体规定方式：一种是列举主义；另一种是概括主义。

列举主义，即在法律中列举规定若干种表明债务人丧失清偿能力，或影响债务人清偿能力的损害债权人利益的具体行为，凡实施行为之一者便可认定发生破产原因，这些行为称为破产行为或无力清偿债务行为。此种方式主要是英美法系的国家采用，如英国、加拿大、澳大利亚、新西兰、印度等国。

《英国破产法》（1914）第1条规定了八种破产行为，作为宣告债务人破产的标准。根据该条规定，债务人有下列行为之一的，法院可宣告其破产：（1）债务人为债权人之利益，将其在英国或其他地方之财产让与或委付于受托人者；（2）债务人有将其所有在英国或其他地方之财产，就其全部或一部为诈害之让与、赠与、交付，或移转之行为者；（3）债务人有将其财产一部或全部为让与或移转，或设定负担之行为，而其行为于受破产宣告时将依本法或其他法律宣告其为诈害的优待行为应归于无效者；（4）债务人有以诈害于债权人之意思，离开英国，在国外滞留，离开住所，或依其他方法不在，或匿居于其住所中者；（5）依民事程序对债务人为执行，已将其动产查封并出卖，或查封后已由执行官保存达21日者，但有执行参加时，其系属中所费时间应予扣除；(6) 债务人向法院提出不能清偿声请书，或自行声请为破产宣告者；(7) 债权人基于终局判决或终局命令对债务人为强制执行，执行中经债权人请求法院准许对债务人依破产法发出破产通知书，在英国之债务人于收受通知书之送达 7 日内，在他处之债务人于收受通知书之送达后，在法院所定期限内，不为回答，或虽为回答而不能向法院证明其有反对债权、抵销债权或交叉债权，足资清偿债权人终局判决或终局命令所载金额及其他债权人债权额者；(8) 债务人对其债务曾有停止支付之事实或正在停止支付中或曾通知债权人停止支付者。①

此后，英国的后续立法中又陆续增加规定了两种破产行为：（1）依 1973 年《刑事法院权限法》，法院已向债务人作出刑事破产命令；（2）依 1986 年《资不抵债法》，法院已向债务人作出履行债务的行政命令，债务人对此却拒不执行或者无法履行。②

需要说明的是，英国的公司本来不适用 1914 年《破产法》，而是依 1948 年《公司法》（1980 年修订）进行强制清算。根据该法第 222 条规定，强制清算的根据之一是：无力清偿债务即不能清偿。有下列情况之一者，将被认为构成不能清偿：（1）公司债权人提出 200 英镑以上的请求，在三周之内没有得到清偿；（2）公司没有执行已生效的法院判决的全部或一部；（3）在法院看来，公司无力清偿现有债务和未来债务这一事实已得到证明。公司资产虽超过债务，但不能用来清偿日常债务的，可以认定为无支付能力。③ 1986 年 7 月通过的《英国资不抵债法》将 1948 年《公司法》中的公司破产内容移至破产法中加以规定，从而结束了英国历史上个人破产与公司破产立法长期分立的状态。④ 依该法第 207 条和第 208 条规定，债权人提出的破产申请可以以"债务人不能清偿到期债务"或者"债务人不具有清偿债务的合理可能"为破产原因。⑤

《香港破产条例》《加拿大破产法》以及《美国破产法》（1898）也采用列举主义。其中，《美国破产法》（1898）规定，如果债权人提出强制清算申请，法院必须审查债务人是否在该申请提出之前四个月内犯有六种破产行为中的一种。这几种行为大部分都是具有很强技术性的行为，比如债务人在失去清偿能力的情况下欺诈性地转让财产，或向某个债权人作出优惠偿付，等等。如

---

① 陈计男：《破产法论》，台湾地区三民书局 1980 年版，第 28~29 页。
②⑤ 汤维建：《优胜劣汰的法律机制——破产法要义》，贵州人民出版社 1995 年版，第 75 页。
③ Kenneth Smith and Denis Keenan, Mercantile Law, Pitman, 1982, pp. 302-303.
④ 梁慧星：《民商法论丛》（第 5 卷），法律出版社 1996 年版，第 142 页。

此规定并不合理，实际上增加了债权人提出清算申请的难度。① 因此，美国在1978年修订后的破产法废除了对破产行为的列举规定改行概括主义，实际以不能清偿为破产原因。需要说明的是，《美国破产法》对自愿破产和强制破产规定了不同的原因。对于债务人申请的案件，法律没有规定任何实质要件，只要债务人提出的清算申请符合法律规定，并被法院所接受，只要法院不以下列原因驳回，清算申请本身即构成破产宣告：申请文件不全；未交申请费；其他程序问题。在债权人提出强制清算申请时，法院首先需要通知债务人，使债务人有机会进行答辩，才能决定是否作出破产宣告。②

列举主义在立法形式上受早期破产犯罪立法思想的影响，将着眼点放在债务人具体实施的不当行为上，故采用列举的方式逐项加以规定。其优点是规定具体明确，便于当事人举证和法院认定，但弊端是难免挂一漏万，执行僵化，缺乏弹性，不易根据变化了的实际情况灵活、具体适用。从立法所列举的行为性质看，有一部分行为本身即可表明债务人丧失清偿能力，如"债务人自行声请为破产宣告"，而另一部分则是债务人进行的影响其清偿能力的损害债权人利益或偏袒性清偿的行为。后种行为虽然不一定能够直接表明债务人已经丧失清偿能力，但由于该种行为对债务人的清偿能力有严重影响，且有违公平，为保护债权人的利益，立法将其规定为破产原因。

列举主义之所以可以在英美法系中实行，也与其立法制度相关。英美法系实行判例法，成文法如果有遗漏之处，可以通过司法实践中的判例加以弥补，不会影响对案件的正确审理。

另一种立法方式是概括主义，即对破产原因从法学理论上作抽象概念性的规定，它着眼于破产发生的一般原因，而不是具体行为。通常在立法中有三种概括规定破产原因的方式：（1）不能清偿或称支付不能；（2）资不抵债，在国外通称为债务超过；（3）停止支付。此种立法方式主要是大陆法系国家采用，如德国、意大利、日本、法国等。有的国家在上述概念中采取单一标准，如《法国商法典》第六卷第622条规定，以停止支付为破产原因。但多数采取概括主义立法模式的国家往往采取两个以上的综合标准，以适应不同情况。如《德国破产法》除将不能清偿到期债务作为一般破产原因外，对于公司法人增加了"债务超过"（资产不足以清偿其债务）作为特殊破产原因。在概括主义的立法模式下，法官的自由裁量权较大，有利于根据实际情况灵活适用法律，但如无有效的制约机制，易发生法官的擅权行为。

---

① 潘琪：《美国破产法》，法律出版社1999年版，第38～39页。
② 《中华人民共和国企业破产法》起草小组：《〈中华人民共和国企业破产法〉释义》，人民出版社2006年版，第12页。

列举主义与概括主义的分野,实际上反映着两种不同的思维模式:前者是对归纳思维模式的运用,后者则是对演绎思维模式的运用。如同两种思维模式各有优势和局限一样,两种立法体例也是利弊并出,长短互见。[①] 在破产法发展的历史进程中,各国立法不断地相互借鉴融合,以适应司法实践的需要。目前各国在破产原因的立法上,已有向概括主义转化的趋势,一些原采取列举主义的国家开始改行概括主义。如美国1898年的破产法采取的是列举主义,但在1978年修订后的破产法中改行概括主义。英国破产法在1986年重新制定后,对破产原因也采取了概括主义。此外,鉴于两种立法方式各有所长,也有的国家同时兼采两种方式,在立法上既作概括性的规定,又作列举性的规定,如瑞士、葡萄牙、智利、巴西等国,对此可称为折中主义。我国破产立法在破产原因上采取的是概括主义的立法方式。

三、我国破产法对破产原因的规定

我国《企业破产法》第2条第1款规定,破产原因是"企业法人不能清偿到期债务,并且资产不足以清偿全部债务或者明显缺乏清偿能力"。其第2款规定:"企业法人有前款规定情形,或者有明显丧失清偿能力可能的,可以依照本法规定进行重整。"

根据这一规定,如单纯从理论上讲,破产原因在判断标准上可以分为两种情况:(1)债务人不能清偿到期债务,并且资产不足以清偿全部债务;(2)债务人不能清偿到期债务,并且明显缺乏清偿能力。我们认为,从两种破产原因的适用情况看,前者主要适用于债务人提出破产申请,资不抵债现象明显、无须审计评估即可判断的案件;后者适用于债权人提出破产申请以及债务人提出破产申请、资不抵债现象不易判断的案件。立法之所以作出区别规定,是因为债务人如果资产超过负债,仅从理论上讲,其通过自愿清偿或强制执行程序就可以实现债权人的债权,不一定需要启动破产程序,故而债务人自愿申请破产一般应提供其已经资不抵债、无力清偿到期债务的证明。债权人在债务人不能清偿到期债务时可以提出破产申请,但申请时不需证明债务人已经资不抵债或者不能清偿,因为这超出了债权人可能的举证能力范围,通常是要求债权人证明债务人停止支付或明显缺乏清偿能力,以推定债务人不能清偿到期债务。为防止对此发生误解,《企业破产法》第7条第2款明确规定:"债务人不能清偿到期债务,债权人可以向人民法院提出对债务人进行重整或者破产清算的申请。"在债权人提出破产申请的条件上,明确排除了资不抵债因素。如果不

[①] 汤维建:《优胜劣汰的法律机制——破产法要义》,贵州人民出版社1995年版,第74页。

考虑上述理论分析上的差异，仅从司法实际运用效果看，第二种情况即"债务人不能清偿到期债务，并且明显缺乏清偿能力"，基本上可以涵盖第一种情况（除了清算中的企业等特殊情况以资不抵债为破产原因外），成为司法实践中真正适用的主要破产原因。

由于上述立法的文字规定不够明确，所以，逻辑上可能存在对破产原因的不同理解。如有的人认为，《企业破产法》第2条第1款规定的破产原因，第一种情况是债务人不能清偿到期债务，并且资产不足以清偿全部债务，第二情况是债务人明显缺乏清偿能力。[1] 如果单纯从立法文字上看，这一理解也并非不可以成立，因为立法对"并且"与"或者"之间的逻辑关系表述不清，客观上存在理解歧义的可能，但是这种理解不符合立法本意。

造成这种立法表意不明现象的原因，是《企业破产法》在全国人大常委会审议时所作的修改。对破产原因应如何规定，在《企业破产法》起草过程中曾有过多种解决设想。最终，以不能清偿为普遍适用的破产原因，以资不抵债作为适用于清算中的企业组织等特殊情况下的辅助破产原因（《公司法》第188条中对此已有规定），以停止支付作为推定破产原因，解决债权人提出破产申请时的举证责任问题，成为《企业破产法》起草工作组的主流观点，并体现在其提交全国人大常委会准备一审的法律草案中。

但在法律草案提交全国人大委员长会议和常委会审议时，有人顾虑以债务人不能清偿到期债务作为破产原因，可能会使破产企业数量大量增加，要求对破产原因予以限制。鉴于在旧破产法实施期间，所谓政策性破产适用时，申请政府批准进入政策性破产计划名单的国有企业必须先行进行资产评估和财务审计，只有不能清偿到期债务同时又资不抵债的企业，才能进入政策性破产名单。[2] 于是有人便主张增加资不抵债作为与不能清偿到期债务必须同时具备、一并适用的破产原因。据此，在当时修改后的《企业破产法》草案中一度规定，破产原因是"企业法人不能清偿到期债务，并且资产不足以清偿全部债务"。这样规定破产原因是不妥的。第一，由于债权人难以得知债务人是否资不抵债，更无法举证证明，而且也不能通过推定解决。若严格依此规定执行，必然会因债权人无法证明债务人存在资不抵债的破产原因而限制乃至实际剥夺其破产申请权利。但如不要求债权人在申请破产时对此举证，又会出现无须证

---

[1] 郑志斌、张婷：《困境公司如何重整》，人民法院出版社2007年版，第8页。

[2] 在1998年财政部会计司发布的《对〈国有企业试行破产有关会计处理问题暂行规定〉的说明》中，要求政策性破产的国有企业在提出破产申请前，应对资产进行全面清查，对债权债务进行清理，由会计师事务所对企业进行全面审计，并出具资不抵债的鉴证报告。企业向法院提出破产申请时，还要提供会计师事务所对企业进行审计后出具的审计报告结论。

明法定破产原因存在就可提出破产申请、与法不符的问题。第二，人民法院在审查是否应受理破产案件时，无法及时准确查明债务人是否发生破产原因。虽然有一部分债务人企业在提出破产申请时资不抵债的现象十分明显，易于查明，但也有一部分债务人企业的资产负债情况由于财务管理混乱，账面记载与实际资产严重不实，待处理的各种财产、坏账损失未入账处理，库存商品与原材料严重贬值等原因，难以根据形式证据如资产负债表迅速查明，需要通过进行耗时较长的资产评估确定，而这在人民法院审查决定是否受理案件的法定期限内是无法完成的。① 为避免发生无谓争议影响立法进程，同时又能保障破产法顺利实施，经过全国人大法工委的反复协调与文字修改工作，没有取消破产原因中关于资不抵债的增加内容，而是在其后又补充规定了现在立法关于破产原因的第二种情况，即"或者明显缺乏清偿能力"，与该条前面规定的"不能清偿到期债务"连用，以解决破产原因的第一种情况适用中的难题。由于对债务人是否明显缺乏清偿能力的判断，基本上是由法院裁量决定，所以，不会再出现延误受理期间的问题。而由于债权人提出破产申请时不需再证明债务人已经资不抵债，所以，也不会影响其破产申请权。

四、对本条规定的理解与适用

（一）司法解释制定背景情况

我国《企业破产法》于2006年颁布、2007年实施，但至今施行效果并不理想。这一点仅从破产案件受理数量的变化就可以看出。根据最高人民法院的统计，《企业破产法》实施后全国法院受理破产案件的数量不升反降：2006年为4253件，2007年为3819件，2008年为3139件，2009年为3128件，2010年为2366件，2011年为1869件，2012年为1521件。即使考虑到破产案件数量的减少有政策性破产退出的影响，我国企业的破产率仍然是远低于一般国家的正常比例，突出反映出破产法尚未能充分发挥其社会调整作用。

上述情况产生的原因主要有以下几个方面：

1. 法院内部原因

一些法院对破产法的重要社会调整作用认识不足，未能及时转变在旧破产法以及本属行政关闭性质的政策性"破产"下形成的各种旧观念、旧思维模

---

① 《企业破产法》第10条规定："债权人提出破产申请的，人民法院应当自收到申请之日起五日内通知债务人。债务人对申请有异议的，应当自收到人民法院的通知之日起七日内向人民法院提出。人民法院应当自异议期满之日起十日内裁定是否受理。除前款规定的情形外，人民法院应当自收到破产申请之日起十五日内裁定是否受理。有特殊情况需要延长前两款规定的裁定受理期限的，经上一级人民法院批准，可以延长十五日。"

式与操作惯例，未能建立依法受理破产案件的观念，视破产案件审理为畏途，对当事人提出的破产申请以种种借口拒不受理。此外，破产案件的受理程序与受理监督机制不健全，破产案件审理的业绩考核机制不合理等，也是重要的原因。

2. 社会外部原因

解决企业破产所产生的各种社会问题的配套制度与处理机制不够健全，客观上也影响着法院对破产案件的正常受理。如由于社会保障等机制不完善，破产案件处理缺乏政府资金援助，往往使职工债权难以合理清偿，失业救济安置不能顺利解决，破产费用不足，管理人得不到合理报酬等。由于对破产法的社会调整作用没有正确认识，加之错误的政绩观和政绩考察机制的影响，一些政府有关部门不承担其本应主动履行的解决企业破产社会问题的法定职责，特别是解决职工失业救济、就业安置等问题，把难题踢给法院，使法院系统在受理破产案件后承担了本不应由其承担的过重社会责任，使法院受理破产案件经常面临职工请愿、上访等社会不稳定问题，处于后顾有忧、难以自保的尴尬地位，从而不愿也不敢受理破产案件。此外，很多现实中的难题也是因长期以来有关社会政策失调的后果累积而造成的。

3. 当事人方面的原因

一些当事人无申请破产的意愿，也是造成破产案件受理数量下降的原因之一。当债务人陷于破产境地后，对债权人而言，其首先的利益选择是抢先执行，以获得个别优先清偿；其次，债权人在难以获得可执行财产或在诉讼、执行中处于后顺位时则往往认为，即使去申请破产也未必能获得多少清偿，反而徒增麻烦，索性选择放弃。对债务人而言，在其不依法及时申请破产无需承担任何法律责任的情况下，既无申请破产的压力，也无申请破产的动力。在司法实践中，许多债务人往往是采取连续两年不进行工商年检而被工商管理部门吊销营业执照的方式退出市场，并拒不依法清算，逃避债务。

4. 立法方面的原因

现行立法对破产申请与受理方面的法律规定不够具体明确，有尚不健全之处，如对破产原因特别是债权人申请破产的原因，规定不够详尽，缺少可操作性，对案件受理程序特别是不受理案件的申请人救济程序规定不够健全，对上级法院的相关法律监督程序缺少规定，等等。这些立法供给不足为一些法院不依法受理破产案件提供了操作空间。

《企业破产法司法解释（一）》的出台，目的是在积极寻求解决其他相关社会问题的同时（如财政部、北京市破产法学会、最高人民法院共同进行财政资金援助破产法实施的项目研究），首先解决法院系统内部在破产案件受理程序中存在的问题，做到转换观念、完善立法、依法受理破产案件，保障破产法的顺利实施。

(二) 理解与适用

在人民法院对破产案件的审理中，第一个实体性问题便是破产原因如何确认。如前所述，破产原因是指债务人丧失清偿能力的客观状况。对债务人的清偿能力可以从两个角度进行评价：第一是债务人对到期债务是否有即时能力清偿；第二是债务人的资产是否足够抵偿其所有债务（无论到期与否）。债务关系保障的关键是要求对到期债务的清偿，从而维系债务关系的实现。只要对到期债务能够清偿，债权人的利益没有受到损害，原则上法律就不必进行干预，所以世界各国均是以不能清偿到期债务作为普遍适用的破产原因。债务人的资产是其清偿能力的主要保障，有时债务人虽然对目前到期的债务尚能够清偿，但因为资产不抵负债而对将来到期的债务会丧失清偿能力。为了更好地维护债权人的权益，许多国家的立法又将资不抵债规定为辅助性的破产原因，适用于出资人承担有限责任之经济组织自愿申请破产等情况。

如前所述，由于法律条文的表述以及我国立法所采标准的特殊性，实践中对于《企业破产法》规定的破产原因的认定标准，存在不同理解和认识，因此有必要通过司法解释予以明确。本条司法解释规定首先依据立法本意明确指出破产原因包括两种情况：（1）债务人不能清偿到期债务，并且资产不足以清偿全部债务；（2）债务人不能清偿到期债务，并且明显缺乏清偿能力。在认定债务人是否具备破产原因时，一定要注意区分破产原因与申请人提出债务人破产申请的条件（或曰破产申请原因）这两个不同的概念。《企业破产法》第2条和第7条分别就上述两个概念作出了规定。破产原因是人民法院在判断破产申请是否应予受理时审查的内容，而提出债务人破产申请的条件是申请人向人民法院提出债务人破产申请时应当具备的要件。对于债务人自行提出破产申请的，债务人的破产原因和其提出破产申请的条件是一致的，但对债权人而言，则差别很大。根据《企业破产法》第7条第2款的规定，债务人不能清偿到期债务是债权人提出债务人破产申请的条件，债权人向人民法院提出申请时，只要证明债务人不能清偿其到期债务即可。至于债务人系基于什么原因不能清偿其到期债务，以及债务人是否出现了"不能清偿到期债务并且资产不足以清偿全部债务"，或者"不能清偿到期债务并且明显缺乏清偿能力"的破产原因，无需债权人提出债务人破产申请时举证证明，因此，只要债权人提出申请时证明债务人不能清偿其到期债务，且债务人未能依据《企业破产法》第10条第1款的规定，及时举证证明其既非资产不足以清偿全部债务，也没有明显缺乏清偿能力的，人民法院即可当然推定债务人出现了上述两个破产原因之一。因此，在债权人申请债务人破产清算的情形下，不能清偿到期债务既是债权人提出破产申请的条件，也是债务人存在破产原因的推定依据。[①]

其次，司法解释本条规定强调对债务人清偿能力的独立界定标准，明确指出对债务人是否存在破产原因必须对其自身清偿能力与财产等情况进行独立评估，民事主体的独立资格不能混淆，对每一个独立的民事主体的清偿能力必须独立考察，其他人对债务负有的连带责任、担保责任，是对债权人的责任，绝不能视为债务人本人清偿能力的延伸或再生。不同民事主体之间不存在清偿能力或破产原因认定上的连带关系，债务连带责任人的存在不是债务人本身清偿能力的延伸。所谓"债务人本身缺乏清偿能力，但是若有他人代为清偿或者保证清偿的，则可以视为债务人清偿能力的延伸和再生"的观点是错误的。[②]其他负有清偿义务者能否代债务人进行清偿，那是他们自己的清偿能力问题。因此，对债务人丧失清偿能力的认定，不应以其他对该债务负有清偿义务的人如连带责任人、保证人也不能代为清偿为条件。只要债务人本人不能清偿到期债务，即为丧失清偿能力，就应当启动对其的破产程序。这一点澄清是非常必要的，不仅因为在司法实践中有人持这种错误观点，而且因为在《企业破产法》第108条中也存在对此规定不够准确、表述不当的问题，易引发人们对法律适用的误解。根据该条规定，破产宣告前，第三人为债务人提供足额担保的，人民法院应当裁定终结破产程序，并予以公告。如仅根据其文字含义理解，这一规定实际上是将存在担保人的代为清偿义务及其清偿能力，视为对债务人发生破产原因的否定理由，视为了对债务人本身清偿能力的延伸。如果按照这一规定的逻辑，在有第三人为债务人提供足额担保的情况下，人民法院根本就不应当受理破产案件，这显然是错误的结论。在破产程序中，仅仅是第三人单方提出为债务人向债权人提供足额担保，并不能消灭债务人当前已经发生的破产原因，即解决对债务的全部清偿问题。首先涉及到，债权人是否同意接受这种担保债务，如果债权人不接受这种担保债务特别是延期清偿的担保，提供担保本身并不能避免债务人被宣告破产、清算倒闭的命运，至多只是为债权人在债务人不能还清债务时又提供一层保障而已。其次，即使债权人同意接受债务担保，也不能仅仅因为有了担保就莫名其妙的终结破产程序。这一规定能够适用的真实前提，是债务人因第三人为其提供了足额担保而得以启动和解程序，与债权人会议达成和解协议从而终结破产程序。也就是说，导致债务人不被宣告破产而终结破产程序的真正法律原因，不是第三人为债务人提供了足额

---

① 宋晓明、张勇健、刘敏：《〈关于适用企业破产法若干问题的规定（一）〉的理解与适用》，载《人民司法》2011年第21期。

② 齐树洁主编：《破产法研究》，厦门大学出版社2004年版，第128页。

担保，而应当是债务人以此为条件与债权人会议达成了和解协议。

我国《合伙企业法》第 92 条第 1 款明确规定："合伙企业不能清偿到期债务的，债权人可以依法向人民法院提出破产清算申请，也可以要求普通合伙人清偿。"据此，合伙企业丧失清偿能力的认定，也是不以所有普通合伙人均丧失清偿能力为前提的。此外，最高人民法院在《关于佛山市中级人民法院受理经济合同纠纷案件与青岛市中级人民法院受理破产案件工作协调问题的复函》（法［经］函〔1990〕70 号）中也曾指出："依照《中华人民共和国企业破产法（试行）》第三条之规定，确定企业是否达到破产界限，并不以'连带清偿责任人清偿后仍资不抵债'为前提条件。"这些司法解释规定表明，对破产原因认定的这一标准是我国一直沿用的重要原则。

【法律、司法解释及案例】

《企业破产法》（2007 年 6 月 1 日起施行）

第二条 企业法人不能清偿到期债务，并且资产不足以清偿全部债务或者明显缺乏清偿能力的，依照本法规定清理债务。

企业法人有前款规定情形，或者有明显丧失清偿能力可能的，可以依照本法规定进行重整。

第七条 债务人有本法第二条规定的情形，可以向人民法院提出重整、和解或者破产清算申请。

债务人不能清偿到期债务，债权人可以向人民法院提出对债务人进行重整或者破产清算的申请。

企业法人已解散但未清算或者未清算完毕，资产不足以清偿债务的，依法负有清算责任的人应当向人民法院申请破产清算。

第十条 债权人提出破产申请的，人民法院应当自收到申请之日起五日内通知债务人。债务人对申请有异议的，应当自收到人民法院的通知之日起七日内向人民法院提出。人民法院应当自异议期满之日起十日内裁定是否受理。

除前款规定的情形外，人民法院应当自收到破产申请之日起十五日内裁定是否受理。

有特殊情况需要延长前两款规定的裁定受理期限的，经上一级人民法院批准，可以延长十五日。

第一百零八条 破产宣告前，有下列情形之一的，人民法院应当裁定终结破产程序，并予以公告：

（一）第三人为债务人提供足额担保或者为债务人清偿全部到期债务的；

（二）债务人已清偿全部到期债务的。

《公司法》（2006年1月1日起施行）

第一百八十八条 清算组在清理公司财产、编制资产负债表和财产清单后，发现公司财产不足清偿债务的，应当依法向人民法院申请宣告破产。

公司经人民法院裁定宣告破产后，清算组应当将清算事务移交给人民法院。

第一百九十一条 公司被依法宣告破产的，依照有关企业破产的法律实施破产清算。

《合伙企业法》（2007年6月1日起施行）

第九十二条 合伙企业不能清偿到期债务的，债权人可以依法向人民法院提出破产清算申请，也可以要求普通合伙人清偿。

合伙企业依法被宣告破产的，普通合伙人对合伙企业债务仍应承担无限连带责任。

【案例1】

A公司是一家房地产中介公司，除一般中介业务以外，主要从事商业房产的包租、转租业务，即从多个产权人处整体租赁商业房产，通过其掌握的房产市场信息，将房产转租给实际商户使用，租金差额部分作为其主要收益。在房地产市场火热时，A公司为扩大对行业市场的占有，包租更多数量的房产，对产权人许诺以较高的包租租金，签订了长期的包租合同，并通过将大量房产转租，取得了很好的收益。

几年后，随着城市规划的实施，商业地产数量猛增，价值从虚高中回落，如不降低转租租金，则将导致转租率大幅下滑。A公司在当时商业房产数量紧缺时，为了更多的控制房源，曾向产权人最高承诺包租15年的租金高达与产权人购买房产的房价相同，完全没有预料到几年后如此大的变化，几年间，A公司收益无法填补亏损，很快即已无法支付产权人的包租租金。鉴于A公司主要从事的是服务性业务，其并无具有较大价值的房产、设备等实物资产，也未进行有价值的股权投资，其全部资产已无法清偿全部债务。

产权人B向人民法院申请对A公司进行破产清算，并提交了其与A公司签订的房屋包租合同，合同约定A公司租赁B购买的天地大厦内编号为sn-109的商用区域，每年租金40万元（每季度10万元），于每季度第一个工作日预付该季度租金。B主张A公司已经停止向其支付包租租金达9个月。法院向A公司送达申请书和相关材料后，A公司对合同、停止支付包租租金的时间和已经支付的数额均无异议，但在法定异议期内提出，其目前之所以出现严重亏损，与城市建设过快导致商业房产租赁行情发生较大变化有关，同时也与A

公司和产权人签订包租合同约定的租金过高有关,而提出破产清算申请的正是签订高额包租租金合同的产权人,其已经得到的包租租金远高于目前市场的平均值,相当于A公司已经向产权人多支付了包租租金,故不同意该破产申请,并要求法院对其与各产权人签订的包租合同租金进行下调。法院没有支持A公司所提出的异议,对产权人的破产清算申请予以受理。

【简要评析】

本案是债权人(产权人)申请对债务人进行破产清算。对于债权人申请债务人破产的,法院应当审查债权人的申请是否符合申请所需的要件,在审查认为符合申请要件的情况下,对于是否受理该申请,则应以债务人的异议是否成立作为判断标准。在对申请以及异议的审查过程中,最重要的实质要件是债务人是否发生破产原因,债务人在提出异议的时候,如其在不能从主体、管辖等方面提出异议的,则应当重点说明其并未发生破产原因。

本案中,债权人能够证明A公司存在不能清偿到期债务的事实,且该事实的存在并非基于一时的原因,也无法在短期内发生改变,故应当认定债权人的申请符合申请条件。而债务人A公司所提出的异议中主要是包租租金过高,认为按照提出申请时的市场平均价衡量,其已经支付的租金过高,所以不存在欠付租金的事实,以此否认其存在不能清偿到期债务的事实。

法院之所以没有认定A公司提出的异议成立,系因根据申请人提交的证据材料以及被申请人对材料所反映事实的认可,能够判断双方之间约定的租金数额是双方真实意思表示,债务人A公司主张变更合同内容,不属于对破产申请审查环节中的事项,且其关于变更租金数额的理由明显不能成立。实践中,在债务人提出其并非不能清偿到期债务的异议时,应当对债权人进行实际清偿,或者与债权人达成新的还款计划,以消除破产原因。

【案例2】

A公司为一家商贸公司,拖欠多个供货商的货款。供货商起诉A公司支付货款及违约金,诉讼请求得到法院判决支持。供货商申请法院对A公司强制执行。此时,B公司因看重A公司营业场所,认为如果能够取得A公司控股股权,则能够通过经营A公司业务而盈利,于是向全体债权人承诺,由其与A公司共同偿还A公司所欠债务。同时,B公司与A公司的多名股东签订股权转让协议,约定在B公司清偿A公司全部债务后,以低对价取得A公司90%的股权。

协议签订后,B公司替A公司清偿了部分债务,但大部分债务尚未清偿。这时,A公司股东以股权转让协议系乘人之危签订为由,起诉B公司,请求撤销该协议。B公司认为A公司股东违背诚信义务，停止了继续还款。供货商认为，其虽然取得了对A公司的胜诉判决，但因未起诉过B公司承担连带责任，并无起诉B公司的绝对胜诉把握，于是供货商向法院申请对A公司破产清算。

接收供货商提交的破产清算申请后，法院向A公司发出通知后，A公司对其自己不能清偿到期债务且无力清偿的事实无异议，但认为：B公司的连带清偿债务承诺有效，在不能查明B公司丧失清偿能力前，供货商应当向B公司行使债权，而不应申请A公司破产，就此提出异议。

法院询问B公司，B公司对承诺书的内容和性质不持异议，认为A公司股东事后背信弃义，在撤销权诉讼审结前，B公司不能继续替A公司清偿债务。经上述审查，法院受理了对A公司的破产清算申请。

【简要评析】

本案中，债权人申请债务人破产，但在提出破产申请前，债务人A公司发生股权结构变化，即B公司通过与A公司股东签订股权转让协议的方式对A公司进行收购，如果该收购最终成功，则可以避免A公司破产，但案例中出让方和受让方发生争议，导致A公司的供货商未实现债权而提出破产申请。

1. B公司对A公司的债务应当承担连带清偿责任

B公司替A公司清偿债务的目的是取得A公司90%的股权，虽然股权转让协议在履行中发生了争议，但B公司已经向A公司的全体债权人承诺由其与A公司共同清偿欠款，成为了连带清偿责任人。B公司提出，在撤销股权转让协议诉讼结案前不能继续履行连带清偿责任，其该主张不能成立，因为：(1) B公司已经向债权人作出了明确的意思表示，该意思表示中并未设定任何前提；(2) B公司与A公司之间虽然约定清偿债务与取得股权之间具有联系，但该联系仅存在于A公司股东与B公司之间，并不由此解除或顺延B公司对债权人的清偿义务。因此，B公司的连带清偿责任并未受此影响。

2. 债务人的连带责任人未丧失清偿能力不构成债务人对破产申请的异议理由

(1) A公司与B公司是两个独立的民事主体，除了基于B公司承诺而使其二者成为连带债务人这一关系外，他们之间不存在人格、财产上的混同，因此，A公司具有单独成为破产人的破产能力。

(2)《企业破产法》对债务人发生破产原因的规定虽然是以能否清偿到期债务作为主要的判断标准，但立法的出发点是看债务人能否清偿债务，而非仅仅关注债权人的债权能否实现，后者是从债法的角度看待债务清偿问题，而《企业破产法》是规范债务人企业主体退出的法律，因此，虽然供货商可以通过向B公司主张权利的方式实现债权，但并不因此影响法院受理对A公司的破产申请。

3. 连带责任人是否丧失清偿能力，不属于审查事项

《企业破产法司法解释（一）》第 1 条第 2 款虽然规定："相关当事人以对债务人的债务负有连带责任的人未丧失清偿能力为由，主张债务人不具备破产原因的，人民法院应不予支持"，但该规定仅仅是强调"对债务人的债务负有连带责任的人"，而非强调其必须未丧失清偿能力，应当理解为，即使连带债务人未丧失清偿能力，也不能以此阻却破产申请。因此，在实际审理时，法院无须对此审查。

第二条【不能清偿到期债务的认定】

下列情形同时存在的，人民法院应当认定债务人不能清偿到期债务：

（一）债权债务关系依法成立；
（二）债务履行期限已经届满；
（三）债务人未完全清偿债务。

【条文主旨】

本条旨在对《企业破产法》规定之破产原因中的"不能清偿到期债务"的各项构成要件作出具体解释。

【规范目的】

本条规定的规范目的，是要解决对《企业破产法》第 2 条规定之"不能清偿到期债务"（简称"不能清偿"）这一破产原因中重要概念的认定问题。在破产法理论上，不能清偿是指债务人对请求偿还的到期债务因丧失清偿能力而无法偿还的客观状况。但是，由于债权人在提出破产申请时，是无法举证证明债务人的客观财产状况与清偿能力特别是涉及信用、能力的清偿因素是否丧失的，所以各国立法在以"不能清偿"作为普遍适用的破产原因时，通常均规定债务人停止支付可以推定为不能清偿，以解决债权人申请破产时的举证责任问题。而我国的《企业破产法》在立法审议过程中，将"停止支付"这一概念删除，从而导致债权人在提出破产申请时难以履行对法理上"不能清偿"概念的严格举证责任。为解决这一问题，保障债权人的破产申请权，本条规定对"不能清偿"的认定从审判实务的角度进行了界定。

【原理与适用】

一、对"不能清偿到期债务"概念的法理分析

我国破产法在破产原因上采取概括主义的立法方式。通常，采用概括主义立法方式的国家往往以不能清偿作为对自然人、法人普遍适用的一般破产原因，而以资不抵债作为对资合法人、清算中法人、遗产等特定主体的特殊破产原因，同时立法规定对停止支付可推定为不能清偿，以解决债权人申请破产时的举证责任问题。所以，在对破产原因的理解上，我们必须理解不能清偿、资不抵债与停止支付这三个概念的内容，以及它们在理论上的区别和在实践中的不同作用。此外，我国破产法对破产原因的规定还有其特殊性，使用了"明显缺乏清偿能力"的概念，也需要进行研究分析。本条是对不能清偿构成要件的规定。

所谓不能清偿，是指债务人对请求偿还的到期债务，因丧失清偿能力而无法偿还的客观财产与能力状况，亦称支付不能，德国破产法称为无支付能力。这是世界各国破产法使用最为普遍的破产原因。不能清偿在法律上的着眼点是债务关系能否正常维系。[①] 从理论与实务的角度分析，不能清偿的构成要件为：

1. 债务人因丧失清偿能力而无法清偿债务，即不能以财产、信用或者能力等任何方法清偿债务。一般来说，清偿能力是由债务人的财产、信用、技能等多项因素综合构成的。通常，债务的清偿方法是支付货币及财产；以信用方法清偿债务，主要是指债务人借新债还旧债，或协议延期还债；以能力方法清偿债务，主要是指债务人以提供债权人接受的劳务、技能服务等折抵货币清偿债务。当债务人以所有方法均不能清偿债务时，即构成丧失清偿能力。

债务人是否具有清偿能力，应从其资产现有状况、信用优劣状况、技术力量以及知识产权拥有程度等多方面进行考察评价。通常可以从以下几个方面分析企业的清偿能力：（1）企业的现有资金状况。企业的全部资产，包括企业的固定资产和流动资金。固定资产除了机器、设备、厂房外，如果土地使用权

[①] 王欣新：《破产法》，中国人民大学出版社2007年版，第47页。

是以出让或者转让方式取得的，还包括该土地使用权剩余年限内的土地使用权。流动资金除账上所有外，还包括应收的欠款。（2）企业的信用状况。一个企业的信用高低，也影响着企业的清偿能力。如果企业的信用较高，即使该企业出现支付困难的状况，甚至已经资不抵债，亦可以凭借自己良好的信誉举贷新债偿还旧债，而不被宣告破产。（3）企业的技术力量、知识产权、劳动力等因素。企业如能凭借这些因素融通资金，以偿还到期债务，仍具有偿付能力，不会被宣告破产。由此可见，一个企业的清偿能力，不仅是由企业拥有的有形财产数额决定的，而是由企业的可供抵偿债务的各种手段和因素综合构成的。只有当一个企业竭尽其资产、信用、技术力量、知识产权等综合因素仍不能清偿到期债务时，才构成丧失清偿能力。[①]

2. 债务人不能清偿的是已到偿还期限、提出清偿要求且无合理争议或经生效法律文书确定的债务。目前在我国，债权人在债务到期前认为债务人到期后将无法偿还，或债务人提出对未到期债务延期偿还的请求，都不能视为已经构成不能清偿，因为此时清偿义务尚未产生。已到期的债务，包括约定清偿期的债务、法定清偿期的债务、推定清偿期的债务和催告清偿期的债务。如果债务人所负债务未届清偿期，债务人只负有将来的清偿义务而没有即时清偿的责任。此时纵使债务人的财产额已不足以清偿债务总额，也不能认定债务人不能清偿债务。[②] 此外，尽管债务履行期限已到，但如债权人并未向债务人提出清偿债务的要求，等于默认其可以延期还债，即使这时债务人无支付能力，也不构成不能清偿到期债务。[③]

但需注意的是，一些国家的立法将债务人对未到期债务不能清偿也作为是否构成破产原因的考虑因素。《德国破产法》第18条规定：由债务人申请开始破产程序的，即将无支付能力也为开始原因。债务人预计在现有支付义务到期时不能够履行此种义务的，为即将无支付能力。也就是说，债务人对未到期债务不能清偿，也属于发生破产原因的情况，这反映出德国立法对债务人申请破产的宽松态度。但这仅适用于债务人提出破产申请的情况，债权人仍不能以债务人将无支付能力对其提出破产申请。就债务人将无力履行其未来到期债务而言，虽然在有些情况下无须经过很长时间就能证明此种潜在的无偿债能力，但在有些情况下则取决于应履行债务的性质，须经过相当长的时间才能确定这一点。确定潜在无偿债能力的实际情形或可包括：债务人对债权付款承担了长期义务，而债务人知道自己无力付款；或者债务人是一项大宗侵权诉讼案的被

[①][③] 汤维建：《新企业破产法解读与适用》，中国法制出版社2006年版，第14页、第13页。
[②] 李国光：《新企业破产法理解与适用》，人民法院出版社2006年版，第43页。

告，而债务人知道自己无法胜诉，也无力支付相关的赔偿费。① 事实上，债权尚未到期的债权人对启动破产程序也有着正当的权益。例如，长期债务的持有人如果以到期债务作为启动程序的标准，这些债权人可能永远没有资格申请启动破产程序，虽然可能该债务人明显在该债务到期之日将无法偿付债务。可以采取的一种解决办法是，在破产法中规定，不支付长期债务分期付款可以构成债权人申请的依据。但是，制订一种在这种情况下允许此种债权人提出申请的标准，又会产生举证责任这一难以处理的问题，特别是在如何把不支付单笔付款与债务人的总体财务状况联系起来时。如果破产法规定可以由未到期债务的债权人提出申请，则需本着准入条件方便快捷、费用低廉的目标来权衡举证问题。可以通过采用一种既含有停止付款标准又含有资产负债标准的方式解决这些问题。②

债务人不能清偿的必须是无合理争议或经生效法律文书确定的债务。如果对要求偿还的债务双方存在合理争议，例如双方对于债务是否存在、数额多少、是否超过诉讼时效等尚存合理争议，则应先由法院或仲裁机构作出生效裁判，确认权利义务关系，给债务以法律上确定的名义与执行效力，然后才能评判债务人是否不能清偿债务。在此要强调，并非债务人对债务提出任何争议都必须先行诉讼或仲裁，其提出的争议必须具有合理性。为防止债务人对债权人提出的破产申请任意地以对债权有争议为由恶意拖延阻碍，对于通过债务人与债权人签订的合同、债权确认函、支付凭证、对账单和还款协议等证据，债务人明确承认债权的，或者可以确定债权的，且债务人未能提供反证的，应当视为对债务不存在合理争议。法院需要对债务提出的合理争议进行必要的审查，以确定是否成立。此外，对于债务人依法可以提出其他抗辩理由的债务，也不构成清偿不能。如在双务合同中，双方没有约定履行顺序，依法律规定双方应同时履行，在一方当事人没有履行义务的情况下，另一方在履行期届满时可主张同时履行抗辩权。在这种情况下，即使其实际上已无力清偿债务，也尚不构成不能清偿。③

3. 债务不限于以货币支付为标的，但必须是能够以货币评价即能够折合为货币的债务，否则因其债务形式在破产程序中无法得到偿还，宣告债务人破产无实际意义。破产程序虽然多因不能清偿货币债务而引起，但是不能由此得

---

① UNCITRAL Legislative Guide on Insolvency Law, UNITED NATIONS PUBLICATION, Sales No. E. 05. V. 10, ISBN 92 - 1 - 133736 - 4, p. 45.

② UNCITRAL *Legislative Guide on Insolvency Law*, UNITED NATIONS PUBLICATION, Sales No. E. 05. V. 10, ISBN 92 - 1 - 133736 - 4, p. 48.

③ 李国光：《新企业破产法理解与适用》，人民法院出版社 2006 年版，第 36 页。

出构成不能清偿的债务仅限于金钱债务的结论。过去曾有不能清偿的债务应限于货币支付债务的主张，这是不妥的。因为非货币支付债务不能履行时，绝大多数都会依法转化为货币赔偿债务。而无论是对货币债务还是货币赔偿债务不能清偿，都是由于债务人丧失了清偿能力，所以均应构成破产原因。既然在破产程序中，管理人必须把债务人的财产变价、拍卖为金钱在债权人之间进行分配，非金钱债务当然也可以进行破产债权的申报，要求管理人将非金钱债权折算成金钱从而获得清偿。①

4. 债务人在较长期间内持续不能清偿，或曰一般地停止清偿，而不是因一时的资金周转困难等问题暂时中止支付。所谓持续地不能清偿，是指对债务处于长期的持续性不能清偿的状态。债务人持续不能清偿到期债务包括两种情形：（1）债务人客观上已长期不能清偿到期债务，事实上也经过了一定连续时间，债权人的清偿要求不能受满足已经呈现出持续状态；（2）债务人有持续不能清偿到期债务的其他客观事实。债务人不能清偿到期债务虽然未呈长期持续状态，但是综合评价债务人的偿债能力，足以说明债务人停止清偿到期债务的行为必然会发展为持续不能清偿的，仍可构成持续不能清偿。② 所以，持续不能清偿，不以债务人已经长时期持续不能清偿债务为必要构成条件，如已有其他事实证明，债务人在可预见的相当时期内将持续不能清偿债务，则不能清偿即可成立。

为了使法院及债权人对债务人"在较长期间内持续不能清偿"有一个明确的判断标准，一些国家的立法规定，债务到期后债务人经催收在3个月内未能清偿，即视为发生破产原因。还有的国家规定，债务到期后债权人应向债务人发出催告函催促其还债，发函后满3个月仍未能清偿者，即视为发生破产原因。当然，也有的国家规定的认定债务人丧失清偿能力的拖欠期间更短。在我国《企业破产法》制定中，因考虑当时社会信用状况较差，企业间相互拖欠债务严重，如借鉴其他国家规定以3个月的拖欠期间认定债务人丧失清偿能力，显然不符合中国的实际情况，难以执行，但如规定更长的期间（如半年），反而会产生副作用，使债务人在此期间内拖欠债务无破产之忧，更加有恃无恐，所以便没有作具体规定。虽然在司法实践中，被申请破产的企业拖欠债务的时间都远远超过3个月、半年甚至更长，对此没有规定尚未影响到破产案件的受理，但是，从立法完善的角度看，没有一个关于拖欠债务期间的具体规定，显然在实施机制上是存在疏漏的。

此外，还有一种观点认为，债务人丧失清偿能力还应表现为对全部债务不

---

① 汤维建：《新企业破产法解读与适用》，中国法制出版社2006年版，第15~16页。
② 邹海林：《破产程序和破产实体制度比较研究》，法律出版社1995年版，第59页。

能清偿的综合概括状态，并非对个别债权人之特定债务不能履行或拒绝履行的状态。① 或曰，债务人的不能清偿必须是对全体债权人的债务一般性的无法履行的状态，并非是指对某一个特定的债权人发生支付不能，或者债务人对于个别的债权有争议，拒绝清偿之情形而言。② 在实践中，即使是在债务人对全部债务总体上已经丧失清偿能力的情况下，仍可能有能力对部分债务进行个别清偿。对部分（即使是少部分）债务丧失清偿能力也是不能清偿，如果只有对全部债务（或者放宽松至主要债务）不履行才构成不能清偿，债务人就可能以其已清偿部分债务作为未发生破产原因的抗辩，使债权人的破产申请权无法正常行使。在债务人对小额债务未能清偿的情况下，为避免债权人不当地对债务人提出破产申请，浪费司法资源，一些国家是以通过立法规定债权人提出破产申请时应持有的最低债权额的方式进行调整。如依《美国破产法》规定，债务人总数在 12 人以上时，必须有 3 名以上债权人，其无担保债权总额在 5000 美元以上时，才可以提出破产申请。

纵观各国立法，广泛用于启动破产程序的一项标准是名称各不相同的所谓清偿力或现金流量或全面停止付款标准，它的要求是债务人已全面停止偿付到期债务，而且没有充足的现金流量偿付正常营业过程中到期的现有债务。债务人全面停止付款的标志可以包括债务人未能支付租金、税款、薪金、员工福利、贸易应付款和其他主要业务费用。这一标准使得判断破产的要素都在债权人的控制范围之内。借助这一标准，是为了在债务人财务困境期间尽早启动破产程序，以尽量减少资产的散失并避免债权人争夺资产，造成债务人的资产被瓜分，反而对全体债权人不利。等到债务人能证明资产负债表破产（即该实体的资产负债表显示债务人资不抵债）才允许启动程序，可能只会延迟必然要发生的事情，减少可收回的资产。然而，采取需要加以审议的全面停止支付标准的一个有关问题是，债务人无力清偿到期债务，可能只表明现金流量或清偿能力暂时出现问题，而企业在其他方面则是健全的。当今市场竞争激烈，竞争可能迫使市场的参与者为保持竞争力和维持或取得市场份额而暂时接受更低的利润，甚至承担损失。虽然在每个案件中都会成为一个事实问题，可取的做法是，破产法对法院提供引导，指导其判断是否已达到启动标准，以避免过早裁定破产。③

在债务人提出破产申请时，可以要求其证明已经丧失清偿能力，因其具备

---

① 李永军：《论破产原因》，载《政法论坛》1995 年第 6 期。
② ［日］伊藤真：《破产法》，刘荣军、鲍荣振译，中国社会科学出版社 1995 年版，第 37 页。
③ UNCITRAL Legislative Guide on Insolvency Law, UNITED NATIONS PUBLICATION, Sales No. E. 05. V. 10, ISBN 92 - 1 - 133736 - 4, pp. 45 - 46.

对此的举证能力。不过在债务人善意的自愿申请破产的情况下，这样做意义不大，因为债务人如果不是确实丧失了清偿能力是不会去申请破产的。但当债权人提出破产申请时，就不能要求其证明债务人已经不能清偿到期债务即客观上丧失清偿能力，因为不能清偿这一概念具有前述特定的构成要件，而不是可以简单地理解为债务人在债务到期日那一天没有还债，债权人并不具备对这些构成要件的举证能力，所以立法通常只是要求债权人证明债务人停止支付或明显缺乏清偿能力，以推定债务人不能清偿到期债务。需要说明的是，停止支付在德国法系不是作为直接的破产原因加以运用的，它大多只作为推定债务人形成破产原因的基础事实。德、日立法均规定，停止支付推定为支付不能（即不能清偿）。既然停止支付为推定破产原因存在的事实，债权人只能以此为理由向法院提出破产申请，但并不必然导致破产程序的开始。停止支付与支付不能的关系表现为：前者为外在的主观表示，后者为内在的客观经济状态；停止支付并不必然表明支付不能，因为债务人并非一定基于客观事实产生积极的或消极的表示；而支付不能则必然最终表现为停止支付。客观而论，虽然德国法系以停止支付为推定的破产原因与法国法系直接把停止支付作为破产原因运用之间存在着使用价值上对债务人破产所持态度上的宽严不一的差异，即法国法系基于其商人破产主义的传统，对停止支付的商人采取迅速的取缔措施，而德国法系则主观上对债务人是否形成破产原因采取慎重的推定。但运用的结果，都以证明债务人清偿能力欠缺为目的，并且都为便于债权人及时便利地行使破产申请权而赋予了债务人以不可避免的举证责任。也就是说，一旦债权人提出债务人停止支付的事实，债务人除非承认自己构成破产原因而接受债权人的主张，则必须证明自己并非欠缺清偿能力，并非陷入客观上的支付不能。这样，本来由"支付不能"这一客观破产原因引发的债权人的举证责任，而因"停止支付"这一主观破产原因的运用，使举证责任由债权人负担转向债务人负担，使德国法系和法国法系在不同的破产原因立法例下产生了运用上的殊途同归之效。[1]

此外，法院在审查债权人提出的破产申请，确定是否应受理破产案件时，还需要综合考虑各项因素，公正、合理地判断债务人是否发生破产原因。[2] 以美国为例，其1978年修订后的破产法已改行概括主义，实际以不能清偿为破产原因。在自愿清算程序中，只要债务人的自愿清算申请符合破产法的规定，这种申请本身就构成对债务人的破产宣告，法院并不需要再单独按一定标准来审查债务人的状况并作出破产宣告。而在债权人提出破产申请的情况下，法院

---

[1] 韩长印：《破产原因立法比较研究》，载《现代法学》1998年第3期。
[2] 王欣新：《破产法》（第三版），中国人民大学出版社2011年版，第38页。

还必须对债务人的状况进行审查。只有法院确认债务人已达到法律规定的破产条件，法院才可以宣告债务人破产，并开始对债务人进行强制清算。宣告强制清算的主要条件是债务人已一般地停止清偿到期债务。由于债务人只有在这种情况下才会被宣告破产，因此债权人在提出强制清算申请时，除了要达到破产法所规定的人数和债权额外，还必须基本上相信债务人已达到一般地停止清偿到期债务的状况。《美国破产法》目前采用的标准是，如果债务人已一般地停止清偿到期债务，法院即可宣告债务人破产，无论债务人的实际财务状况如何，也无论债务人是否资不抵债。根据美国判例解释，法院在判断债务人是否已经一般地停止清偿债务时，要考虑的几个主要因素包括：债务的项数、过期未付的数额、停止清偿的严重性，以及债务人处理债务的方式，等等。据此，一般地停止清偿是一个弹性标准，需要由法院对各种事实综合判断后才能得出结论。①

二、对本条规定的理解与适用

根据《企业破产法》第 2 条第 1 款、第 7 条第 2 款以及《企业破产法司法解释（一）》第 1 条的规定，不能清偿到期债务是两种破产原因的共同前提。根据本条司法解释的规定，认定不能清偿到期债务应当同时具备三个方面的要件：

1. 债权债务关系依法成立。如债务人不否认或者无正当理由否认债权债务关系，或者债务已经生效法律文书确定。原则上，当事人对债权债务关系存在争议，应当通过诉讼程序予以解决，但如果债务人提出的异议，经人民法院形式审查后，发现没有任何证据支持或者明显与事实不符的，不应对人民法院受理破产案件构成影响。这样规定的主要目的是为了防止债务人以毫无理由和证据的异议为由拖延破产程序启动。此外，如果已经过生效法律文书确认的，由于已经取得执行名义，应当视为债权债务关系已经确定。

2. 债务人不能清偿的是已到偿还期限的债务。如债权人在债务到期前认为债务人到期后将无法偿还，不能视为不能清偿。破产程序本质上属于概括执行程序，债务尚未到期的，债务人不负有立即履行的义务，故不应受执行程序的约束。

3. 债务人未清偿债务的状态客观存在。不论债务人的客观经济状况如何，只要其没有完全清偿到期债务的，均构成不能清偿到期债务。将不能清偿到期债务作为破产原因中的主要依据，尤其是作为债权人申请债务人破产清算时破

---

① 潘琪：《美国破产法》，法律出版社 1999 年版，第 38、41 页。

产原因的推定依据，易于为债权人发现和举证证明，能够使债权人尽早启动破产程序，从而保护债权人的合法权益。[①]

　　需要提请注意的是，本条规定名义上是在解释"不能清偿"的概念，但实际上是将破产法理论上的"不能清偿"，变通性的解释为"停止支付"。这一点在司法解释发布时民二庭负责人答记者问以及相关的解释文章中也有所表明，认为不能清偿到期债务是指债务人以明示或默示的形式表示其不能支付到期债务，其强调的是债务人不能清偿债务的外部客观行为，而不是债务人的财产客观状况。[②] 笔者认为，司法解释这一条款的变通规定，是考虑到我国现实立法与实际国情，特别是司法实际的需要，在不违背破产法适用原则的情况下作出的合理调整。

　　如前所述，在破产法理论上，不能清偿是指债务人对请求偿还的到期债务因丧失清偿能力而无法偿还的客观状况，强调债务人不能以财产、信用或者能力等任何方法清偿债务才属于丧失清偿能力；停止支付则是指债务人以其行为向债权人作出不能清偿债务的明示或默示的主观意思表示，而不是其财产或清偿能力的客观状况。由于债权人在提出破产申请时，是无法举证证明债务人的客观财产状况与清偿能力特别是涉及信用、能力的清偿因素是否丧失的，所以各国立法在以"不能清偿"作为普遍适用的破产原因时，通常均规定债务人停止支付可以推定为不能清偿，以解决债权人申请破产时的举证责任问题。例如，根据《德国破产法》第17条规定，一般性的开始原因为无支付能力。债务人不能够履行到期支付义务的，为无支付能力。债务人已经停止支付的，通常即应推定为无支付能力。

　　最初在制订司法解释时，起草组对"不能清偿"的概念基本上是依据公认的破产法理论加以解释的，并增加了"停止支付"的概念以及"停止支付可以推定为不能清偿"的规定，以合理解决债权人申请破产时的举证责任问题。但是后来考虑到，在《企业破产法》中没有规定"停止支付"概念的情况下，司法解释提出这一新概念并以此确认债权人提出破产申请时的举证责任，可能有立法越权之嫌，而且与"明显缺乏清偿能力"的概念有冲突之处，所以便取消了有关"停止支付"的规定，而是将立法中的"明显缺乏清偿能力"概念通过列举规定等方式实际解释为"停止支付"。但是这样规定也存在两个概念的主客观要件方面存在一定差异，难以取得相同的适用效果，尤其是

[①] 宋晓明、张勇健、刘敏：《〈关于适用企业破产法若干问题的规定（一）〉的理解与适用》，载《人民司法》2011年第21期。

[②] 参见《依法受理审理案件、充分发挥企业破产法应有作用——最高人民法院民二庭负责人就〈破产法司法解释（一）〉答记者问》，载《人民法院报》2011年9月26日第5版。

难以完全解决"不能清偿"概念作为破产原因在实际适用时的判断问题。所以，在司法解释草案提交最高人民法院审判委员会审批时，对"不能清偿"作出了如上的解释规定。

我们认为，破产原因理论中的"不能清偿"概念，是描述债务人清偿能力丧失的一个客观状况标准。由于其是一个纯粹客观的标准，所以主要是起到对破产原因的应然状态在理论上予以界定的作用。在司法实践中，债务人丧失清偿能力的客观状况只有通过其外观行为表现出来才能为人们所识别、所确认。这些债务人丧失清偿能力的外观行为表现即实然状态，便构成当事人的破产申请原因。由于债务人的外观行为表现与客观状况两者之间可能存在一定的差异，所以人民法院在审查应否受理破产申请阶段对破产原因存在的认定，都是要通过破产申请原因存在这一事实而推定得出的。只有在破产申请受理以后，经过对案件的继续审理以及对债务人财产的收集、变价等工作，才能逐步验证债务人存在破产原因这一根据实然状态所做的推定，是与法律规定的应然状态相互吻合的。从认识论的角度讲，对破产原因这一客观状况的存在，在审查案件应否受理的短暂阶段只能通过推定来认定。

在司法实践中，法院之所以需要对债务人是否存在破产原因进行判定，必然的前置条件是因为存在对债务人的破产申请。所以，对破产申请原因是否存在进行判断，永远是所面临的第一位的问题，只有在这个问题解决之后才可能涉及对破产原因的进一步判断。而依据《企业破产法》的规定，在破产申请原因存在的情况下，法院就应当依法受理案件。在债务人自行申请破产的情况下，通常都会依据其未能清偿债务的客观行为和自愿申请破产的主观意愿而认定其破产申请原因充分存在，进而推定其存在破产原因，在无人提出相反证据的情况下，法院即应受理破产案件。在申请人为债权人的情况下，如果债务人不能举证推翻对破产申请原因存在的认定，进而推翻对破产原因存在的推定，法院同样应当依法受理案件。为此，司法解释将"不能清偿"的内容直接解释为"停止支付"，也就是在某种程度上将破产原因解释为破产申请原因（债权人提出破产申请的情况），虽然与破产法理论存在一定观念上的差异，但在现行破产法中破产原因规定不够科学，缺失"停止支付"这一推定的破产申请原因概念，使法律实施可能遇到困难的情况下，反而更有利于破产法的实际执行。

【法律、司法解释及案例】

《企业破产法》（2007年6月1日起施行）

第二条 企业法人不能清偿到期债务，并且资产不足以清偿全部债务或者明显缺乏清偿能力的，依照本法规定清理债务。

企业法人有前款规定情形，或者有明显丧失清偿能力可能的，可以依照本法规定进行重整。

第七条 债务人有本法第二条规定的情形，可以向人民法院提出重整、和解或者破产清算申请。

债务人不能清偿到期债务，债权人可以向人民法院提出对债务人进行重整或者破产清算的申请。

企业法人已解散但未清算或者未清算完毕，资产不足以清偿债务的，依法负有清算责任的人应当向人民法院申请破产清算。

【案例】

A公司经营不善，向B银行贷款5000万元作为流动资金。B银行经审核后，于2008年初向A公司发放贷款5000万元，贷款合同约定：贷款期限1年，按季结息。贷款发放后，A公司不能按期还款，经多次展期后，A公司仍不能清偿欠款。B银行于2012年提起诉讼，请求判令A公司偿还贷款本金、利息、罚息和复利。法院作出判决支持B银行诉讼请求，该判决于2013年3月1日生效。同年3月28日，B银行申请法院对A公司强制执行。

A公司在向B银行贷款的同时，还从C公司借到1000万元借款，约定于2013年6月偿还。C公司得知B银行申请对A公司强制执行的消息后，担心A公司无力清偿该1000万元借款，于是立即向法院申请对A公司破产清算，以最大限度地挽回损失。A公司对借款的事实无异议，但提出按照双方借款合同的约定，该1000万元借款的还款期限尚未届满，不属于到期债权。此外，人民法院询问A公司是否还有其他异议，其未提出异议。经调查，采取强制执行措施的法院已因A公司无财产可供执行而终结执行程序。

【简要评析】

在就C公司的申请是否符合《企业破产法》关于债权人提出破产清算申请的条件进行分析前，首先须明确法院对破产清算申请的审查程序。对于破产清算申请的实质审查，应当以债务人是否发生破产原因为标准，其中，债务人是否不能清偿到期债务是认定债务人是否发生破产原因的核心内容，因此，无论是债权人申请破产清算，还是债务人申请破产清算，都必须证明债务人不能清偿到期债务。在债务人自行申请破产清算和债权人申请债务人进行破产清算这两种情形下，审查程序有所不同。前者情形下，在形式审查后，人民法院应当直接对债务人是否发生破产原因作出认定，而在后者情形下，人民法院应当首先对债权人的申请是否符合法律规定的条件进行审查，即对债权人是否能够证明债务人不能清偿到期债务进行审查，在债权人对此不能进行证明的情况下，尚不需对债务人是否资不抵债或者明显缺乏清偿能力作出认定。鉴于上述原因，本案应首先围绕 C 公司申请所依据的债权是否为到期债权进行实质审查。

C 公司依据其与 A 公司之间的借款合同提出对 A 公司进行破产清算，其申请所依据的债权是否为到期债权？从 C 公司与 A 公司合同性质看，该合同为企业间拆借合同，根据《最高人民法院关于对企业借贷合同借款方逾期不归还借款的应如何处理的批复》，该合同为无效合同，A 公司应向 C 公司返还借款本金。由于无效合同自订立时起不发生法律效力，返还本金义务的履行时间不能按照合同所约定的还款时间确定，故 A 公司关于履行还款义务的期限尚未届满的异议不能成立。基于以上分析，C 公司能够证明 A 公司不能清偿导致债务，因此，C 公司的申请符合法律规定，人民法院应当进一步围绕债务人关于其不存在资不抵债以及明显缺乏清偿能力的异议进行审查。

第三条【资产不足以清偿全部债务的认定】

债务人的资产负债表，或者审计报告、资产评估报告等显示其全部资产不足以偿付全部负债的，人民法院应当认定债务人资产不足以清偿全部债务，但有相反证据足以证明债务人资产能够偿付全部负债的除外。

【条文主旨】

本条旨在对《企业破产法》规定之破产原因中的"资产不足以清偿全部债务"的判定标准作出具体解释。

【规范目的】

本条规定的规范目的，是要解决对《企业破产法》第 2 条规定之破产原因中的"资产不足以清偿全部债务"（简称"资不抵债"）这一重要概念的认定问题。在破产法理论上，资不抵债是指债务人的资产不足以清偿全部债务，即"消极财产（债务）的估价总额超过了积极财产（资产）的估价总额的客观状况"，①在国外亦称为债务超过。司法实践中，由于债权人对债务人的资产负债情况很难作出完整、正确的评价，并提供相应证据证明，所以资不抵债作为特殊破产原因，主要适用于债务人主动申请破产的情况。债务人自愿申请破产一般应提供其已经无力清偿到期债务、资不抵债的证明。为明确其举证责任，便于债务人行使破产申请权，本条规定对"资不抵债"的认定从审判实务的角度进行了界定。

【原理与适用】

一、对"资不抵债"概念的法理分析

"资不抵债"是一些国家法律规定的破产原因之一，但通常是适用于特定主体或特殊情况的辅助性破产原因。"资不抵债"是指债务人的资产不足以清偿全部债务，即"消极财产（债务）的估价总额超过了积极财产（资产）的估价总额的客观状况"，在国外亦称为债务超过。例如，根据《德国破产法》第19条规定，对于法人，资不抵债也为开始原因。债务人的财产不再能够抵偿现有债务，即为资不抵债。但在评估债务人财产时，根据各种情况显示仍然极有可能继续经营企业的，应以继续经营企业作为评估基础。《日本破产法》第16条（法人的破产程序开始的原因）也规定："债务人为法人的，在适用前一条第一款的规定时，同款中的'无法清偿到期债务'为'无法清偿到期债务或者资不抵债（指债务人无法以财产清偿债务的状态）'。前款的规定，不适用于存续中的合名公司以及合资公司。"②

"资不抵债"的着眼点是资债比例关系，考察债务人的偿还能力仅以实有财产为限，不考虑信用、能力等可能的偿还因素，计算债务数额时，不考虑是否到期，均纳入总额之内。债务人不能清偿到期债务时通常都已资不抵债，但在其账面资产超过负债时，也可能因资产结构不合理，发生对到期债务缺乏现实支付能力（如现金严重不足、资产长期无法变现等）而无法支付的情况。反之，在债务人资不抵债时，如到期债务数额不多，或能以信用、能力等方式还债，并不一定会丧失对到期债务的清偿能力。由此可以看出，"资不抵债"与"不能清偿"不仅概念不同，在实践中二者对破产界限的认定上也有一定

---

① ［日］石川明：《日本破产法》，何勤华、周桂秋译，中国法制出版社2000年版，第27~28页。

② 李飞主编：《当代外国破产法》，中国法制出版社2006年版，第721页。

区别。"资不抵债"与"不能清偿"至少有以下区别：（1）资不抵债只考虑债务人的财产因素，通过财产与负债的对比衡量债务人是否构成破产原因，将债务人的信用、劳务技能等排除在考虑因素之外。这二者间并不一定存在前因后果的必然联系。因为资不抵债不必然导致不能清偿，而不能清偿也并非一定资不抵债。（2）资不抵债的运用不论债务是否到期，只要出现资不抵债，即可认为债务人形成破产原因，而不能清偿则只能适用于债务到期之时。[①] 故通常将以不能清偿到期债务为破产原因，称为现金流量标准；而将以资不抵债为破产原因，称为资产负债表标准。

资不抵债标准是全面停止偿付标准（即不能清偿到期债务）的替代办法，其依据是资不抵债时即表明遇到财务困境。由于这一标准依赖受债务人控制的资料，因此，资不抵债标准有其实际局限性：债务人的财务状况究竟如何，在水落石出、成为不可改变的事实之前，其他当事人几乎无从得知，因此，债权人恐怕不易以此为根据提出申请。此外，采用这一标准可能发出关于债务人财务状况的令人误解的信号，因为这一标准的重点实际上是一个如何对资产价值进行评估的会计问题（如与一个营运资产的价值相对比的清算价值），而且还提出了债务人的资产负债表是否可靠和是否真实地反映了债务人的支付能力的问题，这在会计标准和估值方法会产生一些并非反映债务人资产的公平市场价值结果或是因为市场尚未充分发展或市场的稳定度不足以确定这种价值的情况下，尤其如此。服务性企业的情形可能尤其如此，按照这一标准，即使企业基本上是健全的，但从技术上来说，由于缺乏资产，可能已经破产。或者，在没有维持企业经营所需的现金流量的情况下，企业也可能有显示正值的资产负债表。此外，这种检验标准还会造成取证的延误和困难，因为专家一般需审查账册、记录和财务数据之后才能确定该企业的公平市场价值。如果这些记录的操作不当或不便于查阅，则困难更大。由于资不抵债标准存在这些问题，所以往往是在丧失重组可能性后才启动程序，并对营运资产的债务人以集体方式对付债权人的能力产生不利影响，从而可能偏离实现价值最大化的目标。因此，这一标准的可靠性尚不足以构成破产定义的唯一依据，比较可取的做法是与停止偿付标准结合起来使用。以这种方式使用时，通过重点关注无论如何估价的资产是否足以偿付债务人的债务，包括尚未到期的债务的方式，资产负债表标准可以有助于对破产进行界定。[②]

从实际做法来看，债务人申请启动清算程序，通常是债务人遇到严重财务

[①] 韩长印：《破产原因立法比较研究》，载《现代法学》1998 年第 3 期。
[②] UNCITRAL Legislative Guide on Insolvency Law, UNITED NATIONS PUBLICATION, Sales No. E. 05. V. 10, ISBN 92－1－133736－4, pp. 46－47.

困境情况时的最后手段,因此,一些法律允许债务人或者以其已经停止偿付到期债务为根据提出申请,或者根据其对财务情况的简单声明提出申请,例如,债务人无力或不打算偿付其债务(就法人而言,可以由董事或董事会的其他成员作出此种声明)。有些国家的破产法甚至并不要求债务人以说明任何特别的财务状况作为理由。在这种情况下,无论对债务人规定了何种举证责任,破产法都应当区分并规定两方面的情形:(1)如果债权人不提反对意见即可推定债务人的财务声明已经获得认可的情形;(2)由于对债务人财务状况存在某种疑问或由于债权人已经对启动破产程序提出异议,因而应当对债务人财务情况提出质疑的情形。其实,在一定程度上这些问题可以通过破产程序的启动机制加以解决。如果法院必须作出启动裁定,那么它将有机会对申请进行审查,债权人则可以在庭审之时提出异议。如果申请所起作用是继而自动启动破产程序,债权人和其他利益方将仍有机会提出异议,尽管程序已经启动(例如关于破产启动的诸多程序性规定)。在这两种情形下,滥用申请程序的企图都会受到审查。[①]

由于资不抵债并不必然导致债务人对到期债务清偿能力的丧失,所以其作为破产原因,在各国一般仅适用于资合法人、解散后处于清算中的资合法人以及遗产等的破产,即仅以有限财产为清偿范围、无人对其债务负无限责任的债务主体。因为这类债务主体对债权人承担责任的财产范围,只能以其所有的资产额为限。此类债务主体只要债务超过资产,就可能对债权人的利益造成损害。将资不抵债设置为其破产原因,目的是防止其在已经资不抵债的情况下,仍然不适当地膨胀债务,进一步损害债权人的利益,影响经济秩序。司法实践中,由于债权人对债务人的资产负债情况很难作出完整、正确的评价,并提供相应证据证明,所以资不抵债作为特殊破产原因,主要适用于债务人主动申请破产的情况。有的国家和地区为防止债务人恶意膨胀债务,还立法规定企业的控制人如股份有限公司及有限责任公司的董事,法人企业的清算人,受遗赠人、继承人、遗嘱执行人及继承财产的管理人,在债务超过资产的法定情况下,负有提出破产申请的义务,如违背其义务,不依法提出破产申请,则给予法律处罚,如对此后扩张发生的债务要承担连带责任等。例如,根据《德国股份法》第92条规定,如果股份公司已无支付能力,那么董事会不得迟疑,最迟要在发生无支付能力情况3周时,申请破产程序或者法院和解程序。这一原则适用于公司资不抵债的情况。《德国有限责任公司法》第64条第1款除作出了类似于《德国股份法》的规定外,第2款还规定公司业务执行人对公司

[①] UNCITRAL Legislative Guide on Insolvency Law, UNITED NATIONS PUBLICATION, Sales No. E. 05. V. 10, ISBN 92-1-133736-4, p. 49.

在无支付能力情形出现后或在确定资不抵债后支付的款项承担赔偿责任。我国台湾地区的"公司法"中也有类似规定。此外，对于人合企业、自然人债务人，各国破产立法则不以资不抵债为破产原因。因债务人须对其债务负无限责任，而且在资不抵债时，债务人还可以以其信用或劳务进行清偿，或者通过破产后的继续经营、工作获得新的财产还债，故只要对到期债务能够清偿，无须对其进行破产程序。

由于在债务人资不抵债时，仅表明其在特定时点上资产与负债的关系处于危机境地，不一定会丧失对到期债务的清偿能力，尤其是在将来动态的经营过程中也丧失对债务的清偿能力。所以，以资不抵债为破产原因时，对债务人的清偿能力要进行综合评价，并非发生资不抵债情况时就一定要认定其存在破产原因。如根据《德国破产法》第19条第2款规定，债务人的财产不再能够抵偿现有债务，即为资不抵债。但在评估债务人财产时，根据各种情况显示仍然极有可能继续经营企业的，应以继续经营企业作为评估基础，就体现了这一适用原则。

我国在《企业破产法》立法过程中对是否以资不抵债为特殊破产原因、其适用范围如何等问题，也曾予以考虑。德国法系以"不能清偿"作为一般破产原因适用于自然人和法人，以"资不抵债"作为特殊原因既适用于存续中的法人又适用于清算中的法人。如果借鉴德国等国的规定，将资不抵债作为破产原因普遍适用于无人对其债务负无限责任的法人型企业，显然还不具备条件。这主要是因为我国当时尚处于向市场经济的转轨期间，各项制度和企业运行机制仍不完善，加之企业历来自有运营资金较少，主要靠银行借贷维持经营，尤其是在一度实行所谓"拨改贷"投资体制下设立的企业，出资人对企业没有一分钱的资本金投入，完全靠银行借贷设立运营，导致企业尤其是当时"投资"体制下国家设立的大中型骨干企业负债情况严重乃至资不抵债。这种错误投资体制造成的恶果一直延续至今，并导致国家不得不出台"债转股"政策加以补救，减轻企业负债，充实其资本。如以资不抵债作为对法人企业普遍适用的破产原因，可能会使一些虽然资不抵债但经营尚且正常的企业被划在破产界限之内，而那些在"拨改贷"投资体制下设立的企业，甚至自成立之时就已经资不抵债发生破产原因。所以，在《企业破产法》起草工作组提交全国人大常委会一审的破产法草案中，未采用资不抵债作为对企业普遍适用的破产原因，而是仅将资不抵债作为清算中企业的破产原因。这也是为了与其他立法相互协调，根据《公司法》第188条的规定，清算中的公司就是以资不抵债作为破产原因的。后在破产法草案提交全国人大常委会审议的过程中，虽然发生对破产原因规定的争议和重大修改，但是这一原则仍然规定在《企业破产法》第 7 条第 3 款之中。① 之所以将资不抵债作为清算中企业的破产原因，是因为企业一旦进入清算程序，即要停止经营，更无信用可言，此时衡量企业偿债能力大小的因素只在于企业的现有资产。如果企业清算中出现资不抵债的情况下，仍允许一般清算人自为清算，恐难以在债权人之间达到依破产程度所能实现的公平、公正分配的目的，故有即时申请破产的必要，并且清算人有申请破产的义务。②

纵观各国立法，通常以不同的组合方式使用全面停止偿付标准和资不抵债标准来确定启动标准。有些国家采用全面停止偿付标准的简单形式，规定债务人须是无力履行到期债务的。有些国家则在采用这一标准时还添加了其他一些规定，例如，停止付款所反映的必须是非临时性财务困境；债务人的信誉必须受到威胁；对债务人进行清算是公平和公正的。启动标准中添加的因素越多，就越难以满足，尤其是在所添加的属于主观因素的情况下。这会导致破产程序的启动受到质疑，从而造成延误、不确定性和支出增加。相比之下，相对简单和直接的标准可能都倾向于包括更多的状况，但可以通过由于这些标准所产生的更大程度上的适用便利而对此加以平衡。与此同时，另一种方法把全面停止偿付标准和资不抵债标准结合起来。例如，要求除了停止付款之外，债务人还必须是过度负债。确定过度负债的办法是，债务人因其负债超过资产而无力清偿到期债务。把两种标准结合起来的办法可以有助于在缺乏关于存在一般违约的信息的情况下启动程序，并更加全面地反映债务人当前和预期的财务状况。例如，资不抵债标准可以促使考虑根据全面停止偿付标准不会考虑到但对可能成功重整具有十分重要意义的未到期债务。③ 采取何种标准作为破产原因，涉及对经济秩序、债权人与债务人权益的保护视角问题。以不能清偿作为破产原因，主要是考虑维护现存的经济秩序与债务关系，原则上不受债务人资产与负债比例关系的约束；而以资不抵债为破产原因，则侧重对债权人利益从债务人财产现有清偿能力角度提供保护，而对到期债务的清偿状况如何则在一定程度上予以忽略。④

二、对本条规定的理解与适用

本条规定界定了资不抵债的判定标准，即"债务人的资产负债表，或者

---

① 《企业破产法》第 7 条第 3 款规定："企业法人已解散但未清算或者未清算完毕，资产不足以清偿债务的，依法负有清算责任的人应当向人民法院申请破产清算。"
② 韩长印：《破产原因立法比较研究》，载《现代法学》1998 年第 3 期。
③ UNCITRAL Legislative Guide on Insolvency Law, UNITED NATIONS PUBLICATION, Sales No. E. 05. V. 10, ISBN 92－1－133736－4, pp. 47－48.
④ 王欣新：《破产法》（第三版），中国人民大学出版社 2011 年版，第 38~39 页。

审计报告、资产评估报告等显示其全部资产不足以偿付全部负债的，人民法院应当认定债务人资产不足以清偿全部债务，但有相反证据足以证明债务人资产能够偿付全部负债的除外"。由于企业是否资不抵债，只有债务人才可能提供证据证明，而且债务人即使资不抵债也仅表明其在特定时点上资产与负债的关系处于危机境地，不一定会丧失对到期债务的清偿能力，尤其是在将来动态的经营过程中也持续丧失债务清偿能力，故这一概念在其他国家用于规定破产原因时，一般仅适用于债务人自愿申请破产的情况。通常，判断企业资产与负债比例关系的文件是资产负债表。资产负债表可以全面反映企业资产、负债、所有者权益的总体规模和结构，以此判断债务人的资产状况具有明确性和客观性。但是，资产负债表反映的企业资产价值具有期限性和不确定性，债务人自行编制的资产负债表未经审计，其内容可能出现不及时、不真实、不准确的问题，甚至存在故意制造虚假数据的情况。故当利害关系人对债务人出具的资产负债表存在异议时，本条规定，可以以中介机构编制的具有更高公信力与证明力的审计报告和资产评估报告作为判断依据。资产不足以清偿全部债务是对债务人的客观财产偿债能力的判断，因此应当以债务人的真实财产数额为基础，如果当事人提交的证据能够证明债务人资产能够偿付全部负债，则可以推翻资产负债表、审计报告或者资产评估报告对资不抵债的认定。

需要说明的是，根据我国《企业破产法》第2条第1款规定，破产原因是"企业法人不能清偿到期债务，并且资产不足以清偿全部债务或者明显缺乏清偿能力"。第7条第2款明确规定："债务人不能清偿到期债务，债权人可以向人民法院提出对债务人进行重整或者破产清算的申请。"据此，债权人在债务人不能清偿到期债务时就可以提出破产申请，但申请时不需证明债务人已经资不抵债或者不能清偿，因为这超出了债权人可能的举证能力范围，通常是要求债权人证明债务人停止支付或明显缺乏清偿能力，以推定债务人不能清偿到期债务。如此，在债权人提出破产申请的条件上，就明确排除了资不抵债因素。

【法律、司法解释及案例】

《企业破产法》（2007年6月1日起旅行）

第二条 企业法人不能清偿到期债务，并且资产不足以清偿全部债务或者明显缺乏清偿能力的，依照本法规定清理债务。

企业法人有前款规定情形，或者有明显丧失清偿能力可能的，可以依照本法规定进行重整。

第七条 债务人有本法第二条规定的情形，可以向人民法院提出重整、和解或者破产清算申请。

债务人不能清偿到期债务,债权人可以向人民法院提出对债务人进行重整或者破产清算的申请。

企业法人已解散但未清算或者未清算完毕,资产不足以清偿债务的,依法负有清算责任的人应当向人民法院申请破产清算。

《公司法》(2006年1月1日起施行)

第一百八十八条 清算组在清理公司财产、编制资产负债表和财产清单后,发现公司财产不足清偿债务的,应当依法向人民法院申请宣告破产。

公司经人民法院裁定宣告破产后,清算组应当将清算事务移交给人民法院。

【案例】

A企业为一家很早成立的集体所有制企业,有将近200名职工,企业没有为职工办理社会保险。随着近几年市场环境的变化,A企业的开办人和经营者希望对企业进行改制,在改制过程中辞退大部分职工,改变主营业务。但该消息刚一传出,便引起职工不满,由于职工学历普遍较低,且所从事的工作与现代工作技能的要求相差大,所以认为一旦被企业辞退后将无处谋生,即使少发一些工资,也坚决反对企业改制。

A企业的开办人听说中介机构B公司经验丰富,于是向其咨询。B公司告知A企业,企业改制的程序比较复杂,但通过关闭企业重新设立的方式可以实现A企业开办人的目的,目前最妥当的方法是通过法院主持下的破产程序清算企业,即以不能清偿到期债务且资产不足清偿全部债务为由向法院申请破产清算,法院受理破产清算申请后,职工与企业自然要解除劳动关系,企业也就不必考虑职工的反对意见了。A企业十分满意,按照B公司的办法制作了一份财务报告,将A企业厂房和主要设备的权属作模糊性的描述,资产负债表显示A企业资产负债率达200%。法院收到A企业的破产清算申请后,尚未作出是否受理的裁定前,A企业职工联名向法院反映情况,并对企业主要资产进行了说明,并提出A企业不但不是资不抵债,而且近3年的税务申报材料都能够证明企业一直处于小额盈利状况。法院到A企业以及税务机关进行调查,发现其提交的资产负债表存在隐瞒重大资产的情况,自行提交的该份财务报告不能证明其真实的资产负债情况,要求其提交真实的财务报告或审计报告。A企业坚持应以其提交的材料认定其发生破产原因。最终,法院裁定驳回A企业的破产清算申请。

【简要评析】

债务人的资产不足以清偿全部债务是对债务人资债比例状况的说明,主要通过资产负债表、审计报告或者资产评估报告等反映。债务人申请破产清算的，其以不能清偿到期债务且资产不足以清偿全部债务为申请理由的，应当提交上述材料加以证明。通常情况下，人民法院应当根据上述材料显示的债务人的资产负债情况判断其是否资不抵债。但是实践中存在债务人为了达到一定不正当目的而编造虚假的财务资料而申请破产的欺诈性做法，如果人民法院能够发现其提交的证明材料虚假的，应当对其所主张的资不抵债的事实进行审查。

本案中，A企业并不符合企业破产法关于发生破产原因的规定，其向人民法院申请破产，实际上是希望通过法院受理其破产申请而达到以更低的成本和费用辞退职工、开办新企业的目的。按照企业破产法的规定，债权人申请债务人破产的，人民法院应当听取债务人对破产申请的异议，而债务人申请破产清算的，并无该异议程序。本案中，A企业的职工得知企业申请破产并向人民法院提出了异议，并非法律规定的异议程序，但是在人民法院基于该异议而对A企业提交材料进行审查发现其虚构资不抵债事实的情况下，应当进行审查。在实践中，如果债务人确实存在虚构破产原因事实而受理审查阶段未发现的，人民法院可以适用《企业破产法》第12条的规定，在受理破产申请后，以裁定驳回申请的方式处理。

第四条【明显缺乏清偿能力的认定】

债务人账面资产虽大于负债，但存在下列情形之一的，人民法院应当认定其明显缺乏清偿能力：

（一）因资金严重不足或者财产不能变现等原因，无法清偿债务；

（二）法定代表人下落不明且无其他人员负责管理财产，无法清偿债务；

（三）经人民法院强制执行，无法清偿债务；

（四）长期亏损且经营扭亏困难，无法清偿债务；

（五）导致债务人丧失清偿能力的其他情形。

【条文主旨】

本条旨在对《企业破产法》规定之破产原因中的"明显缺乏清偿能力"

的各项构成要件作出具体解释。

【规范目的】

　　本条规定的规范目的，是要解决对《企业破产法》第2条规定之破产原因中"明显缺乏清偿能力"这一重要概念的认定问题。我国破产法对破产原因的规定具有特殊性，"明显缺乏清偿能力"的概念是各国破产立法和破产法理论上没有的新概念。所谓"明显缺乏清偿能力"，实际上是推定债务人发生破产原因的破产申请理由，在与"不能清偿到期债务"连用时，其实质作用与停止支付相同。"明显缺乏清偿能力"这一破产法理论上未曾使用过的模糊概念，是由特殊的立法过程造成的。由于破产法的规定过于抽象，导致实践中的认定困难，影响了该项标准的适用效果。为解决这一问题，保障债权人的破产申请权，本条规定对"明显缺乏清偿能力"的认定从审判实务实用的角度进行了界定，列举规定了"明显缺乏清偿能力"的几种主要情形，从而减轻破产原因认定上的困难，推进破产程序的有效运行。

【原理与适用】

一、对"明显缺乏清偿能力"概念的法理分析

　　我国破产法对破产原因的规定具有一定的特殊性，即在《企业破产法》第2条的规定中出现一个"明显缺乏清偿能力"的概念，这是各国破产立法和破产法理论上过去没有的新概念。之所以出现这一概念，是《企业破产法》在全国人大常委会审议时所作的修改所致。在《企业破产法》起草过程中，以不能清偿为普遍适用的破产原因，以资不抵债作为适用于清算中的企业组织等特殊情况下的辅助破产原因，以停止支付作为推定破产原因，要解决债权人提出破产申请时的举证责任问题，成为《企业破产法》起草工作组的主流观点，并体现在其提交全国人大常委会准备一审的法律草案中。但在法律草案提交全国人大委员长会议和常委会审议时，有人顾虑以债务人不能清偿到期债务作为破产原因，可能会使破产企业数量大量增加，要求对破产原因予以限制，便主张增加资不抵债作为与不能清偿到期债务必须同时具备、一并适用的破产原因。然而，这样规定破产原因是不妥的。（1）由于债权人难以得知债务人是否资不抵债，更无法举证证明，而且也难以通过推定解决。若严格依此规定执行，必然会因债权人无法证明债务人存在资不抵债的破产原因而限制乃至实际剥夺其破产申请权利。但如不要求债权人在申请破产时对此举证，又会出现无须证明法律规定的破产原因存在就可提出破产申请、与法不符的问题。

(2) 人民法院在审查是否应受理破产案件时，无法及时准确查明债务人是否发生破产原因。虽然有一部分债务人企业在提出破产申请时资不抵债的现象十分明显，易于查明，但也有一部分债务人企业的资产负债情况由于财务管理混乱，账面资产严重不实，待处理的各种财产、坏账损失未入账处理，库存商品与原材料严重贬值等原因，难以根据形式证据如资产负债表迅速查明，需要进行耗时较长的资产评估确定，而这在人民法院审查决定是否受理案件的法定期限内是无法完成的。① 为避免发生争议影响立法进程，同时又能保障破产法顺利实施，经过全国人大法工委的反复协调与文字修改工作，没有取消有人提出的在破产原因中增加资不抵债的内容，而是在其后又补充规定了现在立法关于破产原因的第 2 种情况，即"或者明显缺乏清偿能力"，与该条前面规定的"不能清偿到期债务"连用，以解决破产原因的第一种情况适用中的难题。由于对债务人是否明显缺乏清偿能力的判断，基本上是由法院裁量决定，所以不会再出现延误受理期间的问题。而由于债权人提出破产申请时不需再证明债务人已经资不抵债，所以也不会影响其破产申请权。

现在破产立法规定的破产原因模式，是由于特殊的立法过程造成的。这就需要我们在司法过程中对破产原因的规定进行符合立法本意和科学逻辑的理解，以保障破产法的正确实施。应当说，《企业破产法》对破产原因的规定是存在一定问题的，在理论上不够准确，文字上易发生歧义，与各国破产立法之惯例也不甚相符，其使用的"明显缺乏清偿能力"也是破产法理论上未曾使用过的模糊概念。我们认为，将来在立法修改完善时，还是应当恢复原破产法起草工作组对破产原因的规定，采取适合理论与国际惯例的规范立法用语。

所谓"明显缺乏清偿能力"，即指债务人的资产状况表明其明显不具有清偿全部债务的能力，实际上也是推定债务人发生破产原因的理由，其作用与停止支付相同，属于破产申请原因。如果说两者存在什么差异，我们认为：（1）从文义上分析，停止支付是根据债务人的外在行为表现作出发生破产原因的推定，而明显缺乏清偿能力则不仅是从债务人的外在行为表现进行推定，而且可以通过债务人的资产负债情况等从内在清偿能力方面进行推定；（2）停止支付在一些国家的破产立法中可以是独立的破产原因，而明显缺乏清偿能力是各国破产立法中从未使用过的概念，缺乏理论上的明确内涵和适用上的确定外

---

① 《企业破产法》第 10 条规定："债权人提出破产申请的，人民法院应当自收到申请之日起五日内通知债务人。债务人对申请有异议的，应当自收到人民法院的通知之日起七日内向人民法院提出。人民法院应当自异议期满之日起十日内裁定是否受理。除前款规定的情形外，人民法院应当自收到破产申请之日起十五日内裁定是否受理。有特殊情况需要延长前两款规定的裁定受理期限的，经上一级人民法院批准，可以延长十五日。"

延,因而其不可能构成独立的破产原因。明显缺乏清偿能力作为一个推定原因,只有与被推定的情况——不能清偿到期债务相结合,才能构成对破产原因的较为全面的表述。[①]

二、对本条规定的理解与适用

本条规定对"明显缺乏清偿能力"作出界定。该条司法解释以列举方式对"明显缺乏清偿能力"进行了详细规定,指出:"债务人账面资产虽大于负债,但存在下列情形之一的,人民法院应当认定其明显缺乏清偿能力"。

1. 因资金严重不足或者财产不能变现等原因,无法清偿债务。在司法实践中,有时虽然债务人账面资产(如土地使用权、厂房等)大于负债,但因无法变现或变现即意味着破产倒闭,而长期对到期债务无法清偿,即使是有物权担保的债权人往往也难以说服法院采取必然导致债务人企业倒闭、职工失业的执行措施实现权利,所以只有启动破产程序才能解决其债务清偿问题。

2. 法定代表人下落不明且无其他人员负责管理财产,无法清偿债务。在此种情况下(如老板、高管人员弃企跑路等),债务人已经丧失行为能力,往往也已丧失了清偿能力,必须及时启动破产程序以维护债权人的利益。

3. 经法院强制执行,无法清偿债务。经采取强制执行措施仍不能还债的债务人显然已经丧失清偿能力,甚至因有法律程序确认而无需再以推定认定其发生破产原因。因为债务人对任何一项针对其财产的债权不能执行,都意味着其丧失了清偿能力,所以依据本项规定,只要债务人的任何一个债权人经法院强制执行未能得到清偿,其每一个债权人均有权提出破产申请,并不要求申请人自己已经采取了强制执行措施。

4. 长期亏损且经营扭亏困难,无法清偿债务。此项规定是从债务人的持续经营能力角度考察其清偿能力。当债务人不能清偿债务,同时长期亏损且经营扭亏困难,虽然账面资产大于负债,但未来只会是持续性的减少,进一步损害债权人利益,所以应当认为其发生破产申请原因。

5. 导致债务人丧失清偿能力的其他情形。此乃通常授权法院在法律列举情况之外可以裁量适用相关规定的兜底性条款。

此项规定实际上将"资不抵债"排除出对破产申请原因的认定范围,即使债务人资大于债,在该条列举的各种情况下也立认定其发生破产原因。这一列举加兜底条款的规定,对保障当事人特别是债权人的破产申请权具有至关重要的作用,它使"资不抵债"在债务人不能清偿到期债务的情况下不会构成

---

① 王欣新:《破产法》(第三版),中国人民大学出版社2011年版,第41页。

推定破产原因存在的障碍。这与《企业破产法》第 7 条第 2 款规定："债务人不能清偿到期债务，债权人可以向人民法院提出对债务人进行重整或者破产清算的申请"，根本无需考虑资不抵债问题，是相互呼应的。

需注意的是，在上述各种情况下，多数只是推定债务人发生破产原因，以使债权人可以顺利提出破产申请，但如果有反证证明债务人未发生破产原因，人民法院当然就不应受理破产申请。

【法律、司法解释及案例】

《企业破产法》（2007 年 6 月 1 日起施行）

第二条 企业法人不能清偿到期债务，并且资产不足以清偿全部债务或者明显缺乏清偿能力的，依照本法规定清理债务。

企业法人有前款规定情形，或者有明显丧失清偿能力可能的，可以依照本法规定进行重整。

第七条 债务人有本法第二条规定的情形，可以向人民法院提出重整、和解或者破产清算申请。

债务人不能清偿到期债务，债权人可以向人民法院提出对债务人进行重整或者破产清算的申请。

企业法人已解散但未清算或者未清算完毕，资产不足以清偿债务的，依法负有清算责任的人应当向人民法院申请破产清算。

【案例】

A 公司为一家生产手机等通讯产品的企业，拥有 1 间生产厂房和 2 套设备，整体规模不大。在智能手机上市后不久，国产智能手机以价格优势开拓了部分市场，A 公司的全部业务集中于国产手机厂商贴牌生产智能手机，但由于产销环节利润不均等的原因，并未获得较大收益。两年多后，国际著名品牌手机为抢占中国市场，大打价格战，国产手机的销售量急剧下降，A 公司收到的订单突然减少，导致库存大量积压，且由于手机行业发展较快，产品积压的时间越长，越难以售出。此时，A 公司已经开始拖欠多家材料供应商的材料款无力支付。作为材料商之一的 B 公司向人民法院提起诉讼，请求 A 公司支付货款 120 万元并按照合同约定支付日 1% 的迟延履行违约金。法院作出判决：A 公司于判决生效后 10 日内支付 B 公司货款 120 万元并按照人民银行公布的贷款利率 4 倍支付迟延付款期间的违约金。在此期间，另一供应商 C 公司也取得对 A 公司生效判决，判决 A 公司支付 C 公司货款 135 万元。C 公司向法院提出对 A 公司破产清算的申请。

A公司收到法院通知后，提出异议，认为虽然其不能清偿欠款，但经其统计，包括B公司和C公司在内，A公司欠债总额不超过500万元，而公司厂房价值将近450万元，2套设备价值100万元，存货手机虽然单价不高，但总价值也将近30万元，其认为，企业负债经营是经营常态，继续经营还有可能扭转亏损，只要不是资不抵债，就不能进入破产程序。在提交异议的同时，A公司还向法院提交了相应的审计报告和评估报告。

【简要评析】

本案为债权人申请债务人破产清算，C公司作为债权人已经提交了其债权合法有效且履行期限届满的判决书作为证据，B公司对其不能清偿到期债务的事实并无异议，因此应当认定C公司提出的破产申请符合法律对债权人提出破产申请的规定。根据《企业破产法》第2条对破产原因的规定，在债务人不能清偿到期债务的情况下，债务人具备资产不足以清偿全部债务或者明显缺乏清偿能力二者之一时，即应认定债务人发生破产原因。换言之，即使债务人能够证明其资大于债，但只要其不具有相应清偿能力的，即可适用破产程序。显然，A公司提出的"只要不是资不抵债就不能进入破产程序"的异议并无法律依据。

就A公司目前的财产看，其几乎已经没有现金或银行存款用以清偿债务；库存产品落后于手机市场技术发展水平，不易变现，且价值不高；实践中，厂房和生产设备的实际变现价值与评估价值可能存在差异，该两项财产是A公司主要财产，也是A公司经营主要业务所必需的财产，不仅短期内不易变现，而且A公司还希望继续使用厂房和设备生产其他通讯产品以改善亏损状态，实际使其无法变现。针对A公司目前的财产状况，其已经属于明显缺乏清偿能力之情形。实务中，在债务人不能清偿到期债务但资大于债时，只有对债务人赖以生产经营的主要资产采取拍卖、变卖等方式变现才能清偿其到期负债的，一般可以认定为债务人的清偿能力具有明显的瑕疵。根据以上情况分析，法院应当受理破产申请。

第五条【企业法人解散后债权人提起破产申请】

企业法人已解散但未清算或者未在合理期限内清算完毕，债权人申请债务人破产清算的，除债务人在法定异议期限内举证证明其未出现破产原因外，人民法院应当受理。

【条文主旨】

本条旨在对企业法人解散后债权人提出破产申请的受理及破产原因的认定作出具体解释。

【规范目的】

本条规定的规范目的，是要保护已解散企业法人的债权人的破产申请权。依据《企业破产法》第7条第3款规定，依法负有清算责任的人有申请债务人破产清算的法定义务，以保障破产清算程序的及时启动。但这并不意味着排除其他利害关系人的破产申请权，尤其是债权人的破产申请权利。只要提出破产申请的原因存在，债权人就可以依法对解散后或者清算中的债务人提出破产清算申请。此外，企业法人已解散但未清算或者未在合理期限内清算完毕时，债权人本可以通过《公司法》司法解释中规定的司法强制清算程序解决。但鉴于目前企业被吊销营业执照后不清算等恶意逃债现象十分严重，且这类企业即使进行司法强制清算大多数最后也要依法转入破产程序，所以规定债权人也可选择直接申请其破产，以简化程序，节省司法资源与诉讼时间，更好地保障债权人的合法权益。为解决这一问题，保障债权人的破产申请权，本条规定对企业法人解散后债权人提出破产申请的受理及破产原因的认定作出具体解释。

【原理与适用】

一、对解散后或者清算中企业的破产申请

在破产程序的启动方式上，各国破产立法的规定有申请主义与职权主义的区别。所谓申请主义，是指法院必须依据债权人、债务人等当事人的申请启动破产程序，无权在无人申请的情况下，自行依职权启动破产程序；所谓职权主

义，是指法院启动破产程序，并不以当事人的申请为必备条件，只要债务人发生破产原因，在法律规定的特定情况下，法院可以依职权启动破产程序。

一国之破产立法采取申请主义还是职权主义要根据具体国情而定，目前大多数国家均以申请主义为基本原则，还有的国家辅之以职权主义。立法规定采取职权主义的目的，是在债务人丧失清偿能力而又无人提出破产申请时，防止其债务继续恶性膨胀，损害债权人利益，并充分体现破产法对债权人公平清偿的宗旨，维护社会经济秩序。其实要解决这一问题，职权主义也不是唯一的方法，还可以规定特定当事人在法定情况下负有提出破产申请的义务，以保障破产程序的及时启动。如一些国家在破产立法中规定，在债务人丧失清偿能力、发生破产原因时，企业的法定代表人、董事、经理等高级管理人员在规定期限内负有申请破产的义务，以强调其对全体债权人负有的诚信义务，并严格追究违反义务者的法律责任，包括赔偿因延误申请破产致使债权人受到的经济损失。这同样可以在不损害当事人权利的情况下，解决因无人提出破产申请而影响公平清偿等问题。

我国《企业破产法》在破产程序启动即破产案件受理问题上，以申请主义为基本原则。人民法院应当依据当事人的申请启动破产程序，在无立法明文规定的情况下，人民法院不得在无人申请时自行启动破产程序。实行严格的申请主义模式，在民事诉讼尤其是民事执行过程中，发现债务人发生破产原因时如无人提出破产申请，继续进行个别清偿，可能会造成对多数债权人的清偿不公，并影响社会经济秩序，但如采取职权主义，又可能侵害当事人对其民事权利的处分权，因此，客观上存在一个利弊权衡取舍的问题。鉴于破产程序的启动主要属于私法调整范围，当事人对之应有民事处分的权利，除法律有明文规定的特殊情况外（如《企业破产法》第134条关于国务院金融监管机构对金融企业享有申请权的规定），国家不宜通过法院职权进行过多干预。但为避免在特殊情况下机械地适用申请主义，可能给当事人的正当权益造成损害，需要采取特殊调整措施加以解决，解散后或者清算中的债务人的破产申请问题就是如此。

在债务人企业已解散但未清算或者未清算完毕时，发现其存在破产原因，即资产不足以清偿全部债务，如果不能及时启动破产程序，就可能在企业退出市场的最后环节丧失保障债权人公平清偿的机会，且难以再予补救。为解决这一问题，我国《企业破产法》第7条第3款规定："企业法人已解散但未清算或者未清算完毕，资产不足以清偿全部债务的，依法负有清算责任的人应当向人民法院申请破产清算。"《公司法》第188条第1款对此也作出相应规定："清算组在清理公司财产、编制资产负债表和财产清单后，发现公司财产不足清偿债务的，应当依法向人民法院申请宣告破产。"根据《公司法司法解释（二）》的规定，"依法负有清算责任的人"，包括未清算完毕情形下已经成立的清算组，以及应清算未清算情形下依法负有启动清算程序的清算义务人，即有限责任公司全体股东，或者股份有限公司董事和控股股东。据此，我国立法通过规定依法负有清算责任的人包括清算组织，在法定情况下应当向人民法院申请破产清算，使其负有破产申请义务，来辅助解决破产程序及时启动的问题。

二、破产程序与清算制度的衔接

公司的清算与破产是两种性质、适用条件有所不同但又密切相关的程序。通常，在公司能够清偿全部债务的情况下，解散之后由其自行清算，或者在其不自行清算时由法院组织强制清算。如果公司发生破产原因，不能清偿到期债务，或在清算过程中发现公司资不抵债时，则应进入破产程序，于是便发生清算程序与破产程序如何顺利衔接转换的问题。这种衔接因上述《企业破产法》第7条第3款规定以及《公司法》第188条规定而具有法定性。过去，我国由于立法对清算责任人的法律责任特别是民事责任缺乏规定，在破产原因认定上和破产申请提出方面如何顺利实现清算程序与破产程序的衔接上缺乏具有可操作性的规定，导致实践中大量公司解散后不清算，或被工商管理部门吊销营业执照后不清算，逃避债务，严重损害债权人利益。据统计，全国2005年注销企业47.67万户，吊销企业32.88万户；2006年注销企业39.2万户，吊销企业28万户；2007年注销企业39.58万户，吊销企业41.88万户；2008年注销企业40.6万户，吊销企业46.54万户；2009年注销企业37.86万户，吊销企业39.61万户。据北京市统计，2008年注销企业17883户，吊销企业54820户；2009年注销企业13448户，吊销企业21403户。从以上数字可以看出，在司法实践中，多数退出市场的企业仍是采取被吊销营业执照、不依法进行清算注销的方法逃避法律责任，其中大部分企业本应是通过破产程序退出的。

《公司法司法解释（二）》规定了公司清算责任人的义务与责任：有限责任公司的股东、股份有限公司的董事和控股股东以及公司实际控制人，未在法定期限内成立清算组清算，导致公司财产贬值、流失、毁损或者灭失；因怠于履行清算义务，导致公司主要财产、账册、重要文件等灭失，无法进行清算；恶意处置财产给债权人造成损失，或未经依法清算，以虚假的清算报告骗取公司登记机关办理法人注销登记；未经清算即办理公司注销登记，导致公司无法进行清算，或股东或者第三人在公司登记机关办理注销登记时承诺对公司债务承担责任的，应对公司债务承担相应民事责任或连带清偿责任。这一司法解释的实施，将迫使过去以被吊销营业执照方式非法退出市场的公司清算责任人为避免承担民事责任，不得不转入规范的清算程序退出，而其中相当一部分发生破产原因的企业将以破产方式告终。

由于公司清算与破产程序的衔接具有法定性，故其破产程序启动便与普通案件有所不同。我国立法规定，依法负有清算责任的人包括清算组织在发现公司存在破产原因时负有破产申请义务，但对如果其不依法提出破产申请时，债权人和其他利害关系人有无权利提出破产申请没有明确规定，这就使清算程序与破产程序的衔接仍可能发生问题。本条司法解释规定，允许债权人提出破产申请，以求更好地维护债权人权益。

为更灵活、有效地解决清算与破产程序的衔接问题，《公司法司法解释（二）》第 17 条还规定："人民法院指定的清算组在清理公司财产、编制资产负债表和财产清单时，发现公司财产不足清偿债务的，可以与债权人协商制作有关债务清偿方案。债务清偿方案经全体债权人确认且不损害其他利害关系人利益的，人民法院可依清算组的申请裁定予以认可。清算组依据该清偿方案清偿债务后，应当向人民法院申请裁定终结清算程序。债权人对债务清偿方案不予确认或者人民法院不予认可的，清算组应当依法向人民法院申请宣告破产。"这一规定与《企业破产法》第 105 条"人民法院受理破产申请后，债务人与全体债权人就债权债务的处理自行达成协议的，可以请求人民法院裁定认可，并终结破产程序"的规定，适用的原则相同，并建立了简易、快捷解决债务清偿问题的新程序，是立法上一项有意义的创新。

三、对本条规定的理解与适用

如前所述，《企业破产法》第 7 条第 3 款规定：企业法人已解散但未清算或者未清算完毕，资产不足以清偿债务的，依法负有清算责任的人应当向人民法院申请破产清算。但规定此种情况下负有清算责任人申请破产清算的法定义务，并不意味着排除其他申请权人的申请权利，尤其是债权人向人民法院申请债务人破产的权利。只要债务人存在破产原因，债权人就可以依法提出对债务人的破产清算申请。

本条司法解释对解散企业法人的债权人破产申请权作出明确规定，指出"企业法人已解散但未清算或者未在合理期限内清算完毕，债权人申请债务人破产清算的，除债务人在法定异议期限内举证证明其未出现破产原因外，人民法院应当受理"。据此，在债务人已解散但未清算或者未在合理期限内清算完毕，且未清偿债务的情形下，由于债务人对所有债权均负有清偿义务，故债权人以债务人未能清偿债务为由向人民法院提出破产清算申请的，人民法院不应以债权人在此情形下无申请权为由不予受理。对于债权人的申请，债务人可以依据《企业破产法》第 10 条的规定提出异议，如果债务人能举证证明其未出现不能清偿到期债务并且资产不足以清偿全部债务，或者不能清偿到期债务并且明显缺乏清偿能力的破产原因的，人民法院应当对债权人的破产清算申请不予受理，并告知债权人通过启动强制清算程序获得清偿。[①]

正常情况下，企业解散后，清算义务人必须在法定期限内组织成立清算组开始清算，否则，理应承担相应的法律责任。但在企业被依法吊销营业执照、责令关闭或者被撤销的情况下，尤其是在企业主动采取多年不进行工商年检、被吊销营业执照的方式退出市场时，由于这种不规范行为本身就具有违法性质，加之往往还蕴涵着其他违法动机，如欺诈债权人、逃避债务或其他法定义务等，所以在实践中清算义务人不组织清算组进行清算的情况是非常普遍的。[②] 而且在实践中，解散的企业特别是被吊销营业执照的企业中，有相当一部分是存在破产原因的。在这些情况下，债权人本也可通过《公司法司法解释（二）》中规定的司法强制清算程序解决。但鉴于这类企业即使进行司法强制清算，大多数最后也要依法转入破产程序，所以规定债权人也可选择直接申请其破产，以简化程序，节省司法资源与诉讼时间，更好地保障债权人的合法权益。在因清算义务人怠于履行义务，导致公司财产贬值、流失、毁损或者灭失，或者导致主要财产、账册、重要文件等灭失，无法进行破产清算时，债权人仍可以主张由清算义务人对公司债务承担连带清偿等法律责任。

【法律、司法解释及案例】

《企业破产法》（2007 年 6 月 1 日起施行）

第二条 企业法人不能清偿到期债务，并且资产不足以清偿全部债务或者明显缺乏清偿能力的，依照本法规定清理债务。

企业法人有前款规定情形，或者有明显丧失清偿能力可能的，可以依照本法规定进行重整。

第七条 债务人有本法第二条规定的情形，可以向人民法院提出重整、和解或者破产清算申请。

债务人不能清偿到期债务，债权人可以向人民法院提出对债务人进行重整或者破产清算的申请。

---

① 宋晓明、张勇健、刘敏：《〈关于适用企业破产法若干问题的规定（一）〉的理解与适用》，载《人民司法》2011 年第 21 期。

② 王欣新：《公司法》，中国人民大学出版社 2011 年版，第 270 页。

企业法人已解散但未清算或者未清算完毕，资产不足以清偿债务的，依法负有清算责任的人应当向人民法院申请破产清算。

《公司法》（2006年1月1日起施行）

第一百八十四条 公司因本法第一百八十一条第（一）项、第（二）项、第（四）项、第（五）项规定而解散的，应当在解散事由出现之日起十五日内成立清算组，开始清算。有限责任公司的清算组由股东组成，股份有限公司的清算组由董事或者股东大会确定的人员组成。逾期不成立清算组进行清算的，债权人可以申请人民法院指定有关人员组成清算组进行清算。人民法院应当受理该申请，并及时组织清算组进行清算。

第一百八十八条 清算组在清理公司财产、编制资产负债表和财产清单后，发现公司财产不足清偿债务的，应当依法向人民法院申请宣告破产。

公司经人民法院裁定宣告破产后，清算组应当将清算事务移交给人民法院。

《公司法司法解释（二）》（2008年5月19日起施行）

第十七条 人民法院指定的清算组在清理公司财产、编制资产负债表和财产清单时，发现公司财产不足清偿债务的，可以与债权人协商制作有关债务清偿方案。

债务清偿方案经全体债权人确认且不损害其他利害关系人利益的，人民法院可依清算组的申请裁定予以认可。清算组依据该清偿方案清偿债务后，应当向人民法院申请裁定终结清算程序。

债权人对债务清偿方案不予确认或者人民法院不予认可的，清算组应当依法向人民法院申请宣告破产。

【案例】

A公司为有限责任公司，因违反《公司登记管理条例》未按期进行企业年检，而被工商行政管理局于2011年10月吊销营业执照。A公司共有7名股东，吊销营业执照后，有3名股东提出应当对公司进行清算，但因另4名股东不积极配合履行清算义务，公司股东虽然组成清算组，但直至2012年底，除发出清算公告以外，并未进行任何清算工作。

在A公司自行清算过程中，B银行持生效判决向A公司清算组申报了债权，但迟迟等不到进一步清算工作的开展，经向清算组询问，清算组答复，现无财产可以还款。银行于是向法院申请对A公司进行破产清算。A公司清算组提出异议，主张公司已经成立了清算组，即已经开始了清算程序，故不应进入破产清算程序，如果清算组发现A公司资产不足以清偿全部债务的，清算组可以提出对 A 公司进行破产清算的申请。

【简要评析】

本案中，A 公司已被工商行政管理机关吊销营业执照。按照公司法的规定，吊销营业执照属于公司解散的事由之一。A 公司已经解散的，股东应于解散之日起 15 日内组成清算组，对公司进行清算。根据《企业破产法》第 7 条第 3 款的规定，对于已经解散的公司，当资产不足以清偿全部债务时，依法负有清算责任的人应当向人民法院申请破产清算。对于依法负有清算责任的人而言，提出破产清算申请既是权利，也是职责，但并不因此规定而排除债权人所享有的对债务人提出破产清算的权利。B 银行仍可依照《企业破产法》第 2 条第 2 款规定提出破产清算申请。

除《企业破产法》的该条规定外，《公司法》第 188 条第 1 款规定："清算组在清理公司财产、编制资产负债表和财产清单后，发现公司财产不足清偿债务的，应当依法向人民法院申请宣告破产"，也对清算组应当申请公司破产清算的情形作了规定，但二者略有区别：(1)《企业破产法》的该规定适用于企业法人（还包括参照适用该法的其他主体的清算），《公司法》只适用于公司制企业法人，即有限责任公司和股份有限公司，适用范围小于《企业破产法》的规定；(2)《公司法》的该条规定适用于股东已经组成清算组并开始清算的情形，而《企业破产法》则适用于所有已经解散的企业，无论是否成立清算组，还是已成立清算组但未在合理期间内清算完毕的，均应适用。

如何确定依法负有清算责任人的范围？对于公司制企业法人，包括《公司法》第 184 条规定的主体，即有限责任公司的股东、股份有限公司的董事或者股东大会确定的人员，还包括公司解散后已经成立的清算组（在已经进入公司强制清算程序的，清算组指人民法院在强制清算程序中依法指定的清算组）；对于非公司制企业法人，应包括企业的出资人、企业章程规定的清算义务人和企业解散后已经成立的清算组。还需特别说明的两点是：(1) 根据《公司登记管理条例》第 42 条规定："公司解散，依法应当清算的，清算组应当自成立之日起 10 日内将清算组成员、清算组负责人名单向公司登记机关备案。"在公司自行清算中，依法备案的清算组属于负有清算责任的人。(2) 在强制清算程序中，人民法院指定的清算组在清算过程中，发现被清算企业资不抵债时，负有向法院提出对企业进行破产清算的职责。如该清算组因各种原因不提出破产清算的，人民法院可以对其进行更换。

第六条【债权人申请破产时的举证责任】

债权人申请债务人破产的，应当提交债务人不能清偿到期债务的有关证据。债务人对债权人的申请未在法定期限内向人民法院提出异议，或者异议不成立的，人民法院应当依法裁定受理破产申请。

受理破产申请后，人民法院应当责令债务人依法提交其财产状况说明、债务清册、债权清册、财务会计报告等有关材料，债务人拒不提交的，人民法院可以对债务人的直接责任人员采取罚款等强制措施。

【条文主旨】

本条旨在规定债权人申请债务人破产时的举证责任以及债务人对破产申请异议的处理，并且明确债务人在破产申请受理后提交证据材料的义务与违反义务时的责任。

【规范目的】

本条规定的规范目的，主要是要解决债权人申请债务人破产时的举证责任分配等问题。根据《企业破产法》第8条第1款规定，当事人向人民法院提出破产申请，应当提交破产申请书和有关证据。由于我国破产法不以债务人资产不足以清偿全部债务作为债权人提出破产申请的条件，因此债权人提出破产申请时无需提交债务人这方面的有关材料，事实上债权人也不具备提交此类证据材料的能力。对债权人的破产申请，债务人可以依法提出异议，如其未提出异议或异议不能成立，法院就应受理破产申请，并责令债务人提交有关证据材料。但法院判定是否受理破产申请的标准，是债务人是否存在破产原因，而不是申请人或债务人是否提交了法律规定的全部有关证据材料。因此，法院应当严格按照《企业破产法》及其相关司法解释规定的条件，审查债权人提出的破产申请，而不应对债权人的证明责任提出不切实际的要求，或因债务人不履行举证责任而驳回破产申请，阻碍破产案件的受理。

【原理与适用】

一、提出破产申请时应提交的文件

根据《企业破产法》第8条规定，当事人向人民法院提出破产申请，应当提交破产申请书和有关证据。破产申请书应当载明下列事项：（1）申请人、被申请人的基本情况。在申请人为债务人时，只需说明申请人的基本情况即可；（2）申请目的。指申请开始的是清算程序、和解程序还是重整程序；（3）申请的事实和理由。主要是债务人发生破产原因、可适用破产法之程序的情况；（4）人民法院认为应当载明的其他事项。债务人提出申请的，还应当向人民法院提交财产状况说明、债务清册、债权清册、有关财务会计报告、职工安置预案以及职工工资的支付和社会保险费用的缴纳情况。

二、当事人举证责任的分配

实践中，由于债权人在提出破产申请时对债务人不能清偿到期债务、资不抵债的情况，往往难以举证证明，所以各国破产法通常规定，债权人提出破产申请的原因，是法律规定的可以推定债务人存在破产原因的事实与行为，如债务人停止支付可以推定为或视为不能清偿。对于债权人依据破产申请原因提出的破产申请，各国立法均设置有债务人的异议程序（如我国《企业破产法》第10条第1款规定[①]），以保障债务人不会在未发生破产原因的情况下违背其意志被拖入破产程序。在我国的破产立法中，债务人"明显缺乏清偿能力"，实际上就是可以推定债务人不能清偿的申请原因，其实质相当于一些国家破产立法中规定的停止支付。根据《企业破产法司法解释（一）》第4条的规定："债务人账面资产虽大于负债，但存在下列情形之一的，人民法院应当认定其明显缺乏清偿能力：（一）因资金严重不足或者财产不能变现等原因，无法清偿债务；（二）法定代表人下落不明且无其他人员负责管理财产，无法清偿债务；（三）经人民法院强制执行，无法清偿债务；（四）长期亏损且经营扭亏困难，无法清偿债务；（五）导致债务人丧失清偿能力的其他情形。"债权人只要能够证明债务人存在上述情况，法院就应当受理破产申请。

具体而言，债权人申请债务人破产的，除要提交证明自身债权依法存在的

[①] 《企业破产法》第10条第1款："债权人提出破产申请的，人民法院应当自收到申请之日起五日内通知债务人。债务人对申请有异议的，应当自收到人民法院的通知之日起七日内向人民法院提出。人民法院应当自异议期满之日起十日内裁定是否受理。"

证据以及破产申请书外，还应当举证证明债务人存在未清偿其到期债务的有关事实，除此之外，无需提交有关债务人的其他证据材料。根据《企业破产法》第11条第2款的规定，债权人提出申请的，人民法院应当自受理破产申请的裁定作出之日起5日内送达债务人。债务人应当自裁定送达之日起15日内，向人民法院提交财产状况说明、债务清册、债权清册、有关财务会计报告以及职工工资的支付和社会保险费用的缴纳情况。据此，在法院受理债权人提出破产申请的情况下，负有提交有关企业财产、财务等凭证材料义务的仍为债务人。所以，法院不应将债权人不具备举证能力的举证义务不合理的强加给债权人。由于债权人提出破产申请的依据仅是存在破产申请原因，所以债务人可以对债权人提出的破产申请依法提出异议，表明其未发生破产原因等，不应受理破产案件。

联合国贸易法委员会制定的《破产法立法指南》指出，许多国家的破产法对债权人申请对债务人清算采用停止支付标准，并往往另外还要求大部分债务应无争议和无可抵销。在若干法律中，该债务必须依据法院的判决。如果对债权人申请采用全面停止支付标准，就有可能产生举证问题。即使债权人能够证明债务人未清偿债权，但要提供全面停止支付的证据可能不太容易。实际需要的是债权人能出示证据，例如通过推定，确证债务人已破产，而同时又不对债权人设置过重的举证责任。例如，在债务人未能偿付一项或多项到期债务并且该未偿债务是无可争辩的债务情况下，也即是不能对其提出合法争辩或加以抵销的情况下，债务人基本无力偿债的推定即可成立。如果破产法对这种推定作出规定，破产法就有必要相应地为债务人提供反驳这种推定的机会并具体规定可据以反驳这种推定的理由。这些理由可包括：债务人表明其能够偿付其债务；可对该债务提出合法争辩；或对债权人作出其推定所依据的要素的任何其他否定。债权人申请启动破产程序后将此事通知债务人，将使债务人有机会对债权人有关其财务状况的指称提出争辩。[①]

三、对本条规定的理解与适用

本条规定，债权人提出破产申请时，应当提交债务人不能清偿到期债务的有关证据。但依据《企业破产法司法解释（一）》第2条规定，债权人需举证证明的实际上已不再是不能清偿，而是停止支付，即债权债务关系依法成立、债务履行期限已经届满、债务人未完全清偿债务，其举证责任大为减轻且具有可行性。

---

① UNCITRAL Legislative Guide on Insolvency Law, UNITED NATIONS PUBLICATION, Sales No. E. 05. V. 10, ISBN 92-1-133736-4, pp. 50-51.

债务人对债权人的破产申请可提出异议，但如未在法定期限内向法院提出异议，根据本条规定，法院就应当依法及时裁定受理破产申请。《企业破产法司法解释（一）》在制定过程中曾将法院判定债务人异议是否成立的各种情况从不同条款中抽出，做了较为集中的规定，但后为避免内容重复取消了集中规定，认定债务人异议能否成立仍需分别适用司法解释的不同条款。如根据《企业破产法司法解释（一）》第2条规定，债务人不能清偿依法成立的到期债务，即是存在应受理破产申请的原因。所以债务人以其具有清偿能力提出异议，但又不能立即清偿债务或与债权人达成和解，则其异议不能成立。根据该解释第4条规定，在其列举的情况下，债务人不能立即清偿债务或与债权人达成和解，仅以资产超过负债作为具有清偿能力的理由提出异议，其异议不成立。根据国务院《诉讼费用交纳办法》第10条、第20条的规定，当事人向法院申请破产，应缴纳申请费，但不由申请人预交，而是在清算后从破产财产中交纳。所以，根据《企业破产法司法解释（一）》第8条规定，相关当事人以申请人未预先交纳诉讼费用为由，对破产申请提出异议的，法院不予支持。总之，债务人以其具有清偿能力为由提出抗辩异议，则必须立即清偿债务或与债权人达成和解，方能阻止法院受理破产申请。债务人在破产申请受理前清偿所欠申请人的到期债务，或者与债权人达成债务清偿协议的，申请人应撤回破产申请，申请人未撤回的，人民法院对破产申请裁定不予受理。债务人对债权人申请人是否享有债权提出异议，法院应当依法对相关债权进行审查。如果法院能够依据双方签订的合同、支付凭证、对账单、债务确认书和还款协议等主要证据确定债权，且债务人没有相反证据和合理理由反驳，法院对其异议应不予支持，依法裁定受理破产案件。在此需特别注意的是，不能因为债务人对债权提出毫无道理和证据的异议，就不加区别地要求债权人都通过诉讼解决，这将使债务人可以任意阻碍债权人的破产申请，甚至趁机转移财产逃债。此外，债务人对申请人享有的债权数额提出异议时，如存在双方无争议的部分债权数额，且债务人对该数额已丧失清偿能力不能立即清偿，则此项异议同样不能阻止法院受理破产申请，虽然对双方有争议的那部分债权仍需通过诉讼解决。

根据本条规定，"受理破产申请后，人民法院应当责令债务人依法提交其财产状况说明、债务清册、债权清册、财务会计报告等有关材料，债务人拒不提交的，人民法院可以对债务人的直接责任人员采取罚款等强制措施"。在当事人特别是债务人不能提交或拒不提交有关材料的情况下，法院不得拒绝受理破产案件或驳回破产申请。债权人对人员下落不明或者财产状况不清的债务人提出破产申请，人民法院应依法予以受理，债务人不能或拒不向人民法院提交财产状况说明、债权债务清册等相关材料的，不影响人民法院对案件的受理。

在《最高人民法院关于债权人对人员下落不明或者财产状况不清的债务人申请破产清算案件如何处理的批复》（法释〔2008〕10号）中指出："……债务人能否依据企业破产法第十一条第二款的规定向人民法院提交财产状况说明、债权债务清册等相关材料，并不影响对债权人申请的受理……"我们必须厘清立法关于破产申请人等提交证据材料义务与法院受理破产申请标准之间的关系。过去一直存在一种误解，认为如破产申请人未能履行提交全部证据材料的义务，法院就可以不受理破产申请，这是不符合立法本意与法理逻辑的错误观点。当事人提出破产申请应提交有关证据，这是为法院审查应否受理破产申请以及顺利审理破产案件提供有利条件。但当事人未能依法提交全部有关证据材料，无论是债权人因客观条件所限无法提交，还是债务人拒不提交，如果能够根据债务人的外观行为（如未清偿依法成立的到期债务）判定债务人存在破产申请原因，法院也应当受理破产申请。而在司法实践中，申请人未提交全部有关证据材料，通常并不影响对破产申请原因存在的判定。在此需特别注意的是，法院判定应否受理破产申请的标准，不是申请人是否提交了法律规定的全部有关证据材料，而是债务人是否存在破产原因。《企业破产法》第2条第1款明确规定："企业法人不能清偿到期债务，并且资产不足以清偿全部债务或者明显缺乏清偿能力的，依照本法规定清理债务。"也就是说，只要债务人发生破产原因，法院就应当受理破产申请，与申请人等是否提交了完备的证据材料并无对应关系。

人民法院应当严格按照《企业破产法》及其司法解释规定的条件，审查债权人提出的破产申请，而不应对债权人的证明责任提出不切实际的要求，变相提高债权人提出破产申请的门槛。根据《企业破产法》第11条第2款以及本条司法解释规定，人民法院裁定受理债权人提出的破产申请后，债务人应当在法定期限内向人民法院提交相关财务凭证等材料。这些规定表明：（1）债权人提出破产申请的，提交有关财务凭证材料的义务人为债务人，人民法院不应将此举证义务分配给债权人；（2）即便债务人不提交上述材料，只要债权人对债务人提出的破产申请符合《企业破产法》及其司法解释规定的条件，人民法院也应予以受理，不应以此为由裁定不予受理或者驳回破产申请；（3）人民法院裁定受理破产申请后，债务人不提交有关财务凭证等材料的，人民法院可以对债务人的直接责任人员依法采取罚款等强制措施。[①]

[①] 宋晓明、张勇健、刘敏：《〈关于适用企业破产法若干问题的规定（一）〉的理解与适用》，载《人民司法》2011年第21期。

【法律、司法解释及案例】

《企业破产法》（2007年6月1日起施行）

第二条　企业法人不能清偿到期债务，并且资产不足以清偿全部债务或者明显缺乏清偿能力的，依照本法规定清理债务。

企业法人有前款规定情形，或者有明显丧失清偿能力可能的，可以依照本法规定进行重整。

第七条　债务人有本法第二条规定的情形，可以向人民法院提出重整、和解或者破产清算申请。

债务人不能清偿到期债务，债权人可以向人民法院提出对债务人进行重整或者破产清算的申请。

企业法人已解散但未清算或者未清算完毕，资产不足以清偿债务的，依法负有清算责任的人应当向人民法院申请破产清算。

第八条　向人民法院提出破产申请，应当提交破产申请书和有关证据。

破产申请书应当载明下列事项：

（一）申请人、被申请人的基本情况；

（二）申请目的；

（三）申请的事实和理由；

（四）人民法院认为应当载明的其他事项。

债务人提出申请的，还应当向人民法院提交财产状况说明、债务清册、债权清册、有关财务会计报告、职工安置预案以及职工工资的支付和社会保险费用的缴纳情况。

第十一条　人民法院受理破产申请的，应当自裁定作出之日起五日内送达申请人。

债权人提出申请的，人民法院应当自裁定作出之日起五日内送达债务人。债务人应当自裁定送达之日起十五日内，向人民法院提交财产状况说明、债务清册、债权清册、有关财务会计报告以及职工工资的支付和社会保险费用的缴纳情况。

《最高人民法院关于债权人对人员下落不明或者财产状况不清的债务人申请破产清算案件如何处理的批复》（2008年8月18日起施行）（节录）

债权人对人员下落不明或者财产状况不清的债务人申请破产清算，符合企业破产法规定的，人民法院应依法予以受理。债务人能否依据企业破产法第十一条第二款的规定向人民法院提交财产状况说明、债权债务清册等相关材料，并不影响对债权人申请的受理。

【案例】

A公司与B公司曾有长期业务往来，截至2010年6月，双方进行对账，共同确认B公司共欠A公司货款等款项5500万元，并签订对账还款协议，约定2010年国庆节前付清上述全部款项。期限届满后，B公司未履行约定的付款义务，后B公司又于2010年底搬离原办公地址，由此导致A公司与B公司失去其他联系方式，仅有B公司法定代表人的手机可以联系，但该法定代表人始终回避还款事项，且不与A公司人员见面。2011年10月12日，A公司向法院提出对B公司进行破产清算的申请，同时提交了双方之间签订的多份供销合同、收货证明、付款证明以及最终签订的对账还款协议等。法院经审查认为，A公司的申请符合债权人提出破产清算申请的条件，于是将申请文件和法院的通知书向B公司送达。由于B公司确已搬离登记注册的原办公地址，邮寄送达的上述材料被退回。法院按照A公司提供的电话号码与B公司法定代表人联系，该法定代表人同意在A公司人员不在场的情况下到法院领取上述材料。法院在审查确定B公司法定代表人身份后，向其送达，并特别提示，如果对A公司的申请有异议，应当在收到材料后之日起7日内向法院提出。

B公司法定代表人签收材料之时，向法院表示了对A公司法定代表人的很多不满，认为其不讲义气，频繁催债，导致B公司只能靠搬家等方式躲避，因此要求法院不能受理A公司的申请。法院再次提示其如有异议，应当在7日内提出明确的理由。B公司法定代表人离开法院直至法定异议期限届满，并未提出异议，且拒绝与法院联系。

法院经审查认为，B公司具有不能清偿到期债务的事实，其法定代表人和其他主要负责人员均无法联系，应依法认定B公司明显缺乏清偿能力，且B公司未在法定期间内提出对A公司申请的异议，于是裁定受理了A公司的申请，并指定管理人。

裁定作出后，法院向B公司送达裁定。B公司法定代表人拒收裁定，并向法院书面提出异议，主张其连续3年盈利，现有财产足以清偿A公司的货款，之所以不清偿欠款是因为与A公司合作不愉快，有意拖欠，且双方签订对账还款协议的行为也能证明B公司并非赖账不还，鉴于上述原因，B公司提出法院受理破产申请错误，故其不配合法院的破产清算程序，拒绝提供与公司有关的任何资料。管理人依法履行职责，进行债权登记，通过向不同债权人了解情况，最终找到B公司的实际办公地点以及相关人员，要求接管公司。

【简要评析】

本案是债权人A公司申请B公司进行破产清算，A公司应当提交B公司不能清偿到期债务的证据。A公司申请时提交的证据材料能够证明：A公司的债权系基于双方之间买卖合同关系产生，无论是根据合同以及相应的收货证明、付款证明，还是根据双方签订的对账还款协议，都能够确定货款债权的真实性和数额，且该债权已经到期。B公司并未否认其不能清偿A公司到期债权的事实，其所述异议与其是否发生破产原因的认定无关。异议期满后，人民法院应当受理A公司提出的破产清算申请。

债务人异议期间届满后，人民法院作出了受理破产申请的裁定，此时债务人B公司才就其并未发生破产原因提出了书面异议。对此异议应作如下分析：（1）从内容上看，该异议是针对债务人B公司是否发生破产原因而提出，但其提出时间已经超过了法律规定的债务人异议期间，故异议是否成立均不影响人民法院作出的受理破产申请裁定的效力，人民法院的审查程序合法；（2）债务人B公司虽然提出了针对破产原因的异议，但其并未提供相应的证据材料加以证明，故目前尚无法认定其异议成立；（3）依据《企业破产法》第11条第2款的规定，"……债务人应当自裁定送达之日起十五日内，向人民法院提交财产状况说明、债务清册、债权清册、有关财务会计报告以及职工工资的支付和社会保险费用的缴纳情况。"债务人B公司应当履行法律规定的债务人的上述义务，其不履行上述义务的，不影响破产清算程序的继续进行；（4）在管理人经过努力查找到债务人的实际营业地以及人员、文件的情况下，管理人有权接管B公司的财产、印章、账簿、文件等资料，在B公司拒不向管理人移交的情况下，管理人可以申请人民法院采取强制措施；（5）当管理人接管上述资料后，应当根据其所调查的B公司的资产负债情况、清偿能力状况等，对人民法院受理破产清算申请时B公司是否发生破产原因作出调查结论。人民法院应当对管理人的调查结论进行审查，如受理破产清算申请时债务人B公司确未发生破产原因的，人民法院可以依据《企业破产法》第12条的规定，裁定驳回A公司的破产清算申请。

第七条 【法院对破产申请的审查】

人民法院收到破产申请时,应当向申请人出具收到申请及所附证据的书面凭证。

人民法院收到破产申请后应当及时对申请人的主体资格、债务人的主体资格和破产原因,以及有关材料和证据等进行审查,并依据企业破产法第十条的规定作出是否受理的裁定。

人民法院认为申请人应当补充、补正相关材料的,应当自收到破产申请之日起五日内告知申请人。当事人补充、补正相关材料的期间不计入企业破产法第十条规定的期限。

【条文主旨】

本条旨在对法院收到破产申请后出具书面凭证的责任,以及及时审查破产申请和告知申请人补充、补正相关材料等问题作出具体解释。

【规范目的】

本条规定的规范目的,是要解决法院接到当事人破产申请后的收案手续、审查期间和审查内容等问题。实践中,有的法院消极对待当事人的破产申请,不接收申请人的申请材料,或在接收申请人的申请材料后不出具收到申请及所附证据的书面凭证,导致法定的审查期间难以计算,损害了当事人的合法权益。本条规定法院收到申请人的申请后,负有及时向申请人出具收到申请及所附证据的书面凭证的义务,以此作为判断法院收案行为合法性的依据,并以此日期开始计算相关受理破产申请的法定期限。此外,为规范和统一法院对破产申请的审查行为,对法院收到破产申请后的审查内容也作出明确规定。

【原理与适用】

一、破产案件受理期限

破产程序是民事程序中的特别程序,与受理民事案件一样,法院审查是否受理破产申请也需要规定一定的时限,以便于督促法院及时处理当事人的申请，维护申请人的申请权。民事诉讼法对法院受理一般民事案件规定了7日的审查受理期限，《企业破产法（试行）》对法院受理时限没有作特殊规定，根据特别法无规定适用普通法的原则，最高人民法院按照民事诉讼法的规定，在《最高人民法院关于审理企业破产案件若干问题的规定》中规定的法院审查受理破产申请时限也为7日。考虑到审查破产申请较之审查一般民事起诉所具有的复杂性，为给法院正确受理破产申请提供时间上的保证，《企业破产法》第10条规定："债权人提出破产申请的，人民法院应当自收到申请之日起五日内通知债务人。债务人对申请有异议的，应当自收到人民法院的通知之日起七日内向人民法院提出。人民法院应当自异议期满之日起十日内裁定是否受理。除前款规定的情形外，人民法院应当自收到破产申请之日起十五日内裁定是否受理。有特殊情况需要延长前两款规定的裁定受理期限的，经上一级人民法院批准，可以延长十五日。"据此，立法关于法院受理破产申请作出裁定时限的规定分为两种情况：（1）债权人提出破产申请时的法院受理期限，包括对债务人的通知与债务人异议的提出期间；（2）债务人及对债务人负有清算责任的人提出破产申请的，法院作出是否受理裁定的期限。在此基础上，规定了特殊情况下期限的延长。[①]

对破产申请受理审查期间的计算必须有一个起算时点，这就是人民法院收到申请之日。为了确认这一日期，人民法院收到申请人提出的破产申请时，应当向申请人出具收到申请及所附证据的书面凭证。人民法院应当在法定期间内对申请人的主体资格、债务人的主体资格和破产原因，以及申请人是否依法提交了有关材料和证据等方面及时进行审查，并作出是否受理破产申请的裁定。

人民法院认为申请人应当补充、补正相关材料的，应当在司法解释规定的通知期间即5日内告知申请人，告知原则上应一次性完成。当事人补充、补正材料的期间不计入《企业破产法》第10条规定的期限。人民法院作出受理破产申请的裁定后，发现确需补充有关材料的，仍可以要求有关当事人予以补充，但不得以申请材料不合格为由驳回破产申请。此外，债权人提出破产申请的，人民法院应当自收到申请之日起5日内通知债务人，看其对破产申请有无异议。通知中应告知债务人不得转移资产、逃避债务，不得进行有碍于公平清偿的行为，以及进行这些违法行为时的法律责任。

由于破产案件的受理对债务人的民事权利、经营活动、商业声誉将产生严重的影响，所以，人民法院在审查破产申请时应充分保障当事人的权利，应给其充分表达意见的机会。为此立法规定，债务人对债权人所提破产申请可以提

---

① 汤维建：《新企业破产法解读与适用》，中国法制出版社2006年版，第58页。

出异议,但对债务人提出自愿破产申请的,立法没有规定债权人的异议程序。债务人对债权人提出的破产申请有异议的,应当自收到人民法院的通知之日起7日内向人民法院提出。如前文对司法解释有关规定的解释,人民法院应按照《企业破产法》及司法解释的有关规定对债务人提出的异议进行审查与确认。除上述情形外,人民法院应当自收到破产申请之日起15日内裁定是否受理。有特殊情况需要延长受理案件审查期限的,经上一级人民法院批准,可以延长15日。所谓特殊情况,是指决定是否受理案件需要进行调查、举行听证会,或者案件根据有关规定需要报请上级人民法院批准才能受理等情况。

根据《企业破产法》第2条、第7条和第8条的规定,人民法院对于破产申请应从实质要件和形式要件两个方面进行审查。实质要件的审查是对申请是否符合破产程序开始条件的判断,主要包括申请人主体资格、债务人主体资格以及债务人是否具有破产原因等内容;形式要件的审查是对法院管辖、申请人依法所应提交的书面材料是否完备等进行的审查,最终作出是否受理的裁定。

二、对本条规定的理解与适用

司法实践中,由于立法对破产申请的审查和受理的程序规定不够具体、明确,缺乏健全有效的监督机制,为一些法院消极推诿、拒不受理破产案件的行为提供了可乘之机。(1)有关破产案件受理的实体法律规定方面存在的问题。这主要是立法对破产原因特别是债权人在何种情况下可以提出破产申请、提出申请时的举证责任等规定存在不足;(2)有关破产案件受理的程序方面存在的问题。这主要是立法对人民法院不依法受理破产案件没有有效的监督纠正程序。如有的人民法院拒不依法接受当事人提出的破产申请,或在接到当事人的破产申请后拒不出具收到申请的书面凭证,导致审查期间迟迟无法开始计算,并对破产申请长期搁置,在法定期限内不作出是否受理申请的裁定,立法对此种情况下申请人如何寻求司法救济缺乏具有可操作性的规定。还有的人民法院在接到破产申请后,对当事人破产申请的内容及所附证据是否合法、适当以种种理由进行刁难,或在发现破产申请存在需要补充、补正的情况时,不对当事人进行一次性的全部告知,而是采取一次告知一点、多次让申请人补充补正的方法拖延申请人。而面对实践中存在的这种种问题,上级人民法院几乎没有什么有效的制约监督手段。因此,有必要通过司法解释的制订在程序上建立起一套完善的破产案件受理监督制约机制。

为确保人民法院依法对破产申请进行审查,方便申请人督促人民法院依法接收申请人的申请材料并在法定期限内作出是否受理破产申请的裁定,本条第2款规定:"人民法院收到破产申请后应当及时对申请人的主体资格、债务人的主体资格和破产原因，以及有关材料和证据等进行审查，并依据企业破产法第十条的规定作出是否受理的裁定。"

在受理问题上需要特别注意的是：

1. 本条第 1 款规定："人民法院收到破产申请，应当向申请人出具收到申请及所附证据的书面凭证。"据此规定，人民法院收到申请人的申请后，负有及时向申请人出具收到申请及所附证据的书面凭证的义务，以此作为判断人民法院受理行为合法性的依据，并按照应当出具收据的日期开始计算相关受理破产申请的法定期限。在过去的司法实践中，有的法院拒不接受破产申请，或收到破产申请及所附证据后拒不出具书面凭证，使申请人无法起算法定受理期间，阻止申请人向上级法院提出上诉等等不当行为，可以据此得到遏制。

为确保法院依法对破产申请进行审查，方便申请人督促法院依法接收申请人的申请材料并在法定期限内作出是否受理破产申请的裁定，《企业破产法司法解释（一）》第 9 条第 1 款规定："申请人向人民法院提出破产申请，人民法院未接收其申请，或者未按本规定第七条执行的，申请人可以向上一级人民法院提出破产申请……"据此，如申请人有证据包括书面证据、视听材料等，可以证明法院不接受其破产申请和有关材料，或者未向其出具收到申请及所附证据的书面凭证，或在法定期限内未作出是否受理裁定的，就可以直接向上一级法院提出破产申请。

2. 对申请人提交申请材料的补充与补正。本条第 3 款规定："人民法院认为申请人应当补充、补正相关材料的，应当自收到破产申请之日起五日内告知申请人。当事人补充、补正相关材料的期间不计入企业破产法第十条规定的期限。"据此，在过去的司法实践中，一些法院以不及时告知，或者对可一次性补充、补正的材料故意分多次告知的方式，恶意拖延受理，以迫使申请人放弃申请的行为，也可以得到纠正。本条司法解释明确规定了告知期限，这里的告知期限是指对所有应当补充、补正材料的统一告知期限。凡是在该期限内未告知申请人的，应被视为无需补充、补正相关材料，法院无权再要求申请人补充、补正，除非是对申请人提交的补充、补正材料本身的再次补充、补正。此外，在破产申请阶段，法院只就应否受理破产申请做出裁定，所以对于与案件受理事项即债务人是否存在破产申请原因无关，应当在案件受理后再查明解决的其他问题，法院不得要求申请人在此时就提交证据材料，不得以要求提交与案件受理无关材料的方式阻碍当事人正常行使破产申请权，或作为不受理案件的借口。在司法实践中，有的法院在当事人提出重整申请时就要求提交完整的重整计划草案，甚至交纳所谓的保证金，故意以此作为阻止受理申请的手段，这些做法都是错误的。

【法律、司法解释及案例】

《企业破产法》(2007年6月1日起施行)

第八条 向人民法院提出破产申请,应当提交破产申请书和有关证据。

破产申请书应当载明下列事项:

(一) 申请人、被申请人的基本情况;

(二) 申请目的;

(三) 申请的事实和理由;

(四) 人民法院认为应当载明的其他事项。

债务人提出申请的,还应当向人民法院提交财产状况说明、债务清册、债权清册、有关财务会计报告、职工安置预案以及职工工资的支付和社会保险费用的缴纳情况。

第十条 债权人提出破产申请的,人民法院应当自收到申请之日起五日内通知债务人。债务人对申请有异议的,应当自收到人民法院的通知之日起七日内向人民法院提出。人民法院应当自异议期满之日起十日内裁定是否受理。

除前款规定的情形外,人民法院应当自收到破产申请之日起十五日内裁定是否受理。

有特殊情况需要延长前两款规定的裁定受理期限的,经上一级人民法院批准,可以延长十五日。

《最高人民法院关于审理企业破产案件若干问题的规定》(2002年9月1日起施行)

第十条 人民法院收到破产申请后,应当在七日内决定是否立案;破产申请人提交的材料需要更正、补充的,人民法院可以责令申请人限期更正、补充。按期更正、补充材料的,人民法院自收到更正补充材料之日起七日内决定是否立案;未按期更正、补充的,视为撤回申请。

人民法院决定受理企业破产案件的,应当制作案件受理通知书,并送达申请人和债务人。通知书作出时间为破产案件受理时间。

【案例】

B公司向A银行借款1.2亿元。还款期限届满后,B公司只偿还了2000万元,经多次催告无果。2004年10月,A银行向其所在地的甲法院提起诉讼。2004年3月,甲法院判决B公司偿还A银行尚欠的借款本金1亿元以及至实际还清之日止的利息、罚息、复利。判决生效后,A银行申请甲法院强制执行B公司财产以履行判决判项。甲法院执行庭查封了B公司的全部银行账号,并按照 A 银行提供的可供执行财产线索查找 B 公司的其他财产。经调查，B 公司账号内仅有 200 余万元，其他财产下落不明，于是，甲法院在将 200 余万元扣划并发还给 A 银行后，在没有其他财产线索可供查找的情况下，作出终结本次执行程序的裁定。

2008 年，A 银行在将不良资产打包转让时，将其对 B 公司的该笔债权转让给 C 资产管理公司，并按照法律规定发布金融机构转让不良贷款的债权转让公告。C 资产管理公司对受让的债权包进行分类清收，根据 B 公司的具体情况，确定通过申请 B 公司破产清算的方式，解决多年遗留的问题。

2012 年 10 月 8 日，C 资产管理公司向 B 公司所在地的乙法院提出对 B 公司破产清算申请。提交了以下材料：C 资产管理公司的工商登记材料、在工商行政管理局查询的 B 公司登记材料（证明 B 公司符合企业破产法规定的被申请人条件）、判决书复印件、执行终结裁定书复印件以及 A 银行与 C 资产管理公司联合发布的债权转让公告报纸的复印件。乙法院对 C 资产管理公司提交的材料进行审查，认为所提交的主体证明文件符合形式要件，但判决书、裁定书以及转让公告只提交了复印件。乙法院告知 C 资产管理公司，作为证明债权成立并依法转让的上述证据应当提交原件，提交原件后，法院将对其申请继续进行审查。

【简要评析】

C 公司作为债权人申请 B 公司破产，应按照《企业破产法》第 8 条的规定提交破产申请书和有关证据。其中"有关证据"应当能够证明 C 公司享有 B 公司合法债权、债权已经到期且未超过诉讼时效期间。就本案而言，根据 C 公司的申请理由，C 公司是基于债权转让而取得 A 银行对 B 公司的债权，在债权转让前，A 银行对 B 公司提起了诉讼，生效判决书确定了该债权，且经过强制执行程序无法实现债权，人民法院作出了终结本次执行程序的裁定，因此判决书和裁定书是用以证明 B 公司不能清偿该笔到期债务的关键证据；此外，C 公司主张其受让了 A 银行对 B 公司的该笔债权，债权转让后，A 银行不再享有该笔债权，因此债权转让公告或者债权转让合同是确定 C 公司是否已经依法受让该笔债权的关键性证据。在 C 公司仅仅提交了上述各证据的复印件且无其他证据同样证明该证明目的时，C 公司应当在人民法院指定的期间内补交证据原件或者提交其他能够证明 B 公司不能清偿到期债务的证据。

第八条【破产案件的诉讼费用交纳】

破产案件的诉讼费用,应根据企业破产法第四十三条的规定,从债务人财产中拨付。相关当事人以申请人未预先交纳诉讼费用为由,对破产申请提出异议的,人民法院不予支持。

【条文主旨】

本条旨在对破产案件诉讼费用的交纳问题作出规定。

【规范目的】

本条规定的规范目的是要解决破产案件诉讼费用的交纳问题。在司法实践中,有的法院要求申请人预交破产案件诉讼费用,并在申请人未预先交纳案件诉讼费用时,以此为由裁定不予受理破产申请或者驳回破产申请,这种做法明显不符合法律规定。本条规定明确规定,申请人依法向人民法院申请破产的诉讼费用,从债务人财产中拨付,相关当事人以申请人未预先交纳诉讼费用为由,对破产申请提出异议的,人民法院不予支持。

【原理与适用】

一、破产案件诉讼费用

破产费用,又称为财团费用,是在破产程序中为全体债权人共同利益而支付的各项费用的总称。在破产案件中,为维护全体债权人的共同利益,会产生各种各样的费用支出。《企业破产法》第41条规定:"人民法院受理破产申请后发生的下列费用,为破产费用:(一)破产案件的诉讼费用;(二)管理、变价和分配债务人财产的费用;(三)管理人执行职务的费用、报酬和聘用工作人员的费用。"其中,破产案件诉讼费用,是指人民法院在受理破产申请时依照国家规定的标准收取的案件受理费。破产案件经过法院受理才能进入破产程序,债权人的利益才能在破产程序中得到保护,因此破产案件的受理费用是首要的破产费用。

在破产程序中,涉及破产案件的诉讼费用可能有以下几种:(1)破产案件本身的申请费。依据国务院制定的《诉讼费用交纳办法》（2007年）规定，当事人向人民法院申请破产，应当交纳申请费。破产申请费用交纳标准为："破产案件依据破产财产总额计算，按照财产案件受理费标准减半交纳，但是，最高不超过30万元；"（2）破产案件本身的其他诉讼费用，如公告费、鉴定费、勘验费、财产保全费、证据保全费、调查费及人民法院认为其他应由债务人财产支付的诉讼费用；（3）在破产程序中发生的涉及破产财产的其他衍生案件的诉讼费用，包括管理人为收回破产财产提起诉讼、申请仲裁及进行其他法律程序所支付的费用，管理人以破产企业名义应诉而发生的各项费用等等。《企业破产法》第43条规定："破产费用和共益债务由债务人财产随时清偿。债务人财产不足以清偿所有破产费用和共益债务的，先行清偿破产费用。债务人财产不足以清偿所有破产费用或者共益债务的，按照比例清偿。债务人财产不足以清偿破产费用的，管理人应当提请人民法院终结破产程序。人民法院应当自收到请求之日起15日内裁定终结破产程序，并予以公告。"

二、破产案件诉讼费用的交纳

本条规定，破产案件的诉讼费用，应根据《企业破产法》第43条的规定，从债务人财产中拨付。破产案件诉讼费用的交纳制度是在经过几次修改后渐趋合理的。起初，根据《人民法院诉讼收费办法》（法〔司〕发〔1989〕14号）的规定，诉讼费用由原告预交。被告提出反诉的，根据反诉金额或者价额计算案件受理费，由被告预交。申请执行费，由申请人预交。案件受理费，按第五条规定的标准预交；其他诉讼费用，由人民法院根据案件的具体情况决定预交的金额。其中，破产案件受理费按破产企业财产总值，依照财产案件收费标准交纳。此后，《〈人民法院诉讼收费办法〉补充规定》（法发〔1999〕21号）将上述规定修改为：破产案件，按照破产企业财产总值依照财产案件收费标准计算，减半交纳，但最高不超过10万元。据此，债务人申请破产的案件，案件受理费由破产企业在申请时交纳；债权人申请破产的案件，先由申请人预交，案件受理后计入破产费用由破产企业交纳。虽然同时也规定，当事人确因经济困难不能按时足额交纳诉讼费用的，可以向人民法院申请缓交、减交或免交，是否缓、减、免，由人民法院审查决定。但是，要求申请人预先交纳破产案件受理费或者其他费用的规定本身就存在不妥之处。实践中，法院极易以申请人未交纳上述费用为由裁定不予受理破产申请，此规定无疑变相增加了申请人，尤其是债权人提出破产申请的难度。因此，自2007年4月1日起施行的《诉讼费用交纳办法》规定对此进行了修改。根据《诉讼费用交纳办法》第10条的规定，当事人依法向人民法院申请破产，应当交纳申请费。但其第 20 条又规定，破产申请费不由申请人预交，在清算后从破产财产中交纳。同时，依据其第 14 条第 6 款规定，破产案件申请费依据破产财产总额计算，按照财产案件受理费标准减半交纳，但是，最高不超过 30 万元。据此，人民法院不得要求申请人预先交纳案件受理费或者其他费用，不得以申请人未交纳上述费用为由裁定不予受理破产申请。本条司法解释则进一步规定，相关当事人以申请人未预先交纳诉讼费用为由，对破产申请提出异议的，法院不予支持。

上述原则也是一些国家破产法在一定程度上普遍采用的，如《日本破产法》第 140 条规定：破产申请人为非债权人时，破产程序费用暂由国库支付。在破产案件受理后，该项费用从破产企业的财产中优先拨付。但若破产申请未被法院受理，该费用则应由债务人承担。

但是，在债权人申请破产无须预先交纳申请费的情况下，如何防止其滥用破产申请权、浪费司法资源，则是破产申请费用交纳办法改变后需要解决的新问题。[①] 除速度和效率外，成本效益也是行之有效的破产制度的一个重要部分，它影响到破产程序的各个阶段。因此，在制定破产法时，应当避免破产程序费用负担过重的情形，以免债权人望而却步，造成对启动程序的限制，使破产程序的基本目标无法实现。对于中小型企业破产案件，这一点尤为重要。对于债务人所欠债务数额庞大，债权人为数众多但各自债权款额较小，其单个债款对申请程序的费用可能不胜负荷的情形，或破产财产的资产为数稀少的情形，这一点也十分重要。[②]

【法律、司法解释及案例】

《企业破产法》（2007 年 6 月 1 日起施行）

第四十一条　人民法院受理破产申请后发生的下列费用，为破产费用：

（一）破产案件的诉讼费用；

（二）管理、变价和分配债务人财产的费用；

（三）管理人执行职务的费用、报酬和聘用工作人员的费用。

第四十三条　破产费用和共益债务由债务人财产随时清偿。

债务人财产不足以清偿所有破产费用和共益债务的，先行清偿破产费用。

债务人财产不足以清偿所有破产费用或者共益债务的，按照比例清偿。

---

① 王欣新：《破产法》（第三版），中国人民大学出版社 2011 年版，第 51 页。

② UNCITRAL Legislative Guide on Insolvency Law, UNITED NATIONS PUBLICATION, Sales No. E. 05. V. 10, ISBN 92－1－133736－4, p. 63.

债务人财产不足以清偿破产费用的，管理人应当提请人民法院终结破产程序。人民法院应当自收到请求之日起十五日内裁定终结破产程序，并予以公告。

第一百一十三条 破产财产在优先清偿破产费用和共益债务后，依照下列顺序清偿：

（一）破产人所欠职工的工资和医疗、伤残补助、抚恤费用，所欠的应当划入职工个人账户的基本养老保险、基本医疗保险费用，以及法律、行政法规规定应当支付给职工的补偿金；

（二）破产人欠缴的除前项规定以外的社会保险费用和破产人所欠税款；

（三）普通破产债权。

破产财产不足以清偿同一顺序的清偿要求的，按照比例分配。

破产企业的董事、监事和高级管理人员的工资按照该企业职工的平均工资计算。

《诉讼费用交纳办法》（2007 年 4 月 1 日起施行）

第十条 当事人依法向人民法院申请下列事项，应当交纳申请费：

（一）申请执行人民法院发生法律效力的判决、裁定、调解书，仲裁机构依法作出的裁决和调解书，公证机构依法赋予强制执行效力的债权文书；

（二）申请保全措施；

（三）申请支付令；

（四）申请公示催告；

（五）申请撤销仲裁裁决或者认定仲裁协议效力；

（六）申请破产；

（七）申请海事强制令、共同海损理算、设立海事赔偿责任限制基金、海事债权登记、船舶优先权催告；

（八）申请承认和执行外国法院判决、裁定和国外仲裁机构裁决。

第十四条 申请费分别按照下列标准交纳：

（一）依法向人民法院申请执行人民法院发生法律效力的判决、裁定、调解书，仲裁机构依法作出的裁决和调解书，公证机关依法赋予强制执行效力的债权文书，申请承认和执行外国法院判决、裁定以及国外仲裁机构裁决的，按照下列标准交纳：

1. 没有执行金额或者价额的，每件交纳 50 元至 500 元。

2. 执行金额或者价额不超过 1 万元的，每件交纳 50 元；超过 1 万元至 50 万元的部分，按照 1.5% 交纳；超过 50 万元至 500 万元的部分，按照 1% 交纳；超过 500 万元至 1000 万元的部分，按照 0.5% 交纳；超过 1000 万元的部分，按照 0.1% 交纳。

3. 符合民事诉讼法第五十五条第四款规定，未参加登记的权利人向人民法院提起诉讼的，按照本项规定的标准交纳申请费，不再交纳案件受理费。

（二）申请保全措施的，根据实际保全的财产数额按照下列标准交纳：

财产数额不超过 1000 元或者不涉及财产数额的，每件交纳 30 元；超过 1000 元至 10 万元的部分，按照 1% 交纳；超过 10 万元的部分，按照 0.5% 交纳。但是，当事人申请保全措施交纳的费用最多不超过 5000 元。

（三）依法申请支付令的，比照财产案件受理费标准的 1/3 交纳。

（四）依法申请公示催告的，每件交纳 100 元。

（五）申请撤销仲裁裁决或者认定仲裁协议效力的，每件交纳 400 元。

（六）破产案件依据破产财产总额计算，按照财产案件受理费标准减半交纳，但是，最高不超过 30 万元。

（七）海事案件的申请费按照下列标准交纳：

1. 申请设立海事赔偿责任限制基金的，每件交纳 1000 元至 1 万元；
2. 申请海事强制令的，每件交纳 1000 元至 5000 元；
3. 申请船舶优先权催告的，每件交纳 1000 元至 5000 元；
4. 申请海事债权登记的，每件交纳 1000 元；
5. 申请共同海损理算的，每件交纳 1000 元。

第二十条 案件受理费由原告、有独立请求权的第三人、上诉人预交。被告提起反诉，依照本办法规定需要交纳案件受理费的，由被告预交。追索劳动报酬的案件可以不预交案件受理费。

申请费由申请人预交。但是，本办法第十条第（一）项、第（六）项规定的申请费不由申请人预交，执行申请费执行后交纳，破产申请费清算后交纳。

本办法第十一条规定的费用，待实际发生后交纳。

第四十二条 依法向人民法院申请破产的，诉讼费用依照有关法律规定从破产财产中拨付。

《最高人民法院关于审理企业破产案件若干问题的规定》（2002 年 9 月 1 日起施行）

第八十八条 破产费用包括：

（一）破产财产的管理、变卖、分配所需要的费用；

（二）破产案件的受理费；

（三）债权人会议费用；

（四）催收债务所需费用；

（五）为债权人的共同利益而在破产程序中支付的其他费用。

第八十九条 人民法院受理企业破产案件可以按照《人民法院诉讼收费

办法补充规定》预收案件受理费。

　　破产宣告前发生的经人民法院认可的必要支出，从债务人财产中拨付。债务人财产不足以支付的，如系债权人申请破产的，由债权人支付。

第九条【对法院依法受理破产申请的监督】

　　申请人向人民法院提出破产申请，人民法院未接收其申请，或者未按本规定第七条执行的，申请人可以向上一级人民法院提出破产申请。

　　上一级人民法院接到破产申请后，应当责令下级法院依法审查并及时作出是否受理的裁定；下级法院仍不作出是否受理裁定的，上一级人民法院可以径行作出裁定。

　　上一级人民法院裁定受理破产申请的，可以同时指令下级人民法院审理该案件。

【条文主旨】

　　本条旨在对法院未依法履行破产案件受理程序的审判监督程序作出明确规定。

【规范目的】

　　本条规定的规范目的，是要解决法院不依法履行破产案件受理程序时的监督问题。根据《企业破产法》的规定，申请人提出破产申请后，人民法院应当及时审查并依法作出裁定。对于人民法院作出的不予受理裁定，申请人可依法向上一级法院提起上诉。但在司法实践中，有的法院在接收破产申请后不及时作出是否受理破产申请的裁定，甚至根本不接收当事人提出的申请，或接收破产申请后不出具收据，使受理期间无法起算，严重损害了申请人的上诉权等相关权利。故本条规定了上一级人民法院对下级法院不依法履行破产案件受理程序的审判监督问题。

【原理与适用】

一、破产案件受理程序

申请人向人民法院提出破产申请,人民法院应当依法接收申请人的破产申请和申请材料。根据《企业破产法司法解释(一)》第7条规定,人民法院收到申请人提出的破产申请时,应当向申请人出具收到申请及所附证据的书面凭证,并对申请人的主体资格、债务人的主体资格和破产原因,以及申请人是否依法提交了有关材料和证据等方面及时进行审查。人民法院认为申请人应当补充、补正相关材料的,应当在5日内告知申请人。当事人补充、补正材料的期间不计入《企业破产法》第10条规定的期限。

人民法院认为破产申请符合法律规定的,应当裁定受理破产申请,并将裁定自作出之日起5日内送达申请人。债权人提出申请的,人民法院应当自裁定作出之日起5日内送达债务人。债务人应当自裁定送达之日起15日内,向人民法院提交财产状况说明、债务清册、债权清册、有关财务会计报告以及职工工资的支付和社会保险费用的缴纳情况。债务人拒不提交上述材料的,人民法院不应以此为由裁定驳回破产申请。债务人违反法律规定,拒不向人民法院提交或者提交不真实的上述文件与情况说明,人民法院可以对直接责任人员依法处以罚款。

人民法院裁定不受理破产申请的,应当将裁定自作出之日起5日内送达申请人并说明理由。申请人对裁定不服的,可以自裁定送达之日起10日内向上一级人民法院提起上诉。

人民法院在受理破产申请后至作出破产宣告前的期间内,经审查发现在案件受理时债务人未发生破产原因的,可以裁定驳回申请。申请人对裁定不服的,可以自裁定送达之日起10日内向上一级人民法院提起上诉。

根据法律规定,人民法院对破产案件作出的裁定,除不予受理破产申请的裁定和驳回破产申请的裁定外,一律不准上诉。当事人对其他裁定有异议的,可以依法向作出裁定的原审人民法院申请复议或采取法律规定的救济措施,但复议期间不停止裁定的执行。我国立法不允许当事人对人民法院受理破产案件的裁定提起上诉。有人认为,应允许对受理破产案件的裁定上诉,以利于制止破产欺诈逃债的违法行为。但也有的人认为,案件受理后法院可以驳回破产申请,据此足以解决此类问题。

二、对本条规定的理解与适用

根据《企业破产法》规定,申请人提出破产申请后,人民法院应当及时审查并依法作出是否受理的裁定。对于人民法院作出的不予受理裁定，申请人可向上一级法院提起上诉。但在司法实践中，有的法院接收破产申请后不及时作出是否受理的裁定，甚至根本不接收当事人提出的申请，或接收破产申请后不出具收据，使受理期间无法起算，使申请人对于不予受理裁定的上诉权形同虚设，严重损害了申请人的有关权利。因此，为加强对法院不依法裁定时的监督，本条规定了上一级人民法院对下级法院不依法裁定是否受理破产申请的审判监督程序。

本条规定："申请人向人民法院提出破产申请，人民法院未接收其申请，或者未按本规定第七条执行的，申请人可以向上一级人民法院提出破产申请。上一级人民法院接到破产申请后，应当责令下级法院依法审查并及时作出是否受理的裁定；下级法院仍不作出是否受理裁定的，上一级人民法院可以径行作出裁定。上一级人民法院裁定受理破产申请的，可以同时指令下级人民法院审理该案件。"本条规定了当事人申请受阻的救济，对于强化上级法院对下级法院在破产案件受理方面的审判监督具有重要的意义。根据本条规定，破产申请的申请人有证据可以证明人民法院未接收申请人提出的破产申请、未向申请人出具收到申请及所附证据的书面凭证，或者未在法定期限内作出是否受理裁定的，可直接向上一级人民法院提出破产申请。这里的证据可以是视听资料证据，如录音录像资料等，也可以是书面的送达证据，如人民法院要求申请人对破产申请进行补充、补正时，申请人将补充、补正资料邮寄送达的内容经公证的特快专递送达回执等。在具体执行时需注意，上一级法院在接到破产申请后，应当在法律规定的 15 日受理期限内责令下级法院依法处理，下级法院应当在 15 日内作出裁定。下级法院不在法定期限内作出是否受理裁定时，上一级法院应当径行作出是否受理的裁定。

【法律、司法解释及案例】

《企业破产法》（2007 年 6 月 1 日起施行）

第十条 债权人提出破产申请的，人民法院应当自收到申请之日起五日内通知债务人。债务人对申请有异议的，应当自收到人民法院的通知之日起七日内向人民法院提出。人民法院应当自异议期满之日起十日内裁定是否受理。

除前款规定的情形外，人民法院应当自收到破产申请之日起十五日内裁定是否受理。

有特殊情况需要延长前两款规定的裁定受理期限的，经上一级人民法院批准，可以延长十五日。

第十一条 人民法院受理破产申请的，应当自裁定作出之日起五日内送达申请人。

债权人提出申请的,人民法院应当自裁定作出之日起五日内送达债务人。债务人应当自裁定送达之日起十五日内,向人民法院提交财产状况说明、债务清册、债权清册、有关财务会计报告以及职工工资的支付和社会保险费用的缴纳情况。

第十二条 人民法院裁定不受理破产申请的,应当自裁定作出之日起五日内送达申请人并说明理由。申请人对裁定不服的,可以自裁定送达之日起十日内向上一级人民法院提起上诉。

人民法院受理破产申请后至破产宣告前,经审查发现债务人不符合本法第二条规定情形的,可以裁定驳回申请。申请人对裁定不服的,可以自裁定送达之日起十日内向上一级人民法院提起上诉。

【案例】

2006年,A资产管理公司将其打包收购的银行不良资产向社会拍卖,甲以较低的价格购买了其中的一个资产包。甲在梳理资产包资产时发现,其中有一笔债权是因B企业拖欠C银行贷款而形成,在贷款合同还款期限届满后,C银行多次向B企业发出有效催告,B企业始终未清偿欠款。恰逢当时正处于金融资产管理公司打包接收国有商业银行不良资产的金融改革时期,C银行将包含这笔债权在内的多个多年催收无果的债权转让给A资产管理公司。A资产管理公司接收债权后,对B企业提起诉讼,并取得了胜诉判决,但经多次强制执行均未发现可供执行的财产。同时,甲了解到B企业并非没有财产,只是变现困难,在详细查看了该笔债权相关材料的基础上,认为符合对其提出破产清算的法定条件。于是,甲于2011年1月4日向法院提出对B企业破产清算的申请。

法院接收了甲提交的申请和相关材料,但未向甲出具收取材料的书面凭证。法院通知B企业领取相关材料,B企业向法院反映了其存在的现实困境。法院针对B企业国有企业的性质,向国有资产管理部门了解了B企业的情况,经调查查明以下事实:

B企业是一家成立于80年代末期的国有企业,从事军工制造,是非公司制企业法人。由于长年经营不善、管理模式落后,自2002年起已经持续大量负债,所有可变现的财产均已用来清偿欠债,目前尚有两项资产:(1)90年代末在外地购买的一片尚未使用的墓地,该墓地为当地个人修建,审批手续不全,但除了B企业购买的部分以外,该墓地已实际使用了近10年;(2)位于市郊交界处的、与其他单位共同使用的一栋商用楼,由于建造时间较早,建造时该地点还属于郊区，没有履行完毕全部的建设审批程序，按照现行房地产登记管理规定，无法取得合法产权证明。在强制执行程序中，执行法院通过多种方式均未能将上述资产变现。此外，B企业目前有300余名职工，其中1/3为在职职工，其余主要是退休职工，由于该企业系军队脱钩改制企业，职工情况复杂，目前还有20余名离休职工。企业早已停产多年，已无任何生产设备，其全部职工工资和离退休金均由其上级企业按期代付。职工得知甲向法院提出破产清算申请后，反映强烈，尤其是离退休职工，由于没有参加社会保障体系而担心生活无以为继。法院找到B企业的上级企业，上级企业表示，难以协助安置B企业职工。

鉴于以上事实，法院对是否受理甲提出的破产清算申请，压力很大，且鉴于甲提出申请的时间（2011年1月4日）正在春节（2011年2月3日）前的1个月，如果受理该申请，极易导致不稳定状况，于是法院并未作出是否受理的裁定。由于法院在收取甲提交的申请和材料时，未向甲出具凭证，甲也无其他证据证明其向法院提交了该材料，其只能向上级法院书面反映情况。上级法院收到情况反映后通过与下级法院核实的方式了解了情况，要求下级法院进行实质审查。

【简要评析】

根据案例中人民法院查明的情况，B企业确已不能清偿到期债务并且明显缺乏清偿能力。实际上，C银行未向A资产管理公司转让债权前，已经向B企业多次催告还款，B企业无力偿还，已经处于不能清偿到期债务的状态。在A资产管理公司受让债权后，又通过诉讼以及多次强制执行的方式力求实现债权，但因B企业资产难以变现而无法受到清偿，此时证明B企业发生破产原因的证据已经充分。甲在从A资产管理公司受让债权后，申请对B企业进行破产清算。B企业并未否认其发生破产原因，收到申请的人民法院依法应当受理破产清算申请，但根据B企业所反映的情况进行了相关调查，并未在法定期间内作出是否受理的裁定。

按照《企业破产法司法解释（一）》的规定，本案中甲向法院提出对B企业进行破产清算的申请，人民法院收到其申请及相关证据材料后，应当进行形式审查，经审查认为提交的材料符合《企业破产法》第8条规定的，应当向甲出具收到申请及证据材料的书面凭证。在法院超过审查期间未作出是否受理的裁定时，甲可以依据该凭证向上一级人民法院提出申请，由上级法院作出相应裁定，从而在破产申请受理审查阶段中，发挥上级法院对下级法院的审判监督作用。

最高人民法院
关于适用《中华人民共和国企业破产法》若干问题的规定（二）

根据《中华人民共和国企业破产法》《中华人民共和国物权法》《中华人民共和国合同法》[①] 等相关法律，结合审判实践，就人民法院审理企业破产案件中认定债务人财产相关的法律适用问题，制定本规定。

【条文主旨】

本导言旨在阐述本司法解释的目的和制定依据。

【规范目的】

我国《企业破产法》用专章规定了"债务人财产"制度，充分反映了债务人财产的认定在破产程序中的重要性。正如联合国国际贸易法委员会在《破产立法指南》中所言："破产程序的关键是，确定、集中、保持和处分属于债务人的资产。许多破产制度都将此类资产置于某种特别的制度之下"。我国《企业破产法》通过确立破产撤销权、抵销权、取回权等基本的制度规则，让债务人财产置于有别于传统民商事法律规则的"特别的制度"之下。

尽管我国现行《企业破产法》与旧法相比，在债务人财产问题的规定上做了很大的改进，但法律的"不完备性"理论告诉我们，再完善的法律也无法做到足以应付任何具体法律问题，何况我国《企业破产法》中关于债务人财产的规定过于原则和抽象，且与相关法律规定缺乏衔接，因此，在企业破产审判过程中逐渐暴露出来一些与债务人财产认定相关的理解与执行问题，包括

---

① 其中，《中华人民共和国物权法》《中华人民共和国合同法》已于 2021 年 1 月 1 日被《中华人民共和国民法典》废止。

《企业破产法》中部分规定不够明确、具体，也包括《企业破产法》与《物权法》《合同法》《担保法》等法律规定的衔接问题。

针对《企业破产法》立法和司法实践现状，最高人民法院制定了《关于适用〈中华人民共和国企业破产法〉若干问题的规定（二）》，旨在解决"人民法院审理企业破产案件中认定债务人财产相关的法律适用问题"。一方面，对《企业破产法》《物权法》《合同法》等相关法律进行了具体的解释；另一方面，本司法解释对债务人财产的保全、对原有保全的解除和恢复、破产撤销权诉讼、抵销权行使方式、破产受理前基于债务人财产诉讼的审理或执行、破产受理后基于债务人财产诉讼的受理、破产受理后债务人衍生诉讼的管辖等若干问题，结合《企业破产法》《民事诉讼法》等相关法律进行了具体的解释。

【原理与适用】

本司法解释属于《企业破产法》的系列司法解释之一，由于其内容的特殊性决定了本司法解释制定的法律依据不仅只有《企业破产法》，还包括《物权法》《合同法》等相关法律。最高人民法院力图在认定债务人财产的相关问题上，通过本司法解释来系统地、全面地梳理《企业破产法》与《物权法》《合同法》等相关法律制度与规定之间的关系，协调法律制度的衔接，解决法律规则之间的冲突问题。

在理解和适用本司法解释的过程中，需要注意以下几个问题：（1）与本司法解释相关的其他法律，除《物权法》《合同法》之外，还应包括《担保法》《民事诉讼法》等法律。（2）对每一个司法解释条文的理解，需要综合运用破产法、物权法、合同法、诉讼法等多个法律部门的制度和原理来进行分析，不能单纯依靠某一个法律即简单作出判断。（3）需要正确理解司法解释的条文主旨和规范目的，注意处理好特别法与一般法的关系、破产法与其他相关立法的效力关系，运用法律效力位阶的原理来解决法律适用的问题。（4）利益的平衡与协调是企业破产立法和司法解释过程中特别需要注意的问题。本司法解释在制定过程中，特别强调站在社会利益公平维护的角度来平衡协调债权人与债务人之间、债权人与债权人之间、管理人与债权人之间的利益冲突问题。

第一条【债务人财产的认定】

除债务人所有的货币、实物外，债务人依法享有的可以用货币估价并可以依法转让的债权、股权、知识产权、用益物权等财产和财产权益，人民法院均应认定为债务人财产。

【条文主旨】

本条旨在明确债务人财产的财产表现形态，并强调债务人财产的无形财产形态的认定。

【规范目的】

本条规定的规范目的是为了明确债务人的具体表现形态。《企业破产法》第 30 条规定："破产申请受理时属于债务人的全部财产，以及破产申请受理后至破产程序终结前债务人取得的财产，为债务人财产。"该条只是规定了债务人财产的范围节点，而对债务人财产具体表现形态并未作出规定。在实务中出现一些对债务人财产形态的理解偏差，造成债务人财产中无形财产或债务人的债权等原本能够变现的财产流失，侵害了债权人的合法权益，破坏了破产法应有的公平秩序。为避免实践中对债务人财产具体表现形态范围可能存在的误解，尤其是对具有财产价值的无形财产的忽略，本条借鉴《公司法》第 27 条的规定，将债务人所有的可以用货币估价并可依法转让的财产通过列举加概括的方式明确规定为债务人财产。

【原理与适用】

一、债务人财产及其范围界定

债务人财产是债权人得以公平、有序受偿的重要物质保障。债务人财产是我国破产法中新增加的概念，在旧破产法中使用的仅是破产财产的概念。破产财产的概念，适用于债务人被宣告破产后对其财产的称谓；债务人财产的概念，则适用于债务人的破产案件受理后至破产宣告之前对其财产的称谓，债务人财产在破产宣告后便改称为破产财产。两个概念从财产意义上讲并无本质区别，区别在于其表明债务人即财产主体在破产程序中不同阶段的法律地位的不同。对债务人财产即破产财产的概念，可从形式意义与实体意义两方面加以界定。从形式意义上讲，债务人财产是指在破产程序中用于清偿还债的债务人的财产，其着眼点在于财产的分配程序与去向。这一概念主要是学理上的解释，不一定体现在法律的具体规定中，故可称为学理概念。从实体意义上讲，债务人财产是指在破产申请时或破产宣告时，以及自该时点至破产程序终结前，债务人所有的供破产清偿的全部财产，其着眼点是财产的构成与来源。鉴于破产主要是指债务人丧失清偿能力时对其财产清算分配的一种特别程序，而且各国法律上规定的债务人财产的实体概念并不完全相同，我们可以将"形式意义上的债务人财产作为其概念，而将实体意义上的债务人财产称为债务人财产的构成范围。"①

在债务人财产的构成范围上，各国和各地区采取的主要有固定主义与膨胀主义两种立法主义。固定主义以破产案件受理时或破产宣告时，债务人所有的财产包括将来行使的财产请求权为破产财产。所谓固定，是指破产宣告时破产财产的范围即已确定。日本、德国、美国等国采用这一立法方式。如《日本破产法》第6条第1款规定，于破产宣告时归破产人所有的一切财产，为破产财团；第2款规定，破产人基于破产宣告前产生的原因而于将来可行使的请求权，属于破产财团。膨胀主义是指破产财产不仅包括债务人在被宣告破产时所有的财产，而且包括其在破产程序终结前所新取得的财产，破产财产的范围在破产宣告后仍有所扩大膨胀。英国、法国等国及我国台湾地区采用这一立法主义。如我国台湾地区"破产法"第82条规定："左列②财产为破产财团：一、破产宣告时属于破产人之一切财产，及将来行使之财产请求权。二、破产宣告后，破产终结前，破产人所取得之财产。专属于破产人本身之权利及禁止扣押之财产，不属于破产财团"。客观而言，两种立法方式各有利弊。固定主义因在破产宣告时便将用于分配的财产范围确定，破产管理人的工作较为简单，有助于破产程序迅速进行，可以使债权人早受分配。破产人在破产宣告后新得到的财产不用于破产清偿，由其自由支配，可鼓励其在破产过程中恢复经济活动，维持自身生活，减轻社会负担，有利于社会安定。同时，以破产宣告前的财产清偿破产宣告前的债权，以破产宣告后的新得财产清偿破产宣告后的新生债权，使相互的责任财产对应，相对较为公平。此外，在破产人新得财产不属于破产财产的情况下，债务人仍有财产让步余地，有利于促进债权人会议与破产人达成和解，避免破产。但固定主义的弊病在于对债权人利益保障不足，给

---

① 王欣新：《破产法》（第三版），中国人民大学出版社2011年版，第108页。
② 此处指"下列"。

予清偿较少，破产人在已启动的破产程序终结前进行新的经济活动失败时可能导致二次破产，反使案件复杂化，还可能出现破产人利用破产宣告与新得财产取得的时间差来规避债务，侵害债权人利益的欺诈现象。膨胀主义通过将破产终结前破产人所新取得的财产纳入破产财产，可增加对债权人的分配，防止出现债务人实际上有钱不还的不公平现象，制止欺诈行为，杜绝二次破产的发生。但由于破产程序终结前破产财产可能不断增加，将致使破产财产的管理、变价等工作较为复杂，破产程序的时间相对延长。而且，由于破产人在破产宣告后新得到的财产也用于破产分配，在破产终结之前，破产人难以恢复正常的经济活动，会造成社会的救济负担，也有其不利之处。就两种主义而言，固定主义在理论上较为合理，膨胀主义则更为实用。为此，有学者主张，在这两种主义之间采取折中做法，对破产人在破产宣告后新得到的财产加以区分，凡是通过劳动得到的工资等收入，不纳入破产财产范围，而非经其努力得到的新得财产，如通过继承、接受赠与等得到的财产，纳入破产财产范围，以鼓励破产人积极参加社会生产活动，并借以平衡膨胀主义与固定主义之利弊。在我国将来制定涉及自然人破产的立法时，可以考虑采取此种立法模式，以公平保护各方当事人的利益。一国之破产立法采取何种立法主义，须根据本国的具体情况而定。从世界各国的立法趋势看，有从膨胀主义向固定主义转化的倾向。如日本的破产法就曾经作出这样的变更，英国的破产立法也在向固定主义接近，这种变化反映出破产法的立法宗旨，在从债权人本位逐步向债务人本位与社会利益本位转变。一国的破产立法在破产财产问题上采取固定主义还是膨胀主义，在实践中的意义主要表现在破产人为自然人的情况下。因为法人将因破产清算而终止，不存在以其名义再恢复经济活动的问题。只有在破产人为自然人的情况下，才存在因破产宣告后仍要继续生存而需恢复正常的经济活动，以及是否会造成社会负担等问题。此外，法人在破产宣告后仍能新得到财产的情况很少，而自然人则可能因进行新的经济活动、继承、接受赠与等得到新的财产。[①]

我国破产法在破产财产范围上采用的是膨胀主义。在破产法的适用范围仅为法人型企业的情况下，由于破产人在破产过程中新得财产的可能性并不大，所以膨胀主义立法对破产分配也没有什么重要的影响。但在法律上对这些可能出现的新的财产的归属，应当有一个明确而合理的规定。膨胀主义更适合我国目前的实际情况，有助于制止破产欺诈行为，保证公平原则，有利于保障经济秩序，维护债权人的合法权益，防止出现法律调整空当。由于企业法人破产后

---

① 王欣新：《破产法》（第三版），中国人民大学出版社2011年版，第109~111页。

新得财产的可能性不大，对破产进程的时间也无不利影响，而且因法人破产后即告消灭，无须采固定主义来鼓励其开展新的经济活动，企业职工在企业破产宣告之后由国家安置就业或自谋职业，或享受失业保险，不存在因破产企业新得财产归属而影响社会财富或负担增减的问题，与自然人破产有别。所以，在破产法中采用膨胀主义可扬长避短，并能适应将来破产制度扩大适用到自然人企业乃至自然人的发展趋势。破产财产的构成范围涉及两个问题：第一是破产人在何期间拥有的财产属于破产财产；第二是在破产人的财产中，哪些财产属于破产财产，哪些财产不属于破产财产。在第一个问题上，首先是确定时间的起点。以破产宣告为破产程序开始的国家，其破产立法统一规定，破产人在破产宣告时所有的财产属于破产财产。以提出破产申请或案件受理为破产程序开始的国家，其破产立法一般规定，破产人在破产案件受理时（或破产申请提出时）所有的财产属于破产财产，如美国。其次是终点时间。各国立法对此规定的区别在于，破产人在破产宣告后至破产程序终结前所取得的财产是否属于破产财产。如前所述，这涉及一国破产法采取固定主义还是膨胀主义的问题。采取固定主义时，确定破产财产范围的时间始点与终点相同。采取膨胀主义时，则确定破产财产范围的时间始点与终点不同，以破产程序终结时为终点。在第二个问题上，涉及各国破产法根据本国具体情况而作的一些特别规定。通常在破产人为自然人时，为保障其生活需要，对其财产在破产清算时作出一定的保留，不纳入破产财产的范围。我国现行破产法与旧破产法对债务人财产范围规定的不同之处，其一是将确定债务人财产范围的时点从破产宣告时改为破产申请受理时；其二是旧破产法规定，已作为担保物的财产不属于破产财产，而现行破产法未将作为担保物的财产排除出债务人财产即破产财产；其三是修正了旧破产法中关于破产财产的个别表述错误。

二、债务人财产形态的法理分析

债务人财产是指属于债务人的、用以在破产程序中清偿债务人所有债务的财产。债务人财产是在破产程序中起着中心作用的概念，无论在变卖、分配等程序性法律关系方面，还是在与第三人之间产生的实体性法律关系方面，都具有非常重要的意义。破产程序中的各项实体性权利，包括抵销权、撤销权、取回权、债权人的受偿权等都紧紧围绕着债务人财产展开。债务人财产的范围与数额直接决定着破产程序能否顺利进行以及债权人能够获得清偿的数额。债务人财产在形态上涵盖了所有的财产种类，既包括属于债务人的厂房、机器、设备等有形财产，也包括属于债务人享有的债权、股权、知识产权、用益物权等无形财产权利。

民法学上的"财产"概念存在两层含义：一是最基本意义上的"财产"概念，是指供人使用且通过使用或交换，可以满足人的需要的物；二是在法律上更为抽象、更加特定意义上的"财产"概念，指的是"现有的与可能存在的，为自然人或法人带来利益，主要与人及其财产权相关的权利"或者是相对于他人的权利（债权或对人权），或者是相对于物的权利（物权）。[①] 随着社会经济的发展进步，财产形态趋向多样化。有学者把财产称为"物的集合"或"权利的集合"，较为注重财产的整体性概念。《法国民法典》第529条第1款规定："金融、商业、工业公司内的股份或利益以法律规定为动产"企业的财产也是一个整体性要素，尤其"是一项无形财产的整体，而且这一无形财产本身有别于它的各个构成要素。商业营业资产的构成要素通常是指：顾客群体、商标、商用名称权、商品。"[②] 财产被称为企业的血液，是企业享有权利、承担责任的基础。在《法国民法典》确认的体系中，财产法律制度同债的法律制度一样，处于民法的中心地位。《德国破产法》第1条第1款规定，破产程序中的破产财产包括"所有在破产程序宣布时所有的财产以及破产人作为共同债务人被强制执行的财产"。[③] 债务人财产的落脚点是财产。"德国民法学通说认为，财产指的是：'一个人所拥有的经济价值的意义上的利益与权利的总称，它首先包括不动产与动产的所有权以及债权和其他权利！只要它们具有货币上的价值'。"[④] 德国也有学者认为："一个人的财产包括这个人的物以及有金钱价值的权利。"[⑤] 这种观点认为物和权利都是财产。因此，财产包括物、物权、无形财产和债权。债权为对人权，具有经济价值，属于财产的范围。"财产"一词在不同的语言环境下有不同的含义，有学者认为，财产是民事权利主体所享有的具有经济内容的权利和所承担的具有经济内容的义务的综合。破产法中的财产清算就是指债务人全部具有经济意义的权利和义务的清理。这是"财产"较宽泛的定义，其中的权利，被称为积极财产，义务被称为消极财产。日本学者认为，"破产者所属的财产，首先是积极财产。财团意义上的财产应该是满足破产债权者的财产，因此，是归属于破产者的积极财产，不包括消极财产。积极财产是指金钱性价值的物品、权利及事实关系（例如，商店的字号、技术情报等），不包含破产者的人格权、身份上的权利等。"因此，破产财产"合理的范围由客观的范围、期限来确定。不属于法定破产财团的

[①][②] ［法］弗朗索瓦·泰雷，菲利普·森勒尔：《法国财产法》，罗结珍译，中国法制出版社2008年版，第52页、第100页。

[③] ［德］卡尔·拉伦茨：《德国民法通论》（上册），王晓晔等译，法律出版社2003年版，第409页。

[④] 孙宪忠：《中国物权法总论》，法律出版社2009年版，第55页。

[⑤] ［德］迪特尔·梅迪库斯：《德国民法总论》，邵建东译，法律出版社2000年版，第889页。

破产者的财产,破产者可以自由地管理、处分,这种财产称为自由财产。"[1]英美法系主要是从人与人的关系角度来理解"财产"(property)的。英国哲学家边沁认为:"财产是由法律规范的期待之基础,此期待是对人与人的关系所造成的被占有物中获得某种利益的期待。"[2]依英美法系的财产权理论,同一财产之上可以存在多种不同层次的财产权利,尤其是在信托关系之下,可以存在某种意义上的双重所有权。

无论大陆法系还是英美法系关于"财产"的概念界定,财产不仅包含有形的物,如房屋、汽车、设备等;还包括无形的有价值的标的物,如有价证券、股票等;也包括有期待利益实现的权利,如债权、知识产权、用益物权等等。因此,破产法上的债务人财产范围除债务人所有的货币、实物外,还应包括依法由债务人享有的债权、股权、知识产权、用益物权等可以用货币估价并可以依法转让的财产和财产权益等。

三、债务人财产形态的具体适用分析

债务人财产的一般形态如货币、实物财产已经为人们所熟悉,在此主要分析债务人财产的非实物形态。

(一) 债务人财产之债权形态解析

债权是指请求特定人为特定行为(作为或不作为)的权利。其基本属性是请求权,即给付请求权。债本身反映了财产的流转关系,债权的核心是财产权。破产程序中债务人的债权实现,有利于保护全体债权人的整体利益。债务人的债权无论是单一财物性债权还是包含行为的综合性债权均有可能依法转让,转让所得可并入债务人财产。一般情况下,企业对他人所享有的债权可以放弃,但破产程序中的债务人如果放弃或者无偿转让其债权,就损害了债权人的整体利益,按照《企业破产法》第 31 条之规定,在法院受理破产申请前一年内,债务人放弃债权的,管理人有权请求法院予以撤销。

破产程序中债务人享有的债权包括其基于担保追偿权、表见代理追偿权等所享有的债权。担保追偿权是指破产程序中的债务人在为他人债务依法提供担保,已履行相关义务后所享有的追偿权。本段以下所称"债务人"是担保法律关系中的债务人而非破产债务人。在保证法律关系中,"主债务人与保证人之间的关系不影响保证人与债权人之间的关系,保证的效力也及于保证人与主

---

[1] [日]石川明:《日本破产法》,何勤华、周桂秋译,中国法制出版社 2000 年版,第 144 页。
[2] Joseph William Singer, Introduction to Property(法律概论影印系列),中信出版社 2003 年版,第 19 页。

债务人。此时，保证人为权利人，主债务人为债务人。保证人享有的权利主要包括求偿权、代位权以及免责请求权"。①《物权法》第 176 条规定："被担保的债权既有物的担保又有人的担保的，债务人不履行到期债务或者发生当事人约定实现担保物权的情形，债权人应当按照约定实现债权；没有约定或者约定不明确，债务人自己提供物的担保的，债权人应当先就该物的担保实现债权；第三人提供物的担保的，债权人可以就物的担保实现债权，也可以要求保证人承担保证责任。提供担保的第三人承担担保责任后，有权向债务人追偿。"担保人在行使追偿权时，应当具备以下几个方面的条件：

1. 担保人已经承担了担保责任。这是担保人行使追偿权的一般前提条件。由于担保人承担了担保责任，使主债务人与债权人之间的债权债务关系归于消灭，由此产生了在担保人与主债务人之间的一种新的债权债务关系。在担保人代为履行债务之前，在主债务人与担保人之间不存在债权债务关系，所以，通常不具有向主债务人追偿的权利。但是在特殊情况下则有例外，依据《担保法》第 32 条的规定，保证人可以在主债务人破产时预先行使追偿权，即尚未履行保证责任而预先追偿。保证人预先行使追偿权应当具备以下几个条件：(1) 人民法院已经受理了债务人破产案件；(2) 债权人未申报债权。在债权人未申报债权，不参与破产财产分配的情况下，准予保证人预先行使追偿权是对保证人利益的一种保护；(3) 保证人尚未实际承担保证责任，若保证人已实际承担了保证责任，就可以依法向主债务人行使追偿权，而不是预先行使追偿权。

2. 担保人行使追偿权不能超过诉讼时效期间。担保人行使追偿权的诉讼时效期间适用民法通则两年诉讼时效期间的规定。

3. 担保人承担担保责任须主观上无过错。担保人对债权人享有主债务人的抗辩权，担保人应当以主债务人所有的抗辩对抗债权人的清偿要求，若担保人怠于行使主债务人的抗辩权，而对债权人作出的大于债务人应承担债务范围的清偿，对扩大部分，不得对主债务人行使追偿权。如债权因债务人的清偿行为而消灭后，担保人又向债权人履行了债务，此时担保人不得对债务人行使追偿权，而只能向债权人请求按不当得利返还。债务人向债权人履行债务后，应当及时通知保证人，若债务人违反通知义务导致保证人无过失地向债权人重复履行，保证人可向债务人行使追偿权，但债务人可请求债权人返还不当得利部分。在担保法律关系中，根据担保人的人数可以分为单独担保与共同担保两种。在单独担保情况下，担保人向债权人履行了担保义务后直接向主债务人追

---

① 崔吉子：《债权法学》，北京大学出版社 2012 年版，第 71 页。

偿以实现自己的权利。而在共同担保关系中，担保人有两个或两个以上，在某一担保人承担担保责任之后，又涉及向其他担保人追偿的问题。我国《担保法》第12条规定："同一债务有两个以上保证人的，保证人应当按照保证合同约定的保证份额，承担保证责任。没有约定保证份额的，保证人承担连带责任，债权人可以要求任何一个保证人承担全部保证责任，保证人都负有担保全部债权实现的义务。已经承担保证责任的保证人，有权向债务人追偿，或者要求承担连带责任的其他保证人清偿其应当承担的份额。"因此，存在事前约定份额的共同担保法律关系中，担保人承担担保责任后既可以向主债务人追偿，也可以向其他担保人追偿其应承担的份额。《担保法司法解释》第75条规定："同一债权有两个以上抵押人的，债权人放弃债务人提供的抵押担保的，其他抵押人可以请求人民法院减轻或者免除其应当承担的担保责任。同一债权有两个以上抵押人的，当事人对其提供的抵押财产所担保的债权份额或者顺序没有约定或者约定不明的，抵押权人可以就其中任一或者各个财产行使抵押权。抵押人承担担保责任后，可以向债务人追偿，也可以要求其他抵押人清偿其应当承担的份额。"

表见代理追偿权是指代理人的表见代理行为给被代理人造成损失的，被代理人在向第三人承担民事责任后，享有就该损失向代理人行使的一种追偿权。在表见代理中，代理人的代理行为在善意无过失的第三人与被代理人之间产生有权代理的法律后果。但是，就被代理人与代理人之间的内部关系而言，代理人的代理行为在本质上仍然属于无权代理。有学者指出："表见代理为无权代理的一种，属广义的无权代理，它是指行为人虽没有代理权，但交易相对人有理由相信行为人有代理权的无权代理。"[1] 我国《合同法》第49条规范了表见代理制度："行为人没有代理权、超越代理权或者代理权终止后以被代理人名义订立合同，相对人有理由相信行为人有代理权的，该代理行为有效。"由于表见代理的法律后果是由代理人的无权代理行为造成的，为保护被代理人的利益，法律允许被代理人向代理人行使追偿权。当破产债务人作为被代理人履行了合同义务，因此造成损失的，债务人有权向表见代理人进行追偿。在破产程序启动后，由管理人行使表见代理追偿权，追偿获得的财产归入于债务人财产。

(二) 债务人财产之股权形态解析

在破产程序中，债务人持有的其他企业的股权是债务人财产的重要组成部分。我国民法学界关于股权性质曾发生过较大争论。有学者认为，股权的本质

---

[1] 王利明：《民法》，中国人民大学出版社2010年版，第136页。

为所有权,另一说其本质为债权。也有学者认为,"股权系综合性权利,既有非财产性质的表决权,亦有财产权性质的获得股息和公司解散时取回剩余财产的权利。"[①] 我国《公司法》第4条规定:"公司股东依法享有资产收益、参与重大决策和选择管理者等权利。"可见,股权是股东基于股东资格而享有的从公司获取经济利益并参加公司经营管理的权利。从股权的特征来看,"股权是一种既不同于物权,又不同于债权或知识产权的新型综合性权利。股权作为民事权利,一般而言,属于社员权的一种。它既包括财产性权利,也有非财产性权利。"[②] 股权从内容上看,包括自益权和共益权,前者包括股利分配请求权、剩余财产分配请求权等,具有财产权的属性;后者包括表决权、建议权、质询权等,则不具有明显的财产权属性。股权是由所有权转化而来,转化的只是权利形式的变化,权利的性质不会发生根本的变化。作为股权主体的股东,也就是出资财产的原所有人,其根本目的是从公司分取红利,而其参与重大决策和选择管理者等权利都是围绕实现财产利益目的来进行的。股权所有的权能都体现了一定的经济利益。股东的自益权自然是财产权,即使是重大决策权等共益权也体现了财产价值,只不过是作为实现财产利益的手段,通过对公司经营活动的控制和影响,间接体现出财产价值。因此,股权本质上是财产权。当债务人进入破产程序后,为了债权人的利益最大化,债务人持有的其他企业的股权应通过竞价方式进行转让或拍卖,转让或者拍卖所得的价款并入债务人财产。如果是有限责任公司的股权,应遵循公司法规定的股权转让制度,如其他股东享有优先购买权等。需要说明的是,债权人也可以购买债务人的股权,但债权人购买债务人持有的其他企业的股权时,不得以债务人所欠其债务抵销。债权人购买股权与债权人获得破产清偿是两个层面的法律关系,不能混同。如果债务人持有股权的公司盈利且股东大会已作出分配股利的决议,而存在尚未分配的股利时,则由管理人向该公司行使股利分配请求权。若是债务人持有股权的公司解散,管理人就该公司清算后的剩余财产享有请求分配的权利。这两项请求权行使所得财产归入债务人财产。

(三)债务人财产形态之知识产权解析

1. 债务人知识产权的范围及其财产价值

《企业破产法》对破产财产的变价和分配作有明确规定,但在实践中,当企业破产清算时,重视债务人的有形财产而忽视或者遗漏知识产权等无形财产,导致债务人无形资产隐性流失的现象比较普遍。这既损害债权人的可获得

---

① 梁慧星:《民法总论》,法律出版社2004年版,第71页。
② 王欣新:《公司法》,中国人民大学出版社2008年版,第42页。

清偿利益，也损害债务人的合法权益。知识产权在法律上是可以依法评估转让的财产，可以成为生产要素，进入生产过程，发挥其价值增值的功能。知识产权又称为"智力成果权"、"无形财产权"，是指创造者对其从事智力创作或创新活动所产生的知识产品所享有的专有权利。主要包括发明专利、商标以及工业品外观设计等方面组成的工业产权和著作权两部分。随着科学技术的发展，知识产权所保护的对象在不断扩大，企业名称权，知名商标包装、装潢使用权益，商业秘密等均纳入知识产权范畴。知识产权是一种财产权，创造者基于其创造性劳动而获得知识产品，有权就该知识产品获得财产权。债务人在破产申请受理时享有的知识产权、在破产申请受理后至破产程序终结前取得的知识产权以及应当由债务人行使的其他知识产权，均属于债务人财产。应列入债务人财产的知识产权还应包括已申请专利之外的企业开发或受让所得的技术成果权，如正在研发中取得阶段性成果的技术。知识产权中的商业秘密包括经营秘密和技术秘密。经营秘密包括销售渠道、客户名单、经营管理等；技术秘密包括工艺配方、生产流程等。另外，计算机软件的源代码也应作为技术秘密进行保护。商业秘密作为知识产权的一种重要类型，也是最容易被忽略或因保护不当而丧失的。在现代企业中，知识产权的价值在企业资产中的比重越来越高，是构成企业核心竞争力的重要组成部分。与传统的货币资本、实物资本相比较，知识产权的资本价值日益凸显。尤其是因各种原因进入破产程序的高新技术企业，其所拥有的知识产权是其资产的重要组成部分，应当得到有效保护并妥善处理，以实现其效益最大化，充分保障债权人的合法权益。

2. 债务人知识产权在破产程序中的处置

债务人知识产权的资产价值在破产程序中会受到一定程度的影响，知识产权的变价也会受到知识产权在破产程序中所处的不同权利状态的影响。因此，管理人对知识产权的清理、评估和变价，应根据知识产权不同的权利状态采取不同的处理方法。应当避免评估价值明显偏低或者有估无价的现象。判断知识产权价值的依据是其商业性利用，因为"创造成果权的价值，来源于对该成果直接的商业性利用。"[①] 如工商业标记在经济领域的价值决定于这种标记所承载的商誉。一般来说，工商业标记所承载的信誉大小与其对相关商品、服务的促销力度乃至价值增值状况成正比。债务人在破产程序启动前与他人签订的知识产权转让合同，管理人应遵循实现债务人财产价值最大化的原则，按照《企业破产法》第53条之规定决定是否解除合同，作出合理的判断，妥善处置债务人的知识产权。《企业破产法》第112条规定："变价出售破产财产应

---

① 刘春田：《知识产权法》，中国人民大学出版社2009年版，第19页。

当通过拍卖进行。但是，债权人会议另有决议的除外。破产企业可以全部或者部分变价出售。企业变价出售时，可以将其中的无形资产和其他财产单独变价出售。"这不仅规定了变价出售破产财产的方式，同时也规定了债务人无形财产可单独变价出售的内容。根据《企业破产法》第 69 条之规定，管理人对债务人的知识产权等财产权进行转让时，应当及时报告债权人委员会，确保转让的公开、公平性。对于破产企业拥有的较为先进的科技成果和专有技术，应充分考虑利用其技术成果的价值，尽量进行转让，这样一方面可以继续发挥科技成果和专有技术的作用，另一方面可以最大限度地实现其经济价值和对破产企业资产完整性的保护，以满足债权人的利益。

（四）债务人财产形态之用益物权解析

破产债务人的用益物权，是指债务人依法对他人之物在一定范围内使用、收益的定限物权。用益物权是债务人财产的重要组成部分，属于债务人的无形资产。

我国《物权法》第 117 条规定："用益物权人对他人所有的不动产或者动产，依法享有占有、使用和收益的权利。"用益物权人以对他人享有的用益物权获得财产利益，用益物权本质上也是一种财产权。土地承包经营权、建设用地使用权、宅基地使用权和地役权是我国物权法确立的四种主要的用益物权。土地以外的其他自然资源用益物权主要有海域使用权、探矿权、采矿权、取水权、养殖权和捕捞权等。根据我国《土地管理法》和《农村土地承包法》的规定，经本集体经济组织成员的村民会议 2/3 以上村民代表同意，并报乡（镇）人民政府批准，集体经济组织以外的单位或者个人可承包农村土地。同时，《农村土地承包法》不仅允许权利人通过转让、互换等方式转移其权利，而且允许对荒山、荒沟、荒丘、荒滩等"四荒"地通过招标、拍卖等公开竞价方式直接取得土地承包经营权。因此，企业可以成为土地承包经营权这一用益物权的权利人，在实务中较多体现在乡镇企业对农村集体土地享有的用益物权。乡镇企业占用地通常属于农民集体所有。在实践中，还有的企业虽非乡镇企业，但是通过与农民集体经济组织签订民事合同的方式取得集体土地使用权，并在该土地上建造厂房等建筑物用于生产经营。这些企业取得集体土地使用权的方式有两种：其一是农民集体经济组织以集体土地使用权作价入股企业；其二是农民集体经济组织将集体土地使用权租赁给企业使用。对于农民集体经济组织以集体土地使用权入股企业的方式合作的，在企业破产后，农民集体经济组织作为出资投入破产企业的集体土地使用权也应当作为债务人财产分配。同时，对建设在该集体土地使用权之上的厂房等建筑物也需要变现出售以清偿债权人。破产企业在集体土地使用权上与农民集体经济组织以租赁方式处理的，应当实行房、地分别处置的原则。在处分债务人财产时，参照"买卖不破租赁"的原则以及承租方在同等条件下享有的优先权，由债务人财产新的受让方在原破产企业原租赁合同的原则下继续与农民集体经济组织的集体土地使用权租赁关系。

破产债务人享有的用益物权更多表现为建设用地使用权，亦称为土地使用权。破产债务人的土地使用权是债务人依法享有的在国有土地及其上下建造建筑物、构筑物及其附属设施的用益物权。土地使用权是从土地所有权中分离出来的一项独立的权利。我国企业对国有土地使用权的取得方式有两种：一是无偿划拨取得；二是有偿出让取得。根据有关法律规定，债务人以划拨方式取得的土地使用权原则上不属于债务人财产，在企业破产时，政府可以收回并依法处置。但在实际处置时还必须考虑到一些特殊情况。

1. 如果划拨土地使用权在企业设立时，经政府有关部门批准已经被作为企业的注册资本予以登记，即作为股东投资，则应当属于债务人财产范围，政府不应再收回。因为对出资财产包括土地使用权进行的注册资本登记，表明它已经对外公开宣示被纳入对债权人承担责任的财产范围之内。这种情况下，土地使用权虽在名义上是划拨性质，但不应再视为无偿取得，因为出资人将凭借土地使用权取得相应的权利与收益。

2. 以划拨土地使用权为标的物设定抵押时对抵押权的认定与处理。根据《城市房地产管理法》《担保法》规定，虽然划拨土地使用权不属于企业财产，但是可以对其设定抵押。我国立法从实用的角度实行土地使用权与其上建筑物一并处理的原则，在对建筑物设定抵押时相应的土地使用权也要一并抵押，依抵押权处分财产时也贯彻相同的一并处理原则。因为土地使用权与其上建筑物的分离处置可能产生不必要的法律纠纷。划拨土地使用权处置所得中的其余部分（尤其是在设置抵押的情况下）则属于债务人财产。《担保法》第56条规定："拍卖划拨的国有土地使用权所得的价款，在依法缴纳相当于应缴纳的土地使用权出让金的款额后，抵押权人有优先受偿权"。债务人的土地使用权是以出让方式取得的，则构成一项独立财产。以出让方式获得的国有土地使用权是可以交易、流转的土地权利，具有民法上的"财产"意义。按照国有土地使用权出让制度，土地使用者在支付了全部土地使用权出让金后，办理登记，领取土地使用权证，取得土地使用权。依出让方式取得的土地使用权可以转让、继承、出租、抵押或者用于其他经济活动。通过土地出让，不仅使国有土地得到分散利用，而且创制了一种可以自由处分的民法上的财产权利，即土地使用权。土地使用权的价值与其他一般商品的价值不同，一般商品的价值是由商品的投入量决定的，而土地使用权的价值除了取决于土地经营者投资开发外，在很大程度上还取决于周围环境的改善、公用设施的提供、城市经济的发展等因素。管理人可以通过协议、招标和拍卖方式转让债务人的土地使用权。如果债务人的地上建筑物或其他附着物进行了抵押，抵押权人享有该土地使用权的优先受偿权。

【法律、司法解释及案例】

《企业破产法》（2007年6月1日起施行）

第三十条 破产申请受理时属于债务人的全部财产，以及破产申请受理后至破产程序终结前债务人取得的财产，为债务人财产。

第五十三条 管理人或者债务人依照本法规定解除合同的，对方当事人以因合同解除所产生的损害赔偿请求权申报债权。

第一百一十二条 变价出售破产财产应当通过拍卖进行。但是，债权人会议另有决议的除外。

破产企业可以全部或者部分变价出售。企业变价出售时，可以将其中的无形资产和其他财产单独变价出售。

按照国家规定不能拍卖或者限制转让的财产，应当按照国家规定的方式处理。

《公司法》（2006年1月1日起施行）

第二十七条 股东可以用货币出资，也可以用实物、知识产权、土地使用权等可以用货币估价并可以依法转让的非货币财产作价出资；但是，法律、行政法规规定不得作为出资的财产除外。

《物权法》（2007年10月1日起施行）

第四十七条 城市的土地，属于国家所有。法律规定属于国家所有的农村和城市郊区的土地，属于国家所有。

第一百一十七条 用益物权人对他人所有的不动产或者动产，依法享有占有、使用和收益的权利。

第一百三十七条第一款 设立建设用地使用权，可以采取出让或者划拨等方式。

第一百四十二条 建设用地使用权人建造的建筑物、构筑物及其附属设施的所有权属于建设用地使用权人，但有相反证据证明的除外。

第一百四十六条 建设用地使用权转让、互换、出资或者赠与的，附着于该土地上的建筑物、构筑物及其附属设施一并处分。

第一百七十六条 被担保的债权既有物的担保又有人的担保的，债务人不履行到期债务或者发生当事人约定的实现担保物权的情形，债权人应当按照约定实现债权；没有约定或者约定不明确，债务人自己提供物的担保的，债权人应当先就该物的担保实现债权；第三人提供物的担保的，债权人可以就物的担保实现债权，也可以要求保证人承担保证责任。提供担保的第三人承担担保责任后，有权向债务人追偿。

《担保法》（1995年10月1日起施行）

第十二条 同一债务有两个以上保证人的，保证人应当按照保证合同约定的保证份额，承担保证责任。没有约定保证份额的，保证人承担连带责任，债权人可以要求任何一个保证人承担全部保证责任，保证人都负有担保全部债权实现的义务。已经承担保证责任的保证人，有权向债务人追偿，或者要求承担连带责任的其他保证人清偿其应当承担的份额。

第三十一条 保证人承担保证责任后，有权向债务人追偿。

第三十二条 人民法院受理债务人破产案件后，债权人未申报债权的，保证人可以参加破产财产分配，预先行使追偿权。

第五十六条 拍卖划拨的国有土地使用权所得的价款，在依法缴纳相当于应缴纳的土地使用权出让金的款额后，抵押权人有优先受偿权。

【案例】

人民法院受理A公司破产清算案件后，指定X律师事务所担任A公司管理人。管理人接管了A公司的全部资料，通过梳理、审查，管理人制作了A公司财产清查报告，并在第一次债权人会议上宣读。经查，A公司共有现金1500元，银行存款352万元，小轿车4辆，持有两家非上市公司股权，医疗系统电子档案管理软件著作权，15笔应收债权和抵押给债权人D公司的一间车间及所占面积的国有土地使用权。各债权人对债务人财产范围分别发表了意见。

有的债权人认为，小轿车虽然均登记在A公司名下，但其中的2辆一直出借给A公司的供货商之一B公司长期使用已近10年，车辆限值较低，而B公司在外地办公，如果向B公司收回该2辆小轿车，成本较高，因此，该2辆小轿车不应再列入A公司财产范围。

有的债权人认为，其中一笔股权投资的目标公司是一家股份有限公司，该公司虽然资产规模大，但长期经营不善，所负债务也很多，住所地也不在本地。该债权人曾就该笔股权如何变现的问题向评估机构咨询过，评估机构告知，在破产程序中转让股权需要先进行评估，评估目标公司的资产后，才能按照所持的股权比例确定A公司股权的评估价值。这些债权人认为，评估成本过高，股权价值很可能很低，如果评估的话，不仅花费很多费用，而且时间成本也很高，与其浪费金钱和时间，还不如将这笔股权投资不列入债务人财产。

有的债权人认为，15笔应收债权不能都列入债务人财产，其中有2笔债权已经找不到债务人的下落，不应当再将这两笔债权列入债务人财产范围。

还有一位债权人是一家律师事务所，提出除了上述15笔债权外，还有1笔债权的债务人是C公司。几年前，A公司为C公司向银行贷款提供连带责任保证担保，C公司未清偿到期欠款共计1500万元，银行起诉C公司和A公司取得了胜诉判决，并通过强制执行程序从A公司账户上划走1500万元，依据判决书，A公司有权要求C公司偿还1500万元。由于管理人接管文件中缺少了这份判决书，所以没有发现这笔债权，而作为债权人的这家律师事务所参与了这件贷款担保案件的代理工作，保存了一份判决书原件，于是该律师事务所向管理人提供了该判决书，要求管理人审核后，将该笔应收债权列入债务人财产。

对于A公司抵押给D公司的地上物及相应的国有土地使用权，管理人在报告中将其列为债务人财产，并准备在D公司申报的债权被确认后，通过处分抵押物的方式优先清偿D公司的债权。对此，包括D公司在内的各债权人均无异议，同意按照管理人确定的方案执行。

【简要评析】

根据《企业破产法》第30条的规定，债务人财产包括破产申请受理时属于债务人的全部财产，以及破产申请受理后至破产程序终结前债务人取得的财产。债务人所实际占有的财产可能会随着破产程序的进行而有所变化，可能因债务人的债务人清偿债务、行使破产撤销权收回财产而增加，也可能因为别除权人特定物受偿、变价分配而减少，而立法对债务人财产的规定则采膨胀主义，债务人实际占有的财产和债务人财产是不同的概念。债务人财产包括物权性财产和债权性财产，其中债权性财产还包括基于担保追偿权、表见代理追偿权而享有的债权等。

本案中，A公司财产应当包括：（1）现金1500元以及银行存款352万元，属于债务人的货币财产。（2）小轿车4辆，为动产，属于实物财产。（3）两家非上市公司股权，按照物权法的规定，属于财产性权利。（4）医疗系统电子档案管理软件著作权，为知识产权，属于物权法规定的财产性权利。（5）15笔应收债权（如债权人律师事务所提交的材料能够证明该笔债权成立的，该笔债权也应认定为A公司财产），属于A公司对外可收回的债权。（6）抵押给债权人D公司的一间车间及所占面积的国有土地使用权，为不动产。

对于上述各债权人的意见，应当作如下认定：

长期出借给供应商B公司的2辆小轿车属于破产财产。如因车辆价值低、收回车辆的成本高等原因而停止追回该两辆小轿车,应当经过债权人会议决议决定。

两项股权投资属于破产财产,即使其变价成本高,也不能因此而不将其列入破产财产的范围,至于是否评估,是否采用拍卖的方式进行变价等,属于债权人会议对债务人财产管理方案和财产变价方案进行表决的内容,另外也不排除直接分配股权的操作可能性,涉及破产财产分配方案的表决问题。15笔债权的处理原则,与此相同。

债务人将其财产设定抵押的,该财产属于债务人财产,这是企业破产法与此前法律规定的不同之处。需要注意的是,抵押权人主张就抵押物优先受偿的,应以抵押担保的债权确定无争议为前提。

第二条【非债务人财产】

下列财产不应认定为债务人财产:

(一)债务人基于仓储、保管、承揽、代销、借用、寄存、租赁等合同或者其他法律关系占有、使用的他人财产;

(二)债务人在所有权保留买卖中尚未取得所有权的财产;

(三)所有权专属于国家且不得转让的财产;

(四)其他依照法律、行政法规不属于债务人的财产。

【条文主旨】

本条旨在对非债务人财产范围作出的界定。

【规范目的】

本条规定的规范目的是为了解决司法实践中,人民法院受理破产申请后,非债务人财产范围界定模糊的问题。《企业破产法》规定了确认债务人财产的基本原则,但对非债务人财产的范围没有具体规定,需要根据其他相关立法确定,有些问题界定模糊,导致在司法实践中执法不一,影响到法律的正确、统一实施。本条司法解释对非债务人财产范围予以清晰界定,对权利人利益保护具有重要意义。

【原理与适用】

债务人财产，在破产宣告后则称为破产财产，是指在破产申请受理时或破产宣告时，以及自该时点至破产程序终结前（视各国所采立法原则而定），债务人所有的供破产清偿的全部财产。非债务人财产是与债务人财产相对应的概念。广义的非债务人财产，是指在上述期间内，虽然被债务人所占有，但不属于债务人所有，或者虽属于债务人所有但不属于用于破产清偿范围的财产。狭义的非债务人财产，则专指债务人占有的但不属于债务人所有的财产。本条司法解释是从狭义角度界定非债务人财产的，即虽然被债务人所占有但不属其所有的财产。从破产立法与司法的角度讲，仅在债务人即破产人为自然人的情况下，才存在虽属于债务人所有但不用于破产清偿的财产。对债务人财产和非债务人财产的清晰界定，有利于对债权人、债务人及非债务人财产的权利人的权益保护，也有利于保障破产案件的顺利审理。

一、对"非债务人财产范围"界定的外国立法例

一些国家的破产法在对债务人财产的范围作出明确规定的同时，也对非债务人财产的范围做出相应规定。在很多国家的破产立法中，往往仅规定特殊情况下非债务人财产的范围，而对于通过其他立法就可以明确财产真正权利人的情况是不做重复性规定的，如不必规定债务人为他人保管的财产、租赁的他人财产不属于债务人财产，因为根据《合同法》就完全可以解决此类财产的归属问题。这些特殊的规定主要体现在特殊取回权如出卖人取回权等方面。如《美国破产法》第546条（c）规定，出卖人在交付货物后10天内可以提出追回货物的要求，即使这时债务人已被宣告破产，货物也已经收到，法院仍应允许出卖人取回货物。如果货物是债务人重整程序进行所必需的，法院可将出卖人的债权作为无担保第一优先债权或担保债权。但是，在出卖人向买方表示行使取回权前，买方已经收到货物并将其出卖者除外，因为货物已经不复存在，取回权也随之丧失。[①]《日本破产法》第63条（运输中出卖物品的取回）中规定，于卖方向买方发送买卖标的物品情形，如买方于未全额清偿其价金且未于到达地全部受领其物品期间受破产宣告，卖方可以取回其物品。但是，破产管理人不妨支付价金全额而请求交付其物品。[②] 我国台湾地区"破产法"第111

[①] 11 USCS 546 (c).
[②] 李飞：《当代外国破产法》，中国法制出版社2006年版，第742页。

条规定：出卖人已将买卖标的物发送，买受人尚未收到，亦未付清全价，而受破产宣告者，出卖人得解除契约，并取回其标的物。但破产管理人得清偿全价而请求标的物之交付。

《欧盟理事会破产程序规则》（第1346/2000号）第7条"关于所有权保留"规定：(1) 在破产程序启动时，资产位于成员国而不是程序启动国境内的情况下，针对资产购买方开始的破产程序不影响在所有权保留条款下卖方的权利。(2) 针对资产出售方开始的破产程序，在资产交付后，破产程序不构成撤销或终止此次出售的基础，并不能阻止购买方根据破产程序开始时资产所在国而非程序开始国的法律规定取得财产的所有权。(3) 本条第1款、第2款的规定并不排除第4条（m）项中无效、可撤销或者无执行效力的规则。对于所有权保留情况下合同标的物，明确排除在债务人财产范围之外。

此外，有些国家根据本国的特殊国情作有一些非普适性的规定。如《俄罗斯联邦无支付能力（破产）法》第132（不列入破产财产的债务人的财产）(4) 条规定：学前教育机构、普通教育机构、医疗机构、体育设备、属于生活保障体系的公共基础设施（以下简称"具有社会意义的设施"），根据《俄罗斯联邦无支付能力（破产）法》第110条规定的程序，以竞标的方式，通过拍卖进行拍卖。具有社会意义的设施的买受人，必须对上述设施进行保管，并保证该设施按照其既定的目的经营和使用，该义务应当是进行上述竞标的一个必要条件。(5) 根据本条第4款规定，没有被变卖的公共住宅基金，以及具有社会意义的设施，应当移交给相应的以地方自治机关为代表的市政自治地方所有，破产管理人应当将此通知上述地方自治机关。(6) 将本条第5款规定的设施移交给市政自治地方所有，应当考虑该设施的实际情况，根据合同价格予以补偿，不附加其他任何条件，但是经营亏损的设施除外。保管上述设施的财政拨款，由相应预算支出。地方自治机关支付的资金，列入破产财产。[①]

在实行自然人破产立法的国家，还存在虽属于债务人所有但不用于破产清偿的财产，即所谓自然人破产的"自由财产"制度。这一制度的设置是出于人道主义、维持公序良俗、实现社会保障等方面的考虑，是为保障破产人在破产后必要的生存与工作条件，所以规定这些虽然属于债务人所有的财产不用于破产清偿。如《美国破产法》第522条（b）(2)项规定，社会保险、公务员退休金、退伍军人福利，不纳入破产财产范围。[②] 第522条（d）规定，破产宣告时破产人在限额内的用于维持生计的法定豁免财产不得为破产财产。[③]

[①] 李飞：《当代外国破产法》，中国法制出版社2006年版，第276页。
[②] 11 USCS 522 (b) (2)。
[③] 11 USCS 522 (d)。

《英国破产法》第 286 条规定了以下财产不属于债务人财产范围：一是专属于破产人自身的权利，例如终身定期金债权，因破产人的身体健康、名誉自由受侵害而产生的损害赔偿请求权，接受扶养的权利，公务员及劳工保险的医疗给付请求权等等；二是法律规定不得扣押的财产。例如破产人及其家属所必需的衣服、寝具、餐具及职业上或教育上所必需的器具物品、遗像、牌位、墓碑及其他供祭祀礼拜所用的物品等等。英国 1999 年《福利改革和养老金法》第 11 条规定，与 2000 年 5 月 29 号以后提交申请的与破产相关的、破产人根据国内税务署批准的职业养老金计划、退休年金契约、个人养老金计划或者相关法定方案所确定的权利都排除在破产财产之外，并毋须转交给破产托管人。[①] 我国台湾地区"破产法"也规定，专属于破产人本身之权利及禁止扣押之财产，不属于破产财团。

从各国和各地区对非债务人财产范围的界定可以看出，不同国家、地区基于政治、经济、法律文化的差异，在规定非债务人财产的范围上有共同的原则，如根据合同法等有关立法规定的原则，在确定所有权保留买卖关系中的标的物和破产程序启动时尚在运途中出卖人行使取回权的货物的财产性质时，一般将其界定为非债务人财产，但在一些方面也有所区别。在狭义的"非债务人财产"概念下，财产划分标准的是产权的归属，即专指虽为债务人占有，但所有权不属于债务人的财产。在一些国家特别是经济制度转轨国家，由于历史原因，若债务人的某些财产关涉社会公共利益，如一些公益福利设施，在处理此类财产时，一般也会界定为非债务人财产。如我国在过去"企业办社会"中形成的归属于企业的幼儿园、学校、医院等，在企业破产时如果仍然要继续开办，是不作为破产财产分配的，而是交由地方政府接管，继续发挥其社会职能。

二、我国立法关于"非债务财产范围"的规定

（一）旧破产法和相关司法解释的规定

我国破产立法关于非债务人财产的规定，最初见《企业破产法（试行）》，该法第 28 条规定，已作为担保物的财产不属于破产财产，担保物的价款超过其所担保的债务数额的，超过部分属于破产财产。

2002 年，《最高人民法院关于审理企业破产案件若干问题的规定》（法释〔2002〕23 号）第 71 条明确规定下列财产不属于破产财产：（1）债务人基于

---

① ［英］费奥娜·拖米：《英国公司和个人破产法》，汤维建、刘静译，北京大学出版社 2010 年版，第 311 页。

仓储、保管、加工承揽、委托交易、代销、借用、寄存、租赁等法律关系占有、使用的他人财产；（2）抵押物、留置物、出质物，但权利人放弃优先受偿权的或者优先偿付被担保债权剩余的部分除外；（3）担保物灭失后产生的保险金、补偿金、赔偿金等代位物；（4）依照法律规定存在优先权的财产，但权利人放弃优先受偿权或者优先偿付特定债权剩余的部分除外；（5）特定物买卖中，尚未转移占有但相对人已完全支付对价的特定物；（6）尚未办理产权证或者产权过户手续但已向买方交付的财产；（7）债务人在所有权保留买卖中尚未取得所有权的财产；（8）所有权专属于国家且不得转让的财产；（9）破产企业工会所有的财产。第81条规定：破产企业的职工住房，已经签订合同、交付房款，进行房改给个人的，不属于破产财产。未进行房改的，可由清算组向有关部门申请办理房改事项，向职工出售。按照国家规定不具备房改条件，或者职工在房改中不购买住房的，由清算组根据实际情况处理。第82条规定：债务人的幼儿园、学校、医院等公益福利性设施，按国家有关规定处理，不作为破产财产分配。该司法解释对非债务人财产范围的规定，是针对我国国情对司法实践需要的回应，对案件审理具有重要的指导作用。

这一司法解释规定非破产财产的范围，一是从狭义方面对非债务人财产进行界定，将债务人占有但因所有权并不属于其的财产规定为非债务人财产；二是在界定非债务人财产范围时，兼顾社会公平与秩序维护的需要。如针对商品房买卖等问题，特别规定尚未办理产权证或者产权过户手续但已向买方交付的财产，不属于债务人财产；三是基于社会公共利益的需要，对于债务人所有的公益福利性设施，也规定为非债务人财产，此做法与《俄罗斯联邦无支付能力（破产）法》的规定类似。但我国立法并未规定，若将此类财产规定为非债务人财产，对债权人权益如何平衡保护。而《俄罗斯联邦无支付能力（破产）法》规定，对这些财产通过竞标拍卖变现，由买受人按照设施既定的目的经营和适用，拍卖价款则用于清偿债权人；如没有卖出，则由地方政府用预算资金支付相应合同价款获得该设施所有权，预算资金列为破产财产，其规定更有利于公平保障债权人利益。

（二）《企业破产法》的有关规定

2006年的《企业破产法》第30条对债务人财产范围做出了规定，破产申请受理时属于债务人的全部财产，以及破产申请受理后至破产程序终结前债务人取得的财产，为债务人财产。其第39条规定，人民法院受理破产申请时，出卖人已将买卖标的物向作为买受人的债务人发运，债务人尚未收到且未付清全部价款的，出卖人可以取回在运途中的标的物。新旧破产法对非债务人财产范围的界定存在一些不同，如旧法明确规定，担保物是不属于破产财产的，而新法尽管没有明确规定担保物是债务人财产，但是第 30 条的规定实际将担保物归入债务人财产。但是，企业破产法对非债务人财产的范围没有做出更为具体的列举性规定。由于我国破产制度建立的时间不长，长期内又未能在社会得到普遍的顺利实施，在司法实践中对如何依据其他立法确定非债务人财产的范围便存在不同认识，为了统一执法，本条司法解释对非债务人财产的范围作出了进一步明确规定。

三、对司法解释条文的理解

本条司法解释以列举的方式对非债务人财产的范围作出了明确规定，具体包括：

（一）债务人基于仓储、保管、承揽、代销、借用、寄存、租赁等基于合同或者其他法律关系占有、使用的他人财产

这些财产虽然由债务人占有、使用，但因财产所有权仍然属于原权利人，因此，该部分财产应当从债务人财产中分离出来，由权利人取回。(1) 仓储物、保管物、寄存物。仓储物、保管物和寄存物取回权是基于保管类合同产生的，保管人对保管物不享有所有权，保管人破产，寄存人当然有权取回保管物。(2) 承揽关系，是指承揽人按照定作人要求，以自己的设备、技术、劳动在约定的时间内完成工作，定作人接受承揽人交付的工作成果并给付报酬。当事人在承揽合同中约定，由定作人提供原材料的，该原材料的所有权属于定作人，承揽人只有占有和使用的权利。当承揽人进入破产程序时，定作人可以享有原材料的所有权为由主张取回权。(3) 借用物。借用物取回权基于借用合同产生，借用人破产时，所有权人有权取回该物。(4) 租赁物。租赁合同是出租人将租赁物交付承租人使用、收益，承租人支付租金的合同。在租赁的有效期内，承租人按照合同约定，可以对租赁物占有、使用和收益，但不能任意处分租赁物，租赁合同期满，承租人应将租赁物返还给出租人。因此，租赁合同只是将租赁物的使用权转移给承租人，租赁物的所有权仍属于出租人。当承租人破产时，租赁物因属出租人所有而不构成破产财产，出租人所享有的租赁物所有权，可以对抗包括承租人在内的一切人，因此，出租人可就租赁物主张取回权。

除上述列举的范围外，实践中还存在基于委托交易、融资租赁、信托等基础法律关系，债务人占有、使用他人财产的情况。如委托交易关系中的取回权，其主要是基于委托交易关系而占有他人的财产，最典型的是保证金一类的金钱财产，如股民保证金、开证保证金等，受托人破产，委托人享有对上述财产的取回权；融资租赁关系中的取回权，在典型的融资租赁关系中，主要涉及

三方当事人即出租人、承租人、出卖人和两个合同即融资租赁合同和买卖合同。出租人作为买卖合同的买受人，支付了合同规定的价款，取得了租赁物的所有权，而承租人依融资租赁合同取得了租赁物的占有权、使用权和收益权。由于租赁物的所有权属于出租人，因此，当承租人破产时，租赁物不列入承租人的破产财产，出租人有权取回租赁物。同时，我国《合同法》第 242 条也规定，出租人享有租赁物的所有权。承租人破产的，租赁物不属于破产财产。信托关系中的取回权，其法律依据为我国《信托法》第 2 条规定，信托是指委托人基于对受托人的信任，将其财产权委托给受托人，由受托人按委托人的意愿以自己的名义，为受益人的利益或者特定目的，进行管理或者处分的行为。设立信托必须有确定的信托财产，并且该信托财产必须是委托人合法所有的财产。委托人将信托财产交付给受托人以后，受托人享有对信托财产管理或者处分的权利，可以占有、使用或者处分信托财产，但这些权利是服从于、服务于信托目的的，受托人实际取得的是信托财产的名义所有权。同时，法律也禁止将信托财产以任何名义归入受托人的固有财产或者成为其固有财产的一部分。因此，当受托人进入破产程序时，信托财产不应列入受托人的破产财产，而由委托人对信托财产行使取回权。

（二）债务人在所有权保留买卖中尚未取得所有权的财产

所谓所有权保留买卖，是指买卖关系的双方在买卖合同中约定，买受人在未付清全部价款时可以先行占有、使用标的物，但该标的物的所有权仍属于出卖人，直至买受人付清全部价款时才得转移。当事人约定所有权保留条款的目的，是为了保障付款，但其在外观性质上属于附停止条件转移所有权。在合同一方当事人进入破产程序时，如买受人未付清全部价款，出卖人对买卖标的物仍享有所有权，因此，出卖人原则上有权对该买卖标的物主张取回。

同时，《最高人民法院关于审理买卖合同纠纷案件适用法律问题的解释》（以下简称《买卖合同司法解释》）第 36 条规定，买受人已经支付标的物总价款的 75% 以上，出卖人主张取回标的物的，人民法院不予支持。在本解释第 35 条第 1 款第（3）项情形下，第三人依据《物权法》第 106 条的规定已经善意取得标的物所有权或者其他物权，出卖人主张取回标的物的，人民法院不予支持。第 37 条规定，出卖人取回标的物后，买受人在双方约定的或者出卖人指定的回赎期间内，消除出卖人取回标的物的事由，主张回赎标的物的，人民法院应予支持。买受人在回赎期间内没有回赎标的物的，出卖人可以另行出卖标的物。出卖人另行出卖标的物的，出卖所得价款依次扣除取回和保管费用、再交易费用、利息、未清偿的价金后仍有剩余的，应返还原买受人；如有不足，出卖人要求原买受人清偿的，人民法院应予支持，但原买受人有证据证明出卖人另行出卖的价格明显低于市场价格的除外。

(三) 所有权专属于国家且不得转让的财产

所有权专属于国家且不得转让的财产主要指划拨土地使用权，企业因国家无偿划拨使用的土地使用权，权属归国家所有。同时，《物权法》还规定，矿藏、水流、海域属于国家所有。森林、山岭、草原、荒地、滩涂等自然资源，属于国家所有，但法律规定属于集体所有的除外。法律规定属于国家所有的野生动植物资源，属于国家所有。无线电频谱资源属于国家所有。法律规定属于国家所有的文物，属于国家所有。国防资产属于国家所有。铁路、公路、电力设施、电信设施和油气管道等基础设施，依照法律规定为国家所有的，属于国家所有。在企业法人破产清算时，上述财产不属于债务人财产，不得作为债务人财产清偿债务。

此外，根据《工会法》的规定，工会是职工自愿结合的工人阶级的群众组织，工会财产主要是工会的经费，包括会员缴纳的会费、企业依法拨缴的经费、政府的补助等收入，该部分财产主要用于为职工服务和工会活动，不属于债务人财产。

四、国有土地使用权的特殊处理问题

在破产法的司法实践中，对国有土地的划拨使用权存在一些需要特殊处理的情况。《城镇国有土地使用权出让和转让暂行条例》（国务院令第55号）（1990年）第47条规定：无偿取得划拨土地使用权的土地使用者，因迁移、解散、撤销、破产或者其他原因而停止使用土地的，市、县人民政府应当无偿收回其划拨土地使用权，并可依照本条例的规定予以出让。《最高人民法院关于破产企业国有划拨土地使用权应否列入破产财产等问题的批复》规定，根据《中华人民共和国土地管理法》第58条第1款第（4）项及《城镇国有土地使用权出让和转让暂行条例》第47条的规定，破产企业以划拨方式取得的国有土地使用权不属于破产财产，在企业破产时，有关人民政府可以予以收回，并依法处置。纳入国家兼并破产计划的国有企业，其依法取得的国有土地使用权，应依据国务院有关文件规定办理。根据以上法律的相关规定，破产企业以划拨方式取得的国有土地使用权不属于破产财产，在企业破产时，地方政府可以收回并依法处置。

但是，在司法实践中也存在一些特殊情况需要另行处理：

1. 如果划拨土地使用权在国有企业设立时，经政府有关部门批准已经被作为企业的注册资本予以登记，即作为股东投资投入（不管出于何种原因），则应当属于企业破产财产范围，地方政府不得再收回。因为对出资财产包括土地使用权进行的注册资本登记，表明它已经对外公开宣示被纳入对债权人承担责任的财产范围之内。这时对企业而言，土地使用权虽在名义上是划拨性质，但不应再视为无偿取得，因为出资人将凭借土地使用权取得相应的权利与收益。

2. 以划拨土地使用权为标的物设定抵押时对抵押权的认定与处理。根据《城市房地产管理法》《担保法》规定，虽然划拨土地使用权不属于企业财产，但是可以对之设定抵押。这是因为我国立法从实用的角度实行土地使用权与其上建筑物一并处理的原则，在对建筑物设定抵押时相应的土地使用权也要一并抵押，依抵押权处分财产时也贯彻相同的一并处理原则。在房产与划拨土地使用权一并处分（包括一并抵押后处分）时，对处分后的所得要进行合理分割。根据《城市房地产管理法》第 50 条规定，设定房地产抵押权的土地使用权是以划拨方式取得的，依法拍卖该房地产后，应当从拍卖所得的价款中扣缴相当于应缴纳的土地使用权出让金的款额后，抵押权人方可优先受偿。其第 18 条规定，土地使用权出让金应当全部上缴财政，列入预算，用于城市基础设施建设和土地开发。据此，划拨土地使用权以及处分抵押房地产时，相当于划拨土地使用权的出让金部分不属于破产财产。[①]

【法律、司法解释及案例】

《企业破产法（试行）》（已失效）

第二十八条第二款 已作为担保物的财产不属于破产财产；担保物的价款超过其所担保的债务数额的，超过部分属于破产财产。

《企业破产法》（2007 年 6 月 1 日起施行）

第三十九条 人民法院受理破产申请时，出卖人已将买卖标的物向作为买受人的债务人发运，债务人尚未收到且未付清全部价款的，出卖人可以取回在运途中的标的物。

《最高人民法院关于审理企业破产案件若干问题的规定》（2002 年 9 月 1 日起施行）

第七十一条 下列财产不属于破产财产：

（一）债务人基于仓储、保管、加工承揽、委托交易、代销、借用、寄存、租赁等法律关系占有、使用的他人财产；

（二）抵押物、留置物、出质物，但权利人放弃优先受偿权的或者优先偿付被担保债权剩余的部分除外；

[①] 王欣新：《论破产案件中土地使用权的处理原则》，载《甘肃政法学院学报》2005 年第 5 期。

（三）担保物灭失后产生的保险金、补偿金、赔偿金等代位物；

（四）依照法律规定存在优先权的财产，但权利人放弃优先受偿权或者优先偿付特定债权剩余的部分除外；

（五）特定物买卖中，尚未转移占有但相对人已完全支付对价的特定物；

（六）尚未办理产权证或者产权过户手续但已向买方交付的财产；

（七）债务人在所有权保留买卖中尚未取得所有权的财产；

（八）所有权专属于国家且不得转让的财产；

（九）破产企业工会所有的财产。

第八十一条 破产企业的职工住房，已经签订合同、交付房款，进行房改给个人的，不属于破产财产。未进行房改的，可由清算组向有关部门申请办理房改事项，向职工出售。按照国家规定不具备房改条件，或者职工在房改中不购买住房的，由清算组根据实际情况处理。

第八十二条 债务人的幼儿园、学校、医院等公益福利性设施，按国家有关规定处理，不作为破产财产分配。该司法解释对非债务人财产范围的规定是对司法实践的回应，对案件审理具有重要的指导作用。

《信托法》（2001年10月1日起施行）

第二条 信托是指委托人基于对受托人的信任，将其财产权委托给受托人，由受托人按委托人的意愿以自己的名义，为受益人的利益或者特定目的，进行管理或者处分的行为。

《物权法》（2007年10月1日起施行）

第四十五条 法律规定属于国家所有的财产，属于国家所有即全民所有。国有财产由国务院代表国家行使所有权；法律另有规定的，依照其规定。

第四十六条 矿藏、水流、海域属于国家所有。

第四十七条 城市的土地，属于国家所有。法律规定属于国家所有的农村和城市郊区的土地，属于国家所有。

第四十八条 森林、山岭、草原、荒地、滩涂等自然资源，属于国家所有，但法律规定属于集体所有的除外。

第四十九条 法律规定属于国家所有的野生动植物资源，属于国家所有。

第五十条 无线电频谱资源属于国家所有。

第五十一条 法律规定属于国家所有的文物，属于国家所有。

第五十二条 国防资产属于国家所有。铁路、公路、电力设施、电信设施和油气管道等基础设施，依照法律规定为国家所有的，属于国家所有。

第五十三条 国家机关对其直接支配的不动产和动产，享有占有、使用以及依照法律和国务院的有关规定处分的权利。

《城市房地产管理法》（2007年8月30日修正）

第五十一条　设定房地产抵押权的土地使用权是以划拨方式取得的，依法拍卖该房地产后，应当从拍卖所得的价款中缴纳相当于应缴纳的土地使用权出让金的款额后，抵押权人方可优先受偿。

《城镇国有土地使用权出让和转让暂行条例》（1990年5月19日起施行）

第四十七条　无偿取得划拨土地使用权的土地使用者，因迁移、解散、撤销、破产或者其他原因而停止使用土地的，市、县人民政府应当无偿收回其划拨土地使用权，并可依照本条例的规定予以出让。

《最高人民法院关于破产企业国有划拨土地使用权应否列入破产财产等问题的批复》（2003年4月18日起施行）

一、根据《中华人民共和国土地管理法》第五十八条第一款第（四）项及《城镇国有土地使用权出让和转让暂行条例》第四十七条的规定，破产企业以划拨方式取得的国有土地使用权不属于破产财产，在企业破产时，有关人民政府可以予以收回，并依法处置。纳入国家兼并破产计划的国有企业，其依法取得的国有土地使用权，应依据国务院有关文件规定办理。

第三条【设定担保物权的财产】

债务人已依法设定担保物权的特定财产，人民法院应当认定为债务人财产。

对债务人的特定财产在担保物权消灭或者实现担保物权后的剩余部分，在破产程序中可用以清偿破产费用、共益债务和其他破产债权。

【条文主旨】

本条旨在对债务人已依法设定担保物权的特定财产属性作出的规定，明确债务人已依法设定担保物权的特定财产属于债务人财产，并强调担保权人依法享有优先受偿权。

【规范目的】

本条规定的规范目的在于厘清债务人已依法设定担保物权的特定财产属于债务人财产。《企业破产法》第 30 条从有利于债务人财产的妥善保管以及破产程序的顺利进行出发，将破产申请受理时属于债务人的全部财产，包括已设定担保物权的财产，统一纳入到了债务人财产的范畴。但是，鉴于《企业破产法》第 30 条在表述上过于笼统，以及旧破产法下业已形成的认识惯性，实践中对此问题仍然存在错误认识，因此，司法解释有必要从正面对债务人已依法设定担保物权的财产属于债务人财产进行明确规定，并强调担保权人依法享有优先受偿权，以避免误解。

【原理与适用】

对已依法设定担保物权的特定财产是否属于债务人财产，我国《企业破产法》和原《企业破产法（试行）》的规定截然不同。《企业破产法（试行）》第 28 条第 2 款规定，已作为担保物的财产不属于破产财产；担保物的价款超过其所担保的债务数额的，超过部分属于破产财产。《企业破产法》第 30 条规定："破产申请受理时属于债务人的全部财产，以及破产申请受理后至破产程序终结前债务人取得的财产，为债务人财产。"该规定并未将作为担保物的财产排除出债务人财产，在破产程序开始时担保物权尚未执行的担保物当然应归入债务人财产。因此，债务人财产应当包括已依法设定了担保权益或优先权的财产。

一、债务人已依法设定担保物权的财产属性

担保物权是指以确保债务的清偿为目的，于债务人所有的物或者权利之上所设定，以取得担保作用的一种物权。主要包括抵押权、留置权和质权。担保物权的标的物是债务人所有的特定财产或者权利。担保物权对标的物的支配并不是一种全面的支配，仅仅是对物的交换价值的支配。根据设定担保物权时是否转移担保物的占有状态可以把担保物权分为移转占有型担保物权和非移转占有型担保物权。移转占有型担保物权是指以标的物移转于债权人占有为要件而发生或存续的担保物权，例如质权、留置权，其主要适用于动产及一些财产权利，在担保物权的效力期间，担保物的所有人或者其他权利人不能行使对担保物的使用权及其收益权。非移转占有型担保物权并不移转标的物的占有，例如抵押权，其主要适用于不动产及一些特殊动产。担保物的所有人或者其他权利人仍然可以享有对于担保物的占有、使用和收益权，而以担保物的交换价值来

担保债务的履行。在比较法上，非移转占有型担保物权占据主流。[①] 担保物权作为权利，具有"变价性"特征，即担保物权设立的目的是为了保障债的清偿，因此担保权人可以行使的权利，仅限于将担保物作变价的处分，并从这些变价款中获得优先偿还。因此，即使是移转型担保物权的担保物权人也没有使用担保物的权利。尽管担保物的所有权转移受到担保物权的限制，但担保物的所有权属于债务人。如《澳大利亚破产法》第302条规定：质押、抵押、留置或作出的押记属于破产财产权利。[②] 一般情况下担保债权人与债务人也不得约定担保物的所有权归属于担保债权人，我国《物权法》第186条就有此规定："抵押权人在债务履行期届满前，不得与抵押人约定债务人不履行到期债务时抵押财产归债权人所有"。根据《企业破产法》第13条规定，人民法院裁定受理破产申请的，应当同时指定管理人。管理人从破产申请受理之时，开始全面接管债务人财产，在破产宣告后对债务人财产进行变价与清算。如果债务人已设定担保物权的财产游离于债务人财产之外，则该特定财产就无法得到管理人的有效管理，这可能会减损担保物的财产价值，不仅损害债务人的利益，也直接影响担保物权人的权利实现。随着担保制度的完善和担保物范围的扩张，企业破产时，其多数资产上通常会附有各种形式的担保物权，清理和实现担保物权成为管理人的一项重要工作。如果立法规定担保财产不属于债务人财产，将使管理人对担保物的接管活动失去法律依据。另外，担保物的变价款在优先清偿担保债权后，如有剩余将直接清偿债务人的其他破产债权人，这就要求担保物理应纳入破产财产。如果担保物不属于破产财产，便难以解释为什么本不属于破产财产的担保物，在清偿担保债权后的剩余就可以直接用于对破产人的其他破产债权人的清偿。因此，债务人已依法设定担保物权的特定财产，人民法院应当认定为债务人财产。

二、债务人已依法设定担保物权的财产执行

债权人基于债务人已设定担保物权而享有对该特定财产优先受偿的权利，在破产法理论上称之为别除权。《企业破产法》第109条规定："对破产人的特定财产享有担保权的权利人，对该特定财产享有优先受偿的权利。" 这即是我国破产法对别除权的相关规定。担保物权是构成别除权最重要的基础权利。我国《物权法》第170条规定："担保物权人在债务人不履行到期债务或者发生当事人约定的实现担保物权的情形，依法享有就担保财产优先受偿的权利，

[①] 王利明：《民法》，中国人民大学出版社2010年版，第250~251页。

[②] R. B. Vermeesch LLM（SYD）. BUSINESS LAW OF AUSTRALIA 10th edition. BUTTERWORTHS AUSTRALIA. 1098.

但法律另有规定的除外。"

1. 债务人担保物的执行限制

破产法在明确别除权人享有优先受偿权的同时,对担保物的执行也作出一些限制性规定。根据《美国破产法》第 362 条规定,破产申请一经提出,即可触发自动中止,暂时中止任何影响破产财产的行为。在财产范围上,凡属于"破产财产"的任何"法律或衡平上的利益",皆受制于自动中止制度。例如,在债权人保留所有权的财产上,债务人即购买人也拥有"衡平上的利益",因此债权人虽为名义所有权人,但仍不得实现其"所有权",取回其物。[1] 为了全体债权人的合法利益,有些国家的破产法甚至规定了申请消灭担保权的许可,如《日本破产法》第 186 条就有此规定:在破产程序开始时就属于破产财团的财产存在担保权(指特别优先权、质权、抵押权或基于商法的留置权)的,当变卖该财产消灭该担保权符合破产债权人的普遍利益时,破产财产管理人可以向法院提出通过变卖该财产——而消灭该财产存在的全部担保权的申请。当然,这一变卖也不应当损害该担保权人的利益。[2]《英国破产法》规定了担保财产的处置办法,第 61 条第 1 款规定:"当接管人出售或处置、或者希望出售或处置公司中被设立了接管人据以被任命的浮动抵押并且以下情形的任何财产或财产中的收益—(1.1)受限制于某一优先于或后于该浮动抵押的债权人享有的任何担保或权益,或有利于该债权人的负担或义务;或者(1.2)是被任何人执行的有效查封影响或者扣押的财产或财产中的权益,并且,接管人不能取得该债权人或者(根据具体情况)该类人对该出售或处置的同意,接管人可以向法院申请不受该担保、权益、负担或义务或查封的限制而出售或处置该财产或财产中的权益的授权。"[3] 从这些国家破产立法例中可以看出,作为担保物的财产属于债务人财产,并对其执行作了一些限制性规定。

为保障重整目的的顺利实现,保证债务人能够继续利用设置担保物权的财产进行生产经营活动,使债务人获得更生,我国破产法对重整程序中担保物权的行使也作了限制性规定。《企业破产法》第 75 条规定:"在重整期间,对债务人的特定财产享有的担保权暂停行使。但是,担保物有损坏或者价值明显减少的可能,足以危害担保权人权利的,担保权人可以向人民法院请求恢复行使担保权。"但是,对企业重整的进行没有保留必要的担保财产,经债务人或管理人同意,担保权人可以行使其担保物权。

---

[1] 许德风:《论担保物权在破产程序中的实现》,载《环球法律评论》2011 年第 3 期。
[2] 李飞:《当代外国破产法》,中国法制出版社 2006 年版,第 794 页。
[3] 丁昌业译:《英国破产法》,法律出版社 2003 年版,第 75 页。

2. 管理人占有担保物的执行

债务人进入破产清算程序，别除权人有权以担保物折价受偿或者以拍卖、变卖该财产的价款优先受偿。别除权人行使其优先受偿权时，还应当遵循《物权法》《担保法》的有关规定。在管理人占有担保物的情况下，别除权人要求行使优先受偿权时需要与管理人的其他工作相协调，难免出现一定期间的滞后。为使管理人的工作能够有序进行，别除权人的权利能够及时实现，可设定适当的期限，作为别除权人行使权利的催告期限，管理人在此期限内未协助实现担保物权时，别除权人有权自行处置受偿。

债务人财产（或破产财产）是由管理人负责管理的。在担保财产纳入债务人财产之后，与之相关，便产生了管理人对担保财产发生的管理费用以及相关管理报酬的支付问题。担保财产的管理费用包括担保物的变价费用等为实现担保债权而直接、间接发生的种种费用，均应当由担保财产的变价款中优先支付，对此应无疑义。如果管理人对担保物的维护、变现、交付等管理工作付出合理劳动的，有权向担保权人收取适当的报酬。

3. 债权人占有担保物的执行

质权、留置权是以债务人的特定财产移转于债权人占有的移转占有型担保物权。为避免别除权人不当行使权利，管理人有必要对其进行监督，以使别除权人的优先受偿权限定于担保物的范围之内。对债权人占有的担保物，管理人可聘请评估机构进行评估，督促担保债权人采取公开竞价等方式变卖担保物，以实现担保物价值的最大化。在司法实践中还可能出现别除权人占有担保物，但却迟迟不行使受偿权利，以致影响到破产程序进行的情况。管理人对此除可以要求清偿债务、收回担保物外，也可以请求人民法院强制执行担保物，清偿别除权。日本学者指出："关于别除权的标的物，第203条规定允许管财人依强制执行程序进行变卖，别除权人不能拒绝。"同时指出，担保标的物即使不存在所担保的债权余额时，"标的物能否妥善地变卖，将左右别除权人的破产债权行使额，在此点上存在破产债权人的利害关系。"[①] 与管理人占有担保物不同的是，担保物是由别除权人自己占有、保管、维护的，甚至是以担保物直接抵债的，管理人未付出劳动，则无权要求支付报酬。此外，对别除权债权的审查、确认工作，管理人不得要求支付报酬，因这是为管理人利益发生的、与别除权债权清偿无关的费用。

因别除权人的优先受偿权限定于担保物价值的范围之内，若担保物在其行使权利前灭失，优先受偿权则随之消灭，别除权人对破产人的债权只能作为普

---

① [日]伊藤真：《破产法》，刘荣军、包容镇译，中国社会科学出版社1995年版，第271页。

通破产债权受偿。但是，第三人包括管理人对担保物灭失负有赔偿责任的，在赔偿范围内，别除权人对赔偿金额仍享有优先受偿权，这是由担保物权的物上代位性决定的。如果是管理人在破产程序启动后错误地将担保物变卖，别除权人可以主张买卖合同无效，或主张对变卖价款享有优先受偿权，因此给别除权人造成损失时，管理人应承担赔偿责任。如是债务人在破产申请受理前将担保物变卖且无法追回，债权人虽然可以追究债务人及相关责任人员的赔偿责任，但不再享有别除权。不过在变卖价款或对价尚未交付给债务人或仍能从债务人财产中加以明确区分的情况下，别除权人对该价款或对价可继续享有别除权。未能从担保财产中获得清偿的别除权，对债务人的其他财产无优先受偿权。[①]

别除权行使后，如果担保物的价值大于其所担保的债权，剩余部分应当交回管理人，用以清偿破产费用、共益债务和其他破产债权。如果担保物的价值小于其所担保的债权，债权人行使别除权后，剩余的债权额作为普通破产债权依照破产程序行使。

【法律、司法解释及案例】

《企业破产法》（2007 年 6 月 1 日起施行）

第三十条 破产申请受理时属于债务人的全部财产，以及破产申请受理后至破产程序终结前债务人取得的财产，为债务人财产。

第一百零九条 对破产人的特定财产享有担保权的权利人，对该特定财产享有优先受偿的权利。

第一百一十条 享有本法第一百零九条规定权利的债权人行使优先受偿权利未能完全受偿的，其未受偿的债权作为普通债权；放弃优先受偿权利的，其债权作为普通债权。

第三十七条 人民法院受理破产申请后，管理人可以通过清偿债务或者提供为债权人接受的担保，取回质物、留置物。

前款规定的债务清偿或者替代担保，在质物或者留置物的价值低于被担保的债权额时，以该质物或者留置物当时的市场价值为限。

第七十五条 在重整期间，对债务人的特定财产享有的担保权暂停行使。但是，担保物有损坏或者价值明显减少的可能，足以危害担保权人权利的，担保权人可以向人民法院请求恢复行使担保权。

《企业破产法（试行）》（已失效）

第二十八条第二款 已作为担保物的财产不属于破产财产；担保物的价款

[①] 王欣新：《破产法》，中国人民大学出版社2011年版，第292~293页。

超过其所担保的债务数额的,超过部分属于破产财产。

《物权法》(2007年10月1日起施行)

第一百八十六条　抵押权人在债务履行期届满前,不得与抵押人约定债务人不履行到期债务时抵押财产归债权人所有。

第一百七十条　担保物权人在债务人不履行到期债务或者发生当事人约定的实现担保物权的情形,依法享有就担保财产优先受偿的权利,但法律另有规定的除外。

第四条【共有财产】

债务人对按份享有所有权的共有财产的相关份额,或者共同享有所有权的共有财产的相应财产权利,以及依法分割共有财产所得部分,人民法院均应认定为债务人财产。

人民法院宣告债务人破产清算,属于共有财产分割的法定事由。人民法院裁定债务人重整或者和解的,共有财产的分割应当依据物权法第九十九条的规定进行;基于重整或者和解的需要必须分割共有财产,管理人请求分割的,人民法院应予准许。

因分割共有财产导致其他共有人损害产生的债务,其他共有人请求作为共益债务清偿的,人民法院应予支持。

【条文主旨】

本条旨在规定对债务人的共有财产在破产程序中的分割与归入问题。

【规范目的】

本条规定的规范目的在于解决债务人共有财产在破产程序中的处置问题。如何处理债务人享有的共有财产权利,分割其共有财产问题,《企业破产法》未作出明确规定,实务中曾出现对债务人共有财产处置不当的情况。因破产清算程序和以挽救为目的的破产重整、破产和解制度对财产的处理需要不同,本条对三种程序下对共有财产分割的情形作出了不同的规定。

【原理与适用】

　　破产企业与他人共有财产分割后取得的份额或转让应得部分后取得的收益属于债务人财产。共有包括按份共有和共同共有，债务人对按份享有所有权的共有财产的相关份额或者共同享有所有权的共有财产的相应财产权利均属于债务人财产。人民法院宣告债务人破产清算时，因必须对债务人的共有财产进行变价和分配，共有基础当然丧失，因此，人民法院宣告债务人破产清算应作为共有财产分割的法定事由。但是，人民法院裁定债务人重整或者和解的，并不当然要对债务人共有财产予以变价和分配。我国《物权法》第99条确立了共有财产的分割原则，"共有人约定不得分割共有的不动产或者动产，以维持共有关系的，应当按照约定，但共有人有重大理由需要分割的，可以请求分割；没有约定或者约定不明确的，按份共有人可以随时请求分割，共同共有人在共有的基础丧失或者有重大理由需要分割时可以请求分割。因分割对其他共有人造成损害的，应当给予赔偿。"

一、破产债务人共有财产法律关系

　　在破产清算程序中，债务人与他人共有的基础关系消灭，需要对共有财产进行分割，包括物理分割或者是价值分割，分割后将破产债务人获得的财产或通过转让获得的收益归入债务人财产。所有权主要是独立所有权，是指所有权归唯一的权利人即独立所有权人所有。但一物之所有权也可以以按份共有或者共同共有的形式享有。企业中的财产共有主要指多个权利主体基于共同的生产和经营目的，将其财产联合在一起而产生的财产形式。德国学者认为，"在按份共有中，两人或数人拥有一物之所有权，每人只对该物思想上可以计算的一部分享有权利，但是该部分延及整个物而不是限于该物某一实体部分。""共同共有是指两人或两人以上只能共同地处置某物的方式共同享有所有权。与按份共有相反，各个共有人不能独立地处置它的份额，它受共同共有关系的约束。"[①] 我国《物权法》第93条规定："不动产或者动产可以由两个以上单位、个人共有。共有包括按份共有和共同共有。"共有关系一般都是暂时的，"财产的共有状态（état d'indivision）在法律上'并不是一种令人舒服的状态'，而且被认为在经济上是有害的，因此始终属于财产的一种'不正常状态'（situation anormale）。原则上，只要（有共有人）提出请求，就必须通过财产分割的方式返回到财产的个人所有权，以终止这种不正常状态。……只有进行共有

---

① [德] M·沃尔夫：《物权法》，吴越、李大雪译，法律出版社2004年版，第28~29页。

财产的分割才能结束共有，共有人之一创造的事实状态不能终止共有。"①

针对按份共有人应有部分的确定，我国《物权法》第 104 条规定："按份共有人对共有的不动产或者动产享有的份额，没有约定或者约定不明确的，按照出资额确定；不能确定出资额的，视为等额享有。"有学者指出按份共有中共有人应有部分的确定方法："确定按份共有的应有部分即份额和份额权，应当按照以下方法进行：第一，按份共有基于共有人的意思发生的，应当按照共有人的约定确定；没有特别约定的，如果共有关系是基于有偿行为发生的，则应当按照出资比例确定。第二，按份共有依照法律的规定或者依据财产的性质而发生的，依照法律的规定确定。第三，通过以上方法仍无法确定应有部分的，推定各共有人的应有部分均等。"② 在共同共有中，每个人都享有共有权，不是享有所有权，但在实际上存在潜在的应有部分或潜在的份额，当这种共有关系终止时，共有财产就可以分割。潜在的应有部分或份额就变成了实际的应有部分。《德国民法典》只规定了三种共同共有关系：合伙财产（第 718 条、第 719 条）、夫妻共同财产（第 1416 条）和共同继承财产（第 2032 条）。③ 企业的共有财产主要表现为合伙共同共有财产。分割该共有财产，原则是按照约定，没有约定的，按出资比例分割。各合伙人按出资比例在共同共有财产中实际上形成了一种潜在的份额，该潜在的份额决定各合伙人的盈余和亏损的承担，分割合伙财产时应当按照此比例进行。

二、破产债务人共有财产的分割规则

存在共有财产关系的情况下，一方破产并不必然导致另一方的破产。如果共有财产一方作为债务人破产，那么共有财产中属于债务人的份额应作为破产财产清偿债务。《美国破产法》在自然人破产中涉及夫妻共有财产的分割问题规定，"即使夫妻只有一方破产，双方的全部共同财产也都将作为破产财产，然后夫妻双方的债权人均参与破产分配。在破产结束之后，破产方的债权人，即使他同时也是非破产方的债权人，也不得再对夫妻的共同财产进行追索，而非破产方的债权人，如果他不同时是破产方的债权人，则仍可以继续对共同财产进行追索。破产法的这项规定，使破产方至少可以摆脱他原来的债权人的追索。"④ 我国破产立法未规定自然人破产制度，在债务企业破产时，不能把债

---

① [法] 弗朗索瓦·泰雷、菲利普·森勒尔：《法国财产法》，罗结珍译，中国法制出版社 2008 年版，第 678~679 页。
② 杨立新：《物权法》，中国人民大学出版社 2009 年版，第 121 页。
③ [德] M. 沃尔夫：《物权法》，吴越、李大雪译，法律出版社 2004 年版，29 页。
④ 潘琪：《美国破产法》，法律出版社 1999 年版，第 92 页。

务人与他人的共有财产一并都作为破产财产,这样会损害另一方共有人的利益,只能把共有财产中分出的属于债务人的份额纳入债务人财产。在共有财产法律关系中,各共有人享有分割共有物的请求权,该请求权具有形成权行使的性质,一经提出即产生效力。我国《物权法》第100条规定了分割共有财产的基本规则:"共有人可以协商确定分割方式。达不成协议,共有的不动产或者动产可以分割并且不会因分割减损价值的,应当对实物予以分割;难以分割或者因分割会减损价值的,应当对折价或者拍卖、变卖取得的价款予以分割。共有人分割所得的不动产或者动产有瑕疵的,其他共有人应当分担损失。"因此,对共有财产分割的请求一旦提出,按份共有关系中有协议的,按协议办理;无协议的,按协商一致原则办理;协商不成时,按照多数共有人的意见办理。共同共有财产的分割,以共同关系消灭为前提,有协议的按协议办理,无协议的应当根据等份原则处理,同时要考虑共有人对共有财产的贡献大小,适当照顾共有人生产、生活的实际需要。一般情况下的共有财产分割,如果债务人怠于行使在共有财产的财产分割请求权利,其债权人可以代位行使其共有关系中的权利。《法国民法典》第815条对共有财产的分割有如此规定:"在财产成为共有财产之前本可采取行动的债权人,以及债权人是由于保管或管理财产而产生的债权人,得在财产分割之前,从财产的资产中先取受偿……共有人个人的债权人有权以其债务人的名义主动提出分割财产的要求,或参加由债务人主动提出的财产分割活动。诸财产共有人,得以债务人的名义并按其应负担的债务额清偿其债务,以停止分割财产的诉讼。行使此项权利的人,得从共有财产中先取财产,以受清偿。"[①] 而在破产程序启动情况下,债务人的债权人就无权以此方式行使债权以获得清偿,债务人与他人的共有财产分割及其受偿均由管理人进行,由管理人向债务人共有财产中的其他共有人主张分割债务人共有财产之份额,分出的财产数额并入债务人财产。

在破产重整与和解程序中,债务人的主体资格还予以延续,就存在不同于破产清算中对债务人共有财产的处置问题。一般情况下,在重整与和解程序中,应当依据《物权法》的规定或者共有人的约定来分割债务人与他人的共有财产。但是如果基于重整或者和解的需要必须分割共有财产,管理人请求分割的,人民法院应予准许,分割所得属于债务人财产。因为重整与和解是预防债务人破产的重要制度,重整计划或者和解协议的制定与执行均应围绕着有利于避免债务人破产,使其获得更生来进行。在某些情况下,共有财产分割获得的财产并入债务人财产,是重整计划或者和解协议的成功制定与顺利执行的重

---

① [法]弗朗索瓦·泰雷、菲利普·森勒尔:《法国财产法》,罗结珍译,中国法制出版社2008年版,第716页。

要因素,就需要由管理人排除共有财产分割之阻碍,按照破产程序请求分割共有财产,促使债务人重整或者和解成功,获得更生。

在实践中并非只有所有权才能共有,其他财产权包括物权、知识产权、债权在内均可共有。在理论上把所有权以外的其他财产权的共有权称为准共有。我国《物权法》第 105 条规定:"两个以上单位、个人共同享有用益物权、担保物权的,参照本章规定。"该条规定就是指准共有,准共有是指两个以上民事主体对所有权以外的财产权共同享有权利的共有。债务人被法院宣告破产,除对债务人与他人的共有财产进行分割纳入债务人财产之外,对债务人与他人准共有的财产权利也应当进行分割。权利分割的实质还是因共有权利而形成的财产利益分割,分割所得计入债务人财产。法院受理破产申请后,债务人与他人的准共有的财产权利还存在,但存在准共有关系的基础已不复存在,准共有关系消灭。因此就需要对准共有财产予以分割。如果是共同准共有,应当平均分割。按份共有的,应当按照份额进行分割。对准共有财产权已经取得的财产利益,即形成的共有财产,在分割共有财产权的同时,对共有财产一并进行分割。

债务人进入破产程序,即构成《物权法》第 99 条所规定的共有人有"重大理由",需要对债务人与他人的共有财产进行分割,因分割共有财产导致其他共有人损害产生的债务属于共益债务,其他共有人有权向人民法院请求作为共益债务进行清偿,人民法院应予支持。

【法律、司法解释及案例】

《企业破产法》(2007 年 6 月 1 日起施行)

第四十二条 人民法院受理破产申请后发生的下列债务,为共益债务:

(一)因管理人或者债务人请求对方当事人履行双方均未履行完毕的合同所产生的债务;

(二)债务人财产受无因管理所产生的债务;

(三)因债务人不当得利所产生的债务;

(四)为债务人继续营业而应支付的劳动报酬和社会保险费用以及由此产生的其他债务;

(五)管理人或者相关人员执行职务致人损害所产生的债务;

(六)债务人财产致人损害所产生的债务。

《物权法》(2007 年 10 月 1 日起施行)

第九十三条 不动产或者动产可以由两个以上单位、个人共有。共有包括按份共有和共同共有。

第九十四条 按份共有人对共有的不动产或者动产按照其份额享有所有权。

第九十五条 共同共有人对共有的不动产或者动产共同享有所有权。

第九十九条 共有人约定不得分割共有的不动产或者动产，以维持共有关系的，应当按照约定，但共有人有重大理由需要分割的，可以请求分割；没有约定或者约定不明确的，按份共有人可以随时请求分割，共同共有人在共有的基础丧失或者有重大理由需要分割时可以请求分割。因分割对其他共有人造成损害的，应当给予赔偿。

第一百条 共有人可以协商确定分割方式。达不成协议，共有的不动产或者动产可以分割并且不会因分割减损价值的，应当对实物予以分割；难以分割或者因分割会减损价值的，应当对折价或者拍卖、变卖取得的价款予以分割。

共有人分割所得的不动产或者动产有瑕疵的，其他共有人应当分担损失。

第一百零二条 因共有的不动产或者动产产生的债权债务，在对外关系上，共有人享有连带债权、承担连带债务，但法律另有规定或者第三人知道共有人不具有连带债权债务关系的除外；在共有人内部关系上，除共有人另有约定外，按份共有人按照份额享有债权、承担债务，共同共有人共同享有债权、承担债务。偿还债务超过自己应当承担份额的按份共有人，有权向其他共有人追偿。

第一百零三条 共有人对共有的不动产或者动产没有约定为按份共有或者共同共有，或者约定不明确的，除共有人具有家庭关系等外，视为按份共有。

第一百零四条 按份共有人对共有的不动产或者动产享有的份额，没有约定或者约定不明确的，按照出资额确定；不能确定出资额的，视为等额享有。

第一百零五条 两个以上单位、个人共同享有用益物权、担保物权的，参照本章规定。

《民法通则》（1987年1月1日起施行）

第七十八条 财产可以由两个以上的公民、法人共有。

共有分为按份共有和共同共有。按份共有人按照各自的份额，对共有财产分享权利，分担义务。共同共有人对共有财产享有权利，承担义务。

按份共有财产的每个共有人有权要求将自己的份额分出或者转让。但在出售时，其他共有人在同等条件下，有优先购买的权利。

《最高人民法院关于贯彻执行〈中华人民共和国民法通则〉若干问题的意见（试行）》（1988年4月2日起施行）

88. 对于共有财产，部分共有人主张按份共有，部分共有人主张共同共有，如果不能证明财产是按份共有的，应当认定为共同共有。

89. 共同共有人对共有财产享有共同的权利，承担共同的义务。在共同共有关系存续期间，部分共有人擅自处分共有财产的，一般认定无效。但第三人善意、有偿取得该财产的，应当维护第三人的合法权益，对其他共有人的损失，由擅自处分共有财产的人赔偿。

91. 共有财产是特定物，而且不能分割或者分割有损其价值的，可以折价处理。

92. 共同共有财产分割后，一个或者数个原共有人出卖自己分得的财产时，如果出卖的财产与其他原共有人分得的财产属于一个整体或者配套使用，其他原共有人主张优先购买权的，应当予以支持。

《最高人民法院关于审理企业破产案件若干问题的规定》（2002年9月1日起施行）

第六十五条 债务人与他人共有的物、债权、知识产权等财产或者财产权，应当在破产清算中予以分割，债务人分割所得属于破产财产；不能分割的，应当就其应得部分转让，转让所得属于破产财产。

第五条【执行回转财产】

破产申请受理后，有关债务人财产的执行程序未依照企业破产法第十九条的规定中止的，采取执行措施的相关单位应当依法予以纠正。依法执行回转的财产，人民法院应当认定为债务人财产。

【条文主旨】

本条旨在对破产申请受理后债务人财产的执行中止，以及纠正执行程序时执行回转财产属于债务人财产作出的规定。

【规范目的】

本条规定的规范目的是为了解决司法实务中破产程序与其他执行程序的衔接问题。债务人企业在破产案件受理前，因丧失清偿能力，所涉及的诉讼、仲裁案件可能很多。当债务人的财产不足以清偿其债务时，法院依破产程序对债务人的全部财产进行概括执行,为所有债权人创造公平受偿的机会。债务人进入破产程序后,如果仍然可以依照民事诉讼程序强制执行债务人财产,必然会造成对债权人的清偿不公。《企业破产法》第19条规定:人民法院受理破产申请后,有关债务人财产的保全措施应当解除,执行程序应当中止。但在司法实践中,一些执行法院包括其他有关行政、刑事执法部门,并未严格按照法律的规定执行,给破产审判带来了大量不必要的协调工作,严重影响了破产程序的依法进行。本条明确规定相关人民法院或者行政机关如未依法中止执行的应当予以纠正,因纠正相关行为执行回转的财产属于债务人财产。

【原理与适用】

根据《企业破产法》第19条的规定,人民法院受理破产申请后,有关债务人财产的所有执行行为均应中止执行。这里有关债务人财产的执行行为,不仅包括人民法院民事案件的执行程序,也包括其他所有针对债务人财产的执行程序,如人民法院刑事案件中没收违法所得的执行,以及海关、工商管理机关、税务机关等对债务人财产的行政执法行为等。中止执行的目的在于停止就债务人财产的个别清偿,保障管理人依法接管债务人的全部财产,实现债务的公平清偿。破产申请受理的法律效力,体现为停止对债权人的个别清偿,以实现对债务人财产的保全及保障全体债权人在破产程序中的公平受偿。因此,破产申请受理后,有关债务人财产的保全措施应当解除,执行程序应当中止,所有债务人财产均应由管理人统一接管并在破产程序中进行处置和分配。

一、破产程序启动后中止执行程序的国外立法分析

破产程序旨在为全体债权人创造公平受偿的条件和机会,而执行程序是一种个别执行,以满足个别债权的实现为目的。在债务人的财产足以清偿所有债权人的情况下,适用执行程序并无不妥。但在债务人发生破产原因,不能清偿全部到期债务的情况下,若仍允许进行个别执行,必然影响其他债权人的受偿。这与破产法注重债权公平受偿的基本理念相违背。因此,破产申请受理后应立即停止个别执行行为。各国破产立法对此问题亦有相应规范。《英国破产法》第285条规定了法院中止执行的权力,规定:"在诉讼程序因破产申请未决或者某人已经被判决破产时的任何时间,法院可以中止针对债务人或者(根据具体情况)债务人的财产的任何诉讼/执行或其他程序。"[①]《美国破产法》中规定:"申请破产会产生'自动停止'的效果,自动停止可以立即阻止

---

① 丁昌业译:《英国破产法》,法律出版社2003年版,第216页。

债权人的诉讼的或非诉讼的追债行为,因此至少是暂时的,债权人不能依法扣划债务人的工资、冻结债务人账户、开走其汽车、占有其房子或切断其公用服务或福利待遇"①《美国破产法》第362条规定:自愿或强制破产申请一经提出,债权人所有的债权收取行为应当停止。破产申请一旦提出,就"产生冻结的效力"。该条(a)款用了八个分段规定了冻结所约束的行为,其中包括:(1)对债务人实施或继续实施(包括启动和借助于某种程序)私法上的或行政上的行为,或其他在破产案件开始前或之后启动的针对债务人的诉讼程序或其他程序;或者追讨破产程序开始前已经存在的债权的行为;(2)就清算申请提出前法院已作出的付款判决,针对债务人或债务人的特定财产实施的任何强制执行行为;(3)任何催讨、征收或实现破产案件开始之前产生的债权的行为;(4)在税收法院启动或者继续进行有关债务人财产的税务诉讼程序。冻结制度在所有的破产案件中"对所有的主体都有约束力"。② 一般说来这里的主体包括自然人、公司法人、其他商事组织、政府和政府部门等。所以,即使联邦与各州政府以及他们的分支机构,也都受到冻结的约束。③ 即是说,无论是私权还是公权都必须遵守这一规定,确保任何债权人均不能够获得超过破产财产公平份额的清偿。如果当事人想以诉讼或其他程序向债务人催债,那他就必须求助于破产法院。在美国,只有破产法院有权赋予这种救济,非破产法院不能给予债权人这种救济,即使更高级别的联邦法院也没有这种权力。《美国破产法》第362条明确冻结任何旨在追回针对债务人申请前债权的诉讼或其他程序。而该条第6项涵盖了同样的范围,并有所突破,规定"任何追偿、征收或实现本法案件开始之前产生的针对债务人[申请前]债权的行为——"④均被停止,债权人非正式的债权收取行为甚至电话催收也被禁止。以催收信件及其类似方式,以及带有更多强制性策略的追偿办法都在禁止之列。任何针对债务人财产申请前裁决的执行都应受到禁止。法院受理债务人破产案件,对正在进行的诉讼以及执行,《日本破产法》规定:"诉讼当事人一接受破产宣告,关于破产财团的诉讼程序就中断。"⑤ 破产案件的受理,使得基于破产债权的正在进行中的执行效力趋于消灭。日本学者认为,由于破产后破产债权的个别权利行使已被禁止,管理人行使对债务人财产的管理处分权。所以,在破产程序中,破产债权人对属于破产财团的财产,不得要求开始执行或进行保全之程序,已经开始的执行对破产财团不发生效力。"由于针对破产财团所属财产,

---

① 何家弘:《当代美国法律》,社会科学文献出版社2001年版,第312页。
②③④ [美]大卫·G. 爱泼斯坦:《美国破产法》,韩长印等译,中国政法大学出版社2003年版,第60、61页,第66页,第82页。
⑤ [日]石川明:《日本破产法》,何勤华、周桂秋译,中国法制出版社2000年版,第88页。

正在进行中的执行的机关在破产后不能将其换价金在破产债权者中间分配,所以,管财人可以请求接受这种分配的债权者返还。"[①]

二、破产程序与执行程序的冲突解决

债务人丧失清偿能力,因部分债权人对债务人提起的诉讼或仲裁而产生的执行程序在所难免。破产程序与执行程序的立法功能定位存在差异,从而引起破产程序与执行程序的冲突。破产程序优先于执行程序是解决破产程序与执行程序冲突问题的基本原则。根据《企业破产法》第19、20条之规定,法院受理破产案件后,针对债务人财产的保全措施应当解除,执行程序应当中止。尚未开始执行的,不得开始;已经开始而尚未执行完毕的,不得继续进行。有关债务人财产的所有诉求均须在同一个程序中进行,破产程序启动即具有中止执行程序的效力。

1. 破产程序启动后中止执行的程序与条件

依据法理,在同一财产之上不能同时并存两种性质冲突的执行程序,故破产程序启动后,有关债务人财产的其他执行程序应当中止。新、旧破产法对此均作有规定,但不同的是旧破产法规定应当中止的,是对债务人财产的其他民事执行程序,而新破产法则将所有有关债务人财产的执行程序全部中止,不仅包括民事执行,也包括行政执行和刑事执行。中止执行的具体情况如下:(1)对已提起但尚未执行完毕的执行程序应当中止;诉讼已经审结但尚未申请或移送执行的,不得再提起新的执行程序。债权人凭生效的法律文书向受理破产案件的人民法院申报债权。但对于已执行终结的程序以及已部分执行完毕的财产,该规定无溯及力。执行标的物不需要过户登记的,执行程序于执行标的物实际交付给债权人时终结;执行标的物需要过户登记的,执行程序于执行法院发出的协助执行裁判文书生效时终结。(2)应当中止的仅限于以财产为标的的执行程序,对债务人提起的非财产性执行程序可继续进行。(3)有物权担保的债权人即别除权人就担保物提起的执行程序,原则上不应受中止效力的约束,除非当事人申请的是重整程序。立法规定中止个别执行的目的,是保障对全体债权人的公平清偿。中止别除权人就担保物提起的执行程序,并不能起到保障普通债权人公平受偿的作用,所以中止执行的效力一般不及于别除权人就担保物提起的执行程序。但当担保物控制在管理人手中时,物权担保人行使权利要和管理人进行必要的协调。

[①] [日] 石川明:《日本破产法》,何勤华、周桂秋译,中国法制出版社2000年版,第91页。

2. 执行机关的财产型处罚与破产程序冲突的解决

为避免司法机关、行政机关利用公权力强制执行对债务人的罚金、罚款等财产型处罚，各国破产法大都把此类债权称之为劣后债权，即在破产清偿顺序中排列于普通破产债权之后的债权，并在破产程序中禁止国家机关通过任何法律程序强制实现其债权。如《日本破产法》第 46 条规定，罚金、罚款、刑事诉讼费、追征金的请求权后于其他破产债权。有学者指出，破产程序启动前对债务人的罚金、罚款、没收财产、追缴金等刑事、行政处罚及其他有关费用，在破产程序启动后不得作为破产债权。因为罚金、罚款等是国家有关机关针对债务人的违法行为采取的刑事或行政处罚措施，具有特定的实施对象，是具有人身不可代替性质的处罚。债务人被宣告破产后，其资产已不足以偿还全部债务，这时若再将罚金、罚款等作为破产债权追缴，只能使全体破产债权人应分得的财产减少，实际受到处罚的并非破产债务人，而是其全体债权人。故为使行政与刑事处罚的实施符合其设立的目的，避免处罚对象的实际转移，在破产程序启动后，对罚金、罚款等刑事或行政处罚措施不应再作为破产债权清偿。这是各国破产立法的普遍原则。[①]《美国破产法》中相关的规定更为严格：当债务人存在少缴税款时，税务局可以计算需要支付的税款数额，也可以通知纳税人纳税不足的总额，但是不能正式地审核税款，也不能创设担保权，当然，更不能采取强制措施征收以实现其税务债权。当债务人破产时，会有国家机关利用拥有的公权力强制实施的各种权利主张，如行政罚款、刑事罚金等，这些具有控制权力的执行行为更应当受到禁止。这些来自政府的行政权限并不优于普通债权人的债权。"联邦、州以及地方政府通常都受到自动冻结的影响。"[②] 政府违反冻结的行为是无效的或可撤销的，这一点与其他主体没有区别。针对税收债权，《日本破产法》之规定有别于美国。依据日本国税征收法或国税征收的先例应当征收的税收债权，因为是破产宣告前的权利属于财团债权，因此，已经开始的滞纳处分不受破产宣告的影响。但是，对破产宣告后的滞纳处分原则上不得开始。同时，对基于征收已经收取的财产则应当执行回转，"债权者基于征收命令已经收取了钱款，但在向执行法院提出征收申请之前债务者如果破产、宣告时执行有尚未完成时，管财人可以要求返还已征收了的钱款。"[③] 国家机关与其他任何债权人一样，在法院受理债务人破产案件后，禁止针对债务人财产的执行行为，未依法中止执行的，执行的财产必须实施回

[①] 王欣新：《破产法》（第三版），中国人民大学出版社 2011 年版，第 198～199 页。
[②] [美] 大卫·G. 爱泼斯坦：《美国破产法》，韩长印等译，中国政法大学出版社 2003 年版，第 118 页。
[③] [日] 石川明：《日本破产法》，何勤华、周桂秋译，中国法制出版社 2000 年版，第 91 页。

转，执行回转财产纳入债务人财产范围。这里需要强调的是法院作出的允许政府机构"非金钱给付判决"的执行不在此限。

3. 刑事财产罚及刑事附带民事赔偿与破产程序的衔接

刑事案件中涉及债务人财产的问题，主要包括没收财产、罚金等对被告人的财产型处罚、刑事附带民事诉讼的民事赔偿、追缴赃款赃物等。如前所述，没收财产与罚金均属于劣后债权，在破产程序中应当后于普通民事债权的清偿。

《刑法》第64条规定："犯罪分子违法所得的一切财物，应当予以追缴或者责令退赔；对被害人的合法财产，应当及时返还；违禁品和供犯罪所用的本人财物，应当予以没收。没收的财物和罚金，一律上缴国库，不得挪用和自行处理。"该条规定了对违法所得即赃款赃物处理的一般原则。所谓"赃物赃款"的构成较为复杂，笔者认为，大致可划分几类。（1）被害人的合法财产，对此法律规定，应当及时返还；（2）违禁品，依法应当予以没收；（3）供犯罪所用的本人财物以及违法所得，《刑法》规定应当没收或者追缴。前两种财产本身不是"有关债务人财产"，且未进入民事诉讼的执行程序，原则上不属于债务人财产，应予以排除。对第三种类型的财产，在债务人未破产的情况下，应当按照《刑法》执行，但在债务人破产的情况下，这些财产应当考虑纳入债务人财产，优先应用于对全体债权人的清偿，而不是上缴国库。

《刑法》第60条规定："没收财产以前犯罪分子所负的正当债务，需要以没收的财产偿还的，经债权人请求，应当偿还。"但是，在破产程序启动后，个别债权人不得以此条规定向法院请求直接以没收的犯罪人财产偿还其债务，只能按照破产程序申报其债权。

《刑法》第64条规定的"对被害人的合法财产，应当及时返还"，是为了保障被害人的合法权益。但在司法实践中，出现把本属于合同纠纷形成的普通破产债权通过"民转刑"认定为合同诈骗，以刑事手段解决经济纠纷的违法做法。这种方式实际上属于破产程序中的偏袒清偿，损害了其他债权人的合法利益，要注意加以防范与纠正。

《刑事诉讼法》第99条第1款规定："被害人由于被告人的犯罪行为而遭受物质损失的，在刑事诉讼过程中，有权提起附带民事诉讼。被害人死亡或者丧失行为能力的，被害人的法定代理人、近亲属有权提起附带民事诉讼。"《刑法》第36条规定：由于犯罪行为而使被害人遭受经济损失的，对犯罪分子除依法给予刑事处罚外，并应根据情况判处赔偿经济损失。并确立了民事赔偿优先原则。据此，刑事附带民事诉讼中被害人的民事赔偿债权属于民事债权，在破产程序中属于普通破产债权，应当在破产程序中统一进行清偿。

三、纠正执行程序后的执行回转

执行回转是《民事诉讼法》执行程序中的概念，执行回转是指在案件执行中或者执行完毕后，据以执行的法律文书被法院或其他机关撤销或者变更，执行机构对已被执行的财产重新采取执行措施，恢复到执行程序开始时状态的一种救济制度。我国《民事诉讼法》第233条规定："执行完毕后，据以执行的判决、裁定和其他法律文书确有错误，被人民法院撤销的，对已被执行的财产，人民法院应当作出裁定，责令取得财产的人返还；拒不返还的，强制执行。"根据该条规定及有关司法解释规定，有学者认为，执行回转的主要原因有：一是法院制作的判决、裁定已经执行完毕，但该判决、裁定被本院或者上级法院经审判监督程序进行再审后依法撤销；二是法院制作的先予执行的裁定，在执行完毕后，被本院的生效判决或上级法院的终审判决所撤销；三是公证机构等其他机关制作的由法院强制执行的法律文书，在执行完毕后，又被制作机关或者上级机关依法撤销的。[①] 执行回转的依据是作为执行依据的法律文书被依法撤销或变更，还必须根据新的法律文书执行等。关于执行回转原因和主要依据的上述观点，在《民事诉讼法》执行程序中无疑是正确的，但在破产程序中还有待更新。从执行回转制度的价值取向和立法本意来看，《民事诉讼法》的执行回转是为了纠正执行错误，保护被执行人的合法权益。从这一点来说，执行回转既可以由人民法院依据职权启动，又可以依据当事人的申请启动，从而实现有错必纠和权利救济的目的。而破产程序中的执行回转制度具有区别于民事诉讼法的特殊规定，破产程序执行回转的依据是破产程序的启动，所有针对债务人财产的执行程序均应停止，以保障债务人以及全体债权人的利益，进而维护债务人财产的公平清偿秩序。司法机关或者其他行政机关在破产程序启动前的执行行为本身可能不存在错误，即不产生被撤销或变更的情形，但依据《企业破产法》第19条之规定，执行程序应当中止，相关采取执行措施的单位应当依法予以纠正。依法执行回转的财产，人民法院应当认定为债务人财产。在执行回转中，属于现金款项的，退还现金；是财物的，能恢复原状的恢复原状，能返还原物的则返还原物，若因执行机关或执行申请人导致财物毁损灭失的，要承担折价抵偿或损害赔偿责任。如果执行回转的标的存有孳息的，应当一并回转。

[①] 江伟主编：《民事诉讼法》，中国人民大学出版社2011年版，第393页。

【法律、司法解释及案例】

《企业破产法》（2007年6月1日起施行）

第十九条 人民法院受理破产申请后，有关债务人财产的保全措施应当解除，执行程序应当中止。

第二十条 人民法院受理破产申请后，已经开始而尚未终结的有关债务人的民事诉讼或者仲裁应当中止；在管理人接管债务人的财产后，该诉讼或者仲裁继续进行。

《企业破产法（试行）》（已失效）

第十一条 人民法院受理破产案件后，对债务人财产的其他民事执行程序必须中止。

《最高人民法院关于审理企业破产案件若干问题的规定》（2002年9月1日起施行）

第十九条 人民法院受理企业破产案件后，以债务人为原告的其他民事纠纷案件尚在一审程序的，受诉人民法院应当将案件移送受理破产案件的人民法院；案件已进行到二审程序的，受诉人民法院应当继续审理。

第二十条 人民法院受理企业破产案件后，对债务人财产的其他民事执行程序应当中止。

以债务人为被告的其他债务纠纷案件，根据下列不同情况分别处理：

（一）已经审结但未执行完毕的，应当中止执行，由债权人凭生效的法律文书向受理破产案件的人民法院申报债权。

（二）尚未审结且无其他被告和无独立请求权的第三人的，应当中止诉讼，由债权人向受理破产案件的人民法院申报债权。在企业被宣告破产后，终结诉讼。

（三）尚未审结并有其他被告或者无独立请求权的第三人的，应当中止诉讼，由债权人向受理破产案件的人民法院申报债权。待破产程序终结后，恢复审理。

（四）债务人系从债务人的债务纠纷案件继续审理。

第六十八条 债务人的财产被采取民事诉讼执行措施的，在受理破产案件后尚未执行的或者未执行完毕的剩余部分，在该企业被宣告破产后列入破产财产。因错误执行应当执行回转的财产，在执行回转后列入破产财产。

《民事诉讼法》（2012年8月31日修正）

第二百三十三条 执行完毕后，据以执行的判决、裁定和其他法律文书确有错误，被人民法院撤销的，对已被执行的财产，人民法院应当作出裁定，责令取得财产的人返还；拒不返还的，强制执行。

《最高人民法院关于人民法院执行工作若干问题的规定（试行）》（1998年7月8日起施行）

第一百零九条 在执行中或执行完毕后，据以执行的法律文书被人民法院或其他有关机关撤销或变更的，原执行机构应当依照民事诉讼法第二百一十四条的规定，依当事人申请或依职权，按照新的生效法律文书，作出执行回转的裁定，责令原申请执行人返还已取得的财产及其孳息。拒不返还的，强制执行。

执行回转应重新立案，适用执行程序的有关规定。

第一百一十条 执行回转时，已执行的标的物系特定物的，应当退还原物。不能退还原物的，可以折价抵偿。

《刑法》（1997年10月1日起施行）

第三十六条 由于犯罪行为而使被害人遭受经济损失的，对犯罪分子除依法给予刑事处罚外，并应根据情况判处赔偿经济损失。

承担民事赔偿责任的犯罪分子，同时被判处罚金，其财产不足以全部支付的，或者被判处没收财产的，应当先承担对被害人的民事赔偿责任。

《刑事诉讼法》（2012年3月14日修正）

第九十九条 被害人由于被告人的犯罪行为而遭受物质损失的，在刑事诉讼过程中，有权提起附带民事诉讼。被害人死亡或者丧失行为能力的，被害人的法定代理人、近亲属有权提起附带民事诉讼。

如果是国家财产、集体财产遭受损失的，人民检察院在提起公诉的时候，可以提起附带民事诉讼。

《最高人民法院关于刑事附带民事诉讼范围问题的规定》（2000年12月19日起施行）

第二条 被害人因犯罪行为遭受的物质损失，是指被害人因犯罪行为已经遭受的实际损失和必然遭受的损失。

【案例】

A公司于2013年4月15日向人民法院提出破产清算申请。根据其提交的审计报告和评估报告，该公司已知债权人24名，其中16名债权人的债权已被生效的裁判文书所确认，正在执行程序中，该16名债权人的债权总额共计2400余万元，A公司全部资产不足1500万元，已属于不能清偿到期债务且资产不足以清偿全部债务，发生破产原因。4月19日，法院受理A公司破产清算申请，同时指定管理人。

受理破产申请前，由于A公司作为被申请执行人的执行案件较多，高级人民法院决定对 A 公司的执行案件集中管辖，指定辖区内的某区县法院（以下简称执行法院）统一执行。执行法院通过对 A 公司财产线索的调查，发现 A 公司开立的多个银行账号中，有两个账号共有存款 1100 余万元，于是与各申请执行人确定将该款项按比例分配给 16 个申请执行人。4 月 22 日早，管理人将受理破产清算申请的裁定书提交执行法院，告知其他法院已经受理了 A 公司的破产清算申请，提示执行法院应当中止对 A 公司财产的强制执行。执行法院认为，该案具有特殊性，执行程序应当继续进行，理由如下：（1）执行法院已于 4 月 19 日作出裁定书，对 A 公司财产银行存款进行扣划，由于 4 月 20 日和 21 日是周末，于是没有当天进行扣划，本定于 4 月 22 日上午进行扣划。执行裁定书是与受理裁定同时作出，所以不属于破产申请受理后的执行行为。（2）A 公司的债权人虽然较多，但经生效裁判确定的债权共 16 笔，其余债权是否成立尚不确定，执行法院根据高级人民法院的指定对全部执行申请集中管辖，并确定按照债权比例进行分配，是对全体债权人的公平清偿，与破产程序并无矛盾，这是本案执行程序的特殊情形，因此不必中止执行。（3）16 名申请执行人的债权长期未得到清偿，反映强烈，在得知执行法院将尽快执行回部分款项后，才得以缓和，如果现在中止执行，执行法院的压力太大。综上几点，执行法院告知管理人目前仍将扣划 A 公司款项。

受理破产案件的人民法院得到管理人的报告后，立即向共同的高级法院汇报，并告知执行法院应当中止执行。执行法院将 A 公司账户内存款全部扣划至法院，但未立即分配。4 月 23 日，高级人民法院召集两下级法院听取案情汇报，决定由执行法院不得将款项分配，待管理人设立账户后，划至管理人账户。

【简要评析】

本案例是关于执行程序与破产程序衔接问题的典型案例。需注意以下两点：

1. 如何理解"破产申请受理后"这一时间点概念

通常情况下，破产申请受理后的表述不会产生理解上的歧义，例如 4 月 3 日作出破产申请受理裁定书，执行法院如在 4 月 4 日或 4 月 5 日继续执行的，执行行为是在破产申请受理后，但是如果执行行为与作出受理裁定的时间为同一日，则可能产生争议，由于现行的法律并未对一天之内的行为先后作出期间性规定，且裁定书的落款时间仅仅具体到日而非具体到时，所以存在不同认识。一种理解是，由于法律对时间点的规定并未具体到"时"，因此受理后应当指受理之日后的第一日，即不包括受理日当日。另一种理解是，受理裁定为作出之日即生效的裁定，因此受理破产申请的当日即应中止执行行为。笔者认为，受理破产申请是企业进入破产程序的标志，相对于执行程序而言，破产程序保护全体债权人的权利，如果执行行为与受理裁定在同一天作出的，从保护更多人权利的角度出发，受理裁定的效力应当优于个别执行行为。需要说明的是，在这种特殊情形下的执行回转，不属于案件纠错的结果。

2. 本案是否属于执行行为与受理裁定同日作出的情形

虽然执行法院的执行裁定与受理裁定为同一日作出，但是，执行行为并未实际实施。根据企业破产法以及本司法解释的规定，中止的执行行为应当是未执行完毕的行为，如果执行已经完毕，则不存在中止执行的提法。针对如何判断执行行为是否已经完毕的问题，最高人民法院曾作出《关于如何理解〈最高人民法院关于破产法司法解释〉第六十八条的请示的答复》（〔2003〕民二他字第52号）规定："人民法院受理破产案件前，针对债务人的财产，已经启动了执行程序，但该执行程序在人民法院受理破产案件后仅作出了执行裁定，尚未将财产交付给申请人的，不属于司法解释指的执行完毕的情形，该财产在债务人被宣告破产后应列入破产财产。但应注意以下情况：一、正在进行的执行程序不仅作出了生效的执行裁定，而且就被执行财产的处理履行了必要的评估拍卖程序，相关人已支付了对价，此时虽未办理变更登记手续，且非该相关人的过错，应视为执行财产已向申请人交付，该执行已完毕，该财产不应列入破产财产；二、人民法院针对被执行财产采取了相应执行措施，该财产已脱离债务人实际控制，视为已向权利人交付，该执行已完毕，该财产不应列入破产财产。"本案中，管理人向执行法院提交受理破产申请的裁定时，执行法院确已作出执行裁定，但并未实际实施扣划行为，因此，执行法院不应扣划A公司的存款，应将已经扣划的款项转入管理人账户，作为破产财产。

第六条【对债务人财产的保全】

破产申请受理后，对于可能因有关利益相关人的行为或者其他原因，影响破产程序依法进行的，受理破产申请的人民法院可以根据管理人的申请或者依职权，对债务人的全部或者部分财产采取保全措施。

【条文主旨】

本条旨在规定受理破产申请的人民法院对债务人财产采取保全措施的

问题。

【规范目的】

依据《企业破产法》规定，破产申请受理后，有关债务人财产的保全措施均应解除，债务人的全部财产均由管理人统一接管，并在破产程序中依法处分。但在实践中，有其他已对债务人财产采取保全措施的单位并未严格按照法律规定依法解除对债务人财产的保全措施，导致管理人无法履行对债务人财产的接管和处分。本条司法解释用通过对保全债务人全部或者部分财产、通知解除所有原保全，以及退出破产程序后及时恢复原有保全的制度构建，以解决破产程序启动后管理人对债务人财产的有效接管等问题。本条规定受理破产申请的人民法院可以对债务人全部或者部分财产采取保全措施，为解除原保全做一铺垫，以避免解除保全和财产接管过程中债务人财产的不当流失。如果管理人已经顺利接管债务人的财产，就不需要采取保全措施，也可视情况仅对债务人部分财产采取保全措施。

【原理与适用】

债务人出现破产原因，无论是自愿或是强制进入破产程序，为实现债权人利益的平等保护，体现破产程序公平清偿的价值目标，依法推进破产程序的进行，各国破产法对于债务人财产保全均作出相应的法律规制。

所谓破产保全制度，是指当事人提出破产申请以后（无论是进行破产重整还是进行破产清算），为了保证破产程序的顺利进行，最大限度地满足债权人利益的实现，破产法上设置的对债务人、债权人以及法院受破产程序开始约束，暂时停止针对债务人财产的有关行为的限制。从广义上讲，破产保全包括破产程序开始以前的保全和破产程序开始以后的保全。针对破产程序而言，因为破产程序一旦开始，将产生整体上的对破产财产保全的效力，即破产财产将必然脱离债务人并归属于破产管理人控制。所以，相比较而言，破产程序开始以前的保全（即破产申请提出以后至法院作出破产程序开始决定之前的保全）显得更为关键和重要。由于各国破产立法背景、立法目标的差异，以及破产法律制度的构成不一，关于破产保全制度的功能也就有不同的体现。[①] 本条司法解释所涉及的破产保全，则是考虑到我国破产法实施中的特殊情况而专指破产程序开始以后的保全。

理论上，破产保全是指破产程序开始时旨在保持债务人财产的完整性所给

---

① 张艳丽：《破产保全制度的合理设置》，载《政法论坛》2008 年第 1 期。

予的限制性措施的统称。破产保全制度设立的基础是破产程序开始前所有破产债权人的地位的平等性，目的是为了保持债务人财产的完整性从而实现破产预防和破产债权最大化受偿。破产保全的实质就是保护债务人的财产在破产程序开始时处于完整状态，可以增加，但不能以任何形式减少。[①]

　　破产法中的财产保全制度在破产法律制度中居于重要地位，它关系到破产法宗旨及社会作用的实现和发挥。债务人出现破产原因进入破产程序之后，债权人的特定利益必然会受到威胁，出于维护自身权益的本能，各个债权人必然争先恐后的参与到对债务人财产的争抢中，这样必然会导致债务人财产缺失和不完整，不利于破产法目标的实现。因此，需要建立一种制度从而保证债务人进入破产程序之后，各个债权人的债权能够得到平等的保护，债权人在破产程序中都处于同等地位，债权人其他妨碍公平清偿的行为都将被解除，这也是破产保全制度的功能。

一、外国破产法中债务人财产保全制度的规定

　　基于前述原因，破产保全制度在外国破产法中都有相应的规定和体现，这些破产保全制度又因不同的国情、社会历史条件、司法状况等因素的影响而呈现出不同的特色，其中最有特色的当属《美国破产法》中的"自动冻结"制度。在《美国破产法》中，自动冻结时间不仅自破产申请提出就开始，而且不需外部条件自动产生冻结效力。《德国支付不能法》中建立了"临时管理人"制度，法院可指定一名临时破产管理人，对债务人财产行使管理权能，禁止债务人对财产做出一般处分。《日本破产法》创制了"总括禁止保全"制度。英国破产法则通过较为宽泛的规定对破产保全作出了相应的界定。比较而言，美国的"自动冻结"制度更为灵活和有效，无需另行申请，自动生效；德国、日本的破产保全制度体系性强，更具针对性，但是需要依法申请生效。具体相关制度简要概述如下：

（一）美国破产法上的"自动冻结"制度

　　"自动冻结"制度是指当事人的自愿或强制破产申请一经提出，债务人财产需要即刻得到保护即所有关于债务人财产的执行行为应当自动中止，以免受到消极影响的破产保护制度。无论是自愿破产案件还是强制破产案件，所有的破产案件都要求债权人立即停止有关的追偿行为，以便对债务人的财产和相关事项进行公平、有序的管理。

[①] 付翠英：《破产保全制度比较：以美国破产自动停止为中心》，载《比较法研究》2008年第3期。

正如美国学者指出的，破产通过自动冻结制度为债务人提供了即时的、基本的利益保护：自动冻结制度为债务人提供了免受债权人追索的喘息空间，它能够阻止任何对债务人实施的个别追索、侵扰以及所有取消担保回赎权的行为。它允许债务人与债权人达成新的偿债方案或重整方案，或干脆从驱使其走向破产的财务压力中解脱出来。如果没有冻结制度：债权人将可能针对债务人的财产寻求优先满足，其结果必然是先来者沾光，后来者遭殃。破产制度能够提供一种有序的清偿程序，包括普通无担保债权人在内的所有债权人都将获得平等对待。债权人之间的勤勉竞赛（即竞相追索债务的行为）则是与这一制度相违背的。①

《美国破产法》第三章"破产案件管理"第4节"破产案件的管理权限"中第362条②从自动冻结的范围、冻结持续的时间、违反冻结的后果等角度对自动冻结制度所涉及的法律问题进行了详细的规定。

1. 自动冻结约束的具体行为

根据第362条第（a）项的规定，破产申请（破产诉状）一旦提出并交至法院书记官处，就产生冻结的效力，申请本身就具有冻结的作用。冻结约束的行为具体包括：（1）包括公布或使用在内的司法、行政程序的启动或继续进行，或针对债务人的其他行动或程序，已经或本应当在本法项下的破产案件开始之前就已经启动的；或者追讨本法项下的破产案件开始之前就已经发生的针对债务人的债权的行为；（2）强制执行在根据本法的破产案件开始之前法院作出的针对债务人或破产财团的财产的付款判决；（3）任何旨在占有财团的或者来自财团的财产；或者控制财团财产的行为；（4）任何针对财团财产的创设、完善或实施留置权的行为；（5）任何针对债务人的财产而创设、完善或实施留置权，并且导致该留置权能担保在根据本法的破产案件开始之前就已产生的某项债权的行为；（6）在根据本法的破产案件开始之前就已产生的，任何针对债务人的债权而进行的收集、估算或弥补该债权的行为；（7）在根据本法的破产案件开始之前就已产生的针对债务人的任何债权的负债抵销；以及；（8）在联邦税务法庭启动或者继续进行有关债务人财产的税务诉讼程序。

2. 免于冻结的行为

《美国破产法》第362条第（b）规定某些特定情形下，不能发生自动冻结的效力，即这些行为不会因为提出破产申请而被中止。概括来讲，主要包括：（1）已经启动或继续进行的追究债务人刑事责任的程序；（2）确立父子

---

① ［美］大卫·G. 爱泼斯坦、史蒂夫·H. 尼克勒斯、詹姆斯·J. 怀特：《美国破产法》，韩长印等译，中国政法大学出版社2003年版，第61～62页。

② 李飞主编：《当代外国破产法》，中国法制出版社2006年版，第499～506页。

关系或者确立或变更给付的抚养费、生活费或赡养费的命令；（3）从非财产的财产中收集扶养费、生活费或赡养费；（4）任何完善、维持或者继续完善破产财产的收益的行为；（5）政府治安权或行政权的实施，等等。

3. 自动冻结的结束

自动冻结将随着破产案件中特定事件的发生而结束。具体情形主要包括：（1）针对财团财产的法令的暂缓执行持续到该财产不再属于破产财产之时；（2）破产案件结案时；（3）破产申请驳回时；（4）撤销令被批准或拒绝之时；（5）有正当理由（如缺乏充分保护）时；（6）债务人不持有该财产的股票；（7）该财产并非实行有效重整的必要条件等等。

需要说明的是，自动冻结的结束并非是自动的，而是由法院发布命令，即基于债权人解除冻结的动议，赋予其免于冻结的救济。

4. 违反自动冻结条款产生的法律后果

利害关系人如果有意或者无意从事自动冻结条款禁止的行为而违反中止规定的，将不会发生对其有利的法律后果。因为，任何违反冻结条款的行为都是无效的或者可撤销的，因而根据第 362 条（h）的规定，有意违反自动冻结条款的中止令而受到损害的个人，应当获得实际赔偿，包括所有的费用和律师费；并且在适当情形下可获得刑事赔偿。

（二）德国破产法"命令采取保全措施"制度

根据《德国破产法》第 21 条[①]的规定，破产法院应当采取一切必要措施，以防止在对申请作出裁判之前债务人财产状况发生不利于债权人的变动。采取保全措施的具体形式包括如下：（1）法院指定临时破产管理人；（2）法院责令禁止债务人作出一般性处分，或命令债务人的处分只有经临时管理人同意方为有效；（3）法院可以停止或暂时停止针对债务人的强制执行措施，但以不涉及不动产为限；（4）法院可以命令暂时禁止通信。

其他措施不足以保全的，法院可以强制拘传债务人并在讯问后将其交付羁押。债务人非自然人的，此规定相应适用于其机构代表。需要说明的是，债务人有权对采取保全措施命令提出即时抗告。

（三）日本破产法中的相关制度

《日本破产法》通过对"其他中止程序的命令等"（第 24 条）、"综合性的禁止命令"（第 25 条）、"其他程序失效"（第 42 条）[②]等法律规制，从而建立了对债务人财产的保全制度。简要说明如下：（1）存在破产程序开始的申请

[①] 李飞主编：《当代外国破产法》，中国法制出版社 2006 年版，第 20~21 页。

[②] 李飞主编：《当代外国破产法》，中国法制出版社 2006 年版，第 724~725 页。

的情况下，法院认为有必要时，依照利害关系人的申请或者职权，可以中止如下程序：对于债务人财产已经进行的强制执行、临时扣押、财产保全或者一般的优先权的实行或者基于留置权的拍卖的程序，执行程序、诉讼程序，行政机关审理的关于债务人财产关系的案件程序，债务人的责任限制程序等；（2）法院认为中止上述程序的命令存在无法充分达成破产程序目的隐患的特别事由的，依照利害关系人的申请或职权，对于所有的债权人可以做出禁止针对债务人财产的强制执行等以及国税滞纳处分的命令等；（3）做出破产程序开始的决定之后，对于属于破产财团的财产不能进行强制执行、临时扣押、保全措施。

（四）英国破产法中的相关制度

根据1986年《英国破产法》的相关规定，一旦提出了清算申请，公司、债权人和出资人都可以申请法院禁止在针对该公司的诉讼或未决程序中采取进一步的行动。法院会指定一个临时清算人，法院可能会任命官方接管人或其他合适的人选担任临时清算人，法院将规定临时财产清算人的权利和职能。实践中，这些权利和职能限于占有、保管和保护公司的财产。

如果法院发出了清算令，清算视为自提交申请时已经开始。对该公司的查封、没收、扣押或强制执行如果于清算开始后生效，则归于无效。清算开始后，任何处分公司财产、转让股份、变更公司股东身份的行为都归于无效，除非法院有其他命令。因此，如果公司的清算申请已经送达并公告，则公司很难继续开展正常的业务。[①]

综上所述，对于出现破产原因，依法进入破产程序的债务人，各国破产法基于破产债权平等保护、公平有序受偿的原则，为免于受到破产程序中利害关系人在陷入"破产恐慌"之际作出的不当行为所产生的消极影响，均建立了禁止个别清偿，中止有关司法或者行政保全措施、执行程序，不允许新设优先权，对债务人财产保全等意在保全债务人财产的行为保全和财产保全制度。

二、我国《企业破产法》中债务人财产保全制度的规定

我国企业破产法对债务人财产保全制度的相应规定，可以透过破产申请受理裁定的法律效力进行解读。债务人出现破产原因，人民法院审查相应的破产申请材料后，通过作出民事裁定书的方式，受理债务人的破产案件。破产案件受理裁定作出后便产生相应的法律效力，包括限制债务人对财产的管理和处分

[①] ［英］费奥娜·托米：《英国公司和个人破产法》，汤维建、刘静译，北京大学出版社2010年版，第178~179页。

行为,停止个别清偿,中止对债务人财产的执行程序,解除有关债务人财产的保全措施,由管理人对破产财产进行统一管理和处分等,旨在起到债务人财产保全的作用,从而保障全体债权人在破产程序中的公平受偿。

1. 债务人对个别债权人的债务清偿无效

为保证对全体债权人的公平清偿,《企业破产法》第16条规定:"人民法院受理破产申请后,债务人对个别债权人的债务清偿无效。"

2. 有关债务人财产的执行程序应当中止

根据《企业破产法》第19条的规定,人民法院受理破产申请后,有关债务人财产的执行程序应当中止。

3. 有关债务人财产的保全措施应当解除

人民法院受理破产申请后,债务人财产自动受到破产程序禁止个别清偿的保全效力的保护,所以,有关债务人财产的其他保全措施应当解除。

4. 对债务人企业的债务人和财产持有人的效力

《企业破产法》第17条第1款规定:人民法院受理破产申请后,债务人的债务人或者财产持有人应当向管理人清偿债务或者交付财产。

我国《企业破产法》通过前述有关规定,建立了对债务人财产的保全制度。结合现代破产法理念与破产保全制度的功能来看,破产保全不仅是为了保证破产程序的顺利进行,更主要的是为了破产预防目标和破产债权人可清偿利益最大化目标的实现,保护债务人财产的完整性,限制或禁止任何旨在减少债务人财产、损害债务人财产的行为发生。通常来讲,债务人进入破产程序后,自然产生破产保全的效力,不需要提交申请,也无需要提供担保。诉讼中的保全是为了防止诉讼裁决落空成为"法律白条",保障债权人合法权益的实现而采取的临时救济制度,具体措施包括对债务人财产采取冻结、查封、扣押等。同民事诉讼程序中的保全制度相比,破产保全的效力不仅是对债务人财产采取冻结、查封、扣押等诉讼保全措施,还在于中止或禁止可能使债务人财产减少的行为。即便是其他法院或司法、行政机关对债务人财产采取了保全措施,也要因债务人进入破产程序而适用破产保全并解除其个别的保全措施。如我国《企业破产法》第19条规定:法院受理破产申请后,有关债务人财产的保全措施应当解除,执行程序应该中止。因此,就破产保全与其他诉讼保全的关系而言,破产保全的效力高于其他诉讼保全的效力。需要注意的是,基于相同的原理,破产保全的效力不仅高于其他诉讼保全的效力,也高于其他执法机关对债务人财产采取的保全的效力。

但是,我国《企业破产法》建立的破产保全制度,特别是《企业破产法》第19条关于保全措施解除的规定往往在司法实践中并未能直接、自动发生相应的保全效力，因此司法解释有必要从操作层面上更好地为《企业破产法》第 19 条在司法实践中的适用提供支持。

此外，众所周知，破产案件的审理是一个纷繁复杂的过程，破产程序中面临着各种不同形态的法律问题，这些问题的解决直接关系到破产程序是否能够依法推进。如破产申请受理的同时，虽然法院已经指定管理人履行职责，但是管理人接管债务人需要一定的时间，调查了解债务人资产状况更是需要一个周期，特别是对于强制破产案件中的债务人、"人去楼空"失踪的债务人、"别有企图"不愿配合工作的债务人，更是给管理人开展工作带来了障碍和困难；破产程序中的利益相关人在担心自身权益无法得到保障的情况下，难免会进行违背公平清偿原则的不当行为；这些问题的解决，需要现行破产法给予一种及时、有效、直接的回应，因此在符合一定条件时，对债务人全部或者部分财产保全的规定自然应运而生。

三、司法解释对《企业破产法》中债务人财产保全制度的规定与完善

按照保全程序作用的法律领域为标准，可以分为诉讼程序上的保全、仲裁程序上的保全、破产程序中的保全以及其他法律程序中的保全。本条司法解释对破产程序中的财产保全进行了规定，主要从以下几个方面进行界定：

（一）时间上的适用条件

我国破产法以破产申请受理为破产程序开始的时间起点。破产申请受理后，债务人的破产程序正式启动。为保证破产程序的顺利进行，人民法院裁定受理破产案件的，应当同时指定管理人。管理人在法院的指导和监督之下全面接管债务人企业并负责债务人财产的保管、清理、估价、处理和分配。管理人是破产程序中最重要的机构之一，管理各项破产具体事务，破产程序能否在公正、公平和高效的基础上顺利进行，与管理人履行职责密切相关。与此相关，自人民法院受理破产申请的裁定送达债务人之日起至破产程序终结之日，债务人的有关人员（企业法定代表人、财务管理人员、经营管理人员）承担妥善保管其占有和管理的财产、印章和账簿、文书等资料，根据人民法院和管理人的要求进行工作，如实回答询问，配合破产工作开展等义务。破产申请受理后，产生一系列对债务人财产保全的法律效力（详见前文论述）。

因此，对债务人全部或者部分财产进行保全在时间上的适用条件以破产案件受理后为宜。

（二）实质上的适用条件

对债务人财产的保全是以保障全部债权人在破产程序中的权利能够获得实

现，避免或者防止债权人的合法权益遭受无法弥补的损害为目的的一种临时性救济措施。

在民事诉讼法律领域，临时性救济是相对于本案诉讼救济而言，是指在本案诉讼提起之前，或者在本案诉讼确认的终局判决之前，因对方当事人的行为给权利或利益的实现造成紧急损害，如危及债权实现或造成重大威胁等，当事人向法院申请请求为或不为一定行为的救济制度。①

与之同理，在破产法中，对债务人财产保全作为一种临时性救济措施，也是相对于破产程序而言的，是在债务人进入破产程序之后，由于利害关系人的行为或者其他原因给破产程序的推进，或者对债务人财产造成紧急损害或构成重大威胁等，由破产管理人向人民法院提出或人民法院依职权作出相应救济措施的制度。

司法实践中，可能出现一些对全体债权人利益造成重大威胁，导致破产程序难以进行，需要采取保全措施的情况。如破产申请受理前个别对债务人财产采取保全措施的法院以及其他司法或行政机关，在破产程序启动后拒不依法解除保全措施，力图谋取各种私利；债务人或其工作人员隐匿、处分、私分、转移、破坏债务人财产；个别债权人以非法手段得到个别清偿；债务人的债务人拒绝向管理人清偿债务；债务人财产持有人拒绝交还财产；解除对债务人财产原有保全后可能造成不当财产流失风险，等等。这些可能潜在或者现实发生的来自于破产程序利益相关人的对债务人财产的重大威胁或现实侵害，是判断是否应当对债务人全部或者部分财产进行保全的实质适用条件。

（三）经管理人申请或人民法院依职权作出

对债务人财产保全在符合前述时间条件和实质条件时，应当由管理人向人民法院提出书面申请，陈明相应的事实和理由，避免对债务人财产造成紧急损害，影响破产程序依法推进。

人民法院在债务人破产案件审理过程中，发现利益相关人的行为损害债务人财产，或者因为其他原因影响破产程序依法进行的，可以依职权对债务人全部或者部分财产采取保全措施。

（四）保全范围和措施

保全的范围为债务人的全部或者部分财产。根据《企业破产法》第30条的规定，债务人财产包括破产申请受理时属于债务人的全部财产，以及破产申请受理后至破产程序终结前债务人取得的财产。

对债务人全部或者部分财产的保全措施应当参照《民事诉讼法》的相关

---

① 江伟主编：《民事诉讼法》（第六版），中国人民大学出版社2013年版，第228页。

规定，采取查封、扣押、冻结措施或者法律规定的其他方法。

【法律、司法解释及案例】

《企业破产法》（2007年6月1日起施行）
第十六条 人民法院受理破产申请后，债务人对个别债权人的债务清偿无效。

第十七条 人民法院受理破产申请后，债务人的债务人或者财产持有人应当向管理人清偿债务或者交付财产。

债务人的债务人或者财产持有人故意违反前款规定向债务人清偿债务或者交付财产，使债权人受到损失的，不免除其清偿债务或者交付财产的义务。

第十九条 人民法院受理破产申请后，有关债务人财产的保全措施应当解除，执行程序应当中止。

第二十五条 管理人履行下列职责：
（一）接管债务人的财产、印章和账簿、文书等资料；
（二）调查债务人财产状况，制作财产状况报告；
（三）决定债务人的内部管理事务；
（四）决定债务人的日常开支和其他必要开支；
（五）在第一次债权人会议召开之前，决定继续或者停止债务人的营业；
（六）管理和处分债务人的财产；
（七）代表债务人参加诉讼、仲裁或者其他法律程序；
（八）提议召开债权人会议；
（九）人民法院认为管理人应当履行的其他职责。
本法对管理人的职责另有规定的，适用其规定。

第三十条 破产申请受理时属于债务人的全部财产，以及破产申请受理后至破产程序终结前债务人取得的财产，为债务人财产。

《民事诉讼法》（2012年8月31日修正）
第一百零三条 财产保全采取查封、扣押、冻结或者法律规定的其他方法。人民法院保全财产后，应当立即通知被保全财产的人。

财产已被查封、冻结的，不得重复查封、冻结。

【案例】

A公司为一家有限责任公司，成立于2000年，共有8名股东，均为自然人。其中，股东胡某为A公司董事长（法定代表人），股权比例占注册资本的45%，股东曾某为A公司总经理，股权比例占注册资本的25%。

2011年7月，B公司向法院提出对A公司进行破产清算的申请，主张A公司拖欠其大理石石材款700万元始终未偿还。经审查，A公司对其所欠B公司货款的事实无异议，且A公司法定代表人胡某认可A公司不仅无法偿还该笔货款，还存在多笔欠款目前均无法清偿，对B公司提出的破产清算申请无异议。法院受理B公司申请后，指定管理人对A公司财产进行调查。7月底，管理人接管了A公司一枚公章和在中国民生银行开户的资金账户，内有4万余元存款。在此期间，管理人发现，A公司还在对外签订合同继续经营，但合同上所加盖的公章的字形与管理人从A公司董事长处接管的公章的字形有较明显的不一致。于是，管理人将A公司加盖的该公章与工商行政管理局备案登记的印章印模进行比对，发现A公司现对外签订合同的公章并非备案登记的公章，经了解，该公章由A公司总经理曾某持有并使用。管理人将上述情况报告审理破产案件的人民法院。

法院收到管理人的报告后，认为根据总经理曾某使用另外一枚非备案公章经营的事实，管理人对A公司财产的接管可能尚未全面完成，要求管理人对非备案公章以及A公司的其他财产进行调查。同时，法院也找到A公司董事长胡某调查情况。

经调查，查明事实如下：

A公司虽然登记股东为8人，但实际控制人为胡某的父亲（以下简称胡父）。胡父与曾某系有多年交情的好朋友，设立公司时，二人协商胡父与曾某分别持有A公司55%和45%的股权，即A公司只有该两名股东，但是由于胡父为现役军官，不能投资设立公司，因此二人协商，胡父的股权登记在胡某名下作为原则，同时考虑到胡某年轻且缺乏社会经验和经营公司的经历，将该55%股权分出10%，由胡父和曾某的朋友代持，为了保持工商登记上胡父在股权比例上优于曾某，曾某也将其45%股权分出20%，由胡父和曾某的朋友代持，由此形成A公司共有8名股东的登记情况。正是由于胡父与曾某的这种关系，曾某担任A公司总经理后，胡父同意曾某另外刻制一枚公章对外使用，二人约定，使用该枚非备案公章对外签订合同等经营性行为须经二人协商一致才可使用，且在此前的多案诉讼中，A公司对非备案公章对外签订合同的效力均予认可。就此情况，胡某也一直知晓。2010年底，胡父去世，总经理曾某与董事长胡某逐渐隔阂，导致A公司在实际经营中存在两套人马，董事长与总经理各自经营。目前，法院受理了对A公司的破产清算申请，但总经理曾某继续使用非备案公章经营公司，并通过非法途径刻制了另一枚财务专用章，在其他银行开立了A公司账户，存放经营所得款项。

管理人通知曾某，法院已经受理A公司破产清算案，要求曾某将非备案的公章和另一枚财务专用章以及账户内的存款交管理人接管，遭到曾某的拒绝。管理人认为，目前其接管 A 公司财产并不完全，存在困难，并且，在其通知曾某移交财产被拒绝后，曾某有可能将其所控制的 A 公司财产转移，将对破产清算程序造成不利影响，于是申请受理破产案件的法院对曾某以 A 公司名义设立的银行账号内的存款进行冻结。

【简要评析】

本案中，A 公司经营极不规范，(1) 长期使用两枚公章；(2) 非法刻制第二枚财务专用章。因此，管理人在接管 A 公司印章、文件、账簿、财产的过程中，遇到困难。

对于非备案的公章，从印章合法性上讲，使用该枚公章对外签订合同或出具文件的行为应受处罚，但是在 A 公司股东均认可该枚公章能够代表 A 公司意志的情况下，对加盖该公章的合同进行认定时，应当保护合同相对方的权利，因此总经理曾某在 A 公司已经进入破产程序后仍然使用该非备案公章签订合同而取得的经营收益，应属 A 公司财产。虽然长期以来 A 公司实际由不同"负责人"分别经营，但按照法律规定，A 公司是一个完整的商事主体，而非两个企业，因此受理破产申请裁定的效力当然及于总经理曾某所控制的 A 公司财产。在管理人发现曾某继续经营公司的行为后，告知其应当将非法印章及财产向管理人移交，但被其拒绝，此时管理人有理由推定曾某有转移公司财产的可能性，该行为必然影响破产程序的进行。在管理人无法尽快接管财产的情况下，如果不对该财产采取必要的措施加以控制，可能侵害全体债权人的利益，因此法院可以在查明事实的基础上，根据管理人的申请或依职权对该部分财产采取保全措施。

实践中，管理人作为中介机构或者中介机构的工作人员，其对债务人财产的接管往往遇到这样或那样的困难，无法通过强制措施保障其顺利接管债务人全部财产，在债务人拒不向管理人移交财产的情况下，虽然管理人可以通过在个案诉讼中申请财产保全的方式限制债务人非法转移财产，但是该方式存在明显的不足。(1) 诉讼成本较高。在有些情况下，一旦通过破产程序中的财产保全限制了债务人转移财产的行为，则加强了管理人接管财产的力度，不必全部通过诉讼方式解决；(2) 如果仅仅允许管理人通过个案保全的方式接管财产，则与破产法立法条文和本义不符。根据《企业破产法》第 15 条、第 17 条、第 25 条的规定，管理人接管债务人财产是其履行法定职责的行为，是特别法的规定，因而应当配套相应的措施和保障，并且，法院作出的受理破产申请的裁定具有对债务人全部财产保全的效力，进入破产程序后，债务人不得自行处分财产，这是对受理裁定效力的法理解释。据此，管理人有权直接向受理破产案件的法院申请对债务人可能受到损失的相应财产进行保全。本条司法解释将上述法理予以明确，强化了管理人接管债务人财产过程中的措施，以保障破产程序顺利进行。

第七条【对债务人财产原有保全的解除】

对债务人财产已采取保全措施的相关单位，在知悉人民法院已裁定受理有关债务人的破产申请后，应当依照企业破产法第十九条的规定及时解除对债务人财产的保全措施。

【条文主旨】

本条旨在规定其他对债务人财产已经采取保全措施的单位在知悉人民法院已裁定受理有关债务人的破产申请后，应当及时解除保全措施。

【规范目的】

《企业破产法》对债务人财产原有保全的解除问题作有规定，但是在实践中，对受理破产案件的法院应当通过何种程序解除保全则存在不同意见和做法。在本司法解释制定过程中，全国人大法工委就此问题向最高人民法院复函指出，对《企业破产法》第19条的规定，应理解为法院受理破产申请后，有关债务人财产的保全措施就应当当然解除，由管理人接管债务人的所有财产；在相关法院或者行政机关未依据上述规定解除保全的，受理破产案件的法院可以径行作出解除对债务人财产的所有保全措施的裁定。本条司法解释在制定的过程中，曾经拟规定："对其他已采取保全措施的单位经通知仍不依法解除保全的，受理破产申请的人民法院可以裁定解除对债务人财产的保全，并通知在前已裁定保全的单位。"即在相关单位经受理破产案件的法院通知督促仍不履行法定职责，未依法解除保全措施时，受理破产案件的法院可以径行作出解除对债务人财产的所有保全措施的裁定。但是，最后考虑到对债务人财产采取保全措施的除了法院之外，还可能有其他司法机关和行政单位，完全通过司法解释解决这一问题在效力上仍存在一定困难，所以决定不在司法解释中规定受理破产案件法院解除保全的具体措施，而是向全国人大法工委提出立法解释建议，由其出台立法解释，规定"受理破产申请的人民法院可以径行裁定解除原有保全措施"，对所有单位对债务人财产原有保全措施的解除问题予以彻底解决。在该立法解释出台之前，我们认为，在司法实践中，对债务人财产已采取保全措施的相关单位，在知悉人民法院已裁定受理有关债务人的破产申请后，应当依照《企业破产法》第19条的规定及时解除对债务人财产的保全措施，而不以受理破产案件的法院通知其解除为前提。

【原理与适用】

一、对债务人原有财产保全解除规定之历史沿革

1. 旧破产法司法解释规定

《企业破产法（试行）》之司法解释即《最高人民法院关于审理企业破产案件若干问题的规定》第36条规定：破产宣告后，破产企业的财产在其他民事诉讼程序中被查封、扣押、冻结的，受理破产案件的人民法院应当立即通知采取查封、扣押、冻结措施的人民法院予以解除，并向受理破产案件的人民法院办理移交手续。

在1986年破产法的框架下，破产宣告是债务人进入破产清算程序的关键点。因此，《最高人民法院关于审理企业破产案件若干问题的规定》第36条规定解除保全措施的时间点是"破产宣告后"，与现行破产法将"破产申请受理"作为破产程序启动时间点的相关规定存在差异。在司法实践中，应当根据现行破产法的相关规定执行。同时，旧司法解释的规定仅限于对于民事诉讼中财产保全措施的解除，不能适应司法实践中解除其他司法、行政机关作出的保全措施的需要。

2. 《企业破产法》第19条规定

《企业破产法》第19条规定：人民法院受理破产申请后，有关债务人财产的保全措施应当解除，执行程序应该中止。所谓保全措施，既包括民事诉讼保全措施，也包括在行政处罚程序中的保全措施，如海关、工商管理部门等采取的财产扣押、查封等措施，还应包括刑事诉讼中公安部门、司法部门采取的相关措施。这一规定与《最高人民法院关于审理企业破产案件若干问题的规定》相比较，破产案件受理时，对破产企业财产的保全措施不解除，在破产宣告后才予解除，更有利于对债权人利益的保护。[①]

[①] 王欣新：《破产法》（第三版），中国人民大学出版社2011年版，第59页。

但是《企业破产法》第 19 条并未对有关债务人财产的保全措施的具体解除方式作出规定,司法实践中出现了不同的处理模式,如管理人向受理破产案件的人民法院提出申请,再由受理破产案件的人民法院向采取财产保全措施的人民法院发出解除保全措施的通知;管理人直接向采取保全措施的人民法院或有关部门提出解除申请;管理人协调债权人向采取保全措施的人民法院提出解除申请;采取保全措施的人民法院自行依据企业破产法的规定解除保全措施等。各种处理模式之争虽然有个体利益保护甚至是地方利益保护的因素存在,但是《企业破产法》第 19 条的规定不明确也是一个重要的原因,为一些单位不配合解除保全措施提供了制度空间。在司法实践中,人民法院受理破产申请后有关债务人财产的保全措施该通过何种具体的程序来予以解除,便成为当前迫切需要解决的问题。

3. 全国人大法工委复函

在司法解释制定过程中,全国人大法工委就此问题向最高人民法院复函指出,《企业破产法》第 19 条的规定,应理解为法院受理破产申请后,有关债务人财产的保全措施就应当当然解除,由管理人接管债务人的所有财产;相关法院或者行政机关未依据上述规定解除保全的,受理破产案件的法院可以径行作出解除对债务人财产的所有保全措施的裁定。最高人民法院将向全国人大法工委提出立法解释建议,由其出台立法解释对此问题作出明确规定,以便在全国司法与行政机关中得到普遍实施。

二、对债务人财产原有保全的解除之司法实践

(一)受理破产案件的法院能否直接裁定解除其他法院对债务人财产的保全措施

长期以来,对于如何解除债务人进入破产程序之前的保全措施存在两种观点:(1)应由作出保全措施的人民法院解除。理由是:根据民事诉讼法的相关规定,解除保全措施应由作出保全措施的人民法院实施,既然破产法对此没有特别规定,就应适用民事诉讼法的规定,对进入破产程序的债务人财产的保全措施仍应由作出措施法院予以解除。(2)在作出保全措施的法院不予解除的情况下,可以赋予受理破产案件法院解除的权力。理由是:①从司法实践来看,当作出保全措施的法院不予解除时,破产案件的审理就出现很大障碍,此类情形如果依靠高级人民法院,甚至最高人民法院予以协调,将耗时费力,不利于破产案件的及时顺利推进;②根据《企业破产法》这一特别法的规定,如作出保全措施的法院无正当理由拒绝解除,为利于破产案件的审理,保证审判效率,可以赋予受理破产案件法院直接解除的权力。

司法实践中曾有案例：债务人的破产申请经人民法院受理后，受理法院即向相关采取保全措施的法院发出通知，要求其解除对债务人相应财产的保全措施。通知发出后，相关法院既不联系，也不解除。受理法院遂前往相关法院进行协调，但相关法院不同意主动依职权解除保全措施，相关法院的主要理由有：（1）属轮候保全措施，根据执行案件的相关规定，在先的保全措施已实现对该财产的处置后，在后的保全措施自动失效，无需解除；（2）须案件的申请人申请解除保全措施。由于对债务人财产的保全措施未能及时解除，严重影响了案件破产程序的继续推进。为解决困境，受理法院最终作出裁定，直接解除相关法院对债务人财产的全部保全措施（含轮候的保全措施）。受理法院采纳了前述第（2）种观点，在通知和协调相关法院解除保全不能后，直接裁定解除其保全措施。同时考虑到，解除在先的保全措施后轮候的保全措施自动生效的法律规定，受理法院除解除在先的保全措施，同时也解除所有轮候的保全措施。

（二）破产案件受理法院如何解除对债务人财产的保全措施

《企业破产法》对于解除财产保全措施的具体实施问题并没有作进一步的规定，由此导致破产案件审理中做法不一。从司法的统一性和规范性的角度考虑，由受理破产案件的法院直接裁定解除保全措施，更符合破产法关于保全措施解除规定的立法精神，也有助于破产程序的有效推进。

根据《企业破产法》的规定，人民法院受理破产申请后，对债务人财产采取的保全措施应当立即解除，被保全财产由管理人接管。对于财产保全的解除措施，如果是破产申请受理法院采取保全措施的，则由受理破产申请的人民法院采取保全解除措施；如果是其他法院或国家机关做出保全措施的，而采取保全措施的人民法院或者其他国家机关拒绝解除保全措施的，受理破产申请的人民法院可以裁定解除对债务人财产的保全措施。人民法院受理破产申请后，其他人民法院或者国家机关不得再对债务人财产采取新的保全措施。

三、司法解释对债务人原有财产保全的解除的规定之完善

（一）司法解释规定的必要性

《企业破产法》第1条即开宗明义地指出："为规范企业破产程序，公平清理债权债务，保护债权人和债务人的合法权益，维护社会主义市场经济秩序，制定本法"，而保障债务清偿过程中的公平，乃是破产法的第一要务。《企业破产法》第19条规定破产申请受理后应解除针对债务人财产的保全措施，是因破产程序开始后的个别清偿有悖于破产法的立法宗旨，为个别清偿目的对债务人财产的保全措施理应被解除。应当解除的财产保全措施，除依照

《民事诉讼法》规定采取的财产保全措施之外，还应当包括其他有权作出财产保全措施的单位采取的保全措施。

保全措施的解除应当是人民法院受理破产申请裁定的当然效力之一，即一旦人民法院受理了破产申请，附加于债务人财产上的保全措施自然解除，不需要人民法院另行作出宣告保全措施失去效力的裁定。但在司法实践中，破产企业往往经营规模大、涉及地域广，其在进入破产程序以前往往已经有大量诉讼案件，且对其财产采取保全措施的法院在很多情况下也并非是破产案件受理法院。因责任和利益的冲突，原来采取保全措施和执行的法院或者其他单位往往会不同意解除保全和中止执行或者不及时解除保全和中止执行，再加上保全措施往往涉及其他协助执行机构（如金融机构、土地房产部门等），其可能会以须由作出保全裁定的法院或者其他单位予以解除为由拒绝协助而形成矛盾，从而影响破产程序的顺利进行。

解除保全的各种处理模式之争，虽然有个体利益保护甚至是地方利益保护因素的存在，但没有明确的法律规定也是一个重要的原因。一旦司法解释予以明确，只要这种制度的人为操纵空间被消除，法院的处理也就会顺畅。在司法实践中，解除其他人民法院采取的财产保全措施，虽可能存在地方保护主义，但毕竟同属于法院系统，问题好解决一些，而要解除其他国家机关如公安、税务、海关、工商管理部门等采取的财产保全措施，就不仅要克服地方保护主义，还要克服部门管理利益，有时难以解决，更需要立法的明确规定。

本着贯彻破产法基本精神和尊重破产裁定效力的原则，本条司法解释的规定进一步解决了对债务人原有财产保全的解除问题。如前所述，考虑到"受理破产申请的人民法院在有关单位经通知后仍不依法解除保全的，可以径行解除"这一规定由全国人大法工委出台立法解释更为妥当，最高人民法院将就此向全国人大法工委提出立法解释建议。

（二）对债务人财产已采取保全措施的相关单位，在知悉人民法院已裁定受理有关债务人的破产申请后，应当依照《企业破产法》第19条的规定及时解除对债务人财产的保全措施

人民法院受理破产申请后，债务人依法进入破产程序，为了实现对有关债权的公平清偿，维护全体债权人的合法权益，债务人财产自动受到破产程序禁止个别清偿的保全效力的保护，此处的"知悉人民法院已裁定受理有关债务人的破产申请"，既可以是裁定受理债务人破产申请的人民法院通知，亦可以是管理人通知或者是已采取保全措施的相关单位因公告得知。

(三) 其他已采取保全措施的单位应当依照《企业破产法》第19条的规定及时解除

《企业破产法》第19条明确规定了债务人进入破产程序后,对债务人财产的保全措施应当解除。其他已采取保全措施的单位在收到受理破产案件的人民法院关于解除对债务人财产的保全措施的通知后,应当依照《企业破产法》第19条的规定及时解除。

【法律、司法解释及案例】

《企业破产法》(2007年6月1日起施行)

第十九条 人民法院受理破产申请后,有关债务人财产的保全措施应当解除,执行程序应当中止。

《民事诉讼法》(2012年8月31日修正)

第一百零三条 财产保全采取查封、扣押、冻结或者法律规定的其他方法。人民法院保全财产后,应当立即通知被保全财产的人。

财产已被查封、冻结的,不得重复查封、冻结。

《最高人民法院关于人民法院执行工作若干问题的规定(试行)》(1998年7月8日施行)

1. 有下列情形之一的,人民法院应当依照民事诉讼法第二百三十四条第一款第五项的规定裁定中止执行:

(1) 人民法院已受理以被执行人为债务人的破产申请的;

……

《最高人民法院关于人民法院民事执行中查封、扣押、冻结财产的规定》(2005年1月1日起施行)

第二十八条 对已被人民法院查封、扣押、冻结的财产,其他人民法院可以进行轮候查封、扣押、冻结。查封、扣押、冻结解除的,登记在先的轮候查封、扣押、冻结即自动生效。

其他人民法院对已登记的财产进行轮候查封、扣押、冻结的,应当通知有关登记机关协助进行轮候登记,实施查封、扣押、冻结的人民法院应当允许其他人民法院查阅有关文书和记录。

其他人民法院对没有登记的财产进行轮候查封、扣押、冻结的,应当制作笔录,并经实施查封、扣押、冻结的人民法院执行人员及被执行人签字,或者书面通知实施查封、扣押、冻结的人民法院。

第二十九条 人民法院冻结被执行人的银行存款及其他资金的期限不得超过六个月,查封、扣押动产的期限不得超过一年,查封不动产、冻结其他财产权的期限不得超过二年。法律、司法解释另有规定的除外。

申请执行人申请延长期限的,人民法院应当在查封、扣押、冻结期限届满前办理续行查封、扣押、冻结手续,续行期限不得超过前款规定期限的二分之一。

第三十条 查封、扣押、冻结期限届满,人民法院未办理延期手续的,查封、扣押、冻结的效力消灭。

查封、扣押、冻结的财产已经被执行拍卖、变卖或者抵债的,查封、扣押、冻结的效力消灭。

《最高人民法院关于查封法院全部处分标的物后轮候查封的效力问题的批复》(法函〔2007〕100号)

根据《最高人民法院关于人民法院民事执行中查封、扣押、冻结财产的规定》(法释〔2004〕15号)第二十八条第一款的规定,轮候查封、扣押、冻结自在先的查封、扣押、冻结解除时自动生效,故人民法院对已查封、扣押、冻结的全部财产进行处分后,该财产上的轮候查封自始未产生查封、扣押、冻结的效力。同时,根据上述司法解释第三十条的规定,人民法院对已查封、扣押、冻结的财产进行拍卖、变卖或抵债的,原查封、扣押、冻结的效力消灭,人民法院无需先行解除该财产上的查封、扣押、冻结,可直接进行处分,有关单位应当协助办理有关财产权证照转移手续。

【案例】

B公司为一家证券公司,由于其在经营中严重违法违规,存在巨大经营风险,2006年初,证监会决定撤销B公司。中国证券投资者保护基金有限责任公司依据证监会的决定,委托中介机构对B公司进行行政清理,并成立行政清理组行使法人职责。

2006年3月8日,A公司以B证券公司在与其建立的2亿元国债托管的法律关系中涉嫌"合同诈骗"犯罪为由,向A公司所在地的公安机关报案,公安机关成立专案组于2006年3月10日展开立案侦察。

2006年3月17日,公安机关以协助调查有关国债事宜为由,对B证券公司行政清理组的资金账户、客户证券交易结算资金账户采取了冻结的强制措施,账户余额分别为3400余万元、3700余万元。同年9月7日,又冻结了B证券公司的自有资金账户,账户余额为534万余元。

行政清理组完成对B证券公司行政清理工作后,向人民法院提出破产清算申请。2007年9月7日,人民法院依法受理了该证券公司破产清算案件,并指定了管理人。人民法院查明,上述公安机关冻结的B证券公司行政清理组资金账户内的资产是行政清理组成立后清收的 B 证券公司的债权，该账户为行政清理组为实施行政清理、托管工作而合法开立的账户，资金的来源清楚、合法、独立，与公安机关侦办的合同诈骗案毫无关联，属于 B 证券公司破产财产；被冻结的自有资金账户内款项系行政清理组自 B 证券公司的债务人处清收回的债权，临时存放于该账户。该债权并非基于 B 证券公司证券业务产生，与证券业务无涉，亦属于破产财产。

人民法院认为公安机关冻结的上述账户中的资产均属破产财产，函告公安机关应解除对上述账户采取的冻结措施。2011 年 8 月，公安机关解除了对保证金账户的查封冻结措施，但拒绝解除对其他两个资金账户的保全措施，认为该款项属于赃款，不属于破产财产，不能解除有关保全措施。

人民法院认为公安机关拒不解除对 B 证券公司账户采取的冻结措施显属错误。

【简要评析】

本案中，公安机关因刑事侦查而冻结 B 公司账户，在法院受理 B 公司破产清算申请后未解除相应冻结措施，导致管理人在破产程序中无法接管相关财产。本案例存在以下问题：

1. 是否解除财产保全，应以被保全的财产确属债务人财产为前提

根据《企业破产法》以及本司法解释的规定，在破产申请受理后，有关债务人的财产保全措施应当解除。其适用前提是相关财产保全措施是针对债务人的财产，因此需要对被保全的财产的权属进行甄别，判断标准应当按照物权法等实体法律规范的规定。本案中，被保全的财产为账户资金。在账户未被特定化的情况下，账户内的资金不属于特定物，在债务人进入破产程序时，以其名称开户的账户内的资金应当认定为债务人的财产。

2. 实施财产保全措施的主体

根据我国目前立法，人民法院在诉讼中可以依法对当事人的财产采取查封、冻结、扣押的财产保全措施，但依法能够实施财产保全措施的单位不仅限于人民法院，因刑事侦查、行政处罚等原因，其他行政机关、司法机关也是实施财产保全措施的主体。《企业破产法》第 19 条规定应当解除的保全措施不仅限于人民法院作出的诉讼保全措施。

3. 本条司法解释内容与《企业破产法》第 19 条的内容结合理解

《企业破产法》第 19 条规定："人民法院受理破产申请后，有关债务人财产的保全措施应当解除，执行程序应当中止。"该条规定与本条司法解释规定的表述存在一定的差异，从文字上明确了人民法院通知采取保全措施单位解除相应财产保全，就此应当做两方面理解：（1）本条司法解释将通知途径作了

明确的规定，避免采取保全措施的单位因不了解法院已经受理债务人破产申请的事实而未解除保全措施的情况发生，增强了《企业破产法》第 19 条的操作性。实践中，管理人向采取保全措施的单位送达受理裁定以及通知的，也属于本条司法解释所规定的通知行为；（2）根据《企业破产法》第 19 条的规定，在人民法院作出受理破产申请的裁定时，有关债务人财产的保全措施即应当解除，解除财产保全措施的效果应当与作出受理裁定同时生效，即受理裁定具有对债务人全部财产予以概括保全的效力。本条司法解释规定的通知程序，仅仅是为了使解除保全的程序更加具体和便于操作，对于《企业破产法》关于解除保全的时间点并未进行改变。即使其他已采取保全措施的单位未依法解除保全措施，也应认定该财产处于无保全状态。

据此，该公安机关应当依法解除对 B 证券公司账户采取的冻结措施。

第八条【对债务人财产保全的恢复】

人民法院受理破产申请后至破产宣告前裁定驳回破产申请，或者依据企业破产法第一百零八条的规定裁定终结破产程序的，应当及时通知原已采取保全措施并已依法解除保全措施的单位按照原保全顺位恢复相关保全措施。

在已依法解除保全的单位恢复保全措施或者表示不再恢复之前，受理破产申请的人民法院不得解除对债务人财产的保全措施。

【条文主旨】

本条旨在对债务人退出破产程序时原保全措施及时恢复问题作出的规定。

【规范目的】

根据破产法的规定，破产申请受理后，有关债务人财产的保全措施解除后均由管理人接管并在破产程序中依法处置。破产程序正常进行情况下，不存在对原债务人财产保全的恢复问题。但是，在法院受理破产申请后至破产宣告前，经审查发现债务人不符合《企业破产法》第 2 条规定情形，法院裁定驳回破产申请,或者法院宣告债务人破产前,第三人为债务人提供足额担保或者为债务人清偿全部到期债务,或者债务人已清偿全部到期债务,法院裁定终结破产程序这两种特殊情形下,如不考虑原有保全的恢复和保全顺位问题,很容易造成债务人财产的流失和混抢,不利于对原享有保全利益债权人合法权利的保护。为充分做好保全解除和恢复的衔接,司法解释作出了相应的制度安排。以此维护原采取财产保全措施者的权益,并避免恶意利用破产申请解除他人财产保全措施,在驳回破产申请后自己再抢先进行财产保全的欺诈行为。

【原理与适用】

一、破产程序退出的几种情形

1. 人民法院裁定驳回破产申请

依据《企业破产法》第12条规定,人民法院受理破产申请后至破产宣告前,经审查发现债务人不符合本法第2条规定情形的,可以裁定驳回申请。债务人的破产申请在受理后至作出破产宣告前的期间内,如人民法院经审查发现在案件受理时债务人未发生破产原因的,可以裁定驳回申请。

2. 破产宣告前,第三人为债务人提供足额担保的

在法院作出破产宣告前,债务人取得第三人提供足额担保,并与债权人会议达成和解后,根据《企业破产法》第108条的规定,人民法院应当裁定终结破产程序。

3. 破产宣告前,第三人为债务人清偿全部到期债务的

在法院作出破产宣告前,第三人为债务人清偿全部到期债务之后,债务人的破产原因归于消灭,此种情形符合《企业破产法》第108条的规定,人民法院应当裁定终结破产程序。

4. 破产宣告前,债务人已清偿全部到期债务的

破产宣告前,债务人清偿全部到期债务从而使其不复存在破产原因的,人民法院应当裁定终结破产程序。

二、进入破产程序并不改变债权人与债务人原有的债权债务法律关系

破产法是调整在债务人已经丧失清偿能力或可能丧失清偿能力的情况下的债权债务关系的法律。破产法解决的主要是如何公平清偿债务的问题,其并不能解决债务人与债权人之间根据其他法律产生的实体权利义务争议。对有关当事人之间的实体权利义务争议,如债务的存在与否,债务的具体数额等应在破

产程序之外通过民事诉讼、仲裁等方式解决。事实上，破产制度产生的基础是债务人与债权人在破产程序启动之前业已形成的债权债务关系。这些债权债务关系产生的法律依据决定了破产法不能改变这种私法意义上的权利义务约定。与此同时，我们必须承认，破产程序启动的基础是债务人可能或无力清偿所有债权。因此，破产申请一经受理便会对各债权人的利益直接形成威胁，各个债权人的自利本性驱使其抢先执行债务人的财产或为了保证其债权得以实现而申请人民法院对债务人财产采取查封、扣押、冻结等临时性救济措施，这会破坏债务人财产的完整性，威胁债务人财产的安全，损害其他债权人的合法权益，破产保全制度因此产生。可以说破产程序内在要求破产保全制度发挥相应的作用，因为破产程序归根结底解决的是债权人债权的集体清偿问题。

三、破产程序退出后，应当保证债权人按照对债务人财产原有保全措施的顺位产生的利益

基于前述分析，进入破产程序并不能改变债权人与债务人原有的债权债务法律关系，只是由于破产保全的效力，为实现债权人债权的集体清偿，而阻止了个别债权人的个别清偿。进入破产程序之前，债权人通过民事诉讼、仲裁的方式维护自身的合法权益，同时为了保证债权的履行，向人民法院申请了对债务人财产的相应的保全措施。根据民事诉讼法的原理和规定，申请在先的债权人对于债务人财产享有优先权利，有多个债权人对债务人同一财产申请保全时，应当进行轮候。破产程序退出后，对于债务人财产的保全措施应当恢复至进入破产程序之前的状态，从而保证债权人的合法权益，避免破产程序退出后，对债务人财产进行哄抢，导致债务人财产流失，损害原享有执行优先权利的债权人的利益。

四、债务人因前述原因退出破产程序的，人民法院应及时通知原已采取保全措施并已依法解除保全的单位按照原保全顺位恢复相关保全

人民法院在受理破产申请后至破产宣告前裁定驳回破产申请，或者裁定终结破产程序的，受理破产申请的人民法院应当及时（与驳回破产申请的裁定或者终结破产程序的裁定同时间）将债务人退出破产程序的客观情况如实通知原对债务人财产采取保全措施并已依法解除保全的单位。在债务人依法进入破产程序前原对债务人财产采取保全措施并已依法解除保全的单位应当按照原有顺位予以恢复相关保全。

我国《民事诉讼法》的相关规定确定了轮候查封、扣押、冻结的法律效

力。当被执行人的某一财产被执行法院查封、预查封后，其他法院就该财产后续送达的查封、预查封裁定并不当然失效，而是按照各个法院向国土资源、房地产等登记机构送达协助执行通知书的时间先后进行登记排列等候，一旦在先查封的法院依法解除查封、预查封或者查封、预查封自动失效，排列在先的轮候查封或者轮候预查封就自动转为查封、预查封，并且依次轮定。[1]

债权人对于债务人特定财产之上的保全措施轮候顺位并不能因为债务人曾经进入破产程序而有改变。因此，原对债务人财产采取保全措施并已依法解除保全的单位应当按照原有顺位予以恢复相关保全。

五、在原采取保全措施并已依法解除的单位恢复保全措施或者表示不再恢复之前，受理破产申请的人民法院不得解除对债务人财产的保全

在原采取保全措施并已依法解除的单位收到破产案件受理法院告知债务人破产申请被驳回或者债务人破产程序因《企业破产法》第108条的规定依法终结的通知后，应当依据客观事实以及民事诉讼法等有关法律法规作出回应，或者通过裁定等方式恢复对债务人财产的保全措施；或者明确表示不再恢复，其中"表示不再恢复"包括明示的表示和默示的表示，后者如在限定期限内无合理理由未恢复的。

在已采取保全措施并已依法解除保全的单位未作出前述两种回应的情况下，为避免恶意利用破产申请解除他人财产保全措施，在驳回破产申请后自己再抢先进行财产保全的欺诈行为，防止债务人财产的不当流失或哄抢，出于保护原有保全债权人利益的考虑等，已对债务人全部财产裁定保全的受理破产申请的人民法院不得解除对债务人财产的保全措施。

【法律、司法解释及案例】

《企业破产法》（2007年6月1日起施行）

第十二条 人民法院裁定不受理破产申请的，应当自裁定作出之日起五日内送达申请人并说明理由。申请人对裁定不服的，可以自裁定送达之日起十日内向上一级人民法院提起上诉。

人民法院受理破产申请后至破产宣告前，经审查发现债务人不符合本法第二条规定情形的，可以裁定驳回申请。申请人对裁定不服的，可以自裁定送达之日起十日内向上一级人民法院提起上诉。

---

[1] 江伟主编：《民事诉讼法》（第六版），中国人民大学出版社2013年版，第469页。

第一百零八条 破产宣告前，有下列情形之一的，人民法院应当裁定终结破产程序，并予以公告：

（一）第三人为债务人提供足额担保或者为债务人清偿全部到期债务的；

（二）债务人已清偿全部到期债务的。

【案例】

2012年7月，人民法院受理了债务人A公司提出的破产清算申请。管理人对A公司财产、文件、账册的接管过程中发现，在受理破产申请前，A公司因拖欠货款引发5起诉讼，其主要财产已被查封、冻结。其中账号因4件案件被查封，对外投资形成的股权因2件案件被查封，至受理时，第一查封和轮候查封均未解除。管理人向采取保全措施的各法院发出解除财产保全措施的通知并附受理破产申请的裁定书，告知相关法院解除财产保全措施后将财产交给管理人接管。8月底，各法院陆续完成对A公司上述财产保全措施的解除，管理人在接到最后一个法院的通知后，接管了A公司的相应财产。

9月13日，法院召开A公司第一次债权人会议，管理人对A公司的财产和债权人申报的债权确定情况向债权人作了会议报告。A公司共有债权人7名，债权总额约720万元，A公司可变现财产价值不超过400万元。管理人认为A公司发生破产原因，但是公司名下有2项专利，其中1项专利涉及新能源利用，如果资金有保障的话，有可能产生较大利润，但前景并不确定，B公司与管理人联系，有意对全部债权进行清偿后与A公司合作开发。管理人将上述情况也向债权人会议作了报告。

会后，B公司根据债权确认的结果与7名债权人分别签订了担保协议，并与A公司签订了合作协议，同时B公司向法院申请不对A公司作破产宣告。法院依据《企业破产法》第108条的规定裁定终结破产清算程序，同时对A公司上述银行账号和股权进行保全，通知上述法院按照顺序恢复原先保全措施。

15日后，B公司和A公司共同清偿了上述7名债权人的全部债权，并向执行法院提交了判决书履行完毕的凭证。审理破产案件的法院收到其他法院不再对上述A公司财产进行保全的通知后，解除了对A公司财产的保全。

【简要评析】

本案中，法院受理A公司的破产申请后，经过债权确认程序，共计7名债权人的债权得到确认。在债权总额确定的情况下，B公司提出为A公司上述全部债务承担还款担保责任。经审查符合《企业破产法》第108条规定的"破产宣告前""第三人为债务人提供足额担保"的条件，应依法裁定终结破产清算程序。程序终结后，A公司存续并正常经营。A公司在进入破产程序前，其财产已因多起案件被其他法院采取财产保全措施,在破产程序中为便于管理人对破产财产的接管,在受理破产申请的法院作出通知后,保全法院依法解除了保全措施。在破产程序终结时,债务尚未完全清偿,破产程序的终结与保全程序如何衔接?

1. 在债务人进入破产程序后,其财产已被采取的保全措施应当予以解除,这是由于法律规定破产程序启动后,债务人不得自行处分财产,其财产由管理人接管,按照债权人会议决议结果管理、变价、分配。破产程序终结时,原则上应当恢复此前已解除的保全措施。具体操作时可能存在两种情况,即审理破产案件的法院对债务人的全部或部分财产采取了保全措施,或者未采取保全措施而直接由管理人接管财产,无论是何种情况,在破产程序终结的同时,都应当使债务人财产状况恢复至受理时的状态,包括财产保全限额及顺位。

2. 破产程序终结后,破产法院与保全单位就恢复保全的衔接。为了确保破产程序终结时,恢复债务人财产的保全,审理破产案件的法院应当在解除保全措施前通知保全单位,等待原保全单位裁定(决定)是否恢复保全措施,待各保全单位均恢复保全措施后,解除破产程序中对财产的保全措施。如保全单位回复不再继续进行保全的,则不再为该单位继续保全,如其后还有轮候保全的,则顺位相应提前。实践中,有可能遇到原保全单位未回复意见的情况,为了避免无回复意见导致审理破产案件的法院长期保全债务人财产、损害债务人利益,可以考虑在通知中告知原保全单位在一定合理期间内回复意见的做法。

3. 区分具体情况决定是否继续保全。本条司法解释规定了破产宣告前裁定驳回破产申请或依《企业破产法》第108条之规定终结破产程序情况下的继续保全问题,具体针对四种情形:(1)债务人未发生破产原因;(2)第三人为债务人提供足额担保;(3)第三人为债务人清偿全部到期债务;(4)债务人自行清偿全部到期债务。在第(1)(2)种情形下,审理破产案件的法院应当在裁定驳回申请或终结程序同时通知原保全单位恢复保全措施,但在第(3)(4)种情形下,均发生了对到期债务的清偿行为,还需具体对待:(1)对全部到期债务的清偿不足涵盖原保全措施的范围(例如,在受理破产申请时,债权人提起对债务人的诉讼尚未审理完毕,且该案存在诉讼保全的,由于案件未审结,债权人与债务人就该笔债权是否属于确定且到期的债务存有争议,故在债务人或第三人清偿的全部到期债权中不包含该笔债权),则破产程序终结时应当通知原保全单位恢复保全措施;(2)全部到期债务清偿后,原保全措施所针对的债权已全部被清偿,此时,审理破产案件的法院应当在查明保全财产限额及清偿数额的基础上,不再延续保全措施,避免本条司法解释规定被机械适用。

第九条【撤销行为追回的财产】

管理人依据企业破产法第三十一条和第三十二条的规定提起诉讼，请求撤销涉及债务人财产的相关行为并由相对人返还债务人财产的，人民法院应予支持。

管理人因过错未依法行使撤销权导致债务人财产不当减损，债权人提起诉讼主张管理人对其损失承担相应赔偿责任的，人民法院应予支持。

【条文主旨】

本条旨在规定破产撤销权的行使及法律后果。

【规范目的】

《企业破产法》第31条和第32条明确列举了破产程序中的可撤销情形，并明确管理人有权行使破产撤销权，但对破产撤销权行使中的一些具体问题欠缺明确规定，如破产撤销权诉讼中应以何者为被告、如何追究管理人不及时行使撤销权的法律责任等问题。由于现有法律规定的不完善，导致司法实践中法院做法不一，影响了破产案件的顺利进行。鉴于此，本条司法解释主要是在《企业破产法》第31条和第32条的基础上，进一步明确上述具体问题，以便更好地指导破产案件的审理。

【原理与适用】

破产撤销权是指债务人财产的管理人对债务人在破产申请受理前的法定期间内进行的欺诈债权人或损害对全体债权人公平清偿的行为，有申请法院予以撤销并追回财产的权利。在各国破产立法中，撤销权之称谓略有不同。我国台湾地区"破产法"称之为撤销权，日本破产法称之为否认权，在英美法系的一些国家，称之为可撤销交易制度。我国企业破产法借鉴各国破产立法之经验，结合我国具体国情与司法实践，建立起较为健全的撤销权制度。本条司法解释在《企业破产法》的基础上，进一步明确了撤销权的行使主体、诉讼构成要件和诉讼后果等具体问题的处理。

一、破产撤销权的行使主体

　　破产撤销权本质上是一种通过诉讼行使的请求权。有民法学者认为，大陆法系国家的民商法在长期的发展中，早已经形成了较为复杂的合同可撤销原理与规则，它不仅包括根据合同相对性原理产生的当事人撤销权规则，而且包括根据债务保全制度产生的债权人撤销权规则。① 破产撤销权源自民法中的撤销权，也属于一种请求权，法院应当奉行"不告不理"原则，需要适格的主体以诉讼的形式提出方可行使。例如，依据《美国破产法》规定，在破产案件中可以依据破产撤销权撤销的转让行为，不是基于法律条款的规定自动被撤销，而是必须由破产法典授权的人按照一定的程序通过特定的行为方可实施，并且破产法院对这些问题享有决定权。② 《日本破产法》第 173 条规定了行使否认权的方式：否认权通过起诉、请求否认或者抗辩，由破产管理人行使。前款的诉讼以及请求否认的案件，由破产法院管辖。③ 比较特殊的是，我国台湾地区"破产法"区分了诉讼方式和诉讼外的行使方式。依据台湾地区"司法院"解释及"最高法院"判例，对于"破产法"第 78 条之情形，主要指欺诈行为，破产管理人行使撤销权时，必须向法院以诉讼之方法主张撤销；对于"破产法"第 79 条之情形，主要指偏袒性清偿行为，则由破产管理人以意思表示方法直接向债务人及相对人主张撤销，不得向法院起诉，否则法院应以其无起诉之必要而驳回。④

　　借鉴国外的立法经验，我国《企业破产法》第 31 条和第 32 条都明确规定"管理人有权请求人民法院予以撤销"。本条司法解释进一步明确了管理人为破产撤销权的行使主体。管理人之所以可以行使撤销权，不是基于其自身享有此项民事权利，而是基于法律规定的职权。⑤ 设置破产撤销权，旨在纠正债务人在破产程序开始前法定期间内的不当财产处分行为，恢复其责任财产，确保

---

　　① 王利明：《合同法研究》，中国人民大学出版社 2002 年版，第 663 页。
　　② ［美］大卫·G. 爱泼斯坦等：《美国破产法》，韩长印等译，中国政法大学出版社 2003 年版，第 277 页。
　　③ 李飞主编：《当代外国破产法》，中国法制出版社 2006 年版，第 789 页。
　　④ 台湾地区"破产法"第 78 条规定："债务人在破产宣告前所为之无偿或有偿行为，有损害于债权人之权利，依民法之规定得撤销者，破产管理人应申请法院撤销之。"第 79 条规定："债务人在破产宣告六个月内所为之左列行为，破产管理人得撤销之：一、对于现有债务提供担保。但债务人对于该项债务已于破产宣告六个月前承诺提供担保者，不在此限。二、对于未到期之债务为清偿。"台湾地区"最高法院"60 年台上字第 3975 号判决指出："'破产法'第七十八条与第七十九条，所定破产管理人行使撤销权之方式迥不相同，前者须以诉为之，后者以意思表示撤销为已足（'民法'第一百十六条第一项），其以诉请求撤销者，应认为其无起诉之必要而驳回之。"
　　⑤ 王欣新：《破产撤销权研究》，载《中国法学》2007 年第 5 期。

债务人财产得以在全体债权人之间进行公平分配。而管理人作为全面接管并负责债务人财产的保管、清理、估价、处理和分配等事务的专门机构，其主要职责就是行使对债务人财产的管理权和处分权。因此，行使破产撤销权理应是管理人分内之事，目的在于增加可供分配的债务人财产，进而维护全体债权人的利益。

需要注意的是，在某些特殊情形下，撤销权可能不是由管理人来行使。这主要适用于以下两种情形：

1. 清算程序终结之后的撤销权行使主体

在破产清算程序中，管理人随着破产程序的终结而解散，并且终止执行职务。此时，如果发现债务人在破产申请受理前的法定期间内进行的欺诈债权人或损害对全体债权人公平清偿的行为，显然无法再由管理人行使撤销权。因此，我国《企业破产法》第123条规定，自破产程序终结之日起两年内，债权人可以请求人民法院按照破产财产分配方案对追回的财产进行追加分配。如果债权人在破产程序终结之日起两年后才发现债务人作出的不当财产处分行为，由于已经超过了可以依据破产法请求人民法院追回财产的时效，此时债权人如欲主张权利，获得救济，需要符合民法、合同法或担保法关于撤销权的规定，债权人可以据此行使民事撤销权追回财产。

2. 特殊破产程序中撤销权的行使主体

依据《德国支付不能法》第7章规定，破产法院在关于破产程序开始的裁定中命令自行管理的，债务人有权在财产监督人的监督下管理和处分破产财产。此时，第280条规定：只有财产监督人才可以为破产财产主张行使撤销权。① 第9章规定在消费者破产程序和其他小型破产程序中，适用简易破产程序（即不设管理人），此时，根据第313条的规定，撤销权由任何破产债权人享有，并应当从所取得的财产中先行偿还债权人行使撤销权所发生的费用。债权人会议可以委托受托人或一名债权人行使撤销权。债权人会议委托一名债权人行使撤销权的，以所发生的费用不能够从取得财产中得到偿付为限，应当从破产财产中向其偿还。② 依据《美国破产法》规定，一般情况下，撤销权由破产托管人行使；在特定案件中或者在特定情况下，也可由债务人、债务人的代理人或者债务人的债权人来行使。例如，在《美国破产法》第11章规定的重整程序中，撤销权是由经管债务人行使的，只有在例外的指定托管人的重整程序中，特别是在债务人有欺诈行为或者债务人不适格时，托管人才取代经管债

---

① Insolvency Statute (Insolvenzordnung, InsO), Section 280: Liability. Contest of the Debtor's Transactions in Insolvency Proceedings.

② Insolvency Statute (Insolvenzordnung, InsO), Section 313: Trustees.

务人实行排他性的撤销权。我国《企业破产法》规定，在重整期间，债务人的财产管理和营业事务执行有两种方式：（1）由债务人负责。依据《企业破产法》第 73 条规定，经债务人申请，人民法院批准，债务人可以在管理人的监督下自行管理财产和营业事务。已接管债务人财产和营业事务的管理人应当向债务人移交财产和营业事务，管理人的职权由债务人行使；（2）由管理人负责。《企业破产法》第 74 条规定：管理人负责管理财产和营业事务的，可以聘任债务人的经营管理人员负责营业事务。在第一种情况下，债务人在管理人的监督下自行管理财产和营业事务，行使法定的管理人的职权，此时，考虑到撤销权的行使可能与经管债务人的利益发生冲突，加之我国目前债务人的破产欺诈行为严重、诚信不足，所以撤销权不宜由经管债务人自行行使，仍应由管理人统一行使。但是，管理人对撤销权的行使，要与经管债务人管理财产和营业事务的活动相互协调，双方发生冲突时，由人民法院决定。[①]

二、破产撤销权诉讼的构成要件

根据本条司法解释的规定，管理人提起撤销权诉讼，需要具备以下三个基本构成要件：

（一）以相对人为被告

在各国破产法中，对于破产撤销权诉讼的被告主体规定各不相同。德国规定可以针对债务人、相对人以及相对人的继承人或其他整体权利继受人提出撤销。《德国支付不能法》第 145 条规定：（1）对于撤销相对人的继承人或其他整体权利继受人，可以提出撤销；（2）对于其他的权利继受人，在下列情形，可以提出撤销：①权利继受人在其取得权利时，知道导致其前权利人的取得可被撤销的事由；②权利继受人在其取得权利时，属于与债务人关系密切的人，但其在此时不知道导致其前权利人的取得可被撤销的事由的除外；③权利继受人取得该财物属于无偿馈赠。[②] 日本破产法理论认为，行使否认权的对方当事人应是受益人或转得人。债务人不能成为被告。在对转得人进行否认时，可将受益人作为共同被告，此时，二者之间通常形成共同诉讼的关系。[③]《日本破产法》第 170 条规定了对于受让人行使否认权的情形：受让人在受让时，已经得知对于转让人存在否认的原因；受让人符合法律规定的特定主体范围，但是不包括受让人在受让时不知道对于转让人存在否认的原因；在受让人基于无偿

[①] 王欣新：《破产法》（第三版），中国人民大学出版社 2011 年版，第 124 页。
[②] Insolvency Statute (Insolvenzordnung, InsO), Section 145: Transactions Contested and Enforced against Legal Successors.
[③] [日] 石川明：《日本破产法》，何勤华、周桂秋译，中国法制出版社 2000 年版，第 94 页。

行为或者应视为无偿行为的有偿行为而受让的情况下，对于各受让人的转让人存在否认的原因。《美国破产法》第550条（a）规定了责任主体，当撤销一项转让行为时，托管人可以为破产财团的利益追还被转让的财产，或者依据法院的命令追还该财产价值：（1）该转让的第一受让人或者转让中受益的实体；（2）第一受让人的任何直接的或者间接的受让人。第550条（b）规定了抗辩主体，托管人不能对下列主体实施追还：（1）支付了对价，包括对现存的或者先前的债务提供了清偿或担保、善意的、对被撤销的转让行为的可撤销性不知情的受让人；（2）该受让人的任何直接的或者间接的善意受让人，即其善意的后手。[1]

在我国破产法学界，关于破产撤销权诉讼的被告资格问题，大致存在以下四种观点：第一种观点认为，对于不同的法律行为应该区别对待，若可撤销行为是单方行为，则仅以债务人为被告；若可撤销行为是双方行为，则应以行为相对人为被告，不必以债务人和行为相对人为共同被告。台湾地区"最高法院"判例及多数学者持此观点，[2] 实际上该观点不仅主张区分可撤销行为的性质，更重要的是考虑到民事诉讼法上的既判力问题。根据台湾地区"民事诉讼法"第401条第2款的规定，"对于为他人而为原告或被告者之确定判决，对于该他人亦有效力"，既然撤销权诉讼的判决对债务人有既判力，那么就没有必要以债务人和行为相对人为共同被告。该观点的问题在于将管理人视为债务人的法定代理人，因此无法对管理人就债务人的行为行使撤销权作出合理解释，而且在撤销权诉讼中，无论以何人为被告，债务人与管理人的诉讼地位并不一致，无法适用"民事诉讼法"关于既判力的规定。第二种观点认为，无需区分法律行为的性质，无论可撤销行为是单方行为还是双方行为，都应该以债务人为被告。该观点涉及管理人的法律地位问题，持此观点的学者采用破产财团代表说，即将债务人财产人格化，形成类似于财团法人性质的破产财团，而管理人则为破产财团的代表机关。因此，在撤销权诉讼中，破产财团为原告，管理人为法定代理人，而债务人为被告。[3] 问题在于，目前我国立法尚未采用财团法人及破产财团的概念，恐怕难以直接采用破产财团代表说进行解释。第三种观点认为，如果仅需撤销债务人的行为，不涉及追回财产的问题，则可仅以债务人为被告；如果在撤销债务人行为的同时还需要追回已转移财

---

[1] Secs. 550（Liability of transferee of avoided transfer）of Title 11（Bankruptcy）of United States Code.

[2] 参见台湾地区"最高法院"38年台上字第308号判例；钱国成：《破产法要义》，台湾地区三民书局1983年版；刘清波：《破产法新论》，台湾地区东华书局1984年版；陈计男：《破产法论》，台湾地区三民书局1984年版。

[3] 陈荣宗：《破产法》，台湾地区三民书局1986年版，第267页。

产，那么就需要增加交易相对人或转得人为共同被告。该观点主张撤销之诉以何人为被告，应由撤销之诉的性质及效力决定，即撤销之诉仅为形成之诉时，以行为当事人为被告；撤销之诉为形成之诉与给付之诉的结合时，以行为当事人和行为相对人或转得人为被告。[①] 与前两种观点相比，该观点较为合理，唯一的问题在于，如果以债务人为被告或者以债务人和交易相对人为共同被告，会导致在诉讼过程中管理人一人同时作为诉讼两造出现在法庭上的混乱局面，这显然有悖于民事诉讼程序规则。第四种观点认为，破产撤销权诉讼的被告主体问题不存在特殊性，无需特别处理，适用普通诉讼案件中的做法，即以债务人为被告，将受益人或转得人列为第三人。该观点显然没有注意到破产程序中诉讼当事人的特殊性，即管理人所扮演的角色，一方面管理人基于法定职权负有启动撤销程序的主要责任；另一方面，破产案件受理后，管理人代表债务人参加所有与其财产有关的诉讼、仲裁或者其他法律程序，如果依然适用普通诉讼中关于当事人的规定，则难以解决破产撤销权诉讼中可能出现的问题。

　　面对上述学术界的争议，我国《企业破产法》没有作出明确的回应，这是一个不足之处，本条司法解释对此作出补充，规定管理人应"请求撤销涉及债务人财产的相关行为并由相对人返还债务人财产"，意即在此类撤销权诉讼中，应当以"相对人"为诉讼被告。这一规定既考虑了民事诉讼法的相关规定，在案件处理和文书表述也可做到顺理成章，同时，该条规定也体现了破产程序的特殊性。在破产撤销权诉讼中，不以债务人为被告。破产申请受理后，债务人丧失对其财产与事务的管理权、处分权，由管理人全面接管债务人的财产与事务。根据我国《企业破产法》第20条和第25条的规定，人民法院受理破产申请后，已经开始而尚未终结的有关债务人的民事诉讼或者仲裁应当中止；在管理人接管债务人的财产后，该诉讼或者仲裁继续进行。此外，破产案件受理后，所有与债务人财产有关的诉讼、仲裁或者其他法律程序，也均由管理人作为债务人的法定代表进行。如前所述，在破产程序中，基于法定职权，管理人负有启动撤销程序的主要责任。也就是说破产撤销权的行使主体是管理人，应该由管理人作为原告参加由此产生的诉讼。如果以债务人为被告或者以债务人和交易相对人为共同被告，那么在诉讼中就会出现管理人一方面作为原告行使破产撤销权，另一方面代表债务人参加诉讼成为被告，从而导致管理人一人同时作为诉讼两造出现在法庭上的混乱局面，这显然有悖于民事诉讼程序规则。

[①] 史尚宽：《债法总论》，台湾地区荣泰印书馆1986年版，第477页。

（二）所诉之可撤销行为是指"涉及债务人财产的相关行为"

根据我国《企业破产法》第31条和第32条的规定，破产法中的可撤销行为包括两类。第一类是欺诈行为，主要包括：（1）无偿转让财产的；（2）以明显不合理的价格进行交易的；（3）放弃债权。第二类是偏颇性清偿行为，主要包括：（1）对未到期的债务提前清偿；（2）对没有财产担保的债务提供财产担保；（3）危机期间的个别清偿行为，即第32条所规定的情形。

对于上述两类行为中的6种情形，均涉及债务人财产，但存在债务人财产追回问题的，主要是指：无偿转让财产的行为、以明显不合理的价格进行交易的行为、对未到期债务提前清偿的行为和危机期间的个别清偿行为。对于"放弃债权"的行为，管理人可以主张撤销该行为，恢复对债务人的债务人所享有的债权即可，不存在财产的返还问题；对于"对没有财产担保的债务提供财产担保"的行为，除非采取的是转移担保物的担保方式（如质押），否则，管理人请求法院撤销该担保行为的效力即可，也不存在追回财产的问题。

（三）追回的财产应当归入债务人财产

管理人通过撤销权之诉追回的财产归入债务人财产，这是由管理人的职责和角色定位所决定的，也符合传统民法理论中的"入库规则"。传统民法理论认为，撤销权与代位权诉讼均采用"入库规则"。所谓"入库规则"，是指债权人提起代位权和撤销权诉讼的结果只能归于债务人，行使代位权和撤销权的债权人对追回或者避免减少的债务人的财产需要与其他债权人平等受偿，不享有优先受偿权。"先入库，再清偿"是"入库规则"奉行的原则。观察民法中的撤销权制度发展过程可知，立法对债权人撤销权在两个维度上进行控制，以实现法律的整体平衡。一方面，法律对撤销权的行使规定了严格的行使要件，只有符合这些要件，才有可能主张撤销权。并且，法律还将证明这些法律要件的举证责任分配给债权人，防止其滥用撤销权，从而避免对债务人处分权的过大限制和交易秩序的过分干扰。另一方面，对撤销权行使的效果适用"入库规则"，即撤销权人胜诉之时，他不能直接接受次债务人的清偿而实现债权，而应把行使撤销权所得的财产归属于债务人，然后再从债务人那里与其他债权人一起平等受偿，以此平衡全体债权人和撤销权人的利益，防止保全"异化"为撤销权人的优先权。[①] 立法者的上述思维贯彻了这样一个逻辑立场：债权人撤销权制度乃是一种保全债权的制度，其合理性仅在于防止因债务人的背信行为而损害债权，其规则的设计不能逾越这个界限而过多限制债务人的财产自由和对交易秩序形成过多干涉。并且撤销权制度的本旨在于保障一般债权人全体

---

① 黄家镇：《超越抑或回归：论撤销权的法律效果》，载《学术论坛》2008年第6期。

的利益，而非各个债权人的个别利益。[①] 尽管入库规则遭遇到了"直接受偿规则"的挑战，尤其是《合同法司法解释（一）》第 20 条体现了"直接受偿规则"的适用[②]，引发了学界对"入库规则"的质疑，但依然有大多数学者主张在撤销权诉讼中适用"入库规则"。而在破产程序中，惟有适用"入库规则"，方可体现破产撤销权维护全体债权人利益制度初衷。

综上，虽然《企业破产法》和司法解释均未明确破产撤销权诉讼的后果问题，但无论是从管理人职责和角色定位来看，还是从撤销权诉讼之效果原则分析，在破产程序中，管理人通过撤销权诉讼追回的财产，都应当归入债务人财产。

三、管理人因过错未依法行使撤销权将可能承担相应的赔偿责任

本条司法解释第 2 款规定："管理人因过错未依法行使撤销权导致债务人财产不当减损，债权人提起诉讼主张管理人对其损失承担相应赔偿责任的，人民法院应予支持。"该条款的规定实际上是《企业破产法》中关于管理人职责、义务和法律责任在破产撤销权行使过程中的细化和落实。

依据《企业破产法》第 25 条和第 27 条的规定，管理人负有接管并管理、处分债务人财产之职责，管理人应当勤勉尽责，忠实执行职务。《企业破产法》第 130 条规定："管理人未依照本法规定勤勉尽责，忠实执行职务的，人民法院可以依法处以罚款；给债权人、债务人或者第三人造成损失的，依法承担赔偿责任。"如果管理人未依法行使撤销权，属于未尽到"勤勉尽责，忠实执行职务"的义务，对于由此给债务人财产造成不当减损的，当然应当承担赔偿责任。

在司法实践中，正确理解和适用本条司法解释第 2 款的规定，需要注意以下两点：

1. 管理人承担责任必须同时具备以下四个要件：（1）管理人未依法行使撤销权。如何判断管理人是否依法行使了撤销权，这需要法院在审理破产案件中根据《企业破产法》关于管理人职责和义务的规定来进行准确的判断。从实际情况来看，管理人一经指定，就要接管债务人的财产、印章和账簿、文书等资料，调查债务人财产状况，制作财产状况报告。如果管理人在此过程中已

[①] 韩世远：《债权人撤销权研究》，载《比较法研究》2004 年第 3 期。

[②] 《合同法司法解释（一）》第 20 条：债权人向次债务人提起的代位权诉讼经人民法院审理后认定代位权成立的，由次债务人向债权人履行清偿义务，债权人与债务人、债务人与次债务人之间相应的债权债务关系即予消灭。

经发现债务人存在《企业破产法》第31条和第32条所规定的可撤销情形，管理人却没有提起撤销权之诉，法院可以认定管理人"未依法行使撤销权"。再者，如果债权人发现了可撤销行为，要求管理人提起破产撤销权之诉，管理人无正当理由拒不起诉，法院亦可认定管理人"未依法行使撤销权"。对于管理人未能在发现可撤销行为的第一时间即起诉，能否认定为未依法行使撤销权？笔者认为，这恐怕只能算是未及时行使撤销权。从《企业破产法》的规定来看，法律并未要求管理人在发现可撤销行为之日起多长时间之内提起撤销权之诉，因此，不宜将此情形认定为"未依法行使撤销权"。总之，法院应当依据管理人所掌握的情况来判断其是否尽到了"勤勉尽责，忠实执行职务"的义务，来判断其是否依法行使了撤销权。既要考虑到债权人的利益，也要考虑到管理人工作的实际情况。（2）产生了债务人财产不当减损的后果。如何判断债务人财产发生了不当减损？法院应当根据具体情况具体分析。我们认为，如果管理人未依法行使撤销权，但债权人依据本司法解释之第13条提起了债权人的撤销权诉讼，并追回了财产，则应认定为并未导致债务人财产的不当减损。但是，对该债权人因此而发生的合理费用，管理人要予以承担，对管理人未尽职责的行为也要予以处罚，但不是承担对债权人的赔偿责任。因此，只有当管理人未依法行使撤销权，产生了不可弥补的后果，导致债务人的财产无法追回，才能认定为产生了"不当减损"。（3）"管理人未依法行使撤销权"与"债务人财产的不当减损"之间必须存在明确的因果关系。因果关系是指行为人的行为和损害结果之间引起与被引起的关系。因果关系作为责任构成要件，其主要功能在于：确定责任的成立、排除责任的承担、确定责任的范围。具体到本条司法解释所指之情形，所谓因果关系，应当是指"管理人未依法行使撤销权"是"导致债务人财产不当减损"的必然因素。如果事后假定管理人即使依法行使了撤销权，依然出现财产无法追回的后果，则可认定"管理人未依法行使撤销权"与"债务人财产的不当减损"之间不存在因果关系。例如，可撤销行为是指债务人与交易相对人的财产转让行为，在破产程序中，因为不可抗力导致财产的灭失，则无论管理人是否提起撤销权诉讼，都实现不了追回债务人财产之效果。（4）管理人存在故意或重大过失。

2. 必须准确理解"相应赔偿责任"。如因管理人未依法履行职责，给债务人财产造成2000万元的不当减损，管理人的责任不是直接赔偿某一起诉的债权人，而是将该2000万元赔偿归入债务人财产向全体债权人进行分配或者按实际可分得的赔偿额赔偿某一债权人。

综上，本条司法解释不仅明确了破产撤销权诉讼中的原告与被告资格问题，还专门规定了撤销权行使的法律后果以及管理人未依法行使撤销权的法律后果,是在《企业破产法》现有规定基础之上的合理细化,有利于更好地指导破产司法实务工作。

【法律、司法解释及案例】

《企业破产法》(2007年6月1日起施行)

第二十五条 管理人履行下列职责:
(一)接管债务人的财产、印章和账簿、文书等资料;
(二)调查债务人财产状况,制作财产状况报告;
(三)决定债务人的内部管理事务;
(四)决定债务人的日常开支和其他必要开支;
(五)在第一次债权人会议召开之前,决定继续或者停止债务人的营业;
(六)管理和处分债务人的财产;
(七)代表债务人参加诉讼、仲裁或者其他法律程序;
(八)提议召开债权人会议;
(九)人民法院认为管理人应当履行的其他职责。
本法对管理人的职责另有规定的,适用其规定。

第二十七条 管理人应当勤勉尽责,忠实执行职务。

第三十一条 人民法院受理破产申请前一年内,涉及债务人财产的下列行为,管理人有权请求人民法院予以撤销:
(一)无偿转让财产的;
(二)以明显不合理的价格进行交易的;
(三)对没有财产担保的债务提供财产担保的;
(四)对未到期的债务提前清偿的;
(五)放弃债权的。

第三十二条 人民法院受理破产申请前六个月内,债务人有本法第二条第一款规定的情形,仍对个别债权人进行清偿的,管理人有权请求人民法院予以撤销。但是,个别清偿使债务人财产受益的除外。

第三十四条 因本法第三十一条、第三十二条或者第三十三条规定的行为而取得的债务人的财产,管理人有权追回。

第一百二十三条 自破产程序依照本法第四十三条第四款或者第一百二十条的规定终结之日起二年内,有下列情形之一的,债权人可以请求人民法院按照破产财产分配方案进行追加分配:
(一)发现有依照本法第三十一条、第三十二条、第三十三条、第三十六条规定应当追回的财产的;

(二) 发现破产人有应当供分配的其他财产的。

有前款规定情形，但财产数量不足以支付分配费用的，不再进行追加分配，由人民法院将其上交国库。

第一百三十条 管理人未依照本法规定勤勉尽责，忠实执行职务的，人民法院可以依法处以罚款；给债权人、债务人或者第三人造成损失的，依法承担赔偿责任。

【案例】

2011年9月9日，A企业向法院提出破产清算申请。法院经审查后认为，A企业不能清偿到期债务并且明显缺乏清偿能力，于同年9月15日裁定受理A企业的破产清算申请，又通过随机摇号的方式指定了管理人。在清算过程中，管理人对债权申报情况进行统计和梳理，并对A企业的资产状况进行分析，在上述清算过程中，管理人发现A企业资产总额不足800万元，拖欠了大量的债务，连续多年经营亏损，2009年下半年开始已经资不抵债，因绝大多数债权已经到期，债权人纷纷提起诉讼，法院判决后，无法通过执行程序清偿债权人的债权。在受理破产申请前一年半的期间里，A企业债务总额超过1500万元，在进入破产程序后，债权人共计申报债权2000余万元。

2011年3月，A企业向其关联企业B公司清偿拆借款55万元，同年5月又向供货商C公司支付拖欠的货款39万元。在第一次债权人会议上，管理人将上述情况向全体债权人进行报告，并提出，根据《企业破产法》规定，A企业在不能清偿到期债务且资产不足以清偿全部债务的情况下，选择性的清偿了上述两笔债务，属于债务人在已经发生破产原因的情况下的个别清偿行为。有的债权人提出管理人应当将上述两笔债务清偿款追回。对此，管理人向债权人解释，根据《企业破产法》的规定，A企业向B公司清偿的55万元不属于法院受理破产申请之日前6个月以内的清偿行为，不能通过行使破产撤销权的方式追回。在召开债权人会议后，管理人向受理破产申请的法院提起诉讼，将C公司列为被告，请求通过行使破产撤销权，追回个别清偿款39万元。

【简要评析】

根据《企业破产》第31条、第32条的规定，债务人在受理破产申请前的法定期间内有上述法律条文规定的行为的，管理人有权行使破产撤销权，在相对人拒绝的情况下，管理人应当通过诉讼的方式行使上述权利。本条司法解释规定对破产撤销权的行使予以明确。实践中，应当注意对该条文的理解。

1. 对于债务人可撤销的行为，应当区分行为的内容。其中，第31条规定了五种情形，分别是：(1) 无偿转让财产；(2) 以明显不合理的价格进行交易；（3）对没有财产担保的债务提供财产担保；（4）对未到期的债务提前清偿；（5）放弃债权。第32条规定，仅涉及债务人的个别清偿行为，且对个别清偿行为作了但书规定，这种可撤销的个别清偿行为应当理解为对债务人财产减损的个别清偿。

2. 对于债务人可撤销的行为，应当区分作出该行为的时间。除本司法解释定有规定外，时间计算的起算点均为受理债务人破产申请之日，但第31条规定的期间为此前1年内，而第32规定的期间为此前6个月内。

3. 对于债务人可撤销的行为，应当注意结合发生破产原因这一条件。根据《企业破产法》第31条的规定，只要债务人在受理破产申请前1年内有该条规定的情形的，均可构成破产撤销权所指向的行为，而无论债务人在实施该行为时其是否发生破产原因；第32条对于个别清偿的撤销则规定，债务人在法定期间内实施的个别清偿行为必须是在其已经发生破产原因的情况下。实践中，应当认识到，对债务人清偿债务的行为本身是不应作否定评价的，并且在企业经营过程中，对债务的情况通常都是单笔清偿，而非一次性的清偿全部债务，所以，破产法对债务人个别清偿行为的否定，必须设定明确的和严格的标准，该标准的确定应当结合债务人是否发生破产原因这一关键性因素，即在债务人已经发生破产原因时，其选择性的对个别债务予以清偿而对其他债务不予清偿，构成偏颇性清偿，在全部债务无法全额清偿的情况下，该行为损害了其他债权人平等受偿的权利，因此，应予撤销。

4. 虽然《企业破产法》法条对此表述为"管理人有权请求人民法院予以撤销"，并且，在法理上也称之为破产撤销权，但是，该权与民事权利不同。民事权利可以行使，也可以由权利人选择放弃行使；破产撤销权为给予管理人法定职责而派生的权利，相对于债权人来说，管理人享有该权利，无须债权人会议决议授权，但从另一层面看，如果管理人未依法行使破产撤销权，例如，管理人对于应予撤销的行为不行使破产撤销权，则其未履行其法定职责，其对由此造成的损失应当负有责任，对此，债权人会议和债权人委员会有权对管理人行使破产撤销权的行为进行监督。

第十条【程序转入下撤销行为的起算点】

债务人经过行政清理程序转入破产程序的,企业破产法第三十一条和第三十二条规定的可撤销行为的起算点,为行政监管机构作出撤销决定之日。

债务人经过强制清算程序转入破产程序的,企业破产法第三十一条和第三十二条规定的可撤销行为的起算点,为人民法院裁定受理强制清算申请之日。

【条文主旨】

本条旨在规定行政清理、强制清算程序与破产程序衔接过程中的可撤销行为临界期起算点的认定问题。

【规范目的】

一般的企业破产案件,只要企业出现了破产原因,相关当事人即可向法院提出破产清算申请。但在实践中,存在两种特殊的情形:(1)商业银行、证券公司、保险公司等金融机构出现重大经营风险、存在破产原因的,一般都是先由国务院金融监督管理机构先行启动行政清理程序,对涉及社会稳定的敏感债权、个人债权等特殊类型债权进行甄别和清偿,之后再转入破产清算程序;(2)根据《公司法》和《企业破产法》的规定,在公司强制清算程序中出现资不抵债现象时转入破产清算程序。这两种情形都涉及到程序的衔接问题,我国《公司法》和《企业破产法》对此规定不够明确。本条司法解释则是基于完善程序衔接的目的,从可撤销行为的临界期起算点入手,对行政清理与破产清算程序、强制清算与破产清算程序的衔接问题进行明确,避免出现因为行政清理或者强制清算程序占用的时间导致相关损害全体债权人利益的行为不能被撤销的后果。

【原理与适用】

一、金融机构由行政清理程序转入破产程序的可撤销行为起算点

本条司法解释第 1 款所指之 "债务人"，主要是指商业银行、证券公司、保险公司等金融机构。因为，根据我国现行立法的规定，行政清理程序主要出现在商业银行、证券公司、保险公司等金融机构出现重大经营风险、存在破产原因的情形中。《企业破产法》第 134 条规定："商业银行、证券公司、保险公司等金融机构有本法第二条规定情形的，国务院金融监督管理机构可以向人民法院提出对该金融机构进行重整或者破产清算的申请……"同时，该条第 2 款授权国务院可以依据《企业破产法》和其他有关法律的规定制定金融机构破产的实施办法。

目前我国金融立法中关于行政清理程序的规定，尤以证券领域的立法最为明确。根据《证券公司风险处置条例》的规定，证券公司同时有下列情形的，国务院证券监督管理机构可以直接撤销该证券公司：（1）违法经营情节特别严重、存在巨大经营风险；（2）不能清偿到期债务，并且资产不足以清偿全部债务或者明显缺乏清偿能力；（3）需要动用证券投资者保护基金。国务院证券监督管理机构撤销证券公司，应当作出撤销决定，并按照规定程序选择律师事务所、会计师事务所等专业机构成立行政清理组，对该证券公司进行行政清理。撤销决定应当予以公告，撤销决定的公告日期为处置日，撤销决定自公告之时生效。

证券公司进入破产程序，主要分为两种情形：（1）证券公司被依法撤销、关闭时，有《企业破产法》第 2 条规定情形的，行政清理工作完成后，国务院证券监督管理机构或者其委托的行政清理组依照《企业破产法》的有关规定，可以向人民法院申请对被撤销、关闭证券公司进行破产清算；（2）证券公司有《企业破产法》第 2 条规定情形的，国务院证券监督管理机构可以直接向人民法院申请对该证券公司进行重整。不难看出，只要是进入破产清算程序的证券公司，都必须先经过行政清理程序。而且，这也将是未来我国银行业、保险业风险处置立法的大方向。

本条司法解释第 1 款正是针对这种金融机构破产中的特殊情形，专门规定了可撤销行为的起算点。我们认为，司法解释之所以将 "行政监管机构作出撤销决定之日" 界定为《企业破产法》第 31 条和第 32 条规定的可撤销行为的起算点，实则源于以下几个方面的原因：

1. 被撤销的金融机构往往都已具备了破产原因。金融监管部门一旦决定撤销某金融机构，一般都是该金融机构事实上已经具备了企业破产法所规定的破产原因，只是因为金融机构具有准公共企业之特性，需要经过撤销和行政清理程序对其进行司法破产之前的处置，以妥善处理相关问题，防范社会风险。金融机构是准公共企业，与国民经济和人民群众生活密切相关，其经营发展依赖于公众的信任，个别金融机构的经营风险具有传导和扩散效应，极易引发局部或系统性的金融风险；由于金融机构面对大量公众债权人，尤其是个人债权人，如果处理不好，极易发生群体事件，引起社会震荡；我国经济正处于高速增长期，并且逐渐融入世界经济中，其他国家和地区对我国经济发展状况非常关注，由于金融机构更多体现的是国家信誉，金融机构的行政清理和破产程序直接影响到我国的金融状况和政府的信誉。

2. 监管部门撤销金融机构必将启动行政清理程序，而行政清理程序在很多方面具有类似于破产程序之特征。以证券公司的行政清理程序为例，根据《证券公司风险处置条例》第21条的规定，国务院证券监督管理机构撤销证券公司，应当作出撤销决定，并按照规定成立行政清理组。该条例第22条规定：行政清理期间，行政清理组负责人行使被撤销证券公司法定代表人职权。行政清理组履行下列职责：（1）管理证券公司的财产、印章和账簿、文书等资料；（2）清理账户，核实资产负债有关情况，对符合国家规定的债权进行登记；（3）协助甄别确认、收购符合国家规定的债权；（4）协助证券投资者保护基金管理机构弥补客户的交易结算资金；（5）按照客户自愿的原则安置客户；（6）转让证券类资产；（7）国务院证券监督管理机构要求履行的其他职责。该条规定中列举的部分职权类似于破产程序中的管理人的职责。该条例第31条规定：行政清理组不得对债务进行个别清偿，但为保护客户和债权人利益的下列情形除外：（1）因行政清理组请求对方当事人履行双方均未履行完毕的合同所产生的债务；（2）为维持业务正常进行而应当支付的职工劳动报酬和社会保险费用等正常支出；（3）行政清理组履行职责所产生的其他费用。这些规定都与破产程序中的规则有类似之处。正是源于这种类似之处，最高人民法院相关负责人曾在《全国部分中、高级人民法院审理证券公司破产案件座谈会上的讲话》中提出了"三中止"的要求，即根据国务院的整体部署，由最高人民法院发布通知，在一定期限内，对已进入风险处置阶段的包括证券公司在内的金融机构为被告的民事案件，尚未受理的暂缓受理；已经受理的中止审理；对其作为被执行人的案件中止执行。不仅如此，最高人民法院相关负责人还在讲话中明确了法院受理证券公司破产申请应当符合的8个条件：（1）须经国家证券监管机构的批准；（2）证券类资产处置完毕；（3）收购工作基本完成；(4) 职工已经安置或有切实可行的职工安置方案；(5) 在行政处置期间没有不当处置资产的情况；(6) 公安机关专案组收缴的资产、账簿要移交；(7) 地方政府要有维护社会稳定的方案；(8) 报经最高人民法院批准。此外，法院在受理证券公司的破产申请之后指定管理人时还应注意：在证券公司的行政处置过程中，由监管机构根据不同的处置方式指定处置组织，有接管组、工作组、托管组、清算组等不同称谓，对于其中符合上述规定的，经人民法院认可，可直接转为破产清算组。

3. 对于经行政清理转入破产清算的金融机构而言，在其启动行政清理程序时，事实上已经符合启动破产清算程序的条件，只是基于特殊程序前置的需要而未启动。如果对此类案件仍然按照破产法规定的受理时间起算可撤销的行为，则因行政清理程序占用的时间过长而使破产撤销权全部落空。以闽发证券公司破产案件为例，2004年10月18日，闽发证券由中国东方资产管理公司全面托管。2005年7月15日，因债权人无法达成一致意见，闽发证券宣告重组无望，中国证监会委托东方资产管理公司成立闽发证券公司行政清算组，闽发证券的清算工作（即行政清理工作）正式启动。2008年7月18日，闽发证券破产案件由福州中院依法裁定正式受理，之后，法院指定中国东方资产管理公司、北京中伦律师事务所、上海立信会计师事务所有限公司共同组成清算组担任破产管理人，并依法督导管理人开展破产清算工作。在此案件中，法院裁定受理破产申请的日期是2008年7月18日，从行政清理开始之日到法院裁定受理破产申请之日，大约有3年的期间。考查其他证券公司破产的案件，也大都是如此。如果按照《企业破产法》第31条的规定，可撤销行为必须是在"人民法院受理破产申请前一年内"发生的行为；按照《企业破产法》第32条的规定，可撤销行为必须是"人民法院受理破产申请前六个月内"，无论是1年还是6个月，自裁定受理破产申请之日起往前算，都只会是在行政清理组对证券公司进行行政清理的时期内，在行政清理期间，证券公司经营管理层已经被行政清理组接管，不可能发生可撤销行为。而真正发生可撤销行为的期间应该是在行政清理组启动之前，如果僵硬地理解《企业破产法》第31条和第32条的规定，则可能出现证券公司破产案件中，所有的可撤销行为都因为行政清理期限过长，最终都无法依据《企业破产法》的规定来予以撤销。因此，有必要对此类金融机构破产案件中的可撤销行为的起算点作出专门规定。

从破产立法的精神来看，《企业破产法》的条文基本都是针对普通商业企业破产所设计的条款，对于特殊主体的破产问题允许采取特殊的规定来处理。例如，《企业破产法》第134条授权国务院依据该法和其他有关法律的规定制定金融机构破产的实施办法；第135条授权其他法律规定企业法人以外的组织的清算参照适用该法规定的程序。这些都是属于针对特殊主体的法律适用问题所作的专门规定。本条司法解释第 1 款正是基于金融机构破产的特殊性以及金融立法中的特殊规定，根据实际情况，将"国务院金融监督管理机构作出撤销决定之日"作为可撤销行为的起算日期，这样不仅有利于维护全体债权人的合法利益，而且更符合破产撤销权制度设立的初衷与目的。

二、债务人由强制清算程序转入破产程序的可撤销行为起算点

本条司法解释第 2 款规定：债务人经过强制清算程序转入破产程序的，《企业破产法》第 31 条和第 32 条规定的可撤销行为的起算点，为人民法院裁定受理强制清算申请之日。

公司从强制清算转入破产清算的情形，将法院裁定受理强制清算申请之日确定为可撤销行为的起算日，其原理与上述金融机构破产的原理具有一定的共通性。根据《公司法司法解释（二）》第 7 条的规定，公司应当依照《公司法》第 184 条的规定，在解散事由出现之日起 15 日内成立清算组，开始自行清算。有下列情形之一，债权人申请人民法院指定清算组进行清算的，人民法院应予受理：（1）公司解散逾期不成立清算组进行清算的；（2）虽然成立清算组但故意拖延清算的；（3）违法清算可能严重损害债权人或者股东利益的。在出现上述三种情形下，法院都可以据以启动强制清算程序。在公司强制清算的过程中，一定条件下应由强制清算转入破产清算，强制清算与破产清算的衔接具有法定性。这种法定性体现在《公司法》与《企业破产法》的直接规定。《公司法》第 188 条第 1 款规定："清算组在清理公司财产、编制资产负债表和财产清单后，发现公司财产不足清偿债务的，应当依法向人民法院申请宣告破产。"该条规定清算组作为对公司负有清算义务的人，依法负有向人民法院提出破产申请的义务，必须向人民法院申请宣告破产，由普通清算程序转入破产清算程序。《企业破产法》第 7 条第 3 款作了相应的规定，即"企业法人已解散但未清算或者未清算完毕，资产不足以清偿债务的，依法负有清算责任的人应当向人民法院申请破产清算。"虽然两部法律均未对义务人不履行法定的破产申请义务时，应如何实现这种程序的衔接规定具体操作程序，但是已经体现了公司清算与破产清算程序衔接的法定性。[①]

从实践来看，在以下两种情形之下，应当由公司强制清算转入破产清算程序：（1）在公司强制清算中，清算组在清理公司财产、编制资产负债表和财产清单时，发现公司财产不足清偿债务的，除依据《公司法司法解释（二）》

[①] 刘敏：《公司解散清算制度》，北京大学出版社 2012 年版，第 153 页。

第17条的规定,通过与债权人协商制作有关债务清偿方案并清偿债务的外,应依据《公司法》第188条和《企业破产法》第7条第3款的规定向人民法院申请宣告破产;(2)在公司强制清算中,有关权利人依据《企业破产法》第2条和第7条的规定向人民法院提起破产申请的,人民法院应当依法进行审查。权利人的破产申请符合《企业破产法》规定的,人民法院应当依法裁定予以受理。人民法院裁定受理破产申请后,应当裁定终结强制清算程序。

公司一旦由强制清算程序转入破产清算程序上,就面临着管理人行使破产撤销权的可能性。在实践中,当事人提出强制清算申请、法院审查强制清算申请和受理强制清算申请以及受理之后对清算组成员的指定,都与破产程序相似,在材料准备和审查日期方面都具有严格的规则要求。而强制清算申请被受理之后,清算组的工作也类似于管理人的工作,需要承担债务人财产接管、管理、处分的职责,在强制清算程序中,可能会出现大量衍生案件。因此,强制清算程序往往会持续较长时间,如果以法院裁定受理破产申请之日为可撤销行为之起算日,将会如上述金融机构破产中的情形一样,可撤销行为可能不在《企业破产法》第31条规定的"人民法院受理破产申请前一年内"或者第32条规定的"人民法院受理破产申请前六个月内",导致部分甚至所有可撤销行为都因为不符合期限要求而无法撤销,从而损害到全体债权人的利益。鉴于此,依据本条司法解释第2款规定,将"人民法院裁定受理强制清算申请之日"作为可撤销行为的起算日。这一规定既考虑到了公司强制清算程序的特殊性,也贯彻了破产立法之目标与精神。

从实际情况来看,公司强制清算程序实际上与破产程序具有高度相似性。正因为如此,《最高人民法院关于审理公司强制清算案件工作座谈会纪要》明确强调,因公司强制清算案件在案件性质上类似于企业破产案件,因此强制清算案件应当由负责审理企业破产案件的审判庭审理。有条件的人民法院,可由专门的审判庭或者指定专门的合议庭审理公司强制清算案件和企业破产案件。公司强制清算案件应当组成合议庭进行审理。在程序转换的衔接上,最高人民法院也做了具体的要求:(1)在公司强制清算转入破产清算后,原强制清算中的清算组由《人民法院中介机构管理人名册》和《人民法院个人管理人名册》中的中介机构或者个人组成或者参加的,除该中介机构或者个人存在与本案有利害关系等不宜担任管理人或者管理人成员的情形外,人民法院可根据《企业破产法》及其司法解释的规定,指定该中介机构或者个人作为破产案件的管理人,或者吸收该中介机构作为新成立的清算组管理人的成员;(2)公司强制清算中已经完成的清算事项,如无违反企业破产法或者有关司法解释的情形的,在破产清算程序中应承认其效力。强制清算与破产清算在性质上和程序规则上的高度类似，也可以解释为何需要将"人民法院裁定受理强制清算申请之日"作为可撤销行为起算日。

【法律、司法解释及案例】

《证券法》（2006年1月1日起施行）

第一百五十三条 证券公司违法经营或者出现重大风险，严重危害证券市场秩序、损害投资者利益的，国务院证券监督管理机构可以对该证券公司采取责令停业整顿、指定其他机构托管、接管或者撤销等监管措施。

《证券公司风险处置条例》（2008年4月23日起施行）

第十九条 证券公司同时有下列情形的，国务院证券监督管理机构可以直接撤销该证券公司：

（一）违法经营情节特别严重、存在巨大经营风险；

（二）不能清偿到期债务，并且资产不足以清偿全部债务或者明显缺乏清偿能力；

（三）需要动用证券投资者保护基金。

第二十条 证券公司经停业整顿、托管、接管或者行政重组在规定期限内仍达不到正常经营条件，并且有本条例第十九条第（二）项或者第（三）项规定情形的，国务院证券监督管理机构应当撤销该证券公司。

第二十一条 国务院证券监督管理机构撤销证券公司，应当做出撤销决定，并按照规定程序选择律师事务所、会计师事务所等专业机构成立行政清理组，对该证券公司进行行政清理。

撤销决定应当予以公告，撤销决定的公告日期为处置日，撤销决定自公告之时生效。

本条例施行前，国务院证券监督管理机构已经对证券公司进行行政清理的，行政清理的公告日期为处置日。

第二十二条 行政清理期间，行政清理组负责人行使被撤销证券公司法定代表人职权。

行政清理组履行下列职责：

（一）管理证券公司的财产、印章和账簿、文书等资料；

（二）清理账户，核实资产负债有关情况，对符合国家规定的债权进行登记；

（三）协助甄别确认、收购符合国家规定的债权；

（四）协助证券投资者保护基金管理机构弥补客户的交易结算资金；

（五）按照客户自愿的原则安置客户；

（六）转让证券类资产；
（七）国务院证券监督管理机构要求履行的其他职责。

前款所称证券类资产，是指证券公司为维持证券经纪业务正常进行所必需的计算机信息管理系统、交易系统、通信网络系统、交易席位等资产。

第三十七条 证券公司被依法撤销、关闭时，有《企业破产法》第二条规定情形的，行政清理工作完成后，国务院证券监督管理机构或者其委托的行政清理组依照《企业破产法》的有关规定，可以向人民法院申请对被撤销、关闭证券公司进行破产清算。

第三十八条 证券公司有《企业破产法》第二条规定情形的，国务院证券监督管理机构可以直接向人民法院申请对该证券公司进行重整。

证券公司或者其债权人依照《企业破产法》的有关规定，可以向人民法院提出对证券公司进行破产清算或者重整的申请，但应当依照《证券法》第一百二十九条的规定报经国务院证券监督管理机构批准。

《最高人民法院关于适用〈中华人民共和国公司法〉若干问题的规定（二）》（2008年5月19日起施行）

第七条 公司应当依照公司法第一百八十四条的规定，在解散事由出现之日起十五日内成立清算组，开始自行清算。

有下列情形之一，债权人申请人民法院指定清算组进行清算的，人民法院应予受理：

（一）公司解散逾期不成立清算组进行清算的；
（二）虽然成立清算组但故意拖延清算的；
（三）违法清算可能严重损害债权人或者股东利益的。

具有本条第二款所列情形，而债权人未提起清算申请，公司股东申请人民法院指定清算组对公司进行清算的，人民法院应予受理。

《最高人民法院关于审理公司强制清算案件工作座谈会纪要》（法发〔2009〕52号）

十六、关于强制清算和破产清算的衔接

32. 公司强制清算中，清算组在清理公司财产、编制资产负债表和财产清单时，发现公司财产不足清偿债务的，除依据公司法司法解释二第十七条的规定，通过与债权人协商制作有关债务清偿方案并清偿债务的外，应依据公司法第一百八十八条和企业破产法第七条第三款的规定向人民法院申请宣告破产。

33. 公司强制清算中，有关权利人依据企业破产法第二条和第七条的规定向人民法院另行提起破产申请的，人民法院应当依法进行审查。权利人的破产申请符合企业破产法规定的，人民法院应当依法裁定予以受理。人民法院裁定受理破产申请后,应当裁定终结强制清算程序。

34. 公司强制清算转入破产清算后,原强制清算中的清算组由《人民法院中介机构管理人名册》和《人民法院个人管理人名册》中的中介机构或者个人组成或者参加的,除该中介机构或者个人存在与本案有利害关系等不宜担任管理人或者管理人成员的情形外,人民法院可根据企业破产法及其司法解释的规定,指定该中介机构或者个人作为破产案件的管理人,或者吸收该中介机构作为新成立的清算组管理人的成员。

上述中介机构或者个人在公司强制清算和破产清算中取得的报酬总额,不应超过按照企业破产计付的管理人或者管理人成员的报酬。

35. 上述中介机构或者个人不宜担任破产清算中的管理人或者管理人的成员的,人民法院应当根据企业破产法和有关司法解释的规定,及时指定管理人。原强制清算中的清算组应当及时将清算事务及有关材料等移交给管理人。

公司强制清算中已经完成的清算事项,如无违反企业破产法或者有关司法解释的情形的,在破产清算程序中应承认其效力。

【案例】

A公司为有限责任公司,成立于2006年,注册资本300万元,主要从事与保健品研发有关的业务,共有股东4人,均为自然人。公司经营1年多,各股东之间逐渐产生矛盾。甲的股权占注册资本的47%,担任公司执行董事,乙的股权占注册资本的31%,担任总经理。乙怀疑甲将公司研发保健品过程中的商业秘密泄露给其他公司并从中牟利,甲认为乙编造对自己不利的谣言,属另有企图,于是甲、乙作为A公司的两个大股东矛盾逐渐升级,导致A公司多年无法召开股东会,公司的经营管理收到严重影响。2010年,乙向法院提起诉讼,请求解散A公司。

法院经审理认为,自2007年始,A公司股东僵局长期存在,符合公司解散的法定条件,判决解散A公司。2010年7月该判决生效,当年9月,乙以A公司股东身份向法院申请对A公司进行强制清算。经查,解散公司的判决生效后,A公司各股东因长期存在矛盾,无法组成清算组进行自行清算,符合法院受理公司强制清算的条件,于2010年9月8日受理了乙提出的强制清算申请,并指定了某律师事务所担任清算组。清算组对A公司财产进行清理的过程中发现A公司资产不足以清偿债务,依据《公司法》第188条以及《企业破产法》第7条的规定,申请对A公司进行破产清算。

A公司于2010年12月21日由强制清算程序转入破产程序,该律师事务所继续担任A公司管理人。此时,甲将其收集的关于乙以公司总经理名义无偿转让公司财产的证据交给管理人,根据证据显示,2009 年 10 月,乙将公司购买的一辆桑塔纳小轿车过户至其弟弟戊名下,在公司账册上对此并无记载。管理人据此提起诉讼,要求撤销 A 公司与戊的无偿转让行为,并判令戊向 A 公司返还该辆小轿车。

在该案审理中,戊抗辩曾向乙支付小轿车价款,但其在庭审和询问中对其支付的价款数额的多次陈述不一致,亦不能提交其支付价款的凭证。就此法院对乙进行了询问,乙称该小轿车虽然登记在 A 公司名下,但是购车款实际由乙支付,且乙是 A 公司总经理,该车长期由其使用,在 A 公司股东长期矛盾的情况下,其将该小轿车赠送给戊,是及时处分自己财产的行为。法院向戊释明,其所陈述的事实与乙所陈述的事实相矛盾,且其对支付价款的陈述前后不一致,要求戊如实陈述事实。戊认可其未支付价款,但抗辩认为车辆过户时间为 2009 年 10 月,距法院受理 A 公司破产清算案 1 年零 2 个月,已经超过《企业破产法规定》的受理破产申请前 1 年的破产撤销权行使期间,故不同意管理人的诉讼请求。

【简要评析】

本案中,A 公司进入强制清算程序后,清算组在清理公司财产的过程中,申请 A 公司转入破产清算程序,程序转化导致破产撤销权行使期间起算点的问题。需注意与本案审理有关的如下事项:

1. 是否存在无偿转让的认定

(1) 应对乙转让的小轿车是否为 A 公司财产作出认定。虽然乙主张该小轿车不属于 A 公司财产,但是《物权法》第 24 条规定:"船舶、航空器和机动车等物权的设立、变更、转让和消灭,未经登记,不得对抗善意第三人。"本案中该车辆登记于 A 公司名下,且乙并无证据证明该车系由其付款购买,根据现有证据,应认定该车辆为 A 公司财产。

(2) 该转让行为是否属于无偿转让财产的行为。本案中,戊作为财产受让人,其对是否支付车辆对价的实施负有举证责任。戊一开始抗辩其取得该车辆系支付了对价,但其无法提供付款的相应凭证,并未完成相应举证责任,且在其对价款数额多次陈述不一致,而乙明确陈述该车辆系无偿转让的情况下,足以认定该车辆系乙以 A 公司名义无偿转让给戊。此时,经法院释明,戊认可了无偿转让的事实,就该事实,双方当事人以及乙形成了一致的陈述,应认定,乙作为 A 公司总经理,以 A 公司的名义将公司财产无偿转让给他人。

2. 破产撤销权行使期间的起算点

根据《企业破产法》第 31 条的规定,人民法院受理破产申请前 1 年内,债务人无偿转让财产的,管理人有权请求人民法院予以撤销。该条系对破产撤销权行使期间起算点的一般性规定，本条司法解释则专门针对程序转化的特殊情形下破产撤销权行使期间起算点予以规定。清算组或管理人依法开展清算工作，不仅要对公司对外负债进行核实，而且应对公司财产进行调查，其中涉及在公司原高管经营管理公司期间对财产的处分是否合法的审查。在公司由强制清算程序转入破产清算程序的情况下，在公司强制清算阶段，清算组需要经过一定时间对被清算公司资产与负债关系的清理，才能够认定债务人发生破产原因。清算组在强制清算期间开展的工作对转入破产程序后行使破产撤销权具有重要意义，且该期间属于清算中的合理必要期间，因此在程序转化的特殊情形下，行使破产撤销权期间的起算点应为受理公司强制清算申请之日。就本案而言，无偿转让行为发生的时间为2009年10月，法院受理强制清算申请的时间为2010年9月8日，转入破产清算程序的时间为2010年12月21日，从无偿转让小轿车之日起至A公司进入强制清算程序之日止，不足1年，因此戌关于管理人行使破产撤销权超过法定期间的抗辩理由不能成立。

此外，通过对本案例的分析，还应在实践中注意在强制清算程序中对清算组的选任问题。本案中，清算组能够在较短的时间里发现A公司资产不足以清偿全部债务，从而申请其进入破产清算程序，并且能够根据A公司股东收集的证据及时提起破产撤销权诉讼将无偿转让的财产追回，是清算组依法履行职责的结果。在公司强制清算中，法院可以指定公司股东以及董事、监事、高级管理人员和中介机构组成清算组，但在司法实践中，对于公司股东矛盾严重，尤其是通过司法判决解散的公司而言，以中介机构独立作为清算组的清算组选定方式，更有利于公司清算工作的进行。

第十一条【明显不合理价格交易撤销时的返还】

人民法院根据管理人的请求撤销涉及债务人财产的以明显不合理价格进行的交易的，买卖双方应当依法返还从对方获取的财产或者价款。

因撤销该交易，对于债务人应返还受让人已支付价款所产生的债务，受让人请求作为共益债务清偿的，人民法院应予支持。

【条文主旨】

本条旨在对债务人以明显不合理价格交易撤销后双向返还作出规定。

【规范目的】

《企业破产法》规定了可撤销的具体情形，但未对撤销权行使的法律后果作出规定，本条司法解释正是结合民法、合同法的基本原理，对明显不合理交易被撤销时，双方如何返还、如何恢复到交易之前的状态进行了明确的规定。基本的要义有：（1）明确撤销权行使的法律后果是相关行为自始无效，民事行为撤销后双方当事人应当恢复交易发生前的状态；（2）债务人为出卖人的高值低卖交易撤销的，买受人应当将所买财产返还债务人，同时债务人应当将买受人已经支付的价款返还买受人，该返还债权可以按照共益债务优先予以清偿。

【原理与适用】

对本条司法解释的理解与适用，应当特别注意以下三个方面的问题：（1）如何区分破产撤销权行使的法律后果问题；（2）如何认定"以明显不合理价格进行的交易"；（3）"债务人应返还受让人已支付价款所产生的债务"，为何可以按照共益债务清偿以及如何按照共益债务清偿的问题。下面对此进行具体的分析。

一、如何区分破产撤销权行使的法律后果

撤销权行使的法律后果，是使债务人在破产申请受理前法定期间内实施的损害债权人利益的行为，因被撤销而丧失效力，管理人收回被处分的财产或恢复被处分的权利，利益归于破产财产，用于对全体债权人分配。如《德国支付不能法》第143条关于"法律后果"的规定："（1）以可撤销的行为由债务人的财产让与财物、给出财物或抛弃财物的，必须将其返还给支付不能财团。准用关于受领人明知不具有法律原因情况下不当得利的法律后果的规定。（2）无偿给付的受领人只有在自己因无偿给付而得利的情况下，才应当返还无偿给付。一旦受领人明知，或依情形应当知道无偿给付使债权人利益受到损害的，即不适用此种规定（即未因无偿给付而得利也应当返还无偿给付——笔者注）。"《日本破产法》第77条也规定：否认权的行使，使破产财团恢复原状。根据日本学者之通说，否认的效果在审判上行使否认权之时产生，作为否认对象的行为，在与对方当事人的关系上，溯及性地失去效力，财产权当然复归于

财团（物权性相对无效说）。①

撤销权的行使因被撤销行为的具体情况不同，随原状的恢复，产生使行为相对人丧失被撤销权利、恢复原有权利的效果。如《德国支付不能法》第144条规定：可撤销给付的受领人返还所取得的物的，其债权恢复。以对待给付在支付不能财团中尚可区分为限，或以财团因得利而使自己的价值得到增加为限，应当由支付不能财团返还对待给付。除此之外，可撤销给付的受领人只能作为支付不能债权人主张返还对待给付的债权。《日本破产法》也对相对人地位的恢复作了规定：在破产人行为被否认的情形下，如其所受对待给付现存于破产财团，相对人可以请求其返还；因对待给付产生的利益现实存在时，则于该利益限度内，相对人可以作为财团债权人行使其权利。因对待给付产生的利益现已不存在时，相对人可以就其价额的偿还，作为破产债权人行使其权利。对待给付价额大于现存利益时，其差额亦同（第78条）。对于相对人债权的恢复，《日本破产法》第79条规定：于破产人的行为被否认情形，相对人在返还其所受给付或偿还其价额后，其债权因此而恢复原状。

我国《企业破产法》中对此问题未作具体规定，但在撤销权行使后，相对人因违法行为被撤销而恢复相应权利应是其自然产生的法律后果，这也与民法、合同法中的撤销权之诉保持一致。根据《合同法司法解释（一）》第25条的规定，"债权人依照合同法第七十四条的规定提起撤销权诉讼，请求人民法院撤销债务人放弃债权或转让财产的行为，人民法院应当就债权人主张的部分进行审理，依法撤销的，该行为自始无效。"所谓自始无效，即应当恢复到合同订立之前的状态。

破产撤销权与民法中的撤销权在可撤销情形上来看，具有不同的规定，因此，不能一概得出只要行使破产撤销权，就必然导致相对人恢复权利的问题，要看可撤销的具体情形。一般来说，对债务人所作的无偿转让财产或财产权利的行为、对原来没有财产担保的债务提供财产担保的行为以及放弃债权的行为，不存在相对人恢复权利的问题。对于相对人在可撤销行为履行中所作的对待给付（如以非正常低价购买债务人财产时支付的货币或以非正常高价向债务人出售的财产），则存在相对人权利恢复的问题。本条司法解释第1款正是对这种情形所作的规定。换言之，在"以明显不合理价格进行的交易"因破产撤销权的行使而被撤销时，"买卖双方应当依法返还从对方获取的财产或价款"。我们认为，这是符合破产撤销权原理的正确解释。

---

① ［日］石川明：《日本破产法》，何勤华、周桂秋译，中国法制出版社2000年版，第198～199页。

二、如何认定"以明显不合理价格进行的交易"

以明显不合理价格进行的交易，是债务人违反正常经济原则处分其财产的行为，在其他国家通常称为非正常交易。在债务人丧失清偿能力的情况下，此种行为的性质属于欺诈性转让，在我国《企业破产法》第 31 条中，该种情形也被明确列举为可撤销情形之一。我们认为，对"以明显不合理价格进行的交易"的认定关键在于交易价格"明显不合理"的认定。一般而言，在所有"以明显不合理价格进行的交易"的撤销权诉讼案件中，都会涉及到如何认定交易价格是否属于"明显不合理"的问题。我们认为，对价的合理性应由法院参考各种相关因素综合作出判断。市场价格仅是合理对价的参考因素，并非其唯一判断标准，其他参考因素还应包括债务人与相对人的关系、债务人的交易动机和目的、债务人的支付能力状况、交易行为是否为债务人的经营范围、交易环境等等。

判断是否属于非正常交易的标准是价格是否公平合理、交易是否对债务人的财产或清偿能力造成损害。我国新旧破产法中对这类行为的判断标准均无具体规定，这使得司法实践中有时难以精确判定一项行为是否违法。例如，以明显不合理的低价出售财产，所谓"明显不合理"究竟是指压价 20%、40%，还是 60%？其合理价格又如何确定？目前商业企业常年以各种方式进行"低价"促销，一些债务人企业在破产案件受理前因资金困难，在资产账面价值之下出售部分财产以发放工资、清偿债务、筹集运营资金，这些是否属于非正常交易？如果对"非正常交易价格"没有一个具有可操作性的判断标准，即使是有一定弹性的标准，人民法院也难以准确执法，各方当事人的正当权益也难以得到维护。

在《美国破产法》中，低价转让等行为属于可撤销的欺诈性转让。所谓欺诈性转让，是指在破产前的 1 年内，债务人为了欺诈债权人而作的转让，以及那些在债务人丧失清偿能力的情况下所作的低价转让。在美国的一些破产案例中，法院认为，要求每一次转让都能够实现财产的充分价值是不可能的，"非正常交易价格"一般是指转让价格低于正常市场价格的 70%。

在我国目前的司法实践中，根据《合同法司法解释（二）》第 19 条的规定，对于《合同法》第 74 条规定的"明显不合理的低价"，人民法院应当以交易当地一般经营者的判断，并参考交易当时交易地的物价部门指导价或者市场交易价，结合其他相关因素综合考虑予以确认。转让价格达不到交易时交易地的指导价或者市场交易价 70% 的，一般可以视为明显不合理的低价；对转让价格高于当地指导价或者市场交易价 30% 的，一般可以视为明显不合理的高价。债务人以明显不合理的高价收购他人财产，人民法院可以根据债权人的申请，参照《合同法》第74条的规定予以撤销。

另外，可以通过出售财产的程序来确认行为是否合法。对通过拍卖等公平竞价交易方式出售财产的，即使售价较低，也可认定不属于非正常压价出售财产。此外，在有机会以较高价格出售时反以低价出售，如果没有合理理由，即使是在规定的可降低价格幅度之内，也应认定属于低价出售财产。此外，交易对象与破产人有无关联关系或其他利益关系，也可以作为判断债务人行为有无恶意的标准之一。

此外，《企业破产法》将旧法规定的"非正常压价出售财产"修改为"以明显不合理的价格进行交易"，弥补了立法上明显的漏洞，但其规定仍有继续完善之余地。因为实践中以交易形式进行的破产欺诈行为不仅体现在"明显不合理的价格"上，还可能包括其他方面，如以正常的价格与明显缺乏支付能力者进行交易，并先行履行义务，但实际上根本得不到交易对价，或者约定其他明显不合理的交易条件为交易对方输送利益。我国立法应适时将该规定的内容修改为"明显不合理的交易"，以全面规范债务人的交易行为。

三、"债务人应返还受让人已支付价款所产生的债务"可按照共益债务清偿

共益债务，又称财团债务或财团债权，是在破产程序中为全体债权人利益而由债务人财产负担的债务的总称。《企业破产法》第42条规定："人民法院受理破产申请后发生的下列债务，为共益债务：（一）因管理人或者债务人请求对方当事人履行双方均未履行完毕的合同所产生的债务；（二）债务人财产受无因管理所产生的债务；（三）因债务人不当得利所产生的债务；（四）为债务人继续营业而应支付的劳动报酬和社会保险费用以及由此产生的其他债务；（五）管理人或者相关人员执行职务致人损害所产生的债务；（六）债务人财产致人损害所产生的债务。"共益债务具有以下特征：（1）共益债务是在法院受理破产申请之后发生的债务。因此，破产申请受理前发生的债务，不属于共益债务；（2）共益债务是破产法列举规定的债务。因此，超出本条列举范围的债务，不属于共益债务；（3）共益债务的负债主体是债务人财产。[①] 由此可见，要认定某一些破产申请受理之后发生的债务属于共益债务，必须对其情形进行具体的分析，以判断是否符合上述规定中的六种情形之一。

管理人应予撤销的涉及债务人财产的明显不合理交易主要包括低值高买

[①] 王卫国：《破产法精义》，法律出版社2007年版，第122页。

（债务人为买受人）和高值低卖（债务人为出卖人）两种情形。债务人为买受人的低值高买交易撤销的，债务人应当将财产返还出卖人，同时出卖人应当将价款全额返还债务人。债务人为出卖人的高值低卖交易被撤销的，买受人应当将所买财产返还债务人，同时债务人应当将买受人已经支付的价款返还买受人。鉴于债务人已经取回自己的财产，对交易相对方给付的财产也应当返还，否则就构成不当得利。因此，该返还债务可以被界定为上述《企业破产法》第42条规定中的"因债务人不当得利所产生的债务"，应按照共益债务优先予以清偿。基于此，本条司法解释第2款明确规定："因撤销该交易，对于债务人应返还受让人已支付价款所产生的债务，受让人请求作为共益债务清偿的，人民法院应予支持。"该条规定正是借鉴了美国破产立法的经验，将"债务人应返还受让人已支付价款所产生的债务"规定为一种共益债务，这也是在撤销权与相对人权益保护之间的一种合理的利益平衡。需要注意的是，该种债务必须由受让人明确请求作为共益债务清偿，法院方予支持。

关于共益债务的清偿，《企业破产法》在第43条作了规定，具体可分为顺序适用的三项原则：（1）随时清偿原则。第43条第1款规定："破产费用和共益债务由债务人财产随时清偿"，即"随时发生、随时清偿"。这表明，共益债务的清偿在顺序和时间上都优先于其他破产债权，同时，共益债务的清偿无需经过债权申报程序。（2）顺序清偿原则。《企业破产法》第43条第2款规定："债务人财产不足以清偿所有破产费用和共益债务的，先行清偿破产费用"。（3）比例清偿原则。《企业破产法》第43条第3款规定："债务人财产不足以清偿所有破产费用或者共益债务的，按照比例清偿"。详言之，债务人财产不足以清偿所有的破产费用的，对未清偿的破产费用按比例清偿；债务人财产可以偿付破产费用，但所剩余额不足以清偿所有共益债务的，对未清偿的共益债务按比例清偿。

【法律、司法解释及案例】

《企业破产法》（2007年6月1日起施行）

第三十一条 人民法院受理破产申请前一年内，涉及债务人财产的下列行为，管理人有权请求人民法院予以撤销：

（一）无偿转让财产的；

（二）以明显不合理的价格进行交易的；

（三）对没有财产担保的债务提供财产担保的；

（四）对未到期的债务提前清偿的；

（五）放弃债权的。

《合同法》（1999年10月1日起施行）

第七十四条 因债务人放弃其到期债权或者无偿转让财产，对债权人造成损害的，债权人可以请求人民法院撤销债务人的行为。债务人以明显不合理的低价转让财产，对债权人造成损害，并且受让人知道该情形的，债权人也可以请求人民法院撤销债务人的行为。

撤销权的行使范围以债权人的债权为限。债权人行使撤销权的必要费用，由债务人负担。

《合同法司法解释（一）》（1999年12月29日起施行）

第二十五条 债权人依照合同法第七十四条的规定提起撤销权诉讼，请求人民法院撤销债务人放弃债权或转让财产的行为，人民法院应当就债权人主张的部分进行审理，依法撤销的，该行为自始无效。

《合同法司法解释（二）》（2009年5月13日起施行）

第十九条 对于合同法第七十四条规定的"明显不合理的低价"，人民法院应当以交易当地一般经营者的判断，并参考交易当时交易地的物价部门指导价或者市场交易价，结合其他相关因素综合考虑予以确认。

转让价格达不到交易时交易地的指导价或者市场交易价百分之七十的，一般可以视为明显不合理的低价；对转让价格高于当地指导价或者市场交易价百分之三十的，一般可以视为明显不合理的高价。

债务人以明显不合理的高价收购他人财产，人民法院可以根据债权人的申请，参照合同法第七十四条的规定予以撤销。

第十二条【未到期债务提前清偿撤销的例外】

破产申请受理前一年内债务人提前清偿的未到期债务，在破产申请受理前已经到期，管理人请求撤销该清偿行为的，人民法院不予支持。但是，该清偿行为发生在破产申请受理前六个月内且债务人有企业破产法第二条第一款规定情形的除外。

【条文主旨】

本条旨在规定对未到期债务提前清偿行为不予撤销的例外情形。

【规定目的】

《企业破产法》第 31 条将"提前清偿未到期债务"规定为可撤销情形之一,但并未对"未到期债务"作出明确界定,尤其对清偿时尚未到期但破产申请受理前业已到期的情形,管理人能否请求撤销,法律未作规定。本条司法解释主要就是明确这种情形不属于可撤销情形,同时规定了例外的情形,即该清偿行为发生在破产申请受理前 6 个月内且债务人有《企业破产法》第 2 条第 1 款规定情形的,管理人仍然可以由申请法院予以撤销。该条司法解释有助于法院在审理破产案件中正确处理各类对未到期债务进行清偿的具体情形。

【原理与适用】

"提前清偿的未到期债务"属偏袒性清偿行为之具体形态。我国《企业破产法》通过第 16 条、第 31 条、第 32 条等数个条文,对偏袒性清偿行为的撤销进行了较为完善的规定。本条司法解释规定的是未到期债务提前清偿的例外情形,贯彻了《企业破产法》关于偏袒性清偿行为的立法逻辑。

根据《企业破产法》第 16 条的规定,人民法院受理破产申请后,债务人对个别债权人的债务清偿无效。此处所指之债务,不存在未到期债务的情形,因为在人民法院受理破产申请后,所有未到期债务均视为到期债务。该条规定体现了破产法的立法宗旨,即"公平清理债权债务"。破产是对债务人现存全部法律关系的彻底清算,破产法所要解决的主要矛盾,是多数债权人之间因债务人有限财产不足以清偿全部债权而发生的相互冲突和清偿问题。因此,在破产程序中,个别债权人的单独执行或债务人对个别债权人的自动履行均违背了对全体债权人公平清偿的原则,属于法律所禁止的行为。这也是破产程序与民事执行程序的重要区别之一,为各国破产立法所公认。

"对未到期的债务提前清偿"被列为破产撤销权制度中的可撤销情形,反映了破产法不同于一般民事法律的特点。根据民法的原理和制度,在债务人有清偿能力时,提前清偿未到期债务,是允许且有效的行为,尽管提前清偿属于债务人自愿放弃了期限利益,但只要是债务人的真实自愿的意思表示,且获得债权人同意,则应属于合法有效的行为。但在破产法上,对未到期债务的提前清偿,不仅仅产生债务人放弃期限利益的后果,更使得受偿之债权人在破产程序外得到了全额清偿,使其得到本不应有的偏袒性清偿利益,损害了其他债权人的利益。正如有的学者所言,在债务人丧失清偿能力的情况下,其未到期的债务如延续至破产程序中到期清偿,只能作为破产债权得到部分清偿,甚至得不到清偿。债务人为使该债权人得到优惠待遇,在破产前夕对尚无清偿义务的未到期债务提前清偿，减少其责任财产，损害了其他债权人的利益，故应予撤销。[1]

在实务中，存在如何界定债务是否到期的问题。对此，一种观点认为，应以人民法院受理破产案件时所处的事实状态为依据，即人民法院受理破产案件时债务尚未到期的，则为未到期债务；债务清偿时债务虽然未到期，但人民法院受理破产案件时债务已到期的，应认定为到期债务。另一种观点则认为，债务是否到期，应以债务人为清偿行为或债权人为受偿行为时所处的事实状态为依据。行为发生时已到期的则为到期债务，未到期的则为未到期债务。不能把人民法院受理破产申请的时间作为计算债务是否到期的终结点。如果以受理破产申请的时间为临界点来确认债务是否到期的话，破产法对可以撤销的未到期债务之清偿行为而规定"一年"的临界期则没有任何意义。[2]

我们认为，判断债务是否到期，逻辑上来讲，应当以债务清偿行为发生时的事实状态作为依据。但是，对于清偿行为发生时尚未到期的债务，如果在人民法院受理破产申请之前业已到期的，应当予以特别对待，即应当视为对到期债务的清偿。从实务操作层面来看，管理人在接管债务人财产之后，应当全面清理债务人的债权债务状况，甄别债务人是否存在提前清偿债务的情形，如果提前清偿行为发生在法院受理破产申请之前的 1 年内，则应随之判断该债务的实际到期之日是否在破产申请受理之前，据此决定是否依据《企业破产法》第 31 条第 1 款第（4）项的规定行使撤销权。

本条司法解释规定："破产申请受理前一年内债务人提前清偿的未到期债务，在破产申请受理前已经到期，管理人请求撤销该清偿行为的，人民法院不予支持。"该规定实际上就是将此种清偿行为视为对到期债务的清偿，故不在《企业破产法》第 31 条规定的可撤销行为之列。对可撤销行为的认定必须符合立法本意，《企业破产法》确定的可撤销行为的起算点是破产申请受理时，而将"对未到期的债务提前清偿"列为可撤销行为，是因为在破产申请受理时该项债务仍属于未到期的债务，这时的提前清偿才构成前述的对其他债权人的利益损害。而"破产申请受理前 1 年内债务人提前清偿的未到期债务，在破产申请受理前已经到期"的情况，虽然债务人在破产申请受理前 1 年内发生了提前清偿未到期债务的情形，而且从清偿行为发生时的事实状态判断，该债务确实属于未到期债务，但即使债务人不在当时提前清偿，在人民法院受理破产申请之前，只要债务一到期，债权人均可以随时要求债务人履行清偿义务，债务人对到期债务履行清偿义务是一种法定义务，只要不是恶意串通行为，此种

---

[1] 王欣新：《破产法》，中国人民大学出版社 2011 年版，第 138 页。
[2] 褚锦龙：《该案被告扣款抵债的行为应予撤销》，载江苏法院网，http://www.jsfy.gov.cn/lyjgdjc12/27163518452.html，最后访问时间：2013 年 7 月 30 日。

清偿行为皆为破产法所允许，因为破产法原则上并不禁止债务人对到期债务的自动履行。换言之，债务人虽对未到期债务提前进行了清偿，但该债务在破产申请受理之前已经到期，即使到期前未提前清偿，在后来到期后也已符合清偿的条件，那么这种提前清偿行为并未对其他债权人造成损害。

但是，上述分析都是假定债务人提前清偿未到期债务具有合法正当的理由，不属于恶意行为。而在我国司法实践中，一些债务人出于逃避债务、偏袒清偿等原因，在知道自己发生了破产原因之后，往往在破产申请之前恶意地优先清偿其关联企业或亲朋好友等特定债权人的未到期债务，使其他债权人的利益在随后启动的破产程序中受损。因此，如果一概认定"破产申请受理前一年内债务人提前清偿的未到期债务，在破产申请受理前已经到期"的情形都不得被撤销，将不利于防范这种恶意行为，不利于保护全体债权人的利益。因此，本条司法解释的但书条款规定："该清偿行为发生在破产申请受理前六个月内且债务人有企业破产法第二条第一款规定情形的除外。"也就是说，对这种清偿行为，管理人有权请求人民法院予以撤销。

司法解释的上述但书条款，实际上是将这种清偿行为认定为对到期债务的清偿，并将其归入危机期间的个别清偿行为之列，具有衔接《企业破产法》第31条第1款第4项和第32条规定之作用。但是，由于本条司法解释并未明确援引《企业破产法》第32条的规定，因此，《企业破产法》第32条中的但书条款即"个别清偿使债务人财产受益的除外"则应不能在这种提前清偿行为中适用。

此外，未到期债务应是指无财产担保之债务。因为根据《企业破产法》第109条规定，对破产人的特定财产享有担保权的权利人，对该特定财产享有优先受偿的权利。换言之，对债务人提供有财产担保的债权在担保物价值之内的提前清偿不属于可撤销之列，因该债权在破产程序中享有优先受偿权，对其提前清偿不影响其他债权人的利益。

【法律、司法解释及案例】

《企业破产法》（2007年6月1日起施行）

第三十一条 人民法院受理破产申请前一年内，涉及债务人财产的下列行为，管理人有权请求人民法院予以撤销：

（一）无偿转让财产的；

（二）以明显不合理的价格进行交易的；

（三）对没有财产担保的债务提供财产担保的；

（四）对未到期的债务提前清偿的；

（五）放弃债权的。

第三十二条 人民法院受理破产申请前六个月内，债务人有本法第二条第一款规定的情形，仍对个别债权人进行清偿的，管理人有权请求人民法院予以撤销。但是，个别清偿使债务人财产受益的除外。

第四十六条 未到期的债权，在破产申请受理时视为到期。

附利息的债权自破产申请受理时起停止计息。

第一百零九条 对破产人的特定财产享有担保权的权利人，对该特定财产享有优先受偿的权利。

【案例】

债权人B公司申请对债务人A公司进行破产清算。人民法院经审查认为，A公司不能清偿到期债务且明显缺乏清偿能力，发生破产原因，B公司申请符合法律规定，于2012年10月10日受理了B公司的上述申请。管理人在接管A公司财产账簿、文件并进行清理的过程中，发现A公司在受理破产申请前存在提前清偿未到期债务的情形，于是向受理破产申请的人民法院提起诉讼请求撤销该行为。

管理人在起诉状中陈述以下理由：2012年3月20日，A公司经其公司副总经理李某介绍与李某的朋友王某签订借款合同，向王某借款200万元，约定借款期限6个月，9月20日还清借款本金并按照人民银行规定的贷款利率4倍支付利息。合同签订当天，王某通过银行转账将200万元借款划入A公司账户。同年7月14日，王某要求A公司提前还款，如A公司能在5日内还清本金200万元，可以免除全部利息。7月16日，A公司将200万元本金转账至王某账户。管理人认为，A公司对该笔债务的清偿系提前清偿未到期债权，法院于2012年10月10日受理了B公司提出的对A公司进行破产清算的申请，A公司实际还款时间处于破产申请受理前1年内，属于《企业破产法》第31条（4）项规定的情形，依法应予撤销。据此将王某诉至法院，请求法院判决撤销A公司提前清偿未到期债权的行为。

王某答辩称：对管理人起诉所述的事实无异议，但认为A公司的还款行为并不违反法律规定。虽然A公司是提前还款，从表面上看属于破产申请受理前1年内提前清偿未到期债务，但是法院是2012年10月受理的破产申请，而双方约定的还款时间是9月20日，即使A公司不在7月份还款，那么到9月20日时也应当还款，并且还应当支付利息，约定的还款时间在破产申请受理之前，因此，提前还款的行为并不影响对其他债权人利益的损害，不应予以撤销。

对此，管理人补充了以下理由：根据管理人对A公司账簿等文件资料的清理，自 2011 年年底，A 公司即已发生破产原因，主要资产被法院执行程序查封，因无法拍卖、变卖而不能用于清偿到期债权。即使法院采信王某的意见，认为还款行为不属于破产申请受理后 1 年内对未到期债务的提前清偿，那么，7 月 16 日 A 公司向王某还款时，其已经发生破产原因，且还款行为发生在破产申请受理前 6 个月内，亦属于应予撤销的行为。此外，管理人还提交了 A 公司副总经理李某于 2012 年 7 月 12 日给王某发送的短信，其中写道：听说 B 公司要申请我公司破产，具体时间尚不清楚，如果法院受理了的话，你的 200 万元就不能全额拿回来了，你快想办法！（法院经审理确认了该证据的真实性。）

庭审后，合议庭对本案进行了合议，有的法官认为，既然《企业破产法》第 31 条仅规定了债务人在破产申请受理前 1 年内提前清偿未到期债务的行为应予撤销，并未对受理时债务是否到期作区别性规定，那么应当按照第 31 条的规定判决撤销清偿行为。也有的法官认为，不能如此机械的适用法律，立法这一条的本义是保障债权人在破产程序中的平等受偿权，因此，即使 A 公司是提前清偿了未到期债务，但受理前该债权已经到期，因此，不能判决撤销清偿行为。审判长认为，虽然是提前清偿了债务，但该债务在受理前已经到期，其是否提前清偿对其他债权人的利益不产生影响，但是在 A 公司多笔债务均未清偿的情况下，仅仅清偿这笔债权，构成了个别清偿，还款时 A 公司已经发生破产原因，且在受理破产申请前的 6 个月内，因此，应当适用《企业破产法》第 32 条的规定，判决撤销。

【简要评析】

本条司法解释是对《企业破产法》第 31 条和第 32 条立法本义的具体阐释。债务人在破产申请受理前 1 年内提前清偿未到期债权的行为应当予以撤销，其依据是第 31 条第（4）项，但是该条在具体适用时又分为两种情况，即提前清偿的未到期债权在破产申请受理时已经到期和提前清偿的未到期债权在破产申请受理时尚未到期两种。对于第二种情形，在实践中并无争议，但往往对第一种情形的理解存在不同的角度。

破产撤销权制度以及《企业破产法》第 31 条和第 32 条的目的是否定偏颇清偿行为的合法性，通过撤销该行为，将相应财产归入破产财产，并向全体债权人依法定顺序公平清偿，因此，是否撤销提前清偿未到期债权的行为，需要围绕立法本义进行理解。

本案中，涉及的关键事实是 A 公司提前还款时已经发生破产原因，且在法院受理破产申请前 6 个月以内。如无该事实，则 A 公司亦应在 2012 年 9 月 20 日还清欠款，仍属于破产申请受理前的清偿行为。在企业不存在发生破产原因这一法律规定的特定状态时，其实际还款应在约定的还款期限届满之前，尤其是在债权人与债务人协商一致同意提前还款的，《合同法》以及相关民事实体法律规范均不对此予以禁止，应当确认提前清偿行为的效力。但是，在企业已经发生破产原因且其个别清偿行为发生在法律规定的特定期间内时，该个别清偿行为则影响了其他债权人就破产财产受偿的利益。因此，本案应当依据《企业破产法》第32条的规定，认定A公司存在违法的个别清偿行为，对其行为予以撤销，将相应财产归入破产财产。

第十三条【债权人撤销权】

破产申请受理后，管理人未依据企业破产法第三十一条的规定请求撤销债务人无偿转让财产、以明显不合理价格交易、放弃债权行为的，债权人依据合同法第七十四条①等规定提起诉讼，请求撤销债务人上述行为并将因此追回的财产归入债务人财产的，人民法院应予受理。

相对人以债权人行使撤销权的范围超出债权人的债权抗辩的，人民法院不予支持。

【条文主旨】

本条旨在解决债权人能否在破产程序中行使撤销权的问题。

【规范目的】

对于债务人无偿转让财产、放弃债权、以明显不合理的价格转让财产等行为，《合同法》第74条和《企业破产法》第31条均规定为可撤销行为。一般情况下，债务人进入破产程序后，对这些行为应由管理人依据破产法的规定予以撤销。但是，一方面，由于合同法撤销权和破产法撤销权行使权利的期限和可撤销行为的期限各有不同（合同法规定撤销权自债权人知道或者应当知道撤销事由之日起1年内行使，自债务人的行为发生之日起5年内没有行使撤销权的，该撤销权消灭；破产法规定法院受理破产申请前一年内的相关行为可以

---

① 参见《中华人民共和国民法典》第五百三十八条、第五百三十九条、第五百四十条。

撤销），有的情况下管理人依据破产法不能撤销的行为，债权人依据合同法却可以撤销。另一方面，两个撤销权事由竞合的场合，如因管理人的不作为导致破产撤销权落空时，债权人也可通过行使合同法撤销权追回相关债务人财产。因此，从实现债务人财产价值最大化的角度出发，本条司法解释规定，特殊情形下债权人可以依据合同法的规定提起撤销权诉讼，但强调该类诉讼性质上当属代表诉讼，因此追回的财产属于债务人财产，应当用以清偿所有债务。

【原理与适用】

一、破产撤销权与债权人撤销权的比较

我国《合同法》中规定的撤销权有两种：（1）依据《民法通则》在合同法中所作的相应规定，表现为因意思表示不真实而可变更、撤销的合同。《合同法》第54条规定："下列合同，当事人一方有权请求人民法院或者仲裁机构变更或者撤销：（一）因重大误解订立的；（二）在订立合同时显失公平的。一方以欺诈、胁迫的手段或者乘人之危，使对方在违背真实意思的情况下订立的合同，受损害方有权请求人民法院或者仲裁机构变更或者撤销。当事人请求变更的，人民法院或者仲裁机构不得撤销。"《合同法》第52条对《民法通则》将以欺诈、胁迫的手段或者乘人之危进行的行为纳入无效行为的做法进行了修改，规定只有在一方以欺诈、胁迫手段订立合同，损害国家利益时，才认定合同无效，其他情况则属于可撤销行为。（2）《合同法》第74条规定的债权人撤销权，这是对《民法通则》规定遗漏的补充。该条规定："因债务人放弃其到期债权或者无偿转让财产，对债权人造成损害的，债权人可以请求人民法院撤销债务人的行为。债务人以明显不合理的低价转让财产，对债权人造成损害，并且受让人知道该情形的，债权人也可以请求人民法院撤销债务人的行为。"这种撤销权与破产撤销权在法理基础上是相同的，合同法上的撤销权以债务人处分财产的行为对个别债权人造成损害，而不是债务人已经丧失清偿能力、破产案件为法院所受理为适用条件。

破产撤销权与债权人撤销权之间存在较为明显的区别：

1. 破产撤销权是专门针对债务人丧失清偿能力的特殊情况设置，是破产立法无溯及主义的产物，目的在于纠正债务人在破产程序开始前法定期间内的不当财产处分行为，其适用对象范围同民法撤销权有较大区别。破产法规定的一些可撤销行为，往往是在债务人具有正常的债务清偿能力时有权进行的、对自己民事权利的正常处分行为，如对原来没有财产担保的债务提供财产担保，对未到期的债权提前清偿等。但在债务人已经发生破产原因的情况下，由于违

反破产法的公平清偿原则,此类行为遂可认定为诈欺行为或偏袒性清偿行为,应予以撤销;

2. 在可撤销行为的主观构成要件要求上有所不同。依据《合同法》规定,债务人以明显不合理的低价转让财产、对债权人造成损害时,以受让人知道该情形为撤销的前提,而我国立法对破产撤销权未规定当事人包括相对人的主观构成要件;

3. 《合同法》规定的撤销权构成,依对个别债权人造成损害这一实质性要件认定,其行使是为维护个别债权人的利益,所以与个别债权人的债权有依附关系。为此,个别债权人要行使撤销权应当具备一定的要件,如债权发生在债务人可撤销行为之前、以财产给付为标的、因清偿责任财产减少而受到损失等。破产撤销权的构成,主要依在法定可撤销期间内进行了特定行为这一形式性要件认定,其他要件在债务人破产的情况下往往已经无需再加以证明。破产程序强调的是集体公平清偿,破产撤销权要解决的是对损害全体债权人利益或妨碍对多数债权人公平清偿的行为的纠正,是对债权人集体的保护。从这一意义上讲,破产撤销权依附于集团债权,但与个别债权人的利益可能有所分离,在撤销个别债权人获得的偏袒性清偿时甚至存在对立性矛盾;

4. 债权人撤销权的行使权利主体为债权人,而破产撤销权一般只能由管理人行使,仅在特殊情况下才可以由其他人行使。由于管理人并非撤销权的实际权利人或受益人,撤销权对管理人就不再是一种可以行使也可以放弃的权利,而是必须履行的法定职权;

5. 撤销权的行使范围不同。债权人撤销权的行使范围在债务人的处分行为为可分行为的情况下,应当与申请撤销之个别债权人的债权相当;而破产撤销权的行使范围原则上不受相关债权数额的限制;

6. 在诉讼时效或除斥期间方面也存在一定区别。依据《合同法》第75条规定,撤销权自债权人知道或者应当知道撤销事由之日起1年内行使。自债务人的行为发生之日起5年内没有行使撤销权的,该撤销权消灭。此项期间规定的性质属于消灭时效。而依据《企业破产法》第123条规定,在破产程序终结后2年内,债权人发现因债务人可撤销行为应予追回的财产,可以请求人民法院追回财产,进行追加分配。此项期间规定的性质则应属于除斥期间。[1]

二、债权人撤销权不因破产程序的启动而被排除适用

2004年6月,联合国国际贸易法委员会发布了《破产法立法指南》,并建

---

[1] 王欣新:《破产法》,中国人民大学出版社2011年版,第118页。

议所有国家在评估本国破产法制度的经济效率和修订或通过有关破产的法律时适当考虑《破产法立法指南》。在该指南中，建议各国破产立法应规定："破产管理人负有启动撤销程序的主要责任"，"破产法还可允许任何债权人在破产管理人同意的情况下启动撤销程序，如果破产管理人不同意，债权人可寻求法院的许可而启动该程序。"①

目前，各国破产立法普遍承认破产管理人在破产财产管理方面发挥中心作用，规定由管理人来行使破产撤销权。但仍有一些国家的破产法允许由债权人（在某些情况下还有债权人委员会）启动撤销程序，并且进一步规定债权人启动此类程序时需要征得破产管理人的同意，以确保管理人对债权人的建议知情并使之有机会拒绝启动程序，从而避免撤销程序对破产财产管理产生任何消极影响。如果管理人不同意债权人的请求，那么债权人可以寻求法院的许可而启动该程序。管理人有权在任何由此导致的诉讼中作出陈述，以说明其认为不应进行撤销程序的理由。在由债权人启动破产撤销程序的情况下，一些国家的法律要求由债权人支付启动程序的费用，或者允许法院对滥用撤销权的债权人进行制裁，以防止权利滥用，影响交易安全与稳定。

我国《企业破产法》明确规定，破产撤销权应由管理人统一行使，因此，不宜由个别债权人直接行使破产撤销权。债权人作为撤销权的权利主体（非行使主体），其要求亲自行使权利本无可厚非，但问题在于，在破产程序中，管理人基于法定职权全面接管债务人财产，并为全体债权人的共同利益进行管理工作，如果允许个别债权人直接行使破产撤销权，会导致二者权利竞合，可能出现争相行使权利或者均不作为的情况，不仅容易引发债权人之间的利益冲突，而且影响破产程序统一、顺利地进行。因此，我国《企业破产法》将管理人界定为行使破产撤销权的法定主体，债权人无法提起破产撤销权之诉。

债权人不具备行使破产撤销权的法律资格，但并不影响债权人依据合同法的规定提起债权人撤销权之诉。换言之，合同法上的债权人撤销权并不因破产程序的启动而被排除适用，其在破产程序中也具有适用的效力。而且，为维护债权人的权益，在破产程序中也有必要重视对民法撤销权与破产撤销权的综合运用。对此，最高人民法院曾在《关于哈尔滨百货采购供应站申请破产一案的复函》中指出，债务人的逃债行为虽发生在人民法院受理破产案件前6个月以外，不能依据破产法行使撤销权，但仍可依据《民法通则》的规定予以撤销。《最高人民法院关于人民法院在审理企业破产和改制案件中切实防止债务人逃废债务的通知》（2001年8月10日，法发〔2001〕105号）第6项中规

---

① UNCITRAL Legislative Guide on Insolvency Law, UNITED NATIONS PUBLICATION, Sales No. C. 05. V. 10, ISBN 92 – 1 – 730044 – 6, p. 138.

定："债务人有多个普通债权人的，债务人与其中一个债权人恶意串通，将其全部或者部分财产抵押给该债权人，因此丧失了履行其他债务的能力，损害了其他债权人的合法权益，受损害的其他债权人请求人民法院撤销该抵押行为的，人民法院应依法予以支持。"从此通知的内容中，也可以得出债权人在破产程序中可以行使撤销权的结论。

本条司法解释在上述司法文件的基础上进一步明确："债权人依据合同法第七十四条等规定提起诉讼，请求撤销债务人上述行为并将因此追回的财产归入债务人财产的，人民法院应予受理"。该条款既明确了债权人依据合同法提起撤销权诉讼的资格，也强调了债权人撤销权诉讼在破产程序中的适用效力。

三、债权人撤销权诉讼必须符合一定的构成要件

虽然允许债权人在破产程序中行使撤销权，但受破产法之约束，与破产程序之外的撤销权诉讼相比，具有一定的特殊性。因此，本条司法解释对债权人撤销权诉讼规定了明确的构成要件：

1. 只能依据《合同法》提起撤销权诉讼

如上文所述，债权人撤销权诉讼是基于《合同法》的规定而产生的，因此，债权人的起诉依据只能是《合同法》，请求撤销的行为也只能是《合同法》第74条等规定的行为。

2. 必须以管理人未依法提起破产撤销权之诉为前提

本条司法解释第1款明确规定，只有在"管理人未依据企业破产法第三十一条的规定请求撤销债务人无偿转让财产、以明显不合理价格交易、放弃债权行为"的前提下，债权人方可依据《合同法》第74条等规定提起诉讼。

本条司法解释规定的3种可撤销行为属于《企业破产法》第31条和《合同法》第74条等共同规定的行为。换言之，这3种行为既是债权人可依据合同法提请撤销的行为，也是管理人可以提起破产撤销权之诉予以撤销的行为。在这种管理人的破产撤销权与债权人撤销权竞合的前提下，应当优先由管理人通过行使破产撤销权来予以撤销。故本条司法解释强调要以管理人未依法起诉为前提。

3. 债权人必须在起诉中说明"因此追回的财产归入债务人财产"

在破产程序中，债权人通过撤销权诉讼追回的财产只能归属于债务人财产。"入库规则"应该是破产程序中一切主体行使撤销权所追回之财产归属问题上的共有规则，因为在破产程序中，一切债务人的财产都必须通过破产清算程序进行公平的分配，禁止一切形式的个别清偿。故此，本条司法解释明确规定，只有债权人"请求撤销债务人上述行为并将因此追回的财产归入债务人财产的"，人民法院应予受理；债权人主张以追回的财产清偿债务人对其所负

债务的，人民法院将不予受理。由此可见，债权人依据合同法行使撤销权追回的财产，与管理人依据破产法行使破产撤销权追回的财产，都应当认定为债务人财产。

此外，在理解和适用本条司法解释时，还应当注意本条第2款的规定，即"相对人以债权人行使撤销权的范围超出债权人的债权抗辩的，人民法院不予支持"。本条款意在强调债权人撤销权在破产程序中的行使有别于非破产程序中的情形，不受《合同法》第74条第2款中"撤销权的行使范围以债权人的债权为限"的约束。因为债权人在破产程序中行使合同法上的撤销权，具有代表诉讼的性质，通过诉讼所追回的财产归属于债务人的财产，提起诉讼的债权人则实际上代表的是全体债权人的利益。为此，债权人行使撤销权的必要费用，也应当由债务人负担，即应当作为破产费用随时支付。

【法律、司法解释及案例】

《企业破产法》（2007年6月1日起施行）

第三十一条 人民法院受理破产申请前一年内，涉及债务人财产的下列行为，管理人有权请求人民法院予以撤销：

（一）无偿转让财产的；

（二）以明显不合理的价格进行交易的；

（三）对没有财产担保的债务提供财产担保的；

（四）对未到期的债务提前清偿的；

（五）放弃债权的。

《合同法》（1999年1月1日起施行）

第七十四条 因债务人放弃其到期债权或者无偿转让财产，对债权人造成损害的，债权人可以请求人民法院撤销债务人的行为。债务人以明显不合理的低价转让财产，对债权人造成损害，并且受让人知道该情形的，债权人也可以请求人民法院撤销债务人的行为。

撤销权的行使范围以债权人的债权为限。债权人行使撤销权的必要费用，由债务人负担。

第七十五条 撤销权自债权人知道或者应当知道撤销事由之日起一年内行使。自债务人的行为发生之日起五年内没有行使撤销权的，该撤销权消灭。

【案例】

A公司于2011年10月向法院申请破产清算。法院经审查，于2011年11月2日受理了A公司破产清算申请，并指定清算事务所担任A公司破产管理人。

在管理人接管财产、账册、文件的过程中，债权人 D 告知管理人，A 公司申请破产前已经自行对财产作了处理，其中作为主要财产的一套设备被转移，现在已无有价值的财产。管理人经认真核对发现，2011 年 4 月，A 公司与 B 公司签订了一份以物抵债合同，合同注明：A 公司欠 B 公司货款 550 万元，因资金困难无法清偿，A 公司将其所有的一套价值 700 万元左右的洗染设备转让给 B 公司，用以抵销欠 B 公司的该款项。A 公司账册显示，同年 2 月，其通过银行转账方式向 B 公司支付 200 万元和 220 万元，5 月份转账 130 万元，记账用途栏均填写为"还款"。

经管理人调查，A、B 两家公司曾在 2 年前发生过业务往来，B 公司为 A 公司供应洗染业所需染料和各种制剂，累计供货总额 84 万元，2010 年 B 公司将 A 公司诉至法院，要求 A 公司支付尚欠货款 35 万元。法院在审理中发现，由于双方系在一年半左右的时间里发生多次供货行为，且采用滚动结账方式，付款与供货不能一一对应，所以在审理该案时对两公司交易期间发生的全部供货与付款进行了审计，采用了对总账的方式，最终查明 A 公司共欠 B 公司货款 33.6 万元，判决支持了 B 公司相应数额的诉讼请求。判决后，A 公司履行了判决书确定的付款义务，2010 年 8 月 A 公司账册显示支付给 B 公司 33.6 万元，注明用途为还款，并在备注栏记载了该案的案号。

在上述调查的基础上，管理人认为，在签订以物抵债合同时，双方均明知欠款已经还清，且无其他业务往来，该合同所谓的抵债并非真实的债权债务关系。于是管理人向受理破产案件的法院提起诉讼，认为 A 公司通过虚构债务、签订以物抵债合同的方式，将其财产无偿转让给 B 公司，属于《企业破产法》第 31 条第（1）项规定的行为，该行为发生的时间距法院受理破产清算申请时间不足 1 年。管理人向法院提起诉讼，要求撤销 A 公司无偿转让财产的行为，要求 B 公司将该套设备向管理人返还。

管理人将诉讼情况向全体债权人说明。债权人 D 表示不满，认为 A 公司主要财产就剩这一套设备了，如果追回的财产给全体债权人平均分配，则清偿比例极低，而在发现该财产的过程中，D 公司的作用十分重要，所以追回设备的变价款应当优先清偿 D 的债权，但管理人并未这样起诉。

D 向受理破产申请的法院提起诉讼，认为 A 公司无偿转让财产的行为属于《合同法》第 74 条规定的无偿转让财产、逃避债务的行为，D 公司作为其债权人，有权提起诉讼，要求法院判决撤销 A 公司非法转让财产的行为，将追回的财产用于清偿 D 公司的债权。法院经审查发现，就该处分财产的行为，管理人已经提起破产撤销权诉讼，其诉讼目的是公平清偿债权，在此情形下，债权人 D 的起诉不应受理，且 D 的诉讼请求亦不符合立案条件，作出不予受理的裁定书。

【简要评析】

本案涉及破产撤销权与民法撤销权（《合同法》第 74 条规定的撤销权）之间的关系问题。两种撤销权的法律依据不同，权利的性质不同，应当作以区分，且在适用条件上进行明确。

1. 破产撤销权与民法撤销权都具有撤销行为效力、恢复财产处分前状态的效果，但破产撤销权只能由管理人行使，债权人只能行使民法撤销权。

2. 民法撤销权在破产程序中的行使应受到限制。在针对同一可撤销行为时，破产撤销权与民法撤销权只能二者择其一行使。在本条司法解释的制定过程中，曾存在不同的观点，例如，两种撤销权系分别基于不同的立法而形成，《合同法》并未对民法撤销权的行使规定消极条件，故不应限制民法撤销权的行使。实际上，进入破产程序的企业和正常存续经营的企业存有差异。法院受理破产申请后，指定管理人对债务人企业的财产进行管理，管理人履行法定职责的行为应当受到债权人会议的监督，从此意义上讲，债权人对债务人企业财产的处分实际上是通过管理人履行职责而实现的间接处分。管理人行使破产撤销权追回财产的行为是为了全体债权人的利益，当其提起破产撤销权诉讼的诉讼请求与公平清偿全体债权人债权的利益相一致时，不应存在与此平行的民法撤销权同时行使，法院也无法对同一个可撤销的行为作出两次撤销行为、返还财产的判决。因此债权人行使民法撤销权应以管理人怠于或不行使破产撤销权为前提。

结合本案案情，管理人根据 D 公司提供的线索，对 A 公司在进入破产程序前 1 年内的无偿转让财产行为提起了破产撤销权诉讼，系管理人履行法定职责的行为，其要求 B 公司返还因无偿转让行为而取得的财产，起到了依法追回债务人财产、增加对债权人分配额的作用，在管理人提起诉讼后，债权人 D 公司对此已经不具有单独的诉讼利益，故对其起诉应不予受理。至于 D 公司主张其应当就该财产优先受偿的主张，与《企业破产法》规定的清偿原则相悖，并无法律依据，故不成立。

第十四条【有担保债务个别清偿行为撤销的例外】

债务人对以自有财产设定担保物权的债权进行的个别清偿，管理人依据企业破产法第三十二条的规定请求撤销的，人民法院不予支持。但是，债务清偿时担保财产的价值低于债权额的除外。

【条文主旨】

本条是对有债务人财产担保的债务个别清偿行为不予撤销的例外规定。

【规范目的】

根据《企业破产法》第32条规定，管理人有权请求人民法院撤销债务人在危机期内对个别债权人的清偿行为，其目的在于避免债务人在出现破产原因的情形下偏袒性地清偿其关联企业或亲朋好友等特定债权人的到期债务，使其他债权人的利益在随后启动的破产程序中受损。但是，该条规定并未对个别清偿情形作出明确的界定或列举，因此，在实践中，对于个别清偿行为是否包括主动清偿和被动清偿、是否包括对有担保债权的清偿等问题存在不同的理解，由此引发了债务人在危机期间清偿担保债权的行为能否通过破产撤销权予以撤销的问题。本条司法解释旨在解决这些疑难问题，对《企业破产法》第32条的规定进行一个具体的解释，为司法实践提供统一的规范指导。

【原理与适用】

根据《企业破产法》的规定，危机期间对个别债务予以清偿，属于可撤销的情形之一，但法律并未对诸多不同情况的个别清偿行为应否撤销进行具体界定。本条司法解释旨在对清偿担保债权能否撤销的问题作出规定。在理解和适用该条文时，需要注意以下几个重要的问题：

1. 撤销债务人危机期间的不当个别清偿是破产法确立的一项重要的原则，其适用需要严格界定个别清偿行为的构成要件。在债务人已经发生破产原因的情况下，其对到期债务已不可能全部清偿，在清偿谁和不清偿谁的选择过程中，便会出现对个别债权人的偏袒性清偿行为，如对债务人的关联企业等有利益关系者予以及时清偿，对其他债权人则长期拖延不还，所以需要设置撤销权加以调整。但是由于对到期债权的清偿本属于合法行为，如果对其不加区分无条件地均予以撤销，使所有依法得到清偿的债权人无法预期其正当权益是否能够得到法律保障，必然会严重影响市场经济的债务清偿秩序。因此，该项规定是一柄双刃剑，虽然具有纠正恶意优先清偿之作用，但如不合理约束，也会使债务人在此期间内所有的自愿或非自愿的清偿行为面临可能全部被撤销的风险，损害善意第三人的权益，严重影响交易的安全和经济秩序的稳定。所以对《企业破产法》第32条规定的适用，必须规定严格的条件。例如，虽然债务人已经发生破产原因，但为维系其基本生产、生存的需要而进行的个别清偿行为，如对水、电、燃气等费用的支付，不属于可撤销的范围。

2. 对担保债权的清偿原则上不属于危机期间的个别清偿。《企业破产法》第32条规定的"对个别债权人进行清偿"，是指对无财产担保债权人的个别清偿，对有财产担保债权人的清偿原则上不在此限。原因在于，对债务人以自有财产设定物权担保的到期债务，在危机期内清偿，并不存在对其他债权人利益的损害。因为即使债务人未在危机期内进行个别清偿，该债权人在破产程序启动后仍然对债务人设定担保的财产享有优先受偿的权利，即其权利保障仍然优先于其他债权人。《企业破产法》第109条规定："对破产人的特定财产享有担保权的权利人，对该特定财产享有优先受偿的权利。"所以，本条司法解释强调"债务人对以自有财产设定担保物权的债权进行的个别清偿"不在可撤销行为之列。

有实务人士认为，企业濒临破产界限时，大多已明显缺乏清偿能力，此时即便对已设定担保的债务清偿，似有规避法律、偏袒清偿之嫌，司法实践中应该严格审查，对因清偿行为直接导致企业破产的，也应该予以撤销。[①] 我们认为，该观点不妥，尤其是如果因为这种债务清偿就导致债务人破产，那么，债务人一定是早已经发生了破产原因，与该笔债务的清偿并无关，因此，对此行为不应撤销。

3. "债务清偿时担保财产的价值低于债权额"的个别清偿应属于可撤销的情形。根据《担保法司法解释》第51条的规定，抵押人所担保的债权超出其抵押物价值的，超出的部分不具有优先受偿的效力。根据《企业破产法》第110条规定，对设定担保物权的财产享有优先受偿的权利，未能受偿的债权作为普通债权进行清偿。由此可见，有担保债权人基于物权担保的优先性局限于设定担保的财产价值范围内，因此，如果在清偿该笔债务时，设定担保的财产价值小于其债权额的，则对相关债权的清偿行为应予撤销。这是一种符合破

[①] 张志新：《对个别清偿行为行使破产撤销权的构成要件》，载《人民司法》2010年第6期。

产立法精神的规定，也是对担保债权人和普通债权人利益之间的合理平衡。

4. 在本条司法解释的适用过程中，还需要注意两点：（1）根据本条司法解释的但书条款，"债务清偿时担保财产的价值低于债权额的除外"，换言之，"债务清偿时担保财产的价值低于债权额"的时候，管理人有权请求撤销该笔个别清偿。那么，究竟是有权请求撤销整个清偿行为，还是只能请求撤销超过担保财产价值部分的清偿？有一种观点认为，从节约司法成本、保护担保债权人利益和稳定经济秩序的角度考虑，应当将其理解为仅撤销超过担保财产价值部分的清偿。但我们认为，这种观点欠妥当，难以适应司法实践的需要。从破产审判实践来看，判断债务清偿时担保财产的价值是否低于债权额，采取的是评估的方式，即适用的是担保财产的评估价，而担保物权实现时需要通过拍卖的方式，适用的是担保财产的拍卖价。由于评估价和拍卖价之间存在差异，因此，该个别清偿行为被撤销时，正确的理解应当是指整个清偿行为的撤销，而非"仅撤销超过担保财产价值部分的清偿"。个别清偿行为被整体撤销之后，担保债权人再在破产程序中就担保财产实现优先受偿权。（2）根据谁主张谁举证的原则，管理人应当对"债务清偿时担保财产的价值低于债权额"承担举证责任，应当向法院提供相关的评估报告或其他证据材料。

【法律、司法解释及案例】

《企业破产法》（2007年6月1日起施行）

第三十二条 人民法院受理破产申请前六个月内，债务人有本法第二条第一款规定的情形，仍对个别债权人进行清偿的，管理人有权请求人民法院予以撤销。但是，个别清偿使债务人财产受益的除外。

第一百零九条 对破产人的特定财产享有担保权的权利人，对该特定财产享有优先受偿的权利。

第一百一十条 享有本法第一百零九条规定权利的债权人行使优先受偿权利未能完全受偿的，其未受偿的债权作为普通债权；放弃优先受偿权利的，其债权作为普通债权。

《担保法司法解释》（2000年12月13日起施行）

第五十一条 抵押人所担保的债权超出其抵押物价值的，超出的部分不具有优先受偿的效力。

【案例】

法院于2012年9月26日受理了债务人A公司的破产清算申请，并指定律师事务所担任A公司破产管理人。管理人发现A公司于2012年7月20日向B

公司转账 550 万元，在 A 公司账簿上记载为还款，此外还发现一份已经生效的法院判决书。该案为 B 公司诉 A 公司借款合同纠纷案。3 年多以前，A 公司向 B 公司借款 550 万元，并将其一套生产线作抵押，约定如 A 公司不能清偿到期债务，则 B 公司可以通过处分该抵押物以清偿欠款。因 A 公司到期未还借款，B 公司将其诉至法院，要求 A 公司偿还借款本金，B 公司可行使对抵押物的优先受偿权。法院判决支持了 B 公司的诉讼请求。经核实，A 公司 2012 年 7 月 20 日向 B 公司支付的款项系该判决所指向的欠款。

管理人找到 B 公司负责人向其说明，A 公司现已进入破产清算程序，虽然法院生效判决确认了两公司之间的债权债务关系和数额，并确认了 B 公司就抵押财产享有担保物权，但在向 B 公司还款时，A 公司已经发生破产原因，且还款时间距法院受理 A 公司破产清算申请之 6 个月，因此，存在还款行为被撤销的可能。考虑到 B 公司的债权有物权担保，且担保财产就是 A 公司所有的生产线，B 公司就物受偿的结果不影响其他债权人的清偿利益，故 B 公司取得的 550 万元还款有可能不被撤销，但还须受一个重要因素的影响。管理人表示，随着破产程序的推进，近期将对该生产线进行价值评估，虽然设定担保之时生产线评估的价值为 600 万元，但是现在已经经过了将近 4 年的时间，生产线因折旧以及其他因素有可能贬值。B 公司受偿的数额以抵押物变现价值为限，如果生产线现值不足 550 万元，则 B 公司应向管理人返还差价部分，并可以就差价部分申报债权，按照普通债务的比例在破产程序中受偿。B 公司负责人认为，管理人的理解合乎常理，同意尽快进行评估。

【简要评析】

对于有物权担保的债权的个别清偿与普通债权的个别清偿所有不同，这里所说的物权担保系指债务人以其自有财产向债权人提供抵押、质押等担保。根据《企业破产法》的规定，有财产担保的债权人在担保财产价值范围内，优先受偿债权，即"就物受偿"。由于《企业破产法》主要是对破产程序中相关问题作出的规定，容易使人理解为"就物受偿"应当在破产程序中进行，但从该优先受偿债权的特殊性看，就该类债权的受偿并不必须局限于破产程序进行中，但必须符合立法所确定的原则，即在"就物受偿"时，受偿额不能超过物的价值。就此还有两点需要说明：

1. 有财产担保的债权在受偿时虽然体现为对担保物权的处分，但从主从合同关系或主债务与担保之间关系的角度看，"就物受偿"的前提是物所担保的债权为确定的债权。本案中，由于 B 公司持有生效的法院判决，管理人可以就生产线的价值与 B 公司负责人协商，但如果债权人并未取得与生效判决同等效力的债权确认凭证时，应当先通过债权核查程序对该笔债权是否能够确认作出审查。

2. 应以债务清偿时物的现值确定担保物的价值。通常在签订物权担保合同时，债权人都会要求对担保物进行评估，以确定是否能够足额清偿债权，但是该评估值并不能直接作为"就物受偿"时的物的价值。债权人在破产程序中实现债权，应以债权实现时物的价值为准。实务中，对债务人财产进行评估、召开债权人会议表决破产财产分配方案以及实际清偿债权是存在先后顺序的，不可能在同一天中进行。因此，对担保财产的价值评估应当与实际清偿时间尽量接近，以保证评估价值最大限度的符合实际。

第十五条【履行生效法律文书或基于执行行为的个别清偿】
债务人经诉讼、仲裁、执行程序对债权人进行的个别清偿，管理人依据企业破产法第三十二条的规定请求撤销的，人民法院不予支持。但是，债务人与债权人恶意串通损害其他债权人利益的除外。

【条文主旨】

本条旨在明确对履行生效法律文书或者基于执行行为形成的个别清偿能否撤销的问题。

【规范目的】

在司法实践中，某些债务人为达到破产欺诈、偏袒性清偿的目的，在可撤销期间内利用双方合谋提起的诉讼或仲裁程序，对于依法可撤销的违法行为如非正常交易、对原来没有财产担保的债务提供财产担保等，通过法院的判决、裁定、调解书或仲裁裁决等形式获得法律执行效力，借助法院的执行效力实现可撤销行为的合法化，以损害债权人的利益，由此便产生对执行行为的撤销问题。国外有些国家的破产立法对此有明确规定，而我国破产法欠缺规定。本条司法解释正是针对这种司法实践的实际需要，对因履行生效法律文书或基于执行行为的个别清偿行为能否撤销的问题作出明确的规定。

【原理与适用】

本条司法解释所指之个别清偿，是指债务人在可撤销期间内，根据法院的判决、裁定、调解书或仲裁的裁决书所确定的给付义务,或者基于其他执行行为所为之自动履行或被强制执行。对于这种特殊的个别清偿行为,能否通过破产撤销权的行使来予以撤销,理论及实务中观点分歧较大。赞同者认为,实务中,在可撤销期间内双方合谋利用诉讼或仲裁程序,将依法可撤销的违法行为通过法院的判决、裁定、调解或仲裁裁决等形式获得执行效力,通过执行达到欺诈或者偏袒性清偿的情况较为常见,该种行为表面上是双方借助公权力寻求争议解决,实际是利用行政、司法机关实现个别清偿债务的目的。如对上述行为不加以撤销,将对其他债权人不利。否定者认为,破产撤销权指向的是民事主体间的民事行为,执行行为是公权力行为,把执行行为作为撤销权的行使对象,在对象上不符合撤销权的行使要件。另外,民事行为已经被生效裁判确认并被执行完毕的,如仍对其主张撤销,那么确认该民事行为的生效裁判所依据的基础关系变化,该生效裁判的效力将难以认定。总之,无论撤销的对象是民事行为还是执行行为,都有不妥。

从国外破产立法的情况来看,对以执行方式进行的可撤销行为(包括已经取得执行名义的法院判决书、调解书等确定的权利义务),也只有一部分国家的破产立法规定是可以撤销的。如《日本破产法》第75条"执行行为的否认"规定:"就欲否认的行为,虽有有执行力的债务名义,或其行为系基于执行行为者,亦不妨碍否认权的行使。"[①]《德国支付不能法》第141条"执行名义"也规定:"对法律行为已经取得具有执行力的债务名义,或行为系因强制执行所取得的,不因此而排斥撤销权。"所以,在这些国家中,可撤销的行为中包括基于执行行为、法院裁判等发生的财产变动行为。

我国《企业破产法》并未对因履行生效法律文书或基于执行行为所发生的个别清偿能否撤销作出规定,但司法实践中确有债务人利用执行行为达到破产欺诈、偏袒清偿目的的情形。我们认为,在债务人具有清偿能力的情况下,自动履行生效裁判或被强制执行是债务人的法律义务,也是法院生效裁判执行力的体现。所以,除法院依法定程序可以撤销执行行为外,其他人是无权否认其效力并加以撤销的。但在债务人丧失清偿能力的情况下,其在可撤销期间内为对个别债权人偏袒清偿等非法目的而利用执行名义进行的可撤销行为,违背破产法公平受偿的基本原则,损害多数债权人的利益,所以应予以撤销。但是,自动履行或被强制执行生效裁判毕竟在法律形式上是债务人的义务,如执行行为可以任意被推翻,也将影响到交易安全和经济秩序,所以对其虽可行使撤销权,但法律应设置严格的条件,即以当事人存在主观恶意为前提,例如,

---

① [日]石川明:《日本破产法》,何勤华、周桂秋译,中国法制出版社2000年版,第263页。

如果有证据证明债务人和个别债权人恶意串通，为实现个别清偿的目的，假借诉讼、执行之手，实现偏颇性清偿的，应当可以撤销。

上述分析也正是本条司法解释的逻辑思路。本条司法解释强调，债务人经诉讼、仲裁、执行程序对个别债权人进行的清偿，原则上不能撤销，但"债务人与债权人恶意串通损害其他债权人利益的除外"，此即原则之例外，主要判断标准在于当事人是否存在主观恶意。由于对是否存在主观上的恶意串通在举证方面有较大的难度，所以对债务人对与其有关联关系或其他利益关系的个别债权人的清偿等可能存在不合理清偿因素的情况，可以推定为存在恶意串通，而由受偿人举证其不存在恶意串通。

本条司法解释涵盖的清偿实际上应该包括以下两个方面：一是在法院的民事判决书、民事调解书或仲裁裁决书生效之后尚未启动执行程序之前，债务人主动履行生效裁判文书中的债务清偿义务所形成的个别清偿；二是在上述裁判文书生效之后，债权人依法启动了执行程序，债务人被动履行债务清偿义务形成的个别清偿。

对于上述两种情形的清偿，如果具有"债务人与债权人恶意串通损害其他债权人利益"的条件，管理人应当通过何种方式行使撤销权？对此，有部分学者提出，撤销执行行为效力的方式是管理人通过再审等民事诉讼程序撤销错误的裁判。① 也有学者提出，具有给付内容的判决，不仅是对给付之债作出确认，而且也判定了给付的履行效力，企业破产法的公平受偿原则排除个别受偿或个别给付的做法，其排除的只是履行行为，而未否定债的确认效力。② 从理论上讲，可以有两种撤销方式：（1）由管理人通过再审程序等民事诉讼程序撤销错误的判决等法律文书；（2）由管理人依据破产法直接向受理破产案件的人民法院请求行使撤销权，撤销债务人的财产处分行为。

我们认为，第一种方式在传统法律体系框架之内，无须多加分析，但在权利行使方面可能会遇到繁复程序和地方保护主义，耗时甚长，较为困难，不太有利于对债权人利益的维护。第二种方式有利于充分体现破产撤销权的作用，维护债权人的利益，但是在形式上可能与目前的民事诉讼法体系存在不协调的问题，需要对其理论基础作出解释。从理论上来看，破产撤销权的实质是对债务人违法财产处分行为的撤销，撤销的是债务人的行为，而不是原生效的法律文书，所以可以将破产撤销权与原执行行为理解为是基于两个不同的法律、不同的法律事实而进行的行为，破产撤销权的行使不需涉及对原执行依据法律文

---

① 霍敏：《破产案件审理精要》，法律出版社2010年版，第81页。
② 刘敏：《企业破产派生诉讼审理中有关问题的研究》，载《民商事审判指导》2009年第1辑，人民法院出版社2009年版，第250页。

书的撤销和执行回转。[①] 据此，对这些行为的撤销，可以由受理破产案件的法院按照破产撤销权诉讼直接解决。换言之，在可撤销期间内，债务人恶意损害其他债权人利益，对生效判决的自愿履行或被强制执行，管理人请求法院撤销的只是债务人的给付行为，而非生效判决所确认的债权。给付行为被撤销后，债权人可以通过申报债权程序主张权利。

目前，本条司法解释明确规定，在存在债权人与债务人恶意串通损害其他债权人利益的情形之下，管理人可以对这种个别清偿行为行使破产撤销权。据此，管理人可以直接向受理破产案件的人民法院请求行使撤销权，无需通过申请再审的方式撤销个别清偿行为。

【法律、司法解释及案例】

《企业破产法》（2007年6月1日起施行）

第三十二条 人民法院受理破产申请前六个月内，债务人有本法第二条第一款规定的情形，仍对个别债权人进行清偿的，管理人有权请求人民法院予以撤销。但是，个别清偿使债务人财产受益的除外。

第十六条【必要个别清偿的撤销排除】

债务人对债权人进行的以下个别清偿，管理人依据企业破产法第三十二条的规定请求撤销的，人民法院不予支持：

（一）债务人为维系基本生产需要而支付水费、电费等的；

（二）债务人支付劳动报酬、人身损害赔偿金的；

（三）使债务人财产受益的其他个别清偿。

【条文主旨】

本条对债务人在危机期内的个别清偿行为不予撤销的情况作出规定。

[①] 王欣新：《破产法》，中国人民大学出版社2011年版，第140~141页。

【规范目的】

《企业破产法》第 32 条规定了危机期间的个别清偿行为可撤销，但"个别清偿使债务人财产受益的除外"。对于该条但书条款究竟如何理解，理论与实务界对此存在不同观点。有学者将此但书条款限定为交易等值且不存在"信用授予"的债权债务关系；有学者则主张将优先性个别清偿行为和债务人正常的经营行为与活动进行明确的界分。本条司法解释对不予撤销的例外情形作出规定：一是对基于维系债务人基本生产需要支付必要的水费、电费等使债务人财产受益的情况不予撤销；二是从生存权特别保护的角度出发，对债务人在危机期内支付职工劳动报酬和基于人身损害而发生的赔偿金的个别清偿行为也不予撤销。

【原理与适用】

各国的破产立法规定，债务人在危机期间的个别清偿行为，在符合一定构成要件时可被撤销，但同时也都作有例外规定以保公平。

《美国破产法》有关可撤销行为的规定主要为第 547 条、第 548 条、第 549 条和第 553 条。《美国破产法》以第 547 条"偏颇性清偿"进行命名并规定了具体的行为要件和例外条款。而偏颇性清偿又恰恰是美国破产撤销权适用中最重要的一部分。[1]

《美国破产法》中的偏颇性清偿（Preferential Transfer），是指处于无力清偿状态的破产债务人在破产宣告前的一定期间内对债权人或为了债权人的利益作出的转让，从而使该债权人获得比通过破产财产分配更多的受偿份额。美国的破产法制度最初是继受自英国破产制度，然而，偏颇行为撤销制度在几经沿革下，发展出和英国截然不同的风貌。[2] 美国 1800 年颁布的第一部破产法是以当时英国破产法为参考，由于英国当时的破产法根本就没有注意到破产前的偏颇性清偿问题，所以这部法仅仅对欺诈性转让作了规定，没有涉及偏颇性清偿。第二部破产法即 1841 年破产法也是借鉴同时期的英国法，这部法对偏颇性清偿进行了规定，规定如果转让是发生在破产受理前两个月内，或受让人知悉债务人申请破产或者有申请破产的意图，偏颇性清偿即可撤销。破产法将偏

---

[1] 王倩：《破产撤销权适用范围的例外研究》，上海交通大学法学院硕士学位论文，2010 年 12 月。

[2] See Robert Weisberg, Commercial Morality, the Merchant Character, and the History of the Voidable Preference, 39 STAN. L. REV. 3, 4 (1986).

颇性清偿定义为"债务人对债权人在破产情况下的转让,债务人的意图是给予受让人比其他债权人更多的优惠或特权"。[1]

美国 1867 年破产法中偏颇性清偿的定义已经与英国法产生了很大不同。这部法分两步来规定偏颇性清偿。首先,陷入无力清偿境地的债务人在破产前 4 个月内必须有给予某债权人优惠的主观意图;其次,债权人必须有合理理由相信债务人已经陷入无力清偿的境地。美国 1898 年破产法,后来由 1938 年钱德勒法案修正,一直适用到 1978 年破产法修正案通过。该法第 60 条(a)款规定债务人在陷入无力清偿的境地时,如果转让了他的财产或者故意败诉,而法院判决的执行或财产的转让使得一个债权人获得比其他同清偿顺序的债权人更多的清偿,那么,清偿就是偏颇性的。同时,第 60 条(b)款规定债权人必须有理由相信债务人意图给予其优惠。1938 年钱德勒法案对偏颇性清偿的概念没有作实质性的修改。

1978 年制定的美国联邦破产法典即《1978 年破产改革法》(The Bankruptcy Reform Act of 1978)对偏颇性清偿行为的界定,首次删除债权人的主观要件,但是该债权人主观意思的要求,在涉及内部关系人的偏颇性清偿行为的撤销权中仍予以保留。2005 年,美国联邦破产法典经历了重大的修正,该法案名称为《防止破产滥用与消费者保护法》(Bankruptcy Abuse Prevention and Consumer Protection Act of 2005)(简称为 BAPCPA),其中有关于偏颇性清偿行为撤销的重要修正体现在:再次地降低"正常商业活动(即偏颇性清偿例外规定的情形之一)"的成立标准,使得债权人主张 547 条(c)款(2)项的抗辩事由更容易成立;并且赋予债权人新抗辩事由,即增订第 547 条(c)款(9)项,对破产管理人行使撤销权的最低门槛的金额进行限制,扩张至非消费性债务。总体说来,自 1978 年扩张偏颇清偿的范围后,现行的《美国破产法》呈现出限制破产管理人行使撤销权的趋势。[2]

根据现行的《美国破产法》第 547 条(b)款的规定,除非本条(c)另有规定,管理人可以撤销债务人符合以下条件的在财产利益上的任何转让,即偏颇性清偿行为的一般要件包括:(1)转让的是债务人在财产上存在的利益;(2)转让是对债权人或为了债权人的利益作出的;(3)转让是为了或基于债务人先前存在的债务;(4)转让时债务人处于无力清偿状态;(5)转让发生在破产申请前 90 日内,如果债权人是关系人则发生在破产申请前 1 年内;

---

[1] See Countryman, The Concept of a Voidable Preference In Bankruptcy, 38 Vand. L. Rev. 713 Vanderbilt Law Review May (1985).

[2] See Charles J. Tabb, The Brave New World of Bankruptcy Preference, 13 AM. BANKR. INST. L. REV 425, at 455 – 456 (2005).

（6）转让使债权人获得的清偿多于没有转让时债权人依据清算程序所能获得的破产财产分配。①

根据美国破产法学界和司法界的解释，撤销偏颇性清偿的主要目的在于阻止债权人"争相诉诸法院以瓜分处在破产边缘的债务人的财产"，有助于"在债务人的债权人之间平均分配财产的首要破产政策的实现，要求比同一顺序的其他债权人获得清偿较多的债权人交出多获得的财产从而谋求债权人之间的平均分配"。接受转让的债权人主观上的无辜不能成为撤销权的抗辩理由，"国会认为平均分配是如此的重要，以至于削弱了对债权人的善意的考虑或者削弱了对债权人对于偏颇性行为知悉程度的考虑……"同样，债务人的动机和目的也是无关紧要的，因为"撤销偏颇性清偿行为的全部要求就是追索期间内有实际的转让行为发生并且符合第547条（b）款所规定的其他条件"。另外，债务人的错误行为不可归罪于托管人，也不能导致托管人对于偏颇性行为的撤销权无效。②

但前文所述，在1978年制定的美国联邦破产法典（The Bankruptcy Reform Act of 1978），对偏颇性清偿要件之规定，删除了债权人主观恶意一项，以客观因素来定义偏颇行为，扩大了偏颇性清偿撤销权的攻击范围。为了弥补债权人，增订了例外条款第547条（c）款，管理人不能对此条规定中的各项行为行使撤销权，规定此条的目的在于："使破产中符合偏颇性清偿行为要件的转让行为避免受到偏颇性清偿的攻击，只要这些转让对于商业现实是十分重要的，并且不损害偏颇性清偿规定的目的，或者这些转让通过维持潜在破产者的经营有助于企业的继续。"③第547条（c）款中所列各项，虽然形式上也属于偏颇性清偿，但并未违反撤销权制度的目的，因而对符合该项的债权人应该予以保护。

根据《美国破产法》第547条（c）款的规定，下列九种情形属于偏颇性清偿之例外：④

1. 同时发生的交易——为了交换新价值。债务人转让财产的时间与债务的成立时间，往往并不一致，但如果两时间点差距非常小，实际上可视为同时发生时，若管理人再对此行使撤销权，将导致债权人不愿意和财务陷入危机的

---

① See 11 U.S.C. §547（b）（2005）.

② ［美］大卫·G. 爱波斯坦等：《美国破产法》，韩长印等译，中国政法大学出版社2004年版，第280~281页。

③ See Orelup, Avoidance of Preferential Transfers Under the Bankruptcy Reform Act of 1978, 65 Iowa L. Rev. 209 at 219 (1979).

④ 王倩：《破产撤销权适用范围的例外研究》，上海交通大学法学院硕士学位论文，2010年12月。

债务人继续从事商事交易，甚至在某种程度上会加速债务人的破产进程。比如，像在柜台上的商品现货买卖，债务人现金的转让并没有损害偏颇性清偿规则的目的，这种转让不仅没有减少破产财产，也没有损害债权人的利益，只是财产从现金这种形式转换成商品这种形式。所以，第547条（c）款（1）项规定为了交换新价值的同时性交易不构成偏颇性清偿。若债权人主张这种例外，需满足主观和客观两个方面的条件：主观上债务人和债权人进行转让的目的就是为了交换新价值；客观上双方的转让确实是同时发生的。

2. 正常商业活动中的支付。按照《美国破产法》的规定，债务人在其正常商业活动中所为的支付行为，不构成偏颇性清偿，即使这些支付符合偏颇性清偿的要件，比如债务人对公共事业费用的支付，债务人对存货供应商进行的定时清偿等等。另外，如果撤销正常商业活动中的清偿行为，就有可能会阻止债权人对处于财务危机中的债务人继续提供信用甚至短期信用，而信用的提供对于任何人尤其是存在财务危机的债务人是尤其重要的，那么撤销这种清偿亦可能会加速债务人的破产进程。所谓正常商业活动，是指符合债务人经常性业务做法并且也符合商业规则的行为。《美国破产法》第547条（c）款（2）项给出了正常商业活动的要件：（1）债务对于双方当事人而言，都是在正常商业活动、财务事项中发生的；（2）对债务的支付行为本身是依据正常商业规则在正常商事活动期间进行的。第一条通常被称为"主观标准"（subjective test），即债务发生及其清偿行为符合双方当事人已建立的惯例，才属于正常；第二条通常被称为"客观标准"（objective test），即债务人的清偿行为符合正常商业规则及商事期间的要求。根据法条规定，债务人的支付只需符合上述两要件之一即可，因此债务人可主张适用对其有利且易举证的标准。

3. 价金担保利益。价金担保利益条款又称为授权担保利益条款，是第547条（c）款（1）项所保护的同时性交易的一种特殊规定。价金担保利益是指债务人为提供新价值的债权人在担保物上设立担保，从而使债务人可以购买或者获得作为新价值的财产，债务人通常采用的就是此种价金担保方式或者信用方式。通俗地讲，就是债权人向债务人提供贷款，当债务人用这笔贷款获得所购商品的所有权后，再以该商品作为担保物担保此项贷款债务。这里应该说明的是，第547条（c）款（1）项保护的是一般的转让，但是不保护担保这种特殊的交换类型，第547条（c）款（3）项具有特殊的程序要求，专门适用于价金担保利益。那么这些特殊的程序要求包括：该转让是在债务人的财产上设置的担保利益：（A）在担保新价值的担保利益的范围之内，其中新价值需：（i）在规定担保物的担保协议签署之时或之后给予；（ii）由担保人或者其代表人依据担保协议给予；（iii）新价值的给予目的在于使债务人获得此项财产；

(iv) 新价值的给予客观上确使债务人获得了此项财产；(B) 担保利益在债务人获得财产的所有权之时或者之后的 30 日内被完善。

4. 后位新价值。假设债务人未对先前存在的到期债务进行清偿，债权人不愿继续提供新的商品或贷款，因而债务人清偿了先前的债务，债权人也随即根据新的信用提供了商品或者贷款。之后 90 日内，债务人提出破产申请。仅仅依据第 547 条（b）款（4）项来看，这种清偿属于偏颇性清偿应当被撤销。但是，这种清偿虽然减少了破产财产，但相应的，破产财产通过债权人基于新的信用提供的商品或贷款又得到了增加，获得了新价值，此时清偿和新价值相互抵销，在新价值的额度范围内就没有出现偏颇性清偿的后果，不应被撤销。第 547 条（c）款（4）项保护的即为此种转让：转让是对债权人或者为了债权人的利益作出，在转让后债权人对债务人或者为了债务人的利益提供了新价值，且此新价值（A）没有其他不可撤销的担保利益提供担保；(B) 债务人并没有因此新价值而对债权人或者为了债权人利益作出不可撤销的转让。第 547 条（c）款（4）项的目的在于鼓励债权人继续与陷入财务困境的债务人进行商业活动，期待能够避免破产的发生。此条暗含的三个要件包括：债权人获得了不可撤销的偏颇性利益；在获得偏颇性转让后，债权人给予了债务人无担保的"新价值"；破产申请时，债务人仍未完全清偿此无担保的"新价值"。由此可以看出，适用此条的重要条件是债权人是否赋予债务人"新价值"，使破产财产获益，当然，此利益并非一定由债权人直接移转给债务人。那么，怎么判断是否产生了"新价值"呢？现行《美国破产法》的第 547 条（c）款（4）项采取了较为狭窄的计算方式"后位增值规则"（subsequent advance rule）。"后位增值规则"是指在债务人的偏颇性清偿行为后，债权人的行为带来的新价值构成第 547 条（c）款（4）项保护的新价值，才能受到保护。

5. 浮动担保利益。浮动担保是债权人常用的一种担保方式，即担保权的客体是某一类物品而非某一特定物品，虽然该类物品的具体内容和价值在不断变化，但是担保利益一直存在。这类物品包括库存、应收账款等具体商品或者其他权利。显然，这些客体总是在不停的变化中，比如，库存被销售或补足，应收账款扩大或减小等等。理论上讲，在偏颇性清偿追索期间内在浮动担保上创设的任何担保都属于偏颇性清偿，但是第 547 条（c）款（5）项的目的在于对此期间内获得的库存或者应收账款上的担保与利益进行公平协调，保护的是在浮动担保物上产生的相对较易确定的优先受益上设立的浮动担保。第 547 条（c）款（5）项规定下列转让不是偏颇性清偿：这种转让在库存、应收账款或者其收益上创设了已经完善的担保利益，除非该担保利益所担保的债务超过担保利益的价值部分在申请破产之日与下列之日相比发生了减少，因此损害了其他普通债权人的利益（A）（i）如果是（b）款（4）项（A）目中规定的转让，就是破产申请前的第 90 日；（ii）如果是（b）款（4）项（B）目中规定的转让，就是破产申请前的 1 年；（B）创设担保利益的担保协议规定的新价值第一次被提供的日期。

6. 法定担保。破产法对法定担保与协议担保规定了差别性待遇，作为一种非协议担保的法定担保产生了一些特殊的问题和规定，它是在特定的前提和条件下基于法律规定的强制力而产生的担保，既不是基于双方协议，也不是基于司法行为。与其他例外规定一样，法院也对法定担保的构成要件作出了严格的解释，即为了获得第 547 条（c）款（6）项的保护，转让必须是确定的法定担保，且这种担保依据第 547 条是不可撤销的。第 547 条（c）款（6）项对法定担保设计了偏颇性清偿之例外，原因是法定担保权人所为的使法定担保有效成立的行为并不构成破产临界期间的不正当行为，也不属于债务人的偏颇性行为。因为法定担保是由法律强行赋予的效力，并且不会存在秘密担保的情况，因为法定担保利益的存在是众所周知的，因此无须受到撤销权的攻击。

7. 扶养费用的支付。债务人对其负有的提供抚养费、赡养费义务而为清偿或者提供担保，依据第 547 条（c）款（7）项的规定不得被撤销。2005 年的破产法修正案第 101 条规定了何为"家庭扶养责任"（domestic support obligation），依据第 101 条，满足下列四个条件的债务才满足"家庭扶养责任"的要件进而受到其保护：（1）债务所欠对象或者债务追讨权人是债务人的配偶、前任配偶，债务人的子女或者子女的父亲/母亲、法定监护人或者负有抚养义务的其他亲属，或者是某个政府部门；（2）不管债务是否明确被这样命名，但是在实质上债务是针对或所欠上述人员或政府部门的赡养费、抚养费和生活费；（3）债务的产生是在债务人申请破产前、申请破产时或者申请破产后，且债务是由以下原因产生：分居协议、离婚协议或者财产分配协议；法院的命令；政府部门根据相应的非破产法作出的决定；（4）债务并没有被转让给其他非政府实体，除非上述（1）中的人员出于讨债的目的主动承担起这种家庭扶养责任。第 547 条（c）款（7）项的目的在于避免债务人利用破产程序逃避其应当承担的给付抚养费、赡养费和生活费的义务。

8. 消费者对债权人的小额支付。当债务人为自然人时，其主要债务为消费性债务，依据第 547 条（c）款（8）项的规定，当消费者对债权人所作的清偿不大于 600 美元时，不作为偏颇性清偿对待，不得对其撤销。消费性债务主要是指自然人债务人主要因为个人、家庭或者亲属生活所引起的债务，此项例外也仅仅保护此种债务。有两点需要说明：（1）第 547 条（c）款（8）项保护的是一项总额不超过 600 美元的清偿。（2）第 547 条（c）款（8）项对清偿的次数和清偿的总额不设限，只要每次清偿的总额不超过600美元，这些转让就都可以受到保护。规定此项例外的目的是避免管理人为追求自身报酬的增加而撤销小额的清偿，因为此等撤销不仅对增加破产财产帮助不大，还会造成诉讼资源的浪费，增加了管理人的负担。所以法律在此设定了600美元的硬性标准来对小额支付进行保护。

9. 非消费者对债权人的小额支付。依据第547条（c）款（9）X项的规定，若债务人的主要债务为非消费性债务，且受该偏颇性清偿影响的财产总额少于5000美元时，管理人不得撤销此种支付。制定此款的目的基本等同于第547条（c）款（8）项，避免债权人由于诉讼成本的原因被迫和解。此项规定也是于2005年对破产法典的修正中增订的。而2005年之前就有许多学者建议设立此种保护，但是立法者过于信赖管理人相信其不会为浪费资源的诉讼并且忽略了管理人和债权人计算诉讼成本的区别所在，所以导致了管理人滥用撤销权的情形，直至2005年才将此项例外加入法案。

根据上述分析可知，美国的破产立法不仅规定了严格的偏颇性清偿行为的构成要件，也完整地列举了偏颇性清偿之例外情形，构成了一个完整的破产撤销权规则体系。尽管这些例外规定仍然受到某些批评，尚有需要完善之处，但是，它们确实发挥了很大的作用，取得了良好的效果。一方面，对偏颇行为设定例外规定既保护了善意第三人的合理预期，维护了其正当利益；又保证了交易的安全与稳定。另一方面，设置适当的合理的例外规定能够减小该制度在推行中的阻力，为其使用创造良好的社会环境，有利于有效发挥其功能。因此，这些立法规定体现出兼顾全体债权人利益和个别债权人正当利益的破产法理念，彰显了破产法的公平本质。

我国《企业破产法》规定的偏颇性清偿行为主要包括第31条规定的"对未到期的债务提前清偿""对没有财产担保的债务提供财产担保"和第32条规定的"危机期间的个别清偿行为"（专指对到期债务的清偿），但对于例外情形的规定，仅限于第32条中的但书条款，即"个别清偿使债务人财产受益的除外"。从法律适用的情况看，该规定过于简单，且除外范围也显狭窄。债务人在危机期间的一些个别清偿是基于与相对人之间的正当商业惯例而为，而且是为了维系基本的生产、生存之需，并无偏袒性清偿之恶意。但在我国破产法未规定主观恶性要件的情形下，这些行为却可能由于形式上符合《企业破产法》第32条规定的偏颇行为的构成要件，又没有满足"使债务人财产受益"之例外规定，而被认定为偏颇行为，被予以撤销。这会打破了市场主体的合理预期，破坏了交易安全，损害了当事人的正当利益。申言之，债权人之间的公平受偿是以另一种不公平的代价来换取的。① 例如，在某破产案件中，债务人不结清上月的水电费、通讯费，自来水公司、电力公司及电信公司就不提供下月的服务，这也是双方当事人一贯的交易方式，而且债务人结清上月所欠费用后，上述债权人会立即基于信用和惯例提供下月的服务。这一实例中的个别清偿的确符合《企业破产法》第32条所规定的构成要件，而且减少了债务人的财产，又难以直接认定为"使债务人财产受益"的行为，往往容易被归为偏颇性清偿行为。但是债务人通过相对人基于信用和惯例提供的新服务却得到了增加，使基本的生产、生存得以维系，故对其撤销的理由并不充分。这实际上是《美国破产法》第547条（c）款"偏颇行为的例外"第（4）项所规定的"后位新价值"。

综合我国的企业破产立法和司法实践情况来看，我国的偏颇性清偿行为之危机期间的个别清偿，在立法条文上确实存在一些有待完善之处。

1. 《企业破产法》第32条规定了危机期间的个别清偿行为可撤销，但并未明确这种清偿行为的构成要件是否需要具备主观恶意要件。有学者认为，对此类行为的撤销应限定在债务人恶意所为的范围内，"虽然债务人已经发生破产原因，但为维系其基本生产、生存的需要而进行的个别清偿行为，如对水、电、燃气等费用的支付，不属于可撤销的范围。"② 另有学者指出，尽管《企业破产法》第32条完全未提及主观要件，但也并不能彻底地与主观要件相"绝缘"。从德国等国家的破产立法来看，善意的债权人应予保护。在我国偏颇清偿制度未规定主观要件时，应充分利用《企业破产法》第32条但书条款表述上的模糊性，作出有利于保护善意破产债权人、维护交易安全的解释。具体而言，除了将即时交易解释为"使破产财产受益"外，也应将长期合同到期后合理期限内的清偿、基于惯常交易而进行的清偿做相同解释。③

2. 有必要通过定义或者列举的方式来解释《企业破产法》第32条但书条款之"使债务人财产受益"。在定义"使债务人财产受益"时，《美国破产法》中的"后位新价值规则"值得我们借鉴。在列举具体的"使债务人财产受益"的情形时，则需要谨慎为之，宜粗不宜细。一方面，《美国破产法》第547条（c）款之所以规定了如此详细的例外情形，是因为《美国破产法》547条（b）款未为偏颇行为设置当事人主观方面的构成要件，没有为善意当事人提供抗辩的机会，该款构成要件不加任何筛选地将所有符合第547条（b）款规

---

① 祝伟荣：《破产撤销权制度的反思与重构——以利益衡平理念为视角》，载《法律适用》2012年第5期。
② 王欣新：《破产法》（第三版），中国人民大学出版社2011年版，第139~140页。
③ 许德风：《论偏颇清偿撤销的例外》，载《政治与法律》2013年第2期。

定的6个构成要件的个别清偿行为都纳入到偏颇行为的范围之内,从而导致了一些主观上未违背破产法宗旨的行为被纳入到偏颇行为之列,故《美国破产法》必须为第547条(b)款所创设的这样一个封闭的法律体系开一扇当事人抗辩的"窗户",因此其第547条(c)款规定了详细的例外情形。而如前文所述,如果我国破产法把当事人主观方面恶意作为偏颇行为的构成要件,则没必要像《美国破产法》那样规定如此详细的例外情形且仍受到诟病。[①] 另一方面,鉴于错综复杂的商业实践中的交易行为的千奇百态,以及立法者在认知上的局限性,即使规定再详细的例外情形,也无法穷尽现实中的一切正当交易行为。美国之所以能够较好地保证该制度目标的实现,很大程度上依赖于其发达的判例法传统及高素质的法官队伍,有赖于法官造法的灵活性。而鉴于我国的成文法司法传统以及目前的司法实践,即使规定了足够详细的例外情形,也会使之僵化。与其让法律僵化地去对主体行为进行规制,还不如让主体在法律提供的制度空间里充分博弈,为法官采信两造博弈提供一个可适用的规则,以最大化地实现公平。

针对目前的立法和司法实践,结合国外的立法经验,本条司法解释明确以下两方面的情形不属于可撤销的个别清偿行为:

1. 为了正常商业活动所为之个别清偿,即本条司法解释所规定的"债务人为维系基本生产需要而支付水费、电费等"个别清偿。从破产实践来看,保障正常的生产经营秩序是债务人的基本生存利益,即便出现破产原因,只要债务人未进入破产程序,该生存利益仍应被摆在显要位置。此种情形下,典型的不应被撤销的必要清偿行为,是债务人支付水费、电费等公共开支的行为。公共费用的交纳涉及电力、水务等相关企业,上述企业虽同属于普通债权人,但在可能触及撤销权行使时应作区别对待。因为,上述类别的公共设施直接维系着债务人基本的生产经营秩序,尤其对于生产类企业而言,拖延支付上述费用极有可能导致债务人相关公共设施被迫中断使用,使债务人在一段时间内无法生产或生产效率大幅降低,使其生产经营秩序混乱,对债务人财产不利。上述观点实践中已在个别较有影响的案例如雅新电子(苏州)有限公司和雅新线路板(苏州)有限公司破产重整案中得到适用。[②]

2. 本条司法解释列举之第二种情形即"债务人支付劳动报酬、人身损害

[①] 美国商法联合会指出,《美国破产法》第547条(c)(2)"同时发生的新价值"之例外规定等有极大的不确定性,进而引发了许多破产撤销之诉。诉讼所费,尤其是专家证据方面的支出,最终都由破产财产承担,减少了债权人的受偿利益。

[②] 刘敏:《充分发挥企业破产重整作用实现对危困企业的拯救——雅新电子(苏州)有限公司和雅新线路板(苏州)有限公司破产重整案评析》,载《民商事审判指导》2009年第2辑(总第18辑),人民法院出版社2009年版,第200页。

赔偿金"的个别清偿。严格意义来讲，这不属于"使债务人财产受益"的情形，但从生存权特别保护的角度出发，有必要将这种情形纳入不可撤销的范畴。

此外，本条司法解释第（3）项规定："使债务人财产受益的其他个别清偿"。这是一种兜底条款，让《企业破产法》第32条中的但书条款依然留有了解释的空间，有助于法官在破产审判实践中依据具体的情形来自由裁量，以作出更有利于维护全体债权人利益的司法决定。

【法律、司法解释及案例】

《企业破产法》（2007年6月1日起施行）

第三十二条 人民法院受理破产申请前六个月内，债务人有本法第二条第一款规定的情形，仍对个别债权人进行清偿的，管理人有权请求人民法院予以撤销。但是，个别清偿使债务人财产受益的除外。

【案例】

A公司为一家房地产开发公司。2009年9月，其开发的商业区主体结构竣工，其中最高的一栋大楼紧邻入城高速，其向政府主管部门申请在大楼正对高速路的一侧建一大面积电子广告屏，获得批准。10月底，A公司与B公司签订加工承揽合同，约定由B公司为该大楼设计安装高亮度大屏led显示屏，合同总价1.2亿元，随着承揽工程进度分期支付价款。约定工期约为15个月，2011年2月前完工，安装合格后3个月内结清尾款1000万元。合同签订后，B公司按照进度开始施工。A公司支付了前两期承揽费后，因商业区出售情况较差，加之建筑规模过大，导致资金回笼困难，开始拖欠承揽费用。2010年6月，B公司提出如果A公司仍不能按照进度付款，则将停止工程加工。A公司考虑到该大楼位于明显的地理位置，一旦led大屏完工，将能够收取固定的广告收入，并且通过吸引社会关注，能够有利于房产出售，于是与B公司协商，希望工程按期继续进行，总造价调整为1.25亿元，除已经支付的5000万元外，剩余7500万元在工程竣工后3个月内时一次性付清，如到时不能付款，则将其开发的该商业区中30套商业用房过户给B公司，抵作承揽工程款。B公司同意上述方案，与A公司签订了补充协议，对上述事项予以记载。

2011年1月底，led大屏安装完毕并经测试合格。但截至5月1日，A公司仅又支付了1500万元承揽费用，其余款项继续拖欠，直至同年9月底，才将剩余款项结清。当时，A公司已经不能清偿多笔到期债务，商业房产出售情况仍然不佳，缺乏清偿能力。

2011年11月，A公司的债权人C公司向法院申请对A公司进行破产清算。经审查，法院受理了该申请，并指定了管理人。

在第一次债权人会议上，管理人将其调查的上述情况向全体债权人作了报告，提出A公司在已经发生破产原因的情况下，对拖欠B公司的加工承揽款进行清偿，清偿时间仅在法院受理破产申请前的2个月，属于可撤销的个别清偿行为。A公司法定代表人参加了债权人会议，其提出，该30套商业用房的价值远高于当时所欠的加工承揽费7500万元，B公司之所以同意签订补充协议，将支付款项的时间推后，原因即在于此，虽然商业区的整体销售状况不佳，但该30套房产所在的位置是整个商业区中最好的位置，相邻的几处房产均已出售，按照同等面积计算实际售出价格也远高于7500万元，A公司之所以在9月底前付清所欠的加工承揽款，是为了保住这30套房产的价值。

会后，管理人就此情况进行了核实，A公司法定代表人所述与事实相符。对此，管理人认为，虽然A公司向B公司支付加工承揽费属于个别清偿行为，但该款项的支付避免失去价值更高的30套商业房产，其结果是使债务人财产受益，不应主张撤销。

【简要评析】

本条司法解释对《企业破产法》第32条规定的但书部分作了具体的阐释。其中第（1）项和第（2）项比较易于理解，债务人为维系基本生产需要支付必要的水费、电费等并非债务人选择性清偿的债务，而是债务人维系基本生产所必需的成本性支出；对债务人支付劳动报酬、人身损害赔偿金的不予撤销，体现了的劳动者权益的保护和对生命健康权的保护；相对于前两项而言，第（3）项的规定较为原则，是否应予撤销应当本着该行为对债务人财产是否有利的原则。

行使破产撤销权从表面上看是规制债务人在破产申请受理前一定期间内的行为，但其目的在于尽可能的实现债务人财产的最大化，将可能减少债务人财产的行为予以撤销，这是与破产财产膨胀主义立法相衔接的规定。因此，对于何种行为的效力应当通过行使破产撤销权予以否定，并不能仅以债务人作出该行为的外在形式为判断标准，而要按照有利于债务人财产最大化的原则加以判断。实践中，使债务人财产受益的个别清偿行为的表现形式多种多样，本案可作为典型案例，供司法实务借鉴。

第十七条【无效行为追回的财产】

管理人依据企业破产法第三十三条的规定提起诉讼，主张被隐匿、转移财产的实际占有人返还债务人财产，或者主张债务人虚构债务或者承认不真实债务的行为无效并返还债务人财产的，人民法院应予支持。

【条文主旨】

本条旨在明确管理人如何基于无效行为追回债务人的财产。

【规范目的】

《企业破产法》对旧破产法中将无效行为和可撤销行为混为一体进行规定的错误做法进行了纠正，在第33条明确列举了两种无效的行为。无效行为不管管理人是否提出主张，皆为自始不发生效力。但是，在破产司法实践中，存在需要明确由谁来向谁主张无效的问题。正是源于这种考虑，本条司法解释对《企业破产法》的规定作了明确的解释，主要包括以下几个层面的意思：（1）如果债务人隐匿、转移财产的行为不涉及财产所有权的转移，也没有行为相对人，只是债务人单方对财产的恶意处置，这些行为属于事实行为，非法律行为，不存在对外的法律效力问题，实践中由管理人发现后追回相关财产即可。（2）如果被隐匿、转移财产的实际占有人不予返还相关财产的，管理人可以依据破产法的规定提起诉讼，主张被隐匿、转移财产的实际占有人返还债务人财产。（3）债务人虚构债务或者承认不真实的债务行为被认定无效后，相对人应当返还债务人的财产。

【原理与适用】

我国《企业破产法》对无效行为进行了专门的列举规定，彻底改变了旧破产法中将无效行为和可撤销行为混杂规定在一起的错误做法。①《企业破产法》对破产案件中无效行为的规定，是针对《民法通则》《合同法》中规定的无效民事行为在破产程序中表现的特点作出的，体现了国家对当事人意思表示性质的彻底否定性评价。对这些无效行为，在其他立法中已有原则规定，从严格意义上讲，本不需要在破产法中单独再予以规定，只是因为目前我国司法实践中的破产欺诈行为过于严重，才作出这种强调性规定。需注意的是，现行破产法中规定的无效行为与采取破产效力溯及主义的国家所设置的破产无效行为制度性质是完全不同的，其所涉及的范围只限于在任何时候依法律规定均属于无效之行为，不包括撤销权行使的对象行为，所以不具有对撤销权制度的替代作用。

根据《企业破产法》第33条规定，破产法中的无效行为包括：

1. 为逃避债务而隐匿、转移财产行为

隐匿是指将债务人财产秘密藏匿或转移至他人无法找到或自认为他人无法找到的处所，或者隐瞒不报债务人财产，使之不能依破产程序被管理人接管和处分。对隐匿的财产应作广义理解，包括财产与财产性权利，如对债权的隐匿不报等。隐匿财产的行为是多种多样的，既包括积极藏匿财产的行为，也包括消极隐瞒的行为，如对财产不在财务报表上作相应记载或者作不真实的记载，对财产去向隐匿不报，在接受有关财产情况的询问时不如实回答等。隐匿并不以转移财产所在地为要件，只要是秘密藏匿，意欲不为管理人、债权人和司法机关知晓，不论财产留在原处还是转藏他处，均构成隐匿行为。根据《企业破产法》第8条、第11条规定，债务人提出破产申请时，或债权人提出的破产申请为人民法院受理时，债务人应当向人民法院提供财产状况说明等证据材料。凡债务人未将企业财产列入财产清单的，在没有相反证据的情况下，均属于隐匿财产的行为。转移财产是指将债务人企业的财产转移至原所在地之外或债务人企业的控制之外，使管理人无法接管和处分。转移必涉及财产的移动，所以其适用的范围一般为动产。若从广义上讲，隐匿财产可以涵盖转移财产行为，只不过"转移财产"不强调其行为的秘密性。通常，被隐匿、转移的财产仍处于债务人或债务人的控制人如法定代表人、高管人员的直接或间接控制

---

① 《企业破产法（试行）》第35条规定："人民法院受理破产案件前六个月至破产宣告之日的期间内，破产企业的下列行为无效：（一）隐匿、私分或者无偿转让财产；（二）非正常压价出售财产；（三）对原来没有财产担保的债务提供财产担保；（四）对未到期的债务提前清偿；（五）放弃自己的债权。破产企业有前款所列行为的，清算组有权向人民法院申请追回财产。追回的财产，并入破产财产。"旧破产法中的这一规定将民法上的无效行为与破产法上的可撤销行为混杂规定在一起，对债务人违法行为的法律性质表述混乱，存在严重的立法失误。参见王欣新：《破产法》（第三版），中国人民大学出版社2011年版，第129页。

之下，完全摆脱债务人控制的，则有可能构成财产的非法赠与、转让行为。在此需强调的是，虽然法律规定，应认定为无效的是"为逃避债务"而隐匿、转移财产的行为，但即使债务人是出于其他动机，不是"为逃避债务"而隐匿、转移财产，同样是无效行为。立法规定的"为逃避债务"之动机，对无效行为的构成不具有否定性意义，不过是宣示性强调内容，若从立法严谨的角度说，则属画蛇添足。①

2. 虚构债务或者承认不真实的债务的行为

虚构债务或者承认不真实的债务的行为也属于无效行为，这是《企业破产法》新增设的内容。由于债务人在破产之时其全部财产已不足以清偿债务，此时债务的虚假增加对其本人已经没有实际利益影响，损害的只是其他债权人的利益。所以，债务人就可能通过虚构债务或者承认不真实的债务，恶意串通，向其他人转移利益，变相抽逃财产，逃避债务，对此种欺诈行为应加以严厉打击。"虚构债务或者承认不真实的债务"不仅为破产法所不允许，在民事诉讼法上，也将被视为虚假诉讼来处理。2008年，浙江省高级人民法院发布了《关于在民事审判中防范和查处虚假诉讼案件的若干意见》，将虚假诉讼界定为"民事诉讼各方当事人恶意串通，采取虚构法律关系、捏造案件事实方式提起民事诉讼，或者利用虚假仲裁裁决、公证文书申请执行，使法院作出错误裁判或执行，以获取非法利益的行为"，并特别强调法院在审判中应特别关注"已经资不抵债的企业、其他组织、自然人为被告的财产纠纷案件"中的虚假诉讼行为。《民事诉讼法》第112条规定："当事人之间恶意串通，企图通过诉讼、调解等方式侵害他人合法权益的，人民法院应当驳回其请求，并根据情节轻重予以罚款、拘留；构成犯罪的，依法追究刑事责任。"第113条规定："被执行人与他人恶意串通，通过诉讼、仲裁、调解等方式逃避履行法律文书确定的义务的，人民法院应当根据情节轻重予以罚款、拘留；构成犯罪的，依法追究刑事责任。"

与《企业破产法》第31条、第32条规定的可撤销行为相比较，涉及债务人财产的无效行为具有以下四方面的特征：一是无效行为是严重损害债权人利益的行为，与可撤销行为相比，债务人实施无效行为的主观恶意更大，对债权人权益的损害一般来说也更大；二是无效行为的发生期限没有限制，它既可能发生在破产程序中，也可能发生在人民法院受理破产申请前六个月或者一年内，甚至更长的时间；三是无效行为的发生与债务人是否出现破产原因没有必然的联系，无论是在债务人出现破产原因后还是在经营状况良好的情况下，债

---

① 王欣新：《破产法》（第三版），中国人民大学出版社2011年版，第130页。

务人恶意损害债权人利益的行为都有可能构成无效行为；四是无效行为是法律上确定不发生效力的行为，当事人之间不因此而存在权利义务关系，并且无效行为自始无效，不因当事人的承认、除斥期间、诉讼时效的经过或者无效原因的消灭而成为有效。由于无效行为具备以上几个方面的特征，因此，对于遏制债务人的恶意破产行为来说，无效行为制度是比撤销权制度更为有力的法律武器。在规定撤销权制度的同时，规定无效行为制度，不仅是我国破产法律制度的创新，也是实践的需要。在当前的企业破产实践中，一些债务人通过隐匿、转移财产或者虚构债务等方式逃避债务，侵害债权人的合法权益的问题还较为突出。对债务人的这些行为，无论其何时发生，任何人得主张无效，这样的制度设计无疑是为了更好地维护全体债权人的合法权益。同时，由于无效行为的确认对于破产程序开始前的交易安全影响较大，法院宣告无效行为应当坚持合法、审慎原则，既要发挥无效行为制度对恶意破产行为的威慑作用，又要注重保护善意第三人的合法权益。[①]

根据民事法律的基本原则，无效行为是因其本质具有违法性，所以自始不发生法律效力的行为。对无效行为无论何时发现，均可追回被行为人非法处分的财产，而且任何人均得主张其行为无效，人民法院也应主动进行审查，不以利害关系人提出请求为认定行为无效、追回财产的前提。但是，在破产司法实践中，法院不一定能发现所有的无效行为，因此，《企业破产法》第34条规定："因本法第三十一条、第三十二条或者第三十三条规定的行为而取得的债务人的财产，管理人有权追回。"

在理解和适用本条司法解释时，应当注意两点：（1）管理人有权依据《企业破产法》第33条的规定，起诉被隐匿、转移财产的实际占有人返还债务人相关财产，或者主张债务人虚构债务或者承认不真实债务的行为无效，对此诉请，人民法院应予支持。（2）管理人基于涉及债务人财产的相关无效行为追回的财产属于债务人财产。这是由管理人的职责和法律地位所决定的，因为管理人有职责和义务为维护债务人财产利益之最大化而通过撤销与无效之诉来追回债务人的财产。

【法律、司法解释及案例】

《企业破产法》（2007年6月1日起施行）

第三十三条 涉及债务人财产的下列行为无效：

[①] 蔡人俊：《解读新企业破产法撤销权制度与无效行为制度》，载《华东政法学院学院》2006年第6期。

（一）为逃避债务而隐匿、转移财产的；
（二）虚构债务或者承认不真实的债务的。

第三十四条 因本法第三十一条、第三十二条或者第三十三条规定的行为而取得的债务人的财产，管理人有权追回。

《民事诉讼法》（2012年8月31日修正）

第一百一十二条 当事人之间恶意串通，企图通过诉讼、调解等方式侵害他人合法权益的，人民法院应当驳回其请求，并根据情节轻重予以罚款、拘留；构成犯罪的，依法追究刑事责任。

第一百一十三条 被执行人与他人恶意串通，通过诉讼、仲裁、调解等方式逃避履行法律文书确定的义务的，人民法院应当根据情节轻重予以罚款、拘留；构成犯罪的，依法追究刑事责任。

《民法通则》（1987年1月1日起施行）

第五十八条 下列民事行为无效：
（一）无民事行为能力人实施的；
（二）限制民事行为能力人依法不能独立实施的；
（三）一方以欺诈、胁迫的手段或者乘人之危，使对方在违背真实意思的情况下所为的；
（四）恶意串通，损害国家、集体或者第三人利益的；
（五）违反法律或者社会公共利益的；
（六）经济合同违反国家指令性计划的；
（七）以合法形式掩盖非法目的的。
无效的民事行为，从行为开始起就没有法律约束力。

《合同法》（1999年10月1日起施行）

第五十二条 有下列情形之一的，合同无效：
（一）一方以欺诈、胁迫的手段订立合同，损害国家利益；
（二）恶意串通，损害国家、集体或者第三人利益；
（三）以合法形式掩盖非法目的；
（四）损害社会公共利益；
（五）违反法律、行政法规的强制性规定。

第十八条【可撤销行为和无效行为产生的赔偿】
　　管理人代表债务人依据企业破产法第一百二十八条的规定,以债务人的法定代表人和其他直接责任人员对所涉债务人财产的相关行为存在故意或者重大过失,造成债务人财产损失为由提起诉讼,主张上述责任人员承担相应赔偿责任的,人民法院应予支持。

【条文主旨】

　　本条旨在对债务人的法定代表人和其他直接责任人员未尽忠实勤勉义务导致债务人财产不当减少的赔偿责任作出规定。

【规范目的】

　　我国《企业破产法》对于债务人的欺诈性资产转移行为和偏颇性清偿行为等作出了撤销和无效的制度安排,但实践中存在管理人通过行使破产撤销权和主张行为无效后无法收回已被处置的债务人财产,或者即使收回了财产但仍存在其他损失的情形,无法通过撤销和无效认定实现债务人财产的完全复归,从而导致全体债权人利益无法得到有效的维护。这种情形下,作为债务人的法定代表人和相关行为的直接责任人员,如对所涉行为存在故意或者重大过失的,应当对其故意或者重大过失造成的债务人财产损失承担赔偿责任。《企业破产法》第128条规定了此种民事责任,但未明确谁有权主张这些损害赔偿、所获赔偿归属于哪部分财产利益。本条司法解释则重点在于解决这两个问题,使得《企业破产法》的规定更具可操作性,更有利于维护全体债权人的利益。

【原理与适用】

　　本条司法解释规定了债务人的法定代表人和其他直接责任人员对其实施的无效行为和可撤销行为的赔偿责任的追究问题。《企业破产法》第128条规定:"债务人有本法第三十一条、第三十二条、第三十三条规定的行为,损害债权人利益的,债务人的法定代表人和其他直接责任人员依法承担赔偿责任。"承担本条规定的赔偿责任,一般应具备以下条件:(1)债务人实施了损害债权人利益的行为;(2)债权人利益受到了实际损失;(3)债务人的违法行为与债权人利益受到的损失之间有因果关系。承担的责任应以其破产欺诈行为给债权人造成的实际损失为限。尽管学者认为该条规定仍有待进一步完善，①但至少通过该条规定已经确立了《企业破产法》中欺诈或偏颇性清偿行为之民事法律责任制度。

根据上述规定，"债务人的法定代表人和其他直接责任人员"应当就破产法中的可撤销行为、无效行为引发的损害结果承担民事赔偿责任。接受赔偿的对象，在债务人因重整或者和解而继续存续的情况下，为债务人；在债务人破产清算的情况下，为该行为造成财产减少而致清偿利益受损失的债权人。其中，有担保财产受损失的，受害人为担保权人；债务人的其他财产受损失的，受害人为全体债权人。②

举例来说，假设 A 公司在申请破产前，该公司总经理某甲为了逃避债务，指示下属员工将一批已经设置抵押的产品（抵押权人为 B 银行，抵押物的价值已经低于债权数额）藏匿于城郊的一个临时仓库。在破产程序进行中，经管理人追查，发现了这批被隐匿产品。但是，由于保管不善，大部分产品受潮变质，损失价值达 12 万元。不仅如此，管理人还查明，该公司董事长某乙曾依据虚假的合同，向境外 C 公司出具 20 万美元的债务承认函，致使 C 公司以抵销为由向 A 公司少支付货款 20 万美元。经查，C 公司现已解散，相关人员去向不明。某乙因承认不真实的债务而造成公司财产损失。对于本案中某甲、某乙的行为，无疑属于应当依据《企业破产法》承担赔偿责任行为。但法律并未明确由谁来起诉某甲或某乙。

从理论上来讲，某甲的行为直接侵害了抵押权人的利益，B 银行应当有权直接起诉某甲；某乙的行为损害的是全体债权人的利益，任何一个债权人都可以起诉某乙。但考虑到破产案件进行中，管理人全面接管了债务人的财产，并秉着向债权人利益负责之宗旨履行职责、从事管理人工作，而且，《企业破产法》第 31 条、第 32 条将提起撤销之诉的权利赋予给了管理人，且在第 34 条明确管理人有权追回相关的财产，因此，在破产司法实践中，让管理人依据

---

① 如王欣新教授认为，我国破产法还应进一步完善有关民事法律责任的规定，适当扩大对违法行为的处罚对象范围。因破产企业的一些违法行为是在与对方当事人合谋下，甚至在某些政府官员支持下进行的，对这些债务人企业之外违法人员的行为也必须给予相应的处罚，尤其是强化对其民事责任的追究。所以，在受让人明知或应知其与债务人进行的可撤销行为会损害债权人利益时，应视为其具有共同侵权故意，对其造成的债权人财产损失应与破产企业的行为人承担连带赔偿责任。此外，在将来破产法适用于自然人时还应规定，对恶意进行可撤销行为的破产人不予免责，对其在公、私法上所受的权利或资格限制不予复权，以此树立一种利益导向，在全社会大力倡导诚实守信之理念。参见王欣新：《破产法》，中国人民大学出版社 2011 年版，第 142 页。

② 王卫国：《破产法精义》，法律出版社 2007 年版，第 374 页。

《企业破产法》第 128 条的规定向"债务人的法定代表人和其他直接责任人员"提起损害赔偿之诉，更符合破产立法之宗旨，也更有利于破产程序的顺利进行。

鉴于此，本条司法解释明确规定："管理人代表债务人依据企业破产法第一百二十八条的规定，以债务人的法定代表人和其他直接责任人员对所涉债务人财产的相关行为存在故意或者重大过失，造成债务人财产损失为由提起诉讼，主张上述责任人员承担相应赔偿责任的，人民法院应予支持。"需要注意的是，《企业破产法》第 128 条中使用的是"损害债权人利益"的表述，而本条司法解释中则使用的是"造成债务人财产损失"的表述。这两者表述的文字虽有差异，但实质是相同的，在破产程序中，尤其是在破产清算程序中，造成债务人财产损失，实质就是损害了债权人的利益，两者具有同等后果。因此，管理人代表债务人行使诉讼的权利，实质上就是在维护债权人的利益，其获得的财产赔偿也应当归属于债务人财产。

在理解和适用本条司法解释时，还应当思考一个问题：如果管理人不主动行使诉权来追究相应主体的赔偿责任，债权人包括有担保债权人和无担保债权人，能否依据《企业破产法》第 128 条的规定提起诉讼？我们认为，人民法院可以行使释明权，让债权人通过债权人会议或者债权人委员会督促管理人履行诉讼职责，但如果管理人不履行职责，债权人向人民法院提起诉讼的，人民法院应予支持。例如，在上述假设的案例中，B 银行作为抵押权人完全享有向某甲要求承担赔偿责任的权利，如果仅因为进入了破产程序就一概认定诉权归属管理人而排斥债权人诉讼，不符合《企业破产法》保障债权人利益之理念。况且，《企业破产法》只是将破产撤销权之诉的权利赋予了管理人，并未将因可撤销行为、无效行为导致的民事赔偿之诉的权利赋予管理人。因此，本条司法解释允许管理人提起民事赔偿之诉，并不意味着排除了债权人起诉之可能。

【法律、司法解释及案例】

《企业破产法》（2007 年 6 月 1 日起施行）
第二十五条　管理人履行下列职责：
（一）接管债务人的财产、印章和账簿、文书等资料；
（二）调查债务人财产状况，制作财产状况报告；
（三）决定债务人的内部管理事务；
（四）决定债务人的日常开支和其他必要开支；
（五）在第一次债权人会议召开之前，决定继续或者停止债务人的营业；

（六）管理和处分债务人的财产；
（七）代表债务人参加诉讼、仲裁或者其他法律程序；
（八）提议召开债权人会议；
（九）人民法院认为管理人应当履行的其他职责。
本法对管理人的职责另有规定的，适用其规定。

第三十一条　人民法院受理破产申请前一年内，涉及债务人财产的下列行为，管理人有权请求人民法院予以撤销：
（一）无偿转让财产的；
（二）以明显不合理的价格进行交易的；
（三）对没有财产担保的债务提供财产担保的；
（四）对未到期的债务提前清偿的；
（五）放弃债权的。

第三十二条　人民法院受理破产申请前六个月内，债务人有本法第二条第一款规定的情形，仍对个别债权人进行清偿的，管理人有权请求人民法院予以撤销。但是，个别清偿使债务人财产受益的除外。

第三十三条　涉及债务人财产的下列行为无效：
（一）为逃避债务而隐匿、转移财产的；
（二）虚构债务或者承认不真实的债务的。

第一百二十八条　债务人有本法第三十一条、第三十二条、第三十三条规定的行为，损害债权人利益的，债务人的法定代表人和其他直接责任人员依法承担赔偿责任。

《最高人民法院关于审理企业破产案件若干问题的规定》（2002 年 9 月 1 日起施行）

第一百条　人民法院在审理企业破产案件中，发现破产企业的原法定代表人或者直接责任人员有企业破产法第三十五条所列行为的，应当向有关部门建议，对该法定代表人或者直接责任人员给予行政处分；涉嫌犯罪的，应当将有关材料移送相关国家机关处理。

第一百零一条　破产企业有企业破产法第三十五条所列行为，致使企业财产无法收回，造成实际损失的，清算组可以对破产企业的原法定代表人、直接责任人员提起民事诉讼，要求其承担民事赔偿责任。

第一百零二条　人民法院受理企业破产案件后，发现企业有巨额财产下落不明的，应当将有关涉嫌犯罪的情况和材料，移送相关国家机关处理。

第十九条【对外债权的诉讼时效】

债务人对外享有债权的诉讼时效，自人民法院受理破产申请之日起中断。

债务人无正当理由未对其到期债权及时行使权利，导致其对外债权在破产申请受理前一年内超过诉讼时效期间的，人民法院受理破产申请之日起重新计算上述债权的诉讼时效期间。

【条文主旨】

本条旨在对法院裁定受理破产申请时，债务人对外享有债权在特定情况下的诉讼时效问题作出规定。

【规范目的】

本条规定，在特定情况下，债务人享有的债权的诉讼时效自人民法院裁定受理破产申请之日起中断，并且重新计算，以避免因债务人恶意行为导致其债权的诉讼时效在法定期间内超过而使债权人受到财产损失。

根据我国《企业破产法》的相关规定，人民法院裁定受理破产申请，并同时指定管理人，由管理人接管债务人的财产、印章和账簿、文书等资料，调查债务人财产状况，管理和处分债务人的财产，代表债务人参加诉讼、仲裁或其他法律程序。由于管理人并未参与企业原经营管理活动，其在接管后需要有一定的时间来完成接管财产、印章和相关资料，调查财产状况等工作，才可能通过诉讼等方式收回债务人在外财产，追讨其债权，但诉讼时效可能在此期间超过，从而给债务人财产权益带来损失。本条将人民法院受理破产申请纳入诉讼时效中断事由，通过在程序上保护债务人财产权益，从而保护债权人所能获得的清偿利益。

本条第2款主要是针对《企业破产法》第31条第（5）项撤销债务人放弃债权行为作出的特例性规定。《企业破产法》第31条规定："人民法院受理破产申请前一年内，涉及债务人财产的下列行为，管理人有权请求人民法院予以撤销：……（五）放弃债权的。"债务人放弃债权的行为包括积极的放弃行为和消极的放弃行为。对于积极的放弃债权行为，管理人可以根据《企业破产法》第31条的规定请求人民法院予以撤销。但对于消极的放弃债权行为，因客观上并无可以撤销的行为，无法对债务人恶意减少其财产的消极行为产生类似于对其积极放弃债权被撤销的结果。为了解决这一问题，本条规定，债务人无正当理由未对其到期债权及时行使权利，导致其对外债权在破产申请受理前一年内超过诉讼时效期间的，人民法院裁定受理破产申请之日起重新计算上述债权的诉讼时效期间，以期实现对债务人财产的应有保护。

【原理与适用】

一、诉讼时效的中断

（一）诉讼时效障碍制度的基本法理

诉讼时效制度的核心价值在于提高效率，确保交易安全，维持社会秩序。在中国民法界，诉讼时效理论通说认为，诉讼时效的价值取向是多元的，主要包含权利行使、证据代用、稳定秩序以及促进效率。[①]

卡尔·拉伦茨曾指出，"为了保护某种较为优越的法价值，须侵及某一种法益时，不得逾此目的所必要的程度。"[②] 诉讼时效制度滥觞于罗马共和时代的裁判官法，从最初出现就因其重效率轻公平遭到许多抵制与批评，一方面，诉讼时效制度的适用提高了司法效率，另一方面，也对原权利人的利益进行了限制，当该限制超过必要的度，则从对权利的限制转为对权利的侵犯，违背公平正义价值要求。出于对公平和效率之间的价值平衡，诉讼时效障碍机制应运而生。

诉讼时效障碍机制，在传统大陆法中也被称为消灭时效障碍机制。传统民法认为，时效分为取得时效和消灭时效。我国并未采用取得时效制度，所称诉讼时效，即传统大陆法系民法所称之消灭时效。潘德克顿体系的代表性国家德国，在其民法典中规定诉讼时效障碍，内容包括诉讼时效的中断、中止和不完成三种类型。《法国民法典》在最后一章"时效"的第四节以"时效的中断和停止"为名规定了诉讼时效障碍机制，在内容上把诉讼时效障碍分为中断和中止两种方式；瑞士民法对于消灭时效障碍机制的规定较为散乱，主要规定了债权对消灭时效的适用、特殊情形下消灭时效的中断和不起算制度；《日本民法典》规定了时效的中断和消灭时效的停止；我国台湾地区"民法典"因袭

[①] 王利明：《民法总则研究》，中国人民大学出版社2011年版，第703页；梁慧星：《中国民法经济法诸问题》，中国法制出版社1999年版，第134页。

[②] ［德］卡尔·拉伦次：《法学方法论》，陈爱娥译，商务印书馆2003年版，第285页。

日本法，但在诉讼时效方面却采取了中断和不完成两种方式；前苏联民法典和现在俄罗斯民法典中规定了诉讼时效中断和中止；我国因袭前苏联的立法模式，规定了诉讼时效的中断、中止。

我国的诉讼时效障碍体系主要由《民法通则》第 137 条、第 139 条、第 140 条、第 141 条，《最高人民法院关于审理民事案件适用诉讼时效制度若干问题的规定》以及一些部门法中的零散规定构建而成，主要内容包括诉讼时效的延长、诉讼时效的中止和诉讼时效的中断。

诉讼时效制度的逻辑基点为，"不让权利人躺在权利上睡觉"，其发生效力以"权利人在一定期间内未行使权利"为必要。也就是说，诉讼时效制度的适用必须同时符合这样几个条件：（1）权利主体息于行使权利；（2）该息于行使权利的行为持续有一定期间；（3）这段期间内，足以有新的权利义务关系形成并稳定。而表现在成文法上，"不让权利人躺在权利上睡觉"的理念则只体现在时间上，即权利经过一段期间不行使，诉讼时效届满时，权利人无法主张权利。很显然，这并不全面，而诉讼时效障碍机制即通过严格考察上述要件而排除诉讼时效适用。

诉讼时效障碍机制的逻辑基点主要在这样几个方面：（1）从权利人本身看，在诉讼时效发生期间曾经有过积极主张权利的行为，从而发生诉讼时效中断之效力（《民法通则》第 140 条）；（2）从权利人外部看，义务人应诺，导致债权债务关系重新确认，从而发生诉讼时效中断之效力（《民法通则》第 140 条）；（3）出现不可抗力或其他障碍，导致权利人未能在时效期间行使权利，则发生诉讼时效中止之效力（《民法通则》第 139 条）；（4）司法机关从社会和政策等因素考量，根据特殊情况延长诉讼时效（《民法通则》第 137 条）。

具体到人民法院受理破产申请这一情形来看，由于管理人进行债务人财产交接工作的这段时间是债务人企业进入破产程序后必然会产生的时间成本，即便产生迟延主张权利的情况，也并不存在权利主体息于行使权利的问题，也就是说，诉讼时效适用的条件并不符合。而制度设计所要考虑的问题为，应当由谁来为这笔时间成本买单。如果由用于清偿债权人债权的债务人财产为这段时间成本买单，实际上就是债权人以其清偿利益为此买单。一方面，这种情形并不符合诉讼时效适用的条件；另一方面，进入到破产程序后，债权人无法通过代位权诉讼获得相应救济，在这种情况下，债权人应得清偿利益因不能归咎于自身的原因而蒙受损失，显然有悖于公平正义之精神。如果适用诉讼时效障碍机制，即债务人的债务人为此买单，只要债权债务关系合法有效，就不会对实体权利造成侵害，符合公平正义的要求和诉讼时效制度的价值取向。

（二）"人民法院受理破产申请"的情形应当如何认定

《民法通则》第 140 条规定："诉讼时效因提起诉讼、当事人一方提出要求或者同意履行义务而中断。从中断时起，诉讼时效期间重新计算。"也就是说，在我国的诉讼时效障碍机制中，诉讼时效中断的事由包括起诉、请求、应诺三种。

很显然，法院受理破产申请这一事由既非"提起诉讼"，也非"当事人一方同意履行义务"，再考察是否属于"当事人一方提出要求"这一情形，具体分析如下：

《最高人民法院关于审理民事案件适用诉讼时效制度若干问题的规定》第10条对《民法通则》第140条中的"请求"加以解释，规定具有下列情形之一的，应当认定为《民法通则》第140条规定的"当事人一方提出要求"，产生诉讼时效中断的效力：（1）当事人一方直接向对方当事人送交主张权利文书，对方当事人在文书上签字、盖章或者虽未签字、盖章但能够以其他方式证明该文书到达对方当事人的；（2）当事人一方以发送信件或者数据电文方式主张权利，信件或者数据电文到达或者应当到达对方当事人的；（3）当事人一方为金融机构，依照法律规定或者当事人约定从对方当事人账户中扣收欠款本息的；（4）当事人一方下落不明，对方当事人在国家级或者下落不明的当事人一方住所地的省级有影响的媒体上刊登具有主张权利内容的公告的，但法律和司法解释另有特别规定的，适用其规定。究其文义，即对当事人的请求，虽然不是即时、直接送达至当事人，但只要具备适当的公示性，也可以认定为提出要求。

《企业破产法》第14条第1款规定："人民法院应当自裁定受理破产申请之日起二十五日内通知已知债权人，并予以公告。"也就是说，将法院受理破产申请后必须进行的通知和公告，可以认为是"提出要求"的形式。

同时需要强调的是，本条并非据"人民法院进行通知和公告"而规定法院受理破产申请产生诉讼时效中断的效力，因为人民法院进行通知和公告和法院受理破产申请的时间并不一致，如果采"公告"为请求，中断诉讼时效的观点，诉讼时效中断日期将以公告之日起算。

关于诉讼时效中断的界定，各国学者已几近达成共识，认为是由于一定法律事实的出现推翻了诉讼时效效力存在的基础，使得已经过的诉讼时效期间失去意义，丧失法律效力。卡尔·拉伦茨认为，诉讼时效中断指的是，"到现在为止已经过去的时效期间没有意义，在中断事由消失后，新的时效期限重新计算。"[①] 日本学者山本敬三认为，"所谓时效中断，是指在时效的进行过程中发生推翻时效的事情，使得已经经过的期间完全失去意义。由此，时效期间归于

---

① ［德］卡尔·拉伦茨：《德国民法通论（上册）》，王晓晔等译，法律出版社2003年版，第340页。

零，又从头进行。"① 日本学者我妻荣认为，"与作为时效基础的事实状态不相容的事实发生，时效就在这里中绝。即进行了的时效期间完全丧失效力。不相容的事实终了回到以前的不行使状态时，时效再开始进行，期间被重新计算。"

根据《企业破产法》第13条规定，人民法院裁定受理破产申请的，应当同时指定管理人。管理人负责债务人财产的管理、处分、业务经营及破产方案的拟定和执行，此时，管理人取代原企业，成为当事人一方。很显然，该事实完全符合"推翻此前债权债务关系诉讼时效效力存在基础"的本质定义。而本条也是据此认定，人民法院受理破产申请之日为诉讼时效中断之日。

二、诉讼时效的重新起算

债务人放弃债权行为包括积极的放弃和消极的放弃，所谓消极放弃，是指债务人以不作为的方式放弃债权，主要是指债务人在其债权诉讼时效即将届满前有意不采取催收和保全措施，以使债权超过诉讼时效的方式放弃债权，以及对其债务人的审计师发出的欠款询证函不予回复，或对其债务人提出的不欠款项答复函不予回复等消极放弃债权行为。

对于债务人积极的放弃债权行为，管理人可以根据《企业破产法》第31条的规定请求人民法院予以撤销。对于债务人消极放弃债权的行为之撤销，或使其产生类似撤销之法律效果，应当以有证据可以证明或推定是债务人主观恶意为前提。在实践中，债务人的债权超过诉讼时效，有可能是由债务人有意消极放弃债权行为造成，也有可能是无意的过失行为造成，如果不加区分一律都可以撤销，则无异于宣告进入破产程序之债务人的债权在法定可撤销期间内不受时效制度约束，这不仅将损害善意第三人的正当利益，还会影响整个诉讼时效制度的实施与效力，影响到交易安全和社会经济的稳定，与其可能保护的利益相比，显然有所失当。

因此，本条司法解释第2款规定，债务人无正当理由未对其到期债权及时行使权利，导致其对外债权在破产申请受理前一年内超过诉讼时效期间的，人民法院受理破产申请之日起重新计算上述债权的诉讼时效期间。"破产申请受理前一年内"，系借鉴《企业破产法》第31条规定管理人行使撤销权的临界期。

在举证责任的分配上，债务人负担证明未对其到期债权及时行使权利的行为存在正当理由的责任。

---

① ［日］山本敬三：《民法讲义Ⅰ·总则》，解亘译，北京大学出版社2004年版，第367页。

【法律、司法解释及案例】

《企业破产法》（2007年6月1日起施行）

第三十一条　人民法院受理破产申请前一年内，涉及债务人财产的下列行为，管理人有权请求人民法院予以撤销：

（一）无偿转让财产的；

（二）以明显不合理的价格进行交易的；

（三）对没有财产担保的债务提供财产担保的；

（四）对未到期的债务提前清偿的；

（五）放弃债权的。

《民法通则》（1987年1月1日起施行）

第一百三十七条　诉讼时效期间从知道或者应当知道权利被侵害时起计算。但是，从权利被侵害之日起超过二十年的，人民法院不予保护。有特殊情况的，人民法院可以延长诉讼时效期间。

第一百四十条　诉讼时效因提起诉讼、当事人一方提出要求或者同意履行义务而中断。从中断时起，诉讼时效期间重新计算。

《最高人民法院关于审理民事案件适用诉讼时效制度若干问题的规定》（2008年9月1日起施行）

第十条　具有下列情形之一的，应当认定为民法通则第一百四十条规定的"当事人一方提出要求"，产生诉讼时效中断的效力：

（一）当事人一方直接向对方当事人送交主张权利文书，对方当事人在文书上签字、盖章或者虽未签字、盖章但能够以其他方式证明该文书到达对方当事人的；

（二）当事人一方以发送信件或者数据电文方式主张权利，信件或者数据电文到达或者应当到达对方当事人的；

（三）当事人一方为金融机构，依照法律规定或者当事人约定从对方当事人账户中扣收欠款本息的；

（四）当事人一方下落不明，对方当事人在国家级或者下落不明的当事人一方住所地的省级有影响的媒体上刊登具有主张权利内容的公告的，但法律和司法解释另有特别规定的，适用其规定。

前款第（一）项情形中，对方当事人为法人或者其他组织的，签收人可以是其法定代表人、主要负责人、负责收发信件的部门或者被授权主体；对方当事人为自然人的，签收人可以是自然人本人、同住的具有完全行为能力的亲属或者被授权主体。

【案例】

A 企业为一家材料加工厂，规模不大，除了根据客户的要求加工少量小型工具、设备外，主要对外销售自行加工制作的相关产品。由于其生产技术水平不高，所加工的产品质量较差，积压越来越严重。A 企业负责人为改善企业经营状况，提高产品质量，通过向银行贷款的方式，购进了一套新型生产线。起初，由于产品质量得到了提高，销售状况有所改观，但经过一段时间后，销售量仍然停留在开始的水平上，逐渐形成了新的产品积压。由于 A 企业规模本就不大，原来经营状况一直亏损，产品积压过多，销售所得收入逐渐无法清偿材料供应商的供货款，现又拖欠银行贷款不能按期清偿，导致其亏损更为严重。对此，A 企业负责人并未发现企业亏损是其市场定位不准、对所生产产品的市场需求认识过高所致，而是认为其已经尽了最大努力挽救企业皆无望，于是对企业彻底失去了信心，消极经营管理。

2012 年初，材料供应商之一向法院提出对 A 企业进行破产清算的申请。法院受理后，指定 B 会计师事务所担任 A 企业破产管理人，清理债务人资产。管理人对 A 企业的财务资料进行了审计。审计发现，A 企业除了欠付银行贷款 300 余万元外，还欠 13 家材料供应商材料款共计 140 万元，欠付生产场地租用费 20 余万元，同时发现 A 企业有一笔应收债权，债务人是另一家材料供应商 C 公司。

2012 年 6 月，管理人以 A 企业的名义，向受理破产申请的法院提起诉讼，起诉的主要事实理由和诉讼请求是：A 企业与 C 公司于 2009 年 6 月签订一份《304 不锈钢采购合同》，约定 C 公司于 7 月初供应价值 45 万元的 304 不锈钢，签订合同时，A 企业依约向 C 公司支付了 15 万元的预付款。在 C 公司供货后，双方取样鉴定发现 C 公司所供的不是 304 钢，而是 205 钢，不符合 A 企业加工设备的需求，双方协商退回钢材，返还预付款。商定后，C 公司将 205 钢运回，但未向 A 企业返还预付款。A 企业催促几次后，将此事放在一边。现管理人认为，A 企业与 C 公司的采购合同已经因双方协商一致而解除，C 公司未返还预付款，现 A 公司已经进入破产程序，C 公司应当依照《企业破产法》的规定向管理人清偿债务。

C 公司抗辩称：对所欠款项的数额无异议，但是双方协商退货退款是在 2009 年 7、8 月份，A 企业最后一次催促是在 8 月底，至 2011 年 8 月底，该债权已经超过诉讼时效期间，法院不能支持其诉讼请求。

【简要评析】

本案争议焦点即管理人代表债务人提起的诉讼是否超过诉讼时效期间。

A企业的管理人在破产程序中通过审计发现了一笔应收债权，并根据买卖合同向C公司提起诉讼，要求其向管理人清偿债务。C公司对该笔债权的发生原因和数额并无异议，债权实体权利成立，但提出了时效利益抗辩。根据《民法通则》第135条至第137条的规定，在无特别规定的情况下，诉讼时效期间为二年，自知道或应当知道权利被侵害时算起。本案为买卖合同纠纷，A企业购买C公司钢材，已经先期支付了15万元的预付款，如C公司供货符合合同约定，该15万元应当作为买卖合同价款的一部分，但实际履行时，C公司供应的钢材不符合合同约定的品质，双方协商一致对该合同予以解除，并约定了解除的后果，即C公司取回所供钢材，并返还A企业已经支付的预付款。虽然双方并未约定还款的具体时间，但是退款与退货作为对待义务，自C公司自行取回钢材之日起，即应履行返还款项的义务。A企业多次催告均构成对诉讼时效的中断，按照C公司自认的事实，A企业最后一次催告时间为2009年8月，诉讼时效应自此中断后重新计算至2011年8月。由此计算，至法院受理A企业破产清算申请时，已经超过了该两年期间。

　　在本案审理中，法院注意到，A企业曾多次催告C公司返还预付款，表明A企业对其享有该笔债权的事实是清楚的，但其在2009年8月后便不再催促C公司还款。经调查，A企业原法定代表人已对企业扭亏为盈完全失去了信心，消极经营管理，故对该15万元预付款未再积极追讨。

　　根据本条司法解释规定，该债权诉讼时效期间虽然应于2011年8月届满，但至法院受理破产申请之日不足一年，A企业原法定代表人对于其未在该期间内行使权利未提出正当理由，即在破产申请受理前一年内放弃了对到期债权的主张，相当于以消极不作为的方式减少破产财产，损害了全体债权人的利益，管理人提起本案诉讼的诉讼时效期间应自法院受理破产申请之日起重新计算。

第二十条【追收未缴出资和抽逃出资】

管理人代表债务人提起诉讼，主张出资人向债务人依法缴付未履行的出资或者返还抽逃的出资本息，出资人以认缴出资尚未届至公司章程规定的缴纳期限或者违反出资义务已经超过诉讼时效为由抗辩的，人民法院不予支持。

管理人依据公司法的相关规定代表债务人提起诉讼，主张公司的发起人和负有监督股东履行出资义务的董事、高级管理人员，或者协助抽逃出资的其他股东、董事、高级管理人员、实际控制人等，对股东违反出资义务或者抽逃出资承担相应责任，并将财产归入债务人财产的，人民法院应予支持。

【条文主旨】

本条旨在对管理人追收债务人企业的出资人未缴出资和抽逃出资作出规定。

【规范目的】

企业法人以其全部法人财产对企业债务承担责任，出资人应缴未缴的出资和抽逃的出资均为法人财产的重要组成部分。倘若在人民法院受理破产申请时，债务人的出资人未履行或者未完全履行出资义务或者抽逃出资的，势必会削弱债务人的清偿能力，使债权人的权益得不到充分的保护。因此，本条司法解释要求管理人依法追收未缴出资或抽逃出资本息，以保护债务人财产最大化。

我国《公司法》规定，出资人可以分期缴纳出资，故人民法院受理破产申请时，债务人的出资人未履行或者未完全履行出资义务可能存在以下两种情形：（1）因尚未届至章程规定的缴纳期限而未缴付；（2）章程规定的缴纳期限已届满，出资人违反出资义务而未缴付。鉴于人民法院受理破产申请构成了出资缴付加速到期的法定事由，出资人有义务及时将尚未届至缴纳期限的出资缴付到位。因此，管理人应当要求出资人缴纳所认缴的出资，而不受出资期限的限制。

缴付出资请求权是基于股东的法定出资义务而由公司享有的法定债权请求权,不同于基于当事人合意产生的意定债权请求权,可以由当事人自由约定处置。如果规定出资请求权适用诉讼时效的规定,则有违公司资本充足原则,不利于公司的发展,也不利于对其足额出资的股东及债权人利益的保护。因此,基于投资关系产生的缴付出资请求权不适用诉讼时效的规定。人民法院受理破产申请后,管理人追收未缴出资或抽逃出资本息亦不适用诉讼时效的相关限制。

管理人追收的未缴出资和抽逃出资本息属于债务人财产,以避免在人民法院受理破产申请后出现个别清偿之行为,有利于实现对各债权人利益的公平保护。

【原理与适用】

一、资本维持原则

本条规定的法理基础是公司法上的资本维持原则。资本维持原则是贯穿整个公司资本制度、适用于公司全部存续期间的重要原则。资本维持原则,又称资本充实原则,指公司在成立与运营过程中应维持与其注册资本相当的资产,以维护债权人的利益,保护社会交易安全。由于公司成立之后,在经营过程中其实有资产会随经营业绩的好坏而增加或减少,与原注册资本数额必然存在差异,故要正确理解"维持"的含义。不应把"维持"理解为股东负有在注册资本数额范围内不断对公司补充投资的义务,而应理解为在不增加股东补充资本义务的前提下,应采取尽量维持公司拥有与注册资本相当资产的制度措施。这些措施包括但不限于:(1)股东不得以劳务、技艺、信用出资,规制非实物出资;(2)股东不得抽逃资金;(3)在公司弥补亏损之前不得向股东分配利润;(4)股票发行的价格不得低于票面金额;(5)禁止公司违法收购本公司的股份;(6)规制公司对外担保及捐赠行为,等等。[1] 在资合公司中,注册资本构成了具有独立人格之公司的存在财产基础,为公司的最初经营提供了必要的初始资产,并形成了公司进一步向第三人借款的信用担保基础。该注册资本于公司成立登记时须被予以登记和公示,从而对社会第三人产生商事登记法上的公示和公信效力。而股东正是通过真实缴纳自己所认的注册资本份额,并严格遵守自己与公司在人格上相互独立、在财产上相互分离的分离原则,从而获得了对公司债务承担有限责任这一特权。为了保证公司注册资本的真实性,

---

[1] 王欣新:《公司法》,中国人民大学出版社2012年版,第71页。

立法者在逻辑上从资本流入角度和流失角度构建了资本的维持制度，主要目的在于防止公司资本的实质减少及由此产生的不良影响。

二、股东出资义务

（一）有限责任公司出资人的出资义务

依据《公司法》的有关规定，有限责任公司的注册资本为在公司登记机关登记的全体股东认缴的出资额。公司全体股东的首次出资额不得低于注册资本的20%，也不得低于法定的注册资本最低限额，其余部分由股东自公司成立之日起两年内缴足；其中，投资公司可以在5年内缴足。有限责任公司注册资本的最低限额为人民币3万元。法律、行政法规对有限责任公司注册资本的最低限额有较高规定的，从其规定。

有限责任公司的股东可以用货币出资，也可以用实物、知识产权、土地使用权等可以用货币估价并可以依法转让的非货币财产作价出资，但是全体股东的货币出资金额不得低于有限责任公司注册资本的30%。

股东应当按期足额缴纳公司章程中规定的各自所认缴的出资额。股东以货币出资的，应当将货币出资足额存入有限责任公司在银行开设的账户；以非货币财产出资的，应当依法办理其财产权的转移手续。股东不按照前述规定缴纳出资的，除应当向公司足额缴纳外，还应当向已按期足额缴纳出资的股东承担违约责任。

（二）股份有限公司股东的出资义务

依据《公司法》相关规定，股份有限公司可以采取发起或者募集的方式设立。

股份有限公司采取发起方式设立的，注册资本为在公司登记机关登记的全体发起人认购的股本总额。公司全体发起人的首次出资额不得低于注册资本的20%，其余部分由发起人自公司成立之日起两年内缴足，其中投资公司可以在5年内缴足。在缴足前，不得向他人募集股份。股份有限公司采取募集方式设立的，注册资本为在公司登记机关登记的实收股本总额。股份有限公司注册资本的最低限额为人民币500万元，法律、行政法规对股份有限公司注册资本的最低限额有较高规定的，从其规定。

以发起方式设立股份有限公司的，发起人应当书面认足公司章程规定其认购的股份；一次缴纳的，应即缴纳全部出资；分期缴纳的，应即缴纳首期出资。以非货币财产出资的，应当依法办理其财产权的转移手续。发起人不依照前述规定缴纳出资的，应当按照发起人协议承担违约责任。以募集设立方式设立股份有限公司的，发起人认购的股份不得少于公司股份总数的35%。但是，法律、行政法规另有规定的，从其规定。

三、违反出资义务的形态

股东出资义务是指股东按期足额缴纳其所认缴的出资额的义务，包括公司设立时股东的出资义务和公司增资时股东的出资义务。根据行为方式不同，股东违反出资义务的行为表现为未履行或者未全面履行出资义务。未履行出资义务是指股东根本未出资，具体包括拒绝出资、不能出资、虚假出资等。未全面履行出资义务包括未完全履行和不适当履行，其中未完全履行是指股东只履行了部分出资义务，未按规定数额足额出资。不适当履行是指出资的时间、形式或手续不符合规定，包括迟延出资、瑕疵出资等。

四、抽逃出资的认定

"抽逃出资，指在公司成立后，股东非经法定程序——有时是在秘密的状态下，从公司抽回相当于已缴纳出资数额的财产，同时继续持有公司股份。准确地说，抽逃出资是一种变相违反出资义务的行为，抽逃出资的股东原本已经履行了出资义务，为了回避投资风险，该股东又违法取回原来的出资，这样，一旦公司亏损，抽逃者可能以破产为借口逃避债务。"[①]

抽逃出资是严重侵蚀公司资本的行为，禁止股东抽逃出资并追究其法律责任的法理依据主要是公司法人人格独立制度和权利义务相一致原则。《公司法》对股东抽逃出资作出了禁止性规定，其第 36 条规定："公司成立后，股东不得抽逃出资"；第 92 条规定："发起人、认股人缴纳股款或者交付抵作股款的出资后，除未按期募足股份、发起人未按期召开创立大会或者创立大会决议不设立公司的情形外，不得抽回其股本。"

实践中，股东可能利用多种形式抽逃出资，侵蚀公司资本，但又囿于举证的困难使得其在个案中难以被认定。为此，《公司法司法解释（三）》第 12 条对抽逃出资的表现形式进行了列举性规定。该条规定："公司成立后，公司、股东或者公司债权人以相关股东的行为符合下列情形之一且损害公司权益为由，请求认定该股东抽逃出资的，人民法院应予支持：（一）将出资款项转入公司账户验资后又转出；（二）通过虚构债权债务关系将其出资转出；（三）制作虚假财务会计报表虚增利润进行分配；（四）利用关联交易将出资转出；（五）其他未经法定程序将出资抽回的行为。"

股东抽逃出资的认定比较复杂，很难通过列举方式予以穷尽。上述规定采

[①] 赵旭东、傅穹、孙有强等：《公司资本制度改革研究》，法律出版社 2004 年版，第 301 页。

取列举与界定相结合的方式,尽可能全面地涵盖各式抽逃出资的行为。除了明确列举的四种情形之外,凡是在公司成立后,股东未经法定程序而将其出资抽回并且损害公司权益的,人民法院都可认定为股东抽逃出资行为。

五、违反出资义务及抽逃出资的责任

（一）违反出资义务的责任

《公司法》第28条第2款规定:"股东不按照前款规定缴纳出资的,除应当向公司足额缴纳外,还应当向已按期足额缴纳出资的股东承担违约责任。"《公司法司法解释（三）》第13条对违反出资义务的责任有更详细的规定,依据该规定,股东未履行或者未全面履行出资义务,公司或者其他股东请求其向公司依法全面履行出资义务的,人民法院应予支持。公司债权人请求未履行或者未全面履行出资义务的股东在未出资本息范围内对公司债务不能清偿的部分承担补充赔偿责任的,人民法院应予支持。

（二）抽逃出资的责任

根据《公司法司法解释（三）》第14条规定,股东抽逃出资,公司或者其他股东请求其向公司返还出资本息、协助抽逃出资的其他股东、董事、高级管理人员或者实际控制人对此承担连带责任的,人民法院应予支持。公司债权人请求抽逃出资的股东在抽逃出资本息范围内对公司债务不能清偿的部分承担补充赔偿责任、协助抽逃出资的其他股东、董事、高级管理人员或者实际控制人对此承担连带责任的,人民法院应予支持。

本条规定,人民法院受理破产申请后,债务人的出资人未履行或者未完全履行出资义务或者抽逃出资的,由管理人代表债务人提起诉讼,请求出资人依法缴付或者返还出资本息。依据《企业破产法》的相关规定,债务人的债权人应依法向管理人申报债权,依照法律规定的程序行使权利,而不能在破产程序中请求未履行或者未全面履行出资义务或者抽逃出资的出资人为其债权承担补充赔偿责任。

但是,管理人以会计师事务所或者金融机构出具虚假验资报告、资金证明为由,代表债务人提起诉讼,请求判令会计师事务所或者金融机构在不实审计金额范围内或者出具虚假资金证明范围内承担相应赔偿责任的,人民法院应不予支持。

因合理信赖上述验资报告或者资金证明与债务人进行交易而受到损失的利害关系人向会计师事务所或者金融机构主张侵权民事责任的,人民法院应予支持。

此系与《最高人民法院关于审理涉及会计师事务所在审计业务活动中民事侵权赔偿案件的若干规定（法释〔2007〕12号）》和《最高人民法院关于

金融机构为企业出具不实或者虚假验资报告资金证明如何承担民事责任问题的通知（法〔2002〕21号）》的衔接，鉴于该类责任为侵权民事责任，是就侵权行为向被侵权人进行的赔偿，而非债务人本身财产的追收，因此，管理人无权向会计师事务所或者金融机构追收。

六、管理人追收未缴出资不受出资期限限制

依据《企业破产法》第35条之规定，人民法院受理破产申请后，债务人的出资人尚未完全履行出资义务的，管理人应当要求该出资人缴纳所认缴的出资，而不受出资期限的限制。一方面，出资人是以其认缴或认购的出资额对公司承担法律责任，而不是以实缴的出资额承担责任。另一方面，出资人应缴未缴的出资系公司财产之一，公司需要以全部财产承担债务。因此，《企业破产法》规定人民法院受理破产申请构成了出资加速到期的法定事由，出资人有义务及时将尚未界至缴纳期限的出资缴付到位。管理人应当要求债务人尚未完全履行出资义务的出资人，缴纳所认缴而未缴纳的出资，用于对债权人的清偿，而不受出资期限是否已到的限制。

七、股东出资责任之诉不适用诉讼时效规定

基于投资关系产生的缴足出资请求权是否适用诉讼时效期间的规定，有不同的立法观点。其中有观点认为，出资请求权发生在股东与公司之间，系相对人之间特定的债权债务关系，应适用诉讼时效期间的规定，《德国有限责任公司法》第9条第2款规定了缴足出资请求权的诉讼时效期间为5年。

我国立法者认为，诉讼时效制度具有督促权利人行使权利，维护社会交易的稳定，保护社会公共利益的立法目的，是对权利人权利的适当限制。但这种限制不能使诉讼时效制度成为义务人逃避债务的工具。公司拥有充足的资本是开展正常经营活动的保证，公司资产也系其对外承担民事责任的一般担保，因此，足额出资是股东对公司的法定义务，是资本维持原则的要求。保持公司权利主体对出资的追缴权利，有助于公司维持资本充实，维护债权人的利益。如果缴纳出资请求权适用诉讼时效，那么瑕疵出资人将以诉讼时效对抗公司，公司将因无法追回出资而导致自身资本损失，严重损害公司、债权人的权利。

《最高人民法院关于审理民事案件适用诉讼时效制度若干问题的规定》第1条规定，基于投资关系产生的缴付出资请求权不适用诉讼时效，股东不能以超过诉讼时效为由对缴纳出资进行抗辩。《公司法司法解释（三）》第20条对此有更为明确的规定，依据该条规定，公司股东未履行或未全面履行出资义务或者抽逃出资，公司或者其他股东请求其向公司全面履行出资义务或者返还出

资，被告股东以诉讼时效为由进行抗辩的，人民法院不予支持。

八、其他主体的补充责任

本条规定由发起人承担的资本充实责任，是指由公司发起人共同承担的相互担保出资义务的履行，确保公司实收资本按照章程的规定如期缴足的民事责任。确立发起人承担资本充实责任，一方面，因为在公司设立过程中，发起人享有其他认股人所不能享有的权利，如以非货币财产出资的权利等。本着权利义务相对等的原则，发起人应当承担比其他股东更重的责任。另一方面，通过发起人之间建立出资担保关系，保证公司资本到位，以保护公司债权人利益。

根据《公司法》第148条第1款的规定，公司董事、高级管理人员对公司负有勤勉义务。向股东催收资本属于董事、高级管理人员勤勉义务的范围，其未履行该义务会对公司及其他利益相关者的利益产生影响，故应当向相关权利主体承担责任。

股东出资后，该出资的财产权就属于公司所有，股东抽逃出资实质上是侵犯公司财产权，就行为性质而言系侵权行为。因此，其他股东、董事、高级管理人员或实际控制人协助股东抽逃出资，应构成共同侵权行为，这些人员应当与该股东一起承担连带责任。

上述公司设立时的其他发起人或公司董事、高级管理人员、实际控制人等主体，对股东出资不实或抽逃出资的行为承担补充责任。关于该类补充责任，各国和各地区多有明确规定。如《德国有限责任公司法》第9条之一："（一）若为达设立公司之目的而为虚伪报告，则公司的股东与管理董事须作为对公司的连带债务人缴付该短缺额，赔偿不作为公司设立费用的支付款项，并应赔偿所发生的其他损失。（二）如果股东在出资或公司设立费用方面因故意或重大过失使公司遭到损害，则全体股东应作为连带债务人对其负赔偿责任。（三）如果股东或某管理董事对造成赔偿义务的事实并不知道，或者即使尽到了商人应尽的注意也不能知道，即可不负赔偿义务。（四）如果股东为他人的谋算而认购股本出资，该他人应与该股东以同样方式负责。如为他人的谋算而行事的股东知道或者若尽到商人应尽的注意即应该知道该项事实时，该他人不得以自己不知道为理由推卸责任。"

我国台湾地区"公司法"第9条规定："公司应收之股款，股东并未实际缴纳，而以申请文件表明收足，或股东虽已缴纳而于登记后将股款发还股东，或任由股东收回者，公司负责人各处五年以下有期徒刑、拘役或并科新台币五十万元以上二百五十万元以下罚金。有前项情事时，公司负责人应与各该股东连带赔偿公司或第三人因此所受之损害。"

我国法律对其他主体对股东出资不实或抽逃出资的补充责任亦有明确性规定。《公司法司法解释（三）》第 13 条规定："股东未履行或者未全面履行出资义务，公司或者其他股东请求其向公司依法全面履行出资义务的，人民法院应予支持。公司债权人请求未履行或者未全面履行出资义务的股东在未出资本息范围内对公司债务不能清偿的部分承担补充赔偿责任的，人民法院应予支持；未履行或者未全面履行出资义务的股东已经承担上述责任，其他债权人提出相同请求的，人民法院不予支持。股东在公司设立时未履行或者未全面履行出资义务，依照本条第一款或者第二款提起诉讼的原告，请求公司的发起人与被告股东承担连带责任的，人民法院应予支持；公司的发起人承担责任后，可以向被告股东追偿。股东在公司增资时未履行或者未全面履行出资义务，依照本条第一款或者第二款提起诉讼的原告，请求未尽公司法第一百四十八条第一款规定的义务而使出资未缴足的董事、高级管理人员承担相应责任的，人民法院应予支持；董事、高级管理人员承担责任后，可以向被告股东追偿。"

《公司法司法解释（三）》第 14 条规定："股东抽逃出资，公司或者其他股东请求其向公司返还出资本息、协助抽逃出资的其他股东、董事、高级管理人员或者实际控制人对此承担连带责任的，人民法院应予支持。公司债权人请求抽逃出资的股东在抽逃出资本息范围内对公司债务不能清偿的部分承担补充赔偿责任、协助抽逃出资的其他股东、董事、高级管理人员或者实际控制人对此承担连带责任的，人民法院应予支持；抽逃出资的股东已经承担上述责任，其他债权人提出相同请求的，人民法院不予支持。"

九、管理人追收的未缴出资和抽逃出资本息属于债务人财产

公司的财产包括股东在公司设立时所认缴的出资，股东已经向公司缴纳的出资在公司成立后无权抽回。股东已向公司认缴了出资未实际缴纳的，则构成了股东对公司的债务，公司应当追回。如果股东在公司成立后抽回已缴纳的出资，则侵犯了公司的财产权，必须将有关财产退还公司或给予其他补偿；在公司进入破产程序后，由管理人代表公司行使追回未缴出资和抽逃出资本息的权利。依据《企业破产法》的规定，破产申请受理时属于债务人的全部财产，以及破产申请受理后至破产程序终结前债务人取得的财产，为债务人财产。因此，管理人在破产程序中追收的未缴出资和抽逃出资本息属于债务人财产。

【法律、司法解释及案例】

《企业破产法》（2007 年 6 月 1 日起施行）

第三十五条 人民法院受理破产申请后，债务人的出资人尚未完全履行出

资义务的，管理人应当要求该出资人缴纳所认缴的出资，而不受出资期限的限制。

《公司法》（2006年1月1日起施行）

第二十八条 股东应当按期足额缴纳公司章程中规定的各自所认缴的出资额。股东以货币出资的，应当将货币出资足额存入有限责任公司在银行开设的账户；以非货币财产出资的，应当依法办理其财产权的转移手续。

股东不按照前款规定缴纳出资的，除应当向公司足额缴纳外，还应当向已按期足额缴纳出资的股东承担违约责任。

第三十一条 有限责任公司成立后，发现作为设立公司出资的非货币财产的实际价额显著低于公司章程所定价额的，应当由交付该出资的股东补足其差额；公司设立时的其他股东承担连带责任。

第二百条 公司的发起人、股东虚假出资，未交付或者未按期交付作为出资的货币或者非货币财产的，由公司登记机关责令改正，处以虚假出资金额百分之五以上百分之十五以下的罚款。

《公司法司法解释（三）》（2011年2月16日起施行）

第十二条 公司成立后，公司、股东或者公司债权人以相关股东的行为符合下列情形之一且损害公司权益为由，请求认定该股东抽逃出资的，人民法院应予支持：

（一）将出资款项转入公司账户验资后又转出；

（二）通过虚构债权债务关系将其出资转出；

（三）制作虚假财务会计报表虚增利润进行分配；

（四）利用关联交易将出资转出；

（五）其他未经法定程序将出资抽回的行为

第十三条 股东未履行或者未全面履行出资义务，公司或者其他股东请求其向公司依法全面履行出资义务的，人民法院应予支持。

公司债权人请求未履行或者未全面履行出资义务的股东在未出资本息范围内对公司债务不能清偿的部分承担补充赔偿责任的，人民法院应予支持；未履行或者未全面履行出资义务的股东已经承担上述责任，其他债权人提出相同请求的，人民法院不予支持。

股东在公司设立时未履行或者未全面履行出资义务，依照本条第一款或者第二款提起诉讼的原告，请求公司的发起人与被告股东承担连带责任的，人民法院应予支持；公司的发起人承担责任后，可以向被告股东追偿。

股东在公司增资时未履行或者未全面履行出资义务，依照本条第一款或者第二款提起诉讼的原告，请求未尽公司法第一百四十八条第一款规定的义务而使出资未缴足的董事、高级管理人员承担相应责任的，人民法院应予支持；董事、高级管理人员承担责任后，可以向被告股东追偿。

第十四条 股东抽逃出资，公司或者其他股东请求其向公司返还出资本息、协助抽逃出资的其他股东、董事、高级管理人员或者实际控制人对此承担连带责任的，人民法院应予支持。

公司债权人请求抽逃出资的股东在抽逃出资本息范围内对公司债务不能清偿的部分承担补充赔偿责任、协助抽逃出资的其他股东、董事、高级管理人员或者实际控制人对此承担连带责任的，人民法院应予支持；抽逃出资的股东已经承担上述责任，其他债权人提出相同请求的，人民法院不予支持。

【案例】

Z公司为有限责任公司，成立于2008年12月，注册资本6000万元，全部股东的出资方式均为货币出资，其中，股东甲认缴出资4000万元，股东乙、丙、丁、戊各认缴出资500万元。根据公司章程规定，乙、丙、丁、戊认缴的500万元出资应于公司成立之时一次性入资，甲的全部认缴出资分期入资，于公司成立之时入资1000万元，于2010年6月底前入资2000万元，于2011年12月底前入资1000万元，甲在Z公司股东会行使股东权利按照其实际入资比例确定。Z公司在工商行政管理机关办理设立登记之日，五位股东均按照公司章程规定履行了出资义务，并选举了公司董事会、监事及高级管理人员，其中法定代表人（董事长）张某为股东乙委派，监事黄某为股东丁委派。

公司成立后，经营收入从无到有，逐渐增加，签订了几单收益较大的合同，但之后不久，各股东之间即发生了矛盾。股东甲认为，公司对外成功签订的几单大标的合同都是甲依靠自己掌握的业务渠道达成，对方之所以能够和新成立的Z公司签订合同，也是因为看中甲是Z公司的大股东的原因，此外，虽然《公司法》以及公司章程均规定股东行使权利应当按照其实际出资比例确定，但无论是从首次出资看，还是从全部认缴出资看，其都是公司的主要出资人，如果仅仅依靠其他四名小股东的出资，即使签订了合同，公司也不具备履行这些合同的能力，因此，甲在与其他股东之间合作的过程中，不满于其目前实际出资占1/3所对应的股东权利，与乙丙丁戊形成对立，指使其委派的公司总经理控制公司账簿、财务专用章等重要财务资料，对其他股东隐瞒，并且通过签订虚假合同、支出款项给自己关联公司的方法，将其实缴出资1000万元分批抽回，并通过同样的方法对其第二期认缴出资作了虚假入资。其他股东感到甲的变化，也发现其公司支出异常，虽然无法通过查阅全部账目的方式了解原因，但间接了解到是甲全面控制了公司的账目、财产，侵害公司利益和其他股东的利益。Z公司股东之间冲突越发严重，内部管理混乱，甲控制公司经营，将对外经营收入存入其他公司账号。2011年6月，Z公司因拖欠债务且持续无力清偿，进入破产程序。

破产管理人对Z公司财产、文件等资料接管后，对甲及Z公司总经理提起诉讼，认为，对于甲的第一期和第二期入资，甲以虚构款项支出的方式抽逃注册资本，应当对甲追收；总经理协助甲抽逃注册资本，应当承担补充赔偿责任；虽然未达到章程规定的甲第三期出资期限，但现在Z公司已经进入破产程序，甲所认缴的出资应当补足。

【简要评析】

本条司法解释规定对《企业破产法》第35条内容予以明确。法院受理破产申请后，债务人的出资人应缴清欠缴的出资，同时还应支付欠缴出资部分的相应利息。欠缴出资即未完全履行出资义务，在实务中主要包括下列几种情形：(1) 未缴或未全部缴纳到期的货币出资；(2) 以非货币形式出资的，未经依法评估有意高估作价；(3) 缴纳出资后，以虚构交易等方式抽逃出资；(4) 分期出资情形下，尚未到期的出资。

对于前三种情形，出资人的出资义务均已到期，其未履行出资义务，形成对目标公司的债务，未缴部分的出资属于债务人财产，管理人应依职权要求其补足出资并支付相应利息。在第四种情形时，虽然按照公司章程的规定，有部分出资并未到达出资期限，但在债务人已经进入破产程序时，已不允许等待该出资人按照章程规定的时间履行出资义务，公司章程对出资时间的规定加速到期。

在债务人为公司制法人时，股东具有抽逃出资等违反出资义务行为的，其行为侵害其他股东以及公司债权人的利益，协助其实施该行为或对其履行出资义务负有监督义务的人，应当承担相应责任。在本条规定的具体适用过程中，应当根据具体案情，适用《公司法》以及公司法司法解释的具体规定。

第二十一条【破产受理前基于债务人财产诉讼的审理】

破产申请受理前,债权人就债务人财产提起下列诉讼,破产申请受理时案件尚未审结的,人民法院应当中止审理:

(一) 主张次债务人代替债务人直接向其偿还债务的;

(二) 主张债务人的出资人、发起人和负有监督股东履行出资义务的董事、高级管理人员,或者协助抽逃出资的其他股东、董事、高级管理人员、实际控制人等直接向其承担出资不实或者抽逃出资责任的;

(三) 以债务人的股东与债务人法人人格严重混同为由,主张债务人的股东直接向其偿还债务人对其所负债务的;

(四) 其他就债务人财产提起的个别清偿诉讼。

债务人破产宣告后,人民法院应当依照企业破产法第四十四条的规定判决驳回债权人的诉讼请求。但是,债权人一审中变更其诉讼请求为追收的相关财产归入债务人财产的除外。

债务人破产宣告前,人民法院依据企业破产法第十二条或者第一百零八条的规定裁定驳回破产申请或者终结破产程序的,上述中止审理的案件应当依法恢复审理。

【条文主旨】

本条旨在规范破产申请受理前相关人民法院受理的就债务人财产提起的个别清偿诉讼的审理。

【规范目的】

本条旨在明确破产受理前就债务人财产而受理的相关诉讼在破产受理后不同阶段和情形下的具体处理问题。债务人可能存在怠于行使自身权利或者在股东的控制下侵害债权人利益的情形,比如怠于向债务人自身的债务人主张到期债权,怠于向出资人、发起人或者负有监督股东履行出资义务的董事、高级管理人员或者协助抽逃出资的其他股东、董事、高级管理人员、实际控制人等主张出资不实、抽逃或者协助抽逃出资等责任,或者受出资人控制,与出资人存在人格混同等情形。此时,为了保护债权人的利益,法律赋予债权人相关权利，直接向有关当事人主张权利。但在基于债务人财产而提起的诉讼尚未审结的情形下，如果法院受理了破产申请，这些未结诉讼的处理则涉及破产程序中公平清偿债权的原则问题。此时，法律需要综合考虑债务人与个别债权人之间、个别债权人与全体债权人之间利益的平衡。

同时，债务人提出破产申请或被申请破产并不必然导致债务人被宣告破产。受理就债务人财产而提起诉讼的法院在债务人进入破产程序时应先中止相关诉讼的审理，视受理破产案件的人民法院作出的不同裁定再采取不同措施，从而在实体和程序两个层面保障及平衡债权人的利益。

【原理与适用】

一、代位权诉讼的中止

人民法院受理破产申请前，债权人可以依据《合同法》第 73 条的规定提起代位权诉讼。该条规定："因债务人怠于行使其到期债权，对债权人造成损害的，债权人可以向人民法院请求以自己的名义代位行使债务人的债权，但该债权专属于债务人自身的除外。代位权的行使范围以债权人的债权为限。债权人行使代位权的必要费用，由债务人负担。"债权人也可以根据《公司法司法解释（三）》第 13 条与第 14 条的规定请求债务人的出资人向其承担补充赔偿责任。第 13 条第 2 款规定："公司债权人请求未履行或者未全面履行出资义务的股东在未出资本息范围内对公司债务不能清偿的部分承担补充赔偿责任的，人民法院应予支持……"第 14 条第 2 款规定："公司债权人请求抽逃出资的股东在抽逃出资本息范围内对公司债务不能清偿的部分承担补充赔偿责任的，人民法院应予支持……"债权人还可以根据《公司法》第 20 条的规定要求债务人的股东直接承担相关责任。《公司法》第 20 条第 3 款规定："公司股东滥用公司法人独立地位和股东有限责任，逃避债务，严重损害公司债权人利益的，应当对公司债务承担连带责任。"

在不涉及债务人破产程序的情形下，人民法院将判决次债务人直接向债权人承担偿还责任，或者判决出资人就公司债务不能清偿的部分，在其未出资本息或者抽逃出资本息范围内直接向债权人承担民事责任。但是，如果在人民法院作出生效判决前，债务人进入了破产程序，则人民法院需要考虑债务人已经进入破产程序这一特殊事由。这是因为债务人进入破产程序后人民法院对上述诉讼的判决不仅关乎个别债权人的利益，而且直接影响全体债权人的利益。毕竟无论是债务人怠于行使的债权还是出资人未履行的出资义务等，均应归属于债务人财产，如果债务人被宣告破产，应按照破产财产分配方案的规定向全体债权人进行分配。如果受理诉讼的人民法院判决次债务人代替债务人直接向起诉的债权人承担偿还责任，或者判决出资人在未出资本息或者抽逃出资本息范围内直接向起诉的债权人承担补充赔偿责任，则无异于在破产程序启动后，债务人以其财产对个别债权人进行了债务清偿，有违《企业破产法》公平清偿债权人的基本原理。

若因债务人破产而简单地驳回债权人的诉讼请求也会产生一定问题。如果债务人在破产申请受理后被宣告破产，则驳回债权人的诉讼请求不会引发其他问题，提起诉讼的债权人可以通过破产程序获得清偿，债权人利益不会受到实质损害。但是人民法院受理破产申请并不必然会宣告破产，在破产宣告前，经审查发现债务人有法定情形的，可以裁定驳回破产申请或者终结破产程序。如果债权人此时已被驳回诉讼请求，为了维护自身权益，只得再次提起代位权诉讼或者出资人补充赔偿诉讼，徒增债权人的诉累。另外，债务人或与债务人具有关联关系的债权人还可能利用这一规定继续恶意申请破产，从而使上述诉讼的功能无法正常发挥，债权人的利益无法得到保护。因此，本条司法解释第1款规定，受理代位权及出资人补充赔偿诉讼的人民法院应当先中止案件的审理，视本条第2款、第3款不同情形分别处理。

二、驳回诉讼请求的例外

债权人的诉讼请求是要求次债务人直接向其清偿债务，或者要求出资人等在未出资的本息范围或抽逃出资的本息范围内就公司债务不能清偿部分向其承担补充赔偿责任，或者要求债务人的股东承担与债务人人格混同而产生的连带责任。如果人民法院在债务人被宣告破产后，支持了债权人的诉讼请求，实际上等于是债务人以其应当收回的财产向提起诉讼的债权人进行了清偿，违反了《企业破产法》关于债权公平清偿的基本原理，也违反了《企业破产法》第16条的立法本义，该条规定："人民法院受理破产申请后，债务人对个别债权人的债务清偿无效。"因此，本条第2款明确规定，如果受理破产案件的人民法院宣告债务人破产，上述案件的审理法院应当参照《企业破产法》第16条的规定判决驳回债权人的诉讼请求。驳回债权人的诉讼请求并不会影响债权人的债权申报。债权人依然可以依据《企业破产法》第44条的规定向管理人申报债权。

但是，债权人变更其诉讼请求为追收的相关财产归入债务人财产的除外。因为，此种情况下并非向债权人本人而是向债务人履行清偿义务，保障了债务人的财产利益，并实质上保护了全体债权人的共同利益，人民法院对债权人诉讼请求的此种变更予以支持。

三、驳回破产申请或终结破产程序后的恢复审理

《企业破产法》第 12 条第 2 款规定:"人民法院受理破产申请后至破产宣告前,经审查发现债务人不符合本法第二条规定情形的,可以裁定驳回申请……"人民法院裁定驳回破产申请后,债务人退出破产程序,阻却案件继续审理的事由消失。《企业破产法》第 108 条规定:"破产宣告前,有下列情形之一的,人民法院应当裁定终结破产程序,并予以公告:(一)第三人为债务人提供足额担保或者为债务人清偿全部到期债务的;(二)债务人已清偿全部到期债务的。"破产程序一旦终结,中止审理的事由也随之消失。因此,本条第 3 款规定,在上述情况下,受理破产案件的人民法院裁定驳回破产申请,或者在破产宣告前依据《企业破产法》第 108 条的规定裁定终结破产程序的,上述案件的审理法院应当依法恢复该案的审理。

【法律、司法解释及案例】

《企业破产法》(2007 年 6 月 1 日起施行)

第十二条 人民法院裁定不受理破产申请的,应当自裁定作出之日起五日内送达申请人并说明理由。申请人对裁定不服的,可以自裁定送达之日起十日内向上一级人民法院提起上诉。

人民法院受理破产申请后至破产宣告前,经审查发现债务人不符合本法第二条规定情形的,可以裁定驳回申请。申请人对裁定不服的,可以自裁定送达之日起十日内向上一级人民法院提起上诉。

第四十四条 人民法院受理破产申请时对债务人享有债权的债权人,依照本法规定的程序行使权利。

第一百零八条 破产宣告前,有下列情形之一的,人民法院应当裁定终结破产程序,并予以公告:

(一)第三人为债务人提供足额担保或者为债务人清偿全部到期债务的;

(二)债务人已清偿全部到期债务的。

《公司法》(2006 年 1 月 1 日起施行)

第二十条 公司股东应当遵守法律、行政法规和公司章程,依法行使股东权利,不得滥用股东权利损害公司或者其他股东的利益;不得滥用公司法人独立地位和股东有限责任损害公司债权人的利益。

公司股东滥用股东权利给公司或者其他股东造成损失的,应当依法承担赔偿责任。

公司股东滥用公司法人独立地位和股东有限责任,逃避债务,严重损害公

司债权人利益的，应当对公司债务承担连带责任。

《合同法》（1999年10月1日起施行）

第七十三条 因债务人怠于行使其到期债权，对债权人造成损害的，债权人可以向人民法院请求以自己的名义代位行使债务人的债权，但该债权专属于债务人自身的除外。

代位权的行使范围以债权人的债权为限。债权人行使代位权的必要费用，由债务人负担。

《公司法司法解释（三）》（2011年2月16日起施行）

第十三条 股东未履行或者未全面履行出资义务，公司或者其他股东请求其向公司依法全面履行出资义务的，人民法院应予支持。

公司债权人请求未履行或者未全面履行出资义务的股东在未出资本息范围内对公司债务不能清偿的部分承担补充赔偿责任的，人民法院应予支持；未履行或者未全面履行出资义务的股东已经承担上述责任，其他债权人提出相同请求的，人民法院不予支持。

股东在公司设立时未履行或者未全面履行出资义务，依照本条第一款或者第二款提起诉讼的原告，请求公司的发起人与被告股东承担连带责任的，人民法院应予支持；公司的发起人承担责任后，可以向被告股东追偿。

股东在公司增资时未履行或者未全面履行出资义务，依照本条第一款或者第二款提起诉讼的原告，请求未尽公司法第一百四十八条第一款规定的义务而使出资未缴足的董事、高级管理人员承担相应责任的，人民法院应予支持；董事、高级管理人员承担责任后，可以向被告股东追偿。

第十四条 股东抽逃出资，公司或者其他股东请求其向公司返还出资本息、协助抽逃出资的其他股东、董事、高级管理人员或者实际控制人对此承担连带责任的，人民法院应予支持。

公司债权人请求抽逃出资的股东在抽逃出资本息范围内对公司债务不能清偿的部分承担补充赔偿责任、协助抽逃出资的其他股东、董事、高级管理人员或者实际控制人对此承担连带责任的，人民法院应予支持；抽逃出资的股东已经承担上述责任，其他债权人提出相同请求的，人民法院不予支持。

第二十二条【破产受理前基于债务人财产诉讼的执行】

破产申请受理前，债权人就债务人财产向人民法院提起本规定第二十一条第一款所列诉讼，人民法院已经作出生效民事判决书或者调解书但尚未执行完毕的，破产申请受理后，相关执行行为应当依据企业破产法第十九条的规定中止，债权人应当依法向管理人申报相关债权。

【条文主旨】

本条旨在对破产申请受理前就债务人财产提起的个别清偿诉讼生效判决或者调解书的执行作出规定。

【规范目的】

本条规定之目的是在破产程序启动后，禁止个别债权人获得与破产程序公平受偿原则相违背的清偿。根据《企业破产法》第19条的规定，在进入破产程序后，执行程序应当中止。根据《企业破产法》第17条、第35条等的规定，依法向债务人的债务人或者财产持有人追收债务或财产，以及追收债务人出资人的欠缴出资、抽逃出资等，均是管理人的法定职责，目的在于实现债务人财产的完整，以保障全体债权人利益最大化。因而为保障各债权人公平受偿，债权人基于人民法院作出的生效民事判决书或者调解书而启动的执行程序均应依法中止，其权益应通过破产程序获得保障。

【原理与适用】

本条是对《企业破产法司法解释（二）》第21条中关于行使代位权诉讼、要求出资人承担出资责任进入执行阶段的补充规定。《企业破产法》第16条规定："人民法院受理破产申请后，债务人对个别债权人的债务清偿无效。"第19条规定："人民法院受理破产申请后，有关债务人财产的保全措施应当解除，执行程序应当中止。"这两条规定的立法本意即在当债务人进入破产程序后，为保障所有债权人公平受偿，避免因个别受偿造成债务人财产减少并进而侵害其他债权人权益，因而在法院受理破产申请后，所有有关债务人财产之诉讼、执行均应中止。

"在同一财产之上不能同时并存两种性质冲突的执行程序,故破产程序启动后,有关债务人财产的其他执行程序应当中止";"立法规定中止个别执行的目的,是保障对全体债权人的公平清偿。"[①] 破产程序实为债权人权益实现提供一个综合清偿的保障制度,该制度意在保护全体债权人的公平受偿而并非为某一债权人提供优先清偿而设。联合国国际贸易法委员会认为,"关于债权人,破产法的基本原则之一是,破产程序是一种集体程序,要求保护所有债权人的权益不因其中任何一方的单独行动而受影响。许多破产法都要求提供一种机制,不仅防止债权人在清算或管理重组程序的部分过程或全过程中通过法律救济手段强制执行其权利,而且中止已在进行中的针对债务人的行动和防止启动新的行动。这种机制有种名称,如延缓、暂停或中止,视机制的效力而定"。"使用中止还使破产代表能够评价债务人情形,包括已在进行中的诉讼,为充分考虑所有诉讼提供了时间,从而更加有可能实现不会危及到债务人和债权人权益的结果"。"在重整程序中,适用中止有利助于企业的继续经营,使得债务人获得整顿业务的喘息空间,有时间制订和批准重整计划,并能采取其他步骤,例如取消不营利的活动或摆脱负担过重的合同,视情况而定。"[②] 根据《企业破产法》第17条、第35条等的规定,依法向债务人的债务人或者财产持有人追收债务或财产,以及追收债务人出资人的欠缴出资、抽逃出资等,均是管理人的法定职责。在进入破产程序后,债务人财产除其所属或控制的土地、房产、机器设备等外,同时也包括对外应收账款、预付账款、出资人应缴纳出资等,针对该部分财产,管理人需履行其管理职责积极追回并用于公平清偿债权人。若任由个别债权人依生效裁决或民事调解书而强制进行执行,将会导致债务人财产减少,实质上形成对个别债权人优先清偿,将严重损害其他债权人权益。因而在进入破产程序后,包括代位权之诉、出资人承担出资责任的执行程序均应中止以维护全体债权人公平受偿权利。

本条规定作为对《企业破产法》第19条规定的细化,进一步明确在进入破产程序后包括代位权诉讼在内的执行程序均应中止,以保障破产程序的顺利进行。在债务人进入破产程序后,所有债权人利益均将通过破产程序获得保障。在执行程序中止后,债权人可依法凭借法院生效民事判决书或民事调解书向管理人申报债权。若债务人最后经审查而发现不具备破产原因,经人民法院裁定驳回申请或终结破产程序的,原所有因破产程序而受限制的权益均应恢复原来状态,债权人可要求恢复执行程序以保障其债权。

---

① 王欣新:《破产法》(第三版),中国人民大学出版社2011年版,第58~59页。
② 联合国国际贸易法委员会:《破产法立法指南》(中文版),2006年纽约,第76~77页。

【法律、司法解释及案例】

《企业破产法》（2007年6月1日起施行）

第十六条 人民法院受理破产申请后，债务人对个别债权人的债务清偿无效。

第十七条 人民法院受理破产申请后，债务人的债务人或者财产持有人应当向管理人清偿债务或者交付财产。

债务人的债务人或者财产持有人故意违反前款规定向债务人清偿债务或者交付财产，使债权人受到损失的，不免除其清偿债务或者交付财产的义务。

第十九条 人民法院受理破产申请后，有关债务人财产的保全措施应当解除，执行程序应当中止。

第二十三条【破产受理后基于债务人财产诉讼的受理】

破产申请受理后，债权人就债务人财产向人民法院提起本规定第二十一条第一款所列诉讼的，人民法院不予受理。

债权人通过债权人会议或者债权人委员会，要求管理人依法向次债务人、债务人的出资人等追收债务人财产，管理人无正当理由拒绝追收，债权人会议依据企业破产法第二十二条的规定，申请人民法院更换管理人的，人民法院应予支持。

管理人不予追收，个别债权人代表全体债权人提起相关诉讼，主张次债务人或者债务人的出资人等向债务人清偿或者返还债务人财产，或者依法申请合并破产的，人民法院应予受理。

【条文主旨】

本条旨在对破产申请受理后就债务人财产所提诉讼的受理问题作出规定。

【规范目的】

本条解决的是破产申请受理后，就债务人财产提起的个别清偿诉讼的受理与处理等具体操作问题。在此之前,《企业破产法》第 16 条规定:"人民法院受理破产申请后,债务人对个别债权人的债务清偿无效。"该条款对于个别清偿的问题规定得较为笼统、不具体,致使其在实践中面对具体案件、具体问题时,缺乏可操作性。本条通过对破产申请受理后,基于债务人财产提起的个别清偿诉讼的情况进行细化,对不予受理的情况以及不予受理后债权人可行使的权利进行了程序性的规定,大大增加了条款的可操作性。

【原理与适用】

一、法律原理

1. 人民法院作出破产案件受理裁定后,便产生相应的法律效力,停止债务个别清偿,起到财产保全的作用,以保障全体债权人在破产程序中的公平受偿,在国外也被称为自动中止效力。

体现自动中止效力的制度包括:1978 年《美国联邦破产法》(Bankruptcy Code)第 362 条的规定理论上可概括为"Automatic stay",意为"自动停止",即指破产程序启动时,所有针对债务人的实现债权的行为都自动归于停止的制度。日本倒产法体系中,因具体单行法的立法目标完全不同,但彼此又有诸如保全的目的、都是为了债权人利益等共性,因此,在具体保全措施上几乎都有相同的制度规定,包括其他程序中止命令、总括禁止命令、管理保全命令等。如程序中止命令,是指为了维护倒产财产的完整性,申请开始倒产程序时,法院认为必要时可以根据利害关系人申请或依职权,发布命令暂时中止正在进行的与债务人财产有关的程序。

前述美国与日本的相关制度都是结合现代破产立法理念构建的,反观我国破产立法情况,虽然遵循的是现代破产立法理念,但相关制度的建立、细化仍要落后于立法目标的要求。为此,本条就破产受理后债务人财产诉讼如何处理、防止个别清偿等问题,予以细化、明确规定,有利于解决日后实践中出现的具体问题,符合我国破产立法目标与价值取向。

2. 公平是人类恒久的追求。法律以实现公平为己任,而破产法尤需体现公平原则。破产法为人们提供了保障债务关系公平实现的最终法律途径。从对债权人的保障看,其要旨不在于满足个别债权人的利益,更不是要使债权人都获得全额清偿,而是要做到对全体债权人公平和有秩序的清偿。

本条的设置即是公平原则的具体体现。破产案件受理后,个别债权人就债务人财产提起的诉讼,债权人与其所诉请的内容系间接的利害关系而非直接的利害关系,如法院受理该类诉讼,则属于个别清偿,会损害其他债权人的合法权益,有违公平原则。

3. 债务人财产是指在破产程序启动时,以及自该时点至破产程序终结前,属于债务人的财产。在债务人财产的构成范围上,各国和各地区主要有固定主义与膨胀主义两种立法主义。固定主义以破产案件受理时或破产宣告时债务人所有的财产包括将来行使的财产请求权为破产财产。所谓固定,是指破产宣告时破产财产的范围即已确定。日本、德国、美国等国采用这一立法方式。膨胀主义是指破产财产不仅包括债务人在被宣告破产时所有的财产,而且包括其在破产程序终结前所新取得的财产,破产财产的范围在破产宣告后仍有所扩大膨胀。英国、法国等国及我国台湾地区的"破产法"采用这一立法主义。

我国破产法规定,债务人财产包括破产申请受理时属于债务人的全部财产,以及破产申请受理后至破产程序终结前债务人取得的财产,采取膨胀主义的立法主义。因此,在破产案件受理后,债权人就债务人财产所提起的个别清偿诉讼中,依据的基础均属于债务人财产,此时债务人财产所指向的直接利害关系主体为全体债权人,因为债务人财产最终的走向是使全体债权人公平受偿,这也是公平原则的延伸体现。而进行个别清偿诉讼的债权人此刻与债务人财产的关系即非直接利害关系,而是间接利害关系。

二、法律适用

本条司法解释共分3款。第1款规定了就债务人财产向人民法院提起的个别清偿诉讼,人民法院不予受理。本款中所指的个别清偿诉讼,是"本规定第二十一条第一款所列的诉讼",包括:(1)主张次债务人代替债务人直接向其偿还债务;(2)主张债务人的出资人、发起人和负有监督股东履行出资义务的董事、高级管理人员,或者协助抽逃出资的其他股东、董事、高级管理人员、实际控制人等直接向其承担出资不实或者抽逃出资责任;(3)以债务人的股东与债务人法人人格严重混同为由,主张债务人的股东直接向其偿还债务人对对其所负债务;(4)其他就债务人财产提起的个别清偿诉讼。对于这些起诉,人民法院依据《民事诉讼法》第119条第(1)项的规定裁定不予受理。《民事诉讼法》第119条第1款规定的起诉条件之一是:"原告是与本案有直接利害关系的公民、法人和其他组织"。而破产程序启动后,应追收财产或者返还财产均属债务人的财产,应当在破产程序中用以清偿全部债权人。个别债权人基于债务人财产提起的个别清偿诉讼,债权人与其所诉请的内容系间接的利害关系而非直接的利害关系,不符合《民事诉讼法》的前述规定,因此人民法院不予受理。

第2款对不予受理后债权人可行使的权利作出规定,亦是人民法院不予受理后对债权人的相应救济途径。《企业破产法》第 22 条第 2 款规定："债权人会议认为管理人不能依法、公正执行职务或者有其他不能胜任职务情形的，可以申请人民法院予以更换。"对债权人基于债务人财产所提起的个别清偿诉讼，人民法院不予受理后，债权人可以通过债权人会议或债权人委员会监督管理人依法向次债务人、债务人的出资人等追收债务人的财产。

第 3 款是对债权人可以行使的权利及具体操作程序上的兜底性规定。即管理人不予追收，个别债权人代表全体债权人提起相关诉讼，要求次债务人或者债务人的出资人等将清偿或者返还的财产归入债务人财产，或者依法申请合并破产的，人民法院应当受理。这里需要强调的是人民法院受理的前提为个别债权人代表全体债权人提起相关诉讼，且是将清偿或返还的财产归入债务人财产，或依法申请合并破产的，人民法院方可受理。

三款条文构成了有机统一的整体，使破产受理后债权人就债务人财产提起的个别清偿诉讼问题具备了可操作性。需要指出的是，第 2 款与第 3 款的逻辑顺序为：原则上债权人应当通过督促管理人行使追收权利。除非经督促管理人仍不作为的，个别债权人可以代表全体债权人进行追收，但追收回来的财产应当归入债务人财产。可见，无论是管理人追收财产，抑或是人民法院受理，其所指向的财产均为债务人财产，是将来用作使债权人公平受偿的财产，从源头上杜绝了破产受理后个别清偿现象的发生，是破产法公平原则的具体体现。

【法律、司法解释及案例】

《企业破产法》（2007 年 6 月 1 日起施行）

第十六条 人民法院受理破产申请后，债务人对个别债权人的债务清偿无效。

第二十二条 管理人由人民法院指定。

债权人会议认为管理人不能依法、公正执行职务或者有其他不能胜任职务情形的，可以申请人民法院予以更换。

指定管理人和确定管理人报酬的办法，由最高人民法院规定。

第三十条 破产申请受理时属于债务人的全部财产，以及破产申请受理后至破产程序终结前债务人取得的财产，为债务人财产。

《民事诉讼法》（2012 年 8 月 31 日修正）

第一百一十九条 起诉必须符合下列条件：

（一）原告是与本案有直接利害关系的公民、法人和其他组织；

（二）有明确的被告；

（三）有具体的诉讼请求和事实、理由；

（四）属于人民法院受理民事诉讼的范围和受诉人民法院管辖。

【案例】

A公司系1981年3月注册成立的国有企业，注册资本3355万元，杨某自1998年10月至2004年11月任该公司经理、法人代表，公司主营有色金属、黑色金属，住所地×路73号（原×路20号），隶属于某商业物资控股有限公司（职工554人）。A公司呈报某市劳动和社会保障局文件载明，1999年~2003年8月，A公司交纳的职工三金中包括B中心职工交纳三金347604.57元。B中心系1999年3月注册成立的国有企业，注册资本100万元，杨某自1999年3月至2004年11月任B中心经理、法人代表，中心主营金属材料、化工产品、机电产品，住所地×路73号（原×路20号），隶属于某商业物资控股有限公司（职工23人~368人）。B中心拟改制整体资产评估报告书载明，该公司所用的水、电、电话未单独设立交费账户，每月按实际使用情况交费于A公司。该公司2001年以前实现利润由A公司合并缴纳，2002年以后独立纳税。C公司系杨某等49名自然人出资100万元于2004年11月注册成立的有限公司，法人代表庄某，公司主营金属材料、化工产品、机电产品，将A公司及B中心的职工全部予以接收，住所地×路×号。

B中心改制情况。2004年10月8日，某市财贸办公室、某市经济体制改革办公室、某市发展计划委员会、某市国有资产管理局、某市财政局联合下发了（2004）60号对某市B中心整体改制进行了批复。(1)改制形式及出资比例：①改制形式，同意将B中心的固有产权一次性整体转让给由你公司考察确定的杨某等49名内部职工共同出资成立的C公司，并原则同意新公司章程，该公司注册资本为100万元。②出资比例，同意B中心职工大会审议通过的出资方案，由杨某等49名自然人股东出资。其中企业法定代表人杨某出资35万元，占35%；48名职工出资65万元，占65%。③出资方式，出资人全部以现金出资，企业改制完成后，由改制企业向49名自然人股东签发符合《公司法》规定要求的出资证明书，明确双方的权利义务，确保出资职工的权益。(2)资产价值、预留费用及抵顶办法：①资产价值，经某会计师事务所有限公司审计，某会计师事务所评估，并经某市国资局核准，该企业资产总额为15418961.31元，负债总额为10179649.80元，净资产为4639311.51元，扣减该企业改制中发生的评估审计费43000.00元，净资产调整为4596311.51元。②预留费用，按照政策规定预留费用共计5402004.10元，其中职工一次性住房资金补偿2563430.10元；离退休人员和职工遗属预留费用2838574.00元。③抵顶办法，经预留上述5402004.10元费用后，企业净资产实际为-805692.59元。

按照某文件精神，以该企业占用的×区×路20号11637平方米的划拨土地使用权价值（评估价值为614.86万元）抵顶净资产负值至零，以零价格向内部职工转让，抵顶后土地价格余额为5342907.41元，按40%一次性折计土地出让金应缴纳2137162.36元，鉴于该中心负担较重，经营比较困难，且原A公司尚有58名职工的一次性住房资金补偿未预留，为了支持企业发展，经研究，同意将应缴纳的土地出让金留给企业，首先用于支付58名职工的一次性住房资金补偿，剩余部分作为职工风险基金，具体由改制后企业与土地管理部门办理相关手续。(3) 改制后企业要保证按照文件要求承接原B中心的全部债权、债务及一切遗留问题，接收原企业的全部职工；同时，还要全部接收、管理原A公司的职工和离退休人员，依法与职工重新签订劳动合同，与工会签订集体合同。(4) 离退休人员和职工遗属的费用已经预留，改制后企业要按规定发放。(5) 职工一次性住房资金补偿已经预留，改制后的企业要与职工签订协议，确保按有关政策兑现。(6) 应缴纳的土地出让金作为职工风险基金，要严格按《某市市属企业风险基金管理办法》进行管理，并抓紧与土地、工会等部门办理相关手续。(7) 改制后，企业要按时足额为职工缴纳各种社会保障基金，严格执行国家规定的用工政策和休假制度；按规定设立党、团、工会组织；自觉接受政府及行业主管部门的管理与监督；依法经营，照章纳税，独立承担民事责任。保证履行按照国家、省、市有关规定承担的计划生育、复退转军人安置、青年应征入伍、环境保护、义务植树、爱国卫生、社会治安综合治理等方面的义务。(8) 由公司与职工签订企业产权转让合同书，并报各审批部门。企业改制后你公司要加强对企业的协调指导，按国家法规和市有关规定对企业承担义务的执行情况进行监督检查。批复还对其他事项作了规定。2004年10月18日某商业物资国有控股有限公司与杨某等49人签订了产权转让合同。

B中心2003年度审计报告会计表附注表明：B中心与A公司往来账项中，B中心应付A公司期末余额为10023855.90元。该审计报告还载明：B中心2001年以前实现利润由A公司合并缴纳，2002年以后独立纳税。

依据某市法院生效法律文书，债权人交通银行某分行对A公司所享有的借款保证合同债权，依法转让给中国信达资产管理公司济南办事处—某市国有资产经营公司—C公司。2008年2月4日，C公司与A公司签订协议，C公司所欠A公司借款、货款（滚动借款、应付A公司账户而付款至B中心账户货款）11笔计11294618.91元与其对A公司所持有的债券12339910.58元互相抵销。抵销后，A公司还欠C公司1045291.67元。

A公司财产主要有房产、股权、国有土地使用权及办公用品。A公司位于

×路20号房产被B中心以100万元的价格竞拍,用以偿付中国光大银行某支行的债务。A公司位于×路20号房产被B中心以161万元的价格竞拍,用以偿付交通银行某分行的债务。A公司坐落于×路20号房产被B中心以415万元的价格竞拍,A公司坐落于×区×路房产被B中心以85万元的价格竞拍,用以偿付A公司所欠债务。1999年12月16日、2002年1月1日A公司与B中心签订股权转让协议,分别将A公司所持唐钢股份法人股28.5万股以4.12元每股、将A公司所持某市钢铁股份有限公司200万股股份以1元每股转让给B中心。2003年5月8日A公司与B中心签订股权转让协议,A公司将所持某金通物资再生利用有限公司70%股权以334460元的价格转让给B中心。某市人民政府关于收回A公司部分国有土地使用权的函载明,×区×路20号50112平方米中的34290平方米国有土地使用权收回,余15822平方米重新办理土地使用权变更登记手续;×区×路51775.2平方米国有土地使用权收回;该收回的国有土地使用权B中心于1999年4月12日与某市土地管路局签订了国有土地使用权租赁合同;C公司于2006年6月12日与某市国土资源局签订了国有土地使用权出让合同。

(1998) ×经初字第298号某市商业银行诉某市燃料总公司、A公司借款保证合同纠纷一案,业经调解处理,A公司对某市燃料总公司1500万元借款本金及自1998年12月22日至2000年12月22日按人民银行贷款基准利率上浮20%支付利息承担连带清偿责任。(2003) ×民二初字第103号某市商业银行诉A公司、某市燃料总公司借款担保合同纠纷案,已发生法律效力。A公司偿还某市商业银行借款本金1630万元及利息808363元。(2003) ×民二初字第105号某市商业银行诉某市燃料总公司、A公司借款保证合同纠纷案,已发生法律效力。A公司对某市燃料总公司借款本金170万元及利息66597.74元承担连带清偿责任。(2008) ×刑二初字第38号刑事判决,已发生法律效力。该案审理查明,被告人杨某任A公司经理,1998年11月成立B中心,其性质为国有企业,被告人杨某同时又担任该中心的法定代表人,A公司与B中心实际上系一套班子两块牌子。2004年11月,B中心改制为C公司,法定代表人为杨某,同时A公司的法定代表人变更为当时担任C公司的财务科长王某,但并没有实际性交接,公司也没有给王某刻制法人代表印章。A公司的领用及签字权仍系被告人杨某。该案判决杨某犯贪污罪、受贿罪、挪用公款罪有期徒刑16年,贪污所得150万元、挪用的本金及孳息1282255.41元予以追缴,发还A公司。(2006) ×执字第239、276、277-1号民事裁定,申请执行人某市商业银行、被执行人A公司,某区人民法院以C公司与A公司系同一公司两块牌子、财产混同、人员混同为由,裁定追加C公司为被执行人。(2009)

×执复字第40号执行裁定,某中级人民法院认为认定人格混同须有充分的事实与证据前提下依照法律规定通过法定程序方能确认,一审法院认定两公司人格混同证据不充分,理由不成立,2009年9月21日裁定撤销某区人民法院(2006)×执字第239、276、277-1号裁定。

A公司于2009年11月5日向某中级人民法院提出破产申请,某中院于2009年11月7日裁定受理破产申请。截至2010年3月10日,A公司管理人确认本案某银行申报的债权为32110177元。2010年1月5日,某银行向某中级人民法院提起诉讼,请求判令C公司偿付A公司所欠其的3200万元债务;诉讼费用由被告承担。某中级人民法院审理认为,本案从查明的事实及现有证据分析,某银行所提供的证据,不能认定A公司与B中心构成人格混同,故某银行请求C公司承担偿还欠款的诉讼请求不能支持,依法应当驳回其诉讼请求,遂判决驳回某银行的诉讼请求。

某银行不服一审判决,向某省高级人民法院提起上诉。某省高级人民法院经审理认为,2009年11月17日,某中级人民法院裁定受理了A公司的破产还债申请,某银行已申报债权,2010年1月5日,某银行以B中心和C公司、A公司构成法人人格混同为由,向某中级人民法院提起诉讼,要求C公司承担偿付责任,其追索的实际上是债务人A公司的破产财产。依照《企业破产法》的有关规定,某银行不能提起要求C公司直接向其清偿之诉,其有权向受理破产案件法院提起的是债权人代表诉讼,所以本案应裁定驳回某银行的起诉。依照《民事诉讼法》第108条、第153条第1款第(2)项、第204条,《最高人民法院关于适用〈中华人民共和国民事诉讼法〉若干问题的意见》第186条之规定,裁定撤销某中级人民法院(2010)×商初字第8号民事判决,驳回某银行的起诉。

某银行仍不服,向最高人民法院申请再审。最高人民法院经审理认为,根据《企业破产法》的规定,破产申请受理时属于债务人的全部财产,以及破产申请受理后至破产程序终结前债务人取得的财产,甚至破产程序终结后发现的债务人的应当供分配的其他财产,均为破产财产。人民法院受理破产申请后,管理人应当依法追收所有破产财产并在破产程序中依法管理和处分,公平保护全体债权人利益。基于破产财产的个别清偿行为均为无效。由于人格严重混同追收回来的破产财产与某银行之间仅为间接的利害关系,而非直接利害关系,因此,原审法院裁定驳回某银行起诉并无不当,遂裁定驳回再审申请,维持原裁定。

【简要评析】

本条司法解释确定的规则正是对本案处理结果的归纳。破产申请受理后,管理人应当依法追收所有破产财产并在破产程序中依法管理和处分，公平保护全体债权人利益。债务人与其关联企业人格严重混同，符合合并破产条件的，债权人或者其他利害关系人应当申请法院适用实体合并破产规则。因此，债权人在破产程序中发现应当追收的债务人财产时，其可以行使的权利有两个：一是通过债权人会议或者债权人委员会监督管理人依法追收财产；二是在管理人无正当理由拒绝追收的情况下，债权人可代表全体债权人提起相关诉讼进行追收，但因此追回的财产性质上仍为债务人财产，不得用于个别债权的优先清偿。本案的处理涉及如下问题：

1. 因人格严重混同应当追回的财产性质问题

债务人与其关联企业人格混同时，将产生两种结果：一是人格混同达到严重程度，符合合并破产条件的，债务人及其关联企业应当适用实体合并破产规则进行合并破产清算；二是人格混同未达到严重程度，仅存在财产混同现象的，应当甄别财产权属，追回应当属于债务人的财产用于清偿债务人的债务。本案则属于第二种情形，C公司与A公司系同一公司存在财产混同、人员混同的情形，但尚不符合合并破产的条件，因此，对B中心改制过程中可能存在的财产混同或者转移的情况应当予以审查，是否存在将A公司财产非法转移给B中心的情形，B中心改制为C公司后，应当对B中心非法获得的利益承担返回责任。A公司进入破产程序后，A公司的财产包括被非法转移至C公司或者B中心的财产均属于债务人财产，A公司宣告破产后则属于破产财产。

2. 追回债务人财产的程序问题

《企业破产法》第17条第1款规定："人民法院受理破产申请后，债务人的债务人或者财产持有人应当向管理人清偿债务或者交付财产。"第25条规定管理人履行职责之一是"管理和处分债务人的财产"，因此，凡属债务人的财产而被其他人占有的，管理人有权追回，这既是管理人的权利，也是管理人的职责。当管理人不依法履行法定职责，对应当追回的债务人财产而不追回的，债权人的救济途径有两个，首先应当是依据《企业破产法》第22条第2款的规定，提请债权人会议申请人民法院更换管理人。其次，当管理人决定不予追收的，债权人可以代表全体债权人提起诉讼追收财产，追回的财产属于债务人财产，应当用于清偿全部破产债权。因此，债权人代表提起的诉讼，只能提出请求财产占有人或者债务人的债务人向债务人返还财产或者清偿债务的诉讼请求，而不能提出向债权人直接返还财产或者清偿债务的诉讼请求。本案中，某银行以B中心和C公司、A公司构成法人人格混同为由，要求C公司承担偿付责任是不当的，C公司与某银行之间无直接法律关系，故应当裁定驳回起诉。

第二十四条【非正常收入的追回】

债务人有企业破产法第二条第一款规定的情形时，债务人的董事、监事和高级管理人员利用职权获取的以下收入，人民法院应当认定为企业破产法第三十六条规定的非正常收入：

（一）绩效奖金；

（二）普遍拖欠职工工资情况下获取的工资性收入；

（三）其他非正常收入。

债务人的董事、监事和高级管理人员拒不向管理人返还上述债务人财产，管理人主张上述人员予以返还的，人民法院应予支持。

债务人的董事、监事和高级管理人员因返还第一款第（一）项、第（三）项非正常收入形成的债权，可以作为普通破产债权清偿。因返还第一款第（二）项非正常收入形成的债权，依据企业破产法第一百一十三条第三款的规定，按照该企业职工平均工资计算的部分作为拖欠职工工资清偿；高出该企业职工平均工资计算的部分，可以作为普通破产债权清偿。

【条文主旨】

本条旨在对债务人的董事、监事、高级管理人员的非正常收入的追回问题作出具体规定。

【规范目的】

本条旨在进一步解释《企业破产法》第36条中的"非正常收入"。《企业破产法》第36条规定："债务人的董事、监事和高级管理人员利用职权从企业获取的非正常收入和侵占的企业财产，管理人应当追回。"由于立法并未具体规定何谓非正常收入，在实践中对于非正常收入的判定缺乏可操作性，同时也没有规定管理人如何追回非正常收入及追回的财产如何处理等。为了解决这一问题，本条司法解释对非正常收入的范围、追回的途径及追回的破产财产如何处理作出了较为明确的规定。本条第1款非正常收入第（1）项是最常见的企业董事、监事和高级管理人员利用职权获取非正常收入的途径，第（2）项实际上是将董事、监事和高级管理人员的工资置于普通职工工资同等受偿地位，董事、监事和高级管理人员不得利用职权优先受偿，第（3）项作为兜底条款，为法官自由裁量预留了空间；本条款第 2 款明确了管理人追回非正常收入的途径，即管理人可通过诉讼程序追回，追回的非正常收入属于债务人财产；本条第 3 款明确了管理人如何处理追回的非正常收入。

【原理与适用】

一、管理人追回非正常收入的相关原理

（一）高级管理人员的界定

根据《企业破产法》第 36 条及本条规定，获取非正常收入的主体为债务人的董事、监事和高级管理人员。其中根据《公司法》及有关法律规定，高级管理人员，就是指公司管理层中担任重要职务、负责公司经营管理、掌握公司重要信息的人员，主要包括经理、副经理、财务负责人、上市公司董事会秘书和公司章程规定的其他人员。这里的经理、副经理，是指《公司法》第 50 条和第 114 条规定的经理、副经理，在实践中，就是公司的总经理、副总经理。经理由董事会决定聘任或者解聘，对董事会负责；副经理由经理提请董事会决定聘任或者解聘。这里的财务负责人是指由经理提请董事会决定聘任或者解聘的财务负责人员。这里的上市公司董事会秘书是《公司法》第 124 条规定的上市公司必设的机构，负责上市公司股东大会和董事会会议的筹备、文件保管以及公司股东资料的管理，办理信息披露等事务。对于"公司章程规定的其他人员"则是为了赋予公司自治的权利，允许公司自己选择管理方式，聘任高级管理人员，但是，这些人员的职位必须在公司章程中明文加以规定。本条规定的高级管理人员应当符合《公司法》第六章关于公司高级管理人员任职资格的规定，并履行法律和章程规定的义务。

（二）非正常收入的界定

1. 获取非正常收入的大前提为债务人出现破产原因

当债务人出现《企业破产法》第 2 条第 1 款规定的破产原因时，债务人的董事、监事、高级管理人员获取的非正常收入，管理人才有权予以追回。这里的破产原因分为两大方面：

（1）债务人不能清偿到期债务，并且资产不足以清偿全部债务。这里所讲的"债务人不能清偿到期债务"，是指债务人债务的清偿期限已经届至，债权人要求清偿，但作为债务人无力清偿。"资产不足以清偿全部债务"，是指

债务人的资产总和小于其债务总和,即资不抵债,一般要根据债务人的资产负债表确定。债务人的债务清偿能力是由其财产、信用、产品市场前景等因素综合构成的。只有在用尽所有手段仍不能清偿债务时,才真正构成清偿能力的缺乏。债务人在经营过程中,由于各种原因,有时会发生短期的资金周转困难,这种暂时的财务困难会随着债务人的正常运营而逐渐化解。因此,暂时的、短期的不能清偿或者仅仅是资产负债表上的资不抵债都不能作为认定一个债务人是否已经构成破产的标准。只有债务人满足不能清偿到期债务,并且资产不足以清偿全部债务两个条件时,才认定为存在破产原因。

(2)债务人不能清偿到期债务,并且明显缺乏清偿能力。这一破产原因的规定也是以不能清偿到期债务作为主要的依据,因为这是破产构成的一般原因;同时辅之以明显缺乏清偿能力。债务人不能清偿到期债务,如果属于暂时资金周转不灵,不宜宣告其破产,但如果实际上已经丧失清偿能力,即使其资产负债表上的资产可能还略大于负债,也可以启动破产程序清理债务,不一定要等其继续亏损到资不抵债时再宣告破产,这对债权人和债务人都更为有利。此外,从程序上说,如果债务人在债务到期后,经债权人催告并在相当的时期内停止向债权人清偿,即不能清偿到期债务处于连续状态的,可以推定该债务人明显缺乏清偿能力,债权人有理由提出破产申请,这就减轻了债权人提出破产申请的举证负担,有利于破产程序的有效运用。这一破产原因的规定与国际上破产立法的通例是相符的。

2. 非正常收入的范围

本条第1款对债务人的董事、监事、高级管理人员的非正常收入范围进行了两项明确列示,第(3)项为兜底条款。

(1)绩效奖金。对企业的董事、监事、高级管理人员而言,绩效奖金应当是与整个企业的利润相挂钩的,在债务人已破产的情形下,不存在向职工发放绩效奖金的基础,如果债务人的董事、监事、高级管理人员仍然利用职权发放绩效奖金,显然与破产法的立法精神是违背的。

(2)普遍拖欠职工工资情况下获取的工资性收入。当债务人出现破产原因时,有可能会普遍拖欠职工的工资,在这种情况下,债务人的董事、监事、高级管理人员仍然获取工资性收入,显然有违常理,管理人可以直接将其定性为"非正常收入",有权予以追回。

(3)其他非正常收入。本项作为债务人董事、监事、高级管理人员获取"非正常收入"的兜底条款,有利于保护债权人的利益,防止债务人的董事、监事、高级管理人员滥用职权获取不合理的收入。

二、管理人追回非正常收入的程序

当债务人进入破产程序后，管理人将对债务人的董事、监事、高级管理人员的"非正常收入"行使追回权，行使追回权的程序为：

1. 调查董事、监事、高级管理人员的"非正常收入"

管理人接管债务人企业后，即应开始着手调查债务人的资产负债表，以便准确确定债务人出现破产原因的准确时间。以债务人出现破产原因的时间为起点，逐一核实涉及债务人董事、监事、高级管理人员收入的财务账册、工资发放表等所有财务凭证及文件，核实债务人出现破产原因的前一年至破产宣告日当年的企业平均工资，核实债务人所有职工工资发放情况等，同时，管理人要积极与留守职工沟通，尽量获取董事、监事、高级管理人员获取"非正常收入"的信息，以此为线索进行调查。

2. 向董事、监事、高级管理人员发送书面通知，通知其返还相应财产

管理人核实董事、监事、高级管理人员获取的"非正常收入"后，尽快向其发放书面通知，通知其在规定的时间内向管理人返还相应财产。同时，管理人在通知书中，明确告知其如果不返还相应财产，管理人将代表债务人向受理破产申请的人民法院提起诉讼。

3. 向人民法院提起诉讼

管理人向董事、监事、高级管理人员寄发书面通知书后，如果董事、监事、高级管理人员在规定的时间内不予答复或者拒绝向管理人返还相应财产，管理人有权以代表债务人的身份向受理破产申请的人民法院提起诉讼，请求董事、监事、高级管理人员返还相应财产，受理破产申请的人民法院应该支持。

三、管理人如何处理追回的非正常收入

（一）全部纳入债务人财产向全体债权人进行分配

本条第2款已明确规定，管理人依法追回的非正常收入属于债务人财产，即管理人将从董事、监事、高级管理人员处追回的其在债务人出现破产原因时利用职权获取的非正常收入应列为债务人财产范畴，管理人应将追回的非正常收入一同纳入债务人财产向全体债权人进行分配。

（二）分情况处理因非正常收入形成的债权

管理人依法追回本条规定的董事、监事、高级管理人员的非正常收入后，如果董事、监事、高级管理人员向管理人申报已追回的非正常收入时，管理人应当根据实际情况分别处理：

1. 对于债务人出现破产原因情况下债务人的董事、监事和高级管理人员

获取的绩效奖金和其他明显不合理的收入，在破产程序中可以作为普通破产债权进行清偿。这里需要说明的是，管理人对于债务人的董事、监事和高级管理人员申报的此类债权，需要进行鉴别，符合普通破产债权构成条件的，在破产程序中可以作为普通破产债权进行清偿。

2. 对于债务人因出现破产原因普遍拖欠职工工资情况下，债务人的董事、监事和高级管理人员获取的工资性收入，在债务人财产优先清偿破产费用、共益债务后，可根据《企业破产法》第 113 条的规定，按照该企业职工平均工资计算的部分，作为拖欠职工的工资进行清偿；高出该企业职工平均工资计算的部分，则可以作为普通破产债权予以清偿。

【法律、司法解释及案例】

《企业破产法》（2007 年 6 月 1 日起施行）

第二条　企业法人不能清偿到期债务，并且资产不足以清偿全部债务或者明显缺乏清偿能力的，依照本法规定清理债务。

企业法人有前款规定情形，或者有明显丧失清偿能力可能的，可以依照本法规定进行重整。

第三十六条　债务人的董事、监事和高级管理人员利用职权从企业获取的非正常收入和侵占的企业财产，管理人应当追回。

第一百一十三条　破产财产在优先清偿破产费用和共益债务后，依照下列顺序清偿：

（一）破产人所欠职工的工资和医疗、伤残补助、抚恤费用，所欠的应当划入职工个人账户的基本养老保险、基本医疗保险费用，以及法律、行政法规规定应当支付给职工的补偿金；

（二）破产人欠缴的除前项规定以外的社会保险费用和破产人所欠税款；

（三）普通破产债权。

破产财产不足以清偿同一顺序的清偿要求的，按照比例分配。

破产企业的董事、监事和高级管理人员的工资按照该企业职工的平均工资计算。

《公司法》（2006 年 1 月 1 日起施行）

第一百四十八条　董事、监事、高级管理人员应当遵守法律、行政法规和公司章程，对公司负有忠实义务和勤勉义务。

董事、监事、高级管理人员不得利用职权收受贿赂或者其他非法收入，不得侵占公司的财产。

第一百四十九条　董事、高级管理人员不得有下列行为：

（一）挪用公司资金；

（二）将公司资金以其个人名义或者以其他个人名义开立账户存储；

（三）违反公司章程的规定，未经股东会、股东大会或者董事会同意，将公司资金借贷给他人或者以公司财产为他人提供担保；

（四）违反公司章程的规定或者未经股东会、股东大会同意，与本公司订立合同或者进行交易；

（五）未经股东会或者股东大会同意，利用职务便利为自己或者他人谋取属于公司的商业机会，自营或者为他人经营与所任职公司同类的业务；

（六）接受他人与公司交易的佣金归为己有；

（七）擅自披露公司秘密；

（八）违反对公司忠实义务的其他行为。

董事、高级管理人员违反前款规定所得的收入应当归公司所有。

第一百五十条 董事、监事、高级管理人员执行公司职务时违反法律、行政法规或者公司章程的规定，给公司造成损失的，应当承担赔偿责任。

第二百一十七条 本法下列用语的含义：

（一）高级管理人员，是指公司的经理、副经理、财务负责人，上市公司董事会秘书和公司章程规定的其他人员。

（二）控股股东，是指其出资额占有限责任公司资本总额百分之五十以上或者其持有的股份占股份有限公司股本总额百分之五十以上的股东；出资额或者持有股份的比例虽然不足百分之五十，但依其出资额或者持有的股份所享有的表决权已足以对股东会、股东大会的决议产生重大影响的股东。

（三）实际控制人，是指虽不是公司的股东，但通过投资关系、协议或者其他安排，能够实际支配公司行为的人。

（四）关联关系，是指公司控股股东、实际控制人、董事、监事、高级管理人员与其直接或者间接控制的企业之间的关系，以及可能导致公司利益转移的其他关系。但是，国家控股的企业之间不仅因为同受国家控股而具有关联关系。

【案例】

2005年6月30日，A证券公司由于违规经营，被中国证券监督管理委员会责令关闭。在A证券公司进行非法融资业务过程中，徐某作为原A证券公司法政路营业部总经理，开拓A证券公司融资业务，于2004年介绍华工设计开展2000万元的资金进行国债理财。该融资业务奖励款合计1571689元，由A证券公司计划资金部分划入徐某个人开立于工商银行的账户。

在A证券公司行政清算阶段，行政清算组曾三次发出《关于限期退还私自留用业务费的通知》，认为包括提成、奖励、业务开发费、中介费在内的所有业务费用，均应属A证券公司的财产，私自留用上述业务费用没有法律依据，要求领受人在2005年10月22日前退还A证券公司清算组。但徐某一直未向A证券公司退还其非法占有的融资业务奖励款。2007年11月30日，A证券公司进入破产清算程序，管理人认为，徐某所收取非法融资业务奖励款项没有合法依据，故其所得奖励款应属于A证券公司所有，应当返还至A证券公司。为此，管理人依法向某法院起诉徐某不当得利，请求判令徐某返还其非法占有的属于A证券公司的业务费共1571689元，某法院判决支持了管理人的诉讼请求。

【简要评析】

《企业破产法》第36条规定："债务人的董事、监事和高级管理人员利用职权从企业获取的非正常收入和侵占的企业财产，管理人应当追回。"债务人的董事、监事和高级管理人员在公司具有破产原因的情况下，利用职权侵占公司财产或者获取非正常收入的行为显然损害了债权人的利益，依法应予纠正。但是，哪些收入应当认定为非正常收入是实践中的难题。判断是否属于非正常收入的标准关键在于两点：

1. 危机期间行为的正当性

在破产法理论上，危机期间任何欺诈行为、偏袒性行为均不具有正当性。针对债务人的董事、监事和高级管理人员而言，基于管理和控制债务人财产的职权，存在恶意处分债务人财产的可能性。因此，危机期间行为的正当性是第一标准。本案中，本案被告徐某作为公司高级管理人员，明知公司处于危机期间，员工正常工资尚有欠发风险的情况下，融资业务奖励款项应当上交公司用于公司开支或者清偿债务，其扣留相关款项的行为不具有正当性。

2. 危机期间行为的公平性

债务人处于危机期间的情况下，债权人特别是劳动债权人的利益应当优先获得保护，债务人的有关人员有义务妥善保管债务人财产免受不法侵占。债务人的董事、监事和高级管理人员如果利用职务便利获取不正当利益，将导致债务人财产减少或者灭失，严重损害债权人的利益。因此，追回非正常收入符合破产法的公平受偿原则。本案中，公司高管徐某收取融资业务奖励款项，违反了公平受偿原则，应当认定为非正常收入，因此管理人代表债务人提起诉讼请求被告返还非正常收入是符合法律规定的。

第二十五条【质物和留置物的取回和变价】

管理人拟通过清偿债务或者提供担保取回质物、留置物，或者与质权人、留置权人协议以质物、留置物折价清偿债务等方式，进行对债权人利益有重大影响的财产处分行为的，应当及时报告债权人委员会。未设立债权人委员会的，管理人应当及时报告人民法院。

【条文主旨】

本条旨在规定质物、留置物的取回和协议变价问题。

【规范目的】

本条旨在明确管理人取回质物、留置物，或者以质物、留置物折价清偿债务，均属于《企业破产法》第69条规定的对债权人利益有重大影响的其他财产处分行为，应当报告债权人委员会或法院。

在破产程序中，尤其是在破产清算程序中，主要破产工作均围绕两项工作展开，其中一项是变价财产，另一项是清偿债务。管理人通过清偿债务或者提供担保取回质物、留置物，或者与质权人、留置权人协议以质物、留置物折价方式清偿债务的，属于同时涉及变价财产和清偿债务的重大事项。对于管理人拟取回质物、留置物的，绝大多数情况下，需要满足全额清偿该项有财产担保债务或者提供等额担保的义务；对于与质权人、留置权人协议以质物、留置物折价方式清偿债务的，明显属于以拍卖之外的办法变价财产。两种途径，均关系到债务人和全体债权人的重大利益，管理人作出对债权人利益有重大影响的财产处分行为的，应当主动接受债权人和人民法院的监督。

《企业破产法》第69条规定的就是对于管理人从事对债权人利益有重大影响的行为时，应当及时报告债权人委员会，接受债权人的监督；未设立债权人委员会的，应当及时报告人民法院，接受人民法院的监督。

【原理与适用】

一、管理人取回质物、留置物的法律规定和相关原理

(一)《物权法》的相关规定

根据《物权法》第 208 条之规定，为担保债务的履行，债务人或者第三人将其动产出质给债权人占有的，债务人不履行到期债务或者发生当事人约定的实现质权的情形，债权人有权就该动产优先受偿。质物是指为担保债权，由债务人或第三人向债权人提供的担保物或权利，所有权仍归债务人或第三人，以动产最为常见，包括法律不禁止转让的动产及其孳息、从物、添附物、赔偿金等。除动产外，权利质押的质物则为所有权以外的可让与的财产权，如债权、专利权、商标权和著作权等无体财产权及股东权（出质股票）。质物须具有可让与性，无论是动产还是权利出质均须在主体间让渡。故法律禁止流转的物及不可转让的权利如人身权等不能成为质物，质权人有占有质物并于债务人不履行债务时就质物优先受偿的权利，还可以依法或依约定获得质物上的孳息。

根据《物权法》第 230 条之规定，债务人不履行到期债务，债权人可以留置已经合法占有的债务人的动产，并有权就该动产优先受偿。留置物是留置权的标的物；是指债务已到期，债务人不履行债务时，债权人依法律规定扣留的并为自己占有的债务人的财产。

如上所述，质权、留置权的设立是为了保障债权的实现，且质物、留置物均被债权人占有。根据《物权法》第 219 条第 1 款规定，债务人履行债务或者出质人提前清偿所担保的债权的，质权人应当返还质押财产。即在一般情况下，质权人只有在得到清偿的情况下，方向债务人返还质物；换言之，只有债务人清偿债务，方能要求质权人返还质物。

(二)《企业破产法》的相关规定

《企业破产法》第 37 条第 1 款规定：人民法院受理破产申请后，管理人可以通过清偿债务或者提供为债权人接受的担保，取回质物、留置物。《企业破产法》设立了除清偿债务外，债权人返还质物的另一类方式，即提供为债权人接受的担保。实际上，即使不在破产程序中，如果"债权人接受"，债务人均可以在与债权人协商一致的情况下取回质物、留置物。《企业破产法》作出这一规定，原因在于无论是质物还是留置物，也属于债务人财产的范畴，在破产程序中也应当由管理人统一进行管理、维护、变价和分配，其目的在于提示

管理人管理、维护、变价、分配债务人财产的一条路途,明确管理人可以根据实际情况行使"商定"的职权。

(三)《企业破产法》的强调规定

《企业破产法》第 37 条第 2 款规定:前款规定的债务清偿或者替代担保,在质物或者留置物的价值低于被担保的债权额时,以该质物或者留置物当时的市场价值为限。即《企业破产法》在给予管理人授权的同时,强调无论采取哪种方式管理质物和留置物、清偿有财产担保债权,一方面必须遵循公平原则,不能使有财产担保债权在担保物的价值之外获得优于普通债权的清偿,必须保障全体债权人公平受偿的权利;另一方面必须依据实际情况,依据规定程序对质物和留置物的市场价值作出合理判断。

二、管理人以质物、留置物折价方式清偿债务的相关原理

(一)《企业破产法》的相关规定

《企业破产法》第 112 条规定:变价出售破产财产应当通过拍卖进行。但是,债权人会议另有决议的除外。即在破产程序中,对于债务人财产的变价处分,应当以拍卖为原则,以其他方式为例外,且采取拍卖之外的办法变价债务人财产的,应当得到债权人会议的决议许可。

拍卖也称竞买,是商业中的一种买卖方式,卖方把商品卖给出价最高的人。其核心的目标就是寻找出价最高的买方,实现成交价格的最大化。无论是民事执行程序还是破产程序,对于执行标的和债务人财产,都基于财产价值最大化的目的,规定以拍卖为变价原则。拍卖虽然是最理想的财产变价途径,但有时也力有不逮,一方面部分标的根据法律规定、交易习惯不准许通过拍卖方式变价;另一方面拍卖囿于宣传方式的有限,有时并不能吸引到有意向且愿意出高价的潜在买家参加;此外,有时部分标的价值不足以支付拍卖的费用,或者已经经过多轮次的拍卖仍不能成交,有必要设立在拍卖之外变价债务人财产的办法。

实践中,除了拍卖之外,处分债务人财产的办法还包括公开变卖、协议转让、直接分配等,具体措施应当根据处分标的实际情况确定。为了保障债权人利益和债权人的知情权、监督权,法律设立了采取拍卖之外的办法变价的,需要履行债权人会议决议的程序。

(二)折价清偿的原理

《物权法》第 211 条规定:质权人在债务履行期届满前,不得与出质人约定债务人不履行到期债务时质押财产归债权人所有。即我国法律禁止设立流质

条款。《物权法》第219条第2款规定：债务人不履行到期债务或者发生当事人约定的实现质权的情形，质权人可以与出质人协议以质押财产折价，也可以就拍卖、变卖质押财产所得的价款优先受偿。即以质物折价清偿，并不属于流质，其核心区别在于流质直接规定了物权的转移，以质物折价清偿仍需要债务人和债权人的再次协商，并需要对于质物价值与债权金额差异的部分实施"多退少补"。

《物权法》第236条规定："……债务人逾期未履行的，留置权人可以与债务人协议以留置财产折价，也可以就拍卖、变卖留置财产所得的价款优先受偿。"

三、管理人取回质物、留置物或者以折价方式清偿应当报告债权人委员会或者人民法院的相关原理

（一）关于债权人委员会的监督职权

《企业破产法》第68条规定了债权人委员会的职权，其中包括监督债务人财产的管理和处分。如前所述，质物和留置物皆属于债务人财产的范畴，是否取回该等财产，以及是否用于折价清偿债务，均属于管理人对债务人财产的管理和处分，应当接受债权人委员会的监督。

（二）《企业破产法》关于管理人和债权人委员会关系的规定

《企业破产法》第69条规定："管理人实施下列行为，应当及时报告债权人委员会：（一）涉及土地、房屋等不动产权益的转让；（二）探矿权、采矿权、知识产权等财产权的转让；（三）全部库存或者营业的转让；（四）借款；（五）设定财产担保；（六）债权和有价证券的转让；（七）履行债务人和对方当事人均未履行完毕的合同；（八）放弃权利；（九）担保物的取回；（十）对债权人利益有重大影响的其他财产处分行为。未设立债权人委员会的，管理人实施前款规定的行为应当及时报告人民法院。"《企业破产法》的规定列举了管理人应当向债权人委员会报告的工作内容，实际上就是对债权人委员会监督管理人管理和处分债务人财产行为的具体化。其中的兜底条款"对债权人利益有重大影响的其他财产处分行为"仍需要进一步在司法解释中予以明确和阐述。

本条司法解释明确将管理人通过清偿债务或者提供担保取回质物、留置物，以及管理人与质权人、留置权人协议以质物、留置物折价方式清偿债务的行为定性为对债权人利益有重大影响的其他财产处分行为，给司法实践提供了指引。

四、管理人进行相关行为的办法

管理人通过清偿债务或者提供担保取回质物、留置物,或者与质权人、留置权人协议以质物、留置物折价方式清偿债务的办法。

(一) 管理人的判断

一般情况下,管理人管理包括质物和留置物在内的债务人财产以及清偿有财产担保债务,均按日常维护(管理人占有)、委托评估、公开拍卖、按顺序分配的办法执行。其中对于质物和留置物,因被债权人占有,管理人多单独委托评估和拍卖,将拍卖所得在有财产担保债权范围内优先清偿给债权人,拍卖所得有剩余的,纳入债务人财产;拍卖所得不足以清偿有财产担保债权的,未获清偿的部分列入普通债权按比例受偿。

如果管理人拟通过清偿债务或者提供担保取回质物、留置物,或者与质权人、留置权人协议以质物、留置物折价方式清偿债务的,应当基于合理理由作出判断:

1. 取回质物、留置物的理由

管理人取回质物、留置物的理由可以包括:

(1) 债权人的保管行为有可能导致质物、留置物价值减少或者毁损灭失,不利于质物、留置物的安全的;

(2) 质物、留置物与债务人的其他财产是成套设备或者因为其他原因集中管理和处分更有利于财产价值最大化的;

(3) 管理人认为应当取回质物、留置物的其他情况。

2. 以质物、留置物折价方式清偿债务的理由

管理人与质权人、留置权人协议以质物、留置物折价方式清偿债务的理由应当包括:

(1) 债权人同意按照市场价值接受以质物、留置物折价方式清偿债务的;

(2) 管理人取回、管理、处分质物、留置物需要支出较高成本,不利于债权人权益的;

(3) 不宜采取由管理人取回、管理、处分质物、留置物等措施的其他情况。

(二) 履行的程序

不论管理人是按照一般程序处分质物、留置物和清偿债务,或者是通过清偿债务或者提供担保取回质物、留置物,或者是与质权人、留置权人协议以质物、留置物折价方式清偿债务,管理人均应当履行以下程序:

1. 评估

管理人应当委托有资格的评估机构,对质物、留置物的市场价值作出评估。管理人根据评估机构作出的评估价格,判断是否有必要通过清偿债务或者提供担保取回质物、留置物,或者与质权人、留置权人协议以质物、留置物折价方式清偿债务。

管理人同时应当以评估价作为拍卖起拍价的参考,或者以评估价作为取回质物、留置物时给予债权人的清偿或者担保,或者以评估价作为以折价方式清偿债权的依据。

2. 报告债权人委员会或者人民法院

管理人作出是否有必要通过清偿债务或者提供担保取回质物、留置物,或者与质权人、留置权人协议以质物、留置物折价方式清偿债务的初步决定后,应当将拟采取的措施及时报告债权人委员会,未设立债权人委员会的,应当及时报告人民法院。

管理人在报告债权人委员会或者人民法院时,应当说明拟采取该项通过清偿债务或者提供担保取回质物、留置物,或者与质权人、留置权人协议以质物、留置物折价方式清偿债务的决定的理由,并且附评估报告及其他相关证据。

3. 执行

管理人应当根据债权人委员会或者人民法院反馈的意见,执行相关措施或者债权人委员会的决议、人民法院的指令,并且将执行的结果通过恰当方式报告债权人委员会或者人民法院。

五、债权人委员会监督的办法

管理人将拟通过清偿债务或者提供担保取回质物、留置物,或者与质权人、留置权人协议以质物、留置物折价方式清偿债务的决定和理由报告债权人委员会,债权人委员会应当履行监督职责。

(一)债权人委员会的监督措施

1. 债权人委员会的成员认为管理人拟通过清偿债务或者提供担保取回质物、留置物,或者与质权人、留置权人协议以质物、留置物折价方式清偿债务的理由不充分时,可以要求管理人作出补充说明。

2. 债权人委员会的成员认为管理人拟通过清偿债务或者提供担保取回质物、留置物,或者与质权人、留置权人协议以质物、留置物折价方式清偿债务的决定不恰当时,有权在符合相关议事规则的情况下要求召开债权人委员会会议,通过表决相关成员提交的反对管理人实施相应行为的提案的方式,作出是否反对管理人通过清偿债务或者提供担保取回质物、留置物,或者与质权人、留置权人协议以质物、留置物折价方式清偿债务的决议,并通知管理人。

(二) 债权人委员会监督的效力

债权人委员会作出反对管理人通过清偿债务或者提供担保取回质物、留置物,或者与质权人、留置权人协议以质物、留置物折价方式清偿债务的决议的,管理人应当停止通过清偿债务或者提供担保取回质物、留置物,或者停止与质权人、留置权人协议以质物、留置物折价方式清偿债务。

六、剩余价款的处理

《物权法》第219条第3款规定:质押财产折价或者变卖的,应当参照市场价格;第236条第2款规定:留置财产折价或者变卖的,应当参照市场价格。即质物、留置物无论是采用折价方式清偿债务,或者拍卖、变卖后,其价款超过担保债权数额的部分,仍属于出质人或者债务人所有。在破产程序中,该剩余价款应当由管理人管理,并用于清偿债务人的其他债务。

对于质物、留置物的市场价格,应当按照管理人委托的评估机构作出的评估价值确定。采用与质权人、留置权人协议以质物、留置物折价方式清偿债务,且质物、留置物的评估价值高于应当清偿的债权金额的,管理人应当要求债权人支付超出的部分。

【法律、司法解释及案例】

《企业破产法》(2007年6月1日起施行)

第三十七条 人民法院受理破产申请后,管理人可以通过清偿债务或者提供为债权人接受的担保,取回质物、留置物。

前款规定的债务清偿或者替代担保,在质物或者留置物的价值低于被担保的债权额时,以该质物或者留置物当时的市场价值为限。

第六十八条 债权人委员会行使下列职权:

(一) 监督债务人财产的管理和处分;
(二) 监督破产财产分配;
(三) 提议召开债权人会议;
(四) 债权人会议委托的其他职权。

债权人委员会执行职务时,有权要求管理人、债务人的有关人员对其职权范围内的事务作出说明或者提供有关文件。

管理人、债务人的有关人员违反本法规定拒绝接受监督的,债权人委员会有权就监督事项请求人民法院作出决定;人民法院应当在五日内作出决定。

第六十九条 管理人实施下列行为，应当及时报告债权人委员会：
（一）涉及土地、房屋等不动产权益的转让；
（二）探矿权、采矿权、知识产权等财产权的转让；
（三）全部库存或者营业的转让；
（四）借款；
（五）设定财产担保；
（六）债权和有价证券的转让；
（七）履行债务人和对方当事人均未履行完毕的合同；
（八）放弃权利；
（九）担保物的取回；
（十）对债权人利益有重大影响的其他财产处分行为。
未设立债权人委员会的。管理人实施前款规定的行为应当及时报告人民法院。

第一百一十二条 变价出售破产财产应当通过拍卖进行。但是，债权人会议另有决议的除外。
破产企业可以全部或者部分变价出售。企业变价出售时。可以将其中的无形资产和其他财产单独变价出售。
按照国家规定不能拍卖或者限制转让的财产。应当按照国家规定的方式处理。

《物权法》（2007年10月1日起施行）

第二百零八条 为担保债务的履行，债务人或者第三人将其动产出质给债权人占有的，债务人不履行到期债务或者发生当事人约定的实现质权的情形，债权人有权就该动产优先受偿。

第二百一十九条 债务人履行债务或者出质人提前清偿所担保的债权的，质权人应当返还质押财产。
债务人不履行到期债务或者发生当事人约定的实现质权的情形，质权人可以与出质人协议以质押财产折价。也可以就拍卖、变卖质押财产所得的价款优先受偿。
质押财产折价或者变卖的，应当参照市场价格。

第二百三十条 债务人不履行到期债务，债权人可以留置已经合法占有的债务人的动产，并有权就该动产优先受偿。

第二百三十六条 留置权人与债务人应当约定留置财产后的债务履行期间；没有约定或者约定不明确的，留置权人应当给债务人两个月以上履行债务的期间，但鲜活易腐等不易保管的动产除外。债务人逾期未履行的，留置权人可以与债务人协议以留置财产折价，也可以就拍卖、变卖留置财产所得的价款优先受偿。

留置财产折价或者变卖的，应当参照市场价格。

【案例】

2007年7月8日，某市中级人民法院裁定受理A公司破产清算一案。在清算过程中，A公司管理人发现，A公司曾经在2006年12月1日因为向B公司借款50万元，而向B公司提供一部宝马X5轿车作为质物。因借款期限为1年，借款期限尚未届满，管理人为处置资产的需要向B公司提出取回质物的要求。B公司则提出A公司需先行清偿债务才能同意管理人取回质物。经双方协商，双方达成协议，B公司同意提前解除借款协议并免收利息，A公司则清偿借款本金并取回质物。上述和解方案报A公司债权人委员会后，债权人均无异议。最终管理人以A公司账上资金清偿借款本金，B公司返还A公司用于出质的宝马X5轿车，管理人拍卖宝马X5轿车并扣除费用后获得变现价款55万元。

【简要评析】

司法实践中，管理人出于破产财产价值最大化的目的，需要及时变现资产特别是易贬值资产，当质物价值大于或者接近债务金额时，管理人可以考虑与债权人协商，以最小的对价取回质物进行变现。当然，取回质物、留置物的前提应当是取回质物、留置物并自行处置有利于破产财产增值。对于易贬值资产而言，及时变现有利于实现财产价值的最大化，因此及时变现是管理人处置资产的首选方式。

本案中，质物是轿车，轿车如果不及时变现将日渐贬值。因此，管理人需要评估质物价值、处置费用并与债务数额进行对比，得出取回质物是否有利于破产财产增值的结论以供选择最佳方案。如果管理人经评估质物价值及费用，发现清偿债务本金并扣除相关费用后，拍卖质物价值大于清偿债务所需资金数额时，可以采取清偿债务或者债权人接受的方案取回质物，达到破产财产价值最大化的目的。反之，如果经评估，质物价值加上处置费用小于清偿债务所需资金数额时，则可以放弃取回质物的权利。因此，本案管理人的处置方法是正确的，最终管理人通过清偿债务取回质物，处置资产所得利益大于清偿债务所需资金，增加了破产财产同时减少了破产债权数额，最大限度地保护了债权人利益。

第二十六条【非债务人财产取回权的行使时间】

权利人依据企业破产法第三十八条的规定行使取回权,应当在破产财产变价方案或者和解协议、重整计划草案提交债权人会议表决前向管理人提出。权利人在上述期限后主张取回相关财产的,应当承担延迟行使取回权增加的相关费用。

【条文主旨】

本条旨在明确债务人之外的财产权利人行使取回权的期限及法律后果。

【规范目的】

本条的规范目的是明确取回权行使的时间,鼓励取回权人尽早行使取回权。一般取回权在行使过程中会遇到行使期限问题。《企业破产法》第38条规定:"人民法院受理破产申请后,债务人占有的不属于债务人的财产,该财产的权利人可以通过管理人取回。"该规定只明确了取回权行使的时间起点,即"人民法院受理破产申请后"。这就意味着取回权人可以在破产程序终结前任何时间来行使其权利。如果在债务人财产分配方案形成以后取回权人行使取回权,不仅有可能导致自身利益遭受损害,还有可能导致财产分配方案推倒重来,延误破产程序。本条司法解释的目的就是要进一步明确取回权行使的时间,规定延迟行使取回权的权利人应当承担因迟延主张权利而增加的相关费用,以此来鼓励取回权人积极行使取回权,保护利益相关者的合法权益,提高破产程序的运行效率。

【原理与适用】

破产法上的取回权分为一般取回权与特别取回权。本条所称取回权是指一般取回权。一般取回权是指在管理人接管的债务人财产中有他人财产时,该财产的权利人享有的不依破产程序取回其财产的权利。取回权的性质不能认为是诉讼上之形成权,应认为是实体法之请求权。取回权人在诉讼上,不仅得为原告，有时亦得为被告地位应诉也①。对一般取回权予以肯定和规制，是各国破产法的通例。我国台湾地区"破产法"规定，不属于破产人的财产，权利人得不依破产程序，由破产管理人取回之。可知取回权的行使，得不依破产程序在诉讼上或诉讼外，对破产管理人主张。其以诉讼方法行使者，可提起给付之诉，亦可提起确认之诉，甚至亦不妨依抗辩行使。破产管理人对取回权人权利的行使，亦得依据破产人一切抗辩权，对抗取回权人，只是破产管理人承认取回权时，应得到监查人的同意②。我国《企业破产法》第38条规定："人民法院受理破产申请后，债务人占有的不属于债务人的财产，该财产的权利人可以通过管理人取回。但是，本法另有规定的除外。"这是我国立法关于一般取回权的原则性规定。

一、一般取回权的理论基础

一般取回权的基础来源于民法规定的物上返还请求权，但又有所区别和创新。民法上的物上返还请求权，是权利人基于其所有或者占有物的事实以及法律上的原因，请求无权占有人返还其所有物或者占有物，以恢复其所有或者占有状态的权利。一般取回权与物上返还请求权既有区别又有联系。依照民法理论，只有在占有非法或者占有无因的情形下，权利人才可以行使财产返还请求权。若在占有人合法占有期间，该请求权则无从谈起。破产法上的一般取回权则不同，只要债务人（财产占有人）的破产申请被人民法院受理，无论其占有是否合法或者期限是否届满，财产权利人都可以行使取回权取回自己的财产。一般取回权的基础性权利包括所有权、用益物权及占有权等。

（一）对债务人占有的财产享有所有权的人行使一般取回权

所有权是最普遍的取回权基础权利。司法实践中，取回权主要表现为仓储人或者保管人破产时，寄存人或存货人取回寄存物或仓储物；加工承揽人破产时，定做人或者委托人取回定做物；代销人破产时，委托供销人取回代销物；借用人破产时，出借人取回出借物；承运人破产时，托运人取回托运物；承租人破产时，出租人收回出租物；受托人破产时，信托人取回信托财产等。除上述一般的所有权之外，权利人还可以基于所有权的其他特殊情形成立取回权。

1. 所有权保留。随着商业经济发达，分期付款的买卖方式被普遍承认，所有权保留契约广为流行。因为它不仅益于保护交易安全，促进商业销售，而且于买受人颇为有利，使其能在支付全部价金之前，实现对物的占有、使用与

---

① 陈荣宗：《破产法》，台湾地区三民书局1986年版，第220页。
② 陈计男：《破产法论》，台湾地区三民书局1980年版，第202页。

收益。保留所有权是指出卖人与买受人以契约的方式规定，由买受人占有使用，并可以就买卖标的物受益，但在支付价金前，物的所有人仍是出卖人的法律制度。在通常情况下，保留所有权契约就买卖、互易等契约设定，但不以此为限。

在所有权保留的制度中，因为学者对保留所有权的性质意见不一，使得出卖人破产时买受人有无取回权，或者买受人破产时出卖人有无取回权、如何行使权利存在争议。有人主张，所有权保留乃是担保物权，其理由是，出卖人设定所有权保留的目的，在于保障其出卖物的价款得到全部补偿，因而，所有权保留相当于动产抵押，在买受人未付清全部价款而开始破产程序时，出卖人享有担保物权人的权利。有人则认为，保留所有权之动产系附停止条件移转所有权。

在所有权保留交易中，仅买受人破产的情形下，出卖人存在破产取回权行使的问题。在出卖人破产的情形下，由于动产已转移至买受人占有，如果买受人付清全款或者达到取得所有权的条件，所有权自然发生转移，此时并无取回权行使的空间。如果买受人未达到取得动产所有权的条件，此时，应当由出卖人的破产管理人依法收回该项财产，并将该项动产纳入到债务人财产的范围进行处理，也不涉及破产取回权行使问题。而在买受人破产的情况下，虽然其已实际占有标的物，但如果其履行所有权保留合同尚未达到取得动产所有权的条件，就有可能存在出卖人行使破产取回权问题。按照我国《合同法》及其司法解释的规定，在标的物所有权转移之前，买受人有以下三种情形之一，对出卖人造成损害的，出卖人可以主张取回标的物：(1) 未按约定支付价款的；(2) 未按约定完成特定条件的；(3) 将标的物出卖、出质或者作出其他不当处分的。但是，如果买受人已经支付标的物总价款的75%以上，或者买受人将标的物出卖、出质或者作出其他不当处分，而第三人依法构成善意取得的，出卖人不得再主张行使取回权。因此，买受人破产时，如果出卖人符合上述取回标的物的条件，出卖人可主张取回权。当然，买受人的破产管理人也可以依据《企业破产法》第18条的规定，选择继续履行合同，付清全部价款而取得标的物的所有权，以排除出卖人行使破产取回权。

2. 让与担保。让与担保者系指债务人或第三人为担保债务人之债务，将担保标的物之权利移转于担保权人，于债务清偿后，标的物应返还于债务人或第三人，债务不履行时，担保权人得就该标的物受偿之非典型担保。让与担保起源于罗马法上的信托，它以移转标的物所有权实现其担保之目的，可见其实为物的担保之最早形态。如今，让与担保在德日民法上虽未规定，但学说与实务上均承认之，且在社会上甚为盛行。在台湾地区亦有此种担保形态，也为实务上与学说所承认①。

在财产上存在让与担保时，让与担保的设定人被宣告破产，对为设定人所占有的担保物，担保权人是否享有取回权，存在不同观点。有人认为，让与担保权人仅能享有担保物权人的地位，他对让与担保的标的物仅享有别除权，而不享有取回权。其理由是，让与担保权人仅有形式上的所有权，经济上真正的所有权人仍然是让与担保的设定人。让与担保的实质目的是为了担保债权的实现，让与担保权人只有在标的物价值不能满足被担保债权的情况下才可以请求该标的物的价值。而且破产程序的目的是债权人为了公平受偿就债务人的总财产所进行的执行程序，让与担保的标的物超过被担保债权额的差额部分必须进入设定人的破产财团，用以满足一般债权人的债权。德国判例及通说采取此解。有人则认为，让与担保的设定人破产时，让与担保权人有取回权。其理由是，让与担保设定之时所有权已经转移，只是债务人保留了在清偿债务之后向债权人请求返还的权利，所以，债务人破产时，债权人可以基于物上请求权，行使取回权。

3. 债务人作为质权人、留置权人占有他人享有所有权的财产，而质权、留置权的基础不存在时，财产权利人享有一般取回权。

质权是债权人在债务人不履行债务时，就其所占有的债务人或第三人为担保债务履行而移交的财产优先受偿的权利。质权以其所担保的债权为存在理由，因而当被担保的债权因履行、混同、抵销、被确认无效或被撤销以及其他原因消灭时，质权亦随之消灭，质权人应将质物返还给出质人。在债权消灭后质物返还前，若质权人（债务人）破产时，出质人就该财产有取回权。但在转质的情况下就比较复杂。转质是质权人在自己的质权上再度设质的行为。由转质权的性质所决定，转质权优于原质权，故未经转质权人的同意，原质权设定人向原质权人清偿债务的，不得以此对抗转质权人。原质权设定人对原质权人清偿后，若转质权人破产，原质权设定人不得向转质权人的破产管理人主张取回权。但若设定人以第三人的地位代原质权人向转质权人清偿债务后而使转质权消灭，则可以向转质权人的破产管理人主张取回权。但是，转质权人的债权额较原质权人的债权额为小时，设质人只有将差额向原质权人清偿后，才能主张取回权。

在一般情况下，留置权是担保物权的基础权利，但在下列情况下，亦得成为取回权的基础权利：（1）债务人享有留置权的情况下，债务人的债务人已履行债务或经催告已履行债务，在债务人（留置权人）返还留置物前开始破

---

① 谢在全：《民法物权论》，中国政法大学出版社1999年版，第899页。

产程序时，债务人的债务人可主张取回权；（2）债务人的债务人虽未履行债务，但已提供相应的担保，使留置权消灭，在债务人（留置权人）返还留置物前破产的，债务人的债务人有主张取回权的权利；（3）债务人的留置权不成立时，被留置物的所有人有取回权。

4. 债务人占有他人财产构成不当得利，他人享有的一般取回权。不当得利是指没有合法根据，或事后丧失了合法根据获得财产利益而使他人遭受损失。取得利益的人称受益人，遭受损害的人称受害人。如占有他人财产的合同被宣告无效、拾得他人遗失物等。不当得利的取得，不是由于受益人针对受害人而为的违法行为；而是由于当事人或第三人的疏忽、误解或过错所造成的。人民法院受理破产申请之后，债务人（受益人）占有他人财产构成不当得利时，受害人享有一般取回权。这种情形下的财产仅限于物权，如果债务人构成不当得利的标的财产不是物，或者原物已不存在，则受害人不享有一般取回权。

5. 债务人占有他人财产构成无因管理，他人享有的一般取回权。无因管理，是没有法定或者约定义务，为避免造成损失，主动管理他人事务或为他人提供服务的行为。管理他人事务的人，为管理人；事务被管理的人，为本人。无因管理是一种法律事实，为债的发生根据之一。无因管理之债的产生是基于法律规定，而非当事人意思。无因管理之债发生后，管理人享有请求本人偿还因管理事务而支出的必要费用的债权，本人负有偿还该项费用的债务并有权取回被管理的财产。人民法院受理破产申请之后，债务人（管理人）占有他人财产构成无因管理时，本人享有一般取回权。这种情形下的财产也仅限于物权，如果债务人无因管理的财产不是物，或者原物已不存在，则本人不享有一般取回权。

（二）用益物权人基于用益物权行使一般取回权

用益物权，是他物权的一种形态，是指非所有人对他人之物所享有的占有、使用、收益的排他性的权利，通常针对不动产而设立。比如土地承包经营权、建设用地使用权、宅基地使用权、地役权、自然资源使用权（海域使用权、探矿权、采矿权、取水权和使用水域、滩涂从事养殖、捕捞的权利）等。用益物权在不改变所有权关系的条件下可以使非所有人最大限度地利用标的物，从而发挥标的物在经济发展过程中的作用。我国的物权法在不断汲取其他国家立法经验基础上，在充分考虑我国的实际情况后，初步确立了土地承包经营权、建设用地使用权、宅基地使用权、地役权等用益物权。其中土地承包经营权的内容包括土地承包经营权人依法对其承包经营的耕地、林地、草地等占有、使用和收益的权利，有权从事种植业、林业、畜牧业等农业生产；建设用地使用权的内容包括建设用地使用权人依法对国家所有的土地占有、使用和收益的权利，有权利用该土地建造建筑物、构筑物及其附属设施；宅基地使用权的内容包括宅基地使用权人依法对集体所有的土地占有和使用的权利，有权利用该土地建造住房及其附属设施。可以看出上述权利主要是指权利人在法律规定的范围内，对国家（或者集体）、他人所有的不动产享有占有、使用和收益的权利，而权利的享有是以占有不动产为前提的，因而当权利人丧失占有时，可以对导致其占有丧失的侵权人行使返还请求权，以恢复其占有的圆满状态。而当债务人因合同或者侵权而占有他人享有用益物权的不动产，且人民法院已经受理了债务人破产申请之后，用益物权人可基于用益物权向破产管理人主张一般取回权，因此上述权利也可以构成取回权的基础。

（三）基于对财产享有合法的占有权而产生的取回权

占有权是指占有某物或某财产的权利，即在事实上或法律上控制某物或某财产的权利。占有权是所有权最重要的权能之一，是行使所有权的基础，也是实现资产使用权和处分权的前提。在通常情况下，资产一般为所有人占有，即占有权与所有权合一；但在特定条件下，占有权也可与所有权分离，形成为非所有人享有的独立的权利。当债务人误将他人之物归于债务人财产而为占有管理时，对该项财产享有合法占有权人，虽非物之所有人，亦得基于其占有权或所有权的授权而行使取回权。

二、一般取回权的特征

一般取回权具有以下特征：

1. 一般取回权的标的物应该是不属于债务人所有的财产。或者是债务人从来就没有对此财产取得过所有权的财产，或者是其曾经是该财产的所有权人，但后来由于法律规定的原因而丧失了所有权的财产。债务人基于保管、租赁、运输、借用、委托、加工承揽等合同关系或者因法定事由，如不当得利、无因管理等均可能占有他人财产。管理人在法院受理破产案件后，为保护债权人利益，提高程序效率，通常会对债务人实际控制的全部财产进行接管，其中包括上述不属于债务人的财产。这部分财产本质上不是债务人财产，不能当作破产财产分配给债权人，应当由财产权利人通过主张取回权来取得。

2. 一般取回权的基础权利是权利人对该项财产享有所有权或者他物权。一般取回权的发生依据只能是物权关系，而不能是债权关系。只有所有权人或者其他物权人依照物上返还请求权才能提出取回请求。这是因为一般取回权的理论基础是物上请求权，而物上请求权是以物权的存在为前提的。如果原物已经消失，则权利人不能行使一般取回权。因此，财产权利人应当持有证据证明管理人占有财产或者其他物权属于自己所有,并且该项财产仍然存在才可以主张一般取回权。

3. 一般取回权只能发生在人民法院受理破产申请之后。人民法院受理破产申请之前,由于债务人占有财产的保管、租赁、运输、借用、委托、加工承揽等合同关系尚未解除,财产权利人在此时取回自己的财产无疑会构成违约。如果上述合同已经解除或者基于不当得利、无因管理等事由要求债务人返还财产,则属于一般民事法律关系,也不成立破产法上的一般取回权。只有在人民法院受理破产申请之后,债务人占他人财产的依据依法灭失,财产原所有权人或者其他权利人可以依法行使取回权,而不需要等待合同到期。由于人民法院受理破产申请的同时会指定管理人接管债务人的财产,因此一般取回权行使只能向管理人提出,而不能向债务人提出主张或者直接取回。管理人经审查鉴别,确认取回权的,权利人可以取回财产,管理人认为不成立取回权的,可要求权利人进一步提供权利证明。权利人也可在是否存在取回权与管理人发生争议时,以债务人为被告向人民法院提起确认之诉。

4. 一般取回权是不依破产程序行使的权利。依据破产程序行使的权利通常法律为其规定了一定的清偿顺序,如别除权、破产费用、共益债务、劳动债权、税收债权、一般债权等。这些权利的实现最终都要依靠债务人财产。而一般取回权指向的财产本质上不属于债务人财产,虽然取回权人行使取回权需要通过破产管理人来进行,但这绝不意味着取回权人需要通过破产程序来行使取回权。取回权人行使取回权乃是取回自己的财产,因此不需要依照破产程序申报,也不需要等待破产财产的变价和分配,而是可以直接向破产管理人主张,直接从破产管理人控制的财产中取回。

一般取回权行使的时间对破产程序具有十分重要的意义。因为一般取回权的行使结果是将债务人财产与他人财产区分开来,这项事务是管理人清理债务人财产的基础性工作,只有在取回权人全部行使自己的权利之后,债务人财产的范围才可能最终明确。人民法院受理破产申请后,因时间紧迫,管理人基于对全体债权人利益的维护,在接管债务人财产时,一般是将债务人占有的全部财产不加区分地一并先予接管,然后通过甄别处理,将债务人合法占有的他人财产和不法占有的他人财产,区分出来返还权利人。由于取回权人行使取回权具有不确定性,管理人也很难判断是否会出现新的取回权人。因此,除有相反证据,一项财产在没有他人主张取回权时,管理人只能推定其为债务人财产,并以此为基础制定破产财产变价方案或者和解协议、重整计划草案。如果上述文件制定并已提交债权人会议表决,此时出现新的取回权人,势必打乱原有方案或者计划,造成破产程序重复低效。因此,作为财产的权利人,应当及时向管理人主张取回其财产，确保管理人实际占有、管理、处分的债务人财产，与破产法规定的债务人财产的范畴一致。鉴于破产程序的不可逆转性特征，权利人应当在人民法院受理破产申请后尽早向管理人行使取回权，一是避免其财产因未及时取回而受到不当损害，二是避免因其财产被混同为债务人财产经破产财产变价或者和解协议、重整计划执行后再行回转增加不必要的费用。因此，司法解释将破产财产变价方案或者和解协议、重整计划草案提交债权人会议表决前作为权利人行使取回权的期限。如果权利人超过上述期限行使取回权的，因延迟行使而增加的相关费用由其自行负担。

三、本条解释的具体适用

本条司法解释在适用时要注意以下要点：

1. 一般取回权行使的主体是债务人占有的他人财产的所有权人或者其他权利人。由于此时财产为债务人所占有并为管理人所接管，因此，所有权人应当对自己享有财产所有权承担举证责任。如果债务人是基于合同占有他人财产，所有权人应当拿出仓储、保管、加工承揽、委托交易、代销、借用、寄存、租赁等合同来证明自己是该项财产的所有权人。如果是基于所有权保留或者质押、留置关系，债务人占有他人财产的，财产权利人除了要证明上述法律关系存在之外，还应当提出证据证明，自己已符合取回财产的条件。比如，出卖人有证据证明，作为买受人的债务人，虽已占有出卖物，但依据合同未支付价款，所有权没有移转的；债务人的债务人有证据证明，债务人作为质押权人，占有质押物，但债务人的债务人已经偿还全部债务，债务人未依法返还质押物的；债务人的债务人有证据证明，债务人作为留置权人留置保管、运输中的财产，债务人的债务人已结清运费、保管费，而债务人尚未归还留置物的等，均可以成立一般取回权。如果债务人是基于不当得利、无因管理或者法律规定的合同解除、执行回转等原因而占有他人财产，财产权利人既要证明自己是财产的所有权人，还要证明债务人构成不当得利和无因管理等情形的存在。不能证明自己是财产所有权人的，不得行使取回权。

除所有权人之外的其他主体，虽然不是财产的所有权人，但是依法对上述财产享有占有权或者用益物权，依法律规定或者所有权人的授权，也可以向债务人主张取回权。

如果取回权人并没有向管理人主张取回权，那么如果破产管理人已经知道该财产的归属，可以通知权利人前来取回。如果通知后对方不予回应，或者管理人无法查清该财产的归属，无法通知的，管理人应当将该财产提存，并报告受理该破产申请的人民法院。

2. 权利人应当在破产财产变价方案或者和解协议、重整计划草案提交债权人会议表决前向管理人主张取回。本条规定的是行使取回权的法定时间要求。"应当"体现的是取回权人的义务。该义务的违反会产生一定的法律后果。从物权的角度来看，物的返还请求权并无时效限制，只要原物存在，权利人可以随时主张返还财产。但对于一般取回权而言，因涉及到破产程序进行的效率和公正性，有必须设立取回权行使的时间。《企业破产法》规定取回权行使的时间是"人民法院受理破产申请后"，在人民法院受理破产申请之前，债务人占有他人的财产无论是合法占有还是非法占有，财产权利人只能享有民法上的财产返还请求权，而不可能产生破产法意义上的取回权。因此，"人民法院受理破产申请"是物权上的返还请求权转化为破产法意义上的一般取回权的时间点。但是，破产法并没有明确一般取回权行使的终止时间。那么，按照财产返还请求权不受诉讼时效限制的原理，权利人似乎可以任何时间主张取回自己的财产，这与破产程序进行的效率与公正性相违背。实际上取回权人在破产财产分配完毕之前行使取回权在理论上都是可行的，司法解释要求权利人"应当在破产财产变价方案或者和解协议、重整计划草案提交债权人会议表决前向管理人主张取回"，是因为破产财产变价方案或者和解协议、重整计划草案提交债权人会议表决也是一个非常关键的时间点。"破产财产变价方案"是针对破产清算程序而言，"和解协议、重整计划草案"是针对和解程序和重整程序而言。在这个时间点之前，管理人的工作主要集中在债务人财产清理方面，即通过债权申报、债务清理、财产追回等核实债务人财产的范围、数量、存在形式。这项工作复杂艰难，是其他破产程序进行的前提和基础。管理人在清理债务人财产的基础上制定破产财产变价方案或者和解协议、重整计划草案往往意味着债务人财产清理阶段已经结束，如果在这个时间点之后再出现财产权利人主张取回权，债务人财产的范围就有可能发生变化，财产变价分配方案、和解协议草案和重整计划草案可能需要重新制定，使破产程序陷入被动局面。因此，为切实保护取回权人的利益，也为了保证破产程序的顺利进行，司法解释规定，"权利人应当在破产财产变价方案或者和解协议、重整计划草案提交债权人会议表决前向管理人主张取回"。

3. 一般取回权人如果不在破产财产变价方案或者和解协议、重整计划草案提交债权人会议表决前向管理人主张取回权，其法律后果是"承担延迟使取回权增加的相关费用"。没有在规定的期限内行使取回权是一种客观判断，不考虑取回权人是否能够或者愿意在此期间主张取回权，也不考虑取回权人或者他人的过错，取回权人不能以任何理由对迟延主张进行抗辩，包括不可抗力。

"承担延迟行使取回权增加的相关费用"是指因为取回权人在破产财产变价方案或者和解协议、重整计划草案提交债权人会议表决之后向管理人主张取回权，导致破产程序费用增加，这部分增加的费用，只要是由于取回权人迟延主张权利产生的，都应当由取回权人来承担。如，由于取回权人迟延主张权利，导致财产保管费用增加，管理人报酬增加，所涉及的财产需要重新评估、审计、计算而产生的费用等。取回权人认可管理人核算的新增费用的，应当直接向管理人支付，新增费用的数额应当由管理人进行核定，并经人民法院确认。

【法律、司法解释及案例】

《企业破产法》（2007年6月1日起施行）

第三十八条 人民法院受理破产申请后，债务人占有的不属于债务人的财产，该财产的权利人可以通过管理人取回。但是，本法另有规定的除外。

《民法通则》（1987年1月1日起施行）

第九十二条 没有合法根据，取得不当利益，造成他人损失的，应当将取得的不当利益返还受损失的人。

第一百一十七条 侵占国家的、集体的财产或者他人财产的，应当返还财产，不能返还财产的，应当折价赔偿。

损坏国家的、集体的财产或者他人财产的，应当恢复原状或者折价赔偿。

受害人因此遭受其他重大损失的，侵害人并应当赔偿损失。

《物权法》（2007年10月1日起施行）

第三十四条 无权占有不动产或者动产的，权利人可以请求返还原物。

第一百零七条 所有权人或者其他权利人有权追回遗失物。该遗失物通过转让被他人占有的，权利人有权向无处分权人请求损害赔偿，或者自知道或者应当知道受让人之日起二年内向受让人请求返还原物，但受让人通过拍卖或者向具有经营资格的经营者购得该遗失物的，权利人请求返还原物时应当支付受让人所付的费用。权利人向受让人支付所付费用后，有权向无处分权人追偿。

第一百零九条 拾得遗失物，应当返还权利人。拾得人应当及时通知权利人领取，或者送交公安等有关部门。

第二百四十五条 占有的不动产或者动产被侵占的，占有人有权请求返还原物；对妨害占有的行为，占有人有权请求排除妨害或者消除危险；因侵占或者妨害造成损害的，占有人有权请求损害赔偿。

占有人返还原物的请求权，自侵占发生之日起一年内未行使的，该请求权消灭。

《最高人民法院关于审理买卖合同纠纷案件适用法律问题的解释》（2012年7月1日起施行）

第三十五条　当事人约定所有权保留，在标的物所有权转移前，买受人有下列情形之一，对出卖人造成损害，出卖人主张取回标的物的，人民法院应予支持：

（一）未按约定支付价款的；

（二）未按约定完成特定条件的；

（三）将标的物出卖、出质或者作出其他不当处分的。

取回的标的物价值显著减少，出卖人要求买受人赔偿损失的，人民法院应予支持。

第三十六条　买受人已经支付标的物总价款的百分之七十五以上，出卖人主张取回标的物的，人民法院不予支持。

在本解释第三十五条第一款第（三）项情形下，第三人依据物权法第一百零六条的规定已经善意取得标的物所有权或者其他物权，出卖人主张取回标的物的，人民法院不予支持。

第三十七条　出卖人取回标的物后，买受人在双方约定的或者出卖人指定的回赎期间内，消除出卖人取回标的物的事由，主张回赎标的物的，人民法院应予支持。

买受人在回赎期间内没有回赎标的物的，出卖人可以另行出卖标的物。

出卖人另行出卖标的物的，出卖所得价款依次扣除取回和保管费用、再交易费用、利息、未清偿的价金后仍有剩余的，应返还原买受人；如有不足，出卖人要求原买受人清偿的，人民法院应予支持，但原买受人有证据证明出卖人另行出卖的价格明显低于市场价格的除外。

《最高人民法院关于审理企业破产案件若干问题的规定》（2002年9月1日起施行）

第七十一条　下列财产不属于破产财产：

（一）债务人基于仓储、保管、加工承揽、委托交易、代销、借用、寄存、租赁等法律关系占有、使用的他人财产；

（二）抵押物、留置物、出质物，但权利人放弃优先受偿权的或者优先偿付被担保债权剩余的部分除外；

（三）担保物灭失后产生的保险金、补偿金、赔偿金等代位物；

（四）依照法律规定存在优先权的财产，但权利人放弃优先受偿权或者优先偿付特定债权剩余的部分除外；

（五）特定物买卖中，尚未转移占有但相对人已完全支付对价的特定物；

（六）尚未办理产权证或者产权过户手续但已向买方交付的财产；
（七）债务人在所有权保留买卖中尚未取得所有权的财产；
（八）所有权专属于国家且不得转让的财产；
（九）破产企业工会所有的财产。

【案例】

A 公司委托 B 证券理财，并开立了资金账户和证券账户，B 证券进入行政清算阶段后，A 公司的账户被认定为非经纪账户并被冻结。B 证券破产案件受理后，A 公司向管理人申请取回该公司在 B 证券营业部所开立资金账户内资金及证券账户内的股票。管理人经审查发现 A 公司申请取回的资金已被 B 证券挪用，但其股票仍然存在，系由该公司投入的委托理财资金形成，且未与 B 证券及其他方的资产发生混同。据此，管理人确认 A 公司对其证券账户内的股票取回权成立，并向其交付了该部分财产，但对其资金账户内的资金取回权不成立，由其向管理人另行申报破产债权。

【简要评析】

本案 A 公司与 B 证券之间的法律关系是委托理财关系，A 公司申请取回证券资产行使的是一般取回权，取回标的物是证券资产。证券资产取回权的应当符合如下要件：

1. 取回标的物权属清晰

由于证券账户实行实名制，且实行第三方存管制度，因此证券账户内资产的权属可以从形式上进行区分。正常经纪账户内的资产应当属于账户所有人所有，对取回权申请人同名证券账户内的证券，如无相反证据，其所有权应属申请人。如有利害关系人主张权利，应由其承担证明该证券资产归其所有的举证责任。本案 A 公司申请取回的股票资产登记在其实名证券账户内，形式上符合这一要件。

2. 取回标的物未毁损灭失

取回标的物的权属虽无争议，但债务人占有的取回标的物在破产申请受理前已经毁损灭失的，权利人客观上仍然无法行使取回权，其救济途径是在破产程序中向管理人申报债权主张其损失额。本案 A 公司申请取回的资金就属于这一情形，资金账户内资金虽然应属 A 公司所有，但在破产案件受理前已经被违规挪用，客观上该资金账户已无资金可供取回，因此 A 公司对资金的取回申请不能成立。

3. 取回标的物未与其他资产混同，可以区分

证券公司破产案中，证券公司违规挪用客户结算资金的现象比较常见，证

券公司这一行为在性质上当然属于侵权行为，但是侵权行为导致的行为后果可能存在两种可能性。一是挪用资金已经与证券公司自有资金混同。货币资金属于种类物，一旦与债务人财产发生混同，不能区分的，不属于特定化财产，权利人不得行使取回权，只能申报债权。本案管理人对A公司取回申请的审查符合这一情形，因此取回资金的申请不能成立。第二种情形是挪用资金尚未与其他客户或者证券公司自有资金混同，可以区分，这种情形下取回权人仍然可以主张取回权。

第二十七条【非债务人财产取回权的异议与诉讼】

权利人依据企业破产法第三十八条的规定向管理人主张取回相关财产，管理人不予认可，权利人以债务人为被告向人民法院提起诉讼请求行使取回权的，人民法院应予受理。

权利人依据人民法院或者仲裁机关的相关生效法律文书向管理人主张取回所涉争议财产，管理人以生效法律文书错误为由拒绝其行使取回权的，人民法院不予支持。

【条文主旨】

本条旨在规定一般取回权人与管理人就取回权行使产生争议时而享有的诉讼权利。

【规范目的】

本条的规范目的是明确一般取回权行使过程中产生争议时的处理程序，保护取回权人的合法权利。一般取回权是《企业破产法》规定的一项实体性权利，该项权利在行使过程中有可能产生争议。《企业破产法》没有明确该项权利产生争议时该通过什么样的程序来解决，因此可能导致取回权人的权利得不到保障。本条司法解释就是通过赋予一般取回权人相应诉讼权利的方式，来解决一般取回权行使过程中产生的争议。司法解释条文明确了一般取回权人在行使取回权过程中，如遇到管理人拒绝或者否认，可以债务人为被告提起诉讼，人民法院应当受理此类案件。财产权利人依据人民法院或者仲裁机关的生效法律文书向管理人主张取回所涉争议财产的，管理人不得以生效法律文书错误为由拒绝其行使取回权。但是如果人民法院已决定对作为取回权依据的生效法律文书案件进行再审，管理人可以暂停取回权人取回相应财产。

【原理与适用】

一、有关破产取回权权利性质的理论争议

本条是对一般取回权异议和诉讼作出的规定。取回权包括一般取回权和特别取回权，特别取回权又包括出卖人取回权、行纪人取回权和代偿取回权三种。本条是对一般取回权的审查与诉讼作出的规定，但也可适用于特别取回权行使过程中权利人与管理人发生争议的情形。

对破产取回权的权利本质学理上一直存有争议，涉及到它是诉讼法上的异议权还是实体法上的请求权的问题。如何回答这个问题，直接关系到权利人如何行使取回权，具有较大的现实意义。若将取回权归结为诉讼上的异议权，取回权就属于诉讼上的形成权，则第三人行使权利的途径只有提起形成诉讼，诉讼外的方式自然被排拒在外。不仅如此，即便在形成诉讼中，原告人恒为第三人，被告人则恒为破产债务人，而没有相反的可能。若将取回权定性为实体法上的请求权，则第三人行使权利的途径除提起诉讼外，还可以直接向相对人提出请求，权利人就此具有选择权。而且提起诉讼时，所提起的诉讼，既可以是确认之诉，也可以是给付之诉。

主张"取回权是诉讼上的异议权"的观点认为，破产程序的实质仍是强制执行程序，破产管理人占有并管理破产人支配的全部财产，类似于法院强制执行债务人财产的查封措施。主张"取回权是实体法上的请求权"的观点认为，取回权不是破产法新创设的权利，它的基础来源于民法规定的物的返还请求权，是财产权利人在实体法上自始享有的权利。我们认为，权利人在实体法上的请求权的性质，不因破产申请被受理、破产管理人将其财产不当列入破产财产而受影响，只不过因为进入了破产程序，权利人不能再向债务人主张权利，只能向破产管理人主张权利，才将权利人实体法上的请求权称之为破产取回权。再者，要求权利人行使取回权必须通过诉讼，不论该诉讼是必要的还是不必要的，债务人都是诉讼的被告，势必增加破产程序进行的难度和加大破产程序的费用支出，不符合破产程序迅速节俭的原则；而且，也增加了权利人行使取回权的复杂程度，这对当事各方都没有益处。所以，无论是从理论上还是实践操作上出发，笔者都更赞同取回权是实体法请求权的观点。

正是由于取回权是实体法上请求权在破产程序的运用,因此,取回权的行使也应当和物权的实现方式一样,并不以诉讼为必要。反过来,如果管理人已经知道该财产的归属不是债务人财产,而取回权人并没有向管理人主张取回权,管理人在知道权利人时,应当通知权利人前来取回。如果管理人不知道权利人,或者知道权利人并在通知后对方不予回应,管理人也应当将他人财产从债务人财产中区分出来另行存放或者提存,并报告受理该破产申请的人民法院,而不宜将权利人不明的财产列入债务人财产。如果管理人否认取回权的存在,或者对取回权的基础权利存在异议,这时取回权人可以向受理破产申请的法院提起诉讼,请求确认其权利。

二、本条的理解和运用

所有权人或者其他权利人依据《企业破产法》第38条向管理人主张取回相关财产,管理人不予认可的情形通常包括:

1. 作为权利人主张取回权依据的仓储、保管、加工承揽、委托、信托、代销、借用、寄存、租赁等合同关系被管理人否认或者不承认所占有的财产与上述合同标的相同,或者否认权利人的合同主体资格等管理人与权利人发生争议;

2. 管理人与权利人对所有权保留合同或者让与担保合同中物权是否发生转移,权利人是否享有物权发生争议;

3. 债务人作为质押权人或者留置权人占有他人财产,财产权利人与管理人就是否应当返还质押物或者留置物发生争议;

4. 债务人占有他人享有用益物权的不动产,管理人与权利人就权利归属或者是否应当归还发生争议;

5. 他人以享有合法的占有权或者受财产所有权人委托为由向管理人主张取回权,管理人与权利人对占有权是否存在以及占有人是否有权主张取回权发生争议;

6. 权利人以债务人占有财产构成不当得利为由,向管理人主张取回权,管理人与权利人对占有该项财产是否构成不当得利产生争议;

7. 权利人以债务人占有财产构成无因管理为由,向管理人主张取回权,管理人与权利人对是否构成无因管理或者财产返还条件有争议等。

管理人与主张取回权人在行使取回权过程中发生争议,可以通过诉讼程序或者非诉讼程序来解决。非诉讼程序效率高、成本低,应当成为首要的选择。管理人与主张取回权人发生争议时,应当首先进行协商和沟通,争取就取回权问题达成一致意见。管理人认为主张取回权人有可能是权利人,但现有证据尚不够充分的，可以给权利人一定的宽限期，要求权利人提供更多证据。权利人有足够证据证明自己享有取回权的，管理人应当予以认可。

管理人与财产权利人或者其他权利人在行使取回权问题上的争议无法解决的，权利人可以债务人为被告向人民法院提起诉讼，管理人代表债务人参加诉讼。权利人可以提起确认财产权之诉，也可以提起返还请求权之诉。权利人起诉应当以债务人为被告，管理人代表债务人参加诉讼。

司法解释还规定，"财产权利人依据人民法院或者仲裁机关的相关生效法律文书向管理人主张取回所涉争议财产，管理人以生效法律文书错误为由拒绝其行使取回权的，人民法院不予支持"。这是因为，人民法院或者仲裁机关的生效法律文书所认定的事实对法院在后案件具有既判力和预决力。"依据人民法院或者仲裁机关的相关生效法律文书"，是指依据上述生效法律文书中关于财产权属有确定性判决，或者裁判主文没有对财产权属作出判断，但其确认的事实中明确了财产的权属。财产权利人以上述生效的法院裁判文书或仲裁机构裁决文书作为证据向管理人主张取回权，此时，管理人不可以自认为生效法律文书错误为由，否认裁判的既判力，拒绝其行使取回权。

既判力是民事诉讼中的一个重要概念，起源于罗马法，最初与诉权的消耗联系在一起。所谓既判力是指已确定判决在实体上对当事人和法院都具有的拘束力或通用性。不论是判决的既判力还是已确认事实的预决力，在对后诉的影响上是一致的，同时，两者的实施既可以节约诉讼成本、提高诉讼效率，又可以避免矛盾裁判的产生，进而维护司法权威。最高人民法院在《关于适用〈中华人民共和国民事诉讼法〉若干问题的意见》第75条首次明确规定，"已为人民法院发生法律效力的裁判所确认的事实，当事人无需举证。"《最高人民法院关于民事诉讼证据的若干规定》第9条对之作了进一步的规定，已为人民法院发生法律效力的裁判所确认的事实，当事人无需举证，但对方当事人有相反证据足以推翻的除外。可见，我国立法和司法也承认判决的既判力和已确认事实的预决力。

但是，判决的既判力与已确认事实的预决力是两个本质不同的概念和制度，在使用中应当区分：（1）既判力及于作为判决对象的诉讼标的，其在形式上系于判决主文，在实质上便伴随对诉讼标的判断而产生，即既判力的客观范围与诉讼标的范围相一致。预决力及于前诉法院裁判所确定的事实，即已确认事实，已确认事实既可能体现在判决主文中，也可能出现在判决理由中。如果将已确认事实泛泛地理解为具有既判力的事实，无疑使我国既判力的客观范围显得过于宽泛，进而失去了既判力存在的正当性基础。（2）对于案件所涉事项是否具有既判力，法院应主动依职权进行调查，无须当事人提出主张。而已确认事实的预决力则需由当事人主张援用。(3) 既判力具有两方面的作用，一方面是既判力的消极作用，即禁止重复起诉，也就是一事不再理；另一方面是既判力的积极作用，即禁止矛盾判决，法院应以确定判决就诉讼标的的判断作为后诉判决的基础，不得作出相异之判决。而已确认事实的预决力根本不具有既判力一事不再理的消极作用，其仅仅要求法院在认定事实上要一致，这和既判力的积极作用有点相似。(4) 既判力强调前诉与后诉在诉讼请求上具有同一性，其适用将导致后诉的完全禁止，具有遮断效力。而预决力则强调前诉与后诉事实的同一性，其适用并不禁止后诉的提起，也不禁止当事人在后诉主张前诉已确认的事实，而只是禁止当事人对已经确定的事实再行争议。(5) 既判力是一个法律问题。对于具有既判力的事项，法院必须作出同一认定，法官没有自由裁量的余地。除了提起再审外，既判力是绝对不允许推翻的。而已确认事实的预决力是事实证明问题，不属于法律问题。对于已确认事实，后诉法院既可以做同一认定，也可以作出不同的认定，况且，当事人还可以举证推翻。

【法律、司法解释及案例】

《企业破产法》（2007年6月1日起施行）

第二十五条　管理人履行下列职责：

（一）接管债务人的财产、印章和账簿、文书等资料；

（二）调查债务人财产状况，制作财产状况报告；

（三）决定债务人的内部管理事务；

（四）决定债务人的日常开支和其他必要开支；

（五）在第一次债权人会议召开之前，决定继续或者停止债务人的营业；

（六）管理和处分债务人的财产；

（七）代表债务人参加诉讼、仲裁或者其他法律程序；

（八）提议召开债权人会议；

（九）人民法院认为管理人应当履行的其他职责。

本法对管理人的职责另有规定的，适用其规定。

《最高人民法院关于适用〈中华人民共和国民事诉讼法〉若干问题的意见》（1992年7月14日起施行）

第七十五条　下列事实，当事人无需举证：

（一）一方当事人对另一方当事人陈述的案件事实和提出的诉讼请求，明确表示承认的；

（二）众所周知的事实和自然规律及定理；

(三) 根据法律规定或已知事实, 能推定出的另一事实;
(四) 已为人民法院发生法律效力的裁判所确定的事实;
(五) 已为有效公证书所证明的事实。

《最高人民法院关于民事诉讼证据的若干规定》（2002年4月1日起施行）

第九条 下列事实, 当事人无需举证证明:
(一) 众所周知的事实;
(二) 自然规律及定理;
(三) 根据法律规定或者已知事实和日常生活经验法则能推定出的另一事实;
(四) 已为人民法院发生法律效力的裁判所确认的事实;
(五) 已为仲裁机构的生效裁决所确认的事实;
(六) 已为有效公证文书所证明的事实。

前款 (一)、(三)、(四)、(五)、(六) 项, 当事人有相反证据足以推翻的除外。

【案例】

2003年11月28日, 原告A公司与被告B证券公司签订合同书, 约定由原告出资5000万元作为双方合作资产, 被告作为该合作资产的经营管理人即资产管理人, 负责管理和运营该资产, 并保证给予月息千分之八的收益。被告提供3000万元的现金资产作为原告资产以及收益的质押担保, 于原告资金入账当日划入原告的账户。合同书签订后, 原告即于当日将5000万元资金汇入B证券杭州市文晖路证券营业部在工商银行朝晖支行开立的账户。被告收到该款项后, 亦于同日将该5000万元资金存入户名为"铁资建"、账号为802829的资金账户中。该笔5000万元款项进入802829账户后, 即弥补了该账户透支款14290802.52元, 剩余资金为35709197.48元。同日, 该笔剩余资金分别在四个证券账户即A426853360、A426853823、A426854146、A426854269中购买证券代码为600664的哈药集团股票共计2526700股。购买上述股票后, 资金结余12887.33元。2004年1月2日, B证券公司被行政接管。2006年8月16日, 某市中级人民法院依法宣告B证券公司破产还债并指定清算组进行破产清算。原告于2007年3月26日向被告破产清算组提出取回财产申请, 请求取回属原告所有的802829资金账户内的证券资产。B证券公司破产清算组经审核, 驳回了原告提出的取回申请。原告遂提起诉讼, 请求判决: (1) 确认原告在被告杭州文晖路营业部开设的802829账户内的资产和股票属原告所有, 应由原告取回。(2) 被告承担本案的诉讼费用。

某市中级人民法院经审理认为，原被告双方实际上已形成委托理财关系，原告将5000万资金汇入被告指定的银行账户后，被告即将该笔资金转入户名为"铁资建"的802829资金账户中，弥补该账户的透支款14290802.52元，剩余资金35709197.48元。该笔剩余资金分别在四个证券账户即A426853360、A426853823、A426854146、A426854269中购买证券代码为600664的哈药集团股票共计2526700股。虽然该2526700股哈药集团股票并未特定化在原告同名证券账户中，但账户运作情况显示该部分证券资产系原告实际注入资金形成，且能与被告及其他主体的证券资产相区分，没有发生混同，因此，802829资金账户对应的相关证券账户内2526700股哈药集团股票及相应孳息应属原告所有。截至2008年9月4日，802829资金账户对应的相关证券账户内共有3284710股哈药集团股票，因此原告主张取回3284710股哈药集团股票有事实和法律依据，应予以支持。被告主张3284710股哈药集团股票系其自营资产的理由不成立，不予采纳。同时，802829资金账户运作情况显示，在2003年11月28日原告注入5000万元资金前，被告已利用该账户持续开展证券交易，形成了原告主张取回的除哈药集团股票以外的其他证券资产。虽然原告注入的5000万元资金首先弥补了802829资金账户的14290802.52元透支款，但并不等同于这部分证券资产系原告资金投入形成。原告请求取回该部分款项的理由不成立，应予驳回。原告可以就该部分款项向被告破产清算组申报普通债权，参与破产财产分配。遂判决：一、802829资金账户下的3284710股哈药集团股票属原告A公司所有，原告A公司有权取回；二、驳回原告A公司的其它诉讼请求。

【简要评析】

本案是取回权异议与诉讼的典型案例。《企业破产法》第38条仅规定权利人可以向管理人申请取回非债务人财产，但未规定相应的异议程序和救济途径。但是，新旧企业破产法对破产程序中实体争议的解决途径不同。《最高人民法院关于审理企业破产案件若干问题的规定》第63条规定："债权人对清算组确认或者否认的债权有异议的，可以向清算组提出。债权人对清算组的处理仍有异议的，可以向人民法院提出。人民法院应当在查明事实的基础上依法作出裁决。"即旧法实行吸收审判主义，破产程序中的实体争议均在破产程序中一并审理，由受理破产案件的法院直接裁决。而《企业破产法》第58条第3款规定："债务人、债权人对债权表记载的债权有异议的，可以向受理破产申请的人民法院提起诉讼。"即新法实行分别审判主义，破产程序中所有实体争议均应另行通过诉讼程序解决。与此相匹配的是，《最高人民法院民事案件案由规定》就明确规定了"破产债权确认纠纷"、"取回权纠纷"等与破产有关的案由。因此，当权利人向管理人申请取回时，管理人可以不认可权利人提出的取回申请。管理人否认权利人提出的取回申请时，权利人得提起诉讼请求法院支持其取回申请；法院判决支持其取回申请时，管理人不得以生效法律文书错误为由拒绝其行使取回权。这就是破产程序中取回权人行使权利的程序。

第二十八条【非债务人财产取回权行使的对待给付】
权利人行使取回权时未依法向管理人支付相关的加工费、保管费、托运费、委托费、代销费等费用，管理人拒绝其取回相关财产的，人民法院应予支持。

【条文主旨】

本条旨在规定取回权人行使取回权时所负有的对待给付义务。

【规范目的】

本条的规范目的在于明确取回权行使的条件，规范取回权的行使，保护债务人财产不受损失。债务人在占有他人享有所有权或者其他权利的财产期间，如果依照合同约定提供了相应的劳务或服务，权利人就应当依照约定支付加工费、保管费、托运费、委托费、代销费等费用。当取回权成立时，债务人具有返还财产的义务，但同时还有收取上述劳务费用的权利，债务人与财产权利人之间形成了互负债权债务的制约关系。这种情况下，如果不对取回权行使设定一定的条件限制，直接行使取回权对债务人来讲也不公平。依照我国民法一般原理，物的返还请求权在行使时，请求权人通常应当负担该物在占有人保管期间产生的必要费用。因为这些费用是由债务人基于合同约定而产生或者为了保证财产的安全、增值，并由债务人实际支付，是债务人对财产权利人享有的一种债权。如果取回权人拒绝履行上述义务，管理人有权拒绝其行使取回权。

【原理与适用】

一、取回权行使对待给付义务的理论基础

权利人行使取回权的基础是物上返还请求权。而物上返还请求权在行使过程中通常都需要具备一定的条件。如果权利人在享有返还请求权的同时，还对财产占有人负有合同或者法律上的义务，则履行上述义务就成为行使返还请求权的条件。我国《民法通则》第89条第4项规定："按照合同约定一方占有对方的财产，对方不按照合同给付应付款项超过约定期限的，占有人有权留置该财产，依照法律的规定以留置财产折价或者以变卖该财产的价款优先得到偿还。"《物权法》第243条规定："不动产或者动产被占有人占有的，权利人可以请求返还原物及其孳息，但应当支付善意占有人因维护该不动产或者动产支出的必要费用。"

二、本条的理解与适用

本条在理解和适用时应当注意以下几个问题：

1. 取回权人支付的相关费用应当仅限于债务人有权占有和善意占有的情形，如果债务人是恶意占有他人财产，不能请求支付上述费用，取回权人可直接主张取回自己的财产。

占有是指占有人对不动产或者动产的实际控制。占有是一种单纯的法律事实，不是一种民事权利，也不是一种物权。占有可以分为有权占有和无权占有。有权占有是依照合同或者法律规定实施的合法占有。不动产或者动产的占有人除有相反证据外，推定为有权占有，任何人不得以私力改变有权占有的现状。用益物权人、动产质权人、留置权人对于不动产或者动产的占有，租赁权人对于租赁物的占有、借用人对于借用物的占有、保管人对于保管物的占有、承运人对于托运货物的占有，都是有权占有。无权占有又可以分为善意占有和恶意占有。善意占有是指无权占有人不知道或者不应当知道自己无占有的权利而为的占有。一般的占有应首先推定为善意占有，主张恶意者应负举证责任。善意占有虽然是无权占有，但不构成违法。恶意占有是指无权占有人明知其没有占有的权利，或对其没有占有的权利有怀疑，但仍然进行占有。如盗窃之后的占有就属于恶意占有，恶意占有本身具有法律上的否定效果。在物权法上，占有人在返还占有物时，应返还原物及其孳息。但善意占有人有权要求扣除其因维护该不动产或动产支出的必要费用，恶意占有人没有此项权利；如果无权占有人占有的不动产或者动产毁损、灭失的，无权占有人应当将因毁损、灭失

取得的保险金、赔偿金或者补偿金等返还给权利人，仍不能弥补权利人损失的，善意占有人不承担赔偿责任；恶意占有人有过错的，要承担赔偿责任。

基于以上分析，可以看出，权利人要求行使取回权时，管理人可以要求支付的费用的情形只能适用于债务人占有他人财产是有权占有及善意占有的情形，如果债务人是恶意占有，则不能请求支付上述费用，债务人应当无条件返还取回权人的财产，给权利人造成损失的，还应当对权利人进行赔偿。

2. 管理人以权利人不支付合理的必要费用为由拒绝权利人行使取回权的权利基础可能是同时履行抗辩权，也可能是留置权。

同时履行抗辩权，是指在没有规定履行顺序的双务合同中，当事人一方在另一方未为对待给付前，有权拒绝先为给付。同时履行抗辩权存在的基础在于双务合同的牵连性。所谓双务合同的牵连性，是指给付与对待给付具有不可分离的关系。可分为发生上的牵连性、存续上的牵连性和功能上的牵连性。所谓发生上的牵连性，是指一方的给付与对方的对待给付在发生上互相牵连，即一方的给付义务不发生时，对方的对待给付义务也不发生。所谓存续上的牵连性，是指双务合同一方当事人的债务因不可归责于双方当事人的事由致不能履行时，债务人免除给付义务，债权人亦免除对待给付义务。所谓功能上的牵连性，又称履行上的牵连性，是指双务合同的当事人一方所负给付与对方当事人所负对待给付互为前提，一方不履行其义务，对方原则上亦可不履行，只有如此，才能维持双方当事人之间的利益平衡。同时履行抗辩权正是这种功能上的牵连性的反映。同时履行抗辩制度主要适用于买卖、互易、租赁、承揽、有偿委托、保险、雇佣等双务合同。债务人（受托人）基于加工承揽合同、委托合同或代销合同占有他人财产，并且提供了加工、受托事务或代销服务时，财产权利人（委托人）应当支付债务人加工费、委托费、代销费。由于双方互负债务，债务人（受托人）即可以委托人（取回权人）未履行约定义务为由，拒绝履行返还财产的义务，此即同时履行抗辩权的运用。

留置权是指债权人按照合同的约定占有债务人的动产，债务人不按照合同约定的期限履行债务的，债权人有权依照法律规定留置财产，以该财产折价或者以拍卖、变卖该财产的价款优先受偿。留置权的概念最早是出现在《德国民法典》中。一般认为，留置权源于罗马法的"恶意抗辩权"，后来"恶意抗辩权"发展为"同时履行抗辩权"和"留置权"。从各国立法看，留置权有债权性留置权和物权性留置权之分。债权性留置权只是双务合同中债权人对债务人享有的一种抗辩权，它不是一种担保物权，而是债权的一种特别效力或债权效力的一种延伸，其主要以法国、德国为代表。物权性留置权是作为独立的担保物权而加以规定的，债权人可以将留置财产折价或者以拍卖、变卖该财产的价款优先受偿。不管是债权性留置权还是物权性留置权，它们的目的是共同的，就是担保债的履行，是一种债权的保障方式。关于留置权的适用，在我国有一个变迁过程。1995年《担保法》采用封闭式原则，将留置权仅限定在合同债权之中，并且仅限于保管合同、货运合同以及承揽合同。1999年《合同法》在此基础上又增加了仓储合同和行纪合同。直至2007年《物权法》的问世，我们国家的立法对于留置权才采取了开放式原则。留置权所担保的对象不再限制在合同债权，只要符合留置权的法定构成要件，除法律明确规定不得留置或者当事人约定不得留置外，均可留置。

留置权是一种法定的担保物权，破产债务人基于保管合同、运输合同、仓储合同等合法占有他人财产，委托人未依合同约定支付保管费、托运费的，债务人（保管人或承运人）依法行使留置权。当留置权所担保的债权消灭或债权虽未消灭，但财产权利人另行提供担保时，留置权人有义务将留置物返还于权利人。在上述条件未具备时，管理人就可以享有留置权为由，拒绝权利人行使取回权。

如果债务人是基于不当得利或者无因管理占有他人财产，在此期间为保管和维护财产而发生了必要费用，权利人（本人）在主张行使取回权时，如果不支付上述费用，管理人能否拒绝行使取回权？司法解释虽然没有明确列举上述必要费用，但从立法发展和立法目的来看，我们认为，应当有权拒绝。原因是此种情形也成立留置权。在物权法尚未实施以前，按照担保法的规定，只有因保管合同、运输合同、加工承揽合同所产生的债权债务关系才能适用留置权。而根据物权法的规定，债务人不履行到期债务，债权人可以留置已经合法占有的债务人的动产，并有权就该动产优先受偿。依照物权法，留置权的适用范围没有限于保管合同、运输合同和加工承揽合同，而是扩展至一切债权人合法占有债务人动产的情况下，在债务人逾期不履行债务时均可对其与债权属于同一法律关系的动产行使留置权。按照法律的规定，债务人基于不当得利或者无因管理占有他人财产，有权要求受害人或者本人支付管理财产事务所支出的必要费用及其利息以及为管理财产而形成的债务或遭受的损失。此时的管理人也是债权人，受害人或者本人成为债务人。债务人基于不当得利或者无因管理占有他人财产是合法占有，其对财产的管理行为所发生的债务与权利人享有的返还请求权属于同一法律关系，故可以享有留置权。权利人在未支付债务人不当得利或者无因管理期间发生的必要费用时，管理人可拒绝权利人行使取回权。

【法律、司法解释及案例】

《民法通则》（1987年1月1日起施行）

第八十九条 依照法律的规定或者按照当事人的约定，可以采用下列方式担保债务的履行：

（一）保证人向债权人保证债务人履行债务，债务人不履行债务的，按照约定由保证人履行或者承担连带责任；保证人履行债务后，有权向债务人追偿。

（二）债务人或者第三人可以提供一定的财产作为抵押物。债务人不履行债务的，债权人有权依照法律的规定以抵押物折价或者以变卖抵押物的价款优先得到偿还。

（三）当事人一方在法律规定的范围内可以向对方给付定金。债务人履行债务后，定金应当抵作价款或者收回。给付定金的一方不履行债务的，无权要求返还定金；接受定金的一方不履行债务的，应当双倍返还定金。

（四）按照合同约定一方占有对方的财产，对方不按照合同给付应付款项超过约定期限的，占有人有权留置该财产，依照法律的规定以留置财产折价或者以变卖该财产的价款优先得到偿还。

第七十九条 所有人不明的埋藏物、隐藏物，归国家所有。接收单位应当对上缴的单位或者个人，给予表扬或者物质奖励。

拾得遗失物、漂流物或者失散的饲养动物，应当归还失主，因此而支出的费用由失主偿还。

第九十三条 没有法定的或者约定的义务，为避免他人利益受损失进行管理或者服务的，有权要求受益人偿付由此而支付的必要费用。

《合同法》（1999年10月1日起施行）

第六十六条 当事人互负债务，没有先后履行顺序的，应当同时履行。一方在对方履行之前有权拒绝其履行要求。一方在对方履行债务不符合约定时，有权拒绝其相应的履行要求。

《物权法》（2007年10月1日起施行）

第二百四十三条 不动产或者动产被占有人占有的，权利人可以请求返还原物及其孳息，但应当支付善意占有人因维护该不动产或者动产支出的必要费用。

第一百一十二条 权利人领取遗失物时，应当向拾得人或者有关部门支付保管遗失物等支出的必要费用。

权利人悬赏寻找遗失物的，领取遗失物时应当按照承诺履行义务。

拾得人侵占遗失物的，无权请求保管遗失物等支出的费用，也无权请求权利人按照承诺履行义务。

第二百三十条 债务人不履行到期债务，债权人可以留置已经合法占有的债务人的动产，并有权就该动产优先受偿。

前款规定的债权人为留置权人，占有的动产为留置财产。

《担保法》（1995 年 10 月 1 日起施行）

第八十二条 本法所称留置，是指依照本法第八十四条的规定，债权人按照合同约定占有债务人的动产，债务人不按照合同约定的期限履行债务的，债权人有权依照本法规定留置该财产，以该财产折价或者以拍卖、变卖该财产的价款优先受偿。

第八十四条 因保管合同、运输合同、加工承揽合同发生的债权，债务人不履行债务的，债权人有留置权。

法律规定可以留置的其他合同，适用前款规定。

当事人可以在合同中约定不得留置的物。

【案例】

A 公司破产还债一案中，B 公司对 A 公司开发建设的 XX 广场 A 座 11－13.25、26 层、B 座 17 层及 C 座 13 套住宅共计 7522.62 平方米房产提出取回申请。管理人经审查认为，B 公司通过预售取得房屋的所有权，其主张的取回权成立，但应当按照拟取回房产面积比例承担清算期间物业管理费等欠付费用后才能取回。经管理人与 B 公司协商，B 公司复函同意承担取回房产所需承担的相关费用。

【简要评析】

权利人依法向管理人申请取回财产，管理人经审查取回权成立时，应当允许权利人取回财产。但是，管理人有权行使同时履行抗辩权或者留置权，权利人应当承担取回标的物所需承担的必要费用，如保管费、加工费等等。

本案取回标的物为不动产，权利人取回权虽然成立，但应当同时履行支付相应物业管理费的义务，因此管理人有权要求权利人依法承担物业管理费的支付义务，否则不予支持取回申请。

第二十九条【需及时变现财产取回权的行使】

对债务人占有的权属不清的鲜活易腐等不易保管的财产或者不及时变现价值将严重贬损的财产，管理人及时变价并提存变价款后，有关权利人就该变价款行使取回权的，人民法院应予支持。

【条文主旨】

本条旨在规定，管理人对债务人占有的权属不清的不易保管或可能严重贬值的他人财产，在权利人行使取回权之前可对相关财产进行变价提存，取回权人则就财产变价款行使取回权。

【规范目的】

本条的规范目的是授权管理人灵活处理权属不清的鲜活、易腐等不易保管或可能严重贬值的财产取回权问题，最大限度地保护取回权人的合法权益。通常情况下，取回权的行使方式是取回原物，原物不存在时，才以原物的替代形态为对象行使取回权。现实生活中，债务人占有的他人财产形态多种多样。有些财产因自身属性决定其保质期较短，或者保管费用太高，或者可能严重贬值，而主张取回权人能否行使取回权、何时行使取回权具有不确定性。如果不及时将上述财产予以变现，财产的价值会大幅减少甚至消失。因此，为保护取回权人的合法权益，发挥财产的最大效用，司法解释规定管理人可以将鲜活易腐等财产先予变现，并将该笔变现款予以提存，等到取回权人行使取回权时，虽原物不在，但仍可就该笔提存款行使取回权。

【原理与适用】

一、管理人对不易保管财产进行处置和提存的理论依据

本条是对管理人如何处理权属不清而又需及时变现财产以及权利人如何行使取回权的规定。管理人接管债务人原占有的全部财产后，对于权属清晰的应当及时通知并返还给权利人。但对于权属不清的财产，则应由权利人自行主张取回。权属不清的他人财产如果不存在不易保管或者不及时变现价值将严重贬

损等情形的，管理人可对该财产不予处理，暂时存放，妥善保管。这部分财产在破产财产分配和和解计划、重整计划执行时仍未有人主张权利的，即可按照债务人财产处理。但是，对于鲜活易腐等不易保管的财产，或者不及时变现价值将严重贬损的财产，在权属未定的情况下，管理人基于上述财产价值最大化的目的，可以将相关财产及时变价并提存变价款，权利人行使取回权时可就该变价款主张权利。

本条规定可以看作是一种特殊的代偿取回权形式。一般取回权是权利人在原财产存在的情况下，向管理人主张取回自己的财产。如果原财产已经毁损灭失或者被非法转让，权利人可就原财产毁损灭失所产生的代偿款或者代偿物行使代偿取回权，包括原财产毁损灭失后，侵权人或者保险公司支付的赔偿金、补偿金、保险金、替代物，或者受让人支付的价金或对受让人的请求权等。代偿取回权行使中，原财产被转让的情形通常是指债务人或者管理人基于无权处分，将本属于权利人的财产当作债务人的财产转让给第三人，该项转让行为的效力取决于第三人是否构成善意取得，其法律关系在本司法解释第30条至第35条有详细规定。管理人在未经财产权利人授权的情况下，对权属不明的财产进行转让变现并提存，表面上看也是一种无权处分。但是，此种情形下的转让变现，能够有效防止财产价值贬损或者丧失，既符合管理人的角色和职责，也符合债权人、债务人及权利人的利益，具有正当性和合法性。因此，管理人的变现处分行为，并非真正意义上的无权处分，而是有权处分，只不过这种权利来自法律的授权，是其诚实信用原则的体现。类似的规定在交通运输、民事诉讼领域中也有运用。民法上的提存，是指由于债权人的原因而无法向其交付合同标的物时，债务人将该标的物交给提存机关而消灭债务的制度。提存制度的建立和完善，有利于债务纠纷的及时解决，更好地平衡债权人和债务人双方的利益冲突，保证市场机制的正常运行。

二、本条的理解与适用

由于管理人对债务人占有的他人财产进行变现提存可能损害权利人的利益，因此，在适用本制度时应当非常谨慎。只有在符合以下几个条件时，管理人才可以将债务人占有的他人财产变现提存：

1. 债务人占有的他人财产权属不清

权属不清是指债务人占有的财产不属于债务人，但是又不清楚真正的权利人。债务人占有他人财产权属不明可能是基于合同的约定，如运输的货物找不到收货人、受托代管的财产委托人死亡、合并、分立解散，尚未明确继承人或者承受人等。也可能是基于不当得利、无因管理等法定事由尚不清楚权利人。

如果债务人占有的他人财产有明确的权利人，管理人应当通知权利人行使取回权，原则上不适用变现提存的规定。

2. 权属不清的财产属于鲜活易腐不易保管的财产或者不及时变现价值将严重贬损的财产

鲜活易腐的财产是指在一般保管、运输条件下易于死亡或变质腐烂的物品。如虾、蟹类、肉类、花卉、水果、蔬菜类、沙蚕、活冻贝、鲜鱼类、植物类、菌类、蚕种、乳制品、冰冻食品，等等。此类货物在运输和保管过程中采取特别的措施，保持一定湿度、温度等，以保持其鲜活或不变质。鲜活易腐货物含有各种营养丰富的物质，这些物质包括蛋白质、脂肪、糖类、维生素等有机物质以及水和矿物质等无机物质。这些有机物质，在一定条件下会发生分解变化，产生腐烂变质，失去使用价值。如果要防止鲜活商品腐败，其保管条件比较苛刻，长期保管会带来高昂的保管费用。因此，为实现各方利益最大化，才有变现提存的必要。不及时变现价值将严重贬损的财产是指财产的价值会随着时间推移而严重丧失，虽财产本身并无变质腐败之患，但市场价值却会大幅降低。某些商品时令性很强，如春联、月饼、节日标志礼品等超过特定时间，其价值均会大幅贬损，为实现各方利益最大化，管理人自可变现提存。不具有以上属性的财产不适用变现提存的规定。管理人不当适用变现提存的权利，致使权利人利益受损的，可依本解释第33条的规定，向管理人主张赔偿请求。

3. 管理人的变现提存的行为和程序应当合法

管理人通常无权处分债务人之外的他人财产。在符合法律规定可以变现提存的条件时，管理人还应当遵循关于提存的程序性规定。

（1）管理人应当通过法定程序和方式将鲜活易腐不易保管的财产变现。该程序可参考《企业破产法》第111条和第112条的规定进行。在财产实施变价过程中，应当首先选择拍卖方式，如果商品不适合拍卖或者拍卖费用过高，应当由管理人之外的第三方实施变卖，管理人自行变卖财产的范围应当限于金额不大或者情况紧急时适用。破产法规定管理人在行使处分权的时候应经法院许可，并有报告义务。我们认为，财产存在状况多样，假如任何财产的处分都要经过法院或者监督人的同意的话，不利于管理人职责的正当履行，应当赋予破产管理人紧急处分权，以避免财产贬值。但为了防止破产管理人滥用紧急处分权，从而避开法院或监督人的监督，在赋予其权利的同时，规定破产管理人对使用紧急处分权的情况负举证责任比较合适。管理人向法院提出财产处置申请时，申请书中应载明处置的原因、提存的标的物、标的物的受领人等。

（2）管理人应当向提存机构提出申请，提存书上应载明提存人的名称，提存物的名称、种类、数量。此外，管理人还应提交提存财产必要性的相关证据，以证明其所提存之物确系鲜活易腐不易保管的财产或者不及时变现价值将严重贬损的财产；管理人还应提交权利人受领迟延或者下落不明等致使财产无法返还的证据。

（3）经提存机构同意。提存机构受理提存申请后应予以审查，以决定是否同意提存。提存机构同意提存的，指定提存人将提存物交有权保管人保管。提存机构是国家设立的接受提存物而进行保管并应债权人请求将提存物发还债权人的机构。提存机构是提存的主体或中介。在国外，提存机构的确定一般采取由法律直接规定或由法院在法定范围内指定的方式，有的国家法院设有专门的提存所。另外，法院指定的银行、信托商行、仓库营业人也可以办理提存业务。前苏联和东欧一些国家的提存机构为公证机关。中国也有人提出，在中国没有必要设立专门的提存所，可以由公证机关来处理此类事务。这是因为，中国的公证机关在初创时期曾办理过提存业务，目前一些地方的公证机关已在办理这项业务，并积累了一定的经验，同时，提存是一项非诉讼事务，公证机关是专门办理非诉讼事务的机关，由公证机关办理提存业务，与其职能相符合，也便于国家对非诉讼事务的统一管理。依我国现行法的规定，拾得遗失物的，可向公安机关提存；定为变卖留置物受偿后，可将余款向债权人所在地的银行办理提存；公证提存的，由公证处为提存机构；法院也可为提存机关。

（4）提存机构授予管理人提存证书。提存机构在收取提存申请及提存物后，应向管理人授予提存证书。提存证书与受领证书具有同等的法律效力。

（5）权利人向管理人主张取回权时，管理人可将提存证书交给权利人，权利人可持提存证书到提存机构提取财产的变价款。提存的费用由权利人承担。

【法律、司法解释及案例】

《企业破产法》（2007年6月1日起施行）

第二十七条 管理人应当勤勉尽责，忠实执行职务。

第一百一十一条 管理人应当及时拟订破产财产变价方案，提交债权人会议讨论。

管理人应当按照债权人会议通过的或者人民法院依照本法第六十五条第一款规定裁定的破产财产变价方案，适时变价出售破产财产。

第一百一十二条 变价出售破产财产应当通过拍卖进行。但是，债权人会议另有决议的除外。

破产企业可以全部或者部分变价出售。企业变价出售时，可以将其中的无形资产和其他财产单独变价出售。

按照国家规定不能拍卖或者限制转让的财产，应当按照国家规定的方式处理。

《合同法》（1999年10月1日起施行）

第一百零一条 有下列情形之一，难以履行债务的，债务人可以将标的物提存：

（一）债权人无正当理由拒绝受领；

（二）债权人下落不明；

（三）债权人死亡未确定继承人或者丧失民事行为能力未确定监护人；

（四）法律规定的其他情形。

标的物不适于提存或者提存费用过高的，债务人依法可以拍卖或者变卖标的物，提存所得的价款。

第一百零二条 标的物提存后，除债权人下落不明的以外，债务人应当及时通知债权人或者债权人的继承人、监护人。

第一百零三条 标的物提存后，毁损、灭失的风险由债权人承担。提存期间，标的物的孳息归债权人所有。提存费用由债权人负担。

第一百零四条 债权人可以随时领取提存物，但债权人对债务人负有到期债务的，在债权人未履行债务或者提供担保之前，提存部门根据债务人的要求应当拒绝其领取提存物。

债权人领取提存物的权利，自提存之日起五年内不行使而消灭，提存物扣除提存费用后归国家所有。

【案例】

2008年3月25日，某市中级人民法院裁定受理A银行申请B公司破产清算一案。在该案中，取回权人C公司所有的一台数字式水泥汽车衡（SCS-120t、3.4m×18m）尚在B公司，C公司向管理人递交了行使取回权的申请，要求取回标的物。管理人审查后，认定上述标的物属于C公司所有，但该标的物已经进行资产评估（资产评估价值为33190元）并拟纳入B公司整体资产进行拍卖处置，如果允许权利人取走，势必会影响生产线的整体处置。经管理人与C公司协商，综合考虑标的物折旧以及拆装运输费用等因素后，最终折价为3万元。管理人在向C公司支付3万元现金后，将该取回物纳入了B公司可供分配的破产财产。

【简要评析】

权利人行使取回权的目的是取回财产，但在司法实践中，由于财产的属性、现状等因素的影响，取回财产可能不符合经济效益最大化原则。因此，有必要在特定情况下允许管理人在不损害权利人合法利益的前提下，以避免财产贬值、实现财产利益最大化为目的酌情处置财产。本案中，C公司申请取回的财产属于B公司破产财产——生产线中的一个部件。如果单独拆卸该部件，显然将产生拆卸费用，同时导致该部件和生产线价值均贬损的不利后果，因此管理人与C公司协商达成的先行处置资产，C公司再取回相应变现价款的协议是双方利益最大化的最好结果。

第三十条【违法转让构成善意取得时原财产权利人的权利行使】

债务人占有的他人财产被违法转让给第三人，依据物权法第一百零六条[①]的规定第三人已善意取得财产所有权，原权利人无法取回该财产的，人民法院应当按照以下规定处理：

（一）转让行为发生在破产申请受理前的，原权利人因财产损失形成的债权，作为普通破产债权清偿；

（二）转让行为发生在破产申请受理后的，因管理人或者相关人员执行职务导致原权利人损害产生的债务，作为共益债务清偿。

【条文主旨】

本条旨在规定债务人、管理人非法处分他人财产于第三人，第三人构成善意取得情形时，原财产权利人无法行使取回权的补救方式。

【规范目的】

本条的目的在于明确债务人占有的他人财产，被非法转让给第三人，而第三人构成善意取得情形下，原财产权利人取回权无法行使的补救方式。其规范目的在于协调、保护善意第三人和取回权人的合法权益，维持交易秩序。《企业破产法》第38条的规定适用于原物尚在债务人处时的取回权行使。如果原

---

① 参见《中华人民共和国民法典》第三百一十一条。

物被债务人、管理人非法转让给他人,且他人符合《物权法》关于善意取得的规定成为该项财产新的合法权利人,此时取回原物已不可能。如果强行取回则会导致第三人利益与取回权人利益的冲突,影响交易秩序。因此,该条解释规定了债务人占有的他人财产,被非法转让给第三人,而第三人构成善意取得情形下,原物的权利应当由善意第三人享有,取回权人不可以直接向善意第三人主张财产权利。取回权人仅能就财产损失,依据非法转让发生的时间不同分别按普通债权受偿或共益债务处理。

【原理与适用】

本条是对债务人占有的他人财产被违法转让给第三人,而第三人构成善意取得时,原财产权利人权利行使作出的规定。根据《物权法》第 106 条的规定,无处分权人将不动产或者动产转让给受让人,在受让人受让该不动产或者动产时是善意的,系以合理的价格受让,受让的不动产或者动产依照法律规定应当登记的已经登记、不需要登记的已经交付给受让人这三个条件满足时,受让人取得该不动产或者动产的所有权。因此,在债务人将其占有的他人财产违法转让给第三人,第三人满足上述条件时,可以取得该财产的所有权,原财产权利人不能对该财产行使取回权。但是,原财产权利人有权向无处分权的债务人请求赔偿。对于该赔偿,应当根据无权处分行为发生的时间和行使的主体予以区分。如果无权处分行为发生在破产申请受理前,因系债务人自身无权处分行为,该赔偿属于一般侵权之债的赔偿,故应在债务人进入破产程序后,与其他普通破产债权一样,在债务人财产优先清偿破产费用和共益债务后,作为第三顺位债权按比例获得清偿。如果无权处分行为发生在破产申请受理之后,因系破产管理人所为,根据《企业破产法》第 42 条的规定,管理人或者相关人员执行职务致人损害所产生的债务,作为共益债务,由债务人财产随时清偿。清偿后可以依《企业破产法》第 130 条和本司法解释第 33 条追究管理人的责任。

一、善意取得的基本原理

善意取得,又称即时取得或即时时效,是指无权处分他人动产或者不动产的占有人,在不法将动产或不动产转让给第三人以后,如果受让人在取得该财产时出于善意,就可以依法取得对该财产的所有权。受让人在取得财产的所有权以后,原所有人不得要求受让人返还财产,而只能请求转让人(占有人)赔偿损失。

善意取得制度是适应商品交换的需要而产生的,是近代大陆法系与英美法系民法中的一项重要法律制度。法律之所以规定善意取得制度有其必然的原因，(1) 基于占有之公信力，善意受让人出于对公示的信赖，应当取得物权。否则，连法定方式都无法保证出让人具有处分权，交易就失去了最起码的保障。(2) 基于交易之便利。当今的商品交易非常频繁，从事交换的当事人往往并不知道对方是否有权处分财产，也很难对市场出售的商品逐一调查。如果在交易中由第三人负担无权处分的风险，则受让人在交易前势必要辗转调查让与人处分权限之有无，这将增加交易费用，拖延交易时间。如果受让人善意取得财产后，根据转让人的无权处分行为而使交易无效，并让受让人返还财产，则不仅要推翻已经形成的财产关系，而且使当事人在从事交易活动时，随时担心买到的商品有可能要退还，这样就会造成当事人在交易时的不安全感，也不利于商品交换秩序的稳定。

关于善意取得存在的理论基础，多数学者提出了不同的看法，大致有以下几种观点：(1) 取得时效说。时效制度，以时间及时间之经过为其构成要件。而善意取得制度则与时间及时间之经过没有联系。所以，时效制度与善意取得制度是两种各自独立的制度。(2) 权利外形说。占有人应推定其为法律上的所有者，故受让人有信赖之基础。(3) 法律赋权说。善意取得是由于法律赋予占有人处分他人所有权的权能。(4) 占有效力说。善意取得系由于受让人受让占有后，占有之效力使然。大多数学者认为善意取得制度的理论基础是法律上承认占有公信力的逻辑结果，即赞成权利外形说。

一般认为，善意取得制度来源于日耳曼法，且仅适用于动产。日耳曼法根据动产是否基于所有人的意思而归他人占有规定了不同的后果：(1) 在动产不基于所有人的意思归他人占有的场合，例如被盗、遗失，所有人仍享有权利，动产无论转归何人占有，都有权请求返还。(2) 在动产基于所有人的意思交于他人时，如租赁、寄托，所有人只有权对其契约的相对人即承租人、受托人请求返还原物、赔偿损失，对于由相对人处取得物之占有的第三人，不得为返还原物的请求。在这种情况下，第三人虽然取得物的占有权，但未取得物的所有权，所有人仍然享有所有权。在契约的相对人从第三人处又取得物的占有时，所有人还有权从其相对人处回复物之占有权。这种基于占有人的意思把物交于他人占有对于第三人即不得请求返还原物的原则，后来在传统民法中称之为"占有公信力"原则。

对于善意取得制度是否适用于不动产，理论上主要有以下两种意见：一种意见认为，不动产所有权的取得是以登记为要件，交易上不致于误认为占有人为所有权人，因此认为不动产的交易不适用善意取得制度。另一种意见认为，在不动产的交易中，由于工作人员的疏忽大意，导致登记错误、疏漏、未登记等原因发生无权处分问题，那么第三人也同样存在是否知情即是否为善意的问题。如果不动产交易中的第三人取得不动产时出于善意，则应该从保护善意第三人的利益出发，同时维护正常的交易秩序，应当允许在不动产上适用善意取得。从《物权法》第 106 条的规定可以看出，我国规定善意取得的客体包括动产和不动产。

第三人善意取得财产所有权的条件包括：

（1）出让人无权处分。善意取得仅适用于无权处分的情形。无权处分，是指行为人没有处分权，却以自己的名义实施的对他人财产的法律上的处分行为。无处分权主要包括两种情形：一是无所有权。以某物为合同标的却没有所有权，其权利瑕疵是显而易见的，如将他人之物出卖，以他人之物出租等都构成无权处分行为；二是处分权受到限制。这是在有所有权但所有权受限制的情况下实施的处分行为。如未经抵押权人同意，对抵押物的处分等。处分财产的权利只能由享有处分权的人行使，无处分权人处分他人财产则构成对他人财产的侵害。即使是对共有财产享有共有权的共有人，也只能依法处分其应有份额，不能擅自处分其他财产。无权处分的行为具有违法性，如果某种处分行为是在法律规定的情况下而行使的，具有合法性，就不能构成无权处分行为，如本司法解释第 29 条规定的管理人通过拍卖、变价转让债务人占有的权属不清的鲜活易腐等不易保管的财产。

善意取得的财产必须是法律允许自由流通的财产。法律禁止或限制流转的物，如爆炸物、枪支弹药、麻醉品、毒品、盗窃物、赃物等，因这些物的交易本身违法而无效，故不适用善意取得制度；国家专有的财产以及法律禁止或限制流转的国有财产也不适用善意取得制度；全民所有制、企事业单位占有的依法可以由这些单位处分的国有财产则应与集体组织和公民个人所有的财产一样，适用善意取得制度，如果对其实行特殊保护而不适用善意取得制度，会破坏交易中的公平等原则；对于已被法院、行政机关采取查封、冻结等强制措施的财产，因该财产已转变为禁止流通物，也不应适用善意取得；记名证券所记载的财产和主体是特定的人，不能仅依交付而转让，更不适用善意取得制度。根据《民法通则》第 79 条的规定，所有人不明的埋藏物、隐藏物、遗失物、漂流物或失散的饲养动物，应归国家所有或归还失主，也不适用善意取得制度。但是，如果上述财产几经辗转，最后占有人是善意或者通过拍卖、公证等合法形式向具有经营资格的经营者购得该遗失物的，权利人请求返还原物时应当支付受让人所付的费用。权利人向受让人支付所付费用后，有权向无处分权人追偿。因为占有人在保管该物时付出了一定的代价，而且最后占有人往往在占有该物时出于善意。如果不对善意占有人的利益加以保护而使其正当的利益受到损害，必然会造成不良后果。根据我国法律规定，如果受让人是无偿取得某项财产的，则不论其取得财产时是善意还是恶意，所有人都有权要求受让人返还原物。

（2）受让人受让该不动产或者动产时是善意。善意亦称不知情，指不知存在足以影响法律效力的事实的主观状态。在《牛津法律大辞典》中对善意的定义有两种：①如果一个人诚实行事，即不知道也没有理由相信其主张是没有根据的，他就是善意行事，……当该人得知或应知表明其权利缺乏法律根据的事实时，则不存在善意。②真诚实施的行为，即使是疏忽实施的，都属于善意行为。近代民事立法大多在以下两种意义上使用"善意"一词：一是行为动机纯正，没有损人利己的不法或不当目的的主观态度，不问是否有过失；二是指行为人在为某种民事行为时不知存在某种足以影响该行为法律效力因素的一种心理状态。前一种应当是一种广义上的善意概念，后一种可以认为是一种狭义上的善意概念。善意取得中的善意是指取得标的物的第三人不知道或者不应当知道占有人为非法转让。这里不仅不要求第三人有出让人有权处分的确信，而且是推定任何参加交易的第三人都具有这种善意。物权法对这种善意的保护，是公信原则的体现。与之相对应的就是恶意第三人。恶意就是第三人依当时的情况知道或应当知道转让人无让与的权利。即根据当时的环境，依交易的一般情况，可以得出让与人无权让与的结论，则第三人应视为恶意。例如第三人以不正常的低价购买物品，如无相反的证据，应认为是恶意。

在实践中，判断是否善意可以从以下几个方面进行考察：①受让人有无法定了解的义务。对于受让物，受让人没有法定义务了解物权归属及处分人是否有处分权，且无恶意则其为善意；若受让人由于职业需要或特殊情况，对权利转让人及物权归属有法定了解义务而未了解的，则不能认定为善意。②财产转让时的价格情况。在进行转让时，转让物品品质非常好，无正当理由，受让人受让物品的价格与同类物品的当地市场价、习惯交易价相比较，过于低廉，则可根据具体情况确定受让人为恶意购买；反之，正常情况下，受让人受让物品的价格与同类物品的当地市场价、习惯交易价相比较，价格相当，则为善意。③受让人的专业及文化知识水平。依受让人的专业及文化知识水平，对交易的情况尽到最低注意义务，就可作出正确判断而未注意的为恶意；反之，依受让人的专业及文化知识水平，对交易情况已尽到最大注意义务而未能认别的，则为善意。④受让人对转让人的熟悉和了解程度。依受让人对转让人的熟悉和了解程度，能轻易识破其为非法转让仍为民事行为的，为恶意；反之，则为善意。⑤交易场所的综合因素。例如是否在同类物品交易场所，交易人身份是否可疑，交易时交易人行踪是否可疑等，结合这些因素，来判断善意和恶意。⑥受让人与转让人的关系以及其对转让人的态度。受让人与转让人之间关系密切，如近亲属、朋友等有恶意串通可能的或者受让人和转让人有其他非正常关系，有损害权利人利益可能的，应结合具体情况认定为非善意；反之，则为善意。⑦其他需要考虑的情形。当然，在实践中，判断是否善意，并没有一个绝对的标准，上面提到的也不能适用于所有情况。要正确地把握是否善意，应紧密结合具体的客观情况，因时、因地、因人、因事具体分析。①

（3）第三人需支付合理的对价。合理的对价是指市场公允价格，即该项财产在当时、当地环境下，一般交易人均认可的价格。第三人在购买无权处分人转让的他人财产时是否支付了合理的价格，通常也是判断其主观方面是否属于善意的一个重要标准。如果第三人在受让财产时是通过继承、赠与等没有支付对价的方式取得，或者支付的对价明显偏低，均不成立善意取得。如果第三人是通过拍卖或者其他公开竞价的方式取得财产，应当认定为支付了合理的对价。

（4）转让的不动产或者动产依照法律规定应当登记的已经登记，不需要登记的已经交付给受让人。即物权已经发生变动，受让人已经占有并依法取得了财产所有权。善意取得制度是立法者运用立法技术进行法律推导的逻辑结果，其直接的理论依据是物权变动中的公示、公信原则。所谓公示，是指物权在变动时，必须将物权变动的事实通过一定的共识方法向社会公开，从而使第三人知道物权变动的情况，以避免第三人遭受损害并保护交易安全。所谓公信，是指一旦当事人变更物权时，依据法律的规定进行了公示，则即使依公示的方法表现出来的物权不存在或者存有瑕疵，对于信赖该物权的存在并交易的人，法律也依然赋予其行为具有与真实的物权存在时相同的法律效果。一般的公示原则指物权的各种变动必须采取法律许可的方式向社会予以展示，以获得社会的承认和法律保护的原则。其中不动产、准不动产以登记为其公示方式，动产物权以交付占有为其公示方式。当然还有其他的特别权利的特殊的公示方式，如在证券权利交付中证券的背书，实际上也是一种特殊的公示方式。公信力是指依法完成的登记产生绝对效力，即使登记薄上所记载的权利并不存在或者权利的内容、主体与真实的情况不一致，法律上依旧承认那些因信赖登记簿所展现出来的物权而以之为标的进行交易的善意第三人所进行的物权交易具有与真实物权存在时相同的法律效果。

二、破产申请受理前的无权处分受让人构成善意取得的处理

破产申请受理前债务人占有的他人财产被非法转让，受让人构成善意取得的，原财产权利人只能以自己的财产损失通过申报债权的方式来得到救济。

---

① 刘毅：《论善意取得中的善意》，载 http://whhsqfy.chinacourt.org/public/detail.php? id = 31，最后访问时间：2013 年 8 月 12 日。

善意取得的法律效果是第三人取得转让财产的所有权，原财产权利人丧失财产所有权。第三人可以通过向无权处分人请求损害赔偿的方式来补救。也就是说，原财产权利人所享有的物权追及效力被阻断，物权被依法转化为债权形式的损害赔偿请求权。在无处分权人（债务人）未出现破产事由的情形下，原财产权利人并没有实质性的损失，因为足额赔偿能够弥补其财产损失。但在无处分权人（债务人）出现破产事由的情形下，债务人的财产已不能支付所有债权人的债权。此时，损害赔偿请求权和其他债权一样，没有优先效力，原财产权利人只能和其他债权人一样，通过向管理人申报债权的方式。在债务人没有财产，或者破产清偿率较低的情况下，原财产权利人的损失显然得不到充分的保障。因此，在适用善意取得确定第三人享有物权的时候应当十分谨慎。特别是要防止债务人在破产程序启动之前，恶意变卖他人财产，损害第三人的利益。管理人在清理债务人财产时，发现债务人有《企业破产法》第31条和第33条情形，损害第三人利益的，也可以行使撤销权或主张转让行为无效，以保障第三人的合法权益。

原财产权利人在申报债权时，债权额应如何确定呢？本条司法解释将申报债权的基础定义为"财产损失形成的债权"。在界定财产权利人的"财产损失"时，应当以被非法转让的财产原值为基础确定损失额，不能简单地以债务人将原财产转让给第三人的转让价来确定。因为：（1）原财产权利人可能并不知道债务人非法转让其财产的转让价，也不知道其转让的具体条件和细节，所以无法得知该转让价是否合理。（2）如果债务人恶意转让他人财产，转让价可能并不能代表财产的实际价值，也不能反应出财产权利人的实际损失。（3）原财产权利人申报债权的基础是物权受到损害后赔偿请求权。因此，从损害赔偿的一般原理来看，赔偿的数额应当与丧失物权所遭致的损失相一致，而转让价并不一定反映原财产权利人的真实损失。如果原财产权利人认为债务人非法转让其财产给第三人转让价比较合理，自然可以转让价为赔偿请求额，但如果原财产权利人不认可转让价，且有证据证明原财产实际价值的，申报债权额为原财产价值为准。如果原财产权利人有证据证明因物权丧失还导致自己有转让价之外其他损失的，原财产权利人还可以另行主张赔偿。管理人对第三人申报的债权数额应当先列入债权表，并提交债权人会议核查，经人民法院确认后生效。债务人、债权人对债权表记载的债权有异议的，可以向受理破产申请的人民法院提起诉讼。

三、破产申请受理后的无权处分受让人构成善意取得的处理

破产申请受理后管理人非法转让债务人占有的他人财产，受让人构成善意

取得，原财产权利人的损失作为共益债务来处理，由债务人财产随时清偿。破产申请受理即破产案件的受理，是指人民法院在收到破产申请后，认为申请符合法定条件而予以接受，并由此开始破产程序的司法行为。受理破产申请，是破产程序开始的标志，在破产法上具有重要的意义。人民法院受理破产申请就意味着破产程序的开始，从破产程序开始到破产终结的整个期间内，债务人及其有关人员都将受到破产法的约束。破产程序开始后，管理人将接管破产企业，开展包括接管债务人财产、调查债务人财产状况、管理和处分债务人财产等一系列工作。债务人从此时起丧失对破产企业财产的控制权，其对外债权债务均由管理人代为行使。针对债务人的债权应当向管理人申报，对债务人的给付义务应当向管理人为给付。管理人对债务人之外的他人财产并无处分权，但在处分债务人财产时如果误将他人财产当作债务人财产予以处理，且受让人构成善意取得，就有可能损害原财产权利人的合法利益。相对于破产申请受理之前财产被非法转让而言，破产申请受理之后财产被非法转让的实施主体是管理人，管理人处分财产的行为通常表现为一种职务行为。

　　共益债务是指在破产程序中为了全体债权人的共同利益而发生的各种债务，包括履行双务合同所产生的债务；债务人财产受无因管理所产生的债务；由债务人财产取得不当得利所产生的债务；在破产程序中，为继续营业向劳动者支付的劳动报酬和社会保险费用；管理人或相关人员执行职务致人损害所产生的债务。共益债务在清偿时优先于其他债权，包括普通债权、对债务人特定财产享有担保权的债权和劳动债权，在发生时随时由债务人财产进行支付，不需要参加破产分配程序。

　　破产管理人因职务行为非法处分他人财产给他人造成损失的，根据《企业破产法》第42条的规定，属于"管理人或相关人员执行职务致人损害所产生的债务"，应当作为共益债务处理，由债务人财产随时清偿。如果管理人非法转让他人财产不是职务行为，应当按普通民事侵权行为来看待。职务行为通常是指工作人员履行职责的活动，与工作人员的个人行为相对应。判断标准通常包括：（1）看该行为是否属于管理人的职权范围。管理人的行为必须是依据法律赋予的职责权限或者单位的委派从事的履行职务行为。超越职权的行为不是职务行为。（2）看管理人从事非法转让行为所处的时间空间是否属于履行职责的时间和地域范围。管理人在行使职权、履行职责的时间、地域范围内实施的行为通常都认定为职务行为。（3）看管理人从事非法转让行为时对外表彰的身份。通常情况下，凡以破产管理人的身份和名义实施的行为都是履行职务的行为，如果是以个人名义从事的行为就不属于履行职责的行为。（4）看管理人转让他人财产的目的。即管理人为了履行法定职责和义务，按照破产程序追求的特定目的从事的转让行为，通常都认定为是职务行为。

对于共益债务是否需要申报，《企业破产法》没有规定。由于共益债务在破产案件受理后才发生，优先受到清偿，并且总是和破产费用相提并论，而破产费用并不需要申报，因此有观点认为，共益债务也不需要申报，而是由管理人根据破产法规定随时支付。对此，目前较多的意见认为，债权人认为其债权应当列入共益债务的，同样需要申报。如果管理人有异议的，债权人可以向受理破产案件的法院提起诉讼，由法院确认共益债务的数额，从而在破产程序中清偿。因为从本质上来说，共益债务对于债权人来讲仍然是私权，如何处分完全取决于债权人，不能由管理人来做决定。管理人或相关人员在执行职务过程中非法转让了债务人占有的他人财产，给他人造成损失，如果该损失是否存在以及损失大小均由管理人来决定，而不允许债权申报，显然无法保障受害人（债权人）的实体权利。另外，共益债务也不具有劳动债权和破产费用的确定性。《企业破产法》规定劳动债权由管理人调查后直接确认，因为劳动债权在企业均有完备的记载，容易调查并确定债权人和劳动债权的数额。破产费用包括破产案件的诉讼费用、管理、变价、分配债务人财产的费用等，这些费用必须先行支出才能将破产程序进行下去，费用数额明确。而对于共益债务，如果债权人未申报，管理人并不必然就认为债务人对外负有共益债务。因为无论从理论上还是实践上看，所谓已知债权是指债务人账面上记载的债权，而有时候债务人认为某个合同已履行完毕，其财务资料反映对外并无债务，或者其认为并不存在无因管理、财产致人损害等情形，也就不存在所谓无因管理之债或侵权之债等债务。即使管理人认识到对外就共益债务存在争议，有时也难以确定共益债务的数额。所以，共益债务与劳动债权、破产费用不能相提并论，不具有后者的确定性，因此，权利人应当向管理人申报债权，管理人再决定是否列入共益债务。对共益债务是否存在以及金额发生争议的，应当向受理破产案件的人民法院提起诉讼。

【法律、司法解释及案例】

《企业破产法》（2007年6月1日起施行）

第三十一条 人民法院受理破产申请前一年内，涉及债务人财产的下列行为，管理人有权请求人民法院予以撤销：

（一）无偿转让财产的；

（二）以明显不合理的价格进行交易的；

（三）对没有财产担保的债务提供财产担保的；

（四）对未到期的债务提前清偿的；

（五）放弃债权的。

第三十三条 涉及债务人财产的下列行为无效：

（一）为逃避债务而隐匿、转移财产的；

（二）虚构债务或者承认不真实的债务的。

第四十二条 人民法院受理破产申请后发生的下列债务，为共益债务：

（一）因管理人或者债务人请求对方当事人履行双方均未履行完毕的合同所产生的债务；

（二）债务人财产受无因管理所产生的债务；

（三）因债务人不当得利所产生的债务；

（四）为债务人继续营业而应支付的劳动报酬和社会保险费用以及由此产生的其他债务；

（五）管理人或者相关人员执行职务致人损害所产生的债务；

（六）债务人财产致人损害所产生的债务。

第四十三条 破产费用和共益债务由债务人财产随时清偿。

债务人财产不足以清偿所有破产费用和共益债务的，先行清偿破产费用。

债务人财产不足以清偿所有破产费用或者共益债务的，按照比例清偿。

债务人财产不足以清偿破产费用的，管理人应当提请人民法院终结破产程序。人民法院应当自收到请求之日起十五日内裁定终结破产程序，并予以公告。

《合同法》（1999 年 10 月 1 日起施行）

第五十一条 无处分权的人处分他人财产，经权利人追认或者无处分权的人订立合同后取得处分权的，该合同有效。

《物权法》（2007 年 10 月 1 日起施行）

第三十四条 无权占有不动产或者动产的，权利人可以请求返还原物。

第一百零六条 无处分权人将不动产或者动产转让给受让人的，所有权人有权追回；除法律另有规定外，符合下列情形的，受让人取得该不动产或者动产的所有权：

（一）受让人受让该不动产或者动产时是善意的；

（二）以合理的价格转让；

（三）转让的不动产或者动产依照法律规定应当登记的已经登记，不需要登记的已经交付给受让人。

受让人依照前款规定取得不动产或者动产的所有权的，原所有权人有权向无处分权人请求赔偿损失。

当事人善意取得其他物权的，参照前两款规定。

第一百零七条　所有权人或者其他权利人有权追回遗失物。该遗失物通过转让被他人占有的，权利人有权向无处分权人请求损害赔偿，或者自知道或者应当知道受让人之日起二年内向受让人请求返还原物，但受让人通过拍卖或者向具有经营资格的经营者购得该遗失物的，权利人请求返还原物时应当支付受让人所付的费用。权利人向受让人支付所付费用后，有权向无处分权人追偿。

第一百零八条　善意受让人取得动产后，该动产上的原有权利消灭，但善意受让人在受让时知道或者应当知道该权利的除外。

第二百四十三条　不动产或者动产被占有人占有的，权利人可以请求返还原物及其孳息，但应当支付善意占有人因维护该不动产或者动产支出的必要费用。

《最高人民法院关于贯彻执行〈中华人民共和国民法通则〉若干问题的意见（试行）》（1987年1月1日起施行）

89. 共同共有人对共有财产享有共同的权利，承担共同的义务。在共同共有关系存续期间，部分共有人擅自处分共有财产的，一般认定无效。但第三人善意、有偿取得该项财产的，应当维护第三人的合法权益；对其他共有人的损失，由擅自处分共有财产的人赔偿。

【案例】

A公司是某住宅小区的开发商。2005年8月3日，A公司与尹某签订《房产买卖合同（预售）》，约定将位于某市某住宅小区3-3F房产（建筑面积98.20平方米）以总价527727元的价格销售给尹某。后A公司给尹某开出了两张总额为107727元的首期款收据，并在银行办理了42万元的购房按揭贷款。2006年12月1日张某与A公司签订了《楼宇认购书》认购了某住宅小区3-3F房，并交纳了两万元定金，2007年3月1日，张某向A公司交清某住宅小区3-3F的全部房款并办理房产证，A公司为其开具入住通知书，之后3-3F房一直由张某占有使用。尹某在张某办理房产证后发现房产已经过户，因此向法院提起诉讼，请求法院确认某住宅小区3-3F房产归尹某所有，A公司应当协助尹某办理房产变更登记手续。2007年12月3日，法院裁定受理A公司破产清算一案。

法院经审理认为，尹某虽与A公司签订商品房买卖合同，商品房买卖合同也已经发生法律效力。但是，在破产案件受理前A公司已经将合同约定的房产转让给张某，张某按照商品房买卖合同的约定支付了对价并完成房地产权登记，已经合法取得该房产的所有权。因此，原告尹某请求确认房产归其所有的诉讼请求不能成立，尹某因此产生的损失应当在破产程序中通过申报债权的方式弥补。遂判决驳回原告尹某的诉讼请求。

【简要评析】

在房地产开发商破产案中，普遍存在"一房二卖"的现象，开发商将已经销售的房产又多次进行违法转让，损害了房产买受人的利益，由此产生类似上述案件涉及房产权属的争议。该案争议焦点主要是：

1. 两份商品房买卖合同的效力问题

从商品房买卖合同关系上看，该案首先应当认定商品房买卖合同的效力。关于商品房买卖合同的效力认定问题，应当适用的法律依据主要是《合同法》第52条和《最高人民法院关于审理商品房买卖合同纠纷案件适用法律若干问题的解释》第2条的规定。该案的情形是原告尹某无证据证明张某明知该房产已经销售而与开发商A公司存在恶意串通损害其利益的行为。根据《最高人民法院关于审理商品房买卖合同纠纷案件适用法律若干问题的解释》第10条的规定，尹某不能证明张某恶意串通行为成立，则其关于张某与A公司之间的商品房买卖合同无效的主张不能成立。因此，该案所涉的商品房买卖合同均为有效合同。

2. 买受人是否属于善意取得的问题

从物权保护的角度看，该案涉及张某是否善意取得房产所有权问题。根据《物权法》第106条的规定，A公司在已经与尹某签订商品房买卖合同的情况下，又与张某签订《楼宇认购书》存在恶意损害对方当事人的可能性。但是，现有证据不能证明张某作为买受人受让不动产时存在恶意串通的行为，张某以合理的价格通过产权登记取得该房产的所有权。因此，张某取得物权属于善意，尹某不能向张某主张返还房产的权利，只能要求A公司承担违约责任。

3. 不动产所有权的转移问题

《合同法》第133条和第135条规定，商品房买卖合同的出卖人负有向买受人交付房屋并转移所有权的义务，买卖合同的标的物所有权自交付时起转移，法律另有规定或当事人另有约定的除外。当存在"一房二卖"的情形下，必然存在其中一个买受人不能取得房产所有权。依据《最高人民法院关于审理商品房买卖合同纠纷案件适用法律若干问题的解释》第8条的规定，因"一房二卖"导致无法取得房屋的买受人可以请求解除合同、返还已付购房款及利息、赔偿损失，并可以请求出卖人承担不超过已付购房款一倍的赔偿责任。因此，该案中，在张某取得房产所有权的情况下，作为买受人的尹某虽然签订合同在先，但不能取得房产；又由于房产的转让行为发生在破产申请受理前，转让房产的责任不在管理人，因此尹某只能向A公司主张赔偿损失，其应当以其损失额依法向管理人申报债权。

第三十一条【违法转让未构成善意取得时受让人的权利行使】
债务人占有的他人财产被违法转让给第三人,第三人已向债务人支付了转让价款,但依据物权法第一百零六条①的规定未取得财产所有权,原权利人依法追回转让财产的,对因第三人已支付对价而产生的债务,人民法院应当按照以下规定处理:

(一)转让行为发生在破产申请受理前的,作为普通破产债权清偿;

(二)转让行为发生在破产申请受理后的,作为共益债务清偿。

【条文主旨】

本条旨在规定债务人占有的他人财产被违法转让给第三人,第三人已经向债务人支付转让价款,但因不构成善意取得,财产被原财产权人追回的情形下第三人的权利保护问题。

【规范目的】

本条通过赋予第三人向管理人申报债权或将损失列入共益债务的方式,对不构成善意取得的第三人利益进行保护。在债务人占有的他人财产被违法转让给第三人时,第三人如果已经支付转让价款,但因善意不成立、动产没有交付或者不动产没有完成过户登记等原因,不成立善意取得。此时,如果财产权利人行使取回权,则第三人在支付价款后也不能取得财产权利。司法解释依据转让行为发生时间的不同,分别赋予第三人可申报破产债权或者将损失列为共益债务的权利,以弥补其损失。

【原理与适用】

一、违法转让未构成善意取得时受让人权利行使的基础

本条是对债务人占有的他人财产被违法转让但又未构成善意取得时,受让人权利行使作出的规定。受让人未构成善意取得时,如果第三人已经向债务人支

---

① 参见《中华人民共和国民法典》第三百一十一条。

付了转让价款，而所涉财产被原权利人追回后，第三人对已经支付的价款损失有权向债务人主张返还。对于该损失赔偿债权，与本司法解释第 30 条一致，根据转让行为发生的时间和行使主体区分为普通破产债权和共益债务进行清偿。

债务人占有的他人财产被违法转让给第三人后，如果构成善意取得，原财产权利人可能会遭受损失；如果不构成善意取得，第三人已支付了转让价款时，第三人会受到损失。这两种情况下的损失，司法解释采取了相同的处理方式，即发生在破产申请受理前的，损失作为破产债权在破产程序中申报；发生在破产申请受理后的，损失作为共益债务由债务人财产随时清偿。

债务人非法转让他人财产，受让人构成善意取得的情形下，原财产权利人向债务人主张损害赔偿请求权的基础是侵权行为；而债务人非法转让他人财产，受让人支付转让款而又不构成善意取得的情形下，受让人向债务人主张损害赔偿请求权的基础是违约行为。因侵权行为产生的损害赔偿请求权与因违约行为产生的损害赔偿请求权在破产程序中的区别在于二者的举证责任不同。

1. 原财产权利人以侵权为基础向债务人主张损害赔偿请求，应提供侵权人构成侵权的证据。一般侵权责任的构成要件，是指构成一般侵权责任所必须具备的条件。具备构成要件，则构成一般侵权责任；欠缺任何一个构成要件，都可能会导致一般侵权责任不构成。关于侵权责任的一般构成要件，我国学者有不同的看法，主要有三要件说和四要件说。三要件说认为，侵权责任一般构成要件包括行为人主观方面的过错、受害人之损害，以及过错与损害之间的因果关系。四要件说认为，侵权责任的构成要件包括行为的违法性、损害事实、违法行为与损害结果之间的因果关系以及行为人的过错。笔者认为，一般侵权责任的构成要件是指一般侵权责任所必须具备的条件，通常包括行为、过错、损害事实和因果关系四个构成要件。这里所谓的行为是指侵犯他人权利或者合法利益的加害行为本身。若无行为人的行为，就不会产生侵权责任。根据《民法通则》第 5 条规定，权利的相对人均负有不得侵犯权利的一般义务。侵犯权利的行为因为违反了法定义务，故具有违法性。原财产权利人应当举证证明债务人存在非法转让其财产的事实，包括财产的合法性与债务人非法处分的非法性。损害事实是指他人财产或者人身权益所遭受的不利影响，包括财产损害、非财产损害。一般而言，作为侵权责任构成要件的损害事实必须具备以下特征：损害事实是侵害合法权益的结果；损害事实具有可补救性；损害事实具有可确定性等。因此，原财产权利人应当证明自己因债务人非法转让财产而导致的损失之存在，以及损失的大小和范围。因果关系是指各种现象之间引起与被引起的关系。侵权法上的因果关系包括责任成立的因果关系和责任范围的因果关系。责任成立的因果关系，是指行为与权益受侵害之间的因果关系，考量的问题是责任的成立。责任范围的因果关系，是指权益受侵害与损害之间的因果关系，涉及的是责任成立后责任形式以及大小的问题。因此，原财产权利人应当举证证明自己的损害与债务人的非法转让财产之间存在因果关系。过错是指行为人应受责难的主观状态。过错分为故意和过失两种形式。故意是指行为人明知自己的行为会发生侵害他人权益的结果，并且希望或者放任这种结果发生的主观状态。过失是指行为人应当预见自己的行为可能发生侵害他人权益的结果，但却因为疏忽大意而没有预见，或者已经预见而轻信能够避免的主观状态。

2. 违约损害赔偿请求权产生的根据是违约行为，因此，第三人在债务人非法转让他人财产，第三人已支付转让款而又不构成善意取得的情形下，向债务人主张损害赔偿请求权应当证明债务人构成违约。依据《合同法》的规定，违约责任采取严格责任原则，即无过错责任原则，只有不可抗力方可免责。至于缔约过失、无效合同或者可撤销合同，则采取过错责任原则。由有过错一方向受损害方承担赔偿损失责任。因此，债务人非法转让他人财产的行为，第三人不构成善意取得，第三人以违约为由要求债务人损害赔偿的，应当证明合同已依法成立、生效，但债务人未按照法定或约定的合同内容全面履行应尽的义务。即，出现了客观的违约事实，同时还应证明自己有损害事实，损失的大小，债务人违约行为与自己损害事实之间存在因果关系。

二、本条的理解与适用

（一）关于损失额的确定

本条司法解释将第三人向管理人申报债权的的损失额和列为共益债务的损失额均表述为"已支付对价"形成的债权债务损失，对此不能狭隘地理解为损失就是第三人支付的对价。损失还应包括所有因履行合同而支付对价产生各种损失。包括但不限于价款及利息。按照我国《合同法》的规定，民事损害赔偿除交通运输等领域限额赔偿之外，原则上应当遵循完全赔偿原则。完全赔偿原则是指因违约方的违约行为对受害人造成的全部损失都应当由违约方负赔偿责任，包括直接损失与间接损失。完全赔偿就是要通过赔偿受害人的实际损失和可得利益的损失，来弥补受害人遭受的全部损失，使受害人恢复到合同订立前的状态或恢复到合同能够得到适当履行下的状态。我国《合同法》第113条采纳了完全赔偿原则，规定违约损失"包括合同履行后可以获得的利益"。根据完全赔偿原则，违约方应赔偿受害人的实际损失和可得利益的损失。实际损失则是现有财产的减少；而可得利益的损失，是合同履行后可以实际取得的利益的损失。可得利益是一种未来的必须通过合同的实际履行才能实现的利益，是当事人订立合同时能够合理预见到的利益。因此，尽管它没有为当事人所实际享受，但它属于只要合同适当履行当事人就会获得的。由于没有违约行为的发生，当事人是可以获得可得利益的，从这个意义上来说，可得利益的损失与实际损失没有实质的差别，它们都是违约行为所造成的损失。在确定可得利益的赔偿时，受害人不仅要证明其遭受的可得利益的损失确实是因为违约方的违约行为造成的，而且要证明这些损失是违约方在签订合同时能够合理预见的。但受害人的可得利益损失与违约行为之间应当具有直接的因果关系。

完全赔偿并不意味着各种损害都应当赔偿。在违约责任中，对于因一方违约而造成的人身伤害和死亡及精神损害的都不予赔偿。这是因为：(1)我国《合同法》中的违约责任形式不包括赔偿人身伤害、死亡及精神损害；(2)这些损害是违约方在订立合同时所不可预见的。如果要使这些得到赔偿，将会使订约当事人面临合同责任的不可预测性，从而妨害交易的正常进行。对于赔偿范围的确定在遵循完全赔偿原则的基础上还应当遵循合理预见规则。根据我国《合同法》第113条规定，损失赔偿额不得超过违反合同一方订立合同时预见到或应预见到的因违反合同可能造成的损失。根据这一规定，只有当违约所造成的损害是违约方在订约时可以预见的情况下，才能认为损害结果与违约行为之间具有因果关系，违约方才应当对这些损害进行赔偿。如果损害不可预见，则违约方不应赔偿。采用合理预见规则的根本原因在于，只有在交易发生时，合同当事人对其未来的风险和责任可以预测，才能计算其费用和利益，并能够正常地从事交易活动。如果未来的风险过大，则当事人就难以从事交易活动。合理预见规则是限制法定损害赔偿范围的一项重要规则，体现了意思自治原则和公平原则。

合理预见规则的适用应注意三点：(1)合理预见规则是限制包括实际损失和可得利益损失的损失总额的规则，不仅仅用以限制可得利益的损失。(2)合理预见规则不适用于约定损害赔偿。(3)是否预见到或者应当预见到的可能损失，应当根据订立合同时的事实或情形加以判断。

因损害赔偿请求权的行使受诉讼时效的限制。因此，第三人应在知道或者应当知道自己权利受到损害之日起2年内行使上述请求权。

(二) 破产申请受理前非法转让行为的第三人之权利保护

债务人占有的他人财产被违法转让给第三人，第三人已经向债务人支付转让价款，但又不构成善意取得时，如果转让行为发生在破产申请受理前，第三人可就其已支付对价损失形成的债权，作为普通破产债权申报。

善意取得不成立的原因不尽相同，可能是第三人存在恶意，可能是第三人支付的价款明显偏低，也可能是标的物的权利并未依法变动等，这些均会导致善意取得不成立。但由于第三人不能取得财产权利客观上表现为债务人违约，且第三人支付了全部或部分价款，存在一定的损失，因此，第三人的过错也不妨碍其向转让方（债务人）主张赔偿请求权。如果非法转让行为发生在破产申请受理之前，第三人的赔偿请求权与其他损害赔偿请求权一样，应当向管理人申报债权。

（三）破产申请受理后非法转让行为的第三人之权利保护

转让行为发生在破产申请受理之后，债务人占有的他人财产被管理人及其相关人员违法转让给第三人。第三人已经支付转让价款但又不构成善意取得时，第三人可以就其已支付对价所产生的债务向债务人主张损害赔偿请求。由于该部分损失是由管理人及其相关人员在履行职责过程中的不当行为产生，故应当作为共益债务，由债务人财产随时清偿。此种情形下，第三人如同其构成善意取得情形下原财产权利人享有的权利一样，此处不再赘述。

【法律、司法解释及案例】

《物权法》（2007年10月1日起施行）

第一百零六条 无处分权人将不动产或者动产转让给受让人的，所有权人有权追回；除法律另有规定外，符合下列情形的，受让人取得该不动产或者动产的所有权：

（一）受让人受让该不动产或者动产时是善意的；

（二）以合理的价格转让；

（三）转让的不动产或者动产依照法律规定应当登记的已经登记，不需要登记的已经交付给受让人。

受让人依照前款规定取得不动产或者动产的所有权的，原所有权人有权向无处分权人请求赔偿损失。

当事人善意取得其他物权的，参照前两款规定。

《侵权责任法》（2010年7月1日起施行）

第十九条 侵害他人财产的，财产损失按照损失发生时的市场价格或者其他方式计算。

《合同法》（1999年10月1日起施行）

第五十八条 合同无效或者被撤销后，因该合同取得的财产，应当予以返还；不能返还或者没有必要返还的，应当折价补偿。有过错的一方应当赔偿对方因此所受到的损失，双方都有过错的，应当各自承担相应的责任。

第一百一十三条 当事人一方不履行合同义务或者履行合同义务不符合约定，给对方造成损失的，损失赔偿额应当相当于因违约所造成的损失，包括合同履行后可以获得的利益，但不得超过违反合同一方订立合同时预见到或者应当预见到的因违反合同可能造成的损失。

经营者对消费者提供商品或者服务有欺诈行为的，依照《中华人民共和国消费者权益保护法》的规定承担损害赔偿责任。

【案例】

　　A公司是某住宅小区的开发商，2005年9月13日，A公司与刘某签订《房产买卖合同（预售）》，约定将位于某市某住宅小区1-15D房产（建筑面积113平方米）以总价623,618元的价格销售给刘某。后A公司给刘某开出了两张总额为187,085.40元的首期款收据，余款办理购房按揭贷款，并在产权登记机关办理了备案登记。2006年1月5日A公司又与黄某签订了《房产买卖合同》，约定A公司将某住宅小区1-15D房销售给黄某。2007年12月3日，某法院裁定受理A公司破产清算一案。2007年12月14日，黄某持A公司出具的付清房款证明书等证据要求管理人协助办理房产证。管理人经查询发现该房产已备案登记在刘某名下，故不予协助办理。刘某发现该房产被黄某占有使用后，立即向法院提起诉讼，请求法院判令A公司协助刘某办理房产变更登记手续。

　　法院经审理认为，刘某与A公司签订商品房买卖合同合法有效且已经办理房产备案登记，具有公示效力。在破产案件受理前，A公司虽将合同约定的房产转让给黄某，但黄某并未完成房地产产权登记，不构成善意取得。因此，原告刘某请求判令A公司协助刘某办理房产变更登记手续的诉讼请求具有法律依据，遂判决支持原告刘某的诉讼请求。

　　黄某在刘某办理房产证后，即就其损失额向A公司管理人申报债权。管理人经审查认为，因A公司无法履行双方签订的商品房买卖合同约定的协助办理过户义务，导致黄某无法取得房产所有权，黄某的损失额属于普通破产债权。因此，确认黄某的债权申报并将其债权列入债权表。

【简要评析】

　　上述案件同样涉及开发商破产案中对"一房二卖"现象的处理。在破产程序中，管理人既要对破产财产进行认定，也要对非破产财产进行审查。在确定为非破产财产的情况下，管理人仍然需要对非破产财产的权属进行认定，确定合法的取回权人。上述案件涉及的房产即属此情形。涉案房产由于存在"一房二卖"现象，虽然不属于破产财产，但管理人仍然有义务确定合法的权利人并协助其完成产权过户登记手续。根据《最高人民法院关于审理商品房买卖合同纠纷案件适用法律若干问题的解释》第10条的规定，买受人刘某以出卖人与第三人黄某恶意串通，导致其无法取得房屋为由，请求确认出卖人与第三人订立的商品房买卖合同无效的，应当区分考虑。在涉案房产已经办理备案登记的情况下，可以推定第三人黄某明知该房产已经销售的事实，进而认定黄某存在恶意串通行为，刘某主张黄某与 A 公司签订的商品房买卖合同无效，可以支持。从善意取得制度的角度看，根据《物权法》第 106 条第 1 款的规定，善意取得不动产的条件之一是应当登记的不动产已经登记。因此，在刘某已经将其商品房买卖合同备案登记的情况下，黄某不具备善意取得的条件。刘某发现其房产被违法转让时可以依法主张权利，在房产尚未过户至黄某名下时，刘某可以请求法院支持其诉讼请求，可以要求 A 公司依照商品房买卖合同的约定履行协助办理房产证的义务。在破产申请受理后，可以向管理人请求协助办理房产证的义务。而黄某无法取得房产所有权，其因支付对价形成的债权则属于普通破产债权，黄某可以依法申报债权并行使权利。

第三十二条【占有物毁损、灭失时代偿性取回权的行使】

债务人占有的他人财产毁损、灭失，因此获得的保险金、赔偿金、代偿物尚未交付给债务人，或者代偿物虽已交付给债务人但能与债务人财产予以区分的，权利人主张取回就此获得的保险金、赔偿金、代偿物的，人民法院应予支持。

保险金、赔偿金已经交付给债务人，或者代偿物已经交付给债务人且不能与债务人财产相区分的，人民法院应当按照以下规定处理：

（一）财产毁损、灭失发生在破产申请受理前的，权利人因财产损失形成的债权，作为普通破产债权清偿；

（二）财产毁损、灭失发生在破产申请受理后的，因管理人或者相关人员执行职务导致权利人损害产生的债务，作为共益债务清偿。

债务人占有的他人财产毁损、灭失，没有获得相应的保险金、赔偿金、代偿物，或者保险金、赔偿物、代偿物不足以弥补其损失的部分，人民法院应当按照本条第二款的规定处理。

【条文主旨】

本条旨在规定代偿取回权的行使途径、方式及补救方法。

【规范目的】

本条是明确财产权利人代偿取回权行使的途径和方式，正确处理原财产之代偿财产（保险金、赔偿金和代偿物）与债务人财产之间关系，以保护取回权人的合法权益。《企业破产法》第38条的规定是针对原财产尚存在的情形而设计的，没有规定原财产发生毁损、灭失的情形，因此，司法解释通过增加代偿取回权制度，来解决原财产毁损灭失情形下一般取回权行使的障碍问题。通常情况下，财产毁损灭失是由于他人侵权或者自然灾害所引起。这种情形下，虽然原物已不复存在，但基于财产的毁损灭失会产生占有人向侵权人或者保险公司的赔偿请求权，从而产生赔偿金、补偿金、保险金或者其他实物等代偿性资产。上述代偿性资产虽不是原财产，但本质上是原财产损毁灭失之后的替代物。因此，取回权人通过受让、行使债权可以一定程度上弥补其原财产损失，最大限度地实现自身利益。代偿资产分为现金和实物两种形态。由于原财产损毁产生的保险金、赔偿金或者种类物性质的代偿物客观上可能同债务人的财产相混淆，司法解释将原财产灭失之后对财产权利人的补救方式根据代偿资产是否与债务人资产相混同，分为两种情况处理：一种情况是，原财产毁损灭失之后的保险金、赔偿金或代偿物还没有交付给债务人，或者虽然已经交付给债务人，但能够与债务人的财产相区别。此种情形下，代偿资产与债务人资产没有混同，故可以由原财产权利人直接针对上述代偿金或代偿物行使代偿取回权。其中代偿资产未交付债务人的，债务人应将代偿金请求权转交给财产权利人；已交付债务人但能够与债务人财产相区分的，权利人向管理人就此部分代偿物向管理人主张代偿取回权。另一种情况是，保险金、赔偿金已经交付债务人或者代偿物已经交付债务人且无法与债务人财产相区分，此时出现了代偿资产与债务人资产混同。此时就不应允许原财产权利人直接行使代偿取回权，而应根据毁损灭失发生的时间及是否存在管理人或相关人员的过错分别按普通债权申报或共益债务处理。

【原理与适用】

本条是对债务人占有的他人财产毁损、灭失后有代偿物时代偿性取回权行使作出的规定。代偿性取回权是指一般取回权行使的标的财产毁损、灭失时，该财产的权利人依法对取回权标的物的代偿财产行使取回的权利。一般取回权是以取回物仍然存在于债务人处为基础而成立和行使的，而代偿性取回权是在取回标的物毁损、灭失，一般取回权无法行使时，对一般取回权制度的必要补充。本条为了更好地平衡取回财产权利人和全体债权人的利益，一方面确立了代偿性取回权制度,另一方面又对代偿性取回权行使的代偿财产范围作出了必要的限制。即,因取回财产毁损、灭失获得的保险金、赔偿金或者代偿物尚未交付债务人,或者代偿物虽然已经交付债务人但能与债务人财产相区分的,权利人可以取回就此获得的保险金、赔偿金或者代偿物。但是,如果保险金、赔偿金或者代偿物已经交付债务人且不能与债务人财产相区分的,权利人就不能行使代偿性取回权,其只能按照破产债权或者共益债务获得清偿。

破产取回权可以分为一般取回权和特别取回权。一般取回权,是指在管理人接管的破产人财产中有他人财产时,该财产的权利人享有的不依破产程序取回其财产的权利。特别取回权包括出卖人取回权、行纪人取回权和代偿取回权三种形态。我国《企业破产法》在完善一般取回权的基础上,对出卖人取回权进行了规定,但未规定行纪人取回权和代偿取回权。行纪人取回权之理论基础和逻辑机理与出卖人取回权基本相同,故可借助出卖人取回权弥补。未规定代偿取回权,就使取回权人利益的保护存在漏洞。代偿取回权的价值和功能是其他制度无法取代的。探讨代偿取回权的性质、适用范围和运作机理,对于划分破产财产与非破产财产,保护取回权人的利益有着十分重要的意义。

一、代偿取回权的立法实践

德国、日本、瑞士、韩国等大陆法系国家在其破产法中明确规定了代偿取回权制度。《德国破产法》第48条规定:"本可要求取回之物在破产宣告前被债务人或者破产宣告后被管理人不当出售时,若对方尚未给付,取回权人可要求让与对对方给付之请求权。已向破产财产给付而能加以识别的,他可要求从破产财产中取回该项对方给付。"[①]《日本破产法》第64条规定:"(代偿取回权)(一)破产人(已发布保全管理命令时的保全管理人)于破产宣告前将取回权标的财产转让时,取回权人可以请求转移对待给付请求权。破产管理人将取回权标的财产转让时亦同。(二)于前项情形,如果破产管理人已受对待给付,取回权人可以请求给付破产管理人所受的对待给付财产。"《瑞士破产法》第202条规定:"债务人出售第三人所有的财产,在破产宣告时尚未收取货款的,则原所有人可以通过向债务人支付应得报酬要求转让对买方的货款债权或者货款已为破产管理人收取的,要求发还货款。"[②]《韩国破产法》也有类似的规定。

我国破产法没有规定代偿取回权,但在对《企业破产法(试行)》的司法

[①] 刘汉富译:《德国破产法》,载王保树主编:《商事法论集》(第5卷),法律出版社2000年版,第551页。

[②] 刘汉富译:《瑞士联邦债务执行与破产法》,载王保树主编:《商事法论集》(第5卷),法律出版社2000年版,第498页。

解释中有对取回权人财产遭遇毁损灭失或被转让时保护的规定。《最高人民法院关于审理企业破产案件若干问题的规定》第71条和第72条规定"债务人基于仓储、保管、加工承揽、委托交易、代销、借用、寄存、租赁等法律关系占有、使用的他人财产，财产权利人有权取回"。但以上财产"在破产宣告前已经毁损灭失的，财产权利人仅能以直接损失额为限申报债权；在破产宣告后因清算组的责任毁损灭失的，财产权利人有权获得等值赔偿。债务人转让上述财产的，财产权利人有权要求债务人等值赔偿"。该规定一定程度上发挥了代偿取回权对取回权人权利的救济功能。但是仍然存在不足：（1）没有规定特定情形下取回权人可享有代偿取回权。赋予取回权人对直接损失申报债权的权利和获得等值赔偿的权利在性质上仍然属于债权，这使得破产程序对取回权人利益的保护力度明显不足。（2）对取回权人所享有的等值赔偿请求权的提出，以及等值赔偿请求权是否具有不同于一般债权的优先效力规定得比较模糊。特别是债务人转让财产时，权利人有权要求债务人等值赔偿的规定使清算组和债务人的角色定位变得比较模糊。（3）取回权人财产遭遇毁损灭失或者被转让的情形比较复杂，但规定并未区分各种具体情形。如取回权人财产被转让时，如果债务人或者清算组尚未收取对价，或者收取的对价具有明显的可区别于债务人一般财产的属性，这时取回权人是否仍只享有等值赔偿请求权。如果受让人构成善意取得，权利人的利益如何保护。如果受让人不构成善意取得，但已经支付了价款，受让人的利益如何保护。由于上述规定难以充分发挥保护取回权人利益的功能。因此，司法解释有必要对以上问题予以明确。

二、代偿取回权的学术观点

关于代偿取回权的学术观点可大致分为三种：第一种观点是否认代偿取回权及其优先效力。该观点认为，取回权的行使必须以取回权标的财产仍然存在为前提。如果可取回的财产已经灭失，依据民法上的侵权理论，应由取回权人通过损害赔偿的途径来解决，不需要维护原财产权利的优先效力。这种观点忽视了破产程序中取回权与赔偿请求权的巨大差异，对取回权人利益的保护极为不力。目前赞同此观点的不多。第二种观点是虽然承认代偿取回权，但认为代偿取回权仅适用于财产权利人的财产被破产人或者管理人转让，且受让人未支付价金的情形[①]。这种观点将代偿取回权理解为法律赋予权利人向财产受让人（而非管理人）请求返还原物或者请求支付应付价金的权利，如果管理人已受领价金，则代偿取回权不存在。这种观点对代偿取回权的理解过于狭窄，无法

[①] 吴合振主编：《企业破产清算》，人民法院出版社2002年版，第210页。

涵盖原物被转让后，代偿财产仍然可与破产财产相区别情况下的代偿取回情形。第三种观点是代偿取回权既包括请求管理人转让对待给付的权利，也包括请求管理人转让对受让人的请求权的权利。如日本学者伊藤真认为，代偿取回权是标的物已转让给第三人，并未现存于破产财团中而不可能返还时，就替代标的物的对待给付或其请求权承认取回权的一种特殊取回权。① 目前以第三种学说为通说。但是对代偿取回权行使的条件和范围，学者观点并不一致。通说认为，只有对待给付为特定物时才可行使代偿取回权②。

三、代偿取回权设立的必要性及其与赔偿请求权的关系

代偿取回权是取回权人的财产发生毁损灭失或者被转让，一般取回权无法行使时，而依法律规定对原财产的代偿财产行使取回权的制度，是一般取回权制度的必要补充。

在代偿取回权问题上之所以存在不同观点，主要是对取回权是否可延续到代偿财产之上存在不同的认识。如果认为取回权人对原财产优先取回的权利只能依附于原财产而存在，原财产毁损灭失或者被转让，这种优先权也随之消失，那么，其结论必然是否认代偿取回权。如果认为原权利人于一定情况下可将对原财产优先取回的权利延续至原物的代偿财产，则承认代偿取回权也顺理成章。对立法者而言，是否承认代偿取回权制度应考虑哪一种选择更有利于维护破产程序的公平性。如果将财产毁损灭失或者被转让的权利人都视为一般债权人，在某些情况下，会造成极不公平的现象。如债务人在资不抵债、面临破产危机的情况下，故意将租赁的他人机器设备进行转让，如果只承认出租人具有赔偿请求权，那么，由于受到债务人清偿能力的限制，出租人最终获得给付的数额可能是零。而实际上，出租人在破产程序开始后享有全部取回自己财产的权利。出租人对于这种损失没有任何过错，也完全非自己的意志所能控制，但却不得不承受这种损失。在此情况下，如果法律不进行特殊规制，取回权人的利益将毫无保障。鉴于取回权标的物遭遇毁损灭失或者被转让时，取回权人处于明显的弱势地位，立法的重点应是维护取回权人的利益，最大限度地使取回权人的利益在清算程序之外得到满足，而不是简单地将其一概视为普通债权。从这个角度来看，规定代偿取回权制度显然更符合公平原则。当然，取回权人的财产遭遇毁损灭失或者被转让后的情形比较复杂，代偿取回权行使的条件应根据具体情况界定，这样才能平衡取回权人与债权人、债务人、管理人之间的利益关系。

---

① [日]伊藤真：《破产法》，刘荣军、鲍荣振译，中国社会科学出版社 1995 年版，第 187 页。
② 邹海林：《破产程序和破产法实体制度比较研究》，法律出版社 1995 年版，第 294 页。

代偿取回权和赔偿请求权有很大的区别，两者可以并存但不可以相互代替：

1. 代偿取回权是物权行使的特殊方式，具有物权属性和优先效力。而赔偿请求权是一种债权，和其他一般债权处于平等地位。代偿取回权的优先效力主要体现为一种区别效果，即将代偿财产从破产财团中区分出来，不参与破产分配，不与一般破产债权相竞争。破产程序开始之后，债务人已经丧失清偿能力，在这种情况下，享有优先的取回权还是享有一般的债权请求权对取回权人的利益具有十分重要的影响。因此，要十分慎重地对待取回权人的权利，不能轻易使其权利的优先效力归于消灭。

2. 代偿取回权与破产程序取回权密切相关，而赔偿请求权则没有这种相关性。代偿取回权以取回权为基础，具有保护取回权的特殊功能。代偿取回权将取回权人所享有的优先权由原财产延伸到原财产毁损灭失或者被转让之后的代偿财产，从而可以为取回权人提供更加充分的保障。

3. 代偿财产作为代偿取回权的标的，本质上是取回权人财产的转化形式。行使代偿取回权不会对破产财产的损益造成影响，而赔偿请求权所请求的金额，要从债务人财产中支付，这必然会和其他债权人的利益相冲突。可见，两者行使的后果迥异。

4. 代偿取回权行使的标的是原财产的代偿财产，在一定情况下，可以同破产财产相区分。而赔偿请求权的标的是原财产因毁损灭失或者被转让而造成的损失，该损失只能以金钱来衡量，没有任何特定性。代偿财产的大小是一个事实判断，它由原财产转化而来的客观价值来决定，与过错无关，而赔偿请求权标的大小是一个价值判断，通常要考虑加害人的过错。比如，债务人故意将他人市价10万元的车辆，以6万元的价格转让给第三人或者换回一台价值5万的机器。这里的转让款和作为对价的机器都可以视为原财产的代偿财产，只要符合代偿取回权的行使条件，都应当允许原取回权人取回。但是，债务人由于过错而为无权处分行为给权利人造成的差价损失，权利人只能主张赔偿请求权。

5. 代偿取回权和赔偿取回权具有不同的功能，两者可以互相并存。如果代偿财产不足以弥补取回权人的损失，取回权人仍享有对其余损失主张赔偿的请求权，但赔偿请求权没有优先行使的效力。

四、代偿取回权的标的

能否行使代偿取回权，不宜以代偿财产是种类物还是特定物来区分。只要代偿财产是针对原取回权标的物之灭失而作出的对待给付，且能够与破产财产相区分，就应当允许权利人对代偿财产行使取回权。也就是说，即便代偿财产是种类物或者价金、保险金、补偿金，但如果通过某种判断，可以和破产财产区分清楚，就应当允许取回权人行使代偿取回权。

现实生活中，代偿财产如果是货款、金钱之债或者种类物时，很容易与破产财产相混同而无法区分。如果允许对此类财产行使代偿取回权，的确有滥用取回权损害其他债权人利益的危险。但是，并非所有的货款、金钱之债或者种类物都必然和破产财产相混同。比如，管理人过失将他人的机器设备处理，买受人尚未支付货款，或者已经支付货款，管理人发现处理不当后，及时将该笔货款提存，未能与破产财产混同。此时，无论是对未支付货款享有的金钱之债，还是被特定化处理的货款，都完全可以和破产财产相区分。对上述代偿财产形态行使代偿取回权不存在损害破产财产和其他债权人利益的可能，因此，应当允许取回权人对其行使代偿取回权。

代偿取回权的标的不应限定为特定物的理由如下：

1. 权利人财产遭遇毁损灭失或被转让后，其代偿财产的形式是多种多样的。既可能是特定物，也可能是种类物，既可能是物权，也可能是债权。不管代偿财产的形式如何，其本质都和破产财产有着质的区别，是破产财产之外的他人财产，是不应当参与破产分配的财产。取回权标的物在灭失前，债务人或者管理人是权利人财产的占有者；取回权标的物灭失后，债务人或者管理人是代偿财产的代管人。两种情形下，债务人或者管理人都不应变成财产的所有人。

从行使后果来看，由于代偿财产是他人财产的转化形态，对代偿财产行使取回权实际上就是物归原主，不会影响债权人的利益；而限制权利人对代偿财产行使取回权，必然会构成债务人的不当得利。

2. 种类物、债权和特定物都是财产的表现形式，在商品流通高度发达的现代社会，货币已成为财产的普遍代表形式。处分他人财产或者财产毁损灭失取得的对待给付一般都是特定金额或者货款。若将代偿取回权标的局限为特定物，实际上会使代偿取回权的适用失去意义。代偿取回权是特殊的取回权，其特殊之处就在于它行使的标的不是财产之原态，而是原财产的转化财产形态，如果是财产的原态，则仍为一般取回权。

3. 我国《担保法》第58条、第73条规定，抵押物或者质物灭失后，因原物灭失所得的赔偿金，应当作为抵押财产或者出质财产，抵押权人和质权人可以对原物毁损灭失所获得的赔偿金行使权利。可见，原物毁损灭失后，他物权人对原物的代偿财产具有与原物同样的优先权，物权的优先效力并未因物之毁损灭失而消失，而是延续到了其代位物。即便代位物是赔偿金，他物权人仍可就赔偿金行使求偿权。那么，举轻以明重，如果取回权人对取回权标的灭失所转化的赔偿金不能享有代偿取回权，只能请求赔偿请求权，则势必造成对所有权人的保护力度反不及限定物权人的情形。因此，为维护立法逻辑的统一，承认取回权人对取回权标的物转化的赔偿金额在特定情况下享有代偿取回权，更加合理。

4. 从国外立法来看，德国、日本等国关于代偿取回权行使的规定并未将代偿取回权限定为特定物。如《德国破产法》第 48 条规定："本可要求取回之物在破产宣告前被债务人或者破产宣告后被管理人不当出售时，若对方尚未给付，取回权人可要求让与对对方给付之请求权。已向破产财产给付而能加以识别的，他可要求从破产财产中取回该项对方给付。"可见，德国法并没有对作为代偿财产的"对方给付"用特定物或者种类物去做区分。《日本破产法》规定："如果破产管理人已受对待给付，取回权人可以请求给付破产管理人所受的对待给付财产。"日本法对代偿取回权的标的是"对待给付财产"，也没有否定对种类物的取回权。更值得注意的是《瑞士破产法》的规定，该法甚至赋予了原财产所有人在管理人转让其财产并取得货款时，可以享有请求管理人发还货款的权利。① 很显然，该法是将货款视为代偿财产允许权利人优先取回。

5. 取回权标的遭遇毁损灭失或者被转让，多数情况下是由于债务人或者管理人未尽到善管义务或者为无权处分造成的。取回权人对其财产的灭失和转让都不存在过失。如果不允许取回权人对作为代偿物的种类物、债权行使取回权，将会大大减损取回权人的利益，也会造成对过错行为的纵容和忽视，甚至会起到鼓励债务人任意处分他人财产的不法后果。

综上所述，笔者认为，代偿取回权的标的应分为三类：（1）特定物。包括原财产被转让后，受让人支付给债务人或者管理人的作为对价的特定物，也包括原财产因第三人原因而毁损灭失，第三人针对该项财产支付的特定物。比如，债务人借用他人一辆宝马车，在使用过程中第三人将车撞毁，第三人将自己的一辆奔驰车作为赔偿交给债务人。债务人在未转交出借人前破产，则出借人可以奔驰车为标的向管理人请求行使代偿取回权。（2）种类物或特定金额。包括原财产被转让或者发生毁损灭失而由受让人、保险公司、第三人针对该财产而支付的价金、保险金、补偿金、赔偿金。对此类代偿财产行使代偿取回权应符合一定的条件，以防止滥用取回权对其他债权人造成损害。比如上述资金依法提存或者单独保管，能够明显与债务人财产区分等。（3）原财产被转让而受让人尚未支付对价时，管理人取得的对受让人的请求权。这种情形下，权利人可以要求管理人移转对受让人之请求权，同时要求管理人作出移转的意思

---

① 参见《瑞士联邦债务执行与破产法》第 202 条。转引自刘汉富译：《瑞士联邦债务执行与破产法》，载王保树主编：《商事法论集》（第 5 卷），法律出版社 2000 年版，第 498 页。

表示和发出作为对抗要件的债权转让通知。[①] 这种请求权转让也可以看作是代偿取回权行使的一种方式。

五、代偿取回权产生的原因

代偿取回权产生的原因既可以由债务人或者管理人不当转让取回权人的财产形成，也可以因自然原因、第三人原因造成。

1. 由债务人转让取回权人的财产发生的代偿取回权。由于债务人转让取回权人财产本质上是无权处分行为，所以有的情况下，权利人可以通过处分行为无效制度取回自己的财产。但是，如果受让人未及时返还原物，或者已将财产转让、消费，或者符合善意取得的条件，财产无法返还时，在进入破产程序后，权利人可以通过行使代偿取回权或者以赔偿请求权申报债权的方式得到救济。如果债务人在破产案件受理之前转让权利人财产，受让人于管理人接管财产之前仍未向债务人返还原物或者支付对价、赔偿金，不构成善意取得的，权利人可以直接向受让人主张财产返还请求，也可以向管理人提出请求，以管理人接管的债务人向受让人的请求权为对象，行使代偿取回权。如果债务人在转让他人财产之后，已构成善意取得，并且在破产程序开始之前已经取得受让人支付的代偿财产，代偿财产在破产案件受理后一并交由管理人接管的，要分情况处理：如果该项财产能够同债务人财产相区分，财产权利人也可以行使代偿取回权。如果债务人取得的对价财产已与债务人其他财产相混同，无法区分，管理人于破产程序开始后接管的，权利人不能行使代偿取回权，只可以就该项损失享有的赔偿请求权申报债权。

2. 由管理人转让取回权人的财产发生的代偿取回权。管理人在接管债务人财产后，在处理破产财产过程中，误将他人享有取回权或者代偿取回权的财产转让，一般情况下，也应按无权处分对待，转让行为无效，受让人应返还原物。但如果受让人构成善意取得或者原物已被消费或者其他原因灭失，无法返还的情况下，管理人应当承担赔偿责任。由于管理人处分他人财产是职务行为，所以，按照《企业破产法》第 42 条第（5）项的规定，权利人的上述损失应当按共益债务处理，比一般的债权有优先效力。如果受让人于权利人请求时，尚未返还原物，或者尚未支付价金、赔偿金，权利人可以要求管理人转让对受让人的请求权，以该请求权为对象行使代偿取回权。如果管理人已从受让人处取得对价财产或者赔偿金，且该对价财产或者赔偿金能够同债务人其他财产相区分，权利人也可以请求对该财产行使代偿取回权。如果管理人取得的对

[①] [日] 伊藤真：《破产法》，刘荣军、鲍荣振译，中国社会科学出版社 1995 年版，第 188 页。

价财产已混同于债务人财产，则无法行使代偿取回权。此时，如果管理人没有过失，是依法执行职务过程中导致不当处分他人财产造成损失的，则该项损失应列为共益债务，由债务人财产优先支付。如果是由于管理人未尽到忠实、勤勉义务，给权利人造成损失的，按照《企业破产法》第130条的规定，应由管理人向权利人承担赔偿责任。

3. 取回权人的财产因自然原因或者第三人原因遭遇毁损灭失后的代偿取回权。取回权标的因自然原因遭遇毁损灭失后，如果保险金尚未由债务人或者管理人受领时，权利人可向管理人请求交付保险金请求权。如果保险金已由债务人或者管理人受领且能与债务人财产相区分时，权利人也可向管理人请求交还保险金。取回权人的财产于债务人或者管理人控制之下，遭遇第三人的损害，第三人针对该财产尚未支付赔偿金或者补偿金时，权利人可请求管理人交付该项赔偿金或者补偿金的请求权。由于保险金和赔偿金是原取回财产的代偿形式，不同于债务人财产，因此，如果上述金额能够同债务人的财产相区分，也应允许权利人享有代偿取回权。

六、代偿取回权的行使

（一）代偿取回权行使的途径

代偿取回权的行使可以通过诉讼和非诉途径来行使。如果代偿财产处于管理人的控制之下，并且管理人对权利人的权利予以承认，权利人可通过管理人直接行使对代偿财产的取回权。但为了防止管理人滥用此项权利，许多国家和地区的破产法还规定，管理人要承认取回权人的权利请求，还须经监察人同意，在没有监察人或者监察人未确定时要经法院核定。所谓监察人是债权人会议的代表机关，在破产程序中代表债权人全体利益监督破产程序的执行[1]。各国破产法都设有此类机构，但名称不同。德国和我国《企业破产法》称之为"债权人委员会"，日本和我国台湾地区称之"监察人"，美国称之为"检查人"。按照我国破产法关于债权人委员会的职权设置，取回权人要求行使代偿取回权的，应受到债权人委员会的监督。

如果管理人对权利人的代偿取回权请求有异议或者管理人没有异议但债权人委员会有异议时，取回权人可以提起诉讼。诉讼由破产法院专属管辖，权利人不得向其他法院起诉。[2] 权利人的请求被法院判决认定后，权利人可以判决

---

[1] 李永军：《破产法律制度》，中国法制出版社2000年版，第143页。

[2] 李国光：《最高人民法院关于破产法司法解释的理解和适用》，人民法院出版社2002年版，第168页。

书为依据，向管理人请求行使代偿取回权或申请法院强制执行。法院判决没有认定权利人具有代偿取回权的，权利人仍可主张赔偿请求权。

（二）代偿取回权行使的方式

根据代偿财产的形态，代偿取回权行使可分为以下几种情况：

1. 代偿财产是特定物，并且该特定物仍然现存于管理人控制的破产财团之中的，权利人可以向管理人提出请求，直接行使取回权。如果该特定物不在管理人控制之下，如该特定物被盗或者已发生毁损灭失，权利人只能请求损害赔偿。管理人应该对权利人的请求进行认真审查，在确认权利人享有取回权，并且特定物和原取回权标的之间存在代偿关系后，及时将特定物交还权利人。债权人委员会可对特定物的取回提出异议。

2. 代偿财产是种类物或者特定金额。对种类物和特定金额行使代偿取回权应符合以下几个要件：（1）请求对种类物或者特定金额行使代偿取回权的主体必须是原来享有取回权的权利人。（2）种类物或特定金额能够同破产财产严格区分，不存在损害其他债权人利益的危险。如，种类物已经被管理人进行了独立保管、独立存放，或者尽管没有独立保管和存放但通过某种标识、标记能够同破产财产相区分；他人支付的货款、保险金、补偿金、赔偿金已被事先提存等待处理或者对款项做了专户管理，没有同破产财产相混同。（3）种类物或者特定金额是针对原取回权标的替代形态，与原取回权标的毁损灭失或者转让有直接因果关系。也就是说，代偿财产与原取回权标的存在严格的一一对应的关系。如果不存在这种对应关系，就不能行使代偿取回权。

3. 取回权人财产被破产人或者管理人转让，受让人尚未返还财产或者支付对价。这种情况下，对受让人的请求权具有明显区别于破产财产的特征。通过转让请求权可以使取回权人于破产财团之外寻求更加稳妥的救济，而不会对其他债权人的利益造成影响。因此，可通过向权利人转让对受让人的请求权的方式来行使代偿取回权。对受让人的请求权只能向管理人提出，并办理债权转让手续。有学者认为，取回权人在财产被转让而未支付对价时，应向财产受让人请求返还原物或者请求支付价金，以替代向破产人求偿的权利。[①] 这种把请求对象理解为财产受让人的观点会使给付请求遇到障碍。因为，受让人与取回权人之间没有合同关系，取回权人无法取得请求对待给付的凭据。即便取回权人以物权的追及力为理由，要求返还原物，也需要认定原转让行为是否有效的问题。而要认定转让行为是否有效，还得考查债务人或者管理人的意思和行为。可见，代偿取回权不可能被排除在破产程序之外，而必须以破产管理人为

---

① 吴合振主编：《企业破产清算》，人民法院出版社2002年版，第210页。

相对人。① 只有经过管理人对权利人权利的确认，并接受债权人委员会的监督，权利人才可以行使代偿取回权。

（三）代偿取回权人的义务

权利人在取回代偿财产时，如果存在相应给付义务，管理人可以要求权利人支付基于原财产占有合同而产生的仓储费、保管费、加工承揽费、委托费、代销费、租赁费等费用或者从代偿金额中扣除。不履行给付义务的，管理人可以拒绝权利人行使代偿取回权请求。

（四）代偿取回权与重整程序的关系

《企业破产法》第76条规定："债务人合法占有的他人财产，该财产的权利人在重整期间要求取回的，应当符合事先约定的条件。"可见，一般取回权的行使会受到重整程序的限制。法律这样规定的理由在于，重整中的债务人往往处于财务危机和信用危机之中，在资金和财产方面捉襟见肘，很难进行筹资或者举债。如果任由债权人或者他人行使担保权或者取回权，势必加速企业解体，使重整计划难以实施。因此，在重整程序中，即便债务人占有他人财产并未按约支付使用费或租金，但如果合同尚未到期或不符合事先约定的其他取回条件，取回权人仍应负担忍受义务，不得行使取回权。

那么，上述重整程序中对一般取回权行使的限制是否及于代偿取回权呢？笔者认为，该条规定不应适用于对代偿取回权的限制。因为代偿取回权以他人财产的灭失为前提。代偿取回权行使时，原财产已不存在，管理人占有的代偿财产已失去合同依据，代偿财产也不一定符合债务人原来设定的使用目的，故应允许取回权人行使代偿取回权。如果在重整期间，出于重整计划的需要或者资金紧缺，不能及时返还他人代偿财产的，应事先取得取回权人同意或者另行签订合同。

（五）代偿取回权的选择行使

在取回权标的被债务人或者管理人转让的场合，由于受让人是否符合善意第三人而即时取得财产所有权的结果并不确定，因此，转让合同是否有效以及受让人能否成为受让财产的合法所有人也不确定。这时也要区分情况：如果受让人为善意第三人，符合即时取得的条件，转让被确定为有效，则权利人只能对管理人收取的给付财产，于给付财产未同破产财产相混同的情况下行使代偿取回权。如果受让人即时取得尚未成立，原物仍有可能从第三人那里取回，在此场合，权利人可选择行使取回权或者代偿取回权②。即取回权人可以通过管

---

① 张卫平：《破产程序导论》，中国政法大学出版社1993年版，第229页。
② ［日］石川明：《日本破产法》，上海社会科学院出版社1995年版，第79页。

理人阻止善意取得的成立。比如，在未支付价款的情况下，及时宣布转让合同无效，在管理人追回财产后继续行使取回权。取回权人也可以放任转让合同发生效力，等待管理人取得给付财产后，行使代偿取回权。

七、占有物毁损、灭失时代偿物欠缺时的权利行使

（一）处理债务人占有他人财产毁损、灭失的法理基础及赔偿范围

债务人占有他人财产发生毁损、灭失，如果财产毁损、灭失具有代偿财产，债务人可以将代偿财产交付给权利人，如果财产的毁损、灭失没有代偿财产或者代偿财产不足，财产权利人应当依据债务人占有财产期间所应承担的保管义务的大小，向债务人主张赔偿请求。

占有，依是否基于本权可分为有权占有和无权占有。本权是指基于法律上的原因而享有的对物进行占有的权利，本权主要包括物权和债权，物权如所有权、质权等，债权如保管、租赁、借用等。基于本权的占有为有权占有，非基于本权的占有为无权占有。债务人在将财产返还给权利人之前负有占有人的保管义务。债务人的保管义务是指债务人因合同约定或者基于不当得利、无因管理等事实行为而占有他人财产，在财产未返还权利人之前，应当尽到约定或者法定的注意义务，妥善保管占有的他人财产。债务人未尽到妥善保管义务，而导致权利人财产毁损、灭失的，债务人实际上侵犯了权利人的财产所有权，应向权利人承担损害赔偿责任。我国《物权法》第37条规定："侵害物权，造成权利人损害的，权利人可以请求损害赔偿，也可以请求承担其他民事责任。"

如果债务人的保管义务是基于保管、运输、委托、借用、加工承揽等合同而产生，财产发生毁损、灭失的原因可能是债务人，也可能是第三人，但基于合同的相对性原理，财产权利人均可以债务人主张权利。债务人基于合同占有权利人财产期间，财产发生毁损、灭失时，债务人既违反了合同约定，又侵害财产权利人的财产权利，产生违约责任和侵权责任的竞合。权利人既可以提起违约之诉，亦可以提起侵权之诉。此种情形下，如果财产的毁损、灭失没有代偿财产，债务人向权利人承担赔偿责任范围应当包括：原财产的价值；原财产产生的利息、孳息；按照合同约定，财产权利人可得利益损失；因维护权利而产生的必要费用等。由于债务人作为合同一方，未尽到财产的保管义务已致财产毁损、灭失，因此，债务人不能要求在支付上述损失时扣除运输费、保管费、加工费等费用，但原财产有部分残值的，可以要求扣除残余部分的价值。

如果债务人是基于不当得利或者无因管理等原因占有权利人财产，此期间财产发生毁损、灭失而无法返还，权利人只能以侵权为由，向债务人主张损害

赔偿之诉，要求债务人承担损害赔偿责任。此种情形下，由于债务人只负有将现存财产返还的义务，因此，如果债务人已尽到了一般注意义务，则权利人主张的赔偿范围也仅限于财产的现存价值损失，包括原财产产生的利息、孳息，债务人在支付上述损失时还可以要求扣除维护、保管等必要费用。必要费用，指因保存或管理占有物通常必要的费用，如修缮费、饲养费、税捐、公寓大厦管理费、汽车定期保养费等。必要费用还可分为通常必要费用和特别必要费用，特别必要费用如房屋遭地震，汽车被洪水淹没而支出的重大修缮费用。对于以上费用的扣除，债务人应当提供证据。债务人在占有他人财产期间，支出的有益支出费用是否允许扣除，学说上存在争议。有益支出费用，是指因利用或改良占有物，且增加其价值的费用，例如以土填平城壕空地，将木窗改为铝门窗，将汽车窗门由手摇改为电动等。原物尚在的情况下，如果债务人（占有人）对权利人的财产实施了添附、改良等有益行为，客观上财产的价值已经增加。此时，债务人将原财产返还给权利人时，权利人应否支付债务人花费的有益费用？笔者认为，权利人在这种情形下应适当支付有益费用。因为此种情形下占有人的有益支出已经使原财产增值，且财产占有人是出于善意，一概不予补偿显然不公平。但是，由于占有的添附、改良行为并未取得原财产权利人的同意，且不一定符合原财产权利人利用财产的目的，因此，从平衡双方利益的角度考虑，应就增值部分适当补偿占有人。如果债务人（占有人）在实施添附、改良等行为之后，该财产又毁损灭失，且没有产生代偿财产，此时，财产权利人要求债务人进行赔偿时，债务人能否主张要求扣除有益支出费用？笔者认为，此时，不应当允许债务人扣除。因为债务人的添附、改良行为是单方意志，未经原财产权利人同意，而且其添附、改良后的财产已经毁损、灭失，证明财产曾经添附、改良比较困难，且原财产权利人并不能从债务人的添附、改良行为中得到利益和好处。因此，与原物返还时的情况不同，不能允许债务人扣除有益支出费用。

如果债务人是基于盗窃、侵占等原因非法且恶意占有权利人财产，财产毁损、灭失之后，权利人请求债务人赔偿财产的范围就不限于现存价值，而是包括财产的原值和利息、孳息及其他直接经济损失，债务人无权要求扣除维护、保管等必要费用，也不能主张扣除有益支出费用。

(二) 债务人免责的情形

债务人占有他人财产发生毁损、灭失的原因可能是由于自然原因引起的，也可能是由于人为原因引起的。在因自然原因引起财产毁损、灭失时，财产如果投保会产生保险金等代偿财产，如果财产没有投保或者保险金不足就会发生财产毁损、灭失代偿财产不足弥补权利人损失的情况。在人为原因引起财产毁损、灭失的情况下，致物损毁的人可能是债务人，也可能是债务人之外的第三人。债务人或者第三人致物损毁的主观方面可能存在过错，也可能不存在过错。如果债务人或者第三人不存在过错，则侵权责任很难成立，权利人只能以合同之违约为由向债务人主张损害赔偿责任。

债务人占有他人财产毁损、灭失之后，如果没有代偿财产，是否权利人有权依据本条司法解释第2款采取申报债权或者将损失列入共益债务的形式进行救济呢？

我们认为，不能一概而论。由于财产权利人向债务人或者管理人主张损害赔偿请求权的基础仍然是民法上的损害赔偿请求权，因此，如果债务人依法免除损害赔偿责任，权利人自然不能将其损失申报债权或者请求列入共益费用。通常情况下，因为侵权造成他人财产、人身损害的，承担赔偿责任原则上要同时具备损害事实存在、行为人行为违法、违法行为与损害事实之间有因果关系、行为人主观有过错等四个条件。因为违约而产生损害赔偿责任，虽然不要求主观过错，但要求有违约事实、违约给守约方造成的损失，以及违约行为与损失之间的因果关系。但是在某些情况下，法律规定的免责事由出现时，行为人可不承担损害赔偿的责任，即免除行为人承担的民事责任。

免责事由也称免责条件，是指当事人对其违约行为免于承担民事责任的事由。免责事由可分为两大类，即约定免责事由和法定免责事由。约定免责事由是指当事人约定的免责条款。免责条款是指当事人在合同中约定免除将来可能发生的违约责任的条款，其所规定的免责事由即约定免责事由。免责条款不能排除当事人的基本义务，也不能排除故意或重大过失的责任，免责条款必须不得违背法律规定和社会公益，也就是不能违背公序良俗，以免造成对相对人的不利。法定免责事由是指由法律直接规定、不需要当事人约定即可援用的免责事由，主要指不可抗力、正当防卫、紧急避险等；根据我国法律规定，免除民事责任主要有以下几种情况：

1. 因不可抗力造成他人损害的

根据我国法律的规定，所谓不可抗力，是指不能预见、不能避免并不能克服的客观情况。不能预见，即当事人无法知道事件是否发生、何时何地发生、发生的情况如何。对此应以一般人的预见能力为标准加以判断；不能避免，即无论当事人采取什么措施，或即使尽了最大努力，也不能防止或避免事件的发生；不能克服，即以当事人自身的能力和条件无法战胜这种客观力量；客观情况，即外在于当事人的行为的客观现象（包括第三人的行为）。不可抗力主要包括以下几种情形：（1）自然灾害，如台风、洪水、冰雹；（2）政府行为，如征收、征用；（3）社会异常事件，如罢工、骚乱。不可抗力作为免责条款具有强制性。当事人不得约定将不可抗力排除在免责事由之外。合同中是否约定不可抗力条款，不影响直接援用法律规定；如果合同约定不可抗力免责范围小于法定范围，当事人仍可援用法律规定主张免责；如大于法定范围，超出部分应视为另外成立了免责条款。

2. 受害人自身的过错造成损害的

这是指对于某些损害结果的发生，完全是由于受害人自身的故意或过失所造成的。在这种情况下，只要对方当事人没有过错，就不承担赔偿的民事责任，而由受害人自己负责。《民法通则》第127条和《侵权责任法》第27条均规定，由于受害人的过错造成损害的，行为人不承担民事责任。如果债务人占有权利人财产发生毁损、灭失的原因是由于权利人自己对财产的包装标识等有问题而引发，债务人（占有人）并无过错，也可以依法免责。

3. 因正当防卫、紧急避险造成他人损害而无不当和未超过必要限度的

（1）正当防卫造成的损害，是指为了保护社会公共利益、自身或他人合法权益免遭正在进行的不法侵害，对违法行为人采取的正确、适当的防卫措施，从而使之遭受财产或人身上的不利后果。《民法通则》第128条规定，正当防卫造成损害的，不承担民事责任。正当防卫，是法律赋予公民的一种自卫权利，但公民行使正当防卫的权利是有条件的。①必须是为了保护合法权益针对侵权行为而实施的防卫行为；②采取的防卫措施，必须是对正在进行违法行为的人而实施的。③防卫不得超过必要的限度，超过必要限度为"防卫过当"。防卫过当，造成不应有的损害，应当承担适当的民事责任。

（2）紧急避险造成的损害，是指行为人在遇到紧急危难的情况，为避免或救护一个较大的合法权益使之不受损害，不得已而对某一较小的利益所致的损害。《民法通则》第129条规定，因紧急避险造成损害的，紧急避险人不承担民事责任。构成紧急避险也必须具备一定条件：①紧急避险措施必须是在确实存在严重危险并且别无其他办法解救的情况下采取；②紧急避险所损害的利益，必须小于被保全的利益；③采取措施必须得当，不得超过必要限度。因紧急避险采取措施不当或者超过必要限度，造成不应有损害的，紧急避险人应承担适当的民事责任。

（三）管理人职务行为与非职务行为的判断标准

职务行为这个概念在不同语境下范围并不完全相同。我国现行民事法律中，对职务行为的侵权责任有一些条款涉及，但没有系统的规定。在司法实践中，某种行为是否属于职务行为，对确定侵权责任影响巨大。因而，什么是职务行为，就有再加梳理的必要。职务行为有狭义和广义之别。狭义职务行为，指国家机关或国家机关工作人员执行职务的行为。这样使用职务行为概念时往

往是在关于特殊侵权行为,特别是关于国家赔偿的讨论中,《民法通则》第121条的规定也是在这个定义范围内确定了责任,该条规定:"国家机关或者国家机关工作人员在执行职务中,侵犯公民、法人的合法权益造成损害的,应当承担民事责任。"这样使用职务行为概念,具有三个特点:一是行为主体特定,即行为人往往指具有国家机关或国家机关工作人员等特定身份的人;二是具体行为内容特殊,明确是执行公权力的行为;三是承担责任范围有明显限制,即"职务侵权行为应承担的民事责任范围,一般只有法律上明确规定必须承担责任的才承担责任"。广义的职务行为,在狭义职务行为范围外,还包含一些对社会或他人具有一定制约、支配或影响能力的行业从业者的职务行为和雇员在从事雇佣活动中的行为。比如,教师、医生、单位员工等在本职工作范围之内所从事的行为。破产法上所称"管理人或者相关人员执行职务"的行为,就是从广义上所讲的"职务行为"。在这类职务行为中,职业要求决定了其行为的外在特征,也决定了其内在属性。在司法实践中,已经有相关案例的判决书将此类行为认定为职务行为。《最高人民法院关于审理人身损害赔偿案件适用法律若干问题的解释》第8条规定:"法人或者其他组织的法定代表人、负责人以及工作人员,在执行职务中致人损害的,依照民法通则第一百二十一条的规定,由该法人或者其他组织承担民事责任。上述人员实施与职务无关的行为致人损害的,应当由行为人承担赔偿责任。"

判断管理人及相关人员的行为是否是执行职务的行为,应从以下几个方面考虑:(1)管理人及相关人员是否以管理人的身份或者名义从事侵权行为。通常情况下,凡以破产管理人的身份和名义实施的行为都是履行职务的行为。这要从相关人员的出示证件、对外签订合同或者口头宣称的名义等综合判断。(2)从所从事行为的内容来看是否属于管理人的职责范围。我国《企业破产法》第25条规定,管理人的职责范围包括:接管债务人的财产、印章和账簿、文书等资料;调查债务人财产状况,制作财产状况报告;决定债务人的内部管理事务;决定债务人的日常开支和其他必要开支;在第一次债权人会议召开之前,决定继续或者停止债务人的营业;管理和处分债务人的财产;代表债务人参加诉讼、仲裁或者其他法律程序;提议召开债权人会议等。如果不属于法律规定的管理人职责权限范围内的行为不得认定为是执行职务的行为。(3)从管理人及相关人员所从事行为的目的看是否属于管理人的职务行为。管理人履行法定职责的行为是为了实现债权的公平受偿,保证破产程序的公平有序进行,具有一定的公益性。如果行为的目的是为了个人私利就不能认定为是职务行为。(4)管理人及相关人员侵权行为的时间、地域范围。如果从从事行为发生的时间、空间来看,是在处理破产事务的过程中发生的,通常都可以认定为职务行为。

需要指出的是，管理人在执行职务过程中造成他人财产毁损、灭失时当作共益债务处理的前提必须是职务行为违法，并且这种违法的职务行为造成了损害事实，两者之间有必然的因果联系。如果管理人及相关人的执行职务的行为合法，或者财产损失与管理人职务行为没有因果关系，均不存在损害赔偿问题，当然也不能列入共益债务。财产权利人在主张损失列入共益债务时应当提供相关证据，是否当作共益债务处理要经债权人会议核查，并且经人民法院裁定确认。

【法律、司法解释及案例】

《民法通则》（1987年1月1日起施行）

第一百零七条 因不可抗力不能履行合同或者造成他人损害的，不承担民事责任，法律另有规定的除外。

第一百二十一条 国家机关或者国家机关工作人员在执行职务中，侵犯公民、法人的合法权益造成损害的，应当承担民事责任。

《物权法》（2007年10月1日起施行）

第二百四十二条 占有人因使用占有的不动产或者动产，致使该不动产或者动产受到损害的，恶意占有人应当承担赔偿责任。

第二百四十三条 不动产或者动产被占有人占有的，权利人可以请求返还原物及其孳息，但应当支付善意占有人因维护该不动产或者动产支出的必要费用。

第二百四十四条 占有的不动产或者动产毁损、灭失，该不动产或者动产的权利人请求赔偿的，占有人应当将因毁损、灭失取得的保险金、赔偿金或者补偿金等返还给权利人；权利人的损害未得到足够弥补的，恶意占有人还应当赔偿损失。

《担保法》（1995年10月1日起施行）

第五十八条 抵押权因抵押物灭失而消灭。因灭失所得的赔偿金，应当作为抵押财产。

《合同法》（1999年10月1日起施行）

第一百零七条 当事人一方不履行合同义务或者履行合同义务不符合约定的，应当承担继续履行、采取补救措施或者赔偿损失等违约责任。

第一百一十二条 当事人一方不履行合同义务或者履行合同义务不符合约定的，在履行义务或者采取补救措施后，对方还有其他损失的，应当赔偿损失。

第一百一十三条 当事人一方不履行合同义务或者履行合同义务不符合约定，给对方造成损失的，损失赔偿额应当相当于因违约所造成的损失，包括合同履行后可以获得的利益，但不得超过违反合同一方订立合同时预见到或者应当预见到的因违反合同可能造成的损失。

经营者对消费者提供商品或者服务有欺诈行为的，依照《中华人民共和国消费者权益保护法》的规定承担损害赔偿责任。

第一百一十七条 因不可抗力不能履行合同的，根据不可抗力的影响，部分或者全部免除责任，但法律另有规定的除外。当事人迟延履行后发生不可抗力的，不能免除责任。

本法所称不可抗力，是指不能预见、不能避免并不能克服的客观情况。

第一百一十八条 当事人一方因不可抗力不能履行合同的，应当及时通知对方，以减轻可能给对方造成的损失，并应当在合理期限内提供证明。

第一百一十九条 当事人一方违约后，对方应当采取适当措施防止损失的扩大；没有采取适当措施致使损失扩大的，不得就扩大的损失要求赔偿。

当事人因防止损失扩大而支出的合理费用，由违约方承担。

第一百二十二条 因当事人一方的违约行为，侵害对方人身、财产权益的，受损害方有权选择依照本法要求其承担违约责任或者依照其他法律要求其承担侵权责任。

《侵权责任法》（2010年7月1日起施行）

第二十六条 被侵权人对损害的发生也有过错的，可以减轻侵权人的责任。

第二十七条 损害是因受害人故意造成的，行为人不承担责任。

第二十八条 损害是因第三人造成的，第三人应当承担侵权责任。

第二十九条 因不可抗力造成他人损害的，不承担责任。法律另有规定的，依照其规定。

第三十条 因正当防卫造成损害的，不承担责任。正当防卫超过必要的限度，造成不应有的损害的，正当防卫人应当承担适当的责任。

第三十一条 因紧急避险造成损害的，由引起险情发生的人承担责任。如果危险是由自然原因引起的，紧急避险人不承担责任或者给予适当补偿。紧急避险采取措施不当或者超过必要的限度，造成不应有的损害的，紧急避险人应当承担适当的责任。

《最高人民法院关于审理企业破产案件若干问题的规定》（2002年12月26日起施行）

第七十一条 下列财产不属于破产财产：

（一）债务人基于仓储、保管、加工承揽、委托交易、代销、借用、寄存、租赁等法律关系占有、使用的他人财产；

（二）抵押物、留置物、出质物，但权利人放弃优先受偿权的或者优先偿付被担保债权剩余的部分除外；

（三）担保物灭失后产生的保险金、补偿金、赔偿金等代位物；

（四）依照法律规定存在优先权的财产，但权利人放弃优先受偿权或者优先偿付特定债权剩余的部分除外；

（五）特定物买卖中，尚未转移占有但相对人已完全支付对价的特定物；

（六）尚未办理产权证或者产权过户手续但已向买方交付的财产；

（七）债务人在所有权保留买卖中尚未取得所有权的财产；

（八）所有权专属于国家且不得转让的财产；

（九）破产企业工会所有的财产。

第七十二条 本规定第七十一条第（一）项所列的财产，财产权利人有权取回。

前款财产在破产宣告前已经毁损灭失的，财产权利人仅能以直接损失额为限申报债权；在破产宣告后因清算组的责任毁损灭失的，财产权利人有权获得等值赔偿。

债务人转让上述财产获利的，财产权利人有权要求债务人等值赔偿。

《最高人民法院关于审理人身损害赔偿案件适用法律若干问题的解释》（2004年5月1日起施行）

第八条 法人或者其他组织的法定代表人、负责人以及工作人员，在执行职务中致人损害的，依照民法通则第一百二十一条的规定，由该法人或者其他组织承担民事责任。上述人员实施与职务无关的行为致人损害的，应当由行为人承担赔偿责任。

属于《国家赔偿法》赔偿事由的，依照《国家赔偿法》的规定处理。

【案例】

2001年6月8日，原告A公司与被告B证券公司签订《资产委托管理协议书》，A公司在B证券公司×路营业部开立账户（户名：A公司，资金账号：93009818，股票账号：B880701862）进行委托理财业务。A公司向93009818账户内汇入人民币1500万元委托资金，B证券公司将A公司的委托资金在A公司账户内以封闭操作方式进行了股票买卖操作。委托期限届满后，双方又协议展期。2004年1月2日，B证券公司被行政接管。2004年7月16日，B证券公司行政清算组经监管部门批准，将A公司93009818账户内持有的甲股份 845491 股及乙集团股份 322000 股全部以非交易过户的方式集中登记至 B 证券公司名下的统一账户内，并予以冻结。截至 2006 年 8 月，原属 A 公司账户内的甲股份经分红及股改送股后增至 955405 股，乙集团股份经分红及股改送股后增至 418600 股。2006 年 8 月 16 日，某市中级人民法院裁定宣告 B 证券公司破产清算。清算组在第一次破产财产分配之后，为规避市场风险，将持有的股份进行了变现，变现价格以法院裁定第一次破产财产分配日后 60 个交易日的平均价计算，其中甲股份按每股 24.19 元计算，乙集团股份按每股 10.95 元计算。变现后形成的资金，B 证券公司清算组无争议部分用于分配，有争议部分则予以提存。2011 年 1 月 10 日，A 公司向 B 证券公司破产清算组提交《取回股票资产申请书》，申请取回 A 公司在被告×路营业部 93009818 账户内 1500 万元委托资产形成的股份资产对应的财产。2012 年 1 月 10 日，B 证券公司破产清算组认为双方系债权债务关系，A 公司对 B 证券公司享有债权，A 公司提出的取回权申请不成立。A 公司因此提起诉讼，请求法院支持其取回权。

某市中级人民法院经审理认为，B 证券公司集中登记账户下的甲股份经过第一次破产财产分配后，经债权人会议表决同意，相关股份已经处置变现。处置变现款虽然不在 A 公司账户内，但可以与债务人财产区分，A 公司有条件取回相应变现价款。遂判决支持原告 A 公司的诉讼请求。

【简要评析】

上述案例是代偿性取回权行使的典型案例。该案代偿性取回权的成立符合两个条件：

1. 财产权属清晰，没有争议。代偿性取回权与一般取回权的共同点是取回标的物的权属清晰，及基于物权或者合同约定，标的物应属取回权人所有；区别在于代偿物是否存在。首先，A 公司向其实名账户内汇入资金用于证券投资，证明资金来源于 A 公司。其次，B 证券公司将 A 公司的委托资金在 A 公司账户内以封闭操作方式进行了股份买卖操作，证明 A 公司账户属于正常的经纪帐户，其证券资产没有与第三人财产混同。因此，可以认定的事实是，在 B 证券公司破产前，A 公司证券账户内的证券资产权属清晰，应属 A 公司财产，A 公司有权申请取回。

2. 财产虽已灭失，但有相应的代偿物且可以区分。代偿取回权的标的物是代偿财产，属于取回标的物的转化形式。该案 A 公司帐户内证券处置变现款虽然不在 A 公司账户内，但可以与债务人财产区分，处于提存状态。因此，A 公司取回证券资产的请求虽不成立，但可以取回相应的变现价款。代偿性取回权的行使的必要条件是取回标的物毁损、灭失因此获得的保险金、赔偿金、代偿物存在并且能够与他人财产区分。如果取回标的物毁损、灭失但没有获得相应的保险金、赔偿金、待偿物，或者保险金、赔偿物、代偿物不足弥补其损失的，根据取回标的物毁损、灭失的时间及责任人的不同，权利人可以行使申报债权或者主张共益债务的权利。

第三十三条【占有物转让、毁损、灭失时管理人等的责任】
管理人或者相关人员在执行职务过程中，因故意或者重大过失不当转让他人财产或者造成他人财产毁损、灭失，导致他人损害产生的债务作为共益债务，由债务人财产随时清偿不足弥补损失，权利人向管理人或者相关人员主张承担补充赔偿责任的，人民法院应予支持。

上述债务作为共益债务由债务人财产随时清偿后，债权人以管理人或者相关人员执行职务不当导致债务人财产减少给其造成损失为由提起诉讼，主张管理人或者相关人员承担相应赔偿责任的，人民法院应予支持。

【条文主旨】

本条旨在规定管理人或者相关人员在因故意或者重大过失不当转让他人财产或者造成他人财产毁损、灭失时应当承担的法律责任。

【规范目的】

本条的目的是通过明确管理人或者相关人员在因故意或者重大过失不当转让他人财产或者造成他人财产毁损、灭失时应当承担的法律责任，来平衡债权人、债务人以及取回权人之间的利益关系，保护财产权利人和债权人的利益。尽管管理人或者相关人员在执行职务过程中造成他人的财产损失，可以列为共益债务，但在债务人财产较少的情形下仍可能发生权利人损失不能足额弥补的情形。特别是将上述损失列为共益债务，实质上是用债务人的财产为管理人或者其他相关人员的过错"买单"，对债权人来讲并不公平。因此，为了平衡各方之间的利益关系，司法解释按照过错责任的原理，让有故意或者重大过失的管理人或者其他相关人员对其造成的损失向财产权利人承担补充赔偿责任，以最大限度地保护取回权人的利益。同时，本条司法解释还规定，管理人或者其他相关人员因故意或者重大过失造成权利人的财产损失作为共益债务处理后，债权人还可以向管理人或者其他相关责任人员提起诉讼追偿这部分损失，以此来保护债权人的利益。

【原理与适用】

本条司法解释是对管理人和相关人员不当执行职务造成损失承担赔偿责任的规定。根据《企业破产法》第42条的规定，管理人或者相关人员执行职务致人损害所产生的债务作为共益债务，由债务人财产随时予以清偿，以优先保障此类债权人权利的实现。但是，如果债务人财产不足以清偿该债务的，管理人或者相关人员基于其履行职责的故意或者重大过失应对权利人承担补充赔偿责任。这里将管理人或者相关人员承担责任限定在故意或者重大过失的前提下。如果管理人或者相关人员不存在故意或者重大过失的，则权利人的权利仅能在债务人财产中作为共益债务获得清偿。即使债务人财产不足以清偿该债务的，管理人或者相关人员也不承担责任。另外，在管理人或者相关人员不当履行职责致人损害形成的债务作为共益债务由债务人财产清偿后，因管理人或者相关人员对此债务的形成负有责任，因此，因债务人财产清偿上述债务造成的债务人财产减少的部分，即为管理人或者相关人员不当履行职责给全体债权人造成的损失。因此，债权人有权要求管理人或者相关人员承担该部分损失。

一、管理人承担法律责任的理论依据

《企业破产法（试行）》中规定的清算组，具有浓厚的行政色彩。清算组在组织清算中不领取报酬，也不对清算过程中的违规行为承担法律责任，这使得清算工作任意性加大，也无法有效约束清算组织的行为。《企业破产法》在引入破产管理人制度后，确立了管理人的法律责任。《企业破产法》第130条规定："管理人未依照本法规定勤勉尽责，忠实执行职务的，人民法院可以依法处以罚款；给债权人、债务人或者第三人造成损失的，依法承担赔偿责任。"

管理人在破产程序中处于最前线，担负着管理破产财产等重要职责，其工作职责履行状况，不仅关系破产债权人和利害关系人的利益，而且直接影响人民法院审判工作的开展。管理人或者相关人员在行使职权过程中，损害破产财团或者他人利益时，债权人和第三人唯有通过追究破产管理人的民事责任来保障其利益。因此，破产管理人的法律责任归根结底是一个市场经营风险的公平和分配的问题。它必须兼顾破产管理人执业活动的制度价值与利害关系人的既

有利益两个方面，保持双方的均衡。

　　破产管理人的行为性质与责任后果由破产管理人的法律地位决定。在破产法的历史发展中，大陆法系关于破产管理人法律性质的理论一直存在着较大的分歧，主要形成了三种学说：代理说、职务说和机关说。比较起来，大陆法系国家分析破产管理人的法律性质是在大陆法建构理性的架构内进行的，但由于社会现实总是存在着这样那样的困难故而这种方式常常难以得到理想的结果。英美法系国家从实践理性出发，将破产管理人归入最具实践理性品格的信托制度中。根据《美国联邦破产法》第323条规定，破产受托人是财团的代表人，并以自己的名义起诉和应诉。现今两大法系日益融合的趋势使得不少大陆法系国家愈来愈多地将信托制度引入破产程序中来。在我国现行的法律体系下，由于管理人是由法院指定，职权由法律规定，因此，将破产管理人视为"法定受托人"较为适宜。由于破产管理人是"法定受托人"，其民事责任的认定标准和赔偿范围都是法定的，需要形成统一的规定。当破产管理人因过错行为导致破产财产受损时，应按照受信托人的义务标准承担相应的民事责任。

　　破产管理人对执业过失承担民事责任，是对现实经济生活需要的一种基本回应，也是法律追求实质正义理念的基本要求。确立破产管理人的民事责任有着深厚的理论依据。具体来说：

　　1. 交易费用理论。现代企业日趋复杂的财会、管理和人事制度是产生独立的破产财产管理从业人员的直接动因。众多专业的破产管理人高效、有条不紊地处理着各类破产业务，确保了破产财产的保值增值。与此同时，债权人不得不提高监督成本，提防破产管理人利用职权侵吞、损害破产财产，这无形中增加了交易费用。在这种情况下，破产管理人的民事责任制度应运而生。对债权人和其他利害关系人承担的注意义务和忠实义务促使破产管理人以最为谨慎的态度对待破产财产，以期实现经营运作的最大效益。法律规定破产管理人须因民事义务的违反而承担民事责任，使得破产管理人行为的法律成本增加，执业风险加大，这可以对其产生较强的威慑力，同时亦可使处于弱势地位的债权人安全、从容地与破产财产的经营管理分离，而不会支付高昂的信息成本和监督成本。

　　2. 社会公共政策理论。学者指出，破产法上除了债权人的利益之外还有其他利益需要顾及，处理破产问题，除了尊重诸如债权人保护的经济价值之外，还应当重视经济价值之外的其他诸如道德的、政治的、社会的以及社会个体利益的价值等。因此，立法者和法官都需要对支配整个社会的经济、法律、社会现状作充分的解读、阐释，寻求隐藏在背后的制度逻辑，并对由此带来的正反两方面的影响作一评估。如果说在破产法的目标还是尽早实现债权人债权的目标来设计和操作的前提下，立法者和法官仍然持模棱两可的态度而在债权人和破产管理人之间摇摆不定的话，那么在多元化立法目标已经被世界各国所广泛接受的现阶段，立场就应非常鲜明。雇员的利益和税收已经成为破产制度不得不慎重考虑的因素了，它们应该受到更多关注，甚至是优先地对待。此时，破产管理人对破产财产掌握和控制已经不仅仅代表着全体债权人的利益了，他们的管理行为还关系到广大雇员的生计和国家的税收。社会使命的背负把破产管理人推上了利益冲突的浪尖。由于大公司大企业破产财产的公平分配直接影响着社会经济生活的稳定，为了对破产管理人进行有效的控制和监督，立法者要求破产管理人承担执业过失民事责任的态度已经比较坚决。

3. 权利滥用之禁止理论。所谓权利滥用之禁止，是指一切民事权利之行使，不得超过其正当界限，行使权利超过其正当界限，则构成权利滥用，应承担侵权责任。权利滥用理论是近代民法为制止个人利益极度膨胀、危及其他民事主体的合法权益和市民社会的和谐秩序而发展出来的一套理论。推而广之，学者和法官们都认为权利滥用之禁止理论不仅适用于私法领域，更适用于整个法律体系，破产法领域亦不例外。根据这一理论，破产管理人因其法定受托人的地位对整个破产财团的控制权，他们可以基于破产财产最大化的正当目的行使其控制权。但其运用控制力对破产财团的经营决策施加影响时，应该是为了破产财团和全体债权人的整体利益而行事，不得为自己谋取不正当利益，亦不得疏于注意导致破产财产遭受损害。如果破产管理人未能履行法律规定的诚信义务，则应承担相应的损害赔偿责任。就破产管理人而言，其基于法定受托人的地位能对破产财团产生巨大的支配和影响（其性质是权力），并且随着破产管理人职业特性的成熟，他们获取管理报酬已经成为常态（其性质是权利）。对此，法律需要给他们配置相应的义务与责任，以确保利益体系的均衡。

二、管理人及相关人员承担民事法律责任的标准

尽管破产管理人须对执业过失承担民事责任已经成了理论界和实务界的共识，但这一制度的形成过程却是一波三折，争论不断。以美国为例，一方面，制定法未能对破产管理人承担个人民事责任的认定标准作出明确的规定；另一方面，判例法中法官们对责任标准的看法分歧很大，至今未能形成统一的意见。但在普通法领域，美国司法实践至少为我们提供了许多值得参考和借鉴的判例。大体上，美国判例法在破产管理人民事责任标准领域有三种主要观点或曰三个发展阶段：故意标准、过失标准和重大过失标准。[1]

---

[1] 杨彪：《破产管理人民事责任制度研究》，载中国民商法律网，http://www.civillaw.com.cn/Article/default.asp?id=26751，最后访问时间：2013年8月12日。

1. 故意标准阶段（Willful and Deliberate Standard）

迄今为止，美国联邦最高法院就破产管理人责任标准问题作出判决的只有 Mosser v. Darrow 一案，它也是美国判例法中在此领域的第一个判例。该案的案情如下：1935 年，被告 Paul Darrow 被任命为两家普通法信托控股公司的重组受托人，这两家控股公司的主要资产是 27 家公司的证券。控股公司的发起人是 Jacob Kulp 和 Myrtle Johnson 以及其他几家金融实体。Darrow 认为雇佣这些发起人对履行自己的受托职责非常有帮助。于是，Kulp 和 Johnson 以书面合同的形式受雇。为了说服雇员们在财务非常艰难的时刻留在公司，Darrow 同意 Kulp 和 Johnson 继续从事债务人下属公司的证券业务。这两名雇员在从事被许可的证券业务时，因偶然的机会以自己的名义买入了若干下属公司的股票，后又差价转手卖给了 Darrow。在这过程中，Kulp 和 Johnson 获得了实质利益，这与受托人不得利用信托谋取私利的原则相违背。在这种情形下，美国证券交易委员会介入，任命了一名专员对这一交易进行了独立审查。该名专员经过大量调查取证后，建议起诉受托人 Darrow。州法院根据调查专员的建议认定受托人 Darrow 本可以更低的价格买入股票，破产财产因此遭受了损失，Darrow 应承担民事责任。但案件到了上诉法院，法官却推翻了州法院的意见，认为受托人不应承担责任，除非他有懒散的过失（supine negligence）。联邦最高法院又推翻了上诉法院的判决，认为 Darrow 与两名雇员的行为脱不了干系，因此认定 Darrow 应当负有个人责任，赔偿 43000 美元的损失。杰克逊法官代表法庭的多数发表了法官意见，作出了清晰严密的判决。学者指出，联邦最高法院在 Mosser v. Darrow 一案中的唯一结论就是与信托财产目的相违背的故意行为须承担民事责任。该案在确定破产管理人因违反忠实义务应承担的民事责任方面的贡献是里程碑式的，但其未能就破产管理人违反注意义务所承担的民事责任确立起清晰的、操作性强的过失判断标准。

2. 过失标准阶段（Negligence Standard）

Mosser v. Darrow 案件后，美国各级法院未严格遵循联邦法院的意见，都在一定程度上修正了 Mosser v. Darrow 一案所确立的原则。在 Sherr v. Winkler 一案中，原告 Sherr 对担任一马鲛鱼公司重组受托人的被告 Winkle 提起侵权之诉。被告 Winkle 根据受托职责要求，从法院获得了取得部分天然气和石油投资业务收益的法庭命令，但与这些投资收益有利害关系的原告 Sherr 申请法院的禁令阻止了重组公司实现这些利益。所有一切被告 Winkle 在事前毫不知情。法院认为，被告 Winkle 没能在诉讼之前发现投资收益权上有任何权利瑕疵并不与他的受托职责相冲突，Winkle 没有违反诚信义务，因此不应承担个人民事责任。法院同时表示："被任命为重组程序的托管人是负有公平对待各方义务的受信托人。责令破产管理人承担民事责任的标准是过失。"显然，法院不再将破产管理人民事责任的承担局限在 Mosser v. Darrow 一案的故意规则内，而是开始关注破产管理人承担的注意义务及其遵循情况对民事责任的影响。尽管美国的法官们从来没将过失标准视为故意标准的完全替代品，但破产管理人的个人民事责任与其注意义务相联系的观念已经被广泛地接受了。但以过失作为认定破产管理人承担民事责任的标准并非一劳永逸，法官对公共政策的衡量仍在不断冲击着这一标准。

3. 重大过失标准阶段（Gross Negligence Standard）

为保持债权人利益与破产管理人从业积极性的平衡，许多法官都试图在故意标准和过失标准间寻找一条中间路线，以协调两者的冲突。马萨诸塞州破产法院首先确立了破产受托人承担民事责任的重大过失标准。在 DiStefano v. Stern 一案中，原告以违反诚信义务为由起诉受托人，指控其管理不善导致破产信托财产流失。法院将案件焦点集中在受托人的注意义务上，一针见血地指出："判断破产受托人是否承担个人责任应考虑两个因素：其一，受托人在经营管理债务人业务时导致原告利益受损的作为或不作为；其二，受托人违反他对信托财产、债权人或股东的诚信义务。"尽管重大过失标准遵循了 Mosser 一案所确定的原则，也比故意标准更能体现法院对公共利益的需求，但这一标准还是存在着许多不尽如人意的地方。例如，它未能体现现代商业社会对职业人员的专业要求，亦未能保证公司董事、高管人员的责任标准与破产管理人责任标准的连贯性和一致性，这显然不利于破产财产的稳定；又如，它与一般过失标准有何实质区别，是否仅在于比过失标准免责事由更多？法官们都未能对"重大过失"作出清晰的界定，也未确立起具体的认定标准。因此，这一责任标准仍有修正的必要。

美国破产法发展史上关于破产管理人民事责任标准之争的实质在于对破产管理人过错认定问题上的分歧。所谓"故意标准"、"过失标准"或"重大过失标准"，无非是由于对破产管理人民事义务的要求不同而产生的。尤其是"过失标准"和"重大过失标准"之间，并没有什么实质性的差异。法官们在众多案件中对这两个原则的讨论，与其说对确定破产管理人民事责任标准有所裨益，不如说是对破产法所体现的社会政策的一种法律宣示。他们更多地关注破产管理人职业群体的发展与社会公共利益之间的平衡。事实上，法官们在判令破产管理人承担民事责任时也采取了民事义务控制手段。究竟是适用"过失标准"还是"重大过失标准"，取决于法官对社会政策的考虑，最终还是由法官通过判断破产管理人是否负有并违反了忠实义务或注意义务来决定。因此，破产管理人民事义务具体化和类型化，将有助于破产管理人执业过错标准的体系化和实用化，亦能为法官衡量社会公共政策提供平台，无须诉诸"故意"、"过失"和"重大过失"这些模糊不清的概念。

三、管理人及相关人员是否构成故意或重大过失的判断

本条规定："管理人或者相关人员在执行职务过程中，因故意或者重大过失不当转让他人财产或者造成他人财产毁损、灭失，导致他人损害产生的债务作为共益债务，由债务人财产随时清偿不足弥补损失，权利人向管理人或者相关人员主张承担补充赔偿责任的，人民法院应予支持"，显然采取的是"故意"和"重大过失"理论。

目前，大陆法系和英美法系在破产管理人民事责任领域都不约而同地采取了过错责任的归责原则。破产管理人的过错，实际上是指破产管理人在管理破产财产时没有达到法律要求的民事义务标准。过错实际上包括两种形式，即故意和过失。所谓故意，是指破产管理人知道自己的行为违法或知道他人所从事的行为违法而仍然从事此种行为或仍然参与此种行为。通常，故意的过错形态是针对破产管理人违反忠实义务而言。所谓过失，是指破产管理人的行为违反了他们对债权人和其他利害关系人所承担的注意义务。在现代侵权法中，各国对过错的认定多采用客观的方法，如英美国家采取了民事义务理论，法国则采用理性人的标准，但都普遍注重侵权主体的民事义务。我国学者多认为，过失行为是受行为人的意志支配和控制的。然而从归责意义上说，民事过失的核心不在于行为人是出于疏忽或懈怠而使其对行为结果未能预见或未加注意，而在于行为人违反了对他人的注意义务并造成他人的损害。行为人对受害人应负的注意义务的违反，是行为人负过失责任的根据。"重大过失"相对于一般过失而言，过失的主观方面、程度和后果比较严重。主观方面的严重过失是指一般情况下可以避免的过失，因管理人主观方面疏忽，未予重视或者未及时采取应对措施而没有避免并造成财产损失。通常是指损害的发生已经有迹象显示，如他人提醒、仪器警告等，但管理人由于严重不负责任而未予足够重视。对于管理人或者相关人员履行职责过程中已尽到基本的谨慎义务而不可避免发生财产损失的，不属于"重大过失"，权利人不能享有赔偿请求权。比如管理人处理鲜活易腐等不易保管的财产或者不及时变现价值将严重贬损的财产时，变卖财产的价值可能会低于原财产价值。但只要管理人或者相关人员尽到了职责，按照法定的程序组织变卖，不存在谋取私利等情形，就应当认定为是合理损失。按照我国《企业破产法》第130条的规定，管理人承担民事赔偿责任的基础是违反了忠实、勤勉义务。因此，判断管理人的行为是否构成"故意"和"重大过失"，要结合管理人是否尽到忠实、勤勉义务来综合判断。

在破产管理人承担的民事义务中，破产管理人所承担的忠实义务居于首要位置。破产管理人的忠实义务要求破产管理人不得以损害债权人和其他利害关系人利益的方式行为，不得将自己或与自己有关联的人的个人利益置于债权人利益和其他利害关系人利益之上。破产管理人忠实义务的核心在于破产管理人不应当利用自己作为破产财团受托人的身份获得个人利益。就忠实义务的本质而言，忠实义务属于一种客观性义务，同时也是一种道德性义务，它强调破产管理人实施的与债权人和其他利害关系人利益有关的行为必须具有公正性。在实践中，破产管理人的忠实义务常有以下表现形式：（1）破产管理人不得因自己的身份而受益；（2）破产管理人不得收受贿赂、某种秘密利益或所允诺的其他好处；（3）破产管理人必须严守竞业禁止原则；（4）破产管理人非经允许不得泄漏破产业务的商业秘密；（5）破产管理人不得侵吞破产财产及其掌握的其他财产（如别除权的标的财产）；（6）破产管理人不得利用破产财团的信息和商事机会。破产管理人的忠实义务采用了客观的标准，无须深入考察破产管理人的主观意图，违反忠实义务的认定相对简单和直接。

相对忠实义务而言，破产管理人勤勉义务则复杂许多。勤勉义务的核心内容是一般注意义务。管理人注意义务本质上是一种管理性的义务，是破产管理人在管理破产财产活动时应依法运用自己的才能、技能、知识、判断和经验并达到某种标准的义务。破产管理人的注意义务与其承担的职责紧密相连。在实践中，破产管理人的注意义务具体表现为：（1）谨慎接管债务人移交的全部财产和与财产有关的一切账册文件；（2）对破产财团的管理处分，包括保管清理破产财产、继续经营债务人事业等；（3）对破产债权的调查审查；（4）对取回权、别除权的标的物的善管义务；（5）尽心处理各种诉讼仲裁活动；（6）依法变价和分配破产财产；（7）向法院、债权人和其他利害关系人报告工作和通告信息；（8）请求召开债权人会议；（9）审慎选择委托提供相关服务的专业人士；（10）与破产程序相关的其他注意义务。破产管理人除了要承担其作为破产管理人的注意义务以外，还要承担其他法律上的注意义务。如果破产管理人继续经营公司业务的，必须遵守公司法上关于公司董事注意义务的规定。此时，破产管理人在经营管理过程中的注意义务则表现为：（1）遵守公司法和其他制定法规定的注意义务；（2）遵守公司章程规定的注意义务；（3）在授权范围内行为的注意义务；（4）一般的勤勉义务。

破产管理人在履行职责过程中受到诸多限制，这在一定程度上增加了管理的难度，如果法律无视破产管理人执业风险过高的事实，则显失公平，不利于这一行业的生存和发展。管理人及相关人员在执行职务中因故意或者重大过失致财产毁损、灭失的赔偿责任应当受到商事判断规则和赔偿限额的限制。商事判断规则最初是为了规范董事行为而建立起来的，适用于董事履行勤勉义务时责任豁免的特定场合。后来这一规则扩展适用到破产管理人诚信义务场合，其基本涵义是破产管理人直接控制破产财团经营决策时，只要基于合理的商业目的进行风险性经营活动，即使失败，亦免于责任追究。它具有这样的效果，即除非存在充分证据表明破产管理人的决策是违反诚信义务，法院不会以自己的判断对破产管理人的经营决策说三道四。这一规则的最大特点是兼顾了几方利益的协调和平衡，但这一标准使得破产管理人的注意义务水平大为降低，与破产管理人的职业地位不符。实践中，商事判断规则作为绝对法定抗辩的做法有所变化，加入了例外情况的考虑。这种例外指的是破产管理人的经营决策行为达到了重大过失或故意的程度。这无疑间接提高了破产管理人的注意水平，与其职业地位和责任相适应。

从理论上讲，破产管理人承担的民事赔偿数额应为破产程序利害关系人应该获得的清偿数额与实际获得清偿的数额之间的差额。但随着破产企业规模的不断扩大，破产涉及的经济数额巨大，已远非一般会计师事务所、律师事务所、受托人组织等专业破产管理人所能承受。通常来说，破产管理人的执业报酬与其所经营管理的破产财产数额相差甚远，如果要求破产管理人就利害关系人的实际损失承担全额赔偿责任，显然不符合风险收益均衡原则，影响各专业人士从事破产经营管理的积极性。因此，有必要引入最高赔偿限额制度，使破产管理人的执业风险降至合理程度。目前各国破产法并没有对最高赔偿额制度作出规定，但我们可以在海商法中找到类似的制度。我国《海商法》第十一章对海事赔偿责任限制作了详细的规定，采用了"计算单位"这一标准。由此推之，破产管理人最高赔偿限额的确立也必须借助一定的标准。我们认为，以破产管理人的执业报酬作为计算单位较为科学，因为它能有效地反映收益与风险承担的互动关系。具体立法可借鉴《海商法》的规定，根据破产程序涉及的财产金额，划分若干范围，不同的金额范围有不同的赔偿限额。

四、向管理人或者相关人员主张赔偿责任的条件和顺序

依据本条规定要求管理人或者相关人员承担赔偿责任要符合规定的条件，并且按照一定的顺序进行。管理人或者相关人员承担民事赔偿责任的前提是，其所从事的不当转让财产或者其他致他人财产损失的行为发生在破产申请受理之后，属于管理人执行职务的行为，主观方面存在故意或者重大过失。

因此，在适用本条规定时，应当首先将管理人或者相关人员从事的非职务行为或者无过错行为、一般过错行为排除在外。其次，在确定管理人及相关人员的职务行为构成"故意"或"重大过失"的情况下，应首先将其损失按

《企业破产法》第42条的规定列入共益债务，由债务人财产随时清偿。如果债务人财产已能满足权利人的损害赔偿请求，自无必要再向管理人或其他相关人员提出赔偿请求。只有在债务人财产严重不足，其损失列为共益债务仍不能满足权利人请求时，才可以向管理人或者其他相关人员提出损害赔偿请求。先考虑债务人财产，后考虑管理人或者其他相关人员的赔偿请求，这种顺序是不可随意改变的。这意味着，管理人或者其他相关人员在履行职务过程中，即便存在故意或者重大过失致他人财产损失，也仅对权利人承担补充性的赔偿责任。这是由于管理人或者相关人员职务行为本身的特点所决定的，意在控制管理人的自身风险。《最高人民法院关于审理人身损害赔偿案件适用法律若干问题的解释》第8条第1款规定："法人或者其他组织的法定代表人、负责人以及工作人员，在执行职务中致人损害的，依照民法通则第一百二十一条的规定，由该法人或者其他组织承担民事责任。上述人员实施与职务无关的行为致人损害的，应当由行为人承担赔偿责任。"由于管理人或者相关人员是债务人的"法定受托人"，因此，管理人或者相关人员执行职务的行为，应首先由债务人的财产来承担。只有在债务人财产不足，通过共益债务的清偿仍不能弥补权利人损失的时候，权利人才可以向管理人或者相关人员就未满足部分提出损害赔偿请求。

无论列为共益债务是否能够满足权利人的赔偿请求，只要通过共益债务来弥补他人的损失，都会直接影响到债权人的利益实现。因此，本条规定，由于管理人故意或者重大过失致他人财产损失，而他人通过将损失列入共益债务的方式取得赔偿之后，债权人可以管理人或者相关人员不当执行职务行为导致债务人财产减少给其造成相应损失为由提起诉讼请求赔偿。这里债权人请求管理人或者相关人员赔偿损失是民法上过错责任的体现。权利人的损失通过列为共益债务来随时清偿主要是为保护原财产权利人，使其能够较为方便地实现自身利益。因为，原财产权利人的财产归根结底不属于债务人财产，本应全额取回，而因为管理人或者相关人员的过错导致取回权无法行使，通过共益债务来弥补其损失具有一定的合理性。但就损失的根源而言，是管理人或者相关人员存在过错。因此，因共益债务的列支而致债务人财产的减少，普通债权人受到的损害与管理人或者相关人员有直接的关系，故其可以向管理人或者相关人员提出赔偿请求。如上所述，管理人或者相关人员的赔偿责任应限于其过错导致的债务人财产减少，且受到"可预见规则"和"赔偿限额"的限制。甚至有观点认为，管理人或者相关人员赔偿的范围一般不应超过其所取得的报酬。

【法律、司法解释及案例】

《企业破产法》（2007年6月1日起施行）

第二十五条 管理人履行下列职责：

（一）接管债务人的财产、印章和账簿、文书等资料；

（二）调查债务人财产状况，制作财产状况报告；

（三）决定债务人的内部管理事务；

（四）决定债务人的日常开支和其他必要开支；

（五）在第一次债权人会议召开之前，决定继续或者停止债务人的营业；

（六）管理和处分债务人的财产；

（七）代表债务人参加诉讼、仲裁或者其他法律程序；

（八）提议召开债权人会议；

（九）人民法院认为管理人应当履行的其他职责。

本法对管理人的职责另有规定的，适用其规定。

第二十七条 管理人应当勤勉尽责，忠实执行职务。

第一百三十条 管理人未依照本法规定勤勉尽责，忠实执行职务的，人民法院可以依法处以罚款；给债权人、债务人或者第三人造成损失的，依法承担赔偿责任。

《民法通则》（1987年1月1日起施行）

第一百二十一条 国家机关或者国家机关工作人员在执行职务中，侵犯公民、法人的合法权益造成损害的，应当承担民事责任。

《最高人民法院关于审理人身损害赔偿案件适用法律若干问题的解释》（2004年5月1日起施行）

第八条 法人或者其他组织的法定代表人、负责人以及工作人员，在执行职务中致人损害的，依照民法通则第一百二十一条的规定，由该法人或者其他组织承担民事责任。上述人员实施与职务无关的行为致人损害的，应当由行为人承担赔偿责任。

属于《国家赔偿法》赔偿事由的，依照《国家赔偿法》的规定处理。

【案例】

2007年9月8日，某法院裁定受理A证券公司破产清算一案，2007年12月16日，某法院裁定宣告A证券公司破产清算。依照法院裁定认可的破产财产变价方案，管理人对A证券公司名下及违规开立的自营账户中的股票进行处置。由于资金账户数量巨大，且每个资金账户下挂的股东账号数量多，造成核对工作量巨大，股票交易系统操作难度也非常大。在股票处置和划转资金之后，C公司向管理人提出取回股票账户（资金账号：025000001155）内股票的申请。经审查，管理人发现处置所涉账户中存在操作失误。经查询核对，资金账号：025000001155账户开立人应当是C公司，该账户被定性为非正常经纪账户。但清算组提供的资料中显示，账户开立人是B公司（属A公司关联公司），审计机构提供的资料也注明是B公司，而不是C公司。因此，管理人在股票处置过程中将资金账号025000001155内的股票进行了卖出处置，成交后划转该资金账户内资金1263453.78元至清算账户。管理人经审查认为，C公司的取回权成立，因管理人的原因导致取回标的物灭失，且股票变现资金已划转至清算账户统一管理，故C公司所受损失可以作为共益债务由破产财产随时清偿。

【简要评析】

管理人在执行职务过程中，因故意或者重大过失不当转让取回标的物，导致取回权人不能取回时，取回权人应当如何行使权利？管理人应当如何承担责任？本案中，因管理人的过失导致取回标的物股票被处置，且相关资金已经划转至清算账户与破产财产混同。此种情形下，对取回权人的权利的保护有三种观点：（1）以其损失额申报普通破产债权；（2）其损失额可以作为共益债务由破产财产随时清偿；（3）其损失额应当由管理人承担赔偿责任。司法解释采纳了后两种观点的结合。取回权的损失额应当先作为共益债务由破产财产随时清偿，不足弥补损失部分由管理人承担赔偿责任。因为管理人的行为属于职务行为，按照职务行为民事责任原理，其行为后果应当由公司承担。因此，首先应由破产财产进行清偿；同时，为监督管理人依法履行职务，根据《企业破产法》第130条的规定，管理人未勤勉尽责给债权人、第三人造成损失的，依法承担赔偿责任。根据上述处理原则，案例中管理人对错误处置取回标的物的处理方式是正确的。

第三十四条【所有权保留买卖合同的挑拣履行】

买卖合同双方当事人在合同中约定标的物所有权保留，在标的物所有权未依法转移给买受人前，一方当事人破产的，该买卖合同属于双方均未履行完毕的合同，管理人有权依据企业破产法第十八条的规定决定解除或者继续履行合同。

【条文主旨】

本条旨在规定所有权保留买卖合同的一方当事人破产时，管理人能否决定解除或者继续履行合同。

【规范目的】

本条是要解决《企业破产法》第18条规定之管理人对未履行完毕合同的选择权中"所有权保留买卖合同的挑拣履行"的问题。《企业破产法》第18条之所以规定债务人的管理人对未履行完毕的合同有解除权，是因为债务人已经进入破产程序，在很多情况下已经不再具备继续履行合同的能力，尤其是在债务人进入破产清算程序后，原则上只应在清算目的范围内活动，所以对未履行完毕的合同可以决定不再履行。[1] 但是，对于所有权保留合同如何认定其未履行完毕，在出卖人、买受人破产的不同情形下如何处置，《合同法》和《企业破产法》中均未有明确的规定，实践中也有不同的做法。因此，本条司法解释对所有权保留买卖合同未履行完毕的认定标准以及管理人解除或者继续履行的选择权作出了规定。

【原理与适用】

一、出卖人或者买受人的管理人挑拣履行所有权保留买卖合同的法理分析

约定有所有权保留的买卖合同，简称为所有权保留买卖合同，是指在转移

---

[1] 王欣新：《破产法》（第三版），中国人民大学出版社2011年版，第66页。

动产所有权的买卖中,根据当事人的约定,出卖人转移标的物的占有于买受人,但仍保留其对该动产的所有权,在买受人支付一部或全部价款或完成特定条件时,该动产的所有权才发生转移的一种合同。在所有权保留买卖合同中,买受人不用支付全部价款就可以占有、使用标的物,实际上是以卖方给予信用的形式获取融资,这样买受人的购买力就大大提高了,从而一定程度上刺激了消费。就出卖人来讲,他不仅通过保留所有权而获得了商品价款的担保,而且可以通过这种方式增加商品的销售量。正是因为所有权保留制度对刺激消费、活跃市场起着不可低估的作用,所以所有权保留买卖合同得到诸多国家的立法确认,从而使其成为市场经济中的一种重要的信用买卖形式。我国《合同法》第134条规定了该制度,但具体到实际操作,并无细化规定,由此导致在司法实践中争议颇多。为了解决这些问题,最高人民法院审判委员会于2012年3月审议通过了《最高人民法院关于审理买卖合同纠纷案件适用法律问题的解释》,该解释自2012年7月1日起施行。该司法解释对所有权保留的买卖合同作出了具体规定。但是,其对出卖人或者买受人破产的情形下,如何处理相关问题并未作出明确规定。根据《企业破产法》第18条的规定,管理人有权基于债务人利益最大化的目的,自行决定继续履行或者解除双方均未履行完毕的合同。所有权保留合同属于双方均未履行完毕的合同,该合同是否继续履行,其选择权完全在于破产管理人。在出卖人破产与买受人破产的不同情形下,破产管理人是选择继续履行合同还是解除合同,对相关权利人能否行使合同法上的出卖人取回权和破产法上的取回权有很大的差别,因此有必要对此作出相应规定。

(一) 所有权保留买卖合同的基本原理

所有权保留买卖合同制度,是所有权保留制度的一种。在早期罗马法中,有两种附加简约与现在的所有权保留制度相类似。一个是附加"所有权保留简约",即价金交付后再转移所有权;另一个是附加"解除约款简约",即买受人"到期不付,解除买卖",标的物返还出卖人。[①] 经过后世的发展,目前所有权保留制度的立法方式大致有以下六种类型:(1) 在民法典中的"买卖合同"下或有关的单行法中规定。德国和我国的立法就属此种类型;(2) 在民法典的"物权编"中规定。如《瑞士民法典》在其物权法编"动产所有权"一章中规定了所有权的保留;(3) 在担保法中予以规定,如我国台湾地区;(4) 成文法未作明确规定,但它间接地承认所有权保留的效力,如法国;(5) 以制定法和判例法确立所有权保留制度。如英国在《货物买卖法》和1976年

[①] 周枏:《罗马法原论》(下册),商务印书馆1996年版,第937页。

"罗马尔帕案"（Aluminium Industrie Vaassen B. V. v. Romalpa Alumininium Ltd）以及之后的系列案例中建立了所有权保留制度；（6）以统一示范法的方式规范担保交易制度。如美国在《统一商法典》第九篇中集中规定了"担保交易"（Secured Transactions），以"担保权益"（security interests）概括了各种交易中的物的担保制度，其中包括所有权保留（title retention）合同设立的担保权益。下面就一些典型立法作一些简单介绍，便于正确理解我国的所有权保留制度。

1. 德国的立法

1896年的《德国民法典》首次以成文法的形式明文规定了所有权保留制度，并在1898年对其进行了修订。该法典第455条规定："动产的出卖人在支付价金前保留所有权者，在发生疑问时应认为，所有权的转移以支付全部价金为停止条件，并在买受人对支付价金有迟延时，出卖人有解除契约的权利。"2001年，《德国债法现代化法》颁布，原第455条规定的所有权保留制度被规定在新《德国民法典》第449条，该条规定：（1）动产的出卖人在价金支付之前保留所有权的，在发生疑义时，应当认为，所有权系附完全支付价金这一停止条件而转让。（2）出卖人只有在解除合同之后，始得依所有权保留而请求返还物。（3）所有权移转由买受人履行第三人的债权、特别是与出卖人相联系的企业的债权这一条件决定的，保留所有权的约定为无效。《德国民法典》规定的所有权保留制度限于动产交易，而且主要运用于分期付款买卖合同。

2. 英国的立法

在英国，从19世纪中叶开始，所有权保留条款在逐渐风行的分期付款交易中出现，并为普通法承认。在判例法上，关于所有权保留约款，英国法院先后有七个重要判决，其中开先河的是1976年的"Romalpa"案。[①] 英国法院在该案件中以信托关系解释所有权保留的条款，即被告取得货物并作为货物信托关系之受托人，而所有权仍然由原告拥有以作为支付货款余额的担保，因此被告转售货物所取得的收益应当归属于原告。英国1979年《货物买卖法》第19条第（1）款归纳了所有权保留条款的普通法规则，该款规定，卖方在特定条件成就前，保留处置货物的权利（reserve the right of disposal of the goods）。在这种情况下，尽管货物已被交付给买方或者负责转交给买方的承运人、保管人，但在卖方附加条件实现之前，货物的财产权不转移于买方。但是，根据1889年《代理人法》和1979年《货物买卖法》的规定，第三人在不知道货物之上存在所有权保留且善意地取得了货物所有权的情况下，即使出卖人保留了

---

① Aluminium Industrie Vaassen B. V. v. Romalpa Aluminium Ltd. [1976] 1 W. L. R. 676.

货物所有权,仍然不能对抗第三人。英国没有所有权保留的登记公示制度,而且"Romalpa"案以及1979年《货物买卖法》确立的所有权保留条款无法取得对抗善意第三人的效力,故租卖这样一种所有权保留形式在英国法上占了更为重要的位置。所谓租卖,指的是根据租卖合同,租卖人(出卖人)将货物交付租买人(买受人)使用,租买人按合同约定的期限与金额向租卖人分期支付租金,租买人并有选择取得购买人地位或租用人地位的优先权。租卖人在租买人行使优先选择权的有效期内,负有不得将货物另行出售的义务。

3. 法国的立法

1804年《法国民法典》未明确规定所有权保留,但是该法典第1181条关于停止条件的规定和第1183条关于解除条件的规定可以作为所有权保留制度的依据。虽然19世纪以来,法国广泛实行附保留所有权的分期付款买卖方式以防备买方在支付全部价款之前支付能力恶化,但法国最高上诉法院将附保留所有权的分期付款买卖视为单纯买卖,除破产宣告前有解除契约的意思表示外,买方破产之际卖方对标的物的保留所有权不能对抗破产管理人。因此,为确保出卖方的取回权,租卖交易在法国得到快速发展,但是卖方的取回权仍不被法院所承认。至1980年5月12日的法国法律修正案和1985年1月25日《法国企业整顿法》第121条第2款颁布后,法国法律终于确认了所有权保留条款在裁判上的清理(reglement judiciaire)(1985年1月25日法律将之改为"裁判重整"refressement judiciaire)中的效力,即卖方依据所有权保留有权从买方的破产诉讼中要求返还买卖物,其前提是,所有权保留必须至少在送货之前以书面形式约定。仅当该买卖物"已经送到"而且仍处于买方处时,取回权才能成立。在买方将该物再转让时,只要第二买方还没有向第一买方付款,则卖方有权要求第二买方返还。破产管理人为了试行维持整顿企业之经营的目的,可以通过提供担保的方式阻止卖方行使取回权。在企业观察期间,保留所有权之货物可以被自由处置。由于1985年的《法国企业整顿法》承认了保留所有权的取回权,从而使保留所有权成了可以对抗破产的担保手段,这样,保留所有权的经济意义扩大了,保留所有权条款得到了普遍的采用。[1]

4. 美国的立法

在美国,所有权保留买卖早在18世纪就已出现,在名称上称之为"附条件买卖"(conditional sale)。1918年,美国统一州法委员会颁布《统一附条件买卖法》,用38个条文对附条件买卖作了规定。1952年,美国制定了著名的《统一商法典》,其第九篇为"担保交易"(Secured Transactions),集中对物的

---

[1] 尹田:《法国物权法》,法律出版社1998年版,第455页。

担保制度作了全新的规定。《统一商法典》用"担保权益"（security interests）概括地指称由质押（pledge）、权利让与（assignment）、动产抵押（chattel mortgage）、动产信托（chattel trust）、信托契据（trust deed）、代理商留置权（factor's lien）、设备信托（equipment trust）、附条件买卖（conditional sale）、信托收据（trust receipt）、留置权（lien）或所有权保留（title retention）合同设立的担保权益等。同时，该法还运用"附着"（attachment）概念来界定担保权益在当事人间的有效性，并通过对担保权益完善化（perfection）的程序设计，巧妙地解决了担保权益对第三人的效力及其优先顺序，从而最大限度地统一了物的担保法。①《美国统一商法典》在担保法上的巨大变革，被公认为是当代法律制度上的伟大进步，以至有学者认为，"这一法典的最重要的、唯一的贡献，就是把动产方面这种有担保的交易法加以强化、简化和现代化。"②该法典第1-201（37）条规定，卖方在货物已发运或已交付给买方后所保留的对货物的所有权（第2-401条），效力上只相当于保留"担保权益"。第9-107条规定，若该担保权益系为担保出卖方价款的全部或部分，则为"价款担保权益"（Purchase Money Security Interest）。第9-302（1）[d]条规定，就消费品的价款设定担保权益，不须通过登记融资报告即能进行完善，除非该消费品为需要注册的机动车辆或为取得优于不动产附着物上的冲突权益的担保权益。

5. 我国台湾地区的规定

我国台湾地区关于所有权保留制度的规定主要体现在1963年制定的"动产担保交易法"第三章"附条件买卖"中。台湾地区属于大陆法系，但其"动产担保交易法"则是参考了美国的立法。有学者认为，该法之所以突破民法体系而全面继受美国法，其原因主要有二：（1）德国与日本在立法上均未设不占有标的物的动产担保制度，而美国的动产担保制度却较为发达；（2）缘于我国台湾地区与美国政治经济上的密切关系，该法的制定曾受到当时美援会的支持与协助。③"动产担保交易法"第26条规定："称附条件买卖者，谓买受人先占有动产之标的物，约定至少支付一部或全部价金，或完成特定条件时，始得取得标的物所有权之交易。"该法第28条规定了取回占有及赔偿请求，在标的物所有权移转于买受人前，买受人的下列情形之一，致妨害出卖人之权益者，出卖人得取回占有标的物：（1）不依约定偿还价款者；（2）不依约定完

---

① 余能斌：《现代物权法专论》，法律出版社2002年版，第349页。
② [美]阿伦·法恩兹沃思：《美国法律制度概论》，马清文译，群众出版社1986年版，第184页。
③ 王泽鉴：《民法学说与判例研究》（第八册），中国政法大学出版社1998年版，第284页。

成特定条件者；（3）将标的物出卖、出质或为其他处分者。出卖人取回占有标的物，其价格显有减少者，得向买受人请求损害赔偿。

6. 我国立法的规定

我国《民法通则》第72条第2款规定："按照合同或者其他合法方式取得财产的，财产所有权从财产交付时起转移，法律另有规定或者当事人另有约定的除外。"允许合同当事人就所有权的移转意思自治，自为约定。《最高人民法院关于贯彻执行〈中华人民共和国民法通则〉若干问题的意见（试行）》第84条"财产已经交付，但当事人约定财产所有权转移附条件的，在所附条件成就时，财产所有权方为转移"明文确认了附条件的所有权移转的法律效力。《合同法》第134条明确规定了所有权保留买卖合同制度，即："当事人可以在买卖合同中约定买受人未履行支付价款或者其他义务的，标的物的所有权属于出卖人。"自此，我国的所有权保留买卖合同得以确立。《最高人民法院关于审理买卖合同纠纷案件适用法律问题的解释》总结《合同法》实施的经验，对所有权保留买卖合同制度作了进一步完善。

（二）所有权保留买卖合同一方当事人破产时其管理人对尚未履行完毕的合同的解除

所有权保留之所以为诸多国家或者地区的法律所确认，究其原因，是由于其特有的经济担保功能，即保留所有权的分期付款买卖方式可以防备买方在支付全部价款之前支付能力恶化。在出卖人或者买受人破产的情形下，这种担保作用亦应得到承认，但是应当与《企业破产法》规定的管理人合同解除权相衔接。

各国破产法一般均赋予管理人对是否继续履行双务合同的选择权。法国85-98号法律第37条第1款规定："管理人有权单方面要求履行有效合同，同时他得执行债务人向对方当事人承诺的给付。"《德国支付不能法》第103条规定："在支付不能程序开始时，双务合同未为债务人和另一方当事人履行、或未为其完全履行的，支付不能管理人可以替代债务人履行合同、并向另一方当事人请求履行。管理人拒绝履行的，另一方当事人只能作为支付不能债权人主张不履行的债权。另一方当事人催告管理人行使其选择权的，对于自己是否打算请求履行这个问题，管理人应当不迟延地作出表示。管理人不作出表示的，其不得坚持要求履行。"我国《企业破产法》第18条也规定了管理人继续履行合同或者解除合同的选择权。

所有权保留买卖合同一方当事人进入破产程序时，一方面，可能买受人未按照约定支付完毕价款或者履行其他约定条件；另一方面，基于双方合同的特别约定，买卖标的物所有权尚未由出卖人转移给买受人所有，该买卖合同应属双方均未履行完毕的合同。《企业破产法》第 18 条中规定的管理人对破产申请受理前成立而债务人和对方当事人均未履行完毕合同的解除权,不能适用于对担保合同的解除,但是是否适用于所有权保留买卖合同,则有争议。这些争议主要是因为对所有权保留的法律性质认识不同所造成的。

有学者主张,所有权保留的性质属于担保物权,即动产抵押,其设定目的在于保障出卖物价款的实现。在买受人未付清全部价款或者未履行其他义务的情况下,尽管该合同属于未履行完毕的合同,但是由于该合同是担保合同,所以出卖人享有担保物权人的权利,即享有别除权,买受人的管理人不能解除该合同;在出卖人破产时,买受人支付的价款以买卖标的物为担保,出卖人的管理人也不能解除合同。

也有学者主张,所有权保留的性质不属于担保合同,而是附停止条件的所有权移转,对于未履行完毕的合同,则双方当事人任何一方破产时,其管理人有权行使合同解除选择权,即有权决定继续履行该合同或者解除该合同。如,我国台湾地区学者陈荣宗认为,"依德国通说,保留所有权之动产系附停止条件转移所有权,故保留所有权之出卖人,得主张取回权,出卖人仍然为物之所有权人,买受人尚未取得所有权,故买受人不能主张取回权。唯买受人得清偿买卖价金而取得所有权"。[①] 一些国家的破产法也是如此规定的,如《法国困境企业司法重整与清算法》第 121 条第 2 款规定:"如果买卖双方在交货之前约定在支付全部价金后所有权始得转让,并且标的物仍以实物存在,出卖人可以请求返还。"王欣新教授认为,上述"第二种观点较为符合所有权保留条款规定的本意,可为我国破产立法所借鉴"。[②] 所以,如果把所有权保留买卖合同视为一种附所有权转移停止条件的买卖合同,则在任何一方当事人破产时,其管理人有权依照《企业破产法》第 18 条的规定,决定继续履行合同或者解除合同。

二、出卖人或者买受人的管理人挑拣履行所有权保留买卖合同的法律适用

《企业破产法》第 18 条规定:"人民法院受理破产申请后,管理人对破产申请受理前成立而债务人和对方当事人均未履行完毕的合同有权决定解除或者继续履行,并通知对方当事人。管理人自破产申请受理之日起二个月内未通知对方当事人,或者自收到对方当事人催告之日起三十日内未答复的,视为解除合同。管理人决定继续履行合同的,对方当事人应当履行;但是,对方当事人

[①] 陈荣宗:《破产法》,台湾地区三民书局 1986 年版,第 221 页。
[②] 王欣新:《破产法学》,中国人民大学出版社 2008 年版,第 139 页。

有权要求管理人提供担保。管理人不提供担保的，视为解除合同。"在这里，需要明确的是债务人为他人担保而签订的担保合同，管理人无权要求解除，必须继续履行。担保责任不因担保人的破产而解除，是一项基本原则。[1] 但是，如前所述，法国、德国等多数发达国家和地区的破产法一般均赋予管理人对是否继续履行双务合同的选择权，其中包括所有权保留买卖合同。

（一）所有权保留买卖合同尚未履行完毕的认定标准

买卖合同双方当事人在合同中约定标的物所有权保留，在买受人未履行完毕支付价款或者其他义务导致标的物所有权转移给买受人前，一方当事人破产的，该买卖合同属于双方均未履行完毕的合同。

在双务合同中，当事人双方均承担合同义务，并且双方的义务具有对应关系，一方的义务就是对方的权利，反之亦然。双务合同是合同的主要形态，买卖合同是典型的双务合同，因此，所有权保留买卖合同也是典型的双务合同。一方面，买受人尚未履行完毕支付价款或者其他义务，未能满足合同约定的转移所有权至买受人的条件，因此买受人尚未履行完毕其合同义务；另一方面，正是因为买受人尚未履行完毕其合同义务，出卖人对该标的物仍享有所有权，其尚未履行合同约定的转移所有权至买受人的义务，因此出卖人也未完成自己的合同义务。基于以上分析，所有权保留买卖合同尚未履行完毕的认定标准有二：（1）买受人尚未支付价款或者其他义务；（2）出卖人尚未转移标的物的所有权至买受人。

（二）一方当事人破产时其管理人有权挑拣履行所有权保留买卖合同

在出卖人破产时，其管理人对双方均未履行完毕的所有权保留买卖合同有挑拣履行的权利；在买受人破产时，其管理人对双方均未履行完毕的所有权保留买卖合同亦有挑拣履行的权利。我们可以从四个方面分析管理人对于未履行完毕的所有权保留买卖合同的解除选择权。

1. 管理人基于债务人财产最大化的目的具有挑拣履行合同的决定权，可以要求对方当事人继续履行合同，或者单方解除合同。这种决定权在一定程度上限制了对方当事人的合同处分权。

2. 管理人有权决定选择的对象是破产申请受理前双方当事人均未履行完毕的合同，不包括一方履行完毕、另一方当事人未履行完毕的合同。如对债务人已经完全履行而对方当事人尚未履行或未履行完毕的合同，管理人无权决定解除。对于所有权保留买卖合同而言，由于买受人尚未支付价款或者其他义

---

[1] 王欣新：《破产法》，中国人民大学出版社2007年版，第82页。

务，该买卖标的物尚未转移至买受人，因此，该合同是一种双方均未履行完毕的合同，管理人对此合同有决定是否继续履行的权利。

3. 管理人的决定权受到一定限制。一方面，表示履行的意思表示必须明示并通知对方当事人，而且必须在自破产申请受理之日起两个月内通知；另一方面，为保障对方当事人的合法权益，管理人要求对方当事人履行合同时必须满足对方当事人的担保请求。

4. 所有权保留买卖合同不适用不动产。由于《合同法》第134条未对所有权保留买卖的适用对象作出限制，导致学界和实务界对此存在分歧，消费市场上也存在一些以所有权保留方式买卖房屋的行为。有观点认为，所有权保留制度不适用于不动产，理由在于：（1）由于不动产买卖完成转移登记后所有权即发生变动，此时双方再通过约定进行所有权保留，明显违背法律规定。（2）在转移登记的情况下双方采用所有权保留，出卖人的目的是为担保债权实现，买受人的目的在于防止出卖人一物二卖，《物权法》第20条规定的预告登记制度足以满足买卖双方所需，因此，没有必要采取所有权保留的方式。特别是，转移登记是不动产所有权变动的要件，在转移登记完成前不动产所有权不会发生变动，买受人即使占有使用标的物，只要双方不转移登记，出卖人仍然享有所有权，当然也就可以保障债权，所以更无必要进行所有权保留。（3）综观境外立法及司法实践，大多认为该制度仅适用于动产交易。[①] 我们认为，所有权保留买卖合同的本质是动产交易的权益保障制度，不适用于不动产交易。因此，《最高人民法院关于审理买卖合同纠纷案件适用法律问题的解释》第34条明确规定："买卖合同当事人主张合同法第一百三十四条关于标的物所有权保留的规定适用于不动产的，人民法院不予支持。"该司法解释的规定应当适用于破产程序，因此，所有权保留买卖合同在破产程序中也不能适用于不动产。

【法律、司法解释及案例】

《企业破产法》（2007年6月1日起施行）

第十八条 人民法院受理破产申请后，管理人对破产申请受理前成立而债务人和对方当事人均未履行完毕的合同有权决定解除或者继续履行，并通知对方当事人。管理人自破产申请受理之日起二个月内未通知对方当事人，或者自收到对方当事人催告之日起三十日内未答复的，视为解除合同。

[①] 宋晓明、张勇健、王闯：《〈最高人民法院关于审理买卖合同纠纷案件适用法律问题的解释〉理解与适用》，载《人民司法》2012年第15期。

管理人决定继续履行合同的，对方当事人应当履行；但是，对方当事人有权要求管理人提供担保。管理人不提供担保的，视为解除合同。

《民法通则》（1987年1月1日起施行）

第七十二条 财产所有权的取得，不得违反法律规定。

按照合同或者其他合法方式取得财产的，财产所有权从财产交付时起转移，法律另有规定或者当事人另有约定的除外。

《最高人民法院关于贯彻执行〈中华人民共和国民法通则〉若干问题的意见（试行）》（1987年1月1日起施行）

84. 财产已经交付，但当事人约定财产所有权转移附条件的，在所附条件成就时，财产所有权方为转移。

《合同法》（1999年10月1日起施行）

第一百三十四条 当事人可以在买卖合同中约定买受人未履行支付价款或者其他义务的，标的物的所有权属于出卖人。

《最高人民法院关于审理买卖合同纠纷案件适用法律问题的解释》（2012年7月1日起施行）

第三十四条 买卖合同当事人主张合同法第一百三十四条关于标的物所有权保留的规定适用于不动产的，人民法院不予支持。

【案例】

2009年4月21日，某市中级人民法院裁定受理A公司破产清算一案。在该案中，买受人A公司曾于2008年9月30日与供货人B公司签订供货合同，向B公司购买了一台数字机器设备，供货合同中约定未付清全部货款前设备所有权归供方B公司所有。A公司进入破产程序后，A公司尚未付清货款。管理人清理A公司所有未履行完毕合同时，认为该合同属于双方均未履行完毕的合同，因此，依照《企业破产法》第18条的规定决定解除该合同并向B公司发出解除合同通知书。

【简要评析】

《企业破产法》第18条规定："人民法院受理破产申请后，管理人对破产申请受理前成立而债务人和对方当事人均未履行完毕的合同有权决定解除或者继续履行"，从而赋予了管理人解除合同或者继续履行合同的选择权。但是，司法实践中如何认定双方当事人"均未履行完毕的合同"以及管理人如何选择性地行使权利仍然是破产实务中的难题，特别是涉及所有权保留合同是否继续履行时管理人如何行使破产解除权值得探讨。上述案例中，A公司尚未付清货款，B公司也未将货物所有权转移给A公司，上述案例买卖合同属于"双方当事人均未履行完毕"的所有权保留合同,管理人有权选择解除合同或者继续履行合同。但管理人选择行使《企业破产法》赋予的权利并非无原则可循,无论决定继续履行还是行使破产解除权,均应当坚持债务人财产价值最大化原则,同时兼顾合同相对人或者善意第三人的利益,依法行使权利。因此,A公司进入破产程序后,如果继续履行合同对A公司有利,管理人应该选择继续履行合同,反之,管理人应该行使破产解除权。

第三十五条【出卖人破产决定继续履行合同时买卖合同出卖人取回权的行使】

出卖人破产,其管理人决定继续履行所有权保留买卖合同的,买受人应当按照原买卖合同的约定支付价款或者履行其他义务。

买受人未依约支付价款或者履行完毕其他义务,或者将标的物出卖、出质或者作出其他不当处分,给出卖人造成损害,出卖人管理人依法主张取回标的物的,人民法院应予支持。但是,买受人已经支付标的物总价款百分之七十五以上或者第三人善意取得标的物所有权或者其他物权的除外。

因本条第二款规定未能取回标的物,出卖人管理人依法主张买受人继续支付价款、履行完毕其他义务,以及承担相应赔偿责任的,人民法院应予支持。

【条文主旨】

本条旨在规定出卖人管理人决定继续履行所有权保留买卖合同的情形下行使出卖人取回权的条件及其法律后果。

【规范目的】

本条规定的目的,是要解决所有权保留合同的出卖人破产的情形下,《企业破产法》第18条规定之出卖人管理人对未履行完毕合同的继续履行选择权和《合同法》第134条规定之出卖人取回权之间的衔接、配合。在出卖人破产的情形下，由于出卖人是债权人，不存在债权加速到期的事由，因此出卖人管理人选择继续履行合同时，买受人应当依照合同约定的付款期限或者其他义务的履行期限继续履行；同时，出卖人在买受人履行合同义务的情形下，其合同权利方能实现，如果买受人违约或者有侵害出卖人合同权利的行为，出卖人管理人可以通过行使合同法上规定的取回权来维护自身的合法权利。因此，本条司法解释对未履行完毕的所有权保留买卖合同中出卖人破产时，管理人选择继续履行和行使合同法上取回权的条件及法律后果作出了规定，以及时有效地最大化债务人的财产。

【原理与适用】

一、出卖人破产时管理人决定继续履行合同和行使合同取回权的法理分析

我国《合同法》第134条规定："当事人可以在买卖合同中约定买受人未履行支付价款或者其他义务的，标的物的所有权属于出卖人。"如果买卖合同中设有所有权保留条款，出卖人进入破产程序，此时出卖人管理人决定继续履行所有权保留买卖合同的，买受人应当继续履行合同义务；如果买受人未依照约定履行合同义务或不当处分标的物时，出卖人管理人取回标的物无疑是最好的救济手段。但是，目前司法实践中对于此种情形下出卖人取回权的法律性质和行使条件有不同认识。

（一）出卖人取回权的法律性质

关于出卖人取回权的法律性质，理论界存在多种观点。其中有代表性的有以下几种：

1. 附停止条件所有权转移说。该说认为，买卖合同的当事人在合同中就所有权转移问题作出"出卖人附条件保留所有权"的约定，并不违背法律的禁止性规定，自应承认其效力。所有权保留在法律性质上为一种附停止条件的所有权转移，即所有权保留只是延缓所有权转移的时间，出卖人虽将标的物交付于买受人，但所有权并没有随之转移于买受人。此种学说为德、日和我国台湾地区的通说。[①]

2. 部分所有权转移说。该说认为，在所有权保留买卖合同中，出卖人将标的物交付于买受人之时，所有权的一部分也随之转移于买受人。于是形成出

---

① 刘得宽：《分期付款买卖之法律上效力》，载《民法诸问题与新展望》，中国政法大学出版社1998年版，第6~9页。

卖人与买受人共有一物的所有状态。该说为德国学者赖扎所创。一些德国和日本学者主张此说。日本学者铃木的"削梨说"即为典型。他认为,在所有权保留交易中,所有权像"削梨似地,由出卖人一方逐渐地移到买受人一方。买受人所具有的这种过渡阶段的所有权为完全所有权的同质的缩型"。[①]

3. 租卖说,即租赁买卖说。租卖是所有权保留买卖的早期形式,租卖说把所有权保留买卖合同视为租赁和买卖的混合契约。但是,在其发展初期,欧洲一些国家的法院并不认可该种混合契约,而是把其视为买卖契约,适用买卖法的规定,而不是适用租赁之规定。[②] 到目前为止,大部分国家和地区的立法中并不认可租卖合同。比如,《德国分期付款买卖法》第6条则明确禁止当事人逃避该法而采用租赁之法律形态。

4. 担保权益说。该说认为,出卖人保留所有权的主要目的在于为其价金债权提供担保,从这个角度看,出卖人感兴趣的并不是对标的物行使所有权,也不是通过行使取回权而得到标的物,而在于价款的支付。有学者认为,"出卖人在付款前仍保留所有权的条件下,将财产转移于买受人,其优先权类似于担保权益。"[③] 对出卖人而言,所有权保留的意义在于买受人破产时他可能享有优先于买受人的其他债权人受偿的权利。该说主要为美国学者所主张。

5. 就物求偿说。该说认为,所有权保留买卖所规定的取回制度是出卖人就标的物实现价款的特别程序,因为从取回制度的内容看,它与强制执行基本类似。该取回类似强制执行法的查封,买受人的回赎类似强制执行法的撤销查封,再出卖的程序类似强制执行法的拍卖程序。[④]

我们认为,以上各说各有其合理之处,分别揭示了所有权保留买卖合同的历史和现实的一些特征。租卖说尽管从一开始就不为法院认同,但是其曾经是所有权保留买卖制度在欧洲采取的最早形态。担保权益说揭示了该制度的本质,即担保出卖人的价款权益,从而促进了交易的发展和安全。附停止条件所有权转移说和部分所有权转移说,则从动态的交易履行过程角度观察,分别揭示了买受人取得所有权的条件和买受人在交易过程中的期待权,并试图在出卖人和买受人之间取得物权利益上的平衡。就物求偿说则从取回权行使的角度观察,试图解释出卖人的取回权和买受人的回赎权以及平衡二者价款利益的再卖权之间的关系,使其与现有法律体系相吻合。但是,从与我国法律体系吻合的

---

① 刘得宽:《分期付款买卖之法律上效力》,载《民法诸问题与新展望》,中国政法大学出版社1998年版,第6~9页。
② 刘得宽:《分期付款买卖之法律上效力》,载《民法诸问题与新展望》,中国政法大学出版社1998年版,第6~7页。
③ W. Green, Corporeal Moveables in Scots Law, Edinburgh, 1991, p. 275.
④ 王泽鉴:《民法学说与判例研究》(第七册),北京大学出版社2009年版,第220~221页。

角度考察，所有权保留买卖合同是一种合同债权制度，只不过是对债的履行中动产所有权的转移进行了特殊约定，以担保出卖人的价款利益，并保障买受人的实际占有、使用、收益和所有权转移的期待权。该制度在传统物权的绝对性上打开了一个缝隙，物权出现了相对性的一面；该制度在传统债权的相对性也打开了一个缝隙，一些债权取得了优先于其他债权得到清偿的地位。这种制度创新应现代商业发展的需要而出现，促进了交易的形成，保障了交易的安全，并在不断适应现代商业发展的过程中得到不断完善，以降低该制度的运行成本，因此该制度也出现了意定性向法定性发展的趋势，形成了意定性和法定性之间的过渡状态。

基于此，我们认为，如果把该制度视为一种法定制度，则可以把该项出卖人的取回权视为一种合同法上的取回权，简称为合同取回权。出卖人破产时，由于出卖人是债权人，不存在债权加速到期的事由，出卖人管理人决定继续履行合同的，双方应当按照原买卖合同的约定继续履行合同。但是，在合同继续履行过程中，如果买受人未按照双方合同约定期限支付价款或者完成特定条件，或者将标的物出卖、出质或者作出其他不当处分，对出卖人造成损害的，出卖人管理人有权依据《合同法》的规定行使所有权保留买卖合同的取回权。原因简述如下：在所有权保留中由于买受人占有、使用标的物，出卖人以保留的所有权来担保其价金债权的实现，这就造成了所有权人与标的物相分离，一旦买受人不依约支付价款，或者对标的物进行不当处分进而使得标的物的价值降低或状态改变，都将危害到出卖人的利益。[①] 因此，出卖人保留所有权的主要目的就是担保价款债权的实现，在买受人的行为会对出卖人的债权造成损害时，应当允许出卖人取回标的物以防止利益受损。取回权是指在所有权保留情形下，买受人有违约或者侵权行为并可能损害出卖人合法权益时，出卖人依法享有的从买受人处取回标的物的权利。因此当买受人未履行价金义务或未尽善良管理人应尽的注意义务时，出卖人应享有一定的救济权利，取回标的物无疑是最好的手段。[②] 我国《合同法》未对该取回权作出详细、明确的规定，《最高人民法院关于审理买卖合同纠纷案件适用法律问题的解释》第35条明确规定了出卖人的合同取回权，即：只要交易双方约定了所有权保留条款，即使其没有明确约定出卖人有取回权，出卖人也可以享有取回权，但是在行使取回权时需要符合特定的条件。

[①] 王全弟、刘冰沙：《论所有权保留在我国的法律适用》，载《政治与法律》2003年第4期。
[②] 宋晓明、张勇健、王闯：《〈最高人民法院关于审理买卖合同纠纷案件适用法律问题的解释〉理解与适用》，载《人民司法》2012年第15期。

（二）出卖人取回权的行使条件

出卖人管理人选择继续履行所有权保留买卖合同的，买受人应当按照合同约定履行其义务，即按照合同约定的期限支付价款或者履行其他义务。买受人有下列情形之一，对出卖人造成损害，出卖人管理人有权取回标的物：（1）未按约定支付价款的；（2）未按约定完成特定条件的；（3）将标的物出卖、出质或者作出其他不当处分的。所谓其他不当处分，是一种兜底性的规定，包括但不限于非正常使用、过度耗费等。但是，对于出卖人取回权的行使是否受到买受人支付价款达到一定比例或者第三人善意取得制度的限制，则有不同的认识。

1. 买受人已经支付标的物总价款75%以上时出卖人管理人不得行使取回权

出卖人管理人行使取回权是基于其对财产的所有权，但是在买受人已经支付标的物价款75%以上时，出卖人管理人的取回权和买受人的期待权之间如何平衡则存在理论上的争议。一种意见认为，基于所有权保留买卖合同的约定，买受人在支付完毕所有价款或完成其他义务之前，出卖人一直享有标的物的所有权，因此，出卖人管理人可以基于其所有权行使取回权，买受人已经支付标的物价款达到75%以上不能成为出卖人管理人行使取回权的限制条件。另一种意见认为，《最高人民法院关于审理买卖合同纠纷案件适用法律问题的解释》中出卖人已支付价款达到75%以上时出卖人不得行使取回权的规定，在破产程序亦应予以适用，即买受人已经支付标的物总价款75%以上的，出卖人管理人不得行使取回权。

从合同法角度观察，如果买受人已支付的价款达到总价款的75%以上时，出卖人的利益已经基本实现，其行使取回权会对买受人利益影响较大，此时应兼顾买受人利益而适当限制出卖人取回权。《最高人民法院关于审理买卖合同纠纷案件适用法律问题的解释》第36条第1款规定："买受人已经支付标的物总价款的百分之七十五以上，出卖人主张取回标的物的，人民法院不予支持。"如果买受人已支付总价款75%以上，但其又具有《最高人民法院关于审理买卖合同纠纷案件适用法律问题的解释》第35条第1款第（2）项、第（3）项规定的情形时，出卖人的取回权亦应受到限制。因为，以75%为限对出卖人取回权进行限制的主要目的是实现买卖双方利益的平衡，只要买受人已支付75%的价款，无论此时买受人具有该司法解释第35条第1款中的何种情形,取回权都应受到限制。① 我们认为,在出卖人破产的情形下,出卖人的取回权的法律性质是合同法上的取回权,因此《最高人民法院关于审理买卖合同纠纷案件适用法律问题的解释》第36条的规定应当在破产程序中得到适用。在出卖人破产的情形下,破产财产最大化是管理人的职责所在,同时破产财产也是其所有的债权人的债权公平受偿的基础,但是,如前所述,出卖人行使的取回权是合同法上的取回权,因此,出卖人管理人行使该项权利时应当受到合同法规则的约束,也即应当受到《最高人民法院关于审理买卖合同纠纷案件适用法律问题的解释》第36条的限制。同时,只要买受人已经支付的价款达到标的物总价的75%,无论买受人是否具有《最高人民法院关于审理买卖合同纠纷案件适用法律问题的解释》第35条第1款第(2)、(3)项的何种情形,出卖人不能行使取回权。在不能行使取回权取回标的物的情形下,出卖人可以依法主张买受人继续履行所有权保留买卖合同,即可以依法要求买受人履行支付剩余价款、完成特定条件等义务,并可以要求对方承担赔偿损失等违约责任。

2. 出卖人管理人的取回权受到善意取得制度的限制

《最高人民法院关于审理买卖合同纠纷案件适用法律问题的解释》第36条第2款规定:"在本解释第三十五条第一款第(三)项情形下,第三人依据物权法第一百零六条的规定已经善意取得标的物所有权或者其他物权,出卖人主张取回标的物的,人民法院不予支持。"我们认为,在出卖人破产的程序中,出卖人的取回权亦应受到善意取得制度的限制。如果标的物被买受人处分给第三人,该第三人又符合善意取得条件的,则出卖人不得取回标的物。善意取得制度是《物权法》的一个基本制度,目的在于保护动产交易的善意第三人,维护交易安全和秩序。如果在破产程序中对其进行改变,既有悖于《物权法》这个基本法律制度的宗旨,也与《企业破产法》公平偿债的精神不符。在此种情况下,第三人只要证明自己不知情,并已经支付合理对价,就可以取得该标的物的所有权。从长远看,对于特殊动产的所有权保留买卖合同应当建立登记制度,以取得对抗第三人的效力。也就是说,对于一般动产仍可以采取意思表示主义,但是对于机动车辆、船舶、航空器等特殊动产所有权保留应采取登记对抗主义。所有权保留登记的内容应尽可能简洁,以满足公示功能为足够,其登记事项应包括当事人的姓名、地址、通讯方式、所有权保留的具体种类及标的物种类。

---

① 宋晓明、张勇健、王闯:《〈最高人民法院关于审理买卖合同纠纷案件适用法律问题的解释〉理解与适用》,载《人民司法》2012年第15期。

二、出卖人破产时管理人决定继续履行合同和行使取回权的法律适用

（一）出卖人破产时管理人有权选择继续履行所有权保留买卖合同

出卖人破产时，管理人决定继续履行所有权保留买卖合同的，应当及时以书面形式通知买受人。如果管理人自破产申请受理之日起2个月内未通知买受人，则买受人可以视为管理人选择了解除合同。同时，在此种情形下，买受人也可以向管理人发出书面催告，管理人自收到买受人催告之日起30日内未答复的，买受人也可以视为管理人选择了解除合同。

管理人决定继续履行合同的，买受人应当履行。由于是出卖人破产，不存在债权加速到期的情形，所以买受人应当按照买卖合同约定的期限、方式履行支付价款或者其他义务。

在此种情形下，买受人实际占有标的物，是否有权要求管理人提供担保，存在理解上的分歧。一种意见认为，由于买受人已经实际占有买卖标的物，其债权已经得到担保，因此无权要求管理人提供担保。另一种意见认为，尽管买受人实际上占有买卖标的物，但由于该标的物的所有权仍归出卖人所有，出卖人有把该标的物转卖的可能，其债权未得到有效担保，因此有权要求管理人提供继续履行债权的担保。

所有权保留买卖合同是一种动产买卖合同，在我国的《物权法》上也未建立相应的所有权保留的登记公示制度，如果出卖人以该物设定担保，尤其是对于机动车、船舶等动产而言，出卖人以所有权凭证设定抵押、质押并非难事，此时买受人的权利可能落空。此外，动产交易受到善意取得制度的保护，如果出卖人转让该买卖标的物，善意第三人在此种情形下可以依法取得买卖标的物的所有权，则买受人的利益可能遭受到重大侵害。基于此，我们认为，买受人有权要求出卖人管理人提供担保。管理人不提供担保的，出卖人可以视为管理人选择了解除合同。

所有权保留买卖合同是双务合同，因此在买受人付清全部价款或者履行完毕其他义务后，买卖标的物所有权归于买受人，需要进行过户登记的动产，出卖人应当予以配合，完成过户登记。

（二）买受人有违约或者危害债权行为时出卖人管理人可以行使取回权

出卖人破产时，管理人决定继续履行所有权保留买卖合同的，买受人应当继续履行。但是由于出卖人是买卖标的物的所有权人，买受人则实际占有标的

物，标的物的所有权人和实际占有人发生分离，此种情形下，如果买受人违约或者侵害债权，则出卖人的责任财产可能会发生减损，从而危害到出卖人的利益。

在所有权保留买卖中，出卖人在实现债权之前以买卖标的物作为债权实现的担保，因此如果出现：（1）买受人未按照约定支付价款或者未按照约定完成特定条件等违约行为；（2）或者出现买受人将标的物出卖、出质或者作出其他不当处分等侵害债权行为。以上情形下出卖人的利益受到实际损害时，出卖人管理人可以依法行使取回权。

出卖人行使取回权可以采取两种方式：（1）通过实施合同约定条款和事后协商的方式请求买受人返还标的物；（2）申请人民法院直接强制执行协议内容的方式请求买受人返还标的物。在第二种方式下，买受人对执行行为有异议的，可以向法院提出执行异议或者直接提起普通民事诉讼。

（三）买受人的回赎权和出卖人管理人的再卖权

《买卖合同司法解释》中有关买受人的回赎权和出卖人的再卖权的规定在破产程序中应当予以适用。买受人的回赎权是指所有权保留买卖中出卖人对标的物行使取回权后，在一定期间内买受人支付价款或完成其他条件后享有的重新占有标的物的权利。买受人行使回赎权的目的是防止出卖人为实现债权而对标的物再行出卖，从而使得原买卖交易重新回到正常轨道上来。行使回赎权的结果是使买受人可以依契约之约定履行债务并完成所有权取得之条件，同时继续占有使用标的物。[①] 买受人的回赎权的权利基础是买受人在所有权保留买卖关系中的期待权。买受人由于对标的物的占有使用已与其形成了一定的利益关系，买受人对出卖人完全转移标的物所有权也具有一定的期待，这种利益关系及期待应予保护。出卖人取回标的物后，买受人可以在特定期间通过消除相应的取回事由而请求回赎标的物，此时出卖人不得拒绝，而应将标的物返还给买受人。

买受人的期待权受到回赎期的限制。回赎期是出卖人可以行使回赎权的期间。回赎期一般包括法定期间和意定期间。法定期间由法律明确规定，我国台湾地区"动产担保交易法"第18条第3款设定的法定期间为出卖人取回标的物后10日内。意定期间是当事人确定的期间，包括买卖双方约定的期间和出卖人指定的期间两种。双方约定的期间既可以是当事人事先在买卖合同中约定，也可以是出卖人行使取回权后双方约定的期间。出卖人单方指定的期间应

[①] 宋晓明、张勇健、王闯：《〈最高人民法院关于审理买卖合同纠纷案件适用法律问题的解释〉理解与适用》，载《人民司法》2012年第15期。

当是一个合理期间。《最高人民法院关于审理买卖合同纠纷案件适用法律问题的解释》第 37 条第 1 款没有确定法定期间，而是规定了两种意定期间，即双方约定的期间和出卖人指定的期间。

买受人在回赎期间内没有回赎标的物的，出卖人可以另行出卖标的物。出卖人另行出卖标的物的，出卖所得价款依次扣除取回和保管费用、再交易费用、利息、未清偿的价金后仍有剩余的，应返还原买受人；如有不足，出卖人可以要求原买受人清偿，但原买受人有证据证明出卖人另行出卖的价格明显低于市场价格的除外。

【法律、司法解释及案例】

《合同法》（1999 年 10 月 1 日起施行）

第一百三十四条 当事人可以在买卖合同中约定买受人未履行支付价款或者其他义务的，标的物的所有权属于出卖人。

《最高人民法院关于审理买卖合同纠纷案件适用法律问题的解释》（2012 年 7 月 1 日起施行）

第三十五条 当事人约定所有权保留，在标的物所有权转移前，买受人有下列情形之一，对出卖人造成损害，出卖人主张取回标的物的，人民法院应予支持：

（一）未按约定支付价款的；

（二）未按约定完成特定条件的；

（三）将标的物出卖、出质或者作出其他不当处分的。

取回的标的物价值显著减少，出卖人要求买受人赔偿损失的，人民法院应予支持。

第三十六条 买受人已经支付标的物总价款的百分之七十五以上，出卖人主张取回标的物的，人民法院不予支持。

在本解释第三十五条第一款第（三）项情形下，第三人依据物权法第一百零六条的规定已经善意取得标的物所有权或者其他物权，出卖人主张取回标的物的，人民法院不予支持。

第三十七条 出卖人取回标的物后，买受人在双方约定的或者出卖人指定的回赎期间内，消除出卖人取回标的物的事由，主张回赎标的物的，人民法院应予支持。

买受人在回赎期间内没有回赎标的物的，出卖人可以另行出卖标的物。

出卖人另行出卖标的物的，出卖所得价款依次扣除取回和保管费用、再交易费用、利息、未清偿的价金后仍有剩余的，应返还原买受人；如有不足，出卖人要求原买受人清偿的，人民法院应予支持，但原买受人有证据证明出卖人另行出卖的价格明显低于市场价格的除外。

【案例】

2011年8月29日，某市中级人民法院裁定受理A公司破产清算一案并指定管理人接管A公司。管理人在清理A公司所有未履行完毕合同时发现，A公司曾于2010年9月29日与B公司签订买卖合同，A公司向B公司出售其生产的智能电视机5000台，售价共计1000万元。买卖合同中约定未付清全部货款前货物所有权归供方A公司所有。经管理人核查，截至法院裁定受理A公司破产案之日，B公司尚未付清货款但货物已经全部交付B公司。因此，A公司管理人向B公司发出《偿债通知书》，要求B公司依照双方签订的买卖合同的约定向管理人履行付款义务，并告知其不履行合同义务的法律后果。B公司收到通知后付清了全部货款。

【简要评析】

当出卖人破产，管理人依据《企业破产法》第18条规定行使是否继续履行合同的决定权时，应当根据有利于保护债务人财产的原则选择决定继续履行合同。上述案例中，管理人经审查发现所有权保留合同双方均未履行完毕，继续履行合同可以及时收回货款，同时可以减少取回买卖标的物后处置变现成本，因此，管理人选择继续履行合同。当买受人B公司付清货款后，可以按照买卖合同的约定取得货物所有权；当买受人B公司未按照约定付清货款时，管理人仍可以按照所有权保留条款的约定行使取回货物的权利。因此，管理人对该所有权保留合同的处理是正确的。

第三十六条【出卖人破产决定解除合同时出卖人追收权利的行使】

出卖人破产，其管理人决定解除所有权保留买卖合同，并依据企业破产法第十七条的规定要求买受人向其交付买卖标的物的，人民法院应予支持。

买受人以其不存在未依约支付价款或者履行完毕其他义务，或者将标的物出卖、出质或者作出其他不当处分情形抗辩的，人民法院不予支持。

买受人依法履行合同义务并依据本条第一款将买卖标的物交付出卖人管理人后，买受人已支付价款损失形成的债权作为共益债务清偿。但是，买受人违反合同约定，出卖人管理人主张上述债权作为普通破产债权清偿的，人民法院应予支持。

【条文主旨】

本条旨在规定出卖人管理人决定解除所有权保留买卖合同时，出卖人管理人要求买受人交付买卖标的物的条件及其法律后果。

【规范目的】

本条规定是解决所有权保留买卖合同的出卖人破产时，《企业破产法》第18条规定之出卖人管理人对未履行完毕合同行使解除权后如何追收买卖标的物以及买受人已支付价款如何清偿的问题。出卖人破产，出卖人管理人决定解除合同的，买受人以自身不存在违约或者侵害合同权利的行为进行抗辩时，在理论上有不同观点。此外，买受人把标的物交付给出卖人管理人后，其已经支付的价款如何清偿也需要进一步予以明确。本条司法解释对出卖人管理人的解除权以及行使解除权之后买卖标的物的交付和买受人已经支付价款债权的处理等问题作出了明确规定。

【原理与适用】

一、出卖人破产时管理人决定解除合同和收回买卖标的物的法理分析

（一）合同解除的效力

所有权保留买卖合同的出卖人破产时，出卖人管理人有权依据《企业破产法》第18条的规定，选择解除该所有权保留买卖合同。所有权保留买卖合同被解除后，该合同关系消灭，但是对于合同解除后，是否有溯及力则有不同观点。第一种观点认为，合同解除有溯及既往的效力。合同解除后，合同上的债权债务归于消灭，双方当事人之间产生恢复原状的义务。第二种观点认为，合同解除并未使合同归于消灭，只是阻止其发生作用。对于未履行的部分，可以拒绝履行，对于已经履行的部分，则产生返还请求权。我国《合同法》第97条规定："合同解除后，尚未履行的，终止履行；已经履行的，根据履行情况和合同性质，当事人可以要求恢复原状、采取其他补救措施，并有权要求赔偿损失。"可见，我国《合同法》首先承认合同的解除应向将来发生效力，对于尚未履行的部分终止履行；其次，对于已经履行的部分，合同的解除产生溯及既往的效力，可以要求恢复原状或者采取其他补救措施。[①]

我们认为，所有权保留买卖合同在被出卖人管理人解除后，应当根据《合同法》的规定，不再继续履行；已经履行的部分，则在双方当事人之间产生恢复原状的义务。

（二）合同解除时买受人不享有抗辩权

出卖人管理人的解除权属于单方解除权，无需取得买受人的同意即可行使。出卖人管理人的解除权属于法定解除权，无需根据合同是否约定有破产条款即可依法行使。对于买受人能否以"不存在违约行为或者危害债权的行为"进行抗辩，则有不同意见。一种观点认为，买受人可以享有抗辩权，即买受人可以以其不存在未按约定支付价款或完成特定条件，或者将标的物出卖、出质或者作出其他不当处分情形进行抗辩。另一种观点认为，出卖人管理人的解除权是法定的单方解除权，因此在其行使解除权时，只需要依法定程序和方式行使即可，无需考虑买受人的任何抗辩。我们认为，出卖人解除合同的目的，是最大化出卖人的破产财产，其之所以选择解除合同，是因为解除合同、收回买

[①] 王利明、崔建远：《合同法新论·总则》，中国政法大学出版社2000年版，第463页。

卖标的物的收益大于继续履行合同的收益，或者有利于及时处置破产案件、加快破产程序，此时如果赋予买受人以未违约或者未侵害债权作为其抗辩理由，则破产程序所要求的最大化破产财产、快速、高效、低成本、公平处置破产案件的要求就可能落空。基于此，不应当赋予抗辩权，即买受人不得以其"不存在未依约支付价款或者履行完毕其他义务，或者将标的物出卖、出质或者作出其他不当处分"进行抗辩。

（三）合同解除后的效果

合同解除后，买卖标的物属于买受人持有的出卖人的财产，因此应当向出卖人的破产管理人交付该财产，出卖人管理人有权根据《企业破产法》第17条的规定，要求买受人向其交付该财产。需要注意的是，这里是向出卖人管理人交付买卖标的物，而非向原出卖人交付买卖标的物。这是因为破产申请受理后，出卖人已丧失对其财产的管理、处分权利，无权再接受财产的交付，这也有利于防止财产交付给出卖人的人员后被隐匿、私分或者挥霍、毁弃进而损害债权人的合法权益。如果债务人的债务人或者财产持有人故意违反法律规定向债务人清偿债务或者交付财产，使债权人受到损失的，不免除其清偿债务或者交付财产的义务。因此，买受人应当依法向出卖人的管理人交付标的物，否则须对其违反法律规定交付财产所导致的债权人损失承担法律责任。

对于买受人已经支付给出卖人的价款，按照《合同法》第97条的规定，应当由出卖人予以恢复原状，即按照实际金额予以返还。由于出卖人的破产案件已经为法院受理，所以买受人已经支付的价款应当按照《企业破产法》的规定予以清偿。根据《企业破产法》的规定，对于买受人已支付价款所形成的损失，应当区分买受人是否依法履行合同、是否存在违约事由，分别按照普通破产债权或共益债务清偿。买受人未履行完毕合同约定义务有两种情形：（1）买受人违约导致。买受人违反合同约定，未履行完毕合同义务，导致出卖人管理人解除所有权保留买卖合同并追收标的物财产的，买受人已支付价款损失应按照普通破产债权向出卖人管理人进行申报、清偿；（2）按照合同分期付款等约定尚未届至义务履行期限，仅因出卖人破产事由出现，出卖人管理人基于债务人财产最大化决定解除合同的，买受人已支付价款损失应当作为共益债务清偿。之所以作出以上区分的原因有三：（1）对买受人没有违约行为的，应当与买受人有违约行为的，在处理上有所区分；（2）出卖人仅仅出于债务人财产最大化的目的，解除所有权保留买卖合同的，由于买受人已经依法履行其合同义务，并依法向出卖人管理人交付了标的物，出卖人获取的买受人已支付价款已经丧失合法基础，构成出卖人所获取的不当得利，因此应当依照《企业破产法》第42条的规定，作为共益债务进行清偿；（3）基于买受人是否存在违约行为、是否依法交付标的物而区分其已支付价款的不同清偿地位,能够促进买受人履行合同义务和依法向出卖人管理人交付标的物,从而低成本和高效地追收债务人财产,并有利于促进社会信用的发展。

二、出卖人破产时管理人决定解除合同和收回买卖标的物的法律适用

出卖人破产,出卖人管理人决定解除合同的,原买卖合同不再履行。对于出卖人而言,其基于标的物所有权尚未转移至买受人所有的事实,其有权依据《企业破产法》第17条的规定,将属于出卖人的财产追回后作为债务人财产。此时的出卖人所行使的权利,并非《合同法》下的出卖人取回权,而是破产法上的追收他人持有的债务人财产的权利,因此,不以买受人违约为权利行使的前提条件。

出卖人管理人要求买受人向其交付买卖标的物,是基于所有权保留的约定。因为其对买卖标的物仍然享有所有权,在合同解除后,出卖人管理人有权向买受人追回相关财产,此时并非买卖合同出卖人取回权的行使。因此,也不受《最高人民法院关于审理买卖合同纠纷案件适用法律问题的解释》关于买受人已支付标的物总价款75%以上的限制。该司法解释关于买受人已支付标的物总价款75%以上的限制,并非对出卖人就买卖标的物所有权的否定,而是对出卖人取回权行使的限制。因此,在出卖人破产的情形下,只要合同解除,所有权仍然在出卖人名下的,出卖人就当然有权基于物权追回相关财产。

买卖合同解除后,一方面,出卖人应当依法追回所有权尚属于出卖人的标的物;另一方面,出卖人应当将买受人已经支付其的相应价款返还给买受人。但是,由于此时出卖人已经进入破产程序,买受人作为出卖人的债权人,基于出卖人返还价款损失形成的债权,应当区分买受人是否存在违约行为而确定其清偿地位。买受人依法履行合同义务并将买卖标的物交付出卖人管理人后,买受人已支付价款损失形成的债权作为共益债务清偿;买受人违反合同约定,则买受人已支付价款损失形成的债权作为普通破产债权清偿。

须注意的是,无论在何种情形下,出卖人就该买卖标的物价值贬损的部分,可以从买受人已经支付价款中予以扣除。

【法律、司法解释及案例】

《企业破产法》(2007年6月1日起施行)

第十七条 人民法院受理破产申请后,债务人的债务人或者财产持有人应当向管理人清偿债务或者交付财产。

债务人的债务人或者财产持有人故意违反前款规定向债务人清偿债务或者交付财产，使债权人受到损失的，不免除其清偿债务或者交付财产的义务。

第四十二条 人民法院受理破产申请后发生的下列债务，为共益债务：

（一）因管理人或者债务人请求对方当事人履行双方均未履行完毕的合同所产生的债务；

（二）债务人财产受无因管理所产生的债务；

（三）因债务人不当得利所产生的债务；

（四）为债务人继续营业而应支付的劳动报酬和社会保险费用以及由此产生的其他债务；

（五）管理人或者相关人员执行职务致人损害所产生的债务；

（六）债务人财产致人损害所产生的债务。

《合同法》（1999年10月1日起施行）

第九十七条 合同解除后，尚未履行的，终止履行；已经履行的，根据履行情况和合同性质，当事人可以要求恢复原状、采取其他补救措施，并有权要求赔偿损失。

【案例】

2012年5月10日，某市人民法院裁定受理A公司破产清算一案并指定管理人接管A公司。A公司是一家经营药品批发的企业。管理人在清理A公司未履行完毕合同时发现，A公司曾于2011年12月29日与B公司签订买卖合同，A公司向B公司出售中草药材一批，货款共计500万元。买卖合同中约定未付清全部货款前货物所有权归供方A公司所有。经管理人核查，截至法院裁定受理A公司破产案之日，B公司尚未付清货款但货物已经全部交付B公司。管理人经市场调查，发现该批货物因市场价格上涨已经升值。因此，A公司管理人向B公司发出《解除买卖合同通知书》，要求B公司依照买卖合同关于所有权保留的约定向管理人返还货物，并告知其不履行合同义务的法律后果。B公司收到通知后以相关货物已经出售给自己为由提出异议。A公司管理人遂提起诉讼请求法院判令B公司返还货物。法院经审理认为，A公司的请求有合同依据，货物所有权应归A公司所有，遂判决B公司返还货物。

【简要评析】

上述案例中出卖人破产，管理人依据《企业破产法》第18条规定行使破产解除权时，可以同时要求买受人B公司向管理人返还货物。管理人享有返还货物请求权的合同依据是买卖合同中的所有权保留条款，法律依据则是《企业破产法》第17条。当买受人B公司尚未付清货款时，按照所有权保留条款的约定，B公司虽然占有货物，但不享有货物所有权。因此。管理人有权依据合同约定主张货物所有权，并基于所有权行使返还请求权。B公司返还货物后，其已经支付的货款应作为共益债务从破产财产中返还，因管理人解除合同给B公司造成的其他损失则应作为破产债权申报受偿。

第三十七条【买受人破产决定继续履行合同时买卖合同出卖人取回权的行使】

买受人破产，其管理人决定继续履行所有权保留买卖合同的，原买卖合同中约定的买受人支付价款或者履行其他义务的期限在破产申请受理时视为到期，买受人管理人应当及时向出卖人支付价款或者履行其他义务。

买受人管理人无正当理由未及时支付价款或者履行完毕其他义务，或者将标的物出卖、出质或者作出其他不当处分，给出卖人造成损害，出卖人依据合同法第一百三十四条[①]等规定主张取回标的物的，人民法院应予支持。但是，买受人已支付标的物总价款百分之七十五以上或者第三人善意取得标的物所有权或者其他物权的除外。

因本条第二款规定未能取回标的物，出卖人依法主张买受人继续支付价款、履行完毕其他义务，以及承担相应赔偿责任的，人民法院应予支持。对因买受人未支付价款或者未履行完毕其他义务，以及买受人管理人将标的物出卖、出质或者作出其他不当处分导致出卖人损害产生的债务，出卖人主张作为共益债务清偿的，人民法院应予支持。

【条文主旨】

本条旨在规定买受人管理人决定继续履行所有权保留买卖合同时，出卖人行使取回权的条件及其法律后果。

【规范目的】

本条是对买受人破产的情形下，管理人决定继续履行合同时，相关权利义

---

① 参见《中华人民共和国民法典》第六百四十一条。

务作出的规定。所有权保留买卖合同的买受人破产时，该合同义务存在加速到期的情形，因此买受人管理人应当及时履行合同义务，否则出卖人可以根据《合同法》第 134 条的规定行使合同法上的取回权。本条司法解释对出卖人行使取回权及其限制条件作出了明确规定。此外，出卖人行使取回权未能取回标的物的情形下，出卖人如何维护自身权益，其形成的债权地位如何确定也需要予以明确。本条司法解释对此也作出了明确规定。

【原理与适用】

一、买受人管理人决定继续履行合同和出卖人取回标的物的法理分析

（一）买受人破产时所有权保留买卖合同债权加速到期

《企业破产法》第 46 条第 1 款规定：未到期的债权，在破产申请受理时视为到期。破产申请受理时未到期的债权，即所谓附期限的债权，原定在破产申请受理后之到期日受偿。此类债权与一般破产债权在性质上并无区别，虽未到期，同样有权利获得清偿。在破产申请受理之后，若要求债权人在债权到期后才能行使受偿权利，往往破产人的财产已被分配殆尽，无法再获清偿；若待其债权到期后再统一对债权进行分配，破产程序便不得不中止，势必影响其他当事人的权益。所以，《企业破产法》规定，未到期的债权在破产程序启动时视为到期，债权人可以参加破产清偿。但为公平起见，其利息应当计算至破产申请受理时。

在买受人破产案件被法院受理后，买受人管理人决定继续履行所有权保留买卖合同的，出卖人要求买受人支付价款或者履行其他义务的债权视为到期。换句话说，尽管按照所有权保留买卖合同的约定，买受人支付有关款项或者履行其他义务的期限尚未到期，但是由于买受人的破产申请已经为法院受理，买受人的债权债务应当纳入到破产程序中进行清理，因此原合同约定的履行期限应当依法视为已经到期。买受人管理人应当及时向出卖人支付尚未支付的价款或者履行完毕其他义务。在买受人支付完毕全部价款或者履行全部义务后，取得买卖标的物的所有权。在这里有争议的问题是，买受人管理人向出卖人支付价款的行为是否属于个别清偿的行为。

《企业破产法》的直接调整作用，是通过其特有的调整手段保障债务关系在债务人丧失清偿能力时的最终公平实现，维护全体债权人和债务人的合法权益，维护社会利益与正常经济秩序。就债务清偿而言，《企业破产法》就是要将当事人的个别清偿转化为集体的清偿，将破产人的所有财产集合起来，将所

有的债权人也集合起来,按照债权不同的性质、比例给予大家公平的清偿。因此,为保证对全体债权人的公平清偿,《企业破产法》第 16 条规定:"人民法院受理破产申请后,债务人对个别债权人的债务清偿无效。"但是,债务人以其自有财产向债权人提供物权担保的,其在担保物价值内向债权人所作的债务清偿,不受上述规定限制。因物权担保债权人即使是在破产程序中也享有对担保物的优先受偿权,清偿其债务可使债务人收回担保财产,用于企业经营或对所有债权人的清偿,不违反公平清偿原则。为此,《企业破产法》第 37 条规定:"人民法院受理破产申请后,管理人可以通过清偿债务或者提供为债权人接受的担保,取回质物、留置物。前款规定的债务清偿或者替代担保,在质物或者留置物的价值低于被担保的债权额时,以该质物或者留置物当时的市场价值为限。"对于所有权保留买卖合同而言,买受人虽然占有标的物,并以取得标的物为合同目的,但是该标的物的所有权在支付完毕所有价款或者履行完毕所有义务之后方能转移给买受人。买受人破产申请被法院受理后,个别清偿原则上是不允许的。对此买受人管理人可以按照《企业破产法》第 37 条所规定的精神,通过清偿剩余款项或者履行其他义务的方式,取得标的物的所有权。这是一种通过个别清偿使债务人财产受益的行为,因此应当允许。

(二) 买受人管理人违约或者危害债权时出卖人行使取回权的问题

买受人管理人决定继续履行所有权保留买卖合同的,买受人管理人应当及时支付全部价款或者完成特定条件,无正当理由未及时支付价款或未完成特定条件,或者将标的物出卖、出质或者作出其他不当处分,对出卖人造成损害的,出卖人可以取回该标的物。这里有争议的理论问题是,出卖人取回权有无合法依据?如果有,应当依据《合同法》第 134 条的规定,还是依据《企业破产法》第 38 条的规定?即该取回权是《合同法》上的取回权,还是《企业破产法》上的取回权?

《企业破产法》上的取回权分为一般取回权和特别取回权。一般取回权,是指在管理人接管的债务人财产中有他人财产时,该财产的权利人享有的不依破产程序取回其财产的权利。一般取回权在各国的破产法中均有规定。我国《企业破产法》第 38 条规定了一般取回权,即:"人民法院受理破产申请后,债务人占有的不属于债务人的财产,该财产的权利人可以通过管理人取回。但是,本法另有规定的除外。"所谓"本法另有规定的除外"指的是该法第 76 条所规定的对一般取回权的限制,即:"债务人合法占有的他人财产,该财产的权利人在重整期间要求取回的,应当符合事先约定的条件。"取回权制度是在财产权利人与债务人、全体债权人之间平衡利益并倾向于保护财产权利人的制度。从实体角度而言,"这种制度安排的依据,首先在于'不得以别人的财产清偿自己债务'这一得到公认的基本公平原则;其次是因为所有权和他物权制度是社会经济生活中最基本的法律秩序之一,在债务人破产的情况下,破坏这种基本秩序会破坏人们对于社会经济秩序最基本的预期,导致交易无法进行。"[1] 从程序角度而言,一般取回权制度是为了纠正管理人占有管理的财产与债务人财产之间范围的不一致现象而设立的制度。破产程序是对债务人财产的概括执行程序,破产裁定具有保全债务人占有的所有财产的效力。为维护全体债权人的共同受偿利益,法律并不要求管理人在接管债务人的财产之前查明债务人的责任财产,而是让其一并先予接管,而后再甄别处理,于是就产生了破产法上以管理人为义务主体的取回权制度。一般取回权的基础权利主要是物权,尤其是所有权,但也不排除依债权产生取回权的情况。取回权是针对特定物行使的优先权利,在司法实践中,主要表现为加工承揽人破产时,定作人取回定作物;承运人破产时,托运人取回托运物;承租人破产时,出租人收回出租物;保管人破产时,寄存人或存货人取回寄存物或仓储物;受托人破产时,信托人取回信托财产;等等。所有权以外的其他物权也可构成取回权。特别取回权通常包括出卖人取回权、行纪人取回权和代偿取回权。出卖人取回权是指出卖人已将买卖标的物向作为买受人的债务人发运,债务人尚未收到且未付清全部价款时进入破产程序的,出卖人享有取回标的物的权利。行纪人取回权的原理与出卖人取回权相似,指的是行纪人受委托人的委托购入货物,委托人尚未收到且未付清全部价款的,行纪人享有取回委托物的权利。而代偿取回权以一般取回权为基础,即当取回权的标的财产被非法转让或灭失时,该财产的权利人享有的取回转让其财产所得到的对待给付财产或补偿金的权利。我国《企业破产法》只规定了一般取回权和出卖人取回权,对后两项特别取回权,尚无具体规定。[2]

有学者认为,对所有权保留买卖合同,买受人破产时,出卖人不应当享有取回权。其原因主要有两个方面:一方面,《合同法》对当事人之间关于所有权保留的约定采取意思主义,既不要求书面形式,也不要求登记生效,且《物权法》没有承认所有权保留制度,因此,在我国所有权保留之约定的公示性要弱于担保物权,不能产生对抗效力。如债务人在该标的物上又设置了担保物权(如质权),出卖人就该标的物所约定的所有权不能对抗善意的担保物权人。所有权保留的效力要弱于动产抵押,在破产程序中,所有权保留买卖合同的出卖人不仅不能取回标的物,并且其优先受偿权的顺序应当在担保物权之

---

[1] 丁文联:《破产程序中的政策目标与利益平衡》,法律出版社 2008 年版,第 105 页。
[2] 王欣新:《破产法理论与实务疑难问题研究》,中国法制出版社 2011 年版,第 221 页。

后。另一方面，从平衡财产权利人与破产债权人之利益考虑也不应承认出卖人的取回权。这包含两个层面：(1) 出卖人设定所有权保留条款的目的在于担保其债务清偿，而非取得标的物的所有权，标的物对于出卖人的使用价值不大或者没有使用价值，标的物一直为买受人使用，甚至可能是其生产经营的关键资产，如果确认出卖人在此情形下的取回权，不利于债务人的重整或企业运营资产的整体出售。(2) 由于所有权保留在我国的弱公示性，破产债权人在与债务人（破产人）交易时缺乏获知该标的物是否属于债务人责任财产的范围的途径。从维护交易主体的基本预期的角度而言，应当在所有权保留情况下优先保护破产债权人的利益，确认该标的物为债务人责任财产的范围。[1]

有学者持相反意见。我国台湾地区学者陈荣宗认为，"依德国通说，保留所有权之动产系附停止条件转移所有权，故保留所有权之出卖人，得主张取回权，出卖人仍然为物之所有权人，买受人尚未取得所有权，故买受人不能主张取回权。唯买受人得清偿买卖价金而取得所有权。"[2] 一些国家的破产法也是如此规定，如《法国困境企业司法重整与清算法》第121条第2款规定："如果买卖双方在交货之前约定在支付全部价金后所有权始得转让，并且标的物仍以实物存在，出卖人可以请求返还。"

还有学者认为，出卖人在买受人破产时，享有的不是取回权，而是别除权。有学者主张，所有权保留的性质属于担保物权，即动产抵押，其设定目的在于保障出卖物价款的实现，在买受人未付清全部价款而破产的情况下，出卖人享有担保物权人的权利，即享有别除权。

我们认为，以买卖标的物担保价款支付权益虽然是所有权保留买卖合同的实质所在，但是其自身形式在我国并非以一个动产担保的形式存在，因此，别除权的说法与我国现行法律体系不十分吻合。出卖人不享有取回权的说法，过于强调了买受人破产财产的利益，忽视了出卖人约定所有权保留的价值，实际上未能在二者之间找到利益平衡点。同时，由于在买受人破产时，其管理人决定继续履行所有权保留买卖合同，只是因为其有违约行为或者危害债权的行为，才导致出卖人行使合同上的取回权，所以该项取回权所依据的不是《企业破产法》第38条的规定，而是《合同法》第134条的规定。故，买受人破产时，所有权保留买卖合同的债权加速到期，因此买受人应当及时支付价款或者完成特定条件，如果有违约行为或者侵害债权的行为，则出卖人可以根据《合同法》的规定和合同的约定行使取回权。由于合同因买受人破产而加速到期，所以买受人管理人不得以未届合同约定的履行期限为由进行抗辩。这种解

---

[1] 王欣新主编：《破产法原理与案例教程》，中国人民大学出版社2010年版，第124页。
[2] 陈荣宗：《破产法》，台湾地区三民书局1986年版，第221页。

释比较合理地平衡了买受人和出卖人之间的利益,值得肯定。

二、买受人管理人决定继续履行合同和出卖人取回标的物的法律适用

买受人破产的,根据《企业破产法》第46条第1款的规定,未到期的债权,在破产申请受理时视为到期。因此,虽然按照原买卖合同双方当事人的约定,买受人支付有关款项或者履行其他义务的期限尚未到期,但由于买受人进入了破产程序,原约定的履行期限自破产申请受理之日加速到期。买受人管理人应当及时向出卖人支付尚未支付的全部价款或者履行完毕其他义务。买受人管理人支付完毕全部价款或者履行完毕全部义务后,该买卖标的物归入债务人财产。

如果买受人管理人无正当理由未及时履行支付价款或者其他义务的,构成对买受人的违约,出卖人可以依据《合同法》的相关规定行使合同取回权。如果买受人管理人有将标的物出卖、出质或者作出其他不当处分(比如不当使用标的物),对出卖人造成损害的,则构成危害债权的行为,出卖人可以根据《合同法》的规定行使买卖合同出卖人取回权。在此时,由于合同债权已经加速到期,所以买受人以未届合同约定的履行期限为由进行的抗辩不能成立。

在这里需要注意的是,出卖人行使的取回权是合同取回权,而非破产取回权,所以出卖人行使取回权时应当受到《合同法》及其司法解释、《物权法》的限制。

1. 出卖人的取回权应当受到"买受人已经支付的价款达到标的物总价款的75%以上"的限制。在买受人破产的情形下,如果买受人已经支付的价款达到标的物总价款的75%以上,则出卖人在行使合同取回权时应当受到《最高人民法院关于审理买卖合同纠纷案件适用法律问题的解释》第36条的限制,即在此种情形下,出卖人无权取回标的物。需要注意的是,只要买受人已经支付的价款达到标的物总价款的75%,无论买受人是否具有《最高人民法院关于审理买卖合同纠纷案件适用法律问题的解释》第35条第1款第(2)、(3)项的何种情形,出卖人不可以行使取回权。也就是说,只要买受人已经支付了价款达到标的物总价的75%,即便买受人存在"未按约定完成特定条件"、"将标的物出卖、出质或者作出其他不当处分"等情形,出卖人也无权行使取回权。

2. 出卖人的取回权受到善意取得制度的限制。第三人善意取得标的物所有权或者其他物权的,出卖人无权行使取回权,不得主张取回标的物。

3. 出卖人行使取回权但未能取回标的物的,出卖人可以依据所有权保留

买卖合同要求买受人管理人继续履行合同义务并承担违约责任。出卖人向买受人管理人行使取回权，但是由于该权利受到"买受人已经支付的价款达到标的物总价款的百分之七十五以上"的限制和"第三人善意取得制度"的限制，无法取回标的物。此种情形下，由于买受人管理人并未选择解除合同，所以出卖人可以根据合同要求买受人管理人继续履行支付价款、完成特定条件等义务，并承担相应赔偿责任。

4. 出卖人不能行使取回权的情形下，其因买受人及其管理人造成的损失债权可以作为共益债务予以清偿。对因买受人未支付价款或者未履行完毕其他义务，以及买受人管理人将标的物出卖、出质或者作出其他不当处分导致出卖人损害产生的债务，学界对其债权性质和清偿地位有不同认识。有学者认为，该债权属于有财产担保的债权，出卖人可以通过行使别除权的方式，以标的物未担保获得优先清偿。原因在于，所有权保留买卖合同中，出卖人的价款债权是以买卖标的物为担保的，因此出卖人对于该款项有权按照《企业破产法》第109条的规定，行使优先受偿权。还有学者认为，该债权属于买受人管理人选择继续履行合同而产生的，因此属于共益债务。我们认为，后一种说法更为合理。原因有三：（1）买受人管理人选择继续履行合同，其未及时履行合同义务属于违约行为，但是并未改变合同处于继续履行的状态；（2）该债权是买受人管理人请求出卖人继续履行双方均未履行完毕的所有权保留买卖合同而产生的，因此，对于买受人而言，属于共益债务，因此应当按照《企业破产法》第42条的规定，予以清偿；（3）出卖人行使买卖合同取回权而未能取回标的物，其债权的担保权益已经得到了一个程序保障，所以不应当再通过破产程序行使别除权。

出卖人对因买受人未支付价款、履行完毕其他义务，以及买受人管理人将标的物出卖、出质或作出其他不当处分给出卖人造成损失形成的债权主张以共益债务偿还的，应当首先以买受人已经支付的价款予以抵销，剩余部分以共益债务予以清偿。

【法律、司法解释及案例】

《企业破产法》（2007年6月1日起施行）

第三十八条　人民法院受理破产申请后，债务人占有的不属于债务人的财产，该财产的权利人可以通过管理人取回。但是，本法另有规定的除外。

第四十六条　未到期的债权，在破产申请受理时视为到期。

附利息的债权自破产申请受理时起停止计息。

第一百零九条　对破产人的特定财产享有担保权的权利人，对该特定财产享有优先受偿的权利。

《合同法》（1999年10月1日起施行）

第一百三十四条 当事人可以在买卖合同中约定买受人未履行支付价款或者其他义务的，标的物的所有权属于出卖人。

《最高人民法院关于审理买卖合同纠纷案件适用法律问题的解释》（2012年7月1日起施行）

第三十五条 当事人约定所有权保留，在标的物所有权转移前，买受人有下列情形之一，对出卖人造成损害，出卖人主张取回标的物的，人民法院应予支持：

（一）未按约定支付价款的；

（二）未按约定完成特定条件的；

（三）将标的物出卖、出质或者作出其他不当处分的。

取回的标的物价值显著减少，出卖人要求买受人赔偿损失的，人民法院应予支持。

第三十六条 买受人已经支付标的物总价款的百分之七十五以上，出卖人主张取回标的物的，人民法院不予支持。

在本解释第三十五条第一款第（三）项情形下，第三人依据物权法第一百零六条的规定已经善意取得标的物所有权或者其他物权，出卖人主张取回标的物的，人民法院不予支持。

【案例】

2008年3月25日，某市中级人民法院裁定受理A银行申请B公司破产清算一案。在该案中，买受人B公司曾于2006年3月21日与供货人C公司签订供货合同，向C公司购买了一批生产线中的设备零部件，供货合同中约定未付清全部货款前设备所有权归供方C公司所有。B公司进入破产程序后，B公司尚未付清货款。由于B公司所需零部件是生产线重要部件，如果缺少该零部件将严重影响整套生产线的市场价格，管理人决定继续履行该合同。根据合同的约定，管理人需付清货款才能取得货物所有权。管理人经债权人会议表决通过，以B公司账户内资金向C公司全额支付货款并要求C公司交付买卖合同标的物。C公司在B公司付清货款后将合同约定的生产线零部件全部交付管理人。

【简要评析】

上述案件中，作为买受人的B公司破产后，作为出卖人的C公司依据所有权保留合同的约定享有合同标的物的所有权。管理人经调查发现该案买卖合同标的物属于债务人财产中的必需品，以继续履行买卖合同的方式取得货物所有权更有利于债务人财产的整体升值。因此，管理人可以决定继续履行合同。

但同时，C公司享有不安抗辩权。管理人可以采取提前支付货款或者提供担保的方式履行合同义务，由此取得货物所有权。

第三十八条【买受人破产决定解除合同时出卖人破产取回权的行使】

买受人破产，其管理人决定解除所有权保留买卖合同，出卖人依据企业破产法第三十八条的规定主张取回买卖标的物的，人民法院应予支持。

出卖人取回买卖标的物，买受人管理人主张出卖人返还已支付价款的，人民法院应予支持。取回的标的物价值明显减少给出卖人造成损失的，出卖人可从买受人已支付价款中优先予以抵扣后，将剩余部分返还给买受人；对买受人已支付价款不足以弥补出卖人标的物价值减损损失形成的债权，出卖人主张作为共益债务清偿的，人民法院应予支持。

【条文主旨】

本条旨在规定买受人管理人决定解除所有权保留买卖合同时出卖人行使破产取回权的条件及其法律后果。

【规范目的】

本条规定是解决在所有权保留买卖合同中买受人破产的情形下，管理人决定解除合同时，出卖人行使取回权的各种具体问题。买受人破产的，买受人管理人决定解除合同的，根据买卖双方合同的特别约定，出卖人对买卖标的物享有所有权。因此，出卖人有权依据《企业破产法》第38条的规定，取回该标的物。但是在出卖人行使取回权时，如何平衡双方之间的权益，则有认识上的差异。因此，本条对买受人管理人行使解除权、出卖人行使取回权时双方利益的平衡作出了具体规定。

【原理与适用】

一、买受人管理人决定解除所有权保留买卖合同和出卖人行使取回权的法理分析

（一）买受人管理人决定解除合同时出卖人享有破产法上的取回权

《企业破产法》第 38 条规定："人民法院受理破产申请后，债务人占有的不属于债务人的财产，该财产的权利人可以通过管理人取回。但是，本法另有规定的除外。"这是我国立法对一般取回权的规定。

基于《合同法》第 134 条规定和所有权保留买卖合同的约定，买受人管理人决定解除所有权保留买卖合同的，应当恢复到合同签订前的原状。因此，买卖标的物的所有权归属于出卖人。在买受人的破产程序中，买卖标的物应当由出卖人通过行使破产法上的取回权的方式从管理人处取回。这种取回权在管理人决定解除合同后形成，其行使不受破产程序限制。出卖人行使取回权，在双方无争议时可直接取回财产，如有争议，按照《企业破产法》的规定，应通过诉讼解决。所有权保留买卖合同解除后，双方应当恢复原状，并赔偿相应损失。

（二）出卖人未能以买受人已经支付的价款抵销的损失可以作为买受人的共益债务予以清偿

取回的标的物价值明显减少给出卖人造成损失的，出卖人可自买受人已支付价款中优先予以抵扣后，将剩余部分返还给买受人。买受人已支付价款不足以弥补出卖人标的物价值减损损失所形成的债权，属于何种性质的债权，在理论上有不同意见。一种意见认为，该债权属于普通债权，出卖人应当通过申报普通债权的方式请求清偿。另一种意见认为，该债权属于共益债权，买受人的管理人应当将其作为共益债务予以清偿。我们认为，后一种意见更为合理，原因有三：（1）买受人管理人之所以选择解除合同是因为不再支付余款更有益于债务人财产，因此将出卖人损失债权作为共益债务予以清偿与共益债务的法理基础吻合；（2）出卖人取回标的物，完全是买受人破产所致，出卖人无任何过错，因此，基于标的物减损所形成的债权，应当作为共益债务清偿；（3）所有权保留买卖合同解除后，双方应当恢复原状，买受人管理人占有标的物不再具有合法依据，应当予以返还。基于该占有所导致标的物的价值减损亦属于不当得利，因此可以按照《企业破产法》第 42 条的规定予以清偿。

二、买受人管理人决定解除合同和出卖人行使取回权的法律适用

买受人管理人解除合同的,应当按照《企业破产法》第18条的规定,及时解除合同,并通知出卖人。出卖人自买受人管理人决定解除合同的通知到达后,可以向买受人的管理人行使取回权,并可以按照《合同法》和所有权保留买卖合同的规定,主张买受人管理人赔偿损失。

《合同法》第97条规定:"合同解除后,……当事人可以要求恢复原状、采取其他补救措施,并有权要求赔偿损失。"但对于解除合同时的损害赔偿的范围如何确定,在审判实践中则有不同的做法。一种观点认为,合同的解除与信赖利益的损害赔偿并存。因恢复原状而发生的损害赔偿、准备履行而支出的费用、因返还本身所支出的费用等,均属于缔约过失的损害赔偿。另一种观点认为,因债务不履行而发生的期待利益的损害在合同解除前就已经存在,不因合同的解除而消灭。违约的一方应负民事责任,是以合同的法律性质决定的,而不是由合同是否解除来确定,因此,损害赔偿的范围应当把可得利益(利润损失)包括其中。王利明、崔建远教授认为,在恢复原状的情况下,应当排斥可得利益(期待利益)。之所以在恢复原状的情况下排斥可得利益,是因为可得利益只有在合同完全履行时才有可能产生,既然当事人选择了合同解除,非违约方就不应当得到合同在完全履行情况下所应得到利益。[①] 综上,我们认为,出卖人的损失范围限于因恢复原状而发生的损害赔偿,即出卖人的以下损失应当予以赔偿:标的物本身价值的减损、取回标的物而支付的费用等。

在这里,还需特别注意的问题是,出卖人行使破产取回权时是否受到《最高人民法院关于审理买卖合同纠纷案件适用法律问题的解释》第36条的限制,即在买受人已经支付的价款达到标的物总价款的75%以上的,出卖人是否可以行使取回权。由于出卖人行使的是破产取回权,而非合同取回权,所以出卖人行使取回权时不受上述司法解释第36条的限制。如前所述,出卖人行使破产取回权的前提是其对买卖标的物享有所有权,而非基于担保出卖人价金实现功能的买卖合同出卖人的取回权。因此,对于上述买卖合同司法解释中有关已支付价款达到75%以上等限制条款并不适用。买受人已支付标的物总价款75%以上的限制规定,并不是肯定买卖标的物所有权已经转移给买受人所有,而仅仅是为了平衡买卖双方利益而限制出卖人行使买卖合同出卖人取回权,因此当事人双方关于所有权保留的约定,仍然具有法律效力。所以,即使

---

① 王利明、崔建远:《合同法新论·总则》,中国政法大学出版社2000年版,第469页。

买受人已支付标的物总价款75%以上，而其没有完全按照合同约定支付完毕全部价款或者完成其他义务的，买卖标的物所有权仍然归出卖人所有，在此情形下，出卖人基于其对标的物的所有权，当然有权在买受人破产时行使破产法下的取回权，而这个取回权的行使不受上述买卖合同司法解释的约束。

出卖人因为买卖标的物贬损而形成的损失债权，首先以买受人已支付价款予以弥补，不足以弥补的损失债权再按照共益债务由买受人管理人予以随时清偿。

【法律、司法解释及案例】

《企业破产法》（2007年6月1日起施行）

第三十八条　人民法院受理破产申请后，债务人占有的不属于债务人的财产，该财产的权利人可以通过管理人取回。但是，本法另有规定的除外。

第五十三条　管理人或者债务人依照本法规定解除合同的，对方当事人以因合同解除所产生的损害赔偿请求权申报债权。

第七十六条　债务人合法占有的他人财产，该财产的权利人在重整期间要求取回的，应当符合事先约定的条件。

《民法通则》（1987年1月1日起施行）

第一百一十五条　合同的变更或者解除，不影响当事人要求赔偿损失的权利。

《合同法》（1999年10月1日起施行）

第九十七条　合同解除后，尚未履行的，终止履行；已经履行的，根据履行情况和合同性质，当事人可以要求恢复原状、采取其他补救措施，并有权要求赔偿损失。

第一百一十三条　当事人一方不履行合同义务或者履行合同义务不符合约定，给对方造成损失的，损失赔偿额应当相当于因违约所造成的损失，包括合同履行后可以获得的利益，但不得超过违反合同一方订立合同时预见到或者应当预见到的因违反合同可能造成的损失。

经营者对消费者提供商品或者服务有欺诈行为的，依照《中华人民共和国消费者权益保护法》的规定承担损害赔偿责任。

【案例】

2008年3月25日，某市中级人民法院裁定受理A银行申请B公司破产清算一案。在该案中，买受人B公司曾于2003年6月24日向供货人C公司签订供货合同，向C公司购买了机器设备，供货合同中约定未付清全部货款前设备所有权归供方 C 公司所有。B 公司进入破产程序后尚未付清货款。管理人清理 B 公司所有未履行完毕合同时，决定解除该合同。根据合同的约定，由于 B 公司未付清货款，该设备属于供货方 C 公司所有。C 公司向管理人递交了行使取回权的申请，要求取回标的物。管理人审查后，认定上述标的物属于该公司所有，同意 C 公司行使取回权。

【简要评析】

破产程序中对动产行使取回权应当符合《企业破产法》的规定，对取回权是否成立的认定则以动产所有权是否转移为基础。在买卖合同的履行过程中，动产所有权转移原则上以交付为要件，但是买卖合同另有约定的除外。所有权保留合同就是一种例外情形。上述案例中，买卖合同的标的物虽然已经交付，但作为出卖人的 C 公司依据所有权保留合同的约定，在货款未付清之前仍然享有合同标的物的所有权。作为买受人的 B 公司破产后，B 公司管理人决定解除合同时，出卖人 C 公司基于其货物所有权可以向管理人行使取回权。

第三十九条【在途标的物取回权的行使】

出卖人依据企业破产法第三十九条的规定，通过通知承运人或者实际占有人中止运输、返还货物、变更到达地，或者将货物交给其他收货人等方式，对在运途中标的物主张了取回权但未能实现，或者在货物未达管理人前已向管理人主张取回在运途中标的物，在买卖标的物到达管理人后，出卖人向管理人主张取回的，管理人应予准许。

出卖人对在运途中标的物未及时行使取回权，在买卖标的物到达管理人后向管理人行使在运途中标的物取回权的，管理人不应准许。

【条文主旨】

本条旨在规定出卖人行使在途标的物取回权的条件及其法律后果，以及出卖人未及时行使在途标的物取回权的法律后果。

【规范目的】

本条规定的目的，是解决出卖人行使在途标的物取回权时面临的各种问题。我国《合同法》第308条规定："在承运人将货物交付收货人之前，托运人可以要求承运人中止运输、返还货物、变更到达地或者将货物交给其他收货人，但应当赔偿承运人因此受到的损失。"出卖人作为托运人行使中途停运权时，必须具有相应的请求权基础，其中之一就是破产法上规定的在途标的物取回权。但是，出卖人行使在途标的物取回权时，可能会因为各种情形无法阻止标的物到达买受人，此种情形下，出卖人的取回权是否仍可以得到法院支持，就存在一些认识上的差异，实践中也有不同的裁判。本条规定，如果出卖人未在买卖标的物到达管理人前及时主张行使在途标的物取回权的，即丧失了行使该项取回权的权利。在买卖标的物到达管理人后，出卖人无权依据《企业破产法》第39条的规定向管理人主张取回买卖标的物。

【原理与适用】

一、出卖人行使在途标的物取回权的法理分析

（一）出卖人行使在途货物取回权的法理基础

设置出卖人取回权的目的，是为了合理地保障卖方的利益。在此项法律关系中的标的物通常均为动产。在法律无特别规定或合同无特别约定的情况下，动产依转移占有而发生所有权变更。买方在进入破产程序时尚未付清货款，也没有收到货物，未取得所有权。如不允许卖方将当时尚属于自己的货物取回，且未得到支付的货款便只能作为破产债权得到不完全的清偿，有失公平。为此，英国在立法中设置了中途停止权；法国、德国采纳后，设置为追及权制度；而日本则设立出卖人取回权。[①] 总体上看，尽管称谓有所不同，大陆法系国家均普遍规定了取回权制度。

（二）英美法上的中途停运权制度

出卖人在途标的物取回权源于英美货物买卖法的中途停运权。英国在1893年的《货物买卖法》中规定了中途停运权，在1979年的《货物买卖法》第五章又设专节规定了中途停运权，二者的规定基本相同。根据该节的规定，可以行使中途停运权的主体不限于未取得货款的卖方，还包括任何与未取得货

[①] 陈荣宗：《破产法》，台湾地区三民书局1986年版，第225页。

款的卖方地位相同的人。当买方无力支付货款而且货物尚处于运输途中时，权利主体可以通过通知或者实际占有货物的方式行使对货物的中途停运权。无论卖方是否向买方签发代表货物的物权凭证，均不影响权利主体行使中途停运权，但是如果买方已经将该物权凭证转让给善意、支付了相应对价的第三人后，权利主体就不再享有中途停运权。在运费尚未支付给承运人时，权利主体须向承运人支付运费，令其丧失行使留置权的基础，方可行使中途停运权。这其中，有三个重点问题需要注意：（1）如何理解无力支付。在一些判例中，无力支付一般被理解为"不能支付合理债务"或者"失去偿付债务的一般能力"。买方无力支付的情形有多种，当然，买方破产是无力支付的典型情形，在此种情况下，卖方可以行使中途停运权。尽管破产可以适用于中途停运权，但是破产清算人可以在合理的时间内以现金的方式支付货款给卖方从而履行合同。[1]（2）如何理解运输期间。《货物买卖法》第45条第1款规定："运输期间——从货物被通过陆路或水路交给承运人或其他货物保管人运往买方时起，直到买方或者代理买方接货的人接受交付时止的期间为运输期间。"如果货物已经达到买方，但是由于买方拒收货物，则视为运输期间尚未终止，买方仍可以行使中途停运权。（3）如何理解中途停运权的行使方式。《英国货物买卖法》第46条第1款规定："未取得货款的卖方可以通过实际占有货物或者将他的停运通知发给实际占有货物的承运人、货物保管人来行使中途停运权。"可见，停运权的行使方式有二：一是实际占有货物；二是发出停运通知给实际占有货物的承运人或者保管人。（4）如何理解部分交付的问题。如果货物有一部分交付，另一部分尚未交付，除非合同另有规定，卖方对未交付的那部分货物仍享有停运权。

　　美国的中途停运权制度主要体现在《美国统一商法典》和《美国联邦提单法》中。根据《美国统一商法典》第二节的规定，当买方未支付或者有其他违约情形发生时，卖方可以依法行使对货物的中途停运权。《统一商法典》的规定是对普通法原则的修订，也是对《统一买卖法》的规定的重述。这其中，有四个问题需要特别注意：（1）中途停运权的行使条件。这里面包括两种情形：一是买方已经无力支付，卖方可以行使中途停运权；二是买方有无力支付之外的其他违约情形，卖方也可以行使停运权。但是非买方无力支付情况下的中途停运权的行使限定在一个卡车单位、一个火车单位、一个飞机单位或者大宗的船货，而不适用于任何除此之外的小额运输。（2）转卖。买方将在途货物转卖给第三方，货物被再次运输至第三方（再次运输是一个新的运输

---

[1] A. Guest, Chitty on Contract – Specific Contracts, Sweet & Maxwell, 1977, p. 965.

合同，而非单纯的换提单)，或者货物被卖方直接运输给第三方，则卖方丧失中途停运权。(3) 中途停运权的行使期间。中途停运权的行使期间应在货物尚未到达买方的占有之前。(4)《美国联邦提单法》的优先适用。在美国国内进行货物运输时，应当优先适用《美国联邦提单法》的规定。需要注意的是，《美国联邦提单法》中，可以行使中途停运权的不限于卖方，具有类似权利的人也可以行使。

《联合国国际货物买卖合同公约》并未明确规定中途停运权，但是其第71条的规定实际上包含了中途停运权制度。该条规定："(1) 如果合同订立后，另一方当事人由于下列原因显然不能履行其大部分重要义务，一方当事人可以中止履行义务：(A) 他履行义务的能力或者他的信用有严重缺陷；或 (B) 他不准备履行合同或者履行合同中的行为。(2) 如果卖方在上一款所述的理由明显化以前已将货物发运，他可以阻止将货物交给买方，即使买方持有其有权获得货物的单据。本条规定只与买方和卖方间对货物的权利有关。"有学者认为，在国际货物买卖中，买方通常通过信用证付款，买方在买卖过程中破产与否对卖方并无影响，故《联合国国际货物买卖合同公约》未涉及买方破产时的法律救济——停止交付或返还货物。[①] 我们认为，买方破产属于买方履行义务的能力或者信用有严重缺陷的证据，卖方可以阻止将货物交给买方。

(三) 我国的出卖人取回权制度

买受人破产时，出卖人行使在途货物取回权的法理基础有二：(1)《合同法》第308条规定的中途停运权；(2)《企业破产法》第39条规定的出卖人在途标的物取回权。

我国《合同法》第308条对中途停运权有相应规定。该条规定："在承运人将货物交付收货人之前，托运人可以要求承运人中止运输、返还货物、变更到达地或者将货物交给其他收货人，但应当赔偿承运人因此受到的损失。"从该条规定看，我国可以行使中途停运权的主体是"托运人"；中途停运权的行使期间是"承运人将货物交给收货人之前"；中途停运权的行使方式是"要求承运人中止运输、返还货物、变更到达地或者将货物交给其他收货人"；托运人在行使中途停运权后的义务是"赔偿承运人因此受到的损失"。但是，该条规定比较简单，不能完整、全面解决中途停运权的法律问题。

在我国《企业破产法》的立法过程中，对是否设置出卖人取回权也存有争议。有的学者认为，《合同法》的中途停运权等就可以解决对出卖人的权利保护，不必再设置出卖人取回权；但大多数学者主张设置出卖人取回权。比

---

① 徐炳：《买卖法》，经济日报出版社1991年版，第406页。

如，有学者明确表示，从破产法立法体系的完整性，以及向当事人提供更为完备的权利保障考虑，应当规定出卖人取回权。[①] 因为，中途停运权本身规定得比较简单。更为重要的是，该制度未涵盖以下特定情形下出卖人权益的维护问题：(1) 在出卖人无法向承运人行使中途停运权时，买方在其破产案件被法院受理后仍收到并控制标的物；(2) 出卖人向承运人行使中途停运权后，承运人未能及时停止运输，导致标的物在买方破产案件被法院受理后仍收到并控制标的物；(3) 在提单交易下，标的物的所有权以所有权单证的交付而非实物交付给买方为转移。根据《合同法》第133条规定，当事人可以约定，货物的所有权以单证的交付而非实物的交付为转移。在出卖人先行交付单证的情况下，仅适用中止运输权便无法维护出卖人的权益了。综上所述，中途停运权无法涵盖出卖人对在途货物的取回权，所以应当在破产法中对出卖人在途货物取回权作出明确规定，建立破产法上的在途货物取回权制度，以更为充分地维护出卖人的权益。《企业破产法》第39条明确规定了出卖人在途货物取回权制度，其内容是："人民法院受理破产申请时，出卖人已将买卖标的物向作为买受人的债务人发运，债务人尚未收到且未付清全部价款的，出卖人可以取回在运途中的标的物。但是，管理人可以支付全部价款，请求出卖人交付标的物。"根据该条的规定，出卖人行使中途停运权，并取回在途标的物的条件有三：(1) 法院受理破产申请时买卖标的物处于在运途中；(2) 出卖人尚未收到全部买卖价款；(3) 管理人未主张付清价款请求交付标的物。但是该条规定仍然较为原则，一些问题仍未得到明确。

(四) 出卖人在途标的物取回权行使不以对标的物享有所有权为前提条件

有学者认为，出卖人取回权只适用于取回所有权已转移的买卖标的物。买卖标的物的所有权未转移的，出卖人无须借助所有权以外的权利主张对标的物的回复占有，唯有标的物的所有权已经转移，出卖人不能再以所有人的身份行使权利时，才会借助非所有权的救济。为了保全出卖人收取买卖价款的权利，法律才特别赋予出卖人以取回权对抗已取得买卖标的物所有权的买受人。[②] 有意见认为，这一观点是不妥的。(1) 根据《合同法》第133条规定，"标的物的所有权自标的物交付时起转移，但法律另有规定或者当事人另有约定的除外。"也就是说，所有权自标的物交付时转移，是法律规定与实践之常态，其他情况则为例外。该观点将非常态理解为常态，本身就不妥了。而且，任何立

---

① 王欣新：《破产法理论与实务疑难问题研究》，中国法制出版社2011年版，第224页。
② 邹海林：《破产程序和破产法实体制度比较研究》，法律出版社1995年版，第295~296页。

法之规定，均是为了调整社会之常态，在此基础之上才可能考虑例外情况的调整。如按照该观点之解释，则破产法设置出卖人取回权之目的，仅仅是为了适用于法律规定和实践中的个别例外情况，这不仅大大贬低出卖人取回权的社会意义，而且显然是与立法本意和一般规律不符的。（2）该观点认为，"唯有标的物的所有权已经转移，出卖人不能再以所有人的身份行使权利时，才会借助非所有权的救济"，即借助出卖人取回权以求救济。此观点也是不妥的，有违取回权之法理。因为不管是一般取回权还是特别取回权，其一般法理基础均是建立在标的物的物权尤其是所有权仍属于取回权人之上（例外情况除外），否则其根本无权取回财产。即便在法律另有规定或者当事人另有约定、所有权在标的物交付之前转移的例外情况下，依据破产法之特别规定优先适用的效力，权利人也可以行使取回权。①

我们认为，出卖人在途标的物取回权行使不以出卖人对买卖标的物享有所有权为前提。一方面，当事人根据《合同法》第133条或者其他法律规定，在合同中约定所有权自单证交付时转移的情形下，并不妨碍出卖人根据《企业破产法》的规定行使取回权，只要此种情形符合行使取回权的条件；另一方面，在特定情形下，尽管标的物已经由承运人交付给买受人，出卖人仍享有取回权。例如，承运人在收到出卖人行使取回权的通知后，未执行或者未有效执行中途停运权，导致货物交付给买受人的，出卖人仍然可以向买受人的管理人行使取回权；再如，出卖人无法向承运人行使取回权的，而在标的物到达买受人之前已经直接向买受人的管理人主张取回权，在标的物由承运人交付给买受人的管理人之后，出卖人仍可以依照《企业破产法》的规定行使取回权。

（五）在途标的物取回权的行使以标的物"在运途中"为前提条件

根据法律规定，"出卖人可以取回在运途中的标的物"，但是对于"在运途中"有不同的理解。目前，"在运途中"可以有三种理解。（1）"在运途中"是指取回标的物自身状况。也就是说，出卖人行使取回权时，其能够取回的标的物必须是当时在运途之中，如果被管理人占用就不得取回。（2）"在运途中"是指出卖人向管理人表示要行使取回权时取回标的物之状态。也就是说，出卖人向管理人表示要行使取回权时，其取回之标的物应尚在在运途中，但将来实际取回财产时，并不以标的物仍在运途之中为限，管理人收到并控制货物后，出卖人仍行使取回权。（3）"在运途中"，是指买受人在进入破产程序时，该标的物之状态，即是否在途。出卖人向管理人表示行使取回权的

---

① 王欣新：《破产法理论与实务疑难问题研究》，中国法制出版社2011年版，第225~226页。

时间,不限于标的物仍在运途中时,在管理人收到货物之后,出卖人表示行使取回权,其取回权也可构成。在三种不同的理解下,对出卖人权益的保护程度大有差异。

对于第一种理解,学界中又有两种不同的观点。有学者认为,在管理人收到货物之后,出卖人不再享有取回权,因为这时所有权已经转归破产财产了。有学者不赞同上述观点,并认为,只要出卖人向管理人表示行使取回权,即发生取回之法律效力,并不要求出卖人必须在买方收到货物前实际控制并取回货物。在出卖人向管理人表示行使取回权后,管理人即使收到货物,也仅处于保管人的地位。否则,由于运输等方面的原因使出卖人无法控制并实际取回在途中的货物,便不承认其取回权,显然是不合理的。而且,这种解释将使出卖人取回权的规定失去存在的必要。因为管理人未收到货物情况下,货物的所有权或控制权理论上仍在出卖人手中,这时只要援引《合同法》上的中止运输权或抗辩权不予交付即可解决问题,不存在取回问题。所谓"取回",是只有在标的物被他人占有的情况下才会存在的,如果标的物尚未被管理人占有,根本就不存在取回问题,也就无需再设置取回权。[①] 从域外的经验看,日本、德国以及我国台湾地区的立法均规定此种情况下出卖人应享有取回权。一般认为,"在运途中"的含义应当作广义理解。标的物在途与否,主要取决于出卖人在主张行使取回权时标的物是否"在途"。可见,后一种观点实际上对"在运途中"作了不同的解读。

(六)出卖人在途标的物取回权的禁止条件及其例外

出卖人行使取回权时,必须以买卖标的物尚未由承运人交付给买受人为前提条件。如果买卖标的物已经到达买受人的管理人后,出卖人才开始行使"在途标的物取回权",则因为其已经不符合该项权利的行使条件,出卖人无权向管理人行使"在途标的物取回权"。

根据《企业破产法》的规定,破产申请受理时,买卖标的物尚处于在运途中且出卖人尚未收到全部价款的,出卖人依法享有取回权。出卖人对在途标的物取回权行使的一个重要前提是买卖标的物处于在运途中。如果出卖人未在买卖标的物到达管理人前及时主张行使在途标的物取回权的,即丧失了该项取回权。在买卖标的物到达管理人后,出卖人无权依据《企业破产法》第39条的规定向管理人主张取回买卖标的物。但是,也有学者对此有不同看法。比如,我国台湾地区学者陈荣宗认为,出卖人于法定情况下即可行使取回权,取回权的行使无须限定在买方收到货物前,因为出卖人取回权对出卖人保护的作

---

① 王欣新:《破产法理论与实务疑难问题研究》,中国法制出版社2011年版,第226~227页。

用，主要就是发挥在买方收到货物之后。德日学者也大多主张，出卖人在买方收到货物后，仍可以主张取回权。[①] 我国大陆也有学者认为，限定出卖人必须在买方收到货物前向破产管理人主张取回权，不利于对出卖人利益的维护。[②] 在英美法系中，有些国家的破产法对出卖人取回权保护得更为周全。如《美国破产法》规定，出卖人在交付货物后10天内可以提出追回货物的要求，即使这时债务人已被宣告破产，货物也已经收到，法院仍应允许出卖人取回货物。如果货物是债务人重整程序进行所必需的，法院可将出卖人的债权作为无担保第一优先债权或担保债权。但是，在出卖人向买方表示行使取回权前，买方已经收到货物并将其出卖的除外，因为货物已经不复存在，取回权也随着丧失。[③]《加拿大破产法》则规定，未受偿的售货商有权收回供给破产企业的货物，只要这些货物在清算中能够辨认，而且是在破产前30天内交付的，农民、渔民、水产养殖人在破产前5天内向破产企业供应货物的，其所交付的财产可申请一项特殊担保，从清算出的债务人财产中优先给付。[④] 我们认为，出卖人未及时行使在途标的物取回权导致标的物已经到达买受人后，出卖人原则上不应享有取回权，但是如果基于法律的特别规定或者当事人的特别约定，在买卖标的物到达管理人后，该标的物的所有权仍为出卖人所有的，出卖人可以依据《企业破产法》第38条的规定，向管理人行使非债务人财产取回权。

二、出卖人行使在途标的物取回权的法律适用

本条规定了出卖人在途标的物取回权行使的条件和法律效果。在具体适用该条规定时，需要区分两种情形：（1）出卖人通过向承运人或者实际占有人（非买受人）行使中途停运权的方式，取回在途标的物；（2）出卖人通过向买受人的管理人行使取回权的方式，取回已经被买受人的管理人实际占有的标的物。

（一）出卖人通过行使中途停运权的方式取回在途标的物

如前所述，中途停运权是英美法国家或者地区的一种典型制度，我国《合同法》第308条规定了此种制度。本司法解释的该条对破产案件中出卖人行使中途停运权、取回标的物的方式及其条件和法律效果作出了规定。出卖人行使该项取回权时，可以通过承运人或者实际占有人行使权利，承运人或者实际占有人应当按照出卖人的要求保障其取回权的实现。

---

① 陈荣宗：《破产法》，台湾地区三民书局1986年版，第229~230页。
② 王欣新：《破产法理论与实务疑难问题研究》，中国法制出版社2011年版，第226~227页。
③ 潘琪：《美国破产法》，法律出版社1999年版，第205页。
④ 刘艺工：《加拿大民商法》，民族出版社2003年版，第219页。

出卖人行使该项取回权时,应当通知承运人或者实际占有人。具体而言,出卖人对在运途中标的物行使取回权的方式有两种:(1)通知承运人或者实际占有人中止运输、返还货物、变更到达地;(2)通知承运人或者实际占有人将货物交给其他收货人。就第一种方式而言,出卖人通过中止运输、返还货物或者送至新的到达地的方式取得货物的所有权;就第二种方式而言,出卖人通过变更收货人的方式,取得货物的所有权(由第三人辅助占有)或者将其转卖给第三人。此时需要注意两个问题:(1)出卖人实现对在运途中标的物取回权后,买卖标的物毁损、灭失的风险由出卖人承担。这个原因非常简单,因为出卖人此时是该标的物的实际所有权人。但是这里的例外情形是,如果出卖人以转卖的方式要求承运人或者实际占有人把标的物交付给第三人,则第三人须承担买卖标的物毁损、灭失的风险;(2)出卖人通过此种方式行使取回权给承运人造成损失的,应当赔偿承运人的损失。

(二)出卖人通过向买受人的管理人行使取回权的方式取回标的物

原则上,承运人或者实际占有人应当按照出卖人的要求保障取回权的实现。如果承运人或者实际占有人没有按照要求保障出卖人的取回权实现,导致买卖标的物最终交付到管理人的,因出卖人主张行使取回权时符合《企业破产法》第39条规定的条件,即使买卖标的物事后到达管理人的,出卖人仍然有权向管理人主张取回。管理人不得以标的物已经不符合在运途中的要件为由,拒绝其取回权行使。

另外,如果出卖人在标的物在运途中,由于特殊原因无法通过承运人等行使取回权的,也可以直接向管理人主张取回。待货物到达管理人后,管理人应当将标的物返还给出卖人。

在此种情形下,需要注意的一个问题是,出卖人向买受人的管理人行使取回权时,是否必须以出卖人提出解除买卖合同为前提条件?我国台湾地区"破产法"第111条规定:"出卖人已将买卖标的物发送,买受人尚未收到,亦未付清全价而受破产宣告者,出卖人得解除契约,并取回其标的物。"有的台湾学者据此认为,出卖人行使取回权,应当以其主张解除买卖合同为要件。出卖人只有在依法解除买卖合同并退回已收取的部分对待给付的前提下,才能行使取回权,收回标的物。但也有学者认为,出卖人取回权成立于买受人的破产程序启动之后,出卖人对标的物的取回权是物权性权利,无须以解除买卖合同为前提。我国也有学者支持后一种观点,认为后一观点更有利于维护权利人的收益，也与我国破产法未要求须先解除买卖合同之规定相符，应予采纳。①我们认为，出卖人取回权的行使不以提出解除合同为前提条件。但是，取回权行使后可能导致合同终止。所以，出卖人向买受人的管理人行使在运途中标的物取回权的，应当向债务人返还其已支付的货款，从而达到恢复原状的法律效果。

（三）出卖标的物到达管理人后尚未行使取回权的有关问题

在买卖标的物到达管理人后，出卖人无权依据《企业破产法》第39条的规定向管理人主张取回买卖标的物。但是，如果基于法律的特别规定或者当事人的特别约定，在买卖标的物到达管理人后，该标的物的所有权仍为出卖人所有的，出卖人尽管不能依据《企业破产法》第39条的规定，行使在途货物取回权，但是出卖人可以依据《企业破产法》第38条的规定，向管理人行使非债务人财产取回权。

根据《企业破产法》第38条的规定，人民法院受理破产申请后，债务人占有的不属于债务人的财产，该财产的权利人可以通过管理人取回。因此，如果基于法律的特别规定，买卖标的物到达买受人后，其所有权仍归出卖人所有的，而不应当将该标的物归入债务人财产，此时该标的物的所有权人，即出卖人可以根据《企业破产法》第38条的规定，通过行使一般取回权，取回该买卖标的物。此处"基于法律的特别规定"，为买卖标的物到达买受人的管理人后，出卖人行使一般取回权提供一个灵活的空间。从目前看，根据《企业破产法》第76条"债务人合法占有的他人财产，该财产的权利人在重整期间要求取回的，应当符合事先约定的条件"之规定，买受人破产重整申请为法院受理的情况下，买卖标的物到达买受人后，出卖人不可以行使出卖人取回权，除非有不同的约定。换句话说，根据该条的规定，当事人有特别约定，所有权仍归属于出卖人，此时出卖人可以根据约定取回出卖标的物。

【法律、司法解释及案例】

《企业破产法》（2007年6月1日起施行）

第三十八条 人民法院受理破产申请后，债务人占有的不属于债务人的财产，该财产的权利人可以通过管理人取回。但是，本法另有规定的除外。

第三十九条 人民法院受理破产申请时，出卖人已将买卖标的物向作为买受人的债务人发运，债务人尚未收到且未付清全部价款的，出卖人可以取回在运途中的标的物。但是，管理人可以支付全部价款，请求出卖人交付标的物。

---

① 王欣新：《破产法理论与实务疑难问题研究》，中国法制出版社2011年版，第226~227页。

第七十六条 债务人合法占有的他人财产,该财产的权利人在重整期间要求取回的,应当符合事先约定的条件。

《合同法》(1999 年 10 月 1 日起施行)

第三百零八条 在承运人将货物交付收货人之前,托运人可以要求承运人中止运输、返还货物、变更到达地或者将货物交给其他收货人,但应当赔偿承运人因此受到的损失。

【案例】

2008 年 10 月 12 日,A 公司与 B 公司签订一份铝材买卖合同,约定 B 公司向 A 公司供应铝材一批,合同价款共 350 万元,发货地点是甲地,交货地点是乙地,由 B 公司负责安排汽车送货,自收到首期货款后 3 日内发货;付款期限是签订合同之日起 3 日内支付货款 100 万元,收到货物后 3 日内支付余款 250 万元。10 月 13 日,A 公司依约向 B 公司支付了第一笔货款 100 万元。10 月 14 日,B 公司托运货物的货车自甲地出发前往乙地。10 月 18 日,某市人民法院裁定受理 A 公司破产清算一案并指定管理人接管 A 公司。管理人接管 A 公司后,拟向 B 公司解除买卖合同。在管理人发出解除通知前,B 公司也通知托运货物的公司返回甲地,停止交货。

【简要评析】

根据《企业破产法》第 39 条的规定,人民法院受理破产申请时,出卖人已将买卖标的物向作为买受人的债务人发运,债务人尚未收到且未付清全部价款的,出卖人可以取回在运途中的标的物。但是,管理人可以支付全部价款,请求出卖人交付标的物。因此,在上述规定情形下,A 公司管理人可以作出解除合同或者继续履行合同的决定,如果继续履行,则 A 公司必须立即支付全部价款,而不受付款时间的限制。如果管理人决定解除合同的,B 公司为保障其债权安全,其有权取回在运途中的货物。但是,管理人在决定解除合同后,应当同时考虑已付货款如何返还的问题。

第四十条【重整期间紧急取回权的行使】

债务人重整期间,权利人要求取回债务人合法占有的权利人的财产,不符合双方事先约定条件的,人民法院不予支持。但是,因管理人或者自行管理的债务人违反约定,可能导致取回物被转让、毁损、灭失或者价值明显减少的除外。

【条文主旨】

本条旨在规定债务人重整期间权利人行使紧急取回权的条件。

【规范目的】

本条规定是解决债务人重整期间权利人行使紧急取回权的具体条件之问题。为了保障企业重整成功,《企业破产法》第76条规定,法院裁定受理重整后,债务人合法占有的他人财产,他人一般情况下不得取回,除非符合权利人与债务人事先约定的取回条件。但是,在有证据证明管理人或者自行管理的债务人违反双方合同约定,可能导致相关财产被转让、毁损、灭失或者价值明显减少的情形下,权利人是否有权行使取回权,《企业破产法》未作出明确规定,实践中也有不同做法。本条为维护各方利益的适度平衡,明确规定了权利人在重整期间行使紧急取回权的具体条件。

【原理与适用】

一、重整期间权利人行使紧急取回权的法理分析

企业重整是对可能或者已经具备破产原因但有挽救希望的债务人,通过各方协商并借助法律规定强制性地调整各方利益,对债务人进行生产经营上的整顿和债权债务关系上的清理,使其摆脱困境、恢复生机的法律制度。重整要解决三方面问题:(1)采取财务或其他手段,使陷于困境的债务人在经济上得以康复;(2)各方公平享受企业利益,即不能仅为使企业避免破产而使债权人或其他利害关系人利益受到更大损失,重整应当以各方利害关系人利益共赢为前提;(3)如果企业最终重生无望,则应使所有利害关系人得到最大限度

的财产清偿。重整制度的价值是在债务人、债权人和社会利益之间寻找平衡，通过促进债务人的复兴，最大程度实现债权人的利益，为社会经济结构的优化提供帮助。也就是说，重整制度在兼顾债权人等权利人利益的同时，更注重对债务人企业的挽救和复苏，以避免因对债务人实施破产清算而导致大量职工失业和社会财富流失。在破产清算程序中，未到期的债权视为到期，破产申请之受理具有加速权利到期的效力。对于债务人通过合同或其他方式合法占有的他人财产，如租赁的房产、设备等，在破产清算程序中，其权利人可以取回。但在重整程序中，重整申请的受理是否具有加速权利到期的效力还存有争议。《企业破产法》第76条规定："债务人合法占有的他人财产，该财产的权利人在重整期间要求取回的，应当符合事先约定的条件"。该条对权利人取回权的行使作出了限制性规定，即法院裁定受理重整后，债务人合法占有的他人财产，该财产的权利人在重整期间不得任意取回，除非符合事先约定的条件。但是在不符合约定条件的情形下，如果管理人或者自行管理的债务人违反法律约定，可能导致取回物被转让、毁损、灭失或者价值明显减少的，权利人能否行使取回权，则存在一定争议。一种意见认为，根据《企业破产法》的规定，只有符合权利人与债务人事先约定的取回条件，权利人方可在重整期间行使取回权。如果对于该条件予以放宽，可能导致权利人以各种各样的理由行使取回权，影响债务人重整的顺利进行；而且《企业破产法》已经赋予双方事先约定的机会，所以，不应当在法律上再规定紧急取回权。另一种意见认为，债务人重整不得以损害其他利害关系人利益为代价，因此，在特定情形，为避免权利人的取回物出现不可逆转的损失，应当对权利人的紧急取回权作出明确规定。我们认为，重整制度在注重对债务人挽救的同时，也要兼顾特殊情况下对权利人合法权利的保护。因此，在有证据证明管理人或者自行管理的债务人违反双方合同约定，可能导致相关财产被转让、毁损、灭失或者价值明显减少的情形下，权利人应当有权行使取回权，以此维护各方利益的适度平衡。

二、重整期间权利人紧急取回权的法律适用

在审判实践中，适用紧急取回权规则需要注意的问题是：

（一）重整期间的开始

所谓重整期间，仅指重整申请受理至重整计划草案得到债权人会议分组表决通过及人民法院审查批准，或重整计划草案未能得到债权人会议分组表决通过或人民法院不予批准的期间，不包括重整计划得到批准后的执行期间。各国立法对此问题规定并不一致，有的国家规定，重整期间，是指重整申请受理至重整计划得到或未得到关系人会议通过和法院批准的期间；有的国家规定，重

整期间，是指重整申请受理至重整计划执行完毕的期间；还有的国家规定，自重整申请受理至法院根据个案确定的特定期间为重整期间。我国破产法采取第一种立法模式。因此，有学者认为，把重整期间理解为"自重整申请受理至重整计划执行完毕，管理人提出监督报告时为止"的观点是错误的，与《企业破产法》第72条、第86条、第87条的规定不符。[①] 在审判工作中，应当正确理解重整期间的概念。在重整计划得到批准之后的执行阶段，权利人应当按照合同约定履行义务，如果行使取回权，则应当符合事先约定的条件。由于此时未对取回权作出法律上的限制，因此不存在紧急取回权问题。

与此相类似的制度是《企业破产法》第75条的规定。即，在重整期间，对债务人的特定财产享有的担保权暂停行使。但是，在担保物有损坏或者价值明显减少的可能，足以危害担保权人权利时，担保权人可以向人民法院请求恢复行使担保权。因此，为了完善现行《企业破产法》，本条司法解释借鉴《企业破产法》第75条的规定，赋予取回权人在类似情形下行使紧急取回权。

（二）违反约定可能导致取回权人的相关财产受损的情形

在重整期间，债务人的财产管理和营业事务执行有两种方式：第一种方式是由债务人负责。根据《企业破产法》规定，经债务人申请，人民法院批准，债务人可以在管理人的监督下自行管理财产和营业事务。这时，管理人应当向债务人移交财产和营业事务，管理人的职权由债务人行使，管理人起监督之作用。第二种方式是由管理人负责。在由管理人负责管理债务人财产和营业事务的情况下，可以聘任债务人的经营管理人员负责营业事务。

债务人合法占有他人财产，该财产的权利人在重整期间要求取回的，应当符合事先约定的条件。所谓"符合事先约定的条件"，是指符合事先约定的取回时间以及其他条件，而关键在于时间条件。因为在破产清算程序中，未到期的权利视为到期，破产申请之受理具有加速权利到期的效力。据此，债务人合法占有他人财产时，该财产的权利人在破产清算程序启动后就可以要求取回财产。但是，在重整程序中，重整申请的受理不宜当然具有加速权利到期的效力。所以，法律规定，权利人在重整期间要求行使取回权的，应当符合事先约定的条件，尤其是时间条件。

在债务人负责重整期间的债务人财产管理和营业事务执行的情形下，尽管管理人可以对其进行监督，但是仍难以完全避免债务人发生欺诈、违法、违约等行为，可能导致取回物被转让、毁损、灭失或者价值明显减少。在此种紧急

[①] 《中华人民共和国企业破产法》起草组编：《〈中华人民共和国企业破产法〉释义》，人民出版社2006年版，第237页。

情形下，权利人可以行使取回权，以维持权利人和债务人之间的利益平衡。在管理人负责重整期间的债务人财产管理和营业事务执行的情形下，如果管理人违反债务人和权利人之间的约定，有欺诈、违法、不称职等行为，可能导致取回物有损坏或者价值明显减少的可能时，权利人可以行使取回权，以制约管理人的不当行为。

【法律、司法解释及案例】

《企业破产法》（2007年6月1日起施行）

第七十二条　自人民法院裁定债务人重整之日起至重整程序终止，为重整期间。

第七十五条　在重整期间，对债务人的特定财产享有的担保权暂停行使。但是，担保物有损坏或者价值明显减少的可能，足以危害担保权人权利的，担保权人可以向人民法院请求恢复行使担保权。

在重整期间，债务人或者管理人为继续营业而借款的，可以为该借款设定担保。

第七十六条　债务人合法占有的他人财产，该财产的权利人在重整期间要求取回的，应当符合事先约定的条件。

【案例】

2009年11月10日，某市人民法院裁定受理A公司重整一案并裁定A公司重整。公司以农业产业为主导，是该市重点高科技企业、市菜篮子重点企业。A公司曾于2008年10月10日与B公司签订租赁合同，A公司向B公司租赁一套生产设备用于生产农产品，租赁期限为三年，每年租金为100万元，租赁期满A公司应当向B公司返还生产设备。2009年11月19日，法院决定准许A公司自行管理财产和营业事务。在重整期间，因A公司已经停止生产经营，因此将B公司的生产设备转移至子公司。B公司发现此情况后，认为A公司违反双方租赁合同的约定，以未经B公司同意将生产设备转移给子公司可能导致生产设备被转让为由向管理人提出取回申请。管理人经审查后认为，B公司的取回申请成立，准许其取回生产设备并解除双方的租赁合同。

【简要评析】

根据《企业破产法》第76条规定，在重整期间取回权的行使应当符合事先约定的条件。上述案件中，A公司正在重整期间，按照双方租赁合同的约定，生产设备的所有权属于B公司，因租赁合同期尚未届满，故不符合取回的条件。但是，在债务人自行管理财产和营业事务的情况下，不排除债务人恶意损害取回权人利益的可能性。因此，当取回权人的财产可能受到毁损、灭失的情况下，应当准许取回。案例中的管理人，作为重整期间的监督人，有权监督债务人管理财产和营业事务的行为，发现债务人损害取回权人利益时可以准许其取回财产。

第四十一条【破产抵销权的行使】

债权人依据企业破产法第四十条的规定行使抵销权，应当向管理人提出抵销主张。

管理人不得主动抵销债务人与债权人的互负债务，但抵销使债务人财产受益的除外。

【条文主旨】

本条旨在对破产抵销权行使方式和主体作出具体解释。

【规范目的】

本条规定是明确《企业破产法》第 40 条规定之破产抵销权的行使方式和行使主体问题。首先，本条司法解释第 1 款规定，债权人行使抵销权应当向管理人提出抵销主张，这明确了破产抵销权的行使方式，排除了破产抵销自动发生的行使方式。其次，本条司法解释第 2 款规定，原则上破产抵销权的行使主体为债权人，即除非债务人财产因抵销受益，否则管理人不得为主动抵销。因为如果允许管理人在债权人未行使其抵销权的情况下主动主张抵销，其结果是使个别债权人受到了优先清偿的利益，而使作为清偿全体债权人债务的破产财产减少，客观上对多数债权人不利，这与管理人应当为全体债权人共同利益履责的立法目的不符。据此，本条规定解决了《企业破产法》中规定的破产抵销权的行使方式和主体不明确的问题，避免了司法适用中的模糊。

【原理与适用】

一、破产抵销权概述

破产法上的抵销权（简称破产抵销权），是指债权人在破产申请受理前对债务人即破产人负有债务的，无论是否已到清偿期限、标的是否相同，均可在破产财产最终分配确定前向管理人主张相互抵销的权利。[①] 破产抵销制度是破产债权人只能依破产程序按债权清偿比例受偿的例外。破产抵销源于民法上的抵销制度，是民法上的抵销权在债务人破产情形下的扩张适用。

抵销是交叉债权清偿的一种简易方式，可以为当事人节省清偿时间与结算费用等，在债务人具有清偿能力的情况下，债务抵销清偿与分别独立清偿在应清偿的数额上并无不同，不过在破产程序中的抵销便有重大区别。如果没有破产抵销权，破产债权人欠破产企业的债务必须全部清偿，而其对破产企业的债权却只能按破产财产的清偿比例得到清偿。所以，破产抵销权实质是一种优先受偿权，可以保证破产债权人在抵销的范围内得到全额清偿，因此，它不仅关系到抵销双方当事人的利益，还会影响其他破产债权人的利益。在破产程序中行使抵销权的债权人，享受了优于一般债权人的待遇，这似乎与《企业破产法》公平清偿的立法理念相悖。但如果没有破产抵销制度，也会产生不公平的现象。即：破产债权人要全面履行对破产人的债务，而自己享有的对破产人的债权只能得到部分清偿。相同的当事人之间，同样的债权却处于不平等的清偿地位，有违最基本的公平原则。公平是《企业破产法》的基本原则，正是基于公平的考虑，《企业破产法》才设有破产抵销制度，以维护债权人与债务人间的基本公平。破产抵销权在破产程序中发挥着与民法上的抵销制度相似的功能，主要为：（1）便利功能。即具有简化当事人清偿手续的作用，是指双方当事人可以节省互为给付和互受给付的时间、精力和费用。（2）清偿功能。即通过抵销，当事人双方可以不必履行各自的债务，而直接导致双方的债务得到清偿。（3）担保功能。在破产程序中，破产债权人对破产人享有的债权因破产人无力清偿，只能得到一定比例的偿还，甚至完全得不到偿还，但破产债权人对破产人所负的债务，却必须全额清偿，利益相差甚大。破产抵销权实施的结果使债权人的破产债权在抵销范围内得以从破产财产中得到全额、优先清偿，可在债权相互抵销的范围内实际起到担保的作用。

关于破产抵销权的存废，各国立法态度亦有所不同。一些国家不承认破产

[①] 王欣新：《破产法理论与实务疑难问题研究》，中国法制出版社2011年版，第228页。

抵销权，如法国、比利时、卢森堡及个别拉美国家。更多国家通过立法对破产抵销权予以承认，如美国、英国、韩国、德国、日本及我国台湾地区。

二、我国关于破产抵销权的法律规定

我国法律对抵销制度的规定比较简单，使得实践中的抵销制度缺乏可操作性。作为民事基本法的《民法通则》对抵销制度没有规定，较早关于抵销的规定，仅有1997年的《合伙企业法》第41条关于个别抵销的规定。目前，我国对抵销制度的立法主要规定在《合同法》中。根据《合同法》的规定，抵销是合同权利义务终止的方式之一。当事人互负到期债务，该债务的标的物种类、品质相同的，任何一方可以将自己的债务与对方的债务抵销，但依照法律规定或者按照合同性质不得抵销的除外。同时也规定了约定抵销。抵销应通知对方，通知自到达对方时生效，并且不得附条件或者附期限。《合同法》还规定了对受让人的抵销，即债务人接到债权转让通知时，债务人对让与人享有债权，并且债务人的债权先于转让的债权到期或者同时到期的，债务人可以向受让人主张抵销。

我国关于破产抵销权的规定见于相关法律及司法解释中，最早见于1986年的《企业破产法（试行）》。现行《企业破产法》第40条同样规定了破产抵销权，根据该条规定，债权人在破产申请受理前对债务人负有债务的，可以向管理人主张抵销，同时规定了三种不得抵销的情形。其他关于破产抵销权的司法解释类规定体现在《最高人民法院关于〈中华人民共和国企业破产法〉施行时尚未审结的企业破产案件适用法律若干问题的规定》《最高人民法院关于审理企业破产案件若干问题的规定》以及《最高人民法院关于破产债权能否与未到位的注册资金抵销问题的复函》等。

从我国抵销的立法现状可以看出，作为我国民商事基本法律规范的《民法通则》没有关于抵销的规定，《合同法》和《企业破产法》对法定抵销、约定抵销、破产抵销的规定也非常简单，只有关于抵销的要件、抵销的行使、抵销的效力等一般性规定，甚至在这些方面规定也不明确。抵销在我国还没有形成一个完整的制度。我国现有破产立法、司法解释对破产抵销问题规定得较为原则，只是确认了破产抵销权的存在，对破产抵销制度其他相关的问题并未作出更详尽的规定，这种简单的立法不足以规范实际生活中的所有问题，不能满足实务中复杂的破产过程的需要。

三、对本条规定的理解与适用

（一）破产抵销权的行使方式

对破产抵销权的行使方式，各国立法规定不一，我国《企业破产法》对此未作具体规定。实务中有人主张，抵销权可以自动行使，也就是说，在当事人双方交叉债务产生之时，即可起到自动消灭相互债务之效果。

实际上，这种观点并不妥当，可能违背当事人原订立相应合同之本意，使抵销从原本之结算意义上的活动，不当地扩展到合同订立之目的及合同履行，从而影响正常的交易秩序，甚至出现为获得抵销权而欺诈性地订立、履行合同的现象。所以，抵销权应当通过当事人的明确意思表示行使，如当事人之间因抵销权发生争议，则应通过诉讼程序解决。

因此，本条司法解释规定，债权人依据《企业破产法》第40条的规定行使抵销权，应当向管理人提出抵销主张。即破产抵销权应以明示的方式提出，并且须履行权利申请程序。

破产抵销权的行使，应向管理人以明示的意思表示为之。破产抵销权的行使应以抵销的单方意思表示为之。这种意思表示，应向特定的对象作出，这一特定对象就是管理人。债务人进入破产程序后，由管理人接管，其享有的对外债权和负担的债务由管理人予以收回和概括清偿。因此，破产债权人只能以管理人为相对人行使破产抵销权，抵销的意思表示必须是明示的，并且必须送达管理人。

此外，债权人行使破产抵销权抵销的债权以依法申报、确认为前提。债权申报是债权人参加破产程序的必要条件，破产债权人只有在申报债权以后，才取得受《企业破产法》保护的地位。只有取得了《企业破产法》上的受保护地位，才有权对破产财产提出种种权利请求。破产抵销权作为破产债权人行使权利的一种特殊方式，破产抵销权人仍然是债权人，如果该抵销债权没有依法申报，则不得主张与其对债务人负有的债务抵销。债权人行使抵销权必然使破产财产减少，并影响其他债权人的利益，因此，债权人据以主张抵销的债权在破产程序中必须依法申报并最终经人民法院裁定确认。通过管理人审查和债务人、债权人会议核查等程序，可以保证抵销债权的真实性、合法性和准确性，从而防止利用虚假债权侵蚀破产财产从而损害全体债权人利益的情况发生。因此，未经依法申报的债权不能主张抵销，并且最终抵销的债权必须是经人民法院裁定确认的债权。

（二）破产抵销权的行使主体

民法中的抵销权，只要符合抵销条件，双方当事人均可行使。但在破产程序中，在破产抵销权的条件全部具备时，只能由破产债权人向管理人主张行使，管理人不得主动行使抵销权。从债权性质而言，破产债权人的债权为主动债权，破产人的债权为被动债权。

1. 破产抵销权的行使，不仅使得抵销权人和破产人之间的权利义务归于消灭,更直接影响破产财产和其他破产债权人的受偿利益。各国依据破产法的价值要求,均对破产抵销权的行使予以适当限制,以维护全体债权人的共同利益,也防止恶意当事人为了私利而规避法律,引发道德风险。

2. 管理人依法负有维护破产财产的完整性、追求破产财产价值最大化以及维护全体债权人利益的义务,若管理人启动抵销程序,主动放弃破产人的权利,就会造成破产财产的减少,这与破产管理人的职责不相符。

因为破产抵销权的行使而使个别债权人得到优先受偿,势必影响债权清偿比例,从而损害其他大多数债权人的利益。故对行使破产抵销权的提出主体应限定为破产债权人,而将管理人排除在外,这也是基于破产抵销权的价值取向推导出的结果。《企业破产法》第40条明确规定:"债权人在破产申请受理前对债务人负有债务的,可以向管理人主张抵销",但并未对管理人是否可以主动向债权人主张抵销作出明确规定。为了避免实务适用中的误解,司法解释明确规定管理人不得主动抵销债务人与债权人的互负债务。即对破产抵销权的提出主体进行限制,破产抵销权行使主体只能是破产债权人。

(三) 管理人行使破产抵销权的例外情形

根据司法解释,抵销使债务人财产受益时,管理人可以主动行使破产抵销权。如果行使抵销权不仅不会使破产财产减少,反而使债务人的财产受益,管理人主张抵销权并不违反管理人为全体债权人利益履职的角色定位,因此在此情形下管理人可以主动主张抵销权。例如,在享有抵销权的债权人本身已经破产或有破产之虞时,破产财产也可能遭受分配损失,应允许破产管理人权衡利弊后决定是否主张抵销。[1] 如果破产人的债务人出现生产经营困难甚至长期停产,破产人的债权存在无法收回的风险,亦应允许管理人权衡利弊后行使破产抵销权。

关于行使破产抵销权的主体,《日本破产法》第67条第1款规定:"破产债权人于宣告进入破产程序之时,对于破产人负有债务者,可以不依破产程序而实行抵销。"第102条规定:"在得到法院许可且符合破产债权人的一般利益的情况下,破产管理人有权将属于破产财团的债权与破产债权相抵销。"由此可以看出,在日本的破产抵销制度中,一般由破产债权人行使破产抵销权,在得到法院许可又不损害其他破产债权人利益的情况下,破产管理人也有权进行抵销。

此外,在破产最终分配方案确定之后,对债权人依据方案实际分配的债权数额,可以与其对破产人的债务相抵销。这在法律上并不属于破产法上的抵销,而属于民法上的抵销。所以,自然也就无须受破产法之限制,管理人可以

---

[1] 蓝邓骏、杜敏丽:《破产抵销权新论》,载《河北法学》2002年第2期。

主动主张抵销。在破产程序中，破产法上抵销权的存在并不排斥民法上抵销权的同时存在与独立行使，如破产费用和共益债务与债务人即破产人之债权的抵销就属于民法上的抵销。

【法律、司法解释及案例】

《企业破产法》（2007年6月1日起施行）

第四十条　债权人在破产申请受理前对债务人负有债务的，可以向管理人主张抵销……

《合伙企业法》（2007年6月1日起施行）

第四十一条　合伙人发生与合伙企业无关的债务，相关债权人不得以其债权抵销其对合伙企业的债务；也不得代位行使合伙人在合伙企业中的权利。

《合同法》（1999年10月1日起施行）

第八十三条　债务人接到债权转让通知时，债务人对让与人享有债权，并且债务人的债权先于转让的债权到期或者同时到期的，债务人可以向受让人主张抵销。

第九十一条　有下列情形之一的，合同的权利义务终止：

……（三）债务相互抵销……

第九十九条　当事人互负到期债务，该债务的标的物种类、品质相同的，任何一方可以将自己的债务与对方的债务抵销，但依照法律规定或者按照合同性质不得抵销的除外。

当事人主张抵销的，应当通知对方。通知自到达对方时生效。抵销不得附条件或者附期限。

第一百条　当事人互负债务，标的物种类、品质不相同的，经双方协商一致，也可以抵销。

《最高人民法院、中国人民银行关于依法规范人民法院执行和金融机构协助执行的通知》（2000年9月4日发布）

三、对人民法院依法冻结、扣划被执行人在金融机构的存款，金融机构应当立即予以办理，在接到协助执行通知书后，不得再扣划应当协助执行的款项用以收贷收息；不得为被执行人隐匿、转移存款。违反此项规定的，按照民事诉讼法第一百零二条的有关规定处理。

《最高人民法院关于审理企业破产案件若干问题的规定》（2002年9月1日起施行）

第六十条　与债务人互负债权债务的债权人可以向清算组请求行使抵销权，抵销权的行使应当具备以下条件：

（一）债权人的债权已经得到确认；

(二) 主张抵销的债权债务均发生在破产宣告之前。

经确认的破产债权可以转让。受让人以受让的债权抵销其所欠债务人债务的，人民法院不予支持。

《最高人民法院关于〈中华人民共和国企业破产法〉施行时尚未审结的企业破产案件适用法律若干问题的规定》（2007年6月1日起施行）

第四条 债权人主张对债权债务抵销的，应当符合企业破产法第四十条规定的情形；但企业破产法施行前，已经依据有关法律规定抵销的除外。

《最高人民法院关于破产债权能否与未到位的注册资金抵销问题的复函》（1995年4月10日发布）

……为保护其他债权人的合法权益，武汉公司对货柜公司所享有的破产债权不能与该公司对货柜公司未出足的注册资金相抵销。

【案例】

2010年6月1日，某法院裁定受理A公司申请破产一案，债权申报期内，B公司以其于2009年7月作为保证人代A公司向银行归还的借款为由向管理人申报债权金额为2000万元，B公司同时向管理人提出从2009年1月至2009年5月份期间曾经向A公司购买过棉纱并且截至B公司申报债权时，B公司尚欠A公司棉纱款共计1440万元未结算。

管理人经审查确认，B公司对A公司享有债权额2000万元。同时，管理人对A公司与B公司之间从2009年1月至2009年5月份的棉纱买卖和货款结算情况进行审核，确认至B公司债权申报当日其共拖欠A公司棉纱款共计1443.2万元。第一次债权人会议上，管理人将A公司与B公司之间的债权债务向法院和全体债权人进行报告，第一次债权人会议确认B公司的债权金额为2000万元。第一次债权人会议结束后，B公司向管理人提出要求以其欠A公司的棉纱款1443.2万元抵销其作为保证人代A公司向某银行归还的借款2000万元。管理人经审查认为，B公司的抵销权成立，在破产分配方案提交债权人会议表决前允许抵销A公司与B公司间1443.2万元的债务，抵销后B公司对A公司享有的债权金额为556.8万元（2000万元－1443.2万元＝556.8万元），列入破产债权按比例进行分配。

【简要评析】

债权人行使抵销权的前提条件是：(1) 债权人主张的债权合法成立。上述案例中，债权人B公司对债务人A公司享有的债权经管理人审查确认，并经债权人会议核查，可以认定为合法成立的债权。(2) 债权人对债务人负有债务。经管理人核算，至B公司债权申报当日，B公司共拖欠A公司棉纱款共计 1443.2 万元，债权人负有到期债务未清偿的事实也是成立的。(3) 不具有《企业破产法》第 40 条规定的情形。案例中债权人对债务人的负债来源于双方多年交易中的未结算款项，不是在 A 公司危机期间的负债，不属于禁止抵销的情形。因此，管理人认可债权人 B 公司的抵销申请是正确的。

第四十二条【破产抵销的生效】

管理人收到债权人提出的主张债务抵销的通知后，经审查无异议的，抵销自管理人收到通知之日起生效。

管理人对抵销主张有异议的，应当在约定的异议期限内或者自收到主张债务抵销的通知之日起三个月内向人民法院提起诉讼。无正当理由逾期提起的，人民法院不予支持。

人民法院判决驳回管理人提起的抵销无效诉讼请求的，该抵销自管理人收到主张债务抵销的通知之日起生效。

【条文主旨】

本条旨在对破产抵销权的生效和管理人异议权作出具体解释。

【规范目的】

本条规定是明确《企业破产法》第 40 条规定之破产抵销权的生效和管理人异议权的行使问题。目前法律对此的规定存在空白，司法实践中，对抵销的生效日期是债权人提出主张之日，还是管理人收到主张通知之日，抑或是管理人确认或者法院判决确认之日的问题，以及如管理人不确认时是由管理人向人民法院提起诉讼还是债权人提起诉讼等问题争议较大。根据本条司法解释的规定，首先，破产抵销权作为法定抵销权，是一种形成权。如抵销权成立，则自管理人收到主张债务抵销的通知之日起发生法律效力。其次，如果管理人对抵销主张存有异议，则需要在一定期间内通过诉讼的方式提出，既赋予管理人异议权，又对其异议权的行使进行必要限定，保证公平的同时兼顾效率。本条规定解决了《企业破产法》中的破产抵销权何时生效的问题，同时明确了管理人审查权及异议权的行使，统一了此类问题的处理方式。

【原理与适用】

一、破产抵销权的性质

破产抵销权源于民法上的抵销制度。抵销按照其产生的根据不同，一般分为法定抵销与合意抵销两种。破产抵销权的行使主体、成立条件等均由法律明确规定，因此，属于法定抵销权的一种。

（一）法定抵销与合意抵销

法定抵销，是指两个债权债务具备法律规定的要件时相互抵销的制度，根据国际上的立法例包括两种类型：当然抵销和单方抵销。当然抵销是指抵销依据法律的规定当然发生效力，无需双方当事人的任何意思表示，效力是在双方债权适合抵销的状态之时生效。如《法国民法典》第1290条规定，债务抵销得依法律之效力当然发生，即使各债务人不知，亦同。两宗债务自其开始存在起，即在各自的同等数额范围内相互消灭之。单方抵销则是指两个债务在具备法定的条件时，并不当然抵销，还需要一方当事人作出抵销的意思表示。如《德国民法典》第388条规定，抵销以向另外一方当事人作出表示的方式进行，附条件或者期限进行表示的，表示不发生效力。[1] 法定抵销必须符合严格的要件：一是双方必须互负债务、互享债权；二是双方互负债务，而且必须是给付种类相同的债务；三是债权必须已到清偿期；四是非依债的性质不能抵销。因为依合同的性质，非清偿不能达到债务的目的的债务，如相互抵销，即会违反成立债的本意。单方抵销则需满足：主张抵销的当事人即行使抵销权的当事人应当通知对方，抵销自通知到达对方当事人生效；抵销的通知不得附条件或者期限。因为抵销在通知到达时即可生效，如果附条件或期限就会使抵销的效力处于不确定状态，同时也会给对方带来不合理的负担。因此，主张抵销的一方应当不带附加条件或期限地及时通知对方当事人。抵销的效果即是导致互负债务在对等额度内消灭。虽然《法国民法典》对于抵销的规定秉持当然抵销主义，但被各国立法普遍接受的是单方抵销主义。

合意抵销，又名约定抵销，是指按照当事人双方的合意所为的抵销。我国台湾地区1961年台上字第1852号判例中有论述：抵销除法定抵销之外，尚有约定抵销，此项抵销契约之成立及其效力，除法律另有规定外，无须受"民法"第334条所定抵销要件之限制，即给付种类纵不相同或主张抵销之主动债

---

[1] 卢谌、杜景林：《德国民法典债法总则评注》，中国方正出版社2007年版，第171页。

权已届清偿期而被抵销之被动债权未届清偿期,惟债务人就其所负担之债务有期前清偿之权利者,亦得于期前主张抵销之。[①] 合意抵销是双方当事人意思自治的体现,因此,可以不受法律规定的抵销构成要件的限制,也就是说双方当事人互负的债务是否到期、债务的标的物种类、品质是否相同,均不构成对合意抵销的妨碍,只要互负债务的当事人双方就双方的债务进行抵销达成了合意,则可发生抵销的效果,使双方所负债务在相应额度内发生消灭。当事人为抵销而订立的合同叫做抵销合同,其成立应当适用《合同法》中关于合同订立的相关规定。关于抵销合同的性质,德国学者认为,双方以自己债务的被免除而免除对方的债务,因此双方的免除相互关联,并不是一个互无关系的免除契约。史尚宽先生则认为,以获得实质的对价而免除债务,有反于免除的性质,且免除不得认为有溯及力,抵销合同则可以使抵销有溯及的效力。因此,以免除的观念说明抵销合同不适当,还不如认为抵销契约为独立种类的契约。即依当事人的合意,使双方债权债务消灭的契约。[②]

法定抵销与合意抵销的区别在于:法定抵销的双方债务清偿期需均已届满,而合意抵销的双方债务是否均已届清偿期则在所不问;法定抵销只须行使抵销权的一方通知对方,而合意抵销必须双方协商一致;行使法定抵销时不得附条件或者附期限,而合意抵销对此没有限制;法定抵销的标的物种类、品质必须相同,且当事人不能就抵销的要件、抵销标的物、抵销范围、抵销效力等进行协商,而合意抵销当事人可以对此进行协商。

如前所述,当具备法律规定的要件时,依当事人一方的意思表示即可发生法定抵销的效力,故法定抵销权是一种形成权。抵销权人在进行法定抵销时,既不需要相对人的协助,也不需要法院的裁判,凭一己之力足已。正如史尚宽先生所言:"抵销所生债权消灭之效力,非于双方债权得为抵销时(抵销适状)法律上当然发生,而以当事人于裁判上或裁判外之一方的意思表示为必要。双方债权在于抵销适状,惟发生当事人为抵销之可能而成立抵销权。此抵销权之行使,不需相对人之协力,故有形成权之性质。"[③]

(二) 关于形成权的基本理论

破产抵销权是一种形成权,要受到形成权基本原则的约束。

1. 形成权的定义

以权利的作用为标准,将权利分为形成权、请求权、支配权和抗辩权。形

[①] 邱聪智:《新订民法债编通则》(下),中国人民大学出版社2002年版,第470页。
[②] 史尚宽:《债法总论》,中国政法大学出版社2000年版,第71页。
[③] 史尚宽:《债法总论》,中国政法大学出版社2000年版,第59页。

成权是指依一方之意思表示而产生法律效果之权利，换言之，是权利人单独以意思表示，使法律关系因之而发生、变更或消灭的权利。[1] 该项权利以法律关系为客体、以单方法律行为为行使途径并无需相对人的同意即可产生变动法律关系的后果，因而又被学者称之为变动权或能权。

对形成权的系统研究应始于齐特尔曼和黑尔维希，齐特尔曼在其名著《民法总则概要》一书中，针对私法上这样一组权利群提出了所谓的"法律上能为之权利"的概念。黑尔维希在其《请求权与诉权》等书中对齐特尔曼的观点表示赞同。最终泽克尔在其名著《民法上的形成权》中提出了形成权这一概念。因为泽克尔认为，这些权利的作用都在于形成一定的法律关系，而这一点又恰恰是其他任何类型权利群所不具有的特征，足以使其与其他权利类型相区别。

2. 形成权的特征

（1）形成权的客体为民事法律关系。权利所指向的对象即为权利的客体，不同性质和类型的权利，其客体也各不相同。形成权的客体为民事法律关系，因为形成权作用的结果是使自己与他人或者他人与他人之间的法律关系发生变动，这也是形成权区别于其他权利的标志。

（2）形成权无被侵害的可能。这是因为，形成权在未行使时仅为一抽象的权利，对原法律关系不产生任何影响，但一经行使，具体的权利义务关系即因而发生、变更或消灭，所以，形成权无论其存续还是行使都不存在被侵害的可能性。

（3）形成权具有不可抗拒性。形成权最主要的特征在于，依权利人的单方意思表示即可使既有法律关系发生变动，作为形成权的相对人是没有能力抗拒这种变化的。对于形成权的行使，相对人无须协助，也不存在所谓的不作为义务，他所能做的就是任由形成权人行使其权利，并无条件地承受形成权人对法律关系进行改变的法律后果。

（4）形成权不可单独让与他人。形成权的作用在于确定当事人之间的法律关系，其本身并无直接的利益可言，权利人要实现自己的利益，首先需要行使形成权以确定法律关系，然后再行使这一请求权来实现权利人的利益。因此，形成权不能与基本权利的法律关系相分离而单独发挥作用，其不具有可单独让与性。

3. 形成权的行使

形成权是一种单方法律行为。法律行为中单方行为一般来说只需权利人以

---

[1] 韩忠谟：《法学绪论》，中国政法大学出版社2002年版，第181页。

单方意思表示向相对人为之,于相对人了解或到达相对人即发生形成权之效力。应注意的是,权利人须为完全行为能力人。

依私法自治原则,形成权的行使自应依权利人的自主意思,原则上不受任何干涉,但由于形成权具有特殊效力,因而对其应有所限制。(1) 在保证形成权可自由行使的前提下,以民法上诚实信用原则、权利滥用之禁止原则、公序良俗原则等对形成权行使加以限制。如对形成权以行使期间即除斥期间的限制。(2) 形成权的行使原则上不得附条件或期限。形成权人在行使该权利时,无须相对人同意即可发生效力,由此可见其对当事人的利益和法律关系之稳定影响较大,因而原则上不允许权利人行使权利时设置条件。(3) 形成权的行使必须符合法律规定或者当事人间约定的条件。(4) 行使形成权的意思表示不得撤回。

二、法定抵销权的效力

破产抵销权由破产法确立并作出特殊调整,应属于法定抵销,故具有法定抵销的基本特征。

(一) 法定抵销权效力的立法例

关于法定抵销权的效力,理论界主要存在两种立法例,即当然抵销主义和意思表示抵销主义。

1. 当然抵销主义

当然抵销主义,又称完全实质主义。这种立法例认为,双方当事人在互负债务处于适合抵销的状态时,无须当事人作出意思表示,依双方债权对立的事实就可当然发生抵销的法律后果。由于抵销是依据法律的规定自动发生的,自然无区分主动债权或受动债权之必要了。

当然抵销主义为 19 世纪普通法的通说,至今仍为法国、比利时、西班牙、卢森堡以及拉丁美洲的巴西、阿根廷等国家或地区所采用。《法国民法典》第 1290 条规定:"债务抵销得依法律之效力当然发生,即使各债务人不知,亦同。两宗债务自其开始同时存在起,即在各自的同等数额范围内相互消灭之。"[①] 根据《法国民法典》的规定,只要两宗债务具备法定抵销的条件,就自动发生法定抵销的法律效果,而无须当事人的意思表示。甚至在当事人不知道其债务可以进行法定抵销时,也发生法定抵销的法律效果。《西班牙民事诉讼法》第 543 条对此持肯定态度。比利时于 1795 年为法国所占领,所以,《法国民法典》于 1804 年自动地适用于比利时诸省。卢森堡于 1795 年为法国所兼

---

① 罗结珍译:《法国民法典(下)》,法律出版社 2005 年版,第 979 页。

并，其一直沿袭《法国民法典》的立法精神。按照《卢森堡民法典》的规定，法定抵销是相互的金钱债之间依法当然成立的，即使债务人并不知道。《西班牙民法典》第 1202 条规定："抵销在两个债等同的限度内予以消灭，即使债权人与债务人一无所知。"① 《阿根廷民法典》第 818 条规定："不问两个债务的原因如何，如果二人依自己的权利而相互地集债权人和债务人的身份于一身，发生债的抵销。自两个债务开始共存之时起，抵销在较轻债务的范围内依清偿的效力消灭两个债务。"此外还有加拿大《魁北克民法典》第 1673 条第 1 款规定："一旦两个确定、可变现、已到期且两者的客体都为一笔款项或一定数量的同种类的可替代财产的债务共存，当然发生抵销。"

2. 意思表示抵销主义

意思表示抵销主义又称形式抵销主义或单独行为主义。这种立法例认为，互负债务的当事人双方的债权具备适合抵销状态时，须有一方当事人作出抵销的意思表示，且当一方当事人抵销的意思表示到达另一方当事人时，才发生抵销的效果。

意思表示抵销主义最初由 19 世纪的潘德克顿学派提出，1900 年《德国民法典》对此予以确认。《德国民法典》第 388 条规定："抵销以对另一方的意思表示为之。该意思表示系附条件或期限而做出的，不生效力。"第 389 条规定："抵销发生如下效力：在双方的债权彼此一致的范围内，在适于抵销而互相对待之时，双方的债权视为已消灭。"② 瑞士、日本和我国台湾地区等的抵销立法都采意思表示抵销主义。《瑞士债法典》第 124 条规定："抵销在债务人通知债权人明确表示进行抵销时生效。在抵销范围之内，双方债务视为于抵销一旦可能时即为解除……"③《日本民法典》第 506 条规定："抵销根据一方当事人对其相对人做出的意思表示。此时的意思表示不能附条件或期限。前项的意思表示，溯及双方的债务适于互相抵销之始发生效力。"④ 我国台湾地区"民法典"第 335 条规定："抵销，应以意思表示向他方为之。其相互间债之关系，溯及最初得为抵销时，按照抵销数额而消灭。前项意思表示，附有条件或期限者，无效。"1992 年施行的《荷兰民法典》第 127 条第 1 款规定："有权抵销的债务人向他的债权人发出以其对债权人的债权与自己的债务进行抵销的声明的，双方的债务在数额相同的范围内消灭"。该法第 129 条第 1 款规定：

---

① 沈达明：《国际金融法上的抵销权》，对外经济贸易大学出版社 1999 年版，第 64 页。
② 陈卫佐译：《德国民法典》，法律出版社 2006 年版，第 137 页。
③ 吴兆祥等译：《瑞士债法典》，法律出版社 2002 年版，第 25 页。
④ 渠涛译：《最新日本民法》，法律出版社 2006 年版，第 112 页。

"抵销溯及至抵销权产生之日。"①《意大利民法典》第1241条规定，当两人相互负有债务时，两个数量对等的债务相互抵销。抵销的条件为一方当事人将抵销的意思通知另一方，并且抵销具有溯及力。②

当然抵销主义和意思表示抵销主义均主张抵销自两债最初适于抵销之时产生效力。两者最本质的区别在于抵销效力的产生是否需要当事人作出意思表示。当然抵销主义认为，抵销于适状时自动发生效力，无须当事人作出意思表示；而意思表示抵销主义认为，当事人的意思表示是抵销生效的前提，无意思表示则无抵销。

我国《合同法》第99条第2款规定："当事人主张抵销的，应当通知对方。通知自到达对方时生效。抵销不得附条件或者附期限"。可见，我国法采取了意思表示抵销主义的立法例。对此，有学者认为：（1）采当然抵销主义，即在符合法律规定的条件的情况下，当事人即使不愿意抵销，也发生了抵销的后果，这有悖于当事人的意愿。而采意思表示抵销主义，就是在符合法定抵销条件的情况下，只是使当事人产生了一种法定的抵销权，不意味着双方的债权债务关系当然消灭。这就赋予当事人一方以选择权。（2）采当然抵销主义，即在符合法律规定的条件下，自动产生抵销效力，且在双方债权适合抵销的状态时发生效力。于此时，双方当事人可能不知道自己的债权债务关系是否发生抵销、何时发生的抵销，第三人也不知道其债权债务是否发生抵销、何时发生抵销，这就容易产生纠纷。而采意思表示抵销主义，则能避免上述情形的发生，也有利于使债权债务关系确定地归于消灭。③

（二）法定抵销的溯及效力

所谓抵销的溯及效力，是指债务抵销使相互间债的关系溯及最初得为抵销时，按照抵销数额而消灭的法律效力。通常抵销权成立的时间与实际行使抵销权的时间并不一致。权利人行使抵销权能否溯及至抵销权产生之时，英美法系通说认为抵销不具有溯及力。大陆法系则一般予以承认，通行的有两种观点，《法国民法典》持自动抵销观点，只要具备抵销条件，即自动抵销双方之间的债务，不论当事人是否知道抵销权，因此，不产生抵销权溯及力的问题。德国、日本等国民法奉行抵销意思表示主义，抵销权经主张产生溯及力。如《德国民法典》第389条规定："抵销发生如下效力：在双方的债权彼此一致的范围内，在适合于抵销而互相对待之时，双方的债权视为已消灭。"

---

① 王卫国译：《荷兰民法典》，中国政法大学出版社2006年版，第191页。
② 沈达明：《国际金融法上的抵销权》，对外经济贸易大学出版社1999年版，第54页。
③ 王利明：《合同法研究》，中国人民大学出版社2003年版，第376页。

我国《合同法》第 99 条第 2 款规定："当事人主张抵销的，应当通知对方。通知自到达对方时生效。"既然规定通知自到达对方时生效，那么抵销的生效时间是自通知到达对方之时指向将来，还是具有溯及力，溯及至抵销适状时。我国多数学者主张债务抵销具有溯及力，如梁慧星先生的《中国民法典草案建议稿》第 829 条建议规定："当事人主张抵销的，应当通知对方。通知自到达对方时生效。当事人相互之间的债权债务关系，溯及最初可以抵销时在相等数额内同时消灭。"① 王利明教授的《中国民法典学者建议稿及立法理由》第 1269 条也建议规定："抵销权行使后，双方的债权债务关系溯及最初适合于抵销时，按照双方的债权能抵销的数额而消灭。"②

三、对本条规定的理解与适用

（一）破产抵销权的生效

破产抵销权的效力是破产抵销权制度的基本问题之一。对这一问题的解决不仅决定了债权债务关系消灭的时间，而且对当事人的利益会产生不同的影响。在破产程序中，债务人的财务状况已经恶化，没有能力全额清偿破产债权人的债权。为避免双方当事人的权利义务失衡，破产抵销制度的平衡功能应当发挥作用。可以说，正是这种担保的功能或平衡功能成了破产抵销制度的效力来源，破产抵销权制度对当事人互负债务所带来的平衡作用加以保障，真正实现公正公平。

抵销的意思表示是一种单方法律行为。抵销是以债权的消灭为目的的处分行为，同时是一种旨在发生权利关系变动为目的的形成行为。只要符合抵销的法定条件，抵销权人就可以通知对方而发生抵销的法律后果。抵销为形成权的一种，行使抵销权时不需相对人的协助，也无需经过法院的裁判，只要抵销权人向交叉债权人作出抵销的意思表示，即产生消灭互负债务的效果。原则上，抵销的意思表示自到达相对人时发生法律效力。因此，债权人向管理人提出抵销主张后，管理人无异议的，该抵销自管理人收到主张债务抵销的通知之日起发生互负债务消灭的法律后果。但是，由于破产抵销权在破产程序中发挥的特殊作用，抵销权的行使将直接导致债务人财产的减少以及其他普通债权人清偿率的降低，因此，应当考虑对方的利益，即抵销的意思表示到达管理人时不必然发生效力，还需要管理人的审查程序。

---

① 梁慧星：《中国民法典草案建议稿》，法律出版社 2003 年版，第 160 页。
② 王利明：《中国民法典学者建议稿及立法理由（债法总则·合同编）》，法律出版社 2005 年版，第 186 页。

管理人在收到债权人主张债务抵销的通知后应进行全面的审查。

1. 管理人要对破产抵销权所依附的基础债权是否为破产债权进行审查。这种审查应当包括：（1）对债权真实性的审查。即管理人对债权申报材料的真实性、合法性、充分性进行审查，以保证经审查确认的债权是真实存在、合法有效的。（2）对债权人资格的审查。即向管理人申报的债权人应与债权基础法律事实发生时的主体是同一主体。如果存在债权转让、原债权人名称变更、企业改制、分立、合并等情形的，管理人应对债权主体的同一性进行审查。（3）对诉讼时效的审查。即凡超过诉讼时效，又没有证据证明其时效中止、中断或延长的，因法律对这类债权不予保护，故不列入破产债权。最终破产抵销的破产债权必须是法院裁定确认的债权表所记载的债权。

2. 管理人还要审查该抵销主张是否符合《企业破产法》及相关司法解释规定的破产抵销权的积极要件，并依法排除禁止破产抵销的情况。对于管理人经审查无异议的，该抵销自管理人收到债权人主张债务抵销的通知之日起发生法律效力。

需注意的是，我国《企业破产法》并未对管理人审查破产抵销的程序作出规定，但一般而言，破产抵销权的成立将直接导致破产财产的减少和普通债权清偿率的降低，直接影响债权人的利益。因此，管理人可以根据《企业破产法》第69条的规定，对于确认破产抵销权对债权人利益有重大影响的，应当及时报告债权人委员会或者人民法院。司法实务中，一些法院为了加强对管理人的指导和监督，亦要求管理人在作出破产抵销权结论前应当将审查意见报告法院。如深圳市中级人民法院制定的《破产案件管理人管理规范（试行）》第47条规定，管理人确认抵销权成立的，应当附相应的证据材料报该院审批批准，管理人不予确认的，应当报告该院审查。

（二）对破产抵销权的异议及救济途径

我国《企业破产法》虽规定债权人可以向管理人主张抵销，但没有规定管理人不予确认破产抵销权时的异议程序。如前所述，管理人对破产抵销权的审查包括破产抵销权所依附的破产债权的审查和破产抵销权是否符合法定行使条件的审查。对于破产债权的申报、审查、确认以及救济途径，《企业破产法》已作出明确规定。但在破产债权成立的基础上，对于破产抵销权是否符合法定行使条件的审查，如管理人经审查认为不成立，破产债权人与管理人存在的争议如何解决，《企业破产法》未作出规定。学界和实务界主要有三种观点：第一种观点认为，由于《企业破产法》没有规定对管理人作出的抵销决定的异议程序，所以，对于管理人作出的有关抵销的决定，债权人应当无权提出异议或向法院提起诉讼，即管理人有关抵销的决定是终局性的。第二种观点认为，破产抵销权是在破产程序中行使的权利，因此，债权人的异议无需再开始审判程序或者其他程序，应当在破产程序中解决。具体而言，宜由受理破产案件的合议庭直接作出处理决定，债权人如果对此有异议，可向上一级人民法院申诉。第三种观点认为，债权人的此项异议可以通过诉讼予以解决。

本条司法解释对于上述问题进行了明确规定，即管理人对抵销主张有异议的，应当在约定的合理异议期限内，或者自其收到主张债务抵销的通知之日起3个月内向人民法院提起诉讼。无正当理由逾期提起的，人民法院不予支持。由此可见，对于破产抵销权的异议通过诉讼途径解决，并且此诉讼的提起主体是管理人，而非债权人。同时，对于管理人提起诉讼的时间亦参考了《最高人民法院关于适用〈中华人民共和国合同法〉若干问题的解释（二）》第24条关于债务抵销异议期限的规定。既保持了法律的一致性，亦催促管理人及时行使权利，兼顾了破产程序的效率要求。但是，司法解释对于管理人认可抵销主张，而其他债权人对于存在异议的处理并未明确。我们认为，从《企业破产法》基本立法精神出发，其他债权人的异议应有权通过诉讼来解决。

需说明的是，管理人审查破产抵销权是否成立的前提是债权人的债权属于破产债权。根据《企业破产法》的规定，债权人所申报债权的确认程序为：管理人审查编制债权表；提交债权人会议进行核查；债权人、债务人对所记载的债权均没有异议时，最终由管理人申请人民法院予以裁定确认。因此，在破产程序中，债权审查确认程序复杂，历时较长，而且如债权人、债务人对管理人审查结论有异议还将另行通过诉讼程序解决。如债权人主张破产抵销时其所依赖的债权未经确认，此时要求管理人在3个月内提起诉讼并不合理。因此，债权人主张破产抵销权时其债权尚未经破产程序确认应属于本条司法解释所规定的正当理由，管理人如未能在3个月内向人民法院提起诉讼，人民法院不应以此为由不予支持。据此，债权人主张破产抵销权，管理人有异议的，最迟应自破产债权经法院裁定确认之日起3个月内向人民法院提起诉讼。

（三）破产抵销权的溯及力

根据本条司法解释，抵销自管理人收到债权人主张债务抵销的通知之日起发生法律效力。但是本条司法解释对于破产抵销权是否具有溯及效力并未作出规定。有观点认为，破产抵销源于民事法律中法定抵销，应沿袭抵销具有溯及效力的民法精神。原因在于，抵销作为一种消灭债权债务的方法，在法律上设定它的目的就在于使当事人能够简洁、高效地解决其相互之间错综复杂的债权债务关系。按照这种观点，抵销产生后，双方的债权债务关系溯及抵销适状时，按照双方的债权能抵销的数额而消灭。即使一方构成迟延履行或因违约应当承担赔偿责任，也在抵销后，都应当发生消灭。如果在抵销以后还追究利息之债以及损害赔偿责任，则债权债务关系并没有因抵销而发生消灭，这样不仅使当事人之间的法律关系更加复杂，也不符合法律设立抵销权制度的目的。这也解决了实务中出现的破产抵销时债权人的破产债权利息计至破产受理日，而债务人对债权人的债权利息却计至抵销生效日，而由此引发新的不公平的问题。这种观点有一定的借鉴意义。

【法律、司法解释及案例】

《企业破产法》（2007 年 6 月 1 日起施行）

第四十条 债权人在破产申请受理前对债务人负有债务的，可以向管理人主张抵销。但是，有下列情形之一的，不得抵销：

（一）债务人的债务人在破产申请受理后取得他人对债务人的债权的；

（二）债权人已知债务人有不能清偿到期债务或者破产申请的事实，对债务人负担债务的；但是，债权人因为法律规定或者有破产申请一年前所发生的原因而负担债务的除外；

（三）债务人的债务人已知债务人有不能清偿到期债务或者破产申请的事实，对债务人取得债权的；但是，债务人的债务人因为法律规定或者有破产申请一年前所发生的原因而取得债权的除外。

第六十九条 管理人实施下列行为，应当及时报告债权人委员会：

（一）涉及土地、房屋等不动产权益的转让；

（二）探矿权、采矿权、知识产权等财产权的转让；

（三）全部库存或者营业的转让；

（四）借款；

（五）设定财产担保；

（六）债权和有价证券的转让；

（七）履行债务人和对方当事人均未履行完毕的合同；

（八）放弃权利；

（九）担保物的取回；

（十）对债权人利益有重大影响的其他财产处分行为。

未设立债权人委员会的，管理人实施前款规定的行为应当及时报告人民法院。

《合同法》（1999 年 10 月 1 日起施行）

第九十九条 当事人互负到期债务，该债务的标的物种类、品质相同的，任何一方可以将自己的债务与对方的债务抵销，但依照法律规定或者按照合同性质不得抵销的除外。

当事人主张抵销的,应当通知对方。通知自到达对方时生效。抵销不得附条件或者附期限。

第一百条 当事人互负债务,标的物种类、品质不相同的,经双方协商一致,也可以抵销。

《最高人民法院关于适用〈中华人民共和国合同法〉若干问题的解释(二)》(2009年5月13日起施行)

第二十三条 对于依照合同法第九十九条的规定可以抵销的到期债权,当事人约定不得抵销的,人民法院可以认定该约定有效。

第二十四条 当事人对合同法第九十六条、第九十九条规定的合同解除或者债务抵销虽有异议,但在约定的异议期限届满后才提出异议并向人民法院起诉的,人民法院不予支持;当事人没有约定异议期间,在解除合同或者债务抵销通知到达之日起三个月以后才向人民法院起诉的,人民法院不予支持。

【案例】

2001年至2002年间,A银行委托B证券公司以2.26亿元价金进行委托理财,购买国债。2004年5月,A银行察觉社会媒体公开报道B证券公司总裁黄某涉嫌刑事犯罪,担心B证券公司存在经营风险,无法偿还委托理财的2.26亿元资金,于2004年5月14日、5月31日、6月21日,擅自扣划B证券公司的银行存款4252万元。B证券公司于2004年6月2日发函要求归还未果。2004年5月12日,B证券公司进入破产程序。2004年6月1日,中国证券登记结算公司上海分公司对B证券公司国债回购质押券转移占有处置。A银行承认扣划B证券公司4252万元银行存款事实,认为B证券公司已经进入破产还债程序,主张破产抵销权,相互抵销,不予以归还。B证券公司管理人认为,A银行扣划存款属于侵权,且其在B证券公司存在经营风险之时擅自扣划B证券公司存款以实现提前个别清偿损害了其他债权人的公平受偿权,因此,不能行使抵销权,并向某市中级人民法院提起诉讼,要求其返还上述4252万元及利息。该市中级人民法院于2011年5月16日作出民事判决,支持了管理人的诉讼请求。

【简要评析】

破产抵销权的行使,需要确认抵销生效的时间才能固定双方的权利义务关系,否则不利于保护债权人的利益,也不利于破产程序的推进。因此,债权人向管理人提出抵销申请后,管理人经审查后应当及时作出答复。管理人对抵销申请不予认可时应当及时提起诉讼,请求法院确认债权人的抵销无效。本案中,债权人提出抵销申请,管理人不予认可并及时提起诉讼,是正确的。

第四十三条【未到期债务和不同种类品质债务的破产抵销】
债权人主张抵销，管理人以下列理由提出异议的，人民法院不予支持：
（一）破产申请受理时，债务人对债权人负有的债务尚未到期；
（二）破产申请受理时，债权人对债务人负有的债务尚未到期；
（三）双方互负债务标的物种类、品质不同。

【条文主旨】

本条旨在规定破产抵销权不受民法抵销中双方债务已届清偿期和标的种类、品质相同这两个条件的限制。

【规范目的】

本条规定是解决破产抵销权对民法上抵销权的扩张适用问题。抵销双方债的标的种类相同和抵销双方的债务均已届至清偿期这两个条件是民法上抵销权行使的必备条件。我国《企业破产法》仅规定债权人在破产申请受理前对债务人负有债务的，可以向管理人主张抵销。但《企业破产法》未对主张破产抵销时是否受未到期债务和不同种类债务的限制作出规定。而破产程序是一种概括执行的程序，破产财产分配以货币分配为主，其所有债权债务关系转化为货币代表的债权债务，民法上抵销权对不同种类债务的限制在破产程序中失去意义；同时，根据《企业破产法》规定，债权人对债务人享有的未到期债权，在破产申请受理时视为到期，因此，在破产程序中债权人对债务人的债权均已届清偿期；债权人对债务人的债务虽未届至履行期限，但由于主张破产抵销的主体只能是债权人，因此，债权人有权选择是否放弃其期限利益。为解决这一问题，本条规定对债权人在破产程序中主张破产抵销时是否受抵销双方债的标的种类相同和抵销双方的债务均已届清偿期这两个条件的限制予以明确。

【原理与适用】

一、破产抵销权对民法抵销权扩张适用的法理分析

抵销是民法上债的消灭方式之一，是指双方互负债务而其给付种类相同，

一方得以其债务与对方之债务,按对等数额使其相互消灭之意思表示。由此产生的权利即为抵销权。主张抵销一方当事人用以与对方抵销的债权称为主动债权,与之相对应的对方债权称为被动债权。以公平清偿债权为宗旨之破产法与抵销权之适用亦有紧密关联,抵销权制度在破产法律制度中亦有独特的作用。[1]

(一) 民法上抵销权简述

依据产生依据的不同,抵销可以分为法定抵销与合意抵销两种类型,分别由《合同法》第 99 条和第 100 条作出规定。《合同法》第 99 条第 1 款规定:"当事人互负到期债务,该债务的标的物种类、品质相同的,任何一方可以将自己的债务与对方的债务抵销,但依照法律规定或者按照合同性质不得抵销的除外。"可见,法定抵销的条件有四:(1) 双方当事人互负到期债务;(2) 抵销债务的标的物的种类、品质相同;(3) 双方债务的清偿期均已届满;(4) 双方的债务均不属于不能抵销的债务。由此将抵销权的适用范围实际上限制于一个较为狭窄的范围。

为了弥补此项不足,《合同法》第 100 条规定:"当事人互负债务,标的物种类、品质不相同的,经双方协商一致,也可以抵销。"此时,当事人通过协商一致成立的抵销合同实际上是新成立的一份独立合同,并非原合同的组成部分。该合同是在原合同成立后,当事人已经实际承担债务的情况下,通过订立抵销合同使得双方的债务消灭,并充分地实现其各自利益。[2]

(二) 破产抵销权对民法抵销权之扩张

民法抵销权的设立目的,主要在于简化交易程序,降低双方当事人的交易成本,尽量避免重复,节约司法资源。而将抵销权适用于破产程序中,其目的有二:"一是抵销制度是为了担负担保性功能,通过行使抵销权,而不根据破产手续就能优先得到清偿;二是如果不允许抵销,就会产生不公平的现象,即:自己欠破产财团的债务,被要求作出全面地履行;与此相对,自己拥有的债权则作为破产债权,只能受到按比例的平均的分配(清偿)。"[3] 因此,破产法上的抵销制度,是破产债权只能依破产程序受偿的例外,这也是理论上的主要争议问题。相比较而言,简化程序、节省交易成本、节约司法资源等事项则显得相对次要。

---

[1] 从比较法上来看,亦有部分国家的破产法律制度(主要是法国法系的国家,如法国、西班牙等)并不承认破产抵销权。
[2] 王利明、杨立新等:《民法学》(第二版),法律出版社 2008 年版,第 582 页。
[3] [日] 石川明:《日本破产法》,何勤华、周桂秋译,中国法制出版社 2000 年版,第 133 页。

由此产生的问题在于，破产程序与《合同法》规定的债权清偿程序存在不一致之处。首先，《企业破产法》第 46 条第 1 款规定，未到期的债权，在破产申请受理时视为到期。其次，破产程序中清偿债务以平等作为原则。这要求适用统一的标准，此时方可针对破产债权的清偿率等作出准确的计算，故针对非货币方式的债权必须体现为货币债权。如针对劳务之债，鉴于债务人无法提供一定的劳务来履行债务时，债权人也不得强制债务人履行而只能请求其赔偿损害。如无法将其转换为货币债权，则该笔债权并不属于破产法意义上的破产债权。由此逻辑出发，破产抵销权自然扩张于未到期债权以及不同标的物的种类、品质之债权。

二、关于破产抵销权扩张之立法例

由前文分析可知，抵销具有避免程序重复的功能，可以缩减有关的费用，达到程序便捷的目的。因此，凡是从破产财产中可获清偿的债权，都应尽量允许其抵销。[1] 但是，从承认破产抵销权的主要国家和地区的规定来看，亦在抵销权适用范围以及行使方式等方面存在较大的差异。

《德国破产法》第 95 条第 1 款规定："在破产程序开始时，应予抵销的债权或其中之一尚附有延缓条件或未到期、或债权尚未指向同类型给付的，只在抵销前提成就时方可抵销。本法第 41 条和第 45 条不适用。应受抵销的债权在可以抵销之前无条件负担且已到期的，排除抵销。"其第 41 条和第 45 条的标题分别为"未到期债权"和"债权的换算"。故德国的立法实际上是直接沿用民法上的抵销条件，破产抵销权能够行使的前提即在于其完全符合民法上抵销条件，未就其从破产法层面予以扩张。

《日本破产法》第 67 条第 2 款规定："破产债权人的债权在破产程序开始时附加期限或者附加解除条件的，或者属于第一百零三条第二款第一项所列者时，也不妨碍破产债权人可以依照前款的规定进行抵销。破产债权人负担的债务附加期限或附加条件的，或者有关将来的请求权的，也同样。"可见，日本的破产立法对于破产抵销权予以扩张，明确其不受债务履行期限或条件的限制。但该法第 69 条规定："附加解除条件的债权的持有人进行抵销时，必须就该抵销而消灭的债务额向破产财团提供担保或者寄存。"故仍然针对破产抵销权在行使过程中作出一定的限制。

较之于上述立法，我国台湾地区"破产法"第 113 条分两款规定："破产债权人于破产宣告时，对于破产人负有债务者，无论给付种类是否相同，得不依破

---

[1] Philip R. Wood, Principles of International Insolvency, Sweet & Maxwell, 1995, p. 15. 转引自齐树洁主编：《破产法研究》，厦门大学出版社 2004 年版，第 333 页。

产程序而为抵销"。"破产债权人之债权为附期限或附解除条件者,均得为抵销。"其对于破产抵销权的规定最为彻底,不仅明确了破产抵销权不受给付种类和是否附期限以及是否附解除条件之限制。而且,未针对其行使方式作出限制。

我国的破产立法并未对此进行明确。有学者认为,《企业破产法》第40条关于破产抵销权的规定并未将附条件与附期限的债权作为禁止进行抵销的事项,故可推论出我国《企业破产法》同样确认了破产抵销权不受债务种类和履行期限限制的规则。① 本条司法解释采取了比较谨慎的方式,仅针对附期限与不同种类、品质债权适用破产抵销权事宜予以明确,至于附条件债权是否可以主张破产抵销,并未作出规定。一般而言,附条件的债权也应当可以进行破产抵销,但也因附有条件可能受到一定的限制甚至特殊情况下的禁止。②

三、本条规定的理解与适用

根据《企业破产法》第40条规定,债权人在破产申请受理前对债务人负有债务的,可以向管理人主张抵销。同时,《企业破产法》第46条规定,债权人对债务人享有的未到期债权,在破产申请受理时视为到期。本条进一步明确规定债权人主张抵销不受双方债务在破产申请受理前已届履行期限和标的物种类、品质相同的限制。

(一) 破产抵销不受债权债务期限的限制

本条司法解释明确规定了主张破产抵销时不受债权债务期限的限制,且从两个方面进行了规定,即不论是债务人对债权人负有的债务抑或是债权人对债务人负有的债务尚未到期,均不构成主张破产抵销的限制。

1. 债务人对债权人负有的债务尚未到期时的抵销

本条司法解释规定的第一种情形是,债权人主张抵销,管理人以债务人对债权人负有的债务尚未到期提出异议的,人民法院不予支持。《企业破产法》第46条明确规定,未到期的债权,在破产申请受理时视为到期。因此,债务人对债权人负有的尚未到期债务在破产申请受理时即视为到期。由于破产程序是一种概括式集体清偿程序,程序终结后有关债务人的债权债务关系全部归于消灭。如果未到期的债权不作为到期债权一并纳入破产程序予以申报和清偿,而要求债权人在债权到期后才能受偿,则往往破产人的财产已被分配殆尽,无法再获清偿;若要其债权到期后再一并进行破产分配,破产程序不得不中止,

---

① 范健、王建文:《破产法》,法律出版社2009年版,第168~169页。
② 关于附条件债权的破产抵销问题,鉴于本次司法解释并未涉及,此处不作阐述。对此问题可参见王欣新、王中旺:《论破产抵销权》,载王欣新、尹正友主编:《破产法论坛》(第一辑),法律出版社2008年版,第287~288页。

势必影响其他当事人的权益。所以,立法上将其视为到期债权。[①] 这实际上是兼顾该个别债权人利益与整个破产程序顺利进行之考虑。既然该债务视为到期,其破产抵销当然不应受到限制。

有观点认为,在重整程序中,为保障避免债务人破产之目的实现,尽力挽救债务人,债权人未到期的债权不能进行破产抵销,因为此种抵销会变相减少债务人的财产,不利于重整程序的顺利进行。当然,如果债权人主张抵销,并且对重整程序不会产生不利影响的,或者限制破产抵销使债权人的抵销权受到实质性不利影响,当事人可以向法院申请不受此规定限制。现本条司法解释明确规定在破产程序中,既包括破产清算程序也包括重整程序和和解程序,债权人主张抵销都不受债权人债权未到期条件的限制。

2. 债权人对债务人负有的债务尚未到期时的抵销

本条司法解释规定的第二种情形是,破产申请受理时,未到期债务的债权人主张抵销,管理人以债权人对债务人负有的债务尚未到期提出异议的,人民法院不予支持。根据《企业破产法》规定,未到期的债权在破产申请受理时视为到期,但这不能反推得出债权人对债务人负有的未到期债务在破产申请受理时亦视为到期的结论。因为债权人并未出现支付不能的情况,债权人对债务人的清偿义务并不具有加速到期的法定理由,否则将侵害其应享有的权益。但债权人在其债务履行期限届满前放弃期限利益属于其处分自己民事权利的范畴。因此,在债权人同时对债务人负有债务,其行使民法上的抵销权时亦不应受到限制。

而且,破产抵销权制度设立的目的即在于债权人通过主张抵销,而不经过破产程序就能优先得到清偿,避免相同的当事人之间同样性质的债权却处于不平等的清偿地位,从而有违公平原则。对于对债务人负有未到期债务的债权人的排除适用亦势必与破产抵销权设立之目的相悖。因此,不管从当事人民事权利的自由处分还是从破产抵销权设立的目的来看,债权人对债务人负有的债务尚未到期都不应限制其主张抵销。

(二) 破产抵销权不受债权标的物种类、品质的限制

民法上的抵销分为法定抵销权和合意抵销权。法定抵销权要求双方互负债务的标的物种类、品质相同;合意抵销权由于其基础是双方协商一致,因此即使双方互负债务标的物种类、品质不相同亦不影响主张抵销。破产抵销权由于其行使主体只能是债权人,且不需双方当事人的合意,究其实质为法定抵销权。之所以规定主张破产抵销不受债务标的物种类、品质的限制,原因在于,在破产程序中,以货币分配为原则,所有债权在算定债权额时,均以货币为评

[①] 付翠英:《破解企业破产的10大法律难题》,中国法制出版社2008年版,第212页。

价标准，即应置换为货币。故给付种类不同的债权在这里的区别已被消除。[①]与此相适应，债权人对债务人所负的债务，不论其属何种类型均应算定为货币债务并入破产财产用于分配，既然债权和债务都因为破产等质化要求而转为同种类的债权，其间的差异不复存在，自然可以主张破产抵销。因此，破产抵销权除了不受债权期限的限制之外，亦不受债权种类、品质的限制。破产申请受理时，债权人主张抵销，管理人以双方互负债务标的物种类、品质不同提出异议的，人民法院不予支持。

例如，A公司为一生产经销红木家具的公司，B公司向A公司定制了一套价值20万元的红木家具，并向A公司预付全部货款。同时，A公司还将其部分物业出租给B公司。后A公司因不能清偿到期债务被债权人申请破产清算，在人民法院裁定受理破产申请时，A公司尚未向B公司交付红木家具，同时B公司尚欠A公司10万元的租金未付。A公司基于买卖合同关系对B公司负有交付家具的义务，而B公司基于租赁合同对A公司负有支付租金的义务。红木家具和货币不属于同种类物品，在民法上除非双方协商一致，否则不能当然抵销，但由于A公司已进入破产程序，B公司对A公司交付家具的请求权已无法实现，其只能通过申报债权并转化为货币债权参与破产程序，经B公司向A公司管理人申报债权，确认其债权金额为20万元。此时，其与B公司对A公司的租金债务已同质化，因此，B公司可以向管理人主张其对A公司享有的由交付家具请求权转化而来的货币债权与其欠付A公司的租金债务抵销，剩余的10万元则只能通过破产程序参与分配。如最终A公司的破产财产清偿率为10%，则B公司只能受偿1万元。如果考虑已经抵销的10万元债权，B公司实际"受偿"金额为11万元。

【法律、司法解释及案例】

《企业破产法》（2007年6月1日起施行）

第四十条 债权人在破产申请受理前对债务人负有债务的，可以向管理人主张抵销。但是，有下列情形之一的，不得抵销：

（一）债务人的债务人在破产申请受理后取得他人对债务人的债权的；

（二）债权人已知债务人有不能清偿到期债务或者破产申请的事实，对债务人负担债务的；但是，债权人因为法律规定或者有破产申请一年前所发生的原因而负担债务的除外；

（三）债务人的债务人已知债务人有不能清偿到期债务或者破产申请的事

[①] 李永军：《破产法律制度——清算与再建》，中国法制出版社2000年版，第292页。

实，对债务人取得债权的；但是，债务人的债务人因为法律规定或者有破产申请一年前所发生的原因而取得债权的除外。

第四十六条 未到期的债权，在破产申请受理时视为到期。

附利息的债权自破产申请受理时起停止计息。

《合同法》（1999年10月1日起施行）

第九十九条 当事人互负到期债务，该债务的标的物种类、品质相同的，任何一方可以将自己的债务与对方的债务抵销，但依照法律规定或者按照合同性质不得抵销的除外。

当事人主张抵销的，应当通知对方。通知自到达对方时生效。抵销不得附条件或者附期限。

第一百条 当事人互负债务，标的物种类、品质不相同的，经双方协商一致，也可以抵销。

【案例】

2007年9月15日，A公司与B公司签订《房屋租赁合同书》，约定B公司承租A公司位于某市某大厦裙楼二、三层，租期6年，每年租金100万元。合同签订后，B公司经A公司同意对其租赁的房屋进行了装修，其后开始经营。在经营过程中，由于B公司拖欠A公司租金300万元，A公司提前解除合同，收回租赁物。但在交接过程中，A公司工作人员不慎将B公司的经营设备损坏，造成B公司经济损失约200万元。2011年12月25日，某市人民法院依债权人C公司申请受理了B公司破产一案，同时指定管理人接管B公司，并于2012年5月25日裁定宣告B公司破产。2012年5月26日，管理人向A公司发出偿债通知书，要求A公司赔偿B公司经济损失200万元。A公司则主张其应赔偿数额与其申报的债权抵销。

管理人经审查认为，A公司对B公司所负债务为侵权之债，B公司对A公司所负债务为合同之债，A公司的抵销主张因债务性质不同而不成立。A公司遂向受理破产申请的该市人民法院提起抵销权之诉。法院经审理认为，关于抵销的法律适用应当适用《企业破产法》第40条的规定。双方互负债务，A公司提出的抵销主张不属于《企业破产法》第40条规定的禁止抵销的情形，故A公司提出的抵销主张成立，判决支持A公司的诉讼请求。

【简要评析】

上述案例是抵销权纠纷案涉及法律适用争议的案例。A公司主张抵销的法律依据是《企业破产法》第40条，而管理人不认可A公司抵销的法律依据是《合同法》第99条。《企业破产法》第40条虽然未明确规定破产抵销权的行使是否受债务期限、种类、品质的限制，但该条规定了排除适用的情形。因此，从文义解释和扩大解释理解，可以认为除了排除适用的情形之外再无其他限制。破产抵销权作为破产程序中的特殊权利，应当采取特别法优于普通法的原则，管理人适用《合同法》关于抵销权的规定否定 A 公司的抵销权违反上述法律适用原则，因此，法院未予采纳。需要特别说明的是，因案件审理时尚无明确的规定要求管理人在拒绝债权人抵销时应向法院提起诉讼，所以案件中债权人提起诉讼也无不妥。在司法解释颁布后，类似情况应由管理人提起诉讼。

第四十四条【破产申请受理前民法抵销的无效】

破产申请受理前六个月内，债务人有企业破产法第二条第一款规定的情形，债务人与个别债权人以抵销方式对个别债权人清偿，其抵销的债权债务属于企业破产法第四十条第（二）、（三）项规定的情形之一，管理人在破产申请受理之日起三个月内向人民法院提起诉讼，主张该抵销无效的，人民法院应予支持。

【条文主旨】

本条旨在对破产申请受理前民法中抵销的无效作出相关规定。

【规范目的】

本条是解决破产申请受理前债务人与个别债权人借民法上的抵销权实施个别清偿时如何处理的问题。根据《企业破产法》第 32 条的规定，在人民法院受理破产申请前 6 个月内，债务人出现破产原因的情况下，债务人对个别债权人进行的清偿行为，管理人有权请求人民法院予以撤销。该规定的目的在于保障全体债权人的公平受偿。债务人在上述情况下，利用民法上的抵销制度，通过双方互负债务抵销的方式实现对个别债权人的优先清偿的，如果该抵销本身符合破产抵销权行使条件的，对全体债权人的公平受偿不产生影响；但如果该抵销不符合破产抵销权行使条件的，即属于《企业破产法》第 40 条第（2）、

(3) 项规定的禁止抵销情形的,该抵销行为实质上构成破产法上禁止的个别清偿行为,将侵害全体债权人的公平受偿。本条规定将抵销权禁止与《企业破产法》第 32 条有效衔接,通过否定抵销效力的方式撤销原假借抵销实现的对个别债权人的优先清偿,有利于避免债务人财产在企业危机期间的不当减少。

【原理与适用】

一、破产申请受理前抵销无效的法理分析

破产法律制度以公平清偿债务作为立足点,抵销权适用时不应当与平等保护债权人集体利益相冲突,需要兼顾二者之间的利益。在我国立法确立了破产抵销制度之后,符合法律规定条件的债权人享有一定条件下的抵销权,其个体利益得到了"相对优先"的兼顾,实际上获得全额的优先清偿。另一方面,基于维护债权人集体利益之考虑,应当对破产抵销权予以必要的限制。这不仅体现了作为防止滥用抵销权的救济和预防手段,更应当是平衡抵销权人个体利益和集体债权人团体利益之间价值理念的考量。其理由如下:

(一) 诚实信用原则之要求

诚实信用原则作为市场经济活动的基本准则,是协调各方当事人之间的利益,进而保障市场有秩序、有规则运行的重要法律原则,也是维持当事人利益与社会利益之间平衡的原则。另一方面,诚实信用原则也是市场活动中的重要道德规范,是道德规范在法律上的表现。[①] 因此,诚实信用原则被誉为民法之"帝王原则",破产法亦应当适用该项原则。

在衡量破产抵销权涉及的各种相关利益时,坚持诚实信用原则要求在保护善意抵销权的同时禁止恶意抵销,亦即法律禁止以损害他人利益为目的而恶意获取或行使抵销权。与民法禁止故意侵权之债的抵销同理,破产法上亦禁止一切恶意取得破产债权或承担破产债务行为形成的抵销。[②] 因此,债务人破产受理前特定期限内成立的债权债务能否抵销,要以对方当事人是否有恶意作为区分标准。当事人为恶意者,其抵销权的行使应被认定为无效;反之,则可以行使抵销权。在前述特定期间,对方当事人的恶意无须特意针对债务人或其他利害关系人,只要其明知债务人有《企业破产法》第 2 条第 1 款规定的情形,又

---

① 王利明、杨立新等:《民法学》(第二版),法律出版社 2008 年版,第 14 页。
② 该项规定中所禁止抵销的债务在国外破产立法上称为危机期间产生的债务。详见韩长印主编:《破产法学》,中国政法大学出版社 2007 年版,第 156 页。

通过负担债务或取得债权而获取抵销权，即可推定当事人有违诚实信用原则而应当被认定为无效。

该项原则可以防范当事人以侵害他人的手段获利，同时亦避免"纵容"这种抵销所导致的道德风险，避免破产债权人为达到抵销的目的而对债务人恶意负担债务、取得债权的行为。针对处于危机期间的企业，破产债权被期待为不足值债权，债务却须完全给付，抵销权的存在实质上优化了债权人的经济地位。如果允许前述行为，在一定意义上，等于鼓励在企业濒临破产之时，债权人、债务人为了自己的利益，恶意负担债务、取得债权，这将对企业清算秩序造成破坏。因此，立法有必要就此建构相应的限制措施，防范道德危险，这是《企业破产法》对破产抵销权作出前述限制的主要原因。

（二）公平原则之体现

公平原则，就是以利益的均衡作为价值判断标准以调整主体之间的经济利益关系，并要求民事主体应本着公平的观念实施民事行为。① 主张破产抵销是为了维护个别债权人利益的制度，其有利于主张抵销的债权人，而不利于破产财产的最大化，亦不利于集体债权人的一般清偿利益。"在破产人和个别债权人之间，抵销规则是公平的，但这些规定确实带来了从通常可分配给债权人的财产中排除了部分或者全部欠款的结果"。② 因此，债务人危机期间的个别债权人在主张抵销的同时，是以牺牲集体债权人的公平受偿利益为前提的，所以必须有其合理限度。如果放纵抵销权恶意、过度行使，就会打破这种利益格局。

与公平原则相对的行为是偏袒性清偿行为。该行为又称偏颇性清偿、优惠性清偿，指给个别债权人以偏袒清偿利益而损害多数债权人利益的行为，如：对原来没有财产担保的债务提供财产担保，对未到期债务的提前清偿等。③ 破产抵销权的行使，不仅使得抵销权人和破产人之间的权利义务归于消灭，更关系到作为集体债权人受偿基础的债务人财产数额的减少，直接影响到破产财产和破产债权人的公平受偿利益。因此，对破产抵销权的行使应予以适当限制，以维护全体债权人的共同利益，也避免部分当事人为了私利而规避法律。

二、比较法上的观察

为防止破产抵销权被当事人所滥用以损害集体债权人的利益，绝大部分国

---

① 王利明、杨立新等：《民法学》（第二版），法律出版社2008年版，第14页。
② ［英］费奥娜·托米：《英国公司和个人破产法》（第二版），汤维建、刘静译，北京大学出版社2010年版，第283页。
③ 王欣新：《破产撤销权研究》，载《中国法学》2007年第5期。

家和地区破产法对抵销权的行使均规定有禁止或无效条款。违法抵销的行为无效。

《美国破产法》第353条分为三个条款规定禁止抵销的情形。[①] (a) 款规定下列情形不得抵销：(1) 针对债务人的该债权人的债权未被批准；(2) 该债权通过某一经济实体而非债务人，被转移给该债权人：(A) 在破产案件开始之后；或者 (B) (i) 在提出破产申请之日前的90天后；并且 (ii) 当时债务人处于无力偿债的状态；或者 (3) 归因于债务人属于债权人的债务是由该债权人所招致的：(A) 在提出破产申请前的90天后；(B) 当时债务人处于无力偿债状态；并且 (C) 为了获得针对债务人的抵销权的目的。(b) 款规定，如果债权人在提出破产申请之日或之前的90天内，抵销针对债务人债权的归属于债务人的共同债务，那么管理人可以恢复该债权人的抵销金额，其范围是在抵销之日的不足部分少于其后时间的不足部分：(A) 在提出破产申请之日前的90天内；并且 (B) 存在不足的提出破产申请之日前的90天内的第一天（此处的"不足"是指针对债务人的债权的数额超过通过该债权的持有者归属于债务人的共同债务）。(c) 款规定，为了本条的立法目的，债务人被推定为在提出破产申请之日或之前的90天内已经处于无力偿债状态。

《德国破产法》第96条标题即为"不准抵销"。第1款规定，在下列情形，不准抵销：(1) 破产债权人在破产程序开始之后始向破产财产负担某种财产义务；(2) 破产债权人在破产程序开始之后始从另一债权人处取得其债权；(3) 破产债权人系通过一项可撤销的法律上的行为而取得抵销的可能性；(4) 其债权人应从债务人的自由财产中受清偿的债权人向破产财产负担某种财产义务。

《日本破产法》第71条从债权人的视角予以规定。其第1款规定，于下列情形，不能进行抵销：(1) 在破产程序开始后，对破产财团负担债务时；(2) 在无法支付后以将破产债权与依照合同而负担的债务相抵销为目的，与破产人签订以处分破产人财产为内容的合同，或者通过签订以接受对破产人负有债务人的债务为内容的合同而对破产人负担债务的，而在签订合同的当时已知无法支付的；(3) 在停止支付后对于破产人负担债务，而在负担的当时已知停止支付的。但是，在停止支付时并非无法支付的不在此限；(4) 在出现破产程序开始的申请后对于破产人负担债务，而在负担的当时已知已经出现破产程序开始申请的。第2款规定，前款第 (2) 项至第 (4) 项的规定，在由这些规定所规定的债务的负担是基于下列各项所列原因之一时，则不适用：(1) 法

[①] 除另作说明之外，阐述该条文所引用之美国、德国、日本等国家的破产法的文本均来源于李飞主编：《当代外国破产法》，中国法制出版社2006年版。

定原因；（2）在破产债权人得知无法支付或停止支付或者破产程序申请开始之前所产生的原因；（3）自出现破产程序开始的申请的一年前所产生的原因。随后之第72条从债务人的债务人的视角予以规定，其第1款规定，于下列情形，不能进行抵销：（1）在破产程序开始之后取得他人的破产债权时；（2）在无法支付之后取得他人的破产债权，并且在取得的当时已知无法支付的；（3）在停止支付后取得破产债权，而在取得的当时已知停止支付的。但是，在停止支付时并非无法支付的不在此限；（4）在出现破产程序开始的申请后取得破产债权，而在取得的当时已知有破产程序开始的申请的。第2款规定，前款第（2）项至第（4）项的规定，在由这些规定所规定的破产债权的取得是基于下列原因之一时，则不适用：（1）法定原因；（2）对于破产人负担有债务人得知无法支付或停止支付或者出现破产程序申请开始之前所产生的原因；（3）自出现破产程序开始申请的一年前所产生的原因；（4）对于破产人负担有债务人与破产人之间的合同。

我国台湾地区"破产法"第114条规定，有下列各款情形之一时，不得为抵销：（1）破产债权人，在破产宣告后，对于破产财团负债务者。（2）破产人债务人，在破产宣告后，对于破产人取得债权或取得他人之破产债权者。（3）破产人之债务人，已知其停止支付或声请破产后而取得债权者，但其取得系基于法定原因或基于其知悉以前所生之原因者，不在此限。

针对比较法上的前述立法，日本的规定比较详细，但针对债务人以在破产程序启动或其他时间为基准日之前的债务人危机期间的规定并未明确，德国与我国台湾地区的立法亦如此。美国的立法对此有规定，将这一特定期限确定为90日。但是，起算的时间为破产申请之日而非破产受理日。

三、本条规定的理解与适用

本条司法解释从三个层面对禁止抵销情形予以规定：（1）债务人实施抵销行为的时间为破产申请受理前6个月内，债务人具有《企业破产法》第2条第1款规定的情形，债务人与其个别债权人依据《合同法》第99条的规定，以抵销方式对个别债权人进行清偿的行为被定性为恶意清偿行为；（2）前述行为包括两种情形：债权人恶意对债务人负担债务和债务人的债务人恶意取得对债务人的债权，当然，同时也针对例外之阻却情形作出规定；（3）管理人向法院提起主张无效诉讼的时间为在破产申请受理之日起3个月内这一期间。

（一）企业危机期间的抵销与个别清偿性质相同

该条款虽然阐述抵销行为，但其实质是对个别清偿行为的沿用。《企业破产法》第32条规定："人民法院受理破产申请前六个月内，债务人有本法第二条第一款规定的情形,仍对个别债权人进行清偿的,管理人有权请求人民法院予以撤销。但是,个别清偿使债务人财产受益的除外。"债务人在破产申请前6个月具有破产原因,债务人此时仍对个别债权人进行清偿实际上属于恶意清偿,使个别债权人受益的同时侵害了集体债权人的利益,有必要针对该项行为予以否定。如果该个别清偿能够使债务人财产受益者,则属于例外情形。

需要明确的是,此处涉及的"对个别债权人进行清偿",仅指对无财产担保债权人的个别清偿,针对有财产担保债权人在担保物价值内的清偿不在此限,因有财产担保的债权人在破产程序中本身即享有优先受偿的权利。但是,担保物价值不足以清偿担保债权时,债务人对超出担保物价值的债权部分的清偿便属于个别清偿。在司法实践中,容易出现的情况是对有财产担保债权清偿的同时"附带"对无财产担保债权一并清偿,在认定无效时应当予以区分。二是其时间确定为破产申请受理之前的6个月,这实际上是集体债权人利益保障与交易安全维护二者之间的平衡。

此外,所谓个别清偿仅指对原已形成之债权的清偿,不包括双务合同的同时履行行为,否则将导致债务人无法继续营业,进一步陷入困境,实际上也有悖于债权人集体利益最大化之理念。而且,该项同时履行行为旨在使债务人取得新的财产或价值,其基本上与债的成立于同一时间完成,性质上并非清偿此前已经存在的债务,而属于所谓的"基本上同时的交换"。这种转让没有减少财团财产,也没有损坏债权人的利益,仅仅是财产的一种形式转换为另一种形式。[①]

债务人在此情况下实施的与债权人之间的抵销行为,实际上使债权人的债权因抵销而获得全额、优先之受偿,与个别清偿行为的性质相同,亦应当承担同样之法律结果,故该条款实际上是将《企业破产法》第32条规定与第40条规定相衔接。

(二) 企业危机期间不得抵销的两种情形

1. 债权人对债务人恶意负担的债务不得抵销

《企业破产法》第40条第(2)项规定,债权人已知债务人有不能清偿到期债务或者破产申请的事实,对债务人负担债务时不得抵销;但是,债权人因为法律规定或者有破产申请一年前所发生的原因而负担债务除外。债权人获悉债务人有前述情形时,出于对其债权考虑而对债务人恶意负债,以抵销其债权,实际上使得其债权因抵销行为而获得全额或者较高比例的清偿,此消彼长,与其法律地位与性质相同的其他债权人遭受了损失。如果允许抵销,将会

[①] 冀宗儒:《美国破产法案例选评》,对外经济贸易大学出版社2006年版,第268页。

严重损害破产程序的公平受偿，并损害普通债权人的共同利益，或者加剧债权人在知悉债务人具有破产原因或者被申请破产事实后纷纷对债务人负债而主张抵销的混乱局面，或者引发恶意为低价有偿转让债务的道德风险。另一方面，还可能出现债权人以分期付款或者其他方式购买债务人的财产以"主动"负担债务，用其不能获得完全清偿的破产债权全额抵销其所负担的债务，使其他债权人可分配的破产财产减少。

该禁止抵销事项确定为债权人已知债务人有不能清偿到期债务或者破产申请的事实而对债务人负担债务的情形。其前提条件在于"已知"。"已知"作为一种主观状态，实践中认定时可能存在较大的难度。既然债权人是基于恶意，其往往都声称对债务人处于危机的情况并不"已知"，只能通过其他事实予以推定。从实务中来看，可以推定的事实包括：债权人在对债务人负担债务时，二者之间存在关联关系；① 申请债务人破产的债权人与该债权人之间存在关联关系；债权人在对债务人负担债务时，债务人对债权人的债务已到期且经主张后仍未能清偿；债权人的债权通过申请法院执行，已经不能获得清偿而仍然对债务人负担债务；有其他证据证明债权人在对债务人负担债务时已知此项事实。该些事项均需要管理人通过相应的调查甚至是申请法院调查后方可获悉。

其同时作出例外之规定，如债权人因为法律规定（如继承），或者有破产申请一年前所发生的原因而负担债务的，不在禁止抵销之列。这是基于与其他立法相协调、维护社会经济关系稳定与执法公平之考虑。而且通常认为，因破产申请一年前所发生的原因负担债务而取得抵销权，可以排除是事先谋划的欺诈行为。② 例如，在破产申请受理一年前各方当事人签订了企业合并合同，但该企业合并行为延迟至破产申请受理前 6 个月内才完成工商变更登记手续，如果企业的合并各方分别对债务人享有债权和负有债务，合并成为一个主体之后，其与债务人之间的债权债务可以抵销。

2. 债务人的债务人恶意取得对债务人的债权不得抵销

《企业破产法》第 40 条第（3）项规定，债务人的债务人已知债务人有不能清偿到期债务或者破产申请的事实对债务人取得的债权不得抵销。但是，债务人的债务人因为法律规定或者有破产申请一年前所发生的原因而取得债权的除外。该规定是对债务人的债务人取得破产债权以主张抵销的限制，其无效的理由与同条第（2）项相同。根据正常的商业判断，债务人的债务人在得知债

---

① 《公司法》第 217 条第（4）项规定，关联关系，是指公司控股股东、实际控制人、董事、监事、高级管理人员与其直接或者间接控制的企业之间的关系，以及可能导致公司利益转移的其他关系。

② 王欣新：《破产法》（第三版），中国人民大学出版社 2011 年版，第 156 页。

务人有不能清偿到期债务或者破产申请的事实,对债务人的债权有很大可能转化为破产债权的情况下,仍然对债务人取得债权,法律可以推定其有行使破产抵销权的恶意。[①]

《企业破产法》上述规定的本质是一致的。《企业破产法》第40条第(3)项的规定将视角由债权人转换至债务人的债务人,故如何理解债务人的债务人"已知"债务人处于企业危机期间亦存在法律推断的问题,而判断的客观情况亦与第(2)项相同。

在实践中需要关注的是,债务人的债务人取得对债务人的债权可能包括两种情况:(1)债务人的债务人以收购债权人对债务人的债权的方式取得债权;(2)由债务人的债务人自己与债务人进行交易而取得债权。至于本处的抵销禁止的情况是否包括第二种情形,实践中不乏争议。我们认为,此处取得对债务人的债权,一般均指取得他人对债务人的债权,因为只有在此种情况下才存在取得债权成本与抵销清偿之间的差额,才会有利可图。如果是债务人的债务人自己通过与债务人的正常交易而取得债权,实际上不仅无差额之利可图,反而可能造成新的损失。[②]

由此可见,在已知债务人出现上述情况时,债务人的债务人仍通过第三人转让取得债权,不符合发生经济活动以追求利润的经济常理。鉴于债务人出现支付停止或破产申请的危机情况,对该债务人享有的债权的实际价值可能已经大幅贬低,对在知道这一情况的同时取得了该债权的人,没有必要通过认可抵销而给予保护。[③] 如果出现前述情况,将被认为其主观上存在恶意,目的是为了通过主张抵销而获取利益。如果允许该债务人的债务人进行抵销,则损害了其他债权人的公平受偿的利益。"因此,这种债权的取得虽发生于破产程序开始之前,但债务人的债务人的主观目的及客观效果与发生于破产申请受理后取得的债权并无二致,故应在禁止之列。"[④]

(三) 管理人行使抵销权的期间

根据《企业破产法》第25条规定,管理人具有"调查债务人财产状况,制作财产状况报告"的职责。债权人集体利益最大化原则要求管理人调查债务人财产状况时不仅包括债务人现有财产,还应当以债务人破产申请受理为基准日,针对此前一定期限内的债务人财产交易行为进行调查,以确保债权人受偿的财产基础。如果发现债务人在企业危机期间具有前述抵销行为,应当在破

[①] 安建主编:《中华人民共和国企业破产法释义》,法律出版社2006年版,第66页。
[②] 李永军、王欣新、邹海林:《破产法》,中国政法大学出版社2009年版,第125页。
[③] [日]石川明:《日本破产法》,何勤华、周桂秋译,中国法制出版社2000年版,第138页。
[④] 李国光主编:《新破产法条文释义》,人民法院出版社2006年版,第254页。

产申请受理之日起 3 个月内向人民法院提起诉讼。该 3 个月属于除斥期间，①不能与诉讼时效一样中止、中断和延长，这对管理人履行职责提出了较高的要求。如果管理人未能在前述期限内主张权利，由此给集体债权人的利益造成损失，如构成《企业破产法》第 130 条规定之"未依照本法规定勤勉尽责，忠实执行职务"的情形，则将可能依法承担赔偿责任。由此衍生的问题是，前述自债务人破产受理之日起 3 个月的期限是否合理？

根据《企业破产法》第 13 条规定，人民法院于受理破产案件的同时指定管理人。因此，从此时作为主张无效的起始时间，而非债务人实施抵销的行为发生之日，具有合理性。实践中的情况来看，针对部分影响较大或者债务人财产关系复杂的案件，人民法院采取竞争方式指定管理人时，管理人的指定时间与案件受理时间存在一定的时间差，但一般不超过 15 日，并不会对管理人行使撤销权造成较大影响。另一方面，从类似情况的处理来看，如《企业破产法》第 18 条规定，管理人决定债务人与对方当事人均未履行完毕合同是否继续履行的期限为两个月；第 62 条规定，第一次债权人会议的召开时间为债权申报期限届满之日起 15 日内，而债权申报期限最长不超过 3 个月。因此，对于管理人提起诉讼的时间既参考了《最高人民法院关于适用〈中华人民共和国合同法〉若干问题的解释（二）》第 24 条关于债务抵销异议期限的规定，保持了法律的一致性，又给予了管理人较充裕的时间保障。

【法律、司法解释及案例】

《企业破产法》（2007 年 6 月 1 日起施行）

第二条 企业法人不能清偿到期债务，并且资产不足以清偿全部债务或者明显缺乏清偿能力的，依照本法规定清理债务。

企业法人有前款规定情形，或者有明显丧失清偿能力可能的，可以依照本法规定进行重整。

第三十二条 人民法院受理破产申请前六个月内，债务人有本法第二条第一款规定的情形，仍对个别债权人进行清偿的，管理人有权请求人民法院予以撤销。但是，个别清偿使债务人财产受益的除外。

第四十条 债权人在破产申请受理前对债务人负有债务的，可以向管理人主张抵销。但是，有下列情形之一的，不得抵销：

（一）债务人的债务人在破产申请受理后取得他人对债务人的债权的；

---

① 除斥期间是法律规定或者当事人约定的形成权存续的有效期间，该期间届满，形成权即告消灭。详见李永军：《民法总论》，法律出版社 2006 年版，第 746 页。

（二）债权人已知债务人有不能清偿到期债务或者破产申请的事实，对债务人负担债务的；但是，债权人因为法律规定或者有破产申请一年前所发生的原因而负担债务的除外；

（三）债务人的债务人已知债务人有不能清偿到期债务或者破产申请的事实，对债务人取得债权的；但是，债务人的债务人因为法律规定或者有破产申请一年前所发生的原因而取得债权的除外。

《合同法》（1999年10月1日起施行）

第九十九条　当事人互负到期债务，该债务的标的物种类、品质相同的，任何一方可以将自己的债务与对方的债务抵销，但依照法律规定或者按照合同性质不得抵销的除外。

当事人主张抵销的，应当通知对方。通知自到达对方时生效。抵销不得附条件或者附期限。

《最高人民法院关于适用〈中华人民共和国合同法〉若干问题的解释（二）》（2009年5月13日起施行）

第二十四条　当事人对合同法第九十六条、第九十九条规定的合同解除或者债务抵销虽有异议，但在约定的异议期限届满后才提出异议并向人民法院起诉的，人民法院不予支持；当事人没有约定异议期间，在解除合同或者债务抵销通知到达之日起三个月以后才向人民法院起诉的，人民法院不予支持。

【案例】

2010年6月19日，某法院裁定受理A公司申请破产一案。在A公司破产申请受理前三个月，A公司法定代表人张某用个人名下的房产为A公司在银行贷款500万元提供抵押担保，在法院受理A公司破产申请后，银行行使担保权通过法院强制执行了张某提供抵押的房产。张某遂在A公司破产申请递交法院之前将A公司账户内资金500万元划至其个人账户。破产申请受理后，管理人向张某发出偿还财物通知书，要求张某返还500万元资金，张某主张以其承担担保责任形成的债权与其欠A公司债务进行抵销。管理人则认为，张某的行为构成个别清偿，抵销不成立。

【简要评析】

上述案例中，张某作为A公司的法定代表人，在明知A公司具有破产原因的情况下，将公司资金擅自划出用于偿还其个人债权，张某因擅自划款构成对A公司负债，此种情形属于《企业破产法》第40条第（2）项规定的情形。因此，张某抵销行为无效，管理人对其抵销行为不予认可是正确的。

第四十五条 【别除权人债权的抵销】
企业破产法第四十条所列不得抵销情形的债权人，主张以其对债务人特定财产享有优先受偿权的债权，与债务人对其不享有优先受偿权的债权抵销，债务人管理人以抵销存在企业破产法第四十条规定的情形提出异议的，人民法院不予支持。但是，用以抵销的债权大于债权人享有优先受偿权财产价值的除外。

【条文主旨】

本条旨在规定别除权之债权在进行破产抵销时可不受《企业破产法》第40条禁止抵销规定的限制。

【规范目的】

本条是解决债权人对债务人特定财产享有优先受偿权的债权在与债务人对其不享有优先受偿权的债权抵销时，是否仍受《企业破产法》第40条禁止抵销情形的限制问题。《企业破产法》第40条在确立破产抵销权制度的同时，从兼顾对其他债权人公平保护的角度出发，通过但书方式对破产抵销权的行使作出了一定的限制。一般情况下，存在但书限制的三种情形的抵销主张将被禁止。但《企业破产法》第40条对禁止抵销的三种情形并未根据债权人主张抵销的债权的属性有所不同而进一步予以区别规定。因此，实务中有人认为，《企业破产法》第40条禁止抵销的三种情形是绝对的，即使是别除权之债权，如存在《企业破产法》第40条但书规定的三种情形之一，也同样不得进行抵销。而且因别除权之债权与破产债权的关系，别除权之担保财产与破产财产的关系在学界的各种争议，对别除权之债权的抵销权，学界和实务界也有不同观点。故通过制定本条司法解释，明确别除权之债权的抵销权，并进一步明确别除权之债权的抵销权在担保财产价值范围内不受破产禁止抵销的限制。

【原理与适用】

一、破产抵销的禁止

破产抵销权，是指债权人在破产申请受理前对债务人即破产人负有债务的，无论是否已到清偿期限、标的是否相同，均可在破产财产最终分配确定前向管理人主张相互抵销的权利。因破产抵销可在债权相互抵销的范围内实际起到担保的作用，使得债权人被抵销的债权额实际上可获得全额清偿，从而避免主张抵销的债权人与其他债权人一样通过接受破产财产分配获得比例清偿的损失。而主张抵销的债权人获得了全额的清偿，相对而言，即减少了债务人的破产财产，降低了其他债权人可获得分配的比例。因此，为防止破产抵销权被当事人所滥用，侵害他人的权利，在设立破产抵销制度的国家往往也对破产抵销权的行使规定禁止条款，属于禁止条款的抵销则将被判定为无效。

我国《企业破产法》也对破产抵销的禁止作了明确规定，根据该法第40条规定，以下三种情形将属于禁止抵销之列：（1）债务人的债务人在破产案件受理后取得他人对债务人的债权的；（2）债权人并非因法律规定或者破产申请前一年的原因而负担债务人的债务，且债权人所负担该债务时已明知债务人有不能清偿到期债务或者破产申请的事实；（3）债务人的债务人并非因法律规定或者破产申请前一年的原因而负担债务人的债权，且债务人的债务人所负担该债务时已明知债务人有不能清偿到期债务或者破产申请的事实。

以上三种情形即为我国《企业破产法》规定的禁止破产抵销的情形，对破产抵销禁止制度在前文已有详细分析，不再赘述。

二、破产抵销禁止的例外——别除权之债权

（一）别除权的概念

别除权是指债权人因其债权设有物权担保或享有特别优先权，而在破产程序中就债务人特定财产享有的优先受偿权利。如《日本破产法》第92条规定："于破产财团所属财产上有特别先取特权、质权或者抵押权者，就其标的财产有别除权。"别除权通常是大陆法系中的概念，在英美法系中与之相应的概念是有担保的债权（指有约定或法定物权担保的债权），前者的涵盖范围较后者更广一些。

我国学界常使用大陆法系中别除权的概念，但在破产立法中并没有直接使用别除权的概念。在《企业破产法》的起草过程中，在立法草案中曾经有使用过别除权这一名称，但后来为使法律能够更加通俗易懂，在立法中便没有再使用这一破产法理论上的专用名词。《企业破产法》第109条规定："对破产人的特定财产享有担保权的权利人，对该特定财产享有优先受偿的权利。"此条中规定的权利在破产法理论上即属于别除权。对债务人的特定财产享有的担

保权包括约定担保权和法定担保权。①

(二) 别除权产生的基础权利

从权利的源生性上讲，别除权是依据相关法律规定的其他优先权利在破产程序中的延伸，别除权并非由破产法创设而来。因此，别除权须植根于其基础权利而产生。别除权可基于担保物权及特别优先权而产生。

1. 别除权产生的担保物权基础

各国立法对担保物权种类的规定不尽相同。我国现行法律规定的担保物权能在破产程序中享有别除权的有抵押权、质权和留置权。除此三项担保物权之外，有日本学者认为，根据日本有关立法规定，让渡（即让与）担保、临时登记担保以及所有权保留等非典型物权担保，也可以在破产法上享有别除权。② 而在日本的破产法中，还直接规定了共有人的别除权。《日本破产法》第94条规定："于数人共有财产权情形，其中一人受破产宣告时，对其有共有债权的其他共有人，对于因分割而应归属于债务人的共有财产部分有别除权。"③ 目前，我国对此类非典型物权担保是否可构成别除权尚无规定，一般认为，抵押权、质权和留置权三类担保物权确定可在破产程序中享有别除权。④

2. 别除权产生的特别优先权基础

优先权制度起源于罗马法。在日本，优先权又称先取特权，是指特定债权人依据法律直接规定，对债务人的全部财产或特定财产之变卖价值享有的优先于其他债权人受偿的权利。其中，法律直接规定对债务人全部财产（非特定财产）享有的优先受偿权利，为一般优先权；法律直接规定对债务人特定财产享有的优先受偿权利，即为特别优先权。⑤ 别除权可产生于特别优先权，但一般优先权无法在破产程序中产生别除权，在此对一般优先权也不再予以介绍。

特别优先权在法律性质上属于实体性优先权，具有物权担保的一般属性，应属于法定担保物权。如《合同法》第286条规定："发包人未按照约定支付价款的，承包人可以催告发包人在合理期限内支付价款。发包人逾期不支付的，除按照建设工程的性质不宜折价、拍卖的以外，承包人可以与发包人协议将该工程折价，也可以申请人民法院将该工程依法拍卖。建设工程的价款就该工程折价或者拍卖的价款优先受偿。"从建设工程价款优先权的法律性质看，其即属于特别优先权，更具体的可称为法定抵押权，法定抵押权应优先于约定

---

①④⑤ 王欣新：《破产法理论与实务疑难问题研究》，中国法制出版社2011年版，第461、468、472页。

②③ ［日］石川明：《日本破产法》，何勤华、周桂秋译，中国法制出版社2000年版，第82、265页。

抵押权受偿。结合破产法及担保法的理论，在发包方破产时，享有建设工程价款优先权的债权则可以产生别除权。

(三) 别除权之债权的优先受偿性

基于别除权产生的基础权利，别除权之债权具有的特征之一是优先受偿性。该优先受偿性不同于破产费用、共益债务从债务人无担保财产中的优先随时清偿，更不同于普通破产债权因性质不同而必须在清偿顺序上区分先后，别除权的优先受偿是针对特定担保财产行使的，可优于其他债权人单独、及时受偿，即可继续予以个别清偿。一般认为，只要将特定财产之价值予以变现，别除权之债权即可先予清偿，而无需等待统一的破产分配程序。①

(四) 别除权之债权的破产抵销不受禁止抵销之限制

1. 别除权人应享有抵销权

应当明确别除权之债权作为人民法院受理破产申请时债权人对债务人享有的债权，亦应属于破产债权。别除权之债权是针对债务人设立的债权，而设置的物权担保只是一种从属性权利，债权人享有优先受偿权只是在受偿方式上的不同，并没有改变其是对债务人设立的债权的基本性质。

别除权之债权属于破产债权，别除权人的债权在破产程序中是否允许进行抵销，是否享有抵销权？有的学者认为，"抵销权只能由破产债权人行使……与债务人充抵债务的债权，须是在破产宣告前成立的无财产担保的债权。"② 但此种观点无论是从民法抵销制度，还是从破产抵销制度来看，均是不妥的。无论民法上的抵销权，还是破产法上的抵销权，债权是否存在财产担保、是否有优先受偿权均不能决定是否能抵销。

因此，别除权之债权仍为破产债权，该类破产债权的破产抵销并未被破产法所禁止，故别除权之债权当然允许抵销，别除权人与普通破产债权一样享有抵销权。

2. 别除权之债权的抵销不受破产抵销禁止情形的限制

依前文所述，破产抵销本是民法抵销权在破产情形下的扩张适用，因破产程序有着其自身的特征，故在破产程序中的破产抵销权与民法抵销权相比有着许多的不同及限制。但破产抵销制度的建立并非就此完全否定了民法抵销在破产情形下的适用。在破产程序中，双方当事人如存在着实际向对方给付的债务标的物种类、品质相同的，双方当事人当然仍享有民法上法定抵销的权利。如在破产最终分配方案确定之后，债权人以其依据分配方案实际分配所得的债

---

① 王欣新：《破产法理论与实务疑难问题研究》，中国法制出版社 2011 年版，第 462 页。
② 柯善芳、潘志恒：《破产法概论》，广东高等教育出版社 1988 年版，第 212 页。

数额，或者实际可获得破产费用、共益债务支付的金钱数额，与债务人之债权的抵销就属于民法上的抵销。因为双方互负的债务标的物均为货币，属于同质标的物之间的抵销。该类抵销虽是处于破产程序中的抵销，但法律性质已是民法上的法定抵销，自然无须受破产法禁止抵销之限制。而别除权之债权基于其优先受偿性，其通过对担保物的执行，必然可在担保财产变卖的价值数额中得以优先足额获偿。别除权人主张将其债权与债务人之债权的抵销，实质为种类、品质相同的债务标的物即货币之间的抵销，实质是民法上的抵销，其自然也无须受破产法禁止抵销之限制。

另外，设置破产抵销之禁止制度的目的在于，避免债权人恶意取得债务人的债权或者债务，通过主张抵销而减少破产财产，而减少破产财产必然也将损害其他债权人的清偿利益。考量别除权之债权在有禁止抵销情形时是否受破产抵销之限制，关键在于禁止"恶意"的别除权之债权的抵销，是否可以使破产财产得以增加，以保护其他债权人的利益。这里的答案显然是否定的。

假使存在禁止破产抵销的情形时，限制别除权之债权的抵销会发生何种情况？因不能抵销，根据《企业破产法》的规定，不同种类标的物的债权均要折合为货币形式以等质化。同样，别除权之债权不论种类将经申报后转变为对债务人的金钱债权。而根据《企业破产法》规定，破产分配以货币进行，因别除权之债权对特定财产享有优先受偿性，管理人将通过处置担保物所获得的货币优先用于对别除权人的清偿，有剩余的才能再分配予其他债权人。而因别除权人对债务人也负有债务，其在取得货币清偿后，其又将所取得的货币还给债务人。最终的情况就是别除权人与债务人分别向对方支付相同数额的货币，而破产财产并未有任何的增减。而规定别除权之债权的抵销不受禁止破产抵销之限制，别除权之债权与债务人的债权进行抵销后，别除权之担保财产从而转变为无担保的破产财产，破产财产也同样无任何的增减变化。因此，不论是否禁止别除权之债权与债务人对其享有的债权相互抵销，最终都不会对破产财产的增减有所影响。

因此，别除权之债权的破产抵销实质上是民法的抵销权，且不论是否适用破产禁止抵销的规定，最终对破产财产以及其他债权人的清偿均无不利影响，自然别除权之债权无须受破产法规定的禁止破产抵销的限制。

三、对本条规定的理解与适用

《企业破产法》第40条规定三种禁止抵销情形，但未对特殊债权的抵销作出相应的例外规定，本条规定即是《企业破产法》第40条规定的补充，当用于抵销的债权为享有别除权之债权时，即使存在《企业破产法》第40条规定的三种禁止抵销的情形，也仍可以予以抵销，债务人管理人不得以存在禁止抵销情形为由而提出异议。

（一）享有别除权的债权的抵销

在实际适用中，一般情况并不需要关注别除权人在主张时是否存在破产禁止抵销的情形，除非确定的担保财产价值低于别除权之债权。因禁止抵销的情形存在与否，对是否允许别除权之债权的抵销不产生影响。故而适用时无须过分在意禁止抵销的情形是否存在。更关键在于考虑主张抵销的债权是否真正享有别除权。

如前所述，别除权并非破产法所创设，别除权来源于其基础权利，只有别除权的基础权利成立并有效时，别除权之债权的破产抵销方可不受禁止抵销情形的限制。否则，就不能排除禁止抵销的适用。

目前，我国现行法律规定的担保物权能在破产程序中享有别除权的有抵押权、质权和留置权，对此学界均已认可。但根据《担保法》的规定，财产担保包括抵押、质押、留置、定金四种形式。定金担保虽属于《担保法》中规定的财产担保，但其实质是双倍债权担保，故在破产程序中一般不能产生别除权。通常认为，只有在债权人向债务人交付的定金为能够与债务人其他财产相区分的特定物的情况下，才可以在破产程序中产生别除权，否则不能产生别除权。

而基于特别优先权产生的别除权，除《合同法》规定的建筑工程价款优先权外，在我国的《海商法》中还规定有船舶优先权，《民用航空法》中还规定有民用航空器优先权。另外，还需注意的是特别优先权利时效一般均为特别时效，不同的特别优先权的时效均有所不同。超过时效的将失去特别优先权，从而将无法在破产程序中产生别除权。

（二）所抵销的债权范围

本条司法解释规定，用以抵销的债权大于债权人享有优先受偿权财产价值的除外。在适用上应当注意，该规定系指用以抵销的债权大于享有优先受偿权财产价值的部分才除外，并非指债权人用以抵销的别除权之债权一旦其债权数额大于享有优先受偿权财产的价值，则整笔债权不得进行抵销。否则不符合提高破产程序效率的目的。

担保财产的价值将决定着别除权之债权是否可足额予以抵销。一旦确定的担保财产的价值低于别除权之债权，则别除权之债权超过担保财产价值的部分将转为普通债权，该超出部分的债权的抵销将必须严格受《企业破产法》第40条的限制。

另外，还需注意的是，当担保物权的别除权与特别优先权的别除权同时存在的，因特别优先权优于担保物权，在破产清偿顺序上应当先清偿特别优先权的别除权债权，然后担保物权别除权之债权方能对担保财产剩余的部分优先清偿。因为两者的清偿顺序不同,当担保物权提出抵销时,担保物权的别除权之债权仅应在特别优先权的别除权债权予以清偿后,担保财产仍有剩余的部分中予以抵销。此外,根据《企业破产法》第132条规定,《企业破产法》公布之前的所欠职工的工资和医疗、伤残补助、抚恤费用,所欠的应当划入职工个人账户的基本养老保险、基本医疗保险费用等,此类债权仍优先于特别优先权。因此,如存在此类债权,担保物权的别除权与特别优先权的抵销仅能在清偿此类债权后,在担保财产仍有剩余的部分中予以抵销。

(三) 应注意的几个问题

1. 别除权人放弃优先受偿权利后,别除权之债权亦转化为普通债权,此时的抵销必须受《企业破产法》第40条的限制。

2. 如前所述,别除权之债权的破产抵销从本质上讲属于民法上的抵销。因此,在适用中,对此类破产抵销管理人除不得依《企业破产法》第40条提出异议外,在别除权人不提出抵销的情况下,管理人也可主动提出抵销,借此取回担保财产,避免破产程序徒增繁琐。

3. 本条司法解释规定了对特定财产享有优先受偿权的债权与债务人对其不享有优先受偿权的债权抵销不受破产禁止抵销之限制,即对抵销的债务人的债权仅限定为不享有优先受偿权的债权。

那么债务人对债权人的债权如果同样为享有优先受偿权的债权时,其与债权人享有的优先受偿权的债权相互抵销时,是否仍可不受破产禁止抵销之限制呢?笔者认为,如前所述,别除权之债权与债务人的抵销实质是民法上的抵销。如债务人对债权人的债权为享有优先受偿权的债权,债务人与债权人之间的抵销实质仍为货币的抵销,并不改变双方的抵销仍为民法抵销的这一本质。因此,别除权之债权与债务人享有优先受偿权的债权予以抵销时,双方的抵销仍为民法上的抵销,债权人享有优先受偿权的债权仍可与债务人享有优先受偿权的债权予以抵销,且不受破产法禁止抵销之限制。

【法律、司法解释及案例】

《企业破产法》(2007年6月1日起施行)

第四十条 债权人在破产申请受理前对债务人负有债务的,可以向管理人主张抵销。但是,有下列情形之一的,不得抵销:

(一) 债务人的债务人在破产申请受理后取得他人对债务人的债权的;

(二) 债权人已知债务人有不能清偿到期债务或者破产申请的事实,对债务人负担债务的;但是,债权人因为法律规定或者有破产申请一年前所发生的原因而负担债务的除外;

（三）债务人的债务人已知债务人有不能清偿到期债务或者破产申请的事实，对债务人取得债权的；但是，债务人的债务人因为法律规定或者有破产申请一年前所发生的原因而取得债权的除外。

第一百零九条 对破产人的特定财产享有担保权的权利人，对该特定财产享有优先受偿的权利。

第一百一十条 享有本法第一百零九条规定权利的债权人行使优先受偿权利未能完全受偿的，其未受偿的债权作为普通债权；放弃优先受偿权利的，其债权作为普通债权。

第一百一十一条 管理人应当及时拟订破产财产变价方案，提交债权人会议讨论。

管理人应当按照债权人会议通过的或者人民法院依照本法第六十五条第一款规定裁定的破产财产变价方案，适时变价出售破产财产。

第一百三十二条 本法施行后，债务人在本法公布之日前所欠职工的工资和医疗、伤残补助、抚恤费用，所欠的应当划入职工个人账户的基本养老保险、基本医疗保险费用，以及法律、行政法规规定应当支付给职工的补偿金，依照本法第一百一十三条的规定清偿后不足以清偿的部分，以本法第一百零九条规定的特定财产优先于对该特定财产享有担保权的权利人受偿。

《海商法》（1993年7月1日起施行）

第二十一条 船舶优先权，是指海事请求人依照本法第二十二条的规定，向船舶所有人、光船承租人、船舶经营人提出海事请求，对产生该海事请求的船舶具有优先受偿的权利。

第二十九条 船舶优先权，除本法第二十六条规定的外，因下列原因之一而消灭：

（一）具有船舶优先权的海事请求，自优先权产生之日起满一年不行使；

（二）船舶经法院强制出售；

（三）船舶灭失。

前款第（一）项的一年期限，不得中止或者中断。

《民用航空法》（1996年3月1日起施行）

第十九条 下列各项债权具有民用航空器优先权：

（一）援救该民用航空器的报酬；

（二）保管维护该民用航空器的必需费用。

前款规定的各项债权，后发生的先受偿。

第二十条 本法第十九条规定的民用航空器优先权，其债权人应当自援救或者保管维护工作终了之日起三个月内，就其债权向国务院民用航空主管部门登记。

【案例】

2009年11月13日,某市人民法院裁定受理A公司破产清算一案。债权人B资产管理公司因对A公司名下房产享有抵押权而享有优先受偿债权100万元。2009年11月25日,B公司将其债权转让给C公司,C公司同时对A公司负有债务100万元。管理人向C公司发出偿债通知书后,C公司向管理人主张抵销,管理人认为C公司的抵销申请不符合《企业破产法》第40条的规定,不认可C公司的抵销申请。C公司提起诉讼请求法院支持其抵销申请。法院经审理后认为,管理人以《企业破产法》第40条为抗辩理由提出的异议不成立,判决支持C公司的抵销申请。

【简要评析】

上述案例中的抵押权人C公司取得债权的情形虽然属于《企业破产法》第40条规定的情形之一,但C公司因享有抵押权而在破产程序中享有优先受偿的权利,其债权与之债务抵销既不影响其他债权人的利益,也不会导致破产财产减损,允许抵销不构成破产法上的偏颇性清偿行为。相反,抵销既可以减少C公司行使抵押权的成本,又可以减少管理人追收债权的成本,对双方均为有利。因此,管理人以《企业破产法》第40条规定为依据不予认可C公司的抵销不符合破产抵销权的立法精神,法院不予采纳管理人的意见是正确的。

第四十六条【抵销的禁止】

债务人的股东主张以下列债务与债务人对其负有的债务抵销,债务人管理人提出异议的,人民法院应予支持:

(一)债务人股东因欠缴债务人的出资或者抽逃出资对债务人所负的债务;

(二)债务人股东滥用股东权利或者关联关系损害公司利益对债务人所负的债务。

【条文主旨】

本条旨在对禁止抵销的互负债务作出规定,是对《企业破产法》第40条禁止抵销规定的补充。

【规范目的】

本条是进一步完善破产抵销权的禁止抵销制度。与民法抵销权不同，破产抵销权突出其债的担保功能。因此，破产抵销权被视为"是破产债权只能依破产程序分配清偿的例外",[①] 这种制度的设置是在考量了交叉债权人和普通债权人的利益平衡后作出的安排。在具体运用中有必要对破产抵销权加以适当的限制。《企业破产法》第 40 条依据一般的破产抵销权理论规定了禁止抵销的情形，本条根据民法抵销权、《公司法》等法律制度的理论，补充规定了禁止抵销的两种情形，进一步完善和平衡交叉债权人和普通债权人的利益保护。

【原理与适用】

一、破产抵销权禁止的一般理论及比较法研究

破产抵销权制度的设置目的，在于通过债权人行使抵销权使其在抵销范围内获得优先全额清偿，避免因接受破产财产分配的比例清偿而受到损失。这种制度的设置是在考量了交叉债权人和普通债权人的利益平衡后作出的安排，本质上是以牺牲其他债权人的利益为前提优先保护了交叉债权人的利益，具有优先清偿的担保功能。但是否在破产程序中赋予交叉债权人以抵销权，曾经存在很大争议：不承认交叉债权人在破产程序下享有抵销权，则对交叉债权人不公；承认交叉债权人在破产程序下的抵销权，则对其他债权人不公。目前多数国家和地区的破产制度承认了破产抵销权，但对一些特殊的交叉债权抵销权的行使作出禁止性规定，以此进一步完善和平衡交叉债权人和普通债权人的利益保护。

从破产立法实践来看，允许破产抵销的破产法律制度，无一例外地对禁止抵销的情形作出了规定。联合国国际贸易法委员会《破产立法指南》中虽未明确破产抵销的禁止，但在对世界各地的破产法进行考察评估后其总结到："破产法几乎普遍载列规定，允许破产管理人寻求避免债权人为加强抵销权而采取的某些启动前行动（例如折价购买债权以图增强抵销权）的影响。这些规定的性质和范围各不相同。"[②]

《日本破产法》详细规定了抵销的禁止。其第 71 条规定，在下列情况下，

[①] 王欣新：《破产法》（第三版），中国人民大学出版社 2011 年版，第 150 页。
[②] 联合国国际贸易法委员会：《破产法立法指南》，第 139 页。

破产债权人不能进行抵销：（1）在破产程序开始后，对破产财团负担债务时；（2）在无法支付后以将破产债权与依照合同而负担的债务相抵销为目的，与破产人签订以处分破产人财产为内容的合同，或者通过签订以接受对破产人负有债务人的债务为内容的合同而对破产人负担债务的，而在签订合同的当时已知无法支付的；（3）在停止支付后对于破产人负担债务，而在负担的当时已知停止支付的。但是，在停止支付时并非无法支付的不在此限；（4）在出现破产程序开始的申请后对于破产人负担债务，而在负担的当时已知已经出现破产程序开始申请的。其第72条则从破产人的债务人的角度规定了禁止抵销的四种情形。①

我国台湾地区"破产法"就破产抵销权的禁止作出了与《日本破产法》基本相同的规定。

《美国破产法》第553条则规定，除非本法第362条和363条有不同规定，该法不会影响债权人向债务人因双方均在破产申请前互相负债而产生的抵销权，除非：（a）（1）该债权未被确认；（2）在破产启动之后，或者在提交破产申请前90日之内且该债务人处于破产状态，债权被转移给债权人；（3）债权人的债权是由以下情形取得的：在提交破产申请后90天内且债务人处于破产状态，而且是出于抵销的目的取得的债权。（b）如果债权人在提出破产申请前的90天内以对债务人的债权抵销针对债务人的共同债务，那么破产信托人可以追回抵销的数额。（c）为了该法的目的，在提出破产申请前的90天内，推定债务人处于破产状态。②

《德国支付不能法》第96条规定，在下列情形，不准许抵销：（1）一个支付不能债权人在支付不能程序开始之后始负有向支付不能财团给付一定财产的义务的；（2）一个支付不能债权人在程序开始之后始从另一债权人取得自己的债权的；（3）一个支付不能债权人以可撤销的法律行为取得抵销的可能性的；（4）一个债权人应当由债务人的自由财产清偿的债权人向支付不能财团负担一定财产义务的。③

我国《企业破产法》第40条规定，有下列情形之一的，不得抵销：（1）债务人的债务人在破产申请受理后取得他人对债务人的债权的；（2）债权人已知债务人有不能清偿到期债务或者破产申请的事实，对债务人负担债务的；但是，债权人因为法律规定或者有破产申请一年前所发生的原因而负担债务的除外；（3）债务人的债务人已知债务人有不能清偿到期债务或者破产申请的

---

① 李飞主编：《当代外国破产法》，中国法制出版社2006年版，第744~745页。
② 尹正友、张兴祥：《中美破产法律制度比较研究》，法律出版社2009年版，第132~133页。
③ 杜景林、卢谌译：《德国支付不能法》，法律出版社2002年版，第50~51页。

事实，对债务人取得债权的；但是，债务人的债务人因为法律规定或者有破产申请一年前所发生的原因而取得债权的除外。

从以上规定可以看出，破产抵销权的禁止是破产抵销权必要的附属物，凡承认破产抵销权制度的，均制定了破产抵销权的禁止制度。虽然各个国家和地区由于法律传统、立法技术等原因，在具体的表述和规定上存在不同，但本质均在于禁止恶意的或推定为恶意的抵销，通过限制抵销权的适用范围，避免破产抵销权的担保功能被滥用。

不过，以上禁止抵销的情形系基于破产抵销权的功能和特征所作出的最为基本的规定。其并没有考虑破产程序中债权具有不同的种类和性质，而是将在概念范畴上处于第一级别的"破产债权"作为自己的适用对象。实际上，在不违反破产抵销权的禁止规定的情况下，亦不是所有的债权债务均可以进行抵销，此类禁止性规定，或源于其他法律法规而被准用于破产程序，或系基于破产程序及破产债权的特征而被当然禁止。本条即对此类禁止性规定进行了总结和明确，从而使得破产抵销权制度更趋于完整。

（一）股东出资禁止抵销的理由

股东出资能否抵销，首先属于《公司法》上的问题，亦即能否以债权作为出资。对以债作股问题，德国、日本等不少大陆法系国家都采取禁止态度，其立法目的为确保公司资本的充实。[①] 如《德国有限责任公司法》第19条规定：(1) 股本出资的缴付按现金出资的比例进行；(2) 股东不得免除其缴付股本出资的义务，对公司的请求权不得行使抵销。[②]《德国股份法》第66条第1项规定：认股人不得主张以其对于公司之债权与其应缴付之股款相抵销。《日本商法》第200条第2项规定：股东关于股款之缴纳，不得以抵销对抗公司。[③]

公司法上关于股东出资禁止抵销的规定，当然适用于破产程序。不过，允许以债权出资的，破产程序中是否能够抵销存在分歧。有观点主张，破产企业出资人欠缴的注册资本可以与其破产债权抵销。其理由包括：(1) 规定破产抵销权制度的《企业破产法》第40条规定的"债权人在破产申请受理前对债务人负有债务"，从字面上看是包括债权人因注册资金未到位而对债务人负有的债务，而且其除外情形规定不包括债权人因注册资本未到位而对债务人负有的债务；(2) 从公司工商登记和公司财务制度的角度来说，既然债权可以转

---

①③ 冯果：《股东现物出资若干问题研究》，载《中国法学》1999年第6期。
② 陈贻云：《论破产抵销权》，西南政法大学硕士学位论文，2010年。

为注册资本，则债权与注册资本未到位债务应当可以抵销。①

另有观点则认为，股东欠缴的注册资本不能与其破产债权抵销，理由包括：

1. 两种债权之性质不同，在破产之特定情况下发生冲突不得抵销。股东出资是应缴付给公司用于对公司全体债权人承担责任的特定目的财产，而股东之破产债权属于个别非特定债权，其清偿对象仅为债务人的非特定目的的财产，或曰一般财产。

在债务人有清偿能力时，因其所有债务均能还清，对个别债权的清偿与对全体债权的清偿不发生矛盾，债务人的特定目的财产与非特定目的财产在清偿时的混合使用便不会损害其他债权人的利益。但在债务人丧失清偿能力时，因其所有债务已不可能还清，对个别债权的有限清偿便会与对全体债权的公平清偿发生冲突。因为这时债权的破产清偿与抵销清偿之间存在巨大差额，允许将应当用于清偿全体债权人的欠缴出资资本金与破产债权抵销，会损害其他债权人的利益。②

2. 破产企业出资人以欠缴的出资与其破产债权抵销的行为，具有双重法律性质：一方面是债务抵销的行为，另一方面也是出资的抵销行为。所以，判断股东欠缴之出资能否与其破产债权抵销，不仅要考虑法律关于债务抵销的一般规定，而且还必须符合《公司法》关于出资抵销的规定。我国《公司法》第28条规定，股东应当按期足额缴纳公司章程中规定的各自所认缴的出资额。根据《公司法》第27条规定，股东可以以非货币财产作价出资，但"对作为出资的非货币财产应当评估作价，核实资产，不得高估或者低估作价"。在债务人公司进入破产程序时，股东享有的破产债权的名义债权额与实际价值是大有差异的，实际价值要依破产清偿比例而定。通常破产债权只能得到一部分清偿，甚至得不到清偿，即其实际价值将大大低于名义债权额。这时如果允许股东将其破产债权与欠缴的注册资本金抵销，实际上是允许股东以其名不副实的破产债权不足额地缴纳法律和公司章程中规定其应当全额缴纳的出资额，这不仅违反了资本充实原则，而且也违反了对"作为出资的非货币财产应当评估作价，核实财产"的规定。③

3. 由于股东对公司的出资形成的是公司用于其独立经营并独立对外承担责任的财产，属于担负着特殊目的即担保公司债权人的债权实现目的的特别财

---

① 韩传华：《注册资本未到位债务可否抵销》，载《人民法院报》2007年7月11日第6版。

② 王欣新：《破产企业出资人欠缴的注册资本不得与其破产债权抵销》，载《人民法院报》2007年8月30日第6版。

③ 李永军、王欣新、邹海林：《破产法》，中国政法大学出版社2009年版，第126页。

产，那么，股东欠缴公司的出资已经不是单纯的对公司之债，而是通过公司这座桥梁的"传递功能"，演变成对公司债权人的间接之债。虽然从形式上看，同一个股东既对公司负有欠缴出资之债，又对公司享有某一债权，似乎在主体上具有对应性，但实质上看，股东对公司欠缴出资时该出资的债权人应当延伸至公司的全体债权人，而非仅仅是公司。既然主体之间不具有对应性，当然不应进行抵销。①

另外，《最高人民法院关于破产债权能否与未到位的注册资金抵销问题的复函》曾指出"货柜公司被申请破产后，武汉公司作为货柜公司的债权人同货柜公司的其他债权人享有平等的权利。为保护其他债权人的合法权益，武汉公司对货柜公司享有的破产债权不能与该公司对货柜公司未出足的注册资金相抵销"。

本条司法解释此次明确在破产程序中禁止股东出资的抵销，体现了司法精神的一脉相承，也有利于廓清争论和疑问，统一司法裁判尺度。

（二）衡平居次原则

本条第（2）项的规定是衡平居次原则的精神在我国破产制度中的有限体现。

1. 衡平居次原则之原理

衡平居次原则是美国在处理关联公司破产案件中就关联公司债权的处理通过案例发展起来的一项制度。这一原则由法院在 Taylor v. Standard Gas and Electric Co. 一案（通常称为深石案）中得到发展，故又称为"深石原则"。法院在裁定深石公司重整债权计划时发现，被告母公司标准电气石油公司系深石公司的巨额债权人，且这些债权皆因与深石公司往来而产生。虽然被告母公司对深石公司的重整计划作出了让步，但该计划对深石公司的优先股股东极为不利，故而招致反对。该项重整计划经地方和高等法院裁定成立。但最高法院认为，如若批准该计划，则对深石公司的优先股股东极为不利，与公平合理原则有违，于是将该重整计划予以撤销，理由是深石公司在成立之初即资本不足，且业务经营完全受被告公司控制，并完全为被告母公司利益而经营。因此判决，被告母公司对深石公司的债权，应次于深石公司之优先股股东。②

根据深石原则在美国的适用情况，相关学者尝试对深石原则的概念和含义进行明确。有人认为，深石原则是指在破产程序中分配破产财产时，将债务人的关联公司（ralated corporation，包括母公司、子公司、附属公司等）作为债权人的求偿予以推迟，直到其他债权人得到偿付后，再将破产财产的余额用来

---

① 朱慈蕴：《从破产中股东欠缴出资之债能否抵销谈起》，载《法治论坛》第 10 辑。
② 赖英照：《公司法论文集》，台湾地区证券市场发展基金会编印 1988 年版，第 136～138 页。

清偿关联公司的债务。① 也有学者认为，深石原则是指母子公司场合下，若子公司资本不足，且同时存在为母公司之利益而不按常规经营者，在子公司破产或重整时，母公司对子公司债权之地位应居于子公司优先股东权益之后。② 另外有学者将深石原则定义为在子公司不能支付债务或宣告破产时，母公司在某些情形下不能与其他债权人共同参与分配，或者分配顺序应次于其他债权人。③

深石原则在概念上的差异，既包括适用范围上的认识差异，如是仅适用于母子公司还是适用于所有具有关联关系的公司，也包括适用条件上的认识差异，如是否需要主观恶意，是"自动居次"还是"衡平居次"，等等。但持有不同意见的学者均认同，具有关联关系的特定企业，在具备特定条件的情况下，其对破产企业的债权应劣后清偿。这也是深石原则的本质内容。

2. 衡平居次原则在破产抵销权制度中的适用

适用衡平居次原则的债权作为居次债权，④ 其一般劣后于普通债权而获清偿，因此，在破产程序中，其不能获得比普通债权人更为优越的待遇，在普通债权未获全额清偿之前，债权人不能行使抵销权以使该债权获得优先清偿。通常情况下，破产程序中普通债权难获全额清偿，因此，适用衡平居次原则的债权禁止抵销，便成为衡平居次原则在破产程序中的应有之义，且不论该债权的获得是否具有破产抵销权禁止抵销的例外情形。

我国台湾地区"公司法"明确了适用衡平居次原则的债权在破产程序中抵销的禁止，其第369条第7款规定，控制公司直接或间接使从属公司为不合营业常规或其他不利益之经营者，如控制公司对从属公司有债权，在控制公司对从属公司应负担之损害赔偿限度内，不得主张抵销。前项债权无论有无别除权或优先权，于从属公司依破产法之规定为破产或和解，或依该法之规定为重

---

① 石静遐：《跨国破产法律问题研究》，武汉大学出版社1999年版，第210页。
② 赖英照：《公司法论文集》，台湾地区证券市场发展基金会编印1990年版，第138页。
③ 黄鹏、陈文岳：《试论子公司债权人利益的保护》，载《法律适用》2001年第5期。
④ 居次债权也并非都居次于所有债权。美国1978年的破产法第510（C）条中对衡平居次原则进行了明确规定：法院可以在衡平居次的原则下，将一项已经认可的债权的一部分或全部居次于另一项已经认可的债权的一部分或者全部之后，或者是将一项已经认可的利益的一部分或全部居次于另一项已经认可的利益一部分或全部之后；或者将要居次债权的担保物移转到破产财团中。该规定并未明确适用衡平居次原则的债权居次于何种地位。实际上，一般认为衡平居次原则以补偿损失为目的，并不具有惩罚性，因此，适用衡平居次原则的债权仅仅在弥补对受害债权人的必要损失范围内居且仅仅居次于受损害的债权人之后即可，没有必要将其居次于所有债权。因此，适用衡平居次原则的债权，有可能是从优先债权降为普通债权，也有可能是从普通债权将为劣后债权。但在我国的法律环境下讨论的衡平居次原则，其适用的结果一般为后一种情形。本文在讨论衡平居次原则与破产抵销权的关系时，亦主要针对后一种情形而言。

整或特别清算时，应次于从属公司之其他债权受偿。台湾地区"公司法立法草案"阐述了该规定的立法理由，其认为，从属公司之财产为全体债权人之总担保，为避免控制公司里有债权参与从属公司破产财产分配或于设立从属公司时滥用股东有限责任之原则，避免压低从属公司资本、增加负债而规避责任，以及避免损及其他债权人之利益，特参考美国判例，规定控制公司之债权无论有无别除权或者优先权，均应次于从属公司之其他债权受清偿。①

3. 衡平居次原则在我国立法和司法实践中的尝试

作为处理关联公司关联关系三大基本制度的法人人格否认原则、实质合并原则和衡平居次原则，目前我国仅正式确认了法人人格否认原则，但从未放弃对实质合并原则和衡平居次原则的尝试，包括立法层面和司法实践层面的尝试。

1999年颁行的《深圳经济特区国有独资有限公司条例》第16条规定，股东对国有独资有限公司享有的债权，不得优先于其他债权人受偿。最高人民法院于2003年公布的《关于审理公司纠纷案件若干问题的规定（一）（征求意见稿）》第52条也拟规定：控制公司滥用从属公司人格的，控制公司对从属公司的债权不享有抵销权；从属公司破产清算时，控制公司不享有别除权或者优先权，其债权分配顺序次于从属公司的其他债权人。

该规定虽然因各种原因未正式颁行，但最高人民法院一定程度上已经认同清楚衡平居次原则对于规范日益复杂的市场经济、打造公平的市场环境的重要意义。尤其是在《企业破产法》颁布实施后，这种认同更具有现实意义。最高人民法院有关负责人将控制公司债权清偿顺序作为法院审理破产案件亟须研究的六大问题之一。②

实践中，东莞市中级人民法院审理的某房地产开发公司破产案具体运用了衡平居次原则。该公司的股东占有该公司60%的股份，也作为债权人申报了债权。但在案件审理中，应该公司其他债权人申请，东莞市中级人民法院委托会计师事务所对两家公司之间的财务关系进行了审查，结果为：两家公司是两块牌子、两个机构、一套人员，法定代表人为同一人，并使用同一银行账号，经济关系难以划分清楚。广东省高级人民法院认为，东莞市中级人民法院查明的事实表明，两家公司虽然均是具有法人资格的民事主体，但使用同一银行账号，经济关系难以划分清楚。因此，母公司对子公司的债权，劣后于一般债权

---

① 刘连煜：《公司法理论与判例研究》，法律出版社2002年版，第92页。
② 吴晓锋、王峰：《人民法院审理破产案件亟需研究六大新问题》，载《法制日报》2008年6月1日第8版。

人受偿。[①]

本条司法解释明确债务人股东滥用股东权利或者关联关系损害公司利益对债务人所负的债务，不得与债务人对其负有的债务抵销，是对衡平居次原则的具体运用，其具有重要的意义。

二、对本条规定的理解与适用

（一）债务人股东因欠缴出资或者抽逃出资所负债务之禁止抵销

1. 欠缴出资的认定

我国相关的法律、法规中并未有"欠缴出资"的概念。笔者认为，本条司法解释中"欠缴出资"的概念，应等同于《最高人民法院关于适用〈中华人民共和国公司法〉若干问题的规定（三）》第13条中"未履行或者未全面履行出资义务"的概念。根据《公司法》、上述公司法司法解释等相关规定，结合审判实践活动，"欠缴出资"应当包括如下情形：

（1）在《公司法》确定的分期缴纳出资制下，股东承诺以货币出资，出资期限届满股东尚未缴纳出资且至破产申请受理时仍未缴纳或未全面缴纳出资的，或者破产申请受理时出资期限虽未届满但股东亦未缴纳或未全面缴纳出资的。后一种情形的依据在于《企业破产法》第35条，即破产申请受理后债务人的出资人尚未完全履行出资义务的，管理人应当要求该出资人缴纳所认缴的出资，而不受出资期限的限制。

（2）出资的非货币财产存在质量瑕疵，包括未对非货币财产出资评估作价，或者评估确定的价额显著低于公司章程所定价额。在破产申请受理后，管理人发现作为出资的非货币财产未评估作价或者评估作价不合法的，可以请求人民法院认定出资人未履行出资义务，人民法院应当委托具有合法资格的评估机构对该财产评估作价，评估确定的价额显著低于公司章程所定价额的，人民法院应认定出资人未全面履行出资义务。需要注意的是，根据《最高人民法院关于适用〈中华人民共和国公司法〉若干问题的规定（三）》等规定，非货币财产出资人的股东权利的认定，一般以其实际交付财产给公司使用时开始计算，因此，对非货币财产进行价值评估的基准日，应以实际交付日为准。"除非法律另有规定或者当事人另有约定，出资财产损毁、灭失、价值贬损的风险，在股东交付公司之前由股东承担，交付公司之后由公司（或设立中公司）承担。准此而论，股东非货币出资的实际价额在成立后略低于而非显著低于公司章程所定价额的，固可免于承担补缴出资差额的责任；即使股东非货币出资

[①] 毕婷婷：《论深石原则在我国的引入》，湖南大学法律硕士学位论文，2008年。

的实际价额在成立后显著低于公司章程所定价额,但股东交付出资之时的实际价额不低于公司章程所定价额的,也可免责。"①

另外,如果出资人交付出资时依法进行了评估,但评估确定的价额显著低于公司章程所定价额,且出资人未补缴出资的,也应当认定出资人未全面履行出资义务。

(3) 出资的非货币财产存在权利瑕疵,包括:第一,出资人对用于出资的非货币财产不享有处分权;第二,出资人以划拨土地使用权出资,或者以设定权利负担的土地使用权出资;第三,以需要办理权属登记的财产出资,已经交付公司使用但未办理权属变更手续;第四,以需要办理权属登记的财产出资,已经办理权属变更手续但未交付给公司使用。在破产程序中管理人发现出资人的出资具有前述情形的,可以向人民法院主张认定出资人未履行出资义务,人民法院应当根据《最高人民法院关于适用〈中华人民共和国公司法〉若干问题的规定(三)》的规定,分情况责令当事人在指定的合理期间内办理产权变更手续或者解除权利负担等补正措施;逾期未办理的,人民法院应当认定出资人未依法全面履行出资义务。

2. 抽逃出资的认定

"抽逃出资"的认定应当准用《最高人民法院关于适用〈中华人民共和国公司法〉若干问题的规定(三)》第12条的规定,即股东具有下列情形之一且损害公司权益的,应当认定为抽逃出资:(1) 将出资款项转入公司账户验资后又转出;(2) 通过虚构债权债务关系将其出资转出;(3) 制作虚假财务会计报表虚增利润进行分配;(4) 利用关联交易将出资转出;(5) 其他未经法定程序将出资抽回的行为。

3. 对因股东欠缴出资或抽逃出资而承担连带责任的当事人的抵销权的禁止

根据《最高人民法院关于适用〈中华人民共和国公司法〉若干问题的规定(三)》的规定,因股东欠缴出资而承担连带责任的当事人包括:(1) 股东在公司设立时欠缴出资的,公司的发起人;(2) 股东在公司增资时欠缴出资的,未尽《公司法》第148条第1款规定的义务而使出资未缴足的董事、高级管理人员;(3) 股东欠缴出资并转让股权,对此知道或者应当知道的受让人。需要说明的是,此处所指"受让人",在股权只经过一次转让的情形下,是指从转让股东处受让取得股权的现有股东;而在股权经过多次转让的情形下,则应包括转让股东之后手所有通过股权受让取得股权的股东。②

---

① 刘俊海:《新公司法的制度创新:立法争点与解释难点》,法律出版社2006年版,第119页。
② 最高人民法院民事审判第二庭编著:《最高人民法院关于公司法解释(三)、清算纪要理解与适用》,人民法院出版社2011年版,第284页。

因股东抽逃出资而承担连带责任的当事人包括：（1）协助抽逃出资的其他股东、董事、高级管理人员或者实际控制人；（2）代垫资金协助发起人设立公司之第三人，且发起人依照约定抽回出资偿还第三人后又不能补足出资。

一般认为，若因股东欠缴出资或抽逃出资而承担连带责任的前述当事人同时对破产人享有债权的，其债权债务不得抵销。根据《担保法》第 20 条规定，一般保证和连带责任保证的保证人享有债务人（此处债务人系指破产人的出资人）的抗辩权。债务人放弃对债务的抗辩权的，保证人仍有权抗辩。抗辩权是指债权人行使债权时，债务人根据法定事由，对抗债权人行使请求权的权利。所以，保证人是可以行使债务人的抗辩权的，包括抵销权在内。同理，若债务人不享有抗辩权，保证人亦不得行使，包括抵销权在内。因此，若因股东欠缴出资或抽逃出资而承担连带责任的当事人同时对破产人享有债权的，因出资人不得抵销，该类当事人亦不得抵销。

从股东出资禁止抵销的本意来看，禁止抵销是因为两种债权的性质不同，股东出资是应缴付给公司用于对公司全体债权人承担责任的特定目的的财产，连带责任人并不因其承担的系连带责任而改变此性质。若允许连带责任人行使抵销权，则将导致与允许股东行使抵销权相同的后果，即将实际债权额已大打折扣的债权以其名义债权额抵作出资，从而导致全体债权人利益的受损。而且，若允许连带责任人行使抵销权，则可能股东将与连带责任人形成利益联盟，由连带责任人承担缴付出资的连带责任并进行抵销，以避免股东对缴付出资责任的承担，这将从根本上架空股东出资禁止抵销的制度，为股东规避出资义务提供新的手段。

（二）债务人股东滥用股东权利或者关联关系所负债务之禁止抵销

1. 本规定的适用对象

本规定的适用对象仅限于债务人股东，既包括法人股东，也包括自然人股东，既包括控股股东，也包括非控股股东。

"股东"是《公司法》上的基本概念，但股东资格的认定，却是一个相对复杂的过程。一般认为，股东应当具备下列要件。在实质要件方面，即向公司认购出资或者股份。在形式要件方面，包括公司章程的记载，股东名册的记载，工商机关的记载。[①] 也有观点认为，一个规范运作的公司，其股东还应具备下列特征：取得公司签发的出资证明书，在公司中享有资产受益、重大决策和选择管理者

[①] 最高人民法院民事审判第二庭编著：《最高人民法院关于公司法解释（三）、清算纪要理解与适用》，人民法院出版社 2011 年版，第 348～354 页。

等权利。①

不过，并非所有公司的股东都完整地具备以上要件。比如，虽然公司章程上有所记载，但因各种原因股东名册或工商机关并未记载；或者，虽认购了出资，但公司章程上并未记载或者某一期间内公司章程上未记载。因此，有必要确定以上标准在认定股东资格时的优先效力等级，以使以上标准在相互冲突时仍然能够较为清晰地确认股东资格。有学者在此方面进行了总结，包括：(1) 签署公司章程并在公司章程中记载为股东对股东资格的认定具有决定性意义；(2) 在公司股东名册中记载为股东具有确定股东资格的推定力；(3) 在工商登记机关的登记文件中登记为股东在股东资格认定时具有相对优先的效力；(4) 出资证明是认定股东资格的初步证明；(5) 实际享有股东权利不是认定股东资格的条件。②

以上系统的效力分类对认定股东资格确能起到一定的积极作用，但是社会经济活动丰富多彩，以至于任何标准都不是绝对的。比如，第三人通过股权转让取得了原股东的股权，并实际行使了股东权利，包括参加股东会，向公司派遣董事，取得股权收益等，但并未修改公司章程，并未办理工商变更登记，以至于其在形式要件方面完全欠缺。在外观主义原则下，公司债权人可以以形式要件欠缺抗辩该第三人以股东身份提出的主张，但是在本条规定的情形下，很难将该第三人排除在本条适用范围之外。

对于特殊形式的股东（如隐名股东、冒名股东），亦需要明确其是否适用本条规定。根据《最高人民法院关于适用〈中华人民共和国公司法〉若干问题的规定（三）》的相关精神，显名股东为公司股东，履行股东义务并享受股东权利；而隐名股东并非法律意义上的公司股东，其仅可根据与显名股东之间的相关协议向显名股东主张投资权益，或者在经公司其他股东半数同意后，可变更为显名股东，记载于股东名册、公司章程并办理工商变更登记；因此，显名股东为本规定的适用对象，隐名股东变更为显名股东后，为本规定的适用对象。就冒名股东而言，其虽以他人名义取得股东资格，但就该特定主体而言，其设立或参与公司的意思是真实的。因此，一般而言，法律并不否认冒用他人名义股东的股东资格。如《韩国商法》第332条第1款规定，以虚构人的名义认购股份者，承担股份认购人应承担的责任。《最高人民法院关于适用〈中华人民共和国公司法〉若干问题的规定（三）》第29条的规定也体现了类似精神。因此，冒名股东亦可以为本条规定的适用对象。

就本条规定而言，以上分析仅限于静态意义上的股东，对于流转过程中的

---

①② 吴庆宝主编：《商事裁判标准规范》，人民法院出版社2006年版，第173~178页。

股东，亦即公司的原股东是否适用禁止抵销的规定，本规定则未明确。对于股东滥用股权权利或关联关系形成的不当债权而言，股东若通过抵销使自己的不当债权获得优先清偿，可能采取以下两种方式：（1）以股东身份进行抵销；（2）股东身份丧失后以一般债权人身份进行抵销。就前一种方式而言，其自然属于本规定禁止抵销的范畴。但是若允许以第二种方式进行抵销，则不当利用股东权利或关联关系的股东将会在债务人进入破产程序前通过股权转让等方式使自己失去股东资格，从而规避本条规定的适用并事实上架空本条规定。因此，应将动态意义上的股东纳入本规定的适用范围。

2. 本规定的行为要件

本规定的行为要件是"滥用股东权利或者关联关系"，与《公司法》规定的法人人格否认制度类似，本规定也对行为要件采取了原则性规定的方式，没有具体列明"滥用股东权利或者关联关系"的方式和具体表现形式，而是将裁量权交由法官，由法官自由裁量何为"滥用"。在适用时，可以从以下两方面进行考量。

（1）对衡平居次原则行为条件之准用

本规定是衡平居次原则的具体应用，因此，衡平居次原则的行为条件，对本规定而言具有重要的参考价值。

根据 Blumberg 教授的分析，自深石案件以来，所有适用衡平居次原则的案例中，违反公平标准的行为大致有以下四类：①从属公司资本不实，是指母公司在设立子公司时存在出资瑕疵，没有足额缴纳认缴资本或者出资后又抽逃出资。②控制企业行使对从属公司控制权时，违反了受任人的诚信义务，其实质是控制企业对控制权的滥用。③控制公司无视从属公司独立人格而违反了法律规定。④资产混同或输送。[①]

另有学者认为，适用衡平居次原则的行为可概括如下：控制公司的安排使从属公司本身缺乏盈利前景，控制公司不当的利益分配政策剥夺了从属公司的净收益，控制公司使自己从无担保债权人转为有担保债权人从而优先受偿等。[②]

（2）对法人人格否认原则行为条件之准用

法人人格否认原则的适用条件与本规定在表述上略有差异，其行为条件为"滥用公司法人独立地位和股东有限责任"，其内涵比"滥用股东权利"要小，因此，考察法人人格否认原则的适用条件，对本规定而言具有重要意义。

---

① 刘连煜：《公司法理论与判例研究》，法律出版社2002年版，第104页。
② 石静遐：《跨国破产的法律问题研究》，武汉大学出版社1999年版，第58页。

2013年最高人民法院发布指导案例15号：徐工集团工程机械股份有限公司诉成都川交工贸有限责任公司等买卖合同纠纷案，在该案例中，人民法院总结了法人人格混同的表现形式，包括：①人员混同。三个公司的经理、财务负责人、出纳会计、工商手续经办人均相同，其他管理人员亦存在交叉任职的情形等。②三个公司业务混同。三个公司实际经营中均涉及工程机械相关业务，经销过程中存在共用销售手册、经销协议的情形；对外进行宣传时信息混同。③三个公司财务混同。三个公司使用共同账户，对其中的资金及支配无法证明已作区分；三个公司与徐工机械公司之间的债权债务、业绩、账务及返利均计算在川交工贸公司名下。基于此，法院认为，三个公司之间表征人格的因素（人员、业务、财务等）高度混同，导致各自财产无法区分，已丧失独立人格，构成人格混同，并从而否定其独立的法人人格，由股东对债务人债务承担连带责任。

我国学者则更为系统地归纳了行为要件的表现内容。最常见的内容可概括为两种，股权资本显著不足以及股东与公司之间人格的高度混同。其中后者又常表现为以下形式：①股东与公司之间在资产或财产边界方面的混淆不分；②股东与公司之间在财务方面的混淆不分；③股东与公司之间在业务方面的混淆不分；④股东与公司之间在机构方面的混淆不分；⑤股东与公司之间在人员方面的混淆不分；⑥子公司的机关陷入瘫痪状态，母公司直接操纵子公司的决策活动；⑦其他方面的人格混同。[①]

3. 本规定的适用范围

用于抵销的债权债务依其性质，可分为如下四种情形：

（1）股东对债务人的债务系滥用权利所致（以下简称不当债务），债权为正常债权。此种情形是本条规定明确禁止抵销的情形。

一般而言，破产程序中禁止抵销的，或者是恶意抵销的行为，或者是债权因居次清偿而不得抵销的行为。就本情形而言，债权为正常债权，意味着债权不具有居次或劣后清偿的性质；债务为不当债务，则包含着两种情形：第一，股东利用其控制关系为行使抵销之目的而对债务人负债，亦即在《企业破产法》第40条规定的禁止抵销的时间范围内负债，此因系恶意抵销从而被禁止。第二，股东对债务人所负之债务并不以抵销为目的，此情形之所以禁止抵销，是为了惩罚股东对债务人的不当控制，而这恰恰体现了我国对衡平居次原则的借鉴。

不过，单依本规定即认为我国完全确立了衡平居次原则，结论为时尚早，

[①] 刘俊海：《新公司法的制度创新：立法争点与解释难点》，法律出版社2006年版，第90~93页。

因为我国并没有劣后债权制度，在股东对债务人仅仅享有因滥用权利所致的债权的情况下，该债权是否劣后清偿，我国尚没有规定。本规定也与衡平居次原则存在一定差异，因为股东对债务人的负债无论是不当债务还是正常债务，均应当全额偿还，而只有在债权为居次债权的情况下，才禁止抵销，以避免债权获得全额清偿。但本规定所明确适用的情形却是债权为正常债权，债务为不当债务。这里传递的信号是，如果股东对债务人滥用了股东权利或关联关系，那么其对债务人的债权即禁止抵销，且不论该债权与滥用股东权利或关联关系之间是否存在因果关系。因此，本规定具有较为明显的惩罚性，与一般认为的衡平居次原则的补偿性有所不同。

（2）股东对债务人的债务为不当债务，债权为不当债权。在第一种情形下尚且禁止抵销，举轻以明重，此种情形下亦当然应被禁止抵销。

（3）股东对债务人的债务为正常债务，债权为不当债权。本情形与第一种情形恰好相反。按一般的观念，第一种情形并不应属于禁止抵销之行列，因为抵销的功能在于使债权获得全额清偿，若债权为正常债权，且债务的负担不具有恶意抵销的目的，那么即不应该禁止抵销。本规定将此情形列入禁止抵销之范畴，体现了对不当利用控制关系的惩罚性。既然债权为正常债权的情况下都禁止抵销，那么债权为不当债权时亦属当然之禁止抵销。

通过对以上三种情形的分析可以看出，虽然本规定明确适用的情形为第（1）种情形，但此种立法模式和立法语言的应用，使其适用范围当然地扩大到第（2）、（3）种情形。因此，本规定的实质并不在于禁止抵销的债权是不当的还是债务是不当的，其实质在于对债务人的控制是不当的。只要不当控制关系存在，其与债务人之间的债权债务即属禁止抵销之范畴。

（4）股东对债务人的债务为正常债务，债权为正常债权。我国法律允许合法的关联交易，此种情形属当然的可以抵销之范畴，不受本规定之拘束。

【法律、司法解释及案例】

《企业破产法》（2007年6月1日起施行）

第四十条 债权人在破产申请受理前对债务人负有债务的，可以向管理人主张抵销。但是，有下列情形之一的，不得抵销：

（一）债务人的债务人在破产申请受理后取得他人对债务人的债权的；

（二）债权人已知债务人有不能清偿到期债务或者破产申请的事实，对债务人负担债务的；但是，债权人因为法律规定或者有破产申请一年前所发生的原因而负担债务的除外；

（三）债务人的债务人已知债务人有不能清偿到期债务或者破产申请的事

实,对债务人取得债权的;但是,债务人的债务人因为法律规定或者有破产申请一年前所发生的原因而取得债权的除外。

《合同法》(1999年10月1日起施行)

第九十九条　当事人互负到期债务,该债务的标的物种类、品质相同的,任何一方可以将自己的债务与对方的债务抵销,但依照法律规定或者按照合同性质不得抵销的除外。

当事人主张抵销的,应当通知对方。通知自到达对方时生效。抵销不得附条件或者附期限。

第一百条　当事人互负债务,标的物种类、品质不相同的,经双方协商一致,也可以抵销。

《最高人民法院关于审理企业破产案件若干问题的规定》(2002年9月1日起施行)

第六十一条第一款　下列债权不属于破产债权:

(一)行政、司法机关对破产企业的罚款、罚金以及其他有关费用;

……

《最高人民法院关于破产债权能否与未到位的注册资金抵销问题的复函》(1995年4月10日发布)

湖北省高级人民法院:

你院(1994)鄂经初字第10号请示报告收悉,经研究,答复如下:

据你院报告称:中国外运武汉公司(下称武汉公司)与香港德仓运输股份有限公司(下称香港公司)合资成立的武汉货柜有限公司(下称货柜公司),于1989年3月7日至8日曾召开董事会议,决定将注册资金由原来的110万美元增加到180万美元。1993年1月4日又以董事会决议对合资双方同意将注册资金增加到240万美元的《合议书》予以认可。事后,货柜公司均依规定向有关审批机构和国家工商行政管理局办理了批准、变更手续。因此,应当确认货柜公司的注册资金已变更为240万美元,尚未到位的资金应由出资人予以补足。货柜公司被申请破产后,武汉公司作为货柜公司的债权人同货柜公司的其他债权人享有平等的权利。为保护其他债权人的合法权益,武汉公司对货柜公司享有的破产债权不能与该公司对货柜公司未出足的注册资金相抵销。

【案例】

2001年5月,A公司股东为郭某、陶某、杨某等五个自然人,每人出资20万元,该100万元注册资金系从B厂汇入A公司账户进行验资,在A公司成立后，又将100万元划入B厂。由于经营不善，A公司自2006年之后陷入困境，出现严重亏损，郭某、陶某、杨某等五个自然人股东为维持公司正常运作分别向公司提供了20万元的借款。借款到期后A公司因资金匮乏未能清偿包括股东借款在内的到期债务。2007年7月，A公司作为债务人向法院申请破产，并提交了由上述五名股东共同签名同意申请破产的股东会议决议。在某市人民法院裁定受理了A公司的破产申请后，管理人认为，对于所认缴的100万元出资款，五名股东在验资完毕后又抽逃了出资，其行为违反了《公司法》的禁止性规定，应各自承担返还20万元抽逃出资的责任。管理人代表A公司向法院提起诉讼，请求法院判令郭某等五名股东返还20万元出资。郭某等被告则辩称，注册资金的投入是按照中介机构的要求操作的，没有抽逃资金的故意。同时，五个股东主张，如果管理人认为应当返还出资，则应当与公司所欠其借款相互抵销。

法院经审理认为，判断股东欠缴之出资能否与其破产债权抵销，不仅要考虑法律关于债务抵销的一般规定，而且还必须符合《公司法》关于出资缴纳的规定。我国《公司法》第28条规定，股东应当按期足额缴纳公司章程中规定的各自所认缴的出资额。根据《公司法》第27条规定，股东可以以非货币财产作价出资，但"对作为出资的非货币财产应当评估作价，核实财产，不得高估或者低估"。《公司法》中确定的股东足额缴纳出资的义务，在任何情况下均必须严格履行，尤其是在公司进入破产程序，需要用股东的出资去履行公司对全体债权人的清偿责任时更是如此。为此，《企业破产法》第35条专门规定："人民法院受理破产申请后，债务人的出资人尚未完全履行出资义务的，管理人应当要求该出资人缴纳所认缴的出资，而不受出资期限的限制。"如果允许股东将其破产债权与欠缴的注册资本金抵销，实际上是允许股东以其名不副实的破产债权不足额地缴纳法律和公司章程中规定其应当全额缴纳的出资额，这不仅违反了资本充实原则，而且也违反了对"作为出资的非货币财产应当评估作价，核实财产"的规定。这将严重损害其他债权人与公司的合法权益，这种损害并不是因为债权的抵销造成的，而是因为出资不实造成的，所以必须予以禁止。该法院遂判决支持管理人的诉讼请求。

【简要评析】

在破产程序中，债权人利益与股东利益不应得到平等保护，应当优先保护全体债权人的利益，股东利益处于劣后地位。债务人股东因欠缴债务人的出资或者抽逃出资对债务人所负的债务，不得与债务人对其负有的债务抵销。上述案例中，股东违反《公司法》的有关规定抽逃出资已经严重损害了公司利益及债权人利益，如果允许其行使抵销权，显然助长了不诚信行为，不利于维护市场经济秩序，因此，应当予以禁止。

第四十七条【破产受理后债务人衍生诉讼的管辖】

人民法院受理破产申请后，当事人提起的有关债务人的民事诉讼案件，应当依据企业破产法第二十一条的规定，由受理破产申请的人民法院管辖。

受理破产申请的人民法院管辖的有关债务人的第一审民事案件，可以依据民事诉讼法第三十八条①的规定，由上级人民法院提审，或者报请上级人民法院批准后交下级人民法院审理。

受理破产申请的人民法院，如对有关债务人的海事纠纷、专利纠纷、证券市场因虚假陈述引发的民事赔偿纠纷等案件不能行使管辖权的，可以依据民事诉讼法第三十七条②的规定，由上级人民法院指定管辖。

【条文主旨】

本条旨在对破产申请受理后新提起的有关债务人破产衍生诉讼案件的管辖作出规定。

【规范目的】

本条规定是解决司法实践中破产衍生诉讼法院管辖权不明确的问题。《企业破产法》对破产衍生诉讼的管辖问题规定不具体，缺乏可操作性，实践中，由于管辖权不明而使破产案件审理效率不高，当事人实体权利受到损害。本条明确了破产衍生诉讼的集中管辖，解决了由于特殊情况法院之间管辖权转移和管辖权指定问题。

【原理与适用】

在债务人企业的破产案件受理后，当事人提起的有关债务人的民事诉讼称

---

① 现为2023年修正的《中华人民共和国民事诉讼法》第三十九条。
② 现为2023年修正的《中华人民共和国民事诉讼法》第三十八条。

为衍生诉讼。人民法院受理破产案件后，对破产衍生诉讼案件的管辖如何解决，是涉及破产程序能否顺利进行和当事人权益如何维护的重要问题。

一、国外关于破产衍生诉讼管辖的立法

关于破产衍生诉讼的管辖问题，各国破产法规定不一。《美国破产法》是联邦法。《美国宪法》第1条（8）款（4）项授权国会制定"全联邦统一的破产法"，因此，破产案件由联邦法院管辖。同时，根据《美国法典》第28卷《司法审判程序》第157条的规定，联邦地区法院又将其对破产案件的管辖权概括地授予了破产法院。[①]《司法审判程序》第1334条[②]规定美国联邦地区法院对破产案件拥有统一的一审管辖权。联邦地区法院就破产案件对五类诉讼程序拥有管辖权：（1）破产法典项下的整个破产案件；（2）对破产财团财产的诉讼；（3）破产法典项下的诉讼程序；（4）产生于破产案件的诉讼程序；（5）与破产案件有关的诉讼程序。对前两类诉讼程序，即整个破产案件和对破产财团财产的诉讼，联邦地区法院有排他性的一审管辖权。对后三类诉讼程序，即破产法典项下的诉讼程序、产生于破产案件的诉讼程序以及与破产案件有关的诉讼程序，联邦地区法院有一审管辖权，但该管辖权并非是排他性的。在确定破产法院对破产案件的管辖权时，首先应区分整个破产案件的管辖和个别事项的管辖；其次，个别事项的诉讼程序又区分为核心[③]的与非核心的程序。核心的个别事项诉讼程序，是指涉及破产法典所规定的权利或者根据其性质只能产生于破产案件的诉讼程序。核心程序以外的个别事项诉讼程序为非核心诉讼程序。破产法院能自己决定某项个别事项诉讼是核心的还是非核心的。破产法院对整个破产案件和核心的个别事项诉讼程序有管辖权，可以进行听证并作出判决；对于非核心的个别事项诉讼程序，破产法院只能进行听证，并把事实认定与法律问题的结论提交联邦地区法院。联邦地区法院法官应凭破产法院提出的认定与结论，并审查任何一方当事人及时提出的异议，作出最终的裁定或判决。联邦地区法院在得到全体当事人的同意时，可以将非核心的个别事项诉讼

---

① 28 USC § 157.
② 28 USC § 1334.
③ 根据28USC§157（b）（2）规定，核心诉讼程序包括但不限于下述事项：（1）有关管理和处理破产财团的事项；（2）承认或否决申报的请求权；（3）破产财团对申报的请求权提起的反请求；（4）允许取得信贷的裁定；（5）财产转移的裁定；（6）确定与撤销优惠性清偿；（7）确定与撤销欺诈性转移；（8）终止、废除或修改自动冻结的动议；（9）债权人解除债务责任的确定，以及对债务免责的异议；（10）法定担保权益的有效性；（11）第11、13章方案的批准；（12）批准非源于破产财团对那些未主张请求权的人提起诉讼收回的财产的出售；（13）其他影响清理破产财团财产或债权、债务人之间的利益调整的争执。

程序交破产法院作出最终的裁定或判决。[1]

《德国支付不能法》第180条规定：对于确认，应当以普通程序提起诉讼。对于诉讼，支付不能程序发生系属或曾发生系属的初级法院具有专属管辖权。诉讼标的不在初级法院的管辖范围之内的，支付不能法院所在辖区的州法院具有专属管辖权。[2]

《日本破产法》第126条（对破产债权查定决定的异议）规定：（一）对破产债权查定决定有异议者，可在送达之日起一个月的不变期间内，提起异议之诉。（二）该诉讼属于破产法院管辖。（三）前项情形下，受理法院为避免明显损害或迟延，可将该异议之诉及相关诉讼，依职权移送给该法第五条第（一）项规定的地方法院。……（六）对同一个破产债权提起数个债权查定异议之诉，则必须进行诉讼合并。此时，准用民事诉讼法第四十条第（一）至（三）项规定。[3] 有些国家则规定，债权确认诉讼依普通民事诉讼程序确定管辖法院，因破产宣告而被中止的诉讼恢复后仍由原审法院管辖。这一问题主要是根据各国国情而定。[4]

从以上国家对破产衍生案件的管辖可以看出，日本和德国的规定基本相同，如债权确认诉讼原则上属破产法院管辖，但争议标的属其上级法院管辖范围时，由上级法院管辖。就美国而言，破产法院对破产案件和核心的个别事项诉讼案件具有管辖权，其他案件联邦地区法院可以有管辖权。

二、我国关于破产衍生诉讼管辖的立法

我国《企业破产法》关于破产衍生诉讼的管辖问题见于第21条。该条规定，人民法院受理破产申请后，有关债务人的民事诉讼，只能向受理破产申请的人民法院提起。本条司法解释对破产衍生诉讼案件的管辖作出了详细、明确的规定。我国的司法实践是按照案由归类，将衍生诉讼分为破产债权确认诉讼，撤销权诉讼，抵销权诉讼，别除权诉讼等十几种类型，实行集中管辖。但何为与债务人有关的案件，其认定标准应当如何界定，我国法律并未明确予以解释。美国对与破产案件有关联案件认定划分为核心诉讼程序和非核心诉讼程序，并对二者在管辖法院方面作出了不同的规定。我国司法实践中的案由归类，类似于美国对核心诉讼程序种类的规定，但也存在很大差异。笔者认为，美国将与债务人案件有关的衍生诉讼分为与债务人有核心关联的诉讼和非核心诉讼，对前类

---

[1] 沈达明、郑舒君：《比较破产法初论》，对外贸易教育出版社1993年版，第14页。
[2] 杜景林、卢湛译：《德国支付不能法》，法律出版社2002年版，第96页。
[3] 李飞：《当代外国破产法》，中国法制出版社2006版，第767页。
[4] 王欣新：《破产法》（第三版），中国人民大学出版社2011版，第64页。

案件由受理债务人案件的法院实行集中管辖,而后类案件也可以依据普通民事诉讼程序确定管辖的做法,可以考虑适当借鉴。此种分类管辖,一方面,有利于破产案件的专业化审理;另一方面,也有利于提高破产案件审理的效率。目前,我国对破产衍生诉讼管辖问题的研究还比较薄弱,需要进一步加强。

三、司法解释的理解与执行

本条司法解释第 1 款规定:"人民法院受理破产申请后,当事人提起的有关债务人的民事诉讼案件,应当依据企业破产法第二十一条的规定,由受理破产申请的人民法院管辖。"

广义的破产衍生诉讼包括两类案件:第一类案件是破产申请受理前法院已经受理但在破产申请受理时尚未审结的有关债务人的民事诉讼;第二类案件是破产申请受理后当事人新提起的有关债务人的民事诉讼。狭义的破产衍生诉讼仅指破产申请受理后当事人新提起的有关债务人的民事诉讼。本条司法解释采取的是狭义的破产衍生诉讼概念,所以对第一类案件不再进行分析。根据《企业破产法》第 21 条规定,在法院受理破产申请后,所有新提起的有关债务人的民事诉讼,均由受理破产申请的法院管辖。《企业破产法》关于破产衍生诉讼的集中管辖规定,目的在于保障破产事务的协调处理。《企业破产法》关于管辖的规定,相对于《民事诉讼法》的管辖规定,属于特别法,在法律适用上应当优先。当事人不得以《民事诉讼法》的有关规定否定受理破产案件法院的管辖权。但是,《企业破产法》规定的法定专属管辖不能排除仲裁条款的效力,在约定仲裁条款有效的情况下,应由当事人依照《民事诉讼法》的规定通过仲裁方式解决纠纷。①

本条司法解释第 2 款规定:"受理破产申请的人民法院管辖的有关债务人的第一审民事案件,可以依据民事诉讼法第三十八条的规定,由上级人民法院提审,或者报请上级人民法院批准后交下级人民法院审理。"

根据《民事诉讼法》第 38 条规定,上级人民法院有权审理下级人民法院管辖的第一审民事案件;确有必要将本院管辖的第一审民事案件交下级人民法院审理的,应当报请其上级人民法院批准。下级人民法院对它所管辖的第一审民事案件,认为需要由上级人民法院审理的,可以报请上级人民法院审理。本条第 2 款在该条法律规定的基础上确认了破产衍生诉讼案件管辖权的转移。因为《企业破产法》规定由受理破产申请的人民法院管辖有关债务人的第一审民事案件,不能解决级别管辖中的问题,这就可能出现本应由基层法院管辖的

---

① 《当前审理企业破产案件需要注意的几个问题》,载《法律适用》2012 年第 1 期。

案情简单、争议标的不大的案件,却可能要由受理破产申请的中级人民法院审理,这样无疑会加大诉讼成本,故应当将此类一审案件交由基层人民法院审理。对于案情复杂、争议较大、社会反响强烈、标的数量大的衍生诉讼案件,基层人民法院应当报请上级人民法院,由上级人民法院决定是否提审案件。

本条司法解释第3款规定:"受理破产申请的人民法院,如对有关债务人的海事纠纷、专利纠纷、证券市场因虚假陈述引发的民事赔偿纠纷等案件不能行使管辖权的,可以依据民事诉讼法第三十七条的规定,由上级人民法院指定管辖。"

对破产案件有管辖权的人民法院不能行使对衍生诉讼的管辖权,主要是基于法律对管辖的特别规定或一些特殊原因。一些案情比较复杂、影响较大或专业技术性较高的案件,法律特别规定由中级人民法院管辖,如证券市场因虚假陈述引发的民事赔偿案件和专利纠纷等案件。为此,我国的一些法律、司法解释对此作有相应规定,如《最高人民法院关于审理证券市场因虚假陈述引发的民事赔偿案件的若干规定》第8条规定,虚假陈述证券民事赔偿案件,由省、直辖市、自治区人民政府所在的市、计划单列市和经济特区中级人民法院管辖。《最高人民法院关于适用〈中华人民共和国民事诉讼法〉若干问题的意见》第2条规定,专利纠纷案件由最高人民法院确定的中级人民法院管辖。《民事诉讼法》第33条规定,因港口作业中发生纠纷提起的诉讼,由港口所在地人民法院管辖。遇到此类衍生诉讼,受理破产申请的人民法院,可依据《民事诉讼法》第37条规定,请求由上级人民法院指定管辖,将衍生诉讼案件交由其管辖审理。

【法律、司法解释及案例】

《企业破产法(试行)》(已失效)

第五条 破产案件由债务人所在地人民法院管辖。

《最高人民法院关于贯彻执行〈中华人民共和国企业破产法(试行)〉若干问题的意见》(已失效)

13. 人民法院受理破产案件后,以破产企业为债权人的其他经济纠纷案件,受诉人民法院不能在三个月以内结案时,应当移送受理破产案件的人民法院,由受理破产案件的人民法院按照本意见第45条、第46条的规定办理。

14. 人民法院受理破产案件后,发现破产企业作为债权人的案件在其他人民法院并且在三个月以内难以审结的,应通知该人民法院移送。

45. 人民法院宣告企业破产后,应通知破产企业的债务人或财产持有人向清算组清偿债务或交付财产。

46. 破产企业的债务人或财产持有人收到人民法院的上述通知后,应当按通知的数额、时间向清算组清偿债务或交付财产；对通知的债务数额或财产的品种、数量等有异议的，可在七日内请求人民法院予以裁定；逾期既未清偿或交付又未提出异议的，由清算组申请人民法院裁定后强制执行。

《最高人民法院关于适用〈中华人民共和国民事诉讼法〉若干问题的意见》（1992年7月14日起施行）

2. 专利纠纷案件由最高人民法院确定的中级人民法院管辖。海事、海商案件由海事法院管辖。

《最高人民法院关于审理企业破产案件若干问题的规定》（2002年9月1日起施行）

第十九条 人民法院受理企业破产案件后，以债务人为原告的其他民事纠纷案件尚在一审程序的，受诉人民法院应当将案件移送受理破产案件的人民法院；案件已进行到二审程序的，受诉人民法院应当继续审理。

《最高人民法院关于审理证券市场因虚假陈述引发的民事赔偿案件的若干规定》（2003年2月1日起施行）

第八条 虚假陈述证券民事赔偿案件，由省、直辖市、自治区人民政府所在的市、计划单列市和经济特区中级人民法院管辖。

《企业破产法》（2007年6月1日起施行）

第二十一条 人民法院受理破产申请后，有关债务人的民事诉讼，只能向受理破产申请的人民法院提起。

《民事诉讼法》（2012年8月31日修正）

第三十三条 下列案件，由本条规定的人民法院专属管辖：

（一）因不动产纠纷提起的诉讼，由不动产所在地人民法院管辖；

（二）因港口作业中发生纠纷提起的诉讼，由港口所在地人民法院管辖；

（三）因继承遗产纠纷提起的诉讼，由被继承人死亡时住所地或者主要遗产所在地人民法院管辖。

第三十六条 人民法院发现受理的案件不属于本院管辖的，应当移送有管辖权的人民法院，受移送的人民法院应当受理。受移送的人民法院认为受移送的案件依照规定不属于本院管辖的，应当报请上级人民法院指定管辖，不得再自行移送。

第三十七条 有管辖权的人民法院由于特殊原因，不能行使管辖权的，由上级人民法院指定管辖。

人民法院之间因管辖权发生争议，由争议双方协商解决；协商解决不了的，报请它们的共同上级人民法院指定管辖。

第三十八条 上级人民法院有权审理下级人民法院管辖的第一审民事案

件；确有必要将本院管辖的第一审民事案件交下级人民法院审理的，应当报请其上级人民法院批准。

下级人民法院对它所管辖的第一审民事案件，认为需要由上级人民法院审理的，可以报请上级人民法院审理。

【案例】

2008年11月18日，浙江A公司以福建B公司及中国证券登记结算公司C分公司为共同被告，以证券经纪业务侵权纠纷为由，向受理B公司破产案件的法院起诉，要求两被告共同赔偿原告的国债本金及利息损失。

2008年12月29日，C分公司向法院提交管辖权异议书，认为应由中国证券登记结算公司及其分支机构所在地的中级人民法院管辖，根据法律适用顺序的原则，最高人民法院指定管辖的效力高于其他管辖规定，应当优先适用。据此，该公司申请上述法院将该案移送至C分公司所在地的某市中级人民法院管辖。2009年6月2日，法院以《企业破产法》第21条为依据，裁定驳回C分公司的管辖权异议。

【简要评析】

上述案例是关于破产衍生诉讼的管辖与其他法律规范相冲突时的处理原则问题。《企业破产法》第21条规定，破产衍生诉讼的管辖原则属于专属管辖，当《民事诉讼法》规定的一般管辖原则与《企业破产法》规定的专属管辖发生冲突时，应当优先适用《企业破产法》的专属管辖规定。因此，法院裁定驳回C分公司的管辖异议，其依据和理由是充分的。

第四十八条【法律适用】

本规定施行前本院发布的有关企业破产的司法解释，与本规定相抵触的，自本规定施行之日起不再适用。

【条文主旨】

本条旨在对新旧司法解释之法律适用作出规定。

【规范目的】

本条规定是考虑到本司法解释发布前已经出台的司法解释,特别是对《企业破产法(试行)》的司法解释和司法解释性质的文件,很多并没有明文规定已经失效,其内容可能存在与本司法解释相抵触的情况,故在此作出专门规定。

【原理与适用】

一、国外及我国立法例

一般而言,法律适用主要涉及法律在什么时间、什么空间、对什么人等具有约束力。本条司法解释仅就司法解释和司法解释性质的文件的法律效力问题进行规定。

各国破产立法均对法律的适用问题作有规定。《德国破产法》第359条规定:【参照试行法】本法自《破产法施行法》规定日期起生效。[1]《日本破产法》(附则)第2条【废除旧法】:废除破产法(大正11年法律第71号)。并在第2—8条中规定了关于破产案件的过渡措施和关于否认、禁止抵销等的过渡措施。[2]《俄罗斯联邦无支付能力法》第231条【本联邦法律的生效】及232条【破产关系的调整】和233条【仲裁法院对本联邦法律的适用】[3] 也对法律的生效和适用作出了相应的规定。我国《企业破产法》第136条规定,本法自2007年6月1日起施行,《企业破产法(试行)》同时废止。由此可见,在法律适用问题上,多数国家在颁布新法时,旧法就不再适用,有些国家还在新旧法的衔接适用上规定了过渡措施。

二、我国关于法律适用遵循的原则

对于法律适用问题,根据《立法法》相关规定,主要有以下四个原则:(1)上位法优于下位法。其体现在《立法法》第79条规定,法律的效力高于行政法规、地方性法规、规章。行政法规的效力高于地方性法规、规章。第80条规定,地方性法规的效力高于本级和下级地方政府规章。省、自治区人民政府制定的规章的效力高于本行政区域内较大的市人民政府制定的规章。

---

[1] 据《德国破产法施行法》第110条第1款规定,《德国破产法》(1994年10月5日文本)自1999年1月1日起生效。

[2][3] 李飞:《当代外国破产法》,中国法制出版社2006年版,第845页、第339页。

（2）特别法优于普通法。其体现在《立法法》第 83 条。该条规定同一机关制定的法律、行政法规、地方性法规、自治条例和单行条例、规章，特别规定与一般规定不一致的，适用特别规定。（3）新法优于旧法。其体现在《立法法》第 83 条规定，同一机关制定的法律、行政法规、地方性法规、自治条例和单行条例、规章，新的规定与旧的规定不一致的，适用新的规定。（4）一般不溯及既往。其体现在《立法法》第 84 条规定，法律、行政法规、地方性法规、自治条例和单行条例、规章不溯及既往，但为了更好地保护公民、法人和其他组织的权利和利益而作的特别规定除外。

在我国制定破产法、建立破产制度以后，最高人民法院制定了大量与破产法有关的司法解释和司法解释性质的文件。在《企业破产法》施行以后，由于对诸多有关破产问题的司法解释和司法解释性质的文件没有及时予以清理，导致一些法律适用的冲突，需要及时加以解决。

本条司法解释的法律适用原则，主要依据为《立法法》第 83 条所规定的新法优于旧法规则。在两个规范性文件对同一问题都有规定的情况下，适用新的规则。在就同一事项新旧法规定并存的情况下，旧法与新法的规定相抵触，则旧法对此问题的规定自新法施行之日不再适用，旧法与新法的规定并不抵触的，则旧法规定并不当然失效。

本解释施行前最高人民法院发布的司法解释包括两部分，主要是在《企业破产法》施行前，针对《企业破产法（试行）》发布的司法解释和司法解释性文件，少部分是《企业破产法》施行后，针对《企业破产法》发布的司法解释和司法解释性文件。对于这两类司法解释和司法解释性文件，若对同一问题的内容与本司法解释相应规定相抵触，则该内容不应再适用。

【相关法律、司法解释及案例】

《立法法》（2000 年 7 月 1 日起施行）

第七十九条 法律的效力高于行政法规、地方性法规、规章。

行政法规的效力高于地方性法规、规章。

第八十三条 同一机关制定的法律、行政法规、地方性法规、自治条例和单行条例、规章，特别规定与一般规定不一致的，适用特别规定；新的规定与旧的规定不一致的，适用新的规定。

第八十四条 法律、行政法规、地方性法规、自治条例和单行条例、规章不溯及既往，但为了更好地保护公民、法人和其他组织的权利和利益而作的特别规定除外。

【第四部分 · 附录】

【第四部分・附录】

中华人民共和国企业破产法

(2006 年 8 月 27 日第十届全国人民代表大会常务委员会第二十三次会议通过　2006 年 8 月 27 日中华人民共和国主席令第 54 号公布　自 2007 年 6 月 1 日起施行)

目　录

第一章　总　则
第二章　申请和受理
　第一节　申　请
　第二节　受　理
第三章　管理人
第四章　债务人财产
第五章　破产费用和共益债务
第六章　债权申报
第七章　债权人会议
　第一节　一般规定
　第二节　债权人委员会
第八章　重　整
　第一节　重整申请和重整期间
　第二节　重整计划的制定和批准
　第三节　重整计划的执行
第九章　和　解
第十章　破产清算
　第一节　破产宣告
　第二节　变价和分配

第三节　破产程序的终结
第十一章　法律责任
第十二章　附　则

第一章　总　则

第一条　为规范企业破产程序，公平清理债权债务，保护债权人和债务人的合法权益，维护社会主义市场经济秩序，制定本法。

第二条　企业法人不能清偿到期债务，并且资产不足以清偿全部债务或者明显缺乏清偿能力的，依照本法规定清理债务。

企业法人有前款规定情形，或者有明显丧失清偿能力可能的，可以依照本法规定进行重整。

第三条　破产案件由债务人住所地人民法院管辖。

第四条　破产案件审理程序，本法没有规定的，适用民事诉讼法的有关规定。

第五条　依照本法开始的破产程序，对债务人在中华人民共和国领域外的财产发生效力。

对外国法院作出的发生法律效力的破产案件的判决、裁定，涉及债务人在中华人民共和国领域内的财产，申请或者请求人民法院承认和执行的，人民法院依照中华人民共和国缔结或者参加的国际条约，或者按照互惠原则进行审查，认为不违反中华人民共和国法律的基本原则，不损害国家主权、安全和社会公共利益，不损害中华人民共和国领域内债权人的合法权益的，裁定承认和执行。

第六条　人民法院审理破产案件，应当依法保障企业职工的合法权益，依法追究破产企业经营管理人员的法律责任。

第二章　申请和受理

第一节　申　请

第七条　债务人有本法第二条规定的情形，可以向人民法院提出重整、和解或者破产清算申请。

债务人不能清偿到期债务，债权人可以向人民法院提出对债务人进行重整或者破产清算的申请。

企业法人已解散但未清算或者未清算完毕，资产不足以清偿债务的，依法负有清算责任的人应当向人民法院申请破产清算。

第八条 向人民法院提出破产申请，应当提交破产申请书和有关证据。

破产申请书应当载明下列事项：

（一）申请人、被申请人的基本情况；

（二）申请目的；

（三）申请的事实和理由；

（四）人民法院认为应当载明的其他事项。

债务人提出申请的，还应当向人民法院提交财产状况说明、债务清册、债权清册、有关财务会计报告、职工安置预案以及职工工资的支付和社会保险费用的缴纳情况。

第九条 人民法院受理破产申请前，申请人可以请求撤回申请。

第二节 受 理

第十条 债权人提出破产申请的，人民法院应当自收到申请之日起五日内通知债务人。债务人对申请有异议的，应当自收到人民法院的通知之日起七日内向人民法院提出。人民法院应当自异议期满之日起十日内裁定是否受理。

除前款规定的情形外，人民法院应当自收到破产申请之日起十五日内裁定是否受理。

有特殊情况需要延长前两款规定的裁定受理期限的，经上一级人民法院批准，可以延长十五日。

第十一条 人民法院受理破产申请的，应当自裁定作出之日起五日内送达申请人。

债权人提出申请的，人民法院应当自裁定作出之日起五日内送达债务人。债务人应当自裁定送达之日起十五日内，向人民法院提交财产状况说明、债务清册、债权清册、有关财务会计报告以及职工工资的支付和社会保险费用的缴纳情况。

第十二条 人民法院裁定不受理破产申请的，应当自裁定作出之日起五日内送达申请人并说明理由。申请人对裁定不服的，可以自裁定送达之日起十日内向上一级人民法院提起上诉。

人民法院受理破产申请后至破产宣告前，经审查发现债务人不符合本法第二条规定情形的，可以裁定驳回申请。申请人对裁定不服的，可以自裁定送达之日起十日内向上一级人民法院提起上诉。

第十三条 人民法院裁定受理破产申请的，应当同时指定管理人。

第十四条 人民法院应当自裁定受理破产申请之日起二十五日内通知已知债权人，并予以公告。

通知和公告应当载明下列事项：

（一）申请人、被申请人的名称或者姓名；

（二）人民法院受理破产申请的时间；

（三）申报债权的期限、地点和注意事项；

（四）管理人的名称或者姓名及其处理事务的地址；

（五）债务人的债务人或者财产持有人应当向管理人清偿债务或者交付财产的要求；

（六）第一次债权人会议召开的时间和地点；

（七）人民法院认为应当通知和公告的其他事项。

第十五条 自人民法院受理破产申请的裁定送达债务人之日起至破产程序终结之日，债务人的有关人员承担下列义务：

（一）妥善保管其占有和管理的财产、印章和账簿、文书等资料；

（二）根据人民法院、管理人的要求进行工作，并如实回答询问；

（三）列席债权人会议并如实回答债权人的询问；

（四）未经人民法院许可，不得离开住所地；

（五）不得新任其他企业的董事、监事、高级管理人员。

前款所称有关人员，是指企业的法定代表人；经人民法院决定，可以包括企业的财务管理人员和其他经营管理人员。

第十六条 人民法院受理破产申请后，债务人对个别债权人的债务清偿无效。

第十七条 人民法院受理破产申请后，债务人的债务人或者财产持有人应当向管理人清偿债务或者交付财产。

债务人的债务人或者财产持有人故意违反前款规定向债务人清偿债务或者交付财产，使债权人受到损失的，不免除其清偿债务或者交付财产的义务。

第十八条 人民法院受理破产申请后，管理人对破产申请受理前成立而债务人和对方当事人均未履行完毕的合同有权决定解除或者继续履行，并通知对方当事人。管理人自破产申请受理之日起二个月内未通知对方当事人，或者自收到对方当事人催告之日起三十日内未答复的，视为解除合同。

管理人决定继续履行合同的，对方当事人应当履行；但是，对方当事人有权要求管理人提供担保。管理人不提供担保的，视为解除合同。

第十九条 人民法院受理破产申请后，有关债务人财产的保全措施应当解除，执行程序应当中止。

第二十条　人民法院受理破产申请后,已经开始而尚未终结的有关债务人的民事诉讼或者仲裁应当中止;在管理人接管债务人的财产后,该诉讼或者仲裁继续进行。

第二十一条　人民法院受理破产申请后,有关债务人的民事诉讼,只能向受理破产申请的人民法院提起。

第三章　管　理　人

第二十二条　管理人由人民法院指定。

债权人会议认为管理人不能依法、公正执行职务或者有其他不能胜任职务情形的,可以申请人民法院予以更换。

指定管理人和确定管理人报酬的办法,由最高人民法院规定。

第二十三条　管理人依照本法规定执行职务,向人民法院报告工作,并接受债权人会议和债权人委员会的监督。

管理人应当列席债权人会议,向债权人会议报告职务执行情况,并回答询问。

第二十四条　管理人可以由有关部门、机构的人员组成的清算组或者依法设立的律师事务所、会计师事务所、破产清算事务所等社会中介机构担任。

人民法院根据债务人的实际情况,可以在征询有关社会中介机构的意见后,指定该机构具备相关专业知识并取得执业资格的人员担任管理人。

有下列情形之一的,不得担任管理人:

(一) 因故意犯罪受过刑事处罚;

(二) 曾被吊销相关专业执业证书;

(三) 与本案有利害关系;

(四) 人民法院认为不宜担任管理人的其他情形。

个人担任管理人的,应当参加执业责任保险。

第二十五条　管理人履行下列职责:

(一) 接管债务人的财产、印章和账簿、文书等资料;

(二) 调查债务人财产状况,制作财产状况报告;

(三) 决定债务人的内部管理事务;

(四) 决定债务人的日常开支和其他必要开支;

(五) 在第一次债权人会议召开之前,决定继续或者停止债务人的营业;

(六) 管理和处分债务人的财产;

(七) 代表债务人参加诉讼、仲裁或者其他法律程序;

（八）提议召开债权人会议；

（九）人民法院认为管理人应当履行的其他职责。

本法对管理人的职责另有规定的，适用其规定。

第二十六条 在第一次债权人会议召开之前，管理人决定继续或者停止债务人的营业或者有本法第六十九条规定行为之一的，应当经人民法院许可。

第二十七条 管理人应当勤勉尽责，忠实执行职务。

第二十八条 管理人经人民法院许可，可以聘用必要的工作人员。

管理人的报酬由人民法院确定。债权人会议对管理人的报酬有异议的，有权向人民法院提出。

第二十九条 管理人没有正当理由不得辞去职务。管理人辞去职务应当经人民法院许可。

第四章 债务人财产

第三十条 破产申请受理时属于债务人的全部财产，以及破产申请受理后至破产程序终结前债务人取得的财产，为债务人财产。

第三十一条 人民法院受理破产申请前一年内，涉及债务人财产的下列行为，管理人有权请求人民法院予以撤销：

（一）无偿转让财产的；

（二）以明显不合理的价格进行交易的；

（三）对没有财产担保的债务提供财产担保的；

（四）对未到期的债务提前清偿的；

（五）放弃债权的。

第三十二条 人民法院受理破产申请前六个月内，债务人有本法第二条第一款规定的情形，仍对个别债权人进行清偿的，管理人有权请求人民法院予以撤销。但是，个别清偿使债务人财产受益的除外。

第三十三条 涉及债务人财产的下列行为无效：

（一）为逃避债务而隐匿、转移财产的；

（二）虚构债务或者承认不真实的债务的。

第三十四条 因本法第三十一条、第三十二条或者第三十三条规定的行为而取得的债务人的财产，管理人有权追回。

第三十五条 人民法院受理破产申请后，债务人的出资人尚未完全履行出资义务的，管理人应当要求该出资人缴纳所认缴的出资，而不受出资期限的限制。

第三十六条 债务人的董事、监事和高级管理人员利用职权从企业获取的非正常收入和侵占的企业财产，管理人应当追回。

第三十七条 人民法院受理破产申请后，管理人可以通过清偿债务或者提供为债权人接受的担保，取回质物、留置物。

前款规定的债务清偿或者替代担保，在质物或者留置物的价值低于被担保的债权额时，以该质物或者留置物当时的市场价值为限。

第三十八条 人民法院受理破产申请后，债务人占有的不属于债务人的财产，该财产的权利人可以通过管理人取回。但是，本法另有规定的除外。

第三十九条 人民法院受理破产申请时，出卖人已将买卖标的物向作为买受人的债务人发运，债务人尚未收到且未付清全部价款的，出卖人可以取回在运途中的标的物。但是，管理人可以支付全部价款，请求出卖人交付标的物。

第四十条 债权人在破产申请受理前对债务人负有债务的，可以向管理人主张抵销。但是，有下列情形之一的，不得抵销：

（一）债务人的债务人在破产申请受理后取得他人对债务人的债权的；

（二）债权人已知债务人有不能清偿到期债务或者破产申请的事实，对债务人负担债务的；但是，债权人因为法律规定或者有破产申请一年前所发生的原因而负担债务的除外；

（三）债务人的债务人已知债务人有不能清偿到期债务或者破产申请的事实，对债务人取得债权的；但是，债务人的债务人因为法律规定或者有破产申请一年前所发生的原因而取得债权的除外。

第五章　破产费用和共益债务

第四十一条 人民法院受理破产申请后发生的下列费用，为破产费用：

（一）破产案件的诉讼费用；

（二）管理、变价和分配债务人财产的费用；

（三）管理人执行职务的费用、报酬和聘用工作人员的费用。

第四十二条 人民法院受理破产申请后发生的下列债务，为共益债务：

（一）因管理人或者债务人请求对方当事人履行双方均未履行完毕的合同所产生的债务；

（二）债务人财产受无因管理所产生的债务；

（三）因债务人不当得利所产生的债务；

（四）为债务人继续营业而应支付的劳动报酬和社会保险费用以及由此产生的其他债务；

（五）管理人或者相关人员执行职务致人损害所产生的债务；

（六）债务人财产致人损害所产生的债务。

第四十三条 破产费用和共益债务由债务人财产随时清偿。

债务人财产不足以清偿所有破产费用和共益债务的，先行清偿破产费用。

债务人财产不足以清偿所有破产费用或者共益债务的，按照比例清偿。

债务人财产不足以清偿破产费用的，管理人应当提请人民法院终结破产程序。人民法院应当自收到请求之日起十五日内裁定终结破产程序，并予以公告。

第六章 债权申报

第四十四条 人民法院受理破产申请时对债务人享有债权的债权人，依照本法规定的程序行使权利。

第四十五条 人民法院受理破产申请后，应当确定债权人申报债权的期限。债权申报期限自人民法院发布受理破产申请公告之日起计算，最短不得少于三十日，最长不得超过三个月。

第四十六条 未到期的债权，在破产申请受理时视为到期。

附利息的债权自破产申请受理时起停止计息。

第四十七条 附条件、附期限的债权和诉讼、仲裁未决的债权，债权人可以申报。

第四十八条 债权人应当在人民法院确定的债权申报期限内向管理人申报债权。

债务人所欠职工的工资和医疗、伤残补助、抚恤费用，所欠的应当划入职工个人账户的基本养老保险、基本医疗保险费用，以及法律、行政法规规定应当支付给职工的补偿金，不必申报，由管理人调查后列出清单并予以公示。职工对清单记载有异议的，可以要求管理人更正；管理人不予更正的，职工可以向人民法院提起诉讼。

第四十九条 债权人申报债权时，应当书面说明债权的数额和有无财产担保，并提交有关证据。申报的债权是连带债权的，应当说明。

第五十条 连带债权人可以由其中一人代表全体连带债权人申报债权，也可以共同申报债权。

第五十一条 债务人的保证人或者其他连带债务人已经代替债务人清偿债务的，以其对债务人的求偿权申报债权。

债务人的保证人或者其他连带债务人尚未代替债务人清偿债务的，以其对债务人的将来求偿权申报债权。但是，债权人已经向管理人申报全部债权的除外。

第五十二条 连带债务人数人被裁定适用本法规定的程序的，其债权人有权就全部债权分别在各破产案件中申报债权。

第五十三条 管理人或者债务人依照本法规定解除合同的，对方当事人以因合同解除所产生的损害赔偿请求权申报债权。

第五十四条 债务人是委托合同的委托人，被裁定适用本法规定的程序，受托人不知该事实，继续处理委托事务的，受托人以由此产生的请求权申报债权。

第五十五条 债务人是票据的出票人，被裁定适用本法规定的程序，该票据的付款人继续付款或者承兑的，付款人以由此产生的请求权申报债权。

第五十六条 在人民法院确定的债权申报期限内，债权人未申报债权的，可以在破产财产最后分配前补充申报；但是，此前已进行的分配，不再对其补充分配。为审查和确认补充申报债权的费用，由补充申报人承担。

债权人未依照本法规定申报债权的，不得依照本法规定的程序行使权利。

第五十七条 管理人收到债权申报材料后，应当登记造册，对申报的债权进行审查，并编制债权表。

债权表和债权申报材料由管理人保存，供利害关系人查阅。

第五十八条 依照本法第五十七条规定编制的债权表，应当提交第一次债权人会议核查。

债务人、债权人对债权表记载的债权无异议的，由人民法院裁定确认。

债务人、债权人对债权表记载的债权有异议的，可以向受理破产申请的人民法院提起诉讼。

第七章　债权人会议

第一节　一般规定

第五十九条 依法申报债权的债权人为债权人会议的成员，有权参加债权人会议，享有表决权。

债权尚未确定的债权人，除人民法院能够为其行使表决权而临时确定债权额的外，不得行使表决权。

对债务人的特定财产享有担保权的债权人，未放弃优先受偿权利的，对于本法第六十一条第一款第七项、第十项规定的事项不享有表决权。

债权人可以委托代理人出席债权人会议，行使表决权。代理人出席债权人会议，应当向人民法院或者债权人会议主席提交债权人的授权委托书。

债权人会议应当有债务人的职工和工会的代表参加，对有关事项发表意见。

第六十条 债权人会议设主席一人，由人民法院从有表决权的债权人中指定。

债权人会议主席主持债权人会议。

第六十一条 债权人会议行使下列职权：

（一）核查债权；

（二）申请人民法院更换管理人，审查管理人的费用和报酬；

（三）监督管理人；

（四）选任和更换债权人委员会成员；

（五）决定继续或者停止债务人的营业；

（六）通过重整计划；

（七）通过和解协议；

（八）通过债务人财产的管理方案；

（九）通过破产财产的变价方案；

（十）通过破产财产的分配方案；

（十一）人民法院认为应当由债权人会议行使的其他职权。

债权人会议应当对所议事项的决议作成会议记录。

第六十二条 第一次债权人会议由人民法院召集，自债权申报期限届满之日起十五日内召开。

以后的债权人会议，在人民法院认为必要时，或者管理人、债权人委员会、占债权总额四分之一以上的债权人向债权人会议主席提议时召开。

第六十三条 召开债权人会议，管理人应当提前十五日通知已知的债权人。

第六十四条 债权人会议的决议，由出席会议的有表决权的债权人过半数通过，并且其所代表的债权额占无财产担保债权总额的二分之一以上。但是，本法另有规定的除外。

债权人认为债权人会议的决议违反法律规定，损害其利益的，可以自债权人会议作出决议之日起十五日内，请求人民法院裁定撤销该决议，责令债权人会议依法重新作出决议。

债权人会议的决议，对于全体债权人均有约束力。

第六十五条 本法第六十一条第一款第八项、第九项所列事项，经债权人会议表决未通过的,由人民法院裁定。

本法第六十一条第一款第十项所列事项,经债权人会议二次表决仍未通过的,由人民法院裁定。

对前两款规定的裁定,人民法院可以在债权人会议上宣布或者另行通知债权人。

第六十六条 债权人对人民法院依照本法第六十五条第一款作出的裁定不服的,债权额占无财产担保债权总额二分之一以上的债权人对人民法院依照本法第六十五条第二款作出的裁定不服的,可以自裁定宣布之日或者收到通知之日起十五日内向该人民法院申请复议。复议期间不停止裁定的执行。

第二节 债权人委员会

第六十七条 债权人会议可以决定设立债权人委员会。债权人委员会由债权人会议选任的债权人代表和一名债务人的职工代表或者工会代表组成。债权人委员会成员不得超过九人。

债权人委员会成员应当经人民法院书面决定认可。

第六十八条 债权人委员会行使下列职权:

(一)监督债务人财产的管理和处分;

(二)监督破产财产分配;

(三)提议召开债权人会议;

(四)债权人会议委托的其他职权。

债权人委员会执行职务时,有权要求管理人、债务人的有关人员对其职权范围内的事务作出说明或者提供有关文件。

管理人、债务人的有关人员违反本法规定拒绝接受监督的,债权人委员会有权就监督事项请求人民法院作出决定;人民法院应当在五日内作出决定。

第六十九条 管理人实施下列行为,应当及时报告债权人委员会:

(一)涉及土地、房屋等不动产权益的转让;

(二)探矿权、采矿权、知识产权等财产权的转让;

(三)全部库存或者营业的转让;

(四)借款;

(五)设定财产担保;

(六)债权和有价证券的转让;

(七)履行债务人和对方当事人均未履行完毕的合同;

(八)放弃权利;

(九)担保物的取回;

(十) 对债权人利益有重大影响的其他财产处分行为。

未设立债权人委员会的，管理人实施前款规定的行为应当及时报告人民法院。

第八章 重 整

第一节 重整申请和重整期间

第七十条 债务人或者债权人可以依照本法规定，直接向人民法院申请对债务人进行重整。

债权人申请对债务人进行破产清算的，在人民法院受理破产申请后、宣告债务人破产前，债务人或者出资额占债务人注册资本十分之一以上的出资人，可以向人民法院申请重整。

第七十一条 人民法院经审查认为重整申请符合本法规定的，应当裁定债务人重整，并予以公告。

第七十二条 自人民法院裁定债务人重整之日起至重整程序终止，为重整期间。

第七十三条 在重整期间，经债务人申请，人民法院批准，债务人可以在管理人的监督下自行管理财产和营业事务。

有前款规定情形的，依照本法规定已接管债务人财产和营业事务的管理人应当向债务人移交财产和营业事务，本法规定的管理人的职权由债务人行使。

第七十四条 管理人负责管理财产和营业事务的，可以聘任债务人的经营管理人员负责营业事务。

第七十五条 在重整期间，对债务人的特定财产享有的担保权暂停行使。但是，担保物有损坏或者价值明显减少的可能，足以危害担保权人权利的，担保权人可以向人民法院请求恢复行使担保权。

在重整期间，债务人或者管理人为继续营业而借款的，可以为该借款设定担保。

第七十六条 债务人合法占有的他人财产，该财产的权利人在重整期间要求取回的，应当符合事先约定的条件。

第七十七条 在重整期间，债务人的出资人不得请求投资收益分配。

在重整期间，债务人的董事、监事、高级管理人员不得向第三人转让其持有的债务人的股权。但是，经人民法院同意的除外。

第七十八条 在重整期间，有下列情形之一的，经管理人或者利害关系人请求，人民法院应当裁定终止重整程序，并宣告债务人破产：

（一）债务人的经营状况和财产状况继续恶化，缺乏挽救的可能性；

（二）债务人有欺诈、恶意减少债务人财产或者其他显著不利于债权人的行为；

（三）由于债务人的行为致使管理人无法执行职务。

第二节 重整计划的制定和批准

第七十九条 债务人或者管理人应当自人民法院裁定债务人重整之日起六个月内，同时向人民法院和债权人会议提交重整计划草案。

前款规定的期限届满，经债务人或者管理人请求，有正当理由的，人民法院可以裁定延期三个月。

债务人或者管理人未按期提出重整计划草案的，人民法院应当裁定终止重整程序，并宣告债务人破产。

第八十条 债务人自行管理财产和营业事务的，由债务人制作重整计划草案。

管理人负责管理财产和营业事务的，由管理人制作重整计划草案。

第八十一条 重整计划草案应当包括下列内容：

（一）债务人的经营方案；

（二）债权分类；

（三）债权调整方案；

（四）债权受偿方案；

（五）重整计划的执行期限；

（六）重整计划执行的监督期限；

（七）有利于债务人重整的其他方案。

第八十二条 下列各类债权的债权人参加讨论重整计划草案的债权人会议，依照下列债权分类，分组对重整计划草案进行表决：

（一）对债务人的特定财产享有担保权的债权；

（二）债务人所欠职工的工资和医疗、伤残补助、抚恤费用，所欠的应当划入职工个人账户的基本养老保险、基本医疗保险费用，以及法律、行政法规规定应当支付给职工的补偿金；

（三）债务人所欠税款；

（四）普通债权。

人民法院在必要时可以决定在普通债权组中设小额债权组对重整计划草案进行表决。

第八十三条 重整计划不得规定减免债务人欠缴的本法第八十二条第一款第二项规定以外的社会保险费用；该项费用的债权人不参加重整计划草案的表决。

第八十四条 人民法院应当自收到重整计划草案之日起三十日内召开债权人会议，对重整计划草案进行表决。

出席会议的同一表决组的债权人过半数同意重整计划草案，并且其所代表的债权额占该组债权总额的三分之二以上的，即为该组通过重整计划草案。

债务人或者管理人应当向债权人会议就重整计划草案作出说明，并回答询问。

第八十五条 债务人的出资人代表可以列席讨论重整计划草案的债权人会议。

重整计划草案涉及出资人权益调整事项的，应当设出资人组，对该事项进行表决。

第八十六条 各表决组均通过重整计划草案时，重整计划即为通过。

自重整计划通过之日起十日内，债务人或者管理人应当向人民法院提出批准重整计划的申请。人民法院经审查认为符合本法规定的，应当自收到申请之日起三十日内裁定批准，终止重整程序，并予以公告。

第八十七条 部分表决组未通过重整计划草案的，债务人或者管理人可以同未通过重整计划草案的表决组协商。该表决组可以在协商后再表决一次。双方协商的结果不得损害其他表决组的利益。

未通过重整计划草案的表决组拒绝再次表决或者再次表决仍未通过重整计划草案，但重整计划草案符合下列条件的，债务人或者管理人可以申请人民法院批准重整计划草案：

（一）按照重整计划草案，本法第八十二条第一款第一项所列债权就该特定财产将获得全额清偿，其因延期清偿所受的损失将得到公平补偿，并且其担保权未受到实质性损害，或者该表决组已经通过重整计划草案；

（二）按照重整计划草案，本法第八十二条第一款第二项、第三项所列债权将获得全额清偿，或者相应表决组已经通过重整计划草案；

（三）按照重整计划草案，普通债权所获得的清偿比例，不低于其在重整计划草案被提请批准时依照破产清算程序所能获得的清偿比例，或者该表决组已经通过重整计划草案；

（四）重整计划草案对出资人权益的调整公平、公正，或者出资人组已经通过重整计划草案；

（五）重整计划草案公平对待同一表决组的成员，并且所规定的债权清偿顺序不违反本法第一百一十三条的规定；

（六）债务人的经营方案具有可行性。

人民法院经审查认为重整计划草案符合前款规定的，应当自收到申请之日起三十日内裁定批准，终止重整程序，并予以公告。

第八十八条 重整计划草案未获得通过且未依照本法第八十七条的规定获得批准，或者已通过的重整计划未获得批准的，人民法院应当裁定终止重整程序，并宣告债务人破产。

第三节 重整计划的执行

第八十九条 重整计划由债务人负责执行。

人民法院裁定批准重整计划后，已接管财产和营业事务的管理人应当向债务人移交财产和营业事务。

第九十条 自人民法院裁定批准重整计划之日起，在重整计划规定的监督期内，由管理人监督重整计划的执行。

在监督期内，债务人应当向管理人报告重整计划执行情况和债务人财务状况。

第九十一条 监督期届满时，管理人应当向人民法院提交监督报告。自监督报告提交之日起，管理人的监督职责终止。

管理人向人民法院提交的监督报告，重整计划的利害关系人有权查阅。

经管理人申请，人民法院可以裁定延长重整计划执行的监督期限。

第九十二条 经人民法院裁定批准的重整计划，对债务人和全体债权人均有约束力。

债权人未依照本法规定申报债权的，在重整计划执行期间不得行使权利；在重整计划执行完毕后，可以按照重整计划规定的同类债权的清偿条件行使权利。

债权人对债务人的保证人和其他连带债务人所享有的权利，不受重整计划的影响。

第九十三条 债务人不能执行或者不执行重整计划的，人民法院经管理人或者利害关系人请求，应当裁定终止重整计划的执行，并宣告债务人破产。

人民法院裁定终止重整计划执行的，债权人在重整计划中作出的债权调整的承诺失去效力。债权人因执行重整计划所受的清偿仍然有效，债权未受清偿的部分作为破产债权。

前款规定的债权人，只有在其他同顺位债权人同自己所受的清偿达到同一比例时，才能继续接受分配。

有本条第一款规定情形的，为重整计划的执行提供的担保继续有效。

第九十四条 按照重整计划减免的债务，自重整计划执行完毕时起，债务人不再承担清偿责任。

第九章 和 解

第九十五条 债务人可以依照本法规定，直接向人民法院申请和解；也可以在人民法院受理破产申请后、宣告债务人破产前，向人民法院申请和解。

债务人申请和解，应当提出和解协议草案。

第九十六条 人民法院经审查认为和解申请符合本法规定的，应当裁定和解，予以公告，并召集债权人会议讨论和解协议草案。

对债务人的特定财产享有担保权的权利人，自人民法院裁定和解之日起可以行使权利。

第九十七条 债权人会议通过和解协议的决议，由出席会议的有表决权的债权人过半数同意，并且其所代表的债权额占无财产担保债权总额的三分之二以上。

第九十八条 债权人会议通过和解协议的，由人民法院裁定认可，终止和解程序，并予以公告。管理人应当向债务人移交财产和营业事务，并向人民法院提交执行职务的报告。

第九十九条 和解协议草案经债权人会议表决未获得通过，或者已经债权人会议通过的和解协议未获得人民法院认可的，人民法院应当裁定终止和解程序，并宣告债务人破产。

第一百条 经人民法院裁定认可的和解协议，对债务人和全体和解债权人均有约束力。

和解债权人是指人民法院受理破产申请时对债务人享有无财产担保债权的人。

和解债权人未依照本法规定申报债权的，在和解协议执行期间不得行使权利；在和解协议执行完毕后，可以按照和解协议规定的清偿条件行使权利。

第一百零一条 和解债权人对债务人的保证人和其他连带债务人所享有的权利，不受和解协议的影响。

第一百零二条 债务人应当按照和解协议规定的条件清偿债务。

第一百零三条 因债务人的欺诈或者其他违法行为而成立的和解协议，人民法院应当裁定无效，并宣告债务人破产。

有前款规定情形的，和解债权人因执行和解协议所受的清偿，在其他债权人所受清偿同等比例的范围内,不予返还。

第一百零四条 债务人不能执行或者不执行和解协议的,人民法院经和解债权人请求,应当裁定终止和解协议的执行,并宣告债务人破产。

人民法院裁定终止和解协议执行的,和解债权人在和解协议中作出的债权调整的承诺失去效力。和解债权人因执行和解协议所受的清偿仍然有效,和解债权未受清偿的部分作为破产债权。

前款规定的债权人,只有在其他债权人同自己所受的清偿达到同一比例时,才能继续接受分配。

有本条第一款规定情形的,为和解协议的执行提供的担保继续有效。

第一百零五条 人民法院受理破产申请后,债务人与全体债权人就债权债务的处理自行达成协议的,可以请求人民法院裁定认可,并终结破产程序。

第一百零六条 按照和解协议减免的债务,自和解协议执行完毕时起,债务人不再承担清偿责任。

第十章 破产清算

第一节 破产宣告

第一百零七条 人民法院依照本法规定宣告债务人破产的,应当自裁定作出之日起五日内送达债务人和管理人,自裁定作出之日起十日内通知已知债权人,并予以公告。

债务人被宣告破产后,债务人称为破产人,债务人财产称为破产财产,人民法院受理破产申请时对债务人享有的债权称为破产债权。

第一百零八条 破产宣告前,有下列情形之一的,人民法院应当裁定终结破产程序,并予以公告:

(一)第三人为债务人提供足额担保或者为债务人清偿全部到期债务的;

(二)债务人已清偿全部到期债务的。

第一百零九条 对破产人的特定财产享有担保权的权利人,对该特定财产享有优先受偿的权利。

第一百一十条 享有本法第一百零九条规定权利的债权人行使优先受偿权利未能完全受偿的,其未受偿的债权作为普通债权;放弃优先受偿权利的,其债权作为普通债权。

第二节 变价和分配

第一百一十一条 管理人应当及时拟订破产财产变价方案,提交债权人会议讨论。

管理人应当按照债权人会议通过的或者人民法院依照本法第六十五条第一款规定裁定的破产财产变价方案，适时变价出售破产财产。

第一百一十二条 变价出售破产财产应当通过拍卖进行。但是，债权人会议另有决议的除外。

破产企业可以全部或者部分变价出售。企业变价出售时，可以将其中的无形资产和其他财产单独变价出售。

按照国家规定不能拍卖或者限制转让的财产，应当按照国家规定的方式处理。

第一百一十三条 破产财产在优先清偿破产费用和共益债务后，依照下列顺序清偿：

（一）破产人所欠职工的工资和医疗、伤残补助、抚恤费用，所欠的应当划入职工个人账户的基本养老保险、基本医疗保险费用，以及法律、行政法规规定应当支付给职工的补偿金；

（二）破产人欠缴的除前项规定以外的社会保险费用和破产人所欠税款；

（三）普通破产债权。

破产财产不足以清偿同一顺序的清偿要求的，按照比例分配。

破产企业的董事、监事和高级管理人员的工资按照该企业职工的平均工资计算。

第一百一十四条 破产财产的分配应当以货币分配方式进行。但是，债权人会议另有决议的除外。

第一百一十五条 管理人应当及时拟订破产财产分配方案，提交债权人会议讨论。

破产财产分配方案应当载明下列事项：

（一）参加破产财产分配的债权人名称或者姓名、住所；

（二）参加破产财产分配的债权额；

（三）可供分配的破产财产数额；

（四）破产财产分配的顺序、比例及数额；

（五）实施破产财产分配的方法。

债权人会议通过破产财产分配方案后，由管理人将该方案提请人民法院裁定认可。

第一百一十六条 破产财产分配方案经人民法院裁定认可后，由管理人执行。

管理人按照破产财产分配方案实施多次分配的，应当公告本次分配的财产额和债权额。管理人实施最后分配的，应当在公告中指明，并载明本法第一百一十七条第二款规定的事项。

第一百一十七条　对于附生效条件或者解除条件的债权，管理人应当将其分配额提存。

管理人依照前款规定提存的分配额，在最后分配公告日，生效条件未成就或者解除条件成就的，应当分配给其他债权人；在最后分配公告日，生效条件成就或者解除条件未成就的，应当交付给债权人。

第一百一十八条　债权人未受领的破产财产分配额，管理人应当提存。债权人自最后分配公告之日起满二个月仍不领取的，视为放弃受领分配的权利，管理人或者人民法院应当将提存的分配额分配给其他债权人。

第一百一十九条　破产财产分配时，对于诉讼或者仲裁未决的债权，管理人应当将其分配额提存。自破产程序终结之日起满二年仍不能受领分配的，人民法院应当将提存的分配额分配给其他债权人。

第三节　破产程序的终结

第一百二十条　破产人无财产可供分配的，管理人应当请求人民法院裁定终结破产程序。

管理人在最后分配完结后，应当及时向人民法院提交破产财产分配报告，并提请人民法院裁定终结破产程序。

人民法院应当自收到管理人终结破产程序的请求之日起十五日内作出是否终结破产程序的裁定。裁定终结的，应当予以公告。

第一百二十一条　管理人应当自破产程序终结之日起十日内，持人民法院终结破产程序的裁定，向破产人的原登记机关办理注销登记。

第一百二十二条　管理人于办理注销登记完毕的次日终止执行职务。但是，存在诉讼或者仲裁未决情况的除外。

第一百二十三条　自破产程序依照本法第四十三条第四款或者第一百二十条的规定终结之日起二年内，有下列情形之一的，债权人可以请求人民法院按照破产财产分配方案进行追加分配：

（一）发现有依照本法第三十一条、第三十二条、第三十三条、第三十六条规定应当追回的财产的；

（二）发现破产人有应当供分配的其他财产的。

有前款规定情形，但财产数量不足以支付分配费用的，不再进行追加分配，由人民法院将其上交国库。

第一百二十四条　破产人的保证人和其他连带债务人，在破产程序终结后，对债权人依照破产清算程序未受清偿的债权，依法继续承担清偿责任。

第十一章 法 律 责 任

第一百二十五条 企业董事、监事或者高级管理人员违反忠实义务、勤勉义务，致使所在企业破产的，依法承担民事责任。

有前款规定情形的人员，自破产程序终结之日起三年内不得担任任何企业的董事、监事、高级管理人员。

第一百二十六条 有义务列席债权人会议的债务人的有关人员，经人民法院传唤，无正当理由拒不列席债权人会议的，人民法院可以拘传，并依法处以罚款。债务人的有关人员违反本法规定，拒不陈述、回答，或者作虚假陈述、回答的，人民法院可以依法处以罚款。

第一百二十七条 债务人违反本法规定，拒不向人民法院提交或者提交不真实的财产状况说明、债务清册、债权清册、有关财务会计报告以及职工工资的支付情况和社会保险费用的缴纳情况的，人民法院可以对直接责任人员依法处以罚款。

债务人违反本法规定，拒不向管理人移交财产、印章和账簿、文书等资料的，或者伪造、销毁有关财产证据材料而使财产状况不明的，人民法院可以对直接责任人员依法处以罚款。

第一百二十八条 债务人有本法第三十一条、第三十二条、第三十三条规定的行为，损害债权人利益的，债务人的法定代表人和其他直接责任人员依法承担赔偿责任。

第一百二十九条 债务人的有关人员违反本法规定，擅自离开住所地的，人民法院可以予以训诫、拘留，可以依法并处罚款。

第一百三十条 管理人未依照本法规定勤勉尽责，忠实执行职务的，人民法院可以依法处以罚款；给债权人、债务人或者第三人造成损失的，依法承担赔偿责任。

第一百三十一条 违反本法规定，构成犯罪的，依法追究刑事责任。

第十二章 附 则

第一百三十二条 本法施行后，破产人在本法公布之日前所欠职工的工资和医疗、伤残补助、抚恤费用，所欠的应当划入职工个人账户的基本养老保险、基本医疗保险费用，以及法律、行政法规规定应当支付给职工的补偿金，依照本法第一百一十三条的规定清偿后不足以清偿的部分，以本法第一百零九条规定的特定财产优先于对该特定财产享有担保权的权利人受偿。

第一百三十三条　在本法施行前国务院规定的期限和范围内的国有企业实施破产的特殊事宜，按照国务院有关规定办理。

第一百三十四条　商业银行、证券公司、保险公司等金融机构有本法第二条规定情形的，国务院金融监督管理机构可以向人民法院提出对该金融机构进行重整或者破产清算的申请。国务院金融监督管理机构依法对出现重大经营风险的金融机构采取接管、托管等措施的，可以向人民法院申请中止以该金融机构为被告或者被执行人的民事诉讼程序或者执行程序。

金融机构实施破产的，国务院可以依据本法和其他有关法律的规定制定实施办法。

第一百三十五条　其他法律规定企业法人以外的组织的清算，属于破产清算的，参照适用本法规定的程序。

第一百三十六条　本法自2007年6月1日起施行，《中华人民共和国企业破产法（试行）》同时废止。

最高人民法院
关于审理企业破产案件指定管理人的规定

法释〔2007〕8号

(2007年4月4日最高人民法院审判委员会第1422次会议通过 2007年4月12日最高人民法院公告公布 自2007年6月1日起施行)

为公平、公正审理企业破产案件，保证破产审判工作依法顺利进行，促进管理人制度的完善和发展，根据《中华人民共和国企业破产法》的规定，制定本规定。

一、管理人名册的编制

第一条 人民法院审理企业破产案件应当指定管理人。除企业破产法和本规定另有规定外，管理人应当从管理人名册中指定。

第二条 高级人民法院应当根据本辖区律师事务所、会计师事务所、破产清算事务所等社会中介机构及专职从业人员数量和企业破产案件数量，确定由本院或者所辖中级人民法院编制管理人名册。

人民法院应当分别编制社会中介机构管理人名册和个人管理人名册。由直辖市以外的高级人民法院编制的管理人名册中，应当注明社会中介机构和个人所属中级人民法院辖区。

第三条 符合企业破产法规定条件的社会中介机构及其具备相关专业知识并取得执业资格的人员，均可申请编入管理人名册。已被编入机构管理人名册的社会中介机构中，具备相关专业知识并取得执业资格的人员，可以申请编入个人管理人名册。

第四条 社会中介机构及个人申请编入管理人名册的，应当向所在地区编制管理人名册的人民法院提出，由该人民法院予以审定。

人民法院不受理异地申请，但异地社会中介机构在本辖区内设立的分支机构提出申请的除外。

第五条　人民法院应当通过本辖区有影响的媒体就编制管理人名册的有关事项进行公告。公告应当包括以下内容：

（一）管理人申报条件；

（二）应当提交的材料；

（三）评定标准、程序；

（四）管理人的职责以及相应的法律责任；

（五）提交申报材料的截止时间；

（六）人民法院认为应当公告的其他事项。

第六条　律师事务所、会计师事务所申请编入管理人名册的，应当提供下列材料：

（一）执业证书、依法批准设立文件或者营业执照；

（二）章程；

（三）本单位专职从业人员名单及其执业资格证书复印件；

（四）业务和业绩材料；

（五）行业自律组织对所提供材料真实性以及有无被行政处罚或者纪律处分情况的证明；

（六）人民法院要求的其他材料。

第七条　破产清算事务所申请编入管理人名册的，应当提供以下材料：

（一）营业执照或者依法批准设立的文件；

（二）本单位专职从业人员的法律或者注册会计师资格证书，或者经营管理经历的证明材料；

（三）业务和业绩材料；

（四）能够独立承担民事责任的证明材料；

（五）行业自律组织对所提供材料真实性以及有无被行政处罚或者纪律处分情况的证明，或者申请人就上述情况所作的真实性声明；

（六）人民法院要求的其他材料。

第八条　个人申请编入管理人名册的，应当提供下列材料：

（一）律师或者注册会计师执业证书复印件以及执业年限证明；

（二）所在社会中介机构同意其担任管理人的函件；

（三）业务专长及相关业绩材料；

（四）执业责任保险证明；

（五）行业自律组织对所提供材料真实性以及有无被行政处罚或者纪律处分情况的证明；

（六）人民法院要求的其他材料。

第九条 社会中介机构及个人具有下列情形之一的，人民法院可以适用企业破产法第二十四条第三款第四项的规定：

（一）因执业、经营中故意或者重大过失行为，受到行政机关、监管机构或者行业自律组织行政处罚或者纪律处分之日起未逾三年；

（二）因涉嫌违法行为正被相关部门调查；

（三）因不适当履行职务或者拒绝接受人民法院指定等原因，被人民法院从管理人名册除名之日起未逾三年；

（四）缺乏担任管理人所应具备的专业能力；

（五）缺乏承担民事责任的能力；

（六）人民法院认为可能影响履行管理人职责的其他情形。

第十条 编制管理人名册的人民法院应当组成专门的评审委员会，决定编入管理人名册的社会中介机构和个人名单。评审委员会成员应不少于七人。

人民法院应当根据本辖区社会中介机构以及社会中介机构中个人的实际情况，结合其执业业绩、能力、专业水准、社会中介机构的规模、办理企业破产案件的经验等因素制定管理人评定标准，由评审委员会根据申报人的具体情况评定其综合分数。

人民法院根据评审委员会评审结果，确定管理人初审名册。

第十一条 人民法院应当将管理人初审名册通过本辖区有影响的媒体进行公示，公示期为十日。

对于针对编入初审名册的社会中介机构和个人提出的异议，人民法院应当进行审查。异议成立、申请人确不宜担任管理人的，人民法院应将该社会中介机构或者个人从管理人初审名册中删除。

第十二条 公示期满后，人民法院应审定管理人名册，并通过全国有影响的媒体公布，同时逐级报最高人民法院备案。

第十三条 人民法院可以根据本辖区的实际情况，分批确定编入管理人名册的社会中介机构及个人。

编制管理人名册的全部资料应当建立档案备查。

第十四条 人民法院可以根据企业破产案件受理情况、管理人履行职务以及管理人资格变化等因素，对管理人名册适时进行调整。新编入管理人名册的社会中介机构和个人应当按照本规定的程序办理。

人民法院发现社会中介机构或者个人有企业破产法第二十四条第三款规定

情形的，应当将其从管理人名册中除名。

二、管理人的指定

第十五条 受理企业破产案件的人民法院指定管理人，一般应从本地管理人名册中指定。

对于商业银行、证券公司、保险公司等金融机构以及在全国范围内有重大影响、法律关系复杂、债务人财产分散的企业破产案件，人民法院可以从所在地区高级人民法院编制的管理人名册列明的其他地区管理人或者异地人民法院编制的管理人名册中指定管理人。

第十六条 受理企业破产案件的人民法院，一般应指定管理人名册中的社会中介机构担任管理人。

第十七条 对于事实清楚、债权债务关系简单、债务人财产相对集中的企业破产案件，人民法院可以指定管理人名册中的个人为管理人。

第十八条 企业破产案件有下列情形之一的，人民法院可以指定清算组为管理人：

（一）破产申请受理前，根据有关规定已经成立清算组，人民法院认为符合本规定第十九条的规定；

（二）审理企业破产法第一百三十三条规定的案件；

（三）有关法律规定企业破产时成立清算组；

（四）人民法院认为可以指定清算组为管理人的其他情形。

第十九条 清算组为管理人的，人民法院可以从政府有关部门、编入管理人名册的社会中介机构、金融资产管理公司中指定清算组成员，人民银行及金融监督管理机构可以按照有关法律和行政法规的规定派人参加清算组。

第二十条 人民法院一般应当按照管理人名册所列名单采取轮候、抽签、摇号等随机方式公开指定管理人。

第二十一条 对于商业银行、证券公司、保险公司等金融机构或者在全国范围有重大影响、法律关系复杂、债务人财产分散的企业破产案件，人民法院可以采取公告的方式，邀请编入各地人民法院管理人名册中的社会中介机构参与竞争，从参与竞争的社会中介机构中指定管理人。参与竞争的社会中介机构不得少于三家。

采取竞争方式指定管理人的，人民法院应当组成专门的评审委员会。

评审委员会应当结合案件的特点，综合考量社会中介机构的专业水准、经验、机构规模、初步报价等因素，从参与竞争的社会中介机构中择优指定管理人。被指定为管理人的社会中介机构应经评审委员会成员二分之一以上通过。

采取竞争方式指定管理人的，人民法院应当确定一至两名备选社会中介机构，作为需要更换管理人时的接替人选。

第二十二条 对于经过行政清理、清算的商业银行、证券公司、保险公司等金融机构的破产案件，人民法院除可以按照本规定第十八条第一项的规定指定管理人外，也可以在金融监督管理机构推荐的已编入管理人名册的社会中介机构中指定管理人。

第二十三条 社会中介机构、清算组成员有下列情形之一，可能影响其忠实履行管理人职责的，人民法院可以认定为企业破产法第二十四条第三款第三项规定的利害关系：

（一）与债务人、债权人有未了结的债权债务关系；

（二）在人民法院受理破产申请前三年内，曾为债务人提供相对固定的中介服务；

（三）现在是或者在人民法院受理破产申请前三年内曾经是债务人、债权人的控股股东或者实际控制人；

（四）现在担任或者在人民法院受理破产申请前三年内曾经担任债务人、债权人的财务顾问、法律顾问；

（五）人民法院认为可能影响其忠实履行管理人职责的其他情形。

第二十四条 清算组成员的派出人员、社会中介机构的派出人员、个人管理人有下列情形之一，可能影响其忠实履行管理人职责的，可以认定为企业破产法第二十四条第三款第三项规定的利害关系：

（一）具有本规定第二十三条规定情形；

（二）现在担任或者在人民法院受理破产申请前三年内曾经担任债务人、债权人的董事、监事、高级管理人员；

（三）与债权人或者债务人的控股股东、董事、监事、高级管理人员存在夫妻、直系血亲、三代以内旁系血亲或者近姻亲关系；

（四）人民法院认为可能影响其公正履行管理人职责的其他情形。

第二十五条 在进入指定管理人程序后，社会中介机构或者个人发现与本案有利害关系的，应主动申请回避并向人民法院书面说明情况。人民法院认为社会中介机构或者个人与本案有利害关系的，不应指定该社会中介机构或者个人为本案管理人。

第二十六条 社会中介机构或者个人有重大债务纠纷或者因涉嫌违法行为正被相关部门调查的，人民法院不应指定该社会中介机构或者个人为本案管理人。

第二十七条 人民法院指定管理人应当制作决定书,并向被指定为管理人的社会中介机构或者个人、破产申请人、债务人、债务人的企业登记机关送达。决定书应与受理破产申请的民事裁定书一并公告。

第二十八条 管理人无正当理由,不得拒绝人民法院的指定。

管理人一经指定,不得以任何形式将管理人应当履行的职责全部或者部分转给其他社会中介机构或者个人。

第二十九条 管理人凭指定管理人决定书按照国家有关规定刻制管理人印章,并交人民法院封样备案后启用。

管理人印章只能用于所涉破产事务。管理人根据企业破产法第一百二十二条规定终止执行职务后,应当将管理人印章交公安机关销毁,并将销毁的证明送交人民法院。

第三十条 受理企业破产案件的人民法院应当将指定管理人过程中形成的材料存入企业破产案件卷宗,债权人会议或者债权人委员会有权查阅。

三、管理人的更换

第三十一条 债权人会议根据企业破产法第二十二条第二款的规定申请更换管理人的,应由债权人会议作出决议并向人民法院提出书面申请。

人民法院在收到债权人会议的申请后,应当通知管理人在两日内作出书面说明。

第三十二条 人民法院认为申请理由不成立的,应当自收到管理人书面说明之日起十日内作出驳回申请的决定。

人民法院认为申请更换管理人的理由成立的,应当自收到管理人书面说明之日起十日内作出更换管理人的决定。

第三十三条 社会中介机构管理人有下列情形之一的,人民法院可以根据债权人会议的申请或者依职权径行决定更换管理人:

(一)执业许可证或者营业执照被吊销或者注销;

(二)出现解散、破产事由或者丧失承担执业责任风险的能力;

(三)与本案有利害关系;

(四)履行职务时,因故意或者重大过失导致债权人利益受到损害;

(五)有本规定第二十六条规定的情形。

清算组成员参照适用前款规定。

第三十四条 个人管理人有下列情形之一的,人民法院可以根据债权人会议的申请或者依职权径行决定更换管理人:

（一）执业资格被取消、吊销；
（二）与本案有利害关系；
（三）履行职务时，因故意或者重大过失导致债权人利益受到损害；
（四）失踪、死亡或者丧失民事行为能力；
（五）因健康原因无法履行职务；
（六）执业责任保险失效；
（七）有本规定第二十六条规定的情形。

清算组成员的派出人员、社会中介机构的派出人员参照适用前款规定。

第三十五条 管理人无正当理由申请辞去职务的，人民法院不予许可。正当理由的认定，可参照适用本规定第三十三条、第三十四条规定的情形。

第三十六条 人民法院对管理人申请辞去职务未予许可，管理人仍坚持辞去职务并不再履行管理人职责的，人民法院应当决定更换管理人。

第三十七条 人民法院决定更换管理人的，原管理人应当自收到决定书之次日起，在人民法院监督下向新任管理人移交全部资料、财产、营业事务及管理人印章，并及时向新任管理人书面说明工作进展情况。原管理人不能履行上述职责的，新任管理人可以直接接管相关事务。

在破产程序终结前，原管理人应当随时接受新任管理人、债权人会议、人民法院关于其履行管理人职责情况的询问。

第三十八条 人民法院决定更换管理人的，应将决定书送达原管理人、新任管理人、破产申请人、债务人以及债务人的企业登记机关，并予公告。

第三十九条 管理人申请辞去职务未获人民法院许可，但仍坚持辞职并不再履行管理人职责，或者人民法院决定更换管理人后，原管理人拒不向新任管理人移交相关事务，人民法院可以根据企业破产法第一百三十条的规定和具体情况，决定对管理人罚款。对社会中介机构为管理人的罚款5万元至20万元人民币，对个人为管理人的罚款1万元至5万元人民币。

管理人有前款规定行为或者无正当理由拒绝人民法院指定的，编制管理人名册的人民法院可以决定停止其担任管理人一年至三年，或者将其从管理人名册中除名。

第四十条 管理人不服罚款决定的，可以向上一级人民法院申请复议，上级人民法院应在收到复议申请后五日内作出决定，并将复议结果通知下级人民法院和当事人。

最高人民法院
关于审理企业破产案件确定管理人报酬的规定

法释〔2007〕9号

（2007年4月4日最高人民法院审判委员会第1422次会议通过 2007年4月12日最高人民法院公告公布 自2007年6月1日起施行）

为公正、高效审理企业破产案件，规范人民法院确定管理人报酬工作，根据《中华人民共和国企业破产法》的规定，制定本规定。

第一条 管理人履行企业破产法第二十五条规定的职责，有权获得相应报酬。

管理人报酬由审理企业破产案件的人民法院依据本规定确定。

第二条 人民法院应根据债务人最终清偿的财产价值总额，在以下比例限制范围内分段确定管理人报酬：

（一）不超过一百万元（含本数，下同）的，在12%以下确定；

（二）超过一百万元至五百万元的部分，在10%以下确定；

（三）超过五百万元至一千万元的部分，在8%以下确定；

（四）超过一千万元至五千万元的部分，在6%以下确定；

（五）超过五千万元至一亿元的部分，在3%以下确定；

（六）超过一亿元至五亿元的部分，在1%以下确定；

（七）超过五亿元的部分，在0.5%以下确定。

担保权人优先受偿的担保物价值，不计入前款规定的财产价值总额。

高级人民法院认为有必要的，可以参照上述比例在30%的浮动范围内制定符合当地实际情况的管理人报酬比例限制范围，并通过当地有影响的媒体公告，同时报最高人民法院备案。

第三条 人民法院可以根据破产案件的实际情况，确定管理人分期或者最后一次性收取报酬。

第四条 人民法院受理企业破产申请后，应当对债务人可供清偿的财产价值和管理人的工作量作出预测，初步确定管理人报酬方案。管理人报酬方案应当包括管理人报酬比例和收取时间。

第五条 人民法院采取公开竞争方式指定管理人的，可以根据社会中介机构提出的报价确定管理人报酬方案，但报酬比例不得超出本规定第二条规定的限制范围。

上述报酬方案一般不予调整，但债权人会议异议成立的除外。

第六条 人民法院应当自确定管理人报酬方案之日起三日内，书面通知管理人。

管理人应当在第一次债权人会议上报告管理人报酬方案内容。

第七条 管理人、债权人会议对管理人报酬方案有意见的，可以进行协商。双方就调整管理人报酬方案内容协商一致的，管理人应向人民法院书面提出具体的请求和理由，并附相应的债权人会议决议。

人民法院经审查认为上述请求和理由不违反法律和行政法规强制性规定，且不损害他人合法权益的，应当按照双方协商的结果调整管理人报酬方案。

第八条 人民法院确定管理人报酬方案后，可以根据破产案件和管理人履行职责的实际情况进行调整。

人民法院应当自调整管理人报酬方案之日起三日内，书面通知管理人。管理人应当自收到上述通知之日起三日内，向债权人委员会或者债权人会议主席报告管理人报酬方案调整内容。

第九条 人民法院确定或者调整管理人报酬方案时，应当考虑以下因素：

（一）破产案件的复杂性；

（二）管理人的勤勉程度；

（三）管理人为重整、和解工作做出的实际贡献；

（四）管理人承担的风险和责任；

（五）债务人住所地居民可支配收入及物价水平；

（六）其他影响管理人报酬的情况。

第十条 最终确定的管理人报酬及收取情况，应列入破产财产分配方案。在和解、重整程序中，管理人报酬方案内容应列入和解协议草案或重整计划草案。

第十一条 管理人收取报酬，应当向人民法院提出书面申请。申请书应当包括以下内容：

（一）可供支付报酬的债务人财产情况；

（二）申请收取报酬的时间和数额；

（三）管理人履行职责的情况。

人民法院应当自收到上述申请书之日起十日内，确定支付管理人的报酬数额。

第十二条 管理人报酬从债务人财产中优先支付。

债务人财产不足以支付管理人报酬和管理人执行职务费用的，管理人应当提请人民法院终结破产程序。但债权人、管理人、债务人的出资人或者其他利害关系人愿意垫付上述报酬和费用的，破产程序可以继续进行。

上述垫付款项作为破产费用从债务人财产中向垫付人随时清偿。

第十三条 管理人对担保物的维护、变现、交付等管理工作付出合理劳动的，有权向担保权人收取适当的报酬。管理人与担保权人就上述报酬数额不能协商一致的，人民法院应当参照本规定第二条规定的方法确定，但报酬比例不得超出该条规定限制范围的10%。

第十四条 律师事务所、会计师事务所通过聘请本专业的其他社会中介机构或者人员协助履行管理人职责的，所需费用从其报酬中支付。

破产清算事务所通过聘请其他社会中介机构或者人员协助履行管理人职责的，所需费用从其报酬中支付。

第十五条 清算组中有关政府部门派出的工作人员参与工作的不收取报酬。其他机构或人员的报酬根据其履行职责的情况确定。

第十六条 管理人发生更换的，人民法院应当分别确定更换前后的管理人报酬。其报酬比例总和不得超出本规定第二条规定的限制范围。

第十七条 债权人会议对管理人报酬有异议的，应当向人民法院书面提出具体的请求和理由。异议书应当附有相应的债权人会议决议。

第十八条 人民法院应当自收到债权人会议异议书之日起三日内通知管理人。管理人应当自收到通知之日起三日内作出书面说明。

人民法院认为有必要的，可以举行听证会，听取当事人意见。

人民法院应当自收到债权人会议异议书之日起十日内，就是否调整管理人报酬问题书面通知管理人、债权人委员会或者债权人会议主席。

最高人民法院民二庭负责人就《最高人民法院关于审理企业破产案件指定管理人的规定》和《最高人民法院关于审理企业破产案件确定管理人报酬的规定》答记者问

问：《中华人民共和国企业破产法》（以下简称《企业破产法》）将于 2007 年 6 月 1 日起施行，为配合《企业破产法》的施行，最高人民法院根据《企业破产法》的授权，制定了《关于审理企业破产案件指定管理人的规定》和《关于审理企业破产案件确定管理人报酬的规定》。在制定这两个规定时，最高人民法院是如何考虑现实情况和管理人制度发展需要的？

答：管理人制度是立法机关借鉴发达国家破产法立法经验和考虑我国审判实践需要而设立的制度。最高人民法院在制定两个规定时，坚持以下几个方面的指导思想：

（一）培育管理人市场，逐步形成一支专业化的管理人队伍

破产程序中的管理人制度在我国是一项全新的制度，《企业破产法（试行）》规定的清算组虽然在一定程度上也发挥了管理人的作用，但是由于存在清算组成立时间晚、独立性差、缺乏承担民事责任能力的缺点，不能满足高效、公正破产程序的需求，因此，借鉴发达国家的立法经验，引进管理人制度成为立法的当然之选。担任管理人的社会中介机构或个人，需具备高于一般中介服务的专业知识和能力，《企业破产法》规定了清算组、律师事务所、会计师事务所、破产清算事务所等社会中介机构以及中介机构中的个人可以担任管理人，其中又以中介机构为管理人的主要人选。但是，是否所有法律列明的中介机构都有担任管理人的能力，值得探讨。以破产清算事务所为例，由于长期

以来我国并没有专门的管理人资格考试和相应的行业协会以及专门的资质管理，因此，破产清算事务所良莠不齐，虽然有相当一部分破产清算事务所在国有企业破产中发挥了重要作用，积累了丰富的破产清算经验，但更多的破产清算事务所成立之初就存在一些问题，如人员结构复杂、组织形式多样、承担民事责任能力差、缺乏必要的专业知识，其能否胜任管理人职责令人担忧。因此，在起草《关于审理企业破产案件指定管理人的规定》（以下简称《指定管理人的规定》）时，我们审慎确定进入管理人名册的资格和条件，既考虑到现实情况，保证办理企业破产案件的质量，又照顾到管理人专业队伍的培育，为进一步完善管理人制度打下一定基础。

（二）兼顾地区差异，便于人民法院指定管理人

我国幅员辽阔、地区差异大、经济发展不平衡，导致各地人民法院受理破产案件数量差异极大。以2005年为例，受理破产案件最多的省份为吉林，共受理524件，超过300件的省份有河北、吉林、江苏、山东、湖北、湖南、广东。而同期，海南、西藏、宁夏却不足10件。同样，社会中介机构的数量差异也很大，最新的统计数据表明，广东有律师事务所1132家、律师13684人，北京有律师事务所950家、律师11994人，而宁夏只有律师事务所61家、律师588人，西藏有律师事务所14家、律师52人。会计师事务所也有相似情形。我院在起草《指定管理人的规定》时，既要保证这一规定在全国范围内适用，又要考虑地区间的不平衡。

统计数据表明，至2006年年底，全国共有律师事务所12400多家，会计师事务所6425家；破产清算事务所由于目前还没有行业协会，无法作出较为准确的统计，但以天津为例，就有100余家。2005年全国法院受理企业破产案件4978件。鉴于这种情况，指定管理人的规定要解决以下问题：一是受理破产案件的法院如何在众多的社会中介机构以及中介机构中的个人指定管理人；二是指定管理人时基本原则应如何掌握；三是如何能够公正、高效地在受理破产申请的同时即指定管理人。为此，《指定管理人的规定》规定了管理人名册制度，确定了指定管理人的基本原则以及针对不同类型案件指定管理人的方法。

（三）建立管理人指定的监督制约机制，保证指定管理人的公正性

《企业破产法》建立管理人制度的一个重要内容就是赋予管理人收取报酬的权利，从而与其所应当承担的职责相适应，这也是管理人制度能够吸引专业水准较高的社会中介机构和人员的基本保证。与此同时，管理人也会成为律师事务所等中介机构拓展业务领域的目标之一。虽然法律赋予了律师事务所、会计师事务所、破产清算事务所等社会中介机构成为管理人的能力，但破产清算

事务同现有的中介机构数量相比,仍然是有限的,不可能所有社会中介机构都能成为人民法院审理企业破产案件指定管理人的人选,这就必然形成法院在编制管理人名册、指定管理人时相对人的竞争。为保证这种竞争的公平性,避免这一过程中发生有损人民法院形象的行为,《指定管理人的规定》采取分散权力、随机确定、权力制约、加强监督等方式,确保相关人民法院在编制管理人名册、指定管理人时,公正行使权力,从而促进管理人市场的良性竞争。

(四)便于人民法院和债权人会议的监督

管理人能否胜任职务,依法、公正、忠实执行职务,勤勉尽责,是保证破产程序顺利进行的决定性因素。因此,对其实施必要的监督就显得尤为重要。法律赋予债权人会议和债权人委员会对管理人的监督权,就是要从机制上对管理人执行职务的行为和能力加以监督,监督的结果之一就是债权人会议可以申请人民法院更换管理人。管理人的更换直接涉及人民法院指定管理人程序的审查和重新启动,因此,有必要对债权人会议申请更换管理人的理由细化,使法律规定的这一权利和程序有操作性。

此外,《企业破产法》规定管理人由人民法院指定,其执行职务向人民法院报告工作。债权人会议并不是经常召开,如果一旦出现管理人应当更换的事由,而债权人会议又不能及时申请更换,必然影响破产程序的进行。法律又没有规定债权人或其他利害关系人可以申请更换管理人,因此,《指定管理人的规定》要求当管理人出现应予更换的事由,而债权人会议又难以提出申请的情况下,人民法院可以依职权予以更换,从而保证对管理人监督的有效实施。

(五)正确把握债权人利益最大化与管理人报酬激励作用的关系

债权人利益的最大化是破产程序的目标。从表面上看,管理人的报酬高低与债权人利益是有冲突的,如果管理人报酬高了,会使债权人的受偿额减少。但是,管理人能力对于破产财产的增加、破产程序的效率都起着至关重要的作用。一个高素质的管理人可以在单位时间内完成更多的管理工作,有利于最大限度地收回债务人财产,从而提高债权人的受偿额。而管理人报酬首先是管理人付出劳动的对价,报酬的高低直接影响到是否对可以担任管理人的社会中介机构的吸引程度。如果过低,难以吸引高素质的社会中介机构或个人介入到这一行业中,客观效果上既不利于债权人利益的最大化,也不利于人民法院审理企业破产案件的公正与效率。因此,正确把握管理人报酬标准是起草《关于审理企业破产案件确定管理人报酬的规定》(以下简称《管理人报酬规定》)的前提。

问：《企业破产法》规定管理人可以由有关部门、机构的人员组成的清算组或者依法设立的律师事务所、会计师事务所、破产清算事务所等社会中介机构或者社会中介机构中具备相关专业知识并取得执业资格的人员担任。在制定《指定管理人的规定》时，如何考虑管理人的积极条件？

答：《企业破产法》没有对管理人设置专门的执业资格，更没有设置管理人资格考试制度，希望利用现有的律师、会计师执业资格的资源解决这个问题，规定凡依法设立的律师事务所、会计师事务所、破产清算事务所，具有律师、注册会计师等专业资格的执业人员均可以担任管理人，其立法本意是避免造成新的市场准入障碍。但客观事实是，破产管理事务是一项十分复杂、实践性很强的综合性业务，融社会、经济、法律问题于一体，不仅大量的法律事务与非法律事务交织在一起，而且可能面临破产清算、重整、和解多重任务，对管理人素质、能力的要求应该说要高于一般的律师、会计师。采取何种方式解决管理人能力与破产管理人事务的复杂程度，成为指定管理人的难题。这也是在第一次征求意见稿中增设管理人积极条件的原因。

有关方面对增加社会中介机构和个人为管理人的条件提出了不同意见，主要包括：一是法律没有设资格限制，最高人民法院在司法解释中增设条件有同法律抵触之嫌；二是法律只授权最高人民法院规定指定管理人的办法，而不是设定管理人的积极条件；三是只要是依法设立的律师事务所、会计师事务所均能履行好管理人职责；四是增设条件有难度，如果过高，有些地区就可能出现无管理人可供指定；如果过低，则失去了提高"门槛"的意义。

在《指定管理人的规定》中，吸收了有关部门的意见，没有再规定管理人的积极条件，对相关问题通过以下方式解决：一是在编制管理人名册时，保留指定管理人的消极条件，强调担任管理人的专业能力和承担民事责任的能力；二是编制管理人名册时，应当根据本地区破产案件数量和社会中介机构及其从业人员的数量分批择优确定名单。

问：如何保证人民法院在指定管理人时的公正性？

答：《企业破产法》规定管理人由人民法院指定。为保证这一工作的公正性，指定管理人的规定从管理人名册的编制、指定管理人的方式等方面作出了具体的规定。

实行管理人名册制度是基于人民法院指定管理人的便利性、有效性、公正性的考虑。编制一个经过资质审核的、公开的管理人名册，可以消除法院管理人指定工作的盲目性和随意性。其他国家和地区建立管理人名单，大体有两种较常见的做法：第一种是建立专门的破产管理人名单。如德国的法院根据一份1600名左右的破产管理人名单颁发选任证书。第二种是将专业协会提供的会员名单作为破产管理人名单。我国台湾地区的破产管理人名单是由律师公会提供的名单和会计师公会提供的名册构成的。法国的破产管理人全国委员会有一个约500人的破产管理人名单。由于《企业破产法》将破产清算事务所作为破产管理人的一种形式，且短期内立即在律师、会计师、破产清算事务所中建立统一的破产管理人协会、开展资格考试还不具备条件，还没有一支专门的管理人队伍，所以，其他国家和地区那种直接将律师协会会员名单、会计师协会会员名单、破产管理人协会会员名单作为编制破产管理人名册的做法尚不可行。《指定管理人的规定》借鉴其他国家和地区的经验，针对我国实际情况，规定了由人民法院制定管理人名册。制定一个经审核的、公开的管理人名册，既可以消除法院管理人指定工作的盲目性和随意性，又可以为进一步完善管理人制度打下一定的基础。

人民法院编制管理人名册涉及两个方面的问题：一是由哪级法院编制管理人名册。在法律适用准备期较短、全国地区差异大、管理人制度在实践中几乎为空白的情况下，如何建立管理人名册就面临一个地区之间、现实与理想之间的平衡问题。综合各方面意见，《指定管理人的规定》采取了由各地高级人民法院决定由其编制管理人名册还是由中级人民法院编制管理人名册的方案。高级人民法院在作出此项决定时，应当考虑的因素是本地区破产案件数量和社会中介机构及从业人员的数量。如西藏、宁夏、海南等省区以及直辖市，一般可以由高级人民法院编制管理人名册，而广东、山东、江苏等较为发达的地区可由中级人民法院编制管理人名册。二是编制名册的人民法院应当由哪些人员或部门参与此项工作。

为保证管理人名册编制工作的公平公正，需要组成一个临时机构完成此项工作。具体说主要是两个方面的内容：

1. 临时机构的组成，评审委员会由四个方面的人员组成，一是审理企业破产案件审判庭的人员，这部分人员对《企业破产法》及破产案件的审理比较熟悉，有利于对管理人专业水准和执业能力的审查；二是法院内部司法技术辅助工作部门的人员，这部分人员在人民法院对外聘请社会中介机构进行审计、评估、拍卖等工作中具有较为丰富的经验，有利于对社会中介机构的综合评价；三是有关审判委员会委员，这部分人员有丰富的审判经验，具有较强的决策能力，有利于管理人名册编制的高效与公正；四是法院内部监察部门人员，这部分人员的介入有利于对此项工作的监督。其中，司法技术辅助工作部门作为具体工作部门，负责申请材料的整理工作。

2. 审定机制。对于社会中介机构和个人编入管理人名册需要考察的因素较多，以单一的投票表决难以体现申请人各自的综合条件，指定管理人的规定设计了评分机制，由评审委员会根据申请人的情况和事先确定的评定标准打分，确定申请人的综合分数，从而体现择优编制名册的原则。而这一机制与审判委员会的表决机制有所不同，如要求审判委员会按此机制审定管理人名册，其工作量似难以为审判委员会承受。这一机制既有参加人员及人数上的最低要求，又有评分机制的设计，可以将编制管理人名册权力适当分散，审定结果相对客观公正。

在个案指定管理人时，《指定管理人的规定》区分两种情况作出规定：

1. 清算组适用的案件，由清算组担任管理人存在诸多弊端：行政色彩浓，不是侧重于公平保护债权人的利益；政府部门派出人员担任清算组成员只是兼职，清算组清算效率没有保障；清算组作为临时性组织，没有责任财产，成员系无偿工作，对清算组违法失职行为无法追究法律责任。基于以上原因，由清算组担任管理人应有所限制，但是考虑到新旧《企业破产法》适用的衔接、一些法律的规定以及一些特殊案件的需要，《企业破产法》保留了清算组为管理人的形式。《指定管理人的规定》对清算组适用的案件范围作出了界定。

2. 从管理人名册中指定管理人，《指定管理人的规定》设计了三种指定方式：一是随机指定方式；二是竞争方式；三是接受推荐方式。随机产生是主要指定管理人的方式，以避免在指定管理人的环节中过多的人为干预可能带来的不利影响。有些同志认为破产案件的管理人工作情况复杂，对采取随机方式指定的管理人能否与破产案件难易程度相适应产生疑虑。我们认为，（1）随机指定方式针对的是一般破产案件，对于重大疑难或专业性强的金融机构破产案件本规定还规定了其他的指定方式；（2）随机指定方式指定的范围限于管理人名册，人民法院在编制管理人名册时，即对社会中介机构和个人进行了筛选，编入名册的管理人应能具备一般破产案件的管理工作能力；（3）随机指定社会中介机构已经为破产案件审判实践所使用，在其他审判、执行案件中，也采取此种办法聘用社会中介机构，效果良好；（4）其他国家和地区为公平对待管理人也有采取轮候的随机方式指定管理人的做法。因此，我们认为，采取随机方式指定管理人可以公正高效地完成管理人的指定工作。

问：管理人的报酬为什么只规定了按可供分配的财产价值总额按比例收取，而没有规定按时计酬？

答： 以各国的立法例看，确定管理人报酬的方法主要有两种：按时间计酬法和按标的额计酬法。前者根据管理人工作时间计酬，后者根据债务人财产按照一定比例计酬。两者各有利弊：按时间计酬法可以鼓励管理人对债务人财产进行非常彻底的管理，但可能会导致管理人拖延破产程序，增加工作时间，而这些工作对案件未必是必要的。按标的额计酬法的优点是鼓励管理人尽可能多地清收债务人财产扩大分配，但对管理人从事与增加财产无直接关系的工作缺乏激励作用。确定《管理人报酬规定》只规定按可分配财产价值总额作为收取报酬的基数是基于以下原因：（1）目前全面推广按时间计酬法尚不成熟，配套体制欠缺，道德风险高，社会认知度差；（2）按标的额计酬法简单易行，社会公众易于接受；（3）按标的额计酬法特有的激励机制鼓励管理人多收回财产，有利于保护债权人利益；（4）国际上多数国家和地区采取按标的额计酬法确定管理人报酬。随着相关法律的完善和社会信用度的提高，在条件成熟的时候，可以将按时计酬法引入到确定管理人报酬中来。

问：管理人报酬是如何确定的？

答： 管理人的报酬与其工作业绩有关，而破产案件一般历时较长，管理人既不可能在案件初期得到所有报酬，也不可能在较长工作时间里对报酬问题不管不问，故多数国家或地区都采取事先确定方案、事中观察调整、事后实际支付的做法，类似于财政支出中预算、决算程序。《管理人报酬规定》采取了同样的确定程序，即人民法院在受理破产案件后，应当对管理人的工作量和可分配财产数额作出初步预测并决定管理人报酬方案，确定管理人报酬计算标准和收取时间；人民法院决定管理人报酬方案后，可以根据破产案件和管理人执行职务的实际情况对原方案进行调整；管理人最终按照管理人报酬方案确定的内容收取报酬。

问：如何区分人民法院与债权人会议在确定管理人报酬问题上的作用？

答： 法院和债权人会议是确定管理人报酬的两个主体。多数国家或地区规定，管理人报酬由法院决定，如美国、德国、意大利、日本、韩国、我国台湾地区。也有一些国家根据不同的破产程序由不同主体决定管理人的报酬，债权人会议或者其他机构有权确定管理人报酬，如英国、澳大利亚、加拿大等国家。但上述国家同时规定，如果债权人会议不能就此作出决议，则由法院决定。管理人报酬从债务人财产中优先支付，如果管理人报酬过高，可能直接影响债权人的清偿水平。从保护债权人利益出发，应当在管理人报酬方面让债权人会议有所作为。债权人会议应有权对管理人报酬进行审查并与管理人进行协商。其对管理人报酬有异议的，有权向人民法院提出。债权人与管理人存在一定的利益冲突,如管理人报酬完全由债权人会议决定,管理人利益难以得到有效保护。在破产案件之初,需要及时确定管理人报酬方案。此时债权人会议尚未召开,债权人会议实践中也难以决定管理人报酬方案。因此,在管理人报酬问题上,债权人会议拥有知情权、协商权和异议权,人民法院拥有决定权。

问:管理人报酬比例是如何确定的?

答:管理人报酬应当有个基本的上限。如果管理人报酬没有高限,一方面,债务人财产中大部分甚至全部被管理人收取,债权人公平受偿的目的无法实现,管理人职能本末倒置;另一方面,债权人无法预期未来实际的债权清偿情况,可能对申请债务人破产望而却步。所以,对于管理人最高报酬作出合理限制是必要的。国外有部分国家既规定上限,又规定下限,如美国规定下限为60美元,德国为500欧元,但所谓下限多为象征性规定,现实中极少采用,其本身具有的保护管理人利益的功能实践中很难体现。下限过高会造成管理人不劳而获,过低则失去实际价值。参考国外的相关立法例并结合我国的实际情况,《管理人报酬规定》以债务人最终清偿的财产价值作为计酬标的,分段规定了管理人报酬的上限比例。《管理人报酬规定》确定的管理人报酬比例上限,具有以下特点:(1)与其他国家或地区相比,本规定内容具体、标准适中、符合实际、易于掌握。国际上一些国家或地区对管理人报酬标准也作出了相应规定,但针对个人破产之外的企业破产案件的规定较为简单,尺度宽、标准松,法官自由裁量大。本规定在起草过程中,既注意吸收借鉴国际成熟经验,也注意结合我国实际,是综合考量的结果。(2)与国内其他行业报酬相比,本规定确定的管理人报酬比例适当。从事管理人职业的多为律师、会计师等,管理人报酬水平与上述专业人员在同等时间内从事本专业的平均报酬水平基本一致,同时也照顾到管理人工作专业强、任务重、时间长、责任大等特点。(3)《管理人报酬规定》特别注意不同地区差异问题。就管理人报酬的上限标准,广泛征求了东部发达地区以及中西部经济欠发达地区的意见,进行了反复修改,反映了地区实际差异。(4)管理人报酬与管理人素质息息相关,过低的报酬将无法吸引高素质的专业人员从事管理人事业。《管理人报酬规定》具有一定的前瞻性。我国地区经济发展水平差异很大,同样的报酬标准,有些地方认为高得离谱,有些地方认为低得可怜。管理人报酬比例限制范围面临众口难调的局面。应当认识到,劳动力价格地区差异现象符合市场经济规律,要求整齐划一是不切实际的,所以,管理人报酬比例限制范围应当重视不同地区的差异性,留出二次调整的机会,保证管理人报酬比例上限在不同地区的合理性。为此,《管理人报酬规定》授权各高级人民法院可以根据当地实际的经济发展水平，在本规定确定标准的一定幅度内上下调整上限比例，制订符合本地实际情况的管理人报酬比例限制范围。

问：债务人财产不足以支付管理人报酬如何处理？

答： 债务人财产不足以支付管理人报酬时，一般应终结破产程序。但是，破产程序的一个重要功能是检验债务人是否存在欺诈，并通过撤销等手段追索债务人隐匿转移的财产。如果将表面上"无产可破"的债务人一律拒之破产程序之外，可能纵容债务人的逃债行为。因为债务人将财产转移得越干净，支付管理人报酬的可能性越低，而通过破产程序发现追回债务人逃债财产的可能性也越低。这样将形成债务人逃债越彻底，债务人越安全的法律漏洞。因此，各个国家和地区设计出很多办法，在债务人表面上无产可破但可能存在隐蔽财产时将破产程序进行下去。因为债务人转移财产的行为必然会影响到一定的利害关系人，这些利害关系人具有通过破产程序挽回损失的利益驱动，其垫付一部分款项使破产程序继续下去，符合包括垫付人在内的各方当事人利益。因此，《管理人报酬规定》采用了利害关系人垫付的办法解决这一问题。

最高人民法院
关于《中华人民共和国企业破产法》施行时尚未审结的企业破产案件适用法律若干问题的规定

法释〔2007〕10号

(2007年4月23日最高人民法院审判委员会第1425次会议通过 2007年4月25日最高人民法院公告公布 自2007年6月1日起施行)

为正确适用《中华人民共和国企业破产法》,对人民法院审理企业破产法施行前受理的、施行时尚未审结的企业破产案件具体适用法律问题,规定如下:

第一条 债权人、债务人或者出资人向人民法院提出重整或者和解申请,符合下列条件之一的,人民法院应予受理:

(一)债权人申请破产清算的案件,债务人或者出资人于债务人被宣告破产前提出重整申请,且符合企业破产法第七十条第二款的规定;

(二)债权人申请破产清算的案件,债权人于债务人被宣告破产前提出重整申请,且符合企业破产法关于债权人直接向人民法院申请重整的规定;

(三)债务人申请破产清算的案件,债务人于被宣告破产前提出重整申请,且符合企业破产法关于债务人直接向人民法院申请重整的规定;

(四)债务人依据企业破产法第九十五条的规定申请和解。

第二条 清算组在企业破产法施行前未通知或者答复未履行完毕合同的对方当事人解除或者继续履行合同的,从企业破产法施行之日起计算,在该法第十八条第一款规定的期限内未通知或者答复的,视为解除合同。

第三条 已经成立清算组的,企业破产法施行后,人民法院可以指定该清算组为管理人。

尚未成立清算组的,人民法院应当依照企业破产法和《最高人民法院关于审理企业破产案件指定管理人的规定》及时指定管理人。

第四条 债权人主张对债权债务抵销的,应当符合企业破产法第四十条规定的情形;但企业破产法施行前,已经依据有关法律规定抵销的除外。

第五条 对于尚未清偿的破产费用,应当按企业破产法第四十一条和第四十二条的规定区分破产费用和共益债务,并依据企业破产法第四十三条的规定清偿。

第六条 人民法院尚未宣告债务人破产的,应当适用企业破产法第四十六条的规定确认债权利息;已经宣告破产的,依据企业破产法施行前的法律规定确认债权利息。

第七条 债权人已经向人民法院申报债权的,由人民法院将相关申报材料移交给管理人;尚未申报的,债权人应当直接向管理人申报。

第八条 债权人未在人民法院确定的债权申报期内向人民法院申报债权的,可以依据企业破产法第五十六条的规定补充申报。

第九条 债权人对债权表记载债权有异议,向受理破产申请的人民法院提起诉讼的,人民法院应当依据企业破产法第二十一条和第五十八条的规定予以受理。但人民法院对异议债权已经作出裁决的除外。

债权人就争议债权起诉债务人,要求其承担偿还责任的,人民法院应当告知该债权人变更其诉讼请求为确认债权。

第十条 债务人的职工就清单记载有异议,向受理破产申请的人民法院提起诉讼的,人民法院应当依据企业破产法第二十一条和第四十八条的规定予以受理。但人民法院对异议债权已经作出裁决的除外。

第十一条 有财产担保的债权人未放弃优先受偿权利的,对于企业破产法第六十一条第一款第七项、第十项规定以外的事项享有表决权。但该债权人对于企业破产法施行前已经表决的事项主张行使表决权,或者以其未行使表决权为由请求撤销债权人会议决议的,人民法院不予支持。

第十二条 债权人认为债权人会议的决议违反法律规定,损害其利益,向人民法院请求撤销该决议,裁定尚未作出的,人民法院应当依据企业破产法第六十四条的规定作出裁定。

第十三条 债权人对于财产分配方案的裁定不服,已经申诉的,由上一级人民法院依据申诉程序继续审理;企业破产法施行后提起申诉的,人民法院应当告知其依据企业破产法第六十六条的规定申请复议。

债权人对于人民法院作出的债务人财产管理方案的裁定或者破产财产变价方案的裁定不服,向受理破产申请的人民法院申请复议的,人民法院应当依据企业破产法第六十六条的规定予以受理。

债权人或者债务人对破产宣告裁定有异议，已经申诉的，由上一级人民法院依据申诉程序继续审理；企业破产法施行后提起申诉的，人民法院不予受理。

第十四条 企业破产法施行后，破产人的职工依据企业破产法第一百三十二条的规定主张权利的，人民法院应予支持。

第十五条 破产人所欠董事、监事和高级管理人员的工资，应当依据企业破产法第一百一十三条第三款的规定予以调整。

第十六条 本规定施行前本院作出的有关司法解释与本规定相抵触的，人民法院审理尚未审结的企业破产案件不再适用。

最高人民法院有关部门负责人就《最高人民法院关于〈中华人民共和国企业破产法〉施行时尚未审结的企业破产案件适用法律若干问题的规定》答记者问

问：《中华人民共和国企业破产法》（以下简称《企业破产法》）将于 2007 年 6 月 1 日起施行，为配合《企业破产法》的施行，最高人民法院制定了《关于〈中华人民共和国企业破产法〉施行时尚未审结的企业破产案件适用法律若干问题的规定》，请问该司法解释的适用范围及其制定的目的是什么？

答：该司法解释的适用范围仅限于人民法院在 2007 年 6 月 1 日《企业破产法》施行前受理的、施行时尚未审结的企业破产案件。据我们初步预计，《企业破产法》施行时全国法院尚未审结的企业破产案件约在 10000 件左右。企业破产案件不同于一般的民商事案件，其案情复杂、审理周期长，一般企业破产案件的审理周期都需经 2~3 年时间，个别案件甚至更长。因此，在《企业破产法》施行后相当长的一段时间内，各级人民法院在审理企业破产案件时均将面临新旧破产法律规范的衔接适用问题。基于统一裁判尺度、指导各级人民法院审理尚未审结案件的需要，对《企业破产法》施行后，人民法院审理这类破产案件究竟适用旧的破产法律规范，还是适用《企业破产法》，以及什么情况下适用旧的破产法律规范，什么情况下适用《企业破产法》，需要作出明确的规定。由于《企业破产法》在总结司法实践经验和借鉴国外先进立法的前提下，创设了许多新的法律制度，与原有破产法律规范相比，差异很大。原有破产法律规范散见于《企业破产法（试行）》《民事诉讼法》企业法人破产还债程序，以及 2002 年《最高人民法院关于审理企业破产案件若干问题的规定》等司法解释中，且破产法律规范多数属于程序性规范，显得非常琐碎和繁杂。因此，我们在对比新旧破产法律规范差异的基础上，通过对重大差异逐条明确的方式，制定了该司法解释。

问：《企业破产法》不同于其他法律，既有实体性法律规范，又有程序性法律规范，甚至很多规范既带有程序性规范的特征又同时涉及当事人的实体权利，请问你们在制定该司法解释时主要是从哪几个方面作出的考虑？

答：我们在制定该司法解释时，从法制发展、社会需要及法律规范适用的基本规律等方面作出通盘考虑，具体包括以下几个方面：（1）由于破产法的发展趋势是从不完善到完善，从一般性保护到更加侧重保护当事人合法权益的进步过程，因此，《企业破产法》不论是从程序安排上，还是制度设计上，都比旧的破产法律规范更加科学、合理，原则上人民法院在审理尚未审结案件时应当尽可能适用《企业破产法》规定的程序；（2）因破产法多为程序性法律规范，对尚未进行的程序适用《企业破产法》不存在对原已进行行为的否定，故在此并不涉及法律适用的溯及力问题；（3）因破产案件的审理是个渐进的过程，《企业破产法》施行后，尚未审结案件已经按照旧的破产法律规范进行了的程序，即已经完成的程序性行为不适用《企业破产法》规定的程序重新进行；（4）对于破产法中个别实体性法律规范，主要是《企业破产法》关于撤销权行使和无效行为认定部分，因涉及对《企业破产法》公布前有关民事行为效力的否定，从当事人权利预期角度考虑，根据法不溯及既往的适用原则，对尚未审结案件中有关债务人行为的无效认定仍然适用《企业破产法（试行）》第 12 条和第 35 条的规定。

问：《企业破产法》相对于旧的破产法律规范而言，很大的一个变化是债权人或者债务人的职工对于债权表或者清单中记载的实体权益存在争议时，均明确规定需要通过诉讼程序解决。对此问题，在制定该司法解释时是如何考虑的？

答：《企业破产法》第 48 条和第 58 条分别规定了职工对清单中记载的有关债务人所欠其工资和医疗、伤残补助、抚恤费用，所欠的应当划入职工个人账户的基本养老保险、基本医疗保险费用，以及法律、行政法规规定应当支付给职工的补偿金存在异议，或者债务人、债权人对债权表记载的债权有异议的，均可向受理破产申请的人民法院提起诉讼，由人民法院按照民事诉讼的审判程序进行审理，改变了旧的破产法律体制下，对破产程序开始后所有有关债务人的权益之争均吸收到破产案件审理中，由受理破产案件的人民法院审查确定的模式。《企业破产法》的立法目的在于充分保障有关利益主体的诉讼权利和实体权利。由于《企业破产法》的设置更加有利于权利人从程序上到实体上的充分保障，因此将该规定亦适用于尚未审结的案件中，即尚未审结的案件中债务人的职工对清单有异议，或者债权人对债权表记载的债权有异议，向受理破产申请的人民法院提起诉讼的，人民法院应当依据《企业破产法》第21条、第48条和第58条的规定予以受理。但如果《企业破产法》施行前，受理破产案件的人民法院经过审查已经对异议债权作出裁决的，就不再按照审判程序进行审理了。

除此之外，因破产程序中有关取回权、抵消权、别除权、撤销权，以及无效行为的认定等很多权利在行使中均可能存在有关利益主体实体权利的确认问题，如取回权中取回物的所有权之争、抵消权中主张抵消的互负债权债务是否真实之争、别除权行使中担保物权是否依法设定之争，以及主张行为无效和撤销的理由是否成立之争等，人民法院如果尚未进行审查并作出裁定的，均应由有异议的主体向受理破产案件的人民法院提起诉讼予以解决。

基于破产程序开始后有关债务人诉讼案件统一归口审理的需要，按照《企业破产法》第21条的规定，人民法院受理破产申请后，有关债务人的民事诉讼，只能向受理破产申请的人民法院提起。即破产申请受理后，所有新提起的有关债务人的诉讼案件（破产申请受理前已经开始的有关债务人的民事诉讼案件除外）均由受理破产案件的人民法院集中管辖。受理破产案件的人民法院受理上述案件后，应当按照案件性质和人民法院内部职能分工，组成合议庭进行审理。

问：《企业破产法》对于企业职工的权益给予了特别的制度保障，即在一定情况下职工的权益就担保物优先于担保物权人行使。而此规定在《企业破产法》之前仅仅是针对国有企业的政策性破产的，现扩大到所有的企业破产，司法解释制定中是如何考虑的？

答：《企业破产法》第132条对破产企业职工的保障问题作出了特殊规定，即《企业破产法》施行后，破产人在该法公布之日前所欠职工的工资和医疗、伤残补助、抚恤费用，所欠的应当划入职工个人账户的基本养老保险、基本医疗保险费用，以及法律、行政法规规定应当支付给职工的补偿金，依照该法第113条的规定清偿后不足以清偿的部分，以该法第109条规定的特定财产优先于对该特定财产享有担保权的权利人受偿。该规定系从解决历史遗留问题、做好职工安置工作、维护社会稳定的角度出发，对职工权益在按照正常破产清偿顺序无法得到实现时作出的特殊制度设置。各地人民法院在审理破产案件时应当从稳定大局、解决社会矛盾的高度认真贯彻执行。

在适用《企业破产法》第 132 条时应当特别注意以下几个问题：（1）享受这一特殊政策保护的范畴仅仅局限于《企业破产法》公布之日前，即 2006 年 8 月 27 日前所欠的职工权益，而形成于《企业破产法》公布之日后所欠的职工权益不属本条适用的范畴，这部分职工权益只能从破产企业已经设定担保物权之外的其他财产中受偿，企业其他财产不足以清偿的，法律不再保护；（2）需要强调的是，即使是 2006 年 8 月 27 日前形成的职工权益，也必须是在按照正常清偿顺序无法得到清偿时才可从设定担保的财产中受偿，而不能在破产企业尚有其他财产可以清偿时先行从担保财产中清偿，这里体现的是对担保物权人优先受偿权的保护；（3）即使 2006 年 8 月 27 日前所欠职工的权益依据《企业破产法》第 132 条的规定以设定担保的财产进行清偿的情况下，对于企业破产案件中因按照正常清偿顺序无法实现的破产费用、共益债务以及其他职工的权益（尽管上述权益在清偿顺序中排位优先于或者等同于《企业破产法》公布之日前所欠的职工权益）不得亦要求优先于担保物权人受偿；（4）在具体操作中，可以将《企业破产法》公布之日前所欠的全部职工权益数额从变现的担保物价值中予以提存，提存之外的其余部分可由担保物权人先行受偿，提存部分视《企业破产法》公布之日前所欠的职工权益按照正常顺序清偿的具体情形，再行确定担保物权人行使优先受偿权的范围。

对于尚未审结的案件，既然国家在《企业破产法》制定中对职工保护问题下了这么大的决心，从全局的角度考虑，应当将该特殊政策保护适用于尚未审结的案件中，以尽可能加大对职工利益的保护。因此，我们在该司法解释中明确规定，《企业破产法》施行后，破产人的职工依据《企业破产法》第 132 条的规定主张权利的，人民法院应予支持。

问：《企业破产法》在原有破产法律规范的基础上，增加了重整这一新的制度安排，同时对原有和解整顿程序作出了进一步的完善，即在企业出现破产原因时，《企业破产法》除了注重对债权人的公平保护以外，还强调对债务人的挽救。你们在制定该司法解释时是否对此予以了重视？

答：破产清算制度旨在利用法律规定的方法，强制将债务人的全部财产依一定程序变价及公平分配，以一次性了结债务人的全部债务。其功能重在合理分配债务人的破产财产，目的是为了实现对全体债权人的公平保护。但是破产清算在发挥其上述积极职能的同时，也不可避免地暴露出其固有的缺点，诸如因破产程序费时、费力，费用高昂等原因，导致债权人通过破产清算程序能够获得的实际利益并不大；由于企业间存在着错综复杂的债权债务关系、相互持股关系、互保关系以及其他关系，一个企业的破产清算往往引起相关企业的连锁反应，对社会经济交易秩序的正常流转造成重大的影响；此外，由于企业倒闭，还将导致大量劳动者下岗，影响社会的稳定等。因此，随着破产法律制度的不断发展，传统破产法仅注重债权人利益保护的法律价值观受到了极大的冲击。在此背景下，产生了以挽救债务人为目的的破产预防制度。该制度的产生从根本上动摇了破产法的传统框架，促成了破产法律价值观的历史性变化，使之在不损害债权人利益的前提下，朝着挽救债务人和维护社会经济秩序的方向转化。① 这种转化应该说更符合现代社会的内在要求。尤其是重整制度，其制度设置的根本目的即在于拯救债务人，其把债权人权利的实现建立在债务人再生的基础上，力图在企业营运价值保留的前提下，使债权人能够得到比在破产清算的情况下更为有利的清偿结果；同时，通过债务人企业产权、资本结构、经营战略和内部管理等多方面的调整，消除破产原因，摆脱经济困境，获得重生。② 重整相比于和解而言，虽然二者均为破产预防制度，但因法律对于重整设置了很多区别于和解的程序和制度，调动了包括债务人、债权人、出资人，以及战略投资者等众多利害关系人在内的主体参与到债务人的挽救中来，再加上司法强制力的干预，使得重整程序对于挽救企业而言，力度更大、效果更好。正因为如此，我国《企业破产法》才将该制度明确地规定到法律中来，力图使尚有挽救机会的企业通过重整程序的进行得以重生，在使债权人权利得到高于破产清算下的清偿比例的同时，实现对债务人的挽救。

鉴于和解和重整制度对于整个社会的积极作用，我们对于尚未审结的案件，即按照旧的破产法律规范规定，已经进入破产清算程序的企业破产案件，在一定条件下，允许自破产清算程序向重整或者和解程序的转化。这里体现了我们制定该司法解释时侧重对债务人拯救的价值取向，这与《企业破产法》的立法本意也是一致的。由于旧的破产法律规范系狭义的破产概念，仅包括破产清算程序，其所规定的和解整顿程序是包含在破产清算程序中的，且无重整程序的规定。而《企业破产法》系广义的破产概念，其包括破产清算程序及以和解和重整为内容的破产预防程序。《企业破产法》将破产清算、和解和重整设置为三个相对独立的程序。在企业法人有破产原因，或者有明显丧失清偿能力可能的，债务人可以直接提出重整、和解或者破产清算的申请，债权人可以直接提出重整或者破产清算的申请。由于尚未审结案件的申请人，在启动破产清算程序时系基于旧的破产法律规范的规定，因制度的原因仅能提起破产清

---

① 沈达明、郑淑君：《比较破产法初论》，对外经济贸易大学出版社1993年版，第235页。
② 常怡主编：《比较民事诉讼法》，中国政法大学出版社2002年版，第714页。转引自齐树洁主编：《破产法研究》，厦门大学出版社2004年版，第440页。

算程序，因此，在《企业破产法》施行后，只要尚未宣告债务人破产的，应当尽可能赋予有关主体申请转入和解或者重整的机会。这里应当包括两种情形：(1) 符合《企业破产法》规定情形下破产清算向和解或者重整程序的转化。即债权人、债务人或者出资额占债务人注册资本1/10以上的出资人，依据《企业破产法》第70条第2款或者第95条的规定，在人民法院受理破产申请后、宣告债务人破产前，向人民法院提出重整或者和解申请的，人民法院经审查认为重整或者和解申请符合《企业破产法》的规定的，应当裁定债务人重整或者和解。(2) 考虑到旧的破产法律规范没有重整程序的规定，而《企业破产法》规定了重整程序，且从现代企业破产法的发展方向看，企业的挽救受到更多的关注，《企业破产法》规定债权人或者债务人可以直接向人民法院申请重整等因素，对于《企业破产法》施行前债权人申请破产清算的案件，《企业破产法》施行后，债权人于宣告债务人破产前提出重整申请；或者《企业破产法》施行前债务人申请破产清算的案件，《企业破产法》施行后，债务人于宣告其破产前提出重整申请的，虽然并不符合《企业破产法》第72条第2款关于破产清算向重整程序转化的规定，但是只要符合《企业破产法》关于债权人或者债务人直接向人民法院申请重整的规定，人民法院亦应予以受理。

《最高人民法院关于〈中华人民共和国企业破产法〉施行时尚未审结的企业破产案件适用法律若干问题的规定》的理解与适用

宋晓明　张勇健　刘　敏[*]

最高人民法院法释〔2007〕10 号《关于〈中华人民共和国企业破产法〉施行时尚未审结的企业破产案件适用法律若干问题的规定》（以下简称《规定》）经 2007 年 4 月 23 日最高人民法院审判委员会第 1425 次会议通过，已于 2007 年 4 月 25 日公布，自 2007 年 6 月 1 日起施行。现就该《规定》涉及的有关主要问题作以介绍。

一、《规定》的适用范围和制定的背景、过程

《规定》的适用范围仅限于人民法院在 2007 年 6 月 1 日《企业破产法》施行前受理的、施行时尚未审结的企业破产案件。据我们初步预计，《企业破产法》施行时全国法院尚未审结的企业破产案件约在 10000 件左右。企业破产案件不同于一般的民商事案件，其案情复杂、审理周期长，一般企业破产案件的审理周期都需经 2～3 年时间，个别案件甚至更长。因此，在《企业破产法》施行后相当长的一段时间内，各级人民法院在审理企业破产案件时均将面临新旧破产法律规范的衔接适用问题。基于统一裁判尺度、指导各级人民法院审理尚未审结案件的需要，对《企业破产法》施行后，人民法院审理这类破产案件究竟适用旧的破产法律规范，还是适用《企业破产法》，以及什么情况下适用旧的破产法律规范，什么情况下适用《企业破产法》等问题，均需作出明确的规定。由于《企业破产法》在总结司法实践经验和借鉴国外先进

---

[*] 宋晓明，最高人民法院民二庭庭长。张勇健，最高人民法院民一庭庭长（民二庭原副庭长）。刘敏，最高人民法院民二庭第五合议庭审判长。

立法的前提下，创设了许多新的法律制度，与原有破产法律规范相比，差异很大。原有破产法律规范散见于《企业破产法（试行）》《民事诉讼法》企业法人破产还债程序，以及2002年《最高人民法院关于审理企业破产案件若干问题的规定》等司法解释中，且破产法律规范多数属于程序性规范，显得非常琐碎和繁杂。为了各级人民法院审理尚未审结的企业破产案件正确适用法律，最高人民法院在对比新旧破产法律规范差异的基础上，通过对重大差异逐条明确的方式，制定了《规定》。

为高质、高效地完成《规定》的调研和起草工作，最高人民法院结合该部分工作的特点，专门成立了《规定》起草工作小组。工作小组经过充分调研，多次召开研讨会，于2006年11月形成了《〈规定〉（第一次征求意见稿）》；该征求意见稿下发给全国各高级人民法院书面征求意见，并于2006年11月10日和12月4日两次召开专家学者征求意见座谈会、2006年11月21日和11月28日两次召开法院系统征求意见座谈会，对《〈规定〉（第一次征求意见稿）》广泛、深入地征求了意见。全国人大法工委经济法室、中国证券监督管理委员会风险处置办公室、国家工商总局企业注册局和北京市工商局的同志，中国人民大学、中国政法大学和中国社会科学院法学所的学者，中华全国律师协会、北京市律师协会和中国注册会计师协会等行业协会的同志，以及全国各高级人民法院和部分中级人民法院的法官等对《〈规定〉（第一次征求意见稿）》提出了大量宝贵的意见。通过对各方意见的消化和吸收，最高人民法院对《〈规定〉（第一次征求意见稿）》再次进行充分论证和修改，并于2006年12月12日形成了《〈规定〉（第二次征求意见稿）》。针对第二次征求意见稿，最高人民法院除分别向全国人大法工委、全国31个高级人民法院，以及该院立案庭、民一庭、民三庭、民四庭、审监庭、研究室等有关方面发出书面征求意见函征求意见外，还专门召开了破产案件审判实践经验比较丰富的15个省、直辖市高级人民法院的座谈会，并组织该院民二庭审判长联席会对其逐条进行讨论。在对《〈规定〉（第二次征求意见稿）》广泛征求意见和深入研究的基础上，经过反复修改，形成了《〈规定〉送审稿》，并报最高人民法院审判委员会讨论通过。

二、《规定》起草的指导思想

由于《企业破产法》不同于其他法律，既有实体性法律规范，又有程序性法律规范，甚至很多规范既带有程序性规范的特征又同时涉及当事人的实体权利，因此，最高人民法院从法制发展、社会需要及法律规范适用的基本规律等方面通盘考虑的基础上，制定了《规定》。具体包括以下几个方面：（1）由于破产法的发展趋势是从不完善到完善，从一般性保护到更加侧重保护当事人合法权益的进步过程，因此，《企业破产法》不论是从程序安排上，还是制度设计上，都比旧的破产法律规范更加科学、合理，原则上人民法院在审理尚未审结案件时应当尽可能适用《企业破产法》规定的程序；（2）因破产法多为程序性法律规范，对尚未进行的程序适用《企业破产法》不存在对原已进行行为的否定，故在此并不涉及到法律适用的溯及力问题；（3）因破产案件的审理是个渐进的过程，《企业破产法》施行后，尚未审结案件已经按照旧的破产法律规范进行了的程序，即已经完成的程序性行为不适用《企业破产法》规定的程序重新进行；（4）对于破产法中个别实体性法律规范，主要是《企业破产法》关于撤销权行使和无效行为认定部分，因涉及对《企业破产法》公布前有关民事行为效力的否定，从当事人权利预期角度考虑，根据法不溯及既往的适用原则，对尚未审结案件中有关债务人行为的无效认定仍应适用《企业破产法（试行）》第12条和第35条的规定。

三、《规定》中涉及的几个主要问题

（一）有关债务人的民事诉讼问题

关于债务人的民事诉讼与债务人的破产程序如何协调处理问题，从中外破产立法例和司法实践看，主要有以下两种处理方法：（1）吸收合并审判主义。即破产程序启动后，由破产程序吸收债务人的民事诉讼，债务人的民事诉讼在破产程序中一并予以处理。这以我国旧的破产法律规范和司法实践为代表。吸收合并主义，具有缩短债务人财产纠纷的审理周期、减少诉讼成本，以及方便受理破产案件的人民法院统一协调处理纠纷的优点。但是，这种模式存在对于当事人实体民事权利有失正当程序救济的缺点，无法充分保证权利人的合法权益。（2）分别审判主义。即对债务人的破产程序与债务人财产的民事诉讼程序，采取分别审判的处理方法。在破产程序主要进行债务人的破产清算，对债务人财产纠纷另行通过普通民事诉讼程序予以解决，两者分别进行，并行不悖。此为国际上通行的破产立法体例与司法惯例。

我国《企业破产法》改变了原有的立法模式，采取了分别审判主义的处理方法。该法第4条、第20条、第21条、第48条和第58条分别规定：破产案件审理程序，《企业破产法》没有规定的，适用《民事诉讼法》的有关规定；人民法院受理破产申请后，已经开始而尚未终结的有关债务人的民事诉讼或者仲裁应当中止，在管理人接管债务人的财产后，该诉讼或者仲裁继续进行；人民法院受理破产申请后，有关债务人的民事诉讼，只能向受理破产申请的人民法院提起；破产企业的职工或者债权人对清单或者债权表记载的债权有

异议的，可以向受理破产申请的人民法院提起诉讼。

对于尚未审结的案件中有关债务人的民事诉讼，应当区分两种情况分别予以考虑：

1. 关于人民法院受理破产申请时，已经开始而尚未审结的有关破产企业的民事诉讼案件，在破产申请受理后如何处理的问题。

对此问题，《企业破产法（试行）》没有作出规定，2002年《最高人民法院关于审理企业破产案件若干问题的规定》（以下简称2002年司法解释）和《企业破产法》规定差别很大。2002年司法解释第19条和第20条就破产企业在民事诉讼案件中的不同诉讼地位分别作出了规定。对于以债务人为原告的其他民事纠纷案件原则上规定应当继续审理，只是就企业破产案件受理时民事纠纷案件所处的程序不同区分了不同的审理法院。即破产申请受理时，以债务人为原告的其他民事纠纷案件尚在一审程序的，受诉人民法院应当将案件移送受理破产案件的人民法院；案件已进行到二审程序的，受诉人民法院应当继续审理。以债务人为被告的其他债务纠纷案件，对于原告与债务人之间的法律关系原则上规定应当中止诉讼，由债权人向受理破产案件的人民法院申报债权，人民法院在债权审查中以裁定方式对争议债权作出认定，而不再针对债权人与破产企业之间的法律关系进行普通程序审理。对于上述案件中除债务人外，尚有其他被告或无独立请求权的第三人的，在破产程序终结后，再就原告和其他被告或无独立请求权的第三人之间的法律关系恢复审理；没有其他被告或无独立请求权的第三人的，则在破产程序终结后，终结民事诉讼案件。而《企业破产法》第20条规定，人民法院受理破产申请后，已经开始而尚未终结的有关债务人的民事诉讼或者仲裁应当中止；在管理人接管债务人的财产后，该诉讼或者仲裁继续进行。即所有有关债务人的已经开始而尚未终结的民事纠纷案件都要继续按照审判程序审理或者按照仲裁程序仲裁，以此确定双方争议的法律关系。企业破产法更注重对有关当事人实体权益和程序权益的保障，即强调必须要按照审判程序继续审理或者按照仲裁程序继续仲裁，以确定当事人双方的权利义务。而原有旧的破产法律规范则更强调破产案件审理的效率问题。

对于尚未审结的破产案件中已经开始而尚未终结的有关债务人的民事诉讼案件，《规定》中虽然因其系法院内部职能分工问题而未作出明确规定，但笔者认为，应当掌握以下原则：（1）以债务人为原告的一审案件，已经按照2002年司法解释移交给受理破产案件的人民法院的，应当按照2002年司法解释规定由受理破产案件的人民法院继续审理；尚未移交的，依据《企业破产法》的规定，不再移交，由原受理法院继续审理；（2）以破产企业为被告的案件，以受理破产案件的人民法院是否已经按照2002年司法解释的规定就相关争议作出裁定为分界线：已经中止诉讼，且人民法院对相关争议已经作出裁定的，不适用《企业破产法》的规定继续审理；尚未作出裁定的，则应当适用《企业破产法》的规定，由原受理法院继续审理。

2. 关于人民法院受理破产申请后有关债务人的其他实体权益之争如何解决的问题。

《企业破产法》第48条和第58条分别规定了职工对清单中记载的有关债务人所欠其工资和医疗、伤残补助、抚恤费用，所欠的应当划入职工个人账户的基本养老保险、基本医疗保险费用，以及法律、行政法规规定应当支付给职工的补偿金存在异议的，或者债务人、债权人对债权表记载的债权有异议的，均可向受理破产申请的人民法院提起诉讼，由人民法院按照民事诉讼的审判程序进行审理，改变了旧的破产法律体制下，对破产程序开始后所有有关债务人的权益之争均吸收到破产案件审理中、由受理破产案件的人民法院审查确定的模式。企业破产法的立法目的在于充分保障有关利益主体的诉讼权利和实体权利。由于企业破产法的设置更加有利于权利人从程序上到实体上的充分保障，因此，《规定》将《企业破产法》的上述规定亦适用于尚未审结的案件中，即尚未审结的案件中债务人的职工对清单有异议，或者债权人对债权表记载的债权有异议，向受理破产申请的人民法院提起诉讼的，人民法院应当依据《企业破产法》第21条、第48条和第58条的规定予以受理。但如果《企业破产法》施行前，受理破产案件的人民法院已经经过审查对异议债权作出裁决的，不再按照审判程序进行审理。

这里应当注意以下几个问题：

1. 债权人或者职工对债权表或者清单中记载的债权存在异议，包括两种情形：（1）债权人或者职工对债权表或者清单中记载的本人的债权存有异议，这种情况下提起的诉讼案件，原告应为异议债权人或者职工、被告应为债务人；（2）债权人或者职工对债权人或者清单中记载的本人的债权没有异议，而是对债权表或者清单中记载的其他债权人或者其他职工的债权有异议，因其他债权的存在与否或者数额多少，直接影响到异议债权人最终权利实现的大小，因此在此情形下，应当允许异议债权人对债权表或者清单中记载的他人债权提起诉讼，这种情况下提起的诉讼案件，原告应为异议债权人或者职工、被告应为其他债权人或者其他职工以及债务人。

2. 《企业破产法》第58条虽然规定债务人对债权表记载的债权有异议的，也可向受理破产申请的人民法院提起诉讼。我们认为，债权表系管理人在审查债权人的申报材料、核对企业账册等基础上编制的，管理人此时的身份应当是作为债务人的代表，其行为应当代表了债务人的意思表示。原则上该债权表记载的内容应当视为是债务人的意思表示。如果管理人在代表债务人进行核对申报债权时，疏于履行职责，因故意或者重大过失造成债务人财产损失的（此时体现为登记了不真实的债权，或者登记的债权数额高于真实数额），公司的股东有权依据公司法的规定，向管理人提起股东代表诉讼，以追究管理人的民事责任。但是，由于此时企业已经出现了破产原因，企业财产是否受到损失已经对公司的股东没有任何实际意义，股东也不可能基于自身利益的维护再去提起股东代表诉讼，而此时企业财产的多少恰恰只与企业其他债权人的利益息息相关。同时，债务人破产申请受理后，其原执行机关已经丧失其职能，而由管理人代行其执行职能，因此，债务人难以因对债权表记载债权存在异议提起诉讼。

3. 基于破产程序开始后有关债务人诉讼案件统一归口审理的需要，按照《企业破产法》第 21 条的规定，人民法院受理破产申请后，有关债务人的民事诉讼，只能向受理破产申请的人民法院提起。即破产申请受理后，所有新提起的有关债务人的诉讼案件均由受理破产案件的人民法院集中管辖。这里"有关债务人的民事诉讼"既包括债务人为原告的民事诉讼案件，又包括债务人为被告的民事诉讼案件。

4. 在审判组织上，上述有关债务人财产的民事诉讼案件应当由受理破产案件的人民法院根据案件性质和人民法院内部职能分工，并依据《民事诉讼法》的有关规定由相关业务庭以独任审判或者组成合议庭的方式进行审理。

5. 虽然《企业破产法》基于依法保障权利的考虑，确立了对有关债务人财产的纠纷均按照审判程序进行审理的制度，但考虑到破产案件审理的效率，在人民法院审理有关债务人的民事纠纷时应当尽可能地加快审理这类案件，以保障破产案件的顺利、高效进行，从而充分保障全体债权人的利益。

6. 由于对债务人破产案件与有关债务人财产纠纷案件分别进行，两种审判程序往往不能同步进行。如有关债务人财产纠纷案件先行完成，已经审判确认的债权当然参加破产财产分配。但是，如果债务人破产清算提前完成，至破产财产分配时，相关债务纠纷案件仍未审结，此时对于诉讼或者仲裁未决的债权，管理人应当预留其分配额，并依据《企业破产法》第 119 条规定将其提存，自破产程序终结之日起满 2 年仍不能受领分配的，人民法院应当将提存的分配额分配给其他债权人。

除上述权益纠纷外，根据《企业破产法》的立法精神，其他诸多有关债务人财产的争议，如债务人合同履行诉讼、追收债务人对外债权诉讼、撤销债务人处分财产行为诉讼、确认债务人处分财产行为无效诉讼、取回权诉讼、别除权诉讼和抵销权诉讼等，亦均需通过诉讼程序予以解决。因此，在《企业破产法》施行后，尚未审结的企业破产案件中有关债务人的财产纠纷，均应适用《企业破产法》的有关规定，按照审判程序予以审理。当然，如果当事人在合同中明确有仲裁条款规定的，究竟是按照原仲裁条款仲裁解决，还是一并按照审判程序予以审理，尚存在很大争议，笔者倾向于仍按照仲裁程序确定双方的权利义务关系。

（二）有关债务人职工的特殊保护问题

《企业破产法》对破产企业职工的权益给予了特别的制度保障，将在《企业破产法》之前仅仅是针对国有企业的政策性破产中对职工的保护扩大到所有的企业破产，该法第132条明确规定，《企业破产法》施行后，破产人在该法公布之日前所欠职工的工资和医疗、伤残补助、抚恤费用，所欠的应当划入职工个人账户的基本养老保险、基本医疗保险费用，以及法律、行政法规规定应当支付给职工的补偿金，依照该法第113条的规定清偿后不足以清偿的部分，以该法第109条规定的特定财产优先于对该特定财产享有担保权的权利人受偿。该规定系从解决历史遗留问题、做好职工安置工作、维护社会稳定的角度出发，对职工权益在按照正常破产清偿顺序无法得到实现时做出的特殊制度设置。各地人民法院在审理破产案件时应当从稳定大局、解决社会矛盾的高度认真贯彻执行。

在适用《企业破产法》第132条时应当特别注意以下几个问题：

1. 享受这一特殊政策保护的范畴仅仅局限于《企业破产法》公布之日前，即2006年8月27日前所欠的职工权益，而形成于《企业破产法》公布之日后所欠的职工权益不属本条适用的范畴，这部分职工权益只能从破产企业已经设定担保物权之外的其他财产中受偿，企业其他财产不足以清偿的，法律不再保护。

2. 需要强调的是，即使是2006年8月27日前形成的职工权益，也必须是在按照正常清偿顺序无法得到清偿时才可从设定担保的财产中受偿，而不能在破产企业尚有其他财产可以清偿时先行从担保财产中清偿，这里体现的是对担保物权人优先受偿权的保护。

3. 即使2006年8月27日前所欠职工的权益依据《企业破产法》第132条的规定以设定担保的财产进行清偿的情况下，对于企业破产案件中因按照正常清偿顺序无法实现的破产费用、共益债务以及职工的其他权益（尽管上述权益在清偿顺序中排位优先于或者等同于企业破产法公布之日前所欠的职工权益）不得亦要求优先于担保物权人受偿。

4. 在具体操作中，可以将《企业破产法》公布之日前所欠的全部职工权益数额从变现的担保物价值中予以提存，提存之外的其余部分可由担保物权人先行受偿。提存部分视《企业破产法》公布之日前所欠的职工权益按照正常顺序清偿的具体情形，再行确定担保物权人行使优先受偿权的范围。

对于尚未审结的案件，既然国家在《企业破产法》制定中对职工保护问题下了这么大的决心，从全局的角度考虑，应当将该特殊政策保护适用于尚未审结的案件中，以尽可能加大对职工利益的保护。因此，《规定》中明确规定，《企业破产法》施行后，破产人的职工依据《企业破产法》第132条的规定主张权利的，人民法院应予支持。

（三）关于破产预防制度

《企业破产法》在原有破产法律规范的基础上，增加了重整这一新的制度，同时对原有和解整顿程序作了进一步的完善，即在企业出现破产原因时，《企业破产法》除了注重对债权人的公平保护以外，还强调对债务人的挽救。最高人民法院在制定《规定》时通过对破产清算程序向重整或者和解程序转化的规定，充分贯彻了《企业破产法》挽救企业的立法思想。

破产清算制度旨在利用法律规定的方法，强制将债务人的全部财产依一定程序变价及公平分配，以一次性了结债务人的全部债务。其功能重在合理分配债务人的破产财产，目的是为了实现对全体债权人的公平保护。但是破产清算在发挥其上述积极职能的同时，也不可避免地暴露出其固有的缺点，诸如因破产程序费时、费力、费用高昂等原因，导致债权人通过破产清算程序能够获得的实际利益并不大；由于企业间存在着错综复杂的债权债务关系、相互持股关系、互保关系以及其他关系，一个企业的破产清算往往引起相关企业的连锁反应，对社会经济交易秩序的正常流转造成重大的影响；此外，由于企业倒闭，还将导致大量劳动者下岗，影响社会的稳定等。因此，随着破产法律制度的不断发展，传统破产法仅注重债权人利益保护的法律价值观受到了极大的冲击。在此背景下，产生了以挽救债务人为目的的破产预防制度。该制度的产生从根本上动摇了破产法的传统框架，促成了破产法律价值观的历史性变化，使之在不损害债权人利益的前提下，朝着挽救债务人和维护社会经济秩序的方向转化。[①] 这种转化应该说更符合现代社会的内在要求。尤其是重整制度，其制度设置的根本目的即在于拯救债务人，其把债权人权利的实现建立在债务人再生的基础上，力图在企业营运价值保留的前提下，使债权人能够得到比在破产清算的情况下更为有利的清偿结果；同时，通过债务人企业产权、资本结构、经

[①] 沈达明、郑淑君：《比较破产法初论》，对外贸易出版社1993年版，第235页。

营战略和内部管理等多方面的调整，消除破产原因，摆脱经济困境，获得重生。① 重整相比于和解而言，虽然二者均为破产预防制度，但因法律对于重整设置了很多区别于和解的程序和制度，调动了包括债务人、债权人、出资人，以及战略投资者等众多利害关系人在内的主体参与到债务人的挽救中来，再加上司法强制力的干预，使得重整程序对于挽救企业而言，力度更大、效果更好。正因为如此，我国《企业破产法》才将该制度明确地规定到法律中来，力图使尚有挽救机会的企业通过重整程序的进行得以重生，在使债权人权利得到高于破产清算下的清偿比例的同时，实现对债务人的挽救。

鉴于和解和重整制度对于整个社会的积极作用，《规定》对于尚未审结的案件，即按照旧的破产法律规范规定，已经进入破产清算程序的企业破产案件，在一定条件下，允许自破产清算程序向重整或者和解程序的转化。这里体现了《规定》制定时侧重对债务人拯救的价值取向，这与《企业破产法》的立法本意也是一致的。由于旧的破产法律规范系狭义的破产概念，仅包括破产清算程序，其所规定的和解整顿程序是包含在破产清算程序中的，且无重整程序的规定。而《企业破产法》系广义的破产概念，其包括破产清算程序及以和解和重整为内容的破产预防程序。《企业破产法》将破产清算、和解和重整设置为三个相对独立的程序。在企业法人不能清偿到期债务，并且资产不足以清偿全部债务或明显缺乏清偿能力的，或者有明显丧失清偿能力可能的，债务人可以直接提出重整、和解或者破产清算的申请，债权人可以直接提出重整或者破产清算的申请。由于尚未审结案件的申请人，在启动破产清算程序时系基于旧的破产法律规范的规定，因制度的原因仅能提起破产清算程序，因此，在《企业破产法》施行后，只要尚未宣告债务人破产的，应当尽可能赋予有关主体申请转入和解或者重整的机会。这里应当包括两种情形：（1）符合《企业破产法》规定情形下破产清算向和解或者重整程序的转化。即债权人申请破产清算的案件，债务人或者出资人于债务人被宣告破产前提出重整申请，且符合《企业破产法》第70条第2款的规定；或者债务人依据《企业破产法》第95条的规定申请和解的，人民法院经审查认为重整或者和解申请符合《企业破产法》的规定的，应当裁定债务人重整或者和解。债权人、债务人或者出资额占债务人注册资本1/10以上的出资人，依据《企业破产法》第70条第2款或者第95条的规定，在人民法院受理破产申请后、宣告债务人破产前，向人民法院提出重整或者和解申请的，人民法院经审查认为重整或者和解申请符合《企业破产法》的规定的，应当裁定债务人重整或者和解；（2）考虑到旧

---

① 常怡主编：《比较民事诉讼法》，中国政法大学出版社2002年版，第714页；转引自齐树洁主编：《破产法研究》，厦门大学出版社2004年版，第440页。

的破产法律规范没有重整程序的规定，而《企业破产法》规定了重整程序，且从现代企业破产法的发展方向看，企业的挽救受到更多的关注，《企业破产法》规定债权人或者债务人可以直接向人民法院申请重整等因素，对于《企业破产法》施行前债权人申请破产清算的案件，《企业破产法》施行后，债权人于宣告债务人破产前提出重整申请；或者《企业破产法》施行前债务人申请破产清算的案件，《企业破产法》施行后，债务人于宣告其破产前提出重整申请的，虽然并不符合《企业破产法》第 90 条第 2 款关于破产清算向重整程序转化的规定，但是只要符合《企业破产法》关于债权人或者债务人直接向人民法院申请重整的规定，人民法院亦应予以受理。

（四）关于尚未审结案件中程序性问题的法律适用

破产法大多属于程序性规范，鉴于其琐碎和繁杂的特点，最高人民法院在制定《规定》时，不可能将所有与旧的破产法律规范存在差异的部分一一列举，故基于《规定》通篇掌握的基本原则，笔者认为，人民法院审理尚未审结的企业破产案件，对于尚未进行的程序，《规定》未作出规定的，均应适用《企业破产法》的有关规定。如特殊债权分配额的提存、债务人有关人员的义务，以及保全措施的解除和执行程序的中止等。①

（五）关于最高人民法院司法解释继续适用的问题

考虑到最高人民法院此前所作出的司法解释，尤其是 2002 年的司法解释，对破产清算中的很多问题，均有比较细致、合理的规定，是目前破产案件审理中的主要依据，现并未明令废止，且其法律依据除了《企业破产法（试行）》外，还包括《民事诉讼法》。更为重要的是很多规定还有继续适用的必要性。故对于此前所作司法解释中与《企业破产法》和《规定》不相抵触的部分，在尚未审结案件中可以继续适用；而相抵触的部分，不再继续适用。同时，最高人民法院也在考虑对以前所作司法解释进行系统的归纳和整理，拟将能够继

---

① 关于特殊债权分配额的提存程序：《企业破产法》施行后，未审结破产案件的管理人可以依据《企业破产法》第 117 条、第 118 条、第 119 条的规定提存处理相关附生效条件或者解除条件的债权分配额、债权人未受领的破产财产分配额，以及诉讼或者仲裁未决的债权分配额。

关于债务人有关人员的义务：《企业破产法》施行后，人民法院应当书面通知债务人的有关人员承担《企业破产法》第 15 条规定的义务。债务人的有关人员拒不配合人民法院、管理人、债权人会议履行义务的，人民法院可以对其予以训诫、拘传、拘留和罚款。

关于保全措施的解除和执行程序的中止：《企业破产法》施行后，人民法院在审理未审结破产案件时，发现债务人财产被查封、扣押、冻结的，应当依据《企业破产法》第 19 条的规定，通知相关单位及时解除有关债务人财产的保全措施，中止执行程序，由管理人统一接管处理债务人的财产。人民法院裁定驳回破产申请的，原保全措施和执行程序应当予以恢复。对于解除债务人财产保全措施和中止执行程序中造成的权利人的损失，申请人应当承担赔偿责任。

续适用的部分重新制定统一的司法解释,而废止此前的司法解释。因该项工作的完成还有一段时间,基于尚未审结案件工作的需要,《规定》中通过作出"本院此前所作相关司法解释与本规定相抵触的,尚未审结的企业破产案件中不再适用"的规定,来解决最高人民法院此前所作相关司法解释的继续适用问题。

最高人民法院
关于正确适用《中华人民共和国企业破产法》若干问题的规定（一） 充分发挥人民法院审理企业破产案件司法职能作用的通知

2011年9月21日　　　　　　法〔2011〕281号

各省、自治区、直辖市高级人民法院，解放军军事法院，新疆维吾尔自治区高级人民法院生产建设兵团分院：

《最高人民法院关于适用〈中华人民共和国企业破产法〉若干问题的规定（一）》（法释〔2011〕22号）经最高人民法院审判委员会第1527次会议讨论通过，现已公布。为使各级人民法院更好地适用该司法解释，提高审理企业破产案件的质量和效率，调动审判部门和广大法官办理企业破产案件的积极性，充分发挥人民法院在促进加快转变经济发展方式、构建社会主义市场经济秩序方面的积极作用，特通知如下：

一、人民法院应认真履行职责，依法受理企业破产案件

各级人民法院要认真学习和正确理解该司法解释的精神，充分认识企业破产法在保障债权公平有序受偿、优化社会资源配置、完善优胜劣汰的竞争机制和拯救危困企业等方面的积极作用。要转变观念、克服困难，对当事人提出的符合受理条件的破产申请，应当依法予以受理。要综合运用破产重整、破产和解和破产清算程序，建立和完善市场主体依法退出机制，充分发挥企业破产法对市场经济的调整作用，推动经济社会又好又快发展。

二、人民法院应加强审理破产案件法官专业化队伍建设

随着我国市场经济体制的逐步完善，企业破产案件将呈逐年增长趋势，新类型疑难案件也会不断出现，这对人民法院审判工作提出了更高的要求。一方

面，企业破产案件审理周期长、难度大、事务性工作繁重，人民法院长期以来案多人少的矛盾尤为突出。另一方面，由于破产案件审理的复杂性和特殊性，客观上需要一支不仅具备较为扎实的法学理论功底，而且还要有化解社会矛盾、处置突发事件、协调各方利益诉求等多方面工作能力的专业化法官队伍。为此，人民法院要加强法官专业化队伍建设，在人员和物资保障方面给予支持。有条件的法院可以根据受理企业破产案件的数量，成立专门的破产案件审判庭，或指定专门的合议庭负责审理破产案件。

三、人民法院应建立合理的企业破产案件专门绩效考评机制

企业破产法是社会主义市场经济法律体系的重要组成部分，其作用的发挥必须通过人民法院受理和审理企业破产案件来实现。鉴于审理企业破产案件的特殊性，建立合理的专门绩效考评机制以充分调动受理法院、承办法官的积极性是十分必要的。各高级人民法院应根据本辖区的工作实际，积极探索能够全面客观反映审理破产案件工作量的科学考评标准，充分体现破产审判部门和法官的工作绩效。

各级人民法院对执行中发现的新情况、新问题应逐级报告最高人民法院。

特此通知。

最高人民法院
关于债权人对人员下落不明或者财产状况不清的债务人申请破产清算案件如何处理的批复

法释〔2008〕10号

(2008年8月4日最高人民法院审判委员会第1450次会议通过 2008年8月7日最高人民法院公告公布 自2008年8月18日起施行)

贵州省高级人民法院：

你院《关于企业法人被吊销营业执照后，依法负有清算责任的人未向法院申请破产，债权人是否可以申请被吊销营业执照的企业破产的请示》(〔2007〕黔高民二破请终字1号)收悉。经研究，批复如下：

债权人对人员下落不明或者财产状况不清的债务人申请破产清算，符合企业破产法规定的，人民法院应依法予以受理。债务人能否依据企业破产法第十一条第二款的规定向人民法院提交财产状况说明、债权债务清册等相关材料，并不影响对债权人申请的受理。

人民法院受理上述破产案件后，应当依据企业破产法的有关规定指定管理人追收债务人财产；经依法清算，债务人确无财产可供分配的，应当宣告债务人破产并终结破产程序；破产程序终结后二年内发现有依法应当追回的财产或者有应当供分配的其他财产的，债权人可以请求人民法院追加分配。

债务人的有关人员不履行法定义务，人民法院可依据有关法律规定追究其相应法律责任；其行为导致无法清算或者造成损失，有关权利人起诉请求其承担相应民事责任的，人民法院应依法予以支持。

此复。

《最高人民法院关于债权人对人员下落不明或者财产状况不清的债务人申请破产清算案件如何处理的批复》的理解与适用

宋晓明 张勇健 刘 敏

最高人民法院法释〔2008〕10 号《关于债权人对人员下落不明或者财产状况不清的债务人申请破产清算案件如何处理的批复》经 2008 年 8 月 4 日最高人民法院审判委员会第 1450 次会议通过，已于 2008 年 8 月 18 日公布，自 2008 年 8 月 18 日起施行。现就该批复中所涉主要问题作一介绍。

一、在企业法人已解散但未清算或者未清算完毕，资产不足以清偿债务的情形下，依法负有清算责任的人未向人民法院申请破产清算，债权人是否有权申请债务人破产清算的问题。

我国《企业破产法》采破产申请主义。[1] 在这种立法例下，首先要明确的就是破产申请权人。《企业破产法》第 7 条对一般债务人[2]破产的申请权人作出了明确的规定，即债务人有破产法规定的破产原因[3]时，可以向人民法院提

---

[1] 在破产程序的启动方式上，各国破产立法的规定有破产申请主义和职权主义两种模式。破产申请主义是指法院必须依据依法享有申请破产权的权利人的申请启动破产程序，而无权在无人申请的情况下，自行依职权启动破产程序。职权主义是指法院启动破产程序，并不以存在当事人等的申请为必备条件，只要债务人发生破产原因，在法律规定的特定情况下，法院可以依职权启动破产程序。

[2] 这里的一般债务人是指除商业银行、证券公司、保险公司等金融机构以外的企业法人。对于商业银行、证券公司、保险公司等金融机构特殊债务人的破产，《企业破产法》第 134 条还特别意义上的破产申请权人有权申请金融机构破产外，国务院金融监督管理机构亦有权向人民法院提出对该金融机构进行重整或者破产清算的申请。

[3] 《企业破产法》第 2 条：企业法人不能清偿到期债务，并且资产不足以清偿全部债务或者明显缺乏清偿能力的，依照本法规定清理债务。企业法人有前款规定情形，或者有明显丧失清偿能力可能的，可以依照本法规定进行重整。

出重整、和解或者破产清算的申请；债务人不能清偿到期债务，债权人可以向人民法院提出对债务人进行重整或者破产清算的申请；企业法人已解散但未清算或者未清算完毕，资产不足以清偿债务的，依法负有清算责任的人①应当向人民法院申请破产清算。也就是说，对于一般债务人而言，其破产申请权人为债务人、债权人和依法负有清算责任的人。

《企业破产法》之所以规定在企业法人已解散但未清算或者未清算完毕，资产不足以清偿债务的情形下，依法负有清算责任的人应当向人民法院申请破产清算，其目的在于明确对企业法人负有清算责任的人在企业法人出现解散事由应当清算而未清算，或者虽然开始清算但未清算完毕时，如果发现企业法人出现破产原因时，有义务②依法向人民法院申请破产清算，以便通过及时启动破产清算程序保障债权人利益得到公平实现，促进社会经济秩序良性运转。该规定并未排除债权人在债务人不能清偿到期债务时向人民法院申请债务人破产的权利。债权人、债务人以及依法负有清算责任的人的破产申请权，并不互相排斥。因此，当企业法人已解散但未清算或者未清算完毕，资产不足以清偿债务的情形下，依法负有清算责任的人未向人民法院申请破产清算时，债权人当然有权根据《企业破产法》第7条第2款的规定，向人民法院提出对债务人进行破产清算的申请。人民法院不能以此情况下债权人无申请权为由，不受理债权人提出的破产申请。

二、债权人对人员下落不明或者财产状况不清的债务人申请破产清算，未向人民法院提交财产状况说明、债务清册、债权清册、有关财务会计报告等，是否影响案件受理的问题。

对于申请权人提出的破产申请，人民法院在审查是否予以受理时，应当从实质要件和程序要件两个方面进行审查。实质要件的审查包括破产能力要件（破产主体资格）和原因要件（破产界线）的审查。程序要件的审查包括对申请人资格、申请书和有关证据等的审查。也就是说，只有经人民法院审查申请人提出的破产申请不符合上述实质要件或者形式要件时，人民法院才能作出不予受理的裁定。对于上述原因要件和程序要件，按照《企业破产法》的规定，应当区分不同情况进行审查。

---

① 依法负有清算责任的人，应当包括未清算完毕情形下已经成立了的清算组，以及应清算未清算情形下依法负有启动清算程序的清算义务人，即有限责任公司为公司全体股东，股份有限公司为公司董事和控股股东。

② 对于依法负有清算责任的人的破产申请权，从立法本意及表述（"应当"）上看，准确的解释应更多地体现为破产申请义务，而非简单意义上的申请权利。

1. 关于实质要件的审查

(1) 破产能力要件。依据我国《企业破产法》第 2 条和第 135 条规定，原则上仅赋予企业法人破产资格，自然人不具有破产能力；其他法律规定企业法人以外的组织（如合伙企业、农村专业合作社、民办学校等组织）的清算，属于破产清算的，参照适用《企业破产法》的规定；(2) 破产原因要件。根据《企业破产法》第 2 条和第 7 条的规定，对于不同的申请权人申请破产的，其所要求具备的破产原因要件是不同的。债务人申请破产的，对于债务人资不抵债现象明显、易于判断的案件，要审查其是否不能清偿到期债务[1]并且资产不足以清偿全部债务；[2] 对于债务人资不抵债现象不易判断，难以根据形式证据如资产负债表迅速查明的案件，要审查其是否不能清偿到期债务并且明显缺乏清偿能力。债权人申请破产的，要审查的破产原因仅仅为不能清偿到期债务，而未要求对不能清偿到期债务的原因进行审查。[3]

2. 关于程序要件的审查

(1) 申请人资格要件。对于申请人资格问题，在前述第一个问题中已经进行了详细的介绍，在此不再赘述。但是，对债权人申请人资格而言，我国《企业破产法》没有对债权人的资格作出进一步的明确规定，如债权人申请人数以及债权人代表的债权额是否限制；未到期债权人、外国债权人、对债务人特定财产享有担保物权的债权人、税收债权以及其他公法上的债权（如罚款、罚金等债权）之债权人、存在争议债权之债权人、职工债权人、超过诉讼时效债权之债权人，以及不具有财产给付内容请求的权利人有无破产申请权等等

---

[1] 包括不能以财产（支付货币及财产）、信用（借新还旧或协议延期还债）或者能力（债务人以提供债权人接受的劳务、技能服务等折抵货币清偿债务）等任何方式清偿债务；而且债务人是在较长的期间内不能清偿，或曰一般地停止清偿，而不是因一时资金周转困难等问题暂时中止支付。

[2] 是指消极财产（债务）的估价总额超过了积极财产（财产）估价总额的客观状况，也称债务超过，其着眼点在于资债比例关系，考虑债务人的偿还能力仅以实有财产为限，不考虑信用、能力等可能的偿还因素。

[3] 《企业破产法》第 7 条第 2 款对于债权人提出对债务人进行重整或者破产清算申请的原因仅规定为债务人不能清偿到期债务，而并未对债务人系基于什么原因不能清偿到期债务作出规定。笔者认为，《企业破产法》对债权人申请债务人破产的条件是从宽的，没有要求债权人对债务人不能清偿债务作出是资产不足以清偿债务或者明显缺乏清偿能力的证明。而是通过《企业破产法》第 10 条和第 108 条的规定，由债务人异议或者阻却程序来解决债权人不当申请问题的。即债务人认为其不存在不能清偿到期债务并且资产不足以清偿全部债务，或者不能清偿债务并且明显缺乏清偿能力的，其对于债权人提出的破产申请的异议，可以在收到人民法院通知之日起 7 日内向人民法院提出，并且以偿还该笔到期债务的方式阻却破产清算申请的受理。甚至在人民法院受理债权人申请后，宣告债务人破产前，债务人仍可通过清偿全部到期债务或者由第三人为其提供足额担保，或者为其清偿全部到期债务的方式阻却破产清算程序的继续。

问题，均有待于进一步明确；①

(2) 申请书及有关证据材料要件。这个要件的确定应该说是与前述实质要件紧密结合的，即通过申请权人提交的申请及有关证据材料证明其申请符合《企业破产法》规定的实质要件。根据《企业破产法》第 8 条对申请人向人民法院提出破产申请应当提交材料的规定看，对债权人申请破产和债务人申请破产审查的内容是不一样的。对债权人而言，仅要求其提交破产申请书和有关材料，所提交材料一方面是要证明其自身债权依法存在，其符合申请人资格，另一方面要证明债务人存在不能清偿到期债务的有关事实。这里，因债权人客观上无法举证证明债务人是否资不抵债，因此，第一，在债权人申请债务人破产时，《企业破产法》未以资产不足以清偿全部债务作为其申请的破产原因；第二，在要求债权人提交材料中也未要求债权人提交有关债务人资产负债情况的有关证据。《企业破产法》第 8 条第 3 款关于向人民法院提出破产申请时，应当提交财产状况说明、债务清册、债权清册、有关财务会计报告、职工安置预案以及职工工资的支付和社会保险费用的缴纳情况的规定，是针对债务人申请破产时的要求，而非对债权人的要求。债权人对债务人提出破产申请，只需提交破产申请书和有关证明债务人不能清偿到期债务的证据，并未要求债权人提交有关财务凭证等，事实上债权人也没有提交上述财务凭证的能力（包括债权人没有能力证明债务人是否资产不足以清偿全部债务或者明显缺乏清偿能力）。因此，人民法院以无法取得债务人财产状况说明、债权债务清册等相关资料，破产程序不能依法进行为由，裁定不予受理债权人的申请，缺乏法律依据。只要债权人对债务人提出的破产申请符合《企业破产法》规定的上述条件的，人民法院即应依法予以受理。

综上，人民法院应当严格按照《企业破产法》规定的受理条件决定破产案件的受理问题，而不能在《企业破产法》之外另设门槛，阻却已经符合《企业破产法》规定的受理条件的案件进入司法程序。人民法院作为企业法人退市中的"清道夫"，应当肩负起规范法人退出的历史使命，对于实践中普遍存在的"植物人公司"（亦称为"僵尸"），可以也有必要通过司法程序终止其法人资格，彻底清理法人市场中的垃圾。人民法院不能因为这类案件的审理存在一定难度而将其拒之门外。只有这样，才能充分发挥破产法在净化市场、促进社会经济秩序良性发展方面的作用。

---

① 我们认为，在法律或者司法解释没有作出明确禁止性规定时，基于上述原因裁定不受理破产申请应该说是没有法律依据的（其中，存在争议债权之债权人、超过诉讼时效债权之债权人从法理上看，应无权申请）。

三、关于债权人对人员下落不明或者财产状况不清的债务人的破产申请受理后如何审理的问题。

实践中之所以就债权人对人员下落不明或者财产状况不清的债务人提出的破产申请应否受理存在争议,很大程度是由于困惑于这类案件受理后如何审理的问题。我们认为,依据《企业破产法》的现有规定,应该说在一定程度上还是能够解决这类案件的审理问题的。例如:(1)《企业破产法》明确规定债务人的有关人员(包括企业的法定代表人以及企业的财务管理人员和其他经营管理人员)负有义务妥善保管其占有和管理的财产、印章和账簿、文书等资料;根据人民法院、管理人的要求进行工作,并如实回答询问;列席债权人会议并如实回答债权人的询问;以及未经人民法院许可,不得离开住所地等。如有义务列席债权人会议的债务人的有关人员,经人民法院传唤,无正当理由拒不列席债权人会议的,人民法院可以拘传,并依法处以罚款。债务人的有关人员违反《企业破产法》规定,拒不陈述、回答,或者作虚假陈述、回答的,人民法院可以依法处以罚款;债务人违反《企业破产法》的规定,拒不向人民法院提交或者提交不真实的财产状况说明、债务清册、债权清册、有关财务会计报告以及职工工资的支付情况和社会保险费用的缴纳情况的,人民法院可以对直接责任人员依法处以罚款;债务人违反《企业破产法》的规定,拒不向管理人移交财产、印章和账簿、文书等资料的,或者伪造、销毁有关财产证据材料而使财产状况不明的,人民法院可以对直接责任人员依法处以罚款;债务人的有关人员违反《企业破产法》的规定,擅自离开住所地的,人民法院可以予以训诫、拘留,可以依法并处罚款。人民法院可以充分利用《企业破产法》的上述规定,通过对债务人有关人员责任的追究,责令其依法向人民法院提交有关材料,以保障整个清算程序的顺利进行;(2)充分发挥管理人作用。管理人制度是《企业破产法》确立的一项新的制度,是我国破产法走向规范化、市场化、国际化的一项重大制度革新。人民法院在审理破产案件中一定要充分调动管理人的积极性,发挥其应有的作用。管理人应当尽可能穷尽所有手段,发现、追收债务人财产。如债务人存在无偿转让财产、以明显不合理的价格进行交易、对没有财产担保的债务提供财产担保、对未到期债务提前清偿、放弃到期债权、对个别债权人违法清偿的,以及为逃避债务而隐匿、转移财产、虚构债务或者承认不真实的债务等行为的,应当通过对上述行为予以撤销或者认定无效等方式,由管理人将行为相对人因此而取得的债务人的财产依法予以追回;债务人的出资人尚未完全履行出资义务的,管理人应当要求该出资人缴纳所认缴的出资;债务人的董事、监事和高级管理人员利用职权从企业获取的非正常收入和侵占的企业财产，管理人应当追回；（3）如经依法清算，债务人确实无财产可供分配的（包括债务人财产不足以清偿破产费用的），管理人应当根据《企业破产法》的有关规定请求人民法院裁定终结破产程序；破产程序终结之日起2年内又发现有依法应当追回的财产或者有应当供分配的其他财产的，债权人可以请求人民法院追加分配；（4）管理人未依照《企业破产法》的规定勤勉尽责，忠实执行职务的，人民法院可以根据《企业破产法》第130条的规定对其予以处罚；给债权人、债务人或者第三人造成损失的，有关权利人亦可要求其承担相应的赔偿责任；（5）债务人有无效行为或者可撤销行为，损害债权人利益的，可依法追究债务人的法定代表人和其他直接责任人员的赔偿责任。

四、因无法获得债务人的有关材料导致破产清算程序客观上无法进行时如何处理的问题。

《企业破产法》中现定的"依法清算"，是指在全面掌握债务人财产和负债情况基础上，对所有既有法律关系的彻底、概括的清理。对于债务人人员下落不明或者财产状况不清的破产案件，在穷尽上述既有手段后，如债务人仍不能或拒不向人民法院提交有关材料的，人民法院可以以此为由裁定终结破产清算程序。但这里一定要注意，依照《企业破产法》的规定依法清算，债务人确无财产可供分配导致的终结破产清算程序，和因无法清算导致的终结破产清算程序，其法律后果是截然不同的。因依法清算，债务人确无财产可供分配时终结破产清算程序的结果，对债务人而言是免责的结果，[①] 债务人仅以其破产财产为限承担责任，债务人破产清算程序终结后，除破产程序终结之日起2年内发现有依法应当追回的财产或者债务人有应当供分配的其他财产的，可以追加分配外，对于债务人未能依破产程序清偿的债务，原则上不再予以清偿。而因债务人的清算义务人[②]怠于履行义务，导致债务人主要财产、账册、重要文

[①] 破产免责制度，是指在破产程序终结后，依照破产法的规定，对于债务人未能依破产程序清偿的债务，在法定范围内免除其继续清偿的责任。免责制度在对债务人的救济政策中处于核心地位，可以使债务人在破产程序终结后新取得的收入不至于无限期地陷入对破产宣告前债务的清偿包袱之中，从而鼓励其在破产程序终结后继续积极参与社会经济活动，为社会和个人创造新的财富。当然，国外立法中的免责制度更多的是针对自然人破产案件。包括当然免责主义和许可免责主义。

在目前我国破产法尚未确立自然人破产制度前，准确说债务人免责是指债务人的出资人免责，即债务人的出资人仅以其对债务人的出资为限承担有限责任。

[②] 清算义务人，是指法人出现不能存续的事由（包括公司法下狭义的解散事由，也包括破产法下的破产原因的出现）后，依法负有启动相应清算程序的主体。有限责任公司的清算义务人为公司全体股东，股份有限公司的清算义务人为公司的董事和控股股东，非公司制企业法人原则上为企业的出资人。

件等灭失无法清算而终结的，虽然债务人的法人资格因清算程序终结而终止，但其既有的民事责任并不当然消灭，而是应当由其清算义务人承担偿还责任。[①] 对于债务人免责的例外，在国外立法例中亦有类似规定，依据《美国破产法》规定，债务人隐藏、销毁、毁坏、伪造或未能保管或保留好可以确定债务人财政状况和商业经营状况的情报档案的；债务人在该案或与此有关的案件中故意或欺诈地作假宣誓或假账的；在确定拒绝免除债务人法律规定的债务之前，债务人未能对其财产损失和偿付其债务的财产不足部分作出令人满意的解释的；债务人不服从法院命令，例如出示文件、回答关键性问题等；债务人故意隐藏、延误、欺诈债权人或管理破产财产的官员，转让、转移、毁坏、隐藏或授权转让、转移、销毁、毁坏诉讼提出之日前1年属于债务人财产和诉讼提出后的破产财产的；债务人不是个人的等情况下，法院可以拒绝豁免债务人的债务。[②]

  上述原则的确立，对于督促债务人的有关人员向人民法院提交财产状况说明、债权债务清册等有关材料，配合破产程序依法进行应可发挥较大作用。人民法院在受理有关案件后，可以通过释明权的行使，明确告知债务人，其违反法律规定，拒不向法院提交有关财产状况说明等材料的，除债务人的有关直接责任人员要承担相应的法律责任外，对债务人的清算义务人而言，将可能面临直接承担债务人全部债务的法律后果。我们相信，在此情况下，大多数债务人将会自觉回归到依法清算、依法了结既有法律关系的正途中来的。那么，目前法院审理这类案件中困惑的问题将迎刃而解，这也是我们制定这个司法解释的根本目的。

  [①] 参见《最高人民法院关于适用〈中华人民共和国公司法〉若干问题的规定（二）》第18条第2、3款和第20条第1款的规定。
  即有限责任公司的股东、股份有限公司的董事、控股股东因怠于履行义务，导致公司主要财产、账册、重要文件等灭失，无法进行清算，债权人主张其对公司债务承担连带清偿责任的，人民法院应依法予以支持；上述情形系实际控制人原因造成，债权人主张实际控制人对公司债务承担相应民事责任的，人民法院应依法予以支持。（第18条第2、3款）
  公司解散应当在依法清算完毕后，申请办理注销登记。公司未经清算即办理注销登记，导致公司无法进行清算，债权人主张有限责任公司的股东、股份有限公司的董事、控股股东，以及公司的实际控制人对公司债务承担清偿责任的，人民法院应依法予以支持。（第20条第1款）
  [②] 中国社会科学出版社第三编辑室编：《美国法典（商业贸易法海关法卷）》，中国社会科学出版社1997年版，第770~771页。

最高人民法院
关于依法审理和执行被风险处置证券公司相关案件的通知

2009年5月26日　　　　　　　　法发〔2009〕35号

各省、自治区、直辖市高级人民法院，解放军军事法院，新疆维吾尔自治区高级人民法院生产建设兵团分院：

为维护证券市场和社会的稳定，依法审理和执行被风险处置证券公司的相关案件，现就有关问题通知如下：

一、为统一、规范证券公司风险处置中个人债权的处理，保持证券市场运行的连续性和稳定性，中国人民银行、财政部、中国银行业监督管理委员会、中国证券监督管理委员会联合制定发布了《个人债权及客户证券交易结算资金收购意见》。国家对个人债权和客户交易结算资金的收购，是国家有关行政部门和金融监管机构采取的特殊行政手段。相关债权是否属于应当收购的个人债权或者客户交易结算资金范畴，系由中国人民银行、金融监管机构以及依据《个人债权及客户证券交易结算资金收购意见》成立的甄别确认小组予以确认的，不属人民法院审理的范畴。因此，有关当事人因上述执行机关在风险处置过程中甄别确认其债权不属于国家收购范围的个人债权或者客户证券交易结算资金，向人民法院提起诉讼，请求确认其债权应纳入国家收购范围的，人民法院不予受理。国家收购范围之外的债权，有关权利人可以在相关证券公司进入破产程序后向人民法院申报。

二、托管是相关监管部门对高风险证券公司的证券经纪业务等涉及公众客户的业务采取的行政措施，托管机构仅对被托管证券公司的经纪业务行使经营管理权，不因托管而承继被托管证券公司的债务。因此，有关权利人仅以托管为由向人民法院提起诉讼，请求判令托管机构承担被托管证券公司债务的，人民法院不予受理。

三、处置证券类资产是行政处置过程中的一个重要环节，行政清算组依照法律、行政法规及国家相关政策，对证券类资产采取市场交易方式予以处置，在合理估价的基础上转让证券类资产，受让人支付相应的对价。因此，证券公司的债权人向人民法院提起诉讼，请求判令买受人承担证券公司债务偿还责任的，人民法院对其诉讼请求不予支持。

四、破产程序作为司法权介入的特殊偿债程序，是在债务人财产不足以清偿债务的情况下，以法定的程序和方法，为所有债权人创造获得公平受偿的条件和机会，以使所有债权人共同享有利益、共同分担损失。鉴此，根据企业破产法第十九条的规定，人民法院受理证券公司的破产申请后，有关证券公司财产的保全措施应当解除，执行程序应当中止。具体如下：

1. 人民法院受理破产申请后，已对证券公司有关财产采取了保全措施，包括执行程序中的查封、冻结、扣押措施的人民法院应当解除相应措施。人民法院解除有关证券公司财产的保全措施时，应当及时通知破产案件管理人并将有关财产移交管理人接管，管理人可以向受理破产案件的人民法院申请保全。

2. 人民法院受理破产申请后，已经受理有关证券公司执行案件的人民法院，对证券公司财产尚未执行或者尚未执行完毕的程序应当中止执行。当事人在破产申请受理后向有关法院申请对证券公司财产强制执行的，有关法院对其申请不予受理，并告知其依法向破产案件管理人申报债权。破产申请受理后人民法院未中止执行的，对于已经执行了的证券公司财产，执行法院应当依法执行回转，并交由管理人作为破产财产统一分配。

3. 管理人接管证券公司财产、调查证券公司财产状况后，发现有关法院仍然对证券公司财产进行保全或者继续执行，向采取保全措施或执行措施的人民法院提出申请的，有关人民法院应当依法及时解除保全或中止执行。

4. 受理破产申请的人民法院在破产宣告前裁定驳回申请人的破产申请，并终结证券公司破产程序的，应当在作出终结破产程序的裁定前，告知管理人通知原对证券公司财产采取保全措施的人民法院恢复原有的保全措施，有轮候保全的，以原采取保全措施的时间确定轮候顺位。对恢复受理证券公司为被执行人的执行案件，适用申请执行时效中断的规定。

五、证券公司进入破产程序后，人民法院作出的刑事附带民事赔偿或者涉及追缴赃款赃物的判决应当中止执行，由相关权利人在破产程序中以申报债权等方式行使权利；刑事判决中罚金、没收财产等处罚，应当在破产程序债权人获得全额清偿后的剩余财产中执行。

六、要进一步严格贯彻最高人民法院、最高人民检察院、公安部、中国证监会《关于查询、冻结、扣划证券和证券交易结算资金有关问题的通知》（法发〔2008〕4号），依法执行有关证券和证券交易结算资金。

各高级人民法院要及时组织辖区内法院有关部门认真学习和贯彻落实本通知精神，并依法监督下级法院严格执行，对未按照上述规定审理和执行有关案件的，上级人民法院应当依法予以纠正并追究相关人员的责任。

解读《最高人民法院关于依法审理和执行被风险处置证券公司相关案件的通知》

宋晓明　张勇健　刘　敏

最高人民法院为维护证券市场和社会稳定，依法审理和执行被风险处置证券公司的相关案件，于 2009 年 5 月 26 日下发了《关于依法审理和执行被风险处置证券公司相关案件的通知》（以下简称《通知》），该《通知》对人民法院审理和执行被风险处置证券公司相关案件中的主要问题，包括有关当事人因证券公司风险处置中甄别确认其债权不属于国家收购范围的个人债权或者客户证券交易结算资金，请求人民法院确认其债权应纳入国家收购范围的，人民法院是否应予受理；有关权利人以行政托管为由，诉请人民法院判令行政处置中监管部门指定的托管机构承担被托管证券公司债务的，人民法院是否应予支持；证券公司债权人诉请判令行政处置中通过市场交易方式支付对价取得证券类资产的买受人承担证券公司债务偿还责任的，人民法院是否应予支持；以及人民法院受理证券公司破产申请后，有关证券公司财产保全措施的解除和执行程序的中止等，作出了明确的规定。各级人民法院在理解与适用上述《通知》时，应当特别注意将相关问题放在证券公司风险处置的背景下考虑。

证券公司是证券市场重要的中介机构，在市场的培育和发展中发挥着重要作用。但由于体制、机制上的缺陷，证券公司在快速发展的同时，也积累了许多矛盾和问题。2003 年年底至 2004 年上半年，伴随着证券市场的持续低迷和结构性调整，一批证券公司的问题急剧暴露，证券行业多年积累的风险呈现集中爆发态势，证券公司面临自行业建立以来的第一次系统性危机，严重危及资本市场的安全和社会稳定。2004 年 8 月以来，在国务院的统一部署下，证券公司综合治理工作全面开展。证券公司综合治理是在我国社会主义市场经济发展过程中的一项创造性工作，缺乏明确的法律框架和实践经验，在此过程中，系以行政主导为特点，相关部门共同研究、采取对策，妥善化解了风险，兼顾了各利益主体的权益，经过持续3年的艰苦奋战和不懈努力，证券公司历史遗留风险彻底化解，财务状况显著改善，合规经营意识和风险管理能力明显增强，监管法规制度逐步完善，基础性制度改革取得了实质性进展，取得了较好的社会效果。证券公司综合治理工作是提高证券业竞争力，防范和化解证券市场风险的重要步骤，人民法院在审理和执行被风险处置证券公司的相关案件时，要着眼于证券公司风险处置的全局，审理好、执行好被风险处置证券公司的相关案件是人民法院发挥审判职能作用，服务国家中心工作大局的必然要求，是巩固证券公司综合治理成果的重要保证，更是人民法院民商事审判工作职责所在。因此，相关人民法院应当充分认识审理好有关被风险处置证券公司案件的重要意义，切实维护证券公司风险处置措施的效力，巩固综合治理成果，对于经过监管部门批准的处置行为，应当予以维护，以避免证券公司风险处置工作出现反复。

最高人民法院
关于正确审理企业破产案件为维护市场经济秩序提供司法保障若干问题的意见

2009年6月12日　　　　　　　　法发〔2009〕36号

各省、自治区、直辖市高级人民法院,解放军军事法院,新疆维吾尔自治区高级人民法院生产建设兵团分院：

当前,由于国际金融危机的不断发展和蔓延,我国经济发展仍然面临着严峻的考验。阻碍经济良性运行的负面因素和潜在风险明显增多,许多企业因资金链断裂引发的系统风险不断显现,严重影响了我国经济发展秩序良性运转和社会稳定。在当前经济形势下,充分发挥人民法院商事审判的职能作用,正确审理企业破产案件,防范和化解企业债务风险,挽救危困企业,规范市场主体退出机制,维护市场运行秩序,对于有效应对国际金融危机冲击,保障经济平稳较快发展,具有重要意义。现就人民法院做好企业破产案件审判工作,提出以下意见：

一、依法受理企业破产案件,为建立我国社会主义市场经济良性运行机制提供司法保障

1. 人民法院要正确认识企业破产法保障债权公平有序受偿、完善优胜劣汰的竞争机制、优化社会资源配置、调整社会产业结构、拯救危困企业的作用,依法受理审理企业破产清算、重整、和解案件,综合利用企业破产法的多种程序,充分发挥其对市场经济的调整作用,建立企业法人规范退出市场的良性运行机制,努力推动经济社会又好又快发展。

2. 为保障国家产业结构调整政策的落实,对于已经出现破产原因的企业,人民法院要依法受理符合条件的破产清算申请,通过破产清算程序使其从市场中有序退出。对于虽有借破产逃废债务可能但符合破产清算申请受理条件的非

诚信企业，也要将其纳入到法定的破产清算程序中，通过撤销和否定其不当处置财产行为，以及追究出资人等相关主体责任的方式，使其借破产逃废债务的目的落空，剥夺其市场主体资格。对债权人申请债务人破产清算的，人民法院审查的重点是债务人是否不能清偿到期债务，而不能以债权人无法提交债务人财产状况说明等为由，不受理债权人的申请。

3. 对于虽然已经出现破产原因或者有明显丧失清偿能力可能，但符合国家产业结构调整政策、仍具发展前景的企业，人民法院要充分发挥破产重整和破产和解程序的作用，对其进行积极有效的挽救。破产重整和和解制度，为尚有挽救希望的危困企业提供了避免破产清算死亡、获得再生的机会，有利于债务人及其债权人、出资人、职工、关联企业等各方主体实现共赢，有利于社会资源的充分利用。努力推动企业重整和和解成功，促进就业、优化资源配置、减少企业破产给社会带来的不利影响，是人民法院审理企业破产案件的重要目标之一，也是人民法院商事审判工作服务于保增长、保民生、保稳定大局的必然要求。

二、坚持在当地党委的领导下，努力配合政府做好企业破产案件中的维稳工作，为构建和谐社会提供司法保障

4. 债务人进入破产程序后，因涉及债权人、债务人、出资人、企业职工等众多当事人的利益，各方矛盾极为集中和突出，处理不当，极易引发群体性、突发性事件，影响社会稳定。人民法院审理企业破产案件，一定要坚持在当地党委的领导下，充分发挥地方政府建立的风险预警机制、联动机制、资金保障机制等协调机制的作用，努力配合政府做好企业破产案件中的维稳工作。

5. 对于职工欠薪和就业问题突出、债权人矛盾激化、债务人弃企逃债等敏感类破产案件，要及时向当地党委汇报，争取政府的支持。在政府协调下，加强与相关部门的沟通、配合，及时采取有力措施，积极疏导并化解各种矛盾纠纷，避免哄抢企业财产、职工集体上访的情况发生，将不稳定因素消除在萌芽状态。有条件的地方，可通过政府设立的维稳基金或鼓励第三方垫款等方式，优先解决破产企业职工的安置问题，政府或第三方就劳动债权的垫款，可以在破产程序中按照职工债权的受偿顺序优先获得清偿。

三、充分发挥破产重整和和解程序挽救危困企业、实现企业持续经营的作用，保障社会资源有效利用

6. 人民法院要充分发挥司法能动作用，注重做好当事人的释明和协调工作，合理适用破产重整和和解程序。对于当事人同时申请债务人清算、重整、

和解的，人民法院要根据债务人的实际情况和各方当事人的意愿，在组织各方当事人充分论证的基础上，对于有重整或者和解可能的，应当依法受理重整或者和解申请。当事人申请重整，但因企业经营规模较小、虽有挽救必要但重整成本明显高于重整收益的困难企业，有关权利人不同意重整的，人民法院可引导当事人通过和解方式挽救企业。人民法院要加强破产程序中的调解工作，在法律允许的框架下，积极支持债务人、管理人和新出资人等为挽救企业所做的各项工作，为挽救困难企业创造良好的法律环境。

7. 人民法院适用强制批准裁量权挽救危困企业时，要保证反对重整计划草案的债权人或者出资人在重整中至少可以获得在破产清算中本可获得的清偿。对于重整计划草案被提请批准时依照破产清算程序所能获得的清偿比例的确定，应充分考虑其计算方法是否科学、客观、准确，是否充分保护了利害关系人的应有利益。人民法院要严格审查重整计划草案，综合考虑社会公共利益，积极审慎适用裁量权。对不符合强制批准条件的，不能借挽救企业之名违法审批。上级人民法院要肩负起监督职责，对利害关系人就重整程序中反映的问题要进行认真审查，问题属实的，要及时予以纠正。

四、在破产程序中要注重保障民生，切实维护职工合法权益

8. 依法优先保护劳动者权益，是破产法律制度的重要价值取向。人民法院在审理企业破产案件中，要切实维护职工的合法权益，严格依法保护职工利益。召开债权人会议要有债务人的职工和工会代表参加，保障职工对破产程序的参与权。职工对管理人确认的工资等债权有异议的，管理人要认真审查核对，发现错误要及时纠正；因管理人未予纠正，职工据此提起诉讼的，人民法院要严格依法审理，及时作出判决。

9. 表决重整计划草案时，要充分尊重职工的意愿，并就债务人所欠职工工资等债权设定专门表决组进行表决；职工债权人表决组未通过重整计划草案的，人民法院强制批准必须以应当优先清偿的职工债权全额清偿为前提。企业继续保持原经营范围的，人民法院要引导债务人或管理人在制作企业重整计划草案时，尽可能保证企业原有职工的工作岗位。

10. 保障职工合法权益需要社会各方面的共同努力。人民法院要加强与国家社会保障部门、劳动部门、工商行政管理部门、组织人事等部门的沟通和协调，积极提出司法建议，推动适合中国特色的社会保障体制的建立和完善。

五、妥善指定适格管理人，充分发挥管理人在企业破产程序中的积极作用

11. 人民法院要根据企业破产法和有关司法解释的规定，采用适当方式指

定管理人，对于重大疑难案件，可以通过竞争的方式择优确定管理人。要注意处理好审理破产案件的审判庭和司法技术辅助工作部门的关系，在指定管理人时，应由审理破产案件的审判庭根据案件实际情况决定采用哪类管理人以及采用哪种产生方式，在决定通过随机方式或者竞争方式产生管理人或其成员时，再由司法技术辅助工作部门根据规定产生管理人或其成员。

12. 企业重整中，因涉及重大资产重组、经营模式选择、引入新出资人等商业运作内容，重整中管理人的职责不仅是管理和处分债务人财产，更要管理债务人的经营业务，特别是制定和执行重整计划。因此，在我国目前管理人队伍尚未成熟的情况下，人民法院指定管理人时，应当注意吸收相关部门和人才，根据实际情况选择指定的形式和方式，以便产生适格管理人。

13. 管理人的工作能力和敬业精神直接决定着企业破产案件能否依法有效进行，以及破产法律制度能否充分发挥其应有的作用。人民法院要特别注意加强对管理人业务知识和各种能力的培养，建立管理人考核机制，通过业绩考核，形成激励和淘汰机制，逐步实现管理人队伍的专业化。

六、正确适用企业破产法的各项制度，充分保护债权人合法权益

14. 人民法院在审理企业破产案件中，要充分调动管理人的积极性，促使其利用法律手段，努力查找和追收债务人财产，最大限度保护债权人利益。对出资不实、抽逃出资的，要依法追回；对于不当处置公司财产的行为，要依法撤销或者认定无效，并追回有关财产；对于违反法律、行政法规等规定，给公司或债权人造成损失的，要依法追究行为人的民事责任；对于发现妨碍清算行为的犯罪线索，要及时向侦查机关通报情况。

15. 要充分发挥债权人会议和债权人委员会的职能作用，切实保障债权人对破产程序的参与权，坚决防止地方保护主义，即使在以挽救债务人为主要目的的破产重整和和解程序中，仍然要以充分保障债权人利益为前提，重整计划和和解协议的通过与否，要严格按照法定的程序确定表决权并依法表决。

16. 人民法院在审理债务人人员下落不明或财产状况不清的破产案件时，要从充分保障债权人合法利益的角度出发，在对债务人的法定代表人、财务管理人员、其他经营管理人员，以及出资人等进行释明，或者采取相应罚款、训诫、拘留等强制措施后，债务人仍不向人民法院提交有关材料或者不提交全部材料，影响清算顺利进行的，人民法院就现有财产对已知债权进行公平清偿并裁定终结清算程序后，应当告知债权人可以另行提起诉讼要求有责任的有限责任公司股东、股份有限公司董事、控股股东，以及实际控制人等清算义务人对

债务人的债务承担清偿责任。

七、正确认识破产程序与执行程序的功能定位，做好两个程序的有效衔接

17. 人民法院要充分认识破产程序和执行程序的不同功能定位，充分发挥企业破产法公平保护全体债权人的作用。破产程序是对债务人全部财产进行的概括执行，注重对所有债权的公平受偿，具有对一般债务清偿程序的排他性。因此，人民法院受理破产申请后，对债务人财产所采取的所有保全措施和执行程序都应解除和中止，相关债务在破产清算程序中一并公平清偿。

18. 人民法院要注重做好破产程序和执行程序的衔接工作，确保破产财产妥善处置。涉及人民法院内部破产程序和执行程序的操作的，应注意不同法院、不同审判部门、不同程序的协调与配合。涉及债务人财产被其他国家行政机关采取保全措施或执行程序的，人民法院应积极与上述机关进行协调和沟通，取得有关机关的配合，依法解除有关保全措施，中止有关执行程序。

19. 人民法院受理破产申请后，在宣告债务人破产前裁定驳回申请人的破产申请，并终结破产程序的，应当在作出终结破产程序的裁定前，告知管理人通知原对债务人财产采取保全措施或执行程序的法院恢复原有的保全措施或执行程序，有轮候保全的，以原采取保全措施的时间确定轮候顺位。对恢复受理债务人为被执行人的执行案件，应当适用申请执行时效中断的有关规定。

八、加强审理破产案件法官专业化队伍建设，充分发挥商事审判职能作用

20. 随着我国经济市场化、国际化程度越来越高，企业破产案件将呈逐步增长趋势，这对人民法院审判工作提出了更高的要求。一方面，企业破产案件审理周期长、难度大、事务性工作繁重，人民法院长期以来案多人少的矛盾更加突出。另一方面，由于破产案件审理的复杂性和特殊性，客观上需要一支不仅具备较为扎实的法学理论功底，而且还要有解决社会矛盾、处理应急事务、协调各方利益等多方面工作能力的专业化法官队伍。因此，人民法院要加强法官专业化队伍建设，在人财物方面给予支持和保障。有条件的法院可以根据企业破产案件的数量，成立专门的破产案件审判庭，或指定专门的合议庭负责审理破产案件。

21. 人民法院要积极调动法官审理企业破产案件的积极性，在考核法官工作业绩时，要充分考虑企业破产案件审理的特殊性，以及法官办理企业破产案件所付出的辛勤劳动和承担的各种压力，积极探索能够客观反映审理破产案件

工作量的科学考评标准，不断提高破产案件的审理质量。

22. 审理企业破产案件的法官，要大力加强对党的路线方针政策的学习，增强大局意识和责任意识。在当前经济形势下，更要正确处理好保护金融债权与挽救危困企业之间的关系，实现债权人与债务人的共赢，共渡难关。正确处理好保护投资者利益与维护职工合法权益之间的关系，保障社会和谐稳定。正确处理好企业破产清算与企业再生之间的关系，实现社会资源的充分利用以及法律效果和社会效果的有机统一。广大法官要大力加强廉政建设，严格执行最高人民法院"五个严禁"等审判纪律和规章制度，无论是在指定管理人还是在委托拍卖财产等敏感环节，都要坚持以制度管人，坚决杜绝人情案、关系案、金钱案，确保以公正高效的审判业绩，为我国国民经济平稳较快发展创造条件。

防范化解债务风险　倾力挽救危困企业

——最高人民法院民二庭负责人就正确审理企业
破产案件若干问题的意见答记者问

问：《企业破产法》对于社会主义市场经济秩序的良性运行都有哪些积极作用？我们为什么强调要依法受理企业破产案件？

答：《企业破产法》作为规范市场主体退出的法律规范，是市场经济法律体系的重要组成部分，对维护市场经济的正常秩序和促进市场经济的健康发展起着重要作用。《企业破产法》不仅能够保障债务关系在债务人丧失清偿能力时的有序、公平实现，维护全体债权人的合法权益，而且还可以进一步完善市场经济优胜劣汰的竞争机制，促进企业改善经营管理，提高经济效益，拯救困难企业，优化社会资源的配置与使用，调整社会的产业与产品结构等。《企业破产法》包括了破产清算、破产重整、破产和解三个法律程序，其中破产清算程序是法人依法终止的程序，而破产重整和破产和解程序是破产预防程序，通过重整和和解程序可以实现对危困企业的挽救，实现企业再生。换句话说，《企业破产法》不仅仅是企业终止的法律，而且还是企业更生的法律。因此，在当前经济背景下，我们要求各级人民法院要依法受理、审理企业破产清算、重整、和解案件，综合利用《企业破产法》的多种法律程序，充分发挥其对市场经济的调整作用，建立企业法人规范退出市场的良性运行机制，努力推动经济社会又好又快发展。

问：正如您所言，新的《企业破产法》包括了清算、重整、和解三驾马车，而且这三驾马车由于制度设计的不同将对经济生活发挥不同的作用，请问，人民法院应当如何正确区分适用《企业破产法》下的三个程序，充分发挥《企业破产法》的作用？

答：为保障国家产业结构调整政策的落实，对于已经出现破产原因的企业，人民法院要依法受理符合条件的破产清算申请，通过破产清算程序使其从市场中有序退出。对于虽有借破产逃废债务可能但符合破产清算申请受理条件的非诚信企业，也要将其纳入到法定的破产清算程序中，通过撤销和否定其不当处置财产行为，以及追究出资人等相关主体责任的方式，使其借破产逃废债务的目的落空，剥夺其市场主体资格。对债权人申请债务人破产清算的，人民法院审查的重点是债务人是否不能清偿到期债务，而不能以债权人无法提交债务人财产状况说明等为由，不受理债权人的申请。企业死亡是市场经济的必然结果，市场经济本身就是竞争经济，对于经营严重亏损、产业技术落后、内部治理混乱、不符合市场经济发展需要的企业，有必要通过破产清算程序将其淘汰出局，这样也有利于我国产业结构的调整和市场经济的净化，对建立企业法人依法、规范退出市场的良性法律机制有着积极的社会意义。

但是，我们要强调，对于虽然已经出现破产原因或者有明显丧失清偿能力可能，但符合国家产业结构调整政策、仍具发展前景的企业，人民法院要充分发挥破产重整和破产和解程序的作用，对其进行积极有效的挽救。尤其是在当前经济背景下，由于受国际金融危机的影响，很多原本效益很好的企业也遭受了前所未有的冲击，由于资金链断裂或者下游企业破产等原因出现了危机，更需要我们各方对其进行积极的挽救。拯救困难企业，稳定社会经济秩序，是企业破产法的一项重要立法目的。企业破产法下的重整和和解制度，恰恰给我们挽救企业提供了很好的手段，充分反映了《企业破产法》破产与拯救相结合的原则，是现代企业破产法与传统企业破产法的一个重大差别，体现了现代企业破产法的社会价值取向，突出了《企业破产法》在公平保护债权人的前提下，对债务人进行积极挽救的立法目的，同时，对于构建和谐社会亦具有重要的现实意义。破产重整和和解制度，为尚有挽救希望的危困企业，提供了避免破产清算死亡、获得再生的机会，有利于债务人及其债权人、出资人、职工、关联企业等各方主体实现共赢，有利于社会资源的充分利用。对于经营暂时出现困难，但有发展前景、对社会有重大影响的企业，人民法院要充分利用破产重整制度，调动各方利害关系人的积极性，共同致力于挽救困难企业。对于经营规模较小、虽有挽救必要但重整成本明显高于重整收益的困难企业，人民法院则应鼓励当事人通过和解方式挽救企业。对于同时申请债务人清算、重整、和解的，人民法院要根据债务人的实际情况和各方当事人的意愿，在组织各方当事人充分论证的基础上，对于有重整或者和解希望的，应当依法受理重整或者和解申请。努力推动企业重整和和解成功，促进就业、优化资源配置、减少企业破产给社会带来的不利影响，是人民法院审理企业破产案件的重要目标之一，也是人民法院商事审判工作服务于保增长、保民生、保稳定大局的必然要求。

问：企业破产案件中因矛盾比较突出，维稳压力很大，请问人民法院对于破产案件审理过程中的维稳工作如何处理？

答：债务人进入破产程序后，因涉及债权人、债务人、出资人、企业职工等众多当事人的利益，各方矛盾极为集中和突出，处理不当，极易引发群体性、突发性事件，影响社会稳定。人民法院审理企业破产案件，一定要坚持在当地党委的领导下，充分发挥地方政府建立的风险预警机制、联动机制、资金保障机制等协调机制的作用，努力配合政府做好企业破产案件中的维稳工作。对于职工欠薪和就业问题突出、债权人矛盾激化、债务人弃企逃债等敏感类破产案件，要及时向当地党委汇报，争取政府的支持。在政府协调下，加强与相关部门的沟通、配合，及时采取有力措施，积极疏导并化解各种矛盾纠纷，避免哄抢企业财产、职工集体上访的情况发生，将不稳定因素消除在萌芽状态。有条件的地方，可通过政府设立的维稳基金或鼓励第三方垫款等方式，优先解决破产企业职工的安置问题，政府或第三方就劳动债权的垫款，可以在破产程序中按照职工债权的受偿顺序优先获得清偿。

问：在当前企业受国际金融危机影响陷入暂时困境时，人民法院如何通过《企业破产法》下的重整和和解程序积极挽救危困企业？

答：人民法院审理企业破产案件时，要充分发挥司法能动作用，注重做好当事人的释明和协调工作，合理适用破产重整和和解程序。对于当事人同时申请债务人清算、重整、和解的，人民法院要根据债务人的实际情况和各方当事人的意愿，在组织各方当事人充分论证的基础上，对于有重整或者和解可能的，应当依法受理重整或者和解申请。当事人申请重整，但因企业经营规模较小、虽有挽救必要但重整成本明显高于重整收益的困难企业，有关权利人不同意重整的，人民法院可引导当事人通过和解方式挽救企业。人民法院要加强破产程序中的调解工作，在法律允许的框架下，积极支持债务人、管理人和新出资人等为挽救企业所做的各项工作，为挽救困难企业创造良好的法律环境。

问：破产重整中人民法院对重整计划草案的强制批准，应该说是对拯救企业最为有力的手段，但如果法院滥用了强制批准权，也容易产生借重整逃废债务的不良后果，请问，人民法院应当如何把握强制批准的尺度？

答：你问得很好。重整程序之所以能够较为有效地使企业避免破产，其重要原因之一就是其具有较其他程序更强的强制性。这种强制性体现在两个层面：一是各表决组全部以法定多数通过重整计划草案，经法院批准，则该重整计划草案对所有债权人和出资人均具有法律效力，包括在各表决组投反对票的债权人和出资人；二是在未获全部表决组通过时，如重整计划草案符合法定条件，经债务人或者管理人申请，人民法院也可强制批准重整计划草案，使该重整计划草案对所有债权人和出资人发生法律效力。人民法院在批准重整计划草案时，应当区分上述两种情形分别进行审查，积极审慎适用裁量权，在依法保障债权人和出资人合法权益的前提下，实现对困境企业的挽救。

对于第二种情形，也就是你刚才提到的人民法院的强制批准，因该情形下的批准是在未获全部表决组通过时的批准，更具强制力，因此，人民法院批准时，一定要保证反对重整计划草案的债权人或者出资人在重整中至少可以获得在破产清算中本可获得的清偿。这里要特别注意，在确定重整计划草案被提请批准时依照破产清算程序所能获得的清偿比例时，人民法院应充分考虑其计算方法是否科学、客观、准确，是否充分保护了债权人的应有利益。如债权人组以资产评估报告低估了资产价值，甚至虚假，损害了债权人利益；或重整计划不公，债权削减比例很大，而出资人权益调整比例过小或没调整；或大股东对经营失败负有重大责任，应分担更多重组损失而重整计划未体现；或债转股时引入的重组方资产质量差影响债权回收等为由，对重整计划草案投反对票的，人民法院不宜简单以重整计划草案中的清偿率高于破产清算的清偿率为由，强制裁定批准重整计划草案，而应充分协调各方利益，综合各种因素考虑债权人意见的合理性，慎重作出裁定。同时，应保证持反对意见的表决组获得按比例的清偿或按比例的削减。破产法对清算程序规定的优先顺序，在重整程序中对持反对意见的表决组同样适用。人民法院应在严格审查基础上，综合考虑社会公共利益，积极审慎适用裁量权。对不符合强制批准条件的，不能借挽救企业之名违法审批。上级人民法院要肩负起监督职责，对利害关系人就重整程序中反映的问题要进行认真审查，问题属实的，要及时予以纠正，坚决防止基于地方保护主义的利益驱动，利用重整程序在法律允许的范围之外损害债权人利益。

另外，对于第一种情形，即各表决组均按照法定标准通过了重整计划草案时的批准，人民法院也应当依法进行审查。主要应从以下两个方面进行审查：第一，鉴于该情形下主要涉及各表决组内部利益的冲突，因此，人民法院主要是针对投反对票的债权人的异议理由，着重于对异议债权人利益的合法保护进行形式上的审查，如，表决组的分组、各权利人表决权的确定、会议的召集程序等是否合法；同一表决组中是否公平对待了投反对票的成员，是否按照债权比例清偿或者按照股权比例削减等。第二，要注意审查重整计划草案中债务人经营方案的内容是否违反法律、行政法规强制性规定,重整计划草案是否涉及国家行政许可事项,如果债务人经营方案内容违反法律、行政法规的强制性规定,或者应当经国家有关部门行政许可而未获许可的,人民法院不能裁定批准该重整计划草案。

问:人民法院审理破产案件中如何做到保障民生、维护职工合法权益?

答:依法优先保护劳动者权益,是破产法律制度的重要价值取向。人民法院在审理企业破产案件中,要切实维护职工的合法权益,严格依法保护职工利益。召开债权人会议要有债务人的职工和工会代表参加,保障职工对破产程序的参与权。职工对管理人确认的工资等债权有异议的,管理人要认真审查核对,发现错误要及时纠正;因管理人未予纠正,职工据此提起诉讼的,人民法院要严格依法审理,及时作出判决。表决重整计划草案时,要充分尊重职工的意愿,并就债务人所欠职工工资等债权设定专门表决组进行表决;职工债权人表决组未通过重整计划草案的,人民法院强制批准必须以应当优先清偿的职工债权全额清偿为前提。企业继续保持原经营范围的,人民法院要引导债务人或管理人在制作企业重整计划草案时,尽可能保证企业原有职工的工作岗位。这里要特别强调,保障职工合法权益需要社会各方面的共同努力。人民法院要加强与国家社会保障部门、劳动部门、工商行政管理部门、组织人事等部门的沟通和协调,积极提出司法建议,推动适合中国特色的社会保障体制的建立和完善。

问:破产管理人制度是新的企业破产法的一大制度革新,管理人作用的发挥将直接影响到破产案件能否依法、有效地进行,据我了解,最高人民法院在《企业破产法》颁布后已经及时出台了有关管理人指定和报酬确定的司法解释,各地法院还建立了管理人名册,请问,人民法院在审理企业破产案件时应当如何妥善指定适格管理人,如何充分发挥管理人的作用?

答:鉴于管理人制度是个全新的制度,司法实践中尚缺乏一定的经验,有的法院未完全理解我们关于管理人指定的司法解释的精神,在指定管理人时过于简单化,对所有案件均采用随机方式确定,效果不好。因此,我们在规范意见中强调,人民法院要根据《企业破产法》和有关司法解释的规定,采用适当方式指定管理人,对于重大疑难案件,可以通过竞争的方式择优确定管理人。而且，要注意处理好审理破产案件的审判庭和司法技术辅助工作部门的关系，在指定管理人时，应由审理破产案件的审判庭根据案件实际情况决定采用哪类管理人以及采用哪种产生方式，在决定通过随机方式或者竞争方式产生管理人或其成员时，再由司法技术辅助工作部门根据规定产生管理人或其成员。企业重整中，因涉及重大资产重组、经营模式选择、引入新出资人等商业运作内容，重整中管理人的职责不仅是管理和处分债务人财产，更要管理债务人的经营业务，特别是制定和执行重整计划。因此，在我国目前管理人队伍尚未成熟的情况下，人民法院指定管理人时，应当注意吸收相关部门和人才，根据实际情况选择指定的形式和方式，以便产生适格管理人。

鉴于管理人的工作能力和敬业精神直接决定着企业破产案件能否依法有效进行，以及破产法律制度能否充分发挥其应有的作用，而目前我国管理人队伍刚刚建立，不论是专业知识还是工作能力上都还欠缺，不能很好地履行管理人职责，很多本应管理人自行依法进行的事务，管理人都事无巨细地请示法院，导致法院工作量激增，破产案件审判效率相比于传统清算组模式时更低了。因此，人民法院要特别注意加强对管理人业务知识和各种能力的培养，建立管理人考核机制，通过业绩考核，形成激励和淘汰机制，逐步实现管理人队伍的专业化。

问：《企业破产法》在制度设计时，无不紧紧围绕对债权人利益的保护，请问，人民法院在审理企业破产案件时，如何正确适用破产法的各项制度，以便充分保护债权人合法权益？

答： 对债权人利益的保护，可以主要从以下三个方面进行：第一，人民法院在审理企业破产案件中，要充分调动管理人的积极性，促使其利用法律手段，努力查找和追收债务人财产，最大限度保护债权人利益。对出资不实、抽逃出资的，要依法追回；对于不当处置公司财产的行为，要依法撤销或者认定无效，并追回有关财产；对于违反法律、行政法规等规定，给公司或债权人造成损失的，要依法追究行为人的民事责任；对于发现妨碍清算行为的犯罪线索，要及时向侦查机关通报情况。第二，要充分发挥债权人会议和债权人委员会的职能作用，切实保障债权人对破产程序的参与权，坚决防止地方保护主义，即使在以挽救债务人为主要目的的破产重整和和解程序中，仍然要以充分保障债权人利益为前提，重整计划和和解协议的通过与否，要严格按照法定的程序确定表决权并依法表决。第三，人民法院在审理债务人人员下落不明或财产状况不清的破产案件时，要从充分保障债权人合法利益的角度出发，在对债务人的法定代表人、财务管理人员、其他经营管理人员，以及出资人等进行释明，或者采取相应罚款、训诫、拘留等强制措施后，债务人仍不向人民法院提交有关材料或者不提交全部材料，影响清算顺利进行的，人民法院就现有财产对已知债权进行公平清偿并裁定终结清算程序后，应当告知债权人可以另行提起诉讼要求有责任的有限责任公司股东、股份有限公司董事、控股股东，以及实际控制人等清算义务人对债务人的债务承担清偿责任。

问：《企业破产法》第 19 条规定，人民法院受理破产申请后，有关债务人财产的保全措施应当解除，执行程序应当中止。如何理解和适用该条文？

答： 这里首先涉及对破产程序和执行程序的不同功能定位的理解。破产程序作为司法上的特殊偿债程序，与民事执行程序在功能定位上存在重大差别。破产程序是在债务人财产不足以清偿全部债务的情况下，对债务人全部财产进行的概括执行，其目的在于以法定的程序和方法，为所有债权人创造一种获得公平受偿的条件和机会，以使所有债权人共同享有利益、共同分担损失。强制执行程序本质上是一种个别执行，是在债务人财产足以清偿所有债权的情况下，为实现债权人个人对债务人的特定金钱债权，而对债务人的特定财产所进行的强制执行。强制执行注重债权的个别清偿，破产程序则注重所有债权的公平受偿。破产程序弥补了强制执行这一传统救济手段的不足，保障了特殊情况下全体债权人的公平受偿。破产程序和民事执行程序各司其职，相辅相成，在一个完整的法律体系中共同发挥着执行清偿的功能，共同维护着债权债务秩序的稳定。破产程序因其启动原因的特殊性，必然导致其对民事执行程序具有优先性，具有对一般债务清偿程序的排他性，即排除为个别债权人利益而对债务人财产进行的其他执行程序，以保证对全体债权人清偿的公平。因此，破产程序启动后，其他与之相冲突的对债务人财产所采取的所有保全措施和执行程序都应解除和中止，相关债务在破产清算程序中一并公平清偿。在具体案件中，人民法院要注重做好破产程序和执行程序的衔接工作，确保破产财产妥善处置。涉及人民法院内部破产程序和执行程序的操作的，应注意不同法院、不同审判部门、不同程序的协调与配合。涉及债务人财产被其他国家行政机关采取保全措施或执行程序的，人民法院应积极与上述机关进行协调和沟通，取得有关机关的配合，依法解除有关保全措施，中止有关执行程序。人民法院受理破产申请后，在宣告债务人破产前裁定驳回申请人的破产申请，并终结破产程序的，应当在作出终结破产程序的裁定前，告知管理人通知原对债务人财产采取保全措施或执行程序的法院恢复原有的保全措施或执行程序，有轮候保全的，以原采取保全措施的时间确定轮候顺位。对恢复受理债务人为被执行人的执行案件，应当适用申请执行时效中断的有关规定。

问：随着新《企业破产法》适用对象扩大，以及对破产申请受理的条件降低，可能导致破产案件不断增加，人民法院应如何应对挑战？

答：随着我国经济市场化、国际化程度越来越高，企业破产案件将呈逐步增长趋势，这对人民法院审判工作提出了更高的要求。一方面，企业破产案件审理周期长、难度大、事务性工作繁重，人民法院长期以来案多人少的矛盾更加突出。另一方面，由于破产案件审理的复杂性和特殊性，客观上需要一支不仅具备较为扎实的法学理论功底，而且还要有解决社会矛盾、处理应急事务、协调各方利益等多方面工作能力的专业化法官队伍。因此，人民法院要加强法官专业化队伍建设，在人财物方面给予支持和保障。应合理调配办案人员，指派精通多门法律、政治觉悟高、工作方法得当、社会协调能力强的优秀法官负责审理企业破产案件。有条件的法院可以根据企业破产案件的数量，成立专门的破产案件审判庭，或指定专门的合议庭负责审理破产案件。人民法院要积极调动法官审理企业破产案件的积极性，在考核法官工作业绩时，要充分考虑企业破产案件审理的特殊性，以及法官办理企业破产案件所付出的辛勤劳动和承担的各种压力，积极探索能够客观反映审理破产案件工作量的科学考评标准，不断提高破产案件的审理质量。对此，有的法院已经作了有益的尝试，取得了较好的成果。如，考核时，根据企业破产案件审理的周期、难易程度等客观情况将一件破产案件视为15件或者20件案件统计，审限上无个人原因的不按超审限处理；或通过成立专门审理破产案件的审判庭，庭内按照统一标准考核，以此区别于其他业务庭室等等。另外，我们还要特别强调，审理企业破产案件的法官，要大力加强对党的路线方针政策的学习，增强大局意识和责任意识。在当前经济形势下，更要正确处理好保护金融债权与挽救危困企业之间的关系，实现债权人与债务人的共赢，共渡难关。正确处理好保护投资者利益与维护职工合法权益之间的关系，保障社会和谐稳定。正确处理好企业破产清算与企业再生之间的关系，实现社会资源的充分利用以及法律效果和社会效果的有机统一。广大法官要大力加强廉政建设，严格执行最高人民法院"五个严禁"等审判纪律和规章制度，无论是在指定管理人还是在委托拍卖财产等敏感环节，都要坚持以制度管人，坚决杜绝人情案、关系案、金钱案，确保以公正高效的审判业绩，为我国国民经济平稳较快发展创造条件。

解读《最高人民法院关于正确审理企业破产案件为维护市场经济秩序提供司法保障若干问题的意见》

宋晓明　张勇健　刘　敏

为正确审理企业破产案件,防范和化解企业债务风险,挽救危困企业,规范市场主体退出机制,维护市场运行秩序,最高人民法院审判委员会讨论通过、并于2009年6月15日正式下发了法发〔2009〕36号《最高人民法院关于正确审理企业破产案件为维护市场经济秩序提供司法保障若干问题的意见》,现就其中所涉及的主要法律适用问题作一介绍。

一、关于破产清算申请的受理问题

法院在受理企业破产清算申请时,对于破产原因要件的审查,应当结合《企业破产法》第2条关于"企业法人不能清偿到期债务,并且资产不足以清偿全部债务或者明显缺乏清偿能力的,依照本法规定清理债务。企业法人有前款规定情形,或者有明显丧失清偿能力可能的,可以依照本法规定进行重整"和第7条关于"债务人有本法第二条规定的情形,可以向人民法院提出重整、和解或者破产清算申请。债务人不能清偿到期债务,债权人可以向人民法院提出对债务人进行重整或者破产清算的申请。企业法人已解散但未清算或者未清算完毕,资产不足以清偿债务的,依法负有清算责任的人应当向人民法院申请破产清算"的规定,区别不同申请权人的申请进行。

(一)债务人申请破产清算时破产原因的审查

债务人自行申请破产清算的,法院应当审查其是否存在不能清偿到期债务并且资产不足以清偿全部债务,或者不能清偿到期债务并且明显缺乏清偿能力两种情形之一。

前者主要审查其资产是否不足以清偿全部债务,即消极财产的估价总额是否超过了积极财产估价总额的客观状况,其着眼点在于资债比例关系。后者主要审查其是否不能以财产、信用或者能力等任何方式清偿债务,且债务人是在较长期间内不能清偿,而不是因一时资金周转困难等问题暂时中止支付。如债务人经强制执行后仍不能履行生效法律文书确定的金钱债务的,可以推定债务人明显缺乏清偿能力。

(二) 债权人申请破产清算时破产原因的审查

债权人申请债务人破产清算的,法院应当审查债务人是否不能清偿到期债务,即停止支付,而无需对不能清偿到期债务的原因进行审查。法院也不应当要求债权人提交债务人财产状况说明、债务清册、债权清册、有关财务会计报告等资料证明债务人不能清偿到期债务的原因。

这里,对债权人申请而言,只要债务人不能清偿到期债务,则首先推定债务人出现了破产原因,即债务人要么不能清偿到期债务并且资产不足以清偿全部债务,要么不能清偿到期债务并且明显缺乏清偿能力。如债务人认为其未出现破产原因、对债权人的申请有异议的,可以在收到法院通知之日起7日内向法院提出,通过异议程序举证推翻债权人的申请,并可在偿还该笔到期债务后阻却破产清算申请的受理。法院不得以债权人未提交债务人财产状况说明、债权债务清册等相关资料,不能证明债务人出现破产原因为由,裁定不予受理其破产清算申请,也不能以因无法取得债务人财产状况说明、债权债务清册等相关资料,破产程序不能依法进行为由,裁定不予受理债权人提出的破产清算申请。

对此,最高人民法院法释〔2008〕10号《关于债权人对人员下落不明或者财产状况不清的债务人申请破产清算案件如何处理的批复》作出了明确的答复,即债权人对人员下落不明或者财产状况不清的债务人申请破产清算,符合《企业破产法》规定的,人民法院应依法予以受理。债务人能否依据《企业破产法》第11条第2款的规定向人民法院提交财产状况说明、债权债务清册等相关材料,并不影响对债权人申请的受理。

(三) 准债务人申请破产清算时破产原因的审查

准债务人,包括企业法人解散后自行清算或者强制清算中成立的清算组,以及企业法人解散应当清算但未组成清算组开始清算时的企业的出资人等清算义务人,申请债务人破产清算的,法院要审查债务人是否债务超过或曰资不抵债,即主要审查其资产是否不足以清偿全部债务,即消极财产的估价总额是否超过了积极财产估价总额的客观状况,其着眼点在于资债比例关系。

这里要特别强调,法院对申请人提出的申请进行审查后,应当严格按照《企业破产法》规定的期限作出是否受理破产申请的裁定。有特殊情况,如需要申请人补交有关材料的，在经上一级法院批准延长期限届满后，亦应及时作出裁定，而不能以补交材料等为由长期不作出是否受理的裁定。申请人有权对不予受理的裁定和驳回申请的裁定提出上诉。

二、关于破产案件管理人的指定问题

管理人制度是立法机关借鉴发达国家破产法立法经验和考虑我国审判实践需要而设立的新的法律制度。管理人在整个破产程序中起着至关重要的作用。最高人民法院及时出台了《最高人民法院关于审理企业破产案件指定管理人的规定》，对管理人名册的编制、管理人的指定、管理人的更换等作出了具体的规定。法院在指定破产案件管理人时，要根据《企业破产法》和上述司法解释的规定，采用适当方式指定适格管理人，尤其是对于重大、疑难案件，不能简单以随机方式确定管理人。

（一）准确划分审判庭和司法技术辅助工作部门在管理人指定中的职责

法院在对具体破产案件指定管理人时，要注意处理好审理破产案件的审判庭和司法技术辅助工作部门的关系，准确划分二者在管理人指定中的职责。

指定管理人时，首先要由审理破产案件的业务庭根据案件实际情况决定采用哪类管理人，包括清算组管理人、中介机构管理人或者个人管理人。决定采用中介机构作管理人，或者以中介机构作清算组管理人成员的，业务庭还要对中介机构管理人，以及清算组管理人中的中介机构成员的产生方式作出决定，包括随机方式、竞争方式和接受推荐的方式。决定以随机方式产生中介机构的，由司法技术辅助部门通过随机方式产生；决定以竞争方式产生中介机构的，则由业务庭、司法技术辅助部门、纪检监察部门，以及有关院领导共同组成评审委员会评选产生；决定以接受推荐的方式产生的，业务庭要审查有关部门推荐的人选是否符合《企业破产法》和司法解释的规定来决定。业务庭决定破产案件由清算组担任管理人的，除清算组中中介机构成员按照上述方式产生外，其他成员由业务庭根据需要指定。业务庭决定破产案件由个人担任管理人的，个人管理人由司法技术辅助部门通过随机方式产生。

（二）重整案件管理人的确定

企业重整中，因涉及重大资产重组、经营模式选择、引入新出资人等商业运作内容，重整中管理人的职责不仅是管理和处分债务人财产，更要管理债务人的经营业务，特别是制定和执行重整计划。因此，在我国目前管理人队伍尚未成熟的情况下，法院指定管理人时，应当注意吸收相关部门和人才，根据实际情况选择指定的形式和方式，以便产生适格管理人。

三、关于破产清算中破产债权的保障问题

破产债权保障是《企业破产法》的一项重要原则，为避免破产企业以破产之名损害债权人利益、破坏市场经济规则，《企业破产法》从整个制度设置上充分体现了对债权的保障，法院在审理企业破产案件中应当充分利用《企业破产法》所设置的各种制度，实现对债权人利益保障的最大化。

（一）管理人制度适用与债权人利益保护

《企业破产法》之所以将与债权人和债务人无利害关系的专业机构、专业人员作为管理人负责清算事务，其目的在于借助这些具有专业知识和中立性身份的清算主体，对于即将退市的市场主体，进行一场彻底的、自出生至死亡整个存续过程的大检验，以便其依法退出市场。在这个大检验的过程中，其最直接的目的是最大化发现债务人财产、最大化保护债权人利益。因此，法院在审理企业破产案件中，一定要充分调动管理人的积极性，引导管理人发挥其应有的职能作用，利用法律的手段，尽可能地去发现、追收债务人财产。

对于债务人的出资人应缴而未缴的出资，包括分期缴纳下尚未届至缴纳期限的出资，管理人应当要求该出资人依法缴纳；该出资人不缴纳、或者不能缴纳的，管理人还可以要求债务人的原始股东或者发起人予以缴纳。债务人的出资人存在抽逃出资行为的，管理人应当要求抽逃出资人将所抽逃出资予以返还。对于债务人的董事、监事、高级管理人员利用职权从企业获取的非正常收入和侵占的企业财产，管理人应当依法追回；债务人的董事、监事、高级管理人员执行公司职务时违反法律、行政法规或者公司章程的规定，给公司造成损失的，管理人有权要求公司董事、监事、高级管理人员依法向公司承担赔偿责任。管理人应当及时接管债务人的财产、印章、账簿、文书等，依法有效地要求债务人的债务人或者财产持有人清偿债务或者交付财产，避免因时间的拖延造成债务人财产的不当减损。对于债务人和对方当事人均未履行完毕的合同，从有利于债务人利益的角度出发，及时作出解除或者继续履行合同的决定。对于债务人无偿转让财产、以明显不合理的价格进行交易、对没有财产担保的债务提供财产担保、对未到期的债务提前清偿、放弃债权，以及不当的个别清偿等偏颇性行为，以及债务人为逃避债务而隐匿、转移财产，或者虚构债务或承认不真实的债务的欺诈性行为，均要通过及时撤销和否定其效力等方式，追回有关行为人因此而非法取得的债务人的财产。对于关联企业破产的，有关关联企业成员作为债权人时的个别清偿行为，还可考虑通过适当延长嫌疑期和增加恶性推定等方式，扩大撤销权行使的范畴。债务人有无效行为或者可撤销行为，损害债权人利益的，管理人应当依法追究债务人的法定代表人和其他直接

责任人员的赔偿责任，等等。

管理人在履行上述职权发现和追收债务人财产过程中，可能涉及相关各类破产衍生诉讼，包括对外追收债权诉讼，请求交付财产诉讼，解除合同诉讼，破产撤销权诉讼，别除权诉讼，抵销权诉讼，确认无效行为诉讼，追收未缴出资诉讼，追收抽逃出资诉讼，追偿非正常收入或者侵占的企业财产诉讼，要求债务人的董事、监事、高级管理人员因执行职务不当给公司造成损失承担赔偿责任的诉讼，要求债务人的董事、监事、高级管理人员违反忠实义务和勤勉义务致使所在企业破产承担民事责任的诉讼，要求债务人的法定代表人和其他直接责任人员因债务人无效行为和可撤销行为造成损害承担赔偿责任的诉讼等等。

（二）债权人会议、债权人委员会制度与破产债权的保障

破产程序主要是为保障债权公平清偿而设置的法律制度，但是，由于破产程序中债权人人数众多、利益相关且可能存在矛盾，各债权人作为共同执行人单独表达的个人意愿往往不具有法律效力，更不能单独采取实现其债权的法律措施，而只能通过全体债权人的统一行动来实现权利，否则可能会损害其他债权人的利益，增加整个破产程序的成本，妨碍破产法公平清偿的立法宗旨的实现。为使破产程序能够顺利进行，需要对各个债权人的意志、利益、行为通过一定的组织方式进行协调，尽量公正地统一起来，并体现到对破产程序的共同参与之中，因此，《企业破产法》专门设置了债权人会议和债权人委员会这两个破产机关，以此表达债权人的共同意志，就有关其利益的破产事项协调意见，决定共同采取的法律行动。

法院在审理企业破产案件时，就有关核查债权、更换管理人、审查管理人费用和报酬、监督管理人、决定继续或者停止债务人营业、通过重整计划或和解协议、通过债务人财产管理变价和分配方案等关涉债权人利益的重大事项，要切实保障债权人的参与权和话语权，在不违背法律强制性规定的前提下，尽可能充分尊重债权人的意志。

这里要注意，即使在以挽救债务人为主要立法目的的破产重整和和解程序中，仍然要以充分保障债权人利益为前提，重整计划和和解协议的通过与否，要严格按照法定的程序确定表决权并依法表决决定，而不能以牺牲债权人利益为代价来挽救债务人。

（三）破产豁免原则的例外适用与破产债权的保护

破产豁免原则是指破产财产全部分配完毕后，免除债务人对债权人通过破产程序未能清偿的剩余债务的责任。破产豁免原则是破产法发展到一定阶段后，在保障债权人公平受偿的同时，为债务人的更生目标而确立的一大原则，

其立法目的在于鼓励债务人在破产之后仍能积极参与社会经济活动,为社会和个人创造财富。但是,破产豁免原则适用的对象仅限于诚实的债务人,不诚实的债务人是不能享有豁免原则的保护的。

根据最高人民法院法释〔2008〕10号《关于债权人对人员下落不明或者财产状况不清的债务人申请破产清算案件如何处理的批复》和法释〔2008〕6号《关于适用〈中华人民共和国公司法〉若干问题的规定(二)》第18条第2款和第20条第1款的规定,法院在审理债务人人员下落不明或者财产状况不清的破产案件时,在对债务人的法定代表人、财务管理人员、其他经营管理人员,以及出资人等进行充分释明,以及采取相应的罚款、训诫、拘留等手段后,债务人仍不能或拒不向法院提交有关材料的,导致债务人主要财产、账册、重要文件等灭失无法清算的,法院应当以无法清算为由裁定终结清算程序,但是,债务人既有的民事责任并不因清算程序的终结及法人资格的终止而当然消灭,而是应当由其出资人等清算义务人承担偿还责任。

这里的无法清算,应当包括根本无法清算和无法全面清算两种情形。法院有证据证明债务人故意隐藏、销毁、毁坏、伪造或未能保管或保留好可以确定债务人财产状况和商业经营状况的材料的;债务人在该案或与此有关的案件中故意制作假证或假账的;债务人不能对其财产损失和偿付其债务的财产不足部分作出合理解释的;债务人不服从法院命令,如出示有关重要文件、回答关键性问题等的,法院均可以无法依法全面清算为由裁定终结破产清算程序,并告知债权人可以另行起诉要求出资人等清算义务人承担其债务的偿还责任。

破产豁免原则的例外适用,将使债务人试图借破产逃废债务的目的无法实现,同时充分地体现了破产法对债权人利益的保障原则,对于督促债务人依法退出市场,建立诚信规范的市场退出机制,将发挥积极的作用。

(四) 关联企业破产中的利益平衡与破产债权的保障

关联企业是社会化大生产与市场经济发展的必然产物,现代市场经济整体化、社会化、规模化的发展,导致单一的企业组织逐步让位于规模巨大、高度集中的企业联合体,成为现代经济社会发展中的主角,对经济持续、平稳、健康发展起着重要的作用。但是,关联企业的出现,对现行的公司法律制度构成了巨大的挑战。关联企业之间存在的非正当的关联关系与关联行为使得关联企业成员产生了法律人格的独立性与公司实际经营的非独立性的尖锐矛盾,这一矛盾的出现打破了原公司独立法人制度所维系的公司、股东、债权人与其他利害关系人之间的利益平衡,这种利益失衡在关联企业破产时显得更为突出。因此,法院在审理关联企业破产案件时,不能简单等同于一般单一企业破产案件的审理,对于明显利用关联关系损害其他债权人利益的,可以通过审慎适用关联企业实质合并破产和关联债权衡平居次制度，平衡关联企业破产时各方利益的冲突。

1. 关联企业实质合并破产制度

实质合并破产，是指控制企业与从属企业，或者与控制企业控制下的若干从属企业同时破产时，将各个破产企业的资产和债务合并，按照债权额的比例清偿所有债权人的债权。其目的在于实现关联企业所有债权人获得实质上的公平待遇，公平分配破产财产。

债权人向法院提出关联企业人格混同、财产混同，以及不公正交易等初步证据后，由债务人向法院提交财产状况说明、债务清册、债权清册、有关财务会计报告等证据予以证明。法院审查时，应当综合考虑各关联企业是否存在混同的财务报表、企业间资产和流动资产的合并程度、各企业之间的利益统一性和所有权关系、分别确定单个企业的财产和负债的困难程度和成本大小、是否存在违法的财产转让、实质合并破产是否有利于增加企业重整的可能性等因素。如，关联企业的经营实际是一体的，其人格混同、财产混同现象非常严重，彼此之间关系极度紧密复杂，以至于难以将其财产状况分开；或者关联企业之间通过关联交易，将企业财产或者利益在各关联企业成员之间进行不公正的非对价转移等的，法院可以作出受理实质合并破产申请的裁定。但是，如果仅仅是在债权人和破产企业之间的个别法律关系中，破产企业的股东滥用了公司法人的独立地位和股东有限责任，逃避债务，严重损害了债权人利益，而破产企业的人格及其股东的人格并未严重混同的，债权人申请破产企业及其股东实质合并破产的，法院应裁定不受理其实质合并破产的申请，并告知债权人可申请破产企业单独破产，以及可根据《公司法》第20条的规定，追究破产企业股东的连带责任；破产企业的股东不能清偿其债务的，可另行向法院提出对破产企业的股东进行破产清算的申请。

法院在审理证券公司破产案件中，已经探索性地通过关联企业实质合并破产制度的适用，妥善解决了证券公司及其从事违法违规经营活动工具的关联企业的退市问题，取得了较好的社会效果和法律效果。各级法院在审理关联企业破产案件中，应当继续积极探索，不断总结经验，以便高质、高效地审理关联企业破产案件，对经济社会中严重扭曲的利益关系予以合理地矫正，公平保护全体债权人利益，促进市场经济秩序健康、有序发展。

2. 关联债权衡平居次制度

关联债权衡平居次，是指控制企业利用其与从属企业之间的关联关系，与从属企业从事不正当的经济行为，并从中牟取不当利益的，当从属企业破产清偿时，将控制企业基于上述不当行为产生的针对从属企业的不当债权劣后于其他债权人受偿。关联债权衡平居次制度从破产清偿顺序上在控制企业和从属企业之间找到了一个新的平衡点，对于从属企业的外部债权人而言，以衡平居次为由，主张控制企业的债权居次受偿，往往是缺乏足够的理由彻底否认从属企业的人格，因此，关联债权衡平居次制度是在破产程序中处理关联企业间破产债权时对法人人格否认制度的弥补和延伸。

在审查控制企业对从属企业的债权是否属于劣后债权时，应当着重审查控制企业对从属企业的债权形成是否基于其不当利用了对从属企业的控制和影响力，只有控制企业存在不正当行为并从从属企业获取不当利益时，如控制企业的债权系基于与从属企业签订及履行不公平合同交易时产生的，才将其债权作为劣后债权次于从属企业的其他债权人清偿。

目前，对于劣后债权问题，《企业破产法》虽尚无相应规定，但在最高人民法院法发〔2009〕35号《关于依法审理和执行被风险处置证券公司相关案件的通知》中明确规定，刑事判决中罚金、没收财产等处罚，应当在破产程序债权人获得全额清偿后的剩余财产中执行。关联债权衡平居次制度对于破产程序中处理关联企业间的不当破产债权，应该说是个很好的法律制度，值得我们借鉴。但鉴于该项制度尚在研究探索之中，法院在个案审理中应当审慎适用。

四、关于重整计划草案的批准问题

重整程序之所以能够较为有效地使企业避免破产，其重要原因之一就是其具有较其他程序更强的强制性。这种强制性体现在两个层面：一是各表决组全部以法定多数通过重整计划草案，经法院批准，则该重整计划草案对所有债权人和出资人均具有法律效力，包括在各表决组投反对票的债权人和出资人；二是在未获全部表决组通过时，如重整计划草案符合法定条件，经债务人或者管理人申请，法院也可强制批准重整计划草案，使该重整计划草案对所有债权人和出资人发生法律效力。法院在批准重整计划草案时，应当区分上述两种情形分别进行审查，积极审慎适用裁量权，在依法保障债权人和出资人合法权益的前提下，实现对困境企业的挽救。

（一）对各表决组均通过了重整计划草案的批准

对于各表决组均按照法定标准通过了重整计划草案，法院裁定批准的，应当从两个方面进行审查：第一，鉴于该情形下主要涉及各表决组内部利益的冲突，因此，法院主要是针对投反对票的债权人的异议理由，着重于对异议债权人利益的合法保护进行形式上的审查，如，表决组的分组、各权利人表决权的确定、会议的召集程序等是否合法；同一表决组中是否公平对待了投反对票的成员,是否按照债权比例清偿或者按照股权比例削减等。第二,要注意审查重整计划草案中债务人经营方案的内容是否违反法律、行政法规强制性规定,重整计划草案是否涉及国家行政许可事项,如果债务人经营方案内容违反法律、行政法规的强制性规定,或者应当经国家有关部门行政许可而未获许可的,法院不能裁定批准该重整计划草案。

(二) 对部分表决组未通过重整计划草案的批准

对于部分表决组未通过重整计划草案,法院强制批准的,因此时关涉的是不同表决组债权人利益的冲突,因此,法院批准时应当严格按照《企业破产法》第87条规定的条件进行审查,坚持债权人利益最大化、公平对待和绝对优先三项基本原则。

1. 要保证反对重整计划草案的债权人或者出资人在重整程序中至少可以获得他在破产清算程序中本可获得的清偿,即要保护对重整计划持反对意见的少数派的既得利益。如,对债务人的特定财产享有担保权的债权人组未通过重整计划草案的,要保证所有对债务人的特定财产享有担保权的债权人就该特定财产以变现价款全额获得清偿,并且对其因延期清偿所受的损失将进行公平补偿,以及其担保权未受到其他实质性损害。职工优先债权组未通过重整计划草案的,要保证职工优先债权将获得全额清偿。税款债权组未通过重整计划的,要保证税款全额清偿。普通债权人组未通过重整计划的,要保证普通债权所获得的清偿比例不低于其在破产清算中所能获得的清偿比例。出资人组未通过重整计划草案的,要保证对出资人权益的调整公平、公正,主要是指在对出资人权益进行削减时,其前提应当是企业已经资不抵债。

这里要特别注意,在实际操作中要注重对债权人利益最大化的保护。如,如何评估、计算债务人设定担保的特定财产的变现金额问题。因重整程序中并未实际通过拍卖、变卖等对特定财产进行变现,其真实变现价值并未客观体现出来,对担保权人就该特定财产优先权的保障是建立在会计方法计算基础上的,因此,在担保债权人组未通过重整计划草案,法院强制批准重整计划草案时,应当充分考虑其计算方法是否科学、客观、准确,是否充分保护了担保债权人的应有利益。又如,普通债权人组未通过重整计划草案时,所涉重整计划草案被提请批准时依照破产清算程序所能获得的清偿比例,因重整中并未对债务人进行实际的破产清算,因此,破产清算程序中所能获得的清偿比例也是会计计算的结果,而一般情况下,以收益法评估企业重整条件下债务人的清偿率往往高于用清算法评估清算条件下债务人的清偿率,因此,如果债权人组以资产评估报告低估了资产价值,甚至有虚假,从而损害了债权人的利益;认为重整计划不公平,债权人削减债权比例很大,而出资人权益调整的比例过小或没调整；或者认为大股东对经营失败负有重大责任，应该分担更多债务重组损失而重整计划未体现；或者认为债务重组采取债转股的方式，而引入的重组方资产质量差影响债权的回收等为由，对重整计划草案投反对票的，法院不宜简单以重整草案中的清偿率高于清算下的清偿率为由，强制裁定批准重整计划草案，而是应该在充分协调各方利益主体利益的前提下，并综合各方因素考虑债权人意见的合理性，慎重作出裁定。

2. 如果债权人组或者出资人组反对重整计划草案，该项重整计划草案应当保证持反对意见的债权人组或者出资人组获得公平对待，即处于同一顺序的债权人必须获得按比例的清偿，或者对于出资人权益的调整应当保证所有出资人按比例削减。

3. 如果债权人组反对重整计划草案，该重整计划草案应当保证只有这个组的成员获得充分清偿后，在清偿顺序上低于这个组的其他组成员才能开始获得清偿，即破产法对清算程序规定的优先顺序，在重整程序中对持反对意见的表决组必须同样适用。

总之，法院在审查批准债务人或者管理人提交的重整计划草案时，一定要严格按照上述原则进行审查，并综合考虑社会公共利益的维护后，依法审慎作出强制批准重整计划草案的裁定，对于不符合强制批准条件的，不能假挽救企业之名违法批准。

鉴于《企业破产法》对于事关当事人重大利益的重整计划草案的裁定批准并未规定相应的异议程序，因此，上级法院应当肩负起对下级法院违法强制批准重整计划草案的监督职责，在以重整程序挽救债务人的同时仍然要坚持对债权人合法权益的保护。

五、关于破产程序与执行程序的衔接问题

破产程序作为司法上的特殊偿债程序，与民事执行程序在功能定位上存在重大差别。破产程序是在债务人财产不足以清偿全部债务的情况下，对债务人全部财产进行的概括执行，其目的在于以法定的程序和方法，为所有债权人创造一种获得公平受偿的条件和机会，以使所有债权人共同享有利益、共同分担损失。强制执行程序本质上是一种个别执行，是在债务人财产足以清偿所有债权的情况下，为实现债权人个人对债务人的特定金钱债权，而对债务人的特定财产所进行的强制执行。强制执行注重债权的个别清偿，破产程序则注重所有债权的公平受偿。破产程序弥补了强制执行这一传统救济手段的不足，保障了特殊情况下全体债权人的公平受偿。破产程序和民事执行程序各司其职，相辅相成，在一个完整的法律体系中共同发挥着执行清偿的功能，共同维护着债权

债务秩序的稳定。

　　破产程序因其启动原因的特殊性，必然导致其对民事执行程序具有优先性，具有对一般债务清偿程序的排他性，即排除为个别债权人利益而对债务人财产进行的其他执行程序，以保证对全体债权人清偿的公平。因此，破产程序启动后，其他与之相冲突的对债务人财产的执行程序都应当停止。对此，我国《企业破产法》作出了明确的规定，即法院受理破产申请后，有关债务人财产的保全措施应当解除，执行程序应当中止。鉴于民事责任的履行优先于行政责任和刑事责任对财产执行的原则，破产程序的启动还应当具有排除行政责任和刑事责任中对债务人财产的执行程序的效力。因此，上述规定中的保全措施和执行程序应当包括所有具有强制执行权利的国家机关在履行职务过程中所采取的保全措施和执行程序。

　　法院在审理企业破产案件和执行案件时，应当在充分认识破产程序和执行程序不同功能定位的基础上，做好两个法律程序的衔接工作，操作中应当注意不同法院、不同庭室、不同程序的协调与配合。具体如下：

　　1. 法院受理破产申请后，已对债务人有关财产采取了保全措施，包括执行程序中的查封、冻结、扣压措施的法院应当解除原相应措施。

　　2. 法院解除有关债务人财产的保全措施后，应当及时通知破产案件管理人并将有关财产移交管理人接管，管理人可以向受理破产案件的法院申请保全。

　　3. 破产申请受理后，已经受理有关债务人执行案件的法院，对债务人财产尚未执行或者尚未执行完毕的程序应当中止执行；当事人向有关法院申请对债务人财产强制执行的，有关法院对其申请应不予受理，并告知其依法向管理人申报债权。

　　4. 管理人接管债务人财产、调查债务人财产状况后，发现有关法院仍然对债务人财产进行保全或者继续执行，向采取保全措施和进行执行的法院提出申请的，有关法院应当依据《企业破产法》第19条的规定及时解除保全或中止执行。

　　5. 破产申请受理后法院没有中止执行，对于已经执行了的债务人财产，执行法院应当依法执行回转，并交由管理人作为破产财产统一分配；执行法院不予执行回转的，由受理破产申请和执行法院的共同上级法院协调执行回转。

　　6. 受理破产申请的法院在破产宣告前裁定驳回申请人的破产申请，并终结债务人破产程序的，应在作出终结破产程序的裁定前，告知管理人通知原对债务人财产采取保全措施的法院恢复原有的保全措施，有轮候保全的，以原采取保全措施的时间确定轮候顺位。对恢复受理债务人为被执行人的执行案件，适用申请执行时效中断的规定。

7. 上级法院应当依法监督下级法院严格执行《企业破产法》的规定，对债务人财产采取保全措施和执行措施的法院未依法解除保全措施或者中止执行措施的，上级法院应当依法予以纠正并追究相关责任人员的有关责任。

法院审理企业破产案件时，有关债务人财产被其他具有强制执行权利的国家行政机关，包括税务机关、公安机关、海关等采取保全措施或者执行程序的，法院应当积极与上述机关进行协调和沟通，取得有关机关的配合，参照上述具体操作规程，解除有关保全措施，中止有关执行程序，以便保障破产程序顺利进行。

最高人民法院
关于审理公司强制清算案件工作座谈会纪要

2009 年 11 月 4 日　　　　　　法发〔2009〕52 号

当前，因受国际金融危机和世界经济衰退影响，公司经营困难引发的公司强制清算案件大幅度增加。《中华人民共和国公司法》和《最高人民法院关于适用〈中华人民共和国公司法〉若干问题的规定（二）》（以下简称公司法司法解释二）对于公司强制清算案件审理中的有关问题已作出规定，但鉴于该类案件非讼程序的特点和目前清算程序规范的不完善，有必要进一步明确该类案件审理原则，细化有关程序和实体规定，更好地规范公司退出市场行为，维护市场运行秩序，依法妥善审理公司强制清算案件，维护和促进经济社会和谐稳定。为此，最高人民法院在广泛调研的基础上，于 2009 年 9 月 15 日至 16 日在浙江省绍兴市召开了全国部分法院审理公司强制清算案件工作座谈会。与会同志通过认真讨论，就有关审理公司强制清算案件中涉及的主要问题达成了共识。现纪要如下：

一、关于审理公司强制清算案件应当遵循的原则

1. 会议认为，公司作为现代企业的主要类型，在参与市场竞争时，不仅要严格遵循市场准入规则，也要严格遵循市场退出规则。公司强制清算作为公司退出市场机制的重要途径之一，是公司法律制度的重要组成部分。人民法院在审理此类案件时，应坚持以下原则：

第一，坚持清算程序公正原则。公司强制清算的目的在于有序结束公司存续期间的各种商事关系，合理调整众多法律主体的利益，维护正常的经济秩序。人民法院审理公司强制清算案件，应当严格依照法定程序进行，坚持在程序正义的基础上实现清算结果的公正。

第二，坚持清算效率原则。提高社会经济的整体效率，是公司强制清算制

度追求的目标之一，要严格而不失快捷地使已经出现解散事由的公司退出市场，将其可能给各方利益主体造成的损失降至最低。人民法院审理强制清算案件，要严格按照法律规定及时有效地完成清算，保障债权人、股东等利害关系人的利益及时得到实现，避免因长期拖延清算给相关利害关系人造成不必要的损失，保障社会资源的有效利用。

第三，坚持利益均衡保护原则。公司强制清算中应当以维护公司各方主体利益平衡为原则，实现公司退出环节中的公平公正。人民法院在审理公司强制清算案件时，既要充分保护债权人利益，又要兼顾职工利益、股东利益和社会利益，妥善处理各方利益冲突，实现法律效果和社会效果的有机统一。

二、关于强制清算案件的管辖

2. 对于公司强制清算案件的管辖应当分别从地域管辖和级别管辖两个角度确定。地域管辖法院应为公司住所地的人民法院，即公司主要办事机构所在地法院；公司主要办事机构所在地不明确、存在争议的，由公司注册登记地人民法院管辖。级别管辖应当按照公司登记机关的级别予以确定，即基层人民法院管辖县、县级市或者区的公司登记机关核准登记公司的公司强制清算案件；中级人民法院管辖地区、地级市以上的公司登记机关核准登记公司的公司强制清算案件。存在特殊原因的，也可参照适用《中华人民共和国企业破产法》第四条、《中华人民共和国民事诉讼法》第三十七条和第三十九条的规定，确定公司强制清算案件的审理法院。

三、关于强制清算案件的案号管理

3. 人民法院立案庭收到申请人提交的对公司进行强制清算的申请后，应当及时以"（　　）法×清（预）字第×号"立案。立案庭立案后，应当将申请人提交的申请等有关材料移交审理强制清算案件的审判庭审查，并由审判庭依法作出是否受理强制清算申请的裁定。

4. 审判庭裁定不予受理强制清算申请的，裁定生效后，公司强制清算案件应当以"（　　）法×清（预）字第×号"结案。审判庭裁定受理强制清算申请的，立案庭应当以"（　　）法×清（算）字第×号"立案。

5. 审判庭裁定受理强制清算申请后，在审理强制清算案件中制作的民事裁定书、决定书等，应当在"（　　）法×清（算）字第×号"后依次编号，如"（　　）法×清（算）字第×-1号民事裁定书"、"（　　）法×清（算）字第×-2号民事裁定书"等，或者"（　　）法×清（算）字第×-1号决定书"、"（　　）法×清（算）字第×-2号决定书"等。

四、关于强制清算案件的审判组织

6. 因公司强制清算案件在案件性质上类似于企业破产案件，因此强制清算案件应当由负责审理企业破产案件的审判庭审理。有条件的人民法院，可由专门的审判庭或者指定专门的合议庭审理公司强制清算案件和企业破产案件。公司强制清算案件应当组成合议庭进行审理。

五、关于强制清算的申请

7. 公司债权人或者股东向人民法院申请强制清算应当提交清算申请书。申请书应当载明申请人、被申请人的基本情况和申请的事实和理由。同时，申请人应当向人民法院提交被申请人已经发生解散事由以及申请人对被申请人享有债权或者股权的有关证据。公司解散后已经自行成立清算组进行清算，但债权人或者股东以其故意拖延清算，或者存在其他违法清算可能严重损害债权人或者股东利益为由，申请人民法院强制清算的，申请人还应当向人民法院提交公司故意拖延清算，或者存在其他违法清算行为可能严重损害其利益的相应证据材料。

8. 申请人提交的材料需要更正、补充的，人民法院应当责令申请人于七日内予以更正、补充。申请人由于客观原因无法按时更正、补充的，应当向人民法院予以书面说明并提出延期申请，由人民法院决定是否延长期限。

六、关于对强制清算申请的审查

9. 审理强制清算案件的审判庭审查决定是否受理强制清算申请时，一般应当召开听证会。对于事实清楚、法律关系明确、证据确实充分的案件，经书面通知被申请人，其对书面审查方式无异议的，也可决定不召开听证会，而采用书面方式进行审查。

10. 人民法院决定召开听证会的，应当于听证会召开五日前通知申请人、被申请人，并送达相关申请材料。公司股东、实际控制人等利害关系人申请参加听证的，人民法院应予准许。听证会中，人民法院应当组织有关利害关系人对申请人是否具备申请资格、被申请人是否已经发生解散事由、强制清算申请是否符合法律规定等内容进行听证。因补充证据等原因需要再次召开听证会的，应在补充期限届满后十日内进行。

11. 人民法院决定不召开听证会的，应当及时通知申请人和被申请人，并向被申请人送达有关申请材料，同时告知被申请人若对申请人的申请有异议，应当自收到人民法院通知之日起七日内向人民法院书面提出。

七、关于对强制清算申请的受理

12. 人民法院应当在听证会召开之日或者自异议期满之日起十日内，依法作出是否受理强制清算申请的裁定。

13. 被申请人就申请人对其是否享有债权或者股权，或者对被申请人是否发生解散事由提出异议的，人民法院对申请人提出的强制清算申请应不予受理。申请人可就有关争议单独提起诉讼或者仲裁予以确认后，另行向人民法院提起强制清算申请。但对上述异议事项已有生效法律文书予以确认，以及发生被吊销企业法人营业执照、责令关闭或者被撤销等解散事由有明确、充分证据的除外。

14. 申请人提供被申请人自行清算中故意拖延清算，或者存在其他违法清算可能严重损害债权人或者股东利益的相应证据材料后，被申请人未能举出相反证据的，人民法院对申请人提出的强制清算申请应予受理。债权人申请强制清算，被申请人的主要财产、账册、重要文件等灭失，或者被申请人人员下落不明，导致无法清算的，人民法院不得以此为由不予受理。

15. 人民法院受理强制清算申请后，经审查发现强制清算申请不符合法律规定的，可以裁定驳回强制清算申请。

16. 人民法院裁定不予受理或者驳回受理申请，申请人不服的，可以向上一级人民法院提起上诉。

八、关于强制清算申请的撤回

17. 人民法院裁定受理公司强制清算申请前，申请人请求撤回其申请的，人民法院应予准许。

18. 公司因公司章程规定的营业期限届满或者公司章程规定的其他解散事由出现，或者股东会、股东大会决议自愿解散的，人民法院受理强制清算申请后，清算组对股东进行剩余财产分配前，申请人以公司修改章程，或者股东会、股东大会决议公司继续存续为由，请求撤回强制清算申请的，人民法院应予准许。

19. 公司因依法被吊销营业执照、责令关闭或者被撤销，或者被人民法院判决强制解散的，人民法院受理强制清算申请后，清算组对股东进行剩余财产分配前，申请人向人民法院申请撤回强制清算申请的，人民法院应不予准许。但申请人有证据证明相关行政决定被撤销，或者人民法院作出解散公司判决后当事人又达成公司存续和解协议的除外。

九、关于强制清算案件的申请费

20. 参照《诉讼费用交纳办法》第十条、第十四条、第二十条和第四十二条关于企业破产案件申请费的有关规定，公司强制清算案件的申请费以强制清算财产总额为基数，按照财产案件受理费标准减半计算，人民法院受理强制清算申请后从被申请人财产中优先拨付。因财产不足以清偿全部债务，强制清算程序依法转入破产清算程序的，不再另行计收破产案件申请费；按照上述标准计收的强制清算案件申请费超过30万元的，超过部分不再收取，已经收取的，应予退还。

21. 人民法院裁定受理强制清算申请前，申请人请求撤回申请，人民法院准许的，强制清算案件的申请费不再从被申请人财产中予以拨付；人民法院受理强制清算申请后，申请人请求撤回申请，人民法院准许的，已经从被申请人财产中优先拨付的强制清算案件申请费不予退回。

十、关于强制清算清算组的指定

22. 人民法院受理强制清算案件后，应当及时指定清算组成员。公司股东、董事、监事、高级管理人员能够而且愿意参加清算的，人民法院可优先考虑指定上述人员组成清算组；上述人员不能、不愿进行清算，或者由其负责清算不利于清算依法进行的，人民法院可以指定《人民法院中介机构管理人名册》和《人民法院个人管理人名册》中的中介机构或者个人组成清算组；人民法院也可根据实际需要，指定公司股东、董事、监事、高级管理人员，与管理人名册中的中介机构或者个人共同组成清算组。人民法院指定管理人名册中的中介机构或者个人组成清算组，或者担任清算组成员的，应当参照适用《最高人民法院关于审理企业破产案件指定管理人的规定》。

23. 强制清算清算组成员的人数应当为单数。人民法院指定清算组成员的同时，应当根据清算组成员的推选，或者依职权，指定清算组负责人。清算组负责人代行清算中公司诉讼代表人职权。清算组成员未依法履行职责的，人民法院应当依据利害关系人的申请，或者依职权及时予以更换。

十一、关于强制清算清算组成员的报酬

24. 公司股东、实际控制人或者股份有限公司的董事担任清算组成员的，不计付报酬。上述人员以外的有限责任公司的董事、监事、高级管理人员，股份有限公司的监事、高级管理人员担任清算组成员的，可以按照其上一年度的平均工资标准计付报酬。

25. 中介机构或者个人担任清算组成员的，其报酬由中介机构或者个人与公司协商确定；协商不成的，由人民法院参照《最高人民法院关于审理企业破产案件确定管理人报酬的规定》确定。

十二、关于强制清算清算组的议事机制

26. 公司强制清算中的清算组因清算事务发生争议的，应当参照公司法第一百一十二条的规定，经全体清算组成员过半数决议通过。与争议事项有直接利害关系的清算组成员可以发表意见，但不得参与投票；因利害关系人回避表决无法形成多数意见的，清算组可以请求人民法院作出决定。与争议事项有直接利害关系的清算组成员未回避表决形成决定的，债权人或者清算组其他成员可以参照公司法第二十二条的规定，自决定作出之日起六十日内，请求人民法院予以撤销。

十三、关于强制清算中的财产保全

27. 人民法院受理强制清算申请后，公司财产存在被隐匿、转移、毁损等可能影响依法清算情形的，人民法院可依清算组或者申请人的申请，对公司财产采取相应的保全措施。

十四、关于无法清算案件的审理

28. 对于被申请人主要财产、账册、重要文件等灭失，或者被申请人人员下落不明的强制清算案件，经向被申请人的股东、董事等直接责任人员释明或采取罚款等民事制裁措施后，仍然无法清算或者无法全面清算，对于尚有部分财产，且依据现有账册、重要文件等，可以进行部分清偿的，应当参照企业破产法的规定，对现有财产进行公平清偿后，以无法全面清算为由终结强制清算程序；对于没有任何财产、账册、重要文件，被申请人人员下落不明的，应当以无法清算为由终结强制清算程序。

29. 债权人申请强制清算，人民法院以无法清算或者无法全面清算为由裁定终结强制清算程序的，应当在终结裁定中载明，债权人可以另行依据公司法司法解释二第十八条的规定，要求被申请人的股东、董事、实际控制人等清算义务人对其债务承担偿还责任。股东申请强制清算，人民法院以无法清算或者无法全面清算为由作出终结强制清算程序的，应当在终结裁定中载明，股东可以向控股股东等实际控制公司的主体主张有关权利。

十五、关于强制清算案件衍生诉讼的审理

30. 人民法院受理强制清算申请前已经开始，人民法院受理强制清算申请时尚未审结的有关被强制清算公司的民事诉讼，由原受理法院继续审理，但应依法将原法定代表人变更为清算组负责人。

31. 人民法院受理强制清算申请后，就强制清算公司的权利义务产生争议的，应当向受理强制清算申请的人民法院提起诉讼，并由清算组负责人代表清算中公司参加诉讼活动。受理强制清算申请的人民法院对此类案件，可以适用民事诉讼法第三十七条和第三十九条的规定确定审理法院。上述案件在受理法院内部各审判庭之间按照业务分工进行审理。人民法院受理强制清算申请后，就强制清算公司的权利义务产生争议，当事人双方就产生争议约定有明确有效的仲裁条款的，应当按照约定通过仲裁方式解决。

十六、关于强制清算和破产清算的衔接

32. 公司强制清算中，清算组在清理公司财产、编制资产负债表和财产清单时，发现公司财产不足清偿债务的，除依据公司法司法解释二第十七条的规定，通过与债权人协商制作有关债务清偿方案并清偿债务的外，应依据公司法第一百八十八条和企业破产法第七条第三款的规定向人民法院申请宣告破产。

33. 公司强制清算中，有关权利人依据企业破产法第二条和第七条的规定向人民法院另行提起破产申请的，人民法院应当依法进行审查。权利人的破产申请符合企业破产法规定的，人民法院应当依法裁定予以受理。人民法院裁定受理破产申请后，应当裁定终结强制清算程序。

34. 公司强制清算转入破产清算后，原强制清算中的清算组由《人民法院中介机构管理人名册》和《人民法院个人管理人名册》中的中介机构或者个人组成或者参加的，除该中介机构或者个人存在与本案有利害关系等不宜担任管理人或者管理人成员的情形外，人民法院可根据企业破产法及其司法解释的规定，指定该中介机构或者个人作为破产案件的管理人，或者吸收该中介机构作为新成立的清算组管理人的成员。上述中介机构或者个人在公司强制清算和破产清算中取得的报酬总额，不应超过按照企业破产计付的管理人或者管理人成员的报酬。

35. 上述中介机构或者个人不宜担任破产清算中的管理人或者管理人的成员的，人民法院应当根据企业破产法和有关司法解释的规定，及时指定管理人。原强制清算中的清算组应当及时将清算事务及有关材料等移交给管理人。公司强制清算中已经完成的清算事项，如无违反企业破产法或者有关司法解释

的情形的，在破产清算程序中应承认其效力。

十七、关于强制清算程序的终结

36. 公司依法清算结束，清算组制作清算报告并报人民法院确认后，人民法院应当裁定终结清算程序。公司登记机关依清算组的申请注销公司登记后，公司终止。

37. 公司因公司章程规定的营业期限届满或者公司章程规定的其他解散事由出现，或者股东会、股东大会决议自愿解散的，人民法院受理债权人提出的强制清算申请后，对股东进行剩余财产分配前，公司修改章程、或者股东会、股东大会决议公司继续存续，申请人在其个人债权及他人债权均得到全额清偿后，未撤回申请的，人民法院可以根据被申请人的请求裁定终结强制清算程序，强制清算程序终结后，公司可以继续存续。

十八、关于强制清算案件中的法律文书

38. 审理强制清算的审判庭审理该类案件时，对于受理、不受理强制清算申请、驳回申请人的申请、允许或者驳回申请人撤回申请、采取保全措施、确认清算方案、确认清算终结报告、终结强制清算程序的，应当制作民事裁定书。对于指定或者变更清算组成员、确定清算组成员报酬、延长清算期限、制裁妨碍清算行为的，应当制作决定书。对于其他所涉有关法律文书的制作，可参照企业破产清算中人民法院的法律文书样式。

十九、关于强制清算程序中对破产清算程序的准用

39. 鉴于公司强制清算与破产清算在具体程序操作上的相似性，就公司法、公司法司法解释二，以及本会议纪要未予涉及的情形，如清算中公司的有关人员未依法妥善保管其占有和管理的财产、印章和账簿、文书资料，清算组未及时接管清算中公司的财产、印章和账簿、文书，清算中公司拒不向人民法院提交或者提交不真实的财产状况说明、债务清册、债权清册、有关财务会计报告以及职工工资的支付情况和社会保险费用的缴纳情况，清算中公司拒不向清算组移交财产、印章和账簿、文书等资料，或者伪造、销毁有关财产证据材料而使财产状况不明，股东未缴足出资、抽逃出资，以及公司董事、监事、高级管理人员非法侵占公司财产等，可参照企业破产法及其司法解释的有关规定处理。

二十、关于审理公司强制清算案件中应当注意的问题

40. 鉴于此类案件属于新类型案件，且涉及的法律关系复杂、利益主体众

多，人民法院在审理难度大、涉及面广、牵涉社会稳定的重大疑难清算案件时，要在严格依法的前提下，紧紧依靠党委领导和政府支持，充分发挥地方政府建立的各项机制，有效做好维护社会稳定的工作。同时，对于审判实践中发现的新情况、新问题，要及时逐级上报。上级人民法院要加强对此类案件的监督指导，注重深入调查研究，及时总结审判经验，确保依法妥善审理好此类案件。

规范公司退出行为　维护市场运行秩序

——最高人民法院民二庭负责人就《审理公司强制清算案件工作座谈会纪要》答记者问

最高人民法院近日发布了《关于审理公司强制清算案件工作座谈会纪要》（以下简称《纪要》）。最高人民法院民二庭负责人日前向本报记者介绍了《纪要》出台的背景，并就其中的主要内容进行了解读。据悉，因受国际金融危机和世界经济衰退影响，公司经营困难引发的公司强制清算案件大幅增加，《纪要》进一步明确了该类案件的审理原则，细化了有关程序和实体规定。

问：最高人民法院就审理公司强制清算案件召开工作座谈会并在此基础上专门出台《纪要》，请问背景是什么？

答：《公司法》第十章对人民法院受理强制清算，以及清算组的职权、通知债权人、申报债权、确认清算方案、清偿顺序、剩余财产分配、清算程序与破产程序的衔接、清算报告的确认，以及清算组的责任和义务等作出了基本规定。同时，最高人民法院《民事案件案由规定》第二十二条"与公司有关的纠纷"第261款也明确规定了公司清算纠纷这一案由。各地人民法院在根据上述规定审理公司强制清算案件的过程中，陆续向我院反映，鉴于上述规定比较笼统，以及强制清算案件非讼性特点等原因，法院在审理该类案件时缺乏具体、翔实、可操作性的法律规范，导致各地法院案件审理进展困难，且存在执法尺度不一的状况。虽然《最高人民法院关于适用〈中华人民共和国公司法〉若干问题的规定（二）》[以下简称《公司法司法解释（二）》]在《公司法》的基础上已对程序性规范作出一定规定，但仍然无法满足审判实践的需要。一些高级人民法院自行出台了有关公司强制清算方面的规范意见，以解决本辖区内审理相关案件规范依据不足的问题。

在当前因受国际国内宏观经济形势影响，许多公司资金链断裂、经营严重困难、公司大量解散的背景下，债权人、股东和公司的利益纷争和矛盾不断激化，人民法院受理的公司强制清算案件呈激增状态，商事审判工作面临新的挑战。为充分发挥人民法院商事审判的职能作用，指导各级人民法院正确审理公司强制清算案件，规范市场主体退出机制，维护市场运行秩序，保障经济平稳较快发展，最高人民法院民二庭在充分调研，并就相关问题征求专家学者和我院有关部门意见的基础上，于 2009 年 9 月 15 至 16 日在浙江省绍兴市召开全国部分法院审理公司强制清算案件工作座谈会。与会同志结合各地法院审判经验，通过认真讨论，就有关审理公司强制清算案件中涉及的主要问题达成了共识，形成该《纪要》。

问：《纪要》将坚持清算程序公正作为人民法院审理公司强制清算案件应当遵循的首要原则予以明确，是基于何种考虑？

答：程序法一直被视为实体法的辅助法，随着程序独立价值的日益彰显，程序保障或者程序正义的呼声越来越高，人们逐渐认识到，没有程序保障的实体正义不是真正的正义。公司强制清算主要是一种程序制度，其所规范的是公司清算过程中各相关利害关系人之间的合理秩序，目的在于在公平、公正的秩序中寻求各方利益的平衡，通过清算程序有序地结束公司存续期间成立的各种法律关系，合理调整众多法律主体的利益，维护正常的经济秩序。因此，公司强制清算更需要程序的保障。

坚持清算程序公正原则，要求整个清算程序都必须依照法定程序进行，做到程序严密、程序合法、程序正当。这就要求人民法院将清算程序的全部过程置于法定程序之下，不能出现没有程序保障的真空状态，即使在法律难以进行细密规范的操作进程中，也要恪守正当的程序理念。

这里，我想再明确一下，缺乏细致的清算法是我们出台该《纪要》的一个非常重要的原因。强制清算的审理和其他民商事纠纷案件的审理不同，法官自由裁量的余地很窄，很多问题需要有明确的规范依据。基于上述原因，我们将坚持清算程序公正原则作为首要原则予以明确，要求各级法院在审理公司强制清算案件时，严格依照法定程序进行，坚持在程序正义的基础上实现清算结果的公正。

问：《纪要》专门对公司强制清算案件的案号管理进行了规范，是基于何种考虑？

答：案号问题表面看似简单，但实践中确有一些问题亟待规范。有的法院原先是按照一般的民商事案件确立案号，如此，一是无法体现公司强制清算案件的非讼特点，导致法院在适用诉讼程序中错误适用一般民事案件的诉讼程序，如当事人以起诉书方式提起公司强制清算申请，法院以判决书方式判决公司清算，当事人又依据法院判决向执行机关申请强制执行等等；二是在法院内部绩效考核时无法准确确定审理法官的工作量和审结率、未审结率等，由于公司强制清算案件是对公司存续阶段形成的所有法律关系的概括性了结，审理这类案件需要付出更多的劳动，按照普通案件确立案号统计工作量不利于这类案件的审理。

因此，我们参照企业破产案件案号的管理，将公司强制清算案件的案号确定为"清"字号。而且，考虑到申请人向法院提交强制清算申请后至法院裁定受理强制清算申请前，法院要进行大量的质证审查工作，因此，又将"清"字号案件区分阶段确立为"清（预）"字和"清（算）"字两种。这样，一是在案件进展阶段上即受理还是没有受理做了区分，二是在程序逻辑上进行明确，以此保障法院受理前听证程序的顺利进行，三是在工作量统计上也更加客观准确。

问：《纪要》对于强制清算的申请、审查和受理作了细致的阐述，这其中应当注意哪些问题？

答：如前所述，公司强制清算案件与一般民商事案件不同，在是否受理的审查中涉及很多内容，在这点上类似于企业破产案件的受理。因此，《纪要》一方面明确了申请人向法院申请强制清算时应当提交的有关材料，包括清算申请书、申请人对被申请人享有债权或者股权，被申请人已经发生解散事由的有关证据，以及公司故意拖延清算，或者存在其他违法清算行为可能严重损害其利益的相关证据材料；另一方面，又对法院应当仅围绕申请人提交的上述证据材料进行听证审查予以明确，目的在于依法裁定是否受理公司强制清算申请。对于申请人具备了《公司法》及《公司法司法解释（二）》所规定的债权人或者股东资格，公司确实已经发生了解散事由，以及公司应当自行清算而没有自行清算或者违法清算的，人民法院应当及时作出受理强制清算申请的裁定。反之则应裁定不予受理。

这里要特别强调两点：一是被申请人就申请人对其是否享有债权或者股权，或者对被申请人是否发生解散事由存在异议的，原则上应当另案予以解决，解决后再行决定是否受理强制清算申请，对于已有生效法律文书或者明确解散事由的除外；二是申请人以其为公司实际出资人为由申请强制清算，但不能提供公司股东名册记载其为股东等证据材料的，其不符合申请强制清算主体资格，人民法院应当告知其另行诉讼或者通过其他途径确认其股东身份后再行申请强制清算，其坚持申请的，人民法院应当裁定不予受理。

问：实践中，普遍存在被申请人解散后不依法清算，故意逃废债务，导致法院因被申请人主要财产、账册、重要文件等灭失或者人员下落不明而无法清算，对此，人民法院应如何应对？

答：这种非诚信现象在现实社会中确实存在，对此，《公司法司法解释（二）》第 18 条和第 20 条，以及《最高人民法院关于债权人对人员下落不明或者财产状况不清的债务人申请破产清算案件如何处理的批复》（法释〔2008〕10 号）已作出相应规定，我们在《纪要》中对此又作了进一步明确和补充。在审理这类案件时，应当注意以下几个方面：

第一，对于债权人申请债务人破产清算或者强制清算的案件，人民法院不能因为被申请人的主要财产、账册、重要文件等灭失或者被申请人人员下落不明无法进行清算为由不予受理。申请破产清算的，人民法院也不能以债权人无法举证证明债务人出现了不能清偿到期债务并且资产不足以清偿全部债务，或者不能清偿到期债务并且明显缺乏清偿能力的破产原因为由，不受理债权人的申请。

第二，人民法院依法受理破产清算申请或强制清算申请后，应当依据《企业破产法》和《公司法》有关规定，要求被申请人的法定代表人、企业的财务管理人员和其他经营管理人员，以及有限责任公司的股东、股份有限公司的董事、控股股东，以及公司的实际控制人等有关人员提交企业真实的财产状况说明、债务清册、债权清册、财务会计报告以及职工工资的支付情况和社会保险费用的缴纳情况。经过法院释明以及采取拘留、罚款等强制措施后，被申请人的有关人员仍然不提交上述材料或提交的材料明显不真实、不全面，导致根本无法清算或无法全面清算的，对于尚有部分财产、账册、重要文件等可以进行部分清偿的，法院应当就现有财产进行公平清偿，然后以无法全面依法清算为由终结清算程序；对于没有任何财产、账册、重要文件，被申请人人员下落不明的，法院应当以无法清算为由终结清算程序。

第三，因无法清算或者无法依法全面清算而终结清算程序，与依照《企业破产法》的规定依法清算，债务人确无财产可供分配而终结破产清算程序，其法律后果是截然不同的。因依法清算，债务人确无财产可供分配时终结破产清算程序的结果，是剩余债务不再清偿；债务人仅以其破产财产为限承担责任，债务人破产清算程序终结后，除破产程序终结之日起 2 年内发现有依法应当追回的财产或者债务人有应当供分配的其他财产的，可以追加分配外，对于债务人未能依破产程序清偿的债务，原则上不再予以清偿。而因债务人的清算义务人怠于履行义务，导致债务人主要财产、账册、重要文件等灭失无法清算而终结的，虽然债务人的法人资格因清算程序终结而终止，但其既有的民事责任并不当然消灭，而是应当由其清算义务人承担偿还责任。

鉴于此，《纪要》明确，人民法院以无法清算或者无法全面清算为由裁定终结强制清算程序的，应当根据申请人的不同在终结裁定中分别载明，债权人可以另行依据《公司法司法解释（二）》第18条的规定，要求被申请人的股东、董事、实际控制人等清算义务人对其债务承担偿还责任；股东可以向控股股东等实际控制公司的主体主张有关权利。这里，债权人因债务人的清算义务人怠于履行义务导致无法清算或者无法全面清算时向债务人的清算义务人主张权利的范畴是明确的，因此，债务人的清算义务人的责任范畴也是确定的。但是，因控股股东等实际控制公司的主体的原因导致无法清算或者无法全面清算，股东因无法获得应有的剩余财产分配而向控股股东等实际控制公司的主体主张有关权利时，其权利范畴的界定是个问题，对此，我们考虑可以通过举证责任倒置来解决中小股东利益的保护问题，即在控股股东控制公司的前提下该清算不清算，或者不依法提交有关财产状况说明、债务清册、债权清册、财务会计报告以及职工工资的支付情况和社会保险费用的缴纳情况，导致无法清算或者无法全面清算，其他股东起诉请求控股股东等实际控制公司的主体返还出资并承担损失的，除非控股股东等实际控制公司的主体能够充分证明公司已经资不抵债没有剩余财产进行分配或者不能返还出资，或者虽然公司有剩余财产可供分配但数额低于权利人主张的数额，人民法院应当依法支持其诉请。

问：强制清算和破产清算同为法人退出机制中的清算程序，且都是在法院主导下进行的司法程序，请问这两个清算程序有什么区别和关联？人民法院在适用时应当注意哪些问题？

答：在分类上，公司清算分为解散清算和破产清算，强制清算属于解散清算的一种，是在自行清算不能的情况下启动的一个司法清算程序。公司出现解散事由时，如果公司财产足以偿还全部债务，公司应当通过解散清算（包括自行清算和强制清算）清理所有债权债务关系，全额清偿完毕所有债务并且分配完毕剩余财产后终止法人资格。如果公司不能清偿到期债务并且财产不足以偿还全部债务，或者明显缺乏清偿能力的，公司应当通过破产清算程序，公平清偿债务后终止法人资格。强制清算程序是以全额清偿债务为前提的，而破产清算是因不能全额清偿债务从而按照一定的先后顺序清偿债务，对同一顺序的债务在破产财产不够清偿时是按照比例进行清偿的，也就是我们平时所说的公平受偿。

由于强制清算程序启动的前提是公司财产尚足以偿还全部债务，因此，强制清算程序的启动不具有冻结清算中公司财产的效力，对于强制清算中公司的给付之诉和强制执行等，原则上不具有停止功能。而破产清算因其启动的前提是公司财产不足以偿还全部债务，因此，破产清算程序一旦启动，一是所有针对破产企业的给付之诉不得再行提起，对于申报债权过程中所产生的争议只能提起破产债权的确认诉讼；二是所有针对破产企业的保全措施应当解除，执行程序应当中止，所有债权债务关系一并归入破产清算程序中一揽子解决，以此保障全体债权人的公平受偿。实践中，由于启动强制清算时公司财产是否足以偿还全部债务更多是从账面体现出来的，而在清算变现企业财产、追收债权、转让股权等过程中，账面财产和实际变现财产可能会出现差额，甚至差距甚大，这种情况下就可能会出现进入强制清算程序后，公司财产变现后事实上无法全额偿还全部债务的情形，这时就面临着强制清算向破产清算的转化。

在强制清算程序与破产清算程序的衔接中应当注意以下几个问题：

第一，公司强制清算中，清算组在清理公司财产、编制资产负债表和财产清单时，发现公司财产不足清偿债务的，应当首先依据《公司法司法解释（二）》第17条的规定，与债权人协商制作有关债务清偿方案并清偿债务，以此避免进入费时、费力、费钱的破产清算程序，提高公司清算效率，充分保护债权人利益。

第二，如果债权人不能协商一致形成债务清偿方案，清算组应当依据《公司法》第180条和《企业破产法》第7条第3款的规定及时向人民法院申请宣告破产。

第三，前已述及，由于公司强制清算的前提是财产足以偿还全部债务，因此，强制清算程序的启动并无冻结公司财产的效力，强制执行行为和个别清偿行为在申报债权后是可以进行的。如果有关债权人认为公司事实上已经出现破产原因或者存在不能清偿全部债务的重大嫌疑时，为阻却个别清偿和个别执行，防止最终公司财产无法清偿所有债权人的债权而有损其利益的，可以依据《企业破产法》第2条和第7条的规定向人民法院另行提起破产申请，人民法院对此申请应当依法进行审查。权利人的破产申请符合《企业破产法》规定的，人民法院应当依法裁定予以受理。人民法院裁定受理破产申请后，应当裁定终结强制清算程序。

第四，强制清算转入破产清算后，要注意做好两个程序的清算机构、清算费用、清算事务等的衔接。对于强制清算清算组中的中介机构或者个人成员，除存在与本案有利害关系等不宜担任管理人或者管理人成员的情形外，人民法院可根据《企业破产法》及其司法解释的规定，指定该中介机构或者个人作为破产案件的管理人，或者吸收该中介机构作为新成立的清算组管理人的成员，以便通过清算成员的衔接实现清算事务的衔接。上述中介机构或者个人不宜担任破产清算中的管理人或者管理人的成员的，原强制清算中的清算组应当及时将清算事务及有关材料等移交给管理人。公司强制清算中已经完成的清算事项，如无违反《企业破产法》或者有关司法解释的情形的，在破产清算程序中应承认其效力。同时作为强制清算清算组成员和破产清算管理人或者管理人成员的中介机构和个人，在公司强制清算和破产清算中取得的报酬总额，不应超过按照企业破产计付的管理人或者管理人成员的报酬。人民法院收取强制清算申请费后，转入破产清算程序后不再另行计收破产案件申请费；收取的强制清算案件申请费超过 30 万元的，超过部分不再收取，已经收取的，应予退还。

《最高人民法院关于审理公司强制清算案件工作座谈会纪要》的理解与适用

宋晓明　张勇健　刘　敏

当前一段时间以来，因受国际金融危机和世界经济衰退的影响，公司经营困难引发的公司强制清算案件大幅度增加。虽然《公司法》和《最高人民法院关于适用〈中华人民共和国公司法〉若干问题的规定（二）》［以下简称《公司法司法解释（二）》］对公司强制清算案件审理中的有关问题已作出规定，但鉴于该类案件非讼程序的特点和目前清算程序规范的不完善，有必要进一步明确该类案件的审理原则，细化有关程序和实体规定，更好地规范公司退出市场的行为，维护市场运行秩序，依法妥善审理公司强制清算案件，维护和促进经济社会和谐稳定。为此，最高人民法院在广泛调研的基础上，于2009年9月15日至16日在浙江省绍兴市召开了全国部分法院审理公司强制清算案件工作座谈会。与会代表通过认真讨论，就有关审理公司强制清算案件中涉及的主要问题达成了共识。最高人民法院于2009年11月4日公布了法发〔2009〕52号《关于审理公司强制清算案件工作座谈会纪要》（以下简称《纪要》），现就该《纪要》涉及的审理公司强制清算案件中的主要问题加以阐释。

一、最高人民法院出台该《纪要》的背景

《公司法》第十章对人民法院强制清算案件的受理，以及清算组的职权、通知债权人、申报债权、确认清算方案、清偿顺序、剩余财产分配、清算程序与破产程序的衔接、清算报告的确认，以及清算组的责任和义务等问题作出了基本规定。同时，最高人民法院《民事案件案由规定》第二十二条"与公司有关的纠纷"第261款也明确规定了公司清算纠纷这一案由。各地人民法院在根据上述规定审理公司强制清算案件的过程中反映，鉴于上述规定比较笼统，以及强制清算案件非讼性的特点，法院在审理该类案件时缺乏具体、翔实、可

操作性的法律规范，导致法院此类型案件的审理进展困难，且存在司法尺度不一的状况。虽然《公司法司法解释（二）》在《公司法》的基础上已对程序性规范作出了一定规定，但仍然无法满足审判实践的需要。部分高级人民法院自行出台了有关公司强制清算方面的规范意见，以解决本辖区内审理相关案件规范依据不足的问题。在当前受国际国内宏观经济形势影响，许多公司资金链断裂，经营严重困难，公司大量解散的背景下，债权人、股东和公司的利益纷争和矛盾严重冲突，人民法院受理的公司强制清算案件呈激增状态，商事审判工作面临新的挑战。为充分发挥人民法院商事审判的职能作用，指导各级人民法院正确审理公司强制清算案件，规范市场主体退出机制，维护市场运行秩序，保障经济平稳较快发展，最高人民法院民二庭在充分调研并就相关问题征求专家学者和本院有关部门意见的基础上，于2009年9月15日至16日在浙江省绍兴市召开了全国部分法院审理公司强制清算案件工作座谈会。与会同志结合各地法院审判经验，通过认真讨论，就有关审理公司强制清算案件中涉及的主要问题达成了共识，形成了该《纪要》。

二、坚持清算程序公正是人民法院审理公司强制清算案件中应当遵循的首要原则

程序法一直被视为是实体法的辅助法，随着程序独立价值的日益彰显，程序保障或者程序正义的呼声越来越高，人们逐渐认识到没有程序保障的实体正义不是真正的正义。公司强制清算主要是一种程序制度，其所规范的是公司清算过程中各相关利害关系人之间的合理秩序，目的在于在公平、公正的秩序中寻求各方利益的平衡，通过清算程序有序地结束公司存续期间成立的各种法律关系，合理调整众多法律主体的利益，维护正常的经济秩序。因此，公司强制清算更需要程序的保障。坚持清算程序公正原则要求整个清算程序必须依照法定程序进行，做到程序严密、合法、正当。这就要求人民法院将清算程序的全部过程置于法定程序之下，不能出现没有程序保障的真空状态，即使在法律难以进行细密规范的操作进程中，也要恪守正当的程序理念。需要强调的是，缺乏细致的清算法是我们出台该《纪要》的一个非常重要的原因。强制清算的审理和其他民商事纠纷案件的审理不同，法官自由裁量的余地很小，很多问题需要有明确的规范依据。基于上述原因，我们将坚持清算程序公正原则作为首要原则予以明确，要求各级法院在审理公司强制清算案件时，严格依照法定程序进行，坚持在程序正义的基础上实现清算结果的公正。

三、公司强制清算案件的案号管理中存在的问题

案号问题表面上看似简单，但实践确有一些问题亟待规范。有的法院原先

是按照一般的民商事案件确立案号,如此,一是无法体现公司强制清算案件非讼的特点,导致法院在适用诉讼程序中错误适用一般民事案件的诉讼程序,如当事人以起诉方式提起公司强制清算申请,法院以判决方式判决公司清算,当事人又依据法院判决向执行机关申请强制执行等等;二是在法院内部绩效考核时无法准确确定审理法官的工作量和审结率、未审结率等,由于公司强制清算案件是对公司存续阶段形成的所有法律关系的概括性了结,人民法院审理公司强制清算案件需要付出更多的劳动,按照普通案件确立案号统计工作量不利于这类案件的审理。因此,我们参照企业破产案件案号的管理,将公司强制清算案件的案号确定为"清"字号。另外,考虑到申请人向法院提交强制清算申请后至法院裁定受理强制清算申请前,法院要进行大量的质证审查工作,因此,又将"清"字号案件区分阶段确立为"清(预)"字和"清(算)"字两种,这样一是在案件进展阶段上即受理还是没有受理作了区分,二是在程序逻辑上进行了明确,以此保障法院受理前听证程序的顺利进行,三是在统计工作量上也更为客观准确。

四、人民法院在对强制清算申请的审查和受理环节应当注意的问题

如前所述,公司强制清算案件与一般民商事案件不同,在是否受理的审查中涉及很多内容,在这一点上类似于企业破产案件的受理。因此,《纪要》一方面明确了申请人向法院申请强制清算时应当提交的有关材料,包括清算申请书、申请人对被申请人享有债权或者股权,被申请人已经发生解散事由的有关证据,以及公司故意拖延清算,或者存在其他违法清算行为可能严重损害其利益的相关证据材料;另一方面,又对法院应当仅围绕申请人提交的上述证据材料进行听证审查予以明确,目的在于依法裁定是否受理公司强制清算申请。对于申请人具备了《公司法》及《公司法司法解释(二)》所规定的债权人或者股东资格,公司确实已经发生了解散事由,以及公司应当自行清算而没有自行清算或者违法清算的,人民法院应当及时作出受理强制清算申请的裁定。反之则应裁定不予受理。这里要特别强调两点:(1)被申请人就申请人对其是否享有债权或者股权,或者对被申请人是否发生解散事由存在异议的,原则上应当另案解决,解决后再行决定是否受理强制清算申请,对于已有生效法律文书或者明确解散事由的除外。(2)申请人以其为公司实际出资人为由申请强制清算,但不能提供公司股东名册记载其为股东等证据材料的,不具备申请强制清算的主体资格,人民法院应当告知其另行诉讼或者通过其他途径确认其股东身份后再行申请强制清算,当事人坚持申请的,人民法院应当裁定不予受理。

五、被申请人解散后不依法清算，故意逃废债务，导致法院因被申请人主要财产、账册、重要文件等灭失或者人员下落不明而无法清算等问题如何应对

这种非诚信现象在现实社会中还是比较普遍存在的，对此，《公司法司法解释（二）》第18条和第20条，以及法释〔2008〕10号《最高人民法院关于债权人对人员下落不明或者财产状况不清的债务人申请破产清算案件如何处理的批复》已经作出了相应规定，《纪要》中对此问题又作了进一步的明确和补充。在审理这类案件时，应当注意以下几个方面：

1. 对于债权人申请债务人破产清算或者强制清算的案件，人民法院不能因为被申请人的主要财产、账册、重要文件等灭失或者被申请人人员下落不明无法进行清算而不予受理。申请破产清算的，人民法院也不能以债权人无法举证证明债务人出现了不能清偿到期债务并且资产不足以清偿全部债务，或者不能清偿到期债务并且明显缺乏清偿能力的破产原因为由，不受理债权人的申请。

2. 人民法院依法受理破产清算申请或者强制清算申请后，应当依据《企业破产法》和《公司法》的有关规定，要求被申请人的法定代表人、企业的财务管理人员和其他经营管理人员，以及有限责任公司的股东、股份有限公司的董事、控股股东，以及公司的实际控制人等有关人员提交企业真实的财产状况说明、债务清册、债权清册、财务会计报告以及职工工资的支付情况和社会保险费的缴纳情况。经过人民法院的释明以及采取拘留、罚款等强制措施后，被申请人的有关人员仍然不提交上述有关材料或者提交的材料明显不真实、不全面，导致根本无法清算或者无法全面清算的，对于尚有部分财产、账册、重要文件等可以进行部分清偿的，人民法院应当就现有财产进行公平清偿，然后以无法全面依法清算为由终结清算程序；对于没有任何财产、账册、重要文件，被申请人人员下落不明的，人民法院应当以无法清算为由终结清算程序。

3. 因无法清算或者无法依法全面清算而终结清算程序，与依照《企业破产法》的规定依法清算，债务人确无财产可供分配而终结破产清算程序，其法律后果是截然不同的。因依法清算，债务人确无财产可供分配时终结破产清算程序的结果，是剩余债务不再清偿；债务人仅以其破产财产为限承担责任，债务人破产清算程序终结后，除自破产程序终结之日起2年内发现有依法应当追回的财产或者债务人有应当供分配的其他财产的，可以追加分配外，对于债务人未能依破产程序清偿的债务，原则上不再清偿。而因债务人的清算义务人

怠于履行义务，导致债务人主要财产、账册、重要文件等灭失无法清算而终结清算程序的，虽然债务人的法人资格因清算程序终结而终止，但其既有的民事责任并不当然消灭，而是应当由清算义务人承担偿还责任。《纪要》明确要求，人民法院以无法清算或者无法全面清算为由裁定终结强制清算程序的，应当根据申请人的不同在终结裁定中分别载明，债权人可以另行依据《公司法司法解释（二）》第18条的规定，要求被申请人的股东、董事、实际控制人等清算义务人对其债务承担偿还责任；股东可以向控股股东等实际控制公司的主体主张有关权利。这里，债权人因债务人的清算义务人怠于履行义务导致无法清算或者无法全面清算时向债务人的清算义务人主张权利的范畴是明确的，因此，债务人的清算义务人的责任范畴也是确定的。但是，因控股股东等实际控制公司的主体的原因导致无法清算或者无法全面清算，股东因无法获得应有的剩余财产分配而向控股股东等实际控制公司的主体主张有关权利时，其权利范畴的界定是个问题，对此，我们考虑可以通过举证责任倒置来解决中小股东利益的保护问题，即在控股股东控制公司的前提下该清算而不清算，或者不依法提交有关财产状况说明、债务清册、债权清册、财务会计报告以及职工工资的支付情况和社会保险费用的缴纳情况，导致无法清算或者无法全面清算，其他股东起诉请求控股股东等实际控制公司的主体返还出资并承担损失的，除非控股股东等实际控制公司的主体能够充分证明公司已经资不抵债、没有剩余财产进行分配或者不能返还出资，或者虽然公司有剩余财产可供分配但数额低于权利人主张的数额，人民法院应当依法支持其诉讼请求。

六、强制清算和破产清算程序的区别和关联

在分类上，公司清算分为解散清算和破产清算，强制清算属于解散清算的一种，是在自行清算不能的情况下启动的一个司法清算程序。公司出现解散事由时，如果公司财产足以偿还全部债务，公司应当通过解散清算（包括自行清算和强制清算）清理所有的债权债务关系，全额清偿完毕所有债务并且分配完毕剩余财产后终止法人资格。如果公司不能清偿到期债务并且财产不足以偿还全部债务，或者明显缺乏清偿能力的，公司应当通过破产清算程序，公平清偿债务后终止法人资格。强制清算程序是以全额清偿债务为前提的，破产清算是因不能全额清偿债务而按照一定的先后顺序清偿债务，对同一顺序的债务在破产财产不够清偿时按照比例进行清偿，也就是破产法上的公平受偿。由于强制清算程序启动的前提是公司财产尚足以偿还全部债务，因此，强制清算程序的启动不具有冻结清算中公司财产的效力，对于强制清算中公司的给付之诉和强制执行等原则上不具有停止功能。而破产清算因其启动的前提是公司财产

不足以偿还全部债务,因此,破产清算程序一旦启动,一是所有针对破产企业的给付之诉不得再行提起,对于申报债权过程中所产生的争议只能提起破产债权的确认诉讼;二是所有针对破产企业的保全措施应当解除,执行程序应当中止,所有债权债务关系一并归入破产清算程序中一揽子解决,以保障全体债权人的公平受偿。实践中,由于启动强制清算时公司财产是否足以偿还全部债务更多是从账面体现出来的,而在清算变现企业财产、追收债权、转让股权等过程中,账面财产和实际变现财产可能会出现差额,甚至差距甚大,这种情况下就可能会出现进入强制清算程序后,公司财产变现后事实上无法全额偿还全部债务的情形,这种情况下就面临着强制清算向破产清算的转化。在强制清算程序与破产清算程序的衔接中应当注意以下几个问题:(1)公司强制清算中,清算组在清理公司财产、编制资产负债表和财产清单时,发现公司财产不足清偿债务的,应当首先依据《公司法司法解释(二)》第17条的规定,与债权人协商制定有关债务清偿方案并清偿债务,以避免进入费时、费力、费钱的破产清算程序,提高公司清算效率,充分保护债权人利益。(2)如果债权人不能协商一致达成债务清偿方案,清算组应当依据《公司法》第188条和《企业破产法》第7条第3款的规定及时向人民法院申请宣告破产。(3)如前所述,由于公司强制清算的前提是财产足以偿还全部债务,因此,强制清算程序的启动并无冻结公司财产的效力,强制执行行为和个别清偿行为在申报债权后是可以进行的。如果有关债权人认为公司事实上已经出现破产原因或者存在不能清偿全部债务的重大嫌疑时,为阻却个别清偿和个别执行,防止最终公司财产无法清偿所有债权人的债权而有损其利益的,可以依据《企业破产法》第2条和第7条的规定向人民法院另行提起破产申请,人民法院对此申请应当依法进行审查。权利人的破产申请符合《企业破产法》规定的,人民法院应当依法裁定予以受理。人民法院裁定受理破产申请后,应当裁定终结强制清算程序。(4)强制清算转入破产清算后,要注意做好两个程序的清算机构、清算费用、清算事务等的衔接。对于强制清算的清算组中的中介机构或者个人成员,除存在与本案有利害关系等不宜担任管理人或者管理人成员的情形外,人民法院可根据《企业破产法》及其司法解释的规定,指定该中介机构或者个人作为破产案件的管理人,或者吸收该中介机构作为新成立的清算组管理人的成员,以便通过清算成员的衔接实现清算事务的衔接。上述中介机构或者个人不宜担任破产清算中的管理人或者管理人的成员的,原强制清算中的清算组应当及时将清算事务及有关材料等移交给管理人。公司强制清算中已经完成的清算事项,如无违反《企业破产法》或者有关司法解释的情形的,在破产清算程序中应承认其效力。同时作为强制清算的清算组成员和破产清算管理人或者管理人成员的中介机构和个人，在公司强制清算和破产清算中取得的报酬总额，不应超过按照企业破产计付的管理人或者管理人成员的报酬。人民法院收取强制清算申请费后，转入破产清算程序后不再另行计收破产案件申请费。收取的强制清算案件申请费超过 30 万元的，超过部分不再收取，已经收取的，应予退还。

最高人民法院
关于受理借用国际金融组织和外国政府贷款偿还任务尚未落实的企业破产申请问题的通知

2009年12月3日　　　　　　　　　法〔2009〕389号

各省、自治区、直辖市高级人民法院，解放军军事法院，新疆维吾尔自治区高级人民法院生产建设兵团分院：

近来，部分地方人民法院向我院请示是否受理借用国际金融组织和外国政府贷款偿还任务尚未落实的企业破产申请的问题，经研究，现就有关问题通知如下，请遵照执行。

自2007年6月1日起，借用国际金融组织和外国政府贷款或转贷款的有关企业申请或者被申请破产的，人民法院应依照《中华人民共和国企业破产法》的有关规定依法受理。

上述企业在2007年6月1日之前已签署转贷协议但偿还任务尚未落实的，应继续适用《最高人民法院关于当前人民法院审理企业破产案件应当注意的几个问题的通知》（法发〔1997〕2号）第三条的规定和《最高人民法院关于贯彻执行法发〔1997〕2号文件第三条应注意的问题的通知》（法函〔1998〕74号）的有关规定。

解读《最高人民法院关于受理借用国际金融组织和外国政府贷款偿还任务尚未落实的企业破产申请问题的通知》

杨征宇[*]

2009年12月3日，最高人民法院下发法〔2009〕389号《关于受理借用国际金融组织和外国政府贷款偿还任务尚未落实的企业破产申请问题的通知》，对于人民法院受理借用国际金融组织和外国政府贷款偿还任务尚未落实的企业破产条件进行调整。本文就如何理解和适用该通知有关内容进行解读。

由于涉及敏感的国家外债管理制度和中央财政政策，人民法院对于借用国际金融组织和外国政府贷款偿还任务尚未落实的企业破产申请问题一直较为谨慎。最高人民法院法发〔1997〕2号文第3条和法函〔1998〕74号文规定，借用外国政府贷款的企业或转贷款偿还任务尚未落实的企业，因属于政府外债，其借入和转贷过程均为政府行为，由政府承担最终还款责任，故不论项目单位是何种性质的企业，在偿还此类贷款任务尚未落实前，人民法院均暂不受理其破产申请，也暂不受理债权人申请其破产的案件。在新的《企业破产法》生效后，对于借用国际金融组织和外国政府贷款偿还任务尚未落实的企业破产申请问题是否继续加以限制，是一个亟待解决的问题。

笔者认为，在新的《企业破产法》生效以后，关于借用国际金融组织和外国政府贷款偿还任务尚未落实的企业破产申请问题应当根据法律和现实情况的变化予以调整，理由如下：(1) 2007年6月1日生效的新的《企业破产法》对于上述企业能否申请破产并未作出限制性规定。该法第2条规定，企业法人不能清偿到期债务，并且资产不足以清偿全部债务或明显缺乏清偿能力的，依照本法规定清理债务。由此可见，新的《企业破产法》规定的破产申请的受

---

[*] 最高人民法院民二庭法官。

理条件主要是企业法人不能清偿到期债务。债务人如具有法定的破产原因，人民法院就应当依法受理而不能驳回破产申请。（2）债务人的偿债能力是企业的既有能力，并不会因为其没有进入破产程序而发生改观。相反，债务人陷入经营困境，如果长期不能进入破产程序，将造成财产损失进一步扩大，对债权人的保护更为不利。（3）原来的限制性政策是建立在当时政策性破产较为集中的特殊环境和条件基础之上的，由于国有企业政策性破产本身具有一定的优惠条件，故对于其申请破产条件进行了相应限制，尤其强调债务人破产申请需取得债权银行的同意。现在事隔10年之久，法律政策环境和条件都发生变化。国有企业政策性破产范围逐步缩小，债权银行对于债务人破产申请的谈判权实践中很难起到债权保护的作用。（4）企业破产针对的是债务人的偿债责任问题，未涉及其他主体的民事责任。债务人破产并不妨碍其他主体承担相应的民事或行政责任。综上，在新的《企业破产法》生效以后，人民法院应当依法受理借用国际金融组织和外国政府贷款偿还任务尚未落实的企业破产申请。最高人民法院法发〔1997〕2号文第3条和法函〔1998〕74号文原则上不再适用。

新的《企业破产法》生效以后，财政部出台了财金（2008）176号《外国政府贷款管理规定》，该文件第38条规定，在贷款债务偿清前，项目单位拟实行资产重组、企业改制或者申请破产的，省级财政部门应当督促项目单位落实新的债务偿还安排，并征得转贷银行和财政部同意，必要时还应征得贷款方同意。鉴于此类贷款项目由财政部归口管理，故最高人民法院此次政策调整时与财政部进行了充分的沟通。经征求财政部的意见，最终形成"老人老办法，新人新办法"的处理原则，即按新的《企业破产法》生效时间进行划段调整。最高人民法院法〔2009〕389号《关于受理借用国际金融组织和外国政府贷款偿还任务尚未落实的企业破产申请问题的通知》指出，自2007年6月1日起，借用国际金融组织和外国政府贷款或转贷款的有关企业申请或者被申请破产的，人民法院应依照《中华人民共和国企业破产法》的有关规定依法受理。上述企业在2007年6月1日之前已签署转贷协议但偿还任务尚未落实的，应继续适用《最高人民法院关于当前人民法院审理企业破产案件应当注意的几个问题的通知》（法发〔1997〕2号）第3条的规定和《最高人民法院关于贯彻执行法发〔1997〕2号文件第三条应注意的问题的通知》（法函〔1998〕74号）的有关规定。

最高人民法院
关于审理上市公司破产重整案件工作座谈会纪要

2012年10月29日　　　　　　法〔2012〕261号

《企业破产法》施行以来，人民法院依法审理了部分上市公司破产重整案件，最大限度地减少了因上市公司破产清算给社会造成的不良影响，实现了法律效果和社会效果的统一。上市公司破产重整案件的审理不仅涉及《企业破产法》《证券法》《公司法》等法律的适用，还涉及司法程序与行政程序的衔接问题，有必要进一步明确该类案件的审理原则，细化有关程序和实体规定，更好地规范相关主体的权利义务，以充分保护债权人、广大投资者和上市公司的合法权益，优化配置社会资源，促进资本市场健康发展。为此，最高人民法院会同中国证券监督管理委员会，于2012年3月22日在海南省万宁市召开了审理上市公司破产重整案件工作座谈会。与会同志通过认真讨论，就审理上市公司破产重整案件的若干重要问题取得了共识。现纪要如下：

一、关于上市公司破产重整案件的审理原则

会议认为，上市公司破产重整案件事关资本市场的健康发展，事关广大投资者的利益保护，事关职工权益保障和社会稳定。因此，人民法院应当高度重视此类案件，并在审理中注意坚持以下原则：

1. 依法公正审理原则。上市公司破产重整案件参与主体众多，涉及利益关系复杂，人民法院审理上市公司破产重整案件，既要有利于化解上市公司的债务和经营危机，提高上市公司质量，保护债权人和投资者的合法权益，维护证券市场和社会的稳定，又要防止没有再生希望的上市公司利用破产重整程序逃废债务，滥用司法资源和社会资源；既要保护债权人利益，又要兼顾职工利益、出资人利益和社会利益，妥善处理好各方利益的冲突。上市公司重整计划草案未获批准或重整计划执行不能的，人民法院应当及时宣告债务人破产

清算。

2. 挽救危困企业原则。充分发挥上市公司破产重整制度的作用，为尚有挽救希望的危困企业提供获得新生的机会，有利于上市公司、债权人、出资人、关联企业等各方主体实现共赢，有利于社会资源的有效利用。对于具有重整可能的企业，努力推动重整成功，可以促进就业，优化资源配置，促进产业结构的调整和升级换代，减少上市公司破产清算对社会带来的不利影响。

3. 维护社会稳定原则。上市公司进入破产重整程序后，因涉及债权人、上市公司、出资人、企业职工等相关当事人的利益，各方矛盾比较集中和突出，如果处理不当，极易引发群体性、突发性事件，影响社会稳定。人民法院审理上市公司破产重整案件，要充分发挥地方政府的风险预警、部门联动、资金保障等协调机制的作用，积极配合政府做好上市公司重整中的维稳工作，并根据上市公司的特点，加强与证券监管机构的沟通协调。

二、关于上市公司破产重整案件的管辖

会议认为，上市公司破产重整案件应当由上市公司住所地的人民法院，即上市公司主要办事机构所在地法院管辖；上市公司主要办事机构所在地不明确、存在争议的，由上市公司注册登记地人民法院管辖。由于上市公司破产重整案件涉及法律关系复杂，影响面广，对专业知识和综合能力要求较高，人力物力投入较多，上市公司破产重整案件一般应由中级人民法院管辖。

三、关于上市公司破产重整的申请

会议认为，上市公司不能清偿到期债务，并且资产不足以清偿全部债务或者明显缺乏清偿能力，或者有明显丧失清偿能力可能的，上市公司或者上市公司的债权人、出资额占上市公司注册资本十分之一以上的出资人可以向人民法院申请对上市公司进行破产重整。

申请人申请上市公司破产重整的，除提交《企业破产法》第八条规定的材料外，还应当提交关于上市公司具有重整可行性的报告、上市公司住所地省级人民政府向证券监督管理部门的通报情况材料以及证券监督管理部门的意见、上市公司住所地人民政府出具的维稳预案等。上市公司自行申请破产重整的，还应当提交切实可行的职工安置方案。

四、关于对上市公司破产重整申请的审查

会议认为，债权人提出重整申请，上市公司在法律规定的时间内提出异议，或者债权人、上市公司、出资人分别向人民法院提出破产清算申请和重整

申请的，人民法院应当组织召开听证会。

人民法院召开听证会的，应当于听证会召开前通知申请人、被申请人，并送达相关申请材料。公司债权人、出资人、实际控制人等利害关系人申请参加听证的，人民法院应当予以准许。人民法院应当就申请人是否具备申请资格、上市公司是否已经发生重整事由、上市公司是否具有重整可行性等内容进行听证。

鉴于上市公司破产重整案件较为敏感，不仅涉及企业职工和二级市场众多投资者的利益安排，还涉及与地方政府和证券监管机构的沟通协调。因此，目前人民法院在裁定受理上市公司破产重整申请前，应当将相关材料逐级报送最高人民法院审查。

五、关于对破产重整上市公司的信息保密和披露

会议认为，对于股票仍在正常交易的上市公司，在上市公司破产重整申请相关信息披露前，上市公司及其债权人、出资人等利害关系人应当按照法律、行政法规、证券监管机构的部门规章及证券交易所上市规则做好信息保密工作。

上市公司的债权人提出破产重整申请的，人民法院应当要求债权人提供其已就此告知上市公司的有关证据。上市公司应当按照相关规则及时履行信息披露义务。

上市公司进入破产重整程序后，由管理人履行相关法律、行政法规、部门规章和公司章程规定的原上市公司董事会、董事和高级管理人员承担的职责和义务，上市公司自行管理财产和营业事务的除外。管理人在上市公司破产重整程序中存在信息披露违法违规行为的，应当依法承担相应的责任。

六、关于上市公司破产重整计划草案的制定

会议认为，上市公司或者管理人制定的上市公司重整计划草案应当包括详细的经营方案。有关经营方案涉及并购重组等行政许可审批事项的，上市公司或管理人应当聘请经证券监管机构核准的财务顾问机构、律师事务所以及具有证券期货业务资格的会计师事务所、资产评估机构等证券服务机构按照证券监管机构的有关要求及格式编制相关材料，并作为重整计划草案及其经营方案的必备文件。

控股股东、实际控制人及其关联方在上市公司破产重整程序前因违规占用、担保等行为对上市公司造成损害的，制定重整计划草案时应当根据其过错对控股股东及实际控制人支配的股东的股权作相应调整。

七、关于上市公司破产重整中出资人组的表决

会议认为，出资人组对重整计划草案中涉及出资人权益调整事项的表决，经参与表决的出资人所持表决权三分之二以上通过的，即为该组通过重整计划草案。

考虑到出席表决会议需要耗费一定的人力物力，一些中小投资者可能放弃参加表决会议的权利。为最大限度地保护中小投资者的合法权益，上市公司或者管理人应当提供网络表决的方式，为出资人行使表决权提供便利。关于网络表决权行使的具体方式，可以参照适用中国证券监督管理委员会发布的有关规定。

八、关于上市公司重整计划草案的会商机制

会议认为，重整计划草案涉及证券监管机构行政许可事项的，受理案件的人民法院应当通过最高人民法院，启动与中国证券监督管理委员会的会商机制。即由最高人民法院将有关材料函送中国证券监督管理委员会，中国证券监督管理委员会安排并购重组专家咨询委员会对会商案件进行研究。并购重组专家咨询委员会应当按照与并购重组审核委员会相同的审核标准，对提起会商的行政许可事项进行研究并出具专家咨询意见。人民法院应当参考专家咨询意见，作出是否批准重整计划草案的裁定。

九、关于上市公司重整计划涉及行政许可部分的执行

会议认为，人民法院裁定批准重整计划后，重整计划内容涉及证券监管机构并购重组行政许可事项的，上市公司应当按照相关规定履行行政许可核准程序。重整计划草案提交出资人组表决且经人民法院裁定批准后，上市公司无须再行召开股东大会，可以直接向证券监管机构提交出资人组表决结果及人民法院裁定书，以申请并购重组许可申请。并购重组审核委员会审核工作应当充分考虑并购重组专家咨询委员会提交的专家咨询意见。并购重组申请事项获得证券监管机构行政许可后，应当在重整计划的执行期限内实施完成。

会议还认为，鉴于上市公司破产重整案件涉及的法律关系复杂，利益主体众多，社会影响较大，人民法院对于审判实践中发现的新情况、新问题，要及时上报。上级人民法院要加强对此类案件的监督指导，加强调查研究，及时总结审判经验，确保依法妥善审理好此类案件。

《最高人民法院关于审理上市公司破产重整案件工作座谈会纪要》的理解与适用

宋晓明　张勇健　赵　柯[*]

《最高人民法院关于审理上市公司破产重整案件工作座谈会纪要》（法〔2012〕261号）（以下简称《纪要》）经审判委员会民事行政审判专业委员会第141次会议讨论通过，已于2012年10月29日印发。该会议纪要对于指导全国法院正确审理上市公司破产重整案件具有重要意义。本文拟对《纪要》的制定背景、基本原则和精神、主要内容等进行简要介绍，以期对该《纪要》的正确理解和适用有所裨益。

一、《纪要》的起草背景和经过

破产重整是优化配置社会资源、挽救危困企业、维护社会和谐稳定的重要法律制度，是我国《企业破产法》的一大制度创新。2007年6月1日《企业破产法》施行以来，重整案件的审理已经成为人民法院别具亮点的审判领域。据统计，截至2012年9月1日，全国法院共受理上市公司破产重整案件35件，这些上市公司通过重整程序避免了破产清算，取得了良好的社会效果，人民法院也通过上市公司破产重整案件的审理，积累了初步的司法经验。

由于上市公司破产重整案件的审理不仅涉及《企业破产法》《证券法》《公司法》等法律的适用，还涉及司法程序与行政程序的衔接问题，有必要进一步明确该类案件的审理原则，细化有关程序和实体规定，更好地规范相关主体的权利义务，以充分保护债权人、广大投资者和上市公司的合法权益，促进资本市场健康发展。为此，早在《企业破产法》施行之初，最高人民法院民二庭就与中国证券监督管理委员会（以下简称中国证监会）上市部、法律部

---

[*] 宋晓明，最高人民法院民二庭庭长。张勇健，最高人民法院民一庭庭长（民二庭原副庭长）。赵柯，最高人民法院民二庭法官。

的同志组成联合课题组,就上市公司破产重整案件的审理进行专题调研。经对调研成果的广泛征求意见和多次修改,2012年3月22日在海南省万宁市最高人民法院与中国证监会联合召开了审理上市公司破产重整案件工作座谈会。与会同志通过认真讨论,就审理上市公司破产重整案件的若干重要问题取得了共识,形成该《纪要》。

二、形成《纪要》坚持的基本精神

《企业破产法》实施5年多来,人民法院在审理上市公司破产重整案件方面进行了初步的探索和实践,但是总体来说尚缺乏充足的上市公司破产重整审判经验。在形成《纪要》的过程中,最高人民法院始终注意坚持以下原则:(1)遵循法律规定原则。上市公司破产重整案件本质上属于企业破产案件,所涉问题都应遵照《企业破产法》的相关规定,同时其中又涉及《公司法》《证券法》等内容,它们是制定《纪要》的基本法律依据。(2)总结成熟司法经验。在进行专题调研的过程中,我们搜集了大量的国内外上市公司破产重整的案例进行充分剖析研究,并广泛征求人民法院、管理人、证券交易所及证券监管机构的意见和建议,总结了一些较为成熟、认识比较统一、实践证明效果较好的司法经验。对于那些争议较大的问题,未纳入《纪要》的内容。(3)法院与证券监管机构分工配合。上市公司破产重整是司法程序,应该在人民法院的主导下进行。但因为上市公司的特殊性,其重整过程又离不开证券监管机构的监管。《纪要》不但明确了法院的职责,亦规定了涉及行政监管时应启动的程序,确保在上市公司破产重整案件中,法院与行政监管部门能够各司其职、各尽其责。

鉴于上市公司重整案件涉及的法律关系复杂,利益主体众多,社会影响较大,囿于篇幅和条件,《纪要》对于一些问题还未作规定。对于审判实践中发现的新情况、新问题,有关法院要加强调查研究,及时总结审判经验,为将来《企业破产法》司法解释的制定提供借鉴和参考。

三、《纪要》的主要内容

《纪要》规定了八个方面的内容,包括上市公司破产重整案件的审理原则、上市公司破产重整案件的管辖、申请和审查、信息保密和披露、重整计划草案的制定及关于上市公司重整计划草案的会商机制等问题,进一步细化了上市公司破产重整案件审理的有关程序和实体规定,以下选取其中所涉的主要问题进行说明。

(一)上市公司破产重整案件的审理原则

上市公司涉及面广,一旦破产清算,将产生一系列的连锁反应,对社会影响较大。同时，在现阶段，上市公司的"壳资源"也在社会上具有相当强的吸引力。因此，利用《企业破产法》中规定的重整程序挽救上市公司是目前困境中的上市公司为避免破产、获得新生积极寻求的途径。而《企业破产法》中并没有关于上市公司破产重整的专门性规定，很多问题还没有明确的规范依据。在这种情况下就要求人民法院将依法公正审理作为审理上市公司破产重整案件的首要原则。坚持依法公正审理原则首先要求整个上市公司破产重整程序都必须依照法定程序进行，这就要求人民法院将上市公司破产重整程序的全部过程置于法定程序之下，不能出现没有程序保障的真空状态，即使在法律难以进行细密规范的操作进程中，也要恪守正当的程序理念。在审理上市公司破产重整案件涉及众多参与主体的实体权利时，更要贯彻依法公正审理原则。一方面，要确保各种性质的债权人享有其原来对上市公司责任财产的清偿顺序，并且按照比例公平地获得不低于上市公司即时破产清算得到的清偿；另一方面，也应当兼顾上市公司以及出资人利益，尽力挽救已经达到破产界限的上市公司，避免破产清算。此外，针对社会上存在的一些因为上市公司的规模和影响而"破不得""不能破"的认识，我们在《纪要》中进一步明确，上市公司重整不成的，也即上市公司重整计划草案未获批准或重整计划执行不能的，人民法院应当及时宣告上市公司破产清算。以期有助于树立正确的导向，避免资本市场对可能重整的上市公司进行恶意炒作。

同时，上市公司进入破产重整程序后，因涉及债权人、上市公司、出资人、企业职工等相关当事人的利益，各方矛盾比较集中和突出，如果处理不当，极易引发群体性、突发性事件，影响社会稳定。人民法院审理上市公司破产重整案件，一定要坚持维护社会稳定原则，要充分发挥地方政府的风险预警、部门联动、资金保障等协调机制的作用，积极配合政府做好上市公司破产重整中的维稳工作，并根据上市公司的特点，加强与证券监管机构的沟通协调。

(二) 上市公司重整案件的申请、审查和受理

上市公司破产重整案件与一般的民商事案件不同，在是否受理的审查中涉及很多内容，尤其是上市公司作为股票在证券交易所交易的股份有限公司，其破产重整还必然涉及证券监管机构监管的有关问题。因此，《纪要》一方面明确了申请人向法院申请上市公司破产重整时应当提交的除《企业破产法》第8条规定的材料以外的特殊材料，包括上市公司具有重整可行性的报告、上市公司住所地省级人民政府向证券监督管理部门的通报情况材料以及证券监督管理部门的意见、上市公司住所地人民政府出具的维稳预案等。另一方面，《纪要》又对法院在审查上市公司重整申请时应当召开听证会的情形以及召开听

证会时应当注意的有关问题予以明确，目的在于依法稳妥地裁定是否受理对上市公司破产重整的申请。此外，在目前的市场环境下，上市公司破产重整案件较为敏感，不仅涉及企业职工和二级市场众多投资者的利益安排，还涉及与地方政府和证券监管机构的沟通协调。因此，在以往受理的 30 多家上市公司破产重整案件中，均要求拟受理上市公司破产重整申请的法院在裁定受理上市公司破产重整申请前，应当将相关材料逐级报送最高人民法院审查。这一做法也在《纪要》中加以明确。

（三）上市公司重整计划草案的制定

《企业破产法》第 81 条将债务人的经营方案列为重整计划草案的第一项内容。债务人的经营方案，主要是对公司重整的具体措施进行规定。而公司的重整措施是公司为实现摆脱危机而达新生的具体手段，直接关系到债务人的生死，在重整程序中至为重要。因此，有关重整措施的经营方案就成为重整计划草案的首要内容。但是，《企业破产法》并未对经营方案应当具体包括哪些内容加以明确，而国外的相关立法中大多都对重整措施进行了详细的规定。《企业破产法》在当初立法时主要是考虑到重整措施在实践中是丰富多样的，如果采取列举式的方法加以规定，可能会抑制重整参与人的想象力，不利于调动当事人的积极性。但是，从我们目前看到的进入重整程序的上市公司的案例来看，一些破产重整上市公司重整计划草案中的经营方案规定的非常简单，甚至仅是几百字的概括陈述，根本不足以提供关于该上市公司重整具体措施的有效信息。这就给债权人会议通过重整计划草案带来了盲目性，同时也给后续法院批准重整计划草案带来很大不确定性。因此，我们强调上市公司重整计划草案中的经营方案应当尽量细化。应当包括债务人的经营管理方案、融资方案、资产与业务重组方案等规定上市公司重整具体措施的内容。此外，在有关经营方案涉及并购重组等行政许可审批事项的，为便于后续证券监管机构的审批，上市公司或管理人应当聘请经证券监管机构核准的财务顾问机构、律师事务所以及具有证券期货业务资格的会计师事务所、资产评估机构等证券服务机构按照证券监管机构的有关要求及格式编制相关材料，并作为重整计划草案及其经营方案的必备文件。

（四）上市公司重整计划的会商机制

1.《纪要》引入会商机制的原因

《纪要》之所以规定关于上市公司重整计划草案的会商机制，就是为了解决上市公司破产重整中涉及的司法程序与行政程序的衔接问题。法院审理上市公司重整计划草案时，除审查制作重整计划草案的程序是否符合法律规定外，重点审查重整计划草案是否使处于同一顺位的债权人获得公平对待的清偿，是否每一个反对重整计划草案的债权人在重整计划草案中至少可以获得其在清算程序中可以获得的清偿；对出资人组的权益调整方案进行审查时，看是否涉及权益调整的出资人表决通过了该重整计划草案，该权益调整是否公平公正。而证券监管机构的审查，因我国目前没有专门针对重整程序中的上市公司发行新股、定向增发等的条件作出特殊规定，故证券监管机构仍然是按照现有《证券法》《公司法》等相关法律法规的要求对重组方、对拟投入的资产、对股东权益调整方式、对程序方面是否存在违反法律规定的情形等进行审查。表面看来，法院和证监部门的审查各有侧重、互相配合。但实际上却产生了司法程序与行政程序的衔接问题。按照《企业破产法》的规定，重整计划草案自各表决组通过之日起10日内，或未通过重整计划草案的表决组拒绝再次表决或者再次表决仍未通过重整计划草案的，债务人或者管理人可以申请人民法院批准重整计划草案。而法院裁定批准重整计划后，债务人就应当按照重整计划规定的内容全面履行。而如果在履行过程中，涉及股权调整或重大资产交易等事项不能得到批准时，就会使重整计划草案得不到实际执行。而按照《企业破产法》的相关规定，债务人不执行或不能执行重整计划的，经债务人或管理人申请，人民法院应当裁定终止重整计划的执行。这样就实际造成了行政权"否定"司法权的尴尬局面。对于证券监管机构而言，如果上市公司先行获得证券监管机构的行政许可，而法院并未通过相关的重整计划草案，则又会使该行政许可事项没有执行的可能。因此，当上市公司采取的重整措施涉及股权让与、定向增发、资产交易、减资等事项时，重整计划不但涉及法院的正常批准或强制批准，还涉及证券监管机构的行政审批问题。两者如何协调，是法院批准重整计划草案在先还是证券监管机构作出行政许可在先就成为实践中亟待解决的问题。对于这一问题，经过我们与中国证监会的反复沟通、协调、论证，达成了当重整计划草案涉及证券监管机构行政许可事项时，启动最高人民法院与中国证监会的会商机制的思路，也就是目前在《纪要》中规定的内容。

2. 启动会商机制实践中需要把握的问题

对于会商机制的理解，实践中需要重点把握以下几个问题：（1）会商的主体是最高人民法院与中国证监会。当重整计划草案涉及证券监管机构行政许可事项的，受理案件的人民法院应当通过最高人民法院，启动与中国证监会的会商机制。即由最高人民法院将有关材料函送中国证监会进行研究。（2）受理案件的人民法院应当参考中国证监会对会商事项的意见，作出是否批准重整计划草案的裁定。中国证监会在接到会商案件材料后，中国证监会安排并购重组专家咨询委员会对会商案件进行研究。并购重组专家咨询委员会应当按照与并购重组审核委员会相同的审核标准，对提起会商的行政许可事项进行研究并出具专家咨询意见。专家咨询意见可以分为肯定意见、否定意见、附条件肯定意见。对于上述专家咨询意见，人民法院在作出是否批准重整计划草案的裁定前，应予充分考虑。对于专家咨询意见明确为否定意见的，管理人可向人民法院撤回提请批准的申请并对重整计划草案的相关事项依法调整后再行提请会商。(3) 专家咨询意见不能代替行政许可决定。人民法院裁定批准重整计划后，重整计划内容涉及证券监管机构并购重组行政许可事项的，上市公司应当按照相关规定履行行政许可核准程序。并购重组申请事项获得证券监管机构行政许可后，应当在重整计划的执行期限内实施完毕。

最高人民法院
关于个人独资企业清算是否可以参照适用
企业破产法规定的破产清算程序的批复

法释〔2012〕16号

(2012年12月10日最高人民法院审判委员会第1563次会议通过 2012年12月11日最高人民法院公告公布 自2012年12月18日起施行)

贵州省高级人民法院：

你院《关于个人独资企业清算是否可以参照适用破产清算程序的请示》(〔2012〕黔高研请字第2号)收悉。经研究，批复如下：

根据《中华人民共和国企业破产法》第一百三十五条的规定，在个人独资企业不能清偿到期债务，并且资产不足以清偿全部债务或者明显缺乏清偿能力的情况下，可以参照适用企业破产法规定的破产清算程序进行清算。

根据《中华人民共和国个人独资企业法》第三十一条的规定，人民法院参照适用破产清算程序裁定终结个人独资企业的清算程序后，个人独资企业的债权人仍然可以就其未获清偿的部分向投资人主张权利。

《最高人民法院关于个人独资企业清算是否可以参照适用企业破产法规定的破产清算程序的批复》的理解与适用

宋晓明　张勇健　刘　敏

《最高人民法院关于个人独资企业清算是否可以参照适用企业破产法规定的破产清算程序的批复》已于 2012 年 12 月 10 日由最高人民法院审判委员会第 1563 次会议通过，并于 2012 年 12 月 18 日起施行。现将该批复的起草情况和涉及的有关问题作以说明。

一、司法解释制定的起因

贵州省高级人民法院以〔2012〕黔高研请字 2 号《关于个人独资企业清算是否可以参照适用破产清算程序的请示》就个人独资企业不能清偿到期债务并且资产不足以清偿全部债务或者明显缺乏清偿能力的情况下，是否可以参照适用《企业破产法》规定的破产清算程序进行清算问题向最高人民法院请示。鉴于其请示的问题具有普遍性，其他法院也多次就此问题向最高人民法院请示，因此，最高人民法院决定以批复形式对上述问题予以答复。

二、对主要问题的说明

1. 个人独资企业是否具有破产能力以及是否可以参照适用企业破产法规定的破产清算程序问题

破产能力是指债务人能够适用破产程序解决债务问题的资格，这种资格来源于破产法的特别规定。关于破产能力有两种立法例：一般破产主义和商人破产主义。一般破产主义是指破产法适用于不能清偿债务的所有债务人，债务人的破产能力不因其为商人或非商人而有所差别。它承认所有民事主体的破产能力，不能清偿债务的自然人、法人乃至遗产，均可由债务人自己或者债权人向法院申请破产。一般破产立法模式现已推广到许多国家，成为现代破产立法的趋势。商人破产主义是指破产法仅适用于商人而不适用于非商人。商人破产主义随着时间的推移越来越不适应时代发展的需要，原先采用商人破产主义的国家，也逐渐通过修订破产法改而采用一般破产主义。

我国《企业破产法》仅适用于企业法人的弊端受到众多学者的批评，在破产法修改时，学界普遍认为应当确立一般破产主义，扩大破产法的适用范围。但是，在多大程度上扩大破产法的适用范围，在认识上尚存在分歧。一种观点认为，破产法应当适用于所有企业，即破产法不仅适用于企业法人，还应当扩大适用于非企业法人，如合伙企业、个人独资企业等；另一种观点认为，破产法应当适用于所有民事主体，即除适用于企业法人、合伙企业、个人独资企业等商主体外，还应当适用于自然人。对上述争论问题，我国《企业破产法》修订最终采取了折中的处理方式，即虽然原则上规定《企业破产法》还是仅适用于企业法人，但是，对于企业法人以外的组织，在出现破产原因的情况下，可以参照适用《企业破产法》规定的程序进行债务清理。即《企业破产法》第135条规定："其他法律规定企业法人以外的组织的清算，属于破产清算的，参照适用本法规定的程序。"这种折中规定，应该说是我国破产法的一大进步，为将来破产法律制度的进一步发展和完善作了有益的尝试和铺垫。因此，虽然目前我国破产法尚未将企业法人以外的其他主体作为破产法适用的对象，但对于企业法人以外的其他经济组织，是可以参照适用破产清算程序进行清算的。鉴于目前施行的《个人独资企业法》制定于1999年，其在《企业破产法》2007年施行后尚未通过修订与《企业破产法》的上述规定进行衔接，但类似主体合伙企业的破产清算问题，在与《企业破产法》同时修订的《合伙企业法》中专门对此作出了衔接性的规定，即《合伙企业法》第92条规定："合伙企业不能清偿到期债务的，债权人可以依法向人民法院提出破产清算申请，也可以要求普通合伙人清偿。合伙企业依法被宣告破产的，普通合伙人对合伙企业债务仍应承担无限连带责任。"因此，个人独资企业应当符合《企业破产法》第135条的准用性规定。

2. 个人独资企业参照适用破产清算程序的必要性

《个人独资企业法》虽然规定了企业解散必须进行清算，但对如何清算，尤其是对企业不能清偿到期债务并且资产不足以清偿全部债务或者明显缺乏清偿能力的情况下如何进行清算并未作出明确的规定，由此导致个人独资企业在清算中实施企业资产的清理处置、债权的审查确认、分配方案的制订执行等清算事务时，因清算程序和争议解决机制欠缺极易发生清算僵局或者清算混乱。因此，参照适用《企业破产法》规定的破产清算程序对个人独资企业进行清算，既可以保障清算程序的有序进行和债务的公平受偿（尤其是职工利益的优先保障），也可以确保企业平稳退出市场，维护社会经济秩序的稳定，具有现实的必要性。

3. 个人独资企业参照适用破产清算程序终结清算程序后其债务清偿问题

如上所述，因目前我国破产法尚未赋予企业法人以外的其他经济组织适用破产程序解决债务问题的能力，虽然在处置现有资产和解决清算争端中可以参照适用《企业破产法》规定的破产清算程序进行清算，但并不因此产生对未能清偿债务当然免责的法律后果，因此，在个人独资企业参照适用破产清算程序终结清算程序后其尚未清偿的债务，仍应当根据《个人独资企业法》第31条的规定由投资人以其个人的其他财产予以清偿。

公正高效审理证券公司破产案件，为巩固证券公司综合治理成果、促进证券市场健康发展提供有力司法保障

——最高人民法院相关负责人在全国法院证券公司
破产案件审理工作座谈会上的讲话

（2007年11月19日）

同志们：

全国法院证券公司破产案件审理工作座谈会今天召开了。这次会议是在证券公司综合治理行政处置方面的工作基本完成，人民法院受理、审理证券公司破产案件工作全面展开的形势下召开的。会议的任务是：以邓小平理论、"三个代表"重要思想、科学发展观为指导，深入贯彻党的十七大精神，进一步提高人民法院对审理好证券公司破产案件、巩固证券公司综合治理成果重要性的认识，研究审理证券公司破产案件中存在的问题，部署下一步工作，为维护社会稳定、促进证券市场健康发展提供有力司法保障。

下面，我就相关工作讲三个问题。

一、提高认识、巩固证券公司综合治理行政处置成果

（一）人民法院受理、审理证券公司破产案件的背景和目前进展情况

证券公司是证券市场重要的中介机构，在市场的培育和发展中发挥着重要作用。由于体制、机制上的缺陷，证券公司在快速发展的同时，也积累了许多矛盾和问题。2003年底至2004年上半年，伴随着证券市场的持续低迷和结构性调整，一批证券公司的违规问题急剧暴露，证券行业多年积累的风险呈现集中爆发态势，证券公司面临自行业建立以来的第一次系统性危机，不但严重危

及资本市场的安全，而且波及社会稳定，情况十分严重，迫切需要采取措施进行处置和综合治理。2004年8月以来，针对部分证券公司风险集中爆发的情况，按照国务院的统一部署，证券公司综合治理工作全面推开。经过持续三年的不懈努力，证券公司历史遗留风险彻底化解，财务状况显著改善，合规经营意识和风险管理能力明显增强，监管法规制度逐步完善，基础性制度改革取得实质进展。综合治理行政处置方面的工作已于2007年8月底宣告结束，各项主要目标已基本实现。根据国务院批准的证券公司风险处置方案，绝大部分被处置公司将通过破产程序退出市场。目前，被处置证券公司已基本完成行政清理工作，正全面启动破产程序。到目前为止，人民法院已经受理证券公司破产案件27件，还有4家证券公司将于近期向人民法院提出破产申请。

（二）正确认识审理好证券公司破产案件的重要意义，巩固证券公司综合治理成果

在人民法院集中受理证券公司破产案件期间，适逢党的十七大胜利召开。胡锦涛同志在十七大报告中指出，要"提高银行业、证券业、保险业竞争力。优化资本市场结构，多渠道提高直接融资比重。加强和改进金融监管，防范和化解金融风险。"这对我们搞好证券公司综合治理工作，具有重要指导意义。近期，温家宝总理对综合治理工作作出重要批示："证券公司综合治理工作在证监会和各方面的共同努力下取得了积极成效，这对于完善资本市场基础性制度，提高监管能力，加强证券公司风险管理具有重要作用。推进资本市场持续健康规范发展是一项长期工作，任重道远。证券公司综合治理后期工作仍须抓紧，以巩固成果。"总理的批示充分肯定了综合治理工作，对下一步的工作也提出了明确要求。最高人民法院肖扬院长对此也明确批示，要求我们"继续做好后续工作，力求最佳效果"。应当看到，证券公司综合治理工作是防范和化解证券市场风险的重要步骤，虽然证券公司综合治理行政处置方面的工作已经基本结束，但是，人民法院全面受理、审理证券公司破产案件工作刚刚开始，这项工作是证券公司综合治理工作在司法程序的延伸。被处置的证券公司有许多问题需要通过破产程序加以解决，并在破产清算后退出市场。审理好证券公司破产案件是人民法院以实际行动贯彻党的十七大精神的具体体现，是防范和化解金融风险措施的重要组成部分，是巩固证券公司综合治理成果的重要保证。从人民法院审判工作角度看，审理好这批案件，也是人民法院发挥审判职能作用，服务国家中心工作大局的必然要求，更是人民法院民商事审判工作职责所在。我们要充分认识审理好证券公司破产案件的重要意义，把握全局，认真开展工作，力求取得最佳效果。

人民法院在审理证券公司破产案件过程中，要注意维护证券公司风险处置

措施的效力，巩固综合治理成果。证券公司作为一种特殊的金融企业，其进入破产程序后，在风险化解、投资者保护、管理人指定、资产处置、财产分配等诸多方面与普通企业破产有着明显的差别。证券公司综合治理是在我国社会主义市场经济发展过程中的一项创造性工作，在目前缺乏明确的法律规定和实践经验的情况下，应当说以行政主导处理证券公司关闭及破产过程中的一些特殊问题，是当前我国化解证券市场风险的最好选择。在此过程中，相关部门共同研究、采取对策，妥善化解了风险，与此同时，兼顾各利害关系主体的权益，取得了好的效果。风险处置过程中，对证券公司实施的重要行政措施均报经国务院批准同意，符合《公司法》《证券法》的原则，即将出台的《证券公司风险处置条例》对此也作了明确规定。应当看到，在证券公司风险爆发之初，被处置的证券公司大都严重违法违规经营，均已发生《企业破产法》所规定的破产原因，只是由于证券公司风险的特殊性，不能直接进入破产程序。行政清理解决了本应在破产程序中解决的账户清理、债权收购、证券类资产转让、客户和职工安置、责任追究等诸多特殊、敏感问题，为证券公司破产案件的审理工作顺利进行创造了条件。当然，行政处置程序只是证券公司破产的特殊前置程序，因此，在这一过程中，也应遵循破产法的基本原则。在行政处置过程中，国家拿出大量的资金弥补被挪用的客户交易结算资金和收购个人债权，从而保证了投资者资产的完整性，有效防止了系统性风险的蔓延。鉴于被处置的证券公司当时已经破产，资不抵债，其股东的清算权益已经为零，股东对公司已经没有实体权利，其诉讼权利也应受到相应的限制。同时，涉及相关证券公司的行政处置措施是在当时的市场环境下，根据有关政策、法规作出的，对于个别股东或者债权人针对上述行政处置措施提起诉讼的，人民法院应当审慎处理，对于经过监管部门批准的处置行为，原则上应当予以维护，以避免证券公司风险处置工作出现反复。

（三）发扬成绩，应对挑战

证券公司破产案件的审理，使人民法院面临许多新情况、新问题，但同时也给人民法院民商事审判工作的发展带来机遇。为做好相关工作，最高人民法院于2005年9月在深圳召开了全国部分中、高级人民法院审理证券公司破产案件座谈会，明确了被处置公司进入破产清算的八项条件，确定了相应的程序和衔接安排，为证券公司破产案件的受理和审理打下了坚实的基础；人民法院为被处置的证券公司提供"三中止"的司法保护措施，保全了大批资产，为证券公司综合治理工作创造了良好的司法环境，也为破产案件的顺利审理创造了有利条件；各相关人民法院勇于探索，善于总结经验，按照最高人民法院的统一部署，审查案件受理条件，平稳地实现证券公司风险处置从行政程序到破产程序的转换；各地人民法院同监管部门以及当地党委、政府一道，付出巨大努力，较好地维护了社会稳定；针对新破产法程序上的变化，摸索简便易行的方法，提高了破产程序推进的效率。

人民法院在前一阶段的行政处置期间，以及受理、审理证券公司破产案件过程中，初步形成了一些很好的经验，主要有：一是树立全局意识，统一思想，上下级法院及时沟通情况，协调行动；二是正确区分行政处置程序与破产程序的职责分工，明确证券公司破产申请受理的条件；三是与监管部门配合，为行政处置措施提供相应司法保护；四是严格依法办案，公平保护各利害关系主体的权益。

在肯定成绩、总结经验的同时，我们也要清醒地看到，在前一阶段受理的破产案件中暴露出了一些情况和问题。个别法院在审理、执行有关被处置证券公司的案件时，存在一些不顾大局，违法判案，争抢执行等情况；有的法院在审查受理证券公司破产申请时消极应对，甚至无故推诿，致使有关工作难以推进。人民法院在受理、审理证券公司破产案件时，要避免上述问题的发生，克服困难、积极进取，尤其要克服畏难情绪，摆脱地方保护主义的影响，通过对案件的公正审理，依法保护各方当事人的合法权益。

二、审理证券公司破产案件应当注意的几个问题

人民法院对证券公司破产案件的全面受理与审理，正值《企业破产法》施行之初。《企业破产法》并没有就金融机构破产的特殊问题作出规定，仅授权国务院制定实施办法，但短时间内相关办法难以出台，人民法院在审理证券公司破产案件过程中，积极探索、积累经验就显得尤为重要，这必将为我国完善破产法律制度提供有益的经验和借鉴。下面，我就有关问题提出几点意见，供大家讨论。

（一）关于指定管理人的问题

管理人是《企业破产法》新设立的制度，在破产程序中起到至关重要的作用。对证券公司管理人素质的要求远远高于普通企业管理人，其既要掌握破产法，又要精通金融证券业务，更要熟悉国家关于证券公司综合治理的有关政策、法规，了解破产的证券公司行政处置程序的基本情况。《最高人民法院关于审理企业破产案件指定管理人的规定》有针对性地规定了审理证券公司等金融机构破产案件中指定管理人的方法。根据该规定，人民法院审理证券公司破产案件指定管理人可以采取以下几种方法：（1）由原行政清算组（包括行政清理组）直接转为管理人。该规定第18条指出，破产申请受理前，根据有关规定已经成立清算组，人民法院认为符合本规定第19条的规定的，可以指

定清算组为管理人。这是由于行政清算组对行政处置过程中的情况比较了解，也比较熟悉证券公司风险处置的政策，具备处置证券公司风险所需的专业知识。行政清算组进行的行政清理工作与破产案件中管理人的工作有相似性，为保证行政清理工作和破产审理工作的顺利衔接，对于符合上述规定的行政清算组，经人民法院认可，可直接转为管理人。(2) 重新指定清算组担任管理人。人民法院认为可以指定清算组为管理人的，可以从政府有关部门、编入管理人名册的社会中介机构、金融资产管理公司中指定清算组成员，人民银行及金融监督管理机构可以按照有关法律和行政法规的规定派人参加清算组。需要指出的是，由于原行政清算组人员对证券公司在行政处置过程中的情况比较了解，其参加破产管理有利于破产程序的顺利进行，所以人民法院重新指定的清算组成员中一般应当包括原行政清算组的成员。(3) 接受推荐指定管理人。对于经过行政清理、清算的证券公司的破产案件，人民法院可以在金融监督管理机构推荐的已编入管理人名册的社会中介机构中指定管理人。这是针对审理证券公司等特殊主体破产案件指定管理人的特殊规定。行政清算组根据证券监管机构的指派从事行政清理工作，性质上与其他普通中介服务根本不同，因此，当事人如根据《最高人民法院关于审理企业破产案件指定管理人的规定》第23条、第24条的规定，以行政清算组或其成员存在《企业破产法》第24条第3款第(3)项规定的利害关系为由主张其回避的，人民法院应不予支持。

人民法院指定管理人后，行政清理组仍要保留一段时间，负责行政清理后续事宜，配合管理人做好后续工作。行政清理组在行政处置期间的费用，经证券监督管理机构核准的，可作为破产费用在破产财产中支付。破产期间，行政清理组配合破产清算的费用开支，从被处置证券公司破产费用中列支。行政清理组被撤销后，个别确需处理的后续问题，可商请证券监督管理机构协调解决。

(二) 关于案件受理后有关诉讼、保全和执行问题

根据新《企业破产法》的相关规定，人民法院受理证券公司破产申请后，有关证券公司财产的保全措施应当解除，执行程序应当中止。已经开始而尚未终结的有关证券公司的民事诉讼或者仲裁应当中止，在管理人接管证券公司的财产后，该诉讼或者仲裁继续进行。人民法院受理破产申请后，有关证券公司的民事诉讼，只能向受理破产申请的人民法院提起。对于其他人民法院采取的财产保全措施，应当由管理人向受理破产案件的人民法院提出申请，再由受理破产案件的人民法院向采取财产保全措施的人民法院发出解除保全措施的通知；采取财产保全措施的人民法院在接到受理破产案件人民法院的通知后，应当立即解除保全措施，已经扣押的财产应当向管理人移交。特别是在行政处置

期间，人民法院冻结证券公司客户交易结算资金的，在破产案件受理后应当立即解除保全措施，以维护接收证券类资产的收购方和垫资方的利益，保证国家关于弥补客户交易结算资金政策的执行。

对于以证券公司客户为被申请执行人、证券公司为协助执行人的案件，应当区别不同情况分别处理。对于客户资产未被挪用，与证券公司和其他客户资产有明显区分，能够独立识别和处理的，证券公司作为协助执行人应当履行协助执行义务。对于客户资产已被证券公司挪用，或者与证券公司的自有资产混同，不能识别和处理的，由于被执行人的可供执行特定标的物实际上已不存在，相应转化为客户对证券公司的债权，如果要求证券公司将包括本公司财产在内的混同资产作为被执行标的物交付客户债权人，显然会损害证券公司全体债权人的利益。在此情况下，管理人应当将财产混同的情况向执行法院说明。证券公司进入破产程序后，被申请执行的客户已申报债权的，管理人应当以该客户获得分配的财产协助相关法院执行；如果客户未申报债权，申请执行人可作为客户债权人，根据代位求偿权的规定，凭生效的裁判文书向管理人申报债权。

（三）关于债权申报问题

证券公司在进入破产程序之前，行政清算组已经开展债权申报、登记、审核工作，为提高破产程序的效率、降低破产费用，减少再次申报给债权人带来的负担，行政清算组应将纳入破产程序的债权申报资料直接交付管理人。管理人应对申报材料进行审查，如申报材料符合法律规定，则通知相关债权人，其向行政清算组申报的债权已作为破产程序的债权申报；如申报材料不符合法律规定，管理人应当书面通知申报人补充申报材料。

对于已纳入国家收购的客户交易结算资金和个人债权，相关权利由人民银行、投资者保护基金和提供收购资金的地方政府等收购主体取得，在破产程序中应当由收购主体申报债权。个人债权人已经选择行政收购的，不能重新选择参与破产清算，被收购人无权再在破产程序中申报债权。对于不应纳入国家收购范围的权利申请，行政机关作出结论并告知相关权利人后，该权利人可以在破产程序中申报债权。

证券公司破产申请受理的条件之一就是对个人债权甄别确认完毕并且收购资金到位。这样要求主要就是防止因行政处置程序与破产程序衔接不当，而使相关权利人丧失申报的权利。新的《企业破产法》虽然允许债权人补充申报，但是已经作出的分配，不再对补充申报人重新分配，这也将使债权人的权利受到损害。因此，在破产案件受理之前，明确相关权利是否应当由国家收购非常重要。进入破产程序后，对于行政清理期间未登记的个人债权，债权人向管理人申请登记并按国家政策收购的,管理人应告知其向保留的行政清理组申报,由有关机关按照国家规定进行甄别确认和收购。在甄别确认结论作出之前,管理人对该部分权利可能获得的分配财产予以提存。

(四) 关于撤销权的行使问题

在行政清理阶段,为维护客户和债权人的利益,保障客户证券交易的连续性,经证监会批准,证券公司的证券类资产可以进行转让。证券类资产在转让过程中一般由独立第三方评估并经公开询价,按照"公开、公平、公正"的原则进行处置,通过妥善安置证券经纪业务客户,完成证券交易结算资金第三方存管等手段,维护了经纪业务客户的权益。关于证券类资产转让的价格问题,应当看到,在证券市场低迷时期,证券类资产市场估价极低,很少有人问津,监管部门要求转让证券类资产,以保证经纪业务客户的顺利安置和正常交易,维护了证券市场的稳定。在这个问题上,即将出台的有关证券公司风险处置的行政法规已经明确,证券类资产的范围是维护客户证券经纪业务正常运行所必需的实物资产,证券类资产转让不是营业牌照和客户的转让,营业牌照属行政许可事项,不能转让;客户是在自愿选择的基础上予以安置的。此外,在行政清理阶段原则上不得处置证券类资产以外的资产,但经证监会同意,易贬损并可能遭受损失的资产或者确为保护客户和债权人利益的情形除外。在破产程序中,人民法院对于行政处置程序中关于证券类资产及其他财产的处理结果的审查也应当持慎重态度,根据当时的具体情况并结合证券公司风险处置的政策背景予以综合考虑,对于经过监管部门批准的处置行为,应予认可。有关当事人提出撤销证券类资产转让行为的,人民法院应不予支持。

(五) 关于债权确认及诉讼问题

管理人对行政清算阶段所申报的债权应当进行核查,认为不应确认的,需在债权表中注明,并提交第一次债权人会议核查。债权人对确认结论有异议的,管理人可以与债权人进行再次核对,如果管理人能够就争议权利与债权人或者职工自行解决的,则不必再经过诉讼,这样可以解决债权异议诉讼中存在的公平与效率冲突的问题。对于经双方再次核对后债权人仍有异议的,管理人应当告知债权人可以向受理破产案件的人民法院提起诉讼,同时告知不及时提起诉讼可能承担的法律后果。债权人向受理破产案件的人民法院提起诉讼的,人民法院应当按照民事诉讼的普通程序予以审理。在这个问题上,《企业破产法》改变了旧破产法司法解释对有关债务人的权益争议由受理破产案件的人民法院审查裁定的模式,目的在于充分保障有关利益主体的诉讼权利。人民法院审理证券公司破产案件,亦应按照《企业破产法》的相关规定处理。

《企业破产法》并未规定债权人请求确认债权的诉讼时效期间,目前只能适用《民法通则》规定的两年诉讼时效。债权人不提起诉讼的,按照管理人审核意见确认其债权额,破产程序照常进行。债权人提起诉讼的,受理破产案件的人民法院即应依照《企业破产法》第59条第2款的规定,临时为其行使表决权确定债权额,但参照补充申报的规定,起诉时已经作出的分配,不再对其补充分配,其后的财产分配在债权确认诉讼未终结时,管理人应当将其分配额提存。对于债权人或者职工就上述争议权利提起的民事诉讼,被告应为证券公司,证券公司破产案件的管理人应当作为证券公司的代表人参加诉讼活动。

(六) 关于债权清收问题

人民法院受理证券公司破产案件后,管理人应当向证券公司的债务人或者财产占有人发出书面通知,要求债务人或者财产占有人于限定的时间内向管理人清偿债务或者交付财产。证券公司的债务人或财产占有人拒不清偿债务或交付财产的,管理人可以证券公司的名义向受理破产案件的人民法院提起给付之诉。受理破产案件的中级人民法院根据级别管辖的规定,可以将管理人提起的诉讼指定由辖区内的基层人民法院受理;如果争议的债权债务关系明确,管理人可通过向该基层人民法院依法申请支付令的方式,通知债务人或者财产占有人履行债务或者交付财产。如证券公司的债务人或者财产占有人在收到支付令之日起的15日内不提出异议又不履行支付令的,管理人可以依法向人民法院申请强制执行。证券公司进入破产程序前对外追收债权的诉讼终结后,仍由原执行法院继续执行完毕并将有关财产交付管理人,作为破产财产清偿债务。

(七) 关于证券公司破产宣告的问题

人民法院在受理对证券公司的破产申请后,应当何时宣告其破产也是需要注意的问题。在旧企业破产法框架下,由于清算组是在债务人被宣告破产后才成立,致使债务人财产在相当一段时间内仍由债务人控制,可能造成债权人利益的损害。为避免此种情形,《最高人民法院关于审理企业破产案件若干问题的规定》中要求,人民法院在受理破产申请后,可以组成企业监管组,防止债务人损害债权人利益,同时,如果债务人已经符合破产原因,并且没有和解再生的可能,可以在受理破产申请的同时即宣告该企业破产。新破产法规定了管理人制度,人民法院在受理破产申请的同时即指定管理人,并由管理人接管债务人企业,可以有效防止可能发生的损害债权人利益行为。因此,通常在管理人已经接管债务人企业的情况下,为保持债务人重整、和解再生的可能,一般不宜在受理破产申请的同时即宣告债务人破产。但是,证券公司的情况有所不同,进入破产程序的证券公司均经过较长时间的行政清理,监管部门已经认定其没有重整、和解再生的可能,因此,可以在受理证券公司破产申请的同时宣告其破产。

需要注意的是，由于证券公司通过自营业务取得的证券资产存在股票买入成本价格和股票市场价格差异，近期由于股票市场价格的上扬，有些证券公司的资产价值如按目前市场价格计算，可能已大于负债。有的单位和个人对行政清理工作不理解，个别证券公司的股东对监管部门关闭撤销证券公司和处置证券类资产的措施提出质疑。这就存在如何认定破产原因的问题。我们认为，对于证券公司的破产原因，应当按照行政清理开始时的资产负债情况确定，这是由于在监管部门作出撤销、关闭风险证券公司的处置决定时，这些证券公司均已发生不能清偿到期债务并且资不抵债的法定破产原因，其未及时进入破产程序，是因为需要通过行政处置程序弥补客户交易结算资金的缺口、收购个人债权，防止风险蔓延、维护社会稳定，国家为此已经垫付了大量的资金。所以，为维护行政处置决定的稳定性，配合国家对证券公司综合治理的大局，证券公司破产申请受理的原因应当以该证券公司被撤销、关闭时的情况进行确认。即使因证券市场变动，导致证券公司在经行政清理申请宣告破产时出现资产大于负债的情形，也仍应受理该破产案件。

（八）关于资产变现问题

《企业破产法》规定，除债权人会议另有决议外，破产财产的分配应以货币方式进行。但很多证券公司因开展自营业务而持有大量证券，有的证券公司违规经营，甚至持有个别上市公司90%以上的流通股。由于目前市场情况较好，这部分证券市值有较大幅度上涨。对于证券资产是变现分配货币，还是直接分配证券进行清偿，应当在破产清算中由债权人会议决议决定。决议分配现金的，还应当由债权人会议就变现、操作方式等事项作出决议；决议分配证券的，管理人应提出证券价格确定方法，交由债权人会议一并作出决议，同时取得证券监管部门的支持，以实现证券分配的非交易过户。

证券公司的财产中可能包括金融机构或国家对出资人资格有特殊要求的企业股权。《企业破产法》规定，除债权人会议另有决议外，变价出售破产财产应当通过拍卖进行。对于上述企业的股权原则上也应当采取拍卖的方式进行，但根据《拍卖法》的规定，竞买人应当具备可以作为上述企业股东的资格，这就需要相应的实施行政许可的部门事前进行审查。为避免司法程序和行政程序的冲突，具体操作时，可先行公告拍卖意向，要求竞买人提交关于其符合出资人法定条件的证明文件，送有关行政部门审核确定后，由符合条件、具备出资人资格的竞买人参与竞拍。如果竞买人出具的相关文件虚假或未披露其不具备相应资格的情况，致使行政部门最终未予办理行政许可的，竞买人需承担由此造成的损失。

（九）关于清偿顺序问题

证券公司破产时，妥善安置好职工仍然是维护社会稳定工作的重要内容。对职工工资等劳动债权的特殊保护，体现国家法律的人文关怀，通过对职工的基本劳动收入优先保护，保障职工的生存权利。人民法院在处理涉及职工权益的争议时，要严格按照《企业破产法》和有关法规及国家政策，依法保护职工债权的实现。对于应纳入第一顺序的劳动债权，在甄别确认和债权人会议审查后，应尽快予以偿付。对属于工资构成的奖金应当依法予以支付。但是，与业绩挂钩的职工奖金，因证券公司经营管理不善出现破产原因，原则上不存在清偿问题。如果将这部分奖金也纳入优先受偿的范围将损害证券公司其他债权人的平等受偿权利。但这并不是说对这部分权利不纳入债权序列，对确实存在合理的与业绩挂钩的奖金可以作为普通债权予以确认。对证券公司被处置负有责任，并受过刑事处罚或取消从业资格、市场禁入以上行政处罚的公司管理人员主张与业绩挂钩奖金的，人民法院应不予支持。

关于人民银行、保护基金以及地方政府在破产程序中的债权是否应当优先受偿问题。国家对于证券公司破产时的个人债权和客户证券交易结算资金主要是通过收购等行政手段解决，而破产法并未规定此部分权利在破产程序中享有优先权利。如果没有人民银行、保护基金及地方政府对个人债权和客户证券交易结算资金的收购，这些权利在破产程序中也只能作为普通债权予以清偿。因此，不能因为收购主体收购了此类债权，而改变该债权在破产程序中的性质和清偿顺序，从而影响其他债权人的利益。收购主体因收购普通债权而产生的代位权利，在破产程序中的性质仍为普通债权。

未纳入国家收购范围的机构名义个人债权以及因证券公司挪用客户证券形成的侵权之债，由于《企业破产法》并未给予清偿顺序上优先权，因此在破产程序中只能作为第三顺序进行清偿。管理人对这些债权人应当进行耐心细致的说明工作，必要时人民法院也可以对相关政策法律进行释明，同时与地方政府一道做好维护社会稳定的工作。

由于被风险处置的证券公司大多存在行政违法、违规，甚至触犯刑律的行为，有的被科以罚金或没收财产的行政处罚或刑事处罚。对于这类罚金或没收财产应列在什么清偿顺序，《企业破产法》没有规定。《证券法》第232条规定："违反本法规定，应当承担民事赔偿责任和缴纳罚款、罚金，其财产不足以同时支付时，先承担民事赔偿责任。"《公司法》也有类似的规定，据此，在证券公司破产时，行政处罚罚金应当劣后于普通债权后支付。《刑法》第60条规定："没收财产以前犯罪分子所负的正当债务，需要以没收的财产偿还的，经债权人请求，应当偿还。"该条规定体现了刑罚不累及无辜的原则。在企业破产的情形下，其资产应全部用于清偿债务，如实施没收财产，事实上刑罚处罚的对象不再是犯罪主体，却使犯罪主体的债权人受到殃及，造成事实上的不公平。刑法对罚金刑的执行虽没有类似的规定，但亦应参照上述规定执行。据此原则，在证券公司破产时，对证券公司的没收财产和罚金应当在债权人得到全部清偿后，才能实施。

证券公司的债务全额清偿后，仍有剩余资产的，应当按照股东持股比例进行分配。

三、加强协调、指导，优质、高效地完成证券公司破产案件审理工作

目前，被处置的证券公司已基本完成行政清理工作，并将主要通过破产程序退出市场。为完成好证券公司通过破产程序退出市场的工作，人民法院还应当注意以下几方面的问题：

（一）处理好繁重的审判任务与审理证券公司破产案件的关系

近几年来，民商事审判工作日益繁重，人员与审判任务的矛盾日益突出。而证券公司破产案件的审理更是耗时、费力的一项工作。人民法院在审理证券公司破产案件时，要合理调配办案人员，指派精通法律、熟悉政策、工作方法得当的法官组成合议庭。在考核工作业绩时，要充分考虑办理这类案件所付出的辛苦，探索客观反映审理破产案件工作量的科学考评标准。各级人民法院的主要领导应当高度重视破产案件审理工作，在人力、物力上给予支持。有条件的法院可以根据破产案件的情况，成立专门的破产案件审判庭，加强专业审判队伍建设，保证破产案件的审理质量。

（二）处理好法院审判权与地方政府职能作用的关系

证券公司风险处置工作涉及公司各方权利人的切身利益，《企业破产法》等有关法律为不同权利的实现提供了法律依据。人民法院在审理证券公司破产案件时，要牢牢把握裁判权的行使，依法推进破产程序，同时又要取得地方政府的支持。在破产阶段可能出现行政清理政策允许之外的诉求，有些矛盾和冲突也可能会激化。人民法院对此应保持高度警觉，遵循国家政策，寻求政府支持，力求主动、务实、有效地做好维稳工作。国办发电（2006）10号明确指出，证券公司撤销关闭和破产环节是"证券公司综合治理的关键环节，涉及面广，敏感度高，事关社会稳定；各地、各部门一定要从大局出发，各负其责，加强协调配合，按照国家统一政策，积极采取措施，预防和化解证券公司破产过程中可能出现的不稳定因素，维护正常的市场秩序，确保社会稳定"。按照最高人民法院的要求，各被处置公司在提出破产申请前均已由所在地政府

制定了维稳预案。各相关法院要继续按照国办上述文件精神，及时向地方政府通报情况，力争将不稳定问题解决在萌芽状态。维稳过程应尽量保持低调，避免引发不必要的社会关注和波动。

（三）处理好法院审判权与金融监管部门行政监管权的关系

证券公司进入破产程序后，仍然存在许多问题需要监管部门予以配合支持，如未收购完毕个人债权的处理、证券资产的变现分配、公安机关未移交资产的协调移交事项等等，受理破产案件法院所在地的高级人民法院可以与证监会的派出机构、地方政府有关部门建立协调机制，重大事项及时通报解决。需要中央国家机关解决的事项，可逐级上报最高人民法院，由最高人民法院与相关部门协调解决。

（四）处理好审理证券公司破产案件与打击违法犯罪行为的关系

查处违法违规行为、追究违法者责任，要贯穿于风险处置和破产案件审理工作的始终。对违法、犯罪行为的查处，有助于追索债务人财产，打击侵害权利人权益的行为，充分发挥破产程序的社会功能，对于其他心存侥幸、具有违法倾向的人员起到震慑作用。因此，管理人和行政清理组在破产清算过程中要继续协助配合公安、稽查等部门做好责任追究工作，发现违法违规线索，要及时移交行政监管部门查处；涉嫌犯罪的，要移送公安专案组或公安部指定的机构统一查处。

（五）继续加强对证券公司破产案件的调研指导

目前，证券公司等金融机构破产的法律法规还不健全，人民法院对金融机构破产案件的审理还处在积累经验阶段。新《企业破产法》已于2007年6月1日实施，新破产法施行中，会出现许多新情况和新问题，再加上证券公司的特殊性，在破产案件审理过程中会出现大量亟待解决的法律适用问题。受理证券公司破产案件的各中级人民法院要加强调查研究，重大事项逐级上报，建立定期情况通报制度，将案件审理的进度、存在的问题、影响社会稳定的因素及时向地方党委、政府和上级法院通报。各高级人民法院要切实负起责任，跟踪每件证券公司破产案件的审理进度和存在的问题，高级人民法院能够解决的，应当提出处理意见，需要协调当地有关部门的，由高级人民法院牵头协调。

（六）加强各地法院之间的协调配合

由于证券公司营业部可以跨地区设立，证券公司破产时涉及的权利人分布地域广，而各种诉讼也分布于各地法院。证券公司进入破产程序后，除已经发生的诉讼仍由原审理法院继续审理外，其他对债务人的财产保全措施应当解除、执行应当中止，对债权人的清偿集中到破产程序中进行。这就需要各相关法院严格依照法律的规定办理相应的法律手续，克服各种消极因素的影响，本着局部利益服从整体利益、个别债权人利益服从全体债权人利益的原则，配合受理破产案件的法院审理好证券公司破产案件。对于法院之间因破产与诉讼、破产与执行发生的争议，审理案件的法院应本着上述原则协商解决，协商不成报请各自的高级人民法院进行协调，如仍不能达成一致意见，可以报最高人民法院进行协调。在协调结束之前，各相关法院不应采取激化矛盾的司法程序。

同志们，证券公司破产案件的审理是一项复杂且又十分重要的工作，我们要兢兢业业、严谨审慎、求真务实，协调一致，共同做好这项工作，充分发挥民商审判的职能作用，为促进证券业的健康发展，优化资本市场结构提供有力的司法保障。

最高人民法院
关于印发《人民法院破产程序法律文书样式(试行)》的通知

(2011年10月13日)

各省、自治区、直辖市高级人民法院,解放军军事法院,新疆维吾尔自治区高级人民法院生产建设兵团分院:

为了更好地指导各级人民法院正确适用《中华人民共和国企业破产法》及相关司法解释,规范人民法院破产程序法律文书,提高人民法院审理企业破产案件质量,最高人民法院制作了《人民法院破产程序法律文书样式(试行)》,现予以印发,并就适用该文书样式的有关问题通知如下:

一、关于本文书样式的体例

针对破产程序各阶段和相关程序的工作内容,按照简洁、实用、便利的原则,文书样式分为"通用类文书"、"破产清算程序用文书"、"重整程序用文书"、"和解程序用文书"以及适用于破产衍生诉讼一审程序的"破产衍生诉讼用文书"五类共105个文书样式。各文书样式均包括文书主文和制作说明两部分。文书主文是文书的核心部分,包括文书名称、文号、名头、主文、落款、附件等部分。制作说明是文书样式的辅助部分,主要列明制作文书样式的法律依据以及文书制作中需要注意的问题,以有利于人民法院正确制作、使用文书。

二、关于相关案件的案号和各文书样式的文号

1. 破产案件的案号

破产案件的案号为"(××××)×破字第×号"。人民法院审理一个债务人的破产案件,包括破产申请受理前后,以及破产清算与重整、和解之间相

互转化程序前后，均应使用同一案号。

"（××××）×破字第×号"中的"（××××）"，应列明人民法院受理破产案件的年份；"（××××）×破字第×号"中的"×"，应列明审理破产案件法院的简称；"（××××）×破字第×号"中的"×"，应列明该破产案件的案号。

2. 破产案件中出具的各类文书的文号

鉴于破产案件进展中程序不同和出具的各文书性质不同，人民法院在审理一个破产案件中将出具众多的民事裁定书、决定书、通知、公告和复函等各类文书，为体现相关文书出具的不同阶段以及各类文书的排序，人民法院在审理破产案件时，应当在上述案号的基础上，在所出具有关文书的文号上分别以"预"、"初"、"－×"等予以标识。具体如下：

"（××××）×破（预）字第×号"中的"（预）"，体现该文书出具在破产申请受理前，即人民法院裁定受理破产清算、重整、和解申请前制作的各类法律文书，以及作出的不予受理和受理上述申请的民事裁定书，均以"（××××）×破（预）字第×号"确定文号。人民法院裁定受理破产申请后，则应以"（××××）×破字第×号"确定文号。

"（××××）×破初字第×号"中的"初"，体现该文书系审理破产案件的人民法院作出的一审裁定。根据企业破产法的规定，申请人不服该裁定的可向上一级人民法院提起上诉。此类文号涉及人民法院作出的不予受理破产申请和驳回破产申请两类民事裁定书。

"（××××）×破字第×－×号"中的"－×"，体现不同文书的编排序号。如人民法院在审理一个破产案件中作出的所有民事裁定书，应当分别以"（××××）×破字第×－1号"民事裁定书、"（××××）×破字第×－2号"民事裁定书、"（××××）×破字第×－3号"民事裁定书……依次编号；作出的所有决定书，应当分别以"（××××）×破字第×－1号"决定书、"（××××）×破字第×－2号"决定书、"（××××）×破字第×－3号"决定书……依次编号，等等。编排序号不受破产申请受理前后的影响，如破产申请受理前最后编号为"（××××）×破（预）字第×－5号"民事裁定书的，破产申请受理后应直接以"（××××）×破字第×－6号"民事裁定书依次编号。

3. 上一级人民法院审理相关案件的案号

受理破产案件的人民法院作出的不予受理或者驳回破产申请的民事裁定书，以及拘留、罚款决定书，根据法律规定可以分别向上一级人民法院提起上诉或申请复议。上一级人民法院对于这类案件应当分别以"（××××）×破

（预）终字第×号"、"（××××）×破终字第×号"，以及"（××××）×破复字第×号"确定案号。其中，"（××××）×破（预）终字第×号"中的"（××××）"，应列明二审法院受理破产案件的年份；"（××××）×破（预）终字第×号"中的"×"，应列明二审法院的简称；"（××××）×破（预）终字第×号"中的"×"，应列明该二审案件的案号。其他两类文书同理。

4. 破产衍生诉讼案件的案号

根据企业破产法的规定，破产申请受理后有关债务人的实体权利义务等发生争议的，均应另行向受理破产申请的人民法院提起诉讼，即为破产衍生诉讼。因破产衍生诉讼独立于破产案件，系普通民商事案件，因此，其一审均应以"（××××）×民初字第×号"确定案号，二审均应以"（××××）×民终字第×号"确定案号。

三、关于本文书样式的适用

人民法院适用企业破产法审理相关案件涉及的文书样式十分复杂，且在实践中会不断遇到新情况新问题，此次下发的仅是其中常用的、具有代表性的文书样式，且有的文书样式尚待相关司法解释颁布后再作补充与完善。因此，实践中如遇未列出的文书，可参考这些常用样式，根据案件具体情况变通适用。

请各高级人民法院注意收集辖区内人民法院在适用本文书样式中发现的问题并提出改进建议，及时报告最高人民法院民事审判第二庭。

特此通知。

人民法院破产程序法律文书样式（试行）

一、通用类文书

文书样式 1

××××人民法院
决 定 书
（指定管理人用）

（××××）×破字第×－×号

××××年××月××日，本院根据×××（申请人姓名或名称）的申请，裁定受理×××（债务人名称）破产清算（或重整、和解）一案。经……（写明指定程序），依照……（写明所依据的法律条款项）之规定，指定×××担任×××（债务人名称）管理人。

管理人应当勤勉尽责，忠实执行职务，履行《中华人民共和国企业破产法》规定的管理人的各项职责，向人民法院报告工作，并接受债权人会议和债权人委员会的监督。管理人职责如下：

（一）接管债务人的财产、印章和账簿、文书等资料；

（二）调查债务人财产状况，制作财产状况报告；

（三）决定债务人的内部管理事务；

（四）决定债务人的日常开支和其他必要开支；

（五）在第一次债权人会议召开之前，决定继续或者停止债务人的营业；

（六）管理和处分债务人的财产；

（七）代表债务人参加诉讼、仲裁或者其他法律程序；

（八）提议召开债权人会议；
（九）本院认为管理人应当履行的其他职责。

××××年××月××日
（院印）

说明：

一、本样式系根据《最高人民法院关于审理企业破产案件指定管理人的规定》第二十七条制定，供人民法院裁定受理破产清算、重整或者和解申请后指定管理人时使用。

二、指定清算组担任管理人的，还应写明：依照《最高人民法院关于审理企业破产案件指定管理人的规定》第十九条之规定，指定×××为清算组成员。

三、本决定书应送达管理人、破产申请人、债务人及债务人的企业登记机关。

文书样式2

××××人民法院

通 知 书

（告知债务人有关人员的相关义务用）

（××××）×破字第×－×号

×××：

本院于××××年××月××日根据×××（申请人姓名或名称）的申请裁定受理×××（债务人名称）破产清算（或重整、和解）一案，并于××××年××月××日指定×××为×××（债务人名称）管理人。依照《中华人民共和国企业破产法》第十五条之规定，从即日起至破产清算（或重整、和解）程序终结（或终止）之日，你应当承担下列义务：

一、自收到受理破产申请的裁定之日起15日内向本院提交财产状况说明、债务清册、债权清册、有关财务会计报告以及职工工资的支付和社会保险费用的缴纳情况。

二、自案件受理之日起停止清偿债务。

三、自本院受理破产申请的裁定送达之日起至破产程序终结之日，法定代表人、财务管理人员及其他经营管理人员承担下列义务：（1）妥善保管其占有和管理的财产、印章和账簿、文书等资料；（2）根据本院、管理人的要求进行工作，并如实回答询问；（3）列席债权人会议并如实回答债权人的询问；（4）未经本院许可，不得离开住所地；（5）不得新任其他企业的董事、监事、高级管理人员。

四、管理人接管时,法定代表人应向管理人办理移交手续,并答复有关财产及业务的询问。

五、第一次债权人会议定于××××年××月××日于本院第×审判庭召开,法定代表人及财务管理人员必须准时参加。

特此通知

×××× 年 ×× 月 ×× 日
（院印）

说明：

一、本样式系根据《中华人民共和国企业破产法》第十五条制定,供人民法院受理破产清算、重整或者和解申请后告知债务人有关人员相关义务时使用。

二、本通知应当送达债务人的法定代表人。根据案件的实际情况,经人民法院决定（经合议庭研究并记入笔录即可）,也可以送达债务人的财务管理人员或其他经营管理人员。

文书样式 3

××××人民法院

决 定 书

（指定债权人会议主席用）

（××××）×破字第×-×号

××××年××月××日,本院根据×××（申请人姓名或名称）的申请裁定受理×××（债务人名称）破产清算（或重整、和解）一案。依照《中华人民共和国企业破产法》第六十条第一款之规定,特指定×××担任债权人会议主席。

×××× 年 ×× 月 ×× 日
（院印）

说明：

一、本样式系根据《中华人民共和国企业破产法》第六十条第一款制定,供人民法院裁定受理破产清算、重整或者和解申请后指定债权人会议主席时使用。

二、指定单位担任债权人会议主席的,该单位应指定一个常任代表。

三、本决定书应送达被指定的单位或个人。

文书样式 4

××××人民法院
民事裁定书
（确认债权表记载的无争议债权用）

（××××）×破字第×—×号

　　××××年××月××日，本院根据×××（申请人姓名或名称）的申请裁定受理×××（债务人名称）破产清算（或重整、和解）一案。

　　本院查明：……（概括写明债权人申报债权、管理人审查债权及债权人会议核查债权的情况）。

　　本院认为：根据债权人会议核查的情况，债务人、债权人对于×××等×位债权人的债权均无异议。依照《中华人民共和国企业破产法》第五十八条第二款之规定，裁定如下：

　　确认×××等×位债权人的债权（详见无争议债权表）。

　　本裁定自即日起生效。

审判长×××
（代理）审判员×××
（代理）审判员×××
××××年××月××日
（院印）

本件与原本核对无异

书记员×××

　　附：无争议债权表

说明：

　　一、本样式系根据《中华人民共和国企业破产法》第五十八条第二款制定，供人民法院确认债权表记载的无争议债权时使用。

　　二、根据情况可以先在债权人会议上口头裁定。本裁定书应送达债务人、管理人及所附债权表上载明的债权人。

　　三、本样式同样适用于确认补充申报的债权。

文书样式 5

××××人民法院
决　定　书
（临时确定债权额用）

（××××）×破字第×－×号

　　××××年××月××日，×××（债权人姓名或名称）向×××（债务人名称）管理人申报债权，……（写明债权申报的具体情况）。×××（债务人名称）管理人经审查认为，……（写明管理人的审查意见）。经第×次债权人会议核查，×××（异议人姓名或名称）对×××（债权人姓名或名称）申报的债权提出异议，认为……（写明异议人的意见）。

　　本院经审查认为，……（写明法院初步审查的意见）。本院依照《中华人民共和国企业破产法》第五十九条第二款之规定，决定如下：

　　临时确定×××的债权数额为××元。

××××年××月××日
（院印）

说明：

　　一、本样式系根据《中华人民共和国企业破产法》第五十九条第二款制定，供人民法院为债权人行使表决权而临时确定债权额用。

　　二、本决定书应送达债权人、债务人、管理人及异议人。

文书样式6

××××人民法院
民事裁定书
（撤销债权人会议决议用）

（××××）×破字第×－×号

申请人：……（写明债权人姓名或名称等基本情况）。

法定代表人（或代表人）：……（写明姓名和职务）。

委托代理人：……（写明姓名等基本情况）。

××××年××月××日，×××向本院提出申请称，债权人会议于××××年××月××日作出决议，……（写明决议的内容）。该决议第×项违反了……（写明法律依据），损害了其合法权益，请求本院撤销该决议，责令债权人会议依法重新作出决议。

本院认为：……（写明支持或不支持申请人的理由）。依照……（写明所依据的法律条款项）之规定，裁定如下：

一、撤销债权人会议××××年××月××日决议的第×项；

二、债权人会议重新作出决议。

或者：

驳回×××（债权人姓名或名称）的申请。

本裁定自即日起生效。

审判长×××
（代理）审判员×××
（代理）审判员×××
××××年××月××日
（院印）

本件与原本核对无异

书记员×××

说明：

一、本样式系根据《中华人民共和国企业破产法》第六十四条第二款制定，供人民法院根据债权人的申请决定是否撤销债权人会议决议时使用。

二、当事人是自然人的，应当写明其姓名、性别、出生日期、民族、国籍、职业（或工作单位和职务）及住所。当事人是法人的，写明其名称和住所地，并写明法定代表人及其姓名和职务。当事人是依法成立的不具备法人资格的其他组织的，写明其名称及住所地，并写明负责人及其姓名和职务。有委托代理人的，应写明其姓名、性别、职业（或工作单位和职务）及住所；若委托代理人系当事人的近亲属，还应在姓名后括注其与当事人的关系；若委托代理人系律师，只写明其姓名、单位和职务。

三、本决定书应送达申请人、管理人并通知其他债权人或债权人委员会成员。

文书样式7

××××人民法院
决 定 书
（认可债权人委员会成员用）

（××××）×破字第×－×号

×××（债务人名称）第×次债权人会议决定设立债权人委员会，并为此选任……（写明选任的债权人的姓名或名称）为债权人代表，推选×××为职工代表（工会代表）。本院认为，债权人委员会成员的人数和构成符合《中华人民共和国企业破产法》第六十七条之规定，故决定如下：

认可……为债权人委员会成员。

××××年××月××日
（院印）

说明：

一、本样式系根据《中华人民共和国企业破产法》第六十七条制定，供人民法院决定认可债权人委员会成员时使用。

二、本决定书应送达债权人委员会成员和管理人。

文书样式 8

××××人民法院
决　定　书
（针对监督事项作出决定用）

（××××）×破字第×－×号

申请人：×××（债务人名称）债权人委员会。

被申请人：……（写明姓名或名称等基本情况）。

××××年××月××日，×××（债务人名称）债权人委员会向本院提出申请，称……（简要写明被申请人拒绝接受监督的有关情况），请求本院就此作出决定。

本院认为：……（写明意见及理由）。依照……（写明所依据的法律条款项）之规定，决定如下：

……（针对监督事项对管理人、债务人的有关人员提出具体要求）。

××××年××月××日
（院印）

说明：

一、本样式系根据《中华人民共和国企业破产法》第六十八条制定，供人民法院根据债权人委员会的申请就监督事项作出决定时使用。

二、被申请人可为管理人或者债务人的有关人员。被申请人是管理人的，其基本情况只需写明"×××（债务人名称）管理人"；被申请人是债务人的有关人员的，其基本情况的写法与样式 6 相同。

三、本决定书应送达申请人和被申请人。

文书样式 9

××××人民法院

复 函

（许可管理人为某些行为用）

（××××）×破字第×－×号

×××（债务人名称）管理人：

　　本院于××××年××月××日收到《……》（写明来文的名称），……（引用请示的内容及事实和理由）。经研究，答复如下：

　　……（写明答复意见）。

　　此复

××××年××月××日
（院印）

说明：

　　一、本样式系根据《中华人民共和国企业破产法》第二十六条、第二十八条制定，供人民法院收到管理人的有关申请后作出答复时使用。

　　二、许可的行为范围限于《中华人民共和国企业破产法》第二十六条、第二十八条第一款所列行为。具体包括：在第一次债权人会议召开之前，决定继续或停止债务人的营业；聘用必要的工作人员；在第一次债权人会议召开之前，有《中华人民共和国企业破产法》第六十九条第一款所列行为。

文书样式 10

××××人民法院
决　定　书
（批准或驳回债权人会议更换管理人的申请用）

（××××）×破字第×－×号

　　××××年××月××日，×××（债务人名称）债权人会议向本院提出申请，称……（写明依据的事实及理由），请求本院更换管理人，并提交了债权人会议决议。
　　管理人称：……（概括写明管理人所做书面说明的内容）。
　　本院查明：……
　　本院认为：……（写明审查意见及理由）。……（写明重新指定管理人的有关情况）。依照……（写明所依据的法律条款项）之规定，决定如下：
　　一、解除×××（原管理人的姓名或名称）的×××（债务人名称）管理人职务；
　　二、指定×××（新管理人的姓名或名称）为×××（债务人名称）管理人。
　　或者：
　　驳回×××（债务人全称）债权人会议的申请。

××××年××月××日
（院印）

说明：
　　一、本样式系根据《中华人民共和国企业破产法》第二十二条及《最高人民法院关于审理企业破产案件指定管理人的规定》第三十一条、第三十二条制定，供人民法院根据债权人会议的申请决定更换管理人或驳回债权人会议的申请时使用。
　　二、更换管理人的，应将本决定书送达原管理人、新管理人、破产申请人、债务人及债务人的企业登记机关；驳回申请的，应将本决定书送达债权人及管理人。

文书样式 11

××××人民法院
决 定 书
（依职权更换管理人用）

（××××）×破字第×-×号

  ××××年××月××日，本院作出（××××）×破字第×-×号决定书，指定×××（原管理人的姓名或名称）为×××（债务人名称）管理人。……（写明管理人坚持辞职或出现不能履行职务的情形）。

  本院认为：……（写明审查意见及理由）。……（写明重新指定管理人的有关情况）。依照……（写明所依据的法律条款项）之规定，决定如下：

  一、解除×××（原管理人的姓名或名称）的×××（债务人名称）管理人职务；

  二、指定×××（新管理人的姓名或名称）为×××（债务人名称）管理人。

××××年××月××日
（院印）

说明：

  一、本样式系根据《最高人民法院关于审理企业破产案件指定管理人的规定》第三十三条、第三十四条、第三十六条制定，供人民法院依职权决定更换管理人时使用。

  二、本决定书应送达原管理人、新管理人、破产申请人、债务人及债务人的企业登记机关。

文书样式 12

××××人民法院

公 告

（更换管理人用）

（××××）×破字第×－×号

　　本院于××××年××月××日裁定受理×××（债务人名称）破产清算（或重整、和解）一案，并指定×××（原管理人的姓名或名称）为×××（债务人名称）管理人。因……（写明更换的理由），依照……（写明所依据的法律条款项）之规定，于××××年××月××日决定解除×××（原管理人的姓名或名称）的×××（债务人名称）管理人职务，指定×××（新管理人的姓名或名称）为×××（债务人名称）管理人（通信地址：_____；邮政编码：_____；联系电话：_____）。

　　特此公告

××××年××月××日

（院印）

说明：

　　本样式系根据《最高人民法院关于审理企业破产案件指定管理人的规定》第三十八条制定，供人民法院决定更换管理人后发布公告用。

文书样式 13

××××人民法院
决 定 书
（许可或驳回管理人辞职申请用）

（××××）×破字第×－×号

　　××××年××月××日，×××（担任管理人的社会中介机构的名称或自然人的姓名）向本院提交申请，称……（写明申请人的理由），请求本院准予其辞去×××（债务人名称）管理人职务。

　　本院认为：……（写明审查意见及理由）。依照……（写明所依据的法律条款项）之规定，决定如下：

　　准许×××（担任管理人的社会中介机构的名称或自然人的姓名）辞去×××（债务人名称）管理人职务。

　　或者：

　　驳回×××（担任管理人的社会中介机构的名称或自然人的姓名）的申请。

××××年××月××日

（院印）

说明：

　　一、本样式系根据《中华人民共和国企业破产法》第二十九条、《最高人民法院关于审理企业破产案件指定管理人的规定》第三十四条制定，供人民法院批准或驳回管理人辞职申请时使用。

　　二、批准辞职的，本决定书应送达管理人、破产申请人、债务人及债务人的企业登记机关；驳回申请的，本决定书应送达管理人。

文书样式 14

××××人民法院
通 知 书
（确定管理人报酬方案用）

（××××）×破字第×－×号

×××（担任管理人的社会中介机构的名称或自然人的姓名）：

　　依照《最高人民法院关于审理企业破产案件确定管理人报酬的规定》第二条、第四条之规定，本院初步确定你（或者你所、公司）担任×××（债务人名称）管理人应获取的报酬，根据×××（债务人名称）最终清偿的财产价值总额，……（依次分段写明确定的比例），采取……（分期预收或最后一次性收取报酬）的方式收取。

　　特此通知

××××年××月××日
（院印）

说明：

　　一、本样式系根据《最高人民法院关于审理企业破产案件确定管理人报酬的规定》第二条、第四条、第五条制定，供人民法院决定管理人报酬方案时使用。

　　二、采用竞争方式指定管理人的，应引用《最高人民法院关于审理企业破产案件确定管理人报酬的规定》第二条和第五条。

　　三、本通知应自管理人报酬方案确定之日起三日内送达管理人。

文书样式 15

××××人民法院
通　知　书
（调整管理人报酬方案用）

（××××）×破字第×－×号

×××（担任管理人的社会中介机构的名称或自然人的姓名）：

　　××××年××月××日，本院初步确定你（或者你所、公司）担任×××（债务人名称）管理人应获取的报酬，根据×××（债务人名称）最终清偿的财产价值总额，……（依次分段写明确定的比例），采取……（分期预收或最后一次性收取报酬）的方式收取。因……（写明调整的理由），依照《最高人民法院关于审理企业破产案件确定管理人报酬的规定》第八条之规定，本院将报酬方案调整为：根据×××（债务人名称）最终清偿的财产价值总额，……（依次分段写明确定的比例），采取……（分期预收或最后一次性收取报酬）的方式收取。

　　特此通知

××××年××月××日
（院印）

说明：

　　一、本样式系根据《最高人民法院关于审理企业破产案件确定管理人报酬的规定》第八条制定，供人民法院调整管理人报酬方案用。

　　二、本通知应自管理人报酬方案调整之日起三日内送达管理人及债权人委员会成员或者债权人会议主席。

文书样式 16

××××人民法院
通　知　书
（确定管理人应收取的报酬数额用）

（××××）×破字第×－×号

×××（担任管理人的社会中介机构的名称或自然人的姓名）：

　　根据你（或者你所、公司）的申请，本院依照《最高人民法院关于审理企业破产案件确定管理人报酬的规定》第十一条之规定，确定你（或者你单位）应收取（或者本期应收取）的报酬金额为××元。

　　特此通知

××××年××月××日
（院印）

说明：

　　一、本样式系根据《最高人民法院关于审理企业破产案件确定管理人报酬的规定》第十一条制定，供人民法院确定管理人应收取的报酬数额用。

　　二、本通知应送达管理人。

文书样式 17

××××人民法院
决 定 书
（认可或驳回债权人会议关于管理人报酬异议用）

（××××）×破字第×-×号

　　××××年××月××日，本院收到×××（债务人名称）债权人会议的异议书，称……（写明依据的事实及理由），请求本院重新确定管理人报酬方案。

　　本院认为：……（写明审查意见及理由）。依照……（写明所依据的法律条款项）之规定，决定如下：

　　×××（担任管理人的社会中介机构的名称或自然人的姓名）的报酬根据×××（债务人名称）最终清偿的财产价值总额，……（依次分段写明确定的比例），采取……（分期预收或最后一次性收取报酬）的方式收取。

　　或者：

　　驳回×××（债务人名称）债权人会议的异议。

××××年××月××日
（院印）

说明：

　　一、本样式系根据《最高人民法院关于审理企业破产案件确定管理人报酬的规定》第十八条制定，供人民法院收到债权人会议关于管理人报酬的异议书后作决定时使用。

　　二、本决定书应送达管理人、债权人委员会成员或者债权人会议主席。

文书样式 18

×××× 人民法院
拘留决定书

（××××）×破字第×－×号

被拘留人：……（写明姓名、性别、出生年月日、民族、籍贯、职业或者工作单位和职务、住址）。

本院在审理×××（债务人名称）破产清算（或重整、和解）一案中，查明……（写明被拘留人的行为）。本院认为，……（写明予以拘留的理由）。依照《中华人民共和国企业破产法》第一百二十九条之规定，决定如下：

对×××拘留×日。

如不服本决定，可在收到决定书的次日起三日内，口头或者书面向××××人民法院（应为上一级人民法院）申请复议一次。复议期间，不停止决定的执行。

××××年××月××日
（院印）

说明：

一、本样式系根据《中华人民共和国企业破产法》第一百二十九条并参照《中华人民共和国民事诉讼法》第一百零五条制定，供人民法院对债务人的有关人员作出拘留决定时使用。

二、本决定书应送达被拘留人。

文书样式 19

××××人民法院
罚款决定书

（××××）×破字第×－×号

被罚款人：……（写明姓名或名称等基本情况）。

本院在审理×××（债务人名称）破产清算（或重整、和解）一案中，查明……（写明被罚款人的行为）。本院认为，……（写明予以罚款的理由）。依照……（写明所依据的法律条款项）之规定，决定如下：

对×××罚款×××元，限于××××年××月××日前向本院交纳。

如不服本决定，可在收到决定书的次日起三日内，口头或者书面向××××人民法院（应为上一级人民法院）申请复议一次。复议期间，不停止决定的执行。

××××年××月××日
（院印）

说明：

一、本样式系根据《中华人民共和国企业破产法》第一百二十六条、第一百二十七条、第一百二十九条、第一百三十条并参照《中华人民共和国民事诉讼法》第一百零五条制定，供人民法院对债务人的有关人员、直接责任人员、管理人作出罚款决定时使用。

二、被罚款人基本情况的写法与样式 6 相同。

三、本决定书应送达被罚款人。

文书样式 20

××××人民法院
复议决定书
（维持或撤销下级法院拘留、罚款决定书用）

（××××）×破复字第×号

申请复议人……（写明姓名或名称等基本情况）。

申请复议人不服××××人民法院××××年××月××日作出的（×××）×破字第×-×号罚款（或拘留）决定书，向本院提出复议申请。申请复议人提出……（简要写明申请的理由和复议请求）。

本院认为：……（写明作出复议决定的理由）。依照……（写明所依据的法律条款项）之规定，决定如下：

驳回申请，维持原决定。

或者：

一、撤销××××人民法院（××××）×破字第×-×号罚款（或拘留）决定书；

二、……（写明变更的决定内容。不需作出变更决定的，此项不写）。

××××年××月××日
（院印）

说明：

一、本样式系参照《中华人民共和国民事诉讼法》第一百零五条制定，供人民法院收到被拘留人或者被罚款人不服拘留、罚款决定提出复议申请后，驳回申请或撤销原决定时使用。

二、当事人基本情况的写法与样式 6 相同。

三、本决定书应送达申请复议人。

二、破产清算程序用文书

文书样式 21

××××人民法院
通　知　书
（收到破产清算申请后通知债务人用）

（××××）×破（预）字第×-×号

×××（债务人名称）：

　　××××年××月××日，×××（债权人或对已解散企业法人负有清算责任的人的姓名或名称）以……为由向本院申请对你单位进行破产清算。依据《中华人民共和国企业破产法》第十条第一款之规定，你单位对申请如有异议，应在收到本通知之日起七日内向本院书面提出并附相关证据材料。

　　特此通知

××××年××月××日
（院印）

说明：

　　一、本样式系根据《中华人民共和国企业破产法》第十条第一款制定，供人民法院收到债权人或对已解散企业法人负有清算责任的人提出的破产清算申请后通知债务人时使用。

　　二、"你单位"可根据当事人的具体情况表述为："你公司或厂、企业、学校等"。

　　三、破产申请书及有关证据应一并送达债务人。

文书样式 22

××××人民法院
民事裁定书
（受理债权人的破产清算申请用）

（××××）×破（预）字第×—×号

申请人：……（写明姓名或名称等基本情况）。

被申请人：……（写明名称等基本情况）。

××××年××月××日，×××（申请人姓名或名称）以……为由向本院申请对×××（被申请人名称）进行破产清算。本院于××××年××月××日通知了×××（被申请人名称）。×××（被申请人名称）在法定期限内就该申请向本院提出异议称，……（或者：×××在法定期限内未提出异议）。

本院查明：……（写明申请人对被申请人享有的债权情况、被申请人的住所地、工商登记注册情况及资产负债情况等）。

本院认为：……（从本院是否具有管辖权、申请人对被申请人是否享有债权、被申请人是否属于破产适格主体、是否具备破产原因等方面写明受理申请的理由。有异议的，写明异议不成立的理由）。依照《中华人民共和国企业破产法》第二条第一款、第三条、第七条第二款、第十条第一款之规定，裁定如下：

受理×××（申请人姓名或名称）对×××（被申请人名称）的破产清算申请。

本裁定自即日起生效。

审判长×××
（代理）审判员×××
（代理）审判员×××
××××年××月××日
（院印）

本件与原本核对无异

书记员×××

说明：

一、本样式系根据《中华人民共和国企业破产法》第十条第一款制定，供人民法院决定受理债权人的破产清算申请时使用。

二、当事人基本情况的写法与样式6相同。

三、本裁定书应自作出之日起五日内送达申请人和被申请人。

文书样式 23

××××人民法院
通　知　书
（受理债权人的破产清算申请后通知债务人提交材料用）

（××××）×破字第×－×号

×××（债务人名称）：

　　××××年××月××日，本院根据×××（债权人姓名或名称）的申请裁定受理×××（债务人名称）破产清算一案。依据《中华人民共和国企业破产法》第十一条第二款之规定，你单位应在收到本通知之日起十五日内，向本院提交财产状况说明、债务清册、债权清册、有关财务会计报告以及职工工资的支付和社会保险费用的缴纳情况。如拒不提交或提交的材料不真实，本院将依据《中华人民共和国企业破产法》第一百二十七条第一款之规定，对直接责任人员处以罚款。

　　特此通知

××××年××月××日
（院印）

说明：

　　一、本样式系根据《中华人民共和国企业破产法》第十一条第二款制定，供人民法院受理债权人的破产清算申请后通知债务人提交材料时使用。

　　二、"你单位"可根据当事人的具体情况表述为："你公司或厂、企业、学校等"。

　　三、本通知应与受理破产申请的裁定书一并送达债务人。

　　四、如需对有关责任人员罚款，应另行制作决定书。

文书样式 24

××××人民法院
民事裁定书
（受理债务人的破产清算申请用）

（××××）×破（预）字第×－×号

　　申请人：……（写明名称等基本情况）。
　　××××年××月××日，×××（申请人名称）以……为由向本院申请进行破产清算。
　　本院查明：……（写明申请人的住所地、工商登记注册情况及资产负债情况、职工情况等）。
　　本院认为：……（从本院是否具有管辖权、申请人是否属于破产适格主体、是否具备破产原因等方面写明受理申请的理由）。依照《中华人民共和国企业破产法》第二条、第三条、第七条第一款、第十条第二款之规定，裁定如下：
　　受理×××（申请人名称）的破产清算申请。
　　本裁定自即日起生效。

审判长×××
（代理）审判员×××
（代理）审判员×××
××××年××月××日
（院印）

本件与原本核对无异

书记员×××

说明：
　　一、本样式系根据《中华人民共和国企业破产法》第十条第二款制定，供人民法院决定受理债务人的破产清算申请时使用。
　　二、申请人基本情况的写法与样式 6 相同。
　　三、本裁定书应送达申请人。

文书样式 25

××××人民法院
民事裁定书
(受理对已解散企业法人负有清算责任的人的破产清算申请用)

(××××)×破(预)字第×-×号

申请人：……(写明姓名或名称等基本情况)。

被申请人：……(写明名称等基本情况)。

××××年××月××日，×××(申请人姓名或名称)以……为由向本院申请对×××(被申请人名称)进行破产清算。

本院查明：……(写明被申请人的住所地、工商登记注册情况、解散的情况及资产负债情况、职工情况以及申请人的基本情况、申请人与被申请人的关系等)。

本院认为：……(从本院是否具有管辖权、申请人的申请资格、被申请人是否属于破产适格主体、是否具备破产原因等方面写明受理申请的理由)。依照《中华人民共和国企业破产法》第二条、第三条、第七条第三款、第十条第二款之规定，裁定如下：

受理×××(申请人姓名或名称)对×××(被申请人名称)的破产清算申请。

本裁定自即日起生效。

审判长×××
(代理)审判员×××
(代理)审判员×××
××××年××月××日
(院印)

本件与原本核对无异

书记员×××

说明：

一、本样式系根据《中华人民共和国企业破产法》第七条第三款、第十条第二款制定，供人民法院裁定受理对已解散企业法人负有清算责任的人的破产清算申请时使用。

二、当事人基本情况的写法与样式 6 相同。

三、本裁定书应送达申请人和被申请人。

文书样式 26

××××人民法院
民事裁定书
（不予受理债权人的破产清算申请用）

（××××）×破（预）初字第×－×号

申请人：……（写明债权人姓名或名称等基本情况）。

被申请人：……（写明债务人名称等基本情况）。

××××年××月××日，×××（申请人姓名或名称）以……为由向本院申请对×××（被申请人名称）进行破产清算。本院于××××年××月××日通知了×××（被申请人名称）。×××（被申请人名称）于××××年××月××日向本院提出异议称，……。

本院查明：……

本院认为：……（写明不受理的理由）。依照……（写明所依据的法律条款项）之规定，裁定如下：

对×××（申请人姓名或名称）的申请，不予受理。

如不服本裁定，可在裁定书送达之日起十日内，向本院递交上诉状，并提交副本×份，上诉于××××人民法院。

审判长　×××
（代理）审判员　×××
（代理）审判员　×××
××××年××月××日
（院印）

本件与原本核对无异

书记员　×××

说明：

一、本样式系根据《中华人民共和国企业破产法》第十二条第一款制定，供人民法院裁定不予受理债权人的破产清算申请时使用。

二、当事人基本情况的写法与样式6相同。

三、本裁定书应送达申请人和被申请人。

文书样式 27

××××人民法院
民事裁定书
（不予受理债务人的破产清算申请用）

（××××）×破（预）初字第×－×号

申请人：……（写明债务人名称等基本情况）。

××××年××月××日，×××（债务人名称）以……为由向本院申请进行破产清算。

本院查明：……

本院认为：……（写明不予受理的理由）。依照……（写明所依据的法律条款项）之规定，裁定如下：

对×××（申请人名称）的申请，不予受理。

如不服本裁定，可在裁定书送达之日起十日内，向本院递交上诉状，并提交副本×份，上诉于××××人民法院。

审判长　×××
（代理）审判员　×××
（代理）审判员　×××
××××年××月××日
（院印）

本件与原本核对无异

书记员　×××

说明：

一、本样式系根据《中华人民共和国企业破产法》第十二条第一款制定，供人民法院裁定不予受理债务人的破产清算申请时使用。

二、当事人基本情况的写法与样式 6 相同。

三、本裁定书应送达申请人。

文书样式28

××××人民法院
民事裁定书
（不予受理对已解散企业法人负有清算责任的人的破产清算申请用）

（××××）×破（预）初字第×－×号

申请人：……（写明姓名或名称等基本情况）。

被申请人：……（写明名称等基本情况）。

××××年××月××日，×××（申请人姓名或名称）以……为由向本院申请对×××（被申请人名称）进行破产清算。

本院查明：……

本院认为：……（写明不受理的理由）。依照……（写明所依据的法律条款项）之规定，裁定如下：

对×××（申请人名称）的申请，不予受理。

如不服本裁定，可在裁定书送达之日起十日内，向本院递交上诉状，并提交副本×份，上诉于××××人民法院。

审判长×××
（代理）审判员×××
（代理）审判员×××
××××年××月××日
（院印）

本件与原本核对无异

书记员×××

说明：

一、本样式系根据《中华人民共和国企业破产法》第十二条第一款制定，供人民法院裁定不予受理负有清算责任的人的破产清算申请时使用。

二、当事人基本情况的写法与样式6相同。

三、本裁定书应送达申请人和被申请人。

文书样式 29

××××人民法院
民事裁定书
（维持或撤销不予受理破产清算申请的裁定用）

（××××）×破（预）终字第×号

上诉人（原审申请人）：……（写明姓名或名称等基本情况）。

被上诉人（原审被申请人）：……（写明名称等基本情况）。

上诉人×××不服××××人民法院（××××）×破（预）初字第×－×号民事裁定，向本院提起上诉。本院受理后依法组成合议庭审理了本案，现已审理终结。

……（写明一审认定的事实、裁定结果及理由）。

×××（上诉人姓名或名称）不服，向本院上诉称：……（写明上诉请求与理由）。

本院查明：……

本院认为：……（写明维持或者撤销原裁定的理由）。依照……（写明所依据的法律条款项）之规定，裁定如下：

驳回上诉，维持原裁定。

或者：

一、撤销××××人民法院（××××）×破（预）初字第×－×号民事裁定；

二、由××××人民法院裁定受理×××对×××的破产清算申请。

本裁定为终审裁定并自即日起生效。

审判长×××
（代理）审判员×××
（代理）审判员×××
××××年××月××日
（院印）

本件与原本核对无异

书记员×××

说明：

一、本样式系根据《最高人民法院关于适用〈中华人民共和国民事诉讼法〉若干问题的意见》第一百八十七条制定，供二审人民法院收到不服一审不予受理破产清算申请的裁定而提起上诉的案件之后，裁定驳回上诉或撤销原裁定时使用。

二、如系债务人申请破产，则不列被上诉人。

三、当事人基本情况的写法与样式6相同。

四、本裁定书应送达上诉人和被上诉人。

文书样式30

××××人民法院
民事裁定书
（驳回债权人的破产清算申请用）

（××××）×破初字第×－×号

申请人：……（写明姓名或名称等基本情况）。

被申请人：……（写明名称等基本情况）。

××××年××月××日，×××（申请人姓名或名称）以……为由向本院申请对×××（被申请人名称）进行破产清算。本院于××××年××月××日裁定受理。

本院查明：……

本院认为：……（写明驳回申请的理由）。依照《中华人民共和国企业破产法》第十二条第二款之规定，裁定如下：

驳回×××（申请人姓名或名称）的申请。

如不服本裁定，可在裁定书送达之日起十日内，向本院递交上诉状，并提交副本×份，上诉于××××人民法院。

审判长×××
（代理）审判员×××
（代理）审判员×××
××××年××月××日
（院印）

本件与原本核对无异

书记员×××

说明：

一、本样式系根据《中华人民共和国企业破产法》第十二条第二款制定，供人民法院裁定驳回债权人的破产清算申请时使用。

二、当事人基本情况的写法与样式6相同。

三、本裁定书应送达申请人、被申请人和管理人。

文书样式31

××××人民法院

民事裁定书

（驳回债务人的破产清算申请用）

（××××）×破初字第×-×号

申请人：……（写明名称等基本情况）。

××××年××月××日，×××（申请人名称）以……为由向本院申请进行破产清算。本院于××××年××月××日裁定受理。

本院查明：……

本院认为：……（写明驳回申请的理由）。依照《中华人民共和国企业破产法》第十二条第二款之规定，裁定如下：

驳回×××（申请人名称）的申请。

如不服本裁定，可在裁定书送达之日起十日内，向本院递交上诉状，并提交副本×份，上诉于××××人民法院。

审判长×××
（代理）审判员×××
（代理）审判员×××
××××年××月××日
（院印）

本件与原本核对无异

书记员×××

说明：

一、本样式系根据《中华人民共和国企业破产法》第十二条第二款制定，供人民法院裁定驳回债务人的破产清算申请时使用。

二、当事人基本情况的写法与样式6相同。

三、本裁定书应送达申请人和管理人。

文书样式 32

×××× 人民法院
民事裁定书
（驳回对已解散企业法人负有清算责任的人的破产清算申请用）

（××××）×破初字第×－×号

申请人：……（写明姓名或名称等基本情况）。

被申请人：……（写明名称等基本情况）。

××××年××月××日，×××（申请人姓名或名称）以……为由向本院申请对×××（被申请人名称）进行破产清算。本院于××××年××月××日裁定受理。

本院查明：……

本院认为：……（写明驳回申请的理由）。依照《中华人民共和国企业破产法》第十二条第二款之规定，裁定如下：

驳回×××（申请人姓名或名称）的申请。

如不服本裁定，可在裁定书送达之日起十日内，向本院递交上诉状，并提交副本×份，上诉于××××人民法院。

审判长×××
（代理）审判员×××
（代理）审判员×××
××××年××月××日
（院印）

本件与原本核对无异

书记员×××

说明：

一、本样式系根据《中华人民共和国企业破产法》第十二条第二款制定，供人民法院裁定驳回对已解散企业法人负有清算责任的人的破产清算申请时使用。

二、当事人基本情况的写法与样式6相同。

三、本裁定书应送达申请人、被申请人和管理人。

文书样式 33

××××人民法院
民事裁定书
（维持或撤销驳回破产清算申请的裁定用）

(××××) ×破终字第×号

上诉人（原审申请人）：……（写明姓名或名称等基本情况）。

被上诉人（原审被申请人）：……（写明名称等基本情况）。

上诉人×××不服×××人民法院（××××）×破初字第×-×号民事裁定，向本院提起上诉。本院受理后依法组成合议庭审理了本案，现已审理终结。

……（写明一审认定的事实、裁定结果及理由）。

×××（上诉人姓名或名称）不服，向本院上诉称：……（写明上诉请求与理由）。

本院查明：……

本院认为：……（写明维持或者撤销原裁定的理由）。本院依照……（写明所依据的法律条款项）之规定，裁定如下：

驳回上诉，维持原裁定。

或者：

一、撤销××××人民法院（××××）×破初字第×-×号民事裁定；

二、×××（被上诉人名称）破产程序继续进行。本裁定为终审裁定并自即日起生效。

审判长×××
（代理）审判员×××
（代理）审判员×××
××××年××月××日
（院印）

本件与原本核对无异

书记员×××

说明：

一、本样式系根据《最高人民法院关于适用〈中华人民共和国民事诉讼法〉若干问题的意见》第一百八十七条制定，供二审人民法院收到不服一审驳回破产清算申请的裁定而提起上诉的案件之后，裁定驳回上诉或撤销原裁定时使用。

二、当事人基本情况的写法与样式6相同。
三、如系债务人申请破产，则不列被上诉人。
四、本裁定书应送达上诉人、被上诉人和管理人。

文书样式34

××××人民法院

通　知　书

（受理破产清算申请后通知已知债权人用）

（××××）×破字第×－×号

×××（债权人名称）：

　　本院根据×××（申请人姓名或名称）的申请于××××年××月××日裁定受理×××（债务人名称）破产清算一案，并于××××年××月××日指定×××为×××（债务人名称）管理人。你单位应在××××年××月××日前，向×××（债务人名称）管理人（通信地址：＿＿＿＿；邮政编码：＿＿＿＿；联系电话：＿＿＿＿）申报债权，书面说明债权数额、有无财产担保及是否属于连带债权，并提供相关证据材料。如未能在上述期限内申报债权，可以在破产财产分配方案提交债权人会议讨论前补充申报，但此前已进行的分配，不再对你（或你单位）补充分配，为审查和确认补充申报债权所产生的费用，由你（或你单位）承担。未申报债权的，不得依照《中华人民共和国企业破产法》规定的程序行使权利。

　　本院定于××××年××月××日××时在＿＿＿＿＿＿（地点）召开第一次债权人会议。依法申报债权的债权人有权参加债权人会议。参加会议时应提交个人身份证明；委托代理人出席会议的，应提交授权委托书、委托代理人的身份证件或律师执业证，委托代理人是律师的还应提交律师事务所的指派函。（如系法人或其他组织的，则改为"参加会议时应提交营业执照、法定代表人或负责人身份证明书；委托代理人出席会议的，应提交授权委托书、委托代理人的身份证件或律师执业证，委托代理人是律师的还应提交律师事务所的指派函。"）

　　特此通知

××××年××月××日

（院印）

说明：

　　一、本样式系根据《中华人民共和国企业破产法》第十四条的规定制定，供人民法院受理破产清算申请后通知已知债权人时使用。

二、本通知应在裁定受理破产清算申请之日起二十五日内发出。

三、"你单位"可根据当事人的具体情况表述为："你公司或厂、企业、学校等"。

文书样式 35

××××人民法院

公　　告

（受理破产清算申请用）

（××××）×破字第×-×号

本院根据×××（申请人姓名或名称）的申请于××××年××月××日裁定受理×××（债务人名称）破产清算一案，并于××××年××月××日指定×××为×××（债务人名称）管理人。×××（债务人名称）的债权人应自××××年××月××日前，向×××（债务人名称）管理人（通信地址：_____；邮政编码：_____；联系电话：_____）申报债权。未在上述期限内申报债权的，可以在破产财产分配方案提交债权人会议讨论前补充申报，但对此前已进行的分配无权要求补充分配，同时要承担为审查和确认补充申报债权所产生的费用。未申报债权的，不得依照《中华人民共和国企业破产法》规定的程序行使权利。×××（债务人名称）的债务人或者财产持有人应当向×××（债务人名称）管理人清偿债务或交付财产。

本院定于××××年××月××日××时在_____（地点）召开第一次债权人会议。依法申报债权的债权人有权参加债权人会议。参加会议的债权人系法人或其他组织的，应提交营业执照、法定代表人或负责人身份证明书，如委托代理人出席会议，应提交特别授权委托书、委托代理人的身份证件或律师执业证，委托代理人是律师的还应提交律师事务所的指派函。参加会议的债权人系自然人的，应提交个人身份证明。如委托代理人出席会议，应提交特别授权委托书、委托代理人的身份证件或律师执业证，委托代理人是律师的还应提交律师事务所的指派函。

特此公告

××××年××月××日
（院印）

说明：

本样式系根据《中华人民共和国企业破产法》第十四条制定，供人民法院裁定受理破产清算申请后发布公告时使用。

文书样式 36

××××人民法院
民事裁定书
（宣告债务人破产用）

（××××）×破字第×－×号

　　××××年××月××日，×××（申请人姓名或名称）以……为由向本院申请对×××（债务人名称）进行破产清算，本院于××××年××月××日裁定受理。

　　本院查明：……（写明债权人会议召开情况）。

　　本院认为：……（写明宣告破产的理由）。依照……（写明所依据的法律条款项）之规定，裁定如下：

　　宣告×××（债务人名称）破产。

　　本裁定自即日起生效。

审判长　×××
（代理）审判员　×××
（代理）审判员　×××
××××年××月××日
（院印）

本件与原本核对无异

书记员　×××

说明：

　　一、本样式供人民法院依据《中华人民共和国企业破产法》第一百零七条之规定裁定宣告债务人破产时使用。

　　二、本裁定书应自作出之日起五日内送达债务人、管理人，十日内通知已知债权人。

文书样式 37

××××人民法院
民事裁定书
（不足清偿破产费用时宣告债务人破产并终结破产程序用）

（××××）×破字第×-×号

申请人：×××（债务人名称）管理人。

××××年××月××日，×××（债务人名称）管理人向本院提出申请，称……（写明债务人财产不足以清偿破产费用的事实），请求本院终结×××（债务人名称）破产清算程序。

本院认为：……（写明宣告债务人破产并终结破产程序的理由）。依照《中华人民共和国企业破产法》第四十三条、第一百零七条之规定，裁定如下：

一、宣告×××（债务人名称）破产；

二、终结×××（债务人名称）破产程序。

本裁定自即日起生效。

审判长×××
（代理）审判员×××
（代理）审判员×××
××××年××月××日
（院印）

本件与原本核对无异

书记员×××

说明：

一、本样式供人民法院依据《中华人民共和国企业破产法》第四十三条、第一百零七条之规定裁定宣告债务人破产并终结破产程序时使用。

二、本裁定书应自作出之日起五日内送达债务人、管理人，十日内通知已知债权人。

文书样式 38

××××人民法院
公　告
（宣告债务人破产用）

（××××）×破字第×－×号

　　××××年××月××日，本院根据×××（申请人姓名或名称）的申请裁定受理×××（债务人名称）破产清算一案。查明，……（写明债务人的资产负债情况）。本院认为，……（写明宣告破产的理由）。依照……（写明判决所依据的法律条款项）之规定，本院于××××年××月××日裁定宣告×××（债务人名称）破产。

　　特此公告

××××年××月××日
（院印）

说明：

　　本样式系根据《中华人民共和国企业破产法》第一百零七条制定，供人民法院裁定宣告债务人破产后发布公告使用。

文书样式 39

××××人民法院
公 告
（不足清偿破产费用时宣告债务人破产并终结破产程序用）

（××××）×破字第×－×号

　　××××年××月××日，本院根据×××（申请人姓名或名称）的申请裁定受理×××（债务人名称）破产清算一案。查明，……（写明债务人财产不足以清偿破产费用的事实）。本院认为，……（写明宣告债务人破产并终结破产程序的理由）。依照《中华人民共和国企业破产法》第四十三条、第一百零七条之规定，本院于××××年××月××日裁定宣告×××（债务人名称）破产并终结×××（债务人名称）破产清算程序。

　　特此公告

××××年××月××日
（院印）

说明：

　　本样式系根据《中华人民共和国企业破产法》第四十三条、第一百零七条制定，供人民法院裁定宣告债务人破产并终结破产程序后发布公告使用。

文书样式 40

××××人民法院
民事裁定书
（通过债务人财产的管理方案用）

（××××）×破字第×－×号

申请人：×××（债务人名称）管理人。

××××年××月××日，×××（债务人名称）管理人向本院提出申请，称其拟订的《×××（债务人名称）财产的管理方案》经债权人会议表决未通过，请求本院依法裁定。

本院认为：……（写明对方案的审查意见及理由）。依照……（写明所依据的法律条款项）之规定，裁定如下：

对×××（债务人名称）管理人制作的《×××（债务人名称）财产的管理方案》，本院予以认可。

债权人如不服本裁定，可自本裁定宣布之日起十五日内向本院申请复议。复议期间不停止裁定的执行。

或者：

一、不予认可《×××（债务人名称）财产的管理方案》；

二、由×××（债务人名称）管理人重新制作。

审判长×××
（代理）审判员×××
（代理）审判员×××
××××年××月××日
（院印）

本件与原本核对无异

书记员×××

附：《×××（债务人名称）破产财产的变价方案》

说明：

一、本样式系根据《中华人民共和国企业破产法》第六十五条第一款制定，供债权人会议未通过债务人财产的管理方案时，人民法院裁定用。

二、本裁定主要采取口头裁定并当场宣布的方式告知债权人。

三、法院裁定不予认可时，债权人无申请复议权。

文书样式 41

××××人民法院
民事裁定书
（通过破产财产的变价方案用）

（××××）×破字第×－×号

申请人：×××（债务人名称）管理人。

××××年××月××日，×××（债务人名称）管理人向本院提出申请，称其拟订的《×××（债务人名称）破产财产的变价方案》经债权人会议表决未通过，请求本院依法裁定。

本院认为：……（写明对方案的审查意见及理由）。依照……（写明所依据的法律条款项）之规定，裁定如下：

对×××（债务人名称）管理人制作的《×××（债务人名称）破产财产的变价方案》，本院予以认可。

债权人如不服本裁定，可自本裁定宣布之日起十五日内向本院申请复议。复议期间不停止裁定的执行。

或者：

一、不予认可《×××（债务人名称）破产财产的变价方案》；

二、由×××（债务人名称）管理人重新制作。

审判长×××
（代理）审判员×××
（代理）审判员×××
××××年××月××日
（院印）

本件与原本核对无异

书记员×××

附：《×××（债务人名称）破产财产的变价方案》

说明：

一、本样式系根据《中华人民共和国企业破产法》第六十五条第一款制定，供债权人会议未通过破产财产的变价方案时，人民法院裁定用。

二、本裁定主要采取口头裁定并当场宣布的方式告知债权人。

三、法院裁定不予认可时，债权人无申请复议权。

文书样式 42

××××人民法院
民事裁定书
（通过破产财产的分配方案用）

（××××）×破字第×－×号

申请人：×××（债务人名称）管理人。

××××年××月××日，×××（债务人名称）管理人向本院提出申请，称其拟订的《×××（债务人名称）破产财产的分配方案》经债权人会议两次表决仍未通过，请求本院依法裁定。

本院认为：……（写明对方案的审查意见及理由）。依照……（写明所依据的法律条款项）之规定，裁定如下：

对×××（债务人名称）管理人制作的《×××（债务人名称）破产财产的分配方案》，本院予以认可。

债权额占无财产担保的债权总额二分之一以上的债权人如不服本裁定，可自本裁定宣布之日起十五日内向本院申请复议。复议期间不停止裁定的执行。

或者：

一、不予认可《×××（债务人名称）破产财产的分配方案》；

二、由×××（债务人名称）管理人重新制作。

审判长×××
（代理）审判员×××
（代理）审判员×××
××××年××月××日
（院印）

本件与原本核对无异

书记员×××

附：《×××（债务人名称）破产财产的变价方案》

说明：

一、本样式系根据《中华人民共和国企业破产法》第六十五条第二款制定，供债权人会议未通过破产财产的分配方案时，人民法院裁定通过用。

二、本裁定主要采取口头裁定并当场宣布的方式告知债权人。

三、法院裁定不予认可时，债权人无申请复议权。

文书样式 43

××××人民法院
复议决定书
（维持或撤销本院民事裁定书用）

（××××）×破字第×－×号

申请复议人：……（写明姓名或名称等基本情况）。

申请复议人不服本院××××年××月××日作出的（××××）×破字第×－×号民事裁定书，向本院提出复议申请，请求……（写明申请人的请求及理由）。

本院认为：……（写明审查意见及理由）。依照……（写明所依据的法律条款项）之规定，裁定如下：

驳回申请，维持原裁定。

或者：

一、撤销本院（××××）×破字第×－×号民事裁定书；

二、由×××（债务人名称）管理人重新制作。

审判长×××
（代理）审判员×××
（代理）审判员×××
××××年××月××日
（院印）

本件与原本核对无异

书记员×××

说明：

一、本样式系根据《中华人民共和国企业破产法》第六十六条制定，供人民法院收到债权人不服本院关于通过债务人财产的管理方案、破产财产的变价方案、破产财产的分配方案的民事裁定书而提出复议申请后，裁定维持或撤销原裁定时使用。

二、当事人基本情况的写法与样式 6 相同。

三、审查复议申请时，应另行组成合议庭。

文书样式 44

××××人民法院
民事裁定书
（认可破产财产分配方案用）

（××××）×破字第×—×号

申请人：×××（债务人名称）管理人。

××××年××月××日，×××（债务人名称）管理人向本院提出申请，称其制作的《×××（债务人名称）破产财产的分配方案》已经第×次债权人会议通过，请求本院裁定认可。

本院认为：……（写明认可或不认可的理由）。依照……（写明所依据的法律条款项）之规定，裁定如下：

对第×次债权人会议通过的《×××（债务人名称）破产财产的分配方案》，本院予以认可。

本裁定自即日起生效。

或者：

一、对第×次债权人会议通过的《×××（债务人名称）破产财产的分配方案》本院不予认可；

二、由×××（债务人名称）管理人重新制作。

审判长×××
（代理）审判员×××
（代理）审判员×××
××××年××月××日
（院印）

本件与原本核对无异

书记员×××

附：《×××（债务人名称）破产财产的分配方案》

说明：

本样式系根据《中华人民共和国企业破产法》第一百一十五条制定，供人民法院根据管理人的申请裁定认可或不认可破产财产分配方案时使用。

文书样式 45

××××人民法院
民事裁定书
(终结破产程序用)

(××××)×破字第×-×号

申请人：×××（债务人名称）管理人。

××××年××月××日，×××（债务人名称）管理人向本院提出申请，称……（写明依据的事实和理由），请求本院终结×××（债务人名称）破产程序。

本院认为：……（写明同意终结的理由）。依照……（写明所依据的法律条款项）之规定，裁定如下：

终结×××（债务人名称）破产程序。

本裁定自即日起生效。

审判长×××
（代理）审判员×××
（代理）审判员×××
××××年××月××日
（院印）

本件与原本核对无异

书记员×××

说明：

一、本样式系根据《中华人民共和国企业破产法》第一百零八条、第一百二十条制定，供人民法院根据管理人的申请裁定终结破产程序时使用。

二、本裁定书应送达债务人、管理人并通知债权人。

文书样式 46

××××人民法院
公 告
（终结破产程序用）

（××××）×破字第×－×号

因……（写明终结原因），依照……（写明所依据的法律条款项）之规定，本院于××××年××月××日裁定终结×××（债务人名称）破产程序。

特此公告

××××年××月××日
（院印）

说明：

本样式系根据《中华人民共和国企业破产法》第一百零五条、第一百零八条、第一百二十条制定，供人民法院裁定终结破产程序后发布公告时使用。

文书样式 47

××××人民法院
决 定 书
（管理人终止执行职务用）

（××××）×破字第×－×号

××××年××月××日，本院裁定终结×××（债务人名称）破产清算程序。××××年××月××日，×××（债务人名称）管理人向×××（债务人名称）的原登记机关办理了注销登记。经查，不存在诉讼或仲裁未决的情况。依照《中华人民共和国企业破产法》第一百二十二条之规定，本院决定如下：

×××（债务人名称）管理人自即日起终止执行职务。

××××年××月××日
（院印）

说明：

一、本样式系根据《中华人民共和国企业破产法》第一百二十二条制定，供人民法院决定管理人终止执行职务用。

二、本决定书应送达管理人及债务人的原登记机关。

文书样式 48

×××× 人民法院
民事裁定书
（追加分配破产财产用）

（××××）×破字第×－×号

申请人：……（写明姓名或名称等基本情况）。

××××年××月××日，×××（申请人姓名或名称）向本院提出申请称，……（写明有关事实及理由），请求本院按照《×××（债务人名称）破产财产的分配方案》进行追加分配。

本院查明：……

本院认为：……（写明同意或不同意的理由）。依照《中华人民共和国企业破产法》第一百二十三条之规定，裁定如下：

按第×次债权人会议通过的《×××（债务人名称）破产财产的分配方案》进行第×次分配。

或者：

一、驳回×××（申请人姓名或名称）的申请；

二、有关财产上交国库。

本裁定自即日起生效。

审判长×××
（代理）审判员×××
（代理）审判员×××
××××年××月××日
（院印）

本件与原本核对无异

书记员×××

说明：

一、本样式系根据《中华人民共和国企业破产法》第一百二十三条制定，供人民法院根据债权人的申请决定追加或不追加分配破产财产时使用。

二、申请人基本情况的写法与样式6相同。

三、本裁定书应送达申请人。

三、重整程序用文书

文书样式 49

××××人民法院
通 知 书
（收到重整申请后通知债务人用）

（××××）×破（预）字第×－×号

×××（债务人名称）：

  ××××年××月××日，×××（债权人或出资人的姓名或名称）以……为由向本院申请对你单位进行重整。依据《中华人民共和国企业破产法》第十条之规定，你单位对申请如有异议，应在收到本通知之日起七日内向本院书面提出并附相关证据材料。

  特此通知

××××年××月××日
（院印）

说明：

  一、本样式系根据《中华人民共和国企业破产法》第十条制定，供人民法院收到债权人或出资额占债务人注册资本十分之一以上的出资人的重整申请后通知债务人时使用。

  二、"你单位"可根据具体情况表述为："你公司或厂、企业、学校等"。

文书样式 50

××××人民法院
民事裁定书
（受理债权人直接提出的重整申请用）

（××××）×破（预）字第×-×号

申请人：……（写明姓名或名称等基本情况）。

被申请人：……（写明名称等基本情况）。

××××年××月××日，×××（申请人姓名或名称）以……为由向本院申请对×××（被申请人名称）进行重整。本院于××××年××月××日通知了×××（被申请人名称）。×××（被申请人名称）在法定期限内就该申请向本院提出异议称，……（或者：×××在法定期限内未提出异议）。

本院查明：……（写明申请人对被申请人享有的债权情况、被申请人的住所地、工商登记注册情况及资产负债情况等）。

本院认为：……（从本院是否具有管辖权、申请人对被申请人是否享有债权、被申请人是否属于重整适格主体、是否具备重整原因等方面写明受理申请的理由。有异议的，写明异议不成立的理由）。依照《中华人民共和国企业破产法》第二条第二款、第三条、第七条第二款、第七十条第一款、第七十一条之规定，裁定如下：

受理×××（申请人姓名或名称）对×××（被申请人名称）的重整申请。

本裁定自即日起生效。

审判长×××
（代理）审判员×××
（代理）审判员×××
××××年××月××日
（院印）

本件与原本核对无异

书记员×××

说明：

一、本样式系根据《中华人民共和国企业破产法》第七十条、第七十一条制定，供人民法院根据债权人的申请裁定债务人重整时使用。

二、当事人基本情况的写法与样式 6 相同。

三、本裁定书应送达申请人和被申请人。

文书样式 51

××××人民法院
通 知 书
（受理债权人提出的重整申请后通知债务人提交材料用）

（××××）×破字第×－×号

×××（债务人名称）：

　　××××年××月××日，本院根据×××（债权人姓名或名称）的申请裁定受理×××（债务人名称）重整一案。依据《中华人民共和国企业破产法》第十一条第二款之规定，你单位应在收到本通知之日起十五日内，向本院提交财产状况说明、债务清册、债权清册、有关财务会计报告以及职工工资的支付和社会保险费用的缴纳情况。如拒不提交或提交的材料不真实，本院将依据《中华人民共和国企业破产法》第一百二十七条第一款之规定，对直接责任人员处以罚款。

　　特此通知

××××年××月××日
（院印）

说明：

　　一、本样式系根据《中华人民共和国企业破产法》第十一条第二款制定，供人民法院受理债权人的重整申请后通知债务人提交材料时使用。

　　二、"你单位"可根据当事人的具体情况表述为："你公司或厂、企业、学校等"。

　　三、本通知应与受理重整申请的裁定书一并送达债务人。

　　四、如需对有关责任人员罚款，应另行制作决定书。

文书样式52

××××人民法院
民事裁定书
（受理债务人直接提出的重整申请用）

（××××）×破（预）字第×-×号

申请人：……（写明名称等基本情况）。

××××年××月××日，×××（申请人名称）以……为由向本院申请重整。

本院查明：……（写明申请人的住所地、工商登记注册情况及资产负债情况、职工情况等）。

本院认为：……（从本院是否具有管辖权、被申请人是否属于重整适格主体、是否具备重整原因等方面写明受理申请的理由）。依照《中华人民共和国企业破产法》第二条第二款、第三条、第七条第一款、第七十条第一款、第七十一条之规定，裁定如下：

受理×××（申请人名称）的重整申请。

本裁定自即日起生效。

审判长×××
（代理）审判员×××
（代理）审判员×××
××××年××月××日
（院印）

本件与原本核对无异

书记员×××

说明：

一、本样式系根据《中华人民共和国企业破产法》第七十条、第七十一条制定，供人民法院根据债务人的申请裁定重整时使用。

二、当事人基本情况的写法与样式6相同。

三、债务人直接向人民法院申请重整的，本裁定书应送达债务人。若债务人是在人民法院受理债权人的破产申请后宣告破产前申请重整的，本裁定书还应送达申请对债务人进行破产清算的债权人。

文书样式 53

××××人民法院
民事裁定书
（受理破产申请后宣告债务人破产前裁定债务人重整用）

（××××）×破字第×-×号

申请人：……（写明姓名或名称等基本情况）。

被申请人：……（写明名称等基本情况）。

××××年××月××日，本院根据×××（债权人姓名或名称）的申请裁定受理×××（债务人名称）破产清算一案。××××年××月××日，×××（申请人姓名或名称）以……为由向本院申请对×××（债务人名称）进行重整。

本院查明：……

本院认为：……（从被申请人是否属于重整适格主体、是否具备重整原因等方面写明受理申请的理由）。依照《中华人民共和国企业破产法》第二条、第七十条第二款、第七十一条之规定，裁定如下：

自××××年××月××日起对×××（债务人名称）进行重整。

本裁定自即日起生效。

审判长×××
（代理）审判员×××
（代理）审判员×××
××××年××月××日
（院印）

本件与原本核对无异

书记员×××

说明：

一、本样式系根据《中华人民共和国企业破产法》第七十条第二款、第七十一条制定，供人民法院在受理债权人提出的破产清算申请后、宣告债务人破产前，根据债务人或出资额占债务人注册资本十分之一以上的出资人的申请，裁定债务人重整时使用。

二、当事人基本情况的写法与样式6相同。

三、本裁定书应送达申请人、被申请人及申请对债务人进行破产清算的债权人。

文书样式 54

××××人民法院
公 告
（受理债权人或债务人直接提出的重整申请用）

（××××）×破字第×－×号

　　本院根据×××（申请人姓名或名称）的申请于××××年××月××日裁定受理×××（债务人名称）重整一案，并于××××年××月××日指定×××担任×××（债务人名称）管理人。×××（债务人名称）的债权人应自××××年××月××日前，向×××（债务人名称）管理人（通讯地址：＿＿＿＿；邮政编码：＿＿＿＿；联系电话：＿＿＿＿）申报债权，书面说明债权数额、有无财产担保及是否属于连带债权，并提供相关证据材料。未在上述期限内申报债权的，可以在重整计划草案提交债权人会议讨论前补充申报，但要承担为审查和确认补充申报债权所产生的费用。未依法申报债权的，在重整计划执行期间不得行使权利，在重整计划执行完毕后可以按照重整计划规定的同类债权的清偿条件行使权利。×××（债务人名称）的债务人或者财产持有人应当向×××（债务人名称）管理人清偿债务或交付财产。

　　第一次债权人会议将于××××年××月××日××时在××（地点）召开。依法申报债权的债权人为债权人会议的成员，有权参加债权人会议。参加会议的债权人系法人或其他组织的，应提交营业执照、法定代表人或负责人身份证明书，如委托代理人出席会议，应提交特别授权委托书、委托代理人的身份证件或律师执业证，委托代理人是律师的还应提交律师事务所的指派函。债权人系自然人的，应提交个人身份证明。如委托代理人出席会议，应提交特别授权委托书、委托代理人的身份证件或律师执业证，委托代理人是律师的还应提交律师事务所的指派函。

　　特此公告

××××年××月××日
（院印）

说明：
　　本样式系根据《中华人民共和国企业破产法》第七十一条制定，供人民法院根据债权人或债务人的申请直接裁定受理债务人重整案件后发布公告时使用。

文书样式 55

×××× 人民法院
公　告
（受理破产清算申请后宣告债务人破产前裁定债务人重整用）

（××××）×破字第×－×号

　　本院根据×××（债权人姓名或名称）的申请于××××年××月××日裁定受理×××（债务人名称）破产清算一案，并于××××年××月××日指定×××担任×××（债务人名称）管理人。××××年××月××日，本院根据×××（申请人姓名或名称）的申请裁定×××（债务人名称）重整。

　　特此公告

××××年××月××日
（院印）

说明：

　　本样式系根据《中华人民共和国企业破产法》第七十一条制定，供人民法院在受理债权人提出的破产清算申请后、宣告债务人破产前，根据债务人或出资额占债务人注册资本十分之一以上的出资人的申请，裁定债务人重整后发布公告时使用。

文书样式 56

××××人民法院
民事裁定书
（不予受理债权人直接提出的重整申请用）

（××××）×破（预）初字第×－×号

申请人：……（写明姓名或名称等基本情况）。

被申请人：……（写明名称等基本情况）。

××××年××月××日，×××（申请人姓名或名称）以……为由向本院申请对×××（被申请人名称）进行重整。本院于××××年××月××日通知了×××（被申请人名称）。×××（被申请人名称）于××××年××月××日向本院提出异议称，……

本院查明：……

本院认为：……（写明不受理的理由）。依照……（写明所依据的法律条款项）之规定，裁定如下：

对×××（申请人姓名或名称）的重整申请，本院不予受理。

如不服本裁定，可在裁定书送达之日起十日内，向本院递交上诉状，并提交副本×份，上诉于××××人民法院。

审判长×××
（代理）审判员×××
（代理）审判员×××
××××年××月××日
（院印）

本件与原本核对无异

书记员×××

说明：

　　一、本样式系根据《中华人民共和国企业破产法》第十二条第一款制定，供人民法院裁定不予受理债权人的重整申请时使用。

　　二、当事人基本情况的写法与样式 6 相同。

　　三、本裁定书应送达申请人和被申请人。

文书样式 57

××××人民法院
民事裁定书
（不予受理债务人直接提出的重整申请用）

（××××）×破（预）初字第×－×号

申请人：……（写明名称等基本情况）。

××××年××月××日，×××（申请人名称）向本院提出重整申请，称……（写明依据的事实和理由）。

本院查明：……

本院认为：……（写明不予受理的理由）。依照……（写明所依据的法律条款项）之规定，裁定如下：

对×××（申请人名称）的重整申请，本院不予受理。

如不服本裁定，可在裁定书送达之日起十日内，向本院递交上诉状，并提交副本×份，上诉于××××人民法院。

审判长×××
（代理）审判员×××
（代理）审判员×××
××××年××月××日
（院印）

本件与原本核对无异

书记员×××

说明：

一、本样式系根据《中华人民共和国企业破产法》第七十条第二款制定，供人民法院裁定不予受理债务人的重整申请时使用。

二、申请人基本情况的写法与样式6相同。

三、本裁定书应送达申请人。

文书样式 58

××××人民法院
民事裁定书
（不予受理债务人或出资人在人民法院受理破产
申请后宣告债务人破产前提出的重整申请用）

（××××）×破初字第×-×号

申请人：……（写明姓名或名称等基本情况）。

被申请人：……（写明名称等基本情况）。

××××年××月××日，本院根据×××（债权人姓名或名称）的申请裁定受理×××（债务人名称）破产清算一案。××××年××月××日，×××（申请人姓名或名称）以……为由向本院申请对×××（债务人名称）进行重整。

本院查明：……

本院认为：……（写明不予受理的理由）。依照……（写明所依据的法律条款项）之规定，裁定如下：

对×××（申请人姓名或名称）的申请，本院不予受理。

如不服本裁定，可在裁定书送达之日起十日内，向本院递交上诉状，并提交副本×份，上诉于××××人民法院。

审判长×××
（代理）审判员×××
（代理）审判员×××
××××年××月××日
（院印）

本件与原本核对无异

书记员×××

说明：

一、本样式系根据《中华人民共和国企业破产法》第七十条第二款制定，供人民法院裁定不予受理债务人或出资人的重整申请时使用。

二、当事人基本情况的写法与样式6相同。

三、本裁定书应送达申请人和被申请人。

文书样式 59

××××人民法院

民事裁定书

（维持或撤销不予受理重整申请的裁定用）

（××××）×破（预）终字第×号

上诉人（原审申请人）：……（写明姓名或名称等基本情况）。

被上诉人（原审被申请人）：……（写明名称等基本情况）。

上诉人×××不服××××人民法院（××××）×破（预）初字第×－×号民事裁定，向本院提起上诉。本院受理后依法组成合议庭审理了本案，现已审理终结。

……（写明一审认定的事实、裁定结果及理由）。

×××（上诉人姓名或名称）不服，向本院上诉称：……（写明上诉请求与理由）。

本院查明：……

本院认为：……（写明维持或者撤销原裁定的理由）。依照……（写明所依据的法律条款项）之规定，裁定如下：

驳回上诉，维持原裁定。

或者：

一、撤销××××人民法院（××××）×破（预）初字第×－×号民事裁定；

二、由××××人民法院裁定受理×××对×××的重整申请。

本裁定为终审裁定并自即日起生效。

审判长×××
（代理）审判员×××
（代理）审判员×××
××××年××月××日
（院印）

本件与原本核对无异

书记员×××

说明：

一、本样式系根据《最高人民法院关于适用〈中华人民共和国民事诉讼法〉若干问题的意见》第一百八十七条制定，供二审人民法院收到不服一审不予受理重整申请的裁定而提起上诉的案件后，裁定驳回上诉或撤销原裁定时使用。

二、如系债务人申请重整，则不列被上诉人。

三、当事人基本情况的写法与样式6相同。

四、如果一审裁定是针对债务人或出资人在人民法院受理破产申请后宣告破产前提出的重整申请作出的，则案号应为（××××）×破终字第×号，相应首部应为上诉人××不服×××人民法院（××××）×破初字第×－×号民事裁定，向本院提起上诉。判项主文应为：一、撤销×××人民法院（××××）×破初字第×－×号民事裁定；二、由×××人民法院裁定×××重整。

五、本裁定书应送达上诉人和被上诉人。

文书样式60

××××人民法院

决 定 书

（许可债务人自行管理财产和营业事务用）

（××××）×破字第×－×号

申请人：……（债务人名称等基本情况）。

××××年××月××日，×××向本院提出申请，称……（写明理由），请求本院许可其在重整期间自行管理财产和营业事务。

本院查明：……

本院认为：……（写明意见及理由）。依照《中华人民共和国企业破产法》第七十三条之规定，决定如下：

准许×××（债务人名称）在×××（债务人名称）管理人的监督下自行管理财产和营业事务。

或者：

驳回×××（债务人名称）的申请。

××××年××月××日

（院印）

说明：

一、本样式系根据《中华人民共和国企业破产法》第七十三条制定，供人民法院许可债务人在重整期间自行管理财产和营业事务时使用。

二、申请人基本情况的写法与样式6相同。

三、本决定书应送达债务人和管理人。

四、债务人申请重整的同时提出要自行管理财产和营业事务的，可在受理裁定中一并表述。

文书样式61

××××人民法院
通 知 书
（受理债权人或债务人直接提出的重整申请后通知已知债权人用）

（××××）×破字第×－×号

×××（债权人姓名或名称）：

　　本院根据×××（申请人姓名或名称）的申请于××××年××月××日裁定受理×××（债务人名称）重整一案，并于××××年××月××日指定×××担任×××（债务人名称）管理人。请你（或你单位）在×××年××月××日前，向×××（债务人名称）管理人（通讯地址：＿＿＿＿＿＿；邮政编码：＿＿＿＿＿＿；联系电话：＿＿＿＿＿＿）申报债权，书面说明债权数额、有无财产担保及是否属于连带债权，并提供相关证据材料。如未能在上述期限内申报债权，可以在重整计划草案提交债权人会议讨论前补充申报，但要承担为审查和确认补充申报债权所产生的费用。未依法申报债权的，在重整计划执行期间不得行使权利，在重整计划执行完毕后可以按照重整计划规定的同类债权的清偿条件行使权利。×××（债务人名称）的债务人或者财产持有人应当向×××（债务人名称）管理人清偿债务或交付财产。

　　本院定于××××年××月××日××时在＿＿＿＿＿＿（地点）召开第一次债权人会议。依法申报债权后，你（或你单位）就成为债权人会议的成员，有权参加债权人会议。参加会议时应提交个人身份证明；委托代理人出席会议的，应提交授权委托书、委托代理人的身份证件或律师执业证，委托代理人是律师的还应提交律师事务所的指派函。（如系法人或其他组织的，则改为"参加会议时应提交营业执照、法定代表人或负责人身份证明书；委托代理人出席会议的，应提交授权委托书、委托代理人的身份证件或律师执业证，委托代理人是律师的还应提交律师事务所的指派函。）

　　特此通知

××××年××月××日
（院印）

说明：

　　一、本样式系根据《中华人民共和国企业破产法》第十四条第二款的规定制定，供人民法院裁定债务人重整后通知已知债权人时使用。

　　二、"你单位"可根据当事人的具体情况表述为："你公司或厂、企业等"。

　　三、本通知应在裁定债务人重整之日起二十五日内发出。

文书样式 62

××××人民法院
复 函
（同意董事、监事、高级管理人员向第三人转让股权用）

（××××）×破字第×-×号

×××（申请人姓名）：

　　××××年××月××日，你向本院提交申请，称……（写明请求及事实理由）。经研究，答复如下：

　　……（写明答复意见）。

××××年××月××日
（院印）

说明：

　　一、本样式系根据《中华人民共和国企业破产法》第七十七条制定，供人民法院收到董事、监事、高级管理人员关于向第三人转让股权的有关申请后作出答复时使用。

　　二、本文书应送达申请人，同时抄送管理人。

文书样式 63

××××人民法院
复 函
（许可担保权人恢复行使担保权用）

（××××）×破字第×-×号

×××（申请人姓名）：

　　××××年××月××日，你（或你单位）向本院提交申请，称……（写明请求及事实理由）。经研究，答复如下：

　　……（写明答复意见）。

××××年××月××日
（院印）

说明：

　　一、本样式系根据《中华人民共和国企业破产法》第七十五条制定，供人民法院收到担保权人恢复行使担保权的有关申请后作出答复时使用。

　　二、"你单位"可根据当事人的具体情况表述为："你行或公司等"。

　　三、本文书应送达申请人，同时抄送管理人。

文书样式64

××××人民法院

决　定　书

（设小额债权组用）

　　　　　　　　　　　　　　（××××）×破字第×－×号

　　××××年××月××日，本院裁定×××（债务人名称）重整。因……（写明普通债权中债权数额的大概分布情况），依照《中华人民共和国企业破产法》第八十二条第二款之规定，决定如下：

　　在普通债权组中设小额债权组对重整计划草案进行表决。债权额×万元以下的债权属于小额债权，列入小额债权组表决。

××××年××月××日

（院印）

说明：

　　本样式系根据《中华人民共和国企业破产法》第八十二条第二款制定，供人民法院决定设小额债权组用。

文书样式 65

××××人民法院
民事裁定书
（根据申请终止重整程序用）

（××××）×破字第×－×号

申请人：……（申请人姓名或名称等基本情况）。

××××年××月××日，×××（申请人姓名或名称）向本院提出申请，称……（写明依据的事实及理由），请求本院终止×××（债务人名称）重整程序。

本院查明：……（写明查明的事实）。

本院认为：……（写明同意申请的理由）。依照《中华人民共和国企业破产法》第七十八条第×项之规定，裁定如下：

一、终止×××（债务人名称）重整程序；

二、宣告×××（债务人名称）破产。

本裁定自即日起生效。

审判长×××
（代理）审判员×××
（代理）审判员×××
××××年××月××日
（院印）

本件与原本核对无异

书记员×××

说明：

一、本样式系根据《中华人民共和国企业破产法》第七十八条制定，供人民法院根据管理人或利害关系人的申请决定终止重整程序并宣告债务人破产时使用。

二、申请人基本情况的写法与样式6相同。

三、本裁定书应送达债务人、管理人及利害关系人并通知债权人。

文书样式 66

××××人民法院
民事裁定书
（法院直接裁定终止重整程序用）

（××××）×破字第×－×号

　　××××年××月××日，本院根据×××（申请人姓名或名称）的申请裁定×××（债务人名称）重整。因……（写明出现了某种法定情形），依照《中华人民共和国企业破产法》第七十九第三款（或者第八十八条）之规定，裁定如下：

　　一、终止×××（债务人名称）重整程序；

　　二、宣告×××（债务人名称）破产。

　　本裁定自即日起生效。

审判长×××
（代理）审判员×××
（代理）审判员×××
××××年××月××日
（院印）

本件与原本核对无异

书记员×××

说明：

　　一、本样式系根据《中华人民共和国企业破产法》第七十九第三款、第八十八条制定，供人民法院依职权裁定终止重整程序并宣告债务人破产时使用。

　　二、本裁定书应送达债务人、管理人及利害关系人并通知债权人。

文书样式 67

×××× 人民法院
公 告
（根据申请终止重整程序并宣告债务人破产用）

（××××）×破字第×－×号

因……（写明终止原因），根据×××（申请人姓名或名称）的申请，本院于××××年××月××日依照《中华人民共和国企业破产法》第七十八条第×项之规定，裁定终止×××（债务人名称）重整程序并宣告×××（债务人名称）破产。

特此公告

××××年××月××日
（院印）

说明：

本样式系根据《中华人民共和国企业破产法》第七十八条制定，供人民法院根据管理人或者利害关系人的申请裁定终止重整程序并宣告债务人破产后发布公告使用。

文书样式 68

×××× 人民法院
公 告
（法院直接裁定终止重整程序并宣告债务人破产用）

（××××）×破字第×－×号

因……（写明终止原因），本院于××××年××月××日依照《中华人民共和国企业破产法》第七十九条第三款（或者第八十八条）之规定，裁定终止×××（债务人名称）重整程序并宣告×××（债务人名称）破产。

特此公告

××××年××月××日
（院印）

说明：

本样式系根据《中华人民共和国企业破产法》第七十九条第三款、第八十八条制定，供人民法院依职权裁定终止重整程序并宣告债务人破产后发布公告使用。

文书样式 69

××××人民法院
民事裁定书
（延长重整计划草案提交期限用）

（××××）×破字第×－×号

申请人：……（写明名称等基本情况）。

××××年××月××日，×××（申请人名称）向本院提出申请，称……（写明依据的事实及理由），请求本院将重整计划草案提交期限延长三个月。

本院认为：……（写明同意或不同意申请的理由）。依照《中华人民共和国企业破产法》第七十九条第二款之规定，裁定如下：

重整计划草案提交期限延长至××××年××月××日。

或者：

驳回×××（申请人名称）的申请。

本裁定为终审裁定。

审判长×××
（代理）审判员×××
（代理）审判员×××
××××年××月××日
（院印）

本件与原本核对无异

书记员×××

说明：

一、本样式系根据《中华人民共和国企业破产法》第七十九条第二款制定，供人民法院根据债务人或管理人的申请裁定延长重整计划草案提交期限时使用。

二、申请人是管理人的，其基本情况只需写明"×××（债务人名称）管理人"；申请人是债务人的，其基本情况的写法与样式6相同。

三、本裁定书应送达债务人和管理人。

文书样式 70

×××× 人民法院
民事裁定书
（批准重整计划用）

（××××）×破字第×-×号

申请人：……（写明名称等基本情况）。

××××年××月××日，×××（申请人名称）向本院提出申请，称……（写明依据的事实及理由），请求本院批准重整计划（附后）。

本院认为：……（写明批准重整计划的具体理由）。依照《中华人民共和国企业破产法》第八十六条第二款之规定，裁定如下：

一、批准×××（债务人名称）重整计划；

二、终止×××（债务人名称）重整程序。

本裁定为终审裁定。

审判长×××
（代理）审判员×××
（代理）审判员×××
××××年××月××日
（院印）

本件与原本核对无异

书记员×××

附：重整计划

说明：

一、本样式系根据《中华人民共和国企业破产法》第八十六条第二款制定，供人民法院根据债务人或管理人的申请决定批准重整计划时使用。

二、申请人是管理人的，其基本情况只需写明"×××（债务人名称）管理人"；申请人是债务人的，其基本情况的写法与样式6相同。

三、本裁定书应送达管理人、债务人、债权人及利害关系人。

文书样式 71

××××人民法院
民事裁定书
（批准重整计划草案用）

（××××）×破字第×－×号

申请人：……（写明名称等基本情况）。

××××年××月××日，×××（申请人名称）向本院提出申请，称……（写明依据的事实及理由），请求本院批准重整计划草案（附后）。

本院查明，……（说明重整计划草案表决通过情况）。

本院认为：……（写明批准重整计划草案的具体理由）。依照《中华人民共和国企业破产法》第八十七条第二款、第三款之规定，裁定如下：

一、批准×××（债务人名称）重整计划草案；

二、终止×××（债务人名称）重整程序。

本裁定为终审裁定。

审判长×××
（代理）审判员×××
（代理）审判员×××
××××年××月××日
（院印）

本件与原本核对无异

书记员×××

附：重整计划草案

说明：

一、本样式系根据《中华人民共和国企业破产法》第八十七条第三款制定，供人民法院根据债务人或管理人的申请决定批准重整计划草案时使用。

二、申请人是管理人的，其基本情况只需写明"×××（债务人名称）管理人"；申请人是债务人的，其基本情况的写法与样式6相同。

三、本裁定书应送达管理人、债务人、债权人及利害关系人。

文书样式 72

×××× 人民法院
民事裁定书
（不批准重整计划用）

（××××）×破字第 ×－× 号

申请人：……（写明名称等基本情况）。

××××年××月××日，×××（申请人名称）向本院提出申请，称……（写明依据的事实及理由），请求本院批准重整计划。

本院查明：……（写明重整计划通过的情况及重整计划的主要内容）。

本院认为：……（写明不批准重整计划的理由）。依照《中华人民共和国企业破产法》第八十八条之规定，裁定如下：

一、驳回×××（申请人名称）的申请；

二、终止×××（债务人名称）重整程序；

三、宣告×××（债务人名称）破产。

本裁定自即日起生效。

审判长 ×××
（代理）审判员 ×××
（代理）审判员 ×××
××××年××月××日
（院印）

本件与原本核对无异

书记员 ×××

附：重整计划

说明：

一、本样式系根据《中华人民共和国企业破产法》第八十八条制定，供人民法院裁定不批准重整计划时使用。

二、申请人可以是债务人或管理人。申请人是管理人的，其基本情况只需写明"×××（债务人名称）管理人"；申请人是债务人的，其基本情况的写法与样式 6 相同。

三、本裁定书应送达管理人、债务人、债权人及利害关系人。

文书样式 73

××××人民法院
民事裁定书
（不批准重整计划草案用）

（××××）×破字第×－×号

申请人：……（写明名称等基本情况）。

××××年××月××日，×××（申请人名称）向本院提出申请，称……（写明依据的事实及理由），请求本院批准重整计划草案。

本院查明：……（写明重整计划草案未获得通过的情况及重整计划草案的主要内容）。

本院认为：……（写明不批准重整计划草案的理由）。依照《中华人民共和国企业破产法》第八十八条之规定，裁定如下：

一、驳回×××（申请人名称）的申请；

二、终止×××（债务人名称）重整程序；

三、宣告×××（债务人名称）破产。

本裁定自即日起生效。

审判长×××
（代理）审判员×××
（代理）审判员×××
××××年××月××日
（院印）

本件与原本核对无异

书记员×××

附：重整计划草案

说明：

一、本样式系根据《中华人民共和国企业破产法》第八十八条制定，供人民法院裁定不批准重整计划草案时使用。

二、申请人可以是债务人或管理人。申请人是管理人的，其基本情况只需写明"×××（债务人名称）管理人"；申请人是债务人的，其基本情况的写法与样式6相同。

三、本裁定书应送达管理人、债务人、债权人及利害关系人。

文书样式 74

××××人民法院
公　告
（批准重整计划或重整计划草案并终止重整程序用）

（××××）×破字第×－×号

　　××××年××月××日，本院根据×××（申请人姓名或名称）的申请，依据《中华人民共和国企业破产法》第八十六条第二款（或者第八十七条第二款、第三款）之规定，裁定批准重整计划（或重整计划草案）并终止×××（债务人名称）重整程序。

　　特此公告

××××年××月××日
（院印）

说明：

　　本样式系根据《中华人民共和国企业破产法》第八十六条第二款、第八十七条第三款制定，供人民法院裁定批准重整计划或重整计划草案并终止重整程序后发布公告使用。

文书样式 75

××××人民法院
公　告
（不批准重整计划或重整计划草案并终止重整
程序宣告债务人破产用）

（××××）×破字第×－×号

　　××××年××月××日，本院依照《中华人民共和国企业破产法》第八十八条之规定，裁定驳回×××（申请人名称）关于批准重整计划（或重整计划草案）的申请并终止×××（债务人名称）重整程序，宣告×××（债务人名称）破产。

　　特此公告

××××年××月××日
（院印）

说明：

本样式系根据《中华人民共和国企业破产法》第八十八条制定，供人民法院裁定不批准重整计划或重整计划草案并终止重整程序宣告债务人破产后发布公告使用。

文书样式 76

××××人民法院
民事裁定书
（延长重整计划执行的监督期限用）

（××××）×破字第×－×号

申请人：×××（债务人名称）管理人。

××××年××月××日，×××（债务人名称）管理人向本院提出申请，称……（写明依据的事实及理由），请求本院将×××（债务人名称）重整计划执行的监督期限延长×个月至××××年××月××日。

本院认为：……（写明同意或不同意的理由）。依照……（写明所依据的法律条款项）之规定，裁定如下：

将×××（债务人名称）重整计划执行的监督期限延长×个月至××××年××月××日。

或者：

驳回×××（债务人名称）管理人的申请。

本裁定自即日起生效。

审判长×××
（代理）审判员×××
（代理）审判员×××
××××年××月××日
（院印）

本件与原本核对无异

书记员×××

说明：

一、本样式系根据《中华人民共和国企业破产法》第九十一条第三款制定，供人民法院根据管理人的申请决定延长重整计划执行的监督期限时使用。

二、同意延长的，应将裁定书送达管理人、债务人及利害关系人；不同意延长的，应将裁定书送达管理人。

文书样式 77

××××人民法院
民事裁定书
（终止重整计划的执行用）

（××××）×破字第×－×号

申请人：……（写明姓名或名称等基本情况）。

××××年××月××日，×××（申请人姓名或名称）向本院提出申请，称……（写明依据的事实及理由），请求本院终止×××（债务人名称）重整计划的执行。

本院查明：……

本院认为：……（写明同意的理由）。依照《中华人民共和国企业破产法》第九十三条第一款之规定，如下：

一、终止×××（债务人名称）重整计划的执行；

二、宣告×××（债务人名称）破产。

本裁定自即日起生效。

审判长×××
（代理）审判员×××
（代理）审判员×××
××××年××月××日
（院印）

本件与原本核对无异

书记员×××

说明：

一、本样式系根据《中华人民共和国企业破产法》第九十三条第一款制定，供人民法院根据管理人或利害关系人的申请裁定终止重整计划的执行时使用。

二、申请人是管理人的，其基本情况只需写明"×××（债务人名称）管理人"；申请人是利害关系人的，其基本情况的写法与样式6相同。

三、本裁定书应送达债务人、管理人、债权人及利害关系人。

文书样式 78

××××人民法院
民事裁定书
（延长重整计划执行期限用）

（××××）×破字第×－×号

申请人：……（写明名称等基本情况）。

××××年××月××日，本院裁定批准×××（债务人名称）重整计划并终止重整程序。××××年××月××日，×××（债务人名称）向本院提出申请，称……（写明依据的事实及理由），请求本院批准延长重整计划的执行期限至××××年××月××日。

本院查明：……

本院认为：……（写明批准或不批准的理由）。依照……（写明所依据的法律条款项）之规定，裁定如下：

×××（债务人名称）重整计划的执行期限延长至××××年××月××日。

或者：

驳回×××（债务人名称）的申请。

本裁定自即日起生效。

审判长×××
（代理）审判员×××
（代理）审判员×××
××××年××月××日
（院印）

本件与原本核对无异

书记员×××

说明：

一、本样式供人民法院根据债务人的申请延长重整计划的执行期限时用。

二、本裁定书应送达管理人、债务人、债权人及利害关系人。

文书样式 79

××××人民法院
通 知 书
（协助执行重整计划用）

（××××）×破字第×－×号

×××：

本院已于××××年××月××日裁定批准×××（债务人名称）重整计划（或重整计划草案）。依照……（写明所依据的法律条款项）之规定，请你单位自收到本通知书之日起协助执行以下事项：

……

特此通知。

××××年××月××日
（院印）

说明：

本样式供重整计划执行中人民法院要求相关单位协助执行相关事项时用。

四、和解程序用文书

文书样式 80

××××人民法院
民事裁定书
（受理债务人直接提出的和解申请用）

（××××）×破（预）字第×－×号

申请人：……（写明名称等基本情况）。

××××年××月××日，申请人×××以……为由向本院申请和解并提交了和解协议草案。

本院查明：……

本院认为：……（从本院是否具有管辖权、申请人是否属于破产适格主体、是否具备破产原因等方面写明受理申请的理由）。依照《中华人民共和国企业破产法》第二条、第三条、第七条、第九十五条、第九十六条第一款之规定，裁定如下：

受理×××（债务人名称）的和解申请。

本裁定自即日起生效。

审判长×××
（代理）审判员×××
（代理）审判员×××
××××年××月××日
（院印）

本件与原本核对无异

书记员×××

说明：

一、本样式系根据《中华人民共和国企业破产法》第九十六条第一款制定，供人民法院裁定直接受理债务人的和解申请时使用。

二、申请人基本情况的写法与样式 6 相同。

三、本裁定书应送达债务人。

文书样式 81

××××人民法院
民事裁定书
（受理破产清算申请后裁定债务人和解用）

（××××）×破字第×－×号

申请人：……（写明名称等基本情况）。

××××年××月××日，本院根据×××的申请裁定受理×××（债务人名称）破产清算一案。××××年××月××日，×××（债务人名称）以……为由向本院申请和解并提交了和解协议草案。

本院查明：……

本院认为：……（从申请人是否属于破产适格主体、是否具备破产原因等方面写明裁定和解的理由）。依照《中华人民共和国企业破产法》第二条、第七条、第九十五条、第九十六条第一款之规定，裁定如下：

×××（债务人名称）和解。

本裁定自即日起生效。

审判长×××
（代理）审判员×××
（代理）审判员×××
××××年××月××日
（院印）

本件与原本核对无异

书记员×××

说明：

一、本样式系根据《中华人民共和国企业破产法》第九十六条第一款制定，供人民法院受理破产清算申请后裁定债务人和解时使用。

二、申请人基本情况的写法与样式 6 相同。

三、本裁定书应送达债务人和破产申请人。

文书样式 82

××××人民法院
民事裁定书
（不予受理债务人直接提出的和解申请用）

（××××）×破（预）初字第×－×号

申请人：……（写明名称等基本情况）。

××××年××月××日，申请人×××以……为由向本院申请和解并提交了和解协议草案。

本院查明：……

本院认为：……（写明不受理的理由）。依照……（写明所依据的法律条款项）之规定，裁定如下：

不予受理×××（申请人名称）的和解申请。

如不服本裁定，可在裁定书送达之日起十日内，向本院递交上诉状，并提交副本×份，上诉于××××人民法院。

审判长×××

（代理）审判员×××

（代理）审判员×××

××××年××月××日

（院印）

本件与原本核对无异

书记员×××

说明：

一、本样式系根据《中华人民共和国企业破产法》第十二条第一款制定，供人民法院裁定不受理债务人直接提出的和解申请时使用。

二、申请人基本情况的写法与样式6相同。

三、本裁定书应送达债务人。

文书样式 83

××××人民法院
民事裁定书
（受理破产申请后裁定不予受理债务人提出的和解申请用）

（××××）×破初字第×-×号

申请人：……（写明名称等基本情况）。

××××年××月××日，本院根据×××的申请裁定受理×××（债务人名称）破产清算一案。××××年××月××日，×××（债务人名称）以……为由向本院申请和解并提交了和解协议草案。

本院查明：……

本院认为：……（写明不受理的理由）。依照……（写明所依据的法律条款项）之规定，裁定如下：

对×××（债务人名称）的和解申请，本院不予受理。

如不服本裁定，可在裁定书送达之日起十日内，向本院递交上诉状，并提交副本×份，上诉于××××人民法院。

审判长×××
（代理）审判员×××
（代理）审判员×××
××××年××月××日
（院印）

本件与原本核对无异

书记员×××

说明：

一、本样式系根据《中华人民共和国企业破产法》第十二条第一款制定，供人民法院受理破产申请后裁定不予受理债务人提出的和解申请时使用。

二、申请人基本情况的写法与样式 6 相同。

三、本裁定书应送达债务人。

文书样式 84

××××人民法院
民事裁定书
（维持或撤销不予受理和解申请的裁定用）

（××××）×破（预）终字第×号

上诉人（原审申请人）：……（写明名称等基本情况）。

上诉人×××不服×××人民法院（××××）×破（预）初字第×－×号民事裁定，向本院提起上诉。本院受理后依法组成合议庭审理了本案，现已审理终结。

……（写明一审认定的事实、裁定结果及理由）

×××（债务人名称）不服，向本院上诉称：……（写明上诉请求与理由）。

本院查明：……

本院认为：……（写明维持或者撤销原裁定的理由）。依照……（写明所依据的法律条款项）之规定，裁定如下：

驳回上诉，维持原裁定。

或者：

一、撤销×××人民法院（××××）×破（预）初字第×－×号民事裁定；

二、由××××人民法院裁定受理×××（债务人名称）的和解申请。

本裁定为终审裁定并自即日起生效。

审判长×××
（代理）审判员×××
（代理）审判员×××
××××年××月××日
（院印）

本件与原本核对无异

书记员×××

说明：

一、本样式系根据《最高人民法院关于适用〈中华人民共和国民事诉讼法〉若干问题的意见》第一百八十七条制定，供二审人民法院收到不服一审不予受理和解申请的裁定而提起上诉的案件之后，裁定驳回上诉或撤销原裁定时使用。

二、上诉人基本情况的写法与样式6相同。

三、如果一审裁定是针对债务人在人民法院受理破产申请后宣告破产前提出的和解申请作出的，则案号应为（××××）×破终字第×号，相应首部应为上诉人×××不服×××人民法院（××××）×破初字第×－×号民事裁定，向本院提起上诉。判项主文应为：一、撤销×××人民法院（××××）×破初字第×－×号民事裁定；二、由×××人民法院裁定×××和解。

四、本裁定书应送达上诉人。

文书样式85

××××人民法院

公　告

（裁定受理债务人直接提出的和解申请用）

（××××）×破字第×－×号

本院根据×××（申请人姓名或名称）的申请于××××年××月××日裁定受理×××（债务人名称）和解一案，并于××××年××月××日指定××担任×××（债务人名称）管理人。×××（债务人名称）的债权人应自××××年××月××日前，向×××（债务人名称）管理人（通讯地址：_____；邮政编码：_____；联系电话：_____）申报债权，书面说明债权数额、有无财产担保及是否属于连带债权，并提供相关证据材料。未在上述期限内申报债权的，可以在和解协议草案提交债权人会议讨论前补充申报，但要承担审查和确认补充申报债权所产生的费用。未依法申报债权的，在和解协议执行期间不得行使权利，在和解协议执行完毕后可以按照和解协议规定的清偿条件行使权利。×××（债务人名称）的债务人或者财产持有人应当向×××（债务人名称）管理人清偿债务或交付财产。

本院定于××××年××月××日××时在_____（地点）召开第一次债权人会议。依法申报债权的债权人为债权人会议的成员，有权参加债权人会议。参加会议的债权人系法人或其他组织的，应提交营业执照、法定代表人或负责人身份证明书，如委托代理人出席会议，应提交特别授权委托书、委托代理人的身份证件或律师执业证，委托代理人是律师的还应提交律师事务所的指派函。债权人系自然人的，应提交个人身份证明。如委托代理人出席会议，应提交特别授权委托书、委托代理人的身份证件或律师执业证，委托代理人是律师的还应提交律师事务所的指派函。

特此公告

××××年××月××日

(院印)

说明：

本样式系根据《中华人民共和国企业破产法》第十四条、第九十六条第一款、第一百条第三款制定，供人民法院裁定受理债务人直接提出的和解申请后发布公告使用。

文书样式 86

××××人民法院

公　告

（受理破产申请后宣告债务人破产前裁定债务人和解用）

（××××）×破字第×－×号

本院根据×××（申请人姓名或名称）的申请于××××年××月××日裁定受理×××（债务人名称）破产清算一案，并于××××年××月××日指定×××担任×××（债务人名称）管理人。××××年××月××日，本院根据×××（债务人名称）的申请裁定×××（债务人名称）和解。

特此公告

××××年××月××日

(院印)

说明：

本样式系根据《中华人民共和国企业破产法》第九十六条第一款制定，供人民法院在受理破产申请后、宣告债务人破产前，根据债务人的申请，裁定债务人和解后发布公告时使用。

文书样式 87

××××人民法院
通 知 书
（裁定受理债务人直接提出的和解申请后通知已知债权人用）

（××××）×破字第×－×号

×××（债权人姓名或名称）：

　　本院根据×××（申请人姓名或名称）的申请于××××年××月××日裁定受理×××（债务人名称）和解一案，并于××××年××月××日指定×××担任×××（债务人名称）管理人。请你（或你单位）在××××年××月××日前，向×××（债务人名称）管理人（通讯地址：_____；邮政编码：_____；联系电话：_____）申报债权，书面说明债权数额、有无财产担保及是否属于连带债权，并提供相关证据材料。如未能在上述期限内申报债权，可以在和解协议草案提交债权人会议讨论前补充申报，但要承担为审查和确认补充申报债权所产生的费用。未依法申报债权的，在和解协议执行期间不得行使权利，在和解协议执行完毕后可以按照和解协议规定的清偿条件行使权利。×××（债务人名称）的债务人或者财产持有人应当向×××（债务人名称）管理人清偿债务或交付财产。本院定于××××年××月××日××时在_____（地点）召开第一次债权人会议。依法申报债权后，你（或你单位）就成为债权人会议的成员，有权参加债权人会议。参加会议时应提交个人身份证明；委托代理人出席会议的，应提交授权委托书、委托代理人的身份证件或律师执业证，委托代理人是律师的还应提交律师事务所的指派函。（如系法人或其他组织的，则改为参加会议时应提交营业执照、法定代表人或负责人身份证明书；委托代理人出席会议的，应提交授权委托书、委托代理人的身份证件或律师执业证，委托代理人是律师的还应提交律师事务所的指派函。）

　　特此通知

××××年××月××日
（院印）

说明：

　　一、本样式系根据《中华人民共和国企业破产法》第十四条、第一百条第三款的规定制定，供人民法院裁定受理债务人直接提出的和解申请后通知已知债权人用。

　　二、"你单位"可根据当事人的具体情况表述为："你公司或厂、企业等"。

　　三、本通知应在裁定受理和解申请之日起二十五日内发出。

文书样式 88

××××人民法院
民事裁定书
（认可或不予认可和解协议用）

（××××）×破字第×－×号

　　申请人：……（写明债务人名称等基本情况）。
　　××××年××月××日，×××（债务人名称）向本院提出申请，称和解协议已经第×次债权人会议通过，请求本院裁定予以认可。
　　本院认为：……（写明认可或不认可的理由）。依照……（写明所依据的法律条款项）之规定，裁定如下：
　　一、认可×××（债务人名称）和解协议；
　　二、终止×××（债务人名称）和解程序。
　　或者：
　　一、驳回×××（债务人名称）的申请；
　　二、终止×××（债务人名称）和解程序；
　　三、宣告×××（债务人名称）破产。
　　本裁定自即日起生效。

审　判　长×××
（代理）审判员×××
（代理）审判员×××
××××年××月××日
（院印）

本件与原本核对无异

书　记　员×××

　　附：和解协议

说明：
　　一、本样式系根据《中华人民共和国企业破产法》第九十八条、第九十九条制定，供人民法院裁定认可或不认可和解协议时使用。
　　二、本裁定书应送达债务人、管理人、债权人及利害关系人。

文书样式 89

××××人民法院
民事裁定书
（和解协议草案未获通过时裁定终止和解程序用）

（××××）×破字第×-×号

　　××××年××月××日，本院根据×××（债务人名称）的申请，裁定受理×××（债务人名称）和解一案。……（写明和解协议草案经债权人会议表决未获通过的具体情况）。依照《中华人民共和国企业破产法》第九十九条之规定，裁定如下：

　　一、终止×××（债务人名称）和解程序；

　　二、宣告×××（债务人名称）破产。

　　本裁定自即日起生效。

审判长×××
（代理）审判员×××
（代理）审判员×××
××××年××月××日
（院印）

本件与原本核对无异

书记员×××

说明：

　　一、本样式系根据《中华人民共和国企业破产法》第九十九条制定，供人民法院在和解协议草案未获通过时裁定终止和解程序时使用。

　　二、本裁定书应送达债务人、管理人并通知债权人。

文书样式 90

××××人民法院
民事裁定书
（确认和解协议无效用）

（××××）×破字第×－×号

申请人：……（写明姓名或名称等基本情况）。

××××年××月××日，申请人×××以……为由，请求本院确认第×次债权人会议通过的和解协议无效。

本院查明：……

本院认为：……（写明对和解协议效力的审查意见及理由）。依照……（写明所依据的法律条款项）之规定，裁定如下：

一、撤销本院（××××）×破字第×－×号民事裁定书；

二、×××（债务人名称）和解协议无效；

三、宣告×××（债务人名称）破产。

或者：

驳回×××（申请人姓名或名称）的申请。

本裁定自即日起生效。

审判长×××
（代理）审判员×××
（代理）审判员×××
××××年××月××日
（院印）

本件与原本核对无异

书记员×××

说明：

一、本样式系根据《中华人民共和国企业破产法》第一百零三条制定，供人民法院确认和解协议无效时用。

二、申请人应为利害关系人。其基本情况的写法与样式6相同。

三、裁定确认和解协议无效的，应将本裁定书送达债务人、管理人并通知债权人。驳回申请的，应将本裁定书送达申请人。

文书样式 91

××××人民法院
民事裁定书
(终止和解协议的执行用)

(××××)×破字第×-×号

申请人：……(写明姓名或名称等基本情况)。

××××年××月××日，申请人×××以……为由，请求本院裁定终止×××(债务人名称)和解协议的执行。

本院查明：……

本院认为：……(写明审查意见及理由)。依照《中华人民共和国企业破产法》第一百零四条第一款之规定，裁定如下：

一、终止×××(债务人名称)和解协议的执行；

二、宣告×××(债务人名称)破产。

或者：

驳回×××(申请人姓名或名称)的申请。

本裁定自即日起生效。

审判长×××
(代理)审判员×××
(代理)审判员×××
××××年××月××日
(院印)

本件与原本核对无异

书记员×××

说明：

一、本样式系根据《中华人民共和国企业破产法》第一百零四条第一款制定，供人民法院根据和解债权人的申请裁定终止和解协议的执行并宣告债务人破产时使用。

二、申请人基本情况的写法与样式 6 相同。

三、本决定书应送达债务人、管理人并通知债权人。

文书样式 92

××××人民法院
民事裁定书
（认可债务人与全体债权人自行达成的协议用）

（××××）×破字第×－×号

申请人：……（写明名称等基本情况）。

××××年××月××日，申请人×××以……为由请求本院裁定认可×××协议。

本院查明：……

本院认为：……（写明认可或不认可的理由）。依照《中华人民共和国企业破产法》第一百零五条之规定，裁定如下：

一、认可×××协议；

二、终结×××（债务人名称）破产程序。

或者：

驳回×××（债务人名称）的申请。

本裁定自即日起生效。

审判长×××
（代理）审判员×××
（代理）审判员×××
××××年××月××日
（院印）

本件与原本核对无异

书记员×××

附：×××协议

说明：

一、本样式系根据《中华人民共和国企业破产法》第一百零五条制定，供人民法院认可债务人与全体债权人自行达成的协议并终结破产程序时使用。

二、申请人应为债务人。其基本情况的写法与样式 6 相同。

三、若宣告破产后裁定认可协议的，应在裁定书的首部增加宣告破产的事实，并在裁定主文中一并撤销宣告破产的裁定，具体表述为：撤销本院（××××）×破字第×－×号民事裁定书。

四、裁定认可的，应将裁定书送达债务人、管理人并通知债权人。裁定驳回的，应将裁定书送达申请人。

文书样式 93

××××人民法院
公　告
（认可和解协议并终止和解程序用）

（××××）×破字第×－×号

　　××××年××月××日，本院根据×××（债务人名称）的申请，依照《中华人民共和国企业破产法》第九十八条之规定，以（××××）×破字第×－×号民事裁定书裁定认可×××（债务人名称）和解协议并终止×××（债务人名称）和解程序。

　　特此公告

××××年××月××日
（院印）

说明：

　　本样式系根据《中华人民共和国企业破产法》第九十八条制定，供人民法院裁定认可和解协议并终止和解程序后发布公告使用。

文书样式 94

××××人民法院
公　告
（终止和解程序并宣告债务人破产用）

（××××）×破字第×－×号

　　因……（写明终止原因），××××年××月××日，本院依照《中华人民共和国企业破产法》第九十九条之规定，以（××××）×破字第×－×号民事裁定书裁定终止×××（债务人名称）和解程序并宣告×××（债务人名称）破产清算。

　　特此公告

××××年××月××日
（院印）

说明：

　　本样式系根据《中华人民共和国企业破产法》第九十九条制定，供人民法院裁定终止和解程序并宣告债务人破产后发布公告使用。

五、破产衍生诉讼用文书

文书样式 95

××××人民法院
民事判决书
（破产撤销权诉讼一审用）

（××××）×民初字第×号

原告：×××，（债务人名称）管理人。

被告：……（写明姓名或名称等基本情况）。

原告×××诉被告×××破产撤销权纠纷一案，本院受理后，依法组成合议庭公开开庭进行了审理。……（写明本案当事人及其诉讼代理人等）到庭参加了诉讼。本案现已审理终结。

原告×××诉称：……（概述原告提出的具体诉讼请求及所根据的事实与理由）。

被告×××辩称：……（概述被告答辩的主要意见）。

经审理查明：……（写明认定的事实及证据）。

本院认为：……（写明判决的理由）。依照……（写明判决所依据的法律条款项）之规定，判决如下：

……（写明判决结果）。

……（写明诉讼费用的负担）。

如不服本判决，可在判决书送达之日起十五日内，向本院提交上诉状，并按对方当事人的人数提交副本×份，上诉于××××人民法院。

审判长×××
（代理）审判员×××
（代理）审判员×××
××××年××月××日
（院印）

本件与原本核对无异

书记员×××

说明：

一、本样式系根据《中华人民共和国企业破产法》第三十一条、第三十二条制定，供人民法院受理管理人行使撤销权之诉后进行一审判决时使用。

二、应区分不同管理人类型分别确定原告：管理人为个人的，原告应列为担任管理人的律师或者注册会计师；管理人为中介机构的，原告应列为担任管理人的律师事务所、会计师事务所或者破产清算事务所；管理人为清算组的，原告应列为（债务人名称）清算组，身份标明为该企业管理人。律师事务所等中介机构或者清算组作为原告的，还应当将中介机构管理人负责人或者清算组组长列为诉讼代表人。

三、被告基本情况的写法与样式6相同。

四、此处的被告为受益人。

文书样式96

××××人民法院

民事判决书

（破产抵销权诉讼一审用）

（××××）×民初字第×号

原告：……（写明姓名或名称等基本情况）。

被告：×××（债务人名称），住所地……

诉讼代表人：×××，该企业管理人（或管理人负责人）。

原告×××诉被告×××破产抵销权纠纷一案，本院受理后，依法组成合议庭公开开庭进行了审理。……（写明本案当事人及其诉讼代理人等）到庭参加了诉讼。本案现已审理终结。

原告×××诉称：……（概述原告提出的具体诉讼请求及所根据的事实与理由）。

被告×××辩称：……（概述被告答辩的主要意见）。

经审理查明：……（写明认定的事实及证据）。

本院认为：……（写明判决的理由）。依照……（写明判决所依据的法律条款项）之规定，判决如下：

……（写明判决结果）。

……（写明诉讼费用的负担）。

若不服本判决，可在判决书送达之日起十五日内，向本院提交上诉状，并按对方当事人的人数提交副本×份，上诉于××××人民法院。

审判长×××
（代理）审判员×××
（代理）审判员×××
××××年××月××日
（院印）

本件与原本核对无异

书记员×××

说明：
一、本样式系根据《中华人民共和国企业破产法》第四十条制定，供人民法院受理债权人行使抵销权之诉后进行一审判决时使用。
二、原告应为要求行使抵销权的债权人。
三、原告基本情况的写法与样式6相同。
四、当债务人的管理人为个人管理人时，其诉讼代表人为担任管理人的律师或者注册会计师；当管理人为中介机构或者清算组时，其诉讼代表人为管理人的负责人或者清算组组长。

文书样式97

××××人民法院
民事判决书
（破产债权确认诉讼一审用）

（××××）×民初字第×号

原告：……（写明姓名或名称等基本情况）。
被告：×××（债务人名称），住所地……
诉讼代表人：×××，该企业管理人（或管理人负责人）。
原告×××诉被告×××破产债权确认纠纷一案，本院受理后，依法组成合议庭公开开庭进行了审理。……（写明本案当事人及其诉讼代理人等）到庭参加了诉讼。本案现已审理终结。
原告×××诉称：……（概述原告提出的具体诉讼请求及所根据的事实与理由）。
被告×××辩称：……（概述被告答辩的主要意见）。

经审理查明：……（写明认定的事实及证据）。

本院认为：……（写明判决的理由）。依照……（写明判决所依据的法律条款项）之规定，判决如下：

……（写明判决结果）。

……（写明诉讼费用的负担）。

若不服本判决，可在判决书送达之日起十五日内，向本院提交上诉状，并按对方当事人的人数提交副本×份，上诉于××××人民法院。

审判长×××

（代理）审判员×××

（代理）审判员×××

××××年××月××日

（院印）

本件与原本核对无异

书记员×××

说明：

一、本样式系根据《中华人民共和国企业破产法》第五十八条制定，供人民法院受理破产债权确认之诉后进行一审判决时使用。

二、原告也可能是债务人。当债务人为原告时，当事人的具体写法为：

原告：×××（债务人名称），住所地……

诉讼代表人：×××，该企业管理人（或管理人负责人）。

被告：……（写明债权人的姓名或名称等基本情况）。

原告也可能是其他债权人，此时的被告为债务人和相关债权人。

三、当事人基本情况的写法与样式6、样式96相同。

四、本样式同样适用于职工权益清单更正纠纷。

文书样式 98

××××人民法院
民事判决书
（取回权诉讼一审用）

（××××）×民初字第×号

原告：……（写明姓名或名称等基本情况）。

被告：×××（债务人名称），住所地……

诉讼代表人：×××，该企业管理人（或管理人负责人）。

原告×××诉被告×××取回权纠纷一案，本院受理后，依法组成合议庭公开开庭进行了审理。……（写明本案当事人及其诉讼代理人等）到庭参加了诉讼。本案现已审理终结。

原告×××诉称：……（概述原告提出的具体诉讼请求及所根据的事实与理由）。

被告×××辩称：……（概述被告答辩的主要意见）。

经审理查明：……（写明认定的事实及证据）。

本院认为：……（写明判决的理由）。依照……（写明判决所依据的法律条款项）之规定，判决如下：

……（写明判决结果）。

……（写明诉讼费用的负担）。

若不服本判决，可在判决书送达之日起十五日内，向本院提交上诉状，并按对方当事人的人数提交副本×份，上诉于××××人民法院。

审判长×××
（代理）审判员×××
（代理）审判员×××
××××年××月××日
（院印）

本件与原本核对无异

书记员×××

说明：

一、本样式系根据《中华人民共和国企业破产法》第三十八条、第三十九条制定，供人民法院受理财产的权利人提起取回权之诉后进行一审判决时使用。

二、原告基本情况的写法与样式6、样式96相同。

文书样式 99

××××人民法院
民事判决书
（别除权诉讼一审用）

（××××）×民初字第×号

原告：……（写明姓名或名称等基本情况）。

被告：×××（债务人名称），住所地……

诉讼代表人：×××，该企业管理人（或管理人负责人）。

原告×××诉被告×××别除权纠纷一案，本院受理后，依法组成合议庭公开开庭进行了审理。……（写明本案当事人及其诉讼代理人等）到庭参加了诉讼。本案现已审理终结。

原告×××诉称：……（概述原告提出的具体诉讼请求及所根据的事实与理由）。

被告×××辩称：……（概述被告答辩的主要意见）。

经审理查明：……（写明认定的事实及证据）。

本院认为：……（写明判决的理由）。依照……（写明判决所依据的法律条款项）之规定，判决如下：

……（写明判决结果）。

……（写明诉讼费用的负担）。

若不服本判决，可在判决书送达之日起十五日内，向本院提交上诉状，并按对方当事人的人数提交副本×份，上诉于××××人民法院。

审判长×××
（代理）审判员×××
（代理）审判员×××
××××年××月××日
（院印）

本件与原本核对无异

书记员×××

说明：

一、本样式系根据《中华人民共和国企业破产法》第一百零九条制定，供人民法院受理对债务人特定财产享有担保权的权利人提起别除权之诉后进行一审判决时使用。

二、原告应为要求行使别除权的权利人。

三、原告基本情况的写法与样式6、样式96相同。

文书样式 100

×××× 人民法院
民事判决书
（确认债务人无效行为诉讼一审用）

（××××）×民初字第×号

原告：×××，（债务人名称）管理人。

被告：……（写明姓名或名称等基本情况）。

原告×××诉被告×××无效行为纠纷一案，本院受理后，依法组成合议庭公开开庭进行了审理。……（写明本案当事人及其诉讼代理人等）到庭参加了诉讼。本案现已审理终结。

原告×××诉称：……（概述原告提出的具体诉讼请求及所根据的事实与理由）。

被告×××辩称：……（概述被告答辩的主要意见）。

经审理查明：……（写明认定的事实及证据）。

本院认为：……（写明判决的理由）。依照……（写明判决所依据的法律条款项）之规定，判决如下：

……（写明判决结果）。

……（写明诉讼费用的负担）。

若不服本判决，可在判决书送达之日起十五日内，向本院提交上诉状，并按对方当事人的人数提交副本×份，上诉于××××人民法院。

审判长×××
（代理）审判员×××
（代理）审判员×××
××××年××月××日
（院印）

本件与原本核对无异

书记员×××

说明：

一、本样式系根据《中华人民共和国企业破产法》第三十三条制定，供人民法院受理管理人请求确认债务人行为无效之诉后进行一审判决时使用。

二、此处的被告为无效行为的相对人，被告基本情况的写法与样式6相同。

文书样式 101

××××人民法院
民事判决书
（对外追收债权或财产诉讼一审用）

（××××）×民初字第×号

原告：×××（债务人名称），住所地……

诉讼代表人：×××，该企业管理人（或管理人负责人）。

被告：……（写明姓名或名称等基本情况）。

原告×××诉被告×××……纠纷（包括清偿债务或者交付财产）一案，本院受理后，依法组成合议庭公开开庭进行了审理。……（写明本案当事人及其诉讼代理人等）到庭参加了诉讼。本案现已审理终结。

原告×××诉称：……（概述原告提出的具体诉讼请求及所根据的事实与理由）。

被告×××辩称：……（概述被告答辩的主要意见）。

经审理查明：……（写明认定的事实及证据）。

本院认为：……（写明判决的理由）。依照……（写明判决所依据的法律条款项）之规定，判决如下：

……（写明判决结果）。

……（写明诉讼费用的负担）。

若不服本判决，可在判决书送达之日起十五日内，向本院提交上诉状，并按对方当事人的人数提交副本×份，上诉于××××人民法院。

审判长×××
（代理）审判员×××
（代理）审判员×××
××××年××月××日
（院印）

本件与原本核对无异

书记员×××

说明：

一、本样式系根据《中华人民共和国企业破产法》第十七条制定，供人民法院受理管理人向债务人的债务人或财产持有人提起清偿债务或返还财产之诉后进行一审判决时使用。

二、被告基本情况的写法与样式 6、样式 96 相同。

第四部分 · 附录

文书样式 102

×××× 人民法院
民事判决书
（追收出资诉讼一审用）

（××××）×民初字第×号

原告：×××（债务人名称），住所地……

诉讼代表人：×××，该企业管理人（或管理人负责人）。

被告：……（写明姓名或名称等基本情况）。

原告×××诉被告×××缴纳出资纠纷一案，本院受理后，依法组成合议庭公开开庭进行了审理。……（写明本案当事人及其诉讼代理人等）到庭参加了诉讼。本案现已审理终结。

原告×××诉称：……（概述原告提出的具体诉讼请求及所根据的事实与理由）。

被告×××辩称：……（概述被告答辩的主要意见）。

经审理查明：……（写明认定的事实及证据）。

本院认为：……（写明判决的理由）。依照……（写明判决所依据的法律条款项）之规定，判决如下：

……（写明判决结果）。

……（写明诉讼费用的负担）。

若不服本判决，可在判决书送达之日起十五日内，向本院提交上诉状，并按对方当事人的人数提交副本×份，上诉于××××人民法院。

审判长×××
（代理）审判员×××
（代理）审判员×××
××××年××月××日
（院印）

本件与原本核对无异

书记员×××

说明：

一、本样式系根据《中华人民共和国企业破产法》第三十五条制定，供人民法院受理管理人向债务人股东提起追收出资之诉后进行一审判决时使用。

二、本样式适用于股东返还抽逃出资等违反出资义务的诉讼一审用。

文书样式 103

×××× 人民法院
民事判决书
（追收非正常收入诉讼一审用）

（××××）×民初字第×号

原告：×××（债务人名称），住所地……

诉讼代表人：×××，该企业管理人（或管理人负责人）。

被告：……（写明姓名或名称等基本情况）。

原告×××诉被告×××返还非正常收入纠纷一案，本院受理后，依法组成合议庭公开开庭进行了审理。……（写明本案当事人及其诉讼代理人等）到庭参加了诉讼。本案现已审理终结。

原告×××诉称：……（概述原告提出的具体诉讼请求及所根据的事实与理由）。

被告×××辩称：……（概述被告答辩的主要意见）。

经审理查明：……（写明认定的事实及证据）。

本院认为：……（写明判决的理由）。依照……（写明判决所依据的法律条款项）之规定，判决如下：

……（写明判决结果）。

……（写明诉讼费用的负担）。

如不服本判决，可在判决书送达之日起十五日内，向本院提交上诉状，并按对方当事人的人数提交副本×份，上诉于××××人民法院。

审判长　×××
（代理）审判员　×××
（代理）审判员　×××
××××年××月××日
（院印）

本件与原本核对无异

书记员　×××

说明：

一、本样式系根据《中华人民共和国企业破产法》第三十六条制定，供人民法院受理管理人向有关人员提出追收非正常收入之诉后进行一审判决时使用。

二、被告应为债务人的董事、监事和高级管理人员。

三、被告基本情况的写法与样式6、样式96相同。

文书样式 104

××××人民法院
民事判决书
（损害债务人利益赔偿诉讼一审用）

（××××）×民初字第×号

原告：×××（债务人名称），住所地……
诉讼代表人：×××，该企业管理人（或管理人负责人）。
被告：……（写明姓名或名称等基本情况）。
原告×××诉被告×××损害赔偿纠纷一案，本院受理后，依法组成合议庭公开开庭进行了审理。……（写明本案当事人及其诉讼代理人等）到庭参加了诉讼。本案现已审理终结。
原告×××诉称：……（概述原告提出的具体诉讼请求及所根据的事实与理由）。
被告×××辩称：……（概述被告答辩的主要意见）。
经审理查明：……（写明认定的事实及证据）。
本院认为：……（写明判决的理由）。依照……（写明判决所依据的法律条款项）之规定，判决如下：
……（写明判决结果）。
……（写明诉讼费用的负担）。
如不服本判决，可在判决书送达之日起十五日内，向本院提交上诉状，并按对方当事人的人数提交副本×份，上诉于××××人民法院。

审判长×××
（代理）审判员×××
（代理）审判员×××
××××年××月××日
（院印）

本件与原本核对无异

书记员×××

说明：
一、本样式系根据《中华人民共和国企业破产法》第一百二十五条、第一百二十八条制定，供人民法院受理管理人向有关人员提出损害赔偿之诉后进行一审判决时使用。
二、被告应为债务人的董事、监事、高级管理人员、法定代表人或直接责任人员。
三、被告基本情况的写法与样式6、样式96相同。

文书样式 105

××××人民法院
民事判决书
（管理人承担赔偿责任诉讼一审用）

（××××）×民初字第×号

原告：……（写明姓名或名称等基本情况）。

被告：×××，（债务人名称）管理人；或者×××，（债务人名称）清算组管理人成员。

原告×××诉被告×××损害赔偿纠纷一案，本院受理后，依法组成合议庭公开开庭进行了审理。……（写明本案当事人及其诉讼代理人等）到庭参加了诉讼。本案现已审理终结。

原告×××诉称：……（概述原告提出的具体诉讼请求及所根据的事实与理由）。

被告×××辩称：……（概述被告答辩的主要意见）。

经审理查明：……（写明认定的事实及证据）。

本院认为：……（写明判决的理由）。依照……（写明判决所依据的法律条款项）之规定，判决如下：

……（写明判决结果）。

……（写明诉讼费用的负担）。

如不服本判决，可在判决书送达之日起十五日内，向本院提交上诉状，并按对方当事人的人数提交副本，上诉于××××人民法院。

审判长×××
（代理）审判员×××
（代理）审判员×××
××××年××月××日
（院印）

本件与原本核对无异

书记员×××

说明：

一、本样式系根据《中华人民共和国企业破产法》第一百三十条制定，供人民法院受理有关主体向管理人提出损害赔偿之诉后进行一审判决时使用。

二、原告包括因管理人不当履行职责而遭受损害的债权人、债务人或者第三人。原告基本情况的写法与样式6相同。

三、应区分不同管理人类型分别确定被告：管理人为个人的，被告应列为担任管理人的律师或者注册会计师；管理人为中介机构的，被告应列为担任管理人的律师事务所、会计师事务所或者破产清算事务所；管理人为清算组的，被告应列为清算组各成员。

最高人民法院
关于印发《管理人破产程序工作文书样式（试行）》的通知

(2011年10月13日)

各省、自治区、直辖市高级人民法院，解放军军事法院，新疆维吾尔自治区高级人民法院生产建设兵团分院：

为了进一步明确破产程序中管理人的工作职责，统一管理人工作的文书格式，促进管理人正确履行职务，提高管理人的工作效率和质量，最高人民法院制定了《管理人破产程序工作文书样式（试行）》，现予以印发，并就该文书样式的有关问题通知如下：

一、关于文书样式的体例

针对破产程序各阶段管理人的工作内容，按照简洁、实用、便利的原则，文书样式分为"通用类文书"、"破产清算程序用文书"、"重整程序用文书"、"和解程序用文书"四大类共计59个文书样式。各文书样式均包括文书主文和制作说明两部分。文书主文是文书的核心部分，包括文书名称、文号、名头、主文、落款、附件等部分。制作说明是文书样式的辅助部分，主要列明制作文书样式的法律依据以及文书制作中需要注意的问题，以有利于管理人正确制作、使用文书样式。

二、关于本文书样式的文号

管理人破产程序工作文书文号统一为（××××）××破管字第×号。"（××××）××破管字第×号"中的"（××××）"，应列明人民法院指定管理人的年份；"（××××）××破管字第×号"中的"××"，应列明破产企业的简称，简称一般为2~4个字；"（××××）××破管字第×号"中的序号"×"，应列明按文书制作时间先后编排的序号。

三、关于文书样式的适用

管理人在执行职务过程中需要制作大量的工作文书，涉及的文书样式十分复杂，且在实践中会不断遇到新情况新问题，此次下发的仅是其中常用的、具有代表性的样式，且有的文书样式尚待相关司法解释颁布后再作补充完善。因此，实践中如遇未列出的文书，可参考这些常用样式，根据案件具体情况变通适用。

请各高级人民法院注意收集辖区内管理人在适用本文书样式中发现的问题并提出改进建议，及时报告最高人民法院民事审判第二庭。

特此通知。

管理人破产程序工作文书样式（试行）

一、通用类文书

文书样式1

通　知　书
（要求债务人的债务人清偿债务用）

（××××）××破管字第×号

×××（债务人的债务人名称/姓名）：

　　×××（债务人名称）因_____（写明破产原因），×××（申请人名称/姓名）于××××年××月××日向××××人民法院提出对×××（债务人名称）进行重整/和解/破产清算的申请［债务人自行申请破产的，写××（债务人名称）因_____（写明破产原因），于××××年××月××日向××××人民法院提出重整/和解/破产清算申请］。

　　×××人民法院于××××年××月××日作出（××××）×破（预）字第×-×号民事裁定书，裁定受理×××（债务人名称）重整/和解/破产清算，并于××××年××月××日作出（××××）×破字第×-×号决定书，指定×××担任管理人。

　　根据管理人掌握的材料，你公司/你因_____事项（列明债务事由），尚欠×××（债务人名称）人民币××元（大写：_____元）。根据《中华人民共和国企业破产法》第十七条之规定，请你公司/你于接到本通知之日起×日内，向管理人清偿所欠债务。债务清偿款应汇入：××银行（列明开户单位和银行账号）。

　　若你公司/你对本通知书列明的债务持有异议，可在接到本通知书之日起

×日内向管理人书面提出，并附相关证据，以便管理人核对查实。

若你公司/你在破产申请受理后仍向×××（债务人名称）清偿债务，使×××（债务人名称）的债权人受到损失的，不免除你公司/你继续清偿债务的义务。

特此通知。

（管理人印鉴）

××××年××月××日

附：1. 受理破产申请裁定书复印件一份；
  2. 指定管理人的决定书复印件一份；
  3. 管理人联系方式：_____。

说明：

  一、本文书依据的法律是《中华人民共和国企业破产法》第十七条之规定："人民法院受理破产申请后，债务人的债务人或者财产持有人应当向管理人清偿债务或者交付财产。债务人的债务人或者财产持有人故意违反前款规定向债务人清偿债务或者交付财产，使债权人受到损失的，不免除其清偿债务或交付财产的义务。"通知书由管理人向债务人的债务人发送。

  二、通知书应当载明债务人的债务人恶意清偿的法律后果。

文书样式2

通　知　书

（要求债务人财产的持有人交付财产用）

（××××）××破管字第×号

×××（债务人财产的持有人名称/姓名）：

  ×××（债务人名称）因_____（写明破产原因），×××（申请人名称/姓名）于××××年××月××日向×××人民法院提出对×××（债务人名称）进行重整/和解/破产清算的申请［债务人自行申请破产的，写×××（债务人名称）因_____（写明破产原因），于××××年××月××日向×××人民法院提出重整/和解/破产清算申请］。

  ××××人民法院于××××年××月××日作出（××××）×破（预）字第×-×号民事裁定书，裁定受理×××（债务人名称）重整/和解/

破产清算，并于××××年××月××日作出（××××）×破字第×-×号决定书，指定×××担任管理人。

根据管理人掌握的材料，你公司/你因_____（列明事由）占有×××（债务人名称）的下列财产（列明财产种类、数量等）：

1. _____；
2. _____；
……

根据《中华人民共和国企业破产法》第十七条之规定，请你公司/你于接到本通知书之日起七日内，向管理人交付上述财产。财产应交至：_____。

若你公司/你对本通知书项下要求交付财产的有无或者交付财产种类、数量等持有异议，可在收到本通知书之日起七日内向管理人书面提出，并附相关合法、有效的证据，以便管理人核对查实。

若你公司/你在破产申请受理后仍向×××（债务人名称）交付财产，使×××（债务人名称）的债权人受到损失的，不免除你公司/你继续交付财产的义务。

特此通知。

（管理人印鉴）
××××年××月××日

附：1. 受理破产申请裁定书复印件一份；
　　2. 指定管理人的决定书复印件一份；
　　3. 管理人联系方式：_____。

说明：

一、本文书依据的法律是《中华人民共和国企业破产法》第十七条之规定："人民法院受理破产申请后，债务人的债务人或者财产持有人应当向管理人清偿债务或者交付财产。债务人的债务人或者财产持有人故意违反前款规定向债务人清偿债务或者交付财产，使债权人受到损失的，不免除其清偿债务或交付财产的义务。"通知书由管理人向持有债务人财产的相对人发送。

二、通知书应当载明财产持有人恶意向债务人交付财产的法律后果。

文书样式3

通 知 书
（解除双方均未履行完毕的合同用）

（××××）××破管字第×号

×××（合同相对人名称/姓名）：

　　×××（债务人名称）因_____（写明破产原因），×××（申请人名称/姓名）于××××年××月××日向×××人民法院提出对×××（债务人名称）进行重整/和解/破产清算的申请［债务人自行申请破产的，写×××（债务人名称）因_____（写明破产原因），于××××年××月××日向×××人民法院提出重整/和解/破产清算申请］。

　　×××人民法院于××××年××月××日作出（××××）×破（预）字第×-×号民事裁定书，裁定受理×××（债务人名称）重整/和解/破产清算，并于××××年××月××日作出（××××）×破字第×-×号决定书，指定×××担任管理人。

　　根据管理人掌握的材料，在法院裁定受理破产申请前，×××（债务人名称）于××××年××月××日与你公司/你签订了《_____合同》。现双方均未履行完毕上述合同，_____（简述合同履行情况）。

　　根据《中华人民共和国企业破产法》第十八条之规定，管理人决定解除上述合同。你公司/你如因上述合同解除产生损失的，可以损害赔偿请求权向管理人申报债权。

　　特此通知。

（管理人印鉴）

××××年××月××日

附：1. 受理破产申请裁定书复印件一份；
　　2. 指定管理人的决定书复印件一份；
　　3. 合同复印件一份；
　　4. 管理人联系方式：_____。

说明：

　　一、本文书依据的法律是《中华人民共和国企业破产法》第十八条之规定："人民法院受理破产申请后，管理人对破产申请受理前成立而债务人和对方当事人均未履行完毕的合同有权决定解除或者继续履行,并通知对方当事人。"以及第五十三条之规定:"管理人或者债务人依照本法规定解除合同的,对方当事人以因合同解除所产生的损害赔偿请求权申报债权。"

二、本通知书由管理人向双方均未履行完毕合同的相对方发送。通知书应当载明合同相对人有权就合同解除所产生的损害赔偿请求权申报债权。

文书样式4

通 知 书
(继续履行双方均未履行完毕的合同用)

(××××)××破管字第×号

×××(合同相对人名称/姓名):

　　×××(债务人名称)因_____(写明破产原因),×××(申请人名称/姓名)于××××年××月××日向×××人民法院提出对×××(债务人名称)进行重整/和解/破产清算的申请[债务人自行申请破产的,写×××(债务人名称)因_____(写明破产原因),于××××年××月××日向×××人民法院提出重整/和解/破产清算申请]。

　　×××人民法院于××××年××月××日作出(××××)×破(预)字第×-×号民事裁定书,裁定受理×××(债务人名称)重整/和解/破产清算,并于××××年××月××日作出(××××)×破字第×-×号决定书,指定×××担任管理人。

　　根据管理人掌握的材料,在法院裁定受理破产申请前,×××(债务人名称)于××××年××月××日与你公司/你签订了《_____合同》。现双方均未履行完毕上述合同,_____(简述合同履行情况)。

　　根据《中华人民共和国企业破产法》第十八条之规定,管理人决定继续履行上述合同,_____(简述要求相对方继续履行的合同义务)。

　　特此通知。

(管理人印鉴)
××××年××月××日

附:1. 受理破产申请裁定书复印件一份;
　　2. 指定管理人的决定书复印件一份;
　　3. 合同复印件一份;
　　4. 管理人联系方式:_____。

说明：

一、本文书依据的法律是《中华人民共和国企业破产法》第十八条之规定："人民法院受理破产申请后，管理人对破产申请受理前成立而债务人和对方当事人均未履行完毕的合同有权决定解除或者继续履行，并通知对方当事人。"

二、本通知书由管理人向双方均未履行完毕合同的相对方发送。通知书应当载明要求相对人继续履行的合同义务。

文书样式5

通　知　书
（继续履行合同提供担保用）

（××××）××破管字第×号

×××（合同相对人名称/姓名）：

×××（债务人名称）因＿＿＿＿＿＿（写明破产原因），×××（申请人名称/姓名）于××××年××月××日向××××人民法院提出对×××（债务人名称）进行重整/和解/破产清算的申请［债务人自行申请破产的，写×××（债务人名称）因＿＿＿＿＿＿（写明破产原因），于××××年××月××日向××××人民法院提出重整/和解/破产清算申请］。

××××人民法院于××××年××月××日作出（××××）×破（预）字第×－×号民事裁定书，裁定受理×××（债务人名称）重整/和解/破产清算，并于××××年××月××日作出（××××）×破字第×－×号决定书，指定×××担任管理人。

本管理人于××××年××月××日向你公司/你发送（××××）××破管字第×号《通知书》，决定继续履行×××（债务人名称）于××××年××月××日与你公司/你签订的《＿＿＿＿＿＿＿＿＿＿＿合同》。你公司/你于××××年××月××日要求本管理人提供担保。

根据《中华人民共和国企业破产法》第十八条第二款之规定，本管理人现提供下列担保：

提供保证人的：
列明保证人的姓名或名称，保证方式，保证担保的范围，保证期间等。

提供物的担保的：
列明担保人的姓名或名称，担保方式，担保物的情况，担保范围等。

你公司/你对管理人提供的担保无异议的，请于××××年××月××日与本管理人签订担保合同。

　　特此通知。

（管理人印鉴）

××××年××月××日

　　附：1. 保证人基本情况或者担保物权利凭证复印件等相关资料；
　　　　2. 管理人联系方式：＿＿＿＿＿＿＿。

说　明：

　　一、本文书依据的法律是《中华人民共和国企业破产法》第十八条第二款之规定："管理人决定继续履行合同的，对方当事人应当履行；但是，对方当事人有权要求管理人提供担保。管理人不提供担保的，视为解除合同。"

　　二、本通知书由管理人向合同相对方发送。

文书样式 6

通　知　书

（回复相对人催告继续履行合同用）

（××××）××破管字第×号

×××（合同相对人名称/姓名）：

　　你公司/你于××××年××月××日向本管理人发送的＿＿＿＿＿＿＿（合同相对人所发送关于继续履行合同的催告函件名称）已收到。经管理人核实，在法院裁定受理破产申请前，×××（债务人名称）确于××××年××月××日与你公司/你签订了《＿＿＿＿＿＿＿＿＿＿合同》，且目前双方均未履行完毕，……（简述合同履行情况）。

　　同意继续履行合同的：

　　本管理人认为，＿＿＿＿＿＿＿＿（简述同意继续履行的理由），根据《中华人民共和国企业破产法》第十八条之规定，管理人决定继续履行上述合同。

　　同意继续履行合同，但商请延期的：

　　本管理人认为，＿＿＿＿＿＿＿＿（简述同意继续履行合同，但需要延期的理由），根据《中华人民共和国企业破产法》第十八条之规定，管理人商请将上述合同延期至××××年××月××日履行。

　　不同意继续履行合同，决定解除的：

本管理人认为，＿＿＿＿＿＿＿（简述不同意继续履行的理由），根据《中华人民共和国企业破产法》第十八条之规定，管理人决定解除上述合同。你公司/你可就因上述合同解除所产生的损害赔偿请求权向管理人申报债权。

特此通知。

（管理人印鉴）

××××年××月××日

说明：

一、本文书依据的法律是《中华人民共和国企业破产法》第十八条之规定："人民法院受理破产申请后，管理人对破产申请受理前成立而债务人和对方当事人均未履行完毕的合同有权决定解除或者继续履行，并通知对方当事人。管理人自破产申请受理之日起二个月内未通知对方当事人，或者自收到对方当事人催告之日起三十日内未答复的，视为解除合同。"

二、本通知书是管理人接到相对人发出的要求继续履行双方均未履行完毕的合同的催告函，在核实有关情况后，决定同意继续履行合同，或者同意继续履行合同但商请延期，或者不同意继续履行决定解除合同的回复。本通知书应当在收到催告函之日起三十日内向合同相对人发出。

文书样式7

告 知 函
（解除财产保全措施用）

（××××）××破管字第×号

×××（作出财产保全措施的人民法院或者单位）：

×××（债务人名称）因＿＿＿＿＿＿＿（写明破产原因），×××（申请人名称/姓名）于××××年××月××日向××××人民法院提出对×××（债务人名称）进行重整/和解/破产清算的申请［债务人自行申请破产的，写×××（债务人名称）因＿＿＿＿＿＿＿（写明破产原因），于××××年××月××日向××××人民法院提出重整/和解/破产清算申请］。

××××人民法院于××××年××月××日作出（××××）×破（预）字第×-×号民事裁定书，裁定受理×××（债务人名称）重整/和解/破产清算，并于××××年××月××日作出（××××）×破字第×-×号决定书，指定×××担任管理人。

根据管理人掌握的材料，贵院/贵单位于××××年××月××日对×××（债务人名称）的下列财产采取了保全措施：

1. ＿＿＿＿＿＿；
2. ＿＿＿＿＿＿；
……

根据《中华人民共和国企业破产法》第十九条之规定，人民法院受理破产申请后，有关债务人财产的保全措施应当解除，但贵院/贵单位至今尚未解除对×××（债务人名称）财产所采取的保全措施，现特函请贵院/贵单位解除对×××（债务人名称）财产的保全措施。

特此告知。

（管理人印鉴）

××××年××月××日

附：1. 受理破产申请裁定书复印件一份；
  2. 指定管理人的决定书复印件一份；
  3. 财产保全措施相关资料复印件一套；
  4. 破产案件受理法院联系方式：＿＿＿＿＿＿；
  5. 管理人联系方式：＿＿＿＿＿＿。

说明：

  一、本文书依据的法律是《中华人民共和国企业破产法》第十九条之规定："人民法院受理破产申请后，有关债务人财产的保全措施应当解除，执行程序应当中止。"由管理人告知相关法院或者单位解除有关债务人财产的保全措施时使用。

  二、根据《中华人民共和国企业破产法》第十九条之规定精神，破产申请受理后，对债务人财产采取保全措施的相关法院或者单位无需等待破产案件受理法院或者管理人的通知，即应主动解除财产保全措施。但由于实践中可能存在相关法院或者单位不知道破产申请已经受理，或者虽然知道但不主动解除财产保全措施的情况，故本文书样式确定由管理人直接向相关法院或者单位发送告知函，以此提示相关法院或者单位有关债务人的破产申请已经受理，相关财产保全措施应予解除。如果相关法院或者单位接到告知函后仍不解除财产保全措施的，管理人可以请求破产案件受理法院协调解决。

文书样式 8

告 知 函
（中止执行程序用）

（××××）××破管字第×号

×××人民法院（执行案件受理人民法院）：

　　×××（债务人名称）因＿＿＿＿＿（写明破产原因），×××（申请人名称/姓名）于××××年××月××日向××××人民法院提出对×××（债务人名称）进行重整/和解/破产清算的申请［债务人自行申请破产的，写×××（债务人名称）因＿＿＿＿＿（写明破产原因），于××××年××月××日向××××人民法院提出重整/和解/破产清算申请］。

　　××××人民法院于××××年××月××日作出（××××）×破（预）字第×－×号民事裁定书，裁定受理×××（债务人名称）重整/和解/破产清算，并于××××年××月××日作出（××××）×破字第×－×号决定书，指定×××担任管理人。

　　根据管理人掌握的材料，贵院于××××年××月××日受理了×××（强制执行申请人名称/姓名）对×××（债务人名称）申请强制执行一案，案号为××××，执行内容为：＿＿＿＿＿。

　　根据《中华人民共和国企业破产法》第十九条之规定，人民法院受理破产申请后，有关债务人财产的执行程序应当中止，但贵院至今尚未中止对×××（债务人名称）的执行，＿＿＿＿＿（简述案件执行状态）。现特函请贵院裁定中止对×××（债务人名称）的执行程序。

　　特此告知。

（管理人印鉴）

××××年××月××日

附：1. 受理破产申请裁定书复印件一份；
　　2. 指定管理人的决定书复印件一份；
　　3. 强制执行案件相关资料复印件一套；
　　4. 破产案件受理法院联系方式：＿＿＿＿＿；
　　5. 管理人联系方式：＿＿＿＿＿。

说明：

一、本文书依据的法律是《中华人民共和国企业破产法》第十九条之规定："人民法院受理破产申请后，有关债务人财产的保全措施应当解除，执行程序应当中止。"由管理人告知相关法院中止对债务人执行程序时使用。

二、根据《中华人民共和国企业破产法》第十九条之规定精神，破产申请受理后，对债务人财产采取执行措施的相关法院，无需等待破产案件受理法院或者管理人的通知，即应主动中止执行程序。但由于实践中可能存在相关法院不知道破产申请已经受理，或者虽然知道但不主动中止执行程序的情况，故本文书样式确定由管理人直接向相关法院发送告知函，以此提示相关法院，有关债务人的破产申请已经受理，相关执行程序应当中止。如果相关法院接到告知函后仍不中止执行程序的，管理人可以请求破产案件受理法院协调解决。

文书样式9

告　知　函
（告知相关法院/仲裁机构中止法律程序用）

(××××)××破管字第×号

×××（受理有关债务人诉讼或仲裁的人民法院或仲裁机构名称）：

×××（债务人名称）因_____（写明破产原因），×××（申请人名称/姓名）于××××年××月××日向××××人民法院提出对×××（债务人名称）进行重整/和解/破产清算的申请［债务人自行申请破产的，写×××（债务人名称）因_____（写明破产原因），于××××年××月××日向××××人民法院提出重整/和解/破产清算申请］。

××××人民法院于××××年××月××日作出（××××）×破（预）字第×－×号民事裁定书，裁定受理×××（债务人名称）重整/和解/破产清算，并于××××年××月××日作出（××××）×破字第×－×号决定书，指定×××担任管理人。

根据管理人掌握的材料，贵院/贵仲裁委员会于××××年××月××日受理了有关×××（债务人名称）的民事诉讼/仲裁案件，案号为××××，目前尚未审理终结。根据《中华人民共和国企业破产法》第二十条之规定，该民事诉讼/仲裁应当在破产申请受理后中止，但贵院/贵仲裁委员会尚未中止对上述民事诉讼/仲裁案件的审理。根据《中华人民共和国企业破产法》第二十条之规定，现函告贵院/贵仲裁委员会裁定中止上述对×××（债务人名称）的民事诉讼/仲裁程序。

特此告知。

(管理人印鉴)

××××年××月××日

附：1. 受理破产申请裁定书复印件一份；
　　2. 指定管理人的决定书复印件一份；
　　3. 管理人联系方式：_____。

说明：

一、本文书依据的法律是《中华人民共和国企业破产法》第二十条之规定："人民法院受理破产申请后，已经开始而尚未终结的有关债务人的民事诉讼或者仲裁应当中止；……"

二、根据《中华人民共和国企业破产法》第二十条之规定精神，破产申请受理后，有关债务人的民事诉讼或者仲裁尚未终止的，相关法院或者仲裁机构无需等待破产案件受理法院或者管理人的通知，即应主动中止民事诉讼或者仲裁程序。但由于实践中可能存在相关法院或者仲裁机构不知道破产申请已经受理，或者虽然知道但不主动中止法律程序的情况，故本文书样式确定由管理人直接向相关法院发送告知函，以此提示相关法院或者仲裁机构，有关债务人的破产申请已经受理，相关法律程序应当中止。如果相关法院或者仲裁机构接到告知函后仍不中止法律程序的，管理人可以请求破产案件受理法院协调解决。

文书样式 10

告 知 函
(告知相关法院/仲裁机构可以恢复法律程序用)

（××××）××破管字第×号

×××（受理有关债务人诉讼或仲裁的人民法院或仲裁机构名称）：

　　×××（债务人名称）因_____（写明破产原因），×××（申请人名称/姓名）于××××年××月××日向××××人民法院提出对×××（债务人名称）进行重整/和解/破产清算的申请［债务人自行申请破产的，写×××（债务人名称）因_____（写明破产原因），于××××年××月××日向××××人民法院提出重整/和解/破产清算申请］。

　　××××人民法院于××××年××月××日作出（××××）×破（预）字第×－×号民事裁定书，裁定受理×××（债务人名称）重整/和解/破产清算，并于××××年××月××日作出（××××）×破字第×－×号决定书，指定×××担任管理人。

　　根据管理人掌握的材料，贵院/贵仲裁委员会已中止了关于×××（债务人名称）的案号为××××的民事诉讼/仲裁案件的审理。现管理人已接管债务人的财产，根据《中华人民共和国企业破产法》第二十条之规定，请贵院/贵仲裁委员会恢复对上述民事诉讼/仲裁案件的审理。

　　特此告知。

（管理人印鉴）
××××年××月××日

附：1. 受理破产申请裁定书复印件一份；
　　2. 指定管理人的决定书复印件一份；
　　3. 管理人联系方式：_____。

说明：

　　一、本文书依据的法律是《中华人民共和国企业破产法》第二十条之规定："人民法院受理破产申请后，已经开始而尚未终结的有关债务人的民事诉讼或者仲裁应当中止；在管理人接管债务人的财产后，该诉讼或者仲裁继续进行。"由管理人在接管债务人财产后，向相关法院或者仲裁机构发送。

　　二、管理人应当在接管债务人财产后及时发送本告知函，告知相关法院或者仲裁机构继续进行原来中止的法律程序。

文书样式 11

关于提请人民法院许可聘用工作人员的报告

（××××）××破管字第×号

××××人民法院：

　　本管理人在破产管理工作中，根据《中华人民共和国企业破产法》第二十八条之规定，拟聘请以下人员作为×××（债务人名称）（重整/和解/破产清算）案件的工作人员：

　　1. 拟聘工作人员姓名＿＿＿＿＿；工作内容：＿＿＿＿＿；拟聘请期限为自××××年××月××日至××××年××月××日止；拟聘请费用为×××元；聘用理由：＿＿＿＿＿。

　　2. 拟聘工作人员姓名＿＿＿＿＿；工作内容：＿＿＿＿＿；拟聘请期限为自××××年××月××日至××××年××月××日止；拟聘请费用为×××元；聘用理由：＿＿＿＿＿。

　　……

　　特此报告。

（管理人印鉴）

××××年××月××日

　　附：1. 拟签订的《聘用合同》复印件；
　　　　2. 拟聘请工作人员简历复印件；
　　　　3. 拟聘请工作人员证件复印件；
　　　　4. 拟聘请工作人员联系方式：＿＿＿＿＿。

说明：

　　一、本文书依据的法律是《中华人民共和国企业破产法》第二十八条第一款之规定："管理人经人民法院许可，可以聘用必要的工作人员。"由管理人在拟聘用工作人员时向破产案件受理法院提出。

　　二、破产案件审理过程中，法院与管理人处于监督与被监督的关系。因此，聘用申请应当列明聘用理由、聘用岗位职责、聘用费用标准，供法院许可时参考。

　　三、拟聘用工作人员有多名的，逐一列明姓名、拟聘岗位、聘用期限及费用。

文书样式 12

关于提请人民法院许可继续/停止债务人营业的报告

（××××）××破管字第×号

××××人民法院/×××（债务人名称）债权人会议：

　　本管理人在接管债务人财产后，经调查认为，债务人继续营业将有利于/不利于广大债权人、职工和相关各方的利益，决定继续/停止债务人的营业，详细理由见附件《关于继续/停止债务人营业的分析报告》。

　　报请法院的：

　　现根据《中华人民共和国企业破产法》第二十六条之规定，请贵院予以许可。

　　报请债权人会议的：

　　现根据《中华人民共和国企业破产法》第六十一第一款第五项之规定，提请债权人会议表决。

　　特此报告。

（管理人印鉴）
××××年××月××日

附：《关于继续/停止债务人营业的分析报告》

说明：

　　一、本文书依据的法律是《中华人民共和国企业破产法》第二十五条第一款第五项、第二十六条或者第六十一条第一款第五项之规定，由管理人决定是否继续债务人的营业，并报请人民法院许可，或者报请债权人会议表决。

　　二、第一次债权人会议召开之前，管理人决定继续或者停止债务人的营业的，应当根据《中华人民共和国企业破产法》第二十五条第一款第五项、第二十六条之规定，向受理破产案件的法院提出申请报告，由法院批准许可。第一次债权人会议召开后决定债务人的营业继续或者停止的，则应当根据《中华人民共和国企业破产法》第六十一条第一款第五项之规定，提交债权人会议表决。

　　三、鉴于继续或停止债务人营业的理由比较复杂，因此，本文书应附详细分析报告。

文书样式 13

关于拟实施处分债务人财产行为的报告

（××××）××破管字第×号

××××人民法院/×××（债务人名称）债权人会议：

本管理人在履行职责过程中，拟实施下列行为：
1. 拟实施行为的具体内容，包括涉及的金额、行为的相对方、实施的时间等；
2. 行为的实施方式和程序；
3. 实施该行为的原因；
4. 对债务人财产的影响；
5. 其他需要报告的事项。

第一次债权人会议召开之前：

因上述行为属于《中华人民共和国企业破产法》第六十九条第一款规定的行为之一，且第一次债权人会议尚未召开，现根据《中华人民共和国企业破产法》第二十六条之规定，请贵院予以许可。

第一次债权人会议召开之后，报告债权人委员会的：

因上述行为属于《中华人民共和国企业破产法》第六十九条第一款规定的行为之一，现根据该条规定，向债权人委员会报告。

第一次债权人会议召开之后，报告人民法院的：

因上述行为属于《中华人民共和国企业破产法》第六十九条第一款规定的行为之一，且债权人会议未设立债权人委员会，现根据《中华人民共和国企业破产法》第六十九条第二款之规定，向贵院报告。

（管理人印鉴）

××××年××月××日

说明：

一、本文书依据的法律是《中华人民共和国企业破产法》第二十六条及第六十九条之规定。

二、第一次债权人会议召开前，管理人在实施《中华人民共和国企业破产法》第六十九条所规定之行为时，应当向破产案件受理法院提交申请报告，需法院许可后方可实施相应行为。第一次债权人会议召开后，已成立债权人委员会的，向债权人委员会提交报告；未设立债权人委员会的，应向法院及时报告。

三、第一次债权人会议召开后，债权人委员会或者人民法院同意管理人所报告行为的，出具批准意见；不同意所报告行为的，可以向管理人提出意见。

文书样式 14

关于提请人民法院确定管理人报酬方案的报告

（××××）××破管字第×号

××××人民法院：

本管理人接受贵院指定后，对×××（债务人名称）可供清偿的财产价值和管理人工作量进行了预测，并初步确定了《管理人报酬方案》。方案主要内容如下：

一、债务人可供清偿的财产情况

根据管理人截至目前掌握的材料，×××（债务人名称）不包括担保物在内的最终可供清偿的财产价值约为人民币××元，担保物价值约为人民币××元。

二、管理人报酬比例

根据不包括担保权人优先受偿的担保物价值在内的债务人最终可供清偿的财产总额价值和管理人工作量所作的预测〔详见附件《管理人工作量预测报告（或者竞争管理人报价书）》〕，依照最高人民法院《关于审理企业破产案件确定管理人报酬的规定》第二条之规定，确定管理人在以下比例限制范围内分段确定管理人报酬：

1. 不超过_____元（含本数，下同）的，按_____％确定；

2. 超过_____元至_____元的部分，按_____％确定；

……

三、管理人报酬收取时间

最后一次性收取的：

本方案确定管理人最后一次性收取报酬，收取时间为破产财产最后分配之前。

分期收取的：

本方案确定管理人在破产程序期间分期收取报酬，收取时间分别为：

第一次：本方案经第一次债权人会议通过后×日内；

第二次：_____；

第三次：_____；

……

四、管理担保物的费用

破产程序期间，管理人对担保物的维护、变现、交付等管理工作付出了合理劳动，经与担保权人协商，确定管理人在担保物变现价值×%范围内收取适当报酬，报酬金额为人民币××元，收取时间为：＿＿＿＿＿＿＿＿。

五、其他需要说明的问题

……

现根据最高人民法院《关于审理企业破产案件确定管理人报酬的规定》第四条之规定，请贵院予以确定。

（管理人印鉴）

××××年××月××日

附：1.《管理人报酬方案》；
　　2.《管理人工作量预测报告（或者竞争管理人报价书）》。

说明：

一、本文书依据的法律是《中华人民共和国企业破产法》第二十八条及最高人民法院《关于审理企业破产案件确定管理人报酬的规定》第二条、第四条之规定，管理人根据对债务人可供清偿的财产价值和管理人工作量的预测，制作报酬方案报人民法院初步确定。

二、管理人工作量预测报告应当列明管理人投入的工作团队人数、工作时间预测、工作重点和难点等。破产重整或者和解案件，管理人还应当列明管理人对重整、和解工作的贡献。

三、采取公开竞争方式指定管理人的，管理人报酬依据中介机构竞争担任管理人时的报价确定。

四、担保物变现收取的报酬比例不得超过最高人民法院《关于审理企业破产案件确定管理人报酬的规定》第二条规定报酬比例限制范围的10%。

文书样式 15

关于提请债权人会议审查管理人报酬方案的报告

（××××）××破管字第×号

×××（债务人名称）债权人会议：

　　本管理人根据对×××（债务人名称）可供清偿的财产价值和管理人工作量所作的预测，于××××年××月××日制作《管理人报酬方案》报请××××人民法院确定。××××人民法院于××××年××月××日通知本管理人，初步确定了《管理人报酬方案》。现根据《中华人民共和国企业破产法》第六十一条第一款第二项、最高人民法院《关于审理企业破产案件确定管理人报酬的规定》第六条第二款之规定，向第一次债权人会议报告，请债权人会议审查。

（管理人印鉴）

××××年××月××日

　　附：××××人民法院确定的《管理人报酬方案》

说明：

　　本文书依据的法律是《中华人民共和国企业破产法》第六十一条第一款第二项及最高人民法院《关于审理企业破产案件确定管理人报酬的规定》第六条第二款之规定。管理人报酬方案在人民法院确定后由管理人报告第一次债权人会议，由债权人会议审查。债权人会议有异议的，有权向人民法院提出。

文书样式 16

关于提请人民法院调整管理人报酬方案的报告

（××××）××破管字第×号

××××人民法院：

贵院于××××年××月××日确定了×××（债务人名称）破产一案的《管理人报酬方案》。本管理人于××××年××月××日向第一次债权人会议报告了《管理人报酬方案》内容，债权人会议对方案提出了调整意见。

现管理人与债权人会议就报酬方案的调整已协商一致，债权人会议决议对《管理人报酬方案》作以下调整：

一、_____；
二、_____；
……

调整理由如下：

一、_____；
二、_____；
……

根据最高人民法院《关于审理企业破产案件确定管理人报酬的规定》第七条第一款之规定，请求贵院核准以上调整内容。

特此报告。

（管理人印鉴）

××××年××月××日

附：债权人会议关于调整管理人报酬方案的决议

说明：

一、本文书依据的法律是《最高人民法院关于审理企业破产案件确定管理人报酬的规定》第七条第一款之规定，由管理人与债权人会议就报酬方案调整协商一致后，提请人民法院核准。

二、本文书应当列明调整管理人报酬方案的理由，并附债权人会议关于调整管理人报酬方案的决议。

文书样式 17

关于提请债权人会议调整管理人
报酬方案的报告

（××××）××破管字第×号

×××（债务人名称）债权人委员会/债权人会议主席：

  本管理人于××××年××月××日收到××××人民法院关于调整管理人报酬方案的通知，对管理人报酬方案作以下调整：

  一、_____；
  二、_____；
  ……

  根据《最高人民法院关于审理企业破产案件确定管理人报酬的规定》第八条第二款之规定，现向债权人委员会/债权人会议主席报告。

（管理人印鉴）
××××年××月××日

  附：××××人民法院关于管理人报酬方案调整的通知

说明：

  本文书的法律依据是《最高人民法院关于审理企业破产案件确定管理人报酬的规定》第八条第二款之规定，由管理人自收到人民法院关于调整管理人报酬方案的通知起三日内报告债权人委员会。未成立债权人委员会的，报告债权人会议主席。

文书样式 18

关于提请人民法院准予管理人
收取报酬的报告

（××××）××破管字第×号

××××人民法院：

　　×××（债务人名称）破产一案《管理人报酬方案》已由贵院确定，并报告第一次债权人会议审查通过。（报酬方案经过调整的，还应当注明：贵院并于××××年××月××日确定对该报酬方案进行调整。）

　　截至××××年××月××日，×××（债务人名称）可供清偿的财产情况为＿＿＿＿＿＿，管理人已完成＿＿＿＿＿＿（履行职责情况）。根据《管理人报酬方案》，可收取第×期（或者全部）报酬计人民币××元。

　　本管理人现根据《最高人民法院关于审理企业破产案件确定管理人报酬的规定》第十一条之规定，申请收取报酬人民币××元，请贵院予以核准。

　　特此报告。

（管理人印鉴）

××××年××月××日

　　附：《管理人报酬方案》（报酬方案经过调整的，再附《管理人报酬调整方案》）

说明：

　　一、本文书依据的法律是《最高人民法院关于审理企业破产案件确定管理人报酬的规定》第十一条之规定："管理人收取报酬，应当向破产案件受理法院提出书面申请。申请书内容应当包括：（1）可供支付报酬的债务人财产情况；（2）申请收取报酬的时间和数额；（3）管理人履行职责的情况。"

　　二、管理人履行职责的情况，分期收取的，简要写明收取报酬时管理人完成的工作；最后一次性收取的，简要写明管理人职务执行完成的情况。

文书样式 19

通 知 书
（要求追回债务人财产用）

（××××）××破管字第×号

×××（占有债务人财产的相对人名称/姓名）：

×××（债务人名称）因_____（写明破产原因），×××（申请人名称/姓名）于××××年××月××日向×××人民法院提出对×××（债务人名称）进行重整/和解/破产清算的申请［债务人自行申请破产的，写×××（债务人名称）因_____（写明破产原因），于××××年××月××日向×××人民法院提出重整/和解/破产清算申请］。

×××人民法院于××××年××月××日作出（××××）×破（预）字第×－×号民事裁定书，裁定受理×××（债务人名称）重整/和解/破产清算，并于××××年××月××日作出（××××）×破字第×－×号决定书，指定×××担任管理人。

根据管理人调查，×××（债务人名称）存在下列行为（列明行为时间、内容等）：

1. _____;
2. _____;
……

根据《中华人民共和国企业破产法》第三十一条、第三十二条或者第三十三条的规定，本管理人认为上述行为应当予以撤销（或者被确认无效）。你公司/你基于上述行为取得的×××（债务人名称）财产（列明财产名称和数量）应当予以返还。现本管理人要求你公司/你于接到本通知书之日起×日内，向本管理人返还上述财产（列明返还财产的方式和地点；返还财产有困难的，可以要求相对人支付或者补足与财产等值的价款）。

如你公司/你对本通知内容有异议，可在接到本通知书之日起×日内向本管理人提出，并附相关证据，配合管理人核实。

特此通知。

（管理人印鉴）
××××年××月××日

附：1. 受理破产申请裁定书复印件一份；
2. 指定管理人的决定书复印件一份；
3. 相对人占有债务人财产的证据；
4. 管理人联系方式：＿＿＿＿＿＿。

说明：

一、本文书依据的法律是《中华人民共和国企业破产法》第三十四条之规定："因本法第三十一条、第三十二条或者第三十三条规定的行为而取得的债务人财产，管理人有权追回。"由管理人向占有债务人财产的相对人发送。

二、相对人无权占有债务人财产的情形，主要是指《中华人民共和国企业破产法》第三十一条、第三十二条或者第三十三条规定的"无偿受让财产"、"以明显不合理的价格进行交易受让财产"、"以债务人财产代物清偿的方式接受提前清偿或者个别清偿"、"为逃避债务而占有被隐匿、转移的财产"等行为，管理人应当依法撤销或者确认行为无效，并通知相对人返还基于上述行为取得的债务人财产。财产返还确有困难的，可以要求相对人支付或者补足与财产等值的价款。

三、相对人拒不返还取得的债务人财产，管理人可以向人民法院提起撤销之诉或者确认无效之诉。

文书样式20

通　知　书
（要求相对人撤销担保用）

（××××）××破管字第×号

×××（相对人名称/姓名）：

×××（债务人名称）因＿＿＿＿＿＿（写明破产原因），×××（申请人名称/姓名）于××××年××月××日向××××人民法院提出对×××（债务人名称）进行重整/和解/破产清算的申请［债务人自行申请破产的，写×××（债务人名称）因＿＿＿＿＿＿（写明破产原因），于××××年××月××日向××××人民法院提出重整/和解/破产清算申请］。

××××人民法院于××××年××月××日作出（××××）×破（预）字第×－×号民事裁定书，裁定受理×××（债务人名称）重整/和解/破产清算，并于××××年××月××日作出（××××）×破字第×－×号决定书，指定×××担任管理人。

根据管理人调查，×××（债务人名称）对你公司/你原负有无财产担保债务_____（列明债务性质和债务金额），但×××（债务人名称）于××××年××月××日以其自有财产（列明财产名称）为该债务提供了财产担保。根据《中华人民共和国企业破产法》第三十一条之规定，本管理人现要求你公司/你撤销对该债务提供的财产担保。

如你公司/你对本通知内容有异议，可在接到本通知书之日起×日内向本管理人提出，并附相关证据，配合管理人核实。

特此通知。

（管理人印鉴）

××××年××月××日

附：1. 受理破产申请裁定书复印件一份；
  2. 指定管理人的决定书复印件一份；
  3. 债务设定财产担保的证据材料；
  4. 管理人联系方式：_____。

说明：

一、本文书依据的法律是《中华人民共和国企业破产法》第三十一条第三项之规定，对没有财产担保的债务提供财产担保的，管理人有权请求人民法院予以撤销。由管理人向对债务设定财产担保的相对人发送。

二、对没有财产担保的债务提供财产担保的行为，管理人可先要求相对人撤销，如涂销物权担保登记、返还质押物等。相对人无正当理由拒不撤销的，管理人有权向人民法院提起撤销之诉。

文书样式21

通 知 书
（要求债务人的出资人补缴出资用）

（××××）××破管字第×号

×××（债务人的出资人名称/姓名）：

  ×××（债务人名称）因_____（写明破产原因），×××（申请人名称/姓名）于××××年××月××日向××××人民法院提出对×××（债务人名称）进行重整/和解/破产清算的申请［债务人自行申请破产的，写×××（债务人名称）因_____（写明破产原因），于××××年××

月××日向××××人民法院提出重整/和解/破产清算申请]。

××××人民法院于××××年××月××日作出（××××）×破（预）字第×-×号民事裁定书，裁定受理×××（债务人名称）重整/和解/破产清算，并于××××年××月××日作出（××××）×破字第×-×号决定书，指定×××担任管理人。

根据管理人调查，你公司/你作为×××（债务人名称）的出资人，认缴出资额为：＿＿＿＿＿＿（货币种类）××元（大写：＿＿＿＿＿＿），认缴方式为：＿＿＿＿＿＿，你公司/你应当于××××年××月××日前按期足额缴纳上述出资。

截至本通知书发出之日，你公司/你上述出资义务尚未履行完毕，（以货币出资的）尚有＿＿＿＿＿＿（货币种类）××元（大写：＿＿＿＿＿＿）未缴纳/（以非货币财产出资的）＿＿＿＿＿＿尚未办理财产权转移手续。

根据《中华人民共和国企业破产法》第三十五条之规定，你公司/你应当缴纳全部所认缴的出资，而不受出资期限的限制。现通知你公司/你于接到本通知书之日起×日内，向本管理人缴纳上述未缴出资（列明管理人的开户银行、账户和账号）/办理财产权转移手续。

如对本通知书中所列出资缴纳义务的有无、数额、形式等有异议，你公司/你可于接到本通知书之日起×日内向本管理人提出，并附相关证据，配合管理人核实。

特此通知。

（管理人印鉴）

××××年××月××日

附：1. 受理破产申请裁定书复印件一份；
2. 指定管理人的决定书复印件一份；
3. 出资人未足额交纳出资的证据材料；
4. 管理人联系方式：＿＿＿＿＿＿。

说明：

本文书依据的法律是《中华人民共和国企业破产法》第三十五条之规定："人民法院受理破产申请后，债务人的出资人尚未完全履行出资义务的，管理人应当要求该出资人缴纳所认缴的出资，而不受出资期限的限制。"由管理人向出资义务未履行完毕的出资人发送。

文书样式22

通 知 书
（要求债务人的高管返还财产用）

（××××）××破管字第×号

×××（高管姓名）：

　　×××（债务人名称）因_____（写明破产原因），×××（申请人名称/姓名）于××××年××月××日向×××人民法院提出对×××（债务人名称）进行重整/和解/破产清算的申请［债务人自行申请破产的，写×××（债务人名称）因_____（写明破产原因），于××××年××月××日向×××人民法院提出重整/和解/破产清算申请］。

　　×××人民法院于××××年××月××日作出（××××）×破（预）字第×－×号民事裁定书，裁定受理×××（债务人名称）重整/和解/破产清算，并于××××年××月××日作出（××××）×破字第×－×号决定书，指定×××担任管理人。

　　根据管理人调查，在你担任×××（债务人名称）×××（职位）期间，获取非正常收入人民币××元（或者侵占了企业的财产），具体为：

　　1._____（列明各笔非正常收入金额、时间及认定理由）；

　　2._____（列明被侵占的企业财产及认定理由）；

　　……

　　根据《中华人民共和国企业破产法》第三十六条之规定，现要求你于接到本通知书之日起×日内，向本管理人返还你收取的上述非正常收入（或者侵占的企业财产）（列明返还收入或者财产的方式和地点）。

　　如对上述通知内容有异议，可在接到本通知书之日起×日内向本管理人提出，并附相关证据，配合管理人核实。

　　特此通知。

（管理人印鉴）

××××年××月××日

附：1. 受理破产申请裁定书复印件一份；
　　2. 指定管理人的决定书复印件一份；

文书样式 24

通 知 书
（决定是否同意权利人取回财产用）

（××××）××破管字第×号

×××（申请取回人名称/姓名）：

同意取回时适用：

你公司/你关于要求取回＿＿＿＿＿＿（要求取回的标的物名称、数量）的申请收悉。经审核，你公司/你为上述财产的权利人。根据《中华人民共和国企业破产法》第三十八条之规定，同意你公司/你取回上述财产。你公司/你可于接到本通知书之日起×日内与本管理人接洽办理取回手续。

不同意取回时适用：

你公司/你关于要求取回＿＿＿＿＿＿（要求取回的标的物名称、数量）的申请收悉。经查明，＿＿＿＿＿＿（简述查明事实）。本管理人认为，你公司/你不是上述财产的权利人（简述理由）。因此，本管理人不同意你公司/你取回上述财产的要求。

特此通知。

（管理人印鉴）

××××年××月××日

附：1. 指定管理人的决定书复印件一份；
    2. 财产权属证明（不同意取回时附）；
    3. 管理人联系方式：＿＿＿＿＿＿。

说明：

一、本文书依据的法律是《中华人民共和国企业破产法》第三十八条之规定："人民法院受理破产申请时，债务人占有的不属于债务人的财产，该财产的权利人可以通过管理人取回。但是本法另有规定的除外。"由管理人同意或者不同意相关权利人要求取回债务人占有的财产时使用。

二、管理人拒绝权利人取回财产的，应当列明管理人查明权利人无权取回的事实和理由。例如，财产属于债务人所有，或者财产不属于权利人等。管理人拒绝取回的，权利人可以通过确权诉讼解决对于取回标的物的权属争议。

文书样式 25

通 知 书
（要求出卖人交付在途标的物用）

（××××）××破管字第×号

×××（出卖人名称/姓名）：

　　×××（债务人名称）因_____（写明破产原因），×××（申请人名称/姓名）于××××年××月××日向××××人民法院提出对×××（债务人名称）进行重整/和解/破产清算的申请［债务人自行申请破产的，写×××（债务人名称）因_____（写明破产原因），于××××年××月××日向××××人民法院提出重整/和解/破产清算申请］。

　　××××人民法院于××××年××月××日作出（××××）×破（预）字第×－×号民事裁定书，裁定受理×××（债务人名称）重整/和解/破产清算，并于××××年××月××日作出（××××）×破字第×－×号决定书，指定×××担任管理人。

　　根据管理人掌握的材料，在人民法院受理破产申请前，×××（债务人名称）于××××年××月××日与你公司/你签订了《_____》（买卖合同名称），约定由×××（债务人名称）向你公司/你购买_____（简述买卖标的物名称和数量）。现你公司/你已于××××年××月××日发运上述买卖标的物，货物尚在运途中，货款尚未结清。

　　根据《中华人民共和国企业破产法》第三十九条之规定，本管理人决定依照《_____》（买卖合同名称）的约定，向你公司/你支付全部合同价款共计人民币××元，请你公司/你在收到货款后继续交付上述买卖合同标的物，于××××年××月××日前将货物发至_____（交货地点）。

　　你公司/你如对本通知中的合同、合同标的物、合同价款等情况有异议，可在接到本通知书之日起×日内向管理人书面提出，并附相关合法、有效的证据，配合管理人核实。

　　特此通知。

（管理人印鉴）

××××年××月××日

附：1. 受理破产申请裁定书复印件一份；

2. 指定管理人的决定书复印件一份；
3. 《＿＿＿＿＿》（买卖合同名称）复印件一份及发送货物的相关凭证；
4. 管理人联系方式：＿＿＿＿＿。

说明：

　　本文书依据的法律是《中华人民共和国企业破产法》第三十九条之规定："人民法院受理破产申请时，出卖人已将买卖标的物向作为买受人的债务人发运，债务人尚未收到且未付清全部价款的，出卖人可以取回在运途中的标的物。但是，管理人可以支付全部价款，请求出卖人交付标的物。"由管理人决定支付全部价款，请求出卖人交付在途买卖标的物时使用。

文书样式 26

通　知　书
（是否同意抵销用）

（××××）××破管字第×号

×××（申请抵销人名称/姓名）：

　　你公司/你关于要求抵销＿＿＿＿＿（主张抵销的债务内容）的申请收悉。经本管理人核实：＿＿＿＿＿（简述核实的内容）。

　　同意抵销时适用：

　　根据《中华人民共和国企业破产法》第四十条之规定，决定同意你公司/你的抵销申请。经抵销，你公司/你尚欠债务人债务××元，请于收到本通知书×日内向本管理人清偿，债务清偿款应汇入：××银行（列明开户单位和银行账号）。（抵销后债务人欠申请抵销人债务的，写明债务人尚欠你公司/你债务××元。）

　　不同意抵销时适用：

　　本管理人认为，＿＿＿＿＿（简述不同意抵销的理由），根据《中华人民共和国企业破产法》第四十条之规定，不同意你公司/你的抵销申请。

　　如你公司/你对管理人不同意抵销的决定有异议，可于接到本通知书之日起×日内向本管理人提出，并附相关证据，配合管理人核实。

　　特此通知。

（管理人印鉴）
××××年××月××日

附：1. 指定管理人的决定书复印件一份；
2. 申请人对债务人负有的债务不得抵销的证据（不同意抵销时用）；
3. 管理人联系方式：＿＿＿＿＿＿。

说明：

本文书依据的法律是《中华人民共和国企业破产法》第四十条，由管理人决定是否同意抵销申请时向申请人发送。

文书样式27

关于破产费用、共益债务清偿情况的报告

(××××)××破管字第×号

×××（债务人名称）债权人会议：

本管理人接受指定后，接管了×××（债务人名称）的财产，依法履行了相应职责。经管理人查实，自××××人民法院受理×××（债务人名称）破产申请之日起至××××年××月××日止（以下简称"报告期间"），共发生破产费用、共益债务合计人民币××元，其中：

一、破产费用共计人民币××元，已清偿××元。（不足以全部清偿的，写明未清偿金额）

分别列明：(1) 破产案件诉讼费用；(2) 管理、变价、分配破产财产的费用；(3) 聘用工作人员的费用；(4) 管理人执行职务的费用，以及其他各项费用的发生金额、明细与清偿情况。

二、共益债务共计人民币××元，已清偿××元。（不足以全部清偿的，写明未清偿金额）

分别列明：(1) 继续履行合同所产生的债务；(2) 债务人财产受无因管理所产生的债务；(3) 因债务人不当得利所产生的费用；(4) 为债务人继续营业而应支付的劳动报酬和社会保险费用以及由此产生的其他债务；(5) 管理人或工作人员执行职务致人损害所产生的债务；(6) 债务人财产致人损害所产生的债务；以及其他各项费用的发生金额、明细与清偿情况。

以上破产费用和共益债务清偿情况，请债权人会议审查。

特此报告。

（管理人印鉴）

××××年××月××日

附：破产费用及共益债务发生与清偿情况明细表各一份

说明：

　　一、本文书依据的法律是《中华人民共和国企业破产法》第四十三条、第六十一条第一款第二项之规定，由管理人制作后提请债权人会议审查。

　　二、债务人财产不足以清偿破产费用的，管理人应当另行申请终结破产程序。

文书样式28

关于债务人财产不足以清偿破产费用
提请人民法院终结破产程序的报告

（××××）××破管字第×号

××××人民法院：

　　×××（债务人名称）因_____（写明破产原因），×××（申请人名称/姓名）于××××年××月××日向贵院提出对×××（债务人名称）进行重整/和解/破产清算的申请［债务人自行申请破产的，写×××（债务人名称）因_____（写明破产原因），于××××年××月××日向贵院提出重整/和解/破产清算申请］。

　　贵院于××××年××月××日作出（××××）×破（预）字第×－×号民事裁定书，裁定受理×××（债务人名称）重整/和解/破产清算。

　　截至××××年××月××日，本案发生的破产费用共计人民币××元，实际清偿××元，尚余××元未支付，另预期发生破产费用人民币××元。现债务人可供清偿的财产共计人民币××元，债务人财产已经不足以清偿破产费用。

　　现根据《中华人民共和国企业破产法》第四十三条第四款之规定，提请贵院裁定宣告×××（债务人名称）破产，并终结破产程序。

　　特此报告。

（管理人印鉴）
××××年××月××日

　　附：1. 破产费用及共益债务清偿情况报告一份；
　　　　2. 债务人财产状况报告一份。

说明：

　　本文书依据的法律是《中华人民共和国企业破产法》第四十三条第四款之规定："债务人财产不足以清偿破产费用的，管理人应当提请人民法院终结破产程序。……"由管理人向人民法院提交。

文书样式29

关于×××（债务人名称）职工债权的公示

（××××）××破管字第×号

×××（债务人名称）因_____（写明破产原因），××××人民法院于××××年××月××日作出（××××）×破（预）字第×-×号民事裁定书，裁定受理××××（债务人名称）重整/和解/破产清算。××××人民法院于××××年××月××日作出（××××）×破字第×-×号决定书，指定×××担任管理人。

经管理人调查，确认×××（债务人名称）共有在册职工×名，截至××××年××月××日，尚欠职工的工资和医疗、伤残补助、抚恤费用，应当划入职工个人账户的基本养老保险、基本医疗保险费用，以及法律、行政法规规定应当支付给职工的补偿金（以上统称职工债权）的总额为人民币××元（详见职工债权清单）。现根据《中华人民共和国企业破产法》第四十八条的规定，予以公示。公示日期至××××年××月××日止。

职工从公示之日起×日内对本公示所附清单记载的债权数额有异议的，可以要求管理人更正。

特此公示。

（管理人印鉴）

××××年××月××日

附：1. ×××（债务人名称）职工债权清单；
　　2. 管理人联系方式：_____。

说明：

一、本文书依据的法律是《中华人民共和国企业破产法》第四十八条之规定："债务人所欠职工的工资和医疗、伤残补助、抚恤费用，所欠的应当划入职工个人账户的基本养老保险、基本医疗保险费用，以及法律、行政法规规定应当支付给职工的补偿金，不必申报，由管理人调查后列出清单并予以公示。职工对清单记载有异议的，可以要求管理人更正；管理人不予更正的，职工可以向人民法院提起诉讼。"由管理人调查确认职工债权后，列出清单予以公示。

二、《中华人民共和国企业破产法》对职工债权清单的公示期未作规定，管理人可以根据案情需要、职工人数具体掌握。但公示期届满之后，职工对清单记载有异议的，仍可以要求管理人更正。规定公示期的意义，在于提示职工及时行使自己的异议权，提高破产案件的审理效率。

三、职工债权清单应当以表格形式逐一列明每位职工债权人的姓名、年龄、工作岗位、工作年限、企业欠费金额、性质及时期等具体情况。

文书样式 30

通 知 书
（回复职工对债权清单的异议用）

（××××）××破管字第×号

×××（职工姓名）：

你对（××××）×破管×字第×号公示所附的职工债权清单中有关×××（职工姓名）的××（欠款项目）所提异议材料收悉。

不予变更的情形下适用：

经管理人核实，认为＿＿＿＿＿＿列明不予变更的理由），故决定维持公示记载的债权金额，不予更正。如你对不予更正决定仍有异议的，可向受理本破产案件的人民法院提起诉讼。

准予变更的情形下适用：

经管理人核实，认为＿＿＿＿＿＿（列明同意变更或部分变更的理由），故决定变更公示记载的×××（职工姓名）债权，变更后金额为人民币××元。如你对变更决定仍有异议的，可向受理本破产案件的人民法院提起诉讼。

特此通知。

（管理人印鉴）
××××年××月××日

说明：

一、本文书依据的法律是《中华人民共和国企业破产法》第四十八条之规定，"职工对经公示的职工债权清单有异议的，可以要求管理人更正"。本文书系管理人对职工异议不予更正的书面答复，文书应直接送达提出异议的债务人职工。职工仍持异议的，可以向人民法院提起诉讼。由管理人向提出异议的职工发送。

二、职工提出的异议，可以针对本人的债权金额，也可以针对清单记载的其他职工的债权金额。

三、管理人对职工提出的异议，可以不予更正、部分更正或者准予更正。职工对管理人的决定仍然有异议的，可以向人民法院提起诉讼。

四、管理人对变更后的职工债权，应当予以重新公示。

文书样式 31

关于提请债权人会议核查债权的报告

（××××）××破管字第×号

×××（债务人名称）债权人会议：

　　××××人民法院于××××年××月××日作出（××××）×破字第×-×号决定书，指定×××担任×××（债务人名称）一案的管理人。

　　本案的债权申报期限经××××人民法院确定，自××××年××月××日起至××××年××月××日止。债权申报期限内，共有×户债权人申报×笔债权，申报的债权总额为人民币××元。其中，对债务人的特定财产享有担保权的债权共×户，总额为人民币××元；税收债权共×户，总额为人民币××元；普通债权共×户，总额为人民币××元。

　　管理人收到债权申报材料后，对申报的债权登记造册，并逐一进行了审查，审查后编制了债权表。

　　对编入债权表内的债权，管理人认为成立的共×户，总额为人民币××元。其中，对债务人的特定财产享有担保权的债权共×户，总额为人民币××元；税收债权共×户，总额为人民币××元；普通债权共×户，总额为人民币××元。

　　对编入债权表内的债权，管理人认为不成立的共×户，总额为人民币××元。其中，主张对债务人的特定财产享有担保权的债权共×户，总额为人民币××元；税收债权共×户，总额为人民币××元；普通债权共×户，总额为人民币××元。

　　另经管理人调查，职工债权共×笔，总额为人民币××元。

　　现根据《中华人民共和国企业破产法》第五十八条第一款之规定，将债权表提交第一次债权人会议核查。

　　特此报告。

（管理人印鉴）

××××年××月××日

附：1. 指定管理人的决定书复印件一份；
　　2. 债权申报登记册及债权表一份。

说明：

一、本文书依据的法律是《中华人民共和国企业破产法》第五十八条第一款之规定，"依照本法第五十七条规定编制的债权表，应当提交第一次债权人会议核查"。由管理人将编制的债权表提交第一次债权人会议核查。

二、申报的债权无论是否属于破产债权，均应当登记入册。管理人对申报的债权进行审查后编制债权表。

三、对管理人审查认为成立和不成立的债权，均应编入债权表，但应当予以分别记载。债权表应当列明债权的性质、金额、有无担保等具体情况。

文书样式 32

关于提请人民法院确认无异议债权的报告

（××××）××破管字第×号

××××人民法院：

根据《中华人民共和国企业破产法》第五十八条第一款之规定，本管理人于××××年××月××日将编制的债权表提交第一次债权人会议核查。同时，本管理人于××××年××月××日将编制的债权表送交债务人核对。经核查、核对，债权人、债务人对债权表中记载的共×笔债权无异议（详见无异议债权清单）。根据《中华人民共和国企业破产法》第五十八条第二款之规定，申请贵院裁定确认债权表记载的无异议债权。

特此报告。

（管理人印鉴）
××××年××月××日

附：1. 债权申报登记册及债权表各一份；
    2. 第一次债权人会议对债权表的核查结果；
    3. 债务人核对意见；
    4. 债权表中的无异议债权清单。

说明：

一、本文书依据的法律是《中华人民共和国企业破产法》第五十八条第二款之规定："债务人、债权人对债权表记载的债权无异议的，由人民法院裁定确认。"由管理人将债权表提请人民法院裁定确认。

二、管理人提请人民法院裁定确认的债权表,应当由第一次债权人会议核查表决通过。同时,应当事先送交债务人的原法定代表人或其他高级管理人员核对,听取债务人的意见。

三、债权人、债务人对债权表记载的债权均无异议的,管理人应当提请人民法院裁定确认无异议债权。

文书样式33

管理人执行职务的工作报告

（××××）××破管字第×号

×××（债务人名称）债权人会议：

×××（债务人名称）因_____（写明破产原因），×××（申请人名称/姓名）于××××年××月××日向××××人民法院提出对×××（债务人名称）进行重整/和解/破产清算的申请［债务人自行申请破产的,写×××（债务人名称）因_____（写明破产原因），于××××年××月××日向×××人民法院提出重整/和解/破产清算申请］。

×××人民法院于××××年××月××日作出（××××）×破（预）字第×-×号民事裁定书,裁定受理×××（债务人名称）重整/和解/破产清算,并于××××年××月××日作出（××××）×破字第×-×号决定书,指定×××担任管理人。

本管理人接受指定后,依据《中华人民共和国企业破产法》之规定,勤勉忠实地履行了管理人职责,现将有关执行职务的情况报告如下：

一、债务人/破产人（企业）的基本情况

1. 企业的设立日期、性质、住所地、法定代表人姓名；
2. 企业注册资本、出资人及出资比例；
3. 企业生产经营范围；
4. 企业员工状况；
5. 企业资产财务状况；
6. 企业目前状态。

二、执行职务的具体情况

（一）执行职务的准备工作

1. 管理人团队的组成情况；
2. 管理人内部规章制度的建立情况；
3. 聘请工作人员情况。

(二) 接管债务人财产的基本情况

1. 接管时间；
2. 财产接管状况；
3. 均未履行完毕的合同履行或者解除情况；
4. 需保留劳动关系的职工情况；
5. 需解除劳动合同的人员状况及安置方案、工资和补偿金数额。

(三) 债权申报登记工作情况

1. 债权申报的期间；
2. 登记的各类债权户数和总额；
3. 认为成立的各类债权户数和总额；
4. 认为不成立的各类债权户数和总额；
5. 职工债权笔数和总额；
6. 异议债权的基本情况。

(四) 债务人对外债权、投资的清收情况

1. 要求债务人的债务人或财产持有人清偿债务或者交付财产的情况；
2. 对外债权的清收情况及清收总额；
3. 对外投资、股权总额以及处置方式、权益收回的基本情况。

(五) 有关债务人的民事诉讼和仲裁情况

1. 民事诉讼与仲裁的案件数量、争议标的金额、程序进展等；
2. 有关债务人财产的保全措施解除情况；
3. 有关债务人财产的执行程序中止情况。

(六) 有关债务人财产的追收情况

1. 依据《企业破产法》第三十四条追回财产的情况；
2. 请求出资人补缴出资款的情况；
3. 追回高管非正常收入和侵占财产的情况；
4. 取回担保物的情况；
5. 取回在途买卖标的物的情况；
6. 权利人行使取回权、抵销权的情况。

(七) 管理人处分债务人财产的基本情况

1. 债务人财产评估情况；
2. 债务人财产的处置（包括拍卖、变卖情况）。

(八) 资产审计、评估工作情况

1. 聘请审计或评估机构专项审计或评估情况；
2. 对审计后资产、负债情况的确认。

三、接受债权人会议和债权人委员会监督的基本情况

......

特此报告。

（管理人印鉴）

××××年××月××日

附：相关报告材料

说明：

一、本文书依据的法律是《中华人民共和国企业破产法》第二十三条之规定："管理人应当列席债权人会议，向债权人会议报告职务执行情况，并回答询问。"由管理人递交债权人会议。

二、本文书应当详细列明管理人接受指定后，在工作准备、财产接管、债权债务清理、债权申报登记、财产处分等方面的职务执行情况。相关职务执行情况有具体报告的，应当作为本文书的附件一并递交债权人会议。

三、管理人处分债务人财产的行为系指《中华人民共和国企业破产法》第六十九条规定的行为。

文书样式34

关于×××（债务人名称）财产状况的报告

（××××）××破管字第×号

×××（债务人名称）债权人会议：

×××（债务人名称）因_____（写明破产原因），×××（申请人名称/姓名）于××××年××月××日向××××人民法院提出对×××（债务人名称）进行重整/和解/破产清算的申请［债务人自行申请破产的，写×××（债务人名称）因_____（写明破产原因），于××××年××月××日向××××人民法院提出重整/和解/破产清算申请］。××××人民法院于××××年××月××日作出（××××）×破（预）字第×-×号民事裁定书，裁定受理×××（债务人名称）重整/和解/破产清算，并于××××年××月××日作出（××××）×破字第×-×号决定书，指定×××担任管理人。

本管理人接受指定后，按照《中华人民共和国企业破产法》之规定，对×××（债务人名称）的财产状况进行了调查，现报告如下：

一、×××（债务人名称）基本情况

1. 企业的设立日期、性质、住所地、法定代表人姓名；
2. 企业注册资本、出资人及出资比例；
3. 企业生产经营范围；
4. 企业目前状态。

二、×××（债务人名称）的资产、负债及相关情况

列明×××（债务人名称）截至××××年××月××日的财产总额，并附财产清单。（委托审计机构审计的，列明审计情况）

三、关联方关系及其往来余额

列明关联企业名称及与×××（债务人名称）的关系，并列明往来款科目、余额和性质。

四、其他事项

（一）双方当事人均未履行完毕的合同

列明合同名称、订立日期、合同金额、合同履行状态等情况。

（二）影响债务人财产变现能力的情况

列明财产的状况、保管费用、变现障碍等情况。

（三）其他债务人财产可能出现增减的情况

列明管理人行使撤销权、确认无效、追缴注册资本、行使抵销权等情况。

特此报告。

（管理人印鉴）

××××年××月××日

附：财产清单

说明：

一、本文书依据的法律是《中华人民共和国企业破产法》第二十五条之规定："管理人履行下列职责：……（二）调查债务人财产状况，制作财产状况报告。"由管理人调查债务人财产状况后所制作，并递交债权人会议。

二、本文书应当附财产明细清单。

文书样式 35

关于×××（债务人名称）财产管理方案的报告

（××××）××破管字第×号

×××（债务人名称）债权人会议：

×××（债务人名称）因_____（写明破产原因），×××（申请人名称/姓名）于××××年××月××日向××××人民法院提出对×××（债务人名称）进行重整/和解/破产清算的申请［债务人自行申请破产的，写×××（债务人名称）因_____（写明破产原因），于××××年××月××日向××××人民法院提出重整/和解/破产清算申请］。

×××人民法院于××××年××月××日作出（××××）×破字第×－×号决定书，指定×××担任管理人。

本管理人接受指定后，于××××年××月××日接管了债务人财产，现提交《债务人财产管理方案》供债权人会议审议。

一、债务人财产的接管

（一）接管的具体步骤

列明接管的时间、措施；制定的接收方案；包括交付财产通知、接管通知、《接管清单》等在内的各类接管文件。

（二）接管的债务人财产及资料汇总

1. 固定资产和实物资产

2. 无形资产

3. 有价证券

4. 尚未履行完毕的合同

5. 债务人的诉讼、仲裁案件的材料

6. 财产权属证书

7. 印章、证照

8. 财务账册、银行存款凭证等财务资料

9. 债务人银行账户资料

10. 人事档案

11. 文书档案

12. 其他接管的财产

（三）未接管债务人财产及资料总汇

列明财产清单及未接管原因。

二、债务人财产的管理

（一）对接管财产的管理措施

1. 列明各项有关债务人财产管理的规章制度，例如：《债务人财产保管和使用办法》《债务人印章和资料的保管和使用办法》《债务人财务收支管理办法和标准》等；

2. 列明债务人财产、账簿、文书、资料的保管措施；

3. 列明债务人财产的安全保卫措施。

（二）未接管财产的追回措施

列明未接管财产的追回方案。

特此报告。

（管理人印鉴）

××××年××月××日

附：1.《财产接管清单》《财产状况报告》等材料；
　　2. 各类财产管理的规章制度。

说明：

一、本文书依据的法律是《中华人民共和国企业破产法》第六十一条第一款第八项之规定，由管理人向债权人会议提交。

二、本文书应当列明财产接管的具体情况，财产接管后的保管、处分等管理制度和措施，以及对未接管财产如何进一步接管，或者如何追回被他人占有的债务人财产的具体方案。

文书样式36

通 知 书

（通知召开债权人会议用）

（××××）××破管字第×号

×××（债权人名称/姓名）：

×××（债务人名称）因_____（写明破产原因），×××（申请人名称/姓名）于××××年××月××日向××××人民法院提出对×××（债务人名称）进行重整/和解/破产清算的申请［债务人自行申请破产的，写×××（债务人名称）因_____（写明破产原因），于××××年××

月××日向××××人民法院提出重整/和解/破产清算申请]。

××××人民法院于××××年××月××日作出（××××）×破字第×－×号决定书，指定×××担任管理人。

现经××××人民法院决定（或经债权人会议主席决定），定于××××年××月××日××时在××（会议召开地点）召开×××（债务人名称）破产一案第×次债权人会议，就＿＿＿＿＿＿事项（概述会议议题，详见附件）进行表决，请你公司/你准时参加。

参会人员须提交下列证件：

1. 债权人系自然人的，提交身份证原件和复印件；

2. 债权人是机构（单位）的，提交营业执照副本原件和复印件，以及法定代表人的身份证原件和复印件；

3. 委托他人出席的，提交授权委托书及委托代理人身份证原件和复印件。

特此通知。

（管理人印鉴）

××××年××月××日

附：1. 债权人会议议程；
　　2. 债权人会议议题清单。

说明：

一、本文书依据的法律是《中华人民共和国企业破产法》第六十三条之规定："召开债权人会议，管理人应当提前十五日通知已知的债权人。"由管理人通知债权人参加债权人会议时用。

二、根据《中华人民共和国企业破产法》第六十二条之规定，第一次债权人会议由人民法院召集，以后的债权人会议由人民法院认为必要时决定召开，或者由债权人会议主席收到提议后决定召开。

三、会议通知内容应当注明参加债权人会议应当携带的身份证明材料，并介绍会议主要议题。

文书样式 37

关于提议召开债权人会议的报告

（××××）××破管字第×号

×××（债务人名称）债权人会议主席：

　　现因_____（列明具体原因），本管理人根据《中华人民共和国企业破产法》第六十二条第二款之规定，提议于××××年××月××日召开第×次债权人会议，就以下事项进行表决：

　　_____（列明提请债权人会议表决的议题名称）；

　　……

　　特此报告。

（管理人印鉴）

××××年××月××日

说明：

　　一、本文书依据的法律是《中华人民共和国企业破产法》第六十二条第二款之规定："（第一次债权人会议）以后的债权人会议，在人民法院认为必要时，或者管理人、债权人委员会、占债权总额四分之一以上的债权人向债权人会议主席提议时召开。"由管理人向债权人会议主席提交。

　　二、报告应当列明提请债权人会议表决的议题。

文书样式 38

关于提请人民法院裁定××方案的报告
（提请人民法院裁定债权人会议表决未通过方案用）

（××××）××破管字第×号

××××人民法院：

　　经一次表决的：

　　根据《中华人民共和国企业破产法》第六十一条第一款之规定，本管理人于××××年××月××日将《债务人财产管理方案》/《破产财产变价方案》提交第×次债权人会议表决，因_____（列明未获通过的理由），方案未获通过。现根据《中华人民共和国企业破产法》第六十五条第一款之规定，提请贵院裁定认可《债务人财产管理方案》/《破产财产变价方案》。

经二次表决的：

根据《中华人民共和国企业破产法》第六十一条第一款之规定，本管理人于××××年××月××日将《破产财产分配方案》提交第×次债权人会议表决，因＿＿＿＿＿＿＿＿（列明未获通过的理由），方案未获通过。根据《中华人民共和国企业破产法》第六十五条第二款之规定，本管理人又于××××年××月××日将《破产财产分配方案》提交第×次债权人会议二次表决，仍未获通过。现根据《中华人民共和国企业破产法》第六十五条第二款之规定，提请贵院裁定认可《债务人财产管理方案》/《破产财产变价方案》。

特此报告。

（管理人印鉴）

××××年××月××日

附：1. 提交表决的《债务人财产管理方案》《破产财产变价方案》或《破产财产分配方案》；
　　2. 债权人会议表决记录及结果。

说明：

一、本文书依据的法律是《中华人民共和国企业破产法》第六十五条第一款和第二款之规定："本法第六十一条第一款第八项、第九项所列事项，经债权人会议表决未通过的，由人民法院裁定。""本法第六十一条第一款第十项所列事项，经债权人会议二次表决仍未通过的，由人民法院裁定。"由管理人将有关债权人会议表决未通过的方案提请人民法院裁定。

二、《中华人民共和国企业破产法》第六十一条第一款第八项所列事项为"通过债务人财产的方案"，第九项所列事项为"通过破产财产的变价方案"，第十项所列事项为"通过破产财产的分配方案"。

二、破产清算程序用文书

文书样式39

关于提请债权人会议审议破产财产变价方案的报告

（××××）××破管字第×号

×××（破产人名称）债权人会议：

　　×××（破产人名称）因＿＿＿＿＿＿（写明破产原因），××××人民法院于××××年××月××日作出（××××）×破字第×－×号民事裁定书，宣告×××（破产人名称）破产。

　　现根据《中华人民共和国企业破产法》第一百一十一条之规定，拟订《×××（破产人名称）破产财产变价方案》，提交债权人会议审议表决。

　　特此报告。

（管理人印鉴）

××××年××月××日

附：《×××（破产人名称）破产财产变价方案》

说明：

　　本文书依据的法律是《中华人民共和国企业破产法》第一百一十一条之规定，由管理人提交债权人会议审议。

文书样式40

《×××（破产人名称）破产财产变价方案》

（××××）××破管字第×号

　　一、变价原则

　　阐述本方案确定的财产变价原则。

二、破产财产状况

分别列明经审计、评估的破产人货币（有价证券）资金、应收账款和预付账款、对外债权、对外投资、存货、固定资产、无形资产等各类破产财产的状况。

三、破产财产变价方案

分别列明各类破产财产的处置措施：

（一）对外债权、对外投资的处置

1. 经调查后发现确无追回可能或追收成本大于债权本身的，报请债权人委员会审议，予以核销处理。

2. 破产人的债务人已破产的，依法申报债权。

3. 其他对外债权、投资的处置方案。

（二）存货、固定资产、无形资产的处置

一般采取拍卖方式进行变价。需要采取拍卖方式之外的变价措施的，列明相应的变价措施。

（三）其他破产财产的处置

四、变价预备措施

对拟公开拍卖财产遭遇流拍时的预备处置措施。

五、设定担保权的特定财产的变价处置方案

说明：

一、本文书依据的法律是《中华人民共和国企业破产法》第一百一十一条之规定，由管理人拟订后提交债权人会议审议。

二、本文书须重点反映各类破产财产的价值、可变价状况，以及相应的变价原则和变价措施。

三、破产人为国有企业的，破产财产变价措施应当符合国有资产管理的相关规定。

四、货币和有价证券类之外的资产，变价措施一般应当采取拍卖方式。

五、依照《中华人民共和国企业破产法》第十章之规定，设定担保权的破产人特定财产不纳入破产财产范围，但为全面反映破产人财产的变价情况，可以在《破产财产变价方案》中附带列明特定财产的变价处置情况。

文书样式 41

关于提请债权人会议审议破产财产分配方案的报告

（××××）××破管字第×号

×××（破产人名称）债权人会议：

根据××××年××月××日第×次债权人会议表决通过的《×××（破产人名称）破产财产变价方案》，在法院的监督、指导下，本管理人已完成对破产财产的变价工作。现根据《中华人民共和国企业破产法》第一百一十五条之规定，拟订《×××（破产人名称）破产财产分配方案》，提交债权人会议审议表决。

特此报告。

（管理人印鉴）

××××年××月××日

附：《×××（破产人名称）破产财产分配方案》

说明：

本文书依据的法律是《中华人民共和国企业破产法》第一百一十五条之规定，由管理人提交债权人会议审议。

文书样式 42

《×××（破产人名称）破产财产分配方案》

（××××）××破管字第×号

一、参加破产财产分配的债权情况

简述参加破产财产分配的债权人人数、各类债权总额等基本情况。另行制作《参与分配债权人表》，详细列明参与分配的债权人名称或者姓名、住所、债权性质与债权额等情况。

二、可供分配的破产财产总额

分别列明货币财产和非货币财产的变价额。直接分配非货币财产的，列明非货币财产的估价额。

三、破产财产分配的顺序、比例和数额

（一）破产费用和共益债务的清偿情况

列明各项破产费用和共益债务的数额，包括已发生的费用和未发生但需预留的费用。人民法院最终确定的管理人报酬及收取情况须特别列明。

（二）破产债权的分配

列明剩余的可供分配破产债权的破产财产数额，依《中华人民共和国企业破产法》第一百一十三条规定的顺序清偿。分别列明每一顺序债权的应清偿额、分配额、清偿比例等。

四、破产财产分配实施办法

（一）分配方式

一般以货币方式进行分配，由管理人根据各债权人提供的银行账号，实施转账支付，或者由债权人领取。

（二）分配步骤

列明分配次数和时间，拟实施数次分配的，应当说明实施数次分配的理由。

（三）分配提存

列明破产财产分配额提存的情况，以及提存分配额的处置方案。

五、特定财产清偿方案

（一）对特定财产享有担保权的债权情况

（二）可供清偿的特定财产总额

列明特定财产的变价总额。

（三）特定财产清偿方案

特定财产的清偿方案。特定财产不足分配所有担保债权的，还应列明未受偿的担保债权数额。

附：《破产债权清偿分配明细表》

说明：

一、本文书依据的法律是《中华人民共和国企业破产法》第一百一十五条之规定，由管理人拟订后提交债权人会议审议。

二、本文书应当列明不同破产财产的变价情况，以及不同清偿顺位债权人的分配额。破产财产的分配原则上应当以货币分配方式进行，但对于无法变价或者不宜变价的非货币财产，经债权人会议决议同意，可以进行实物分配。

三、未发生但需预留的破产费用包括分配公告费用、破产程序终结后的档案保管费用等。

四、根据《最高人民法院关于审理企业破产案件确定管理人报酬的规定》第十条之规定，最终确定的管理人报酬及收取情况，应当列入破产财产分配方案。

五、依照《中华人民共和国企业破产法》第十章之规定，设定担保权的破产人特定财产不纳入破产财产范围，但为全面反映破产人财产的分配情况，可以在《破产财产分配方案》中附带列明特定财产的清偿处置情况。

文书样式 43

关于提请人民法院裁定认可破产财产分配方案的报告

（××××）××破管字第×号

××××人民法院：

　　本管理人拟订的《×××（破产人名称）破产财产分配方案》已由××××年××月××日第×次债权人会议表决通过。现根据《中华人民共和国企业破产法》第一百一十五条第三款之规定，提请贵院裁定认可。

　　特此报告。

（管理人印鉴）
××××年××月××日

　　附：1.《×××（破产人名称）破产财产分配方案》；
　　　　2. 债权人会议表决结果。

说明：

　　本文书依据的法律是《中华人民共和国企业破产法》第一百一十五条第三款之规定："债权人会议通过破产财产分配方案后，由管理人将该方案提请人民法院裁定认可。"由管理人提请人民法院裁定认可。

文书样式44

公 告
（破产财产中间分配用）

（××××）××破管字第×号

×××（破产人名称）债权人：

  《×××（破产人名称）破产财产分配方案》已于××××年××月××日经第×次债权人会议表决通过，并于××××年××月××日经××××人民法院（××××）×破字第×-×号民事裁定书裁定认可，现根据《中华人民共和国企业破产法》第一百一十六条之规定，由本管理人执行。

  ×××（破产人名称）破产财产共实施×次分配，本次分配为第×次分配，确定于××××年××月××日实施（列明分配实施方法），本次分配总额为人民币××元，其中，……（列明不同清偿顺序债权的分配总额）。

  另有分配额人民币××元，因＿＿＿＿＿＿（列明提存原因），暂予以提存。

  特此公告。

（管理人印鉴）
××××年××月××日

说明：

  一、本文书依据的法律是《中华人民共和国企业破产法》第一百一十六条之规定，由管理人在对实施多次分配方案的中间分配时发布。

  二、公告应当列明实施分配的方法。实施分配款项集中发放的，应当列明分配地点、分配时间、款项领取手续等；实施分配款项转账发放的，应当列明转账时间、款项受领条件等。

  三、公告应当列明不同清偿顺序债权的分配总额。例如欠付职工工资、医疗、伤残补助、抚恤费用及应当划入职工个人账户的基本养老保险、基本医疗保险费用与应当支付的补偿金的分配总额为人民币××元；欠缴的其他社会保险费用和税收的分配总额为人民币××元；普通债权的分配总额为人民币××元。

  四、分配额暂予以提存的，公告应当载明提存情况。

  五、公告应当发布于当地有影响的媒体。

文书样式 45

公 告
（破产财产最后分配用）

（××××）××破管字第×号

×××（破产人名称）债权人：

　　《×××（破产人名称）破产财产分配方案》已于××××年××月××日经第×次债权人会议表决通过，并于××××年××月××日经××××人民法院（××××）×破字第×-×号民事裁定书裁定认可，现根据《中华人民共和国企业破产法》第一百一十六条之规定，由本管理人执行。

　　根据《×××（破产人名称）破产财产分配方案》确定的分配步骤，×××（破产人名称）破产财产实施×次分配，本次分配为最后分配〔或者：×××（破产人名称）破产财产实施一次分配，本次分配即为最后分配〕，确定于××××年××月××日实施（列明分配实施方法）。

　　最后分配的分配总额为人民币××元，其中，……（列明不同清偿顺序债权的分配总额）。

　　对附生效条件或者解除条件的债权提存分配额的处置：

　　在本次分配前，管理人对附生效条件/解除条件的共计人民币××元的债权分配额进行了提存。在本次分配公告日，分配额共计人民币××元的债权的生效条件仍未成就（或者解除条件已经成就），根据《中华人民共和国企业破产法》第一百一十七条第二款之规定，提存的分配额应当分配给其他债权人；分配额共计人民币××元的债权的生效条件已经成就（或者解除条件仍未成就），根据《中华人民共和国企业破产法》第一百一十七条第二款之规定，提存的分配额应当交付给相应债权人。

　　对未受领的分配额的提存：

　　对本次分配前债权人未受领的破产财产分配额，以及本次分配债权人未受领的破产财产分配额，管理人将予以提存。债权人自本次公告之日起满二个月仍不领取的，视为放弃受领分配的权利，提存的分配额将根据《中华人民共和国企业破产法》第一百一十九条之规定，分配给其他债权人。

　　对诉讼或者仲裁未决的债权分配额的提存：

　　分配额共计人民币××元的债权，因在本次分配公告日涉及债权确认的相关诉讼/仲裁尚未终结，根据《中华人民共和国企业破产法》第一百一十九条之规定，管理人将分配额提存。自破产程序终结之日起满二年仍不能受领分配的，将由××××人民法院分配给其他债权人。

特此公告。

（管理人印鉴）

××××年××月××日

说明：

一、本文书依据的法律是《中华人民共和国企业破产法》第一百一十六条、第一百一十七条之规定，由管理人在对破产财产实施最后分配时发布。

二、公告应当列明实施分配的方法，实施分配款项集中发放的，应当列明分配地点、分配时间、款项领取手续等；实施分配款项转账发放的，应当列明转账时间、款项受领条件等。

三、公告应当载明不同清偿顺序债权的分配总额。例如欠付职工工资、医疗、伤残补助、抚恤费用及应当划入职工个人账户的基本养老保险、基本医疗保险费用与应当支付的补偿金的分配总额为人民币××元；欠缴的其他社会保险费用和税款的分配总额为人民币××元；普通债权的分配总额为人民币××元。

四、公告还应当载明提存分配额的最后分配情况。

五、公告应当发布于当地有影响的媒体。

文书样式46

关于破产财产分配执行情况的报告

（××××）××破管字第×号

××××人民法院：

根据你院（××××）×破字第×-×号民事裁定书裁定认可的《×××（破产人名称）破产财产分配方案》，本管理人已于××××年××月××日将破产财产全部分配完结，现将分配情况报告如下：

一、可供分配的破产财产总额

列明最终可供分配的破产财产总额。

二、已经分配的破产财产

分别列明对破产人特定财产享有优先受偿权的债权；破产费用和共益债务；《中华人民共和国企业破产法》第一百一十三条规定的债权等不同清偿对

象的分配总额和支付情况。
具体的债权清偿金额详见附表《×××（破产人名称）破产财产分配表》。

三、提存的分配额及拟处置意见

列明未受领的破产财产分配额与因诉讼或者仲裁未决的债权分配额的提存情况。

具体的提存分配额详见附表《×××破产财产提存分配额情况表》。

四、特定财产清偿处置情况

特此报告。

（管理人印鉴）

××××年××月××日

附：1.《×××（破产人名称）破产财产分配表》；
　　2.《×××（破产人名称）破产财产提存分配额情况表》。

说明：

一、本文书依据的法律是《中华人民共和国企业破产法》第一百二十条之规定："管理人在最后分配完结后，应当及时向人民法院提交破产财产分配报告。"由管理人制作后提交人民法院。

二、破产财产分配报告应当根据破产财产清偿对象的不同，分别列明分配总额及支付情况。设定担保权的特定财产分配情况应当单独列明；《中华人民共和国企业破产法》第一百一十三条规定的三类债权应当分别列明。债权分配总额为零的，亦应当予以注明。例如破产费用分配总额为××元，实际支付××元；普通债权分配总额为××元，实际支付××元。

三、分配报告还应当列明分配额提存的情况。

文书样式 47

关于提请人民法院裁定终结破产程序的报告
（无财产可供分配用）

（××××）××破管字第×号

××××人民法院：

　　贵院于××××年××月××日作出（××××）×破字第×-×号民事裁定书，裁定宣告×××（破产人名称）破产。现经管理人调查，×××（破产人名称）在偿付破产费用和共益债务后，无可供分配的破产财产，根据《中华人民共和国企业破产法》第一百二十条第一款之规定，管理人请求法院裁定终结×××（破产人名称）的破产程序。

　　特此报告。

（管理人印鉴）

××××年××月××日

附：1. 破产费用和共益债务清偿报告；
　　2. 破产人财产状况报告。

说明：

　　一、本文书依据的法律是《中华人民共和国企业破产法》第一百二十条第一款之规定："破产人无财产可供分配的，管理人应当请求人民法院裁定终结破产程序。"由管理人发现破产人无财产可供分配时，向人民法院提交。

　　二、管理人在请求人民法院裁定终结破产程序时，应当附破产人的财产状况报告，证明破产人确无可供分配的财产。

　　三、破产人无财产可供分配，是指破产人以特定财产清偿担保债权，破产财产清偿破产费用和共益债务之后，无其他财产可供分配。破产财产不足清偿破产费用的，则应当依照《中华人民共和国企业破产法》第四十三条第四款之规定，提请法院终结破产程序。

文书样式 48

关于提请人民法院裁定终结破产程序的报告
（最后分配完结用）

（××××）××破管字第×号

××××人民法院：

　　贵院于××××年××月××日作出（××××）×破字第×-×号民事裁定书，裁定宣告×××（破产人名称）破产，并于××××年××月××日裁定认可《×××（破产人名称）破产财产分配方案》。

　　现破产财产分配方案已执行完毕，最后分配已完结。根据《中华人民共和国企业破产法》第一百二十条第二款之规定，管理人提请贵院裁定终结×××（破产人名称）的破产程序。

　　特此报告。

（管理人印鉴）
××××年××月××日

附：破产财产分配执行情况的报告

说明：

　　一、本文书依据的法律是《中华人民共和国企业破产法》第一百二十条第二款之规定："管理人在最后分配完结后，提请人民法院裁定终结破产程序。"由管理人在最后分配完结后，向人民法院提出。

　　二、提请裁定终结破产程序时，应当附破产财产分配执行情况报告。

文书样式 49

关于管理人终止执行职务的报告

（××××）××破管字第×号

××××人民法院：

××××年××月××日，贵院作出（××××）×破字第×-×号民事裁定书，裁定终结×××（破产人名称）的破产程序，管理人职务已全部执行完毕，现将有关情况报告如下：

一、破产财产的分配情况

简述破产财产的分配情况。无财产可供分配的，附破产人财产状况报告；最后分配完结的，附破产财产分配报告。

二、破产程序终结后的职务执行情况

说明破产程序终结后，管理人办理破产人工商、税务等注销登记手续的情况。

三、无未决诉讼或者仲裁的情况

说明破产人无未决诉讼或者仲裁程序。

四、档案移交保管情况

综上，根据《中华人民共和国企业破产法》第一百二十二条之规定，管理人依法终止执行管理人职务。

特此报告。

（管理人印鉴）

××××年××月××日

说明：

一、本文书依据的法律是《中华人民共和国企业破产法》第一百二十二条之规定："管理人办理注销登记完毕后申请终止执行职务。"由管理人终止执行职务时向人民法院报告。

二、报告主要列明破产程序终结情况，以及程序终结后管理人执行职务的情况，并说明无存在诉讼或者仲裁未决的情况。

三、重整程序用文书

文书样式 50

通　知　书
（重整期间决定是否同意取回财产用）

（××××）××破管字第×号

×××（要求取回财产的申请人名称/姓名）：

同意取回时适用：

你公司/你关于要求取回＿＿＿＿＿＿（取回标的物的名称、数量）的申请收悉。经本管理人审核，债务人占有上述财产时约定，＿＿＿＿＿＿（列明关于取回条件的约定）。因此，你公司/你的申请符合事先约定的条件，根据《中华人民共和国企业破产法》第七十六条的规定，同意你公司/你取回上述财产。

你公司/你可于接到本通知书之日起×日内，向本管理人接洽办理上述财产的取回手续。

不同意取回时适用：

你公司/你关于要求取回＿＿＿＿＿＿（取回标的物的名称、数量）的申请收悉。经本管理人审核，债务人占有上述财产已约定，＿＿＿＿＿＿（列明关于取回条件的约定）。现因＿＿＿＿＿＿（列明相应情形），故你公司/你的申请不符合事先约定的条件，根据《中华人民共和国企业破产法》第七十六条的规定，管理人不同意你公司/你取回上述财产。

如对管理人的上述决定有异议，你公司/你可于接到本通知书之日起×日内向本管理人提出，并附相关证据，配合管理人核实。

特此通知。

（管理人印鉴）

××××年××月××日

附：债务人占有财产时关于取回条件约定的证据材料

说明：

一、本文书依据的法律是《中华人民共和国企业破产法》第七十六条之规定："债务人合法占有他人财产的，该财产的权利人在重整期间要求取回的，应当符合事先约定的条件。"由管理人向提出取回申请的财产权利人发送。

二、财产权利人请求取回财产的，应当符合事先约定的条件。因此，本文书应当列明双方事先关于取回财产的约定条件。

文书样式51

关于提请人民法院终止重整程序的报告

（××××）××破管字第×号

××××人民法院：

贵院于××××年××月××日作出（××××）×破（预）字第×-×号民事裁定书，裁定债务人×××（债务人名称）重整。重整期间，管理人发现×××（债务人名称）存在下列情形，导致重整程序无法继续进行：

1. ＿＿＿＿＿＿；
2. ＿＿＿＿＿＿；
……

根据《中华人民共和国企业破产法》第七十八条之规定，管理人申请贵院依法裁定终止×××（债务人名称）的重整程序，并宣告×××（债务人名称）破产。

特此报告。

（管理人印鉴）

××××年××月××日

附：重整程序无法继续进行的证据材料

说明：

一、本文书依据的法律是《中华人民共和国企业破产法》第七十八条之规定，由管理人发现重整债务人发生第七十八条规定的三种情形之一的，请求法院裁定终止重整程序，并宣告债务人破产。

二、本文书应当列明导致重整程序无法继续进行的具体情形。例如，重整债务人经营状况和财产状况继续发生恶化的，应当列明恶化的具体程度，并附相关的证据材料。

文书样式 52

关于提请审议重整计划草案的报告

（××××）××破管字第×号

提交人民法院的：

××××人民法院：

　　贵院于××××年××月××日以（××××）×破（预）字第×－×号民事裁定书，裁定×××（债务人名称）重整，并于××××年××月××日作出（××××）×破字第×－×号决定书，指定××担任管理人。

　　本管理人接受指定后，负责管理×××（债务人名称）财产和营业事务。根据《中华人民共和国企业破产法》第八十条第二款之规定，管理人起草了《×××（债务人名称）重整计划草案》，现提交贵院，请贵院召开债权人会议，对重整计划草案进行表决。

提交债权人会议的：

×××（债务人名称）债权人会议：

　　××××人民法院于××××年××月××日以（××××）×破（预）字第×－×号民事裁定书，裁定×××（债务人名称）重整，并于××××年××月××日作出（××××）×破字第×－×号决定书，指定××担任管理人。

　　本管理人接受指定后，负责管理×××（债务人名称）财产和营业事务。根据《中华人民共和国企业破产法》第八十条第二款之规定，管理人起草了《×××（债务人名称）重整计划草案》，现提交债权人会议审议表决。

　　特此报告。

（管理人印鉴）

××××年××月××日

附：重整计划草案及说明各一份

×××（债务人名称）重整计划草案

　　一、债务人基本情况
　　二、重整计划草案起草的过程和可行性分析

简述重整计划草案起草的前期过程，重点分析重整计划草案实施的可行性。

三、重整计划草案的框架和主要内容

（一）债务人的经营方案

简述经营团队组成、经营计划、经营计划的可行性分析、经营目标等。

（二）债权分类和调整方案

简述经法院裁定确认的债权核查情况，并按债权类别介绍各类债权的金额和调整方案，说明债权调整的理由和实施途径。

（三）出资人权益调整方案

简述出资人情况及出资比例，介绍出资人权益调整方案，说明调整的理由和实施途径。

（四）债权受偿方案

简述各类债权的受偿途径和比例，并须特别说明如果不重整而直接进行破产清算的债权的可能受偿比例。

（五）重整计划的执行期限

说明确定重整计划执行期限的理由。

（六）重整计划执行的监督期限

说明重整计划执行监督措施及确定重整计划执行监督期限的理由。

（七）有利于债务人重整的其他方案

四、重整计划草案的重点与难点

突出说明重整计划实施中的重点与难点，介绍解决的方案和途径，以及重整计划实施过程中需要进一步工作的内容。

说明：

一、本文书依据的法律是《中华人民共和国企业破产法》第七十九条、第八十条第一款之规定，由管理人制作后同时向受理破产案件的人民法院和债权人会议提交。

二、根据《中华人民共和国企业破产法》第八十条第一款之规定，管理人负责管理财产和营业事务的，由管理人制作重整计划草案；债务人自行管理财产和营业事务的，由债务人制作重整计划草案。

三、根据《中华人民共和国企业破产法》第八十四条之规定，人民法院应当自收到重整计划草案之日起三十日内召开债权人会议，对重整计划草案进行表决。

四、本文书应当附重整计划草案及说明，就一些重要问题，例如债权调整、出资人利益调整、重整后的经营方案等作出说明。

文书样式 53

关于申请延期提交重整计划草案的报告

（××××）××破管字第×号

××××人民法院：

贵院于××××年××月××日以（××××）×破（预）字第×-×号民事裁定书，裁定×××（债务人名称）重整，并于××××年××月××日作出（××××）×破字第×-×号决定书，指定××担任管理人。

本管理人接受指定后，负责管理×××（债务人名称）财产和营业事务，并就重整计划草案的制作进行了充分研究。现管理人无法在贵院裁定重整之日起六个月内（即××××年××月××日前）按期提交重整计划草案，理由如下：

1. _____；
2. _____；
……

现根据《中华人民共和国企业破产法》第七十九条第二款之规定，请求贵院裁定延期×个月，至××××年××月××日前提交重整计划草案。

特此报告。

（管理人印鉴）

××××年××月××日

说明：

一、本文书依据的法律是《中华人民共和国企业破产法》第七十九条第二款之规定："前款规定的（重整计划草案提交）期限届满，经债务人或者管理人请求，有正当理由的，人民法院可以裁定延期三个月。"由管理人向人民法院提交。

二、管理人应当向法院说明申请延期提交重整计划草案的正当理由，申请延长的期限最长不得超过三个月。

文书样式 54

关于提请人民法院裁定批准重整计划的报告
（请求批准经债权人会议表决通过的重整计划用）

（××××）××破管字第×号

××××人民法院：

　　贵院受理的×××（债务人名称）重整一案，于××××年××月××日召开了第×次债权人会议。债权人会议依照债权分类对重整计划草案进行了分组表决（重整计划草案涉及出资权益调整的：并设出资人组进行了表决），各表决组均表决通过了重整计划草案。

　　根据《中华人民共和国企业破产法》第八十六条之规定，管理人现提请贵院裁定批准该重整计划。

　　特此报告。

（管理人印鉴）
××××年××月××日

附：1. 重整计划草案；
　　2. 债权人会议及出资人会议各表决组表决结果。

说明：

　　一、本文书依据的法律是《中华人民共和国企业破产法》第八十六条之规定："各表决组均通过重整计划草案时，重整计划即为通过。自重整计划通过之日起十日内，债务人或者管理人应当向人民法院提出批准重整计划的申请。"由管理人在各表决组通过重整计划草案后向人民法院提交。

　　二、重整计划草案涉及出资人权益调整事项的，重整计划草案还应当经过出资人表决组通过。

　　三、本文书应当附重整计划草案和表决结果。表决结果应当经债权人会议主席或者债权人代表签字确认。

文书样式 55

关于提请人民法院裁定批准重整计划草案的报告
（请求批准经债权人会议表决未通过
的重整计划草案用）

（××××）××破管字第×号

××××人民法院：

　　贵院受理的×××（债务人名称）重整一案，于××××年××月××日召开了第×次债权人会议。债权人会议依照债权分类对重整计划草案进行了分组表决（重整计划草案涉及出资权益调整的：并设出资人组进行了表决）。经表决，×××表决组通过了重整计划草案，×××表决组未通过重整计划草案。经债务人（或管理人）与表决未通过的×××表决组协商，×××表决组拒绝再次表决（或于××××年××月××日再次表决后，仍未通过重整计划草案）。

　　管理人认为，重整计划草案符合法院批准的条件，理由如下：

　　1. _____；
　　2. _____；
　　……

　　综上，根据《中华人民共和国企业破产法》第八十七条第二款之规定，提请贵院裁定批准该重整计划草案。

　　特此报告。

（管理人印鉴）

××××年××月××日

附：1. 重整计划草案；
　　2. 各表决组第一次表决结果；
　　3. ×××表决组拒绝再次表决文件或再次表决结果；
　　4. 重整计划草案符合法院强制批准的相关证据材料。

说明：

　　一、本文书依据的法律是《中华人民共和国企业破产法》第八十七条第二款之规定，由管理人在重整计划草案经两次表决未通过，提请法院批准时提交。
　　二、报告应当详细阐述重整计划草案符合法院强制批准条件的理由。
　　三、报告应当附各表决组表决结果。

文书样式 56

关于重整计划执行情况的监督报告

（××××）××破管字第×号

××××人民法院：

贵院于××××年××月××日以（××××）×破（预）字第×－×号民事裁定书，裁定×××（债务人名称）重整，并于××××年××月××日作出（××××）×破字第×－×号民事裁定书，裁定批准×××（债务人名称）的重整计划（或者重整计划草案）。

依据《中华人民共和国企业破产法》第九十条之规定，管理人对债务人重整计划的执行情况进行了监督，＿＿＿＿＿＿（简述监督期内，管理人采取的监督措施及债务人接受监督的情况）。根据重整计划的规定，监督期已于××××年××月××日届满。现管理人将债务人执行重整计划的相关情况报告如下：

一、重整计划的基本情况

简述重整案件的受理日期、重整计划的批准情况、批准日期、执行期限、监督期限等。

二、重整计划执行情况

（一）重整计划的主要内容

（二）重整计划各部分内容的具体执行情况

列明经营方案、债权调整及受偿、出资人权益调整，以及其他重整方案的执行情况。未能执行或者未执行完毕的，应当说明理由及解决方案。

三、债务人的经营状况

简述债务人在重整期间的经营状况，包括：债务人的资产负债、销售（营业）额、成本、税后净利润、现金流量值等经营指标。反映债务人在重整前后的经营状况变化。

四、监督期满后债务人执行重整计划的建议

如果监督期限届满重整计划未执行完毕的，管理人可对监督期满后债务人继续执行重整计划提出建议。

特此报告。

（管理人印鉴）

××××年××月××日

附：1. 重整计划；
　　2. 债务人重整计划执行情况报告；
　　3. 债务人经营状况报告。

说明：

　　一、本文书依据的法律是《中华人民共和国企业破产法》第九十条第一款、第九十一条第一款之规定，由管理人在重整计划执行监督期满后，报告人民法院。

　　二、本文书应当列明债务人执行重整计划的情况，以及重整计划执行的效果。

　　三、监督期限届满，重整计划未执行完毕的，管理人可以对债务人继续执行重整计划提出建议。

文书样式57

关于申请延长重整计划执行监督期限的报告

（××××）××破管字第×号

××××人民法院：

　　贵院于××××年××月××日以（××××）×破（预）字第×-×号民事裁定书，裁定×××（债务人名称）重整，并于××.××年××月××日作出（××××）×破字第×-×号民事裁定书，裁定批准重整计划（或者重整计划草案），重整计划执行期限自××××年××月××日起至××××年××月××日止；重整计划执行监督期限自××××年××月××日起至××××年××月××日止。

　　重整计划执行监督期内，管理人依据《中华人民共和国企业破产法》第九十条之规定，对债务人执行重整计划的情况进行了监督。在重整计划执行过程中，管理人发现存在下列情形，认为需要延长重整计划执行监督期限：

　　1. _____；
　　2. _____；
　　……

　　为保障重整计划的顺利执行完毕，管理人根据《中华人民共和国企业破产法》第九十一条第三款之规定，申请法院裁定延长重整计划执行的监督期限×个月，即延长至××××年××月××日止。

　　特此报告。

（管理人印鉴）

××××年××月××日

说明：

本文书依据的法律是《中华人民共和国企业破产法》第九十一条第三款之规定，由管理人在重整计划执行监督期限届满前，认为需要延长监督期限时向法院提交。

文书样式58

关于提请人民法院裁定终止重整计划执行的报告

（××××）××破管字第×号

××××人民法院：

贵院于××××年××月××日以（××××）×破（预）字第×－×号民事裁定书，裁定×××（债务人名称）重整，并于××××年××月××日作出（××××）×破字第×－×号民事裁定书，裁定批准重整计划（或者重整计划草案），重整计划执行期限自××××年××月××日起至××××年××月××日止。

现经管理人调查，×××（债务人名称）出现下列不能执行（或不执行）重整计划的情况：

1. ＿＿＿＿＿＿；
2. ＿＿＿＿＿＿；

……

因×××（债务人名称）不能执行（或不执行）重整计划，管理人根据《中华人民共和国企业破产法》第九十三条第一款之规定，请求贵院裁定终止重整计划的执行，并宣告×××（债务人名称）破产。

特此报告。

（管理人印鉴）

××××年××月××日

附：重整计划不能执行或者债务人不执行重整计划的相关材料

说明：

一、本文书依据的法律是《中华人民共和国企业破产法》第九十三条第一款之规定，由管理人在债务人不执行或者不能执行重整计划时向法院提交。

二、本文书应当具体说明债务人不能执行或不执行重整计划的具体情况。

四、和解程序用文书

文书样式 59

管理人执行职务的工作报告
（和解程序用）

（××××）××破管字第×号

××××人民法院：

贵院于××××年××月××日作出（××××）×破（预）字第×-×号民事裁定书，裁定×××（债务人名称）和解，并于××××年××月××日作出（××××）×破字第×-×号决定书，指定×××担任管理人。

××××年××月××日，×××（债务人名称）第×次债权人会议表决通过了债务人提出的和解协议。贵院于××××年××月××日作出（×××）×破字第×-×号民事裁定书，裁定认可和解协议。

根据《中华人民共和国企业破产法》第九十八条之规定，本管理人已向债务人移交了财产和营业事务，现将管理人执行职务的情况报告如下：

一、债务人的基本情况

列明债务人的设立日期、性质、住所地、经营范围、注册资金、出资人及出资比例、财产状况等基本情况。

二、和解协议通过和人民法院裁定认可的基本情况

1. 和解协议的基本内容；
2. 债权人会议表决通过和解协议的基本情况；
3. 人民法院裁定认可和解协议的基本情况。

三、财产和营业事务移交的基本情况

四、其他需要报告的职务执行情况

特此报告。

（管理人印鉴）

××××年××月××日

附：1. 和解协议；
2. 债权人会议对和解协议的表决结果；
3. 其他相关报告材料。

说明：

一、本文书依据的法律是《中华人民共和国企业破产法》第九十八条之规定："债权人会议通过和解协议的，由人民法院裁定认可，终止和解程序，并予以公告。管理人应当向债务人移交财产和营业事务，并向人民法院提交执行职务的报告。"由管理人向人民法院提交。

二、本文书应当列明管理人接受指定后，在工作准备、财产接管、债权债务清理、债权申报登记等方面的职务执行情况。重点报告和解协议通过情况及财产、营业事务移交情况。相关职务执行情况有具体报告的，应当作为本文书的附件一并提交。